novum premium

ULRICH MATTHIAS

TAUBNESSEL-BLÜTENLUTSCHEN

[Solingen-Nordbahnhof]

**Geschichten
von drei bis
dreizehn**

novum premium

Bibliografische Information
der Deutschen Nationalbibliothek:

Die Deutsche Nationalbibliothek
verzeichnet diese Publikation in
der Deutschen Nationalbibliografie.
Detaillierte bibliografische Daten
sind im Internet über
http://www.d-nb.de abrufbar.

Gedruckt in der Europäischen Union
auf umweltfreundlichem, chlor- und
säurefrei gebleichtem Papier.

ISBN 978-3-99130-429-6
Lektorat: Dominique Schmidt
Umschlagfotos: Rbiedermann,
Grytsaj | Dreamstime.com
Umschlaggestaltung, Layout & Satz:
novum Verlag
Innenabbildungen: Ulrich Matthias

Die vom Autor zur Verfügung gestellten Abbildungen wurden in der
bestmöglichen Qualität gedruckt.

www.novumverlag.com

Druckprodukt mit finanziellem
Klimabeitrag
ClimatePartner.com/16547-2311-1001

Für meine Schwester Gitti

In Gedenken an Mama, Papa und Oma

***Und für Kinder**, die schon lesen können,*

***und Kinder**, die noch lesen können.*

„Oma, weißt de, wo der Liebe Gott wohnt?" flüsterte ich so laut ich konnte in ihr Ohr, denn das musste sonst kein andrer hörn. ...

... „Nee, weet ick nei," sagte Oma recht wirsch, als wenn ich ihr auf 'n Fuß getreten hätt – aber 'n bisschen später knuddelte sie mich und fügte hinzu: „Bliv 'n good Jong, mien Ulriker – dann wettst de, wo He is."

INHALTSVERZEICHNIS

ANFANG

WO ICH GRAD NOCH SO DRAN DENKEN KANN

... Ich sah zu, wie Gitti an Mama genuckelt hat. Da war ich zweieinhalb Jahre alt, und ich weiß es noch und hab 's jetzt noch so vor Augen. Das war in unserm Wohnzimmer, das auch unser Schlafzimmer war. Da stand unser Sofa, das war ganz dunkelrot, und wenn 's auseinandergeklappt war, war das das Bett von Mama und Papa.

Da drauf, auf unserm Sofa, hat Mama Gitti zum Trinken gehabt, und ich hab zugeguckt, und außer Gittis Nuckeln war nix zu hörn. Mama hat mir in die Augen geguckt, als Gitti an ihr gesaugt hat, und ich in Mamas Augen, und es war ganz still und friedlich, und ich hatte meinen Teddy zwischen den Fingern. Das weiß ich noch genau ..., als wenn 's gestern wär.

... Wir hatten auch 'ne Küche. Die hatte 'n kleines Waschbecken in der Ecke am Fenster zum Hof. Dort wurden Gitti und ich jedes Wochenende gebadet, denn 'ne Badewanne hatten wir nicht. Nach dem Waschen – da warn wir beide aber schon 'n bisschen größer – gab es abends beim Kinderfunk Abendbrot und dabei öfter 'ne ganz dicke heiße Fleischwurst mit kalter Mayonnaise und Weißbrot.

Als wir alles weggeputzt hatten, hat Mama uns, also Gitti und mich, ins Bett gebracht.

Papa arbeitete in 'ner *Fabrik*, und Gitti und ich wussten nicht, was er da genau machte, außer dass er da arbeitete. Was *arbeiten* ist, wussten wir aber auch nicht, und auch nicht, wo die Fabrik von Papa überhaupt war.

Papa ist zu seiner Arbeit immer zu Fuß gegangen, weil die ganz früh anfing und da noch keine Straßenbahn fuhr oder weil er einfach lieber zu Fuß gegangen ist.

Papa musste lange zur Arbeit und zurücklaufen, weil Papa kam immer erst zum Abendbrot wieder nach Hause; und morgens, vor unserm Frühstück, war er schon längst auf 'm Marsch zu seiner Arbeit.

Ach so – wir warn nicht nur wir zwei Kinder und Mama und Papa, da war auch noch Oma. Das war die Mama von unsrer Mama, und die gehörte auch zu uns, und die schlief auf 'm Flur zum Klo, da, wo eigentlich unsere Badewanne gestanden hätte – ja, wenn wir nicht den Platz für Omas Bett gebraucht hätten.

Oma hatte einen eignen Sessel in der Küche. Der war hellblau gemustert, und da hat sie fast die ganze Zeit drin gesessen und meistens gestrickt oder gehäkelt, außer wenn sie Kartoffeln oder Mohrrüben geschält oder Erbsen gepult hat oder gekocht oder sauber gemacht hat oder aus 'm Klofenster geguckt hat, auf die Van-Meenen-Straße und die Lasterwaage von Osterwinds, da war immer richtig was los, oder rüber zum Nordbahnhof und auf die Schienen und auf die andre Seite von den Schienen zum Gemüsegroßmarkt – das hat sie auch immer gern mal gemacht, da rausgucken. Vielleicht hat sie ja auch nur in 'n Himmel gesehn und 'n bisschen geträumt. Oma hatte immer schwarze Sachen an, und ich hab Oma ganz lieb, und Gitti hat sie auch ganz, ganz lieb, das weiß ich genau.

Wir wohnten ja direkt am Bahnhof, das war der Nordbahnhof von Solingen, und da konnte Oma richtig alle Züge beobachten. Das warn aber nur Güterzüge, und die fuhrn meistens nicht mal, die standen einfach nur da rum im Bahnhofsgelände, und dann auch meistens nur die Waggons von den Güterzügen, aber so drei- bis viermal am Tag dampfte doch 'n Zug bei uns durch und verschwand in unserm Tunnel, oder er kam aus dem Tunnel raus, machte 'ne kurze Verschnaufpause an unserm Bahnhof, rangierte mit den abgestellten Waggons durchs Bahnhofsgelände und zog darauf mit denen schnell wieder ab, und das war für Oma und uns kleine Kinder mächtig aufregend.

Gitti ist zweieinhalb Jahre jünger als wie ich, und sie ist 'n Mädchen – merkst du ja schon am Namen. Die heißt richtig *Brigitte*, aber ich sag immer nur *Gitti*; find ich schöner, aber *Brigitte* ist eigentlich doch noch schöner, aber alle außer Mama und Papa und Oma sagen zu Gitti alle *Gitti*, und deswegen sag ich zu ihr auch *Gitti*.

Ich will jetz haarklein erzähln, was seit Gittis Nuckeln mit mir – und auch mit ihr selbst – so passiert ist, also alles, woran ich mich erinnern kann und was mir so einfällt. Da fehlt bestimmt mehr als die Hälfte von dem, was wirklich insgesamt war, doch besser als nix, und ich versprech, ich werd nich lügen und irgendeinen Quatsch erfinden, nur damit 's einem, der dies liest, mehr Spaß macht – nee, werd ich bestimmt nich. Könnt aber trotzdem sein, dass bei meinem Zeugs irgendwo zwischendrin 'n ganz bisschen Flunkerei vorkommt – wegen den Pferden, die mit einem durchgehn ..., sagen se doch so, oder? Aber meine Märchen werdet ihr gar nich merken – so wahr, wie die sich anhörn.

Ich fang erstmal damit an, als ich noch klein war, ... und erzähl dann einfach, eins nach dem andern, von da an bis jetzt, wie 's mir in die Birne kommt und wie mir der Schnabel gewachsen ist. Einverstanden?

Und wenn ich da manchmal 'n bisschen komisch red, dann liegt das nich da dran, dass ich blöd bin und nich lesen und nich richtig schreiben noch nich kann, sondern daran, dass ich zu der Zeit ja noch viel kleiner als jetz war und alles berichten will, wie es mir passiert is und es auch genauso erzähln und so reden will, wie ich damals als kleiner Tropf gedacht und gesprochen hab. Verstehen tut 's sowieso jeder, und wenn nich, ist er 's selbst in schuld und hat in meinem Buch sowieso nix zu suchen.

WO ICH KLEIN BIN

BEI UNS ZU HAUSE

Jeden Sonnabend, manchmal aber auch schon am Freitag, wurden Gitti und ich von Mama gebadet. Als wir noch klitzeklein warn, hat sie uns dafür in unser Spülbecken in der Küchenecke, das mit schön warmem Wasser gefüllt war, gesetzt und rundum nass gepladdert und eingeseift und zum Schluss abgespült und uns danach rüber auf 'n großes flauschiges Handtuch auf unsern Küchentisch verfrachtet und uns da fix gründlich abgetrocknet.

Als wir dann 'n bisschen größer wurden und schon stehn und laufen konnten, war das mit dem Baden aber so 'ne Sache, denn Gitti und ich passten ja nicht mehr in das kleine Spülbecken rein, und wir mussten uns vor unserm Waschbecken nackig auf unsere Fußbänke stelln und da schön ruhig verharrn, also erst Gitti und dann ich – oder manchmal auch umgekehrt. Jeder von uns hatte dafür 'ne eigene Fußbank, ich hatte eine schmutzigbraune und Gitti eine hellbraune. Dann hat Mama uns nassgemacht und uns mit dem Seifenstück überall eingeschmiert, und Oma hat von ihrm Sessel aus die ganze Prozedur beäugt, und Papa hat im Radio *Zwischen Rhein und Weser* gehört, wir andern aber auch, denn wir waren ja alle dicht zusammen in unsrer kleinen Küche, und der Kohleofen bullerte in der Ecke neben Oma, und es war richtig schön warm – außer im Sommer, da war der Ofen natürlich nicht an, da war 's ja sowieso warm und manchmal sogar noch wärmer als warm.

Mama musste aufpassen, dass sie nicht alles mit unserm Badewasser vollspritzte und uns beide kleinen Würstchen trocken kriegte, und Gitti und ich mussten deshalb immer ganz nah am Waschbecken stehen bleiben, weil wir noch so getropft haben, und Mama hat uns mit 'nem Frotteehandtuch abgerubbelt und uns das danach liebevoll umgehängt, damit wir nicht bibbern mussten; aber einige Wasserpfützen hatte Mama trotzdem immer noch von unserm Linoleumfußboden aufzuwischen, und dann hat sie uns die kuscheligen Handtücher wieder abgenommen und uns hurtig unsere Nachthemdchen übergestülpt.

Pünktlich zum *Sandmännchen* saßen Gitti und ich am Tisch, und Mama hat die ganze Ecke ums Waschbecken auf ihrn Knien endgültig trockengerieben und sich dann auf ihren Stuhl am Küchentisch plumpsen lassen.

Oma hatte zwischendurch die Fleischwurst gebrüht und das Brot und die Teller und Tassen für den Pfefferminztee auf den Küchentisch gestellt und auch das Besteck hingelegt; zum Schluss hat Oma die dicke Fleischwurst aus dem Kochtopf geholt, auf einen Teller rollen lassen und in fünf Enden geschnitten, drei große und ein kleines und eine ganz kleines, und Mama hat das kleine und das ganz kleine Ende für Gitti und mich aufgeritzt und unseren Fleischwurststückchen flink die Pelle abgezogen und sie in Happen geschnitten, damit wir beide das auch in unsere Mäulchen kriegten, und dann die heißen Wurstenden und Wurststückchen in die Mitte von unserm Küchentisch gestellt, und ganz zum Schluss kam das Glas mit der Mayonnaise aus dem Kühlschrank auf den Tisch, aber erst ganz zum Schluss, denn die darf nich zu lange im Warmen stehn.

Du – 'ne dicke heiße Fleischwurst mit 'nem dicken Klacks kalte Mayonnaise und Weißbrot, das hat Oma nämlich sogar manchmal selbst gebacken, und Pfefferminztee mit 'nem Teelöffel Zucker drin – das musst de ma essen! Das schmeckt wie ... wie, ich weiß nich, ... wie Samstagabend bei uns zu Hause in der Van-Meenen-Straße 32! Und dabei das *Sandmännchen* hörn!

Beim Essen warn wir alle mal fünf Minuten lang ganz leise, denn jetz war ja das *Sandmännchen* im Radio! Das Sandmännchen erzählt immer ganz aufregende Geschichten, zum Beispiel von andern Kindern und wie's bei denen so is und dass, wenn's Nacht wird, die Sonne schlafen geht und der Mond um die Ecke kommt und für uns scheint, damit wir nich ganz allein in der Nacht sind und noch viele andere Sachen; zum Beispiel, dass Bauklötzchen richtig lebendig sind, und, wenn der Mond scheint, die sich selbst von ganz alleine zusammbaun und aus sich 'n Schloss oder 'n Riesenelefant oder 'nen ganzen Bauernhof machen. Aber wenn du nachts mal wach wirst wegen Pipimachen und zum Klo musst, siehst de nix mehr davon, die Bauklötzchen machen das nämlich nur mit zuen Augen, also wenn du deine Augen selbst zu hast, aber machen tun se 's, das schwör ich, und morgens, wenn 's wieder Tag wird und de wach bist und alles von vorne losgeht, is das mit den Bauklötzchen erst mal vorbei, und mit 'nem Riesenschloss oder 'nem Riesenelefant is dann Schluss, das machen die Bauklötzchen erst nach 'm nächsten Schlafengehen wieder – wenn keiner mehr zugucken kann.

Solche Sachen gibt 's nämlich beim Sandmännchen, und deshalb haben Gitti und ich uns immer ganz fix von Mama baden lassen und uns zum Abendbrot hingesetzt, damit wir das bloß nich im Radio verpassen.

Mama und Papa und Oma haben davon leider nicht viel verstanden, denn Papa hat bald schon wieder vorsichtig in der Zeitung geblättert und damit rumgeknistert, und Mama fing mit dem Abwaschen an und ließ andauernd Wasser laufen und klapperte mit den Tellern und Tassen und so, und Oma saß schon wieder zurückgelehnt in ihrem Sessel und hat noch 'n bisschen gestrickt, obwohl, das geht ja ganz leise, das Stricken, und deswegen hat Oma, außer Gitti und mir, bestimmt noch fast am meisten vom Sandmännchen mitgekriegt und verstanden, auch wenn sie nur sehr schwer hören konnte.

Nach dem Sandmännchen hat Mama uns beide Kinder ins Bett gebracht, und Papa musste dabei 'n bisschen nachhelfen, weil Gitti und ich immer noch rumgekaspert und Sperenzchen gemacht haben und durch unsere ganze Wohnung gehoppelt sind und mit Mama und Papa Verstecken gespielt haben; aber irgendwann haben sie uns beide doch aufgestöbert und uns ins Bett gestopft und uns noch 'n Märchen vorgelesen.

Ich wollte meistens immer nur *Hans im Glück* hören und Gitti *Rapunzel* oder *Dornröschen* oder *Die Prinzessin auf der Erbse*. Dann hab ich immer noch 'n bisschen auf unser Radio aus der Küche gelauscht und wie Mama und Papa sich was erzählt haben, aber nicht lange – denn dann war ich auch schon weg.

Gitti hat vom Radio und von Mama und Papa bestimmt auch noch was gehört, denn ihr Bett war viel näher dran an der Küche, wo unser großes Radio stand. Aber vielleicht hat sie das auch nicht, denn Gitti war ja noch ganz schön viel kleiner als wie ich, und die ist meistens wohl doch schon vor mir eingeschlummert.

Ich bin immer mit meinem Teddy schlafen gegangen; der schlief meistens direkt neben meim Kopf, manchmal aber auch auf meim Bauch.

Mein Teddy is genauso alt wie ich, und Gitti hat eine Puppe, die ist so alt wie sie, doch die kenn ich nich so richtig, aber die hab ich auf jeden Fall schon öfter mal gesehn, weil, die liegt ja immer in Gittis eisernem Gitterbett neben ihrm Kopf oder auf ihrm Bauch oder sie hat sie im Arm, und da musste ich ja immer vorbei zu meinem Bett oder nachts aufs Klo oder zurück ins Bett oder so. Irgendwann später hatte Gitti auch noch 'nen Hasen, der war dann auch immer bei ihr im Bett – aber ich selbst hatte nur meinen Teddy mit mir im Bett, sonst nix.

Ich hab mit Mama und Papa bei uns im Wohnzimmer geschlafen, wo ich mein eignes Bett hatte und Mama und Papa das dunkelrote Sofa zum Ausklappen, damit 'n Doppelbett draus wird. Gitti schlief in einem Kinderbett aus Eisen und mit Gitterstäben rundum, und das stand irgendwie – ja, wie soll ich sagen – mittendrin in unsrer Wohnung im Flur; in welches Zimmer du auch wolltest in unsrer winzigen Wohnung, ob in die Küche oder ins Wohnzimmer oder aufs Klo – immer musstest du an Gittis Gitterbettchen vorbei.

Oma hatte ihr Bett auf 'm Weg zum Klo, und das war ihr Schlafensplatz. Da sind wir nachts immer nur ganz, ganz leise dran vorbeigetapst, dass sie ihre Ruhe hat. Unser Klo hatte Papa, von Omas Schlafstätte abgetrennt, mit Spanplatten gebaut und hübsch dunkelgeblümt tapeziert, und das konnte man auch abschließen, mit so 'nem Schieberiegel, wie sich das für 'n anständiges Klo gehört.

Ich hockte am Fußende von meinem Bett und starrte raus in die Nacht und in den sternenübersäten Himmel.

„Mama?" fragte ich, als Mama mich ins Bett einpacken wollte.

„Ja?"

„Manchmal blinzeln de Sterne doch so, ne? Wie machen die das denn?"

Mama zog mir das Zudeck um die Ohrn und antwortete:

„Da machen die Sterne kurz ihre Augen zu – und wieder auf – genauso wie du und ich."

„Passen die Sterne auf uns auf?"

„Ja, das tun se – und se gucken immer, ob wer alles richtigmachen. Die Sterne sind alle Kinder vom liem Gott und wir auch, und das Blinzeln ham wer uns bei denen abgeguckt …, und du, kleiner Meister, machst jetz auch deine Äuglein zu, ja?"

Mama gab mir behutsam einen Kuss auf die Backe und auf die Stirn, wickelte mich in mein Zudeck ein und stand leise von meinem Bett auf, winkte nochmal im Halbdunkel, machte die Wohnzimmertür zu und das Licht im Flur aus – damit Gitti auch schön einschlafen konnte.

Unser Essen haben Mama oder Oma auf unserm Küchenherd gekocht, und da durften Gitti und ich überhaupt nicht dran, denn der war mit Gas, der Herd, und wenn du da an einem Knopp drehst, kommt das Gas oben aus den Kochstelln raus, und keiner merkt was davon, und alle falln um wie die Fliegen, und alle ersticken und werden von dem Gas vergiftet und können den Knopp nicht mehr zurückdrehn, weil se nämlich alle in der Küche auf 'm Fußboden tot rumliegen.

Den Herd richtig anmachen konnte ich ja überhaupt nich und Gitti sowieso nich, weil die war ja noch viel kleiner, und ich hab 's auch nie probiert und Gitti auch nich – sonst hätten sie uns schon auf die Finger gegeben; das war aber nich nötig, weil wir beide ganz genau wussten, was wir durften und was nich.

Einmal, da roch 's doch 'n bisschen verdächtig nach Gas, ohne dass Gitti oder ich unsre Flossen überhaupt an den Gasknöppen dranhatten, und da hat Mama schnell nachgeguckt, ob alle Gasknöppe auf *AUS* warn, und das warn se, aber trotzdem hat Mama das Küchenfenster ganz weit aufgerissen und unsre Tür zum Treppenhaus auch noch dazu, und dann blies die frische, reine Luft vom Hof durchs Küchenfenster her rein und zurück hoch aus 'm Treppenhaus, besonders wenn unten einer die Haustür aufmachte, und das passierte ja alle Nase lang – und alles war wieder gut und kein Gas mehr zu riechen. Aber von da an haben wir alle schwer aufgepasst, ob es irgendwann wieder wie Gas müffelt und immer mal wieder unsere Nasen zum Schnüffeln in die Luft gestreckt.

Auf unserm Herd hat Mama Koteletts für uns zum Mittag gebraten und Mohrrüben und Erbsen und Kartoffeln dazu gekocht, meistens mit frisch gehackter Petersilie oben drüber. Wenn sie keine Zeit dazu hatte, weil sie arbeiten war, hat Oma das gemacht – und Oma konnte das mindestens genauso gut, denn sie war ja die Mama von Mama.

Aber wir haben auch andere Sachen gekriegt – und jetz hört mal gut zu – zum Beispiel: Rinderrouladen mit Rotkohl und Kartoffeln; Sauerkraut mit zartem Schweinefleisch und Kartoffelpüree, da haben wir immer in der Mitte von unserm Püreeberg mit unserm Suppenlöffel 'ne tiefe Kuhle reingedrückt und da das Fleisch und das Sauerkraut mit seiner Suppe reingefüllt und eingetunkt; Kartoffelsalat und Brühwürstchen mit 'nem dicken Klecks Mostrich dran; hartgekochte Eier in Senfsoße und auch mit Kartoffelpüree – und mit Kuhle;

Linsensuppe; Erbsensuppe; Eintopf mit dicken weißen Bohnen und Fleischwurststückchen, das war aber auch so 'ne Art Suppe; Graupensuppe; Hühnersuppe mit dicken Fettaugen obendrauf; Birnen, Bohnen und Speck – das mochte ich aber wegen den verkochten Birnen und dem fettigen Speck nicht so; weißen Fisch – den konnte ich für 'n Teufel nich ausstehen, und das ganze Haus hat danach gestunken, 'ne ganze Woche lang, und da wär ich wegen dem Gestank am liebsten weggerannt, die Van-Meenen-Straße hoch und am liebsten noch weiter weg; knusprig panierte Schnitzel mit Kartoffeln und Erbsen und Mohrrüben und Bohnensalat; gebratenen Schinken oder gebratene Blutwurst – wenn die 'n bisschen zu alt für so zum Essen warn – mit Bratkartoffeln; Grützwurst, auch mit Bratkartoffeln; Kohlsuppe mit Mettwurstendchen; Spiegeleier oder Rührei, was wer auf das in der Pfanne angerösteten Brot geladen haben; falschen Hasen mit Salzkartoffeln; Buletten, auch mit Bratkartoffeln oder Salzkartoffeln; Grünkohl mit Pinkelwurst, die hat aber mit Pipi gar nix zu tun und schmeckt mir ganz lecker, oder mit Speckseiten, aber die hab ich wegen den Fettstreifen und den Schweineschwarten, die da mit dranhingen, immer rausgefummelt und Mama oder Gitti oder Oma auf den Teller rübergelegt, je nachdem, wer am schärfsten drauf war; Hühnerfrikassee mit Pilzen und dazu schön krümeligen Reis; saftiger Schweinebraten mit Leipziger Allerlei und Kartoffeln; Hasen, also diesmal echten Hasen, oder Kaninchen – manchma warn da sogar noch die ganzen Schrotkörner aus dem Schießgewehr von dem Jäger drin, und die haben wir beim Essen in 'ne extra Schale gespuckt – mit Rotkohl und Kartoffeln; Brathuhn oder nur Hähnchenkeuln mit Kartoffeln, wobei ich die Keuln, weil se so saftig sind, sowieso am liebsten mochte; Weißkohleintopf mit Wurststückchen drin oder mit ganz zartem Schweinefleisch; und – hab ich noch vergessen – natürlich Rindergulasch, auch mit Kartoffeln und Rotkohl und 'nem Bohnensalat mit feinen Zwiebelstückchen und Schnittlauch oder Petersilie nebendran. Und zum Nachtisch gab 's eingemachte Pflaumen oder Kirschen, wo wir immer die Kerne rausspucken mussten, und diese Klamotten mochte ich deshalb nich so sehr, schon auch wegen dem labberigen Fruchtfleisch von dem eingemachten Zeugs nich, oder wir hatten Schokoladenpudding mit Vanillesoße oder Zitronenspeise mit Schlagsahne. Von dem ganzen Nachtischkram mochte ich aber eigentlich nur Omas Zitronenspeise, und die auch nur ohne Sahne – aber die hatt' ich saugern.

Das warn so manche Sachen, die wir immer wieder gegessen haben ..., wobei mir auffällt, dass wir ganz schön viel Kartoffeln gefuttert haben – und auch 'ne ganze Menge Rotkohl.

Papa sagte zu Gitti und zu mir: „Ihr müsst nicht alles essen, was auf den Tisch kommt; wenn euch was nicht schmeckt oder ihr irgendwas nicht haben wollt, müsst ihr das nicht essen."

„Nein, müsst ihr wirklich nich", pflichtete Mama ganz verständnisvoll bei.

„Aber, was ihr euch auffüllt – oder auffüllen lasst", ergänzte Papa streng und fast bedrohlich, „das esst ihr auf – und zwar alles! – Kinder, habt ihr das verstanden?" Das war deutlich, und Gitti und ich haben artig genickt, und danach hab ich mich ab sofort immer gerichtet – was auf meim Teller is, ess ich auf.

Deswegen weiß ich inzwischen auch genau, wie viel ich mir auf den Teller tu. Aber Mama selbst weiß das anscheinend immer noch nicht so recht, denn die lässt immer 'ne Kartoffel oder 'n Fitzel Fleisch oder von was andrem auf ihrm Teller zurück, wo du denkst, jetzt ist sie schon so weit gekommen mit dem Essen, nun kriegt sie das letzte Häppchen auch noch runter, aber nee, nix zu machen; dazu fällt mir nur noch ein, dass die ganz vornehmen Leute das wohl auch so machen, immer 'n klitzekleinen Rest auf 'm Teller liegen lassen, vielleicht nur, damit die Dienstmädchen und die Küchenburschen anständig was zu tun haben – und dabei ist Mama gar nicht so vornehm, im Gegenteil, die ist sowas von normal; und weißt du was – Gitti fängt jetzt genauso mit diesem Etepetetegehabe an, kann nicht genug auf ihrn Teller kriegen, aber wenn 's ums Aufessen geht, dann kneift sie und tut kurz vorm Ende so, als wenn sie mit ihrm Essen nix mehr zu tun hätte und irgend 'n Ober oder 'ne Kellnerin abräumen könnte. Gitti wird bestimmt mal 'ne ganz vornehme Dame – wie die mit ihrm Essen und vor allem mit ihrm Nichtaufessen umgeht!

Ich selbst bin ja mit allem auch ganz pingelig, und mit dem Essen sowieso, wenn mir da was nicht passt, und allermeistens hat das was mit fettig-öligen Sachen am Fleisch zu tun oder ich kann 's, wie beim gekochten Fisch, nich durch 'n Hals oder *die Nase* kriegen, dann verhunger ich lieber, aber was ich mir auf meinen Teller drauflad, das ess ich auch bis zum Ende auf, basta – das gehört sich so, weil das hat Papa mir so beigebracht, und das gehört sich deswegen auch so, und da halt ich mich ganz stur dran.

MAMAS GALLENSTEINE

Mama war mal ganz schlimm krank, da hatte sie Gallensteine, haben sie gesagt ..., also, das müssen wohl Steine sein, die in der Galle unten im Bauch drin sind und die da eigentlich nicht hingehörn – sonst hätte ja jeder welche. Also bei uns im Haus hatte weit und breit noch nie keiner Gallensteine – nur Mama jetzt.

Das mit Mamas Gallensteinen wussten wir da aber alles noch gar nicht, außer dass es ihr saumäßig weh im Bauch tat, weil sie ab und zu so geschrien hat, als wenn sie der Teufel selbst piesacken würde. Mama hatte immer wieder solche Schmerzen, und Gitti und ich haben jedes Mal weinen müssen, wenn Mama wieder aufgejault hat, und da konnten wir beide gar nix machen, auch nicht mit ihr kuscheln, und Papa hat uns von Mama möglichst weggehalten und ist zwischen den *Koliken*, so heißen nämlich die Schmerzen, wenn sie kurz und heftig kommen und wieder abklingen, die ganze Zeit aufgeregt hin und her durch die Wohnung gelaufen und Oma auch, und dann hat Papa es nicht mehr ausgehalten und ist rüber zu Fürstenbergs, die wohnen gegenüber auf unserm Flur, ob sie nicht mal schnell 'n Krankenwagen rufen könnten, und das haben Fürstenbergs in null Komma nix mit ihrm Telefonapparat auch gemacht.

Fünf Minuten später war bei uns unten vor der Haustür 'n riesen Blaulichttheater, und zwei junge, kräftige Männer in schneeweißer, kurzärmeliger Kluft haben Mama auf 'ner Pritsche, die sie aus ihrm Notfallauto mit hochgebracht hatten, aus unsrer Wohnung getragen, und Papa ist auch die Treppe runter und mit in dem Auto zum Krankenhaus gefahrn, und wir haben Mama im Treppenhaus immer wieder mal jammern und kreischen gehört, und Oma hat zu Gitti und mir, wo wir beide immer wieder heulen mussten, gesagt: „Dat is nu erstma so – wi möten warten, bis juch Papa torückkümmt." Oma hat aber auch geweint, doch dafür hat sie sich immer von uns beiden weggedreht und uns erst wieder angeguckt, wenn sie wieder 'n bisschen bei sich war. Danach saßen Gitti und ich auf unsern Fußbänken an Omas Schoß und haben auf Papa gewartet, dass der vom Krankenhaus zurückkommt und uns sagt, was mit Mama los is.

Das mit unserm Warten hat aber ganz schön gedauert, und draußen wurd 's schon langsam dunkel, bis Papa endlich wieder zurück vom Krankenhaus war, und Oma wollte uns schon ins Bett schicken, auch weil sie selbst richtig hinüber und todmüde war. Andererseits warn wir alle drei doch noch zu aufgedreht – keiner von uns dreien hätte jetzt ein Auge zukriegen können, so kaputt wir auch waren, ... ich hatte so Angst, dass Mama sterben muss, und hab am ganzen Leib gezittert, und Gitti und Oma ging 's nich anders, und die hatten auch andauernd die Tränen in den Augen.

„Mama schläft jetzt ganz ruhig", sagte Papa zu uns, als er bleich und ziemlich atemlos in unsre Wohnung reinkam, und er hängte seinen Mantel auf den Haken gegenüber von der Tür und seinen Hut obendrauf, und er sackte auf seinen Stuhl neben unserm großen Radio und stützte seinen Kopf in seine Hände und stierte ratlos in die Küche. Gitti und ich saßen wieder bei Oma auf unsern Fußbänkchen und haben uns an der Hand gehalten und haben abgewartet, was Papa weiter macht.

„Wi möten to Bett", sagte Oma, erhob sich schließlich behäbig aus ihrm Sessel und strich mir und Gitti wieder einmal übern Kopf. Papa war auch todmüde und hatte ganz dunkle Ränder um seine Augen, und Gitti und ich sind zum ersten Mal ohne Mama ins Bett gestiegen. Diesen Abend haben Oma und Papa uns beide ins Bett gebracht und uns sogar noch 'n bisschen unsre Märchen und Geschichten vorgelesen, doch wir haben gar nicht so richtig lauschen können. Mir hat mächtig was gefehlt und, bis mir die Augen zufieln, musste ich nur an Mama im Krankenhaus denken und was für schreckliche Schmerzen sie vielleicht gerade haben würde ..., und Gitti und Oma und Papa ging 's ganz bestimmt genauso.

Am nächsten Tag sind wir vormittags recht früh alle zusammen zu Fuß zum Krankenhaus gegangen – auch Oma, deswegen dauerte unser Marsch auch 'n bisschen länger – und Mama lag ganz fidel in ihrm Krankenhausbett, auch wenn 's ihr beim Lachen im Bauch wehtat, denn sie war gleich letzte Nacht noch operiert worden, und die Ärzte hatten ihr die Galle aufgemacht und ihr ihre Gallensteine rausgeholt – das warn insgesamt ganze 49 Stück!

Danach haben wir Mama jeden Tag im Krankenhaus besucht und uns so übermäßig gefreut, dass sie wieder auf 'm Damm war, und sie wollte Gitti und mich immer im Arm haben, obwohl sie dabei wegen ihrer Operationswunde noch mächtig vorsichtig sein musste; und 'ne Woche später durfte Mama aus 'm Krankenhaus raus, und sie kam direkt aus 'm Krankenwagen bei uns zu Hause ins Bett, und Oma, das war ja nun mal ihre Mama, hat sie fortan betüddelt, wo sie nur konnte, aber wir andern auch – und Papa war der allerglücklichste Mann der ganzen Welt.

Und weißt de was, die 49 Gallensteine aus Mamas Galle haben sie ihr aus 'm Krankenhaus mitgegeben, in 'nem kleinen durchsichtigen Plastikkästchen, die durfte Mama nämlich mit nach Hause nehmen, weil, die gehörten ihr ja sowieso und kamen aus ihrm eignen Bauch, und die schimmerten in allen Regenbogenfarben wie unsere Perlmuttmuscheln hinter den Glasscheiben im Wohnzimmerschrank, und die blinkten in der schrägen Nachmittagssonne und sahn richtig toll aus, das sag ich dir, und Gitti und ich haben uns die danach noch oft angeguckt, so toll und bunt und glitzernd warn die.

Die Galle ist ja irgendwo da unten im Bauch, weil am Bauch hat Mama jetzt die Narbe von der Operation, und ich bin sicher, ich hab auch irgendwo so 'ne Galle – und wer weiß, wie viele Steine da schon drin sind ..., hoffentlich gar kein einziger, sonst aber gute Nacht.

Zu Hause hat Mama doch noch ganz schön an ihrn Steinen rumgeknapst, auch wenn die nicht mehr in ihrer Galle drin warn und sie schon längst aus 'm Krankenhaus raus war. Die Steine lagen neben ihrm Kopfende vom Bett auf dem Höckerchen in dem durchsichtigen Plastikkästchen, das sie ihr aus 'm Krankenhaus mitgegeben hatten, aber da hat sie gar nicht gerne hinsehn wolln.

Jeden Tag kam unser Hausarzt zu uns, um nach Mama zu gucken, und auch wenn Mama ja inzwischen wieder ziemlich munter war, sie musste auf alle Fälle noch liegen bleiben und viermal am Tag zwei rohe Eier, verrührt mit 'nem kräftigen Schluck rotem Wein, 'nem dicken

Spritzer Zitrone und 'n bisschen Zucker trinken, und der Herr Doktor sagte, das bringe Mama wieder endgültig auf die Beine.

Wegen dem Rotwein musste Papa extra los hoch zum KAISER'S-KAFFEE-Geschäft, weil so was hatten wir nicht bei uns zu Hause. Aber ich sag euch – rohe Eier, roter Wein, Zitrone und Zucker, das wirkt Wunder! Und 'ne Woche später war Mama ganz die alte, und sie hat mich und Gitti wieder ins Bett gebracht – wie immer!

OSTERN UND DER MÄRCHENWALD IM ITTERTAL

Abends an ihrm Sessel beim Stricken sagte Oma nebenbei zu Gitti und mir: „Nächst Woch kümmt jo dee Osterhoos ..."

Gitti und ich warn regelrecht aufgeschreckt und aus dem Häuschen! Stimmt, in ein paar Tagen ist ja Ostern, und da kommt der Osterhase! Da hatte ich überhaupt nicht dran gedacht und Gitti auch nicht – weil bei uns sah noch nix nach Ostern aus, deswegen sind wir auch noch nicht draufgekommen. Das war alles nur, weil Mama mit ihrn Gallensteinen ins Krankenhaus und operiert werden musste – und da wär Ostern bei uns diesmal fast ins Wasser gefallen. Doch jetzt war Mama ja wieder da!

Ostern ist immer im März oder April, und da ist meistens schönes Wetter, außer wenn 's regnet, und manchmal is es sogar genauso kalt wie im Winter und es friert sogar und die Blüten von den Bäumen sind überzuckert vom Frost – aber meistens ist es Ostern doch schön warm und die Sonne scheint ..., und der Osterhase versteckt überall seine Ostereier.

Als wir mit dem Abendbrot fast fertig warn und ins Bett sollten, fragte Mama uns beide: „Wolln wer morgen die Ostereier machen – wie letztes Jahr?"

Klar, wollten wir – und wie wir wollten! Und Mama sagte: „Gleich morgen früh legen wer damit los, ja?"

„Au ja!" Aber dann war erst mal Schluss für heute, und ich und Gitti haben Papa und Oma *Gute Nacht* gesagt, und Gitti kam in ihr Gitterbettchen und ich auf mein Sofa hinten in der Ecke vom Wohnzimmer.

Am nächsten Morgen beim Frühstück meckerte Gitti in einem durch, dass sie endlich mit den Ostersachen anfangen wollte, und ich quengelte auch: „Sonst is Ostern vorbei!"

Da hat Mama sämtliche Eier aus dem Kühlschrank rausgeräumt, die da zu finden warn, und behutsam in 'ne große Schüssel gelegt und die mitten auf unsern Küchentisch gestellt.

„Blasen wer wieder Ostereier aus?!" Gitti freute sich so und holte schonmal kräftig Luft, denn zum Ostereierausblasen brauchst de richtig Puste – vertu dich da nich.

„Richtig – genau das machen wer jetz", sagte Mama, und Gitti und ich haben uns schonmal auf unsre Plätze gesetzt, und Oma hat sich auch mit an den Küchentisch begeben und gesagt: „Dat gift 'n schön groß Röhrei noher." Papa lugte zwischendurch immer mal wieder über den Zeitungsrand und grinste und drehte das Radio 'n bisschen lauter, weil wir ihm zu laut gequatscht haben.

„Wisst ihr noch, wie das geht?" Mama hatte schon ein Ei in der Hand und 'ne Stopfnadel in der andern.

„Ja!“ Gitti konnte gar nicht sitzen bleiben und rodelte auf ihrm Stuhl hin und her. „Ein kleines Loch auf der ein und 'n bisschen größeres auf der andern Seite! Und dann vom dünnen zum dicken Ende pusten.“

„Brigittchen, das hast de aber gut behalten!“ Genau das hab ich da schon gemacht, ein kleines und ein größeres Loch ins Ei gepikst und dann das Ei vom kleinen Loch zum Ende mit dem großen Loch gepustet, und bei meinem Ei flutschte schon 'n bisschen Eiweiß aus dem größeren Loch in den Suppenteller und die Eigelbblase auch gleich hinterher, und dann kam noch das restliche Eiweiß. Gitti hat 's genauso gemacht und Oma und Mama auch, dass der Suppenteller bald voll mit Eiweiß und Eigelbaugen war und Mama noch 'nen Teller und gleich danach noch einen aus dem Küchenschrank holen musste. So haben wir ein Ei nach dem andern ausgeblasen, dass Gitti ganz rote Backen vom Pusten hatte und Oma auch 'n bisschen und ich vielleicht auch, aber das konnt ich selbst ja nich sehn – außer dass ich 'nen ganz heißen Kopp hatte.

„So, fertig – die müssen jetz nur noch trocken werden“, sagte Mama. „Dann könn wer die morgen bemaln. Hugo, nimm ma die Zeitung beiseite!“ Mama legte die ganzen leer gepusteten Eier, das warn mindestens fünfzehn Stück oder noch mehr, vorsichtig in unsern Brotkorb, der mit 'ner zusammengefalteten Seite vom *SOLINGER TAGEBLATT* ausgekleidet war, und stellte den oben auf den Kühlschrank, da ist nämlich am meisten Platz, und sie sind aus 'm Weg, und da scheint die Sonne vormittags richtig hin, dass da die Eier schön warm durchlüften können. Aber dafür brauchen die insgesamt schon 'nen ganzen Tag, also auch die nächste Nacht, bis die innen ausgetrocknet sind und du sie für Ostern prima zurechtmachen kannst.

Am nächsten Morgen, da warn Gitti und ich aber noch bei unsern Marmeladen- und Sirupweißbroten, zwinkerte Mama mit den Augen und sagte zu uns: „Wie wär 's, ihr beiden – Ostereier bemaln jetz?!“

„Ostereier maln ... Ostereier maln ... Ostereier maln!“

„Dann nehm' ich schonmal die Zeitung beiseite“, gab Papa geflissentlich von sich, trank seinen Kaffee aus, drückte die Zigarette im Aschenbecher aus und haute ab ins Wohnzimmer.

Ich war schon ganz kribbelig – und Gitti erst.

„Ham wer genug Pinsel?“ rief sie. „Ich brauch für jede Farbe einen.“

„Ich komm mit eim Pinsel zurecht“, erklärte ich hochtrabend. „Ich wasch den nämlich zwischendurch immer gründlich aus.“

Mama hat zwei große Saftgläser mit Leitungswasser vollgemacht und auf den Tisch gestellt.

„So, Kinder – da komm deine Pinsel rein, Ulrich, und da deine, Brigitte – ich will jetz kein Theater – habt ehr gehört?!“

Dann hat sie den Malkasten mit den Wasserfarben auch in die Mitte von unserm Tisch gestellt und aufgeklappt, und da warn sie alle, die ganzen Farben, damit wollt ich jetzt die schönsten Ostereier von der Welt mit machen, und Gittis Augen glänzten wie verrückt, und sie schnappte sich schonmal 'nen Pinsel und steckte den ins Wasser und gleich hinterher ins Karminrot.

Papa kam mit 'nem dicken Buch in der Hand aus 'm Wohnzimmer zurück: „Malen kann nicht jeder – und damit von leben – da ist schon manch ein Künstler dran zugrunde gegangen.“

„Hugo“, Mama schüttelte verständnislos ihren Kopf. „Das sind nur Ostereier, die wir bemaln – und keine komischen Kunstwerke!“

Und Papa antwortete ziemlich mürrisch: „Trotzdem.“

Und Oma gab Papa recht: „Stümmt.“

Was das Gequatsche von den Erwachsenen zu sagen hatte, war mir und Gitti völlig schleierhaft – jedenfalls, die ersten Eier, die Gitti und ich gemacht haben, sahn einfach nur bescheuert aus; da wollt ich 'nen Osterhasen astrein auf die Eierschale maln, und Gitti, glaub ich, 'ne richtig schöne Biene, aber unser ganzer Tuschefarbenmist lief vor lauter Wasser nur an den Eiern runter und tropfte auf den Küchentisch, und du konntest überhaupt nix erkennen, schon gar keine Biene und 'nen Osterhasen genauso wenig. Gitti und ich warn ganz grantig, weil das alles nicht so klappte, dass auch Oma ihr Strickzeug auf ihrm blauen Sessel liegen ließ und ratlos um den Tisch rumschlurfte und unsere vermurksten Ostereier musterte, aber natürlich selbst auch nix dabei repariern konnte.

Da sagte sie: „Guckt ma, wie schön de Sunn bi us in 'd Köken rinnschient."

„Blöde Sonne!" rief ich – weil nix klappte und wir fast zwanzig Eier anständig bemaln wollten, und wir hatten noch nicht mal ein einziges zu Stande gebracht.

„Blöde Sonne!" echote Gitti.

„Nu sett di mo werrer henn, Modder", sagte Mama zu Oma, die unentwegt um unsern Eiermaltisch herumzappelte, aber Mama war auch ganz schön ausgelaugt und musste sich erst mal ein wenig ausruhen und hat sich für 'ne Minute auf ihrn Küchenstuhl gesetzt und dabei ganz tief durchgeatmet. Das war nämlich wegen der Operation von ihrn Gallensteinen neulich, und da haben wir jetz alle große Rücksicht drauf genommen, und Gitti und ich haben uns schnell bei Mama angekuschelt, und Papa hat Mamas Hand über 'n Küchentisch in seine genommen und das Radio ganz leise gedreht.

„So, Kinners ..., jetz geht 's wieder", sagte Mama nüchtern und rappelte sich sogleich wieder von ihrm Stuhl auf, und Papa stellte das Radio vorsichtig wieder etwas lauter, weil da was Aufregendes in der Welt passiert war, aber kurz danach wieder 'n bisschen leiser, weil 's ihm wohl doch nicht ganz so wichtig war.

Mama sagte: „Ich trockne ma eben eure verkorksten Eier ab – und dann fangen wer noch ma neu von vorne an, ja? Brigittchen, Ulrich – nich den Kopp häng lassen, irgendwann funktioniert das!"

Oma hat wieder in ihrm blauen Sessel gesessen und hatte auch ihre Nadeln und die Wolle wieder beim Wickel, und Papa hat die Zeitung auseinandergefaltet, sich darin vertieft und die sich hoch vors Gesicht gehalten – aber über den Rand schielend auch immer aufgepasst, was Mama so macht und wie 's ihr nach 'm Krankenhaus geht, hab ich genau gesehn.

„Jetz nehmt diesma die Farbe ganz trocken, mit ganz, ganz wenig Wasser", leitete Mama Gitti und mich an, und sie hat unsere Schultern gestreichelt, und da kam dann allmählich 'ne echte Biene auf Gittis Ei und auf meins 'n richtiger Hase – also, so ganz doll war das nun auch nicht, aber das lag nicht an der Eierschale oder der Farbe oder dem Wasser oder sonst was, das war nur, weil Gitti und ich noch keine Bienen und Hasen so richtig konnten – und die restlichen Eier hat sowieso Mama bemalt und Oma nebenbei auch eins oder zwei.

„Seht Ihr, Kinder? Geduld is alles!" Mama war hocherfreut, und sie wischte unser ganzes Gepladdere vom Tisch und trocknete den gründlich ab, und Papa und Oma kamen auch wieder aus ihrn Ecken, also Papa ließ die Zeitung sinken und Oma stand wieder aus ihrm blauen Sessel auf, und sie haben sich beide ungemein über Gitti und mich gefreut, wie wir das mit den Ostereiern doch noch so schön hingekriegt hatten – das war aber eigentlich alles ganz allein Mamas Verdienst. Ohne Mamas Hilfe hätten wir beide das nie und nimmer geschafft und nur einen Schlamassel nach dem andern veranstaltet. Jetzt lagen alle unsere bemalten Ostereier schön auf der letzten Seite von Papas *SOLINGER TAGEBLATT* zum Trocknen verteilt, auf unserm Küchentisch – und Mama musste sich doch wieder mal eine Minute lang hinsetzen und ein bisschen ausruhn.

„Morgen häng wer die auf", sagte Mama ziemlich platt. „Aber erst morgen, die Farbe verschmiert sonst. Und Hugo, dass du da nich drankommst, hörst?!"

Als Papa am nächsten Abend von der Arbeit nach Hause kam, hatte er 'nen Mordsstrauch Weidenkätzchen in der Hand und grinste wie 'n Honigkuchenpferd, und Mama hat ihm den ganz schnell abgenommen, ihm 'n flüchtiges Küsschen gegeben, den Strauß auf unsern Küchentisch gelegt und die Weidenzweige mit 'nem Küchenmesser unten längs eingeschlitzt und die dann in unsere größte Vase gestellt und die mit Leitungswasser vollgemacht und nebenbei 'ne Prise Salz und Zucker ins Blumenwasser gerieselt.

„Wieso machst de das – mit dem Einschneiden und dem Zucker und Salz?" Gitti hatte genau aufgepasst.

„Das mögen die", antwortete Mama und sortierte liebevoll die Weidenkätzchenzweige in der Vase. „Da lem die Kätzchen 'n bisschen länger – hat Oma auch immer so gemacht." Und Oma zwinkerte Gitti und mir zu.

Dann hat Mama den Korb mit den bemalten Ostereiern von uns auf den Tisch gestellt, und wir haben weißes Nähgarn auf Länge geschnitten und doppelt genommen und zu langen Schlaufen geknotet und Streichhölzer zerstückelt und die Garnschlingen an die Hölzchen gebunden, und dann haben wir die Enden mit den Streichholzstückchen sorgsam in das größere Loch von dem Osterei reingestupst, und, wenn das Hölzchen einmal drin war, hat sich 's innen drin im Ei quergestellt und konnte nicht mehr raus, und mit den Schlaufen haben wir alle Ostereier an die Weidenkätzchen gehängt, und eins von den Eiern hatte 'ne Biene drauf und eins 'nen Hasen – also konnte man mit 'n bisschen Fantasie eigentlich ganz gut erkennen – alle andern warn einfach nur kunterbunt, mit Pünktchen oder Streifen oder Kleksen oder alles durcheinander, und die warn alle von Mama, aber von Oma war auch eins, ich glaub, das war das blauweiß gescheckte.

Weil ja nun mal Ostern kam, fragte ich Papa bei seiner Zeitung: „Sind Osterhasen eigentlich auch irgendwie Hühner?"

Papa faltete die Zeitung zusammen und guckte ziemlich verwirrt: „Nein, Hühner sind Hühner, und Hasen sind Hasen. Wieso kommst du denn auf sowas?"

„Weil die Osterhasen Eier bring."

„Weil Osterhasen das em so machen!" schmetterte Gitti raus. „Ham se letzte Ostern doch auch gemacht – oder?!"

„Schon, aber jetz glaub ich nich mehr so richtig an den Osterhasen, denn Hasen könn überhaupt keine Eier legen und bring schon gar nich, und sowieso – so, da hast de 's!"

Mama hat währenddessen auf dem Küchentisch unsere Kleider und Sachen gebügelt und geschmunzelt und gekichert und immer wieder zu Papa und Oma rübergeblinzelt.

„Und wie is das jetz, Papa – sind Osterhasen Hühner oder nich, oder umgekehrt, oder auch nich – oder doch?!" Ich hab schon 'ne Menge Hasen gesehn, unten auf den Schienen und auch im Wald hinten am Tunnel bei uns und auch Hühner, in Osterwinds Garten zum Beispiel, aber die beiden, also die Hühner und die Hasen, hatten nix miteinander im Sinn, die haben sich nicht mal mit 'm Hintern angeguckt, von dem her glaub ich, da stimmt was nich, aber was, wusste ich nich, und genau deswegen wollt ich 's ja von Papa wissen.

„Also", sagte Papa, und er musste sich erst mal räkeln und ganz groß gähnen, und als er damit fertig war, hat er ganz weise gesagt:

„Hasen haben auch so ihre Ecken und Kanten, und die machen manchmal Sachen, die einer nicht für möglich hält, zum Beispiel besonders die Osterhasen – die bringen genau zu Ostern die Ostereier. Warum das so ist, weiß keiner, nicht mal ich, aber so ist es nun einmal."

„Genau", und Gitti streckte ihr Ärmchen und ihrn Zeigefinger in die Luft. „Hab ich schon immer gewusst!"

Oma war schon halb auf dem Weg in ihr Bett zu ihrm Mittagsschlaf, und Mama räumte noch das Bügelbrett und die Lakenunterlage vom Küchentisch runter und sagte: „Brigittchen, Ulrich, wollt ihr nich ma raus an de frische Luft – spieln gehn?"

„Könn Osterhasen eigentlich lesen und schreiben und rechnen und so, also wenigstens 'n bisschen von dem?" hakte ich aber nach. „Sonst könnten die das mit den Ostereiern doch gar nich hinkriegen, also die gerecht verteiln und so."

Oma war schon weg, Mama hatte auf einmal dringend was im Kühlschrank zu fummeln, und Papa knitterte wieder die Zeitung zusammen und hob seine Schultern: „Weiß ich nicht, Ulrich, frag am besten nächste Woche den Osterhasen selbst, das ist ja nicht mehr lange hin, wäre eine gute Gelegenheit – der ist der Einzige, der dir dazu wirklich zuverlässig Auskunft geben kann."

Es war Karfreitag. Das ist der Tag, wo die römischen Soldaten Jesus ans Kreuz genagelt haben, das weiß ich aus 'm Kindergottesdienst, aber das is schon 'n paar Tage her, bestimmt tausend oder sogar noch länger – also nicht das mit dem Kindergottesdienst, das war ja erst letzte oder vorletzte Woche – ich mein das mit dem Kreuz und den Römern und Jesus und so ... Jetzt muss ich aber nochmal von vorne anfangen: Es war Karfreitag, und Oma kochte ihrn weißen Fisch, und die ganze Wohnung hat nach dem Burschen gerochen, dass Papa, weil ich den Geruch von dem weißen Fisch nicht ausstehn konnte, mit mir runter auf die Straße gegangen ist und rüber zur Waage, und ich hab mir eingebildet, dass der Gestank sogar noch draußen auf der Waage zu spürn war, und als wir zum Mittag wieder reinkamen, hatte ich überhaupt keinen Hunger auf gar nix, und ich hab den andern zugeguckt, wie sie sich den weißen Fisch mit Kartoffeln in der Milchsuppe haben schmecken lassen – und hab mir dabei die Nase zugehalten und überhaupt nichts gegessen, aber auch rein gar nix.

Oma hat mich mitleidig angeblickt, weil weißer Fisch war für Oma das allerallergrößte Essen auf der Welt, und dabei hatte sie 's ja sogar eigenhändig zubereitet, dem Karpfen sein Fleisch aus der schuppigen Haut rausgelöst, das in mundgerechte Stückchen geschnitten und in die weiße Milchsoße mit Piment und Lorbeerblättern und Fliederkreude – das is 'ne ganz merkwürdige Marmelade aus Fliederbeern, und vielleicht hat der Fisch auch nur deshalb so gewaltig gestunken, wegen der Fliederkreude – also da hat Oma jedenfalls die Fischhäppchen reingelegt und schön gemütlich kocheln lassen, und das war was ganz, ganz Besonderes und gab 's nur zu Ostern bei uns, und da hat sich ganz allein Oma drum gekümmert, weil nur die konnte den weißen Fisch wirklich richtig. Doch ich hab das Zeug einfach nicht durch 'n Hals gekriegt, ... ja, weil meine Nase schon gestreikt hat.

Was das Fischessen jetzt alles mit dem Karfreitag und Jesus am Kreuz so genau zu tun hat, weiß ich aber überhaupt nicht. Vielleicht hatte es Jesus ja mit den Fischen und dem Fischen von denen damals auf dem See Genezareth, und die dann aufessen, vielleicht hatte Jesus ja auch 'ne Oma, die prima weißen Fisch auf ihrer Speisekarte drauf hatte – weiß der Teufel. Jedenfalls musste ich ihn nicht essen, also den blöden stinkigen weißen Fisch mein ich – und hab ich ja auch nicht ...

Ganz früh am Ostermorgen sind ich und Gitti in den Ecken von unsrer Wohnung rumgekrochen, konnten 's kaum aushalten und haben Ostereier gesucht, und ich war auch noch zusätzlich hinter dem Osterhasen höchstpersönlich her – weil ich den ja was fragen wollte, also eigentlich eher rausfinden, ob 's den überhaupt gibt, den Osterhasen. Die Sonne schien noch gar nicht in unsere Küche rein, so früh am Morgen war das.

Mama hatte Osterglocken vom letzten Einkauf oben in der Stadt mitgebracht und die in der ganzen Wohnung in alle unsere restlichen Vasen verteilt, und da war ein ganz doll zarter Duft bei uns, doller noch als in der Parfümerie oben am Mühlenhof, wo Mama ab und zu mal zusammen mit uns Kindern durchlief – und obendrein stand unser Osterweidenkätzchenstrauch mit unsern Ostereiern auf dem Küchentisch! Da hingen die ganzen Eier dran, die wir bemalt hatten, so schön bunt, mit Pünktchen und Streifen, mal kreuz, mal quer und mit Tuscheflecken, aber eins hatte 'ne Biene drauf und eins 'nen Hasen, aber am schönsten warn doch die von Mama, auch wenn da keine Ostertiere oder sowas drauf warn, die warn einfach alle nur ganz knallebunt, und Gitti und ich mussten zwischendurch immer mal die Kätzchen von den Weidenzweigen streicheln und unsere Nasenspitzen dran kitzeln.

Gitti hatte schon sechs Ostereier gefunden, davon warn zwei echt, also solche vom Huhn, und vier in bunter Silberfolie eingewickelt, also solche aus Schokolade, und ich hatte einen Osterhasen, auch in Silberpapier, aber Eier hatte ich kein einziges, und vom echten Osterhasen war weit und breit keine Spur. Gitti wurschtelte weiter durch die Bude und kroch, so klein und quirlig wie sie war, in die allerletzten Ecken.

„Mama, Oma, Papa!" Ich stand aufgebracht am Küchentisch. „Gitti findet alle Ostereier – ich aber überhaupt keins!"

„Such' mal einfach weiter", beruhigte mich Papa und krabbelte mir durchs Haar. „Wir haben die Eier ja nicht versteckt, das war nun mal der Osterhase, und wir können deshalb auch nicht wissen, wo die alle sind."

Oma murmelte: „Wee sökt, dee findt ... sök mo wiejer, Ulriker, dann wörd dat schon." Da bin ich wieder losgezogen und hab 'ne Ecke bei uns auf 'm Klo gefunden, da warn tatsächlich noch zwei Eier, doch das warn beides nur richtige Eier und bemalt, wie die an den Osterkätzchen bei uns auf 'm Tisch – wo ich doch hauptsächlich hinter Schokoladeneiern her war. Gitti war im siebten Himmel und hatte schon 'nen ganz braun verschmierten Mund von ihrn Schokoladeneiern, sie hatte nämlich noch drei dazu aufgetrieben, und ich hatte schon gar keine Lust mehr auf Ostern.

Dann gab 's Frühstück – die Sonne guckte auch schon langsam in die Küche rein – und Marmelade, Honig, Sirup auf Weißbrot mit Butter und dazu KARO-Kaffee und Milch und KABA für uns Kinder und für jeden ein Ei, aber das warn keine Ostereier, die warn einfach nur eingekauft und vom Huhn und im Topf mit Wasser gekocht.

Irgendwann nebenbei beim Frühstück sagte Oma: „Hütt is us Heiland uppstohn."

„Ach so", brabbelte Gitti, während sie noch ihr Ei am Auslöffeln war.

Und ich rief: „Genau! Das is doch Jesus, oder? Das war doch im Kindergottesdienst letztens, weißt de doch, Gitti, oder nich?!"

Gitti zuckte ihre Achseln beim Eigelbschlürfen: „Glaub schon."

Mama und Papa haben sich über den Küchentisch mal kurz die Hand gegeben und sich gegenseitig gestreichelt, aber warum genau, weiß ich nicht.

Weil so schönes Wetter war und der Himmel ganz blau, haben wir uns, als wir mit dem Frühstück fertig warn, alle unsere Spaziergehsachen angezogen – nur Oma nicht, die wollte zu Hause bleiben, weil ihr das, wo wir hinwollten, doch zu weit war, und sie hat schonmal unsern Osterfrühstückstisch abgeräumt und bei uns in der Küche wieder klar Schiff gemacht.

Mama hatte nämlich vorgeschlagen, ins *Ittertal* zum *Märchenwald* zu gehn, und Gitti und ich riefen sofort aus einem Mund *Au ja!*, wobei wir beide gar nicht wussten, wozu wir da *Au ja!* gerufen hatten, denn wir beide warn ja noch nie in einem Märchenwald, und das Ittertal und der Märchenwald von dem war uns beiden völlig unbekannt, und der lag bestimmt irgendwo *über alle Berge*.

Mama hat dann schnell ein paar Butterbrote geschmiert und die und alles, was wir sonst noch für einen längeren Ausflug so brauchten, in ihre Umhängtasche gepackt, und dann konnten wir auch schon auf den Weg und sind hoch zum Schlagbaum marschiert, dahin, wo die ganzen O-Busse anhalten und in alle Himmelsrichtungen weiterfahrn.

„Da nehmen wir aber erst den O-Bus nach *Wald*", entschied Papa, als wir oben am Schlagbaum eintrafen. „Zum Laufen ist das viel zu weit."

Unsere O-Busse in Solingen sind ganz leise beim Fahrn, weil die fahrn nicht mit Benzin und haben keinen dicken Benzinmotor, sondern die gehn mit Strom, und den kriegen sie von oben aus den Oberleitungen, wo der Bus mit zwei elend langen Greiferstangen dran entlanggleitet, und deshalb heißen unsre Busse ja auch nicht einfach nur *Bus*, sondern *O-Bus* und mit vollem Namen eigentlich *Oberleitungsbus*, und deswegen können die O-Busse auch nicht nach Lust und Laune in der Gegend rumkutschiern und in alle möglichen Nebenstraßen abbiegen wie andere Autos, sondern sie müssen immer schön unter ihrn Stromleitungen bleiben und sich bei der Fahrtrichtung nach denen richten; wenn sie das nämlich nicht täten, haben sie von einer Sekunde auf die nächste keinen Strom mehr und bleiben sofort auf der Stelle stehn und können keinen einzigen Mucks mehr machen.

Wir sind also in den O-Bus nach *Solingen-Wald* gestiegen, haben uns schön ganz hinten auf der allerletzten Sitzbank von dem Bus mit unsern Klamotten breitgemacht, und da hat 's fast noch 'ne halbe Stunde gedauert, bis wir an der Endstation in Wald warn. Von der Haltestelle in Solingen-Wald ist es immer noch 'n Kilometer oder so bis zum Ittertal, und von da aus sind Mama, Papa, Gitti und ich ganz gemächlich runtergewandert, und Papa hatte Gitti schön an der Hand, und ich hing bei Mama dran.

Ich war ganz aufgewiegelt wegen dem Märchenwald – und Gitti erst! Weil, wir beide kannten ja so viele von den ganzen Märchen fast auswendig, denn die haben wir nun mal jeden Abend vorm Einschlafen von Mama vorgelesen gekriegt, und die Märchen warn uns ganz vertraut, und Gitti und ich warn gespannt wie die Flitzebogen auf den Märchenwald im Ittertal.

Beim Märchenwald im Ittertal musst du aber 50 Pfennig Eintritt bezahln, aber die Kinder nur 25, doch das Bezahln machen sowieso deine Eltern, denn Kinder haben ja kein Geld.

Papa hat 'n 2-Mark-Stück in die Schale zum Bezahln kullern lassen, und die Frau in ihrer Kassenbutze hat ihm vier Eintrittskarten und 'n 50-Pfennig-Stück zurückgegeben, und dann durften wir durch die Pforte rein in den Märchenwald und standen unter Rieseneichen und uralten Tannen und sonst so knorrigen Bäumen, und Mama hat Gitti und mir erst mal die Reißverschlüsse von unsern Anoraks hoch bis unters Kinn gezogen – dabei war 's an sich prima warmes Osterwetter.

Gleich als Erstes, wenn du drin bist im Märchenwald vom Ittertal, kommt *Die Prinzessin auf der Erbse*. Also, das is 'n kleines Glashäuschen, da drin sitzt die Prinzessin ganz erschrocken auf ihrm Bett, mit mindestens zwanzig Matratzen unter ihrm Popo, und jammert – das hörst de aber wegen dem Glaskasten nich, aber an ihrm Gesicht merkst de genau, dass se jammert – also dass die Prinzessin da irgendwas stört, und das is die Erbse, ganz unten unter der untersten allerletzten Matratze, und deswegen ist die die Prinzessin von dem Prinzen, denn so 'ne Erbse, die so weit weg ist, spürt nur 'ne richtige Prinzessin – dabei war die eigentlich nur eine wie du und ich! Und der Prinz lugt auch schon hinten durch den Türspalt, weil er genau weiß, dass dieses Mädchen seine Prinzessin is, einfach, weil sie das mit der Erbse ganz tief unter ihrm Popo gefühlt hat, was sonst kein andres Mädchen spitzgekriegt hätte. Da kann jeder nur von träumen, dass einer über dich rausfindet, dass du richtig klasse bist, aber 'ne Erbse durch soundso viele Matratzen würd ich nie merken und Gitti bestimmt auch nicht, und deshalb können wir uns den Prinz – bei mir wär 's dann ja wohl eher 'ne Prinzessin – schonmal aus 'm Kopp schlagen, aber irgendwas können Gitti und ich bestimmt auch richtig gut, irgendwas, wo keiner mit rechnet – es gibt ja auch noch andre knifflige Sachen auf der Welt ... als wie Erbsen erspürn.

Der Märchenwald im Ittertal ist ganz schön unheimlich, und da wird 's richtig dunkel unter den ganzen Eichen und Buchen und Linden und Tannen zwischendrin, bis du zum nächsten Glashäuschenmärchen kommst, das war bei uns das mit dem *Froschkönig*.

Aber das Froschkönighäuschen im Märchenwald hab ich gar nicht so recht kapiert, weil da klebte ein zerplatschter Frosch an der Wand, und vorne saß ein Prinz auf 'm Thron und neben ihm seine Prinzessin, die ihn vorher an die Wand geschmissen hatte, also nich den Prinzen, sondern den Frosch, als er noch 'n Frosch war, und die Prinzessin guckte, als wenn nix gewesen wär und hatte ihre Hand auf seiner, also die von dem Prinzen, und der Frosch hing da an der Wand, als wenn die Putzfrau von dem Schloss vergessen hätte, was wegzuwischen. ... Mann, das geht aber auch in den Märchen schwer durcheinander, und die Geschichten von den Märchen kannst de in so 'nem Glaskämmerchen auch schwer nachbilden, das hab ich besonders beim Froschkönig wirklich gemerkt. Dabei hat aber Gitti – die ist ja noch fast drei Jahre kleiner als wie ich – die Geschichten aus den Glashäuschen im Märchenwald für bare Münze genommen und war jedes Mal völlig ergriffen und überwältigt, dass Mama oder Papa sie zwischendurch immer mal auf den Arm nehmen mussten.

Egal – im Märchenwald vom Ittertal, je weiter du reingehst, wird 's immer dunkler und grummeliger, und überall am Wegesrand stehn *Die Sieben Zwerge* rum, bestimmt hundert Stück, und ab und zu siehst du im Wald auch 'n Reh oder 'nen Hirsch mit 'nem Riesengeweih, und die sind ganz zahm und laufen gar nicht weg, weil die sind nämlich aus Holz, die Eichhörnchen und Hasen aber nicht, denn die wuseln ganz lebhaft durchs Gestrüpp und haun schnell ab, wenn du denen zu nahe kommst ..., bis wir bei *Rotkäppchen und der Wolf* warn, und Gitti flüsterte mir ins Ohr *Kann ich mich bei dir festhalten – wegen dem Wolf?* Und ich hab ganz schnell ihre Hand in meine genommen, denn Gitti soll keine Angst haben. Wir haben uns aber auch beide bei Papa und Mama festgehalten, weil da war tatsächlich ein Riesenwolf in dem Glashaus, sogar mitten im Bett von Rotkäppchen seiner Großmutter drin, und Rotkäppchen, das war nämlich 'n Mädchen so klein wie Gitti, also Rotkäppchen dachte, das ist ihre Oma, die da im Bett so schön am Pennen ist, da muss der Wolf aber schon die Großmutter vom Rotkäppchen gefressen haben und hat nur so getan, als wenn er selbst die Oma wär und hatte obendrein auch ihre weiße Schlafmütze auf – war er aber nicht und hat Gitti, Quatsch, Rotkäppchen dann auch noch hinterher aufgefressen.

Das war aber schon im nächsten Märchenhäuschen. Und im übernächsten sind die Großmutter und Gitti, Quatsch, Rotkäppchen wieder aus dem Bauch von dem blöden Wolf raus, weil ein Jäger, der war Gott sei Dank auch in dem schwarzen Wald unterwegs, den Wolf totgeschossen hat und dem seinen Bauch aufgeschnitten hat. Dann konnten Rotkäppchen und ihre Oma wieder aus dem Bauch von dem bösen Wolf raussteigen, und dann haben sie dem lauter dicke Steine, die heißen im Märchen aber nicht einfach nur *Steine*, sondern *Wackersteine*, in den Bauch, wo vorher Rotkäppchen und ihre Oma drin warn, gepackt und alles fest zugenäht und ihn mit dem ganzen Gewicht von den Wackersteinen in den Brunnen gestürzt, damit er nie mehr wieder auftaucht – aber mit dem Brunnen, das weiß ich nicht mehr genau, ob das wirklich so war, auf jeden Fall ist der böse Wolf endgültig gestorben, und das ist ja die Hauptsache.

Gitti hat sich immer noch bei mir angeklammert und ich an ihr und wir beide zusätzlich an Mama und Papa.

Als wir wieder aus dem dunklen Märchenwald raus warn, war ich ganz schön froh und bedient zugleich, und Gitti hat langsam meine Hand losgelassen und die Sonne stand im Himmel über den Bäumen vom Märchenwald, und der Himmel war genauso blau wie am Morgen, nur dass es jetzt dazu auch noch richtig heiß war, und wir haben uns blitzschnell unsere Anoraks und Mäntel aufgeknöpft.

„Na", sagte Mama und knuddelte uns 'n bisschen. „Ihr guckt ja wie begossne Pudel."

Papa wanderte im Kreis um uns her und mal rüber zum Spielplatz und zurück und rauchte 'ne Zigarette dabei.

„Hier gehn wer aber nich noch ma hin!" rief Gitti aus, und sie wollte gar nicht mehr auf die Schaukel und auf die Wippe auch nicht.

Und ich sagte: „Das is ganz schön duster und grausam im Märchenwald."

„Aber die Geschichten kennt ihr doch alle schon", sagte Mama ein wenig verwundert.
„Aber nich so", antwortete ich.

„Nee, so nich", stimmte Gitti mir bei.

„Eisessen?!" Papa trat seine Zigarette aus. „Wär das was – jetzt?!"

„Au ja!" Das war genau das Richtige – damit wir Knirpse auf andere Gedanken kamen!

Im Ittertal ist ja nicht nur der düstere Märchenwald, da gibt 's auch 'n Freibad mit 'nem Fünfmeterbrett und daneben 'ne blitzblanke Eisdiele. Da haben wir uns draußen in die Sonne gesetzt, mit 'nem Sonnenschirm oben drüber. Mama und Papa haben sich 'nen Kaffee bringen lassen und 'n Stück Streuselkuchen und Pflaumkuchen mit Schlagsahne, und Gitti und ich durften Eis, hatte Papa ja versprochen. Ich wollte Vanille und Erdbeer und Gitti auch, aber sie wollte auch noch Schokolade dazu, aber das war ihr dann alles doch zu viel, und Mama hat ihr noch dabei helfen müssen, bis die Eisschale leer und sauber ausgeschlabbert war.

Im Ittertal gibt 's auch 'n Wasserkarussell, aber da sind wir nicht draufgegangen, haben nur zugeschaut, wie die Boote, die aussahn wie Löwen und Walrosse und Schildkröten und so, durch das Wasser schleiften und dabei das Wasser hoch aus dem Becken gespritzt haben und wir aufpassen mussten, dass wir nicht selber nass wurden, aber Mensch – die Kinder, die da drinsaßen und immer in einem durch im Kreis flogen, hatten einen Heidenspaß.

Mama rümpfte die Nase: „Wer müssen langsam wieder los nach Hause – Oma wartet bestimmt schon."

Da sind wir alle vier wieder hoch zurück zur Bushaltestelle in Solingen-Wald gewandert, und da warn neben der Straße so viele Bäume, die wie verrückt geblüht haben, das hatte ich vorhin beim Runtergehn noch gar nicht mitgekriegt, weil ich so versessen auf den Märchenwald gewesen war.

„Komm da ma Äppel raus?" fragte Gitti.

„Nee, guck ma", sagte Mama und zeigte auf einen fast abgeblühten Baum. „Da sind schon die ersten Kirschen zu sehn, siehst de die kleinen Dinger? In eim Monat könn wer die pflücken kommen und die essen."

Von *in eim Monat* wollt ich aber gar nix wissen, weil mir die Füße von der ganzen Lauferei wie verrückt wehtaten.

„Ich glaub, ich hab ne Blase", sagte ich leise – so leise, dass es keiner hörte.

Mama und Papa sind mit uns immer schnurstracks weitermarschiert. Da hab ich 'n bisschen gehumpelt und musste mich zurückfalln lassen, da haben sie 's dann auch gemerkt, dass was faul mit mir war.

„Ulrich, nur noch 'n paar Meter." Papa klopfte mir ganz herzhaft auf die Schulter. „Dann sitzen wir im Bus. Sei ein Mann, ja? Schaffst du!"

Und ich sagte: „Ja." Obwohl, ich hatte wirklich 'ne Blase im Schuh, die konnt ich zwar nicht sehn, aber ich hab genau gemerkt, dass ich eine hatte. Dann sind wir weiter hoch nach Wald, bis Gitti zu heuln anfing und rief: „Ich kann nich mehr laufen!"

„Kleines Stückchen noch?!"

„Ich will nich mehr, und ich kann nich mehr, und ich will nich mehr!" Da hat Papa Gitti sofort auf 'n Arm genommen und die ganze restliche Strecke zur Haltestelle getragen. Mich hat aber keiner getragen, obwohl ich bestimmt 'ne Riesenblase im Schuh hatte, und meine Humpelei war wirklich nicht aus Jux und Dollerei ..., aber zum Tragen war ich ja wohl auch sowieso schon zu schwer.

Mensch, war das gut, als ich mich endlich im Bus hinsetzen und die Beine und Füße von mir strecken und baumeln lassen konnte, und Gitti guckte auch schon wieder ganz verschmitzt, fast, als wenn sie was ausheckte.

Als der O-Bus endlich losgurkte, fiel Mama auf einmal ein: „Mensch, wer ham ja noch die ganzen Stulln!" Und sie fuhrwerkte in ihrer Handtasche rum und holte 'n dickes silbernes Paket raus.

„Ham wer vielleicht schon wieder 'n bisschen Appetit, Kinder?" Mama wickelte die Silberfolie und das Butterbrotpapier auseinander, und da warn acht zusammengeklappte Stulln, Graubrot und Schwarzbrot, vier links mit VELVETA-Schmierkäse und Holländer und Schweizer Käse und vier rechts mit Fleisch- und Leberwurst und Salami übereinandergestapelt drin, und wir hatten alle ganz plötzlich einen Riesenkohldampf und haben gleich zugegriffen und von meiner schlimmen Blase am Fuß wusste ich aber plötzlich so was von gar nix mehr, auch nicht, ob die links oder rechts war ..., bis zum Schlagbaum, als wir zu Hause warn und aus dem Bus rausmussten, da wusste ich wieder, wo die Blase war, oder warn 's sogar zwei oder noch mehr? Als wir aus dem O-Bus ausstiegen, schien uns die tiefe Sonne auf den Buckel, bis wir links in unsre Van-Meenen-Straße biegen mussten, da war sie erst mal weg, die Sonne, wegen den ganzen Häusern, die da im Weg standen. Papa hat Gitti auch wieder auf 'n Arm genommen, und bei mir in den Schuhn, ich schwör 's, puckerte es wie 'n Motor, aber ich hab mir nix mehr anmerken lassen – weil ich ja *'n Mann bin.*

Als wir wieder zu Hause oben bei Oma warn, hat Gitti ganz schnell nachgeguckt, ob ihre ganzen Ostereier, die sie früh morgens entdeckt hatte, noch da warn.

„Ick häv di nix wechnohm", sagte Oma zu ihr 'n bisschen beleidigt und Gitti wurde ganz rot.

„Oma, ich wollt doch nur ma nachsehn, weiter nix", sagte Gitti entschuldigend, und Oma hat ihr über den braunen Haarschopf gestreichelt.

Ich hab nicht nach meinen Eiern geguckt, weil ich überhaupt nicht mehr laufen konnte und da ja sowieso nicht viel zu gucken war, und vielleicht hab ich auch deshalb nur kaum welche gekriegt, weil ich nicht mehr an den Osterhasen glaub – vielleicht ja nur deshalb. Aber an irgendwas glaubt ja jeder, und dann krieg ich vielleicht mal was anderes, also was, woran ich glaub.

„So, jetz zieh ich dir ma schnell die Schuh aus", sagte Mama. „Setz dich ma auf den Stuhl. So schlimm wird 's hoffentlich nich sein."

„Aua!" Das tat ja so was von sauweh, als Mama mir meine Schuhe abstreifte.

Als die Schuhe aus warn und die Strümpfe auch, warn zwei dicke Eier an meinen Füßen zu sehn, eins links und eins am rechten Fuß – und da mussten die andern es auch endgültig glauben, das mit meinen beiden schlimmen Blasen.

„Die lassen wer jetz erstma in Ruhe, Ulrich, is am besten", sagte Mama, und Papa nickte und ließ lange seine Hand auf meiner Schulter liegen, und danach bin ich – mit meinen Blasen an den Füßen – nur noch ganz vorsichtig in unsrer Küche rumgehumpelt.

Oma öffnete unsern Kühlschrank, lugte da ganz neugierig rein, holte die Schüssel mit den Ostereiern, also dem Eiweiß und den Eigelbaugen, von neulich raus, stellte die auf den Küchentisch und setzte unsere große Bratpfanne auf den Herd:

„De Eier möten jetz wech – dei stohn schon siet veer Dooch do im Kühlschrank."

Zum Abendbrot gab 's das größte Rührei aller Zeiten – aus unsern ausgeblasenen Ostereiern – und obwohl wir im Bus schon Mamas Stullen gefuttert hatten, hatten wir von unsrer Wanderung im Ittertal und im Märchenwald wieder so 'n Schmacht, das glaubt kein Mensch ..., und ich ließ meine nackten Blasenfüße von meinem Küchenstuhl baumeln.

Omas Rührei hat ja so geschmeckt, mit dem ganzen Schnittlauch und den Speckwürfelchen drin und ihrm Weißbrot dazu. Aber danach sind Gitti und ich ins Bett gefalln, also

Mama hat uns da abgekippt, und 'ne Gutenachtgeschichte brauchten wir heute auch nicht mehr, so kaputt und fertig und satt wie wir warn, dass ich nicht mal mehr was von meinen Blasen gemerkt hab – und so 'n blödes Märchen hätten wir nach dem grauseligen Märchenwald sowieso erstmal nicht mehr hörn wolln, und wir warn gleich weg und haben geschlafen wie die Wackersteine.

Am Ostermontag war wieder Sonnenwetter, das hab ich morgens schon durchs Fenster gesehn, aber Mama sagte leise: „Bleib ma noch 'n bisschen liegen, Brigitte schläft auch noch." Mir zogen noch 'n paar Bilder aus 'm Ittertal und dem Märchenwald durch 'n Kopp, und dann bin ich wieder weggedämmert und hab von Seifenblasen geträumt, die stiegen von ganz tief aus 'm Meer nach oben und schimmerten dann mit allen Farben in der Sonne, bis sie platzten ...

„Aua!!!" Ich schreckte hoch und saß aufrecht in meinem Bett.

„Ach, mein Kleiner." Mama hatte 'n paar Tränen in ihrn Augen. „Ich hab nur ganz vorsichtig nach dein Blasen gesehn. Tut dir das denn weh?"

„Nee, geht so."

„Ulrich." Mama hob mich auf den Bettrand. „Erst ma Milch und 'n Marmeladenbrot, ja?"

„Und dann?"

„Danach mach ich dir deine Blasen auf."

Puuh – igitt! Wie macht man denn 'ne Blase auf? Mit 'nem Messer oder 'ner Schere bestimmt – und dann ist alles voller Blut und vollgesaut, und ich muss brülln, weil 's so wehtut ...

„Mama, ich will nur Milch – kein Brot und keine Marmelade nich."

Und Mama sagte: „Gut – aber warum zitterst du denn so?"

„Ich hab Angst!"

„Musst du nich. Wirklich – musst du nich!" Mama nahm mich fest in 'n Arm, fast, als wenn sie mich erwürgen wollte. „Davon merkst du gar nix, und dann sind die Blasen ruckzuck weg, als wenn 's die nie gegeben hätt, und morgen is alles vergessen."

„Wirklich?"

„Wirklich", sagte Mama und wischte mir mit ihrm Taschentuch das Gesicht ab und sich selbst auch. „Bin gleich wieder zurück, muss nur schnell was holn, ja?"

Als Mama wieder zurück in der Küche war, sagte sie: „Nu leg ma deine Füße hier auf den Hocker."

Jetzt werd ich operiert – so heißt das doch, wenn einer an dir rumschnippelt, oder? Und Mama hat an meinen Füßen rumgefummelt, und ich hab an die Decke von unsrer Küche gestiert, wollte am liebsten wieder schlafen ..., für immer.

„Eine is schon ma auf!" Mama hielt eine klitzekleine Stecknadel triumphierend in die Höhe und fing wieder das Gefuddel an meinen Füßen an. „Und jetz die andre auch!"

Von Mamas Blasenaufmachen hab ich fast überhaupt nix gemerkt, und wehgetan hat 's auch nich die Bohne! Ich hatte nur 'ne Zeit lang 'n bisschen richtig nasse Füße – von dem Wasser, was da aus meinen Blasen rauslief.

„Das is das Zeug, was in den Blasen drin war", erklärte Mama. „Das läuft raus und trocknet jetz weg. Und dann is gut."

„Das is aber einfach mit den Blasen!" rief ich, wie frisch geborn.

„Ja", sagte Mama. „Da gibt 's andre Sachen, die sind nich so einfach. Sei froh." Und sie hat mir links und rechts einen Kuss auf die Backe gegeben.

„Heute is auch noch Ostern!" rief Gitti, und sie hatte schon wieder die ganze Schokolade von ihren Ostereiern um die Schnute und spionierte erneut in unserer Wohnung in den Ecken rum, als wenn es immer noch mehr von denen zu finden gäb.

Gitti hatte ein ganz hellrosanes Rüschenkleidchen an und sah so süß da drin aus – trotz der ganzen braunen Flecken von der Schokolade auf ihrm Kragen.

Zum Mittag gab es zur Feier des Tages, es war ja nun mal immer noch Ostern, Hasenbraten mit Rotkohl. An dem Hasen war aber nicht viel dran, und außerdem war der voller Schrotkörner von dem Jäger, der ihn abgeschossen hatte, sodass wir mehr mit dem Ausspucken von den Gewehrkugeln als mit Essen beschäftigt warn. Da war der Nachtisch schon angenehmer, nämlich Eis, Vanille, Erdbeer und Schokolade, das hatte Mama selbst gemacht, in den Plastikförmchen, wo sonst im Sommer die ganz normalen Wassereiswürfel drin sind – und da war auch kein einziges Bleikorn drin. Wen 's interessiert, Gitti hatte jetzt auch noch neben der Schokolade obendrein Rotkohlflecken auf ihrm rosanen Rüschenkleidchen und ich auch, also ich auf meinem buntkarierten Sonntagshemd.

Papa war schon wieder ganz unruhig und wollte mit uns irgendwo hinwandern, doch Mama bestimmte: „Hugo, wir gehn allerhöchstens vor die Haustür, und dann nehm wer Mama auch mit, damit sie ma 'n paar Meter raus und an die frische Luft kommt, ... und Ulrich, der mit seinen Blasen, kann sowieso nich so weit laufen, und mit um Solingen rumlatschen kann der überhaupt nich."

Das hat Papa schnell eingesehn, und das haben wir dann an dem Ostermontag auch genauso gemacht, wie Mama das befohln hat, und ich und Gitti haben Oma gezeigt, wie sich die Waageplatte von Osterwinds in der Straße hin- und herbewegt, wenn man da drauf 'n bisschen hin- und herwackelt.

„Oma, stell dich da ma drauf – und wackel 'n bisschen hin und her!"

Oma hat sich auf die Waage gestellt, aber sie ist nur 'n paar Schritte hierhin und dahin gegangen, hat sich auf ihrn Spazierstock gestützt und ist dann auf der Waageplatte stehn geblieben, hat gar nicht gemerkt, dass das 'ne lose Platte ist, die man wirklich selbst mit 'n bisschen Gehampel in Schwung bringen kann, und hat einfach nur geguckt, wo die Sonne steht, aber gewackelt hat sie nicht und hin und her sowieso nicht, und deswegen hat das alles nicht so funktioniert, wie Gitti und ich uns das so ausgedacht hatten.

„Nu lasst mal gut sein, ihr beiden", sagte Papa, und Gitti und ich haben uns bei Oma links und rechts eingehakt und uns ohnehin schon allein darüber gefreut, dass Oma mal mit uns zusammen draußen vor der Tür an der frischen Luft war.

Mama lehnte ganz entspannt an der Mauer neben Osterwinds Waagehäuschen, hatte ihre Arme vor ihrer Brust verschränkt, ihr Blumenkleid wehte und sie hatte uns im Blick und guckte zwischendurch in die Sonne und freute sich, und Papa kam gerade von unten hinter Osterwinds Mauer zurück die Stufen hoch. Was wollte Papa da unten überhaupt, vielleicht nur Pipi machen? Hoffentlich nich in die Beeke – denn da trink ich doch immer draus! Aber die Beeke fließt ja immer weiter, und deswegen macht der 'n bisschen Gepinkel gar nix aus, und kurz drauf ist ihr Wasser wieder frisch und klar ..., aber mit dem Trinken aus unsrer Beeke wart ich besser sicherheitshalber erst ma 'ne Weile.

OMAS RAPUNZELHAAR

Oma trug immer schwarze Sachen, immer, und immer 'ne schwarze Schürze mit weißen Pünktchen oder Sprenkeln, und sie hatte ganz, ganz langes Haar. Das konnte man aber nicht sehn, das ganz, ganz lange Haar von Oma, weil ihr Haar tagsüber 'n kleiner zusammengesteckter Dutt war, und wir haben überhaupt kaum mitgekriegt, dass sie so tolles langes Haar hatte – außer wenn Mama ihr auf 'm Küchenstuhl das Haar frisiert hat, das fiel dann ganz, ganz lang und glatt runter über die Stuhllehne, und das war grau bis weiß, und 'nen leichten Gelbstich hatte Omas Haar auch, aber das nennt man beim Haar wohl *blond* und nich *gelb*. Omas langes Haar hat Mama Oma alle paar Tage im Spülbecken gewaschen und danach, pitschenass, wieder behutsam ausgedrückt und ganz bedächtig weit runter über den Rücken glatt ausgekämmt, und wir Kinder haben gewartet, bis es fast wieder trocken war und Mama Oma 'nen tollen langen Zopf geflochten hat – und der Zopf war bestimmt 'n Meter lang – ungelogen!

„Oma, du hast ja Haare wie Rapunzel!" rief Gitti bewundernd aus. Dafür hat Oma Gitti die Backe gestreichelt.

„Dien waarn ock mol jenauso lang – un bliem brun." Und Gitti hat ihre andere Backe auch hingehalten.

Papa hatte fast schwarze Haare und Mama braune, auch alles ganz lang – also bei Papa eher kurz, wie bei allen Männern. Ich und Gitti hatten natürlich auch Haare, meine warn richtig kurz, aber Gittis auch nich viel länger.

Jetzt hab ich aber genug über unsere Haare gequatscht, weil Haare sind ja nur an einem dran und nicht in einem drin, und was in einem drin ist, hat viel mehr zu bedeuten.

Auf jeden Fall hatte Oma die längsten Haare von uns allen. Das hat nur keiner gesehen, weil sie alle in ihrm Knuff schön verflochten und verknotet und verborgen warn.

IM MAI

Gar nicht lange nach Ostern kommt auch schon der 1. Mai, und da war Sonntag. Aber egal ob da Sonntag ist oder nicht, am 1. Mai ist immer *Sonntag*, auch wenn 's mitten in der Woche ist, das ist nämlich der *Tag der Arbeit*, und, das ist das Allerkomischste, da arbeitet überhaupt keiner, und weswegen der so heißt, weiß wahrscheinlich kein Mensch, und am 1. Mai scheint immer die Sonne, und deswegen warn Papa und Gitti und ich auch draußen vorm Haus, und Gitti strampelte auf ihrm Holzdreirad über die Straße und die Waage, denn da warn ja heute weit und breit keine Laster, wegen dem Tag der Arbeit, wo kein Schwein arbeiten darf, und Gitti konnte sich richtig austoben, und Papa auch, denn hier draußen an der frischen Luft konnte er seinen Zigarettenqualm frei in den Himmel pusten, anders als bei uns in der Wohnung, wo er das meistens nur verstohln gemacht hat, und die andern von uns immer vorwurfsvoll guckten, ob er mal mit der Pafferei und der Stinkerei aufhört; aber das haben wir Papa natürlich nie gesagt, denn Papas dürfen immer machen, was sie wolln.

Gitti hatte 'n weißes Kleidchen an, konnte ganz prima Dreirad fahrn, und ich bin andauernd hinter ihr hergelaufen, und Gittis Beinchen warn vom Tempo, das sie draufhatte, ganz nackelig, wegen dem Fahrwind, der ihr das Kleidchen immer wieder hochblies, und Papa ist ebenfalls andauernd hinter uns beiden hergeeilt, damit er auch gleich in der Nähe ist, wenn mal 'n Malheur passiert.

Gitti ist überhaupt das hübscheste Mädchen, das ich kenn – ganz zierlich, einfach ein süßes Püppchen. Die hatte kurzes braunes Haar, nicht so kurz wie meins, aber sie war ja auch 'n Mädchen, und die haben schon immer längere Haare, und dann hatte sie ganz blitzende schwarze Lackschuhe, und sie konnte rennen wie 'n Reh oder so und Dreirad fahrn wie 'n Wirbelwind, damit war sie richtig prima, da musste Papa immer aufpassen, dass sie nicht entwischt, und ich bin auch immer hinterher, und dann das schmucke Kleidchen, das sie anhatte, mit vieln Falten und Rüschen, auch an ihrn Oberärmchen, und das hat ihr sowieso Mama angezogen, und deswegen war Gitti so fesch.

Mama und Papa und Oma haben Gitti immer am liebsten gehabt, weil Gitti ja unsre Kleinste war, besonders als se 'n Baby war, aber mich haben sie auch richtig liebgehabt, weil früher war ich ja auch mal 'n Baby.

Mama und Papa warn bestimmt auch mal Babys, und da haben ihre Eltern sie bestimmt auch ganz richtig liebgehabt, weil sie so niedlich warn und mit Kulleraugen, und Oma war bestimmt auch mal 'n Baby, aber so richtig niedlich kann ich mir Oma gar nich vorstelln ..., so alt und runzlig wie sie jetzt ist und jeden Tag bei uns sitzt. Doch vielleicht sieht ja jeder mal so aus wie Oma, also nicht direkt, aber so ähnlich, mit grauen oder weißen Haarn und Falten im Gesicht und Brille, vielleicht komm ich ja auch mal dahin, aber dann lieber ohne Brille ..., is aber auch egal, Hauptsache, de hast *dein Herz am rechten Fleck* – so sagt das Oma immer.

Auf Osterwinds Mauer saß 'ne ganze Horde von kleinen Vögeln.

„Guckt mal", flüsterte Papa. „Alles Rotkehlchen – und zwei Kohlmeisen." Stimmt, die hatten alle rote Kehlchen, aber von Kohl hab ich nix gesehn, die Kohlmeisen müssen die zwei Gelb-Schwarzen gewesen sein, und dann ist Gitti mit ihrm Dreirad rüber zur Mauer gepest, und da flogen alle Vögel auf und davon.

Dann ist da aber doch tatsächlich 'n großer dicker brauner Käfer bei Gitti auf der Schulter gelandet, und die fing sofort an, um sich zu haun und zu kreischen und zu heuln.

„Das ist nur 'n Maikäfer", sagte Papa lachend und scheuchte den Maikäfer von Gitti weg. „Der kommt nur alle sieben Jahre." Das hat Gitti aber nicht besonders aufgemuntert.

Der war verdammt groß, der Maikäfer, dass ich selbst auch richtig Angst kriegte, so mächtig wie der war, und dann warn da plötzlich noch viel mehr von denen in der Luft, und wenn die bei mir am Ohr vorbeischwirrten, klang das jedes Mal fast wie 'n Hubschrauber oder so, und Gitti musste in ihrer Not auch die ganze Zeit weiter um sich schlagen.

Das war 'ne ganze Wolke von Maikäfern, in die wir da geraten warn, aber irgendwann ist die weitergezogen, und wir hatten wieder Luft und haben alle drei zusammen gelacht, und Gitti hat noch 'n paar Runden mit ihrm Dreirad gedreht, aber nicht so schnell wie vorher, denn sie musste zwischendurch immer im Himmel Ausschau halten – wegen den gefährlichen Maikäfern.

Dann sind Papa, Gitti – und ihr Dreirad – und ich hoch zum Mittagessen, und als wir uns an den gedeckten Tisch setzten, lag für jeden auf 'm Teller – 'n großer Maikäfer!

„Iiih!" schrie Gitti, wie vom Affen gebissen. Papa hat Gittis Maikäfer fix das Silberpapier ausgezogen, und da war er nur noch aus Schokolade und gar kein echter Maikäfer mehr, aber trotzdem hat Gitti den vor lauter Ekel und Grauen ganz schnell rüber auf meinen Teller geschmissen.

Weil Mama und Oma überhaupt keine Ahnung hatten, was das Theater um die Schokoladenmaikäfer bedeutete, haben sie die eins, zwei, drei weggeräumt und uns Kartoffeln und Leipziger Allerlei, das ist 'n Durcheinander von Gemüse aus Mohrrüben, Erbsen und Blumenkohl- und Spargelstückchen, auf unsere Teller gefüllt und frisch gehackte Petersilie oben drübergestreut. Da war die Welt für Gitti so langsam wieder in Ordnung, und als Mama uns das Schweinebratenstück dazu legte und auch noch 'n bisschen Bratensoße drüber träufelte und das ganze Mittagessen vor unserer Nase dampfte und duftete, da haben Gittis Augen wieder gefunkelt, und von den blöden Maikäfern wusste sie überhaupt nix mehr.

... Das alles ging mir ein paar Stunden später wieder so durch 'n Kopp, als ich abends nach 'm Pipimachen bei uns aus 'm Klo auf die Waage geguckt hab; das war am Abend von dem 1. Mai von eben, und rechts war die Sonne blutrot, und ich hab einfach nur aus unserm Klofenster geguckt und geguckt – und unsern 1. Mai nochmal an mir vorbeiziehen lassen ... *Maikäfer gibt's nur alle sieben Jahre* hat Papa nebenbei, als Gitti wie 'ne Furie in einem durch um sich haute, gesagt – Mensch, das wär ja ganz schön traurig, wenn 's mich nur alle sieben Jahre und nicht immer geben würde; da hatte ich ganz schön Mitleid mit den ganzen armen Maikäfern, denn nächstes Jahr war doch wieder 'n Mai und wenn da kein Maikäfer ist, dann würde da doch die Hälfte fehlen, auch wenn Gitti heilfroh drum wär. Bei uns aus 'm Klofenster gucken ist mit das Allerschönste, weil hinter dir ist ja alles sicher abgeschlossen und keiner kann dich störn und dir bei deinen Gedanken, Träumereien und Spinnereien dazwischenfunken – nich mal Mama ..., obwohl, Mama hätte ich beim Klofensterrausgucken schon am liebsten bei mir.

OMAS DICKMELK

Oma konnte richtig gut dicke Milch machen. Sie hat die dicke Milch aber immer *Dickmelk* genannt, und deswegen hieß die dicke Milch von Oma bei uns in der Familie auch Dickmelk, und nich irgendwie anders. Dafür, also für die Dickmelk, hat Oma fünf kleine Schalen mit frischer Milch von PÜTZ in der Küche auf unserm Kühlschrank plaziert, auf dem stand dick ATE drauf, aber was das bedeutet, weiß ich nicht, vielleicht was Ähnliches wie GRUNDIG, was ja auf unserm Radio stand. Vielleicht heißen alle Radios ja GRUNDIG und alle Kühlschränke ATE ..., spielt jetzt bei Omas Dickmelk auch überhaupt gar keine Rolle, die hätte sonst wo stehen können, bei uns war die jedenfalls immer auf unserm Kühlschrank, und der heißt nun mal ATE, und die Dickmelkschälchen warn natürlich für uns fünf – Mama, Papa, Gitti, mich und Oma selbst – bestimmt.

Dicke Milch gibt 's nicht zu kaufen, nee, und Omas Dickmelk schon gar nicht – Yoghurt und Quark schon und sonst was mit Milch, und Milch sowieso, doch dicke Milch, also Dickmelk, kann nur Oma, und dafür musste sie überhaupt nicht groß rumfuhrwerken, im Gegenteil, wenn die Milch in die Schälchen gefüllt und ins richtige Licht gestellt ist, musst de einfach nur noch abwarten; das Warten dauert einen ganzen Tag und eine ganze Nacht und nochmal den ganzen Vormittag, bis die Milch 'ne gelbe, schrumpelige Haut obendrauf kriegt und schon fast richtig ekelhaft aussieht, und solang musst de se ganz in Ruhe stehn lassen, sonst machst de se kaputt, und Oma wusste genau, wie das funktioniert und hat sie nicht angerührt, bis sie reif und fertig war. Die Schälchen mit der vergammelten Milch standen also oben auf dem ATE-Kühlschrank und kriegten nochmal richtig 'nen Stich Vormittagssonne durchs Küchenfenster ab, bis sie auf unsern Tisch kamen, und dann hat Oma oder Mama oder beide 'nen guten Teelöffel Zucker auf jede Schale draufgestreut, weil die alte eingedickte Milch inzwischen obendrein ziemlich sauer geworden war, und wir haben alles durcheinandergerührt und das hat ja so prima geschmeckt – da kommt so schnell nix ran!

Bestimmt – Oma hätte damit richtig reich werden können! Stell dir nur vor – fünf Pfennig für 'n Schälchen Dickmelk – und dann kommen 1000 Leute vorbei, die das essen möchten – dann wär sie ruckzuck Millionär, das ist nämlich der Reichste von der Welt. Aber das kapiert Oma nicht mehr. Hab ich ja gesagt, Oma is schon 'ne Ecke über 50, vielleicht sogar schon fast 70, weiß nicht genau, außer dass ihr Geburtstag der 14. Dezember ist, das kann ich mir gut merken, weil, das ist nämlich haargenau zehn Tage vor Heiligabend.

Genau – das mach ich, wenn ich in der Schule die ganzen andern wichtigen Sachen verstanden hab, da mach ich einen Dickmelkladen auf, denn ich hab ja lang genug bei Oma zugeguckt und weiß genau, wie man Dickmelk macht, und da kommen dann 100.000 Leute und dann bin ich abends der größte Millionär von allen.

Aber ich werd dann jedem Kunden, wenn er seine Schale Dickmelk in seine Einkaufstüte packt oder gleich bei mir an der Ladentür verputzt, sagen *Das hat meine eigne Oma selbst erfunden!* Genau, das werd ich jedes Mal dazu sagen, damit dann jeder weiß, woher die leckere Dickmelk überhaupt herkommt – und dass sie in Wirklichkeit Omas Erfindung ist und deshalb ganz allein ihr gehört.

Aber vielleicht macht das ja auch Gitti – das mit dem Millionär – die hat ja genauso gut aufgepasst und weiß auch haargenau Bescheid über Omas Dickmelk.

IM KELLER

Wir hatten auch 'nen Keller, der war aber ganz unten im Haus, das haben Keller ja so an sich, dass sie, ... äh, ... na ja, im Keller liegen, und unser eigener Kellerverschlag lag da unten ganz weit hinten durch, fast in der letzten Ecke, und da hing ein Schloss vor, vor der vorletzten Lattengittertür – das war unser Keller. Papa und Mama warn schon öfter mal mit Gitti und mir da unten, zum Kartoffeln oder Briketts hochholen, und manchmal war sogar Oma mit unten. Mensch – das war 'ne ganz schön unheimliche Ecke in unserm Haus, da, wo die ganzen Kellerräume von uns warn!

Einmal, da hatten wir gerade unsern Nachtisch verputzt, guckte Papa mich ernst und mit erwartungsvollen Augen an.

„Ulrich?“

„Ja, Papa?“

„Hast du Lust, mal alleine unten aus unserem Keller Kartoffeln hochzuholen? Musst du aber nicht, wenn du nicht willst ..., hast ja vielleicht Angst, ganz allein da unten.“

Da wurd ’s mir ganz schön mulmig – und hab aber trotzdem geantwortet: „Klar – mach ich, kann ich.“

„Na, dann los!“ Papa klopfte mir sachte auf die Schulter. „Guck, hier ist der Kartoffelkorb – und hier der Kellerschlüssel. Du weißt ja noch, wo unser Keller ist?“

„Sicher, weiß ich noch ganz genau!“ Ich hatte aber schon ’n Stein in der Hose, und so genau wusste ich auch nich mehr, wo unser Keller eigentlich war, und am liebsten wär ich oben geblieben und hätt mich in meim Bett verkrochen, doch dann bin ich mit dem Kartoffelkorb mutig aufs Geratewohl runter ins Treppenhaus abgedampft.

„Mach den Korb aber nich zu voll!“ rief Mama mir mit besorgtem Blick hinterher. „Hast de gehört?! Oder soll ich vielleicht doch besser mitkomm?“

„Nee, nee – das klappt bei mir schon.“ Ich bin unsre Treppe runtergestiefelt, den Kartoffelkorb in der Hand und den dicken Schlüssel in meiner Hosentasche, an Osterwinds Wohnung vorbei, wo Blanka, das war ja die Schäferhündin von Osterwinds, mal kurz hinter der Wohnungstür von denen gebellt hat, hab die Tür runter zum Keller aufgemacht, das Licht angeknipst und die Tür hinter mir wieder zugemacht, und dann bin ich die Treppen weiter richtig runter in den Keller abgestiegen. Aber unten angekommen war ich noch längst nicht bei unserm Keller, i wo, ich musste noch den Gang links entlang und danach noch ’ne kurze Abzweigung nach rechts nehmen und nochmal links und bis nach ganz hinten durch, und die vorletzte Butze, das war dann unser Keller.

Ich hab den Schlüssel aus meiner Hosentasche gefischt und zittrig in das Vorhängeschloss von unsrer Kellertür gesteckt, und in dem Schummerlicht musste ich unheimlich drauf achten, dass ich das Schlüsselloch find, und deswegen hatte ich immer so Angst, dass ich nicht auf die andern Sachen aufpassen konnte und der Teufel mich erwischt ..., der is nämlich überall, wo ’s dunkel is.

Als ich die Tür aufhatte und drin in unserm Keller war, musste ich erst den Drehlichtschalter finden, sonst hätt ich da drin überhaupt nix erkennen können, und da standen dann ’n uraltes Fahrrad, ’n Hauklotz mit ’ner Axt drin, womit Papa immer Holz gehackt hat, wenn wir nicht genug Briketts hatten, ein Regal mit Eingemachtem, Pflaumen, Kirschen, Stachelbeern, Birnen und so und Briketts links in Doppelreihe ’n Meter hoch an der Wand gestapelt und so anderes Zeugs – und unsere Kartoffelkiste. Da draus haben Mama und Oma alle paar Tage immer die Kartoffeln hochgeholt, die wir zum Mittag brauchten; und diesmal hab ich die zum ersten Mal aus der Kiste eingesammelt, ganz alleine! Aber ich hatte ganz große Angst, wegen der ganzen Dunkelheit im Keller, vor allem weil ich mutterseelenallein war, aber ich hab ’s trotzdem machen können – weil ich ja doch ’n Junge bin. Ich hab mich über die Lattenwand von der Kartoffelkiste gequält, weil ich war ja noch ’n kleines Kerlchen, hab den Kartoffelkorb schön pickepackevoll geladen – dann muss ich morgen nicht gleich wieder runter Kartoffeln holen – und ich hab unsern Keller wieder abgeschlossen und überall das Licht ausgemacht, und als ich bei unsrer Wohnung ganz schön aus der Puste klingelte, hat Papa sofort aufgemacht und mir wieder auf die Schulter geklopft. „Das hast du ganz prima gemacht, Ulrich – ich bin richtig doll stolz auf dich!“ Und an seinen Augen hab ich ’s auch gesehn, dass Papa ehrlich mordsmäßig stolz auf mich war.

Gitti musste nie Kartoffeln hochholen, und das ist auch besser so – einmal, weil die sowieso zu schwer für sie sind, die Erpeln, und dann wegen der ganzen Angst, durch die da unten im Keller einer durchmuss.

Aber ich bin – auch die nächsten Male – immer heil aus ’m Keller rausgekommen! Das ist bestimmt wegen dem lieben Gott, und gegen den kann der Teufel aber so was von überhaupt nix machen, aber ich weiß eben nicht hundertprozentig, ob sich der liebe Gott überhaupt im Keller groß aufhält. Wenn ich felsenfest sicher wär, dass der liebe Gott auch da unten bei uns im Keller das Sagen hat, würd ich dem Teufel die Zunge rausstrecken ..., aber ich glaub, der liebe Gott ist nur bei uns oben in der Wohnung und noch viel weiter oben drüber – nämlich im Himmel.

Also, deshalb hab ich so Angst vor dunklen Ecken, und daher kommt das ganze Hin und Her in meinem Kopp, wo ich nicht weiß, was stimmt und was nicht, und wenn ich wüsste, was los ist, müsst ich nicht so viel rumquatschen, ... wollt ich nur mal sagen.

Wenn es auf den Winter zuging, kam in unsre Van-Meenen-Straße der Kohlenkutscher, der hatte aber nicht nur Kohlen drauf, sondern auch Briketts, und die haben wir meistens genommen, weil, die warn billiger als Kohln, aber manchmal haben wir auch Kohln genomm, und bei den Kohln gab 's die Eierkohln und den Koks, wobei der Koks *die echte Steinkohle* ist, und die war deswegen auch die teuerste Kohlensorte. Die Eierkohln sahn aus, na ja, eben wie Eier, und der Koks sah aus wie irgendwelche kohlrabenschwarze Steinbrocken, und der Koks war am allerbesten zum Heizen, aber wir haben dann doch höchstens Eierkohln gekauft, meistens aber auch nur Briketts – dafür konnten wir die schön in unserm Keller links an der Wand hoch auftürmen und die nahmen da nicht so übermäßig viel Platz weg, denn das, also das an der Wand schön Aufstapeln, konntest du natürlich mit den Eierkohln und dem Koks nicht hinkriegen, ist ja wohl einigermaßen klar.

Jetz muss ich aber erst mal mit *Koks* und *Eierkohln* und *Briketts* Klarheit schaffen: Also Koks is die wirklich echte reine Kohle, einfach Kohlengestein, wie de 's ganz tief unter der Erde im Bergwerk findest, nur eben ziemlich klein gebröckelt; Eierkohln und Briketts dagegen sind lediglich zusammengepresster Koksdreck und Koksstaub; wenn Koks zu Brennen anfängt, dann brennt der ewig lange und glüht weiter bis in die Puppen; Eierkohlen brennen auch fix, fixer als Briketts, die brauchen 'nen Moment, bis sie in Gang kommen, doch beide, Eierkohlen und Briketts, geben ihrn Geist viel früher auf als wie der Koks – und deswegen is Koks am teuersten und Briketts sind am billigsten, und deswegen haben wir ja auch meistens Briketts gekauft.

Jedenfalls kam bei uns der Kohlenkutscher mit seinem Gaul und seinem Anhänger an, und Papa oder Mama haben dem Kohlenkutscher unten vor der Haustür sein Geld schon vorweg bezahlt, damit das schonmal erledigt ist, zehn Mark oder zwanzig oder so, je nachdem, wie viele Briketts wir haben wollten, und der hat die Briketts bei uns außen an der Hauswand aus 'nem großen braunen Sack oder zwei oder auch mehr ausgeschüttet, und Papa hat dann den Gitterrost unten an der Hauswand aus dem Bürgersteig gehoben und die ganzen Briketts mit 'ner großen Schippe nach und nach in den Schacht da runter in den Keller von unserm Haus geschubst, und Gitti und ich haben auch mitgeholfen und warn danach genauso kohlrabenschwarz wie der Kohlenkutscher, und unten im Keller lagen die ganzen Briketts dann auf dem Fußboden vom Kellergang, und Mama und Papa und Gitti und ich sind wie die Ameisen hin- und zurückgelaufen und haben die Briketts in unsern eignen Kellerraum getragen und die da fein säuberlich links an der Wand aufgestapelt, das geht mit Briketts nämlich ganz prima, also das Stapeln, mein ich, weil die haben so 'ne schöne Form, dass man die alle ganz einfach ordentlich nebeneinander und aufeinander setzen kann.

Oma war aber nicht bei uns unten im Keller, denn die hat oben auf unserm Bürgersteig die Brikettbrocken und die Kohlekrümel und den schwarzen Staub in den Rinnstein und den Gulli gekehrt und alles wieder schön sauber gefegt, damit uns keiner was nachsagen kann – bis Papa kam und den Rost wieder in den Bürgersteig reingesetzt hat, und dann warn wir für diesen Winter fertig mit dem Briketteinlagern.

Das Pferd von dem Kohlenkutscher war ganz lieb, aber riesengroß, und es hat andauernd mit seinen Füßen aufgestampft, und geschnaubt hat 's, dass Gitti ihm schon 'n Taschentuch hochreichen wollte, und es hatte so Klappen seitlich an seinen Augen, wahrscheinlich damit es nicht die ganzen Laster drüben auf der Waage und Blanka, die da ja immer rumtobte, sehn musste und ohne seine Klappen vielleicht bekloppt geworden wär von der ganzen Welt und dem Remmidemmi um es rum. Wenn der Kohlenkutscher kam, war Blanka nämlich immer völlig aus 'm Häuschen, weil sie nicht wusste, was sie zuerst machen sollte und wo sie mal zuschnappen musste – bei dem Lasterfahrer oder dem Kohlekutscher oder dem sein Pferd oder umgekehrt – obwohl, an das Kutschpferd hat Blanka sich nie so richtig rangetraut, denn das war 'n teuflisch großer Bursche, der hieß *Belgier*, hat Papa gesagt, aber woher Papa überhaupt den Namen von dem Kohlenpferd kannte, weiß ich gar nicht, und um Belgier hat Blanka dann doch ehrfürchtig 'nen riesigen Bogen gemacht und sich lieber mit den leichteren Sachen beschäftigt und ist wieder rüber zur Waage und zu den Hosenbeinen von den Lasterfahrern.

Aber wenn wir die Briketts runter in den Kellerschacht befördert haben, war Blanka zwischendurch immer ganz fix bei uns, als wenn sie uns bei der Arbeit unbedingt helfen wollte und passte dann lediglich auf, dass sie nicht zu nah an unsern Kellerschacht und vor allem nicht an Belgier geriet, und der wurde bei Blanka auch ganz ungemütlich und fing fürchterlich an rumzuhampeln und schlug ab und zu sogar mit seinen Hinterhufen aus, wenn er Blanka bellen hörte, auch wenn er ja wegen seinen Scheuklappen nicht besonders viel sehn konnte.

Gegen Ende vom Jahr, wenn 's derbe kalt wurde und das Heizen richtig losging, haben wir dann die Briketts nach und nach unten aus unserm Keller oben in unsere Wohnung geschleppt und die in unsere beiden Öfen in der Küche und im Wohnzimmer gesteckt, damit wir 's auch schön warm kriegten – und das ham wer ja auch.

ÜBER EIMER

Irgendwann später, als ich noch 'n bisschen größer und stärker war, haben sie mich im Winter, außer zum Kartoffeln hochholn, auch oft zum Brikett hochschleppen in den Keller geschickt – von meiner ganzen Teufelsangst dabei wusste ja keiner nix – weil ich ja doch 'n Junge bin und mittlerweile offenbar auch noch schwerere Sachen als 'n Korb Kartoffeln tragen konnte.

Für die Briketts hatten wir 'nen ganz besonderen hohen viereckigen Blecheimer, der war unter dem Handgriff abgeschrägt, und da passten nur Briketts rein – also klar, da passten auch andere Sachen rein – aber der Eimer war wie für Briketts geschaffen, als wenn man nix anderes reintun sollte; da konntest du die Briketts passend nebeneinanderlegen und genauso passend übereinander drin stapeln, und wenn der voll mit Briketts war, war der einfach voll, und da hast du nix andres mehr reingekriegt, und zwischen die Briketts und zur Wand von dem speziellen Briketteimer passte nicht mal mehr 'n Blatt Papier – oder höchstens eins. Der Mist bei so 'nem richtig vollbepackten Briketteimer ist, den krieg ich kaum von der Stelle, geschweige aus tief im Keller die ganzen Treppen hoch bis in unsere Wohnung, deswegen hab ich auch erst mal immer nur halbvolle Briketteimer zu uns hochbugsiert – oder wenn ich se doch bis oben hin voll haben wollte, auf dem Weg nach oben auf den Treppen zwischendurch 'n paarmal abgestellt und tief durchgepustet.

Weißt de – Eimer sind ganz wichtig, genauso wichtig wie, ... eh, Messer zum Beispiel, oder ... oder Streichhölzer. Deshalb sollte einer sich über Eimer durchaus mal 'n paar Gedanken drüber machen. Über 's Wetter quatschen die Leute ja in einem durch, obwohl sie an dem gar nix ändern und dem nur zugucken können. Doch über Eimer denkt anscheinend überhaupt keiner nach, wobei so 'n Eimer wahnsinnig wichtig und nützlich ist und der auch genauso aussieht, wie wir wolln, dass er aussieht, und so wird er dann in irgend 'ner Fabrik hergestellt, genau in der Form und Größe und Farbe und so, jedenfalls genauso, wie wir den Eimer haben wolln und gebrauchen können; anders als wie beim Wetter können wir richtig Einfluss nehmen und den Eimer nach unserm Geschmack und wie der für uns am besten zu gebrauchen ist machen.

Also, so 'n Briketteimer ist genauso gut wie 'n Wascheimer, die nehmen sich beide nix – nur dass das schonmal klar ist – aber in 'n Wascheimer gehörn eben nur Seifenwasser und 'n paar Lappen oder Schwämme rein; wenn du da Briketts reinpackst, ist der nach fünf Briketts, kreuz und quer eingepackt, voll und eigentlich immer noch halb leer, weil da so viel leere Zwischenräume sind, die du gar nicht ausnützt; und in 'nem Briketteimer könntest du natürlich auch Waschwasser, zum Beispiel fürs Treppenwischen, transportiern, aber damit besudelst du nur das ganze Treppenhaus, weil 'n Briketteimer so was von undicht ist, und wenn du oben ankommst, ist der sowieso fast leer und kaum ein Droppen Wasser mehr drin, und darüber hinaus ist das ganze Treppenhaus pitschepatschenass gepladdert und von dem rausgespülten Kohlenstaub vollgesaut. Nee, nee – jeder Eimer ist für sich da, und den muss man auch dafür nehmen, wofür er gedacht ist.

Hättst de auch nicht gedacht, dass man sich so viele Gedanken über Eimer machen kann, ne?! Aber das ist es wert! Denn etwas, was für eine Sache vernünftig ist, ist für 'ne andere absoluter Quark – und funktioniert auch überhaupt nicht; deswegen soll sich jeder gut überlegen, welchen Eimer er wofür nimmt. Und das gilt eigentlich für alle anderen Sachen, die wir so tagein, tagaus treiben, genauso – und wir müssen schön aufpassen, wofür wir uns entscheiden. Wenn wir das nicht machen, also aufpassen, wie wir unsre Sachen machen, kann das ganz schön in die Hose gehen – und dabei ist der falsche Eimer noch das kleinste Übel.

Aber jetz zurück zu meinen Briketts aus 'm Keller hochholn. Wenn 'n Briketteimer bis oben hin voll ist, ist der genauso so schwer wie 'n großer Wassereimer, da kannst de Gift drauf nehmen, ich schwör 's – ich hab ja die Dinger selbst von unten aus 'm Keller hoch in unsre Wohnung gehievt und mich fast zu Tode gequält, und ich weiß, wovon ich red.

Aber wenn sie mich zum Brikett hochholen runterschicken, hab ich keine Bange wegen dem schwern Tragen – nee, eher wegen dem Keller, das war auch, als ich schon 'n bisschen größer war, immer noch genauso. Ist schon klar, 'n Keller ist auch nur 'n Raum wie überall, nur tief unten im Haus ... und eben nur in dunkel. Bei *dunkel* hab ich Riesenangst, geb ich ehrlich zu, und ich zitter jedes Mal, wenn ich in den Keller zum irgendwas hochholen muss, ob leicht oder schwer, und ich mach 's bloß, weil ich ja doch 'n Junge bin und vor nix Angst haben darf. Hab ich aber trotzdem! Einen Heidenschiss hatte ich vor unserm Keller, das sag ich dir! Nur, dass ich davon keinem was erzählt hab, nicht mal Mama – und Papa sowieso nicht ..., weil ich ja doch 'n Junge bin. Wenn 's dunkel ist, will ich Mama bei mir haben, und wenn 's rabenschwarze Nacht ist, am liebsten auch noch Papa dazu – und da hilft mir das Denken an die Sterne nur 'n ganz bisschen, weil unten im Keller siehst du von denen ja überhaupt nix, auch wenn du genau weißt, dass der ganze Himmel voll von denen ist. Außerdem ist es im Keller auch tagsüber bei hellstem Sonnenschein stockfinster, und es ist völlig egal, was für 'n Licht draußen ist oder nicht ist, im Keller ist es immer dunkel, und davor hab ich nun mal Riesenschiss.

„Hier sind de Briketts", ächzte ich, als ich oben in unsre Wohnung reinstolperte.

„Du sollst den dir doch nich so vollpacken!" Mama war wieder mal ganz entrüstet. „Hab ich doch schon tausendma gesagt – du schleppst dir noch 'n Bruch! Das nächste Mal geh ich wieder selber für die Briketts runter in 'n Keller, oder ich geh mit dir mit."

Und Oma, auf ihrm Sessel, ließ die Stricksachen in ihrn Schoß gleiten und seufzte: „Ulriker, mien Jong!"

Wir hatten zwei Kohleöfen bei uns – hab ich das eigentlich schon gesagt, ich glaub, ja, oder nicht – jedenfalls stand einer in der Küche, direkt neben Omas blauem Sessel, und einer im Wohnzimmer, und wir hatten noch 'ne Heizsonne für Oma, da wo 's zum Klo geht und wo ihr Bett steht, und ich merk schon, ich erzähl alles zweimal – aber besser zweimal als keinmal.

Für Omas elektrische Sonne brauchten wir keine Briketts, ist ja sonnenklar, da mussten wir nur den Stecker in die Steckdose in der Wand stecken, aber das war ganz teuer, denn das war elektrischer Strom, der da aus der Wand kam und Strom, so einfach aus der Wand, kostet nun mal 'ne Menge Geld, sagen Mama und Papa, wo, wenn de Briketts im Keller hast, und es damit auch genauso warm in der Wohnung wird, 'ne ganze Menge sparst, weil da muss nur einer in den Keller runtersteigen, egal, ob das Papa ist oder Mama oder neuerdings ich, denn wir kosten ja nix, und wir sind umsonst, und billiger geht 's nun mal nich. Obwohl – hab ich ja vorhin schonmal erwähnt – da gibt 's auch Kohln und Koks, die brennen sogar noch länger und sind heißer wie Briketts, und die sind 'ne ganze Menge teurer als Briketts, wenn auch nicht so teuer wie elektrischer Strom, aber ich glaub, Koks und Kohln passen sogar 'n bisschen besser in 'nen Wascheimer rein als in 'n Briketteimer. Ob 's wohl auch richtige Kohle- und Kokseimer gibt – so richtig passend für die? Bestimmt gibt 's so was. Würd mich schon interessiern, wo ich mich doch jetzt gerade viel mit Eimern beschäftige.

Egal – du musst mal in unsern Keller latschen, das ist wirklich die allerletzte Ecke von den ganzen Kellern von unserm Haus, und wenn du, ganz alleine, nicht schnell genug voranmachst, denkst du, dir haut gleich einer die Rübe ein oder verhext dich oder frisst dich auf; und wenn sich dann noch obendrein 'ne Spinne über dir abseilt und dir im Nacken rumkrabbelt, oder es raschelt in der Ecke, von 'ner Ratte vielleicht, ich sag dir, da machst du 'n Streifen mit und den Keller ratzfatz auf, drehst den Lichtschalter, kloppst die Briketts in den Eimer und siehst zu, dass du wieder da raus und die Treppen hoch ins Helle kommst, und oben im Treppenhaus fühlst du dich ganz erleichtert, auch wenn du so 'n schwern Briketteimer am Arm hängen hast.

„Wie mok werrer 'n Rührei, dat häst du di verdient", sagte Oma zu mir und ich hab meinen Briketteimer neben unsern Küchenofen aufs Schutzblech vorm Ofen bei Omas Sessel abgesetzt, und Oma packte ihr Strick- und Häkelzeug auf die Seite und holte sich 'ne Schüssel, 'n paar knackige Zwiebeln aus unserm Zwiebelkörbchen, das luftig auf unserm kleinen Kartoffeleimer platziert war, und 'n Küchenmesser aus der Schublade von unserm Küchenschrank und begab sich wieder in ihrn Sessel. Da saß sie jetzt und pellte Zwiebeln über der Schüssel in ihrm Schoß und schnitt die in Ringe und war deswegen am Heuln wie 'n verlassenes Hündchen und konnte kaum noch was sehn, und ich war heilfroh, dass sie sich nicht in die Finger geschnitten hat, und Mama schlug, am Küchentisch stehend, schonmal die Eier auf, mal mit dem Rücken vom Küchenmesser, mal am Schüsselrand, und die kippte sie in ihre Schüssel rein, und Papa kam grade von der Arbeit, und Mama sagte: „Hugo, es gibt gleich Rührei mit Speck, Zwiebeln und Petersilie drüber – hast bestimmt Hunger."

„Hatten wir das nicht erst vor 'n paar Tagen schonmal?" bemerkte Papa so nebenbei und etwas abschätzig, und er fügte schnell hinzu: „Rührei kann ich immer essen!" Und er schmiss seinen Hut übermütig auf einen von den drei Huthaken – hat aber nich getroffen, also keinen von den dreien, im Gegenteil, seinen wegkullernden Hut musste er auf 'm Fußboden wieder einfangen und extra nochmal anständig oben aufs Bord hängen, dass Gitti und ich ziemlich gejuxt haben und ein paar missbilligende Blicke von Papa kassierten, und mit übern Kopf streicheln und Küsschen geben war erst mal nix.

Mama zerwürfelte derweilen noch 'ne Kante Speck auf unserm großen Küchenbrett, und Gitti und ich haben von 'nem Strauß Petersilie die ganzen Blättchen abgezupft und in 'nen Suppenteller geworfen, haben das aber alles kurz darauf links liegen lassen, weil wir uns jetzt endlich doch erst mal von Papa knuddeln lassen mussten.

Papa hat Mama ein hastiges Küsschen gegeben, sich den Eier-Speck-Petersilien-Dampf über der Pfanne in seine Nase gefächelt und Oma flüchtig zugewunken, aber die konnte da ja wegen ihrn Zwiebeltränen immer noch kaum was sehn, und Papa hat seinen Mantel auf den Bügel bei der Wohnungstür gehängt und die Schnürsenkel von seinen hohn Schuhn aufgemacht und seine Stiefel auf die Fußmatte an unsrer Wohnungstür zum Abtropfen hingestellt und sich auf seinen Stuhl gesetzt und hatte ganz kleine trübe Augen, denn er war schon seit 5 Uhr auf den Beinen und froh, dass er wieder zu Hause war, und er streckte unter dem Küchentisch seine Beine von sich und freute sich dann doch schon mordsmäßig auf das Rührei und das knusprig geröstete Graubrot.

WÄSCHE WASCHEN

Ach ja, bei uns im Keller warn nicht nur die Keller von den ganzen Hausbewohnern, und davon hatte ja jede einzelne Familie im Haus einen eignen – da unten war auch unsre Waschküche, und die gehörte dem ganzen Haus gemeinsam, also jede Mama aus jeder Wohnung hat da die Wäsche aus ihrer Wohnung gewaschen und das ging immer reihum oder wie 's grad so passte; Papa ist da nie gewesen – glaub ich wenigstens – auch die andern Papas aus unserm Haus nicht, weil die ja alle auf ihrer Arbeit warn, wenn unsre Mamas die Wäsche gewaschen haben; aber Gitti und ich warn oft dabei, wenn Mama gewaschen hat, und Oma auch – eigentlich warn wir drei immer auch dabei, wenn Mama in unsrer Waschküche Wäsche gewaschen hat.

Das war vielleicht 'n Theater mit dem Wäschewaschen, das kann ich dir flüstern. Mama war danach immer fix und fertig – und das jede Woche!

Weil die Waschküche auch unten im Keller war, war 's da genauso dunkel wie sonst auch im Keller, aber da war Mama ja mit dabei, und die war unser Schutzengel, und deshalb mussten Gitti und ich da überhaupt keine Angst vor der Dunkelheit haben, und meistens war Oma ja sogar auch noch mit da unten; deswegen war 's in der Waschküche viel schöner als sonst im Keller, wenn ich ganz alleine wegen den Kartoffeln oder den Briketts in unserm Verschlag rumgekrautert hab – auch wenn Mama und Oma jetzt in der Waschküche ganz schön rackern mussten – und Mensch, da unten war 's jetzt sogar regelrecht gemütlich.

Die beiden, also Mama und Oma, haben zuallererst unsre dreckige Wäsche in unserm großen Binsenkorb – mit Gitti und mir im Schlepptau – runter in die Waschküche transportiert und dort in unserm gewaltigen Einweckkübel auf 'ner Kochplatte, die auch zur Waschküche gehörte und in der Ecke auf dem Fußboden stand, Wasser ganz heiß gemacht, bestimmt vier oder fünf Kübel voll hintereinander, und jede siedende Wasserladung in den riesigen, steinernen runden Waschbottich, der war aber innen aus Blech und leuchtete da drin ganz gelb-rot-braun oder so ähnlich, reingegossen und dann die ganze Wäsche, die wir ja von oben mit runter in die Waschküche getragen hatten, hinterher und aus 'nem Karton 'ne richtige Fuhre Waschpulver – da standen die Buchstaben P E R S I L auf dem Pappkarton, manchmal aber auch S U N I L – dazugegeben, und unter dem Kessel war 'ne Ofenklappe, da wurde mit Holz und Briketts und Kohln Feuer gemacht, und das brannte ja schon, damit die Waschlauge im Kessel immer schön heiß blieb und sogar noch heißer wurde, und dann haben Mama und Oma mit 'nem dicken Pümpel die Wäsche gestampft und durchgewalkt, und die beiden hatten richtig Schweißperln auf der Stirn. Ich und Gitti haben auch ohne Stampfen schon ganz schön geschwitzt, und dabei haben wir uns kaum bewegt, nur Oma und Mama zugeguckt und auf 'ner kleinen Bank neben der Kochplatte an der Wand gehockt und abgewartet, was als Nächstes passiert.

„Darf ich auch ma stampfen?" fragte ich. Die Waschküche dampfte, dass ich Mama und Oma in dem Nebel kaum ausmachen konnte, höchstens Gitti, denn wir saßen ja eng beisammen auf unserm Bänkchen nebeneinander.

„Du büst noch to lütt, guck mol einfach to", keuchte Oma – und ich wär ja auch gar nicht über den Rand von dem Bottich gekommen.

Und Gitti sagte: „Darf ich denn ma stampfen?"

„Du sowieso nich!" Mama schüttete nochmal 'n bisschen Waschpulver in den Bottich nach, und Gitti war kurz vorm Heulen, aber das konnte Mama wegen dem ganzen Dampf ja gar nicht sehn, und ihr lief die Suppe vom Gesicht runter, das war zwischen den Schwaden manchmal gerade so zu erkennen, aber dass Mama so geschwitzt hat, hat sie selbst überhaupt nicht gemerkt, die war einfach in ihrm Element – so heißt das, glaub ich.

Mama und Oma warn am Wäsche walken und stampfen, immer abwechselnd, aber meistens Mama, weil die war ja 'ne ganze Ecke jünger als Oma. Gitti und ich haben Mama und Oma in der heißen, nebligen Waschküche beim Wäsche waschen nur zugeguckt und den Duft von dem Waschpulver gerochen, und wir beide haben fast genauso geschwitzt wie Mama und Oma, da in dem heißen Nebel von unserer Waschküche, obwohl wir ja gar nix machen mussten und – ja auch gar nicht durften.

Als die Wäschestampferei vorbei war, ging 's aber noch weiter! Übern Wasserhahn und 'n Schlauch unten an der Seite von dem Waschbottich wurde das Seifenwasser in den Ausguss von der Waschküche abgelassen, der Hahn wurde wieder zugedreht und oben haben sie frisches Wasser aus der Leitung, auch mit 'nem Schlauch, wieder einlaufen lassen, und dann haben Mama und Oma wieder abwechselnd mit dem Pümpel gestampft, damit der Seifenmist aus der Wäsche rauskommt; das haben sie so lange wiederholt, bis kaum noch Seifenblasen mehr im Wasser zu sehn warn, ... und der Nebel in unsrer Waschküche legte sich so allmählich.

Dann war unsre Wäsche schließlich sauber und musste ausgewrungen werden, denn die war ja pitschepatschenass; da hat Mama, nachdem das letzte Spülwasser abgelaufen war, die Klamotten aus dem Waschbottich geholt und in den Wringer gesteckt und die 'n paarmal da durchgedreht, bis sie nicht mehr tropften und schon fast trocken rauskamen. Vielleicht weiß jetzt nicht jeder sofort, was 'n Wringer ist – das sind so 'n paar Holzwalzen, die eng an einander liegen und die man kurbeln kann, und wenn du nasse Wäsche in den Schlitz zwischen die Rollen tust und den Hebel schön gleichmäßig drehst, wird das ganze Waschwasser aus den Wäschestücken rausgequetscht; so 'n Wringer war nämlich oben am Rand von dem Waschkessel angeschraubt, und das mussten Mama und Oma jetzt auch noch machen, also unsre Wäsche da durchkurbeln und ... eben auswringen.

Als sie damit fertig warn, hat Mama dann noch den Waschkessel gereinigt – das gehört sich so, damit die nächste Mama mit ihrer Wäsche wieder schön sauber von vorn anfangen kann. Zum Reinigen und zum Poliern von dem Waschkessel war extra 'n Mittel in 'ner Tube da, das hieß SIDOLIN, und wenn Mama den Kessel dann zum Schluss nochmal mit der Politur eingeschmiert hat und sich dafür weit übern Kesselrand beugen musste, damit sie unten drin auch alle Stellen erwischt, sind Gitti und ich immer erst kurz raus aus der Waschküche in den Kellerflur, weil das Zeug so streng riecht, aber da war Oma dann ja bei uns, und wir beide brauchten gar keine Angst im dunklen Kellerflur haben. Die Wäsche musste natürlich auch noch zum Trocknen aufgehängt werden – da kommt sicher jeder von alleine drauf. Das haben wir entweder in unserm Hinterhof, der war ja nicht weit weg und nur eine Treppe hoch aus 'm Keller raus, gemacht oder sechs Stockwerke höher oben auf dem Boden von unserm Haus – ihr habt schon genau richtig gehört, sechs Stockwerke höher – je nachdem, wofür Mama und Oma sich entschieden haben, das kam einfach nur auf die Wetterlage drauf an.

Unser Hof war unten von der Waschküche aus gesehen natürlich am nächsten, hab ich ja gesagt, doch wenn 's draußen nass oder grauer Himmel war und die Wäsche da in unserm schattigen Hof nie im Leben trocken geworden wär und die Wäsche deswegen auf unsern Boden sollte, mussten wir mit dem Wäschekorb aus 'm Keller die sechs Stockwerke durchs ganze Treppenhaus hoch nach oben steigen, dann neben Polenzens Wohnung die Bodenklappe mit der Bodenklappenstange runterziehn, dann die Bodentreppe oben aus der Luke klappen und auf den Fußboden runterziehn und dann mit dem ganzen Gedöns, also dem Korb mit der gewaschnen, klammen, schwern Wäsche da die Bodentreppe hochklettern.

Oben angekommen hab ich mir als Erstes immer 'ne Obstkiste, die da auf dem Boden rumstand, zurechtgerückt, mich draufgestellt und 'n Dachfenster ganz weit aufgemacht, denn von da aus konnt ich übers ganze Land gucken, bis zum Tunnel und übern Großmarkt und den Nordbahnhof hinweg, und geschwitzt hab ich da oben auch nicht mehr und Gitti durfte auch mal ihre Nase raushalten, aber ich hab sie dabei immer schön festgehalten, und Mama und Oma haben, während sie unsre Wäsche auf die Leinen unterm Dach geklammert haben, immer mit einem Auge aufgepasst, dass ich auch alles richtig mit Gitti mach.

Das kann sich jeder bestimmt vorstelln – Mama und Oma warn immer ganz schön kaputt, wenn wir endlich wieder bei uns in der Küche warn, aber dann haben sie auch schon gleich Kaffee gekocht, und wenn kein Kuchen zum Kaffee da war, gab 's eben Gebäck und Kekse und Schokolade und so Süßkram, aber ich hab, wenn überhaupt, lieber 'ne trockne Scheibe Schwarzbrot mit den ganzen saftigen Körnern drin gegessen, denn ich mag die süßen Sachen nicht so – außer Sirup oder Honig oder Erdbeergelee auf 'm Butterweißbrot, sonst aber nicht so.

Aber glaub mir ja, Mama und Oma warn jedes Mal nach der Wäsche ganz ausgelaugt – lecko mio – und sind auf ihre Stühle in der Küche geplumpst und haben fast gehechelt wie Blanka nach ihrn Jagdritten hinter den Lasterfahrern, und das Kaffeemachen haben se gerade noch so zu Stande gebracht, so erschöpft wie die beiden warn. Und nachdem die trockne Wäsche 'n paar Stunden später vom Boden runtergeholt werden konnte – ja, das haben natürlich wieder Mama und Oma, mit Gitti und mir im Gefolge, gemacht – dann musste die ja auch noch gebügelt und fein säuberlich in den Kleiderschrank gelegt werden. Und wer hat das wohl auch gemacht? Genau!

Jedenfalls ist die Arbeit von Mama und Oma mindestens genauso 'ne schwere Arbeit wie bei Papa in seiner Fabrik bei BECKMANNS – damit auch jeder mal Bescheid weiß, was Mamas und Omas so im Haushalt zu ackern haben – und die Wohnung putzen und Essen machen, das tun sie ja nebenbei auch noch, und Mama hat dazu ja auch noch selbst halbtags bei SCHÄFERS gearbeitet und Besteck ausgestanzt.

So ist das nämlich – mit dem, was die Frauen so alles zu erledigen haben.

SANKT MARTIN

Jetzt geht 's mit November weiter – weiß selber nicht genau, warum erst im November, wahrscheinlich weil von Sommer bis November alles dasselbe ist – Blödsinn – kann es überhaupt nicht sein, zwischendrin im September hab ich ja sogar noch meinen Geburtstag!

Egal – November ist ja meistens der usseligste Monat, den sich einer vorstellen kann. Da willst du gar nicht nach draußen, zum Teufel nicht, wenn der Wind dir in einem durch um die Ohren bläst, der Regen dir andauernd ins Gesicht und in den Kragen pladdert und Mama und Papa kaum ihre Regenschirme festhalten können und die wegen dem böigen Wind immer wieder nach oben umklappen wollen ...

... Aber im November ist auch *Sankt Martin*. Da dürfen die kleinen Kinder sogar nachts raus, aber nur mit Laternen – ja, und die Mamas und Papas und Omas und Opas, oder am besten alle zusammen, müssen selbstverständlich auch dabei sein.

Doch Laternen musst de erst mal haben! Deswegen hat Mama mit Gitti und mir Laternen gebastelt, mehrere Tage vor Sankt Martin schon. Mama hatte ganz farbiges Transparentpapier aus der Stadt mitgebracht, da konnte man prima durchgucken und jedes Licht sehen, aber nur in bunt. Wir haben dann nach Mamas Plan die Laternen zusammengeklebt, und Mama hat uns unheimlich auf die Finger geguckt, damit wir schön bei der Sache bleiben.

„Pass ja auf – da geht was drüber!" rief Mama mal immer wieder zwischendurch, wenn wir mit dem UHU zugange warn, und: „Schneid das schön grade aus – mehr Papier ham wer nich!"

Gitti und ich warn eigentlich richtig gut beim Ausschneiden und Kleben, besonders Gitti beim Kleben, bei der ging fast nie was drüber, aber ich konnte ganz prima *akkurat* – so heißt das bei den Großen – ausschneiden, dass Mama da ihre Finger von weggelassen hat, und beim Zusammenkleben hat sie sich auch kaum eingemischt, weil Gitti das mit ihren zierlichen Fingerchen besser und säuberlicher konnte als wir alle zusammen. Und da sind dann auch zwei ganz, ganz klasse farbenprächtige Laternen bei rausgekommen, man konnte nur noch nicht sehn wie klasse, weil die ja noch nicht brannten, das sollten die nun mal erst, wenn wir beim Sankt Martin sind, ... und das hat noch gedauert.

Als wir uns am Sankt-Martins-Abend so allmählich für den Umzug fertiggemacht haben, haben Gitti und ich jeder unsre eigene Laterne bewacht, dass da ja kein andrer rangeht, und Mama hat mir meinen Anorak und Gitti ihr dickes Wintermäntelchen übergezogen und auch fürchterlich aufgepasst, dass unseren beiden Laternen bloß nix passiert.

Bevor wir die Treppe mit unsern Laternen an der hölzernen Angelstange runter sind, haben wir gegenüber bei Fürstenbergs geklingelt, und die Wohnungstür ging auch sofort auf, weil Frau Fürstenberg und Bärbel uns schon erwartet haben – und wann 's genau zum Sankt Martin losgeht, hatten unsere Mamas bestimmt vorher haarklein abgekakelt – und Bärbel hielt uns ihre Laterne ins Gesicht und die brannte sogar schon, und als das Treppenhauslicht bei uns beim Runtertrapsen automatisch ausging, leuchtete die uns den Weg, dass ich schon wahnsinnig gespannt war, was meine Laterne so macht, wenn sie denn endlich an die Reihe kommt. Bärbels Laterne war aber fertig gekauft und die konntest de wie 'ne Ziehharmonika auseinanderziehen und, wenn de se nicht mehr brauchst, fast so platt wie 'ne Briefmarke wieder zusammenquetschen, für den nächsten Sankt Martin zum Beispiel.

„Wer ham unsre Latern selbst zusammgeklebt", konnt ich mir nicht verkneifen, und Bärbel sagte beim Runtergehen unbeeindruckt: „Selber in schuld." Wegen Bärbels toller Laterne hat Gitti ihre eigne Laterne verschämt hinter ihrm Rücken versteckt; die konntest de, genauso wie meine, nämlich nicht einfach wieder so zusammenfalten, außer wenn de sie kaputtmachen wolltest – dafür warn die aber von Gitti und mir echt von oben bis unten und von vorne bis hinten selbst gebastelt.

Irgendwer oben im Haus knipste das Licht im Treppenhaus wieder an, und Frau Fürstenberg sagte zu uns drei Kindern: „Jede Laterne ist genauso gut wie jede andere – das werdet ihr nachher schon noch sehen – und darüber gibt 's gar nichts zu streiten." Und streiten wollten wir Kinder ja auch überhaupt nicht – und ham wer ja dann auch sowieso nich.

Frau Fürstenberg hat Bärbels Laterne auch unten bei der Haustür erst mal wieder ausgepustet, und wir sind zusammen losgezogen und zur Haustür raus in die eklige, neblige Novembernacht ..., aber wenigstens hat 's nicht geregnet.

„Mama, wann machen wer denn endlich die Latern an – hier is es so stockdunkel?!" fragte Gitti, als wer durch den rabenschwarzen Zigeunerweg gestapft sind.

„Wenn 's Zeit is", antwortete Mama und klopfte sich mal kurz den Tau vom Mantel.

Da sind wir erstmal tapfer weiter durch die Nacht gelaufen, und es war schön, dass Bärbel und ihre Mama auch bei uns warn. Also, nach dem Zigeunerweg hatte ich keine Ahnung mehr, wo wir überhaupt warn, und verdammt nasskalt war 's ja obendrein.

„Mama, wo müssen wer denn hin?"

Gitti hatte schon die Nase voll von Sankt Martin und wimmerte: „Mama, ich will doch lieber wieder nach Hause."

„Nu tragt ma schön eure Latern, die stecken wer gleich an, wenn wer am *Kannenhof* sind. Da wartet der Sankt Martin bestimmt schon auf uns."

Und Frau Fürstenberg tröstete: „Gittchen – halt mal ein bisschen durch, gleich wirst du belohnt, ja?"

Dann kamen wir endlich am Kannenhof an, und da bewegten sich schon endlos viele Laternen im Wind, und die Flammen da drin flackerten alle, und in der Nacht leuchtete es überall rot und grün und blau und gelb, und jede von den tausend Laternen gehörte zu einem Kind. Mama und Frau Fürstenberg steckten mit ihrn Streichhölzern jetzt fix auch die Kerzen in unsern eignen Laternen an, Gittis war feuerwehrrot und meine irgendwas zwischen grün und blau, aber die hat auch ganz prima zu den ganzen anderen Laternen gepasst, doch Bärbels Laterne ging andauernd wieder aus, weil 's auf einmal ganz schön windig wurde und weil Bärbels gekaufte Laterne oben 'ne ziemlich große Öffnung hatte, wo die selbst gebastelten von Gitti und mir rundherum einigermaßen zu warn. Da wollte Bärbel am liebsten auch wieder nach Hause, wie vorhin Gitti, dass wir sie alle abwechselnd getröstet haben, und als wir alle so richtig mitten im Gedränge drin warn, machte der blöde Novemberwind uns gar nix mehr, weil überall ja Leute und Kinder mit ihrn Laternen um uns rumstanden und uns schön abgeschirmt haben, und Bärbels Laterne hat auch von jetzt auf gleich wieder prima gebrannt und ist auch an geblieben, und Bärbels Augen haben ebenfalls wieder geleuchtet.

Am Kannenhof hast de richtig viel Platz für 'n Umzug und für tausend Kinder mit Laternen und die ganzen Mamas und Papas und Omas und Opas und Onkels und Tanten noch dazu, und so 'n Sankt-Martins-Zug ist 'ne wahre Wucht, denn da sind nicht bloß Kinder und die Mamas und die andern von denen, da ist vor allem auch der Sankt Martin selber, und der thront auf 'nem Riesenpferd drauf, das war bei unserm Sankt Martin 'n weißer Schimmel, und den hatte ich auf einmal direkt vor der Nase, also eher über mir, also den Popo von dem Sankt Martin seim Pferd, und obendrauf saß der Heilige Sankt Martin im Sattel, das war 'n nackeliger junger Mann mit so 'm dunkelroten Wolltuch halb quer über der Schulter, das mit 'nem breiten Ledergürtel um den Bauch zusammengebunden war, wo 'n Mordsschwert an der Seite dran runterhing, und ich konnte schon gar nicht mehr drauf achten, ob meine Flamme noch brennt, so durcheinander und ehrfürchtig war ich, denn der Sankt Martin war so ein gewaltiger Anblick, da oben, so hoch auf seim weißen Pferd, und der hatte sogar obendrein auch noch 'nen goldenen Helm auf dem Kopf – Gott sei Dank hat Mama mich immer an der Hand fest gehalten, und Gitti natürlich auch.

„Jetz gehn wer gleich los", flüsterte Mama zu Gitti und mir runter.

„Wohin?" flüsterte ich zurück.

„In 'n Himmel."

„Gitti, hast de das gehört? Wer gehn jetz in 'n Himmel!" Gitti guckte um Mamas Beine rum und schüttelte ihrn Kopf, und ich schüttelte auch den Kopp, und wir mussten beide grinsen, aber ganz heimlich, und davon hat Mama nix gemerkt.

Dann setzte sich unser Sankt Martin so langsam in Bewegung, wobei das Pferd von dem Sankt Martin über mir die ganze Zeit gepupst hat wie ein Berserker, dass ich Mama schon fragen wollte, ob wir uns nicht hinten in der Schlange anstelln können; das hab ich aber sein gelassen, weil das war trotzdem ganz großartig, hinter dem Riesenross und obendrauf dem halb nackten Sankt Martin mit seim purpurnen Wollumhang mit dem Riesenschwert an seiner Seite herzuwandern, und das Pferd von dem Sankt Martin hat jetzt auch nur noch ganz sparsam gefurzt und wenn das kam, hab ich mich ganz fix weggedreht und mir mal kurz die Nase zugehalten und Mama und Gitti haben 's genauso gemacht. Was Bärbel und ihre Mama gemacht haben, weiß ich nicht, denn die warn auf einmal futsch und zwischen den ganzen anderen Leuten verschwunden.

Gitti – in ihrer ganzen Aufregung – fing an, mit ihrer Laterne wie wild hinter dem Sankt-Martins-Pferd herumzufuchteln, dass der Bursche ganz wuschig wurde, mit seinen Hinterbeinen ausschlug und wir aufpassen mussten und Abstand zu ihm gehalten haben und sogar Gittis Licht ausging und Mama ihre Streichholzschachtel rausfummeln musste, um schnell Gittis Laterne wieder in Gang zu kriegen.

„Brigittchen, nu mach doch ma ruhig – willst de die ganze Stadt abfackeln?!" raunte Mama runter zu ihr und gab ihr einen kleinen Ruck, damit sie ihre Laterne endlich stillhält, und das hat sie dann auch prompt gemacht.

Du, das war so, so schön bei dem Sankt-Martins-Umzug, die ganzen Kinder mit den bunten Laternen und den Lichtern drin, und Mama war dabei und so viele andere Mamas und Onkels und Tanten auch. Die ganzen Papas hatten wohl nicht so richtig Lust auf den Sankt Martin, denn von denen war fast keiner dabei, unsrer ja auch nicht; oder die warn noch nicht von der Arbeit zurück ... oder alle schon zu Hause beim Zeitunglesen – hätte auch sein können.

Es war ja sowieso schon so was von dunkel, doch als wir vom Kannenhof loszogen und alle gesungen haben *Laterne, Laterne, Sonne, Mond und Sterne, brenne auf mein Licht, brenne auf mein Licht, aber nur meine liebe Laterne nicht* wurd 's aber endgültig rabenschwarz, weil dann hatten wir den Kannenhof hinter uns, und es kamen fast nur noch einsame Felder und Bäume und die paar Häuser, die an ihrn beleuchteten Fenstern gerade so zu erkennen warn, lagen ziemlich abseits, und wir warn raus aus Solingen, aber, Gott sei Dank, wir Kinder hatten ja alle Laternen am Arm, und wir konnten immer richtig schön gucken, wenigstens bis vor die Füße, und der Sankt Martin wusste sowieso, wo er am Ende hinmusste, das war nämlich zurück zum Kannenhof, wo er hergekommen war – aber ob er den wirklich ohne die tausend Laternen von uns Kindern gefunden hätte ..., da bin ich mir gar nicht so sicher.

Dem Sankt-Martins-Pferd war auch wohl schon richtig schwindelig von unserem ganzen Singsang, und als wir mit *Ich geh mit meiner Laterne und meine Laterne mit mir* anfingen, ging 's mit der ganzen Pupserei auch schon wieder kräftig los und bei *Rabimmel, Rabammel, Rabumm* hab ich meine Laterne fallen gelassen und mir endgültig die Nase zuhalten müssen. Da sind Mama und Gitti und ich 'n Stückchen zurückgeblieben, denn die beiden hatten die Nase auch von dem Furzgestank voll.

Als wir wieder zurück am Kannenhof warn, wollt ich den Sankt Martin eigentlich noch fragen, ob er nicht friert, so nackig angezogen wie der war, aber dann, als wir wieder bei seinem Pferd ankamen, hat das doch obendrein noch 'n paar Äppel direkt vor unsrer Nase rausgeschmissen, und der Sankt Martin ist von seinem weißen Ross abgesprungen und hat sich dann auch ziemlich flink was übergezogen, 'ne stinknormale Hose und 'n Hemd und 'n Pullover, und da war der für mich sowieso kein Sankt Martin mehr – und 'n Sankt Martin, der keiner ist, den brauchst de auch nicht fragen, ob er friert … und auch sonst nix weiter.

„Mama?"

„Ja?"

„Wer is denn eigentlich der Sankt Martin?"

„Hast de doch gesehn, Blödmann!" quatschte Gitti dazwischen.

Mama sagte: „Der Sankt Martin is ganz lange her, und der is heilig, weil er ganz lieb zu alln Menschen war."

Gitti hat mich ganz groß angeguckt, und ich hab die Schultern gezuckt und mir die Augen gerieben. Wir hatten beide keinen Schimmer über *heilig*.

„Auch zu alln Tiern?"

„Ja sicher, auch zu alln Tieren."

„Auch zu alln Bäumen und Blumen und zum Gras?"

„Ja Ulrich – auch zu denen."

Und Gitti quiekte dazwischen: „Und auch zu den Steinen und dem Sand und dem Dreck?"

„Bestimmt auch – jetz is aber gut!" Mama legte ihre Hände auf unsere Schultern und guckte ganz unsicher und verlegen, und das macht sie immer, wenn sie nicht weiterweiß, und wisperte zu uns: „Der Sankt Martin kommt nächstes Jahr bestimmt wieder zu uns …"

„Is Sankt Martin jetz zu Ende?" fragte ich nach.

„Ja – für dieses Jahr schon."

Das Pferd von dem Sankt Martin hampelte immer noch vor unsrer Nase rum, und die ganzen Laternen warn ja auch noch an, und es wurde ziemlich lustig, weil viele von unsern Mamas sich persönlich kannten und jetzt so richtig losschwafeln konnten, aber vorher nicht, wegen dem Heiligen Sankt Martin, doch jetz durften sie, weil Sankt Martin ja vorbei war, und wir Kinder standen mit unsern bunt leuchtenden Laternen halb verlorn am Kannenhof rum und wussten gar nicht recht, was wir damit noch weiter machen sollten, ohne Sankt Martin, und der Sankt Martin war sowieso nirgends mehr zu erblicken und sein pupsendes, scheißendes Pferd auch nicht, und alles war erledigt und eigentlich wie immer, nur dass wir unsere flimmernden Laternen immer noch in der kalten Hand gehalten und inzwischen tüchtig gefrorn haben, und unsere ganzen Mamas haben sich gegenseitig die Ohrn vollgeplappert und über Gott und die Welt und über ihre Nachbarn getratscht. Dabei haben wir auch Bärbel und Frau Fürstenberg wieder getroffen, und da haben auch Mama und Frau Fürstenberg erst mal ausgiebig gequatscht, als wenn sie nicht bei uns im Treppenhaus oder bei uns in der Wohnung genug Zeit dazu hätten …, wo 's ja dafür auch wärmer wär. Bärbel hielt weiter brav ihre Laterne ausgestreckt am Arm und Gitti und ich auch, und wir drei fingen langsam an zu bibbern.

Bärbel bemerkte: „Dass der Sankt Martin gar nich gefrorn hat – so wenig wie der anhatte!"

Und Gitti sagte: „Der müsste eigentlich richtig friern – mit kaum welche Sachen an."

Und ich sagte: „Der is bestimmt zu heilig für zum Friern."

Und Frau Fürstenberg und Mama sagten plötzlich fast aus einem Mund zu uns dreien: „Euch ist doch sicher schon kalt – nun lasst uns mal endlich wieder nach Hause zurück. Gebt mal eure Hände her – puh, die sind ja eisekalt – jetzt aber los zurück ins Warme."

Wie jeder sich denken kann, war das ganz schön lang und dunkel auf dem Fußmarsch nach Hause, da haben unsere drei kleinen Laternenlichter auch nicht so wahnsinnig viel ausrichten können – vorhin war 's doch schon 'ne Ecke heller, zusammen mit den Lampions von den vielen andern Kindern. Mensch Meier, war das auf einmal wieder neblig zurück vom Kannenhof zur Van-Meenen-Straße, dass Gitti und ich uns ganz fest bei Mama festhalten mussten und Bärbel bei ihrer Mama, und wir sind ganz langsam und bedächtig gegangen, weil wir überhaupt nix mehr gesehn haben und nicht wussten, wo links oder rechts war und wo wir den nächsten Fuß hinsetzen sollten, so dick und milchig war der Nebel auf einmal, und da warn unsere drei kleinen Laternen richtig gut und nützlich und, vor allem, besser als gar kein Licht.

„Gut, das mit euern Laternen", sagte Mama. „Sonst würden wer unsern Weg nie finden!"

„Leuchtet uns mal schön unsern Weg", flehte Frau Fürstenberg, also Bärbels Mama. „Ohne euch – mit euren Laternen – wüssten wir glatt nicht mehr, wo wir überhaupt sind."

Ich hab daraufhin meine Laterne extra richtig hochgehalten und raus in den Nebel gereckt und Gitti und Bärbel auch, damit wir unsern Weg finden, und wir haben auch immer mal nach links und nach rechts geleuchtet, damit unsre Mamas wussten, wo sie mit uns hinmussten. Aber Teufel nee, haben mir die Arme am Ende wehgetan – vom Laternetragen am ausgestreckten Arm.

Als wir schließlich in unsre Van-Meenen-Straße eintrudelten, haben Bärbel, Gitti und ich an der Haustür unsere Lichter dann ausgepustet, denn die brauchten wir ja jetzt nicht mehr. Frau Fürstenberg war ganz erlöst und hat unsre Haustür aufgeschlossen und Gitti hat dazu noch auf unsern Klingelknopf gedrückt. Im ersten Stock angelangt, haben wir uns gute Nacht gesagt, und Bärbel und Frau Fürstenberg sind links in ihre und Mama, Gitti und ich rechts in unsre Wohnung reingehuscht. Oma saß in ihrm Sessel und hat gestrickt, was auch sonst, und Papa hat Zeitung gelesen und das Radio angehabt – also alles wie immer.

„Wer ham überhaupt nix mehr sehn können!" Gitti schmiss ihrn dicken Mantel auf den Fußboden, band ihre Stiefelchen auf und warf die quer durch die Küche. „Gar nix ham wer gesehn, aber auch überhaupt nix – und der Sankt Martin hat uns kein bisschen geholfen, der war nach dem Umzug auf einma weg – und wer mussten den Nachhauseweg ganz alleine finden!"

Und ich sagte, auch noch ziemlich aus der Puste: „Ohne unsre Latern hätten wer nie nach Hause gefunden – stimmt doch Mama, oder?"

„Ganz bestimmt nich." Mama schüttelte vorsichtig den Nebeltau aus ihrm Mantel, hängte ihn auf den Haken gegenüber von unsrer Wohnungstür, sammelte sorgsam Gittis Klamotten ein und stellte meine Schuhe auch an die richtige Stelle.

„Do hävt ju juch janz schön wat uplohn", sagte Oma und legte die Wolle und die Nadeln in den Korb, und Gitti und ich ließen uns von ihr unser klammes Haar strubbeln.

„Eeten?" Oma erhob sich aus ihrm blauen Sessel und packte nach und nach alles auf den Tisch, was an Wurst und Schinken und Käse und Butter im Kühlschrank steckte, holte das Brot aus der Papiertüte und schnitt eine Scheibe nach der andern ab – und schnell noch die Bretter und das Besteck und die Tassen auf den Tisch und 'ne Kanne Pfefferminztee gebrüht ..., Oma ist ja so flink, das glaubst du nicht – so alt wie sie ist! Aber dann ist sie auch schnell ziemlich außer Atem und muss sich wieder in ihrn Sessel setzen. Papa hat währenddessen mit seinem rechten Ohr pausenlos nah an unserm Radio gesessen und ganz und gar die Zeitung in seinen Händen vergessen, denn im Radio fing grade Fußball an.

„Länderspiel!" Von was anderem wollte Papa jetzt erst mal nix wissen.

Gitti und ich und Mama hatten nach dem Sankt Martin richtig Kohldampf – stell dir ma vor, wie lang wir da durch die Gegend hinter dem Sankt Martin und durch die Nacht in dem Nebel geschlurft sind.

„Papa, wer is eigentlich der Sankt Martin?" fragte ich – denn den selbst fragen, wer er ist, dazu ist es ja nicht mehr gekommen.

„Äh …?“ Papa war grade ganz konzentriert bei *Deutschland gegen England*.

Gitti sagte: „Der Sankt Martin is ’n ganz anderer, als wer ihn kenn.“

Und Papa sagte wieder: „Äh?“ Und er hielt sein Ohr noch näher ans Radio.

„Nu gibt ’s erstma Ambrot“, sagte Mama zur Ablenkung, und Oma freute sich schlicht und einfach, dass wir wieder zu Hause und vereint warn.

„Die Kinder wolln wissen, wer Sankt Martin is – konnt ich nich viel zu sagen.“ Mama schielte zu Papa rüber, wo jetzt grade Halbzeit war und Schlagermusik dudelte.

Papa murmelte was von *1 zu 1* und guckte ’n wenig verdutzt: „… Ja – irgendein Bursche aus der Nachbarschaft, nehm ich mal an.“

„Hugo! Wer Sankt Martin in Wirklichkeit war!“

„Ach so – da muss ich erst mal genauer nachgucken.“

Gitti hat am Tisch gesessen und ein Wurstbrot gegessen, und ich hab auch da gesessen und ein Käsebrot gegessen, und Oma hat in ihrm Sessel gesessen und sich gefreut, dass wir alle wieder so schön beisammen warn, und Papa war mal kurz weg im Wohnzimmer – wegen dem Sankt Martin zum Nachschlagen und wer der in Wirklichkeit war.

„Also der Sankt Martin ist ein Heiliger“, sagte Papa, als er wieder mit ’nem dicken Buch aus dem Wohnzimmer in die Küche zurückkam und immer noch dadrin rumblätterte und schmökerte. So weit war Mama vorhin nach dem Sankt-Martins-Umzug ja auch schon gewesen.

„Sag ich doch die ganze Zeit!“ trumpfte Gitti auf.

Und ich sagte: „Bääh!“

„Selber bääh!“

„Ruhe jetzt aber, sonst geht ’s wie die Post ab ins Bett!“ Da wurde Papa ’n bisschen lauter und blätterte weiter in seinem schlaun Buch. „Also der Sankt Martin hat vor langer Zeit in der Türkei, das ist in der Nähe vom Heiligen Land, gewohnt, und jeder, der ihm begegnet ist, den hat er gesund gemacht.“

„Auch wenn die gar nich krank warn?!“ Gitti war aber auch sowas von spitzfindig und pingelig!

„Auch dann“, sagte Papa entschieden und schlug nochmal ein Blatt in seinem Buch um.

„Und wie is das mit den Tiern und Pflanzen und Steinen?“

„Wie, was soll damit sein?“

„Hat er die auch gesund gemacht?“

„Nee, die nicht – die werden ja gar nicht krank, jedenfalls nicht, wie wir Menschen krank werden können.“

„Werden nur wir krank?“

„Ja.“

„Das is aber komisch.“

Und Papa sagte: „Irgendwie schon – da hast du recht.“ Und Mama hat das Geschirr gespült, und Oma ist mit dem Besen durch die Wohnung marschiert und nuschelte nebenbei beim Fegen: „’N Heiljer is pur, dee bruckt nix.“

Da warn Papa und Mama froh, dass sie nix mehr antworten mussten, und Oma fegte schön weiter durch unsere Küche durch.

Ich sagte: „Ich möcht ma Sankt Ulrich heißen.“

„Du hast se wohl nich mehr alle!“ krakeelte Gitti los und haute mit ihrm Fäustchen auf den Küchentisch, dass unsere Löffel und Messer und Gabeln hochsprangen und nur so schepperten. „Spinnst de jetz ganz und gar?!“

Und Papa sagte zu mir: „Nun mach mal halblang, Ulrich. Und du, kleine Kaline, iss mal ganz zügig auf, und dann geht ’s dann fix ab in die Falle, ist sowieso Zeit – verstanden?!“

Mama hat mit uns beiden auf unsern Fußbänken am Waschbecken wieder mal 'ne Katzenwäsche gemacht und uns danach schnell ins Bett verfrachtet, dass wir nicht mal mehr Oma richtig *Gute Nacht* sagen konnten und ihr nur noch zugewunken haben, als wir mit Mama aus der Küche rausgezogen sind, und Papa haben wir sowieso nicht mehr gewunken, weil Gitti und ich, wir warn beide gegenseitig knatschig und mit uns beschäftigt und haben uns auf dem Weg ins Bett immer weiter angekeift ..., und dabei war doch irgendwie immer noch Sankt Martin, und Papa war sowieso schon wieder bei Deutschland gegen England.

Als Gitti und ich schon 'n paar Minuten lang in unsern Betten lagen und noch gewimmert haben, kam Papa zu jedem von uns ans Bett und strich uns übern Kopf und sagte leise zu mir: „Gute Nacht, Ulrich." Und bei Gitti sagte er: „Schlaf schön, mein Mädchen – alles ist gut, bin nicht böse mit dir, bestimmt nicht." Dann hat Papa alle Lichter ausgeknipst und ist ganz leise zurück in die Küche gegangen, wo Mama auf ihn gewartet hat und Deutschland gegen England gerade zu Ende war.

„Nacht", flüsterte ich zu Gitti rüber. „Hast de mitgekriegt, wer gewonn hat?"

„Nee", wisperte Gitti zu mir zurück. „Auch Nacht."

Und dann war endgültig Ruhe – und Frieden zwischen mir und Gitti.

MAMAS ARBEIT

Da haben ich und Gitti Mama von der Arbeit bei uns um die Ecke abholen wollen, aber das ging nich so einfach, weil Mama war noch in ihrer Fabrik innen drin und am Arbeiten, und Gitti und ich mussten uns erst durch Mamas Fabrik durchwurschteln, bis wir sie hinten in einer Ecke gefunden hatten. Mama hatte dicke lange Handschuhe aus Wildleder an, die gingen ihr bis über die Ellenbogen hoch, und Mama saß auf einem Hocker mit 'ner mickrigen Rückenlehne und legte immer mit links ein kleines Blechstück in so 'ne Maschine rein, und die knallte runter, wenn Mama mit rechts einen Knopf drückte, und dann fieln die Ränder von dem Blech ab und flogen runter, und übrig blieb ein fertig geformter Löffel, und den hat sie in einen Korb rechts unter sich geworfen und wie am Fließband weitergemacht mit dem Löffelausstanzen, und das ging immer so weiter und ganz, ganz schnell, so schnell konnten Gitti und ich gar nicht mitkommen.

„Kannst de das auch mit Messern und Gabeln?!" brüllte ich ungläubig durch den Maschinenlärm zu Mama rüber, wobei Gitti und ich ja Hand in Hand direkt neben ihr standen.

„Ja!" schrie Mama zurück, ohne aufzublicken. „Mit Gabeln und Messern geht das genauso!"

Gitti hatte ganz große verwunderte Augen: „Sind das jetz alles unsre Löffel?"

Wir beide standen neben Mama bei ihrer Arbeit, auf einem Teppich von öligen Eisenspänen, und beobachteten mit Ehrfurcht alle ihre blitzschnellen Handgriffe.

Und Mama brüllte: „Gittchen, jetz nich! – Gleich!" Und sie stierte gebannt geradeaus auf den nächsten Löffel und den nächsten und den übernächsten und den überübernächsten, und Mamas Maschine ballerte im Sekundentakt runter auf die Bleche, die sie da reinhielt, und da haben Gitti und ich unsere Klappe gehalten, damit Mama sich bloß nich die Finger einklemmt oder sonst was und haben geduldig gewartet – bis auf einmal 'ne Mordssirene losheulte und die noch lauter als der Fabrikradau war und Mama für 'n Moment zusammensackte und sich dann voller Freude zu uns umdrehte.

„So jetz, meine beiden lieben Süßen – Feierabend und Schluss für heute." Und Mama hat uns ganz schnell jedem 'n Küsschen gegeben, aber in den Arm hat sie uns nicht genommen, so schmuddelig wie sie von ihrer Arbeit war, und sie hatte ja auch noch ihre langen, verölten und mit Eisenspänen übersäten Lederhandschuhe über den Armen.

„Könn wer de Löffel alle mit nach Hause nehm?" wollte Gitti endgültig wissen.

Und ich sagte: „Was willst de denn mit den ganzen Löffeln?"

„Löffel kann ma nie nich genuch ham – so!"

Mama hat sich beim Aufstehen ihre verdreckte Wildlederschürze ausgeklopft, dass die ganzen Eisensplitter durch die Gegend flogen und Gitti und ich aufpassen mussten, dass wir die nich alle abkriegten, und dann hat sie ihre langen schmierigen Lederhandschuhe abgestreift und die auch gründlich ausgeschüttelt und die zusammen mit ihrer riesigen Lederschürze schön sorgfältig zusammengefaltet und über die Lehne von ihrm Arbeitsstuhl gehängt, für morgen, wie sich das gehört, und uns jedem noch einen süßen Schmatzer gegeben. „Jetz gehn wer schnell nach Hause, Oma fängt bestimmt schon langsam mit unserm Mittach an."

„Und was is mit dein ganzen Löffeln, die de gemacht hast?" Das mit Mamas Löffeln ging Gitti nicht aus 'm Sinn.

„Du, Brigittchen, die hab ich zwar alle selbst gemacht, aber die gehörn mer dadurch noch längst nich – die gehörn alle Herrn Schäfer und seiner Firma. Außerdem ham wer genuch Besteck zu Hause, weißt de doch."

„Sag ich doch", sagte ich.

Und Gitti grummelte: „Blödmann!"

„Na! Brigitte!" Mama musste aber auch 'n bisschen lachen. „So was sagt man nich – schon gar nich zu seim Brüderchen."

Dann hat Mama, nachdem sie vom Händewaschen und so aus der Toilette zurück war, sich ihre Tasche über die Schulter gehängt und uns beide an die Hand genommen, und wir sind fröhlich losmarschiert, erstmal quer durch Mamas Fabrik, wo sie Herrn Schäfer, der war ja ihr Chef, in dem ganzen Maschinenkrach noch *Tschüs* und *Bis morgen* zugebrüllt hat, und dann raus auf den kleinen Weg rüber zur Van-Meenen-Straße.

Mir dröhnte immer noch der Kopp von dem verdammten Radau in Mamas Fabrik und Gitti bestimmt auch. Wir mussten nur um drei Ecken laufen, mehr warn 's wirklich nich, und fünf Minuten später warn wir auch schon zu Hause, wo oben Oma schon mit unserm Mittagkochen zugange war – und es deftig nach Gemüseeintopf roch.

IMMER MAL NACHTS

Manchmal musste ich nachts doch nochmal zum Klo, aber immer nur Pipi, doch da musste ich an Oma vorbei und ganz, ganz leise sein, damit ich sie nicht aufweck, und im Klo hab ich den Hebel von der Spülung auch nur ganz vorsichtig gedrückt, damit Oma gut weiterschlafen kann.

Wenn 's Sommer war, hab ich aber auch immer nochmal das Klofenster ganz weit aufgemacht und mich mitten in der Nacht auf die Fensterbank gelehnt, denn nach 'm Klo macht man das Fenster sowieso weit auf, das sagen alle, und es riecht auch besser, und die Fensterbank war noch muckelig warm von den Sonnenstrahlen vom Nachmittag, und ich hab in den Himmel geguckt, und das hat Oma bestimmt nicht geweckt, denn gucken tut einer ja sowieso immer nur ganz leise ...

... Im Nachthimmel hab ich ganz schöne Sachen gesehn, also nicht nur die Sterne, die sind ja sowieso da und die kann jeder andre auch begucken, nee, Sachen, die man sonst überhaupt nicht sehen kann, und es war so angenehm und sommerwarm, und ich war so schön allein mit mir und mit allem. Da warn Bilder bei den Sternen, die sahn nach irgendwas mehr aus, also nicht nur so einzelne Sterne, sondern als hätten sie zusammen was vor und auch irgendwas, was sie mir nur ganz alleine zeigen wollten. Da hab ich ganz lange hingeguckt, nachts von unserm Klo aus, in die Sterne. Da war 'ne große Frau im Himmel und viele kleine Kinder und ganz klitzekleine Mäuse, die warn aber nicht nur im Himmel, die liefen zur selben Zeit über meine Arme, meinen Nacken und Rücken und haben mich mit ihrn Pfötchen gekitzelt, und die Augen von den Kindern und den Mäuschen guckten mich alle an und funkelten so, dass es taghell wurde, und die große Frau flüsterte *Ich hab dich lieb, vergiss das nie.* Und die Augen von der großen Frau warn der Mond und die Sonne ...

Da fühlte ich ein sanftes Tippen auf meinem Rücken – und das war Mama, und sie hat mich hoch in ihre Arme genommen: „Hast 'n bisschen geträumt?" Und sie hat mich leise an Oma und Gitti vorbeigetragen und mich in mein Bett gelegt.

Wegen den Sternen, die da alle oben im schwarzen Himmel standen, muss ich unbedingt Papa mal fragen, aber ich glaub, das ist auch für Papa zu schwer, der hat mit den Sternen nämlich nicht viel im Sinn, da frag ich lieber Oma, die kennt die Sterne sowieso schon länger. Dann wiederum, meine Gedanken über die Sterne sind ja nur in meinem Kopp, und in den kann Papa nicht reingucken, und Oma auch nicht – und überhaupt keiner.

DIE HALBSTARKEN

Ich schreckte hoch aus meinem Bett. Es war noch gar nicht so richtig dunkle Nacht, Mama hatte uns grade erst ins Bett gebracht. Da warn Motorräder oder so was draußen vor der Tür zu hörn, und es knatterte und ratterte und brummte wie verrückt. Ich kniete auf dem Fußende von meinem Bett und schob den Vorhang und die Gardine 'n Stückchen beiseite – und kriegte Stielaugen. Unten links neben Osterwinds Waage, in der Ecke, wo der Maschendraht und das große Gittertor zum Schrottplatz sind, saßen doch tatsächlich bestimmt fünf oder sechs junge Männer in Lederklamotten auf ihrn kleinen Motorrädern und drehten immer an ihrn Handgriffen und jedes Mal, wenn sie das machten, heulten ihre Motorräder auf, und das machten sie immer abwechselnd und in einem durch. Da warn aber auch noch sechs oder mehr Mädchen mit luftigen Kleidern, die sahn 'n bisschen aus wie zu weite Unterröcke, aber zwei von den Mädchen hatten auch lange, ganz enge Hosen an und oben 'ne weit ausgeschnittene Bluse, und die Mädchen hampelten andauernd um die Jungs und ihre

Motorräder rum und haben gejuchzt und gekreischt und getanzt, denn einer von den Jungs hatte 'n kleines Radio mit 'ner Antenne dran, aber ganz ohne Kabel und Steckdose und so, und der gab da richtig mit an, und der zog die Antenne ganz lang raus und schob sie wieder rein und holte sie ganz großtuerisch wieder raus, und das Radio hat er einem von den Hosenmädchen gegeben, und da kam die Musik zum Tanzen raus, aber die hab ich nur von weitem gehört, und auch nur, wenn die Kerle mit ihrer blöden Dreherei an den Handgriffen aufgehört haben ... und weil unser Fenster ja 'n Spalt weit auf war.

Plötzlich kam Mama wieder zurück ins Schlafzimmer, meinetwegen auch Wohnzimmer, ist bei uns ja dasselbe, und hüpfte zu mir auf mein Bett, kniete hinter mir und blickte über meine Schulter mit mir zusammen aus unserm Wohnzimmerfenster und legte mir ihrn Arm um die Schulter. Ich hatte schon Angst, sie würd mit mir schimpfen, dass ich immer noch in der Gegend rumturn und nicht im Bett lieg – hat sie aber nicht.

„Na, mein Kleiner, was gibt 's denn da so Aufregendes?"

„Na – guck doch ma selbst!" Die Mädchen saßen jetzt bei den Jungs auf 'm Schoß und haben mit denen geknutscht, und dann sind zwei von den Jungs mit ihrn Mädchen auf 'm Rücksitz losgebraust, links die Van-Meenen-Straße hoch, und 'ne Minute später kamen sie rechts die Haumann-Straße wieder runtergeflitzt und wärn fast in den Zaun oder das Tor vom Schrottplatz geknallt, so 'n Tempo wie die drauf hatten, aber sie haben 's irgendwie hingekriegt und rechtzeitig abgebremst und ihr Hinterrad wegrutschen lassen, und dann haben sie mit ihrn Mädchen weitergeknutscht, und einer von den andern Jungs hat immer mal wieder so wild an dem Handgriff von seinem Motorrad gedreht, dass ich mir sogar die Zeigefinger in die Ohrn stecken musste, und das hat er so lange gemacht, bis ihn auch eins von den Mädchen geknutscht hat und er endlich Ruhe geben musste – und da konnten wir die Schlagermusik aus dem kleinen Radio auch wieder 'n bisschen hörn.

„Mama, was machen die da?"

„Das geht uns nix an, kleiner Mann", flüsterte Mama und knuddelte mich. „Die machen einfach, was sie machen."

Aber weil ich andauernd meinen Kopf zu ihr rumdrehte und sie immer noch fragend anstarrte, sagte sie:

„Die ham Spaß und ham sich gern, und da gehört auch Krach machen und Knutschen mit dazu – wenn du 'n bisschen größer bist, kommst du auch dahinter."

„Mama – bist du früher auch hinten auf 'm Motorrad mitgefahrn?" Ich hatte so Angst, dass Mama *Na klar* sagen würde.

„Um Gottes Willen – nee!" platzte Mama raus und musste richtig lachen, und ich war ganz erleichtert. „Aber hinten auf 'm Fahrrad schon und ganz früher hinten om auf 'm Pferd, aber da war ich selbst noch 'n ganz kleines Mädchen und vor mir im Sattel da saß unser Papa."

„Ich kann überhaupt nich schlafen!" rief Gitti von hinten aus ihrm Gitterbett.

„Ich komm gleich noch ma vorbei, Brigittchen – wenn ich Ulrich wieder hingelegt hab."

Mama ließ sich mit mir auf mein Bett falln und wisperte: „Jetz aber endlich Nacht, ja?" Und sie gab mir nochmal 'nen Gutenachtkuss.

„Ja." Und Gitti hat auch noch einen gekriegt.

Einer von den Jungs da draußen hat dann doch immer mal wieder an seinem Griff gedreht, dass ich nicht weghörn konnte, aber beim Knutschen hab ich denen nicht mehr zugeguckt, hätt sowieso nix mehr gesehn, weil die Straßenlaternen nach und nach ausgingen, und es draußen inzwischen stockfinster war. Ich lag schon auf 'm Rücken, und als Gitti zu mir rüber flüsterte „Schläfst du schon?" hab ich nix gesagt – damit se weiß, ich schlaf schon.

Am nächsten Morgen haben wir alle zusammen gefrühstückt und Papa war auch dabei, denn es war Sonnabend.

„Papa?“ fragte ich bei meinem Honigweißbrot. „Kennst du dich bei den Motorrädern aus?“

„Nee, nicht so richtig – wieso?“

„Weil, da warn gestern Abend ganz viele unten bei Osterwinds neben der Waage“, sagte ich. „Die ham ’nen Riesenradau gemacht! Mama hat das auch mitgekriegt.“

„Ach wirklich?“ Papa guckte Mama fragend an.

Mama nippte an ihrem KARO-Kaffee: „Das warn nur die Halbstarken – wie jeden Abend – kennst de doch.“

„Was sind Halbstarke?!“ Gitti hatte ganz rote Lippen – von ihrer Kirschmarmelade. Papa musste ’n bisschen grübeln, und Mama hat im Kaffee rumgerührt, obwohl sie nie Zucker reintut und Milch auch nicht.

„Halbstarke sind Kinder“, warf Oma aus dem Blauen heraus ein, und sie tunkte ein Stück Weißbrot in ihrn Zuckerkaffee. „Die sind noch nich so richtig erwachsen, aber klein sind die auch nich mehr, die können schon lesen und schreiben und rechnen – und mit ’m Motorrad dürfen die auch schon fahrn. Aber richtig Ahnung haben die noch von gar nix.“

Nanu! So ’ne lange Rede – und das in Hochdeutsch – hatte Oma noch nie gehalten, und dass sie sich bei den Halbstarken so gut auskennt, hätt ich im Leben nich erwartet.

„Genau“, pflichtete Papa bei. „Besser hätte ich es auch nicht ausdrücken können.“

„Ich auch nich“, fügte Mama hinzu und war heilfroh, dass sie nicht groß weiter was dazu sagen musste.

Gitti rief auch: „Genau!“ Aber warum genau, weiß ich nicht, denn woher sollte die wissen, wie das mit den Halbstarken so ist, wo ich ’s selber noch nicht mal wusste.

„Und Papa – was is jetz mit den Motorrädern?“ hakte ich nach.

„Du, das sind keine Motorräder“, sagte Papa und steckte sich ’ne ERNTE 23 an. „Das sind ZÜNDAPPS – das sind keine richtigen Motorräder, nur Mopeds, gerade so passend für die größeren Jungs.“

„Ich würd gern ma ’n richtiges Motorrad sehn.“ Ich hatte ja noch gar keins gesehn. Oder vielleicht doch – und ich hab nur nicht aufgepasst?

„Ich auch!“, hängte Gitti sich dran. Die hatte ja nicht mal die Mopeds von den Halbstarken spitzgekriegt!

„Wenn Onkel Karl-Heinz uns mal aus Berlin besuchen kommt“, erwiderte Papa mit leuchtenden Augen, „dann seht ihr mal ein richtiges Motorrad – der hat eine *NSU MAX*, sogar mit ’nem Beiwagen!“

Die NSU MAX von Onkel Karl-Heinz hatte Mama auch noch nie gesehn, sagte sie, und Oma auch noch nicht und Gitti und ich sowieso nicht, und wir haben uns alle drauf gefreut, wenn Onkel Karl-Heinz mal zu uns aus Berlin mit seim Motorrad zu Besuch kommt. Papa sagte, dass Onkel Karl-Heinz viel in der Gegend rumreist und auch bestimmt mal bei uns vorbeiguckt, aber weil Berlin ja nicht gerade um die Ecke ist ..., ja, dass das deswegen dauern könnte.

Onkel Karl-Heinz ist Papas jüngster Bruder und Papa hatte auch noch Tante Rut und Onkel Hermann und Tante Gisela als Geschwister, aber der einzige mit Motorrad war Onkel Karl-Heinz, so viel stand schonmal fest.

Ich war schon so was von gespannt, wenn Onkel Karl-Heinz auf seinem Motorrad zu uns kommt, aber wann das sein würde, konnte Papa beim besten Willen nicht sagen. „Der wird uns rechtzeitig eine Postkarte schicken“, sagte Papa. „Und dann wissen wir, wann er kommt.“

„Dem müssen wir aber auch Bescheid sagen, dass er uns besuchen soll!“ Da hatte Gitti mal wieder den richtigen Einfall.

Und ich sagte: „Wenn Onkel-Karl Heinz nich eingeladen wird von uns, kommt der nie zu uns – und sein Motorrad kriegen wer nie zu sehn!“

„Doch, der kommt bestimmt irgendwann mal – so oder so." Papa guckte versonnen in den Aschenbecher vor sich auf 'm Küchentisch und sagte ganz leise vor sich hin: „Karl ist mein kleiner Bruder ..., und wir treffen uns schon bald wieder."

MEIN SPÄTZCHEN

Ich hab 'ne Stelle bei uns am Nordbahnhof, wo ich am allerallerliebsten bin. Das ist auf der andern Seite von den Schienen, wo der Großmarkt ist, aber in der Ecke, wo er schon aufhört und es in Richtung Tunnel geht. Das ist 'ne Stelle, wo fast immer die Sonne hinscheint und wo man richtig steil raufklettern muss, denn da musst de 'n Stückchen nach hoch oben, und da kommt nicht jeder so ohne Weiteres hin, außer er strengt sich 'n bisschen an. Das ist an sich gar nicht so 'n unheimlich geheimer Ort, der liegt ganz offen da, und Oma könnte den sogar aus unserm Klofenster sehn, aber ich glaub, außer mir kennt den keiner – auch Joachim, Peter und Manfred nicht, oder die kümmern sich um den nicht, jedenfalls bin ich da immer alleine gewesen und hab da nie einen von den Jungs aus unsrer Bande um mich gehabt.

Das ist fast der primaste Platz auf der ganzen Welt! Da musst du mal hochklettern – ach nee, bloß nicht, der gehört mir ganz alleine, da soll kein andrer hin!

Zu meiner Lieblingsstelle bin ich also raufgestiegen, und da hab ich mich oben in die knallige Sonne gesetzt und runter auf die Schienen geguckt und zur Van-Meenen-Straße rüber und zu unserm Haus und allem – und manchmal hat Oma sogar aus unserm Klofenster geguckt, aber sie hat das nicht mitgekriegt, dass ich sie da beim Rausgucken gesehn hab, natürlich nur in ganz klein, woher auch, wir warn ja auch so weit auseinander, und sie hat ja nur so unser Bahnhofsgelände betrachtet und in der Gegend rumgeguckt und mich nicht gesucht, obwohl sie mich hätte finden können, wenn sie 's drauf angelegt hätte. Komisch, das mit dem Gucken und dem Sehn und dem Erkennen – aber das is mir jetzt zu schwierig, und da will ich erst mal gar nicht drüber weiterfaseln.

Ich verrat jetzt nicht, wo mein Lieblingsplatz so ganz genau ist, denn hier ist was Schweres passiert, und das geht eigentlich nur mich was an – aber sprechen muss ich trotzdem drüber, weil 's mir im Herz ist.

Als ich mich oben auf dem Huckel in der Sonne hingepflanzt hatte, lag 'n kleiner grauer Vogel neben mir, direkt an meiner Hand. Der war auch schon da, bevor ich mich hingesetzt hatte, ich hab 's nur nicht bemerkt, und 'n kleinen Schreck hab ich schon gekriegt. Das war nur 'n winziger grauer Spatz, hab ihn mal eben so angefasst, sein samtweiches Federkleid in meiner Hand gespürt – aber er war tot, hat kein Mucks mehr gemacht, und er war doch noch ganz schön warm vom Leben, doch jetzt war er tot. Da hab ich ihn in meine Hände genommen, wie 'n großen Schluck Wasser, und der war noch so warm in meinen Händen, und ich hab ihm ganz, ganz lange in seine starren kleinen Äuglein geblickt und überlegt, warum der kleine Spatz tot ist, so jung wie der war, und die Sonne brannte auf uns beide drauf, dass ich den Kleinen in den Schatten hinter ein kleines Gestrüpp gelegt hab, und ich hab mir auch mein Hemd ausgezogen, so knalleheiß wie das da war, und meine Lederhose auch, aber meine Unterhose nicht, denn das gehört sich nicht ..., und dann hab ich mich wieder ins Gras gesetzt und das Spätzchen wieder in meine Hände genommen und es war immer noch ganz schön warm, aber ich wusste nicht genau, ob es daran lag, dass es grade erst gestorben war oder ob es wegen der sengenden Sonne und der ganzen Hitze war. Hast du schonmal 'n totes, warmes Vögelchen in 'n Händen gehabt? Dann sei froh. Ich hab noch nie so geweint wie da.

Irgendwann später, als mein Spätzchen doch allmählich auskühlte, hab ich neben mir die Grasbüschel mitsamt Wurzeln rausgerupft und darunter mit meinen Fingern eine Kuhle ausgeschabt, hab den kleinen Spatzen reingebettet und ihn mit der Erde zugedeckt und das Gras oben wieder drübergelegt und ganz sanft angedrückt, damit 's ihm nicht wehtut, und danach mir den Dreck unter den Fingernägeln rausgekratzt, damit Mama nicht mit mir schimpfen muss ..., dass ich wieder ausseh wie 'n Dreckspatz. Geblutet hab ich auch 'n bisschen, von der ganzen Buddelei und Kratzerei in der Erde. Dann hab ich wieder geheult und in der Sonne gehockt, auf meinem Lieblingsplatz, aber geweint hab ich nicht wegen meinem Blut, sondern weil ich mein Spätzchen lieb hab, auch wenn 's jetz tot und unter der Erde ist.

Auf einmal hab ich über uns im Baum einen Vogel zwitschern gehört, also nicht nur einen, ganz viele zwitscherten da, aber einer direkt über mir war richtig laut. Ich dachte, vielleicht ist das ja die Mama oder der Papa von dem Kleinen – und der zwitschert gar nicht, sondern der weint auch.

Später, als sich die Sonne hinter dem Nordbahnhof verdrückt hatte, hab ich zwei Ästchen zurechtgeknickt und die mit Grashalmen zu einem kleinen Kreuz gebunden, und das hab ich auf das Grab von meinem Spätzchen gesteckt, hab mir meine Klamotten wieder angezogen und bin fix den Hang runter und rüber nach Hause, weil, um sieben gibt 's ja Abendbrot.

Ab da an bin ich fast jeden Tag zu meinem Vögelchen hochgeklettert und hab mich 'ne Zeit lang neben seinem Grab niedergelassen, hab mich mit meim kleinen Spätzchen über alles Mögliche unterhalten und hab mich von der Sonne bescheinen lassen und hab mir das Bahnhofsgelände und den Himmel angeguckt und überlegt, was der Unterschied zwischen Leben und Sterben und Totsein ist und immer wieder in 'n Himmel geguckt und den Wolken hinterher. Nur bei Regenwetter hab ich das seingelassen, denn das geht überhaupt nicht, wenn du da beim Hochsteigen immer wieder auf dem glitschigen Lehm von dem Hang runterrutschst und gar nicht vorankommst und manchmal sogar schon ganz unten auf die Schnauze fällst, mitten in den Matsch – so kann 's einem nämlich passiern.

Mein Spätzchen ist bestimmt im Himmel, und ob ich da neben seinem kleinen Grab sitz oder nicht, ist ihm bestimmt jetzt ganz piepeschnurzegal, weil, es is ja im Himmel.

Da muss ich 'n bisschen an die Ewigkeit denken, aber von der kenn ich ja noch gar nix, nur aus 'm Kindergottesdienst und von Oma, die hat da auch mal von gesprochen. Über die Ewigkeit redet man normalerweise nämlich nicht, die ist ganz was Geheimes. Mein Spätzchen ist bestimmt jetzt in der Ewigkeit, und wenn ich morgen wieder da hoch zu ihm steig und mich neben ihm hinsetz, muss ich mir überhaupt keine Sorgen machen, und mein kleines Kreuz ist eigentlich nur für mich alleine da, dass ich mein Spätzchen nicht vergess. Mehr Ewigkeit gibt 's nich – jedenfalls nich für mich.

DAS DRECKSCHWEIN

Da war unsere Bande irgendwo hinter dem Zigeunerweg unterwegs, frag mich nicht, wo genau, da warn Mordshügel aus Sand mit Büschen und 'n paar Nadelbäumen drauf, und wir haben da unsre Sachen gemacht, wie wir das so machen, haben geguckt, wo 's was zu gucken gibt, haben 's gesehn, und dann kam auch schon das nächste, und alles hat 'nen Heidenspaß gemacht. Diesmal war aber das Nächste nicht das, was wir Jungs im Kopp hatten – 'ne Riesenhöhle in den Sandhügel mit Eingängen von allen Seiten buddeln, das hatten wir auf dem Schirm – als Peter uns, wo wir alle mit unsern Flossen schon im Berg drin und wie wild am Schaufeln warn, zuraunte:

„Guckt ma – da om."

Da war plötzlich 'n Mann auf dem Kamm von den Sandhügeln zwischen dem dornigen Gestrüpp, 'n ziemlich junger schludriger Kerl, und der stapfte gemächlich den Sandhügel runter auf uns zu und zog sich auf einmal mit seinen Fingerspitzen seine Augenlider ganz weit auf und drehte seine Augen so, dass seine Pupilln, so heißen die Mittelpunkte von unsern Augen, glaub ich, weg und nicht mehr zu sehn warn und glotzte uns mit seinen weißen Glupschaugen an, dass wir dachten, das ist der Teufel selbst und höchstpersönlich. Doch dann hat er mit den Sperenzchen nicht mal mehr aufgehört, nee, im Gegenteil, und, du glaubst es nicht, da hat er seine Hose aufgemacht und runtergelassen und seine Unterhose auch noch dazu und kam mit seinem Pimmel und mit dem behaarten Zeug zwischen seinen Beinen immer näher zu uns ran, wo wir bis grade noch in Seelenruhe am Buddeln im Sand warn und spekuliert hatten, dass wer gleich am Mittelpunkt von der Erde sind.

Joachim zischte: „Ab die Post!" Und wir haben alle unsre Arme und Finger aus dem Berg rausgewurschtelt und sind heisterkoppeister in alle Himmelsrichtungen losgedüst – das kannst de aber glauben!

Als wir vier uns 'ne ganze Ecke weg irgendwo im Unterholz wieder zusammengefunden hatten und noch richtig durcheinander von dem Blödsinn, den wir uns da mit ansehn mussten, warn, haben wir vier alle erst mal gründlich pinkeln müssen – und wie, das sag ich dir, und alle gleichzeitig nebeneinander. Darüber haben wir uns halb kaputtgelacht, aber dann warn wir alle heilfroh, dass wir das los warn und sind zusammen nach Hause geschlendert, doch jeder von uns hat sich sicherheitshalber immer mal wieder umgeguckt, ob der Blödmann uns nicht doch noch im Nacken sitzt, doch von dem haben wir Gott sei Dank nie mehr was zu sehn gekriegt.

In der Nacht hab ich ganz schön kräftig geträumt, wovon genau, weiß ich aber nicht mehr. Am nächsten Morgen musste Mama mich wachrütteln: „Was war denn gestern los? Du bist ja wieder ganz durchgeschwitzt, das is jetz das dritte Nachthemd heute Nacht. Is was passiert gestern?" Ich rieb mir die Augen und war so froh, dass Mama da war: „Was? Wie?"

„Is gestern was gewesen, Ulrich?" Mama wusste, dass gestern was war, und sie guckte immer forschender und durch mich durch.

„Ulrich?!"

„Eh ..." Ich rieb mir wieder meine Augen. „Nee, gestern warn wer nur im Sand hinterm Zigeunerweg."

„Und? Was war da?!"

„Da ham wer 'ne Riesenhöhle gebuddelt."

„Und weiter?"

„Und sonst nix. Danach sind wer wieder nach Hause, wie immer – weißt de doch."

ELISABETHS FAHRRAD

Das war verdammt lustig – aber auch riesig aufregend, und ich hatte ganz schön viel Schiss. Ich bin noch nie selbst Fahrrad gefahrn, und ich hatte auch noch nie 'n Fahrrad. Und jetzt hatte ich eins! Doch am allerwenigsten konnte ich – Fahrrad fahren!

Das Fahrrad war von Elisabeth – und wer Elisabeth genau ist, sag ich später mal, über die hab ich nämlich noch viel zu erzähln. Also, Elisabeth brauchte ihr Fahrrad nicht mehr, weil sie 'n neues hatte oder sowieso keins mehr benötigte, weiß ich nicht mehr. Aber Elisabeths altes Fahrrad, was ich jetzt hatte, war für mich viel, viel zu groß, das war 'n 28er, eins für Erwachsene, und ganz alt und unmodern und kohlrabenschwarz. Jedenfalls hatte ich aber nun selbst 'n eignes Fahrrad, und ich hab das immer ganz aufgeregt über die Waage geschoben und ab und zu mal meinen Fuß auf die rechte Pedale gestellt und ausprobiert, was passiert, wenn die Kette greift, und als die Kette griff und ich ins Rollen kam, bin ich links ganz schnell wieder abgesprungen, weil ich sonst auf die Schnauze geflogen wär mit dem Riesending, und ich hab schleunigst mein Fahrrad festgehalten, damit 's nicht auf den Teer knallt oder auf mich drauf fällt. Es war ein schönes großes Fahrrad, auch wenn 's nur 'n Damenfahrrad war und keine Querstange wie bei den richtigen Männerfahrrädern hatte und sowieso uralt war, und das gehörte mir und war ganz und gar meins. Das Blöde war, der Lenker da oben war einfach zu hoch und der Sitz auch, und ich war zu klein und überhaupt, das alles war eigentlich Kacke – mein Fahrrad und ich passten vorne und hinten nicht zusammen! Ganz davon abgesehen – ich konnte ja überhaupt nicht Fahrrad fahren, noch nich mal 'n kleines normales Kinderfahrrad!

Alle andern Jungs hatten schon längst Fahrräder, also ganz neue, in Grün und Rot und Blau und mit Silberstreifen auf den Schutzblechen, und die warn ganz modern, manche mit Dreigangschaltung sogar, und die sind damit nach Lust und Laune rumgesaust, weil die konnten das alle schon – Fahrradfahren! Ich hatte bei Elisabeths Monstrum nur einen einzigen Gang, aber nicht mal damit kam ich zurecht, einfach weil das Fahrrad so riesengroß und für mich so unhandlich war und ich kaum draufsteigen konnte. Aber ich hab deswegen nicht groß gejammert, auch wenn die Jungs aus der Bande schon wie verrückt mit ihrn brandneuen Rädern durch die Gegend gekurvt sind, weil, ich hatte ja immer auch noch meinen roten Roller, und damit konnte ich verteufelt gut umgehn und bin richtig klasse über die Piste runter zum Bahnhof und zum Tunnel und die Van-Meenen-Straße und die Haumannstraße rauf und runter gebrettert, und damit war ich fast genauso schnell wie die Jungs mit ihrn brandneuen, tollen Rädern und zufrieden, und ich hab gar nicht mehr so richtig dran gedacht, dass ich ja auch schon selbst 'n eignes Fahrrad hatte, auch wenn ich damit ja gar nix so recht anfangen konnte.

Eines Tages, da hat Papa bei meinem Riesenfahrrad Elisabeths alten Sattel abgebaut und mir einen passenden Kindersattel vorne an den hohen Sattelholm geschraubt, dass ich die Füße im Sitzen an die Pedale und auf die Erde krieg, und Mama und Papa haben mich beim Schlafittchen genommen und festgehalten, als ich da obendrauf saß und die Pedale getrampelt hab, und Gitti ist mit ihrm Dreirad immer um mich rumgekreist, weil die konnte damit viel besser fahrn als ich auf meinem alten schwarzen *Ross*, so hat Papa mein Fahrrad genannt – aber draufgesessen hab ich schonmal, und das war 'n ganz schönes Gefühl, so hoch da oben im Sattel und den Lenker lenken, und die Fußpedalen treten konnt ich auch und, das is ja überhaupt das allerwichtigste, kurz einigermaßen Gleichgewicht halten, und wenn nicht, warn Mama und Papa gleich zur Stelle und haben mich wieder in die Senkrechte gebracht. So sind Papa und Mama mit mir und meinem Fahrrad bei uns vor der Haustür immer und immer wieder im großen Kreis gefahrn, und Gitti hatte davon schon die Nase voll und hat sich vor lauter Langeweile vor unsere Haustür gepflanzt und ihr Holzdreirad einfach auf die Seite geworfen und im Rinnstein liegen gelassen. Ich war aber inzwischen auch ganz außer Puste, obwohl ich nur 'n bisschen die Pedaln getreten hatte, ja, und gelenkt hab ich natürlich nebenbei auch noch. Aber am meisten geschwitzt haben am Ende dann doch Mama und Papa, weil sie mir immer auf den Fersen sein mussten und achtgeben, dass ich nicht umkipp, Elisabeths Fahrrad zu Klump fahr und mir die Fresse polier – hätt ich bestimmt, wenn Papa und Mama mich nicht an der Kandare gehabt hätten.

Gitti hockte gelangweilt auf der Bordsteinkante neben ihrem umgekippten Dreirad vor unsrer Haustür, als ich ohne Hilfestellung mit meim Fahrrad angerollt kam.

„Rücktritt, Ulrich – aber mit Gefühl!“ brüllte Papa mir von hinten zu und hab ich auch blitzschnell gemacht und wär beinah über meinen Lenker und auf Gitti draufgeflogen und Mama und Papa haben mich und mein Fahrrad im letzten Augenblick mit der Hand abgebremst und gerade so festhalten können, und den beiden liefen die Schweißperlen nur so vom Gesicht runter, so viel wie die wegen mir mitrennen mussten. Das war ja nochmal gerade so gut gegangen, und Gitti ist Gott sei Dank auch von mir verschont geblieben!

Nachdem Papa mein Riesenfahrrad und Gittis Dreirad, das da neben dem Bürgersteig auf der Seite lag, noch in unsern Keller runterbugsiert hatte und wir alle vier endlich wieder oben in unsrer Wohnung warn, hat Oma uns Essen gemacht. Sie hat die alte Blutwurst aus 'm Kühlschrank geholt, sie in Scheiben geschnitten, in die Bratpfanne gelegt, 'n Esslöffel Butter dazugegeben und die Flamme angemacht, aber nur auf ganz klein.

Papa und Mama haben sich erstmal auf ihre Stühle setzen müssen und sich immer wieder die Stirn mit ihrn Taschentüchern abgetupft und haben nur abgewartet, was Oma gleich auf 'n Tisch stellt. Gitti und ich sind noch in der Wohnung rumgesprungen, ich, weil ich noch so aufgedreht vom Fahrradfahrn war, und Gitti, eh, ... einfach so. Papa hat unser Radio angestellt, aber das Sandmännchen war schon lange vorbei und nur noch Gequatsche über Sachen, die nur Große kapiern, und dazwischen kam immer mal wieder 'n bisschen Schlagermusik.

Alte Blutwurst isst eigentlich keiner mehr, wenn er halbwegs bei Sinnen ist – ich sowieso nicht, ich ess nicht mal neue – und so 'ne alte Wurst schmeißt jeder normalerweise weg. Wir haben se aber trotzdem gegessen! Weil Oma genau weiß, was man mit alter Blutwurst alles machen kann! Gebraten hat se sie, grade noch rechtzeitig, bevor sie keiner mehr durch 'n Hals kriegt, und unsre alte Blutwurst brutzelte leise vor sich hin auf unserm Gasherd, und Oma hat sie zwei-dreimal in der Pfanne umgewendet, und dann war sie richtig knusprig und fertig zum Essen, und die hab sogar ich essen wollen und die aus der Pelle gepult und mir auf mein Graubrot draufgelegt.

Du – alte, gebratne Blutwurst von Oma – das schmeckt richtig schön! Wenn de mal zu Besuch zu uns kommst, könnt ja sein, dann sorg ich dafür, dass Oma uns 'ne alte Blutwurst bratet – aber da musst de schon Glück ham, denn meistens ham wer nur Fleischwurst und Leberwurst und Teewurst und Salami und Schweizer und Holländer Käse im Kühlschrank, und wenn auch Blutwurst, dann ist die auch frisch und nicht alt, wie man sie für Omas Rezept haben muss.

Nach der alten Blutwurst hat Mama ma kurz unser Küchenfenster wegen Papas Zigarettenqualm aufgemacht, aber Papa hat 's ganz fix auch wieder zugemacht, weil er ja direkt vor unserm Küchenfenster sitzt und es ihm im Rücken zog.

„Das müssen wir morgen aber nochmal probiern – he?“ Papa zwinkerte mir zu.

„Was – schon wieder alte Blutwurst?“ Wegen unserm Radio und den Blutwurstbröckchen zwischen meinen Zähnen war ich ganz woanders.

„Na, Fahrradfahren vielleicht?!“

„Ja! Da müsst ihr aber wieder mitkomm – sonst kipp ich gleich um, ich kann das doch alles noch gar nich!"

„Das machen wer, wenn überhaupt, schön zusamm", hat Mama rüber von ihrm Aufwasch bestimmt. „Damit kein Unfall passiert – und alles prima klappt."

Am nächsten Nachmittag konnt ich Fahrrad fahrn! Ich dachte die ganze Zeit über, Papa rennt hinter mir her und hält mich fest und im Gleichgewicht, hat er aber überhaupt nicht, Papa ist nur hinter mir hergelaufen und hat nur 'n bisschen auf mich achtgegeben, sonst nix – also, ich bin ganz alleine gefahrn, mit dem 28er auf meinem Kindersattel! Das ging so ruckzuck mit dem Gleichgewichthalten und dem Fahrradfahrn auf einmal, und Papa hat sich dann auf der Waage 'ne Zigarette angesteckt und im Kreis hinter mir hergeguckt und gewartet, bis ich wieder zurück von meiner Runde war und da – hab ich dann doch plötzlich unter meinem 28er gelegen.

„Hoppala!" Papa kam wie die Feuerwehr herbeigeeilt und hat das Fahrrad ganz vorsichtig von mir runtergehoben, mir auf die Beine geholfen, nachgesehn, ob ich stehn und gehn konnte, und dann war er ganz entzückt und hat *Hurra!* gerufen, so laut, dass Gitti auch *Hurra!* gleich hinterherrufen musste.

„Absteigen, Ulrich", sagte Papa ganz ruhig und besonnen, wobei er doch aber auch noch schwer durchschnaufen musste, „absteigen musst du auch können; Fahrradfahren können ist eine Sache, aber vom Fahrrad aus der Fahrt raus sicher runterkommen gehört genauso dazu, und das musst du noch lernen – aber eins nach dem andern, das kommt schon noch."

„Papa, ich kann 's jetzt, ne?" Ich rappelte mich auf, und es hat auch nur 'n ganz bisschen bei mir am Knie geblutet, und Gitti war so begeistert, dass sie ihr Dreirad vor Freude – diesmal auf der Waage – stehn ließ.

„Brigittchen, vergiss dein Dreirad nicht wieder! Und jetzt alle Mann ab nach oben!"

Papa hat das 28er wieder runter in den Keller getragen, und ich bin schonmal vor nach oben die Treppen rauf, hab geklingelt und bin rein in unsre Wohnung gestürmt:

„Oma, Mama, Oma – ich kann Fahrrad fahrn! Papa hat 's selbst gesehn – und Gitti auch!"

„Nu zieh di erst mo dien Schoh ut", entgegnete Oma nüchtern und blickte streng oben über den Rand von ihrer Brille; die war aber ganz neu, also Omas Brille, und deswegen kam sie damit noch gar nicht zurecht und hat immer um die Brillengläser drum herumlugen müssen.

„Ich kann mit Elisabeths Riesenfahrrad fahrn – ganz alleine – 'n Stückchen jedenfalls!"

„Mok mol nei to veel Theoter drüm." Wollt ich ja auch gar nicht, Theater drum machen – und da kam mir doch plötzlich was ganz, ganz andres Aufregendes in 'n Kopp, was aber auch so was von gar nix mit meim Fahrradfarn zu tun hatte.

„Mama?"

„Ja – da freu ich mich ja so drüber", rief Mama aus und guckte 'n bisschen besorgt runter auf mein blutiges Bein, „dass du das Fahrrad geschafft hast!"

„Nee, das mein ich nich – fällt mer grade so ein: Sind Neger auch Menschen?"

„... Sind wer was?!" Mama war völlig durcheinander. „Wie kommst du denn jetz auf *Neger*? Nu mach ma langsam ..., eh, ich glaub, ja ..., bestimmt sind Neger Menschen ..., ganz sicher sogar."

Mama fühlte meine Stirn: „Hast du vielleicht Fieber? – Außerdem sagt man nich *Neger*, das is 'n Schimpfwort, ... und wir benutzen bei uns keine Schimpfwörter."

„Sind Neger – oder wie die sonst heißen – gefährlich?"

„Eins nach 'm andern, Ulrich, ja? Könnt schon sein, aber frag ma Papa noch ma – du, Ulrich, dein Kopf is ja ganz heiß! Das is mer grade viel gefährlicher."

Und Oma stand jetzt am Spülbecken und hat aufgehört mit dem Abtrocknen und sich umgedreht und mich richtig angeherrscht: „Hie givt dat keen Neger, dee wohn süstenwo, wo 's hinhörn, un denk nei an so 'n Quack!"

Doch ich hab immer noch weiter an Neger – die aber eigentlich wohl anders heißen – gedacht, und an braune und gelbe und rote Menschen, weil, die warn ja alle in meim Buch drin, was Papa mir selbst geschenkt hat, wo auch die Mammuts und Eskimos und Dinosaurier drin warn und die Koalabärn und die Neandertaler und die großen Waldameisen, die 's nur im Wald gibt und Riesenhaufen baun, wo Millionen von denen drin wohn können, ... und noch so viele andere Sachen.

Als Papa endlich aus 'm Keller hochkam, fragte ich ihn.

„Papa?"

„Moment", Papa musste erstmal Luft holen und setzte sich auf seinen Stuhl. „Dass du jetzt Fahrrad fahren kannst, das ist ja ganz hervorragend, und dazu noch so ein riesiges Fahrrad. Als ich in deinem Alter war ..."

„Papa?"

„Ja?"

„Sind Neger gefährlich?"

„Hä? Wie kommst du denn jetzt da drauf?!"

„Weil, ... die sind in deim Buch drin, und weil mein Fahrrad, das von Elisabeth, ja auch rabenschwarz is – wie Neger auch so sind."

„Neger sind genauso gefährlich wie du und ich, und Fahrräder spielen dabei überhaupt keine Rolle. ... Davon abgesehen – man sagt zu dunkelhäutigen Leuten nicht *Neger*! Zu uns sagt ja auch keiner ..., eh, ... *Bleichgesicht* oder was anderes Blödes, oder?"

„Dass *Neger* sagen verboten is, hat Mama mir auch schon gesagt, ... aber Neger sind doch schwarz!"

„Und wir sind weiß – na und?! Schön, dass du so gründlich über solche Sachen nachdenkst!"

Da war ich ganz schön froh, dass wir und die schwarzen Neger gleich gefährlich sind. Dann wärn ja die roten Indianer und die gelben Chinesen und die ganzen Japaner und so vielleicht auch alle genauso, und wir passen dann auch alle prima zusammen, weil wir uns alle nix nehmen – und unsere Hautfarbe ja gar keine Rolle spielt! Ich würd gern mal zu den Negern nach Afrika fahrn und die da besuchen, denn in dem Buch von Papa warn auch 'n paar Landkarten drin, auf denen wohnten die Neger – äh, ... also, die Leute mit der schwarzen Haut – in Afrika, und ich wusste ganz schön gut Bescheid, wo was war.

„Mama, könn wer nich ma nach Afrika?"

„Nee, bestimmt nich! Nich mit deim Fieber, und so viel verdien wer nich, dass wer um de Erde juckeln könn, und Afrika is ganz, ganz, ganz weit weg, da brauchen wer uns überhaupt keine Gedanken drum machen. Aber wer könn ja am Wochenende wieder mal ins Neandertal, also zu Petra und Tante Roswitha und Onkel Hermann, mein ich – das wär doch was, oder?!"

„Aber die sind ja keine Neger!"

Und Papa rief vom Klo her: „Na, vielleicht werden sie bis dahin ja noch welche, wenn sie sich richtig anstrengen!" Und er hat sich dabei halb kaputtgelacht, dass es durch unsre ganze Wohnung schallte – ich aber nicht und Mama und Oma und Gitti auch nicht – nur Papa, der fand das richtig oberkomisch, da hinten um die Ecke bei seiner Klositzung.

VOM STERBEN - UND ÜBER GUTE UND SCHLECHTE MENSCHEN

Oma ist die Älteste von unsrer Familie, und die wird irgendwann mal sterben, also, dass die Augen für immer zu sind. Das geht mit alten Leuten ja so. Da können wir jetzt nur drauf warten, also warten tu ich da bei Gott nicht drauf, ich will, dass Oma ewig lebt und alle andern auch, also nicht nur wir Menschen, auch alle Tiere und Schmetterlinge und Bienen und Fliegen und so. Aber mit dem Tod müssen wir uns ja nun mal mit abfinden, denn einen Stock über uns ist schon wieder 'ne Oma gestorben, und wenn das so ist, is es eben so, da kann ja nunmal sowieso keiner was dran ändern. Ich muss dann auch später mal sterben – wenn die andern leben und sterben, mach ich das genauso. Es ist bestimmt richtig, wenn Sachen so sind wie sie sind. Oma möcht ich aber lieber behalten, und so alt ist sie jetzt ja auch noch nicht, zwanzig Jahre hält sie bestimmt noch durch – vorm Sterben.

Wieso muss eigentlich überhaupt was leben und sterben? Das versteh ich gar nicht. Da muss es doch irgendwas dazwischen geben, wo beides geht, irgendwas über dem Tod und dem Leben – und gibt es auch, das weiß ich genau. Vielleicht lebt ja einer und stirbt – abwechselnd, also, ich mein, dass es immer hin- und hergeht mit dem Leben und mit dem Sterben, bis de gar nicht mehr weißt, was was is, und alles dasselbe ist und gar keine Rolle mehr spielt, ob de tot oder lebendig bist, und dann is es gar nicht mehr so schlimm, wenn Oma sterben würd, weil so endgültig weg wär sie dann ja sowieso nicht.

Auf jeden Fall muss Oma bei uns bleiben – weil sie so gut für uns ist.

Es gibt aber, anders als Oma, auch schlechte Menschen, das sind so die Mörder und Diebe, und manche von denen machen sogar auch noch andere Sachen, wie neulich unser versauter Kerl hinterm Zigeunerweg mit seinen weißen Glupschaugen und seim nackten Piepmatz – und die sind bestimmt genauso schlimm wie klaun und totmachen, und solche Banausen haben den Tod wahrhaft verdient, und die dürfen auch nich bei uns auf der Erde rumlaufen und weiter ihrn Schabernack treiben.

Auf der anderen Seite – schlechte Menschen können auch wieder richtig gut werden, das ist gar nicht so schwer, wie man denken sollte.

Neulich nämlich, als ich Gitti ihrn Bonbon vom Teller geklaut und selbst gelutscht hab, hab ich ihr den nach 'm paarmal Abschlabbern wieder auf den Teller getan, und sie hat ihn in 'n Mund reingesteckt und gegrinst und sich ihr Bonbon schmecken lassen und alles war bereinigt, und ich war froh, dass Gitti mir mein Verbrechen nicht übel genommen hatte und nicht mal gemerkt hat, dass ich ein Böser bin. Ich find 's so prima, dass einer auch wieder gut werden kann, denn wenn ich schlecht bin und nix dagegen machen könnte, würd ich nie mehr 'n Auge zukriegen.

Mit der beste Mensch auf der Welt ist Oma, und Oma muss sich da drüber, also schlechte Menschen und Mörder und Diebe und mich, wo ich doch Gitti ihrn Bonbon stibitzt hab, sowieso keine Gedanken machen, denn im Sommer – das ist jetzt aber nur ein einziges Beispiel – stellt sie für Gitti und mich mittags, wenn wer von der Schule durchgeschwitzt nach Hause kommen, immer einen Teller mit eiskalter Milch auf 'n Küchentisch, mit geviertelten frischen Erdbeeren drin und zerbröckeltem Zwieback und oben drüber 'n Löffel Zucker, und wir beide sind danach wieder ganz frisch. So gut ist Oma zu uns! Aber auch sonst ist Oma so und so die klassigste Oma, die 's gibt.

Doch Fürstenbergs und Zillmers und Blaschkes und Tomaschewskis und Polenzens, die haben auch alle so 'ne prima Oma, und da bin ich richtig froh drüber, dass es auf der ganzen Welt überall so prima Omas gibt.

Wieso gibt 's eigentlich keine Opas? Fällt mir grade ein – Gitti und ich hatten nie einen, und die meisten andern Kinder bei uns im Haus und in der Umgebung auch nicht. Die Opas kannst de aber auch nicht danach fragen, warum se nicht da sind – weil, se sind ja nun mal nich da. Aber wir, also Gitti und ich, hatten ganz bestimmt 'nen Opa, ich würd wetten, sogar zwei oder noch mehr, denn die haben uns Bilder, die heißen eigentlich *Fotos*, von denen gezeigt, mit Uniform und Bärten, hauptsächlich quer unter der Nase, und einer von denen war der Mann von Oma, aber welcher genau, könnt ich jetzt beim besten Willen nicht mehr sagen und Gitti bestimmt auch nicht, denn die Opas sah 'n unter der Nase alle recht ähnlich aus – wie *Kaiser Willem*, hat Oma gesagt.

„Früher hämm all Männer so utsehn", erzählte Oma, als wir neben ihrm Sessel hockten und mit unserm Kopf an ihrm Rock warn und sie das Fotoalbum ganz gemächlich vor unsern Augen durchblätterte, und Gitti und ich hätten zugucken und zuhörn können bis zum Einschlafen.

„Oma, was is eigentlich 'n Kaiser?" fragte Gitti, schon ganz schläfrig von Omas Geschichtenerzählen.

„'N Kaiser givt dat schon ewich", sagte Oma und streichelte uns übern Kopf. „Nur 'n liem Gott givt dat noch länger – viel, viel länger as 'n Kaiser."

Oma kommt bestimmt in 'n Himmel – und ich auch, weil ich Gitti ihrn Bonbon wieder zurückgegeben hab und nur ganz wenig abgeschleckt hab, und mehr hab ich bestimmt nicht gemacht, außer 'n Zigarettenstummel in unserer Bude auf 'm Großmarkt geraucht, ... aber das erzähl ich erst später. Sonst fällt mir da auch nix anderes Schlimmes mehr bei mir ein.

Mit dem Himmel, das klappt schon – für Oma und alle und auch alle Fliegen und so. Alle Guten komm in 'n Himmel.

NIKOLAUS

Wir hatten 'nen klasse Fleischwolf. Da wurde die Wachsdecke vom Küchentisch genommen, und der Fleischwolf wurde an die Tischkante angeschraubt. Oben in den Trichter von dem Fleischwolf konntest de alles reinstopfen, was de wolltest, also natürlich nicht wirklich alles, aber ziemlich viele Klamotten, und dann hast de die Kurbel von dem Fleischwolf gedreht und unten vorne an der Seite kam alles klitzeklein zermatscht raus. Meistens warn das oben dicke Fleischbatzen, die in den Wolf reingequetscht wurden, deswegen heißt der Fleischwolf ja auch *Fleischwolf*, und unten haben Mama oder Oma dann Buletten draus gerollt oder 'nen *Falschen Hasen* geformt, und die Sachen kamen dann schön zu den Zwiebelstückchen in unsere große Bratpfanne zum leise Brutzeln.

Aber mit dem Fleischwolf kannst de auch Kekse machen! Glaubst de nicht? Dann hör jetz ma gut zu!

Da stopft man dann oben selbstverständlich kein Fleisch rein, um Gottes Willen, nee, sondern natürlich Kuchenteig; und den musst de erstmal machen und mischen und kneten, und das können sowieso nur Oma und Mama, und Männer wie Papa und ich kennen sich damit überhaupt nicht aus und Gitti auch noch nicht, obwohl die ja ganz sicher irgendwann auch mal 'ne Frau wird.

Das ist vielleicht 'ne Schweinerei mit dem verdammten Teig, das sag ich dir, der ganze Küchentisch voller Mehl und Butter und Eigelb und Eiweiß und Zucker und das Hin- und

Hergewalke, aber da warn Gitti und ich beide immer eifrig dabei, obwohl wir kein Handschlag gemacht haben und nur bei Mama und Oma mit glänzenden Augen zugeguckt haben, wie sie den Teig da zubereitet haben – und wir hatten unsre Fingerspitzen immer mal wieder da drin und der rohe Keksteig schmeckte uns beiden sauprima, und wir haben uns andauernd die Finger abgeschleckt.

„Esst nich so viel davon", ermahnte uns Mama mit besorgtem Blick.

Und Oma erhob ihrn Zeigefinger: „Passt bloß up – dat givt Bukweh!"

Als der ganze Teig für den Fleischwolf, eh, ich sag mal besser *Kekswolf*, fertig gemanscht war, setzte Mama unten das richtige Mundstück fürs Gebäck ein und Oma drehte schonmal die Kurbel und je nachdem, was da unten für 'n Einsatz drin war, kam dann da eine dicke Raupe raus oder ein geriffelter Türvorleger, aber in klein, und das wurde von Oma und Mama ganz flink mit 'nem Küchenmesser abgekappt und Stück für Stück auf 'n Backblech gelegt bis es voll beladen war, und dann in den Backofen geschoben.

„Mama – ich hab 'n bisschen Bauchschmerzen", quengelte ich – und die kamen dann wirklich mächtig, die Bauchschmerzen.

„Ich auch, glaub ich", jeimerte Gitti.

„Jörn – hem 'v doch sächt!" Oma machte einfach weiter mit dem Fleischwolf-, eh, Kekswolfkurbeln. „Dat juch nei hörn wullt!"

„Kinner, gehn wer ma ganz fix zum Klo – der Teig geht und marschiert jetz in euerm Bauch." Mama war richtig kribbelig und schwer in Sorge. „Hört ma auf das, was Oma sagt, dann hätten wer das Trara jetz nich!" Als wir wieder vom Klo zurückkamen, duftete es schon ganz lecker nach Weihnachten, nach Zimt und Nelken und Anis und so andern Gewürzen und Oma hatte schon die erste Ladung von unsern frisch gebackenen Keksen aus dem Backofen geholt und war dabei, die Plätzchen auf dem einen Ende mit erwärmter flüssiger dunkelbrauner Schokolade zu bestreichen; und Gitti und ich warn mit unsern Fingern schon wieder dazwischen, weil – uns beiden ging 's nach dem Klo wieder bombig gut.

Oma und Mama haben das mit der ganzen Backerei alles nur veranstaltet – wegen Weihnachten! Und Gitti und ich hatten schon vier Türchen vom Adventskalender auf, und übermorgen kommt der Nikolaus, und morgen hatten wir noch genügend Zeit zum Stiefelputzen, und in drei Wochen kommt der Weihnachtsmann, und wir beide warn jetzt schon so ganz aus dem Häuschen, weil, der Nikolaus kommt ja nur am 6. Dezember vorbei, ganz früh am Morgen, bevor überhaupt einer wach ist, und letztes Jahr hatte er uns die Schuhe richtig vollgepackt.

Beim Nikolaus lernst de, wie Schuhe anständig geputzt und poliert werden müssen. Letztes Jahr haben Mama und Papa dabei Gitti und mir noch richtig kräftig geholfen, also beim Schuhefertigmachen für 'n Nikolaus, und Gitti und ich haben gar nicht so viel machen müssen und haben hauptsächlich beobachtet, wie Mama und Papa unsre Schuhe so schön blank gebürstet haben, und unsere Schuhe glänzten, als wenn ..., ja, weiß ich jetz auch nich ..., auf jeden Fall blitzten die, als wenn wir die grade ganz neu bei unserm SALAMANDER-Schuhgeschäft in der Stadt gekauft hätten.

Aber dies Jahr warn wir zwei beiden selber dran, und Gitti und ich sollten uns ganz alleine und höchstpersönlich um unsere Schuhe für den Nikolaus drum kümmern, haben Papa und Mama bestimmt, und Oma war auch ausdrücklich dafür, weil wer nämlich jetz groß genug dafür wärn, und da haben wir uns jeder gleich beide unsre allerhöchsten Schuhe für den Nikolaus rausgesucht und zum Blankmachen vorgenommen, auch wenn das mit der Bürsterei 'ne ganze Ecke länger dauert als bei kleinen flachen Schuhn, kann sich jeder vorstelln, aber das konnten wer gut ertragen und haben das in Kauf genommen – denn in die großen Schuh passt ja 'ne ganze Menge mehr rein als in die kleinen.

Beim Schuheputzen ist es nicht mit 'nem bisschen drüberwischen getan, nee, das ist richtig Knochenarbeit, das haben wer schon gemerkt – und wenn de da nicht gründlich rangehst, schert sich der Nikolaus 'n Dreck um deine Schuh und die bleiben einfach leer – und du denkst dann sogar vielleicht, den Nikolaus gibt 's gar nicht, dabei hängt 's nur an dir selbst, und wenn deine Schuh pieksauber und blinkend gewesen wärn, hättst de dann schon gesehn, was der Nikolaus so alles kann.

„Papa, ich brauch mehr Wichse!"

„Ich auch!" rief Gitti. „Aber bei mir die hellbraune."

„Eure Schuhe sind doch schon so blitzeblank", erwiderte Papa. „Na ja, ... ihr habt ja recht – sicher ist sicher."

Gitti und ich haben die ganzen Nähte zwischen Schuh und Sohle mit der Wichse eingeschmiert und oben das Leder sowieso, sogar die Schnürsenkel haben wir rausgezogen, dass wer auch gründlich an die Zunge von unsern Schuhn rankommen, und dann mussten wir warten, das haben Mama und Papa angeordnet, bis die ganze Schuhcreme ins Leder eingezogen ist, und das dauert, sag ich dir, ... mindestens 'ne halbe Stunde. Wir hatten noch genug Zeit, alle unsre Spielsachen auf 'm Küchenboden auszuschütten, aber als wir so richtig mit dem Spieln anfangen wollten und meine SIKU- und WIKING-Autos ins Rolln kamen und Gitti ihrer Martina 'ne schöne brandneue Frisur machen wollte, murmelte Mama: „Ich glaub, ihr könnt jetz langsam mit dem Bürsten loslegen." Und sie blickte nebenbei auf unsern Küchenwecker, weil, es war schon sechs durch.

Da haben Gitti und ich die ganzen Spielsachen von uns links liegen gelassen und sind wie die Hasen zurück zu unsern Nikolausstiefeln auf die Fußmatte gekrochen – und die sahn immer noch genauso stumpf aus wie vorhin. Mama sah unsre ungläubigen Gesichter: „Die Schuhcreme is jetz schön eingezogen – das kann man nich unbedingt sehn, aber es is so, und wenn ihr jetzt fleißig drüberwischt, fang die im Nu an zu glänzen."

Doch dann zog sich Mama hastig ihrn Mantel an und nahm ihre Einkaufstaschen in die Hand. „Ich bin gleich wieder zurück, muss noch ma ganz fix hoch zum Fleischer – Omas Speck is alle, und Salami auch nich mehr viel – um halb sieben machen die Läden zu ..., poliert jetz ma schön eure Nikolausstiefel!" Und dann hat sie sich fix ihrn Mantel übergezogen und war auch schon aus der Wohnungstür raus und ins Treppenhaus und in die Nacht zum Einkaufen.

Als ich und Gitti wieder an unsern Schuhn für 'n Nikolaus zugange warn, wollten wer die mit der Schuhbürste blank wienern, wie sie 's uns gesagt hatten, aber da haben wer beide uns gezankt, weil – wir haben nur eine Schuhbürste.

Da hat Papa zu uns gesagt: „Der Klügere gibt nach!"

Da hab ich Gitti die Bürste hingestreckt, aber Gitti hat sie weggehaun.

„Ich bin genauso klug wie du!" hat sie gezetert.

„Kannst se trotzdem ham", hab ich ganz zahm erwidert.

Und Papa beschwichtigte: „Kinder, Kinder!"

Gitti drehte auf: „Wenn ich groß bin, hab ich sowieso meine eigne Schuhbürste!"

„Wir könn die ja auch durchsägen, dann haben wir zwei kleinere Bürsten – jedenfalls für jeden eine ..., also wenigstens 'ne halbe", hab ich zurückgegeben und dachte, dass das 'n ganz schön schlauer Einfall wär; wir haben nämlich 'ne dicke große Säge im Keller liegen, das weiß ich, und auch noch 'ne kleinere, die heißt *Fuchsschwanz*, und mit dem Durchsägen von unsrer Schuhbürste hätten wir unsern Streit um das Ding im Handumdrehn ganz leicht lösen können, und Gitti und ich hätten jeder unsere eigene Schuhbürste gehabt, auch wenn 's ja auch nur 'ne halbe und abgesägte gewesen wär.

„Kinder! Ulrich! Brigitte!" Papa klopfte immer lauter mit seinem Handballn auf den Tisch.

Da kam Mama aber auch schon wieder rein, schwer beladen mit 'ner prallen Tüte und ihrer Einkaufstasche an der Hand und war am Schnaufen, weil die bis oben hin voll warn mit allerlei Sachen ..., dabei wollte sie ja eigentlich nur wegen Omas Speck und 'n Salami-Endchen weg zum nochmal Einkaufen.

„Was is das denn für 'n Krawall?! Das kenn ich doch gar nich von uns!" Mama lud ihre Taschen erstmal auf dem Küchentisch ab und fing auch gleich an auszupacken.

„Dat is alls wegn Nikelaus", brabbelte Oma, die war nämlich auch die ganze Zeit noch bei uns, aber die hat einfach nur so vor sich hin gestrickt oder gehäkelt, weiß ich nicht mehr, und ist ansonsten immer ganz still in ihrm blauen Sessel hocken geblieben.

„Lasst die beiden Trabanten mal ruhig machen, wie sie es machen!" Papa hockte schon wieder gemütlich auf seim Stuhl und hat seine Zeitung hängen lassen und die Zigarette glimmte auf dem Rand vom Aschenbecher. „Die beiden kriegen das auch alleine geregelt."

„Wer streiten uns überhaupt nich wegen Nikolaus!" rief ich Mama zu. „Wer zanken uns wegen 'ner blöden Schuhbürste, weil wer nur eine ham, und wer sonst unsre Schuhe nich beide rechtzeitig für Nikolaus schön zurechtgeputzt kriegen."

„Dann nehmt doch Zeitungspapier – und zwischendurch immer ma 'n bisschen draufspucken – guckt ma, so." Und schon hatte Mama sich 'ne Doppelseite aus Papas Zeitung gegrapscht und zusammengeknüllt, spuckte leicht auf einen von unsern Nikolausschuhn, rubbelte auf dem mit dem Zeitungspapier rum und machte uns vor, wie das geht, und der sah auf einmal aus wie 'ne Eins und spiegelte nur so ..., wie die neuen Schuhe bei SALAMANDER.

... Da lag auf einmal unsre Schuhbürste auf 'm Fußboden rum, als wenn keiner je was von ihr wollte, und Gitti und ich hatten uns jeder auch noch 'n Zeitungsblatt vom Küchentisch aus Papas *SOLINGER TAGEBLATT* gefischt.

„Eigentlich wollte ich meine Zeitung ja noch zu Ende durchlesen", sagte Papa verblüfft, drückte seine Zigarette im Aschenbecher aus und musste dabei doch auch 'n bisschen grinsen.

Ich fragte: „Wie jetz noch ma – auf die Schuhe spucken oder auf die Zeitung – oder auf beide?!"

„Egal", antwortete Mama freudestrahlend beim Auspacken von ihrn Einkaufssachen. „Funktioniert beides."

Papa hat sich inzwischen halb totgelacht, aber warum genau, weiß ich nich mehr – zumal ihm ja inzwischen auch noch die Hälfte von seiner Zeitung flöten gegangen war.

Das ganze Tamtam haben Gitti und ich ja alles nur gemacht, damit der Nikolaus morgen Nacht richtig was in unsere Schuhe reinpackt – sonst wär 's schnurz gewesen, denn mit dreckigen Schuhn kannst de doch genauso gut laufen wie mit geschniegelten – nur für den Nikolaus geht das natürlich überhaupt nicht.

Jedenfalls warn Gitti und ich irgendwann – da guckte Mama immer wieder rüber zur Uhr im Küchenschrank – endlich fertig mit unsern Schuhn, und Oma ist auch schon abgetrödelt zum ins Bett gehn. Unsre blitzenden Schuhe haben wir schön ordentlich an unsre Wohnungstür gestellt, und die sahen jetzt echt aus wie brandneu gekauft. Mehr konnten wir beide heute Abend wirklich nicht mehr fabriziern.

„Nicht zu nah an die Tür stellen", empfahl Papa augenzwinkernd. „Sonst stolpert der Nikolaus womöglich drüber." Auweia! Da hätten wer beide uns beinahe selber 'n Beinchen gestellt, und Papa hatte natürlich vollkommen recht, und da haben wir unsre Schuhe 'n bisschen von unsrer Tür weggerückt, damit der Nikolaus nicht auf die Klappe fliegt, wenn er uns was bringen und in unsere prima geputzten Schuhe stecken will.

Am Abend vom 5. Dezember gehörn die Schuh auf jeden Fall an die Wohnungstür, damit der Nikolaus die gleich findet, wenn er reinkommt – und das mit unserm Zanken hat er ja hoffentlich alles nicht so genau mitgekriegt. Hauptsache, du bist lieb, wenn de einschläfst, und ich war ganz lieb zu Gitti beim Einschlafen und war richtig bei ihr in ihrm Gitterbettchen – also nur so in Gedanken – und wär am liebsten rüber zu ihr in ihr Bett mit gekrochen und hätt mich gern da mit reingelegt, so lieb war ich, vor allem gegenüber Gitti.

„So, Ulrich – Zeit zum Aufstehn!" Da war schon 'n ganz klein wenig Tageslicht und dann noch mehr Tageslicht, als die Vorhänge und Gardinen beiseite gezogen wurden, und Gitti und ich mussten uns die Augen wischen, und Mama guckte mich und Gitti an, als wenn sie nochmal gucken müsste. „Huch – habt ihr beide hier zusamm geschlafen? Das ham wer ja gar nich mitgekriegt. Dass ihr euch so schön vertragt – nach dem Gekabbele gestern Abend – ihr seid mir ja welche!"

Gitti und ich saßen auf meinem Bettrand, haben uns verpennt angeblickt und haben uns wieder zurück auf 'n Rücken falln lassen.

„Na, ihr beiden Klabautermäuse!" Mama lächelte auf uns runter. „Auf die Beinchen jetz – ich glaub, der Nikolaus war schon da!"

„Nikolaus!" Da warn Gitti und ich aber plötzlich so was von wach und auf den Beinen und sind sofort aus dem Wohnzimmer und an unsre Wohnungstür gestürmt, wo wir doch gestern Abend unsere Stiefel für den Nikolaus hingestellt hatten.

Unsre Stiefel warn voll bis oben hin – und nix davon war danebengegangen! Da warn sogar Marzipanbrote drin und bei mir auch 'n SIKU-Auto; bei Gitti war aber kein Auto drin, ihre größten Schuhe sind ja auch eher klitze gegen meine, und da passt noch nicht so viel rein, aber Anziehsachen für ihre Martina, aus Wolle, warn drin, und die kann man ja schön zusammknülln, und wir beide haben uns gefreut wie Schneekönige. Dass der Nikolaus das so schön passend für jeden hinkriegt ..., na ja, das is eben der Nikolaus.

„Kommt der Nikolaus auch aus 'm Morgenland?" fragte ich beim Frühstück, als Gitti und ich unsere ganzen Nikolausgeschenke neben unsern Tellern aufgebaut hatten.

„Wieso *auch* Morgenland?" Papa hörte kurz auf, auf seinem Ei herumzukloppen.

„Na, weil Sankt Martin is doch auch daher", bemerkte ich. „Hast de selbst gesagt."

„Ach so, ja, stimmt, hab ich erzählt."

„Also, wo kommt er denn jetz her, der Nikolaus?" Gitti wollte es auch wissen, fummelte an den neuen Anziehsachen für ihre Martina rum, knabberte an ihrm Marzipanbrot und rutschte auf ihrm Stuhl hin und her.

Oma warf ein: „Dee kümm bied us 'm Himmel."

Und Mama sagte: „Das glaub ich auch."

Da war Papa aber schon weg Richtung Wohnzimmer. Da hat er bestimmt in seinen ganzen Büchern rumgestöbert, wegen dem Nikolaus und vielleicht auch wegen dem Himmel.

„Der Nikolaus hat ganz genau gewusst, dass ich Anziehsachen für Martina brauch", sagte Gitti und trank ihr NESQUIK aus. „Der muss aus 'm Himmel komm!"

„Genau", pflichtete ich Gitti bei. „'N normaler Mensch kann überhaupt nich wissen, dass ich 'n SIKU-Auto will!"

Da kam Papa zurück: „Stimmt!"

„Was stimmt?"

„Der Nikolaus kommt auch aus dem Morgenland", sagte Papa und setzte sich wieder an sein Ei und fing das Abpellen an. „Gar nicht weit weg vom Sankt Martin. Ist das nicht merkwürdig, dass die alle in derselben Gegend gewohnt haben?"

Da wurde ich aber richtig neugierig, und Gitti erst.

„Was is das denn für 'ne Ecke – das Morgenland?" fragte sie. „Und wo is das überhaupt? Könn wer da nich ma hingehn – statt immer nach Schloss Burg oder zur Müngstner Brücke oder zum Rüdenstein?"

„Nee, nee, kleines Fräulein", da musste Papa richtig lachen und hätte sich fast an seinem Ei verschluckt. „Das Morgenland ist richtig weit weg, da geht man nicht so eben mal hin, dafür braucht man ein Auto oder die Eisenbahn, am besten ist aber Flugzeug, damit kommt man am schnellsten hin – das dauert aber trotzdem noch ein, zwei Tage, bis man da ist."

„Und wo is es jetz, das Morgenland?" hakte ich mürrisch nach, weil wer da ja wohl sowieso nie hinkommen. Und Mama und Oma lehnten sich zurück auf ihrn Küchenstühln und verschränkten ihre Arme, wahrscheinlich weil sie froh warn, dass wir da nicht hinmussten.

„Papa?!" Gitti schob ihre Puppensachen in die Mitte vom Tisch und kniete aufmüpfig auf ihrm Stuhl. „Das Morgenland – wo is es jetz?!"

„Eh, ach ja", antwortete Papa und nahm schnell noch 'n Schluck von seinem KARO-Kaffee. „Das Morgenland ist da, wo die Sonne aufgeht."

„Aber das is doch gleich da vorne!" rief ich begeistert, und Gitti stand auf ihrm Stuhl und zeigte aus unserm Küchenfenster: „Da is se doch schon, de Sonne!"

„Ja, dann geht 's aber 'n paar Tage lang gradeaus", sagte Mama. „Die Sonne sieht nämlich nur so aus, als wenn se gleich da vorn wär."

Papa sagte: „Ja, genauso ist das tatsächlich."

„Wer könn Sankt Martin und dem Nikolaus ja ma 'ne Postkarte schicken und uns ordentlich bedanken", sagte Gitti. „Wenn wer schon nich zu denen hin könn." Und ich dachte auch, das ist wieder mal 'ne ganz prima Idee von Gitti und hatte gleich schon im Kopp, was ich den beiden schreiben würde ..., aber außer *Danke* fiel mir erstmal nix ein.

„Wie hem aber d' Adress nei", murmelte Oma und wurde einigermaßen ungemütlich. „Un nu geit dat wiejer im Lem – un nu helpt mo Tisch afrüm!" Das ham wer beide auch artig gemacht, mussten aber auf einmal ganz schnell zu unserm Weihnachtskalender und das Türchen mit der Sechs aufmachen und gucken, was da drin is, das hatten wer wegen Nikolaus nämlich ganz verschwitzt, und hinter dem Törchen war tatsächlich der Nikolaus höchstpersönlich selber drin – aus Schokolade.

WEIHNACHTEN

Wenn der Nikolaus da war, das weiß jeder, geht 's in großen Schritten auf Weihnachten zu, und da hab ich letztes Weihnachten schon drüber gegrübelt und jetzt, wo ich schon 'n winziges Stückchen größer bin, noch mehr – also über Weihnachten und so ..., weil, Weihnachten ist so wunderbar, sogar noch viel wunderbarer als wie Nikolaus.

Unterm Tannenbaum, wenn der Weihnachtsmann endlich ankommt, is es ganz anstrengend mit Weihnachten, weil de dann bis dahin am besten keinen Blödsinn mehr machst, sonst kannst de dir die MÄRKLIN-Eisenbahn aus 'm Kopp schlagen. Jeder wünscht sich ja irgendwas zu Weihnachten, und wenn einer nur Mist baut, braucht er sich nicht wundern, wenn er nur Mist oder gar nix kriegt; deswegen is es bei Weihnachten ganz wichtig, dass einer, äh ... jetzt weiß ich gar nich mehr, was ich sagen wollte. Weihnachten ist mindestens so schön wie Nikolaus und wie Ostern zusammen, aber am liebsten bin ich einfach nur bei Mama und Papa und Gitti und Oma, und alles andre, Ostern, Nikolaus, Weihnachten oder sonst was, ist mir eigentlich egal ..., aber Weihnachten ist schon schön – und das Weihnachtsgebäck und draußen der Schnee und die Eisblumen am Fenster und der Adventskranz, wo de immer nur eine Kerze anmachen darfst, also, jetzt wird 's schwer zu erklärn, also, am Zweiten Advent darfst de zwei Kerzen anstecken und so weiter, aber bei vier is endgültig Feierabend, deshalb haben alle Adventskränze immer nur vier Kerzen drauf, weil sofort nach 'm Vierten Advent is Weihnachten, und direkt danach kommt der Weihnachtsmann, und da ist für 'ne fünfte Kerze keine Zeit mehr da, und dann brennt ja sowieso schon der Weihnachtsbaum, also brennen sollte der natürlich besser nicht – leuchten soll der. Mann, is das 'n Durcheinandergequatsche von mir – ich war ja schon so wahnsinnig aufgeregt – wegen Weihnachten!

Drei Tage vor Weihnachten wurd 's auf einmal rattenkalt bei uns, und es fing an zu schnein – frag nich nach Sonnenschein – und das hörte überhaupt nicht auf! Gitti und ich haben mit platten Nasen am Küchenfenster geguckt, wie die schwern Schneeflocken draußen vorbei nieder auf die Erde schaukelten. Wo wir unsre Nasenspitzen hatten, schmolzen die Eisblumen am Fenster und wir konnten schön die Eiszapfen, die am Mauerwerk oben überm Fenster hingen, sehn, und ein Eiszapfen, der war auf der Hälfte abgebrochen – das glaubt keiner – der war nicht nur weiß und glasklar und durchsichtig, der hatte alle Farben, Grün, Rot und Blau und alles – wie 'n Regenbogen! Das hab ich zusammen mit Gitti alles gesehn! Das hätten Mama und Oma auch sehn können; Papa natürlich nicht, denn der war auf seiner Arbeit in seiner grauen Fabrik unten am Entenpfuhl, aber Mama und Oma schon. Als wir Mama und Oma mit *Kommt ma ganz schnell zu uns ans Fenster – gucken!* zu uns ans Küchenfenster riefen, war die Sonne auf einmal verschwunden und alle bunten Farben auch und Mama und Oma haben gar nicht kapiern können, wovon wir beide gequasselt haben und wovon wir so aufgeregt warn, denn die Farben warn auf einmal alle futsch. Ich glaub, das war wegen der Sonne – also wegen der Sonne, die jetz nich mehr da war.

Bald warn unsre Fensterbänke draußen so voll mit Schnee bepackt, dass wir beim Lüften aufpassen mussten, dass der ganze Schnee uns nicht rein in die Wohnung fällt. Mannomann, war da ein Schnee bei uns! Als Mama mit uns zum Einkaufen wollte und die Haustür aufmachte, standen Gitti und ich fast bis zum Hintern drin, also im Schnee, wirklich wahr, und es schneite in einem durch weiter und wollte gar kein Ende nehmen und Mama hat schnell unsern großen Regenschirm aufgespannt, und wir haben uns links um die Ecke gegen die Flocken und den eisigen Wind die Van-Meenen-Straße hochgekämpft und sind durch den dicken Schneeteppich gestapft, wo uns endlich mal 'n Kehrwagen entgegenkam, und wir sind auf der glatt gebürsteten Van-Meenen-Straße weitermarschiert, denn die Bürgersteige warn ja fast bis unter die Fensterbänke von den Wohnungen im Erdgeschoss vollgeschneit.

Draußen alleine spieln durften wir beide auch nicht mehr, weil das zu gefährlich war, außer wenn Papa oder Mama dabei warn und mit uns 'ne Schneeballschlacht gemacht haben oder 'nen Schneemann gebaut haben. Doch runter zu den Schienen und zum Tunnel, das hatten sie uns strikt verboten und eingetrichtert, dass wer da auf keinen Fall hindurften ..., und dahin wärn wir sowieso nicht mehr gekommen, kaum noch bis zum Waagehäuschen, auch das war in dem hohen Schnee für uns fast unerreichbar.

„Nich, dass ihr uns nich mehr zurückkommt", haben sie immer gesagt. „Ihr beide bleibt schön bei uns oben zu Hause ..., allerhöchstens bis vor die Haustür."

Bei uns zu Hause bullerten unsre beiden Kohleöfen und, egal wie kalt und weiß es draußen war, wir hatten 's immer schön warm in unsrer Wohnung und unten im Keller warn links an der Wand noch Briketts für einen ganzen Winter aufgestapelt, das hatte ich gut im Blick, denn die hab ich ja inzwischen immer für uns hochgeschleppt, also die Briketts, und wenn 's da knapp geworden wär, hätt ich rechtzeitig so was von Alarm geschlagen, das kannst de aber glauben.

Du – Schnee hin oder her und wie blöd der ist, wenn de irgendwo hinmusst und durch den ganzen Schneeschlamassel nicht durchkommst und nix Vernünftiges mehr machen kannst – du kannst immer noch 'nen Schneemann baun, und 'n Schneemann baun ist einfach superspitzenklasse! Mit Mama und Papa zusammen durften Gitti und ich ja immer nach draußen an die Luft und in unsere dick verschneite Winterlandschaft. Und was haben wer da wohl gemacht? Genau – 'n Schneemann gebaut haben wer. Da hab ich Papa ganz genau zugeguckt, wie er das bewerkstelligt hat – und bei unserm ersten Schneemannbauen war er richtig in seim Element.

So 'n Schneemann fängt mit 'nem klitzekleinen Schneeball an – glaubst de nich, is aber so, wirklich! Papa hat nur 'nen winzigen Schneeball in seinen Händen geformt und den danach durch den hohen Schnee gerollt und kreuz und quer gewickelt, und der Schnee klebte an dem Schneeball, dass er immer größer wurde, und ruckzuck hatte Papa 'ne riesige Tonne aus Schnee aufgewälzt und schon war der dicke Unterleib von dem Schneemann fertig, und den hat Papa mit seiner dicksten Seite nach unten vor unsrer Haustür aufgepflanzt. Den nächsten Schneeball ham dann Gitti und ich zusammen durch den pappigen Schnee gekugelt und den Klumpen, der dabei zustande kam, hat Papa hochgehievt und auf den Unterleib draufgepackt. Jetzt brauchten wir nur noch den Kopp und den hab ich mit Gitti, wo wir jetzt wussten, wie 's ging und beide richtig in Fahrt warn, ganz fix aus dem Schnee zurechtgewickelt, und Papa hat ihn ganz oben auf den Körper draufgesetzt. Da stand der große Schneemann bei uns auf 'm Bürgersteig, aber der war nur einfach aus Schnee und sah sonst nach nix aus – wie 'n echter Schneemann, also einer mit Haut und Haarn jedenfalls nich.

„Ich geh ma kurz nach om!" Mama war ganz aufgekratzt und hat sich so gefreut, weil sie anscheinend 'ne gute Idee hatte. „Ich hol ma eben was."

Gitti und ich guckten uns unsern prima Schneemann, der aber eigentlich nach nix außer nach zusammengepackten Schneeklumpen aussah, immer wieder an und stapften um ihn rum und haben ihn überall glatt gestrichen und Papa wischte ihm auch andauernd den Neuschnee aus 'm Gesicht – na ja, 'n Gesicht hatte der ja gar nicht – denn das Schneien gab einfach nicht nach, dass wir Angst haben mussten, der Schneemann schneit uns zu, bevor wir den überhaupt fertig hatten.

Da kam Mama wieder runter aus 'm Haus und hatte 'ne dicke lange welke Mohrrübe und 'nen alten schwarzen, löchrigen Kochtopp und 'nen ausgedienten, zerfledderten Besen bei sich. Was wollte denn Mama jetz damit?!

Und potzblitz – die Mohrrübe wurde dann die Nase von unserm Schneemann und oben mitten in sein Gesicht gesteckt, und der alte schwarze Topp wurde sein Hut und ihm auf die Birne gestülpt. Aber da fehlten doch noch der Mund und die Augen für 'n richtiges Gesicht!

„Wer brauchen Zähne!" Gitti rieb sich ihre klammen Fingerchen. „Und Augen – oder nich?"

„Wer brauchen unbedingt Zähne und Augen für den Schneemann", sagte Mama auch. „Aber da fällt mer jetz auch nix zu ein – om in der Küche ham wer jedenfalls keine Schneemannzähne und auch keine Schneemannaugen rumliegen."

„Ich geh ma suchen." Gitti buddelte wie 'n Hund im Schnee vor unsrer Haustür rum. „Vielleicht find ich ja, was für Zähne und Augen geht."

„Da unten findst 'de im Lem keine Augen oder Zähne für 'n Schneemann – da sind doch nur die Platten vom Bürgersteig drunter!" Ich bin quer durch die weiße Wüste rausgestiebt Richtung Bahnhof – das durfte ich doch eigentlich gar nicht – und bin kurz danach voll auf die Fresse geflogen, mitten in den pludrigen Schnee rein, und als ich wieder hochkam, hatte ich außer 'ner Menge Schnee im Maul auch noch 'n paar Steinchen an den Händen kleben, guckte mir meine Flossen an und ich grub 'ne Handvoll größerer Steinchen von unterm Schnee raus. Die gehn doch für Zähne und dazu sogar noch für seine Augen, schoss mer 's durch 'n Kopp – und, als ich mit den Steinen zurück bei unserm Schneemann ankam, wurden das dann tatsächlich die Zähne und die Augen von unserm Schneemann, und der sah plötzlich halbwegs aus wie 'n Mensch! Danach haben wir ihm auch noch seine beiden Arme aus dem Schnee gebacken und die an ihn drangepappt, und den einen Arm haben wir extra leicht krumm geformt und das Handende auf seinen Bauch gedrückt, dass er damit Mamas alten Zuppelbesen halten konnte, und das hat er auch ganz freiwillig mitgemacht.

Wir warn alle vier so stolz auf unsern Schneemann – und Osterwinds, die gerade alle fünf aus 'm Haus kamen und zu ihrer Waage wollten, um nach 'm Rechten zu sehn und gucken, ob da draußen alles bei dem Winter noch einigermaßen funktioniert, und alle – außer Blanka natürlich – mit breiten Schneeschiebern bewaffnet waren, riefen: „Endlich mal wieder 'n richtig großer echter Schneemann bei uns vor der Haustür! Der wird lange stehn bleiben, bei dem Wetter! Schonmal eine schöne Weihnachtszeit – ist ja nur noch ein paar Tage hin!" Und Blanka tobte mühselig durch den tiefen Schnee um unsern Schneemann rum und bellte, als wenn der 'n Lasterfahrer wär, aber als sie ihm in den Hintern gebissen hat, war sie so verblüfft, dass unser Schneemann doch kein echter Lasterfahrer war, und sie ist vor lauter Schreck sofort weiter Richtung Waage abgehaun, hinter Osterwinds her, die da zu viert 'ne schöne breite Gasse zu ihrm Waagehäuschen durch die dicke Schneedecke freischoben.

„So, Kinder", sagte Mama zu Gitti und mir. „Kommt jetz ma aus dem Schnee raus und stellt euch hier vor der Haustür hin – damit wer endlich wieder ins Warme komm." Papa und Mama klopften uns beide Kinder gründlich ab, doch das dauerte, denn wir hatten auch noch überall Eisklümpchen an unsern Klamotten dran.

Am nächsten Morgen war ich – und Gitti auch – gespannt wie 'n Flitzebogen auf unsern Schneemann, und ich bin ans Klofenster und Gitti ans Wohnzimmerfenster geflitzt – aber außer Schnee ham wer nix gesehn und 'n Schneemann schon gar nich, höchstens 'nen kleinen Schneehügel, wo der Schneemann eigentlich hätte stehn müssen.

„Is unser Schneemann weg?" Gitti konnt 's einfach nicht glauben und ich auch nicht, und Gitti fing schon das Heulen an. Unser Schneemann von gestern war einfach weg und vollkommen zugeschneit – und der war so was von hinüber.

Papa konnte an diesem Tag beim besten Willen nicht zur Arbeit – wegen dem verdammten Winterwetter. Nicht, dass er nicht nur nicht aus der Haustür rauskam, im Radio hatten sie auch in den Nachrichten gesagt, dass heute kein Bus und keine Straßenbahn und keine Eisenbahn und kein gar nix mehr fährt, und die Leute höchstens aus 'm Haus gehn solln, wenn 's unbedingt sein muss. *Unbedingt* war 's bei Papa schon – doch bei dem Wetter?!

„Das Geld könnten wir schon brauchen", und er blickte sehnsüchtig raus aus unserm Küchenfenster, wo die Schneeflocken nur so runtersegelten. „Aber was nicht geht, geht eben nicht."

Wir haben alle schön zusammen gefrühstückt, mit gekochten Eiern und Marmelade-, Honig- und Sirupbroten, und als es langsam heller wurde, konnten wir sehn, dass gar kein Schnee mehr fiel. Das wollten wir zuerst gar nicht glauben und haben drauf gewartet, dass es gleich wieder losrieselt – aber da kam erstmal nix mehr, und Mama sagte auf einmal: „Dann kann ich ja jetz wenigstens zur Arbeit gehn – is ja nur um de Ecke."

„Ich bring dich", sagte Papa entschieden. „Marta, du gehst mir nicht alleine!"

„Wir komm mit!" riefen Gitti und ich mit einer Stimme, und Papa sagte: „Klar kommt ihr mit."

„Ick bliv tohuus", sagte Oma – fast 'n bisschen enttäuscht, als wenn sie auch was vom großen Schnee draußen miterleben wollte.

Wir sind ganz gut aus unsrer Haustür rausgekommen – irgendwer, ich nehme an, das war Herr Osterwind, hatte da wohl 'n bisschen freigeschippt – und dann sind wir alle vier links um die Ecke hoch zu SCHÄFERS, also zu Mamas Fabrik, und davor lag bestimmt 'n Meter Schnee hoch, und da war auch gar kein Schnee weggeräumt und gefegt schon gar nicht, und wir kamen nur mühselig weiter durch die weiße Wüste, und ja, die Fabrik von SCHÄFERS war zu und geschlossen, und es war auch gar kein Licht an, dass uns sowieso nix andres übrig blieb als wieder kehrtzumachen und durch den ganzen Schneeschlamassel zurück nach Hause zu schluffen.

Den hatten wir ganz vergessen – unsern Schneemann von gestern! Und da war er doch – also nicht direkt – unser Schneemann war eher 'n Schneeknubbel, denn weder sein Hut noch seine Mohrrübennase noch sein Besen warn zu erkennen und seine Zähne und Augen schon gar nicht, und ich und Gitti fingen sofort an ihn mit unsern Händen freizuschaufeln.

„Wartet, Kinder! Ich hol ma was", rief Mama und schloss die Haustür auf. „Das machen wer anders – damit er wieder schön wird."

Zurück kam sie kurz darauf mit 'nem Handfeger und 'n paar Lappen, und mit dem Handfeger hat sie den Schneemann fein säuberlich abgefeudelt, dass schnell wieder sein Gesicht mit der Mohrrübennase und auch der Rest zum Vorschein kam und er kurz darauf fast wieder genauso schön frisch aussah wie gestern. Aber die Schneehaube oben auf seinem schwarzen Kochtopfhut hat sie nicht abgefegt, die hat sie extra draufgelassen.

„Das steht ihm doch", sagte Mama, „der Schnee auf seim Hut – wo er doch 'n Schneemann is."

„Mama", rief Gitti begeistert aus. „Du hast ja so 'n guten Geschmack!"

„Woher weißt du denn schon, was 'n guter Geschmack is, Frollein?!" Mama war richtig perplex.

„Ich weiß das em!"

„Ach so." Mama hat sich halb schimmelig gelacht. *Ich weiß das em* äffte sie Gitti lieb nach und konnte gar nicht mehr aufhörn zu lachen.

Und dann haben wir unsern Schneemann mit den Lappen regelrecht poliert, dass er wieder aussah wie neu, und von oben aus 'm Klofenster guckte Oma uns zu, schön kuschelig eingewickelt in ihren dicken großen schwarzen Wollumhang, und der Schneemann strahlte blitzblank und in voller Pracht in der Wintermorgensonne vor unsrer Haustür.

Wir dachten alle, jeden Augenblick fängt 's sowieso wieder an zu schneien, weil wir 's von den letzten Tagen so gewöhnt warn, und dann würd alles, und natürlich auch unser Schneemann, einfach wieder unter 'ner dicken Schneedecke verschwinden. Das kannten wir die letzte Zeit im Dezember ja nun mal nicht anders. Aber so kam 's nicht! Kurz vor Mittag sind wir alle – außer Oma – wieder runter in die Wintersonne und raus zu unserm Schneemann, und Osterwinds und Blaschkes und Zillmers und Tomaschewskis und Hochmanns aus 'm Nachbarhaus, also die Eltern von Peter aus meiner Bande, standen bei uns, und sie haben alle gesagt, dass unser Schneemann das Schönste an unserm blöden strengen Winter wär, und Blanka ist wie bekloppt durch den Schnee und rund um unsern Schneemann gewetzt und hat uns nach ihrer Jachterei alle einzeln unsere Hände geleckt ... Mann, war das schön – das mit unsern Nachbarn und unserm Schneemann!

Einmal im Jahr ist unsre ganze Familie zusammen in die Kirche gegangen – in unsre Stadtkirche. Die sah gar nicht wie 'ne richtige, alte Kirche aus, im Gegenteil, die hatte 'nen viereckigen, weiß verputzten Turm, und oben war 'ne Mordsweltkugel drauf und da oben drüber noch 'n Riesenkreuz, und das Kirchenschiff sah eher aus wie 'ne Art Fabrikhalle, würd ich sagen, und war von außen auch weiß verputzt und von innen genauso, also unsre Solinger Stadtkirche war eher so 'ne neumodische Kirche, ohne alle Schnörkel und ohne allen bunten altmodischen Krimskrams. So 'ne komische Stadtkirche gibt 's auf der ganzen Welt bestimmt kein zweites Mal – nur in Solingen.

Mit unserm *einmal im Jahr in die Kirche gehn*, das war eigentlich nur wegen Oma, die wär auch noch viel öfter in 'n Gottesdienst gegangen, aber Papa hatte es damit nicht so, im Gegenteil, und deswegen hatte es Mama da auch nicht so damit, und deshalb sind wir immer nur einmal im Jahr alle zusammen mit Oma in die Kirche zum Gottesdienst gegangen – und das war schließlich zu Weihnachten am Heiligabend.

Zu der Zeit, wo ich gerade von erzähl, war Papa nämlich *Kommunist*, hat er mal zu mir ganz, ganz leise ins Ohr geflüstert und auch gesagt, dass die Kommunisten nix vom lieben Gott wissen wolln, aber auch gar nix, weil den gibt 's für die Kommunisten überhaupt nicht, weil der liebe Gott nicht zu sehn ist und nur das zählt, was man sehn und anfassen kann; also auch, dass man zur Arbeit gehen muss, dafür seinen Lohn kriegt und den beim Fleischer und Bäcker und im Milchladen bei PÜTZ und im KAISER'S-KAFFEE-Geschäft und im KAUFHOF und so wieder abgibt; der Trick ist, hat Papa auch gesagt – wir bezahln mehr Geld für unser Essen und unsre Klamotten und was wer sonst so einkaufen müssen, als 'n einfacher Arbeiter von seiner Fabrik an Geld mit zurückbringt; und dabei arbeitet Mama ja auch noch, und trotzdem werden wir immer ärmer, bis wir gar nix mehr haben, und andre, denen die ganzen Fabriken und großen, schnieken Läden gehörn, werden immer reicher, bis sie gar nicht mehr wissen, wohin mit ihrer ganzen Pinke. Ja, und mit diesen Sachen hat der liebe Gott nichts am Hut, dem ist piepegal, wer was hat oder nicht hat, das interessiert den 'n Scheißdreck, sagte Papa, um so 'n Kleinkram müssen wir Leute uns alle alleine drum kümmern, und wenn de kein Geld zum Einkaufen hast, hast de eben keins – und Punkt und aus ..., es sei denn, dir fällt selbst irgendwas Pfiffiges ein.

Arbeiten konnten ich und Gitti ja noch nicht, dafür sind wir viel zu klein für, aber wenn wir könnten, würden wir bestimmt mithelfen, damit wir 'n kleines bisschen mehr kriegen und nicht ganz mausearm werden, und ich hab gut verstanden, was Papa mir über die Welt und wie sie in echt funktioniert erzählt hat, und wenn das mit dem stinkereich und bettelarm nicht anders wird, werd ich bestimmt auch mal Kommunist, todsicher, weil die Kommunisten wolln, dass alles allen gehört, und nicht wie jetzt bei uns, jedem nur sein eignes, was er sich zusammengepfercht und gescheffelt und auf die Sparkasse gebracht hat.

... Aber Papas Sachen mit dem Kommunismus und so hörn sich schon 'n bisschen irgendwie ganz anders an, als se Gitti und mir im Kindergottesdienst beibringen ..., wo Jesus sagt, dass wir keine Motten sammeln solln, sondern hauptsächlich den Schatz in unserm Herzen im Auge behalten, und uns keine Sorgen machen solln, weil sich die Lilien auf 'm Feld auch keine machen und die Vögel im Himmel schon gar nicht, und jeder hat, was er braucht ..., und das war so prima, wie der Pastor von der Stadtkirche uns das alles auch nochmal verklickert hat, und da war 'n Riesenadventskranz, der von der Decke an 'ner dicken Kette runterhing und an dem brannten alle vier Kerzen, weil, der vierte Advent war ja grade durch, und neben dem Altar stand 'n prächtig geschmückter Weihnachtsbaum, der hatte hunderte von bunten, schillernden Glaskugeln, und an dem brannten zwischen dem Lametta auch alle Kerzen, denn es war ja der Heilige Abend.

Dann kam überhaupt das Wundervollste: Die Weihnachtsgeschichte! Wie Jesus, wo er ja grade noch 'n klitzekleines Baby war, in dem Stroh da in dem Stall in Bethlehem übernachten musste, aber da warn ja zum Wärmen Gott sei Dank noch 'ne Kuh und 'n Esel und noch irgendeiner um seinen Kinderwagen rum, der hieß damals aber nicht *Kinderwagen*, sondern

Krippe, und Jesus seine Eltern, das warn ja Maria und Joseph, haben ihn sowieso die ganze Zeit umhegt und betüddelt und schön mit Stroh zugedeckt, vielleicht hatten Maria und Joseph ja auch schon so 'n lüttes Wolldeckchen für ihrn kleinen Knirps, und ihn zwischendurch mal geschaukelt, und dann kamen – und das war sowieso das Allerdollste – sogar noch zufällig drei Könige, die warn auf großer Reise, vorbei und haben dem Jesusmäuschen 'n paar Geschenke dagelassen, und die warn nicht von schlechten Eltern, das kann ich dir flöten, da war außer so 'm Gewürzstinkezeug, das hieß Weihrauch und Mürre oder so ähnlich, und für das Zeug musstest de damals richtig was auf den Tisch blättern, sogar noch 'nen Batzen pures Gold dabei, aber davon hat der Winzling von Jesus nix mehr mitbekommen, weil da hat er bestimmt schon längst wieder gepennt, wie Babies das ja so an sich haben, und war schon längst im siebten Himmel – ging mir und Gitti ja früher auch nicht anders ..., na ja, davon abgesehn, dieser Kram, den die Könige ihm mitgebracht haben, hätte den kleinen Jesus bestimmt nicht interessiert – denn Gitti und mir wär so 'n Firlefanz auch schnurz gewesen, als wir so kleine Würstchen wie Jesus warn.

Bei der Geschichte vom Pastor hat 's bei mir richtig den Rücken rauf- und runtergekribbelt, so verzaubert war ich davon, und ich hab ganz aufmerksam zugehört und aufgepasst. Aber für Kommunisten bedeutet die Weihnachtsgeschichte überhaupt nix, und als der Pfarrer die so nach und nach vortrug, wurde Papa auch ganz nervös, und ist, glaub ich, nur in der Stadtkirche sitzen geblieben wegen Oma, denn Wunder und solche komischen Sachen können Kommunisten überhaupt nicht gut haben. Aber wenn so 'n kleiner Wurm wie Jesus einfach mal so in der Gegend rumwandert und den einen oder andern fragt *Willst de gesund werden?* oder *Willst de aufstehn und gehen?*, obwohl die eigentlich gar nix mehr auf die Beine bringen oder sogar schon mausetot sind, und die trotzdem *Ja* sagen, und der kleine Schlingel von Jesus sagt *Dann mach 's doch einfach!* und das klappt tatsächlich, aber die römischen Soldaten von so was nix wissen wolln – auch wenn die bestimmt noch keine Kommunisten warn, denn die gibt 's ja wohl erst seit kurzem – und Jesus deshalb, da war er aber schon erwachsen, an 'n Kreuz nageln, und der arme Kerl hängt da 'n paar Tage dran, bis er krepiert – Mensch, das möcht ich nich durchmachen, nich mal die Hälfte davon, und Jesus, den haben sie danach erst mal in so 'n Loch geschmissen und 'nen riesen Mühlstein davor gerollt, damit er niemals mehr da rauskommt, und weißt de was, er is doch rausgekommen, hat sich selbst sogar überhaupt nicht drum gekümmert, er hatte nämlich Mordskumpels, das warn zwei Engel, die hießen Gabriel und ... den andern weiß ich nicht mehr, aber ich komm bestimmt wieder drauf, und das warn sogar Erzengel, und die ganzen Fraun von Jesus haben sich nur die Augen gerieben, dass er da wieder in der Landschaft rummarschiert, als wenn nix gewesen wär, und seine alten Freunde von früher haben 's auch nicht geglaubt, sodass sie ihn nicht mal wiedererkannt haben und erst 'n paarmal ihre Augen auf- und zumachen mussten, als sie sich wiedergetroffen haben. Ja, und deswegen wolln alle Kommunisten von so 'nem Kokolores auch nix hörn, weil sie nur von Sachen wissen wolln, die sie mit eignen Augen sehn und die sie mit ihrn Händen anfassen können – aber nix, wo nur was im Glauben und im Geist und sonst so 'n Blödsinn ist.

Ich aber sag: So 'n Gottesdienst ist mit das Primaste von der Welt, die komischen Geschichten und die Wunder da drin! Und immer gewinnt am Ende der liebe Gott, auch wenn er sich manchmal richtig quäln muss und sich ganz bedeppert und hilflos anstellt, doch der Teufel geht schließlich zum Teufel, und das Anfassen können spielt überhaupt keine Rolle ... und Geld und Gold sowieso nicht.

Auch wenn ich noch ziemlich klein bin und noch nicht mal in der Schule drin bin – ich sehn mich nach all den Sachen, die ich nicht sehen und nicht anfassen kann, und ich würd auch gern mal 'n paar Wunder erleben! Und ... deswegen kann ich dann doch wohl kein Kommunist werden.

Schade, dass Papa 'n Kommunist sein muss, denn als Kommunist verpasst de 'ne ganze Menge – aber 'n bisschen recht hat er ja auch. Aber jetz frag mich bloß keiner, was 'n Kommunist so ganz genau im Einzelnen ist und was der den ganzen Tag über so machen muss, damit er einer ist – ich weiß ja noch nicht mal, was kein Kommunist ist.

BESCHERUNG

Oma, Mama, Papa, Gitti und ich sind nach dem Weihnachtsgottesdienst durch die verschneite Stadt von unsrer Stadtkirche aus nach Hause gewandert, genauso wie alle andern Familien, doch da war der ganze Schnee schon schön säuberlich auf die Bürgersteige aufgetürmt worden, und 'n paar O-Busse und Straßenbahnen fuhrn auch wieder, und unser Solingen stand winterlich und weihnachtlich und festlich im Lichterglanz.

Gitti und ich warn schon ganz kribbelig wegen dem Weihnachtsmann nachher, aber jeder für sich, und wir haben uns auf 'm Heimweg gegenseitig kleine Schneebälle an den Kopp geworfen.

„Nun macht mal 'n bisschen sachte", ermahnte uns Papa. „Wenn der Weihnachtsmann denn was bringen soll!"

Dann, da warn wir grade erst bei Unter-Sankt-Clemens, fing es doch wieder an dicke Flocken zu rieseln, die segelten ganz langsam auf uns nieder und auf die Häuser und auf die ganze Erde. Das war 'n richtig schönes, sanftes Schnein, und wenn de 'ne Schneeflocke ins Auge gekriegt hast, hast de schnell die Augen zugezwinkert, haben die sowieso von alleine gemacht, und dann dröppelte es 'n bisschen über die Backen, und dann hast de das Wasser von den geschmolzenen Flocken mit dem Ärmel oder den Handschuhn abgewischt oder um den Mund rum mit der Zunge abgeleckt, und du konntest wieder prima gradeaus gucken.

Gitti und ich wurden auf einmal ganz artig und haben alle Zankerei, die wir ja ab und zu sonst veranstaltet haben, sein gelassen, und als wir uns den ganzen Schnee abgeschüttelt hatten und die Treppen hoch zu uns ins Haus stiegen, warn wir beide noch viel artiger; wir sind schnell in die Küche rein und haben Oma aus ihrm dicken Wintermantel und beim Pantoffelanziehen geholfen, und Oma konnte dabei zugucken, wie verteufelt artig wir beiden Kinder warn, und sie hat sich mordsmäßig über uns gefreut und gesagt:

„Juch bied Kinner sied jo so artich – glich kümmt dee Winnachtsmann."

Mama und Papa sagten, sie müssten jetzt alles für den Weihnachtsmann zurechtmachen und vorbereiten, damit der zu uns findet und sich bei uns auch wohlfühlt, wenn er denn wirklich kommen täte – und sind wie der Wind ins Wohnzimmer verschwunden und haben die Tür hinter sich zugemacht und sogar den Schlüssel auch noch rumgedreht, und Gitti und ich warn mit Oma lange Zeit ganz alleine in der Küche und sind in einem durch um sie rumgehampelt, weil wir vor lauter Anspannung gar nicht wussten, was wir anstellen sollten, und wir beide sind Oma mit unserm Gefrage und Bohrn und Gequatsche über den Weihnachtsmann fürchterlich auf die Nerven gegangen, sodass die mit ihrer Handarbeit aufgehört hat und die Stricksachen in ihrn Korb runtergleiten ließ.

„Oma, kommt der Weihnachtsmann, wie 's ihm passt?" fragte Gitti.

„... Jo, dee sucht sich sien Kinner schon goot ut, un dee kann sich dat ganz schnell ok werrer anners överlegn, weem hee wat gift – or weem nei." Dabei hat sie immer so verschmitzt geblinzelt, was sie sonst nie so macht – und da sind Gitti und ich aber so was von fürchterlich artig geworden, das glaubst de nich. Andererseits wurden wir beide dann aber auch immer hibbeliger in der Küche, dass Oma uns kaum noch bremsen konnte, und auch die ganzen wunderbarn Weihnachtslieder, die aus dem Radio dudelten, nicht, und wir sind vorgeprescht zur Wohnzimmertür und haben bei Gittis Bett gewartet, dass was passiert, und Oma hat uns bewacht und geraunt: „Kinner, nu blifft mo still."

Wir hatten den Duft von unsern Weihnachtskeksen in der Nase, Zimt, Anis, Vanille und so und von den Tannenzweigen von unserm Adventskranz, der hinten auf 'm Küchentisch 'n bisschen verlorn und vergessen mit seinen abgebrannten vier Kerzen rumlag. Drinnen im Wohnzimmer war durch das matte Glas von der Tür ein heimeliges Licht zu sehn, das flackerte so behaglich, und Gitti und ich sind von einem Fuß auf den andern gehopst, haben uns bei der Hand genommen und wieder losgelassen und wieder angefasst ... und konnten 's kaum noch aushalten – aber wir wollten beide unbedingt artig bleiben. Auf einmal kam aus dem Wohnzimmer ein großer Schatten auf uns zu, der Schlüssel wurde im Türschloss gedreht, und unsre Wohnzimmertür ging auf, und Mama blickte freudig auf uns beide herab und wisperte:

„Nu kommt ma rein, ihr beiden Hübschen." Und dabei hat sie ihrn Zeigefinger vor ihrn Mund gehalten, und wir warn da auch ganz, ganz leise, leiser ging 's überhaupt nich, und Gitti hat sogar auch ihrn eignen Zeigefinger vor ihrn Mund gehalten. Mama hat Oma vorweg mit in unser Wohnzimmer reingenommen, und ich bin mit Gitti hinterhergedackelt, und das war, das glaubst de nicht, so was von richtig, richtig schön und aufregend – da drin in unserm Wohnzimmer! Da war überhaupt kein Licht, also kein normales Zimmerlicht, nur das Flackern von den Kerzenlichtern vom Weihnachtsbaum, und auf dem glitzerte das Lametta und die vielen bunten Kugeln und unten drunter lagen so viele große Sachen, aber die warn alle mit Bettlaken oder irgendwelchen Tüchern zugedeckt oder mit dem buntesten Weihnachtspapier, das de dir vorstelln kannst, eingepackt, und ich hatte keinen Schimmer, was da drunter und dadrin sein könnte. Papa saß am Ende vom Sofa, wo der flackernde Weihnachtsbaum stand, und er hatte sein Feuerzeug in der Hand und seine Augen funkelten.

„Nu setzt euch ma schön hin, ja?" sagte Mama und drückte Papa 'nen komischen schwarzen Stängel in die Hand, und Gitti und ich haben uns zahm vor unsern Christbaum auf den Teppich niedergehockt.

„Guckt mal, Kinder!" Papa zündete mit seinem Feuerzeug den Stängel vorm Weihnachtsbaum am unteren Ende an und hielt den hoch am langen Arm, und da prasselten tausend kleine Blitze nieder, dass ich immer sorgenvoll auf den Teppich gucken musste, weil ich dachte, gleich brennt unser Haus ab. Tat es aber Gott sei Dank nicht, und von der tollen *Wunderkerze* und den Blitzen von der – so heißt der Stängel nämlich in Wirklichkeit – hab ich fast nix mitgekriegt, weil ich immer auf den armen Teppich achten musste.

Wie der Weihnachtsbaum dahin kam, wo der jetzt so schön mit den grünen und roten und goldnen Kugeln und den Strohsternen und dem Silberlametta geschmückt dastand, weiß ich bis heute nicht, der war auf einmal so da – das is bei Weihnachten wohl so, da passieren Sachen, die 's sonst nicht gibt, denn nachmittags, als ich bei uns im Wohnzimmer wegen irgendwas drin war, war der noch nicht da, der Weihnachtsbaum, da schwör ich dreimal Stein und Bein und Hallelujah drauf.

„Gitti?" flüsterte ich, während wir da brav unterm Weihnachtsbaum auf den Weihnachtsmann warteten.

„Lass mich in Ruh!"

„Ich wünsch mer 'ne Eisenbahn."

„Ich nich!"

„Das Fuddelzeug da om im Tannbaum heißt Engelshaar und das silberne, was da über die Zweige hängt, is Lametta."

„Weiß ich selber!"

Ich wusste gar nicht so recht, was ich Gitti getan hatte und warum sie so grantig zu mir war, so artig, wie wir eigentlich sein wollten – das lag bestimmt an der ganzen Aufregung wegen der Bescherung gleich und wo der Weihnachtsmann ja jede Sekunde reinplatzen könnte. Aber dann flüsterte sie auf einmal mir ins Ohr:

„Ich will 'ne Puppenstube."

Und ich flüsterte zurück: „Was willst de denn damit?"

„Na – Zuhause spieln."

Da ging die Wohnzimmertür auf und reinkam – der Weihnachtsmann! Und der klopfte kräftig an unsre Wohnzimmertür, obwohl er schon halb im Zimmer drin war, und der prustete und polterte mit tiefer Stimme los:

„Sind hier liebe Kinder?!" Aber der hat gar nicht auf unsere Antwort gewartet, sondern gleich weitergedröhnt: „Denen hab ich etwas mitgebracht!"

Der Weihnachtsmann stand dann starr mit seinem Sack über der Schulter vor uns und schien auf irgendwas zu warten, denn gesagt hat er erstmal nix mehr weiter, und ich und Gitti hatten richtig Schiss vor dem Weihnachtsmann, wie der da so bedrohlich in seinem roten Mantel und seiner roten Zipfelmütze und seinem langen silberweißen Bart über uns stand – und 'ne dicke Rute aus lauter Reisig hatte er obendrein im Arm ..., und weiß der Teufel, was der damit alles vorhatte.

„So – jetz du, Ulrich!" Mama stupste mich sanft in den Rücken, und ich hab mich kerzengerade vor dem Weihnachtsmann aufgestellt und meine Hände unauffällig aus den Hosentaschen rausgeholt, und dann hab ich mit zittriger Stimme aufgesagt:

„Von drauß' vom Walde komm ich her,
ich muss euch sagen, es weihnachtet sehr!
Allüberall auf den Tannenspitzen
sah ich goldene Lichtlein sitzen;
und droben aus dem Himmelstor
sah mit großen Augen das Christkind hervor ...,
... und ... und ..."

... Und da kam ich schwer ins Stottern und Schwitzen.

„Und wie weiter?" fragte mich der Weihnachtsmann ganz lieb mit seiner brummeligen Stimme und hat seine Rute weiter ganz ruhig an der Seite baumeln lassen, und Papa flüsterte mir ins Ohr: „... Und wie ich so strolche ..." Und da wusst ich 's auch wieder.

„... und wie ich so strolche durch den finstern Tann,
da rief 's mich mit heller Stimme an:
‚Knecht Ruprecht', rief es, ‚alter Gesell,
hebe die Beine und spute dich schnell!'
Die Kerzen fangen zu brennen an,
das Himmelstor ist aufgetan,
Alte und Junge solln nun
von der Jagd des Lebens einmal ruhn;
und morgen flieg ich hinab zur Erden,
denn es soll wieder Weihnachten werden!"

Puuh, war das 'n hartes Stück Arbeit für mich! Vielleicht war mein Gedichtaufsagen zu langweilig – jedenfalls hat der Weihnachtsmann über mein Weihnachtsgedicht kein weiteres Wort verlorn und hatte da inzwischen schon seinen dicken Kartoffelsack auf unserm Fußboden abgestellt, der Sack war randvoll gefüllt, und der Weihnachtsmann hat sich mit dem Ärmelaufschlag den Schweiß von der Stirn abgewischt, weil es bullenwarm bei uns neben dem Weihnachtsbaum und dem Kohleofen in der Ecke war. Aber husten musste er auch ganz heftig, wahrscheinlich, weil er andauernd draußen durch den Winter und den Schnee gestapft ist – und der schien ganz schön kräftig erkältet zu sein, der gute Weihnachtsmann. Trotz alledem hat er sich seinen Kartoffelsack auf einmal wieder auf seinen Rücken geladen, dass ich schon befürchtete, er wollte abhaun, ohne uns überhaupt was dazulassen.

Ich hab mich schnell wieder neben unsern Weihnachtsbaum zu Gitti gesetzt, denn außer dem dicken Sack hatte der Weihnachtsmann ja auch immer noch die dicke Rute bei sich, und ich dachte, gleich zieht er mir vielleicht eins über wegen irgendwas, wo ich nix mehr von weiß.

Doch der Weihnachtsmann wollte beileibe nich stiften gehn, der stand da nur rum, als wenn ihm einer sagen müsste, wie's jetz weitergeht.

Und Papa sagte aus heiterm Himmel: „Na, Brigitte, Ulrich – seid ihr denn schön artig gewesen?!"

Und da fiel 's dem Weihnachtsmann auch plötzlich wieder ein, und er herrschte mich und Gitti an: „Ulrich und Brigitte – seid ihr denn schön brav gewesen?!"

Und Gitti und ich sagten beide wie aus einem Mund laut und deutlich: „Ja – warn wer!" Weil wir beide wussten, dass wir so was von lieb gewesen warn, wenigstens heute …, und die Einzelheiten von früher mussten wer dem Weihnachtsmann ja nich unbedingt unter die Nase reiben.

„Das ist schön zu hören – und nun steht einmal auf und kommt zu mir, ich habe euch etwas mitgebracht!" Und er nuschelte hinterher in seinen langen silbernen Bart: „Hab ich vorhin schonmal gesagt …, glaub ich."

Gitti stand hinter mir und lugte um meine Arme rum und hielt sich ganz fest an meinem Hosenbund fest. Dann hievte der Weihnachtsmann seinen Sack nochmal von der Schulter runter und schüttete den ganzen Inhalt in unserm Wohnzimmer aus, und da lagen dann überall Äppel und Appelsin und eingewickelte Schokoladensachen und Walnüsse und Haselnüsse und Paranüsse und Erdnüsse auf 'm Teppich rum – das war vielleicht 'ne Schweinerei, die der Weihnachtsmann da veranstaltet hat! Aber die richtigen Weihnachtsgeschenke lagen sowieso schon nebendran auf 'm Fußboden, schön ausgebreitet und mit 'nem Laken drüber und prima in Weihnachtspapier eingepackt, damit keiner nich sieht, was drunter und drin ist; die hatte der Weihnachtsmann nämlich heimlich schon vorher alle dahin gelegt, denn solche großen Geschenke passen in keinen Sack der Welt rein, und da muss sich sogar der Weihnachtsmann was einfallen lassen, aber das ist ganz leicht für den, denn er ist ja schließlich der Weihnachtsmann, und das ist ihm ja auch ganz prima gelungen.

„Nun, Kinder", grummelte der Weihnachtsmann, dabei funkelten aber seine Augen ganz freundlich und er zog sich seine riesigen Fellhandschuhe aus und pfefferte die einfach mit auf den Teppich zu den Äppeln und Nüssen, als wenn er hier zu Hause wär und selbst auch mit zu unsrer Familie gehörte.

„Wollt ihr nicht einmal nachsehen, was darunter verborgen ist?" Und er zeigte zu den Laken und zu den Weihnachtspaketen hin und hatte unverhofft 'ne doch auffallend helle Stimme.

Klar wollten wir, aber da nahm er sich auch noch seine rote Zipfelmütze mit der weißen Bommel vom Kopp ab, und dadrunter kamen seine hellbraunen langen Locken zum Vorschein, und da mussten Gitti und ich schon kichern, denn das war nicht der echte Weihnachtsmann, das war ja – Edelgard, verkleidet als Weihnachtsmann! Und wir wussten, der echte Weihnachtsmann ist auf jeden Fall 'n ganz anderer. Dabei warn die Geschenke von der Weihnachtsbescherung alle ganz echt! Und als wir an die ran durften, warn die Laken schnell runtergezogen und das Obst und die ganzen Nüsse haben wir Oma unter ihrn Sessel geschoben, und die hat sich gefreut wie sonst was, weil Gitti und ich so prima Geschenke vom Weihnachtsmann gekriegt haben und weil wir uns die so gewünscht hatten, aber nicht wussten, ob er die auch bringt, denn der Weihnachtsmann kann ja machen, was er will, und ob er dir 'ne MÄRKLIN oder 'ne Puppenstube schenkt oder einfach an der Haustür vorbeimarschiert und dich vergisst oder dich absichtlich links liegen lässt, das macht der nach Lust und Laune – hatte uns Oma ja vorhin auch schon auseinanderklamüsert.

Gitti und ich warn wegen dem Weihnachtsmann, der sich als Edelgard entpuppte, 'n Moment lang ganz schön durcheinander und mussten uns erstmal bekrabbeln, bis wir uns unsre schönen Geschenke näher angucken konnten. Wer aber Edelgard – außer *der Weihnachtsmann* – wirklich ist, erzähl ich erst später mal; jetzt grade passt es nich so gut.

... Gitti hatte 'ne Puppenstube, ganz wie sie sich gewünscht hatte, genau genommen warn das sogar zwei Puppenstuben, und die eine war 'n Schlafzimmer und 'n Wohnzimmer und die andere 'ne Küche, wo sie sogar den Herd anmachen und selbst kochen konnte; und ich hatte 'ne Eisenbahn, die auf einmal von Zauberhand immer im Kreis auf 'ner Riesenplatte, wo vorhin noch eins von den Bettlaken breit drüberlag, rumfuhr, mit 'nem Tunnel und 'nem Familienhaus und 'n paar Bäumen, und das war alles ganz grün da auf der Platte, genauso wie draußen im Sommer, und die Lokomotive hatte vorne sogar drei kleine Scheinwerfer und drei dunkelgrüne Personenwaggons hingen hintendran, auch mit kleinen leuchtenden Laternen oben unterm Dach, an jeder Ecke eine, und auch das Haus war prächtig von innen erhellt, und alles sah aus wie in echt, besonders wenn alles Licht im Wohnzimmer ausgeschaltet war, und das war 's ja jetzt die ganze Zeit schon, und nur die Kerzen am Weihnachtsbaum brannten.

Zuerst durfte ich meiner Eisenbahn – das war tatsächlich 'ne MÄRKLIN – nur zugucken, denn die MÄRKLIN hatte für 's Eisenbahnfahrenlassen 'nen Trafo, das war so 'n kleiner blauer schwerer Block, und der Trafo war nur für Erwachsene, weil der nämlich voll mit Strom war, und da durfte bei uns erst mal nur Papa dran rumhantiern – nicht mal Mama, und ich und Gitti und Oma schon gar nicht. Papa hockte, genauso wie Gitti und ich, auf dem Teppich vorm Weihnachtsbaum und ließ meine Eisenbahn schön gemütlich auf der Platte im Kreis fahrn, an dem Häuschen und den paar Bäumen vorbei, in den Tunnel rein und wieder raus, und das mindestens zwanzigmal nacheinander; dabei hatte er seine Finger immer an dem blauen Trafo dran, der obendrauf 'nen knallroten Drehknopf, der wie 'n Pfeil geformt war, hatte; wenn Papa den Pfeil nach rechts rüberdrehte, nahm meine kleine MÄRKLIN-Eisenbahn merklich Geschwindigkeit auf und fuhr immer schneller, wenn er den aber nach links drehte, verlangsamte der Zug sein Tempo, und beim linken Anschlag blieb er auf der Stelle stehn.

„Was is denn, wenn de den roten Pfeil bis ganz rüber drehst – also nach rechts rüber?" fragte ich Papa, während der Zug weiter gemütlich seine Runden drehte und ich, ganz verzaubert, meiner Eisenbahn immer im Kreis folgte und gar nicht genug vom Zugucken kriegen konnte.

„Äh ...," Papa musste 'n Moment überlegen. „Der fliegt von den Gleisen – und dann bis nach Wuppertal."

„Nee – ne?!!"

„Na ja, vielleicht nur bis Remscheid."

„Das geht ja noch," antwortete ich, und Oma trocknete sich die Augen vor Lachen und steckte ihr Taschentuch wieder in ihre schwarz-weiß-gesprenkelte Schürze, und Mama sagte: „Nu lass ma gut sein mit dem Quatsch, Hugo – du machst Ulrich ja ganz kirre."

„Ich kann 's ja mal probiern!" rief Papa übermütig. „Soll ich?!"

„Au ja!" Da vergaß sogar Gitti mal kurz ihre beiden Puppenstuben.

Papa drehte den roten Zeiger am Trafo immer höher und dann rechts bis zum Anschlag, wo 's nicht mehr weiterging, und meine MÄRKLIN raste volle Kanne immer im Kreis, bis sie nach der fünften oder sechsten Runde nicht mehr aus dem Tunnel rauskam – weil ich im Eifer des Gefechts aus Versehn an den rangekommen war und den 'n winziges Stück verschoben hatte, und da ist die Lok dann im Tunnel ans Gemäuer gedonnert und aus den Schienen gekippt und alle Waggons gleich hinterher; aber das mit *bis nach Wuppertal oder Remscheid fliegen* ist dann doch nicht passiert, denn der Zug ist einfach nur im Tunnel in unserm Weihnachtswohnzimmer verreckt, weil ich 's selbst alles vermasselt hatte, sonst wär die klasse MÄRKLIN bis zum Sankt-Nimmerleins-Tag weiter in vollem Tempo im Kreis gefahrn, da bin ich mir ganz sicher.

„Pass doch auf, du Dussel!" schnauzte Gitti mich an, und ich hab nix erwidert, weil sie hatte ja so recht – und außerdem war ja sowieso Weihnachten.

„Alles in Ordnung – bleibt mal schön friedlich, ihr beiden Trabanten!" Papa hob den Tunnel von der Platte, setzte die Lokomotive wieder sauber auf die Gleise und auch die drei Waggons und koppelte die ganz fix wieder an die Lok dran. Dabei lag er neben uns auf 'm Fußboden, und er hatte an der Eisenbahn fast den größten Spaß von uns allen. Dann hat er sich wieder aufgerichtet und mir den Transformator zwischen die Beine geschoben: „So, Ulrich, willst du nicht mal an die Schaltzentrale – und deinen Zug selber steuern?" Da bin ich zusammengezuckt und erst mal 'n Stückchen zurückgerutscht – wegen dem ganzen Strom, den der Trafo da drin hat.

„Einmal ist immer das erste Mal – Ulrich. Keine Bange – bring ihn einfach mal vorsichtig in Gang!" ermunterte Papa mich nochmal, aber eh ich 's mich versah, hatte Gitti ihre Fingerchen schon am roten Drehknopf, und da brauste sie auch schon wieder los, meine MÄRKLIN, und sie kreiste wieder mit Volldampf auf der grünen Platte rum. Dann hab ich aber doch den Trafo übernommen, hab mal ganz kurz und vorsichtig mit der Fingerspitze – nur sicherheitshalber, wegen dem ganzen Strom – auf den roten Regler getippt, und dann wollt ich 's wissen und hab den Zug allmählich nochmal auf Höchstgeschwindigkeit gebracht, und das hat meine kleine Eisenbahn prima durchgestanden, und ich hab sie danach nur noch im Schneckentempo fahrn lassen, weil bei langsam hat man viel mehr von ihr, weil de alles schön erkennen und genießen kannst, wie sie da durch die nächtliche Landschaft bummelt, und ich hab mich neben die Platte auf unsern Teppich gelegt, wie Papa vorhin, und beobachtet, wie der Zug Runde für Runde an meiner Nase vorbeituckerte. Und weißt de was, das hat Papa mir nebenbei auch noch beigebracht, wenn de den roten Pfeildrehknopf hinten auf seim Schwanz runterdrückst, dann fährt die MÄRKLIN sogar rückwärts! Aber Vorsicht und langsam beim Rückwärtskutschiern, sonst landet se ratzfatz wieder neben den Gleisen! Ich hatte mit Papa einen Heidenspaß bei unserer Eisenbahnfahrerei, und wir haben vom Rest der Familie und unserm Weihnachtsmann kaum noch was wahrgenommen, so eingespannt warn wir, und Gitti, die ja immer noch neben uns rumkroch, war meine Eisenbahn dann aber doch viel zu öde, und sie ist ganz eifrig wieder zurück zu ihrn Puppenstuben gerobbt, denn die hatte sie wegen der Aufregung über die MÄRKLIN ganz aus 'n Augen und dem Sinn verlorn, und sie fing in ihren Puppenstuben mit dem Bettenmachen und Putzen an und hat alle Gardinen zugezogen, weil es ja schon längst Nacht war – und Papa hat schließlich oben vom Sofa direkt neben dem Weihnachtsbaum runter zu Gitti und ihrn Puppenstuben und zu mir und meiner Eisenbahn geguckt und dabei genüsslich 'ne Zigarette geraucht, und Oma hat in ihrm Sessel gesessen und Däumchen gedreht, und Mama und der Weihnachtsmann, eh, Edelgard, hatten sich auf unserm Sofa die Arme gegenseitig über die Schultern gelegt, und unser Weihnachtsbaum mit seinen Wachskerzen duftete und verbreitete ein heimeliges Licht ..., und es war einfach alles so, so schön.

Edelgard half Gitti inzwischen aber auch kräftig bei ihrn Puppenstuben und dem Küchenherd, der da in ihrer Küche mit drin war, denn Gitti wollte jetz auf Teufel komm raus 'ne Suppe in dem kleinen Puppenkochtopf für die ganze Familie kochen – bis Mama behutsam einschritt: „Du, Brigittchen, gleich gibt 's Würstchen mit Kartoffelsalat. Die Suppe machst du uns besser erst morgen, ja? Da freun wer uns schon alle so drauf."

Wenn einer Würstchen mit Kartoffelsalat mag, dann Gitti, und damit hatte sie die Sache mit ihrm Suppekochen erstmal aus 'm Kopp. Ich durfte die MÄRKLIN ganz alleine ausstelln, aber Papa hat wie 'n Luchs drauf aufgepasst, dass ich das auch bloß richtig mach und nicht an irgendwelchen Strom rankomm. Mama und der Weihnachtsmann, eh, Edelgard, haben alle Kerzen vom Weihnachtsbaum ausgepustet, und Gitti und ich haben unten rum mitgeholfen, weil zum Kartoffelsalat mussten wir alle in die Küche und da durften die Weihnachtsbaumkerzen natürlich nicht unbeaufsichtigt für sich alleine im Wohnzimmer weiterbrennen.

Oma war schon auf 'm Weg und stiefelte ab in die Küche: „Ik mut in 'd Köken un den Katoffelsalot nomol umröhrn."

Edelgard ist hinter Oma her und hatte immer noch ihrn roten Weihnachtsmannmantel an und schüttelte schon wieder ihre schönen braunen Locken aus: „Tante Milie, ik kann doch dei Würstchen moken."

„Ach lot mo, Mäken, dat häv ick ever schon all alleen mokt."

Durch die Wohnung zog auf einmal eine fürchterliche eisig kalte Luft.

„Ich mach ma kurz das Fenster auf!" rief Mama aus 'm Wohnzimmer. „Den Kerzen- und Zigarettenqualm rauslassen."

Kurz darauf saßen wir alle zusammen am Küchentisch und haben Würstchen mit Kartoffelsalat gegessen, und für Edelgard hat Papa noch 'n Stuhl aus 'm Wohnzimmer dazugeholt.

An die Würstchen kam ein dicker Klecks Mostrich und Papa hat 'ne Flasche Bier dazugetrunken und aus unserm großen GRUNDIG-Radio sangen die Wiener Sängerknaben *Stille Nacht, heilige Nacht*, und Gitti sagte:

„Mädchen könn das viel schöner singen!" Und sie hatte in beiden von ihrn Händen schon 'n Würstchen beim Wickel, eins links, eins rechts, und wusste überhaupt nicht, wo sie zuerst abbeißen sollte.

„Könn se nich!" schrillte ich.

„Doch – könn se wohl!" gab Gitti, mit beiden Backen voll, zurück. „Jungs könn' höchstens Fußball und Boxen."

„Mama, Papa – Brigitte is richtig blöd!" Wo wir doch so artig sein wollten!

Und Gitti hat sich totgelacht und die beiden Würstchen in ihrn fettigen Händen rumgeschlackert.

„Jetz is aber gut, Frollein!" Mama war 'n bisschen knatschig auf Gitti.

„Genau!" rief ich hinterher.

„Und außerdem is Weihnachten", sagte Edelgard, immer noch so halb in ihrm Weihnachtsmannkostüm.

„Genau!" rief ich hinterher.

Und Oma fragte vorsichtig: „Schmeckt 's denn?"

Und Papa sagte: „Halt endlich die Klappe! – – Entschuldigung, Mutter! Ich meinte doch Ulrich." Und er hat seine freie Hand über den Tisch zu Oma zum Friedenschließen gereicht – dass sein Ärmelaufschlag doch glatt durch Omas Kartoffelsalat flutschte und er raus aus unsrer Küche musste, um sich erst mal 'n frisches Oberhemd anzuziehen.

„Du gibst jetzt aber auch endlich ma nach, junger Mann!" befahl mir Mama und war dabei so was von bestimmt. „Sonst is Weihnachten ganz fix vorbei – und zwar für beide von euch!"

Ich hab keinen Ton mehr gesagt, schon gar keinen zu Gitti, und da haben wir alle schön friedlich weiter Würstchen und Kartoffelsalat gegessen, und Papa hat sich mit seinem frischen Hemd wieder auf seinen Platz gesetzt, und erst mal hat keiner mehr was gesagt, auch Oma und Mama und Edelgard nicht, so friedlich, na ja, bedrückt, war 's bei uns, und die Sängerknaben im Radio konnten in Ruhe *Stille Nacht* und *Oh, Du Fröhliche* und die andern Weihnachtslieder zu Ende jallern – doch wenn Gitti noch einen Ton über die Jungs und wie die singen oder nicht singen können, rausgelassen hätte, hätt ich ihr eine gescheuert, das schwör ich – Weihnachten hin oder her und gut und schön!

Hat Gitti aber nicht, also ihre Klappe gehalten. Stattdessen hat sie Edelgard gefragt: „Hast de denn auch was vom Weihnachtsmann gekriegt?"

„Brigitte!?" Mama stand auf wie der Blitz. „Jetz is aber wirklich gut!" Oma nahm Mama den Kochlöffel aus der Hand, und Edelgard stand auf und sagte: „Ich muss mal eben auf Klo."

Und ich sagte: „Ja und – hat se was gekriegt?" Gitti blinzelte mir zu und ich ihr auch, denn spätestens jetzt wussten wir beide endgültig, dass Edelgard nur Edelgard war und sie für uns den Weihnachtsmann nur vorgemacht hatte, weil der echte anderswo unterwegs war und nicht überall gleichzeitig sein kann, und damit ich und Gitti nicht das Heulen anfangen, weil der Weihnachtsmann nicht zu uns kommt, haben Mama und Papa Oma Edelgard nur dazu angestiftet, so als Weihnachtsmann zu tun, und als Edelgard vom Klo zurück in die Küche zu ihrm Kartoffelsalatteller kam, sagte Papa zu ihr: „Du, die Kinder wissen Bescheid."

„Über den Weihnachtsmann und so?" Edelgard hatte ganz große enttäuschte Augen, und auch 'n paar klitzekleine Tränen drin.

„Ja, Edelgard", sagte Mama.

Und Oma fragte: „Hätt juch dat denn schmeckt?"

Und Mama sagte: „Jo, Modder, ganz prima, wie immer – un wie wie dien Kartoffelsalot kenn."

Und Papa empfahl: „Jetzt gehn wir aber wieder untern Weihnachtsbaum, was meint ihr?"

Der Weihnachtsmann, ... eh, Edelgard, hat Gitti und mich an die Hand genommen, und wir sind alle zusammen aus der Küche an Gittis Bett vorbei wieder ins Wohnzimmer gezogen, und Mama und Papa haben wieder alle Kerzen angesteckt und auch noch dazu einige Wunderkerzen an unserm Tannenbaum, dass uns Hörn und Sehn verging und die Funken nur so sprühten ..., und meine Eisenbahn fuhr wieder eine Runde nach der andern und Gitti lag mit ihrm Ohr auf 'm Teppich und hat in die Zimmer von ihrn beiden schnuckeligen Puppenstuben reingeguckt und 'n bisschen von was geträumt. Mama und Oma und Edelgard fummelten die Nüsse von vorhin wieder von unter Omas Sessel hervor und fingen an die zu knacken und an uns zu verteiln und schmissen die Nussschaln alle in unsere große schöne Porzellanschüssel, die war grün und außerdem mit dem ganzen Sternhimmel bemalt und alle Sterne da drauf warn in Gold. Die Schalen von den Nüssen hat Papa nach und nach in den Ofen gekippt und es wurde so bullig warm, dass sich Edelgard ihrn langen roten Weihnachtsmannmantel endgültig ausziehen musste und wieder wirklich wie sie selbst sonst aussah.

„Nu eet mo Nöt", sagte Oma von ihrm Sessel aus. „Dee sinn jesund im Winter." Papa öffnete die Klappe vom Ofen und schob noch ein paar Briketts hinterher, ging wieder zurück zu seinem Platz auf 'm Sofa und nahm Mamas Hand in seine.

Edelgard hatte jetzt, ohne Weihnachtsmannverkleidung, genauso 'n Kleid wie Mama an, nur noch 'n bisschen kürzer und 'n bisschen bunter, denn Edelgard war ja noch 'n bisschen jünger wie Mama, bestimmt zehn oder fünfzehn Jahre oder so.

„Was passiert denn jetz mit den Anziehsachen vom Weihnachtsmann?" fragte Gitti irgendwann nebenbei.

„Brigitte!?!" Mama hatte wieder einen ganz scharfen, warnenden Ton in ihrer Stimme.

„Wieso?“ legte ich schnell nach. „Das wüsst ich auch ma gern!“

„Ulrich!?!“

Edelgard wrang ihre Hände und guckte abwechselnd zu Gitti und Mama und Papa und Oma und zu mir, immer reihum, und wär am liebsten wieder auf 's Klo gegangen, wenn sie denn gemusst hätte ..., musste se aber nich, weil sie ja schon war, also auf 'm Klo.

Oma sagte: „Dee nimmt se werrer mit – tum Winnachtsmann un gift die demm torück.“

Und Edelgard war ganz erlöst: „Jenau, so mok ick dat!“ Das hätten ich und Gitti uns auch gleich denken müssen – wo solln die Anziehsachen vom Weihnachtsmann denn auch sonst hin.

„Weißt du denn, wo der wo-ohnt?“ bohrte Gitti weiter, und das fand ich 'ne richtig spannende Frage.

„So, meine kleine Trulla“, unterbrach Papa. „Edelgard weiß genau, wo der Weihnachtsmann wohnt, denn sie hat die Sachen da ja abgeholt, und dann wird sie die auch genauso gut wieder hin zurückbringen können, klar?!“

Gitti und ich haben schon gemerkt, dass das mit dem Weihnachtsmann 'n ganz großes Geheimnis ist und uns die Großen ums Verrecken nix Genaues da drüber verraten wollten und wir nur blöd von denen anguckt und angeraunzt werden, wenn wir uns Gedanken um den Weihnachtsmann und solche Sachen machen. Deswegen haben wir beide danach auch die Schnauze gehalten und haben uns weiter mit unsern Weihnachtsgeschenken beschäftigt und sind wieder emsig auf 'm Teppich hin- und hergekrochen – Gitti um ihre Puppenstuben und ich um meine Eisenbahn rum.

Irgendwann sagte mir einer ins Ohr: „So, mein Kleiner, nun bring ich dich ins Bettchen, ja? Und dann träumst du was Schönes.“ Da zog dann nochmal ein ganz schön kalter Windzug durchs Wohnzimmer, und ich hatte nur noch Gittis Wimmern im Ohr, und ich hörte Mama von weit weg sagen: „... Unser Brigittchen muss jetz ganz schnell in die Falle, Hugo, guck' ma, die is fix und fertig ... und alle.“

... Vom Weihnachtsmann hab ich geträumt. Der hatte tausend Kartoffelsäcke mit Geschenken um sich rum stehn und zog sich seinen roten Anzug und seine schwarzen Stiefel und seine langen Fellhandschuhe an, kämmte sich ausgiebig und gründlich den Bart und die dicken weißen Augenbraun und sagte:

„Edelgard?“

„Ja?“

„Du könntest mir einen Gefallen tun.“

„Ja?“

„Du siehst ja den ganzen Schlamassel hier! – Da sind zwei ganz liebe Kinder auf der Erde in der Van-Meenen-Straße in Solingen, da muss unbedingt heute am Heiligen Abend einer hin und den beiden ihre Weihnachtsgeschenke abliefern, sonst weinen die sich die Augen aus, und das haben sie wirklich nicht verdient.“

„Das trifft sich gut“, antwortete Edelgard. „Da will ich sowieso nachher hin – bin da zum Kartoffelsalat- und Würstchenessen eingeladen!“

„Dann ernenn ich dich, Edelgard, jetzt zu meinem Stellvertreter auf Erden. Und jetzt mach zu, sonst ist Weihnachten vorüber.“

Edelgard guckte bei dem Weihnachtsmann zu, wie der sich für seine große Weltreise fertig machte und nahm sich ebenfalls die passenden Sachen aus der Garderobe und war auf einmal selbst ein Weihnachtsmann ...

40 GRAD UND EIN NEUES JAHR

„So, meine kleinen Mäuse“, sagte Mama, während sie zwischen unsern Betten hin- und hertrabte und reihum mit uns schmuste. „Es is wieder ein neuer Tag, der erste Weihnachtstag. Wer stehn jetz auf, ja? Kommt ma langsam aus den Federn und auf die Beinchen und in Fahrt!“

Gitti und ich haben uns den Schlaf aus den Augen gerieben, Gitti in ihrm Gitterbettchen und ich bei mir auf der Liege, und dann sind wir, wie sonst auch, in unserm Bett hin- und hergesprungen, bis Mama uns mit dem Rücken in die Kopfkissen und unsere Bettdecken geschmissen hat und uns so lange gekitzelt hat, dass wir schon allein vor lauter Lachen richtig wach warn.

„Mama, ich hab geträumt“, sagte ich zu Mama.

„Ich auch“, sagte Mama. „Aber ich hab keine Ahnung mehr, wovon.“

„Ich hab geträumt, dass Edelgard ..., also dass die zu uns kommt und die Geschenke vom Weihnachtsmann mitbringt, weil der selbst unterwegs is und keine Zeit hat ..., und dass Edelgard ’n echter Weihnachtsmann is.“

„Und so war’s doch auch, oder?“ Mama holte ihr Taschentuch aus der Strickjacke und wischte damit kurz über ihre Augen.

Und ich sagte: „Stimmt.“

Gitti hampelte in ihrm langen geblümten Nachthemdchen hinter ihrm Gitter rum und wollte endlich da raus und rüber und Mama schnappte sich uns beide, und am Waschbecken in der Küche hat sie uns die Zähne geputzt und uns das Gesicht gewaschen und den Popo auch, und Papa hat unsere Stiefel vorne an der Wohnungstür über der Fußmatte blank geputzt, und Oma hat schonmal unsere Marmeladen- und Honig- und Sirupweißbrote geschmiert und die gekochten Eier mit dem kalten Leitungswasser abgeschreckt, damit wer die auch gut pelln konnten.

„Papa, ich hab von Edelgard und dem Weihnachtsmann geträumt!“

„Aha.“

„Und dass Edelgard dem Weihnachtsmann bei seiner Arbeit hilft.“

„Aha?“ Papa drehte das Radio etwas lauter.

„Der Weihnachtsmann kann nämlich auch nich alles alleine erledigen“, fügte Gitti hinzu. „Wenn da richtig was los is ...“

„Aha?!“

„Hugo, es is Weihnachten!“ Mama guckte Papa ’n bisschen vorwurfsvoll an und maßregelte ihn: „Jetz sag bloß nich wieder ‚aha‘!“

„Eh“, sagte Papa. „Wollen wir nicht mal Schlitten fahren gehen – rodeln? Da liegt immer noch richtig was an Schnee draußen, bis zu den Knien hoch!“

„Do möt ju juch goot inpacken“, sagte Oma wie aus der Pistole und guckte mächtig besorgt aus ihrm blaun Sessel. „Süsten lecht juch hernooch üppt Nees – un im Bett.“

„Schlitten fahrn! Schlitten fahrn!“ juchzten Gitti und ich abwechselnd und trippelten von einem Fuß auf den andern. „Rodeln!“

Im Keller hatten wir zwei Schlitten, einen langen mit drei Holmen und einen kürzeren mit zwei Holmen; der lange war meiner, und der kürzere war Gittis; die hatten wir beide nämlich letztes Jahr vom Weihnachtsmann gekriegt, und jetzt war genau das richtige Wetter, um damit wieder mal loszulegen. Dass wer da nich schon früher drauf gekomm sind!

Mama hat Gitti und mich für ’n Schnee angezogen, mit hohn Stiefeln und dickem Mantel und Schal und Wollmütze und Handschuhn und so – und sich selber auch. Papa ist schonmal vorgegangen und hat unsre Schlitten unten aus ’m Keller hochbefördert. Aber als wir damit draußen vor der Haustür warn und mit unsern Schlitten mal 'n bisschen losschliddern wollten, kamen wir aber überhaupt nicht in Gang, denn die Kufen warn offensichtlich stumpf und wollten einfach nicht rutschen und, als wir die Schlitten zum Nachprüfen koppüber gestellt haben, haben wer 's auch gleich gesehn, die Stahlschienen unter unsern Schlitten warn nach der elend langen Zeit im Keller von vorne bis hinten hin verrostet – kein Wunder, dass unsre Schlitten nicht gleiten konnten.

„Moment!" Papa streckte einen Zeigefinger hoch in die Luft, als wenn ihm gerade was Großartiges eingefalln wär. „Bin gleich wieder da." Er düste rein ins Haus, und es dauerte wirklich nur ganz kurz, bis er wieder zurück war – mit 'nem Bogen Schmirgelpapier und 'ner alten, halb abgebrannten Kerze in der Hand.

Wie ein wild gewordener Handfeger schleifte Papa mit dem Schmirgelpapier das Braune von den Stahlschienen von unsern Schlitten runter und, als kaum noch was von dem Rost zu erkennen war und die Eisen silbern in der Wintersonne blinkten, rieb er die so lange mit der Kerze ein, also die Kufen mein ich natürlich, bis von der, also der Kerze, fast nix mehr übrig war, und als wir dann die Schlitten wieder auf ihre Kufen stellten, sind die – schwuppdiwupp – schier von alleine abgehaun, sodass Gitti und ich die an der Leine einholn und schön festhalten mussten.

„So, jetzt kann 's endlich losgehen!" jubelte Papa, stopfte das verbrauchte Schleifpapier und den Stummel von der Kerze in seine Manteltasche, nahm Mama an die Hand, also an ihren wollnen Handschuh, und schickte Gitti und mich voraus in den Schnee, worauf wir beide auch gleich das Rodeln ausprobiert haben und mit unsern Schlitten durch den hohen Schnee abgeschliddert sind.

Der Himmel war so blau, genauso blau wie auf den Ansichtskarten, die sie in den Büchergeschäften haben, wo Papa mich immer mit hinnimmt, und der Schnee lag so hoch, so hohe Stiefel hat überhaupt gar keiner – aber Mama hatte Gitti und mir ja Hosen unten mit Gummizug angezogen und die tief über unsere hohn Schuhe runtergezogen, und deswegen konnte bei uns beiden der Schnee nicht rein in unsre Schuhe. Mama und Papa hatten keinen Gummizug, die haben sich unten an ihrn Beinen zusätzlich Gamaschen umgeschnallt, das sind so stabile Überstrümpfe, die man außen um die Beine wickelt und mit drei oder vier Lederriemen festzurrt, und damit warn sie um die Füße rum auch einigermaßen dicht.

„Hoffentlich sind die Schlitten jetz nich zu schnell." Mama guckte ängstlich zu Papa rüber.

„Schlitten müssen schnell sein", erwiderte Papa. „Sonst macht das doch keinen Spaß."

„Genau!" rief Gitti und ließ sich einfach in den Schnee plumpsen.

Und ich rief auch: „Genau!" Und ich schippte Gitti mit meinen Händen mit Schnee zu, dass sie zu kreischen anfing und Mama *Lass das doch, Ulrich – das arme Mädchen!* schrie und Gitti wieder auf die Füße gestellt und kräftig abgeklopft hat, damit der ganze Schnee von ihr runterkommt.

Du, das war ein sauprima Gerodel! Mama und Papa haben für uns *Trabanten*, das war ja bei uns in der Familie so 'ne Art Spitzname für Gitti und mich zusammen, richtig schöne Abhänge ausgesucht, die warn gar nicht so weit weg von unserm Haus, grade nur zum Bahnhofsgebäude runter und Richtung Zigeunerweg. Mama und Papa haben uns angeschoben und uns rutschen lassen, bis wir unten warn, aber manchmal sind wir schon vorher umgekippt und volle Katinka in den Schnee geflogen. Wenn Gitti und ich uns nicht selbst aus dem Schnee befreien konnten, mussten Papa und Mama hinterherstapfen und uns einsammeln, aber meistens sind wir doch ganz alleine raus aus den Flocken und zurück hoch zu Mama und Papa gekommen, damit sie uns nochmal den seichten Abhang runterschicken.

„Wollen wir mal zum Weyersberg?!" fiel Papa aus heiterem Himmel ein. „Da geht es richtig bergab – dagegen ist dies hier gar nichts, und da könnt ihr so was von flitzen!"

„Au ja!“ Gitti und ich warn Feuer und Flamme, wo wir doch den *Weyersberg* nur aus ’m Sommer – völlig ohne Schnee und Eis und nur in Grün und mit Kirmes – kannten.

„Das is doch viel zu steil da für unsre beiden Trabanten!“ Mama runzelte die Stirn und guckte ganz furchtsam aus der Wäsche.

„Ach, Marta!“ Papa war richtig unternehmungslustig. „Wir probiern ’s einfach mal nur, ja?“ Gitti und ich hatten schon Sorge, dass wir nicht zum Weyersberg und zum *So was von Flitzen* kommen. Mama stimmte aber dann doch ziemlich missmutig zu.

Dafür mussten wir aber erst unsere Schlitten die Van-Meenen-Straße hochziehn, und es fing wieder etwas an zu schnein und dabei warn wir grade erst oben beim Schlagbaum angelangt – als Edelgard uns auf dem fest getrampelten Schnee entgegengestiefelt kam.

„Wer wolln mit den Kindern Schlitten fahrn. Willst de mit – zum Weyersberg?“ fragte Mama Edelgard.

„Ach, ich helf ma lieber Tante Milie om ’n bisschen in der Küche“, antwortete Edelgard zögerlich. „Die hat doch bestimmt noch alle Hände voll zu tun – mit dem Abwasch von Heiligabend und so.“ Für Edelgard hieß unsre Oma nämlich nicht *Oma*, sondern *Tante Emilie* oder *Tante Milie*, weil Oma ja auch gar nicht Edelgards Oma war, und Oma hieß mit ihrm richtigen Namen ja nicht einfach *Oma*, sondern *Emilie Beiersdorf*.

Da haben wir uns zusammen bis nachher verabschiedet und *Tschüs, dann bis gleich* gesagt, und Mama, Papa, Gitti und ich sind mit unsern beiden Schlitten durch den Schlagbaum und über die dicke Kreuzung von der Kullerstraße, wo ’s rechts zum Schlachthof geht, abgezogen, und dann war ’s auch nicht mehr so weit bis zum Weyersberg.

Das war eigentlich die Wanderstrecke zu Tante Erna und Onkel Adolf und Elisabeth – über die und auch über Edelgard erzähl ich später, wenn ’s passt, noch ’ne ganze Menge mehr. Die vier, also Tante Erna, Onkel Adolf, Elisabeth und Edelgard sind mer ganz, ganz wichtig, fast genauso wichtig wie Mama, Papa, Gitti und Oma, das kannst de mer glaum – und ich verschieb ’s auch nur, damit se ihrn richtigen und angemessenen Platz in meiner Geschichte kriegen.

Jedenfalls sind wir bei der Tannenstraße nicht grade durch in die Donaustraße gebogen, wo ’s irgendwann zu Tante Erna und Onkel Adolf und Elisabeth geht, sondern einfach rechts steil runter zum Abhang vom Weyersberg, wo unten letzten Sommer die Kirmes mit Karussells und Zuckerwattebuden und Remmidemmimusik und allem Drum und Dran war – aber im Winter und bei Schnee gibt ’s auf der ganzen Welt keinen bessern Ort zum Schlittenrodeln, so steil wie das da bergab geht! Da musste uns auch keiner anschieben, nee, da hast de oben einfach losgelassen und bist mit deim Schlitten den Weyersberg mindestens zweihundert Meter weit runtergesaust, fast geflogen, bis in den Talgrund, aber zwischendurch sind Gitti und ich bei dem Karacho, was wir da draufhatten, sowieso immer mal wieder vom Schlitten gekippt und auf die Fresse geflogen und mit unsrer Nase in dem dicken weichen Puderschnee gelandet, aber das haben Mama und Papa von da oben, wo sie auf uns warteten, gar nicht so recht mitgekriegt, weil beim Weyersberg geht ’s richtig weit runter, und da konnten Mama und Papa überhaupt nicht sehen, was da unten am Hang mit uns so vor sich ging, und nachdem Gitti und ich unten in der Senke mit unsrer Schussfahrt durch warn, haben wir mit unsern Schlitten im Schlepptau beide ewig lang gebraucht, bis wir wieder oben zurück bei Mama und Papa warn, und Mama war jedes Mal heilfroh, dass wir gesund und putzmunter hoch raufgetrapst kamen – aber ich war nach dem Aufstieg und der ganzen Anstrengung schwitznass unter meinen Winterklamotten, und Gitti bestimmt genauso.

„Wie seht ihr denn aus!?“ Mama war jedes Mal entsetzt. „Ihr seid ja pitschnass und voller Eisklümpchen! Passt ma ’n bisschen besser auf, dass ihr nich andauernd in den Schnee fliegt!“ Das ham wir beide aber gar nicht so richtig gehört – und sind mit unsern Schlitten nochmal den Weyersberghang runtergerast.

„Das gehört dazu!“ rief Papa und formte einen Schneeball, als wir beide wieder mal abdüsten. „Marta, wer nicht auf die Schnauze fliegt, wird nichts.“

„Das is doch alles Mumpitz, Hugo – ich hol die beiden jetz aus dem Schnee raus!“

Da warn Gitti und ich aber mit unsern Schlitten auch schon wieder ab den Hang runter und wenn wir ’n Unfall – also *Um*fall – hatten, machte uns das gar nix, und wir haben uns ganz fix wieder berappelt, weil wir ja nur in den Schnee gesegelt sind, und der war so hoch und so schön pudrig und daunenweich, und dreckig haben wir uns dabei auch noch nicht mal gemacht!

Irgendwann war ich so pitschenass, und Gitti hat andauernd mit ihrn Fingerchen den Schnee aus ihr Ohrn geholt, dass Mama bange wurde:

„Du, Hugo, wir sollten ’s wirklich nich übertreiben – am Ende ham nämlich wir die Arbeit mit unsern beiden Knirpsen.“

Das war ’ne riesen Schlittenpartie da am Weyersberg – das sag ich euch – doch dann sind wir in der Nachmittagswintersonne wieder nach Hause gewandert; aber unsere Schlitten, beide aneinandergebunden, hat Papa gezogen, weil Gitti und ich inzwischen vor Kälte geschlottert haben, so nass, wie wir von dem vielen Schnee waren.

„Wenn das man gut geht.“ Mama konnte gar nicht eilig genug nach Hause kommen, um uns Kinder schnellstens ins Warme zu bringen.

Am nächsten Tag, das war ja der zweite Weihnachtsfeiertag, hat Gitti den ganzen Tag gekröcht und geniest und musste im Bett liegen bleiben und kriegte heißen Zitronensaft mit Milch und Honig, und sie hat trotzdem gefrorn und dann aber wieder geschwitzt, immer abwechselnd, und Mama erklärte mir: „Brigitte hat fast vierzig Grad Fieber – und der müssen wer jetz alle zusamm beiseitestehn und helfen, damit se ganz schnell wieder gesund wird, vor allm müssen wer ganz leise sein, damit se Ruhe hat.“

„Was is denn vierzig Grad Fieber, Mama?“ Mama schüttelte das Fieberthermometer, das sie Gitti vorhin aus ’m Popo gezogen hatte und fing an zu schluchzen.

„Bei ’n bisschen drüber is es fürchterlich gefährlich …“ Mama hielt sich ihr Taschentuch vor die Augen und trocknete ihre Tränen und schniefte: „Das kommt von der blöden Rodelpartie gestern am Weyersberg und dem ganzen Schnee da – aber keine Sorge, mein kleiner Ulrich, alles wird gut.“

„Und was is nu vierzig Grad Fieber genau?“

„Da is man ganz krank wegen irgendwas, und man fängt an zu schwitzen und zu friern, hauptsächlich schwitzt man aber, aber friern tut man zwischendurch auch ’ne Menge, aber meistens hat man ’nen ganz heißen Kopp – also, da hat einer ganz dolles Fieber – und das kann man mit diesem Ding hier messen, das Fieber.“ Mama hielt mir das Fieberthermometer vor die Nase, und bei dem war ’ne dünne rote Säule innen drin zu erkennen, und die stand jetz gerade bei *40*.

Gittis Stirn war voll mit Schweißperln – da war sie ganz klar beim Schwitzen und dem heißen Kopp von dem Fieber, das sie hatte, und Mama hat ihr immer mal wieder ’n Tuch, das vorher ’ne Zeit lang im Kühlschrank aufbewahrt war, draufgelegt und dann kurz darauf ihre heiße Stirn abgetupft, aber die Perln warn ruckzuck auch gleich wieder da. Ich hätt so gern geholfen, zum Beispiel ’nen Kopfstand gemacht, damit Gitti was zu lachen hat, aber bei dem Kopfstand war ich noch nicht so sicher, und wenn ich damit losgelegt hätte, wär vielleicht alles in die Hose gegangen und ich hätte Gitti höchstens ’nen Riesenschreck eingejagt und sie wär am Ende tot, und deshalb hab ich mit so ’m Quatsch auch gar nicht erst angefangen.

Mama wischte Gitti immer und immer wieder die Schweißperln von der Stirn, nahm zwischendurch Gittis Bettdecke hoch und fächelte damit mal fix Luft darunter und guckte dabei wie acht Tage Regenwetter. Ich hatte jetzt auch Schweißtropfen auf meiner Stirn, und da war ich ganz froh drum – dass Gitti die nicht alle allein haben musste.

Mama zog das Tuch von Gittis Kopf und rieb sich damit die Augen. Sie sagte: „Ich mess jetz noch ma Fieber." Papa stand inzwischen auch wieder neben uns, und er war totenbleich und bibberte am ganzen Leib, und Oma war auch schon wieder aus ihrm Bett raus und lief in ihrm weißen Nachthemd und ihrm großen schwarzen Wolltuch über den Schultern von hier nach da.

„Doktor Pfaffrath muss komm!" bestimmte Mama und guckte von Gittis Bettchen aus hoch zu Papa, und Papa zog sich auf der Stelle seine Stiefel und seinen schwern Wintermantel an, setzte sich seinen Hut auf, rannte raus aus der Wohnung und knallte hinter sich die Tür so zu, dass sogar Gitti ihre Augen ganz kurz mal wieder aufmachte. Mama drehte Gitti, unter ihrer Bettdecke, auf die Seite und steckte ihr das Fieberthermometer wieder in den Popo.

„Nu lasst uns ma 'ne Minute in de Küche gehn", sagte Mama zu Oma und mir. „Das dauert ja jetz 'n bisschen. Ich hoff bloß, dass Dr. Pfaffrath erreichbar is oder Notdienst hat – es is ja noch Feiertag." In der Küche hinsetzen konnten Oma und ich uns aber gar nicht, so unruhig und aufgekratzt wie wir warn, und Mama sowieso nicht – die war schon wieder auf 'm Weg zurück zu Gitti in ihrm Gitterbettchen.

„Oma, was is vierzig Grad?" fragte ich sicherheitshalber noch einmal.

„Vierzig Grad is auf 'm Fieberthermometer." Oma saß jetzt doch erschöpft in ihrm Sessel in der Küche und sah todmüde aus, und ihr Strick- und Häkelzeug, das immer neben ihrm Sessel in 'nem großen Korb steht, hat sie gar nicht mehr beachtet. Mama kam von Gitti zurück und hielt das Glasröhrchen gegen das Licht von unsrer Küchenlampe und wischte mit 'nem Fetzen Klopapier was Braunes von der Spitze von dem Röhrchen ab und guckte und drehte und guckte und schüttelte zag ihrn Kopf – und wisperte enttäuscht und verzweifelt: „Immer noch deutlich über neununddreißig."

Etwa 'ne Stunde später kam Papa dann tatsächlich mit Doktor Pfaffrath bei uns rein, und Mama und Oma warn so erleichtert, dass die beiden, also Oma und Mama, gleich hintereinander mal fix aufs Klo mussten, aber dann warn sie auch ganz schnell wieder zurück und haben auch zugesehn, wie Doktor Pfaffrath Gittis Lunge – die is direkt überm Bauch – mit so Saugnäpfen, die fast genauso wie die bei uns in der Küche, wo wir die Handtücher und Waschlappen dran aufhängen, aussahen, abgehört hat.

Während Doktor Pfaffrath schön weiter an Gitti mit den Saugnäpfen gehorcht hat, murmelte er: „Da hatten sie aber Glück, dass sie mich überhaupt erwischt haben ..., es ist ja immer noch Weihnachten."

Doktor Pfaffrath setzte seine Horcherei fort, verschob die Näpfe auf Gittis Brust und Bauch hin und her und horchte, dass mir schon ganz bange wurde und er was Schlimmes bei Gitti finden würde.

Schließlich nahm Doktor Pfaffrath seine Hörer aus den Ohrn, flutschte die Saugnäpfe von Gittis Oberkörper ab und packte den Abhörkram wieder in seinen Arztkoffer rein.

„Die Lunge ist stark belegt", stellte Doktor Pfaffrath trocken fest und strich sich durch seine paar grauen Haare, die er noch hatte, und streichelte danach auch Gittis Kopf. „Das zieht in den nächsten Tagen hoch auf die Bronchien, und dann wird sie fürchterlich viel husten, noch mehr als jetzt schon – aber ihre Brigitte wird ganz sicher wieder vollkommen gesund."

Mann – war ich erlöst, und Mama und Papa ebenso!

„Watt hät hee sächt?" Oma blickte Mama erwartungsvoll an.

„Datt os Brigittchen werrer janz jesund ward!" Mama musste vor Freude 'n paar Tränen verdrücken. „Datt hät Doktor Pfaffrath sächt – un dee mutt datt jo wohl weeten." Und da ist Oma freudestrahlend zu ihrem blauen Sessel gedackelt und guckte schon wieder unternehmungslustig runter auf ihren Strickkorb.

Doktor Pfaffrath setzte sich derweilen an unsern Wohnzimmertisch und holte einen Block aus seinem Koffer raus und kritzelte da in Windeseile was drauf rum. Dann riss er den Zettel von dem Block ab und legte den auf den Tisch vor Mamas und Papas Nase und drehte ihn so, dass sie ihn lesen konnten.

„Davon geben sie Ihrer Tochter bitte dreimal am Tag – morgens, mittags, abends – eine Pille; das löst den Belag und den Schleim in den Atemwegen. Mit dem Rezept gleich morgen früh, wenn wieder geöffnet ist, zur Apotheke, ja? Und immer viel zu trinken dazu!" verordnete er. Dann stellte er noch ein kleines braunes Gläschen Tabletten aus seinem Koffer zusätzlich auf den Tisch.

„Und das ist für sofort, wirkt antibakteriell – immer nur eine, auch alle sechs bis acht Stunden, am besten mit Tee oder warmer Milch verabreichen."

Doktor Pfaffrath war nämlich der Arzt nur für uns beide Kinder – Oma und Papa und Mama sind, wenn sie mal was hatten, zu 'nem Doktor für Erwachsne gegangen. Doktor Pfaffrath war schon ganz alt und hatte 'nen fast kahln Kopp, aber über Kinder und wenn 's denen dreckig geht, weiß der richtig gut Bescheid, und er fügte hinzu:

„Natürlich braucht Ihre Kleine erst einmal viel Ruhe und Fürsorge – aber das wissen sie ja selbst. Denken sie an das Teetrinken und die warme Milch. Und du, junger Mann, streichel sie ab und zu und mach ihr mal was Lustiges vor – das wirkt Wunder." Da musste ich sofort wieder an den Kopfstand denken, ... den ich ja noch gar nicht konnte.

Doktor Pfaffrath packte seine Siebensachen zusammen, zog sich seinen Wintermantel wieder an und ließ sich seinen Regenschirm geben – der war aber grade nicht wegen Regen, sondern nur wegen dem andauernden Schnein.

„Vielen Dank, Herr Doktor!" verabschiedeten Mama und Papa Doktor Pfaffrath an der Wohnungstür und hatten ganz strahlende Augen, weil sie jetz wussten, dass mit Gitti alles in Ordnung geht und sie nur noch 'n paar Tabletten und Pilln und viel Tee und Milch und Fürsorge und so brauchte, und ich bin sofort abgedüst und hab weiter Kopfstand geübt, aber nur ganz vorsichtig und heimlich an der Wand, da um die Ecke zu Omas Bett hin, sonst hätte Doktor Pfaffrath wegen mir womöglich gleich wieder zurückkommen müssen, und danach bin ich sofort gleich wieder zu Gitti an ihr Bettchen und hab meine Hand durch ihr Gitter gestreckt und sie auf ihrm Ärmchen gestreichelt, doch davon hat sie nix mehr gemerkt, weil sie tief am Schlafen war.

„Habt ihr gehört?" Mama war so erleichtert. „Brigitte brauch hauptsächlich Ruhe." Und Papa war auch riesig froh und hat noch nicht mal das Radio angestellt, sondern hat seinen Hut, den er immer noch aufhatte, übermütig auf unsern Garderobenhaken geschmissen und seinen Arm um Mama gelegt und zu Oma gesagt: „Gute Nacht, Mutter – gleich mach ich dir deine Heizsonne an und stell sie dir genau so hin, wie du sie haben willst."

Mama hat zu Papa gesagt: „Aber unser Brigittchen kommt heute zu uns mit ins Bett."

Und Papa hat geantwortet: „Ja, das ist am sichersten."

Und ich hab zu allen ganz laut *Pssst!!!* gemacht, damit Gitti 's gut hat, und ich war so was von leise, dass Oma zu mir sagte: „Wat is denn los mit die, Ulriker, büst du ock krank?"

„Psst! Nee, ick nei – dat is, damit Gittchen övern Berch röverkümmt, soll ick ganz lies sien, hätt Mama sächt, un dee Doktor ock, da geit dat mit demm Jesundwern völ schneller."

„Du häst dien Sister wohl sehr leev?" sagte Oma.

„Jo – häv ick."

„So mutt dat sinn – tüschen Jeschwister."

Doktor Pfaffrath war ja nu ma 'n klasse Kinderarzt und seine Medizin, die Pilln und Tabletten, haben Gitti bestimmt mordsmäßig viel geholfen, und das hat Gitti ja auch alles verabreicht gekriegt, doch das hat sie letztendlich nur schläfriger und schläfriger gemacht, aber schnell gesund ist sie von dem Krimskrams aus der Apotheke nicht geworden, jedenfalls nicht über Nacht, und Gitti hat sich in ihrm Gitterbettchen andauernd rumgesühlt und hatte weiter starkes Fieber ...

... Am nächsten Morgen fiel Oma und Mama noch was ganz anderes ein: Da haben die beiden Fraun 'ne große Schüssel mit ganz heißem Wasser gemacht und 'ne Handvoll getrocknete Kamillenblüten vom letzten Sommer von unten am Nordbahnhof aus 'ner großen Büchse raus reingerieselt, und sie haben Gitti ganz sachte aus ihrm Gitterbettchen gehoben, und Gitti musste ihrn Kopp über die Schüssel halten, und obendrein haben die beiden auch noch 'n großes Handtuch über ihrn Kopp gedeckt, und Gitti musste da drunter die Kamille schnüffeln und dazu auch noch schwitzen, aber sie haben Gitti auch immer mal zwischendurch Luft holn lassen, aber dann ihrn Kopp schnell wieder runter über die Schüssel mit der Kamillensuppe gebracht und erneut zugedeckt, und das ging 'n paarmal so weiter, bestimmt 'ne halbe Stunde lang, bis Oma irgendwann sagte: „Jetz is jenuch, leev Brigittchen, kumm mo rutt." Und Gitti lugte unter dem Handtuch und aus ihrm Kamillendampfbad ganz todtraurig hervor, und sie hatte ganz tranige und tränende Augen von dem ganzen Kräuterdampf und war fix und fertig von dem Kamillenmief und der brütenden Hitze unter dem Handtuch, und Mama und Oma haben ihr den Kopp hurtig ganz sanft abgetrocknet und frottiert und sie so herzlich geknuddelt, wie sie nur konnten, und sie schnell wieder in ihr Gitterbettchen gestopft und bis über beide Ohrn zugedeckt und dick eingepackt, und Gitti hat sofort wieder geschlafen wie 'n Murmeltier.

Aber weißt de was – knapp drei Stunden später stand Gitti auf einmal bei uns in der Küche in ihrm Nachthemdchen vor uns und hampelte quietschfidel von einem Beinchen zum andern und hüpfte, als wenn nie was gewesen wär – da war sie doch zum ersten Mal von ganz alleine über das Gitter von ihrm Eisengitterbettchen geklettert! Mensch, war das schön!!! Das ist die alte Medizin von Oma!

Ich glaub, der ganze Tabletten- und Pillenkram von Doktor Pfaffrath ist am Ende irgendwo in der Ecke stehen geblieben und letztendlich im Mülleimer gelandet. Doch Gitti musste seitdem noch öfter über das Kamillenbad, weil 's so wunderbar gewirkt hat, aber gemocht hat se diese Prozeduren für 'n Teufel nich und hat jedes Mal gezetert, wenn sie da unters Kamillenhandtuch schlüpfen sollte – auch wenn 's ja nur zu ihrm Besten diente und ganz prima gewirkt hat.

Nach Weihnachten kommen so 'n paar Tage, die heißen *Zwischen den Jahren*, und dann kommt das neue Jahr, also jedes Jahr wieder eins. In den Tagen zwischen den Jahrn passiert eigentlich nicht viel – da soll man nicht mal Wäsche waschen, weil das Unglück bringt, sagen se – weiß der Teufel, wer sich den Quatsch ausgedacht hat, wahrscheinlich sogar der Teufel selber. Jedenfalls ist in der Zeit zwischen den Jahrn nicht besonders viel los, außer dass da die Geschäfte nach Weihnachten wieder kurz für 'n paar Tage aufhaben und die Leute einkaufen wie die Bekloppten, als wenn sie was verpasst hätten und das Einkaufen ganz schnell nachholen müssten.

Diesmal, bei diesen komischen Tagen, ist Gitti mit dem Kamillenkraut von unserm Nordbahnhof ganz hurtig prima gesund geworden und ist wieder in ihrm Nachthemdchen hinter den Gitterstäben von ihrm Eisenbett auf- und abgehüpft und kreuz und quer durchs Bett, dass Mama und Oma vor Freude die Tränen kamen, und Papa hat auch wieder 'n paar Zigaretten in der Küche geraucht, weil das hatte er einfach nich fertiggebracht oder sogar vergessen, solange Gitti vierzig Grad hatte. Das Allerdollste war aber ja, dass Gitti alleine über das Gitter von ihrm Eisenbettchen klappern, eh, klettern konnte – das fand ich einfach am allergrößten!

Aber – kaum war Gitti wieder einigermaßen auf 'm Posten, hat's mich gleich hinterher selbst erwischt und so was von umgehaun, und ich hatte plötzlich selbst die vierzig Grad, mindestens! Und Gitti war für mich bestimmt genauso leise wie ich letztens für sie. Aber Gitti hätte wahrscheinlich allen Krach der Welt machen können, ich hab sowieso nix mehr gehört, und als ich wieder was mitgekriegt hab, lugte Gitti über meinen Bettrand, und an meinem Fußende stand immer noch unser Weihnachtsbaum, und meine Eisenbahn und Gittis Puppenstuben warn auch noch alle da, alles kreuz und quer auf dem Fußboden von unserm Wohnzimmer verteilt, genauso wie zu Heiligabend bei unsrer Bescherung – neulich, vor einer Woche oder so.

Gitti trommelte ganz vorsichtig mit ihrn Fäustchen auf meinen Bettrand.

„Du", hüstelte sie, „gestern war Feuerwerk und ein Geknalle und Geballere und – öch, äch – ich durfte sogar zugucken und Blanka is ganz bekloppt geworden und wollte, öch, öch, öch, andauernd ins Haus, aber die hat ja kein Haustürschlüssel und kam nich rein, und das spritzte gelbe, rote und grüne und sonst was für Sterne hoch om am Himmel, und ich durfte die ganze Nacht aufbleim. R'öch, r'öch – gestern war nämlich Silvester, und heute is schon 'n neues Jahr – äch!"

„Wirklich?" hauchte ich matt und verschlafen, und wenn Gitti mich nich mit ihrm Gequassel wachgehalten hätte, wärn mir meine Augen sofort wieder zugefalln, so müde war ich.

Oma saß auch neben mir auf meinem Bett.

„Juch biedn mokt jo wat." Oma hielt meine beiden Hände mit ihrn beiden Händen fest.

„Erst os Brigittchen, un nu du, Ulriker! Kast werrer pusten?"

„Kann ick", pustete ich – und musste aber gleichzeitig wieder husten wie 'n Berserker.

„Dat is goot." Das hab ich noch grade so gehört und hab Gittis Hand in meiner gefühlt, und Mama und Papa standen auch an meinem Bett. Danach bin ich wohl wieder weggedrömelt. Bis zum nächsten Tag, das muss aber schon mittags gewesen sein, so hell, wie das draußen war. Da haben Mama und Oma mich aus meinem verschwitzten Bett rausgehoben und in die Küche getragen, mir erst mal meinen Schweiß abgetrocknet, mir wieder ein frisches Nachthemd übergezogen und mit mir dasselbe Theater wie mit Gitti letztens, als sie die vierzig Grad hatte und fast beinah tot war, gemacht – 'n dampfendes Kamillenschnüffelbad. Das ist ja vielleicht 'ne Jauche, sag ich euch! Ich glaub, Gitti blieb letztendlich gar nix anderes übrig als wieder ganz fix gesund zu werden, sonst hätten sie das mit dem Kamilleschnüffeln immer weiter mit ihr gemacht – und darauf hatte sie einfach keine Lust mehr!

Als sie mir das Handtuch vom Kopf zogen und ich schweißüberströmt in die Runde glotzte und sie mir das Gesicht und den Hals abtrockneten und ich versuchte den Kamillengestank aus 'm Kopp zu kriegen, baute sich Gitti wie aus 'm Nix vor mir mit ihrer Martina auf und posaunte:

„Guck ma, Ulrich – ich bin wieder voll auf 'm Damm! Wegen dem bisschen Kamille musst de wirklich nich so belämmert aus der Wäsche gucken!"

„Mach ich doch gar nich!" Muss ich aber wohl doch gemacht haben, denn nach diesem blöden Stinkedampfbad fühlte ich mich noch elender als vorher.

Kaum hatte ich das Kamillendampfbad hinter mir, wurde ich sogleich wieder in die Falle gestopft und pickepacke zugedeckt. Mama schmiss 'n paar Briketts in unsern Wohnzimmerofen, kam rüber an mein Bett und Gitti hing schon wieder die ganze Zeit an meinem Bett und streichelte meine Hand, und Mama kauerte sich zu uns und legte ihre Arme um Gitti und mich und fragte ganz leise: „Ulrich, hast de Hunger auf was?"

„Nee."

„... 'N Butterbrot – mit Schweizer Käse vielleicht?"

„Ja, auf Schweizer Käse schon. – Ach nee, doch nich."

„Und du, Brigittchen – du vielleicht? Salamibrot oder ... was andres?"
„Ich dann auch nich."

Wenn ich nich gesund geworden wär, würd hier ja jetz kein einziges Wort stehn. Steht hier aber – und gleich kommen noch tausende mehr Wörter und Sätze. Und ich hab mich genauso gut bekobert wie Gitti vor mir. Komisch, das mit den Tagen zwischen den Jahren und der Jahreswende und dem Silvester. Die Zeit ist schon ganz schön verwirrend ..., und mit der will ich eigentlich nix zu tun haben, die is mer doch zu unheimlich, so lang wie die is.

Jedenfalls konnten die vierzig Grad Fieber Gitti und mir am Ende überhaupt nix anhaben, kein Fitzelchen konnten die uns anhaben, und wir beide hüpfen wieder fröhlich in der Gegend rum und denken an nix anderes als an rumhampeln und spieln und erobern und gucken, wie was wo is.

DIE EISENBAHNLOK

Aus unserm Klofenster kannst de prima das weite Gelände von unserm Nordbahnhof betrachten. Da muss früher ganz schön was los gewesen sein, denn das Bahnhofsgebäude hatte 'ne richtige Eingangshalle mit großen Fenstern und 'ner mächtigen Glastür, und drinnen warn auch noch die Schalter zu erkennen. Doch das war inzwischen alles abgeschlossen, und auch wenn viele von den verstaubten und schmuddeligen Glasscheiben lange Sprünge hatten, haben wir Jungs nie versucht da reinzukommen – in 'ne Kirche bricht man ja auch nicht ein, ... und 'n Bahnhof is ja fast wie 'ne Kirche, find ich.

Der Bahnhof hatte nebendran auch 'ne lange Rampe für die Koffer und die Pakete aus den Postwagen, also für die, die da früher mal verladen wurden. So richtig Betrieb war an unserm Nordbahnhof nicht mehr, und Leute liefen da fast gar nicht rum, schon gar keine Passagiere, und die Lokomotiven, die bei uns durchkamen, hatten auch nie die schönen grünen Personenwaggons wie bei meiner MÄRKLIN dran, sondern höchstens nur schäbige braune oder graue Güterwagen, und wenn du die aufgemacht hast – das haben wir Burschen aber nur geschafft, wenn wir mindestens zu zweit oder zu dritt warn – dann hast de schon gerochen, was da ma drin war und wohl auch wieder reinkommt, nämlich Viecher, Kühe und Pferde und Schweine und Hühner und so. Die Waggons sind immer bei uns im Nordbahnhof 'n paar Tage abgestellt worden, also die kamen auf den Durchgangsgleisen, vom Tunnel her oder von der andern Seite, wo der Bahnhof war, rein, und danach wurden die auf die Nebengleise manövriert und die Bahnarbeiter hatten richtig was mit den ganzen Weichen zu rackern, bis sie die Waggons da hatten, wo sie nicht mehr im Weg warn.

Hast de schonmal 'ne Weiche umgelegt? Versuch 's erst gar nicht – schaffst de nie im Leben! Für 'ne Weicheumlegen musst de groß sein, mindestens dreizehn oder noch drüber. Manfred und Peter und Joachim und ich haben das immer nur zu zweit hingekriegt – ganz laut *Wack* hat 's dann da gemacht, wenn der eisenschwere Klotz vom Weichenumleger rüberkippte – und danach warn wir immer fix und fertig. Aber genutzt hat es auch nix – wir haben keinen einzigen Güterzug zum Entgleisen bringen können, wahrscheinlich, weil die ganzen

Bahnarbeiter ganz aufgeweckt und so auf der Hut warn und genau wussten, dass da so 'n paar putzmuntere freche Bengels aus der Umgebung unterwegs warn, die ihnen ins Handwerk pfuschen wollten, und die gewieften Männer von der Eisenbahn haben alle Weichen nochmal gründlich unter die Lupe genommen, bevor sie da 'n Zug drüberrollen gelassen haben.

Wenn ich so zurückguck, bin ich heilfroh, dass unsere ganze blinde Weichenrumschmeißerei nicht funktioniert hat – aber so was von richtig, richtig froh! Keiner von uns viern wollte im Ernst, dass da 'n Waggon mit Pferden oder Kühn oder Schweinen oder Hühnern drin entgleist und umkippt, und die sich wehtun oder sich auch überhaupt nur erschrecken – nie im Leben hatten wir so was im Sinn! Und wenn der Waggon auch noch dazu auf einen von den Bahnarbeitern gefalln wär, die so schön aufpassen, dass alles auf den Schienen glatt abläuft – ich will mir das gar nicht weiter ausmaln. Gott sei Dank, dass bei unserer Bande auch mal was nicht geklappt hat! Wir Jungs wollten einfach nur 'n bisschen Quatsch machen, und da kann man mal sehn, wie saublöd kleine Jungs sein können.

Verdammte Kiste! Da kam doch tatsächlich grade 'n Zug auf unser Bahnhofsgelände gerauscht! Ich bin aus 'm Klo rausgerast, hab die Sperrholztür hinter mir zugeknallt, bin an Omas Bett vorbeigestürmt und hab gerufen:

„Mama, Gitti, Mama – ein Zug!"

„Pschschscht!" Mama kam wie der Blitz um die Ecke aus der Küche. „Wirst du wohl nich so 'n Krach machen, Ulrich, alte Kanaille, du! Oma macht doch ihrn Mittagsschlaf, das weißt de doch!"

Klar wusste ich das, das war alles nur wegen meiner ganzen Aufregung, und ich flüsterte, so laut ich konnte: „Mama, da is grade 'ne Eisenbahn angekomm, die hat bestimmt, boh, zwanzig Waggons dran – ich muss unbedingt runter, Joachim und Manfred und Peter sind bestimmt schon längst draußen und auf 'm Weg!"

„Ja, ja, dann los – aber mach bloß leise!" Mama half mir schnell in die Stiefel und in meine warme Jacke. „Und pass schön auf – hörst?!"

„Kann ich mit?" Gitti stand auf einmal ohne Schuhe und ohne Anziehsachen auch an unsrer Wohnungstür und hatte ganz große erwartungsvolle Augen.

„Ooh Manno!" Ich war sowas von zappelig und ungestüm und wollte einfach nur sofort rüber zum Zug und sprang in einem durch von einem Fuß auf den andern.

„Ulrich, nu bleib ma auf der Erde", versuchte Mama mich zu besänftigen. „Der Zug is gleich auch noch da – und in zwei Stunden auch noch."

Als Gitti fünf Minuten später fertig angezogen war und wir beide – verdamm mich nochmal – endlich unten vor der Haustür warn, kam Peter Hochmann auch aus 'm Nachbarhaus rausgeflitzt, und wir sind zu dritt um Osterwinds Waagemauer rum und runter zu den Gleisen gejagt, wo Joachim und Manni schon erregt auf dem Kopfsteinpflaster herumhampelten.

Das war vielleicht 'n Bild! – Wie die schwarze Lokomotive, direkt vor unsrer Nase, da so fauchte und dampfte und ihrn Qualm aus dem Schornstein in den Himmel pustete und riesig groß vor uns stand und sich anhörte, als wenn 's für sie jeden Augenblick wieder auf große Fahrt gehen würde. Aber die blieb weiter da stehn und schnaufte munter vor sich hin, und zwei Männer sprangen von der Lokomotive runter ins Kiesbett; die beiden warn genauso kohlrabenschwarz wie die Lokomotive selbst, und die dackelten auf den Gleisen und um den Zug rum und machten sich gegenseitig so komische Zeichen und inspizierten immer mal wieder was an der Lok, auch unten drunter, als wenn da was nich ganz in Ordnung sein könnte, und guckten in die Räder rein, und so Sachen ham se gemacht. Bei dem Lärm und dem Gezische und dem Gepuste von der Lok konnte keiner sein eignes Wort verstehn. Gitti fasste meine Hand, doch dafür hatte ich jetz überhaupt keine Zeit, und ich brüllte zu

Joachim und Manfred und zu Peter rüber: „Jetz muss die Lok Wasser auffülln!" Aber die Jungs haben nur Bahnhof verstanden und liefen nach vorne, wo der Schornstein von der Lok war, und bedeuteten mir, dass ich auch schnell dahin nachkommen sollte. Gitti griff wieder nach meiner Hand und trippelte mit ihrn Stiefelchen auf der Stelle, als ob sie aufs Klo müsste.

„Musst du Pipi?!" rief ich in Gittis Ohr. Die guckte mich zwar groß an, zeigte aber nur zur Lok hoch und trippelte wie verrückt weiter.

Die beiden schwarzen Männer warn inzwischen wieder oben in der Lok drin, und der eine von denen war wie 'n Wilder am Kohle schaufeln, dass die Lok sogar nochmal 'n bisschen lauter wurde. Gitti zog an meiner Hand, und ich beugte mich runter zu ihr: „Sag jetz, musst du etwa Pipi?!" Aber sie hat immer noch nix gesagt, ich hab bei dem Radau auf jeden Fall nix gehört, und ich dachte, dann eben nich.

Auf einmal warn noch mehr Männer von der Eisenbahn da, die kamen über die Schienen gehopst und haben die Lok von den ganzen Waggons, die sie hinten dranhatte, abgekoppelt, und von Wasser tanken konnte keine Rede sein, weil da war ja weit und breit kein Schluck Wasser zum Auffülln, und die sind 'n Stück nach hinten weggerollt, also die Waggons; aber da hinten war irgendwo der Prellbock, und da sind die ganzen Anhänger gegengeballert und zum Stehn gekommen und ich wusste, jetz dauert 's nicht mehr lange, und die Lok ist wieder über alle Berge. Und tatsächlich – auf einmal blies die mit einem Höllenlärm riesige Wolken von weißem Dampf zur Seite ab, direkt uns vor die Füße und uns ins Gesicht, dass uns Kindern Hörn und Sehn verging und wir zurückspringen und fürchterlich husten mussten und uns ganz heiß um die Füße und am ganzen Körper wurde, und dann war die Lok auch schon auf 'm Weg; aber bis sie wieder auf den Durchgangsgleisen war, musste dahinten auf unsern Schienen noch ganz schön rangiert werden, und die Bahnmänner von eben haben hinten im Gleisfeld die Weichen so umgelegt, dass die Lokomotive auf die Haupttrasse kommen konnte, und dann ist sie irgendwann durch den Tunnel weggehuscht, und wir hatten keine Ahnung, was all die alleingelassenen Waggons hinten am Prellbock, ganz ohne Lok, da sollten – außer dass wir da vielleicht mal 'n Blick reinwerfen könnten, um zu gucken, was da überhaupt drin ist.

„Musst du Pipi?" fragte ich Gitti nochmal, jetzt wo sie mich wieder hörn konnte.

„Hab ich schon."

Sie hat mit ihrn Stiefelchen trotzig in eine Pfütze – war das etwa ihre eigne – gepatscht, und dann sind wir beide Hand in Hand wieder über das Kopfsteinpflaster ab nach Hause gelatscht und Manfred, Peter und Hans-Joachim auch – also die nicht Hand in Hand, sondern jeder für sich ..., und die tolle Lok schwirrte immer noch durch unsere Köpfe.

Als Gitti und ich oben zu Hause ankamen, war Mama ganz außer sich und schüttelte ihrn Kopf: „Brigittchen, du bist ja ganz nass zwischen den Bein – Ulrich, da hättst de dich aber auch 'n bisschen mehr drum kümmern könn!"

„Hab ich doch, Mama!" Aber davon konnte Mama natürlich überhaupt nichts von wissen.

LEGO

Ich drückte weiße Plastiksteine auf 'ne große Platte mit Knöppen. Ich machte erst mal 'ne Grundmauer mit den Steinen, und da drüber wollte ich 'n schönes großes Haus baun. Dabei hab ich bei uns in der Küche halb unterm Tisch auf 'm Fußboden gesessen, und dann hab ich eine Mauersteinlage nach der andern mit den Knopfsteinen aufgesetzt, bis es Zeit war auch langsam an die Fenster zu denken. Ich kam gut voran, doch da warn noch jede Menge Steine auf 'm Küchenboden verstreut, auch rote für 's Dach und Fenster in allen möglichen Größen.

Plötzlich hockte Gitti neben mir und hatte ihre Martina im Arm und kämmte die andauernd, dass ich ganz abgelenkt war und mit meinem Haus ins Stocken kam, weil sie mich mit der blöden Kämmerei ganz wirre machte.

„Hör doch ma mit der blöden Kämmerei auf!" sagte ich zu Gitti. „So windig is es ja nu hier auch nich!"

„Davon verstehst du nix!"

„Will ich auch gar nich!"

„Baust du 'n Schloss?"

„Ja", brummte ich, dabei hatte ich aber immer nur 'n ganz normales Haus im Sinn, und Gitti vergaß ganz plötzlich das Kämmen von ihrer Martina und ihr Kamm rutschte zwischen meine ganzen Plastiksteine, und ich schippte unauffällig noch 'n paar mehr oben drüber.

„Darf ich auch ma 'n Stein?" Gitti war auf einmal ganz schön neugierig auf 's Legobaun, so hießen meine ganzen Klamotten zum Häuserbaun nämlich – *LEGO*.

„Aber klar", sagte ich großzügig. „Du kannst auch zwei oder noch mehr ham." Da hat Gitti sich so was von drüber gefreut, dass sie die Martina auf den Steinehaufen runtergleiten ließ und eifrig bei mir mitgebaut hat – und ich fand das auch ganz schön, wie Gitti und ich unsere Häuser gebaut haben, aber eigentlich war 's beides dasselbe Gebäude, nur dass die eine Seite wie 'n stinknormales Haus aussah, das war von mir, und die andere Hälfte hatte 'n bisschen was von 'nem Schloss, und das war von Gitti, und jeder von uns beiden baute nach Lust und Laune weiter nach oben an ..., eh, an unsern Gebäuden.

„Wat mokt juch denn do un'n?" Oma schielte aus ihrm Sessel von oben zwischen ihrn vier Stricknadeln und über den Rand von dem Wollstrumpf runter auf unser Baugelände.

„Oma, wir baun zusamm 'n Schloss!" Gitti hatte schon die Steine für die Türme von ihrm Schloss in der Hand. „Und das kriegst de dann von uns geschenkt!" Da kullerten Oma 'n paar Freudentränen runter, und sie musste erst mal ihr Taschentuch aus der Schürze kramen.

So hab ich mit Gitti die Mauern von *meim Haus* und von *ihrm Schloss* hochgezogen und schön die Fenster eingebaut und was sonst noch so zu mauern war und bis hoch zum Dach, und es passte alles schön zusammen, ein Stein über dem andern, denn die LEGOS kannst de prima aufeinander stecken – das ist kinderleicht und macht 'nen Heidenspaß.

Als wir mit unserm Gewerk fertig warn, sind Gitti und ich unterm Küchentisch hervorgekrabbelt, haben die Grundplatte mit Gittis Schloss und meinem Familienhaus vorsichtig aus der Versenkung geholt und Oma auf den Schoß gepflanzt, dass die vor lauter Freude gar nicht mehr wusste, was sie zuerst machen sollte, und sie ruderte im Überschwang mit ihrn Armen in der Gegend rum und schubste aus Versehen unser Meisterstück runter vor sich auf den Fußboden, und mein Haus und Gittis Schloss sind in alle Einzelteile zerbröckelt, und Oma fing schwer an zu schluchzen und wimmern und wir beide auch ganz schön doll.

„Du, Oma, macht doch nix!" Gitti und ich wollten Oma unbedingt wieder aufmuntern. „Wirklich nich, Oma! Das baun wer alles ganz schnell wieder auf ..., und dann passen wer schön auf, dass es nich nochmal runterfliegt." Und Gitti und ich haben die Ruine zusammengesammelt und sind wieder unter unsern Küchentisch abgetaucht und haben eifrig unsere Bauarbeiten erneut in Angriff genommen.

Da kam Papa von der Arbeit – Gitti und ich haben von unterm Küchentisch aber nur seine Schuhe und Hosenbeine gesehn und seine Aktentasche, als er die an unsrer Wohnungstür auf dem Fußboden abstellte.

„'N Abend“, hat er wie immer gesagt und sich auf seinen Stuhl gesetzt. „Was krümeln die beiden denn da unterm Tisch rum?“

„Dei buun wat för mie“, sagte Oma scheinheilig. „Häm 's wenichstens sächt.“

Da kam Papa zu uns unter den Küchentisch gekrochen. „Das hört sich aber ganz spannend an, was ihr beiden da vorhabt – lasst doch mal sehen.“

Mama lief andauernd in der Küche durch die Gegend, aber wir haben nur ihre halbhohen Pömps und ihre Waden und den Saum von ihrm Kleid gesehn, wenn wir überhaupt hingeguckt haben.

„Wer sind gleich fertig“, erklärte ich Papa stolz wie Oskar wegen unserm neuen Bauwerk. „Gitti muss nur noch Türme oben auf ihr Schloss draufsetzen.“

„Passt mal auf“, griff Papa ein und tat ganz spitzfindig. „Nicht, dass ihr was falsch gemacht hättet – aber ihr müsst unbedingt die Mauersteine und vor allem die Häuserkanten verbinden! Sonst bricht euch das Haus zusammen oder der nächste Sturm reißt es nieder.“

Da haben Gitti und ich da unterm Tisch ziemlich belämmert aus der Wäsche geguckt. „Was müssen wer denn machen, Papa?“

„Ihr müsst – das sagt euch jeder Maurer – die Lage unten durch die dadrüber verkuppeln, und das macht ihr, indem ihr nicht immer das gleiche übereinander mit denselben Fugen mauert, sondern immer etwas anderes, dass eins nicht zum vorherigen passt.“

Was sollte das denn heißen – *Fugen, Lagen verbinden, verkuppeln, nicht passen*?!

„Wenn ihr an euerm Haus baut, dürft ihr nicht nur einfach schnurstracks Stein auf Stein nach oben bauen; ihr müsst auch quer, nach links und rechts, bauen und dadurch die Mauersteine, die drunter liegen, verbinden – und das mit jeder Lage immer aufs Neue; das ist ganz wichtig, sonst kommt euch irgendein Trampel dazwischen und plumpst vielleicht drauf, und alles ist hinüber. Aber wenn ihr 's richtig macht, könnt ihr 'nen Elefanten draufsetzen, und euer Haus wird stehen bleiben.“

Ratlos fummelten Gitti und ich vor der LEGO-Platte und mit den Achter-, Vierer-, Dreier- und Zweiersteinen und den Fenstern und Türn und Dachziegeln rum und wir wussten überhaupt nicht mehr, was wir damit anstellen sollten.

„Und was solln wer nu jetz denn machen, Papa?“ fragte ich Papa nochmal, völlig zerknirscht.

Und Gitti sagte: „Außerdem soll das 'n Schloss werden, und nich nur 'n Haus!“

„Na, dann ist das ja noch wichtiger“, munterte Papa uns auf. „Ihr kleinen Baumeister – alles muss solide ausgeführt sein! Aber das kriegen wir schon geregelt, keine Sorge! Guckt mir mal zu, wie ich dabei vorgehe.“

Papa nahm eine Ecke von meinem Haus, die noch nicht ganz so weit gediehen war, wieder auseinander und beließ lediglich die untere Lage des Mauerwerks auf der LEGO-Platte und setzte einen Sechser drauf – an 'ner Stelle, wo ich nie drauf gekommen wär, nämlich nicht da wo er eigentlich draufgepasst hätte, dem Sechser unten drunter, sondern so, dass die beiden Klötzchen da drunter von oben gebrückt wurden.

„Das machen wir jetzt so weiter, ja?“ Papa zwinkerte uns beiden zu und hatte dabei unter unserm Küchentisch einen Mordsspaß.

Da hatte ich 's kapiert – und Gitti ebenfalls! Und wir haben unser Gebäude nochmal bis runter auf die Grundmauer abgerissen und wieder vollständig – zum dritten Mal – neu aufgebaut, ganz genau so, wie Papa uns das erklärt hatte, und die Ecken warn felsenfest und oben das Dach auch, da haben wir genauso weitergebaut, diesmal aber nur mit den roten LEGOS. Und Gitti hat am Ende ganz absichtlich gegen die Türme von der Schlossseite von unserm Bauwerk gestupst und gestoßen, und die sind stehn geblieben wie 'n Fels, weil Papa uns beigebracht hat, wie 's richtig geht – mit dem Häuser- und Schlösserbaun.

Das is schon gut, wenn de 'n Papa hast, der Bescheid weiß, wie 'n Haus in Wirklichkeit geht, denn auf unser Legohaus hätten sich jetz Oma und Mama zusammen gleichzeitig draufsetzen können, das hätte dem Haus wahrscheinlich überhaupt nix ausgemacht – wegen den Ecksteinen und den ganzen Verbindungen und so. Mama und Oma hatten davon natürlich überhaupt keinen Schimmer – das war das Geheimwissen zwischen Papa und Gitti und mir.

Wie versprochen, haben wir Oma unser Legogebäude, das ja an einem Ende wie 'n ganz gewöhnliches Haus und am andern wie 'n Schloss mit Türmchen und Erkern aussah, geschenkt und ihr den ganzen Apparat nochmal auf ihrn Schoß gesetzt, dass sie ganz überwältigt von dem Anblick war und wieder das Taschentuch aus ihrer Schürze wühln musste. Dabei ist ihr – verflixt und zugenäht und nicht zu glauben – die Platte mit unserm Prachtbau doch wieder vom Schoß gerutscht und auf den Fußboden geknallt, und da lagen sie dann, auf der einen Seite die Platte mit der Grundmauer und auf der andern Seite – nee, nicht tausend einzelne Steine – da lag unser Gebäude in einem Stück, weil 's wegen Papa so fest gebaut war, und Gitti und ich haben 's einfach wieder so auf die Grundmauer von der Platte gestellt und von oben kräftig runtergedrückt, dass es ratzfatz aussah, als wenn nie was passiert wär, und da musste Oma zum dritten oder vierten oder fünften Mal ihr Taschentuch rausfischen, aber unser LEGO-Werk haben wir ihr sicherheitshalber nicht noch einmal auf den Schoß gestellt, sondern das vor ihrn Füßen auf 'm Küchenboden so platziert, dass sie 's schön in ihrm Blickfeld hatte.

Dann mussten Gitti und ich aber ganz schnell ins Bett – sonst hätte Mama noch 'n Koller gekriegt, so spät war das geworden. Oma machte sich bald auch auf 'n Weg zu ihrm Bett, und Papa versteckte sich giggelnd hinter seinem *SOLINGER TAGEBLATT*, und Mama hat mit uns Kindern am Spülbecken 'ne Katzenwäsche gemacht und uns danach fix ins Bett gestopft.

WO ICH GRÖSSER BIN

BANDEN

Wenn unsere Bande an unserm Nordbahnhof unterwegs war, warn da auch immer noch andere Banden auf der Pirsch, und wenn wir uns in die Quere kamen und die auf unser Gebiet wollten, haben wir mit Steinen nach denen geschmissen, am besten warn die aus dem Kiesbett von den Schienen, denn die warn richtig groß und mit scharfen Ecken und hatten alle so 'n paar Spitzen und Kanten und lagen gut in der Hand, und wenn du damit einen richtig triffst, ist der auf der Stelle tot oder schwer verletzt, und dann ist da ein Feind weniger.

Aber die andern Banden warn ja auch nicht blöd, und wenn die erst mal auf dem Gelände von unserm Nordbahnhof und zwischen den Schienen rumtollten, haben die auch gemerkt, dass da klasse Steine zum Schmeißen lagen, und ich hab das auch selbst zu spürn gekriegt und kann ein Lied davon singen, denn vier von denen hab ich höchstpersönlich kassiert, zwei links, zwei rechts, alle hinten am Kopp, muss wohl beim Wegrennen passiert sein, sonst hätt ich die Löcher ja vorne im Kopp gehabt. Ich hab jedes Mal geblutet wie 'ne Sau und auch genauso gequiekt und gekreischt, und Mama musste schwer aufpassen, dass ich nich abkratze, und jedes Mal, wenn ich wieder mit so 'm Loch im Kopp heulend bei uns oben zu Hause anturnte, hat Oma vor lauter Schreck immer ihr Strickzeug falln lassen, weil der Fußboden so rot war und aus meinem Kopp so viel Blut tropfte, und sie is immer um Mama rumgehampelt und wollte helfen, aber Mama hat abgewehrt *Modder, lot mo!*, denn Mama wollte mich ganz allein verarzten und brauchte keinen, der ihr dazwischenfunkt, egal wie gut es gemeint war. Hast de schon ma 'n Loch im Kopp gehabt? Ich hab insgesamt fünf davon, vier von den feindlichen Banden hab ich ja gerade erwähnt ..., das fünfte Loch – und das war tatsächlich vorne mitten in meiner Stirn und hatte mit keiner feindlichen Bande was zu tun – davon erzähl ich aber erst später ..., und das war sowieso das allerschlimmste von meinen fünf Löchern im Kopp.

Die Jungs von den andern Banden, die auf unser Land vorgeprescht sind, haben ganz sicher auch den ein oder andern Stein von uns abgekriegt, hoffentlich auch 'n paar Löcher im Kopp – jedenfalls haben Hans-Joachim Zillmer, Peter Hochmann, Manfred Polenz und Ulrich Matthias, also das bin ja ich, unsern Nordbahnhof immer gegen alle Widersacher verteidigt, und wenn sich da 'ne andere Bande breitmachen und austoben wollte, warn wir sofort zur Stelle, denn uns – und nur uns – gehörte der Nordbahnhof und die Schienen und der Tunnel und die Bombeern und die Lurchis, so haben wir die Salamander unten bei den Flöppen genannt, und die ganzen Bäume und Balken, und wenn wir auch manchmal wegrennen und wie die Hasen flüchten mussten und die Hosen bis obenhin voll hatten, sind wir doch immer wieder zurückgekommen, bis wir die verdammten Schurken wieder aus unserm Land vertrieben hatten und zurückerobert hatten, was uns gehörte, und alles wieder geregelt und in Ordnung war.

... So 'ne Bande hat ja auch immer zwei Seiten, wenn ich so überleg – wo 's eine Bande gibt, gibt 's sofort auch gleich 'ne andere oder noch mehr. Ich hab vier Löcher im Kopp von unsern Feinden, hab ich ja grade schon gesagt, und mehr brauch ich wirklich nicht. Ich hab bestimmt hoffentlich auch den andern Jungs richtig einen an den Kopp geballert, aber totmachen wollt ich die eigentlich nich, weil die kenn ich ja gar nich, und die sind vielleicht richtig tolle Burschen und könnten sogar in unserer Bande mitmachen, wenn sie denn bei uns in der Van-Meenen-Straße wohnen würden.

Nächstes Mal, wenn ich 'nen Feind seh, werd ich erst mal, bevor ich meine Steine rausfeuer, über die Schienen rufen *Was willst du denn hier?!*

Und wenn der zurückruft *Will nur ma kurz gucken*, dann ruf ich *Na, dann komm ma ruhig rüber gucken*, und wenn der dann ganz baff von unserm Bahnhof und unserm Wald und den Balken und allem ist und sagt *Könn meine Freunde auch ma gucken komm?*, sag ich *Jeder kann hier gucken, solang er lustig is, aber viel mehr is nich drin, denn das is unser Nordbahnhof und bleibt es auch, dass das euch schon ma klar is, und meine Bande is sowieso um die Ecke und macht hier bloß kein Theater, sonst setzt es was – das kann ich der jetz schon versprechen!*

Irgendwann war 's tatsächlich wieder so weit. Die gegnerische Truppe kam durch das Gebüsch oben vom Schlagbaum runtergepoltert und durchsuchte unser ganzes Gebüsch und Gelände, und das war ja nun ma völlig unerträglich.

Ich schrie zu einem Kerl rüber: „Seht verdammt bloß zu, dass ihr Land gewinnt – ihr habt hier nix zu suchen! Außerdem hast du mir schon ma 'n Loch in 'n Kopp geschmissen – also seht euch ja vor!"

„Ich?!"

„Ja – genau du, oder irgend 'n andrer von eurer Scheißbande, also nimm dich bloß in Acht!"

Und dann ging die Schlacht auch schon los, und wir haben uns alle gegenseitig die Steine aufeinander gepfeffert, wie wir nur konnten – das war vielleicht ein Krieg, das schwör ich! Ja, und das war dann tatsächlich mein viertes Loch im Kopp, hinten links, und Mama und Oma waren so was von hinüber, als ich mit blutüberströmtem Kopp bei uns zu Hause in der Küche stand und sie mich verarzten und mich quer übern Kopp verbinden mussten – und Mama musste dazu auch noch unser Treppenhaus wischen, damit mein Blut da von den Stufen verschwindet, ... und unsere Hausnachbarn nich auf komische Gedanken kommen.

Doch dann – von einem Tag auf den andern – änderte sich alles!

Hans-Joachim und ich und Peter und Manfred lagen in unserm Wald schwer auf der Lauer, weil es oben vom Schlagbaum her zuerst verdächtig raschelte und daraufhin rumpelte und das Gehölz krachte, und wir vier hatten schon alle Mann unsere Steine von unten aus 'm Kiesbett von den Schienen griffbereit in der Hand und warn auf der Hut und in voller Alarmbereitschaft – doch dann warn wir völlig baff, als die Jungs von der feindlichen Bande oben vom Schlagbaum durchs Gebüsch mit dick gefüllten Einkaufstüten an ihrn Armen unsere Abhänge durch den Wald runtergestolpert kamen – und die Schlagbäumer-Bande wollte uns gar nix, im Gegenteil, die Banausen hatten 'ne Einkaufstüte viertelvoll mit Zigarettenkippen und noch eine mit 'ner Familienflasche BLUNA und auch noch 'ne Flasche COCA COLA und zwei Tüten Salzstangen für uns mitgebracht und haben gesagt, sie wollten Frieden mit uns haben, und es wär doch eigentlich gar nich wichtig, wer von uns der Stärkste ist und wem was gehört, Hauptsache, wir kämen alle zusammen gut klar; ... und das war ganz im Sinn von unsrer Bande, denn wir vier werden ja auch nur rabiat, wenn uns einer ans Leder will.

Ja, stell dir vor – da haben wir uns, also die vier Schlagbäumer und wir vier vom Nordbahnhof, doch zu acht breit auf das Kopfsteinpflaster neben den letzten Güterwagen vor KONEJUNGS gepflanzt und die Zigarettenstummel alle nach und nach weggeraucht und die beiden Flaschen von der BLUNA und der COCA COLA immer reihum gereicht, bis nix mehr drin war und nebenbei schön die prima knusprigen Salzstangen geknabbert ..., bis Joachim rüber zur Beeke musste und Peter und Manfred auch ganz weiß im Gesicht wurden und die ganze Schlagbäumer-Bande neben dem Waggon platt lag, weil 's denen auch von der bekloppten Kippenqualmerei ganz dreckig ging – nur mir hat das alles nix ausgemacht, denn ich hab keinen einzigen von den blöden Zigarettenstummeln angepackt und geraucht schon gar nich. Aber ich hab abgewartet und saß da auf dem Kopfsteinpflaster kurz vor KONEJUNGS wie 'n Indianer, wie Indianer immer so sitzen, im Schneidersitz, und hab mich gefreut, dass wir die Schlagbäumer flachgelegt hatten – und das ganz ohne Gerangel und ohne Steine abfeuern;

aber um meine eigne Bande sah 's ja auch nicht besonders rosig aus; Manni, Peter und Joachim warn komplett hinüber und lagen, nachdem sie sich ausgekotzt hatten, ausgestreckt auf dem Kopfsteinpflaster zwischen den vier Schlagbäumern, und ich hab se allesamt beaufsichtigt und abgewartet, dass se wieder auf die Beine kommen. Würden se ja wohl?

Das hat aber schon noch gedauert, und ich hab inzwischen nach und nach die restlichen Salzstangen weggefuttert, und als die Jungs sich allesamt wieder halbwegs aufgerappelt hatten und die Schlagbäumer auch wieder ihre Augen aufkriegten und auf 'm Damm warn, haben die zu uns gesagt:

„Das vergessen wer euch nie, dass ihr euch so um uns gekümmert habt; kommt doch auch ma hoch zum Schlagbaum, uns besuchen – ihr müsst auch nich unbedingt Kippen mitbring."

Und seitdem schmeißen wir nicht mehr auf jede andere Bande mit Steinen – und auf die Schlagbäumer schonmal sowieso nicht, weil die sind jetzt unsre dicksten Freunde, auch wenn wer noch längst keine Blutsbrüder sind.

Blutsbrüderschaft haben Hans-Joachim, Manfred, Peter und ich letztes Jahr oben bei uns tief im Gebüsch beim Lagerfeuer geschlossen; da ham wer uns alle vier mit Achims Taschenmesser 'nen winzigen Schnitt in unsere Daumen geritzt und uns alle unsere blutenden Daumen gegenseitig auf die Wunde gehalten, und seitdem sind Hans-Joachim, Manfred, Peter und ich Blutsbrüder ..., und das is 'ne Menge Wert.

Seit der Sache mit den Schlagbäumern schmeißen wir jedenfalls nicht mehr wild mit irgendwelchen Steinen um uns. Wenn ein Eindringling zwischen den Ahörnern oder drüben vom Bunker her runter zu uns einbricht, dann zeigen wir dem erst mal, wie die Güterwaggons von innen aussehen und wie die innen drin riechen und wie man 'ne Weiche umlegt und schenken ihm 'n paar Brombeern oder führn ihn dahin, wo er die sich selber pflücken kann – und quatschen erst mal über was uns so alles einfällt.

Das ist ganz vernünftig, wenn man erst 'n bisschen zusammen redet, bevor de mit dem Steineschmeißen anfängst, und oft musst de das dann auch gar nich mehr, weil der andere ist meistens gar kein Schlimmer und will dir überhaupt nix, sondern ist einfach nur 'n andrer, den de bis eben nur noch nicht gekannt hast. So einfach kann das nämlich alles sein!

DIE TRABER-RENZ-TRUPPE

Es war Sommer, und es war abends.

„Ulrich, wir haben die TRABER-RENZ-TRUPPE in Solingen zu Gast", sagte Papa kurz vorm ersten Happs in seine Stulle. „Wolln wir uns die mal angucken?"

„Traba-was?"

„Komm, lass uns mal los – die zeig ich dir, wenn wir oben in der Stadt sind. Dann merkst du sofort, was ich meine."

Mama guckte ganz komisch. „Nich, dass da was passiert."

„Was soll denn da passiern?!" antwortete Papa. „So was muss ein Junge doch mal gesehen haben. Ulrich, hast du Lust?"

„Klar – aber ich weiß gar nich so genau, wozu. Was is denn jetz die Traba-Truppe?"

„Das sind die Allergrößten, da werden dir die Augen übergehen. Die fahren mit 'nem Motorrad durch die Luft, und manchmal auch zwei oder drei oder fünf, und durch 'nen Feuerring. Du, das fängt gleich an, wir müssen nur hoch zur Hauptstraße, dann siehst du das alles."

Gitti hat schwer mit ihrn Puppen zu tun gehabt, und Mama war abwechselnd am Herd und am Spülbecken, und Oma hat gestrickt – und die drei wollten von *den Allergrößten* überhaupt nix wissen und wollten deswegen auch zu Hause bleiben und ihre Ruhe haben.

Papa machte sich bereit für den Abmarsch, und Mama drückte mir schnell noch 'n Schweizer-Käse-Graubrot *für die Faust* in die Hand und sagte, als sie unsre Wohnungstür hinter uns zumachte: „Und bleibt nich zu lang."

„Wir bleiben, bis es zu Ende ist", antwortete Papa trocken und schob sich seinen Hut auf dem Kopf zurecht. „Könnte schon ziemlich spät werden – also dann, bis nachher."

„Papa, was is denn jetz die Tra...Tra... genau?"

Papa zog mich an der Hand unsre Van-Meenen-Straße hoch, wobei ich eifrig am Käsebrot kauen war.

„Komm schnell, die sind bestimmt schon zugange. Also, die TRABER-RENZ-TRUPPE, das ist eine einzige große Familie, die fahren alle mit dem Motorrad – aber auf Hochseilen fahren die."

„Auf Hochseiln?! Was sind denn jetz *Hochseile* schon wieder?!"

„Siehst du gleich, Ulrich, die Hochseile kommen gleich." Und dann sind wir oben an der Potsdamer Straße links rüber Richtung Mühlenhof gezogen, und ich hab weiter meine Käsestulle gemampft. Da war aber 'ne Absperrung mit 'ner Kette und 'n kleines Kassenhäuschen, wo Papa 'ne Mark fünfzig bezahlen musste – ich selbst hab aber nix zusätzlich gekostet – damit wir richtig nah an die Veranstaltung und direkt unter das geheimnisvolle Motorradhochseil durften.

Mindestens tausend Leute lungerten dort schon rum und stierten in den Nachthimmel, und die Frauen haben sich alle die Hände vor die Augen gehalten und zwischendurch Erdnüsse und gebrannte Mandeln geknabbert, und die Männer haben geraucht wie die Schlote, so aufregend warn die *Trabas* wohl für die – wo ich selbst noch gar nix von denen gesehen hatte, jedenfalls nich om auf irgend 'nem komischen Hochseil.

Auf 'm Mühlenhof stand 'n Riesenmast, und 'n ganzes Stück weiter, fast schon hinten am Kaufhof, stand noch einer, der war noch viel höher, und dazwischen war tatsächlich ein dickes Drahtseil – bestimmt dreißig Meter ganz oben über uns – in der Nacht gespannt. Das war also das Hochseil! Und da sollte einer oder sogar mehrere mit 'nem Motorrad drauf rumfahrn?! Das glaubt doch kein Schwein! – Nie im Leem!

Da stand ich mit Papa an seiner Hand dann irgendwo in der Menschenmenge am Mühlenhof, kaute gerade meinen letzten Happs von Mamas Käsebrot zu Ende, und hoch über uns hab ich so 'ne Art Startrampe erkannt, und es röhrte ein Motorrad da oben und spuckte Funken aus seinem Auspuff und machte einen Höllenlärm, und Papa brüllte mir ins Ohr: „Jetzt geht 's los, Ulrich!" Und die vielen Leute um uns rum haben alle im Rhythmus geklatscht.

Und da brauste ein Motorradfahrer tatsächlich über uns auf dem Seil hoch Richtung Kaufhof, und warum der da nicht runtergefalln ist, weiß ich bis heute nicht, und ich konnte gar nicht ausmachen, ob das 'n Mann oder 'ne Frau war – so vermummt wie der oder die war – aber da fing auch schon der nächste an, sich auf den Weg zu machen, doch der hatte auch noch einen zweiten auf seiner Schulter drauf, der war aber ohne Motorrad, und so ging das die ganze Zeit, bis die zu fünft und zu sechst aufgebaut warn; da ist einer gefahrn und die andern hingen links und rechts dran und standen oben auf den Schultern von dem Motorradfahrer, und die haben alle ihre Arme weit rausgestreckt, als wenn sie uns auf dem Boden zeigen wollten *Seht her – wir können alles!* Und dann sind sie auch echt noch durch 'nen

Feuerring durchgebrettert – auf 'm Hochseil mit 'nem Motorrad – und da war 's schon längst richtig pechschwarz im Himmel und ..., ich hab 's alles gar nich glauben könn ..., und das hätten Gitti und Mama und Oma wirklich auch sehen müssen! Solche Kunststücke im Himmel kann sonst keiner! Geschworn!

Nach der Vorstellung von der Traber-Renz-Truppe war ich so erschossen von den ganzen Sensationen und Bildern, dass ich mich gar nicht mehr auf meinen Beinen halten konnte. Papa hat mich huckepack nach Hause gebracht und mich vor unsrer Haustür abgeladen und mich festgehalten, damit ich nicht vor lauter Müdigkeit in die Knie geh, und mit der andern Hand hat er den Haustürschlüssel aus seiner Hosentasche rausgefummelt.

„Na, ihr beiden?“ sagte Mama, als Papa mit mir auf seim Rücken in die Küche getorkelt kam. „Ich wollte grade schon nach euch suchen gehn.“

„Du, Marta, das hättet ihr sehen müssen!“ Papa war immer noch ganz aus dem Häuschen und schnaufte: „Da habt ihr aber was verpasst, das sag ich euch!“

„Wir ham schön Radio gehört; und Brigitte is schon im Bett, und Mutter liegt auch schon.“

Mama hat mich ausgezogen, mir schnell die Zähne geputzt und mir mein Nachthemd übergeworfen, ... und mehr weiß ich nicht mehr.

Aber die *Traba-Truppe* spukte mir auch noch den ganzen nächsten Tag im Kopp rum.

„Papa, was is denn, wenn die runterfalln, die sind doch dann Matsche und tot und alles, oder?“

Papa hat gehustet und seine Zigarette ganz hastig im Aschenbecher ausgedrückt:

„Du denkst immer noch an gestern Abend, oder? Das war schon was, ne?! Du, die *Traba-Truppe*, die heißt TRABER-RENZ, die fallen nie runter, die können das, das sind Mama, Papa, Oma, Opa, die ganzen Kinder, Geschwister, Cousins und Cousinen, Onkels und Tanten, 'ne ganze riesengroße Familie, die haben nie was anderes gemacht, als da oben in der Luft Motorrad fahren, das ist bei denen in Fleisch und Blut, und das macht denen keiner nach, das können die einfach – und sonst keiner.“

Gitti rief von ihrer Puppenstube hoch: „Fleisch und Blut is eklig!“ Und sie hatte ganz große Augen mit Tränen drin, dass Mama sie auf 'n Arm genommen hat.

„Is es auch, meine Kleine, is es auch – aber das sagen die Großen so, wenn se mein, dass einer was wie im Schlaf kann, ohne überlegen zu müssen – verstehst de das?“

„Nee – und Fleisch und Blut is trotzdem eklig!“

„Flisch un Bloot is jenau wie Milk un Zucker.“ Oma legte ihr Strickzeug in ihrn Schoß und fügte hinzu: „All Tüch is wie all Tüch.“ Denn für Oma gab 's nix Aufregendes mehr in der Welt – schon gar nicht irgendwelche Motorradkünstler, die da irgendwo in der Luft rumturnen.

ONKEL KARL-HEINZ

„Karl ist da!“ rief Papa und sprang wie der Blitz hoch aus seinem Küchenstuhl und drückte seine Zigarette aus. „Ich höre seine Maschine!“

„Ick hör nix“, sagte Oma; das war ja auch kein Wunder – so schwerhörig wie Oma war ..., aber Papa hat se genau gehört, die Maschine.

Mama, Gitti und ich hörten jedoch genauso wenig und haben zu Oma gesagt: „Wir hörn auch nix." Aber wir warn ja auch alle nicht Onkel Karls Bruder, Papa aber schon, und deswegen wusste Papa von tief drinnen wohl, dass sein Bruder angekommen ist.

Egal – Mama hat das Geschirrtrockentuch irgendwo in der Küche hingeschmissen, und wir sind alle durchs Treppenhaus nach unten gerannt, also Oma natürlich nicht; ... und draußen vor unsrer Haustür stand tatsächlich 'n mächtiges, dreckbespritztes, kohlrabenschwarzes Motorrad mit 'nem dicken Beiwagen dran, und das brummte ganz ruhig vor sich hin und da saß 'n kleiner, recht pummeliger Mann drauf, vollständig in schwarzes Leder eingepackt, mit Helm und Motorradbrille und Riesenhandschuhn, und Gitti und ich hatten sogar 'n bisschen Angst vor dem Kerl, wie der aussah in seiner düsteren Kluft, und der war obendrein von oben bis unten genauso von der Fahrt eingesaut wie sein Motorrad. Papa hat seinem kleinen Bruder – zur Begrüßung – schonmal mit den Fingerknöcheln leise auf den Helm getrommelt und ihm 'n paarmal kräftig auf die Schulter getatscht, und Onkel Karl-Heinz fing ganz gemächlich an seine Lederklamotten aufzuknöpfen und auszuziehen, erst mal die verdreckte Schutzbrille und den vollgespritzten Motorradhelm, und wo vorher seine Brille saß, hatte er ganz dicke Staub- und Schmutzränder um seine Augen, sodass er aussah, als wenn er vom Mond wär und als wenn er immer noch 'ne Brille aufhätte, und als er dann die langen schwarzen Lederhandschuhe ausgezogen hatte, wischte er sich über seine Augen, weil er selbst wusste, dass er nach seiner langen Fahrt aussah wie 'n Schmutzfink.

„Hugo!" rief Onkel Karl-Heinz aus seinem Motorradsitz und rieb sich immer noch den Staub und den Mist von den Backen. „Marta! Und na, ihr beiden Racker?!" Mit *Racker* warn natürlich Gitti und ich gemeint.

Gitti und ich haben uns schön an der Hand gehalten und sind auf dem Bordstein vor Aufregung hin- und hergehampelt, und Mama hat hinter uns gestanden und uns immer mal wieder am Kragen festgehalten, dass wir nicht an der Bordsteinkante abrutschen.

„Karl!" juchzte Mama. „Nu mach doch ma dein Motorrad aus – ich versteh ja mein eignes Wort nich!"

Da hat Onkel Karl-Heinz sein Motorrad ausgestellt; dafür hat er nur einen Zeigerknopf am Motorradlenker, oben über der Mitte von dem Benzintank, der wie 'n ganz großes Osterei aussah, in die Mittelstellung gedreht – das hab ich genau beobachtet – und dann war Ruh.

Papa und Mama haben sich mit Onkel Karl-Heinz in den Armen gelegen, und Gitti und ich haben ihm nur ganz artig *Guten Tach* gesagt, und ich hab dabei 'nen Diener und Gitti 'nen Knicks gemacht, weil wir beide kannten den Onkel Karl-Heinz bis dahin ja gar nicht, außer von den vielen Ansichtskarten aus seim Urlaub und vom Hörnsagen.

Dann sind Gitti und ich zusammen Hand in Hand ganz bedächtig um das Motorrad und den Beiwagen rumgeschlichen und haben uns alles von Nahem angeguckt. Links und rechts auf dem Ei vor dem Sattel, was obendrauf 'nen großen Schraubdeckel hatte und bestimmt der Tank fürs Benzin war, stand groß *NSU* drauf und hinten auf dem Blech über dem Hinterrad stand ***Max*** drauf – genau in so 'ner ganz schrägen, komischen Krickelschrift. Wir beide hatten die ganze Zeit Onkel Karl-Heinz fest im Blick, denn von dem war nach wie vor lediglich sein schmuddeliges Brillengesicht zu erkennen, sodass er Gitti und mir immer noch 'n bisschen unheimlich war, und dass er klein und dick war und noch richtig jung, also wenigstens 'ne ganze Ecke jünger als Mama und Papa, haben wir beide natürlich auch bemerkt. Vorne auf der Nase von seinem dicken Motorrad stand auch NSU drauf, also genauso wie bei unserm Kühlschrank ATE draufsteht und GRUNDIG auf unserm Radio und MIELE auf unsrer Wäscheschleuder – und am Hintern von der NSU, ganz unten, hatte die MAX ihr Nummernschild, aber das hab ich mir nicht merken können, außer dass es mit *B* anfing.

„Guck ma", flüsterte Gitti zu mir. „Hier möcht ich ma drinsitzen und mitfahrn." Das war Onkel Karls Beiwagen, wo Gitti sehnsüchtig reinschielte, und der Sitz war genauso vollgestaubt und verdreckt wie sein Helm und seine Brille und sein Gesicht. Da auf den Beiwagen hätt ich, wenn ich Onkel Karl-Heinz wär, aber mal 'n Tuch drübergelegt, dachte ich so; da ist mir aber auch gleich danach eingefalln, das wär auf der Fahrt bestimmt tausendmal weggeflogen – auf dem ewig langen Weg von Berlin zu uns nach Solingen – und so 'n Tuch hätte überhaupt nix genützt, und deswegen hat Onkel Karl-Heinz so 'n Quatsch auch gar nich erst ausprobiert.

Onkel Karl-Heinz zog einen Knopf nach dem andern von seiner Lederjacke auf, und das machte jedes Mal immer *Knips*, und dadrunter war 'n flauschiger dicker hellblauer Wollpullover zu sehn und da drunter 'n bräunlicher Hemdkragen, der hatte wohl auch 'n bisschen Staub von der langen Reise abgekriegt, und wahrscheinlich sollte das ja in Wirklichkeit 'n schneeweißer Hemdkragen sein.

Direkt hinter Onkel Karls NSU **Max** stand der OPEL KAPITÄN von Zillmers und dahinter 'n GOGGO aus 'm nächsten Haus und vor ihm der DKW von Fürstenbergs und 'n KÄFER, das war aber nicht unsrer – nee, wir hatten ja nicht mal 'nen Fernseher.

„Kann ich die MAX hier stehn lassen, Hugo?" fragte Onkel Karl-Heinz seinen großen Bruder, also Papa, als er so neben seinem Motorrad stand und nach und nach seine Ledermontur immer weiter aufknöpfte. „Oder bin ich im Weg?"

„Nee, bist nicht im Weg", Papa grinste und hatte seine Zigarette zwischen den Fingern. „Die MAX kann sich hier schön ausruhn. Haben wir nicht alle Tage hier bei uns vor der Haustür, so eine Mühle."

Beim Abendbrot, da hat Oma – extra wegen Onkel Karl-Heinz – Rührei auf Brot aus der Bratpfanne gemacht, das ist, wenn de nach dem Rührei irgend 'n paar Brotscheiben, wenn das Rührei schon fertig und aus der Pfanne raus ist, kurz rösten lässt, solange die Bratpfanne noch heiß und 'n bisschen fettig ist. So geht das nämlich, und so was kann nur Oma und höchstens noch Mama, und deswegen schmeckt unser Essen auch immer so schön – wegen Oma ... oder Mama.

„Nu kippt dat Ei mol schnell upp 't Brot!" Oma war so zufrieden mit sich. „Damit dat nei kalt wörd!" Haben wir alle auch gemacht, und oben auf dem Rührei guckten uns die ganzen glasig-braun gebrutzelten Zwiebelstückchen entgegen und dazu konnten wir uns auch noch 'ne saure Gurke nehmen oder zwei oder so viele wir wollten, doch Gitti und ich durften höchstens zwei ..., wegen dem Aufstoßen, hat Mama gesagt.

Onkel Karl-Heinz und Papa haben jeder 'ne Flasche Bier zum Abendbrot getrunken und Mama KARO-Kaffee und Gitti und ich 'ne lauwarme KABA, denn eiskalte dürfen wir abends nicht mehr – aber Oma hat sich nix mehr einschütten lassen, weil sie sonst immer mitten in der Nacht andauernd aufstehn und aufs Klo muss, und das will Oma nicht.

Onkel Karl-Heinz hat 'ne Menge aus Berlin erzählt und von *Gisela* und *Werner*, aber damit konnten Gitti und ich nix so richtig anfangen, weil wir die noch nie gesehn hatten und nicht kannten – obwohl, damit warn ja wohl Tante Gisela und Onkel Werner gemeint, denn Tante Gisela war die jüngste Schwester von Papa, und Onkel Werner war der Mann von der, und die wohnten auch in Berlin. Aber dann hat Onkel Karl-Heinz auch noch vom Titisee im Schwarzwald und von der Ostsee und sogar von Rimini an der Adria, das ist unten in Italien, da, wo immer die Sonne scheint, gesprochen und lange, fesselnde Geschichten erzählt, und Gitti und ich haben beide mit unsern Augen an seinen Lippen gehangen. Da hab ich unsern Onkel Karl-Heinz richtig lieb gewonnen und mir gewünscht, dass er immer bei uns bleiben kann und immer weitererzählt – und Gitti hat zutraulich auf seinem Schoß gesessen.

Als Mama mich ins Bett verfrachtet hat, hab ich noch lange die **Max** von Onkel Karl-Heinz unten auf der Straße brummen gehört – auch wenn sie schon längst ausgestellt war. Die stand jetzt gemütlich vor unsrer Haustür und ruhte sich von den Strapazen und von der langen Fahrt aus. Am liebsten wär ich nochmal eben runtergeflitzt und hätt der MAX 'n Laken über ihrn Beiwagen gelegt, damit se nich wieder so vollstaubt.

„Ob Onkel Karl-Heinz uns ma mitnimmt, mit seim Motorrad?" flüsterte Gitti von ihrm Bett rüber. Die war noch genauso aufgewiegelt wie ich.

„Bestimmt macht er das."

„Ich will aber in den Beiwagen – und 'ne Sonnenbrille brauch ich dann aber auch."

Ich flüsterte zurück: „Ich möcht am liebsten auf den Rücksitz von seiner MAX – so nennt er sein Motorrad doch immer, ne?"

„Egal – da hätt ich aber Riesenschiss – da fliegst de doch ruckzuck runter und ballerst in hohem Bogen auf de Straße!"

„I wo – egal!"

So haben wir heimlich in der Nacht weiter rumgesponnen, wie wir mit Onkel Karl-Heinz seinem Motorrad mitfahrn, aber irgendwann hab ich nix mehr gesagt und Gitti wohl auch nicht – ich hab jedenfalls nix mehr gehört.

Huch! Als ich am Morgen aufwachte, lag da einer bei uns mitten im Wohnzimmer, halb unter unserm Wohnzimmertisch, und ich musste nochmal und nochmal hingucken – ach, ja klar, das war ja Onkel Karl-Heinz! Ich bin leise wie 'ne Katze um seine Luftmatratze rumgetapst und hab Gitti über den Gitterrand zugewispert: „Sei bloß leise, Onkel Karl-Heinz schläft noch, der is noch todmüde – von Berlin!" Aber Gitti hat sich auch noch nicht geregt und hat mindestens noch genauso tief geschlafen wie Onkel Karl-Heinz, denn sie hat keinen Pieps von sich gegeben.

Als ich um die Ecke in die Küche kam, lugte Papa um seine Zeitung rum:

„Du bist heute aber richtig früh dran!"

„Wieso?"

„Es ist erst halb sieben." Und Mama lief auch noch im Nachthemd durch die Gegend und zog sich schnell ihren Morgenrock über.

Nach und nach kamen auch die andern aus den Löchern, als Erstes Oma und danach dann doch Gitti. Als Onkel Karl-Heinz schließlich aufkreuzte und sich im Türrahmen räkelte und seine Hände oben drunter stemmen wollte – er kam aber nicht ganz dran – und nochmal gähnte, sagte Papa:

„Karl, schlaf so lange du willst – nach deiner langen Reise – leg dich doch ruhig nochmal hin."

„Du, Hugo, ich hab ganz prima gepennt und fühl mich richtig frisch und fit", erwiderte Onkel Karl-Heinz und, mehr zu Mama gewandt, „erst mal waschen und dann frühstücken – wenn ihr was für mich habt."

Da haben wir andern uns mal kurz alle aus unsrer Küche verdrückt, damit Onkel Karl-Heinz sich an unserm winzigen Spülbecken schön alleine die Zähne putzen und sich waschen und sich in aller Ruhe richtig vernünftig anziehn konnte.

Als Onkel Karl-Heinz sein zweites Frühstücksei aufkloppte, sagte er aus heiterem Himmel: „Hugo, solln wer nich ma nach Hochdahl zu Hermann und Roswitha – das sind doch höchstens fünfzig Kilometer von hier, oder?"

„Da müssen wir uns aber vorher zeitig ankündigen", entgegnete Papa, 'n bisschen überrumpelt.

„Ja nu – wo is die nächste Telefonzelle? Hermann hat doch Telefon."

„Da müssen wir hoch zum Schlagbaum zur Hauptpost", sagte Papa, und da sind wir dann auch hin, und die beiden Männer haben uns beide, also Gitti und mich, dahin sogar mitgenommen.

„... Hermann?! Ach du bist 's, Roswitha – ich dachte, Hermann is dran!" rief Onkel Karl-Heinz in den Telefonhörer rein. Gitti und ich warn erst zum zweiten oder dritten Mal mit in der Telefonzelle am Schlagbaum dabei, und das war so aufregend, wie Onkel Karl-Heinz mit Tante Roswitha gesprochen hat, die ja ganz weit weg war!

„Ja, ja – ich bin bei Hugo und Marta – genau – seit gestern erst. Genau, Brigitte und Ulrich sind auch hier so halb und halb in der Telefonzelle mit drin. – Nach Bochum zu Rut wollt ich morgen. – Nee, viel Zeit hab ich nich. Montag muss ich wieder auf 'm Bau in Berlin sein. – Wenn wir morgen so gegen Mittag kommen, passt euch das?" Da musste Onkel Karl-Heinz erst ma 'n bisschen am Telefonhörer zuhörn, weil Tante Roswitha wohl 'ne ganze Menge zu erzähln hatte, und Papa hat ein Zehnpfennigstück nach dem andern in den Schlitz von dem Telefon gesteckt, nachdem die von Onkel Karl-Heinz schon alle im Telefonapparat drin warn, und Papa hat richtig hilferingend auf Gitti und mich runtergeguckt – dabei hatten wir beide ja gar keine Zehnpfennigstücke, nicht mal Pfennige hatten wer. Gitti hat die Tür von der Telefonzelle immer 'n Spalt weit aufgedrückt, weil 's bei uns da drin elend stickig wurde – mit Onkel Karl-Heinz und Papa und Gitti und mir, alle zusammengepfercht.

„Ach nee?" rief Onkel Karl Heinz in den Telefonhörer rein. „...Wirklich? Hat Hugo auch schon berichtet. Na ja, das kann mir ja Rut dann selbst erzählen. – Doch, Gisela ..., ja, Mama geht es auch gut, die is ja gut versorgt bei uns in Berlin. Wie? Lass ma, Hermann treff ich ja dann morgen. Ja, ich freu mich auch schon! – Vielleicht kommen Brigitte und Ulrich ja auch mit – das wär was für Petra." Dann hat Onkel Karl-Heinz den Hörer auf die Gabel gehängt, und Papa hat sein leeres Portemonnaie – jedenfalls warn keine Zehnpfennigstücke mehr drin – wieder hinten rechts in seine Hosentasche gesteckt.

Ich hab Gitti angeglotzt, als wenn ich nicht richtig gehört hätte. *Vielleicht kommen Brigitte und Ulrich ja auch mit* hatte Onkel Karl-Heinz beim Telefoniern mit Tanta Roswitha schließlich ganz klar und deutlich gesagt – aber Gitti guckte auch wie 'n Frosch aus 'm Teich. Motorradfahrn?! Morgen schon!?

Als wir aus der Telefonzelle raus warn und Papa seinem kleinen Bruder endlich beigebracht hatte, dass er ihm kein Geld zurückgeben muss wegen dem ganzen Telefoniern, sagte Onkel Karl-Heinz zu Gitti und mir: „Wollt ihr morgen mit nach Hochdahl zu Onkel Hermann und Tante Roswitha und Petra?"

„Mit deim Motorrad?!"

„Ganz genau – mit meiner alten MAX – was sonst." Da konnten wir beide nix gegen sagen, im Gegenteil, wir haben uns diebisch gefreut und haben Onkel Karl-Heinz nur ehrfurchtsvoll angeblickt, und der hat uns beide, als wir die Van-Meenen-Straße wieder runter nach Hause marschiert sind, an die Hand genommen und Papa ist 'n paar Schritte hinter uns hergelaufen und hat 'ne Zigarette dabei geraucht und gelacht und gejuxt und nach vorne gerufen: „Na klar wollen die – Karl! Wollt ihr doch, oder?!" Doch Gitti und ich haben uns nur ganz heimlich gefreut und uns gegenseitig zugegrinst und uns schön bei Onkel Karl-Heinz festgehalten.

An unserer Haustür sagte Gitti: „Morgen – auf 'm Motorrad – brauch ich aber 'ne Sonnenbrille!"

„Sollst du haben!" sagte Papa. „Und wenn wir keine finden, verbinden wir dir notfalls die Augen."

„Nein!" schrie Gitti und fing schon beinah zu weinen an. Da hat Papa sie ganz schnell zu sich hoch auf den Arm genommen. „War doch nur Flachs, meine Kleine."

„Sonnenbrille?" schluchzte Gitti.

Und Papa strich ihr tröstend übers Haar: „Ganz sicher – Sonnenbrille."

Ich hatte keine Ahnung, wo wir bei uns zu Hause irgendwelche Sonnenbrillen hätten finden können – und eine, die auf Gittis Nase gepasst hätte, schon gar nicht.

Am nächsten Morgen, als unsre Motorradfahrt so langsam losgehn sollte, hampelte Gitti wie wild durch die Bude und faselte immer noch andauernd was von ihrer Sonnbrille, die sie unbedingt brauchen würde.

„Nu macht ma los", sagte Mama an unsrer Wohnungstür. „Damit ihr rechtzeitig zum Mittag in Hochdahl seid."

Als wir unten an der MAX fertig zum Einsteigen warn, zwinkerte Onkel Karl-Heinz andauernd mit seinen Augen. Davon hat Gitti aber nix mitgekriegt und sie war ganz knatschig, als wenn sie gar nicht mehr mitfahrn wollte, mit dem Motorrad – weil sie immer noch nicht ihre verflixte Sonnenbrille hatte.

„Trara!" triumphierte Onkel Karl-Heinz, als wir alle unsere Plätze auf seiner MAX eingenommen hatten, also Papa auf dem Rücksitz hinter Onkel Karl-Heinz und Gitti und ich im Beiwagen, und wir mussten alle zu Onkel Karl-Heinz hingucken, als er sein *Trara* ausstieß, und aus einer seiner vielen Taschen von seinem Ledermotorradanzug zog er – 'ne Riesensonnenbrille!

„Das is meine – aber ich hab noch 'ne Ersatzbrille, Brigittchen! Extra für dich reserviert!" Onkel Karl-Heinz fischte noch 'ne kleinere Sonnenbrille aus seinen Taschen, und Gitti hätte vor Freude am liebsten 'n Rad geschlagen, aber so was konnte sie ja noch lange nicht, und jetz im Beiwagen sowieso nich.

Die Sonnenbrille war trotzdem so groß, da hätte ich auch noch mit drunter gepasst, denn die war für Erwachsene. Aber Gitti war stolz wie Oskar und hat sich die Sonnenbrille auf die Nase geschoben und gespielt, als wenn sie ohne die Brille gar nichts sehen könnte und hatte ein Gehabe an sich wie 'ne große Schauspielerin oder Sängerin oder so, und ich wusste gar nicht, was Gitti gestochen hatte.

„Guck ma durch die Brille." Gitti reichte mir ihre tolle Brille.

„Brauch ich nich!" Ungehalten wedelte ich die weg. „Wenn ich gucken will, nehm ich meine Augen, die reichen mir!"

„So, ihr Schlaumeier!" mischte sich Papa vom Rücksitz von der MAX aus runter ein. „Entweder ihr vertragt euch ganz flott – oder ich fahr mit Onkel Karl alleine los!"

Da haben wir beide uns aber so was von schnell vertragen, denn wir hatten ja gar nix andres im Kopp – als bei Onkel Karl-Heinz auf seiner MAX mal mitzufahrn!

Das war vielleicht 'ne Motorradfahrt! Papa saß hinter seinem kleinen Bruder auf 'm Rücksitz und hatte seinen dicken Wintermantel an, obwohl es prima Sommer war und alle andern Leute auf der Straße in Hemd und Bluse rumliefen, und Mama hatte Gitti und mich auch bis unters Kinn und über die Ohrn eingepackt, als wenn wir zum Nordpol müssten, und wir haben bei der Abfahrt von zu Hause geschwitzt wie die Affen oder noch schlimmer, und wir warn froh, als die MAX endlich einigermaßen in Bewegung kam und wenigstens 'n bisschen Luft um unsre Nasen wehte.

Onkel Karl-Heinz kutschierte uns schön durch Solingen, in die Gegend, wo 's raus Richtung Haan und Düsseldorf – und letztendlich nach Hochdahl zu Onkel Hermann – geht; da sind Gitti und ich zusammen mit Mama und Papa bisher immer nur mit der Eisenbahn gewesen.

Wir beide saßen zusammen nebeneinander im Beiwagen von der MAX, und ich hätte mein letztes Hemd gegeben, wenn Manfred oder Peter oder Hans-Joachim oder am besten alle drei auf einmal uns so hätten sehn können! Konnten sie aber leider nicht, weil da warn wir schon meilenweit weg von unsrer Van-Meenen-Straße, und als es aus Solingen raus und ins offne Land ging und Onkel Karl-Heinz mal richtig Gas gab – das hat er mit seinem rechten

Handgriff am Lenker gemacht – da warn mir die Jungs auch schon wieder ziemlich wurscht und aus dem Sinn. Mit seinen Füßen hat Onkel Karl-Heinz ab und zu aber auch was gemacht, aber was der da genau veranstaltete, wenn 's da bei ihm am Fuß knackte, hab ich überhaupt nicht kapiert. Jedenfalls warn wir schon mitten im Grünen, und Gitti und ich haben uns so was von geduckt und haben nur die Wipfel von den Bäumen vorbeifliegen gesehn. Gitti saß innen in dem Beiwagen von der MAX, direkt neben dem rechten Bein von Onkel Karl-Heinz, und ich außen. Ich hab mich ganz eng an Gitti rangeschmiegt, so windig und rattenkalt wie das jetzt bei der Geschwindigkeit auf einmal war.

Gitti drehte ihrn Kopf rüber zu mir und brüllte: „Mir is kalt!" Aber das hab ich überhaupt nicht gehört – nur von ihrm Mund abgelesen.

Ich brüllte zurück: „Mir auch!"

Und Gitti und ich haben uns gegenseitig unsere Hände in dem Beiwagen von der MAX gerubbelt, denn an Handschuhe hatte Mama nun wirklich nicht denken können – wo ja doch sowieso eigentlich Hochsommer war.

In Hochdahl angekommen, an Onkel Hermanns Schule – der war nämlich Lehrer da – fingen wir alle, als das Motorrad kaum in den Stand gekommen war, sofort wieder an zu schwitzen, denn die Sonne stand hoch über uns, und der Himmel war hier genauso blau wie vor 'ner Stunde bei unsrer Abfahrt in Solingen, und Onkel Karl-Heinz und Papa sind schnell runter vom dem Bock und Gitti und ich raus aus dem Beiwagen, und wir haben uns alle, so schnell wir konnten, die warmen Klamotten wieder vom Leib gerissen.

Tante Roswitha und Onkel Hermann und Petra, die war fast so alt wie Gitti, standen schon auf der Schultreppe und haben uns freudig erwartet und uns zugewunken.

Das war vielleicht 'n Jubiliern, kann man sich ja vorstelln, wenn sich drei Geschwister nach 'ner Ewigkeit mal wieder zusammenfinden, und Onkel Hermann und Onkel Karl-Heinz und Papa konnten mit dem ganzen gegenseitigen Schulterklopfen gar nicht aufhörn, und Tante Roswitha gehörte ja auch so halb, als Onkel Hermanns Frau, dazu und war auch immer mit dazwischen – eigentlich hat nur noch Mama dabei gefehlt, aber die passte ja nicht mehr aufs Motorrad oder in den Beiwagen und ist ja zu Hause bei Oma geblieben ..., und Mama hatte auch sowieso 'n bisschen Schiss vorm Motorradfahrn und war recht froh, dass sie nicht mehr mit auf die MAX draufpasste.

Petra hat Gitti und mich 'n bisschen misstrauisch gemustert und wir beide Petra ebenfalls, weil beim letzten Mal, als wir uns besucht hatten, warn wer alle noch 'ne ganze Ecke kleiner gewesen, und jetz mussten wir drei uns erst wieder aneinander gewöhnen – das ham wer aber ganz schnell, und wir sind dann alle zusammen mit den Großen die Schultreppe hoch und rein in Onkel Hermanns Schule zum Schulezeigen und natürlich ... zum Mittagessen. Aber merkwürdig – das gab 's gar nicht, das Mittagessen! Weil Tante Roswitha hatte es damit nicht so, also mit dem Kochen, und Onkel Hermann konnte, als Lehrer, nur vor der Schultafel stehn und seinen Schülern irgendwas aus irgendwelchen Büchern beibiegen und wo 's im Allgemeinen in der Welt so langgeht, aber kochen konnte der noch weniger als Tante Roswitha, und Petra, unsre kleine Cousine, sowieso noch nicht – ja, und deswegen war da kein ordentliches Mittagessen, und deshalb gab 's einfach nur ein paar Kekse und Apfelsaft zum Mittag, aber davon mehr als genug ..., dass ich ein paar Minuten später andauernd auf 's Klo rennen musste, ... und Gitti auch.

Das glaubt jetzt bestimmt keiner – auch wenn 's keins war, das war irgendwie fast das beste Mittagessen in meinem ganzen Leben! Da denkst de, jetz gibt 's, wie immer, Fleischbatzen mit Kartoffeln und Rotkohl oder Erbsen und Mohrrüben, und de hast auch schon richtig Schmacht drauf, und dann – nix von alledem! Und trotzdem – mit dem Hunger und dem ganzen Appelsaft im Bauch – fühlst de dich richtig sauwohl, musst nur 'n Moment abwarten!

Dann hast de 'nen freien Kopp und bist wie neugeborn – auch wenn de zwischendrin, vielleicht nur zum Pipimachen, immer ma wieder aufs Klo musst!

Tante Roswitha wusste schon ganz genau, warum sie das mit ihrm Mittagessen so gemacht hat, wie sie 's gemacht hat und uns alle hat *hungern* lassen – sie wollte uns, außer dass sie sowieso keine Lust zum Kochen hatte, nur wachmachen, na ja, glaub ich wenigstens. Das klingt sicher saukomisch und oberblöd, aber so könnt 's tatsächlich gewesen sein – und unser Hunger is sowieso nur 'ne alberne Angewohnheit, find ich, sonst nix.

Petra ist genauso 'n Wirbelwind wie Gitti, und wir drei sind durch den Garten und den Abhang runter, wo kein Garten mehr, nur Gestrüpp, ist und haben sämtliche Eichhörnchen verjagt und hoch auf die Eichen und die Tannen gescheucht, so haben wir da rumgetollt.

„Petra!" rief Tante Roswitha entrüstet, als wir aus der Wildnis zurückkehrten. „Du siehst ja aus wie 'n Mistfink! Und ihr beide auch nicht viel besser!"

Papa klopfte mir gründlich den Rücken ab, hob Gitti hoch und schüttelte sie kräftig aus ..., und da war 's auch schon wieder Zeit für die Heimfahrt nach Solingen.

Draußen an der MAX, als Papa, Gitti und ich und Onkel Karl-Heinz wieder dick verpackt und bereit zur Rückfahrt warn, fragte Onkel Hermann: „Und was hast du morgen so vor, Karl?"

„Morgen Rut und Herbert – und Peter, der is ja auch schon 'n bisschen größer jetz."

„Beim nächsten Mal gibt 's Schweinebraten mit Rotkohl, versprochen – das war diesmal alles ein bisschen knapp für mich!" rief Tante Roswitha hinter uns her, und die Hochdahler haben alle gewunken, wie Onkel Karl-Heinz so langsam auf seiner MAX mit uns aus 'm Schulhof rauskurvte, und Petra ist dahinten auf- und abgehüpft, und Gitti und Papa und ich haben wie wild zurückgewunken, aber Onkel Karl-Heinz nur einmal ganz kurz, weil er seine Flossen am Lenker haben musste, sonst wärn wir alle zusammen ins Gebüsch und vielleicht sogar runter ins Tal geflogen, und dann ist er mit uns losgebraust und es wurde immer windiger, dass Gitti und ich uns in den Beiwagen geduckt haben, so tief wie wir konnten, und erst wieder hochkamen, als wir schon in Solingen eintrudelten und schön die ganzen Bäume und Häuser gemütlich haben passieren lassen.

Mama war ja so heilfroh, als wir wieder zu Hause warn, und machte ein Theater, als wenn wir zehn Jahre lang weg gewesen wärn und hat Gitti und mich gar nicht mehr loslassen wolln. Oma hatte wohl gar nicht so recht mitgekriegt, dass wir überhaupt groß verreist warn, denn sie sagte nur, wie jeden Abend: „Nu sett juch mol an 'n Tisch."

Eigentlich war ja auch tatsächlich alles wie immer. Die Sonne war immer noch dieselbe wie heute Morgen, nur dass sie jetzt am andern Ende vom Himmel stand, also unten am Bahnhofsgebäude, und nicht mehr ganz so grell war und 'n bisschen Rot drin hatte. Aber das war gestern auch so – und morgen wird 's wieder genauso sein, außer wenn 's regnet oder neblig is oder so.

Wir haben noch schön mit Onkel Karl-Heinz Abendbrot gegessen und haben seinem Berlinerischen gelauscht und wie er vom Bau in Berlin und von seinen Reisen erzählt hat, und seine Sprache heißt eigentlich *Berliner Schnauze*, hat Papa mir und Gitti zugeflüstert, und die *Berliner Schnauze* von Onkel Karl-Heinz klingt so heimelich, dass Gitti und mir andauernd zwischendurch die Augen halb zufieln, aber das war nicht nur wegen der Berliner Schnauze von Onkel Karl-Heinz, sondern auch wegen unsrer Reise auf seinem Motorrad und unsrer wilden Tour mit Petra im Wald unter Onkel Hermanns Schule.

Am nächsten Morgen war Onkel Karl-Heinz verschwunden und seine ***Max*** auch – und Gitti und ich warn todtraurig und mussten richtig heuln.

„Wir wollten euch schön ausschlafen lassen", sagte Mama, als sie Gitti und mich an den Frühstückstisch holte. „Ihr wart ja so fertig gestern Abend und Onkel Karl-Heinz hat gesagt, dass wer euch wegen ihm heute Morgen nich extra aufwecken solln und dass er sowieso bald wiederkommt."

„Das muss er aber auch machen!" Gitti kullerten immer noch 'n paar Tränen runter und die Sonnenbrille, die sie von Onkel Karl-Heinz geschenkt gekriegt hatte und ihr viel zu groß war, lag neben ihrm Kakaobecher, und die hat sie sich, wie zum Trotz, gleich danach auf die Nase gesetzt und uns damit reihum angeglotzt.

„Macht er", sagte Papa. „Bestimmt macht er das – der vergisst euch beiden Trabanten doch nicht! Und Brigittchen, jetzt kannst du deine Sonnenbrille auch langsam wieder abnehmen." Hat se auch gemacht, aber die beim Brötchenfuttern immer schön fest in ihrer andern Hand behalten.

WIE 'S BEI UNS SO AUSSIEHT

Damit ihr schonmal wisst, wie 's bei meim Nordbahnhof von Solingen so aussieht und wovon ich überhaupt red, hab ich die Gegend da mal eben schnell aufgemalt.

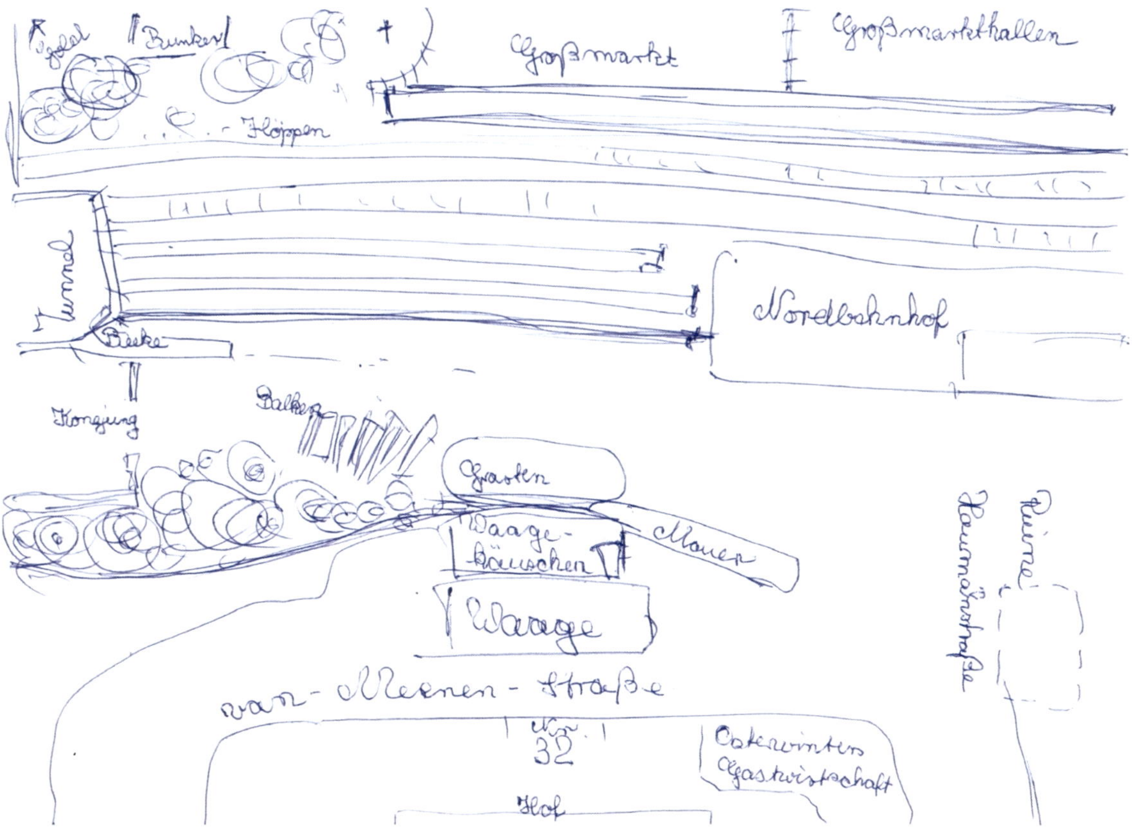

Wenn du von oben aus 'm Himmel guckst, müsste das nämlich ungefähr so ähnlich aussehen – wissen tu ich 's natürlich nicht, denn geflogen bin ich ja noch nie und über unser Gelände zu Hause sowieso nicht – doch so ungefähr könnt 's bei uns von oben aus der Luft aussehn, selbstverständlich aber dann in bunt und in echt, und wo am Rand zwischen *Bunker* und *Großmarkt* das kleine Kreuz ist, da hab ich mein Vögelchen begraben, aber das erkennt man hier, von oben betrachtet, nicht. Du, das Gelände liegt richtig hoch da bei meinem Vögelchen, und da knallt die Sonne hin, was das Zeug hält, Sommer wie Winter, und der Großmarkt und die Schienen, die ja auf meiner Landkarte ganz in der Nähe erscheinen, sind von da aus ganz weit unten, und da, wo das ganze Gekringel ist, da sind alles Riesenbäume, die ganzen Ahörner und Buchen und Eichen und auch das Gestrüpp, die Brennnesseln, Disteln und die Brombeern und Flöppen und so, und da, wo ich die Ringel hingemalt hab, geht 's auch richtig steil nach oben und nach unten, und da ist jeder, der sich da auf der Höhe verschanzt, in Sicherheit, weil da kommt nämlich keiner hin, keiner von den Eisenbahnern und keiner von KONEJUNGS und sowieso keiner. Ach ja, die Goldgrube hab ich nicht mehr auf die Karte draufgekriegt, aber die kommt ziemlich bald hinter der Ecke von dem Blatt – hab ich ja auch drangeschrieben und 'nen kleinen Pfeil hingemalt – und davon wisst ihr im Moment ja sowieso noch nix ..., weil, die Geschichte mit der Goldgrube kommt erst später ... und die Flöppen auch.

Und damit jeder 'ne Idee von unserer Wohnung kriegt, mal ich die gleich hinterher auch auf.

Unsre Wohnung in der Van-Meenen-Straße 32 ist natürlich nicht ganz so klein wie hier auf 'm Papier, die ist bestimmt hundertmal größer. Aber so richtig groß is die trotzdem nich. Es soll ja Wohnungen geben, da musst de dich nach 'm Aufstehn schon langsam auf 'n Weg machen, dass de zum Mittag rechtzeitig am Tisch bist, sonst schaffst de 's nicht. So 'ne Wohnung war unsere jedenfalls nicht. Wenn Oma *Mittach!* rief, war jeder gleich am Tisch – so groß war die ..., eh, eher so klein.

UNSER KÜHLSCHRANK

„Der Kühlschrank brummt", sagte Mama missmutig und wanderte kreuz und quer durch die Küche.

„Tut er eigentlich immer, brummen, oder?" antwortete Papa 'n bisschen verdutzt, als er seinen Mantel und seinen Hut auf die Haken hängte.

„Aber anders – als wenn was nich stimmt."

Und Gitti fügte hinzu: „Nee, der is nich gesund, unser Kühlschrank."

Und ich machte mich wichtig und sagte: „Vielleicht braucht der Öl."

„Wie – Öl?! Seit wann braucht ein Kühlschrank denn Öl?" Papa guckte mittlerweile ziemlich bedeppert durch die Gegend. „Na, dann seh ich besser gleich mal nach." Und er hat auch wie verrückt nachgesehn, auch rein in den Kühlschrank, und hat 'n paar Sachen ausprobiert, Vorräte raus- und wieder reingeräumt – aber zuletzt hat Papa die Kühlschranktür ratlos zugeknallt und mit der Hand einmal kräftig oben auf den Kühlschrank draufgehaun, dass Omas Dickmelkschälchen und Einweckgläser beinah auf einen Schlag runtergeflogen wärn.

„Jetz brummt er wie immer!" Mama hatte ein Freudestrahlen im Gesicht, und Papa hat sich eine HB angesteckt und das Radio lauter gestellt und Oma hat geweint, aber das hatte sie auch schon vorher, wegen den ganzen Zwiebeln, die sie nebenbei am schäln war; und Papa sagte ziemlich hochtrabend: „Sortiert euer Zeug da obendrauf mal 'n bisschen besser, dann passiert so was nicht, und ich muss meine Zeit nicht mit solchen Kinkerlitzchen verplempern – ist doch klar, dass das ganze Gläsergedöns vibriert und Radau macht und – *brummt.*"

Da hat Mama dann ganz bedröppelt dreingeschaut und die Eier wegen dem Rührei, das wer gleich zu essen kriegen sollten, mit dem Schneebesen am Küchentisch wie 'n wild gewordener Handfeger gerührt und zu der Eierschüssel gesagt: „Wer müssen 's ja auch irgendwo hinstellen, oder!?" Und da hat Papa erst mal nur noch Radio gehört, und ich dachte so bei mir, beide haben recht – denn Mama und Papa haben immer beide recht, weil ... sonst muss ich weinen.

VOM TANZEN UND HEIRATEN

Das hat sie noch nie gemacht – und das hat mich von oben bis unten aufgewühlt! Mama hatte sich die Lippen ganz rot angemalt und so Farbe, auch rot, auf die Fingernägel gestrichen, das Zeug heißt Nagellack, hat sie gesagt, und da sind Fraun ganz wild drauf, aber Gitti auch schon 'n bisschen, und Papa hat sich 'ne Krawatte gebunden und hat stolz zu dem Spiegel über unserm Waschbecken gesagt: „Das ist ein Windsorknoten!" Denn er konnte im Spiegel sehn, dass ich auf seinem Küchenstuhl hinter ihm stand und ihn bei seinem Gehabe und seiner Schniegelei genau beobachtet hab.

„Und was is das – der *Winzerknoten*?"

„Ach, Ulrich, das ist jetzt nicht wirklich wichtig für dich und nicht der richtige Zeitpunkt – da reden wir in zehn Jahren nochmal drüber oder meinetwegen auch morgen schon, ja? Jetzt muss ich aber voranmachen." Daraufhin hat Papa sein angefeuchtetes schwarzes Haar glatt nach hinten gekämmt und tief durchgeschnauft und seine Augenbrauen mächtig hochgezogen – das konnt ich im Spiegel alles genau verfolgen.

„Du komm, Ulrich, wo ich schonmal dabei bin – ich zeig dir schnell das Krawattenbinden, pass aber auch gut auf, ja?"

Ich lugte gebannt in den Spiegel, und Papa schlug die lange bunte, quer gestreifte Krawatte, die er um seinen schneeweißen hochgestülpten Hemdkragen hängen hatte, 'n paarmal übereinander, bis die Krawatte einen Knoten hatte, und fummelte die beiden Strippen von seinem Binder links und rechts durch den Knoten und zog hurtig das dünne Ende von dem Schlips durch die Krawattenwulst unter seim Kinn, und auf einen Schlag war er vollendet – der Winzerknoten – und Papa knöpfte den obersten Hemdknopf zu und stülpte abschließend seinen Hemdkragen nach unten um, schob den Schlips und den Knoten von dem sauber in die Mitte unter sein hoch erhobenes Kinn und zuppelte dann noch ein paarmal an seiner Krawatte rum und begutachtete sich stolz wie 'n Hahn in unserm Spiegel.

„Hast du 's mitgekriegt, Ulrich? So geht der *Windsorknoten* – und nicht *Winzerknoten*, verstehst?" Booh, wie flink Papa das da alles gebunden hat, da würd ich mir aber alle Finger bei brechen, und ich bin mordsbeeindruckt von dem Küchenstuhl hinter Papas Rücken abgestiegen.

Zum Abschluss der Prozedur krempelte Papa noch die Aufschläge von seinen weißen Hemdsärmeln nach unten und steckte in die Knopflöcher von denen seine Lieblingsmanschettenknöpfe rein, die warn aus Gold, oder sahen wenigstens so aus, und hatten mittendrauf jeder einen dunkelblaugrünen Edelstein, und zuallerletzt zog er sich seine dunkelgraue Anzugjacke über.

„Und was macht ihr jetz?" fragte ich, weil langsam wurd mir die ganze Verkleiderei von Mama und Papa doch zu bunt und fast 'n bisschen unheimlich.

„Wir gehen nur tanzen. Wir sind bald wieder zurück. Oma ist ja bei euch." Und da warn sie auch schon zur Wohnungstür raus. Doch Mama kam nochmal ganz kurz zurück, hat mir 'nen extrazarten Kuss gegeben, extrazart, wohl damit ihr Lippenstift nicht abgeht oder verschmiert oder verblasst, und hat mich zurück zu Oma in die Küche geschickt.

Gitti war schon tief am schlafen, aber ich hab nicht schlafen können – weil Mama knallrote Lippen und knallrote Fingernägel hatte und 'n ganz luftiges Sommerkleid mit 'nem ganz tiefen Ausschnitt und Papa den Winzerknoten und 'ne glatt gekämmte, geölte Tolle. Als ich immer noch nicht schlafen konnte oder schon wieder wach war – das muss aber viel, viel später gewesen sein – klinkte die Tür und ich hörte Mama sagen *Ich dich auch, Hugo*, und Papa sagte: „Wir müssen jetzt leise sein, Marta", und Mama juxte: „Wie soll das denn gehn?" – „Pschscht!"

Ich war so froh, dass Mama und Papa wieder zu Hause warn, und da bin ich sofort eingeschlafen.

Ich muss ja auch mal heiraten. Das machen alle, und deswegen muss es so sein, auch bei mir, ... und ich hab 'ne Menge Lieblingsfraun.

Am liebsten würd ich Mama oder Gitti oder gleich beide zusammen heiraten, doch Mama ist ja schon mit Papa verheiratet und Gitti ist meine Schwester, und Schwestern und Mütter darf man sowieso nicht heiraten, das ist richtig schwer verboten, warum genau, weiß ich aber auch nicht – wenn man sie ja doch so lieb hat. Oma könnt ich auch ganz gut heiraten, doch die ist mir doch 'n wenig zu alt, ich mein eigentlich, zu runzlig. Als Frau hätt ich schon eher 'ne junge glatte und frische, eine, die auch noch schön rumspringen kann und richtig braune oder blonde oder meinetwegen auch schwarze Haare hat, am liebsten mit Locken oder wenigstens Wellen, wie Mama se hat.

Auch wenn sie keine einzige Locke hat, kommt dann für meine Frau erstmal Bärbel von Fürstenbergs von gegenüber in Frage, die ist nur ein Jahr älter als ich und nur einen Kopf größer wie ich, und wir hätten schon schön zusammengepasst, weil wir uns auch manchmal unser Schulbutterbrot gegenseitig abgegeben haben, entweder weil wer 's selber nicht mehr aufgekriegt haben oder gemerkt haben, dass der andere noch Kohldampf hatte, aber das war meistens erst bei uns im Treppenhaus, und so richtig verhungern konnten wir da kurz vor unsern Wohnungstürn ja wirklich nicht mehr, doch wenn 'n Junge und 'n Mädchen heiraten wolln, müssen sie alles, was sie haben, loslassen können und dem andern abgeben – denk ich mir so – und das war bei mir und Bärbel Fürstenberg so, und die Mama und der Papa von Bärbel warn genauso prima Eltern wie Mama und Papa, und die hatten sogar 'n Waffeleisen, und da draus haben Gitti und ich öfter mal 'ne Waffel mit Puderzucker oder Apfelmus oder beidem gekriegt, und 'n Fernseher hatten die auch und auch 'ne eigne Oma, und Frau Fürstenberg hatte tatsächlich auch noch 'ne jüngere Schwester, die hieß Bruni, und die sah genauso aus wie sie hieß, und wenn Bärbel mich nicht geheiratet hätte, hätt ich auch ganz gut Bruni als Frau nehmen können, obwohl, die war ja nicht jeden Tag da, Bärbel aber schon, und wir beide warn ja 'n paarmal gemeinsam beim Sankt-Martins-Zug und haben sogar unsre Laternen getauscht, weil mir meine eigne zu schwer wurde, und deswegen kannten wir uns schon ewig, also, ich und Bärbel Fürstenberg, wir warn ganz schön aneinander gewöhnt – und da kann man auch schonmal ab und zu ans Heiraten denken.

Aber dann war da auch noch Elisabeth Kastner, das Mädchen von Tante Erna und Onkel Adolf, so hübsch und wild, wie die ist, doch Elisabeth ist zu groß für mich, und die will von mir kleinem Knirps gar nix wissen, höchstens mich mal auf 'n Schoß nehmen, aber – fällt mir grade ein – Bruni ist ja sogar noch älter als Elisabeth, dann kommt Bruni ja auch nicht mehr in Frage!

Wenn ich so überleg, gibt 's eigentlich jetzt im Moment doch gar keine einzige Frau, die ich heiraten könnte, weil die ganzen Fraun alle irgendwas haben, was nicht zu mir passt, und Petra Blaschke, ein Stock über uns, die ist sausüß, und sie ist das Mädchen von Blaschkes, wo wir immer die *Augsburger Puppenkiste* und *Lassie* gucken dürfen, die ist mir doch noch zu klein – obgleich, die hat ganz goldne Locken und kann rennen wie 'n Wiesel.

Was das mit dem Heiraten so auf sich hat, weiß ich sowieso nicht, außer dass es ganz, ganz, ganz schön sein muss. Deswegen muss ich auch unbedingt mal heiraten – irgendwann, wenn ich aus der Schule raus bin; doch jetzt bin ich ja noch nicht mal drin in der Schule, noch längst nich – also, bis zu meiner Hochzeit dauert 's deswegen ganz bestimmt noch 'n paar Tage, und ich muss mir jetzt noch gar nich den Kopp da drüber zerbrechen.

VOM KRIEG

Wenn wir rechts bei uns aus der Haustür kamen, dahin, wo Osterwinds Gaststätte an der Ecke ist, und wir in die Haumannstraße hochwollten, war da immer dies Haus gegenüber, das aber kein Haus mehr war. Da guckten nur noch Mauerreste von unten aus der Erdgrube hoch, und die warn ganz schwarz, wie abgebrannt und verkohlt.

„Papa, warum is das Haus kaputt?“ fragte ich irgendwann mal.

„Das hat mit dem Krieg zu tun.“

„Mit was für 'nem Krieg? Is das abgebrannt – die Mauern sind ja ganz schwarz und verkokelt?“

Papa musste schlucken. „Äh ..., da ist 'ne Bombe draufgefallen, äh, draufgeworfen worden.“

„Was is 'ne Bombe?“

Und Gitti gleich hinterher: „Was is 'ne Bombe, Papa?“

Papa nahm uns beide an die Hand und zog uns 'n bisschen weg von dem zertrümmerten Haus.

„Kinder, 'ne Bombe ist eigentlich nur was für Erwachsene. Nun ja, das ist ein großer Behälter aus Blech, der sieht aus wie, eh ... die Bonbons, die ihr gerade lutscht, nur viel größer, und der ist voll mit Sprengstoff, also, da ist jedenfalls kein Zucker drin, und die Bombe wird aus einem Flugzeug geworfen, und wenn die zum Beispiel auf ein Haus fällt, explodiert die, also die Bombe, und die fliegt in tausend Stücke, und das Haus, wo die Bombe reinkracht, geht kaputt und fliegt auch in tausend Stücke und brennt ab und sieht danach aus wie dieses hier bei uns in der Haumann-Straße. So, jetzt wisst ihr das auch ..., doch vergesst das alles mal ganz schnell wieder, denn damit haben wir nichts mehr zu tun – und das mit dem Bombenwerfen ist für immer aus und vorbei.“

Da hab ich ganz kalte Hände gekriegt und Gitti bestimmt auch.

„Und die Leute?“ fragte Gitti mit bibbernder Stimme.

„Welche Leute?“ fragte Papa zurück.

„Die Leute, die in dem Haus wohn.“

„Na ja, ... die wohnen da nicht mehr, ... die sind weg.“

„Wie – weg?“

„Na ja, verschwunden, gestorben, eh, ... tot.“

„Sind die wegen der Bombe tot?“

Papa zog Gitti und mich an seine Hosenbeine und streichelte unsere Köpfe.

„Genau – wegen der Bombe von damals ..., aber das ist alles vorbei und ewig lange her, und da müssen wir uns keine Gedanken mehr drüber machen – und ihr beiden Trabanten sowieso nicht.“

Eigentlich wollten wir hoch zu dem Süßigkeitsladen in der Haumannstraße, dass Papa uns da 'ne Wundertüte kauft oder 'ne Rolle Drops oder 'ne Brausetüte oder 'ne Lakritzstange oder 'n Kaugummi oder was anderes Leckeres.

„Ich will nach Hause!“ Gitti war ganz traurig und erschüttert.

„Ich am liebsten auch“, wisperte ich ebenfalls, und von irgend 'nem Süßkram wollt ich auch nix mehr wissen ..., und *vergessen* hatten wir beide schonmal gar nix.

„Na gut“, sagte Papa und war selbst 'n bisschen niedergeschlagen und nahm jeden von uns beiden wieder an die Hand und hat uns sachte so rumgezogen, dass wir nicht andauernd das traurige Trümmerhaus vor unsern Augen hatten.

„Papa, warum schmeißt einer Bomm aus 'm Flugzeug?“ fragte Gitti. Papa hat seinen Hut von seinem Kopf hochgehoben und von unten da reingeguckt, als wenn er da die Antwort finden könnte.

„Um den Krieg zu gewinnen", antwortete Papa daraufhin kurz und bündig und setzte sich seinen Hut wieder auf den Kopf.

„Was is *der Krieg*?"

Papa fing wieder schwer an zu schlucken und hat sich mit dem Rücken zur Haumannstraße gestellt, weil da der Wind herkam, und sich seine Packung ERNTE 23 aus der Manteltasche gefummelt, sein Feuerzeug aufgeklappt und sich 'ne Zigarette angemacht und dabei eine Hand um die Zigarette drumgehalten, damit die Flamme vom Feuerzeug nicht zu früh ausgeht. Er zog tief an dem Glimmstengel und pustete 'ne dicke Qualmwolke raus und gleich noch eine hinterher und drehte sich dabei um, dahin, wo die verbrannte Ruine von dem Haus in der Haumannstraße stand, und kriegte seinen ganzen Qualm gleich wieder zurück ins Gesicht.

„Krieg is, wenn Völker ..." Papa musste mal kurz hüsteln. „... Nationen gegeneinander kämpfen."

„Kämpfen?" Gitti konnte mit *Völker* und *Nationen kämpfen* gar nix anfangen, und ich genauso wenig.

„Papa, warum kämpfen die gegennander? Was is *Nationen*?" fragte ich.

„Nationen, das sind Völker, die in einem bestimmten Gebiet, also Ländern wie zum Beispiel Deutschland, wohnen." Papa hob kurz mal wieder seinen Hut vom Kopf und setzte ihn gleich wieder auf – das macht er öfter mal so. „Die kämpfen, weil sie sich wegen irgendwas nicht vertragen. Das ist genauso wie bei uns zu Hause; wenn Brigitte dich ärgert, wirst du auch wütend und scheuerst ihr vielleicht sogar eine, und Brigitte kratzt dich oder knallt dir eine, wenn du ihr die Puppe wegnimmst. So entsteht ein Krieg – also nur so zum Beispiel."

„Ach so", sagte ich und guckte verschämt runter auf die Erde.

Und Gitti murmelte auch: „Ach so."

Gitti und ich schauten recht geknickt drein – als wenn wir beide ganz alleine Schuld an *dem Krieg* wärn.

„Aber mit Bomm schmeißen wer nich!" fiel mir plötzlich ein.

„Nee", fügte Gitti genauso entrüstet hinzu. „So was würden wer nie machen!"

„Ihr habt ja auch gar keine!" Papa musste, warum auch immer, plötzlich lauthals lachen, und er rückte seinen Hut nochmals zurecht und trat seine Zigarette aus. „Jeder Mensch ist im Grunde genommen 'ne kleine Bombe. Aber egal, nun lasst uns mal endlich weitergehen – der Krieg ist ja sowieso schon lange vorüber."

Und wir sind dann doch die Haumannstraße noch hochgeschlendert, aber wir mussten ja nur halb hoch und dann 'n kleines Stückchen links rein: Da war 'n ganz kleines prima Geschäft, und da konntest de hinkommen, wann de wolltest, da gab 's immer Wundertüten oder Lakritz und SALINOS oder Brausetüten oder diese dicken steinharten Zitronen- und Himbeerbonbons, die auch genau wie Zitronen und Himbeern aussahen, und die hat die Frau am Tresen mit 'ner Blechschippe aus ganz großen Gläsern rausgeschaufelt und in 'ne Pergamentpapiertüte, die wie 'ne umgedrehte Zipfelmütze aussah, geschüttet, und die kosteten sogar 30 Pfennig, wenn sie die Tüte richtig vollgemacht hat. Die hatten da in dem Laden auch 'n dickes Holzfass, da warn lauter kleine Gurken und Zwiebelringe und so schwarze Körner und kleine braune Stängel drin, aber da hat sich in erster Linie der Mann von der Frau drum gekümmert, und wenn er den Holzdeckel von dem Holzfass hochgehoben hat, oh Mann, stach einem erst mal Essig oder so was in der Nase, aber dann hat es angenehm würzig gerochen, und Gitti und ich haben immer jeder 'ne saure Gurke in die Hand gedrückt gekriegt, also die warn geschenkt, und der Mann und die Frau von dem Laden haben sich jedes Mal riesig gefreut, wie uns beiden ihre Gewürzgurken geschmeckt haben.

Die hatten da in dem Schnuckerladen auch 'nen putzigen Hund, der kam jedes Mal hinter der Theke hervorgeflitzt, wenn die Ladentür beim Aufgehn klingelte, und der hat von unten ganz artig zugeguckt, wie de deine Wundertüte mit 10 Pfennig bezahlt hast oder die Bonbons oder die Lakritzsachen oder was anderes, und dann ist er mit dir zur Tür getrippelt, und als die Tür beim Rausgehn wieder geklingelt hat, hat er immer ganz spitze Ohrn gekriegt und hinter der Glasscheibe extra ganz aufmerksam gewartet, bis die Tür beim Zufalln nochmal geklingelt hat und ist dann ganz schnell wieder hinter der Theke verschwunden und hat gewartet und gelauscht, bis die Tür von seinem Laden das nächste Mal geklingelt hat. Das war 'n prima kleiner Hund, ganz artig und wohlerzogen und lieb – und nicht so 'ne Rabaukin wie Osterwinds Blanka bei uns unten.

„Papa?“ fragte Gitti, als wir wieder runter auf 'm Weg nach Hause warn.

„Ja?“

„Wann gibt 's wieder Krieg und Bomm und Nation und so?“ Das wollt ich eigentlich auch fragen – musste ich aber ja jetz nich mehr.

„Nie wieder!“ rief Papa wie aus der Pistole geschossen und wollte uns beide wieder ganz feste an die Hand nehmen, das ging aber nich, weil Gitti und ich immer noch am Gurken kauen und schon halb mit unsern Wundertüten zugange warn und unbedingt nachgucken mussten, was da diesmal so alles drin war – und 'n paar von den bunten, süßen Puffreiskörnern hatten wir auch schon zwischen den Zähnen.

MEIN DRACHEN

Draußen im Hof bewegten sich die Bäume ganz schön wild hin und her und, obwohl die Sonne kräftig in unsre Küche schien, dass Mama am liebsten die Vorhänge 'n bisschen zugezogen hätte, schoben sich alle Nase lang riesige Plusterwolken davor, also vor die Sonne, und Mama musste das mit den Vorhängen gar nicht mehr machen; aber im nächsten Augenblick war die Sonne auch schon wieder da und hat wie verrückt auf unsere Marmeladenweißbrote und die Butter gesengt, dass die schon zu laufen anfingen; doch draußen blies mächtig Wind, das war an den wogenden Ästen zu sehen, und unten im Hof bei den Garagen flatterten die Laken und die Bettbezüge und die anderen Klamotten auf den Wäscheleinen, und Papa hat unser Küchenfenster, das 'n Spalt weit geöffnet war und immer 'n Stück weit auf- und zuschwang und er immer wieder den Windzug im Rücken hatte, endgültig zugemacht – wegen dem blöden zugigen Wind da draußen.

„Wollen wir mal einen Drachen steigen lassen?“ fragte mich Papa, als er noch sein Frühstücksei genüsslich auslöffelte.

„So einen, wie die andern Kinder ham?“

„Genau so einen.“

„Aber wer ham doch gar kein Drachen!“

„Den bauen wir uns!“ erwiderte Papa fröhlich und zwinkerte mir zu. „Ich zeig dir, wie das geht. Gleich morgen können wir damit anfangen ..., wenn du denn Lust drauf hast.“

„Au ja!“ Und ob ich Lust drauf hatte! Ich konnt 's gar nicht abwarten, und Gitti war auch Feuer und Flamme.

Draußen war 's zwar immer noch ganz schön windig – genau richtiges Wetter für 's Drachensteigenlassen – aber der Sommer war fast schon vorbei, und ich dachte, bis wir den Drachen fertig haben, vergehn noch Wochen, und bis dahin ist es Winter, und das wird dann wohl erst mal nix mit dem Drachensteigenlassen.

Beim nächsten Einkaufen oben im KAISER'S-KAFFEE-Geschäft und beim Fleischer und der Drogerie ist Mama mit Gitti und mir noch schnell schräg rüber zu SCHNEIDERS, unserm Papierladen, abgebogen, und da wollten wir buntes Transparentpapier kaufen, das ist Papier, wo man in Farbe durchgucken kann, und da haben wir ja auch letztes Jahr die Sankt-Martins-Laternen draus gebastelt, aber wofür das Transparentpapier diesmal genau sein sollte, war mir nicht so recht klar, weil der nächste Sankt Martin war ja noch 'n paar Monate weg.

„Wie soll dein Drachen denn nu aussehen?" fragte mich Mama bei SCHNEIDERS drin, und die Verkäuferin hibbelte in ihrem knatschengen Rock und auf ihren Stöckelschuhen im Laden und hinter dem Tresen rum, denn da warn noch 'n paar andere Kunden, die auch alle was von ihr wollten, und ich hatte keinen Schimmer, was ich wollte, und war ganz durch den Wind, weil das so plötzlich kam, und ich sowieso gar nicht mehr an den Drachen von Papa gedacht hab.

„Ulrich, welche Farbe – grün, blau, rot, gelb – wie soll dein Drachen aussehn – was willst de ham?!" drängelte Mama mich wegen der unruhigen Bedienungstante.

„Gelb!" rief Gitti und hampelte in ihrn Schühchen genauso rum wie die Verkäuferin mit ihrn Pömps.

„Rot!" entschied ich. „Rot – wie die Feuerwehr."

„In Rot bitte", sagte da Mama blitzschnell zu der Verkäuferin. Dann sind wir nach vorne zur Kasse gegangen, und die Verkäuferin hat 'ne Rolle mit rotem Transparentpapier quer auf ihrn Tisch gelegt, die Kurbel von der Kasse gedreht und 'nen Zettel abgerissen.

„Zwei Mark neunundvierzig wärn das dann."

„Huch – wir brauchen aber auch noch 'ne Tube UHU und 'ne dicke Rolle Garn", fiel Mama auf den letzten Drücker ein. Die Verkäuferin runzelte die Stirn und huschte nochmal hinten durch die Regale, kam zurückgeeilt und knallte den Kleber und die Garnrolle ziemlich verärgert neben unser rotes Transparentpapier auf den Ladentisch, wischte sich die Stirn, rückte sich ihrn Rock zurecht und drehte nochmal ihre Kassenkurbel.

„Dann macht's fünffünfunneunzich. War das alles jetz – oder kommt doch noch was?" Ja, das war alles jetzt, und die Verkäuferin von SCHNEIDERS machte 'n Gesicht, als wenn sie uns am liebsten zum Mond schießen wollte.

„Die Trulla war aber verdammt sauer auf uns", sagte ich, als wir mit unserm Bastelkram an der Ampel rumstanden.

„Du – egal." Mama beugte sich runter zu mir und Gitti. „Der Kunde is König, so sagt man – das sollte eigentlich jede Verkäuferin wissen, auch wenn sie vielleicht glaubt, sie is was Besseres."

Für zurück auf *unsere* Straßenseite mussten wir ewig warten, bis es endlich grün wurde, denn auf unsrer Hauptstraße fahrn in einem durch Autos und die Straßenbahnen und die Oberleitungsomnibusse, die heißen bei uns in Solingen aber nicht Oberleitungsomnibus, sondern nur *O-Bus* – äh ..., hab' ich das nicht schonmal bequatscht? Macht nix – doppelt gemoppelt hält besser.

„Ich hätt aber Gelb genomm", sagte Gitti unterwegs 'n bisschen widerspenstig. „Das passt besser zur Sonne."

„Abends is de Sonne rot, Klugscheißerchen!" hielt ich dagegen und fand mich besonders oberschlau dabei.

„Jetz is gut, ihr beiden Flöhe", rauschte Mama dazwischen. „Jede Farbe passt. Und wenn Papa den Rest mitbringt, baut er damit 'nen ganz, ganz prima Drachen, egal welche Farbe – ja? Und da könnt ihr beide schön bei mithelfen. Und jetz gebt euch ma wieder die Hand."

Das haben Gitti und ich auch gemacht, und ich hab die lange Rolle von dem roten Transparentpapier tragen dürfen und Gitti das dicke Knäul mit dem Garn, und die UHU-Tube war in Mamas Einkaufstasche drin, und 'n bisschen später haben Gitti und ich sogar noch das Garnknäul und das rote Transparentpapier getauscht, weil wer uns da wieder ganz doll vertragen wollten. Da warn wir aber schon unsere Van-Meenen-Straße halb runter, an der Stelle, wo 's links zu Mamas Arbeit bei der Fabrik von SCHÄFERS geht, aber da musste sie erst morgen früh wieder hin, und ich war gespannt, wie 's mit dem Drachen weitergeht, denn Transparentpapier und UHU und 'ne Rolle Garn allein machen ja noch längst keinen fertigen Drachen.

Als wir unten um die Ecke bogen, war alles wie immer, die Waage war leer, weil es war mittlerweile jetzt schon halb sieben durch und nach Ladenschluss, und da saßen die ganzen Lastwagenfahrer schon längst zu Hause beim Abendbrot. Ein paar große Jungs – und das kam mir äußerst bekannt vor – hockten links am Zaun vor dem Schrottplatz auf ihrn Mopeds, rauchten wie wild Zigaretten und hatten die ganze Zeit ihre Motorn an und drehten die zwischendurch auch immer mal mit ihrm Handgriff hoch, als wenn sie sonst absterben würden – aber das war nur von wegen den Mädchen, die da auch rumhüpften, und die haben sich nämlich zu den Jungs mit auf 's Moped gesetzt, am liebsten zu dem, der den meisten Krach gemacht hat, und dann haben sie geknutscht, und Mama sagte zu Gitti und mir: „Guckt da ma nich so hin." Aber wir haben trotzdem ganz neugierig hingeguckt, und die blöden Mopeds gingen eins nach dem andern aus, weil die Jungs vergessen hatten, an ihrn blöden Griffen zu drehn, denn die mussten jetzt hauptsächlich mit den Mädchen knuddeln, und das war denen wohl noch erheblich wichtiger, als weiter Rabatz mit ihrn blöden knatternden Mopeds zu machen.

An unsrer Haustür angelangt, haben Gitti und ich abwechselnd einfach mal unsern Klingelknopp gedrückt, damit Oma oben in unsrer Wohnung auch mal in Bewegung kommt – das haben wir beide oft so gemacht – und das war immer so schön, wenn Oma oben durch unser Wohnungstürfensterchen lugte, um zu kontrolliern, wer da genau bei uns reinwill, und es summte unten am Klingelbrett und Oma hat uns von oben aufgedrückt, aber diesmal, als wir die Haustür aufstießen, kam Herr Osterwind mit Blanka nochmal kurz zum Pinkeln und Kacken nach draußen, also dass Blanka ihr Geschäft erledigt, und wir haben *'N Abend* zueinander gesagt, Herr Osterwind hat uns großzügig die Haustür aufgehalten und Gitti hat 'n bisschen mit Blanka gekuschelt, und Mama hat unsern Briefkasten aufgeschlossen, aber da war nix drin, denn die Post kommt schon vormittags, und die hatte sie ja schon längst rausgeholt.

Papa war auch schon zu Hause.

„Papa! Wer ham Transparentpapier und UHU gekauft und 'n dickes Knäul Garn zum Fliegenlassen!" rief ich begeistert – und lief auch gleich danach zu Oma, die längst schon wieder in ihrm Sessel am Stricken war, rüber und hab ihr die Sachen gezeigt und redete extra noch lauter:

„Oma, wir ham alles für den Drachen eingekauft: Knallrotes Transparentpapier, da kannst de aber prima durchgucken, und Kleber und 'ne Riesenrolle Garn zum ganz weit Fliegenlassen!"

„Dat häv ick hört, mien Jong." Oma packte die Stricksachen in ihrn Stricksachenkorb. „Dat, wat ick hörn will, hör ick ock."

„Dann können wir ja langsam loslegen", sagte Papa zu mir und legte seinen Arm auf meine Schulter. „Aber erst morgen, ja? Jetzt essen wir Abendbrot, und danach ist auch schon Zeit fürs Bett."

„Gestern hast de aber *Gleich morgen können wir damit anfangen* gesagt!" Ich war mächtig aufgebracht. „Dass wer heute mit dem Drachen anfang."

„Das habe ich gestern auch ganz genauso gemeint, mein kleiner Meister", antwortete Papa 'n bisschen verlegen. „Aber für heute ist es einfach nun mal schon zu spät. Die Zeit rennt uns nicht weg ..., findest du nicht auch? Der Herbst ist doch noch lang genug, und da gibt 's noch genügend Wind für 's Drachenfliegenlassen, glaub' mir."

Ich hatte überhaupt keine Lust auf Abendbrot und Gitti auch nicht, denn wir hatten uns so aufs Baun von dem Drachen gefreut, und außerdem stand in der Ecke vom Waschbecken eine lange, ganz dünne Holzleiste, die ragte hoch bis unter die Decke, und die war heute Nachmittag noch nicht da gewesen, die musste Papa auf 'm Rückweg von seiner Arbeit mitgebracht haben.

„Is die für den Drachen?" fragte ich und zeigte auf die Holzstange und kaute gelangweilt an meinem Fleischwurstbrot rum.

„Jo!" sagte Papa. „Aber erst morgen – ja?"

„So, Kinder – fertig mit Essen?" Und dann, nach dem Waschen und Zähneputzen und Nachthemdüberstreifen, hat Mama Gitti ins Bett gebracht und, als sie das erledigt hatte und mit dem Rapunzelvorlesen fertig war, mich ebenfalls.

Das hat ewig gedauert mit dem Drachen, weil Papa ja immer zur Arbeit gemusst hat und in der Woche nur abends 'n Stündchen für den Drachen Zeit hatte.

Damit ich zügig bei meinem Bericht weiterkomm, erzähl ich das mal aber, als wenn das alles mehr oder weniger an einem Stück stattgefunden hätte, hat 's aber beileibe nicht, dafür haben wir – mit *wir* ist aber hauptsächlich Papa gemeint – mindestens noch zwei Wochen gebraucht.

... Papa sägte mit dem Fuchsschwanz, den er aus dem Keller hochholen musste, die lange Latte aus der Ecke am Waschbecken klein, bis ein längeres und ein kürzeres Stück übrig blieben, und daraus hat er ein großes Kreuz mit drei oder vier Stiften fein säuberlich zusammengenagelt, Garn rund um die eingeschlitzten Spitzen von dem Kreuz einmal rum um die vier Lattenenden geführt, gespannt und verknotet, dass das Garn ganz straff saß und nicht mehr abrutschen konnte, mein rotes Transparentpapier, das Gitti vorher grob ausgeschnitten hatte, drüber ausgebreitet, über das Kreuz und um die stramme Leine gefalzt und an der Rückseite mit unserm UHU festgeklebt. Ein Drachenschwanz kam auch noch dran; der war aus Fliegen, also Fliegen, so ähnlich wie Männer sie manchmal am Hemdkragen tragen, auch aus dem roten Transparentpapier; die Fliegen hat aber Mama zugeschnitten und eigenhändig penibel zurechtgefaltet, weil so was keiner von uns andern kann, und dann hat Papa die lange Leine unten ans Herz von dem Kreuz fest drangeknüpft, damit ich ihn lenken kann und er mir schön gehorcht und keine dummen Sachen macht oder mir am Ende womöglich abhaut, und die Schnur mit den sieben oder acht oder zehn Fliegen hat er unten am Schwanzende auch noch an den Drachen drangeheftet – denn 'n Drache ohne 'nen mächtig farbenprächtigen Schwanz sieht kacke aus.

„So, jetzt kann er an die Luft", sagte Papa, und die ganze Küche roch stechend nach UHU.

„Marta, mok mo kurz dat Fenster up", japste Oma, aber sie musste auch gleichzeitig richtig lachen, weil sie sich so über meinen feuerroten Drachen gefreut hat, wie der da fix und fertig mit seinem Mordsfliegenschwanz in voller Pracht in der Ecke vorm Kühlschrank stand, als wenn er schon auf seinen großen Start wartete.

Und Papa sagte zu mir: „Ulrich, morgen ist Sonntag, da hab ich alle Zeit der Welt, da lassen wir den Drachen endgültig steigen – ja?"

„Au ja!" Jetzt war 's endlich fast so weit, und Gitti rief auch *Au ja!* und sprang ungeduldig und fahrig durch die Bude.

Ich sah aus unserm Küchenfenster, um schonmal die Wetterlage zu prüfen und ob 's morgen auch ausreichend windig zum Drachensteigenlassen sein würde, aber draußen war jetzt gerade gar nicht genug Wind, ganz im Gegenteil, denn in den Bäumen unten in unserm Hinterhof bewegte sich kein Blättchen, und die Wäsche hing da schlapp auf den Leinen zum Trocknen rum. Na, ob das wohl was wird, mit meim Drachensteigenlassen?!

„Ulrich, wart einfach ab bis morgen", sagte Papa gelassen. „Jeder Tag spielt sein eigenes Spiel."

Dann hat Mama den ganzen Mist, den wir bei unserm Drachenbasteln hinterlassen hatten, die Lattenstückchen und Sägespäne und Transparentpapierschnipsel und Garnenden, vom Boden aufgefegt und unsern Küchentisch wieder blitzblank sauber gewischt und wegen dem UHU ist sie auch noch extra mit Terpentin drüber gegangen, und nach UHU stank es auch nur noch 'n ganz bisschen in unsrer Küche – dafür jetzt aber 'ne ganze Weile streng nach Terpentin, und das war fast noch scheußlicher, ... und Mama hat alle unsere Fenster lange auf Durchzug gekippt.

Jeder Tag spielt sein eignes Spiel hatte Papa ja behauptet; und so ist es tatsächlich – das haben wir am nächsten Tag am eignen Leib erfahrn. Als Papa, Gitti und ich mit meinem Drachen zur Haustür rauswollten, blies uns der Wind dermaßen entgegen, dass der Drachen beinahe schon im Treppenhaus abgehoben wär und wir schnell die Haustür nochmal zugemacht haben, um uns zu berappeln und überlegt haben, ob wir heute überhaupt nach draußen gehn sollten – so stürmisch war das da draußen vor der Tür.

Papa klemmte meinen Drachen eng, doch auch ganz behutsam, unter seinen Ärmel, nahm Gitti an die andre Hand und zwinkerte mir zu, was bedeutete, jetzt geht 's endgültig los – mit dem Drachenfliegenlassen.

Da draußen war 's so was von abartig windig, das schwör ich dir, dass jeder vernünftige Drache eigentlich am liebsten im Haus geblieben wär, doch Papa war erpicht darauf, aufs Ganze zu gehn – wo ich und Gitti ihm doch auch die ganze Zeit so auf die Nerven wegen dem Drachen gegangen warn.

Auf Osterwinds Waageplatte hat Papa den Drachen dann, so vorsichtig, wie 's irgend ging, freigelassen, und sein rotes Transparentpapier, also, das von meim Drachen, hat sich in dem Wind so was von aufgeplustert, als er sich schnell hoch und höher in die Luft schraubte, dass ich befürchtete, das übersteht der Drachen im Leben nicht. Aber es ist erst mal nichts geplatzt und nichts gerissen, das Papier hat prima gehalten, und ich war so stolz auf uns, vor allem natürlich auf Papa, klar, aber auch 'n kleines bisschen auf Mama und Gitti und mich, dass wer zusammen 'nen sauberen und stabilen Drachen gebaut hatten, nicht nur für harmlos luftiges Wetter, sondern auch für Sturm – für brutales Drachenwetter eben.

Mensch, war das klasse mit meinem Drachen! Papa hatte alles im Griff, der Drachen war in Windeseile schon ganz weit oben in der Luft und nur noch 'n leuchtend rotes Karree im Himmel, und es war nach wie vor mordswindig, und es wehte mal von hier und mal von da, und der Drachen wollte richtig weg, noch weiter rauf in den Himmel, aber Papa hatte ihn an der Strippe, und er hat den Garnwickel immer mal wieder zwischendurch ganz hurtig aufgerollt und, wenn 's ihm nicht schnell genug ging, die Leine in großen Zügen runtergeholt und das ganze Band zunächst gar nicht erst aufgewickelt, weil dafür war überhaupt keine Zeit, sondern einfach auf die Erde runtergleiten lassen, alles nur, damit mein Drachen schön hoch am Himmel stehn bleiben konnte – und da war Papa so was von bei der Sache, das kannst de aber glauben – und Gitti und ich hopsten wie bekloppt über unsere Waage und haben uns gefreut, als wenn 's nix anderes als den roten Drachen da oben im Himmel auf der ganzen Welt gäb.

„Jetzt nimm du mal, Ulrich." Unverhofft drückte Papa mir die Garnwinde in die Hand, und ich fühlte mich richtig großartig, den Drachen zu halten und zu lenken, der da ganz oben im Himmel war und flog, als wenn er das Fliegen sowieso alles alleine bewältigen und nie mehr zurückkommen wollte – aber ich hatte gleichzeitig auch 'n Heidenbammel, dass ich 's womöglich nicht hinkrieg und alles vermassel. Mein Drachen war fast gar nicht mehr zu sehn, echt, das rote Karree von vorhin war nur noch 'n rotes Fleckchen hoch oben in der Luft, und ich bin im Wind gemütlich mit meiner Garnrolle kreuz und quer auf Osterwinds Waage hin- und herspaziert und hab, genau wie Gitti, immer gebannt drauf gewartet, dass er so hoch und so weit weg ist, dass wir den überhaupt nicht mehr sehn können und endgültig im Himmel verschwindet. Aber so richtig endgültig abgehaun ist uns der Drachen dann doch nicht, wir konnten immer noch 'n winzig rotes Pünktchen da oben in den düsteren Sturmwolken wahrnehmen, und da war 'n wir, ehrlich gesagt, auch ganz froh drum, dass er noch halbwegs bei uns geblieben ist – denn irgendwie wollten wer den Drachen ja auch behalten und ihn später mal wieder heil auf die Erde holen.

„Darf ich auch ma halten?" Gitti hatte schon ihr Händchen an der Rolle dran – und klar durfte sie. Gitti hatte so 'n Spaß mit dem Drachen, und sie ist wie verrückt von hier nach da gerannt und hat immer beobachtet, ob der Drachen oben im Himmel alles genauso nachspielt wie sie 's auf der Erde, also hauptsächlich ihr Herumtanzen auf Osterwinds Waage, vormachte. Aber das kannst de nicht erkennen, wenn Sachen so weit weg sind, da kannst de gucken, bis de grün wirst; wenn was zu weit weg ist, hast de schon Glück, dass de 's überhaupt siehst, und wenn 's so weit weg ist, dass es kaum noch zu finden ist, muss es dir reichen, dass de einfach nur weißt, dass da oben was ist, was de an deiner Leine führst.

Der Drache war jetzt wirklich nur noch 'n klitzekleines rotes Pünktchen im Himmel, ganz weit hoch über unsrer Van-Meenen-Straße, und Gitti war 's inzwischen zu öde geworden, mit der Leine rumzudackeln und 'n rotes Etwas im Blick zu behalten und gab mir die Rolle, wo mein Drachen dranhing, zurück, und ich bin damit einfach auf Osterwinds Lasterwaage stehngeblieben und hab nur stur abgewartet, was weiter mit meim feuerroten Drachen passiert. Papa lehnte an Osterwinds Mauer, rückte – wegen dem blöden Wind – seinen Hut nochmal zurecht und drückte sich den fest auf den Kopf, hielt seine Hand schützend um sein Feuerzeug und zündete sich schnell 'ne Zigarette an und blies seinen Qualm genüsslich in die stürmische Landschaft.

Auf einen Schlag wurde die Leine aber schlapp!

„Aufwickeln, aufwickeln!" schrie Papa mir zu und schmiss seine Zigarette gleich auch wieder weg. „Und ziehen, immer ziehen – und geh mit dem Drachen mit, Ulrich! Und wenn du spürst, dass er wegwill, dann gib ihm Leine und lass ihn wieder fliegen! Aber wenn die Leine abschlafft, hol sie rein und schmeiß sie auf die Erde – Zeit zum Aufwickeln ist jetzt nicht – so lange, bis sie wieder stramm wird."

Da bin ich quer über die Waage gelaufen und hin und zurück und hab die Leine stramm geholt und sie wieder fahrn lassen, wenn der Drachen wieder wegwollte, aber wenn er eingebrochen ist, hab ich ihn wieder aufgefangen und gesucht, wo ich ihn in den Wind bring, und dann hab ich das Garn ausrollen lassen, so schnell, dass es mir fast die Finger versengt hat – hoch und höher sollte er und immer höher, bis ich ihn nicht mehr seh ..., und dann schneid ich den Faden ab, dann kann er in den Himmel. Doch der Drachen kam immer weiter nach unten und näher zurück auf die Erde, und ich hatte solche Angst, dass er nicht mehr weiterfliegen wollte. Papa und Gitti sind immer neben mir hergerannt, weil sie mir helfen wollten, konnten sie aber nicht, weil ich das jetzt ja alles ganz alleine in der Hand hatte.

„Ulrich, pass auf!“ schrie Papa von hinten. „Er kommt runter!“ Und mein feuerroter Drachen war auf einmal wieder ganz nah über unsern Köpfen.

Ich rannte, wie verrückt, fast die halbe Van-Meenen-Straße hoch und hab aufgewickelt und gezogen, nach links und nach rechts, und wieder Leine gelassen und bin unsre Straße wieder runtergerast, dass die Leine bloß straff bleibt.

Aber weil der Wind von jetzt auf gleich nur noch 'n lächerliches Lüftchen war, haben meine ganzen Manöver nix genützt. Das ging ja so unglaublich schnell – und mein Drachen segelte zurück aus dem Himmel und ist in voller Fahrt abgestürzt und auf das Dach von Osterwinds Waagehäuschen geballert und war, wie 's aussah, wohl nicht mehr zu gebrauchen, und Papa hat den kaputten Drachen von dem Dach runtergezogen, vorsichtig zusammengeknittert und unauffällig wieder unter seinen Arm geklemmt, und ich musste richtig heuln ... und Gitti auch. Der stolze Drachen war jetzt ein einziger elendiger Kladderadatsch ..., doch feuerwehrrot war er immer noch.

Papas Hand lag auf meinem Rücken. Mein Kopf hing vornüber, und vom Drachensteigenlassen wollt ich gar nix mehr wissen. Papa versteckte den zerfetzten Drachen, so gut er konnte, unter dem Ärmel von seinem Mantel. Ich war so todtraurig über den roten Drachen und vor allem, dass ich den nicht wieder heil runter nach Hause gekriegt hab. Wär er doch bloß in 'n Himmel abgehaun – auf nimmer Wiedersehn! Dann wär ich zufrieden gewesen. Aber so?!

„Ulrich – Kopf hoch!“ Papa hat mich die ganze Zeit nicht losgelassen und oben bei uns in der Küche hat er mich sofort auf 'n Schoß genommen.

„Könn wer nich wieder 'n Drachen für Ulrich machen?“ Gitti wischte sich ihre Tränen aus den Augen.

„Aber sicher können wir das!“ sagte Papa und schaukelte mich immer noch hin und her auf seinem Schoß.

„Diesma aber 'nen gelm ... vielleicht?“ schluchzte Gitti.

Und ich schniefte: „Meintwegen.“

ÜBER MAMA UND PAPA

Mama sieht richtig schön aus. Sie ist ja schon 'n bisschen älter, fümundreißig oder so, aber mit ihrm langen braunen welligen Haar und den tollen Kleidern und Blusen und Röcken und Schuhen – Mama ist die Allerschönste! Bei Gitti ist das noch nicht so weit her mit der Schönheit; aber die wird bestimmt, wenn sie mal so alt wie Mama ist, auch unheimlich schön sein. Fraun, vor allem Mamas, müssen nämlich schön sein, das steht in jeder Zeitung drin, vor allem in denen mit den bunten Bildern.

Papa sieht auch ganz schön gut aus, mit seinem schwarzen, vollen, zurückgekämmten Haar und so schlank, wie der ist, aber Mama ist doch 'ne Ecke hübscher, weil sie keine Kriegsverletzungen hat und Wunden und Narben und so.

Papa ist nämlich im Krieg gewesen – das war der Krieg von neulich – und da haben die Russen auf ihn mit dem Gewehr geschossen, aber er hat auch auf die Russen geballert, doch Papa lebt noch, während die Russen, die aus 'm Krieg noch übrig sind, jetzt alle in Russland wohnen müssen, das ist ganz irre weit weg, noch hinter 'm Ausland, und da liegt der Schnee so hoch, dass die Leute nicht mal die Haustür aufkriegen, und wenn 's dann doch mal klappt, fängt es auch gleich wieder an zu schnein, und so geht 's weiter bis in den nächsten Winter, Jahr für Jahr. Das hat Papa mir erzählt, und da ist nix dran gelogen, weil Papa nämlich echt in Russland war und selbst mit den Russen gekämpft hat ..., aber davon will Papa heute eigentlich nix mehr von wissen.

DER INDIANER

Ich weiß gar nicht genau, warum – kurz vor Karneval, das war meistens im Februar, hatten wir Jungs immer Mordslust, Cowboy und Indianer zu spieln. Das lag bestimmt am Karneval, denn da wolln sich ja alle als irgendwas anderes, als sie in Wirklichkeit sind, verkleiden, und in unsrer Bande wollten alle Cowboys sein, aber durch die Bank alle, und ich genauso – doch keiner wollte Indianer sein, ums Verrecken nich.

Bei mir war das aber sowieso egal, was ich war, weil ich hatte überhaupt keine Cowboysachen, keinen Cowboyhut und keine Cowboystiefel mit Sporn und keinen breiten dicken Ledergürtel und 'n Colt schon gar nicht; ich hatte noch nicht mal Indianerklamotten, ich war kein Cowboy und kein Indianer – ich war gar nix ..., na ja, außer ich selber.

Hans-Joachim, Manfred und Peter, die hatten das alles, also 'ne prima Cowboyausrüstung mit allem Drum und Dran, und die kamen auf die Straße und runter ins Gebüsch in voller Wildwestmontur – nur ich nicht. Ich sah aus wie immer – eben stinknormal, wie jeden Tag. Also ich bin schon noch mit den Jungs mit ins Gebüsch, weil ich ja zur Bande dazugehörte und gleich hinter Joachim schließlich ja sogar unser zweiter Räuberhauptmann war, klar, aber ohne die wichtigen Cowboyplünnen – weil, so was sollte ich nicht tragen, haben Mama und Papa bestimmt, vor allm keine Pistole – konnt ich überhaupt nicht so richtig bei den Cowboys mitmischen. Und weil ich deshalb unzufrieden und quengelig und aufmüpfig und ganz grantig war, rief ich frech, als wir uns an unserm Hang auf dieser Seite von den Schienen in Deckung brachten und die Jungs mit ihrn Revolvern auf die andre Seite auf die Indianer rüberzielten und wie bekloppt rumknallten:

„Wo sind denn die verdammten Indianer überhaupt?!"

„Drüm – auf der andern Seite sind die," flüsterte Joachim. „Köppe runter – die Pfeile! Und haltet ja die Schnauze, sonst hörn se uns, denn die könn hörn wie 'n Luchs – und dann machen se uns alle kalt und ziehn uns das Fell über de Ohrn und schneiden sich unsere Skalps ab!"

Was Joachim alles über die Indianer wusste! Jedenfalls – was Gefährlicheres als *Skalp abschneiden* gibt 's auf der ganzen Welt nich! Und das machen nur die Indianer, glaub ich wenigstens. Wenn die dich erwischen und am Schopf kriegen, murksen die dich nich gleich ab, sondern schneiden dir zuerst mit ihrn messerscharfen Messern deine Haut auf 'm Kopp, wo alle deine Haare dranhängen, ab und na ja, danach murksen se dich obendrein sowieso auch noch ab, aber manchmal belassen se 's auch beim Skalp, das spielt aber dann auch keine große Rolle mehr, weil ohne Skalp bist de sowieso nix mehr wert und krepierst hinterher von ganz alleine. Also, die Indianer sind schon ganz schön böse, und wenn die in der Nähe rumkriechen, musst de höllisch auf der Hut sein – vor allem wegen dem Skalpabschneiden und so ..., hab ich ja gerade erklärt.

„Ich seh weit und breit kein Indianer!" zischte ich zu den Jungs rüber, wo die doch so auf der Hut vor den Rothäuten warn. Ich hatte meinen Kopp zwar nicht unten wie die drei Cowboys aus unsrer Bande, weil ich hinter 'nem saudicken Ahornstamm Posten bezogen hatte, und da hätten die Indianer dreißigtausend Pfeile abschießen können, wenn se denn überhaupt da gewesen wärn, mir hätten se nix anhaben können, aber Indianerpfeile flogen da sowieso nich rum, nich mal ein einziger, und ich hab auf der andern Seite von den Schien keinen einzigen Indianer erspähn können, genau genommen, da drüben im Gestrüpp hinter den Schienen war überhaupt gar keine Menschenseele und Indianer sowieso schonmal gar nicht – und für mich war das alles nur Humbug und kalter Kaffee, und die drei Cowboys an meiner Seite hatten sich das mit den gefährlichen Indianern da drüben alles nur ersponnen.

„Wo sind se denn jetz, eure blöden Indianer? Ich seh immer noch kein – und Pfeile fliegen hier auch nich rum, oder?!"

„Ich seh auch kein", sagte Joachim, unser Obercowboy, nüchtern. „Die denken wer uns einfach nur so aus!"

So was kannst de aber nur, also das *nur so ausdenken*, wenn de die Cowboyverkleidung auf 'm Leib hast und 'nen geladenen Colt am Gürtel – ohne die Klamotten kannst de die Indianer und ihre Pfeile nämlich gar nicht finden, geschweige dir die herbeifantasiern.

Die drei Cowboys, also Manfred, Peter und Joachim, haben weiter gegen die Indianer gekämpft und mit ihrn Colts rumgefeuert, was das Zeug hielt, dass sie alle paar Minuten 'ne neue Rolle Knallplättchen in ihrn Revolver reinladen mussten. Aber ich hatte irgendwann keine Lust mehr, wo ich sowieso nicht richtig im Kampf gegen die Indianer mit dabei war, und bin durchs Gebüsch abgehaun und mit hängendem Kopp an den Schienen entlang nach Hause getrottet, und ich hab die Cowboys von weitem noch gehört, wie sie *Spielverderber* hinter mir hergerufen haben und immer schön weitergeschossen und gegen die Indianer gekämpft haben.

„Du bist aber heute ma früh zum Ambrot!" Mama war ganz verwirrt. „Is was mit dir? Da is doch was mit dir!"

„Nee – nix is." Ich hab mich auf meinen Küchenstuhl gesetzt, auf unsern Küchentisch geglotzt und gewartet, bis Abendbrot war und Mama mir mein Brett unter die Nase schob. Gitti klingelte, kam reingestürmt, ließ sich in Omas Schoß plumpsen und rief zu Oma: „Wer ham Hüpfen gespielt – und ich hab gewonn!"

„Un watt häst wunn?"

„Eh – nix ..., hab einfach nur gewonn."

Und dann kam auch Papa von der Arbeit nach Hause, hat seine Tasche hingestellt, den Mantel aufgehängt, seinen Hut auf den Haken gehängt und sich an den Tisch gesetzt und nach seinem langen Marsch von der Arbeit bei BECKMANNS tief durchgeatmet.

„Na, kleiner Mann!" Papa drehte unser Radio, in dem hauptsächlich Karnevalstralala dudelte, 'ne Idee lauter und tatschte mir sachte auf die Schulter. „Is was – du guckst so belämmert?"

„Hab ich ihn auch schon gefragt." Mama blickte ratlos und besorgt zugleich.

Gitti mampfte schon 'n Schinkenbrot und trank ihrn warmen Kakao und Oma auch – ach Quatsch, die natürlich nicht, die wartete nur geduldig, dass der Pfefferminztee kommt, und den servierte Mama dann auch, und wir haben alle schön unsere Abendbrote gegessen und nebenbei unserm Radio gelauscht.

Da explodierte ich: „Warum darf ich kein Cowboy sein?!" Und krakeelte hinterher: „Die andern Jungs dürfen das doch auch – verdammt!"

Auf einen Schlag war 's bei uns in der Küche mucksmäuschenstill, da hättst de 'ne Stecknadel falln hörn können ..., und ich wär am liebsten für immer im Erdboden verschwunden.

Mama und Papa und Oma und Gitti guckten sich reihum wechselseitig an und wieder zurück, als wenn sie auswürfeln wollten, wer zuerst was zu mir sagt, aber keiner wollte – außer Gitti.

„Cowboys find ich klasse!" jubilierte Gitti plötzlich und schwenkte ihrn rechten Arm in der Luft, als wenn se 'n Lasso werfen würde. „Die Hüte von denen, die sind am besten – und die Pferde erst und die Pistoln."

Da war der Bann gebrochen.

Oma stand auf und fing ziemlich hastig an, unsern Küchentisch leer zu räumen und unser Geschirr abzuwaschen.

„Ulrich – erst mal, *verdammt* und solche Wörter sagen wir bei uns in der Familie nicht – aber das ist momentan zweitrangig." Papa guckte mir fest in die Augen und legte seine rechte Hand liebevoll und warm auf meine linke, wo wir ja beide immer übereck direkt an unserm großen GRUNDIG saßen. „Mama und Oma und ich wollen nicht, dass irgendwo wieder geschossen wird, nie wieder – nie, nie wieder, verstehst du – auch nicht im Karneval und auch nicht mit Spielzeugpistolen und Knallplättchen, eins kommt da zum anderen, weißt du, wir wollen, dass ihr Kinder damit überhaupt nichts, aber auch gar nichts mehr zu schaffen habt."

„Aber das sind doch alles nur Knallplättchen", beteuerte ich. „Und die tun keim was – und alle andern Jungs dürfen das doch auch!"

„Schießen is schießen", fügte Mama hinzu, holte ihr Taschentuch aus ihrer Küchenschürze und musste sich ihre Augen reiben. „Mein Papa is im Krieg gestorm."

„Ulrich." Papa hatte 'ne ganz sanfte Stimme, wie ich sie so noch gar nicht kannte, und er drückte seine Hand weiter auf meine. „Wir sind nicht die anderen, verstehst du, wir sind wir, und die anderen sind eben anders. Jeder macht 's so, wie er 's macht. Wir machen 's ohne Cowboycolts und auch ohne Knallplättchen – noch nicht einmal die wollen wir. Verstehst du das ein ganz bisschen?" Papa rutschte auf seinem Stuhl rum und drehte das Radio auf ganz, ganz leise, und Mama ruckelte auch auf ihrm Stuhl rum und wär am liebsten Geschirr abwaschen gegangen, aber damit war Oma ja schon beschäftigt, und Gitti hatte ganz große Augen vom Zuhörn, und jedes Mal wenn Mama befahl *Jetz aber ab ins Bettchen, Madame*, sagte Gitti auch jedes Mal *Ich hab aber noch Kakao drin*, und zum Beweis hat sie ihre Tasse schräg zu Mama hingehalten, dass Mama das auch selbst überprüfen konnte, und dann durfte sie weiter sitzen bleiben, und aus unserm Radio tönte ein Karnevalslied nach dem andern.

„Ulrich, verstehst du, was wir dir beibringen wollen?" Papa hörte nicht auf meine Hand zu streicheln.

„Ja", antwortete ich zögerlich – und ich war gar nicht mehr so wild auf das ganze Cowboygedöns von den andern Jungs. Wenn doch in Wirklichkeit sowieso keine Indianer da sind, schon gar nicht bei uns unten am Bahnhof, kannst de dir die Colts auch sparn und se sind dann nur lästig am Gürtel und an der Hose. Andererseits – bei der Bande mit allem Drum und Dran dabei und mittendrin sein wär aber doch schon richtig klasse gewesen.

Gitti war diesen Karneval Prinzessin, und Mama hat mit ihr schonmal die Garderobe ausprobiert – damit am Rosenmontag auch nichts schiefgeht. Gitti hatte 'ne kleine silber glitzernde Krone auf ihrer weißen langhaarigen Perücke und ein weiß-rosa Tütü-Kleidchen, wo ihre Schultern und Ärmchen ganz nackelig rausguckten, und unten 'ne silbrig flimmernde hauchdünne Strumpfhose, und Gitti sah wirklich wie 'ne echte Prinzessin aus – also, wie 'ne ganz kleine zumindest. Spätestens bei ihrn Füßen hörte es mit der Prinzessin aber auf, weil Mama drauf bestanden hat, dass sie schön feste Winterstiefelchen trägt, egal, ob 's zusammpasst oder nich, denn wenn im Februar Karneval ist, ist immer scharfes Winterwetter und Eis und Schnee, und damit kommen kleine Prinzessinnen gar nicht klar, außer sie tragen hohe gefütterte Schuhe – und deswegen hat Mama Gitti doch auch noch fix 'n schneeweißes Wollhemdchen mit langen Ärmeln für unter ihr Prinzessinnenkleid angezogen, und auch noch 'nen wollnen Schlüpfer für den Popo und so.

Bei mir war 's anders – ich würd niemals 'n Cowboy sein dürfen und zusammen mit den andern von unsrer Bande die Indianer auf der andern Seite von den Schienen niedermachen; da brauch ich mich irgendwann in der Bande auch nicht mehr blicken lassen, weil ich dann nämlich 'n Hasenfuß bin. Da hab ich 'n bisschen schluchzen müssen, und Oma kam zu mir:

„Du, mien Jong, Ulriker, ick go jetz to Bett un ick will nei, dat du mit Trän inschlöppst. Bi us in 'd Familj häms jenooch doutscheeten un sind doutscheeten worn. Dat bruken wi nei no eis. Häst mi? Nacht, mien leev Jong, ick go nu to Bett."

Da hab ich endgültig kapiert, dass das alles mit dem verdammten Krieg von bevor ich auf der Welt war zu tun hat, von dem sie immer wieder reden und wir Kinder immer nur Bahnhof verstehn – und von dem da die grauselige Ruine an der Ecke zur Haumannstraße steht.

Auf einmal blitzten Papas Augen auf, und er steckte sich eine von seinen ERNTE 23 an und fragte mich zögernd: „Geht auch *Indianer* – also als Verkleidung, meine ich?"

Da musste ich erst mal kräftig schlucken: „Papa, aber Indianersachen hab ich doch genauso wenig."

„Das heißt ... Indianer ginge für dich auch?"

„Ja, meintwegen – besser als wie gar nix."

„Am Wochenende, wenn ich wieder Zeit hab, bauen wir zusammen einen Flitzebogen, so einen wie die Indianer für die Jagd benutzen, also früher benutzt haben – ja?! – Und den Kopfschmuck von einem Indianerhäuptling und seine Bekleidung kriegen wir auch zusammen. Wie wär's damit?!"

„Au ja!" rief Gitti. „Indianer ham so schöne Federn auf 'm Kopp – und 'ne braune Haut!"

„Nee, 'ne rote!" widersprach ich entschieden.

„Rote Haut gibt 's überhaupt nich, genauso wenig wie blaue oder grüne!" Gitti zeigte mir 'n Vogel.

„Und was is mit gelber?!"

„Auch nich!"

„Doch – gelb sind nämlich de Japaner und Chinesen, und obendrein ham se auch noch Schlitzaugen dazu, so!"

Da konnte Gitti nix mehr zu sagen und hat weiter mit dem Strohhalm an ihrm Kakao gezogen.

„Madamchen", Mama stand wieder mal auf. „Du musst jetz endgültig in dein Bettchen." Da hat Gitti wieder das Kakaotassevorzeigespielchen gemacht, dass da immer noch was in der Tasse drin wär, und dann durfte sie weiter bei uns am Küchentisch sitzen bleiben und weiterlauschen, ... bis ihr diesmal die Augen von ganz alleine zufieln und Mama ihr die Prinzessinnenklamotten ausgezogen und sie in ihrm Eisengitterbettchen für die Nacht abgelegt und gebettet hat.

Am nächsten Sonnabendvormittag bin ich mit Papa runter zu den Schienen geschlendert und weiter Richtung Tunnel, und ich hab ihm gezeigt, wo unsre Bande immer so rumklabastert, und Papa war ganz begeistert, wo wir immer herumturnen – davon hatte er bis dahin nämlich überhaupt keine rechte Vorstellung – und Papa hat alle möglichen Bäume und Sträucher gemustert, bis er was ausfindig gemacht hatte, was ihm gefiel, und mir zurief:

„Du, Ulrich, ich hab den perfekten Ast gefunden, den nehmen wir für deinen Flitzebogen!" Meinen Flitzebogen?! Papa krabbelte hoch in unser Gebüsch, holte sein dickes Taschenmesser raus und hackte einen langen dünnen, aber doch starken Zweig von irgend 'nem Baum ab und, als er wieder aus 'm Gestrüpp raus war, hat er mir den vor die Nase gehalten und dazu auch noch eine Handvoll kleinerer, kerzengrader Ästchen.

„Ulrich, das wird dein Indianerflitzebogen – der wird richtig Spannkraft haben, das ist 'ne Esche! Und aus den kleinen Pinnen machen wir dazu die passenden Pfeile."

Ich hatte schon meine Jungs aus der Bande, also die drei Cowboys, vor Augen – wie die mich da so begaffen und sich halb totlachen über meine alberne Indianerkluft und zu mir sagen *Dann hau ma ab nach drüm, wo die aus deim Stamm auch alle im Dschungel hocken, und dann wern wer schon sehn, wer die Oberhand hat* ... und solche Sachen gingen mer durch 'n Kopp ...

Mit dem Flitzebogen – also Löcher durch die Enden bohrn, 'ne Schnur einziehn und verknoten und spannen, den Pfeiln am dickeren Ende 'nen Keil reinschnitzen, damit die vorm Abschießen schön auf der Bogensehne und in der Hand sitzen – das hat Papa später alles oben neben der Mauer von Osterwinds Waage gemacht, und ich hab mich gewundert, wie flink er das hingekriegt hat ..., als wenn er das alles von früher her kannte, vielleicht als er selbst noch 'n Junge und 'n Cowboy ... oder womöglich sogar 'n Indianer war.

„So, Ulrich", sagte Papa zufrieden und rubbelte sich den Dreck aus unserm Wald von seinen Händen und kratzte sich die Fingernägel sauber. „Hier hast du deinen Indianerflitzebogen – und, glaub mir ja, der ist zehnmal gefährlicher als alle die Knallplättchencolts von deinen Cowboykumpels zusammen. Deswegen – geh bloß vorsichtig und verantwortungsvoll damit um, hörst du, Ulrich?! Du hast mich verstanden, ja?!"

„Ja, ich werd genau aufpassen – und schießen will ich damit ja eigentlich auch gar nich, außer auf die Indianer – Quatsch, auf die Cowboys natürlich ..., eh, weiß nich, keine Ahnung."

„Ulrich, gib bloß Acht mit dem Ding!" Papa guckte, als wenn er mir den Flitzebogen doch lieber gleich wieder wegnehmen wollte und murmelte vor sich hin: „Vielleicht wär 'ne Pistole mit Knallplättchen doch vernünftiger gewesen ..." Doch dann sah er mir ganz streng in meine Augen und sagte ganz ruhig und besonnen: „Ulrich, ich vertrau dir – ich weiß genau, dass du keinen Blödsinn damit machst."

Da hab ich zum ersten Mal gemerkt, dass Papa mich richtig ernst nimmt.

Als Frau Osterwind auf 'm Weg von ihrer Waage rüber zurück zu ihrer Gastwirtschaft vorbeiwatschelte, befahl sie mir: „Damit nur auf die schießen, die 's verdien – hast de jehört, Ulrich!?"

„Jawoll, Frau Osterwind!" rief ich artig zurück, zumal ich ja jetzt auch wusste, dass mein Flitzebogen unheimlich gefährlich war – auch wenn Papa meine Pfeile nur ganz leicht angespitzt und obendrein Korkenstückchen draufgespießt hatte.

Das war vielleicht 'n Theater mit mir! Ich wollte zum Teufel nicht nach draußen, dass sich meine Bande über mich – in meiner verrückten Indianertracht – kaputtlacht. Gitti – die war ja als Prinzessin verkleidet und hatte sogar Ohrringe und zartroten Lippenstift drauf – juchzte mir zu:

„Du bist der schönste Indianerhäuptling, den ich überhaupt ma irgendwo gesehn hab!" Außer mir selbst hatte Gitti bestimmt noch nie einen Indianer getroffen, da kannst de aber so was von drauf wetten, und 'nen Häuptling schon gar nicht, und ich war ja auch gar keiner – nur 'n kleiner Junge in 'nem kunterbunten Kostüm.

Dann haben Mama und Papa *Prinzessin Gitti* und mich, *Indianerhäuptling Großer Ulrich*, feierlich unsere Treppe runter vor die Haustür geleitet, und da warn auch schon ein paar andere Prinzessinnen und auch Hexen unterwegs, und die Cowboys, Joachim, Manfred und Peter und noch 'n paar Jungs aus unsrer Ecke, tollten da ebenfalls schon rum und zogen andauernd ihre Colts und knallten damit wie bekloppt in der Gegend rum – wo 's da doch weit und breit gar keine Feinde gab.

Als die ganzen Cowboys mich spitzkriegten, sind sie alle stocksteif erstarrt und haben blitzartig ihre Waffen in ihre Halfter gesteckt, und Hans-Joachim, unser Hauptmann, hat sogar seinen Cowboyhut, der hatte 'ne mordsbreite Krempe, vor lauter Ehrfurcht von seinem Kopp abgenommen – weil, ich war nämlich in voller Kriegsbemalung, hatte 'n feuerrotes Gesicht und dicke weiße Streifen schräg auf den Backen, drei links und drei rechts, und einen noch dickeren knallgelben quer oben auf meiner Stirn, und ich hatte 'ne Haube mit Riesengänsefedern auf 'm Haupt, und obendrein hatte Mama mir noch 'nen sandbraunen, bunten zick-zack-bestickten weiten Überhang mit langen Fransen an den Ärmeln und 'ne sandbraune Hose, auch mit langen Fransen an den Seiten, genäht, und über meiner Schulter hing Papas saugefährlicher Flitzebogen und an der andern mein Köcher mit den genauso saugefährlichen Pfeiln drin, und 'ne bunte Friedenspfeife aus Holz – doch die war nicht selbst geschnitzt, sondern aus 'm KAUFHOF – hatten sie mir sicherheitshalber auch noch um den Hals gehängt. Die Bande war so was von verblüfft von mir, dem prächtigen Indianerhäuptling, dass die ganzen Cowboys kein einziges Wort rausgebracht haben und mich nur bewundernd und unterwürfig angeglotzt haben und gar nicht wussten, wie der ganze Zinnober jetzt überhaupt weitergehn sollte.

Gitti und Mama und die ganzen anderen kleinen Prinzessinnen und Feen und Hexen oder was die sonst noch alle so warn und die Mamas von denen sind alle zusammen hoch zur Hauptstraße zum Karnevalsumzug gewandert – und Papa hat sich wieder zurück hoch in unsere Wohnung zum in Ruhe Zeitung lesen verdrückt.

„Wie jetz – wolln wer ma los?!" rief ich der Bande aufmunternd zu, klatschte in die Hände und rannte los und war in null Komma nix um Osterwinds Waagemauer rum, und die andern röhrten *Juchu!* und jagten hinter mir her und ballerten mit ihrn Colts wieder aus alln Rohrn, doch wir sind auch alle vier 'n paarmal bei unserer Jachterei derbe ausgerutscht und auf die Schnauze geflogen – wegen dem Glatteis und dem blöden Schnee, der da überall rumlag ..., bis wir unten an den Schienen, schon fast bei KONEJUNG, warn – und 'n Waggon vor der Nase stehn hatten, der neulich noch nich da war, und der war sogar weit offen und vollkommen leer, dass wir alle vier gleich hoch- und reingeklettert sind. Die Jungs haben erst mal in alle vier Ecken von dem Waggon geschossen, falls da doch irgendwelche Banditen – oder Indianer – rumlungern oder sich giftige Viecher verstecken; warn da aber nich, und die Knallplättchen hätten sie sich allesamt sparn können, und mein gefährlicher Flitzebogen baumelte immer noch seelenruhig an meiner Schulter.

„Und was machen wer jetz?" fragte Cowboy Peter, als er schon wieder 'ne neue rote Rolle Knallplättchen in seinen Colt einlegte. Wir haben alle ziemlich blöd aus der Wäsche geguckt, weil wir unbedingt was anstelln wollten, aber keine Ahnung hatten, was, und jeder von uns ist grübelnd durch den Waggon getrabt, und Cowboy Manfred schoss immer mal wieder sicherheitshalber in die Ecken, aber das half uns auch nicht so richtig weiter.

„Lagerfeuer", sagte ich, und die drei Cowboys guckten, als wenn sie 'n Pferd getreten hätte.

„Guck ma, wie 's da draußen aussieht", entgegnete Cowboy Joachim mürrisch. „Alles voll mit Schnee – Lagerfeuer is doch plemplem – hast du 'n Dachschaden?!"

„Deswegen machen wer das Lagerfeuer ja auch hier drinnen!" entgegnete ich lauthals lachend, dass mir fast die dicke Schminke vom Gesicht platzte. „Hier drin – im Waggon!"

Mann war das 'ne klasse Idee von mir, und der Rest der Bande war schlagartig so was von hellauf begeistert von *dem Indianer* – und da warn wir auch schon raus und wieder runter vom Waggon und draußen im Schnee und haben Holz gesucht, den Schnee und das Eis gründlich von den Brocken abgekloppt und die Stücke rauf in den Waggon geschmissen, bis wir genug für 'n Lagerfeuer zusammenhatten, und dann sind wir alle wieder hoch und rein in den Waggon, haben das Holz zu 'ner schönen Feuerstelle in der Mitte zusammgeschoben und aufgetürmt und unten drunter 'ne Menge verdorrte Ästchen und Späne reingesteckt, damit das Feuer auch gut in Gang kommen kann.

„Ja – und wie kriegen wer das jetz an?!" fiel unserm Cowboy Peter plötzlich ein, als wir da so um unser Lagerfeuerholz drum herumfuhrwerkten. „Ich hab jedenfalls nix zum Feueranmachen."

Daran hatte überhaupt keiner von uns gedacht und ich – als Indianer, der ich 's eigentlich hätte voraussehen müssen – auch nicht. Da hast de schonmal so 'ne Mordsidee und reißt die ganze Bande mit und dann – nix, nur heiße Luft! Weil ich nicht zu Ende gedacht hab ..., gleich sagen se *Häuptling Alter Blödmann* zu mir, wart 's ma ab.

Da zog Manfred was von unter seinem Colt aus der Hosentasche, hielt 's hoch, und das war – 'ne zerbeulte abgegriffene Streichholzschachtel! Und da warn sogar auch noch 'n paar Streichhölzer drin! Hoffentlich sind die auch noch trocken und zu gebrauchen?!

„Ich geh nie ohne Streichhölzer aus 'm Haus", schmetterte Cowboy Manni altklug und triumphierend raus. Komisch, dachte ich, ich geh immer ohne Streichhölzer aus 'm Haus. Aber Gott sei Dank, dass Manfred welche bei sich hatte, sonst hätten wir nix machen können, schon gar kein Feuer im Waggon, und wir hätten alle vier nach Hause abziehn können, so rattenkalt, wie das war – mussten wir aber dann doch nicht, einfach, weil Manfred nie ohne Streichhölzer aus 'm Haus geht, hat er ja gesagt.

Wir haben noch 'n paar trockne Rindenstücke von den Ästen abgeknapst und die zusätzlich zu den Spänen und Ästchen unters vereiste Holz, das wir in der Mitte vom Waggonboden aufgeschichtet hatten, gesteckt und die kinderleicht mit Mannis Streichhölzern in Brand gesetzt, dass es bald auch schön knisterte und schließlich loderte, und es wurde bullnwarm im Waggon, dass wir sogar froh warn, dass die Waggontürn sperrangelweit auf warn – und wir vier, also drei Cowboys und ein Indianer, haben uns sauwohl an unserm Lagerfeuer in dem Waggon gefühlt und hätten am liebsten Kartoffeln in der Glut gebacken, aber wir hatten keine Kartoffeln bei uns, nicht mal Manfred, nur Pistoln und ich meinen Flitzebogen, und das konnten wir ja auch vorher nun wirklich nicht ahnen, dass wir jetzt ganz gut Kartoffeln gebrauchen könnten. Mensch, Kartoffeln, das wär 's jetzt wirklich gewesen, die an 'nem Stöckchen ins Feuer halten, jeder seine eigne, und die schön am Rand von der Glut langsam schmurgeln lassen und dann nach 'ner halben Stunde oder so aus 'm Feuer holn, die verkokelte Pelle abfriemeln und die heiße gare Kartoffel nach und nach wegmampfen, das wär 's jetz wirklich gewesen! Das mit dem Kartoffelfeuer kannten wir ja alles, doch das ging jetzt leider nicht – einfach, weil wir nun mal keine Kartoffeln hatten.

Da haben wir eben alle vier nur in unser Lagerfeuer in dem Waggon geglotzt, und weißt de was, das war auch ohne Kartoffeln richtig prima schön – draußen der Winter und der Schnee und hier drin in unserm offnen Eisenbahnwaggon unser Lagerfeuer, wo wir gemütlich warm drum herumhockten. Und es war saufriedlich bei uns im Waggon – mit drei Cowboys und einem Indianer am Lagerfeuer.

Cowboy Peter sagte beiläufig, als er seinen Colt so 'n bisschen putzte und von vorne in den Lauf reinäugte: „Wer könn uns ja auch ma was schießen ..., wenn wer schon keine Erpeln ham."

„Na – dann schieß ma schön!" entgegnete ihm Cowboy Joachim mitleidig. „Spinnst de?! Was willst de denn mit dein Knallplättchen erschießen?!"

„Ich mein ja gar nich unsre Colts", antwortete Peter verschmitzt und guckte mich immer wieder mit erwartungsvollen Augen an. „Ich mein den Flitzebogen von Häuptling Ulrich – der kann damit alles erwischen und – totschießen."

„Ich will aber nix totschießen!" rief ich wie aus der Pistole. „Aber auch gar nix will ich totschießen – kapiert, Blödmann?!"

„Aber du als Indianer?" bohrte Peter weiter.

Und Cowboy Manfred murmelte mehr, als dass er 's sagte: „'N Indianerhäuptling muss auch ma was richtig Großes machen."

„Genau", pflichtete Cowboy Hans-Joachim jetzt ebenfalls bei. „Zum Beispiel 'n Bison erlegen."

„Wie – Bison? Siehst de hier irgendwo 'n Bison?!" fragte ich und war ganz durch 'n Wind.

Da wurde mir ganz schön mulmig, denn 'n Indianer war ich ja nun mal, da war nix dran zu rütteln, und 'n Indianerflitzebogen in der Gegend rumtragen und damit großspurig angeben, aber nix damit machen, das allein reicht nicht für 'nen richtigen Indianer, schon gar nicht für 'nen Indianerhäuptling.

Ich zuppelte an meinem Flitzebogen rum und hängte meine Friedenpfeife ab und legte die vor meine Turnschuhe, die heißen aber bei den Indianern nicht *Turnschuh*, sondern *Mokassins*, sehn aber fast genauso aus, und deswegen gehn für 'n Indianer im Karneval als Mokassins auch Turnschuh, das würd noch nicht mal 'n Indianer merken, dass das keine echten Indianerschuhe sind.

„Pass doch auf, du Idiot!" brüllten die drei Cowboys fast gleichzeitig und stürzten sich auf meine Friedenspfeife – um sie vor den Flammen zu retten, denn die war durch einen Schubser von meinen *Mokassins* ins Lagerfeuer gerutscht, und die holte ich, wie der Blitz, da raus und legte sie vorsichtig hinter meinem Rücken ab.

Mich haben die andern drei immer noch 'n bisschen schräg angeguckt, als wir da um unser Lagerfeuer im Waggon drum rumsaßen, weil ich ja deutlich anders als sie selber aussah – wie 'n Indianer eben. Doch das mit dem Bisonschießen schien vom Tisch zu sein, hatten die Jungs wohl einfach wieder vergessen – Gott sei Dank – wo 's bei uns am Nordbahnhof ja sowieso nicht solche komischen Bisonviecher wie im *Winnetou* gibt, und ich ließ meinen teuflisch gefährlichen Flitzebogen weiter schön da an meiner Schulter baumeln, und wir haben uns alle vier prima von unserm Lagerfeuer bedüseln lassen, sodass uns beinah die Augen zufieln.

Auf einmal sagte Manfred: „Indianer würd ich auch ma gern sein."

„Indianer is gar nich ma so schlecht", fuhr Hans-Joachim fort und musterte mich und tippte sich mit seinen Fingern auf seine Backen und seine Stirn und strich sich über seinen Kopp.

Ich dachte, ich träum ..., und wo ich doch selbst so riesiggern Cowboy sein wollte, hatten die andern es auf einmal mit den Indianern.

Dann war aber wieder Ruhe, und wir warn von dem Feuer alle in den Bann gezogen und haben, ich weiß nicht wie lange, in die Flammen gestiert, und haben gar nicht gemerkt, dass es draußen schon richtig dunkel wurde. Irgendwie warn wir alle vier im Halbschlaf und konnten nur noch den Zungen vom Feuer folgen und seinem Knistern lauschen – und wir sind erst wieder richtig wach geworden, als unser Lagerfeuer niedergebrannt war und es wieder rattenkalt wurde.

„Wer müssen nach Hause!" rief ich und sprang auf, dass mir fast meine ganzen Häuptlingsfedern vom Kopp geflogen sind. „Sofort!"

„Unsre Eltern suchen bestimmt schon nach uns!" hechelte Cowboy Peter beim Rausssteigen aus 'm Waggon. „Hoffentlich krieg ich nich Haue."

„Oder Stumarrest", ergänzte Cowboy Manfred.

„I wo!" sagte Cowboy Hans-Joachim. „Einfach los jetz – und volles Tempo!" Und dann sind wir zusammen, drei Cowboys und ein Indianer, mit 'nem Affenzahn über das Kopfsteinpflaster entlang den Schienen, an den Balken vorbei und um Osterwinds Mauer rum nach Hause gerannt – und sind, weil 's ja so sauglatt wegen dem ganzen Schnee und Eis war und wir uns so beeilen mussten, zwischendurch immer mal wieder weggerutscht und auf die Fresse geflogen.

„Das wird aber auch Zeit!" herrschte mich Mama an, als sie unsre Wohnungstür aufmachte. „Wer wollten schon los, dich suchen – wo warst de denn so lange?!" Ich konnte nix sagen, so außer Atem war ich noch und hab nur meinen Arm Richtung draußen gestreckt.

Papa – und das war das Allerallerschlimmste überhaupt – guckte mich überhaupt nicht an, las seine Zeitung, als wenn 's ihm egal war, ob ich heil nach Hause komm oder nicht oder ob überhaupt nicht. Auch als Mama mir meine Indianerfarbe abgerubbelt hat und gesagt hat *Nu ess doch ma was* und mir wieder 'n bisschen zugelächelt hat und gesagt hat *Jetz is doch alles gut*, hat Papa keinen Ton mit mir geredet und nur in seine Zeitung gestarrt, als wenn 's mich für ihn überhaupt nicht mehr geben würde.

Das hab ich mit ins Bett genommen, und nachdem Mama mir ihrn Gutenachtkuss gegeben hatte und raus aus 'm Wohnzimmer war, hab ich sehr geweint, und ich konnt nicht einschlafen. Irgendwann, da war mein Kopfkissen schon ganz nass von meinen Tränen, setzte sich wer auf meinen Bettrand, und das war Papa, und er griff meine Hand und drückte sie ganz warm und zart und sagte: „Ulrich, ich bin so froh, dass du gesund nach Hause gekommen bist. Ich hab' mir solche Sorgen um dich gemacht. Da hast du uns ganz schön auf die Folter gespannt, machst du nicht noch einmal, ja?"

Ich war erlöst. „Nee, mach ich bestimmt nich mehr. Aber mein Kissen is ganz nass."

„Weißt du was, kleiner Häuptling", antwortete Papa, „das drehen wir einfach um." Ich hab mich kurz in meinem Bett aufgerichtet, und Papa hat mein Kopfkissen umgedreht, also eigentlich hat er 's zweimal umgedreht, erst mal die nasse Seite weg vom Kopp oben zum Kopfende hin und dann noch einmal auf die andere Seite, dass das Nasse auch noch dazu unten lag, und dann hat Papa meinen Kopf gestreichelt, und ich bin ganz glücklich in die Federn gefalln, und Papa ist bei mir sitzen geblieben, bis ich von nix mehr wusste und eingeschlafen bin.

MEINE OHRFEIGE

Mama hat uns morgens immer 'nen Kuss gegeben oder zwei oder drei und abends nach 'm Vorlesen und vorm Einschlafen auch. Papa hat mir nie 'n Kuss gegeben, nie – Gitti aber bestimmt schon, denk ich mal, aber das weiß ich auch nicht so ganz genau.

Einmal hat Papa mir sogar 'ne Ohrfeige verpasst, weil ich irgendeinen riesengroßen Scheiß gemacht hab. Aber Haue haben Gitti und ich nie gekriegt; die andern Kinder schon, und die hatten manchmal auch Stubenarrest und durften ewig nicht zum Spielen raus und warn bei ihrn Eltern in der Wohnung eingesperrt. Gitti und ich warn immer frei, und das mit der Ohrfeige – da bin ich fast in die Ecke geflogen – das war alles sowieso meine eigne Schuld, weil ich so 'n riesengroßen Scheiß gemacht hab, von dem ich jetzt aber nix mehr genau von weiß, außer dass ich den wirklich gemacht hab, und als ich da so geheult hab und vor Papa mit meinen ganzen Tränen stand, war er auch nicht weit vom Heuln weg, und er hat meine Hände gehalten und mich in seine Arme genommen und gesagt: „Jetzt ist alles wieder gut, mein kleiner Ulrich." Obwohl ich noch schwer schniefte, war ich richtig froh, dass alles wieder gut war, und ab jetzt würd ich nie wieder so 'n Scheiß baun, und Papa würd mir nie wieder 'ne Ohrfeige haun müssen – und Gitti sowieso nicht, denn die war ja 'n Mädchen, und Mädchen haut man schonmal gar nicht, das weiß jeder Papa, und das würd Papa sowieso nie und nimmer machen.

Aber ich würd gern mal wissen, was für 'n Bockmist das war, den ich da verzapft hab, dass Papa mir unbedingt eine runterhaun musste – doch beim Teufel, ich komm jetzt einfach nicht mehr drauf. Vielleicht war 's ja doch nicht so fürchterlich schlimm und ganz nebensächlich, dass ich mich da nicht mehr dran erinner – oder es war doch was richtig Schlimmes, was ich da verbrochen hab, dass ich da gar nix mehr von wissen will; und da kann ich überlegen, bis ich schwarz werd, es wird mir nicht einfalln, weil ich 's in Wirklichkeit wahrscheinlich einfach nicht mehr wissen will. Wenn Papa mir eine knallt, wird 's wohl wichtig gewesen sein, denn das hat er nur einmal in meinem ganzen Leben gemacht. Ich könnt ja auch mal eben Papa fragen, ob er noch was davon weiß – aber lieber nicht, das tut ihm vielleicht noch weher als mir selbst. Deshalb – wenn ich wieder von selber drauf komm, rück ich sofort damit raus, versprochen – und wenn nicht, dann nicht, dann kann ich 's auch nich ändern.

MÄRCHEN UND PAPIERKNISTERN

... Und dann hat Mama uns ins Bett gebracht und uns 'n Märchen vorgelesen, das von Hans im Glück oder von Rotkäppchen und dem Wolf mit den Wackersteinen im Bauch oder von Rapunzel mit den ewig langen Haarn, wo man dran rauf- und runterklettern konnte, oder von Hänsel und Gretel, wo die Hexe von Gretel am Ende in ihrn eignen Ofen reingeschubst wird – und ich hab jedes Mal immer nur den Anfang mitgekriegt, bin irgendwann einfach zwischendrin weggepennt.

Das in den Märchen ist sowieso alles nicht wahr, deswegen heißen diese ganzen Geschichten ja auch nicht *Geschichten*, sondern eben *Märchen*. Aber zum Einschlafen sind Märchen das Allerbeste, weil du dich beim Märchen um nix sorgen musst und nicht überlegen musst, wie 's weitergeht und was als Nächstes zu tun ist und worum de dich unbedingt kümmern musst – wie bei uns morgen früh, da müssen wir uns schon Gedanken drum machen, na ja, Gitti und Oma und ich nicht so unbedingt, aber Papa und Mama schon. Nee – und das ist so schön beim Märchen – da lässt de dich einfach beim Vorlesen und Erzähln reinfalln und besäuseln und zudämmern und egal, worum 's da geht, du fällst und fällst und fällst ..., und wo du ankommst, ist egal.

Irgendwann nachdem Mama längst mit dem Märchenvorlesen fertig und wieder in der Küche und ich schon so richtig eingeschlummert war, bin ich wieder 'n bisschen wach geworden, weil – blöderweise – das Licht wieder anging; da kam Papa heimlich nochmal ins Wohnzimmer rein und holte irgendwelches Papierzeug aus 'm Schrank und fing mit 'ner Schere das Papierschnippeln an, und ich war wieder so schön am Dösen. Papa war ganz vorsichtig und ganz leise, und ich tat so, als wenn ich schlafen würd, weil ich ihn nicht erschrecken wollte; er klebte wohl irgendwas in eine Mappe, und das knisterte so wunderschön, wie Papa mit seinen Papiern herumhantierte, ich hätt ewig zuhörn können, wie beim Märchen – und hab' ich dann auch. ... Als ich wieder wach wurde, war 's Morgen.

Das mit dem Schlafen ist sowieso so 'ne Sache: Wenn ich abends ins Bett muss, will ich nicht, also einschlafen; und morgens, wenn ich aufstehn soll, will ich auch nicht – also aufstehn. Na ja, das Schlafen gehört sich wohl einfach so, und da kommen wir nicht drum rum. Papa hat gesagt, wenn einer nicht schläft, ist er am nächsten Morgen tot. Da mach' ich das lieber doch weiter mit dem Schlafengehn ... und den Märchen und Papas Papierklebenknistern.

GITTI, DIE KRATZBÜRSTE

Das muss ich jetzt auch mal rauslassen: Gitti war überhaupt eine kleine Kratzbürste! Aber nur manchmal – doch dann richtig! Die hat mich ab und zu mit einem Blödsinn getriezt, als wenn 's ihr einen Heidenspaß machen würde, und mich regelrecht zur Weißglut gebracht. Zum Beispiel hat sie meine Eisenbahn einfach umgekippt, aus heiterm Himmel, und da lag der ganze Zug neben den Schienen, oder sie hat mein Legohaus zerpflückt, wo ich gerade mit fertig und so stolz drauf war, und Oma konnt ich das grad noch vorführn und dann plötzlich – alles hinüber – weil Gitti ihre Laune hatte! Am liebsten hätt ich ihr eine runtergehaun, ich war ja sowieso viel stärker als sie; hab ich aber nicht, und sie hat mich weiter gepiesackt, und trotzdem hab ich ihr nie eine gelatscht – nur einmal, und da haben wir auch noch 'n Ringkampf gemacht wegen ..., ja, wegen was genau eigentlich? Weiß ich heute auch nich mehr.

„Brigitte, jetz is aber endgültig Schluss!" herrschte Mama Gitti an, weil sie genau mitgekriegt hatte, dass Gitti der Schwerenöter war und nur Krawall machen wollte, und nicht ich.

Aber Gitti hatte es auch schwerer als wir andern, in ihrem kleinen Gitterbett im Flur; irgendwann konnte sie sich gar nicht mehr lang machen. Wenn ich mich nicht lang und gerade machen kann – ich weiß nicht, was ich da alles veranstalten würde.

Aber sonst war Gitti 'ne klasse Schwester, und ich möchte ihr auch 'n klasse Bruder sein. Das schwör ich.

FERNSEHEN

Joachim Zillmer, der hieß ja eigentlich Hans-Joachim, aber wir haben immer Joachim oder Achim zu ihm gesagt, der war 'n bisschen älter als ich, und der wohnte ein Stock höher und gegenüber auf der Seite, wo auch Fürstenbergs wohnten, und der war mit seinen Eltern schonmal in Italien! Und Bärbel Fürstenberg war, auch mit ihrn Eltern, an der Ostsee, und Onkel Karl Heinz, der jüngste Bruder von Papa und auch von Onkel Hermann und Tante Rut und Tante Gisela, der ist nicht nur in Italien, in Riminini an der Adria – weiß nicht, ob der Name so stimmt – und an der Ostsee gewesen, der war sogar am Titisee, hoch oben im Schwarzwald und hat da wochenlang gezeltet. Aber die hatten ja alle Autos, außer Onkel Karl, der hatte kein Auto, aber stattdessen dafür sogar 'n Motorrad – mit Beiwagen!

Das hab ich ja alles schonmal erzählt, merk ich grad. Wir hatten kein Auto und 'n Motorrad schon gar nicht, und wir hatten auch keinen Fernseher, deswegen mussten Gitti und ich immer hoch zu Blaschkes zum Fernsehgucken. Blaschkes hatten auch 'ne Oma, 'ne ganz, ganz alte runzlige – jetz geht's 'n bisschen durchenander – das war in Wirklichkeit sogar die Uroma von Petra Blaschke, und Petra kam da alle paar Tage mit ihrer Mama oder ihrm Papa oder mit beiden zu Besuch zu ihrer Oma und ihrm Opa und ihrer Uroma.

Jedenfalls gab 's nachmittags im Fernsehn von Blaschkes immer das *Turnen mit Adalbert Dickhut* und die *Augsburger Puppenkiste* mit *Jim Knopf und Lukas, dem Lokomotivführer* und noch 'n paar andre Sachen zu sehn, leider nicht in bunt, aber das war trotzdem schön und aufregend und in voller Bewegung, und da haben Petra Blaschke und Gitti und ich immer ganz gebannt zugeguckt, weil so 'n berühmten Turner wie Adalbert Dickhut findst de nicht alle Tage, und was der vorturnt, das musst de erst mal nachmachen! Aber genau da drum ging 's bei dem, das sollten wir ja nachmachen – damit wir alle so gesund und munter bleiben wie er selbst, und deswegen hat Adalbert Dickhut uns seine Turnübungen im Fernsehn vorgeturnt, und Oma und Uroma Blaschke haben jedes Mal gejuchzt, wenn der Adalbert Dickhut sich verrenkt hat und 'nen echten Knüller vorgeturnt hat, aber mitgemacht ham se nich, dafür warn se doch schon 'n bisschen zu alt und klapprig – doch Petra Blaschke und Gitti und ich haben dem Adalbert Dickhut uns schnell was abgeguckt und sind in Blaschkes Küche vor dem Fernseher rumgetollt und haben uns genauso verbogen wie der und sind immer mal wieder, anders als der Adalbert Dickhut im Fernsehn, auf die Schnauze geflogen und hatten trotzdem einen Heidenspaß beim Mitturnen und haben uns dabei halb totgelacht.

Dann mussten wir uns allerdings auch wieder ganz fix beruhigen, denn gleich nach Adalbert Dickhut kam in Blaschkes Fernseher die *Augsburger Puppenkiste* und vor allem *Jim Knopf und Lukas, der Lokomotivführer* – und da wurd 's sowas von sauspannend, das glaubst de nich.

Bei Jim Knopf geht 's nämlich nicht mehr so sehr ums Mitturnen in der eignen Wohnung zu Hause, eher ums Reisen um die Erde und ums Abenteuererleben und ums Erforschen, wie 's in der Welt so ist, und was einem dabei so alles in die Quere kommen kann, zum Beispiel in Lummerland, das is 'n Land, das is noch viel, viel weiter weg als jedes Ausland; und das haut einen schon um, wenn da 'n Walfisch um die Ecke gebraust kommt und dir dein Boot mit dir drin in den Himmel hochpustet, als wenn 's gar nix wär, oder sogar 'n Ungeheuer mit 'nem Riesenzackenschwanz, das dazu auch noch Feuer spuckt und, wenn 's dich erwischt, dich einfach mit einem Happs auffrisst, da bleibt dir aber glatt die Spucke weg, wenn de so was leibhaftig im Fernseher siehst, und da mussten wir uns bei Petras Uroma zwischendurch mal ganz schön am Rockzipfel anklammern, weil uns Kindern beim Zugucken angst und bange wurde – dagegen war Adalbert Dickhut wirklich nur Trallala.

„Kinners!" Petras Uroma streichelte unsre Hände. „Das is doch nur in der Glotze – ihr müsst überhaupt keine Angst ham!" Hatten wer aber – und wie!

Doch manchmal is es bei Jim Knopf auch ganz gemütlich, und Lukas der Lokomotivführer stellt sogar in Ruhe seine Lokomotive ab und schippt keine Kohln mehr nach, weil sie da irgendwo im Nirgendwo am Strand von 'ner Insel gelandet sind und die Schienen da sowieso nach und nach aufhörn und die beiden sich da höchstens 'n Lagerfeuer machen können und 'n paar tote Fische, die sie aus 'm Meer angeln, über ihrm lodernden Feuer braten – also, die Fische warn erst nachher tot, als sie von Jim Knopf und Lukas dem Lokomotivführer über dem Lagerfeuer am Spieß gedreht wurden, bis dahin warn sie genauso quietschfidel wie du und ich – jedenfalls haben die Fische den beiden prima geschmeckt, weil Jim Knopf und Lukas 'n Mordsspaß beim Brutzeln und Futtern hatten, das konntest de an den fröhlich blitzenden Augen von denen erkennen, und abspüln mussten sie außerdem auch nicht und auch nicht die Küche auf Vordermann bringen und das ganze Gedöns, was de zu Hause so am Hals hast, weil die beiden warn ja ewig weit weg am weiten offnen Meer in Lummerland, wo jeder andauernd machen kann, was er will, und 'ne Spülbürste und 'n Handtuch zum Geschirr Abtrocknen gab es da sowieso nicht, und 'ne Küche schonmal gar nicht.

So aufregend und spannend das bei Jim Knopf und Lukas dem Lokomotivführer auch ist, auf so 'ner Insel möcht ich selbst aber trotzdem nicht sein, das ist mir da zu einsam und zu weit weg – das ist ja da fast noch weiter weg als wie im Märchen!

Wenn Jim Knopf vorüber war, kam direkt danach *Am Fuß der Blauen Berge*, aber das durften wir nicht mehr gucken, das war eher was für größere Kinder, haben se gesagt, weil da nämlich was mit Verbrecher jagen und Schießen mit drin war, und da haben Blaschkes Gitti und mich regelmäßig runter nach Hause, einen Stock tiefer, geschickt.

Sonnabends oder sonntags haben wir manchmal auch Fernsehn bei Tante Erna und Onkel Adolf geguckt; Oma nicht, die konnte nicht mehr so weit laufen, oder se wollte einfach nicht mehr so weit latschen. Wir sind dann alle, außer Oma, zu Tante Erna und Onkel Adolf in die Ketzberger Straße 59 gelaufen; die Adresse kenn ich so genau, weil, bei denen hab ich selbst ja oft und lange Zeit gewohnt, ohne Mama und Papa, nur mit Tante Erna und Onkel Adolf und Elisabeth – warum das so sein musste, weiß ich aber bis heute nicht …

Das war jedenfalls 'n gewaltiger Marsch bis zur Ketzberger Straße, bestimmt 'ne Stunde lang, da haben wir die drei besucht, und beileibe nicht nur wegen dem Fernsehgucken, sondern weil wir gern da bei denen warn, und da war – komischerweise – fast immer Pferdespringreiten im Fernsehn, und das war jedes Mal riesig spannend, weil nur das Pferd – mit seinem Reiter obendrauf, is klar – gewonnen hat, das am wenigsten von den Hindernissen, wo sie alle drüber springen mussten, umgehaun hat, und das mussten sie auch noch in 'ner bestimmten Zeit erledigen, also nicht das Umhaun, sondern das Nichtumhaun natürlich.

Bei unsern deutschen Reitern gab 's da einen ganz besonders guten auf einem tollen Pferd, das hieß *Halla*, das war 'ne *Stute*, so heißen nämlich die Fraun bei den Pferden, wobei die Männer von denen *Hengst* genannt werden – egal erstmal – Halla und ihr Reiter, wo ich momentan nich weiß, wie der noch hieß, kamen über die ganzen Hindernisse und den Wassergraben und all das Zeugs, was da so im Weg rumstand und bei den Reitern einfach nur als *Parkour* bezeichnet wird, ganz prima rüber, tatsächlich so mühelos, dass alle Hindernisse völlig unbeschädigt blieben, was beim Reitturnier *Null Fehler* heißt, und besser geht 's nich, außer 'n andrer Reiter und sein Zosse kriegen das gleiche genauso sauber hin – aber dann in noch kürzerer Zeit. War aber diesmal nicht der Fall, und dann hatten die beiden, also der Reiter und die Halla, das große Reitturnier so zwei, drei Stunden später gewonnen.

Lange nachdem das Reitturnier im Fernsehn bei Tante Erna und Onkel Adolf zu Ende war, sind Papa, Mama, Gitti und ich in der Nacht den ganzen Weg wieder nach Hause zur Van-Meenen-Straße zurückspaziert. Das war 'n elend langer Marsch, vor allem für Gitti, und der schien noch weiter als der Hinweg zu sein, doch im Hochsommer war das immer richtig klasse, weil überall Glühwürmchen rumschwirrten und die uns fast die ganze Strecke begleitet haben. Oft hat 's aber auch irgendwo auf 'm Arm oder im Nacken gepikst und gleich darauf tierisch gejuckt, und das warn nicht die Glühwürmchen, nee, so was machen die nicht, das warn die bekloppten Mücken, und wir haben da drauf gehaun und mit den Armen wie verrückt rumgefuchtelt, dass die ganzen Glühwürmchen auch erst mal auf Abstand gegangen sind, doch danach kamen sie ganz fix zurück zu uns und haben uns schön weiter den Weg geleuchtet, mit Gelb, Grün und Rot, fast wie ganz, ganz klitzekleine Regenbogen. Glühwürmchen glühn nämlich ganz von selbst und hängen an keiner Steckdose dran und können beim Glühn sogar auch noch nebenbei fliegen. Beim Fernseher muss erst so 'n Stecker in die Wand rein, bevor der überhaupt warm wird und angeht. Auf 'ne Wand mit 'ner Steckdose pfeifen die Glühwürmchen, die glühn auch so – und das in alln Farben! Das muss den Glühwürmchen erst mal einer nachmachen!

Fernsehn ist aber auch 'ne richtig tolle Erfindung, find ich – wenn die Apparate doch bloß nicht so weit weg wärn, also bei unsern Nachbarn oder bei Tante Erna und Onkel Adolf! 'N Fernseher bei uns zu Hause, zum Beispiel neben unserm GRUNDIG, wär schon schön! Aber dann müsst ich von meinem Küchenstuhl runter; und ich weiß gar nicht, ob da dann überhaupt noch Platz für mich in unsrer Küche wär …

WOLKEN

Wir konnten schon ganz schön weit gucken – aus unsrer Wohnung. Nach hinten aus 'm Küchenfenster, klar, da war nur der Hof und 'n paar Garagen und die Leinen mit der Wäsche zum Trocknen und der Blick auf die trostlosen Häuserblöcke von der Berndtstraße, doch nach vorne raus, aus 'm Klofenster und aus unserm Wohnzimmerfenster, hatten wir 'nen tollen Blick auf die ganze Welt – den Bahnhof, die vielen Gleise, die Lasterwaage von Osterwinds, den Großmarkt drüben hinter den Gleisen, und rechts runter war 'n knorker Schotterplatz und daneben unser gutes altes Nordbahnhofsgebäude, das nur noch 'n paarmal am Tag für den ein oder andern Güterzug gebraucht wird, und ganz am letzten Ende der Stichweg runter zum Zigeunerweg, wo ich und Gitti irgendwann mal jeden Tag auf 'm Weg zur Schule durchstapfen müssen; und links, da wo's hinter dem Waagehäuschen zum Tunnel runtergeht, da war massenhaft viel Gestrüpp, Brennnesseln und Disteln und die Balken und die haushohn Ahornbäume. Den allerbesten Blick auf die Welt hatten wir aber von ganz oben unter unserm Dach, aus den Luken von unserm Boden, wo wir oft unsre Wäsche zum Trocknen hochgeschleppt haben, wenn 's draußen nass war und das unten in unserm Hinterhof mit dem Wäschetrocknen an der frischen Luft nicht funktionierte. Von da oben aus konntest de sogar die Rückseite von KONEJUNGS und das Portal von unserm Tunnel sehn.

Ich hab gern aus 'm Fenster geguckt, besonders bei Regen, wenn de nicht rauskannst – aber auch sonst, weil am Himmel ist immer schwer was los. Manchmal hab ich mit Gitti aus 'm Wohnzimmerfenster in den Himmel geguckt, aber manchmal auch aus 'm Klofenster, denn das war in dieselbe Richtung, und wir haben gegenseitig überlegt, wie 's da oben im Himmel so zugeht.

„Da würd ich ma gern drauf sitzen", sagte Gitti, als wir beide aus dem Wohnzimmerfenster in den blaun Himmel geguckt haben und die Wolken auf ihrm Zug verfolgten.

„Auf 'm Himmel?"

„Nee, auf den Wolken."

„Man kann auf den Wolken aber gar nich sitzen", entgegnete ich ziemlich verwundert.

„Kann man wohl."

„Nee, kann man bestimmt nich – versuch das ma, da fällst de voll durch nach unten, und dann bist de mausetot und Matsche."

„Und doch kann man auf denen sitzen – hat Mama mer selbst erzählt!"

„Mama!" gellte ich in die Küche. „Kann man auf den Wolken sitzen?!"

„Eher nich", kam 's aus der Küche zurück.

„Siehste – ich hab recht!" Gitti fing das Heuln an.

Da war Mama aber auch schon bei uns am Fenster und hat auch hoch in den Himmel zu den Wolken geguckt, die da wie dicke schneeweiße Kissen schwebten und über uns herzogen, als wenn sie was ganz Wichtiges vorhatten, und eigentlich wirklich aussahen wie blütenweiße Kissen, auf die einer sich draufsetzen könnte.

„Ja", sagte Mama, „wenn de dich ganz in die Mitte von so 'ner Wolke setzt, dann geht das schon, dann kannst de auf den Wolken sitzen – musst nur sehr gut aufpassen, dass de nich über den Rand rutschst."

Da hat Gitti sich richtig gefreut und sich schnell ihre Kullertränen abgewischt.

„Mama – woher weißt de das denn alles?" Das fand ich wahnsinnig aufregend, dass Mama so genau über die Wolken und wie man sich auf die draufsetzen musste Bescheid wusste.

„Weil ich 's selbst erlebt hab. Und nu frag ma nich so viel ..., zu viel fragen macht ein dumm."

Mama nahm uns beide in die Arme, wir guckten weiter aus unserm Fenster in den Himmel und blickten den Wolken nach und wie sie auf ihrer Reise warn, und ich hab auch nicht mehr weitergefragt, denn ... ich wollte ja schließlich nicht dumm werden – ganz im Gegenteil.

„Jeder Mensch hat 'n kleines Geheimnis", flüsterte Mama uns ins Ohr. „Das is einfach so ... und muss so sein. Habt ehr gehört?"

Da hab ich genickt – und Gitti auch.

HERR GÜNTHER

Da war immer 'n geheimnisvoller junger Mann im Treppenhaus unterwegs, der hieß Herr Günther, und der hätte vom Alter her ganz gut zu Edelgard gepasst, und eigentlich war der ganz nett und richtig freundlich, wenn man ihn denn mal erwischt hat, und der wohnte zwei Stockwerke höher, gegenüber von Tomaschewskis. Ob Edelgard und Herr Günther sich jemals übern Weg gelaufen sind? Wohl eher nicht, so schnell wie der Bursche die Treppen rauf und runter gehastet ist und aus 'm Haus war oder blitzschnell ab und verschwunden in seine Wohnung. Wenn de dem im Treppenhaus begegnet bist, sprang der immer drei Stufen auf einmal an dir vorbei auf seiner *Flucht*, ... ja vor wem oder was eigentlich, ... und dann hast de den erst morgen wieder mal an dir vorbeiflitzen gesehn oder auch erst übermorgen oder 'ne ganze Woche lang nicht. Der lebte alleine, ohne Frau und Kinder und ohne 'ne Familie, der hatte allem Anschein nach auch keine Mama und keinen Papa und keine Oma und keinen Opa, und Besuch hatte der auch nie. Solche jungen Männer, die keine Frau haben, werden *Junggeselln* genannt, haben Mama und Papa gesagt, aber die gibt 's auch in alt; klar, wenn so 'n Junggeselle bis in alle Ewigkeit für sich und alleine bleibt, ist er noch mit hundert Jahren 'n Junggeselle, auch wenn der Name *Junggeselle* dann nicht mehr so wirklich richtig angemessen is. Bei dem, also bei dem Herrn Günther, hab ich mir so vorgestellt, standen sicher in der Wohnung die Wände voll mit Bücherregaln, und der hatte bestimmt ganze Stapel mit Zeitungen und Schallplatten neben seinem Sofa rumliegen, und der war womöglich gar nicht so unglücklich, wie er eigentlich hätte sein müssen, so alleine wie der war.

Trotzdem – nur die Treppen rauf und runter hüpfen und außer *Guten Tag* keinem was sagen und sich von keinem was anhörn, das ist auch nicht besonders berauschend für ihn. Oder doch? Manche Menschen quatschen eben nicht so viel und schweigen sogar lieber und sind eben anders. Ich selbst sag ja meistens auch nicht so arg viel.

„Nu red' doch ma 'n Ton!" Das hat Oma andauernd zu mir gesagt, weil 'se was aus mir rausquetschen wollte – und nicht nur die.

„Ulrich, mach doch ma den Mund auf!" Da war Mama auch nicht viel anders.

Doch dann hab ich extra nix gesagt. Ich sag sowieso nur, was mir wichtig ist, und deshalb halt ich oft lieber die Klappe. Aber die meisten andern wolln, dass viel palavert wird; wenn sie nicht plappern, müssen sie sich nämlich innen drin selbst zuhörn, und davor haben sie 'ne Höllnangst – und vor der Stille, die da in einem drin ist, ... eh, stell ich mer jedenfalls so vor, dass die ganzen Quasselköppe und Quatschtanten auf der Welt nur Angst vor sich selber haben.

Ich hab vor der Ruhe und dem Schweigen und der Stille aber keine Angst – im Gegenteil, da fühl ich mich richtig wohl. Und ich denk mir, das war bei dem geheimnisvollen jungen Herrn Günther bei uns aus 'm Haus auch so ähnlich – der hat, wenn überhaupt, wohl am liebsten mit sich selbst geredet.

Vielleicht werde ich selbst ja auch mal einer wie Herr Günther, ... könnte schon sein.

LIMONADE AUF ROLLSCHUHEN

Ich sollte 'ne Flasche Limonade oben bei KAISER'S KAFFEE holen gehn. Hab ich auch gemacht, doch gegangen bin ich nich – ich war auf meinen Rollschuhn unterwegs. Da bin ich auf 'm Rückweg, in kurzärmligem Sommerhemd und Lederhose, die Van-Meenen-Straße runtergerattert, und dann kamen die großen Platten, kurz bevor 's ums Eck zu uns ging, und ich hatte die große Limoflasche von KAISER'S in den Flossen, und dann warn da die holprigen Kanten von den Platten und – bautz – ist mir doch die Glasflasche in voller Fahrt aus den Händen gerutscht, unter mir zerknallt und ich bin volle Kanne obendrauf auf den Scherbensalat und in die Riesen-Limonadenpfütze geflogen, ... und dann war da nur noch Blut, und ich fing an zu schrein wie bekloppt; aber da war weit und breit keiner zum Helfen, und ich hab mich wieder mühsam und taumelnd auf meine Rollschuh gestellt und bin um die Hausecke weiter nach Hause geschlingert, und aus meiner einen Hand lief und lief das Blut nur so in einem durch, und ich hab unser ganzes Klingelbrett rot zugeschmiert, bis ich unsern Klingelknopp getroffen hatte, die Haustür summte und aufsprang und ich wie am Spieß ins Treppenhaus *Hilfe!* hochbrüllte. Mama und Papa kamen wie die Feuerwehr die Treppe runtergesprungen, haben mich aufgefangen und mich samt meinen Rollschuhn an den Füßen hoch in unsre Wohnung getragen, und Gitti stand auch oben auf dem Treppenabsatz und hat vor Schreck geschrien und geweint, weil, so viel Blut auf einmal hatte sie noch nie gesehn.

Oma saß auch schon längst nicht mehr in ihrm Sessel, als Papa mich auf 'm Stuhl in der Küche abgeladen hat und mir meine Rollschuhe abschnallte; Oma trappelte durch die Küche wie 'n aufgescheuchtes Huhn, sodass sie Mama und Papa andauernd im Weg war, und hielt sich die meiste Zeit ihre Augen zu, weil sie 's nicht mit angucken konnte, wie ich da so jämmerlich geblutet hab, und wenn sie doch wieder hingesehn hat, hat sie sich die Nase schnauben und ihre Tränen abwischen müssen.

„Halt deinen Arm gerade nach oben, Ulrich!" befahl mir Papa, aber der war ganz schwach, also, nicht Papa, mein Arm war schlapp, und ich konnte den überhaupt nicht hochstrecken, so sehr ich auch wollte.

„Nach oben! Ulrich – du – halt doch den Arm oben, das hilft den Blutfluss stillen, glaub mir." Und er griff mein Handgelenk und legte meinen Arm, wo 's so sehr draus blutete, über meinem Kopp ab, dass er erst mal nicht mehr nach unten abrutschen konnte, und Papas Ärmel war ganz schnell voll mit meinem Blut und genauso rot wie der Fußboden und ... ich selber ... und alles andere auch.

„Marta – nun hilf doch mal!“ Papa kriegte das alles auch nicht alleine hin. Aber Mama fuchtelte da nur mit 'ner Schüssel warmem Wasser und 'ner Handvoll Mullbinden neben uns rum.

„Nu lass doch mal endlich den Blödsinn mit der Wasserschüssel – die brauchen wir doch jetzt erst mal gar nicht!“

„Was um Himmels Willen soll ich denn machen?!“

„Halt Ulrich seinen Arm hoch, das kann der nicht mehr alleine“, ächzte Papa und kämpfte, mich auf dem Küchenstuhl zu halten. „Ganz gerade ausgestreckt nach oben – sonst verblutet er uns ... vielleicht!“

Mama stellte sofort ihre Wasserschüssel auf dem Küchentisch ab, schmiss den Verbandskram gleich daneben und ergriff meinen blutüberströmten rechten Arm, der über meinem Kopp hing, wo Papa ihn ja in seiner Not vorerst platziert hatte, und zog ihn an meinem Handgelenk ganz nach oben, dass das nachströmende Blut mir den Arm herunter und über die Achselhöhle tief runter ins Hemd und, ja, bis in meine Unterhose sickerte.

„Immer schön hochhalten, Marta!“ Papa pustete nicht mehr ganz so heftig, aber er hielt mich die ganze Zeit über fest, damit ich ihm nicht vom Stuhl kipp, und er versuchte in einem durch die Stelle zu finden, wo mein Blut überhaupt raussprudelte. Das war an meiner rechten Hand, die Mama ja jetzt da oben hochreckte und selbst aus 'm Heuln gar nich mehr rauskam, und da, an meiner rechten Hand, hing ein kleiner Flatschen von meinem Fingerfleisch gerade noch so an einem Faden an meinem zweitkleinsten Finger dran – und nur aus diesem Loch kam das ganze verdammte Blut raus.

„Mann oh Mann!“ Papa hatte auch Tränen in den Augen, als er behutsam an meinem verwundeten Finger mit Mamas Rollen von Mullbinden herumtupfte. „Da ist 'ne Ader durch – 'ne Arterie oder 'ne Vene“, schniefte Papa, „weiß ich jetzt auch nicht, ist erst mal auch egal.“

„Modder, nu sett di mo henn un geh us utt'm Wech“, sagte Mama recht wirsch zu Oma, während sie meinen Arm nun schon fünf Minuten stracks in die Luft gehalten hatte, dass der schon anfing zu kribbeln. Wenigstens konnte Papa meine Hand und meine Finger und meine Wunde an dem zweitkleinsten Finger gründlich begutachten und dabei schonmal nebenbei überlegen, was jetzt am gesündesten für mich zu tun war.

Papa hatte wirklich recht – da kam tatsächlich nicht mehr ganz so viel Blut nach, obwohl mir immer noch was den Arm runterlief und auch auf die Hose tropfte und auf den Küchenfußboden sowieso, und der Rest dröppelte auf Papas und Mamas Klamotten. Gitti stand stockstarr neben mir und ihre Tränen kullerten nur so. Dann strich sie mir über den Kopp.

„Muss Ulrich jetz sterm?“ flüsterte sie schluchzend zu Mama und Papa und Oma, damit ich 's nicht mitkrieg – aber ich hab 's doch gehört.

„Nein! Wie kommst du denn auf so etwas?!“ antwortete Papa ganz schnell und barsch, und er löste Mama ab und hielt jetzt selbst weiter meinen Arm schnurgrade in die Luft, dass der mir endgültig taub wurde, und ich ihn irgendwann überhaupt nicht mehr gespürt hab. „Ulrich läuft morgen wieder putzmunter durch die Gegend – versprochen!“

Gitti hat mir aber weiter übern Kopp gestreichelt, und Mama hatte einen roten Aufwischlappen in der Hand und zitterte, und die Tränen liefen ihr auch nur so, und sie wollte mich so gern in den Arm nehmen, konnte sie aber nicht, weil ich so dreckig und nass und klebrig und blutig rot war, und dann ist sie erst mal mit 'nem Eimer Seifenwasser und 'nem frischen Aufnehmer und 'nem Schrubber raus ins Treppenhaus – meinen Blutsdreck wegmachen, vielleicht damit die Nachbarn nich denken, bei uns is einer ermordet worden.

Als Mama aus 'm Treppenhaus zurückkam, sagte sie: „Hugo, wer müssen unbedingt ins Krankenhaus mit Ulrich – sonst geht das noch ins Auge!“

„Du, Marta“, beschwichtigte Papa, und er war auf einmal ganz entspannt. „Sein Blut ist jetzt gestillt, und er ist auch gut bei der Sache und guckt ganz aufgeweckt. Jetzt machen wir ihn sauber und verbinden ihn richtig. Und dann wird alles gut. Solche Sachen – und viel, viel schlimmere – hab' ich im Krieg selber 'n paarmal am eigenen Leib durchgemacht, und da war nie 'n Arzt zur Stelle, tagelang nicht. Glaub mir, ich weiß, wovon ich rede.“

Irgendwann später hatte ich dann einen superklasse schneeweißen Verband am Finger – das kam nämlich tatsächlich nur aus einem einzigen Finger, also das ganze Blut, und sonst nirgendwo her, aber da sieht man mal, wie viel Blut in so 'nem kleinen Finger drinsteckt.

Ich war danach sogar noch beim Abendbrot am Tisch und hatte ganz dollen Appetit, und jeder hat mir alles gemacht – is ja klar, bei meiner sauschwern Verwundung.

Oma sagte zu mir: „Next Mol büst vörsichtich – de Rolldinger duung nei.“

„Oma, dat wör nur dee Kant von den blödn Plattn, de Rollschuh könn do gor nix för. Ick mutt blouß 'n beetker better biem Rollschuhföhrn wern.“

„Trotzdem“, sagte Oma, und sie guckte sehr erleichtert und blickte auf den prima schneeweißen Verband an meinem Finger und murmelte: „Nu is Tiet to Bett, mien Ulriker.“ Und mir wurde auch schon langsam wieder 'n bisschen mau im Kopp.

„Haben wir noch Apfelsinen, Marta?“ sagte Papa plötzlich noch zu Mama.

„Wozu? Ich mein, ich glaub schon.“

Gitti rief wie der Blitz: „Ja, drei ham wer noch – in der Schale auf 'm Wohnzimmertisch – und da sind sogar noch 'n paar Äppel mit dabei!“

„Ulrich braucht jetzt ganz, ganz viel richtig gesunde Sachen – Obst, Vitamine und so.“ Papa war immer noch ganz eifrig bei der Sache. „Damit sich sein Blut schnell neu bilden kann. Presst die Apfelsinen mal aus, und dann kriegt er den ganzen Apfelsinensaft bis zum letzten Schluck zu trinken, bevor wir ihn ins Bett bringen, und, wenn er 's schafft, kriegt er auch noch einen Apfel hinterher.“

Gitti ist ab ins Wohnzimmer gedüst und kam wie der Wind mit der Obstschale zurück, und Mama hat sofort mit dem Apfelsinenauspressen losgelegt und die Apfelsinenhälften wie vom Teufel besessen auf der Presse, die wir normalerweise nur zum Zitronenauspressen nehmen, gedreht, und Gitti ist um sie rumgesprungen, als wenn 's was zu Feiern gäb. Nachdem ich den frischen Appelsinensaft, das war 'n Riesenglas voll, intus hatte – und zum Austrinken brauchte ich bestimmt 'ne Viertelstunde – ging 's für mich aber auch flugs in die Falle, dass ich gar nicht mehr weiß, ob ich nicht schon auf dem Weg zum Bett auf Mamas oder Papas Arm weggeschlummert bin.

Ich sag 's schonmal: An dem kleinen Finger, wo ich so draus geblutet hab und wo es am nächsten Morgen wieder leise puckerte, hab ich auch heute noch, also fünf Jahre später, 'ne deutliche Narbe, wo de genau erkennen kannst, wo die Glasscherbe von der Limonadenflasche mir das Fleisch bis runter auf die Adern und die Knochen rausgerissen hat – sieht aus wie 'n ganz kleines Ei, die Narbe, heute fast niedlich anzusehn, doch die werd ich bestimmt mein ganzes Leben lang mit mir rumtragen, und die wird ganz sicher auch immer zu sehen bleiben.

UNSERE NÄCHSTEN NACHBARN

Die hießen *Braake*, das warn zwei Schwestern und ein Bruder, die warn immer ganz für sich, und geklingelt haben wir bei denen sowieso nicht, weil wir von denen nix wollten und die von uns auch nicht, obwohl wir unsere Wohnungen direkt nebeneinander hatten, genau zwischen Fürstenbergs und uns. Braakes, unsere nächsten Hausnachbarn, und wir warn uns gegenseitig fremd.

Das war bei Fürstenbergs, direkt gegenüber, schon ganz schön anders – eh, von denen wollten wir zwar auch nix, aber mit Fürstenbergs und ihrer Bärbel, da haben wir uns klasse verstanden und haben uns immer was zu erzähln gehabt und haben ab und zu mal gegenseitig angeklingelt, und wir sind uns andauernd im Treppenhaus übern Weg gelaufen, und wir kannten uns richtig gut und warn gute Freunde; dagegen warn Braakes kaum zu sehn, aber die warn auch schon noch 'ne ganze Ecke älter als Mama und Papa und als Fürstenbergs erst recht. Vielleicht hat 's wirklich einfach nur dadran gelegen, dass sie schon älter und zu schlapp warn, um immer im Treppenhaus rumzuspringen und mit den Nachbarn zu tratschen, ... Oma wollte das ja auch nicht mehr.

Mit Fürstenbergs war das jedenfalls ganz anders als mit Braakes. Papa und Herr Fürstenberg, und da war noch einer, ich denk, das war Onkel Ewald, die haben die ganze Nacht bei uns in der Küche gehockt, einer von denen auch auf meinem Stuhl, und, ich glaub, das war sogar Onkel Ewald, und die drei haben Bier aus braunen oder dunkelgrünen Flaschen getrunken und eine Zigarette nach der andern geraucht, und sie warn unheimlich lustig beinander, und als Mama mal kurz wegen dem Zigarettendampf das Küchenfenster weit aufmachte, sagten die Männer *Willst de uns etwa rausschmeißen, Marta?!*, und Mama hat, anstatt *Ja* zu sagen, gleich das Fenster wieder zugemacht, und die drei sind dann wahrscheinlich auch noch bis zum Morgengraun in der Küche von uns sitzen geblieben, aber das weiß ich natürlich nicht und Gitti ebenfalls nicht, weil Mama uns beide irgendwann ins Bett gebracht hat und wir beide ruckzuck eingepennt sind und geschlafen haben – und von dem restlichen Remmidemmi nix mehr mitgekriegt haben.

Aber eigentlich wollte ich was ganz andres erzähln:

Herr Braake, den wir ja nur alle paar Wochen zu Gesicht gekriegt haben, konnte ganz prima maln, aber so was von gut – wie 'n echter Künstler! Das haben wir mal zufällig zwischen Tür und Angel mitbekommen, wo er uns, also Mama und Gitti und mich, dann auch ganz schüchtern und bescheiden in seine Wohnung und die von seinen beiden Schwestern reingebeten hat und uns seine unendlich vielen Werke an den Wänden vorgeführt hat – und die warn ja so was von spitze. Da warn lebensechte Bilder von Menschen und von der Landschaft draußen und von Blumen und Bäumen und allem möglichen, da blieb uns dreien geradezu die Spucke weg, so wirklich warn die! Und dann hat sich das so ergeben, dass Herr Braake 'n kleines Schwarz-Weiß-Foto von Omas und Mamas Haus in Woltin von uns, also von Mama, gekriegt hat – und der Herr Braake sollte das abmaln, also nicht einfach nur in schwarz-weiß und ganz klein nachpinseln, der sollte da 'n richtiges, großes buntes Malbild – sowas heißt, glaub ich, *Gemälde* – von machen.

Zwei Wochen später war das Woltiner Gemälde fertig – das war aber nicht mit Ölfarben, sondern nur mit Tusche, und es war ungefähr so groß wie das *SOLINGER TAGEBLATT*, aber auch nur ungefähr. Herr Braake brachte das Bild rüber zu uns, und der hatte auch die ganze Farbe nach eignem Gutdünken noch dazu erfunden und einfach nach seim Gefühl gemalt und auch alles in viel größer als auf dem kleinen Schwarz-Weiß-Foto. Herr Braake war nämlich 'n richtiger Künstler oder Maler oder sogar beides.

Oma war völlig hin und weg: „Guckt doch mol, so soh doch domols us Hoff bi us to Hus in Woltin ut!“

Mama war auch ganz überwältigt von dem Gemälde von Herrn Braake, und Papa und Gitti und mir ging 's auch nicht viel anders, obwohl wir drei ja gar nicht wissen konnten, ob das, was Herr Braake da so schön farbig fabriziert hatte, überhaupt so war, wie 's wirklich gewesen war, denn wir kannten ja nur die kleine Schwarz-Weiß-Fotografie. Das Bild war ja zur Hälfte von Herrn Braake ausgedacht, konnt es nur sein, denn manche Kleinigkeiten in seinem Gemälde gab 's auf dem Foto gar nicht, und Herr Braake kannte Omas und Mamas Bauernhof ja auch nicht aus eigner Erfahrung, nur unser kleines Schwarz-Weiß-Bildchen. Doch er hatte ihn, also Omas und Mamas Bauernhof in Woltin, mit seinem Verständnis wohl richtig gut getroffen und eingefangen – weil Oma und Mama haben sich wahnsinnig darüber gefreut!

„Herr Braake“, fragte Mama, „was kriegen se denn dafür? Das is so schön geworden, so sieht unser Bauernhof wirklich aus!“

„Zwanzig Mark?“ fragte Herr Braake ganz zögerlich.

„Aber das reicht doch nich, Herr Braake – das ist doch mehr als das Doppelte wert!“

„Nein, nein, das ist schon gut so.“ Das war wirklich ganz, ganz nett von Herrn Braake, dass er Omas und Mamas Woltiner Bauernhof uns für nur zwanzig Mark verkauft hat – sein Gemälde von dem mein ich natürlich!

Weißt de was? Das Bild von Herrn Braake ist uns ganz lieb – weil Oma und Mama das so schön finden, und deswegen hängt es bei uns heute noch.

Wir hatten noch zwei andere große Bilder an der Wand, die warn aber auch nicht mit Ölfarbe oder Tusche oder sonst 'ner echten Farbe, sondern nur gedruckt und hinter Glas, und die hingen da immer, wo sie hingen, und eigentlich hat keiner von uns großartig drauf geachtet, auf unsre Bilder, weil die warn da ja schon immer. Da gab 's ein düsteres mit viel Wasser und Häusern an dem Wasser, das war unser großes Wohnzimmerbild über unserm dunkelroten Sofa; und dazu hatten wir ein nicht ganz so düsteres, mit Sonnenblumen in 'ner Vase auf 'm Tisch, das hing über Omas Bett, auf dem Weg zum Klo. Und dann hatten wir noch ein ziemlich kleines Bild – dadrauf tanzte eine Gruppe von Mädchen in altmodischen Kleidern einen Reigen, also die Mädchen hielten sich alle bei den Händen und hüpften zusammen im Kreis, und dieses Bild hing über Gittis Eisenbettchen. Der Bauernhof von Oma und Mama kam jetzt noch dazu, und dafür mussten wir erst noch 'nen gescheiten Platz finden, weil so viele Wände hatten wir ja nicht mehr frei, und Papa hängte das schließlich an Omas Bett auf, gegenüber von den Sonnenblumen. Das war 'n richtiger Ehrenplatz, denn da mussten wir alle naselang dran vorbei ..., auf 'm Weg zum Klo, ... und Oma konnte ihrn Bauernhof immer schön aus ihrm Bett raus sehn.

Nach der Sache mit Omas Bauernhof maln hatten wir aber mit Braakes ewig lange Zeit kaum mehr was zu schaffen, weil wir uns ja auch an sich fast nie über den Weg gelaufen sind. Treffen können sich Leute eben auch nur, wenn man sich gelegentlich mal im Treppenhaus blicken lässt, und mit dem Blickenlassen hatten 's Braakes ja überhaupt nicht.

Unsere liebsten Nachbarn warn aber ja sowieso Fürstenbergs. Fürstenbergs warn 'ne Ecke jünger als Mama und Papa, aber Bärbel war nur ein Jahr älter als ich und dreieinhalb Jahre älter als wie Gitti. Bärbel hatte sogar noch 'ne Tante, die hieß Bruni, und die sah auch genauso aus und war die jüngere Schwester von Frau Fürstenberg, und Fürstenbergs hatten auch 'ne Oma, das war also genauso wie bei uns – das alles, ich weiß, hab ich aber schonmal erzählt und soll 's nur nochmal in Erinnerung bringen.

Einmal kam Gitti nach Hause durch unsere Wohnungstür – da war sie wieder gegenüber bei Fürstenbergs und bei Bärbel gewesen – und sie hüpfte ganz aufgedreht hin und her.

„Ich zeig euch ma was, aber ihr müsst auch zugucken – und dürft auch nich lachen!“ rief sie uns ausgelassen zu und hatte ’n Gehabe an sich, als wenn sie ’ne berühmte Schauspielerin auf ’ner Bühne wär.

Und dann fing Gitti vor uns an zu tanzen, also auf einer Stelle ist se rumgehampelt, und sie schmiss immer einen Unterschenkel hoch beim Hüpfen, immer abwechselnd und ganz schnell, dass es wie ’n wribbelndes X aussah, also ihre Beine, und dabei hatte sie ihre Hände unterhalb vom Bauch, ungefähr da, wo sie Pipi macht, zusammen verschränkt, und manchmal drehte sie die Hände um und hüpfte immer weiter wie ’n X. Kann sich da jetzt einer was Vernünftiges drunter vorstellen? Wahrscheinlich eher nich.

„Was soll das denn sein?“ fragte ich gelangweilt, als Gitti mit ihrm Gehampel – völlig außer Atem – durch war, und ich kratzte mir den Kopp und Gitti sich auch.

„Na, dat is doch *Charlsten* – so wie dat utsüht!“ rief Oma begeistert aus, und Oma hatte richtig rote Backen dabei und freute sich wie Bolle über Gittis Aufführung.

„Genau!“ Gitti war noch ganz schön aus der Puste und hechelte wie Blanka, wenn die von den Lasterfahrern zurückkam.

„So, fertig – puuh.“ Und Gitti plumpste auf Omas Schoß.

„Und wie hört sich Charlsten, oder wie das heißt, an?“ fragte ich, denn Musik war ja bei Gittis Charlsten-Gehopse nich dabei gewesen. Da kamen Oma und Gitti gar nicht mehr aus ’m Lachen raus, und auch Mama nicht.

„Die Charlsten-Musik hörn wer bestimmt ma irgenwann im Radio.“ Mama hat mir ’n Küsschen auf die Stirn gedrückt und mir übern Kopp gestreichelt. „Dann sag ich dir Bescheid, wenn der Charlsten da ma kommt – und der kommt bestimmt ma irgendwann.“

Auf jeden Fall sah der Charlsten von Gitti, den sie von Fürstenbergs und Bärbel mit rübergebracht hatte, ganz schön wild und bescheuert aus – und mit so ’m Quatsch hatte ich überhaupt nix am Hut. Doch Gitti fühlte sich pudelwohl, und Oma und Mama fanden Gittis Charlsten ganz klasse, so klasse, dass se sie in eim durch knuddeln mussten und ihr extra eine KABA nach der andern gemacht haben, ... und Gitti wegen Pipi andauernd aufs Klo gerannt is.

Mama und Frau Fürstenberg haben sich immer gegenseitig Zucker oder Mehl oder sonst so Haushaltsklamotten gebracht, wenn der andern mal was bei ihrm Kochen oder Backen fehlte, und Papa und Herr Fürstenberg haben öfter die ganze Nacht bei uns in der Küche gesessen und erzählt, auch über die ganze Welt, und sie sind darüber hergezogen, wie schlecht jetzt alles ist und früher alles viel besser gewesen wär und dass da mal einer zwischenhaun müsste, damit ’s wieder so wird, wie ’s sich gehört, und das hieß bei den beiden *Politik* und war hauptsächlich was für Männer – und dabei haben Papa und Herr Fürstenberg immer mal wieder aus ihrn Bierflaschen geschluckt und so doll geraucht, dass Mama die Nase voll von dem Zigarettenqualm hatte und wieder mal das Küchenfenster aufmachen musste, und Gitti hat nebenan in ihrm Eisengitterbettchen gelegen und schon ganz tief geschlafen, und sie hatte dabei ihrn Daumen im Mund, und der Rauch aus der Küche hat sie gar nich mehr störn könn.

„So, Ulrich“, hat Mama gesagt, wo Oma auch schon längst weg und in ihrm Bett war. „Jetz is auch endlich für dich Zeit.“

„Ooh – kann ich nich noch ’n bisschen?!“ Denn so was Spannendes wie die Politik von Papa und Herrn Fürstenberg hatte ich bis dahin noch nie gehört – auch wenn ich kein Wort davon verstanden hab.

„Aber nur noch ’n bisschen – zehn Minuten, ja? Aber allerhöchstens!“

Und da hat Herr Fürstenberg gesagt, dass der Russe weg muss, weil der Russe ’n Schwein is und der uns, wenn wer nich auf der Hut sind, allesamt niedertrampelt – und da – da ist

Papa so was von aus der Haut gefahrn und hochgegangen, das glaubst de nich, obwohl der Russe ihm ja doch die ganzen Schusswunden reingeschossen hat, na ja, vielleicht war da auch der Franzose mit drin verwickelt, ich konnte das ja nich so genau wissen, weil ich war ja nich dabei und noch nich ma geborn, aber Papa ist jedenfalls regelrecht explodiert und stand kerzengrade an unserm Küchentisch und hat Herrn Fürstenberg ins Gesicht gebrüllt *Helmut, du hast ja üverhaupt keine Ahnung von nix, du Blödkopp!*, und Herr Fürstenberg ist auch aufgesprungen, und da haben die beiden sich richtig angekeift wegen dem Russen und dem Franzosen, und wie alles komplett neu geregelt werden müsste und die Sachen wieder wie früher sein müssten und so, und keiner von den beiden hat nachgegeben, und sie haben sich in einem durch weiter angeraunzt und immer mal wieder aus ihrer Bierfasche geschluckt und, wenn die leer war, 'ne frische aus 'm Kühlschrank rausgefischt und weiter ihre Politik in die Küche gegrölt – und unsere Nachbarschaft hat wahrscheinlich sogar alles mithörn können, bei dem Getöse, das Herr Fürstenberg und Papa mitten in der Nacht da veranstaltet haben.

„Jetz geh 'n wer ma ganz, ganz schnell ins Bettchen", raunte Mama mir unmissverständlich zu. „Hier ham wer nix mehr verlorn." Und dabei warn die zehn Minuten noch lange nicht rum, da wett ich drauf.

Und dann sagte Herr Fürstenberg auf einmal: „Der Russe is auch nur 'n Mensch."

Und Papa jauchzte: „Davon red' ich doch de ganze Zeit, Helmut!"

Und da war wieder alles in Ordnung und in Frieden zwischen den beiden Männern, und Herr Fürstenberg und Papa haben sich gegenseitig auf die Schulter gekloppt und sich wieder hingesetzt und weiter die Flaschen hochgenommen und Zigaretten geraucht, dass die Bude fix wieder voller Qualm war. Dann – da hat mich Mama aber auch endgültig aus der Küche gezerrt – klingelte es an unsrer Wohnungstür.

„Ulrich, geh schon ma vor ins Bett", drängelte Mama.

„Ich muss aber noch ma Pipi."

„Ja, aber nich zu laut, wegen ..."

„Wegen Oma, weiß ich doch."

Das Klingeln war bestimmt Frau Fürstenberg, dachte ich sofort, die will bestimmt ihrn Mann nach Hause schleppen. Ich hab nur noch gehört: „Kommst du jetzt endlich, Helmut?! Wir müssen doch morgen alle wieder früh raus!"

Und Herr Fürstenberg lallte: „Hujo, da müssen wer noch ma drüwer reen."

Und Papa lallte: „Awer nich heut – siehst ja, de Fraun ham uns voll im Griff." Und die beiden haben sich schier kaputtgelacht und in den Armen gelegen.

Und ich hörte grade noch, wie sie sich gegenseitig zum Abschied nochmal auf die Schulter gekloppt haben, und Frau Fürstenberg wurde endgültig wirsch: „Helmut – wird 's jetzt bald was?!"

DER GROSSE BRAND

Du – da war doch eines Abends im Frühling, und es war schon dunkel, ein beißender Rauchgestank in der Luft, die durch den Spalt von unserm Küchenfenster reinwehte, und wir, außer Oma, sind alle nach draußen gelaufen und haben nachgeguckt, wo das bloß herkommen konnte, und wir sind immer der Nase nach, und unsre ganzen Nachbarn, auch die aus den andern Häusern, warn ebenfalls unterwegs auf der Straße und fürchterlich aufgeschreckt, und als wir um die Ecke von unsrer Van-Meenen-Straße kamen, da haben wir 's auch schon gesehn – Flammen über Flammen über Flammen! Das war doch unser Stadttheater, das da oben am Schlagbaum lichterloh brannte! Wir mussten unbedingt alle hoch zum Schlagbaum rennen und immer zu dem lodernden Stadttheater hinstiern; ich hatte meine Augen ganz weit auf und starrte hoch in das übermächtige Feuer, und gleichzeitig weinte ich schon von dem ganzen Qualm, der da die Straße runter meinen Augen entgegentrieb, und ich hab ganz fürchterlich gebibbert beim Gucken – und die andern bestimmt auch.

Ums Stadttheater herum hatten sich in großer Anzahl überall Feuerwehrautos und Leiterwagen aufgestellt, und es war ein Mordstütata und Blaulichtgeblinke im Gange, und hunderte von dick-schwarz vermummten Feuerwehrleuten richteten aus alln möglichen Ecken, hauptsächlich ganz oben von den Leiterwagen, mächtige Wasserfontänen aus riesig fetten Schläuchen in die Flammen und bliesen alles Wasser, was aus den Hydranten oder wie die heißen zu holn war, in die hochlodernde Glut.

Wir von der Van-Meenen-Straße und der Haumannstraße und der Berndtstraße und der Potsdamer Straße und aus den ganzen andern Straßen standen eng an eng zitternd in der Nacht vor unserm Stadttheater, das wie 'n Scheiterhaufen vor unsern Augen niederbrannte und eine Mordshitze verbreitete.

„Das is nix für uns!" hat Mama plötzlich ausgerufen, und die hatte auch ganz zittrige, feuchte Hände und hat Gitti und mich ganz nah an ihrn Rock rangeholt, und Papa hat mit seim Hut versucht uns 'n bisschen frische Luft zuzufächeln – hat er aber nich geschafft, weil frische Luft gab 's da bei uns am Stadttheater überhaupt nich mehr.

Papa schrie: „Mensch, da bricht der Dachstuhl ein – guckt doch bloß mal!" Es stiebte ein Meer von roten Funken da oben überm Stadttheater auf, und die Flammen schossen so hoch, als wenn sie den Nachthimmel gleich mit abbrennen wollten.

Inzwischen hatten wir alle unsre Taschentücher vorm Gesicht, und Mama und Papa haben mich und Gitti dann geschwind wieder die Straße runtergebracht und rein in unser Haus und gesagt *Die Feuerwehr bringt das alles ganz schnell wieder in Ordnung, wahrscheinlich nachher schon*, und Mama und Papa hatten auch große rot umränderte Augen mit ganz viel Angst drin und haben uns diese Nacht beide mit zu sich ins Bett genommen, sonst hätten Gitti und ich ganz bestimmt nich einschlafen können.

Am nächsten Morgen roch es überall ganz verkokelt, auch bei uns im Treppenhaus und in unsrer Wohnung … und überall. Puuh! Wie das versengt gemüffelt hat, tausendmal schlimmer noch als Papas Aschenbecher, und Oma sagte völlig verwirrt: „Hie hätt et doch irgendwo brennt."

Und Gitti, ganz pfiffig und wie aus der Pistole: „Jo klor, dat Stadttheater gestern Nacht hätt brennt – häv ick selv sehn, do kümmert sich aver de Führwehr drüm."

Und ich fügte ganz schlau hinzu: „Genaues wissen wir noch nicht." Das sagen nämlich die Nachrichtensprecher im Radio öfter so, wenn was schief gegangen ist, und ich hab das nur so nachgeplappert, aber 'n bisschen gebibbert hab ich dabei immer noch.

„Oma, dat Stadttheoter hätt brennt!" Hab ich ihr noch einmal verdeutlicht, doch Oma hat den Kopp geschüttelt, und davon wollte sie nix hörn und nix wissen.

Papa hielt sich seinen Zeigefinger vor den Mund und bedeutete uns Kindern leise: „Pscht! Ulrich, Brigitte, nun haltet mal 'n bisschen den Mund! Das müssen wir jetzt vor Oma nicht groß breittreten und ihr Sorgen machen, ... sie liest das sowieso alles später mal im *TAGEBLATT*."

Irgendwann konnten wir 's alle, also Mama, Papa, Gitti und ich, nicht mehr aushalten, haben uns fürs Rausgehn was übergezogen und sind zu viert und Hand in Hand noch einmal hoch zu der Brandstätte von unserm Stadttheater geeilt, um nachzugucken, wie der ganze Schlamassel jetzt bei Tageslicht aussah. Und der sah aus ..., das kann ich euch aber flüstern! Und die ganzen andern Familien warn genauso auf den Beinen, und Peter Hochmann und Joachim Zillmer und Manfred Polenz aus unsrer Bande und die andern Nachbarskinder und die Eltern von all denen warn auch alle mit dabei.

Unser altes, ehrwürdiges Theatergebäude war bis auf die letzten Mauern runtergebrannt und vernichtet und war ein einziges trauriges Trümmerfeld, und an vielen Stellen glühte und kokelte und qualmte es immer noch aus den Überresten, und es waren zur Sicherheit noch 'ne ganze Reihe von Feuerwehrautos rund um das Gelände postiert, und die ganzen Feuerwehrmänner hatten abwechselnd die Nacht hindurch Brandwache gehalten, für den Fall, dass das Feuer noch einmal ausbrechen und auflodern könnte – das haben Mama und Papa Gitti und mir uns beiden so erklärt.

Jedenfalls war unser Stadttheater in Schutt und Asche, da war nix mehr dran zu rütteln und zu retten, und die ganze Gegend um unsern Schlagbaum rum hat auch danach noch wochenlang nach der Katastrophe verbrannt gestunken – und es hat ausgesehn wie Sodom und Gomorra – und unser *SOLINGER TAGEBLATT* war tagelang voll von unserm großen Theaterbrand.

Da musste ich auch an das Haus neben uns in der Haumannstraße denken, was Papa Gitti und mir neulich erklärt hat, doch das stank gar nicht mehr, es war einfach nur noch Haut und Knochen, das war nämlich aus dem Weltkrieg und einfach nur vollkommen kaputt, und Fenster warn da sowieso keine mehr drin und 'n Dach auch nicht drauf. Um das Ding sind wir Kinder immer im großen Bogen rumgegangen, denn da konnten Ratten und so rausspringen, und wenn de erst ma 'ne Ratte an der Gurgel hast, na, dann gute Nacht.

Jedenfalls wird das mit dem Stadttheater ja jetzt wohl genauso enden wie mit dem Haus in der Haumannstraße, doch bis da Ratten drin wohnen können, muss das Stadttheater, also die Übereste von dem, erst mal kräftig abkühln, und das kann noch 'n paar Wochen dauern, mindestens ..., denn schwitzen tun Ratten bestimmt auch nich so gerne.

Aber vielleicht kann man das Theatergebäude ja auch wieder so richtig schön neu aufbaun, also wenn die ganze Glut erkaltet und der Schutt, der von dem Brand übrig geblieben ist, weggeräumt worden ist, denn Solingen ist 'ne große Stadt, und 'ne Stadt ohne Stadttheater ist doch eigentlich nur 'ne halbe Stadt. Ich denk, wir kriegen irgendwann wieder 'n neues Stadttheater, da glaub ich ganz fest dran. Da müssten sich natürlich erst mal 'n paar Leute richtig Gedanken drum machen, vor allem der Bürgermeister oder Oberbürgermeister von Solingen oder wie der oberste Solinger heißt, und dann müsste das natürlich erst einer wieder tatsächlich neu aufbaun – was heißt hier *einer*, da wärn hunderte von Leuten, wenn nicht noch mehr, monatelang mit beschäftigt. Vielleicht macht das ja Manfreds Papa, Herr Polenz von ganz oben, denn der ist doch Maurer, und auch Herr Zillmer, der Papa von Hans-Joachim, der ist nämlich auch Maurer. Du – bei uns in der Nachbarschaft gibt 's Maurer wie Sand am Meer – und die baun uns in null Komma nix 'n neues Stadttheater hin, das schwör ich.

Und auch das Rattenhaus bei uns nebendran in der Haumannstraße, das wär auch schön, wenn da 'n neues Haus wär oder meinetwegen auch gar nix, aber nicht so 'n düsteres Loch, wo wir Kinder alle andauernd Angst haben müssen, dass uns die verdammten Ratten auffressen.

Ehrlich gesagt, ich war ja noch nie in unserm Stadttheater drin – das geht ja jetzt sowieso nicht mehr – dafür bin ich noch zu klein, weil die dadrin bei ihrn Aufführungen tanzen und singen und sich ausziehn und so Sachen machen, und das ist nur was für Große. Doch wenn ich bei uns um die Ecke und unsre Van-Meenen-Straße hochgeh, muss da oben unser Stadttheater stehn, das muss einfach so sein, und wenn 's nicht da ist und – wie jetzt – nur noch 'n großer Haufen aus Glut und Schutt und Asche ist, fühl ich mich fast so ähnlich, wie wenn ich selbst ganz krank wär.

OSTERWINDS WAAGE

Was die da immer jeden Tag bei Osterwinds auf der großen Waage von denen wiegen, weiß ich auch nicht genau, denn das Gewicht von dem Laster steht doch draußen dran, hab ich selbst gesehn. Aber wenn man hinten richtig was draufpackt, zum Beispiel 'ne Tonne Blei oder 'ne Tonne Daunenfedern oder 'ne Tonne von sonst was, dann wiegt der natürlich ganz plötzlich zehnmal so viel als er eigentlich alleine und ohne Ladung wiegt – also, genau genommen, nicht zehnmal mehr, sondern aufs Haar genau eine Tonne mehr. An sich ist es doch sowieso ganz egal, was 'n Laster geladen hat und wie schwer der überhaupt ist, oder nicht? Das muss doch gar kein Schwein wissen und interessiern! Außer wenn 's um Geld geht!

Bei Osterwinds auf der Waage war auf jeden Fall immer in der Woche schwer was los, und Blanka wollte jeden, den sie nicht kannte und der da an der Waage rumtanzte, immer gleich auffressen, so hat sie sich allemal aufgeführt, und die Lasterfahrer sind, nachdem sie ihrn Wiegezettel von Osterwinds im Waagehäuschen abgeholt hatten, ziemlich hurtig wieder – mit Blanka am Hosenbein – in ihr Lasterführerhäuschen geflüchtet.

Aber Blanka war eigentlich ganz lieb, trotz dem ganzen Gedöns, was sie so veranstaltet hat; denn ich hab kein einziges Mal, also wirklich nie, einen aufgegessenen Lasterfahrer in ihrm Maul gesehen. Und uns, also mich und Gitti, kannte sie sowieso wie ihre eigne Familie, und uns beide hatte se ganz lieb und hätte uns bis zum Umfalln verteidigt – wir beide mussten da gar keine Angst haben, und dabei hätte sie uns mit 'n paar Happsen runterschlucken können, hat sie aber nie gemacht – ist klar, wenn sie 's gemacht hätte, würd jetzt hier kein einziges Wort stehn.

Blanka hieß, glaub ich, eigentlich mit richtigem Namen *Schäferhund*, aber *Blanka* hat mir immer besser gefalln, und Schäferhund hat sowieso keiner zu ihr gesagt. Blanka ist schon 'n schöner Name, mag ich sogar lieber als Gitti oder Brigitte oder Ulrich, aber Ulrich ist ja auch 'n Männername, und der würde gar nicht zu Blanka passen, denn Blanka ist ja schließlich 'ne Frau. Blanka war aber ziemlich dick. Oma war auch fast so dick wie Blanka, aber rennen konnte Blanka ganz eindeutig immer noch schneller; Oma ist ja überhaupt nicht gerannt; ich aber schon, vor allem über die Schienen, damit ich nicht vom Zug erwischt werd, oder wenn damals die Schlagbäumer hinter uns her warn – egal … papperlapapp.

Also nochmal, warum sich die ganzen Lastwagen bei Osterwinds wiegen lassen müssen – ich hab keinen blassen Schimmer – weil 'n Laster wird vom Wiegen ja nicht schwerer, und leichter wird er natürlich auch nicht, und ob der da mal kurz auf der Waage rumsteht, ist eigentlich piepeschnurzegal. Trotzdem, für irgendwen wird 's schon wichtig sein, wie schwer der Laster ist, sonst würden sie das ganze Tamtam mit dem Lasterwiegen ja nicht machen.

Vielleicht – also nur vielleicht – wenn so 'n Lastwagenfahrer sagt *Ich hab 'ne Tonne Kohln drauf, und die kosten zusammen tausend Mark*, und der, der die Kohln haben will, sagt *Glaub ich nich, das sind höchstens achthundert Kilo*, und dann fangen die beiden an rumzustreiten, da sagen die möglicherweise *Am besten, wir fahrn zusammen zu Osterwinds auf die Waage von denen*; oder der, der die Kohlen kaufen will, sagt zu dem Lasterfahrer *Ach, fahr ma alleine dahin, ich hab zu viel zu tun, aber bring mir ja von Osterwinds 'ne Bescheinigung mit, wo das richtige Gewicht draufsteht, aber die Unterschrift von Osterwinds muss auch mit drauf sein, sonst kannst de gleich nochmal zum Wiegen zurückgurken*, und wenn der Laster dann zurück zu dem, der die ganzen Kohlen haben will, kommt und den Zettel mit der Unterschrift von Osterwinds vorzeigt, ist dann alles in Ordnung; aber es kann ja auch sein, dass Osterwinds tatsächlich nur achthundert oder noch weniger und nich 'ne Tonne Kohln, was ja tausend Kilos sind, wiegen, und dann sagt der, der die Kohln kaufen will: „Siehste, du wolltest mich nämlich betuppen, du blöder Affe, und deswegen geb ich dir jetzt auch nur siebenhundert Mark, und nicht achthundert – und tausend schon gar nich, und bei mir brauchst 'de dich sowieso nich mehr blicken lassen, du Lump." Vielleicht ist deswegen Osterwinds Waage 'ne ganz gute Einrichtung, damit 's wirklich gerecht zugeht, und weil die Leute sich andauernd beschummeln wolln und jeder probiert, mehr zu kriegen, als sie es verdienen, haben Osterwinds unheimlich viel mit der ganzen Wiegerei zu tun; und die haben ja auch noch ihre Gastwirtschaft an der Ecke zur Haumannstraße hin, wo die ganzen Suffköppe drinsitzen, wenn sie vom Bau nach Hause kommen, und wenn Herr und Frau Osterwind die ganze Zeit Laster wiegen müssen, trinken die da in Osterwinds Kneipe ein Bier und einen Schnaps nach 'm andern und umgekehrt und haun am Ende einfach ab, ohne was zu bezahln, und da kann auch Blanka nix dran machen; entweder sie bewacht die Lastwagen und rennt hinter denen hinterher und bellt sich die Kehle aus 'm Leib oder sie stellt sich hinter den Tresen von der Kneipe, beides gleichzeitig geht nun wirklich nicht. Und auch Christel Osterwind, das ist nämlich das große Mädchen von Osterwinds, die nachmittags den Ausschank übernehmen musste, hatte keine Lust, den lieben langen Abend zu warten, bis die Zechbrüder sich endlich vom Acker machen wollten, sondern hat schon nach den großen Jungs geschielt und die vor allem nach ihr, und da wär fürs Aufpassen Blanka schon 'ne ganze Ecke besser gewesen, aber die hatte mordsmäßig genug Arbeit mit der Waage und den ganzen Lastern …, hab ich ja schon gesagt.

Also 'ne Waage für Laster und dazu noch 'ne Gastwirtschaft möcht ich im Leben nich haben. Dann lieber 'n Gartenhäuschen mit 'nem Zaun drum herum, wo ich zum Bahnhof gucken kann und seh, was auf den Schienen so abläuft, und wenn ich rausgeh, mach ich hinter mir das Gartentörchen zu, damit da alles in Ordnung bleibt und mir keiner was wegnimmt, und dann guck ich mal bei den Balken und den Flöppen vorbei und ruf vielleicht, wenn ich Lust dazu hab, laut *ULRICH!* in den Tunnel rein und hör 'n bisschen zu, wie der Tunnel sich anhört und hallt und antwortet, wenn er meinen Namen hört. Und wenn ich dann nach Hause in mein Gartenhäuschen zurückkomm und das Törchen aufmach', dann …, na ja, dann weiß ich auch nicht so genau …, denn Mama wär ja gar nicht da und Papa auch nicht und Gitti und Oma sowieso auch nicht …, und das mit dem Gartenhäuschen hab ich mir ja auch nur grade so ausgedacht, weil ich keine Waage und keine Kneipe haben will.

VOM TRÄUMEN

Nachts, wenn ich längst im Bett lag, fuhrn die Züge. Ich hab ja geschlafen, aber ich hab sie trotzdem gehört, die Züge. Und morgens standen sie dann dumm auf den Gleisen rum und mittags immer noch, und dann kam nur noch ab und zu einer bei uns durch und ist weg hinterm Bahnhof oder durch den Tunnel verschwunden.

... Das ist so 'ne Sache mit dem Schlafen, manchmal vergess ich sogar, dass ich schlaf. Schlafen ist 'ne tolle Geschichte, oft falln mir die beklopptesten Sachen ein, wenn ich schlaf, da bin ich auf irgendeinem Stern oder tief im Wasser, oder 'n Vieh knabbert an meinem Ohr und kriecht sogar rein, dass ich aufwach und schrein muss und schwitz und bin tropfnass, dass Mama mich erst wieder beruhigen muss, und da gibt 's so viele verrückte Ereignisse beim Schlafen, die ich beim Aufwachen meistens alle wieder vergessen hab, das ist blöd, aber vielleicht ist das auch besser so – also das mit dem Vergessen.

Papa hat gesagt, das Träumen ist ganz wichtig, und das macht jeder, und deshalb ist Träumen richtig gut.

„Was is Träum?"

„Das, was du mir gerade erzählt hast – wenn du beim Schlafen komische Sachen erlebst – und die haben alle was zu bedeuten. Aber was genau, kann ich dir auch nicht erklären. Tag und Nacht sind zwei verschiedene Welten, und wir alle leben in beiden Welten, tagsüber auf eine Weise und nachts auf eine andere – und beide sind gleich wichtig. Eh, verstehst du überhaupt, was ich sag?"

„Nee – ... vielleicht 'n bisschen."

Ich träum wie verrückt, manchmal auch am Tag, weil das, was passiert, gar nicht wahr ist, und alles, was nicht wahr ist, ist geträumt – so.

Manchmal hab ich Angst, dass es genau umgekehrt ist, aber manchmal wär 's auch viel besser.

Ich weiß, das geht jetzt schwer durcheinander, und ich kapier meistens selber nicht, was fürn Quatsch mir da so durch 'n Kopp fliegt, und dann denk ich, ich hab se nicht mehr alle – aber so is das nun mal mit mir.

... Weit, weit weg ratterte ein Zug schallend durch unsern Tunnel.

PETERS LURCHI

Peter hatte doch tatsächlich einen Salamander aus der Beeke geholt, der lag jetzt in seinem Einmachglas drin und war so was von gelb und schwarz, genau wie der Lurchi im SALAMANDER-Heft von unserm Schuhgeschäft – aber Peter sein Lurchi pennte andauernd in dem Glas, sodass wir ganz schön ratlos warn, wie wir das Kerlchen wieder auf die Beine und zum Krabbeln und zum Schwimmen kriegen.

„Wenn wer ihn wieder ins Wasser schmeißen, wird er bestimmt wieder munter", schlug ich vor. „Und dann fang wer einfach wieder 'nen neuen Lurchi."

Das haben wir dann auch gemacht, also Peters Salamander aus seim Wasserglas freigelassen und – flutsch – weg war der Lurchi, ab durch die Mitte und durch die Beeke.

Peter rief: „Scheiße, verflucht!"

Und ich fluchte auch: „Verflixter Mist, verdammt."

So hatten wir beide uns das nicht vorgestellt und gehofft, dass der Lurchi 'n bisschen bei uns in der Nähe bleibt, wo wir uns doch schon so gut kannten und uns um unsern Kameraden mächtig gekümmert hatten.

„Manno – den wollt ich doch behalten!" Peter war fast am Heuln.

„Lass ma, dem Lurchi geht 's jetz richtig prima", und ich tätschelte Peter vorsichtig auf der Schulter rum; aber Peter dröppelten jetzt doch die Tränen vom Kinn runter, so traurig war der, dass ihm sein Lurchi abgehaun war.

„Du, wenn der Lurchi wirklich zu dir zurückwill, springt der wieder in dein Glas rein, so schnell kannst de gar nich gucken."

„Echt?!" Peter war auf einmal wieder ganz der Alte und seine Augen blitzten, und er äugte erwartungsvoll zur Beeke hin und schöpfte frisches Wasser in sein Lurchi-Einmachglas.

„Aber heute wird das nix mehr", sagte ich und tat, als wenn ich haargenau über die ganzen Lurchis Bescheid wüsste. „Und morgen wahrscheinlich auch nich."

„Wieso nich?!"

„Weil, eh – weil Lurchis werden tausend Jahre alt, und deiner hat deswegen ewig Zeit, bis er sich überlegt, mal wieder in deim Glas zu wohnen."

„Meinst de, ich sollt erst in ein paar Tagen nach ihm gucken gehn?"

„Genau – und 'n größres Glas wär auch besser, dann hat er mehr Luft und Bewegung, eh ..., mehr Wasser um sich rum; so 'n Lurchi is doch sowieso besser in der Beeke aufgehom als in 'nem langweiligen Wasserglas, oder?"

Und Peter sagte: „Dann soll er gar nich zurückkomm." Und er steckte sein Taschentuch wieder in seine speckige Lederhose.

Danach haben wir beide Brombeern bis zum Umfalln gegessen; die Brombeern warn nämlich direkt hinter der Beeke, gleich den Hang hoch, und wir mussten nur rüberhüpfen und aufpassen, dass wir nicht in die Dornen rauschten und uns die Beine und Arme aufratschten, aber das konnten wir wie sonst was – wir warn ja nicht zum ersten Mal hier.

Als wir mit den Brombeern fertig warn, den Bauch voll davon und uns den Mund abgewischt hatten, sind wir wieder zurück über die Beeke, und da war doch tatsächlich beim Rüberspringen – ein Lurchi!

„Hast de den gesehn?!" kreischte Peter mit weit aufgerissnen Augen. „Du, das war doch mein Lurchi, oder?! Das war er doch!"

„Ganz sicher war er das!" Ich war wegen dem Lurchi auch ganz schön aufgedreht, doch ich wollte nicht, dass er wieder in Peters Einweckglas zurückmuss, und deshalb hab ich unauffällig mit meiner Sandale in die Beeke gepatscht und zu Peter ganz ruhig gesagt: „Der Lurchi is morgen auch noch hier ..., der wartet bestimmt, dass de vorbeikommst."

„Bestimmt?"

„Bestimmt." Und wir warn schon so halb auf 'm Weg nach Hause, natürlich wieder mal wegen Abendbrot.

Da kam uns Peters Mama entgegengerannt, und die hat ganz aufgeregt schon von weitem mit ihrn Armen in der Luft rumgefuchtelt und irgendwas gerufen, was wir nicht verstehn konnten, weil sie noch viel zu weit weg war, und als sie bei uns angelaufen kam, hat sie mich gar nicht groß beachtet.

„Du, Peter, Opa will dich unbedingt sehn", hechelte sie und hatte Tränen auf ihrm Gesicht und gleich danach auch auf ihrm Taschentuch. „Dem geht 's nich gut, er fragt immer nach dir. Warum bist du denn so blau um den Mund rum, und du auch, Ulrich, habt ihr irgendwelchen Blödsinn gemacht?!" Und da hat sie mich auch mal kurz angeblickt, ist dann aber mit Peter an der Hand ganz flott über das Kopfsteinpflaster von unserm Bahnhof hoch zur Van-Meenen-Straße nach Hause gehetzt.

Ich bin hinterher getrödelt – 'n Opa hatte ich ja nicht, nur 'ne Oma, dachte ich so bei mir – und musste bei den Balken abstoppen, weil da saß 'ne riesige dicke fette Kröte auf dem blanken Holz obendrauf und hat sich von der Abendsonne bescheinen und wärmen lassen.

„Kröte!" rief ich keck. „Gehört dir der Laden hier?!" Aber die hat sich keinen Mucks gerührt, im Gegenteil, die hat sich einen Dreck um mich geschert; und ich dachte *Hochnäsiges Viech, du!*, und ich bin weiter, aber dann hat was gequäkt, doch als ich mich umdrehte, war die Kröte weg, nur die ganzen Balken warn noch da in der Abendsonne, ... wie immer.

Als ich bei uns oben zu Hause eintrudelte, sagte Oma zu mir: „Wie sühst du denn ut, häst jo 'n ganz blu Schnut, hävt juch wat eeten – or hävt juch Blödsinn mokt?"

„Nee Oma, wi häm keen Blödsinn mokt – ick un Peter Hochmann häm bloß Brombeern eeten."

Oma hat sich darüber sehr gefreut: „Na, dat is goot – dat is jo ma jesund."

Am nächsten Tag – da wollte ja Peter um jeden Preis wieder zu seinem Lurchi – hab ich an Osterwinds Mauer gewartet ... und gewartet, aber Peter kam und kam nicht, und auch am nächsten Tag ließ er sich draußen nicht blicken, und das fand ich langsam ziemlich verdächtig.

Doch dann, da hockte ich, um mit Peter zu seim Lurchi gucken zu gehen, wieder mal auf Osterwinds Mauer rum, kam eine Menge von Leuten aus Peters Haus raus, die warn alle piekfein in Schwarz und Weiß gekleidet, hauptsächlich aber in Schwarz, doch besonders lustig warn die alle nicht, und Peter war mitten zwischen denen drin und auch ganz feierlich angezogen, wobei Peter nicht mal zu unsrer Mauer rübergeguckt hat und deswegen auch gar nicht bemerkt hat, dass ich da auf unsrer Mauer sitz und auf ihn warte.

Da bin ich dann alleine runter zu Peters Lurchi, weil Manfred und Joachim warn wohl auch woanders unterwegs, oder sie warn sowieso schon unten am Tunnel oder was weiß ich wo. Und ich dachte, Peters Opa ist bestimmt gestorben ..., sonst wär Peters Mama uns letztens nicht so verwirrt entgegengestürmt – und dass Peter nicht mehr nach draußen kam, wo er doch so hinter seinem Lurchi her war ..., da hätt ich eigentlich schon früher drauf kommen müssen.

Aber was das Sterben ist, weiß ich nicht, außer dass die Menschen, die gestorben sind, für immer und ewig weg sind und du de die nie mehr zu Gesicht kriegst – höchstens vielleicht in deiner Vorstellung oder im Traum oder so.

MEINE BURG

Das war ja immer so 'ne Sache – mit dem über die Schienen kommen; manchmal war da stundenlang nix los, und dann auf einmal ratterte ein Güterzug nach dem anderen durch, oder die fingen plötzlich das Hin- und Herrollen und Rangieren an, wozu immer das auch gut sein sollte.

Drüben auf der andern Seite von den Schienen war 'n Gemüsegroßmarkt mit all seinen Lagerhallen und draußen mit 'nem weiten platt gepflasterten Gelände, wo sie mit Gabelstaplern ihr Obst und Gemüse von hier nach da geschippert haben, und die stapelten ihre ganzen leern Holzkisten von dem Gemüse und dem Obst direkt an der Mauer über den Schienen, ganz vorne an der Kante von der Mauer. Da mussten wir unbedingt mal gucken, was da so genau alles rumstand, und das war immer so sauber aufgestellt, klar, ist mit schön eckigen Kisten ja auch nicht ganz so schwer – aber auch ausspioniern, was da außer leeren Kisten sonst noch so los war.

Ich sag' dir, die Tour da rüber über unsre Schienen war nicht ohne – erst unsere Bahnsteigkante runter, da hätten selbst Mama und Papa die Hosen voll gehabt, und dann die Springerei über die 30 Schienen, vielleicht warn 's ja auch nur 15, und die Angst, dass 'n Zug kommen könnte und über dich drüberfährt, beim Teufel, das ist 'ne saumäßig gefährliche Sache, und dann musst de hinten beim Großmarkt auch erst wieder an der Bahnsteigkante hochkommen, die war auf der andern Seite 'ne ganze Ecke höher als wie wir Jungs selbst, aber wir haben 's doch irgendwie hingekriegt, mussten aber gleich wieder aufpassen, dass uns nicht irgendwelche Feinde aus 'm Großmarkt erwischen und die Polizei rufen und uns ins Gefängnis bringen. Das Gefährlichste überhaupt war jedoch – der Großmarkt wurde von zwei riesigen *Wölfen* bewacht, der eine war pechschwarz, wie 'n Panther, und der andere sah aus wie Blanka, nur in schlank und in riesig. Die beiden Mordsungeheuer haben vielleicht 'n Theater gemacht, dass dir angst und bange wurde – das sag ich dir! Das ging schon los, als wir gerade erst von unserer Seite aus runter auf die Schienen abgestiegen sind, und da warn wir noch ungefähr hundert oder zweihundert Meter von denen weg, und die Bellerei und Rumjachterei von denen fing sofort auf einen Schlag schon an, und Joachim Zillmer musste immer vorgehen, denn der war ja unser Häuptling und hatte gefälligst vor nix Angst zu haben, und Manfred, Peter und ich stiefelten nur hinter Joachim hinterher über die ganzen Schienen, weil wir fest glaubten, mit Joachim vornweg kann uns schon nix passiern.

„Ich muss nach Hause", rief Manfred plötzlich von hinten mit zittriger Stimme.

„Wieso das denn auf einma?!"

„Weil, weil, ... äh, ... Mutti will mer neue Schuhe kaufen in der Stadt, und die wartet jetz auf mich."

„Das fällt der ja genau rechtzeitig ein! – Angsthase! Dann renn doch zu deiner Mutti!"

Ist Manni aber dann doch nicht und hat sich ganz hinten wieder in unsern Spähtrupp eingereiht. Irgendwann, da warn wir über die ganzen Schienen rüber, und die Wölfe haben uns gar nicht mehr sehn können, denn wir warn direkt unter der Bahnsteigkante vom Großmarkt, und die ganzen Obst- und Gemüsekisten standen den beiden Wachhunden im Weg, aber riechen konnten sie uns natürlich doch noch, weil Tiere riechen einen zehn Meiln gegen den Wind, aber über uns, direkt an der Kante, warn in breiter Front meterhoch die Obst- und Gemüseholzkisten gestapelt, so hoch wie 'n Haus, ehrlich, und die beiden Wölfe haben sich bestimmt saumäßig geärgert, dass sie nicht an uns rankamen, und Manfred grinste auf einmal, als wenn ihm keiner mehr was anhaben könnte, aber der Panther und der Schäferhund warn da immer noch richtig auf Trab und sind hinter dem Kistenhochhaus hin und her gerast und haben gekläfft wie die Bekloppten – würd ich wahrscheinlich selbst auch nicht anders machen, wenn ich 'n Hund wär – jedenfalls, irgendwann warn wir eben da drüben angelangt und haben uns alle gegenseitig triumphierend angeguckt und uns alle Mann unsre Flossen gerieben. Wir hatten 's geschafft, und die Wölfe scherten uns 'nen Dreck – lass sie belln, bis se tot umfalln, uns können se jedenfalls nix. Wir warn nämlich Erobrer, und 'n Erobrer nimmt 's noch mit ganz andern Viechern und Sachen auf.

Die Kisten da über uns warn jetzt nich gerade das Alleraufregendste, was wer uns vorstellen konnten, aber die kamen uns wie 'n Riesenhäuserblock vor und wir warn schwer beeindruckt davon, und dann sind wir seelnruhig den ganzen Weg wieder zurück, über die

Schienen und Kanten und so – denn jetzt gab 's mal wieder Abendbrot, und da mussten wer alle rechtzeitig zu Hause sein, sonst hätt 's höchstwahrscheinlich was gesetzt.

So haben wir die andre Seite von unsern Schienen und den Großmarkt nach und nach ausbaldowert, und Manfred kam auch nicht mehr mit irgendwelchen blöden Ausreden um die Ecke und fand richtig Spaß an unsern Expeditionen und wurde fast übermütig, wenn die Berserker hinter den Kisten rauf und runter flitzten und sich die Seele aus 'm Leib kläfften, weil die beiden Biester konnten uns ja wegen dem Riesenblock aus Holzkisten, der da oben an der Bahnsteigkante vom Großmarkt aufgetürmt war, rein gar nix anhaben.

Nach unsern Ausflügen rüber zur anderen Schienenseite hab ich mir selbst den Großmarkt von unsrer Bahnsteigkante aus immer und immer wieder angeguckt und hab sinniert – so zwischendurch, wir hatten ja jeden Tag auch noch viele andere Angelegenheiten unten im Gebüsch und an der Beeke und so zu erledigen – und der ließ mir einfach keine Ruh, unser Gemüsegroßmarkt, und da gärte und brodelte irgendwas in mir – und da hatte ich auf einmal 'ne Wahnsinnsidee!

Ich bau da 'n Haus draus, 'n Schloss sogar – aus den Kistenstapeln auf 'm Großmarkt! Ne richtige Burg, 'ne Festung, wo nur die Jungs von unserer Bande reinkommen und sonst keiner, und die beiden Wölfe könnten sich dumm und dusselig rennen und belln, bis sie heiser sind, und uns den Buckel runterrutschen, weil sie einfach nicht an uns rankommen können und sonst auch keiner, und wo nur wir Jungs aus der Bande überhaupt wissen, wie man da reinkommt, und einer dafür nicht mal 'nen Schlüssel braucht, wenn einer einfach nur weiß, wie man da reinkommt – und den Trick dafür kennt! Ich hatte so 'n prima Plan im Kopp, wie ich das alles mach, und ich war so dermaßen aufgedreht und zappelig und konnt 's überhaupt nicht abwarten ans Werk zu gehn. Aber das, was ich mir da so vorstellte, hab ich alles schön für mich behalten, und auch der Bande hab ich kein Sterbenswörtchen verraten, nicht mal Mama oder Gitti oder Papa oder Oma – keinem einzigen. Jetzt müsste ich nur noch auf den richtigen Augenblick warten ..., schönes trocknes Wetter müsste es sein, es dürften keine Züge auf den Schienen rumgeistern, und keiner dürfte mich beobachten können – dann könnte ich sofort loslegen und alles so machen, wie ich 's im Kopp hatte.

Eigentlich würd alles ganz einfach sein, 'n Kinderspiel – ich musste 's einfach nur noch wirklich machen und aufpassen, dass ich dabei keinen Bock schieß und alles in die Hose geht. Bis jetzt war das Schloss auf 'm Großmarkt nur bei mir im Kopp – und nachts im Bett hab ich sogar schon davon geträumt und hab 's immer wieder mal vor Augen gehabt, so, wie 's fertig gebaut war ... und wie ich mit Joachim, Manfred, Peter dadrin sitz und wir 's uns gemütlich machen und unsre Beine ausstrecken und schön BLUNA trinken und draußen die scharfen Hunde rumjachten und irgendwann aufgeben müssen und vor lauter Erschöpfung einfach niedersinken und ihre Zungen rausstrecken und nur noch hecheln können – weil mein Schloss nämlich genauso sicher wär wie 'ne Burg ..., mindestens.

Das war 'n schöner, sonniger Tag. Gleich nach 'm Mittag, da bin ich aus 'm Haus und alleine los runter auf die Schienen, wo weit und breit kein Zug in Sicht war, und bin schnell wie 'n Wiesel über die Gleise rüber zum Großmarkt gehüpft. Der Wind blies die ganze Zeit vom Großmarkt her, und die beiden Wölfe haben deswegen auch überhaupt nicht bemerkt, dass ich ganz in ihre Nähe kam, da konnten sie ihre Nasen in die Luft recken und schnüffeln, solang sie wollten, sie konnten nix von mir riechen und sehn schonmal gar nicht, denn da standen ja die ganzen Gemüse- und Obstkisten oben auf der Kaimauer vom Großmarkt zwischen uns.

Ich reckte mich an der Mauer, so hoch ich konnte, fingerte so lange nach 'ner Obstkiste da oben an der Mauerkante, bis ich eine am Haken hatte, zog sie ganz unten raus aus dem

Riesenstapel und ließ sie runter ins Kiesbett plumpsen. Die hab ich mir so zurechtgerückt, dass ich mich bequem draufstelln konnte und an die nächste Kiste daneben und dahinter rankam und die auch rausziehn und runter auf die Schienen schmeißen konnte. Die hab ich auf meine erste Kiste oben draufgesetzt und mir 'n kleines Podest an der Kaimauer gebaut, dass ich von jetzt ab richtig bequem hinlangen konnte, und nun ging 's munter weiter mit dem Kistenrausziehn, und die Öffnung in dem Kistenstapel war schon so groß, dass ich hoch auf die Mauerkante vom Großmarkt klettern konnte und 'n Stückchen rein ins Tor von meiner Höhle kam und mich da schon richtig gemütlich hinhocken konnte und von da aus schön unser Haus und unsre Haustür und unsere Fenster sehn konnte, das vom Wohnzimmer und das vom Klo, auch wenn nur von ganz weit weg.

Ja – das hier sollte *mein Schloss, meine Burg* werden, genau hier inmitten von den Kisten vom Großmarkt, umringt von zwei machtlosen Raubtiern. Das Schloss war ja längst noch keins, aber in 'n paar Tagen würd 's eins sein, das hatte ich mir fest vorgenommen, und ich würd 's auch hinkriegen, das wusste ich.

So bin ich ab da an jeden Tag für 'n paar Stunden über die Gleise rüber zum Großmarkt geturnt und hab den Kistenhügel unermüdlich ausgehöhlt und eine Kiste nach der andern da rausgefummelt, und jetzt war ich tatsächlich richtig drin – in der Kistenburg! Und die beiden blöden Wölfe da draußen haben sich dumm und dusselig gebellt, weil se natürlich genau gemerkt haben, dass da einer in ihrm Reich zugange war, und die sind auf dem Großmarkt hinter den Kisten auf- und abgewetzt, was das Zeug hielt, denn inzwischen konnten sie mich wieder deutlich wittern, weil der Wind ja ab und zu auch dreht, aber an mich sind sie einfach nicht rangekommen – und ich konnte tun und lassen, was ich wollte.

So hab ich Kiste für Kiste rausbefördert und noch eine und noch eine und alle über die Kante runter neben die Gleise poltern lassen, und auf einmal war da 'n ganz tiefer Gang in dem Kistenstapel vom Großmarkt drin, und kein Mensch auf der Welt konnte ahnen, was ich da treibe und was für 'ne schöne Sache ich da mach. Ich hab dann in den Gängen auch links und rechts mal 'ne Kiste entfernt und kleine Seitenwege geschaffen, und der Bau wurde allmählich immer geräumiger – und der hielt spitzenmäßig! Den ganzen Kistenblock hab ich nach und nach ausgehöhlt, wie 'n Maulwurf oder wie die heißen, die alles von innen ummodeln. Das war alles richtig klasse, und ich kam mir vor wie 'n richtig großer Baumeister, obwohl ich ja gar nix aufbaute – eher im Gegenteil! Bis mir dann nach meinem Tagewerk jedes Mal einfiel – verflixt, Abendbrot – sieh bloß zu, dass de fix nach Hause kommst. Und da bin ich aber so was von flink wieder raus aus meinem Bau und runter von der Mauer, hab die Eingangskisten – das, und das allein, war nämlich der Schlüssel zum Schloss – wieder fein säuberlich reingeschoben, dass da ja keiner merkt, was dahinter los ist, und der Kistenstapel sah auf einmal wieder genauso aus, wie er immer aussah, aber nur von außen, denn innen drin war ja jetzt schon 'ne richtige kleine Wohnung drin. Ja, der Schlüssel zum Schloss war tatsächlich nur eine einzige popelige leere Obstkiste. Um reinzukommen, musstest du nur wissen, welche von den tausend andern Kisten in dem Stapel die richtige Kiste war – und die hab ich mir so was von haargenau eingeprägt, das kannst 'de aber glauben!

Ich bin wie 'n Hase zurück ab über die Schienen und in der roten Abendsonne wieder hoch auf unsre Bahnsteigkante gestiegen und hab von da aus ganz kurz mal stolz zurückgeblickt zu dem, was ich da gezaubert hatte, obwohl 's ja von außen überhaupt nicht zu erkennen war; da hättst de direkt davorstehn können, nie und nimmer wärst de drauf gekommen, dass in dem Kistenstapel innen 'ne ganze Behausung drin sein könnte, nie und nimmer – und dann hab ich schließlich bei uns geklingelt, und Mama war froh, dass mir nix passiert war, weil ich doch jedes Mal ziemlich spät dran war und lädierte Arme und Beine hatte, und essen musste ich auch noch und wollte ich ja auch, mit dem Schmacht, den ich wegen meiner tierischen

Arbeit hatte – aber mit meinen Gedanken war ich die ganze Zeit immer noch in meiner Kistenburg drin, und damit bin ich auch ins Bett gegangen, und als Mama mir noch den *Hans im Glück* vorgelesen hat, wurde mir sonnenklar, dass ich selber damit gemeint war. Klar, ich selbst war der Hans im Glück!

HIMMEL UND HÖLLE

Neben der Welt, wo wir drin leben, gibt 's ja auch noch den Himmel und die Hölle, und beide und für sich genommen sind viel, viel größer als wie die Welt, wo wir drin leben. Bevor wir auf die Welt als kleine Babies kommen, wohnen wir ja im Himmel. Oder in der Hölle? Und wenn wir wieder aus der Welt rausgehn, das wird Oma bestimmt bald mal passiern, da gehn wir wieder in den Himmel, oder, wenn wir Tag für Tag andauernd Mist machen, in die Hölle, und jeder verdient sich selbst, wo er hinkommt und wo er herkommt. So stell ich mir das vor.

Gitti zum Beispiel kommt bestimmt aus 'm Himmel, weil sie immer zu mir hält und nicht verraten hat, dass ich letztens Papa seine Streichhölzer geklaut hab, weil ich die unbedingt für mein Schloss drüben auf 'm Großmarkt haben musste, für die Kerze zum Anstecken, aber mit einem Fuß steckt sie auch in der Hölle, denn sie hat mich neulich, als ich irgendwas Blödes über ihre Martina sagte, dass die 'ne blöde Ziege wär und solche Sachen, aus lauter Wut so gekratzt, dass Mama dazwischenpflügen und mir 'n Riesenpflaster auf meinen Unterarm kleben musste, und vorher hat Mama sogar noch Jod draufgetupft, dass ich richtig brülln musste, so höllisch scharf brannte das – und alles nur, weil Gitti mir mit ihrn Kralln in ihrer Rage meinen Arm derbe aufgeritzt hat.

Aber, und da muss ich auch wirklich ehrlich sein, ich selbst bin auch nicht viel besser und beileibe kein Engel – was ich manchmal für 'n Blödsinn mach, das glaubst de nich! Neulich hab ich doch Manfred Polenz – wo wir doch Blutsbrüder warn – vor sein kaputtes Bein getreten, weil er mir ins Gesicht gehaun hat, weil ich zu ihm gesagt hab, er sollt sein *Schrottfahrrad* besser im Keller stehn lassen, bis er endlich dafür reif ist und anständig damit umgehn kann und nicht andauernd damit auf die Schnauze fliegt – und dabei war Manfreds Bein doch schon so dick geschwolln von seinem Fahrradunfall und rundum frisch verbunden, und am untern Rand von seinem Verband war noch eingetrocknetes Blut zu sehn und 'n bisschen sickerte auch immer ab und zu noch nach – und an so 'n Bein tritt man einfach nicht dran, niemals, auf gar keinen Fall, das macht ein Anständiger nicht, wer so was macht, gehört in die Hölle, 'n andern Platz gibt 's für so einen nicht – aber ich hab 's doch gemacht, drangetreten, weil er mir ins Gesicht gehaun hat und alles so schnell ging. Deswegen, und gerade deswegen, wo wir beide doch Blutsbrüder sind, komm ich auch nicht nur aus 'm Himmel – ich komm auch aus der Hölle. Wahrscheinlich hat jeder so 'ne himmlische und so 'ne Höllnseite …

Das macht mir ganz schön Gedanken, wo ich herkomm und wo ich hingeh, und mit der Hölle will ich eigentlich gar nix zu tun haben, weil da ist es nur glutheiß und jeder, der dir da in die Quere kommt, is 'n Scheißkerl und 'n Bösewicht, und mit denen hab ich überhaupt nix im Sinn, aber überhaupt gar nix. Wenn ich nicht bei uns auf der Welt bin, möcht ich immer im Himmel sein; gut, auf der Welt turn ich ja jetzt noch 'ne Zeit lang rum, jedenfalls länger noch als Mama und Papa und Oma sowieso, und da kann ich beweisen, dass ich da auch hingehör, also in den Himmel, und ich hab zu Polenzens, die wohnen ja bei uns oben im letzten Stock unterm Dach, auch schon 'nen kleinen roten Appel, der bei Osterwinds Garten am Zaun lag, für Manfred hochgebracht, damit er merkt, dass ich 's trotz dem Bein gut mit ihm mein und ich sein Freund und echt sein Blutsbruder bin. Frau Polenz hat mich aber nicht in ihre Wohnung reingelassen, doch 'n bisschen gefreut hat sie sich schon und sogar gelacht, als ich ihr meinen kleinen roten verschrumpelten Appel für Manfred gab, und sie hat mir ganz flüchtig durchs Haar gestrichen und gesagt: „Der wird unserm Manfred schmecken – jetz geh ma wieder nach unten, Ulrich, ... bist 'n guter Kerl."

Du – das mit dem Himmel und der Hölle ist gar nicht so einfach zu verstehn! Da wirst de langsam größer und merkst, du wohnst in der Van-Meenen-Straße und läufst raus zum Spieln und alles geht seinen Weg und ist ganz einfach, und dann passiern dir Klamotten wie mit Gitti und mit Manfred, und dann kommst de immer mal wieder ins Nachdenken und denkst und spürst, du hast von Tuten und Blasen keine Ahnung, weil immer wieder was dazwischengerät und de die Welt überhaupt nicht mehr kapierst, und da gehört Manfreds Bein und Gittis Kratzerei auch dazu, weil alles, was de machst, ist sauwichtig und entscheidet, ob de in den Himmel oder in die Hölle kommst, wirklich, du musst immer drauf aufpassen, dass de nicht zurückhaust – das ist das Allerwichtigste, weil zurückhaun, das machen nur Tiere, Hunde und Katzen und Löwen und die ganzen andern Viecher – 'n Mensch darf so was nicht, sonst ist er kein echter Mensch ..., jedenfalls keiner für 'n Himmel.

... Und weißt de was, Himmel und Hölle sind mir jetzt gerade so was von scheißegal – durfte ich das jetzt so sagen, mit dem *scheißegal* – morgen is morgen, und ich bin ja heute, und alles is für mich heute, und von morgen muss ich heute noch gar nix von wissen, es reicht, wenn ich morgen damit klarkomm ..., aber dann kommt 's auf jeden Fall wieder drauf an.

VERLIEBT

Hans-Joachim Zillmer und Manfred Polenz und Peter Hochmann und ich hockten 'ne Zeit lang auf Osterwinds Mauer neben der Waage rum und ließen unsre Beine baumeln, weil wir nicht so recht wussten, was wir mit dem Tag anfangen sollten. Der Tag war noch mächtig lang, und es war noch ewig hin bis zum Abendbrot, und wir tüftelten an einigen Plänen, zum Beispiel, dass wir mit unserm Flöppenwasser von unten bei den Lurchis allen Menschen auf der Welt helfen können, wenn 's ihnen irgendwo juckt, und wir drei hätten 'ne riesige Flöppenplantage und dazu 'ne Flöppenwasserflaschenfabrik, denn ohne Flaschen kriegst de das ganze Flöppenwasser ja nicht raus in die Welt, zu denen, denen das Fell juckt; und jeder von uns hätte jeder 'ne riesige Villa auf unserer Plantage, die lägen aber so weit auseinander, dass wir uns nicht unbedingt jeden Tag gegenseitig in die Quere kämen und uns gegenseitig auf die Nerven gehn könnten, aber Peter sagte *Ich brauch keine Villa, ich zieh direkt in die Flaschenfabrik ein, in den obersten Stock, da kann ich alles gut überblicken und die Flöppen bewachen, und vielleicht könnte man in die Flöppenwasserflaschenfabrik ja sogar noch 'ne kleine BLUNA-Abteilung einbaun*, und Joachim, Manfred und ich sagten *Einverstanden, dann kommen wir alle paar*

Tage mal auf 'ne Limo vorbei und bequatschen, was wer mit unserm ganzen Geld so anstelln; und so haben wir auf der Mauer von Osterwinds Waage ewig weiter rumgesponnen und spekuliert und warn schon gar nicht mehr auf der Erde – aber warn wir ja auch tatsächlich nicht, denn wir saßen ja auf Osterwinds Mauer, und unsre Beine baumelten 'nen Meter über 'm Teer.

Fällt mir jetzt schlagartig ein! Wisst ihr denn überhaupt, was Flöppen und Flöppenwasser ist? Bestimmt nicht – woher auch! Hätt ich euch aber wirklich auch vorher erklärn müssen – sonst begreift ihr ja gar nicht, was zum Beispiel 'ne Flöppenwasserflaschenfabrik ist. Flöppen kennen nur wir Kinder vom Nordbahnhof, ... in den Flöppen kannst de die allertollsten Buden bauen – und das Wasser von den Flöppen ist die reinste Wundermedizin! Und da komm ich dann mal gleich zu – und erklär, was es mit den Flöppen so auf sich hat und hol das alles gründlich nach – aber erst mal weiter mit unserm Rumhocken auf Osterwinds Mauer.

... Joachim Zillmer nahm von jetzt auf gleich gar nicht mehr an unserm Kappes von der Flöppenwasserflaschenfabrik teil und guckte nur noch ganz versonnen und glücklich in die Luft. Manfred tuschelte Peter was ins Ohr, und der fing an zu kichern, und Peter flüsterte mir das weiter ins Ohr, und ich fing auch das Juxen an, und ich sagte:

„Achim – wie heißt se denn?"

Da wurde Hans-Joachim feuerrot im Gesicht und fuchsteufelswild: „Das geht euch 'n Scheißdreck an!"

„Dass de verliebt bist? Hast de se schon ma geküsst?!" Manfred wollt 's jetzt aber ganz genau wissen.

„I wo!" rief Joachim entrüstet, fast, als wenn er so was eklig finden würd.

„Willst de se denn ma küssen?" Was Manni alles wissen wollte!

„Lasst mich verflixt noch ma damit in Ruhe! Verdammt!"

Peter und ich guckten unschuldig in die Luft, und Manfred fing an den *River Quai Marsch*, den sie neuerdings immer im Radio dudeln, zu flöten, und ich und Peter haben gleich mit eingestimmt, weil den kannten wer ja alle, den River Quai, und Joachim hatte sich allmählich beruhigt und hat dann sogar selbst auch mitgepfiffen, und wir vier warn richtig prima gelaunt, und als auch noch Frau Osterwind mit Blanka an uns auf dem Weg zu ihrm Waagehäuschen vorbeimarschierte und auch mitflötete, hätten wer auf der Stelle Pferde stehln könn.

Als wir damit durch warn, also mit dem River-Quai-Gedudel, wurde Joachim auf eimal richtig redselig:

„Die Petra von Blaschkes mag ich wirklich sehr gern – die hat so lustige blonde Locken, und die kann so schön lachen und hüpfen, die trifft immer die richtigen Felder. Habt ehr das schon ma mitgekriegt?" Das stimmte, dass Petra schön blond und lockig ist und immer lacht und beim Hüpfen auf den Platten von unserm Bürgersteig immer alle Felder trifft. Da kam nur noch Gitti halbwegs ran, mit dem Plattentreffen, mein ich.

„Na also – die Petra is es also!?"

Manfred und Peter und ich hatten eigentlich keine Ahnung, wovon Hans-Joachim überhaupt redete und warum er wegen Petra Blaschke so verdrehte Augen hatte, und Peter Hochmann guckte schon wieder gelangweilt in den Himmel und friemelte sich seine Popel aus der Nase, und ich selbst war auch schon am Popeln.

„Los jetz!" Hans-Joachim sprang runter von Osterwinds Mauer und klatschte wild in seine Hände. Wir andern drei sind gleich hinter ihm her und haben auch unsre Hände zusammgeklatscht.

Dann sind wir auf unsre tägliche Tour – um Osterwinds Mauer rum und runter ab Richtung Bahnschienen, gucken, ob da neue Waggons stehn oder vielleicht sogar Loks rangiern; dabei sind wir aber immer über die Balken und zwischen den Brennnesseln und den Disteln durchgehüpft, denn nur gradeaus auf 'm Steinpflaster latschen ist öde.

Als wir vier Jungs, die wir ja eine feste Bande und allesamt Blutsbrüder warn, am andern Ende von unsern Balken angekommen warn, fing Manfred tatsächlich doch nochmal mit dem blöden Küssen und dem ganzen Quatsch an, und, knapp bevor wir bei unserm riesigsten Ahorn warn, auf den wir eigentlich wieder mal raufwollten, rutschte Peter auch noch raus:

„Hast de Petra schon ma nackelig gesehn?"

Dann ging aber plötzlich die Post ab – das sag ich dir!

Hans-Joachim hat Peter so eine runtergehaun, dass der runter vor die Balken und auf die Fresse flog, und ich wollte dazwischengehn und die beiden auseinanderhalten und hab deshalb auch gleich die nächste Faust von Joachim gefangen; Manfred hat Joachim blitzschnell in den Schwitzkasten genommen, so lange, bis Peter und ich wieder auf den Beinen warn, aber dann konnte Manfred den Teufelskerl nicht mehr bändigen, und Joachim schüttelte Manni ab wie 'ne lästige Fliege; da haben Peter und ich uns aber richtig gerächt und haben uns nochmal Joachim zur Brust genommen und ihn beide gehaun, wie wir nur konnten, und zwischendurch haben wir ihn immer mal wieder in den Hintern getreten, dass der das Heuln anfing und Manni ihm diesmal zu Hilfe kam ..., und auf einmal hat sich jeder von uns mit jedem von uns gekloppt, und das ging immer rundum, und wir haben uns gebalgt und geboxt und uns gegenseitig die Arme umgedreht und gebissen und gekniffen und an den Haarn gezogen und was wir sonst noch so draufhatten, egal, ob einer kreischt oder heult oder nicht, und wir haben uns gegenseitig in die Brennnesseln geschubst und gegen die Balken geknallt und sind immer wieder aufgestanden und sind in die nächste Runde von unserm Kampf ..., bis plötzlich aus Manfreds Nase, als er benommen da unten am Balken auf 'm Rücken lag, 'ne Menge Blut rausfloss und er sich nicht mehr bewegt hat.

Da haben wir andern drei auf der Stelle schlagartig mit der Rangelei aufgehört und uns sofort wie verrückt um Manni gekümmert, dass er bloß wieder auf die Beine kommt, und wir warn in heller Aufruhr und alle ganz besorgt; aber Manfred lag regungslos da, obwohl er die Augen ganz weit aufhatte und stockstarr in den Himmel guckte. Deswegen haben wir 'n bisschen abgewartet, bis er sich endlich wieder bekobert und seine Klappe aufmacht. Hat er aber nicht gemacht, und wer wussten jetz genau – unser Manni is tot ..., und jetzt mussten wir 's irgendwie Herrn und Frau Polenz beibringen, dass ihr Junge nich mehr is, und wir warn in 'ner Höllnbredullje, und wir drei wussten nicht vor und nicht zurück, aber am schlimmsten war – dass unser Manni tot war.

„Wer müssen ihn wiederbeleem!" drängelte ich und hampelte auf der Stelle vor unsern Balken rum und konnte überhaupt nicht mehr richtig gucken, wegen meinen ganzen Tränen nämlich.

„Wer müssen Manfred zurückholn ins Leem – das geht, das hat 's schon oft gegeem!" Und ich ließ mich vor lauter Not auf seinen Brustkorb plumpsen und ritt wie 'n Wilder auf ihm rum, wie auf 'nem Pferd. Da hat doch Manfred tatsächlich irgendwann begonnen zu ächzen, und da war 'n wir andern drei alle dermaßen baff und heilfroh und wärn vor lauter Freude fast in den Himmel gesprungen – wenigstens lebte er wieder, und ich bin erleichtert und stolz wie Oskar von ihm aufgestanden und hab mir schonmal meinen Dreck und meine Brennnesseln abgeschüttelt und musste sofort das Kratzen an meinen Armen und Beinen anfangen, denn jetzt kamen die ganzen Brennnesselpickel bei mir raus, das kannst de aber glauben, und es hat nur noch überall gejuckt wie Hölle, und Peter und Joachim turnten ja auch die ganze Zeit an den Balken zwischen dem Grünzeugs und den Brennnesseln rum, und denen hat das Fell genauso gejuckt, und während wir uns in einem durch überall am Kratzen warn, hatten wir aber hauptsächlich unser Auge auf Manni, der da immer noch unten am Balken lag und völlig erschöpft von unsrer Balgerei war und viel Blut unter seiner Nase hatte und ganz schwer atmete, und haben nur gehofft, dass er sich bloß wieder so richtig bekrabbelt und wir alle vier wieder Freunde sind und den Kampf von vorhin vergessen – und Schwamm drüber is.

Manni hatte aber wieder aufgehört zu japsen und glotzte wie 'n Frosch in die Luft, dass Peter ausrufen wollte, sich aber schnell die Hand vor den Mund hielt und kreidebleich flüsterte: „Jetz is er doch wieder tot!" Und wir drei andern hatten 'ne Mordsangst – das kannst de aber glaum, und uns liefen die Tränen nur so über die Backen.

Da ist Joachim runter zu Manfred und hat ihn – geküsst! Wirklich! Achim hat seinen Mund auf Manni seinen gedrückt und in ihn seine eigne Luft reingepustet! Dabei hat er aber zwischendurch immer abgelassen, sich aufgerichtet – musste er ja zum Luftholn – und neu ganz tief Luft geholt und die dann wieder in Mannis Mund reingeblasen und hat Manni, warum auch immer, dazu sogar noch die Nase dabei zugehalten, ... bis der zum zweiten Mal wieder aufwachte und zu Tode erschrocken Achim anschnauzte:

„Lass das gefälligst, Blödmann! So was darf nur Mutti, du Idiot!!"

Manni saß wie der Blitz wieder aufrecht vor seim Balken zwischen den Brennnesseln, und dass er so schön keifen konnte, hat uns alle richtig glücklich gemacht – außer dass er ja seine ganze Fresse rot voller Blut hatte.

„Manni, Mensch – du warst schon tot!" Peter hüpfte wie 'n wild gewordener Handfeger an den Balken entlang, während er sich gleichzeitig die Beine und Arme wie verrückt wegen den Brennnesseln kratzen musste, und ich hab meine Lederhose ausgezogen und die Manni zwischen den Balken und seinen Rücken gestopft, damit er 's richtig gemütlich im Nacken hat, und der blickte immer noch recht entgeistert, doch jetzt bewegten sich seine Augen wenigstens ab und zu mal, und in der Gegend rumkrakeeln konnte er ja offensichtlich auch schon wieder.

Jetzt war alles wieder gut und prima, und Manni lebte wieder, und wir drei andern aus unsrer Bande warn so saufroh, dass wir nicht zu Polenzens raufmussten, um zu überbringen ..., na ja, mussten wir ja Gott sei Dank nicht.

Die ganzen Brennnesselstiche haben uns vier mittlerweile so kirre gemacht, und wir haben uns nur noch in einem durch wegen der verdammten Juckerei von den Brennnesseln scheuern müssen.

„Wer brauchen jetz unbedingt unser Flöppenwasser!" hab ich ausgerufen. „Lasst uns bloß rüber zu den Flöppen, sonst überstehn wer das nich – Manni schafft das auch wieder dahin."

Achim und Peter haben Manni gestützt, aber der war auch so schon wieder ganz gut auf den Beinen und wollte das – aus eignem Stolz – mit den ganzen Hilfestellungen überhaupt nicht haben und hat widerwillig um sich gehaun, als wer vier mit ihm am Arm über die Schienen rüber zu den Flöppen gehoppelt sind.

Ich bin schonmal vorgegangen und hab 'ne riesige Flöppe aus dem Sumpf da an der Beeke rausgerupft, und als die Jungs auch angelangt warn, hab ich se alle verarztet – und mich selbst natürlich auch. Dafür hab ich den langen Flöppenstrunk geknickt und das Wasser, das da rauslief, erst mal auf Manfreds Brennnesselstelln pladdern lassen, denn der war uns ja gerade am allerwichtigsten und am liebsten, und der hat sich das Flöppenwasser schön über seine Beine und Arme und Beine träufeln und verteilen lassen und guckte schon richtig entspannt und locker in der Gegend rum – und von Jucken war bei ihm keine Spur mehr. Die nächsten Flöppenknickser haben dann Achim und Peter und zuletzt ich abgekriegt, und wir haben uns alle unsere Pikser von den Brennnesseln schön mit dem Flöppenwasser eingerieben, dass es uns alln ganz fix wieder gut ging und die verdammte Juckerei und Kratzerei endlich ein Ende hatte.

... Also Flöppen sind die reinste Wunderwaffe, für wenn de an Brennnesseln rangekommen bist. Irgendwie glaub ich, Flöppen gibt 's nur bei uns am Solinger Nordbahnhof, jedenfalls hab ich die noch nirgendwo sonst gesehn, ... aber, fällt mer ein, ich war ja auch noch nicht irgendwo sonst so richtig, außer in Hochdahl und in Porz und einmal in Aachen.

Und das Tollste kommt noch dazu – in den Flöppen kannst de fantastisch große Buden bauen, dadrin findet dich kein Schwein.

Ja, egal – und das will inzwischen bestimmt jeder, der dies Buch schmökert, endgültig brennend wissen: Was sind denn Flöppen jetzt überhaupt? Kurz und bündig – keine Ahnung!

Ich kann ja mal versuchen se zu beschreiben. Flöppen sind Pflanzen und so etwa zwei Meter hoch und haben riesengroße Blätter, besonders ganz oben, die sind wie 'n Dach, wenn se dicht an dicht stehn, und das tun se bei uns an der Beeke, deswegen sind die Flöppen ja auch bei uns so beliebt fürs Budenbaun; die Stämme von den Flöppen sind höchstens zwei Daumen breit dick, und die sind vom Boden bis unter ihr Blätterdach saftig-grün und fleischig, und jetz kommt 's – die Stämme gehen nich in einem durch, wie bei andern Pflanzen oder Blumen oder Bäumen, nee, die Stämmchen von den Flöppen sind in einzelne Abschnitte unterteilt, die sind etwa so lang, wie 'ne Hand lang is, also diese Abschnitte, und das is das Allerentscheidenste, diese Abschnitte sind hohl und in allen von den Abschnitten is 'ne Flüssigkeit drin, und nich zu knapp und sieht einfach aus wie Wasser – und genau das is das wunderbare Flöppenwasser! Wenn de an 'ne Brennnessel gerätst oder sogar in de Brennnesseln reingeflogen bist, kannst de so was von froh sein, wenn de Flöppenwasser hast – nix andres hilft besser gegen die verdammte Juckerei von den Brennnesseln wie Flöppenwasser, das Zeug is wirklich Gold wert! Und deswegen haben Achim, Peter, Manni und ich neulich, also bevor unsere große Klopperei losging, auf Osterwinds Waagemauer von unserer Flöppenplantage und unserer Flöppenwasserflaschenfabrik rumfantasiert, weil wer wussten, dass das Flöppenwasser 'ne Goldgrube sein könnte, wenn wer 's denn richtig anstellen würden. So – jetzt wisst ihr endlich auch, was Flöppen sind und worum 's beim Flöppenwasser überhaupt geht und warum unsre Bande so scharf auf 'ne Flöppenplantage und 'ne Flöppenwasserflaschenfabrik is.

An so was haben wer aber jetzt, direkt nach Mannis *Tod*, grade beileibe nicht mehr gedacht – wer warn froh, dass wer uns Flöppenwasser auf unsre juckende Haut dröppeln konnten und, vor allem, dass Manfred Polenz wieder zurück bei uns auf der Erde war. Als wer noch emsig dabei warn, unsre mitgenommenen juckenden Beine und Arme mit dem Flöppenwasser einzureiben, fing 's auf einmal aus heiterm Himmel an zu schütten – wo wir eigentlich heute doch noch so viel auf dem Kieker hatten – aber wir hatten ja 'n prima Flöppenblätterdach über 'm Kopp, und haben fast nix von dem Regenguss abgekriegt, und als das Wetter durch und vorbei war, ist Manni wie von der Tarantel gestochen aufgesprungen und wollte unbedingt schnell nach Hause zu Mama und Papa – wo er doch grad schon zweimal tot war! Und jetzt war es endgültig klar – Manni is wieder quicklebendig!

Gott sei Dank war das nur 'n kurzer heftiger Schauer, und danach sind wir Bürschchen unter unserm dichten Flöppendach ins Freie gekrochen, haben die paar Regentropfen abgeschüttelt und haben Manfred nach Hause geleitet, und der durfte sogar vorweggehen, das durfte sonst nur Hans-Joachim, denn der war ja unser Hauptmann, oder höchstens ich, wo ich doch in unsrer Bande am zweitmeisten zu bestimmen hatte, aber diesmal haben wir alle Manni den Vortritt gelassen. Wir haben ihm abwechselnd unter die Arme gegriffen, obwohl er das gar nicht so recht leiden konnte; wir ham 's aber trotzdem so gemacht, weil der war, auch wenn er 's selbst nich wahrhaben wollte, doch noch 'n bisschen durch 'n Wind und strauchelte ab und zu wie 'n Besoffner bei unserm Weg zurück über die Schienen und über das glitschig nasse Kopfsteinpflaster – und am Ende haben wir furchtsam an unsrer Haustür bei Polenzens geklingelt, Manni fix noch das Blut unter seiner Nase notdürftig abgewischt und ihn hoch in den vierten Stock von unsrer Van-Meenen-Straße 32 gebracht, also bis zu seinem Zuhause.

Frau Polenz wartete schon in der Wohnungstür, als unsere Truppe die ganzen Treppen hochgestiefelt kam und Manfred abliefern wollte.

„Manfred – is mit dir alles in Ordnung?!" Frau Polenz guckte besorgt und misstrauisch zugleich, und sie hatte schon so eine Ahnung. „Manfred?! Ich red mit dir!" Aber weil Manfred seinen Kopp die ganze Zeit extra wegen seim blutverschmierten Maul absenkte, konnte Frau Polenz Mannis rote Schnute gar nicht sofort sehn.

„Ja, Mutti … alles prima." Manni war wirklich 'n Pfundskerl, und er rieb sich schniefend einmal mit der Hand unter seiner roten Nase vorbei und zwinkerte uns dabei verstohlen zu.

„Was wollt ihr denn eigentlich alle hier?" Frau Polenz kriegte plötzlich fast so große Augen wie Manni vorhin, als er tot an dem Balken lag. „Wo kommt denn überhaupt das ganze Blut her – das seh ich ja jetz erst?!"

„Wer wollten nur drauf achten, dass Manfred gut nach Hause kommt", sagte Joachim, und Manni sagte zu seiner Mutti: „Das Blut kommt aus meiner Nase – aber das is ja schon schön trocken."

„Ganz genauso is es", fügte Peter beruhigend hinzu, und Achim und ich haben nix gesagt, weil Peter hatte 's ja schon gesagt.

Frau Polenz hatte jetzt aber die ganze Zeit den roten Schmier um Mannis Nase und Mund im Visier und, auch wenn der recht fidel schien, Heidensorgen um ihrn Jungen, nahm Manni hoch auf ihrn Arm, und sie befahl uns andern: „So, ihr drei Kameraden marschiert jetz ma ganz fix ab runter und nach Hause!" Und Herr Polenz guckte auch um den Türpfosten und sagte drohend, mit 'ner Flasche Bier in der Hand, zu mir und Peter und Joachim: „Das kriegen wer schon noch raus, was mit unserm Manfred und sonst noch passiert is, das glaubt ma bloß – und dann reden wer 'n ernstes Wörtchen mit euern Eltern!"

„Nu lass erst ma gut sein!" Frau Polenz stupste Mannis Papa, also ihrn Mann, zurück in die Wohnung und scheuchte Achim, Peter und mich mit energischen Handbewegungen die Treppe herunter und verschloss hastig die Wohnungstür.

Auch wenn wir 'n bisschen schuldbewusst und eingeschüchtert die Stufen runtergezuckelt sind, wo wir doch für nix was konnten, hatte ich überhaupt kein Bammel vor Herrn Polenz, denn Manni war selbst genauso Schuld an dem ganzen Schlamassel und seiner blutigen Nase und den Brennnesseln und allm wie ich und Peter und Hans-Joachim, und dass sein Manni gleich zweimal tot war, konnte Herr Polenz ja überhaupt nicht wissen, weil er ja nicht dabei war, und Manni hätt 's ihm nicht ma verraten können, denn aus 'm Tod raus kannst de ja nix erzähln.

Wir vier hatten uns einfach gekloppt, und wenn da 'n Zahn oder sonst was flöten geht oder einer irgendwo blutet oder mal zwischendurch totgeht, können wir doch auch nix dafür, das gehört zu 'ner Rauferei dazu und is eben so, … und das war ja sowieso alles nur, weil Achim in Petra Blaschke verschossen war, und Manni immer wieder mit dem Küssen von den beiden angefangen hat – und eigentlich war Manni an der ganzen Kacke selbst schuld.

MEINE BURG (TEIL II)

Am nächsten Tag, da haben Polenzens Manni sogar wieder nach draußen gelassen, und der war ganz frisch und putzmunter und hatte auch überhaupt keine rote Fresse mehr, hockten wir vier wie gewohnt auf Osterwinds Mauer.

„Habt er schon ma geküsst?“ fragte uns Manfred genauso aufmüpfig wie gestern und kloppte mit seinen Schuhfersen abwechselnd im Rhythmus an die Mauer. *Fang nur nicht wieder damit an!* dachte ich voller Schreck. *Sonst haben wer das gleiche Theater wie gestern und kloppen uns gegenseitig halbtot! Was hat Manni denn bloß andauernd mit seiner verdammten blöden Küsserei?!*

„Nee, hab ich nich und will ich auch nich“, sagte ich blitzschnell, damit mit dem Gequatsche über die ganze Knutscherei endlich Schluss ist und wir das endlich aus 'm Kopp kriegen.

„Aber meine Mama küsst mich andauernd“, das musste ich schon zugeben. „Also nich direkt *andauernd*, nur morgens nach 'm Aufstehn und abends vor 'm ins Bett gehen vor allem – und zwischendurch knuddelt se mich auch schon ma öfters.“

„Macht meine Mutti auch“, sagte Joachim.

„Meine hat das auch so an sich“, bestätigte Peter.

„Findest de das Küssen denn schön?“ Der muss irgendwie krank im Kopp sein, der Manni, dass der immer dadrauf rumreitet!

„Nee, eigentlich nich besonders“, sagte ich. „Aber wenn 's Mama nich macht, würd 's mer dreckig gehn.“

Jetz warn wir aber wirklich alles durch, was es übers Küssen zu bereden gab und – potzblitz: „Ich hab 'ne gute Idee, was wer machen könn“, rief ich den Jungs zu. „Aber da müssen wer uns jetz 'n bisschen beeiln, wer müssen dafür nämlich ganz über de Schien rüber.“

Manfred: „Echt – schon wieder?! Da warn wer doch letztens schon 'n paarmal.“

Hans-Joachim: „Nee, nee, lass ma. Aber trotzdem, sag schnell, was is es?!“

„Wer baun 'n Schloss.“

„Du spinnst.“ Peter verdrehte seine Augen und schielte in den Himmel.

„Ich spinn überhaupt nich. Macht ehr mit?“

Manfred: „Klar.“

Hans-Joachim: „Äh – wo müssen wer denn genau hin?“

„Nich weit, nur über die Schien, hab ich doch gesagt – also zum Großmarkt, da, wo wer letztens schon warn.“

„Wieder zum Großmarkt? Du spinnst!“ Peters Augen fieln ihm fast aus 'm Kopp. „Da zerreißen uns diesma de beiden Wölfe! Das kannst de schön alleine machen, wenn de denn so scharf drauf bist!“

„Die Hunde könn uns immer noch nix tun, die komm gar nich an uns ran, werdet ehr schon sehn, und 'n Zug kommt jetz auch nich mehr, nie und nimmer“, versuchte ich die Bande zu beschwichtigen.

Weil die Jungs aus der Bande mir ganz vertrauten, sind wir dann endlich runter von Osterwinds Mauer abgestiegen, und Blanka fing schon wieder das Rumrennen an, nur, weil sich irgendwer irgendwohin bewegte – auch wenn 's nur wir vier warn, die sie ja alle gut kannte. Am liebsten wär se mit uns über die Schienen mitgekommen, aber Herr Osterwind hat se barsch zurückgepfiffen, und wir vier Jungs sind ohne Blanka losgezuckelt.

Wir warn hier schon seit Ewigkeiten runter hinter die Mauer und zu den Schienen und ins Gebüsch geturnt, und drüben den Großmarkt hatten wer ja neulich auch schon erobert, aber jetzt war das anders: Ich hatte ein Geheimnis – mit dem Schloss und der Burg und so – und jetzt war ich ganz nahe dran das zu verraten.

Aber Geheimnis hin oder her, von 'nem Geheimnis hast de nix, wenn 's ewig geheim bleibt, dann nimmst de dein blödes Geheimnis mit ins Grab, oder wie das heißt – und dahin, wo de tot bist und keinem mehr was erzähln kannst. Und dann? Nix is dann, gar nix – 'n Geheimnis is nix wert, wenn de 's bloß für dich behältst. Weißt de was – Geheimnisse sind nur gut, wenn de die wenigstens mit einem teilst, vielleicht brauchst de dazu, also zum Teiln, ewig und drei Tage, aber ohne das is dein Geheimnis 'n Dreck wert, und genau deswegen wollt ich der Bande mein Geheimnis zeigen – damit ich nicht allein bin ... mit meim Geheimnis. Und damit wer Mannis blöde Knutscherei und solchen Blödsinn aus der Birne kriegen und alle zusammen schön abgelenkt werden.

Als wir an der Bahnsteigkante auf unserer Seite standen, zeigte ich rüber: „Seht ihr den Riesenkistenstapel dahinten auf der andern Seite?" Was für 'ne bekloppte Frage – den kannte doch jeder von uns, und da warn wer doch sowieso schon alle zusamm!

„Ja, und? Da warn wer doch neulich schon!"

„Das is das Schloss."

„Toll." Die Jungs drehten sich ab Richtung Balken und Gebüsch.

„Da is schon 'ne ganz prima Bude drin – das müsst 'er ma sehn!"

„Dann sag das doch gleich! Bude is immer gut, und quatsch nich von irgend 'nem blöden Schloss!"

Und dann sind wir doch alle vier zusammen nacheinander rüber über die Schienen gewetzt und oben auf die Mauer vom Großmarkt gekrabbelt – davor lagen ja jetzt haufenweise Obst- und Gemüsekisten zum Draufstellen und Hochsteigen, die ich da liegen gelassen hatte, und wir konnten ganz leicht hochklettern. Aber wohin klettern? Von meinem geheimen Bau konnten die Jungs ja noch nicht das Geringste erkennen, und sie warn alle regelrecht bedient.

„Hier warn wer doch alle schon 'n paarmal und haben uns deine bekloppten Kisten angeguckt. Von Bude seh ich aber weit und breit nix!" Joachim starrte die Kistenwand hoch.

„Ich auch nich", brabbelte Peter angeödet. Hinter dem Kistenhügel trieben die beiden Riesenhunde wieder ihr Unwesen und rannten hin und her und bellten wie bescheuert, aber Peter hat auch gemerkt, dass die beiden Teufel ihm und uns nix anhaben konnten und fing aus lauter Langeweile an, 'ne Kiste, die da im Kiesbett unter der Mauer lag, platt zu trampeln.

„Die beiden Burschen ham 's aber auch nich leicht." Manfred grinste überheblich über alle vier Backen. „Also, Ulrich, 'ne Bude sieht für mich 'n bisschen anders aus. Und 'n Schloss erst ma ..., na ja, von Bude is hier aber rein gar nix zu sehn. Hast uns ganz schön veräppelt, ne?"

Ich stand auf meinem Podest und hab nix weiter zu dem ganzen Geblöke von der Bande geantwortet und hab nur die Eingangskiste – also den *Schlüssel* – aus meiner Burg rausgezogen und – boah – warn die drei baff! Die dachten, sie trifft der Schlag, als ich sie alle nacheinander auf die Kisten steigen ließ und sie die Höhle da drinnen sahn! Und dabei hatte ich mit meiner Arbeit ja überhaupt grade erst angefangen.

Das is ja 'n Ding! Das gibt 's ja überhaupt nich! Wie hast de das denn hingekriegt?! Wann hast de das denn ausgeheckt?! Mensch, Ulrich, du bist ja irre! Das is ja sagenhaft, was de da fabriziert hast! haben die drei reihum ausgerufen und noch 'n paar andere schmeichelnde Sachen. Jedenfalls warn Achim, Manni und Peter völlig von den Socken.

„Und, wie is das jetz – helft ehr mit, weiter ausräum, sonst mach ich 's sowieso alles allein. Aber ihr verratet mich nich, oder?"

„Aber nee, wer verraten dich doch nich! Wie kommst de denn auf so 'n Quatsch – verraten!"

Peter kroch durch die schmale Öffnung rein in meine Kistenburg und wie er 'ne Minute später wieder aus dem Dunkel rausgerobbt kam und seinen Kopp nach draußen streckte, hatte er Freudentränen im Gesicht – ehrlich wahr.

„Leute, so was habt ehr noch nich gesehn!“ sprudelte er zu Manfred und Joachim. „So was habt ehr noch nich gesehn – da is ’ne Riesenwohnung drin dahinten – so was habt ehr noch nie gesehn, das schwör ich!“ Peter konnte sich überhaupt nicht mehr einkriegen, so begeistert war der, und ich fand mich richtig klasse – fand ich mich aber auch schon, als noch keiner überhaupt was von meinem Schloss wusste.

Hinten auf ’m Großmarkt, hinter unsern Kisten, jachteten schon wieder die Wölfe rauf und runter und bellten dabei in einem durch. Doch jeder von uns wusste, die können uns überhaupt nix tun, weil ja der riesige Kistenstapel zwischen denen und uns stand, direkt bis an die Bahnsteigkante ran, und die ganzen Kisten riegelten alles ab, und da konnten die Mordsviecher hin- und herjagen, bis se vor lauter Erschöpfung zusammenbrechen – uns vier konnten se beim Teufel nich packen, und wir ham ganz gelassen und gemütlich angefangen unsre Maulwurfsarbeit zu verrichten.

Manfred hatte schon ’ne Gemüsekiste im Handgriff und reichte sie weiter zu Hans-Joachim und zu mir und ich weiter zu Peter, der sie dann auf die Schienen fallen ließ. Kriech mal ganz alleine 5 Meter aus ’ner Höhle raus, nur um eine Kiste loszuwerden, und dann 6 Meter wieder rein, um die nächste rauszuholn, und das immer wieder – und der Gang wird ja mit jeder Kiste, die da rausbefördert wird, immer länger – da würdst de, auf dich allein gestellt, irgendwann durchdrehn. Das klappt mit ’ner Viererkette viel flüssiger und schneller, weil jeder muss ja nur ’n ganz kurzes Stück durch die Gänge und übergibt seine Kiste einfach weiter an den nächsten, und der letzte in der Kette lässt die dann runter ins Kiesbett von den Bahnschien über die andern rausgeräumten Kisten kullern.

Wir warn richtig flink Hand in Hand, und irgendwann haben wir dann die Zimmer gemacht und vor allm das Wohnzimmer. Und da stand am Ende ein Tisch, also ’ne Appelsinenkiste, drin, und vier Sessel, also noch vier Appelsinenkisten, falls wir mal Besuch kriegen, obwohl da eigentlich nicht unbedingt mit zu rechnen war. Doch schön wär ’s schon, vor allm wegen den großen Augen, die die Besucher machen würden.

Wir haben es uns da in meinem Schloss, noch ganz schön verschwitzt von unserer Ackerei, verflucht heimelig gemacht. Wir hatten zwar nix zu trinken, aber Zigarettenkippen aus den Gleisbetten und ’nen Kerzenstummel aus Manfreds Lederhose und meine Streichholzschachtel – diesmal war ’s ja tatsächlich meine, neulich von Papa stibitzt. Wir haben uns alle vier ins Wohnzimmer gesetzt, die Kerze angezündet, damit wir überhaupt was sehn konnten und haben uns die blöden Kippen angesteckt und uns wurde alln schnell übel in der Enge, aber wir warn echte Jungs, und es war unheimlich gemütlich, und dann sind wir aufgestanden, aber mussten uns erst mal ganz fix wieder hinsetzen, weil uns düselig war, und dann haben wir die alten verkokelten Zigarettenstummel schnell ausgedrückt, weil die sowieso zu Ende und zum Kotzen warn. ’Ne BLUNA hätten wir jetzt gerne gehabt, keine Scheißzigarettenstummel – BLUNA gab ’s aber in meim Schloss noch nicht.

„Schlösser haben auch alle ’n Weinkeller – da müssen wir uns auch noch drum kümmern“, fiel mir so ein.

„Hier drunter sind keine Kisten mehr, die wer rausnehm könn – spinnst de – da is nur noch die Rampe, und die is aus Stein! Wo willst de da denn ’n Keller herkriegen?“

„Ma gucken, mer fällt immer was ein – ’n Wein-, ich mein, ’n BLUNA-Keller wär doch nich schlecht, oder?“

„Du hast se ja nich mehr alle!“

„Hast de grade schon ma gefaselt – de musst nur ’n paar Ideen ham, dann klappt alles.“ Ich fühlte mich wie der König von allem …, wenigstens wie der vom Nordbahnhof. „Vielleicht könnten wer ja unter den ganzen Kisten die Pflastersteine von der Rampe rausheben, und da drunter is bestimmt nur noch Sand und Schutt und weiche Erde, und dann könnten wer da unten ruckzuck 'nen prima Limo-Keller hinzaubern."

„Mensch, Ulrich!" prustete Joachim und musste sich vor lauter Lachen die Augen mit seim Taschentuch trocken reiben. „Die Rampe vom Großmarkt aufbuddeln – bist de noch ganz bei Sinnen, das kriegen wer doch nie und nimmer hin!" Manni und Peter haben auch nur ungläubig geguckt und mir beide 'n Vogel gezeigt.

„Wieso, ihr Transusen?!" Ich war echt aufgebracht. „Unsere Flöppenwasserflaschenfabrik von neulich is dann auch nur ersponnen und Blödsinn und Quatsch – oder wie oder was?!" Da haben die Jungs aber die Klappe gehalten, und ich hab 's schon fast bereut, dass ich mein Geheimnis über mein Schloss überhaupt an die drei Banausen preisgegeben hatte.

Dann haben wir uns aber auch wie der Blitz auf 'n Weg zurück über die Schienen gemacht, denn es war schon fast halb acht – und längst Abendbrot vorbei, und uns war sowieso von den vergammelten Kippen aus dem Schienenkiesbett schon hundeelend, und Mann, warn wer alle saufroh, dass wer aus dem vollgeräucherten Schloss von mir endlich rauskamen.

Bevor ich hinter den drei andern her über die Schienen nach Hause gehoppelt bin, hab ich aber flugs noch die Eingangstürkisten sauber in meine Kistenburg reingeschoben und somit *abgeschlossen*, damit uns ja keiner auf die Schliche kommt.

Vor der Haustür riefen wir uns schnell noch gegenseitig zu: „Dann bis morgen – im Schloss!" Und oben aus unsern Fenstern guckten schon unsere ganzen Mamas und machten so Zeichen, die nix Gutes zu bedeuten hatten – weil 's ja auch schon so spät war.

„Morgen hab ich bestimmt Stubenarrest", sagte Manfred ziemlich kleinlaut im Treppenhaus. „Wegen heute."

„Na, dann bis übermorgen."

„Da hab ich auch noch Stubenarrest", erwiderte Manfred, als wer die Stufen hochstiegen, und er hat ganz traurig geguckt. „Ganz sicher."

„Na, dann bis überübermorgen."

Stubenarrest hab ich nie gehabt – und Gitti auch nicht. Mama oder Papa haben uns vielleicht mal 'ne Predigt wegen zu spät nach Hause kommen oder irgendwas anderem gehalten und gedroht *Noch einmal, dann ...*, aber Stubenarrest, wie bei den andern Kindern, nee, so was gab 's bei uns zu Hause in unsrer Familie überhaupt nich.

Weißt de was, Manni hat diesmal doch keinen Stubenarrest gekriegt – weiß der Teufel, warum nicht! Keiner kann in seine Mama und seinen Papa reingucken. Mal kommt 's so ... und mal so.

Die nächsten Tage sind wir vier immer wieder über die Schienen zu unserm Bau, also zu meinem Schloss, und wir haben dadran weiter rumgewerkelt und weiter Kisten rausgeholt, damit wir noch mehr Platz kriegten, und innen wurd 's immer geräumiger, irgendwann hatte jeder von uns sein eigenes Zimmer dadrin, und im Wohnzimmer lag sogar 'ne kleine Tischdecke auf 'm Tisch, also auf der Appelsinenkiste, das war 'n Taschentuch von mir, das war aber ganz frisch und hatte noch alle Bügelfalten aus 'm Kleiderschrank drin, und wir haben aufgepasst, dass da keine Asche von den Zippen drauffällt und auch keine Limoflecken draufkommen, also, dass wer nix verplempern und alles schön picobello bleibt – denn die BLUNA hatten wer mittlerweile auch schon mit angeschleppt; für 's Licht hatten wir Kerzen von zu Hause, doch weil jeder abwechselnd immer mal wieder einen Stummel mitgebracht hat, haben unsere Eltern von der Kerzenklauerei gar nix gemerkt, und 'nen echten Aschenbecher hatten wir auch, aber den haben wir irgendwo zwischen den Schienen gefunden und mussten den gar nicht zu Hause mopsen, der hatte zwar 'n Sprung, aber den sah man bei dem spärlichen Kerzenlicht überhaupt nicht, und den ham wer mit unsern Ärmeln schön poliert, und der sah eigentlich aus wie neu gekauft.

„Jetz bring aber nich noch 'ne Vase mit Blum oder weiß der Teufel was an – irgendwann reicht 's auch", ermahnte mich Peter. „Hast de kapiert?"

„Und wenn Joachim Petra ma hierhin einladen will?!" erwiderte ich.

„Dann brauchen wer unbedingt 'ne Blumvase", sagte Manfred. „Und Blum genauso."

„Vielleicht will ich ja Petra das hier auch zeigen, ohne dass ihr dabei seid", grunzte Joachim.

„Dann brauchst de erst recht Blum", rief Manfred. „Ohne geht das gar nich!"

„Ohne Blum musst de ihr gar nich erst komm", stimmte ich zu.

Peter sah 's offensichtlich auch endlich ein: „Stimmt, ihr habt recht – ohne Blum geht se sofort wieder stiften."

Bei unserm nächsten Ausflug zum *Schloss* hatte jeder von unserer Bande, außer Achim, 'ne kleine Blumenvase in der Hosentasche versteckt, so versteckt, dass jeder die Beule in der Buchse aus einem Kilometer Entfernung erkennen konnte.

„Jetz fehln nur noch de Blum", sagte Achim, gespielt gleichgültig, aber 'n bisschen grinsen musste er auch.

„Hier wächst überall Klee, weißer und lilaner, und der blüht jetz wie verrückt – nu musst de nur noch Petra fragen, ob se mit hier rüberkomm will! Machst de?!"

„Und wenn", sagte Joachim, „kriegt ihr das jedenfalls nich zu wissen. Außerdem geht euch das sowieso 'n Scheißdreck an! Klar?!"

Und wir andern drei sagten im Chor: „Klar." Das is Ehrensache bei Fraungeschichten und gehört sich so. Verliebt wär ich auch ma gern, aber dabei hatte ich gar keine Ahnung, wie *verliebt sein* überhaupt so richtig geht.

Dann, so 'ne Woche später, als ich aus 'm Klofenster rüber zum Großmarkt geguckt hab, dachte ich, ich spinne und hab meine Augen nochmal zu- und nochmal aufgemacht und sie gerieben – da war kein *Schloss* mehr, weit und breit nicht! Also, der Platz, wo der Riesenstapel mit den Obstkisten gestern noch gestanden hatte, war vollständig freigeräumt, alles leer, wie weggeblasen, der ganze Block von den Appelsinen- und Gemüsekisten war futsch. Mein schönes Schloss – einfach in Luft aufgelöst, und die beiden Wölfe rasten nach Herzenslust an der Bahnhofskaimauer rauf und runter, und keine einzige Kiste stand ihnen dabei mehr im Weg, nich eine!

Noch zwei Tage vorher hatte Joachim mich, als Peter und Manni irgendwo im Gestrüpp rumfuhrwerkten, nochmal angesprochen und gefragt, ob er vielleicht auch alleine oder mit *irgendwem*, jedenfalls aber ohne mich, in mein Schloss reindürfte – schließlich war ich ja der Erfinder und der Baumeister von dem Schloss – und ich hab großzügig gesagt:

„Klar, kannst de – aber denk dran, dass de das Schloss auch wieder sauber abschließt und de de Torkisten am Ende wieder schön akkurat reinschiebst, damit keiner was bemerkt."

„Ehrnwort!" Joachim freute sich wie Bolle und stürmte wie 'n wilder Hengst ab ins Gebüsch, wo sich Peter und Manni schon tummelten.

Ob Joachim Petra mal mit in mein Kistenschloss reingenommen hat, damit sie beide dadrin schön gemütlich für sich sein konnten, weiß ich nicht, hab ihn auch nie danach gefragt, und er hat auch nix gesagt, weil Jungs plappern über solche Sachen nicht so gerne, … ja, außer Manni vielleicht.

Im Treppenhaus sagte Petra dann mal irgendwann im Vorbeigehn zu mir: „Das war ja 'ne tolle Burg, schon 'n richtiges Schloss, was ihr da drüben hattet!"

Ich war drauf und dran zu sagen *Das war mein Schloss, meins ganz alleine*, aber dann hab ich nur gesagt: „Ja, das war 's." Und Petra Blaschke, mit ihrm Täschchen an der Hand, war dann auch schon die Treppe runter.

Petra ist mindestens so süß wie Gitti, außer dass Gitti keine Locken hat und dass Joachim in Petra verknallt ist, ist bestimmt nur wegen den Locken, sonst hätte er genauso gut in Gitti verknallt sein können, aber vielleicht hat das ganze Verlieben gar nix mit Locken oder keine Locken zu tun, sondern das passiert einfach so. Mama hat zum Beispiel ganz tolle Locken und Wellen in ihrm Haar, aber ich würd sie auch lieb haben, wenn sie nur wie Gitti aussehn würd, die hat ja nun ma keine. Das ist alles ganz schwer zu begreifen, wenn ich mir über solche Sachen Gedanken mach – am besten ist: Mama ist Mama, Gitti ist Gitti, Petra Blaschke ist Petra Blaschke und ich bin ich, und jeder ist genauso gut wie jeder andere – oder? Was Vernünftigeres fällt mir dazu nich ein.

Ist jetzt sowieso alles piepschnurzegal – mein Schloss war weg und so was von futsch, und der Platz da drüben an der Bahnsteigkante vom Gemüsegroßmarkt war leer gefegt und sah aus wie geleckt, und die beiden Wölfe fühlten sich pudelwohl, weil sie wieder nach Herzenslust rumrasen konnten und alles im Blick und im Griff hatten! Na gut, die Kisten gehörten mir ja sowieso nicht, aber die Kisten, die ich da rausgeholt hatte, schon, also die, wenn man 's genau nimmt, natürlich auch nicht, denn die gehörten ja auch zu den Kisten von dem Großmarkt, aber der Platz, wo ich die weggeholt hab, der gehörte mir auf jeden Fall und sonst keinem! Wenn ich die Kisten nicht da rausgezogen hätte, hätt 's den Platz für mein Schloss gar nicht gegeben. Das Schloss war sowieso nicht die Kisten, die jeder sehen konnte, das Schloss ist der Platz, wo die Kisten mal warn, also eher die Stellen, wo keine Kisten mehr sind – und den Raum hab ich gemacht und eigenhändig erschaffen.

Ooh, Junge, hört sich das bescheuert an! Hast de schonmal 'n Schloss aus lauter Luftlöchern gesehn?! Tja, ich schon – hab ja selbst so eins gebaut.

BRENNNESSELN

… Und dann sind wir erst mal volle Pulle über die Balken geturnt und ich – mit Volldampf – in die Brennnesseln rein. Mein eines Bein von oben bis unten verbrannt! Und es juckte, wie bekloppt – das kennt ihr ja alles bestimmt selbst.

Zu Hause hat Mama mir das ganze Bein mit 'ner Medizin gewaschen, die hieß irgendwie was mit *Essigton* und *Erde* und *sauer*, und dann hat sie um 's ganze Bein 'nen Riesenverband drumgewickelt und mich ins Bett gelegt.

Brennnesseln sind sowieso mit das Schlimmste, was dir passiern kann, schlimmer noch als vom Baum falln oder von 'ner Biene oder Wespe gestochen zu werden, weil 'ne Biene und 'ne Wespe haben nur einen Stachel und 'n Baum gar keinen, aber Brennnesseln haben tausende davon.

Scheiße, dass ich kein Flöppenwasser hatte, aber die Flöppen warn einfach zu weit weg und dahin hätt ich sowieso nicht mehr gekonnt. Ich wollt 's noch zu Mama sagen *Besorg bloß Flöppenwasser, das hilft besser als alles andre*, aber dann hab ich 's mer verkniffen, weil se mer sowieso nich geglaubt hätte, und dann hat 's unter meinem Saure-Essigerde-Verband abartig weiter gejuckt – und kratzen konnt ich auch nich, da war ja der dicke weiße und steife Verband im Weg.

Damit musste ich bestimmt 'ne ganze Woche lang im Bett bleiben, weil ich dazu auch noch mordsmäßig Fieber gekriegt hab, und ich bin nur zum Frühstück und zum Mittag und zum Ambrot in die Küche an unsern Tisch zum Essen gehumpelt.

Ich sag euch, so volle Breitseite in die Brennnesseln fliegen is 'n richtig schwerer Unfall. Seht euch bloß vor, dass euch so was nich aus Versehn auch ma passiert!

DER HELM

Peter war immer noch so was von versessen auf die Lurchis, vor allem natürlich zuallererst auf seinen *eignen* von damals, das konnst de dem Kerl einfach nich austreiben, und er wollte unbedingt wieder einen in seim Einmachglas drin haben und den mit nach Hause nehmen, damit er den kleinen schwarz-gelben Kerl da wie sein Haustier bemuttern konnte. So bin ich zum x-ten Mal mit Peter runter zu den Flöppen gedackelt, wo unsre Beeke vorbeiplätschert, und wo 's auch Frösche und Kröten und Ringelnattern und manchmal sogar saugefährliche Kreuzottern gibt, nur damit Peter endlich seinen Lurchi kriegt und Ruhe gibt.

„Hast de schon ein gesehn?" fragte mich Peter zaghaft, als wir unten bei den Flöppen neben dem Bächlein daniederhockten und auf Salamanderjagd warn.

„Nee, du?"

„Nee, ich auch nich. Da! Kacke – doch nich!"

Die Lurchis sind aber auch so was von flink! Und was wir mit dem Lurchi auf vernünftige Weise überhaupt machen könnten, wenn wir denn einen gefangen hätten, wusste ich sowieso nicht ..., da war 's schon fast besser, dass wir keinen erwischt haben.

„Peter?"

„Ja?"

„Wenn wer Lurchis sehn, gucken wer denen am besten einfach nur so zu, ja?" schlug ich vor. „Kriegen tun wer die sowieso nich so einfach, weißt de doch."

Das müssen die ganzen Lurchis mitgehört haben, denn da warn auf einmal alle beisammen, unter uns im glasklaren plätschernden Wasser, wie auf 'ner Modenschau mitten in der Beeke, und Peter und ich haben nix gesagt und nix gemacht, außer den Schönheiten, wie sie da in gelb und schwarz im Wasser rumtrödelten, gebannt zugeguckt, einer von den Bürschchen war sogar rot und schwarz, und Peter und ich haben uns ewig nicht bewegt, bis uns die Knie so wehtaten und uns die Beine eingeschlafen sind, dass wir endlich unbedingt aufstehn mussten, und da sind die ganzen Lurchis aber auch auf einen Schlag weggeflitzt und warn verschwunden und wie vom Erdboden, eh, vom Wasser verschluckt, und Peter und ich haben uns ebenfalls davongemacht und sind bedächtig durch die Flöppen hoch Richtung Bunker gestiegen – bedächtig, weil da sind überall die Dornen von den Brombeern und den Himbeern, und weiter oben hast 'de dazu andauernd die Äste von den Sträuchern und den Bäumen vor der Fresse.

„Das war richtig schön an der Beeke – mit den Lurchis im Wasser", hechelte Peter beim Hochklettern. „Die sind da unten doch viel besser aufgehoben – als bei mir im Glas." Endlich hatte Peter das begriffen, und ich hab heimlich vor mich hin geschmunzelt.

Als wir am Hang 'ne kleine Pause gemacht und unsre letzten Brombeern und Himbeern runtergeschluckt haben und durch die Baumkronen guckten, haben wer große Vögel am Himmel gesehn, die kreisten da oben seelenruhig, als wenn sie sonst nix anderes Anständiges zu tun hätten.

„Die wolln bestimmt unsere Babyfrösche unten aus der Pfütze aufpicken." Die Babyfrösche in der winzigen Lake vor KONEJUNGS Anliefertor lagen Peter fast genauso am Herzen wie seine Salamander in der Beeke nebenan und Peter war sehr besorgt, und wir haben die großen Vögel da oben beim Kreisen immer weiter beobachtet und nebenbei blind wieder eine Brombeere und Himbeere nach der andern in unser Maul geschoben.

„Bestimmt", sagte ich. „Die Adler mögen am allerliebsten Babyfrösche, besonders zum Frühstück."

„Wieso Adler?" Peter guckte mich verblüfft an. „Außerdem is jetz schon Mittag vorbei!"

„Das is bei den Adlern alles ganz anders", erwiderte ich oberschlau. „Die ham mit Uhrzeit und Essenszeiten nix am Hut."

„Ich glaub sowieso, das sind nur Bussarde oder Habichte oder so", entgegnete Peter. „Weil, Adler müssen doch viel größer sein."

„Meinetwegen", ich musste 'n bisschen grübeln. „Für mich sind se alle Adler da om – außerdem gibt 's auch noch Milane und Falken und Euln, aber die fliegen, glaub ich, nur bei Nacht durch de Gegend, also die Euln mein ich."

„Aha." Dazu konnte Peter nix weiter sagen, und ich hab auch meine Klappe gehalten.

Die Babyfrösche in dem Tümpelchen neben KONEJUNGS Anliefertor waren derzeit – neben den Lurchis – unser größter Schatz, und da warn kleine Frösche drin, hunderte, also echte Frösche warn die noch nicht, die warn aber auf 'm besten Weg, welche zu werden, und Adler oder meinetwegen Bussarde oder vielleicht Habichte oder sonst 'n Gesocks, die da ihr Frühstück oder Mittagessen oder Abendbrot rausholn wollten, fehlten uns gerade noch.

Peter war beunruhigt: „Ich muss runter zurück zu unsern klein Fröschen und auf die aufpassen – damit da nix schiefgeht."

Und ich selbst rutschte auch nervös auf meim Lederhosenboden im Moos hin und her und sagte: „Gegen 'nen Adler hast de keine Chance, der frisst dich auf mit Haut und Haarn, wenn er dich erst mal im Nacken gepackt hat, und danach die ganzen kleinen Frösche auch noch dazu – äh, heißen die klein Frösche nich eigentlich Kaulquappen? Is auch egal."

„Kaul... wie oder was? Und wenn 's doch nur Bussarde oder Habichte sind? Jetz müssten wer 'n Schießgewehr ham!" fiel Peter ein.

„Und wenn wer eins hätten, müssten wer den Adler da om erst ma treffen", sagte ich, als wenn ich über alles Bescheid wüsste. „Ja und dann? Dann würd der zusammklappen und aus hundert Kilometer Höhe runterplumpsen und alle Kaulquappen auf ein Schlag plattmachen, und da hätten wer auch nix von und die Kaulquappen schon gar nich; auch wenn se der Adler nich mehr auffressen kann, würden se sich alle zu Tode erschrecken und trotzdem genauso krepiern – außerdem könn wer mit 'nem Gewehr ja sowieso nich umgehn, oder du etwa?"

„Nee!" Peter schüttelte sich und wurde ganz kleinlaut. „Ich hab keine Ahnung von Schießgewehrn, will ich eigentlich auch gar nich ham."

„Eben."

Wir beide wussten, egal, was wir machen, wir würden 's verkehrt machen. 'Ne ganze Weile noch haben wir den großen Raubvögeln da oben im Himmel beim Kreisen zugesehn, und die haben überhaupt keine Anstalten gemacht, runterzustürzen und irgendwem an die Gurgel zu gehn, sondern sind weitergesegelt, als wenn sie ewig Zeit hätten, für was auch immer. Da wurd 's mir und Peter zu bunt, haben uns jeder noch zwei-drei Brombeern reingeschoben und sind endgültig weiter den Berg hoch zum Bunker geklettert.

'Nen echten Bunker gab 's da oben über den Flöppen nämlich tatsächlich! Also eher die Überreste von 'nem Bunker aus 'm Krieg – aus dem Weltkrieg, von dem Papa Gitti und mir ja an der Haumannstraße erzählt hatte – da guckten noch 'n paar dicke Betonmauerreste aus der Erde, sonst war aber nix davon übrig, und wir Jungs aus der Bande haben den Bunker höchstens manchmal dazu benutzt, um uns zu verschanzen, wenn zum Beispiel damals die Schlagbäumerbande oder die Arbeiter von KONEJUNGS uns auf den Fersen warn und auf den Pelz rückten und wir keinen anderen Ausweg mehr hatten, denn da oben im Bunker konnte uns kaum einer aufstöbern, und wenn doch, haben wer ganze Salven von den kantigen Steinen aus 'm Gleisbett, die wer immer sicherheitshalber im Bunker gehortet hatten, von da oben abgefeuert, dass jedem Angreifer vor uns dermaßen angst und bange wurde, dass ihm schlicht und einfach nur der Rückzug übrig blieb und er endgültig keine Lust mehr hatte, uns weiter auf die Nerven zu gehen.

Auf jeden Fall warn wir beide, also ich und Peter, auf 'm Weg hoch zum Bunker, und vielleicht würden wir ja da sogar 'n altes Schießgewehr finden zum auf die Adler knalln – einen Soldatenhelm hatten ich und Manfred ja da schonmal ausgegraben – hab ich das eigentlich überhaupt schonmal erzählt? Ich glaub, eher nich – dann hol ich das jetzt mal kurz nach. ...

... Also, damals krochen Manni und ich da oben bei unserm Bunker rum, und was wer da so genau wollten und gesucht haben, weiß ich gar nich mehr, aber in dem Bunker fingen wer auf einmal mit 'nen paar Scherben das Buddeln an, weil da so komische Klamotten aus der Erde rausguckten, und da haben wer schließlich mit unsern bloßen Händen in dem Dreck vom Bunker rumgekratzt und gegraben und einen uralten Soldatenhelm aus der Erde rausgeholt, den ham wer 'n bisschen abgekloppt und einigermaßen sauber gewischt und da war ein buntes Wappen, schmuddeliges Grün-Weiß-Rot, drauf, der hatte aber zwei Löcher, der Helm, die warn ganz klein und kugelrund, und ganz schön rostig war der auch schon, und der taugte als Helm also nicht mehr besonders viel, deshalb haben wir ihn auch wieder da im Bunker im Dreck vergraben und zugedeckt, genau da, wo wir ihn ausgebuddelt hatten, und auch damit er unser Geheimnis bleibt.

Manfred sagte damals: „Der Soldat, der den Helm aufhatte, is bestimmt tot, ... wegen den Löchern, mein ich."

„Da kannst de aber so was von Gift drauf nehm, dass der hinüber is", stimmte ich zu. „Außerdem wär der jetz sowieso schon längst tot, auch ohne Löcher im Helm, denn das mit dem Krieg is ja schon hundert Jahre her – hat mer unser Papa alles erzählt."

„Wirklich?"

„Außerdem is ja da auch kein Kopp mehr drin in dem Helm, oder?"

„Nee."

„Na also."

Zum Bunker sind Manfred und ich nicht mehr oft hochgeklettert, weil da war für uns 'ne ganz klamme Stimmung wegen dem leern Soldatenhelm mit den Kugellöchern drin, aber manchmal schon, weil 's da schön einsam war und keiner sonst dahin kam, und Manfred und ich wussten, was es mit dem Bunker auf sich hatte, aber Hans-Joachim und Peter nicht, ... und jeder muss ja auch nich alles wissen.

Jetz war ich aber nicht mit Manni, sondern mit Peter oben beim Bunker, und auch nur, weil unten bei den Lurchis nix mehr los war und die Adler oben im Himmel immer noch dieselben langweiligen Kreise gezogen haben. Durch das ganze Blätterwerk über uns konnten wir die inzwischen sowieso nur noch ab und zu mal erspähn, aber jedes Mal, wenn wir wieder hochgeguckt haben, warn die kreisenden Punkte immer noch im Himmel, und Peter und ich wussten, unseren kleinen Fröschen, eh, Kaulquappen, unten in der Pfütze geht 's immer noch gut – wenigstens bis jetzt – und über den Helm, der da unter uns im Bunker verbuddelt war, hab ich gegenüber Peter kein einziges Wort verlorn.

LOCH IM KOPP

Wenn de denkst, schlimmer als Brennnesseln – oder wie damals auf Rollschuhn und 'ner Limoflasche im Arm auf die Schnauze fliegen und bluten wie 'n Schwein – gibt 's gar nich, dann hast de dich aber gewaltig geschnitten! Als ich das nach den Brennnesseln mit der sauren Tonerde und den ganzen schneeweißen Verbänden um 's Bein und meine Hand durchgestanden hatte und alles wieder mit mir picobello in Ordnung war, passierte doch 'n paar Monate später schon das nächste Malheur – und was für eins!

Da denkst de an nix, und ich kam über die Schienen zurück nach Hause gehopst und – bautz – da tropfte das Rot aus meinem Kopp! Ich war – verfluchte Kiste – über die letzte Schiene gestolpert und mit der Stirn voll auf die Bahnsteigkante geknallt, und ich konnte gar nix mehr sehn, vor lauter Blut über meinen Augen. Fast blind bin ich gerannt, wie von 'ner Hummel gestochen, hab bei unsrer Haustür in einem durch geklingelt, überall, wo ich 'nen Klingelknopp fühlen konnte, und als die Tür summte und aufging, hab ich mich das Treppenhaus am Geländer hochgehangelt und *Hilfe!!!* gebrüllt und, als Mama mich sah, hat sie mich einfach schnell an die Hand genommen, nur noch ihre Handtasche geschnappt, und wir beide sind sofort wieder zurück die Treppe runter auf die Straße, und Mama ist ohne Nachdenken mit mir quer durch die Stadt gerannt, ... keine Ahnung, woher sie wusste, wo wir hinmussten ..., und Mama rief immer nur: „Nase hoch, Ulrich!“ Und wir liefen, als wenn der Teufel hinter uns her wär' – *Ulrich, Nase nach om, Kopp in Nacken!* – quer durch Solingen, und Mama hat beim Laufen ein Taschentuch nach dem andern auf meine Stirn gehalten, alles beim Laufen, jedes Mal, bis es kurz darauf auch schon wieder blutdurchtränkt war, und ich musste beim Rennen immer weiter den Kopp im Nacken halten – das musst de ma probiern, rennen, so schnell de kannst, und in 'n Himmel gucken, weil mir sonst mein Blut weiter aus 'm Kopp und wieder über 's Gesicht gelaufen wär, is es aber trotzdem sowieso – am Mühlenhof vorbei, vor der Stadtkirche her, weiter hoch zum Dreieck, wo die ganzen O-Busse und Straßenbahnen ihrn Bahnhof hatten – hab ich so vermutet, denn richtig sehn konnte ich ja nix, und kurz dahinter ..., da war ein junger Doktor in 'nem blitzblanken Zimmer – *Kopp in Nacken, Ulrich!* – wo Mama mich hingebracht hat, der hatte noch Dienst, und der war der Notarzt und ich bin auch auf der Stelle drangekommen, so wie ich aus 'm Kopp geblutet hab. Ich hatte bestimmt die ganze Stadt mit meinem Blut vollgesaut.

Der Doktor hat mich ganz schnell in 'nen großen weich gepolsterten Medizinsessel gesetzt, mir sanft 'nen saudicken Tupfer auf meine Stirn gedrückt und 'nen Scheinwerfer, der über mir hing, so gedreht, dass er genau gucken konnte, was mit mir los oder nicht mehr los war, und Mama saß ganz nah bei auch auf 'm Stuhl und hat geheult, als wenn sie selbst 'n Loch im Kopp hätte, und Mama hat ein Taschentuch nach 'm andern vollgeschnieft; da hat sich der Doktor aber gar nicht groß drum gekümmert, sondern nur um mich allein und hat mich eindringlich beäugt, den Mulltupfer in einem durch gewechselt und mir doofe Fragen gestellt und mich mit irgend 'nem Blödsinn gelöchert, wie *Kannst du mich hören? Kannst du mich sehen, Ulrich? Kannst du das hier erkennen?* und an seinem lang ausgestreckten Arm mit 'ner Packung Tempotaschentüchern rumgefuchtelt, als wenn er rauskriegen wollte, ob ich bekloppt oder doch noch halbwegs bei Verstand bin. Ich hab auf seine bescheuerten Fragen jedes Mal *Ja* gesagt, und daraufhin ist er aufgestanden und hat 'n paar Klamotten aus seinem Medizinschrank geholt, sich ganz dünne Gummihandschuh über seine Hände gestreift und sich wieder neben mich auf seinen Arztstuhl gesetzt.

„Ulrich", sagte der Doktor fast feierlich. „Das kann jetzt mal ganz kurz ein bisschen zwicken, weher tun als vorher sowieso schon – also vorne an deiner Stirn, aber auch ein wenig im Kopf drin ... kann das ein wenig piksen. Bist tapfer, Ulrich, ja?" Tat 's auch, Zwicken und Piksen und das Wehtun, aber das passierte irgendwo zwischen seiner Quasselei, dass ich das gar nicht so recht mitgekriegt hab, so schnell ging das mit dem Piksen und Zwicken und dem Wehtun. Dann hat er mir nämlich ruckizucki meine Stirn mit irgendwas scharf Riechendem eingesprüht und danach ganz fix 'n kleines Blechteil, das sah aus wie 'n großes V – und das hab ich auch zwischen seinen Fingern gesehn, obwohl er versucht hat, es so zu halten, dass ich es gar nicht zu Gesicht krieg, aber ich hab 's doch gesehn – in mein Loch mitten in die Stirn gesteckt, und es hat da tatsächlich ganz leicht reingepasst, ja, und als es drin war, war das Piksen auch schon vorbei.

„Du, das ist eine Klammer, Ulrich", hat der Notarztdoktor mir dazu erklärt, wieder einen frischen Mull draufgehalten und ganz zart auf meiner Stirn rumgetupft, und Mama hat sich über mich in meinem Medizinsessel gebeugt und hat ihre ganzen vollgeheulten Taschentücher in einer Hand zusammengeknüllt, und mit ihrer andern Hand hat sie mir ganz sachte über meinen Igelkopp gestreichelt und musste sich selber schon wieder 'n frisches Taschentuch unter ihre Nase halten und ihre Augen trocknen.

„Diese Klammer hilft", fuhr der Notarzt mit warmer Stimme fort, „dass sich dein Kopf ganz, ganz schnell wieder schließt und heil wird – und in zwei Wochen, wenn wieder alles gut bei dir ist, nehme ich die wieder heraus, das tut dann aber überhaupt nicht mehr weh, und dann musst du nur noch achtgeben, dass du nicht wieder irgendwo mit deinem Kopf draufknallst – mehr nicht. Machen wir das so?" Da hab ich in meiner Sessellehne genickt, und der liebe Arzt hat mir schließlich das ganze eingetrocknete Blut vom Gesicht gewaschen und trockengeputzt, denn vorher war dazu ja gar keine Zeit, und ganz zum Schluss hat er mir mit zwei Mordspflasterstreifen sanft ein brandneues dickes Mullpäckchen auf das Loch in meiner Stirn gekleistert. Ich saß in dem Riesenmedizinsessel und wär fast eingepennt, so gemütlich war das da mittlerweile geworden, wie der Doktor immer mal wieder an mir rumgefummelt hat – und da würd ich auch heut noch sitzen – wenn er nicht gesagt hätte: „So, Ulrich, du kleiner tapferer Kerl, jetzt ist erst einmal alles wieder gut und in Ordnung – kannst aufstehen und mit deiner Mama wieder nach Hause gehen."

Zum allerletzten Schluss von seiner Behandlung ist der Doktor mal kurz nach nebenan und kam mit 'ner mordsmäßigen Appelsine, die er in seiner Hand rollte, zurück und setzte sich wieder auf seinen Doktorstuhl. Er hat sich seine Medizinhandschuhe abgestreift und die in 'nen kleinen Mülleimer geschmissen, die Appelsine mit seinen eignen Händen und Nägeln geschält und die mir Stück für Stück in den Mund gesteckt und mir angeordnet: „Bevor du aufstehst, Ulrich, musst du die noch ganz aufessen!"

„Echt, ... ganz?"

„Ganz – bis auf das Stück für deine Mama!" Und da hat er Mama das letzte Stück abgegeben.

Als ich die schöne, süße, saftige Apfelsine aufhatte, ist Mama aufgestanden und hat alle ihre vollgeheulten Taschentücher zurück in ihre Handtasche gestopft, und wir beide mussten wohl langsam abziehn, denn so 'n Notarzt hat ja auch nicht alle Zeit der Welt und muss sich auch noch um andre Löcher von andern Jungs und so kümmern.

Nach der Operation und der leckern Apfelsine fühlte ich mich wieder richtig frisch und munter, und von meiner V-Klammer hab ich gar nix gemerkt und hatte ja auch einen dicken, ganz weichen Mull auf meiner Stirnwunde, und Mama war ganz erleichtert und hat wieder lachen können, und der Doktor hat uns zur Tür, wo 's ins Treppenhaus ging, begleitet und *Alles Gute, Ulrich!* und *Passen Sie schön auf ihren Sohnemann auf, Frau Matthias!* hinterhergerufen, und dann sind Mama und ich ganz gemächlich nach Hause spaziert, und Mama hat mich immer an meiner Hand festgehalten und zwischendurch nachgeguckt, ob mein Mullpolster noch fest auf meiner Stirn sitzt, und wir sind vorbei am MONOPOL, unserm größten Kino neben dem Busbahnhof oben am Dreieck, und drüben an unserer Stadtkirche vorbei – die Stadtkirche ist aber sowieso die hässlichste Kirche überhaupt, da ist der KAUFHOF fast noch schöner, und der ist eigentlich auch nur von innen schön – und zum Mühlenhof, wo Papa bei PESCHEL immer Bücher angucken und oft auch kaufen geht, und zum KAISER'S-KAFFEE-Geschäft und am Fleischer und der Drogerie vorbei, aber da war um neun Uhr abends schon überall zu und nix mehr los, und weil 's schon so spät war, hab ich auch kein Eis mehr kriegen können und dann die Van-Meenen-Straße runter und rum um unsre Ecke, und als wir oben in unsre Wohnung reinkamen, hatte Papa den Schreck in den Augen, als er mich mit meinem bedrohlichen Mullkopp sah, denn er war von der Arbeit gekommen und wollte eigentlich nur Abendbrot haben und saß schon ewig am Tisch und wusste nicht, warum Mama und ich nicht zu Hause warn, und Oma und Gitti wussten das auch nicht, sonst hätten sie 's ihm ja gesagt, und Papa hat nicht mal das Radio angehabt.

Mama sagte schnell, fast als wenn sie sich entschuldigen wollte:

„Hugo, Ulrich is ganz blöd auf 'ne Kante bei den Schienen gefalln, und der hat so doll aus 'm Kopf geblutet, dass wer ganz schnell zum Notarzt mussten."

Ich bin zu Papa rübergelaufen, und er hat mich ganz, ganz vorsichtig in den Arm genommen, damit er bloß nicht an meine Stirn mit dem Loch und dem Mull obendrauf kommt, ist mit seiner Hand sanft über mein Kopp und durch mein Haar gegangen und hat gesagt:

„Ulrich, demnächst passt du besser auf dich auf, ja, versprochen?" Und ich hab *Ja* gesagt, und Papa wollte mich gar nicht mehr loslassen. Aber dann hat er mich doch losgelassen, sich kurz die Augen gerieben und unser Radio angestellt, aber nur auf ganz, ganz leise, und er hat mich immer weiter mit ganz großen Augen angeguckt und verfolgt, wie ich so durch unsre Küche gedackelt bin.

Oma saß in ihrm Sessel, und sie hat die ganze Zeit überhaupt kein Wort rausgekriegt, hatte nur 'n Haufen Taschentücher in ihrm Schoß – genauso wie Mama vorhin beim Notarzt.

„Nu kumm mol hee to mie, mien leev Ulriker." Oma hat mich ganz lange in den Arm genommen und mir den Rücken gerieben und gekrault, und mein Kopp mit dem Mullknubbel ruhte auf ihrer Brust. Gitti hat sich zu uns gesellt und streichelte ebenfalls meinen Rücken, und sie konnte zuerst auch nix sagen, nur, dass sie mit ihrer Hand andauernd über ihre Stirn gewischt hat, dass ich sie fragte:

„Was hast de denn da am Kopp?"

„Wie Kopp?"

„Da fuchtelst de doch immer dran rum. Hast de da was?"

„Nee, ich nich – aber du."

Da fiel 's mer auch wieder ein ... und hab die Klappe gehalten.

Das hat prima geklappt, das mit der Klammer in meinem Kopp, und mir hat die ganze Zeit auch gar nix mehr wehgetan, und von der Klammer hab ich nur manchmal was gespürt.

Mama sagte nur öfter: „Fummel da ma nich so viel an deim Kopp dran rum – sonst kriegen wer Schimpfe vom Arzt."

Und da hab ich mich zusammgerissen und die Grabbelei sein gelassen und, wie mit dem jungen Notarzt abgemacht, ist Mama mit mir ungefähr zwei Wochen nach meinem großen Bautz wieder zu ihm hinmarschiert, aber diesmal ganz gemütlich, und ich bin auch nich gleich drangekommen, sondern wer mussten bestimmt 'ne halbe Stunde im Wartezimmer rumsitzen, bis wer ins Arztzimmer reingerufen wurden, aber als es dann so weit war, musste ich mich wieder in den großen bequemen Medizinsessel setzen und in den grelln Scheinwerfer über meinem Kopp gucken, damit mein Doktor genau nachprüfen konnte, ob 's mit meinem Loch im Kopp auch alles gut verlaufen war ... und ob da überhaupt noch 'n Loch war.

„Na ...", da hat der Doktor kurz auf seine Karteikarte, die die Schwestern ihm da nebendran auf das Schwenktischchen hingelegt hatten, geblickt. „Eh ... na, Ulrich – alles gut, keine weiteren Unfälle mehr?" Da wusste ich nich, ob ich nicken oder den Kopp schütteln sollte, da hab ich einfach beides nacheinander gemacht, und der Doktor hat lauthals lachen müssen und hat *Versteh schon, ... ist dann ja wohl alles gut* gesagt. Er hat sich wieder ein Paar von seinen Arzthandschuhen über die Hände gestreift, hat ganz vorsichtig meinen Mullknubbel von meiner Stirn abgelöst, ist mal fix rüber zu seinem Glasschrank gehuscht, wo seine ganzen Instrumente und das andere Medizingedöns drin warn, hat sich wieder zu mir gesetzt, 'n bisschen an meinem Kopp rumgezuppelt, und dann hat 's plötzlich ziemlich geziept – und da hielt er mir meine Klammer, die wie 'n großes V aussah, am Ende von 'ner ganz langen Pinzette vor die Nase.

„War das Ding die ganze Zeit in meim Kopp drin?"

„Ohne diese Klammer wärst du heute vielleicht nicht hier, kleiner Sportsfreund. Sei froh, Ulrich, dass es solche Dinger gibt!"

„Kann ich die Klammer mitnehm?" fragte ich scheu.

„Klar, Ulrich." Der Doktor spülte seine Hände und meine V-Klammer im Waschbecken ab und lachte. „Die gehört dir ja höchstpersönlich und ganz alleine, tu ich dir in ein Plastiktütchen – hier nimm." Er hat mir noch 'ne Tinktur auf die Stelle von meim Loch gepinselt, das war aber gar nich schlimm und hat überhaupt nicht gebrannt, und zum Abschluss hat er mir 'n ganz besondres, dick gepolstertes Pflaster, das er vorher mit irgend 'ner andren Medizin getränkt hatte, auf meine Stirn geklebt.

Diesmal hat der Doktor mir zwar keine Appelsine geschält, aber er hat mir 'ne Tafel Schokolade geschenkt und dazu gesagt, dass ich sie mit andern teilen soll, und die hat Mama erst mal in ihre große Einkaufstasche gesteckt.

Mama hat sich nochmal bei dem netten Notarztdoktor bedankt, und wir sind dann, genauso wie neulich vor zwei Wochen, zusammen nach Hause spaziert, sind einmal durch den KAUFHOF gestiefelt – das war vielleicht öde – und Mama hat auch gar nix gekauft, sie wollte nur mal kurz bei den Kleidern gucken.

„Solche Klamotten könn wer uns im Moment nich leisten", hat sie 'n bisschen traurig und niedergeschlagen zu mir runter gesagt. „... Aber nur gucken kost ja nix."

Eingekauft haben wir erst, als wir am Mühlenhof vorbei und fast schon zu Hause warn. Kurz vorher kam aber noch eine von diesen neuen Eisdieln, die jetzt bei uns in Solingen warn, da gab 's italienisches Eis – gemacht von echten Italienern – die wohnen nämlich neuerdings überall bei uns, die Italiener. Ich durfte 'n richtig italienisches Eis mit Vanille, Erdbeer und Zitrone – in 'ner großen Waffeltüte sogar! Über so 'n echt italienisches Eis geht nix, das sag ich dir – aber rein gar nix!

Als wir damit, dreißig Meter weiter, beim KAISER'S KAFFEE ankamen und reinwollten, schnauzte mich doch 'ne Verkäuferin mit grimmigem Blick gleich vorne am Eingang an: „Hunde und Kinder mit Eis müssen draußen bleiben!“ Da wär mir fast mein Eis aus der Hand gerutscht und ich hätt beinah geheult, und Mama war auch ganz schön grantig auf die blöde Tussi.

„Du, kleiner Mann“, die Verkäuferin beugte sich zu mir runter und guckte auf einmal ganz lieb. „War doch nur ’n Jux, du Knirps – natürlich darfst de rein! Aber nich kleckern, passt ’n bisschen auf, ja, hörst de!? Was hast du denn da gemacht?“ Und sie hat ihrn Zeigefinger ganz leicht auf mein Polsterpflaster getupft, und zu Mama hat sie *Entschuldigen Se vielmals!* gesagt, und wir sind rein in unser KAISER’S-KAFFEE-Geschäft und haben ein Bund Mohrrüben, vier dicke Zwiebeln, Büchsenmilch für ’n Kaffee und ’ne Packung LEIBNIZ-Kekse und noch ’n paar andere Kleinigkeiten gekauft, aber für die Wurst und den Schinken sind wir doch lieber mal kurz ’n Stück zurück zu unserm Fleischer gelatscht, und die Frau da hinter der Glastheke sah mich mit aufgerissenen Augen an.

„Junge, was is denn mit dir passiert?!“ Und sie tippte sich auf die Stirn. „Das sieht ja richtig böse aus.“

„Das Schlimmste haben wir schon hinter uns“, wiegelte Mama ab. „… Und bitte auch noch ’n kleines Ende Blutwurst und Leberwurst, jeweils etwa so hundertfünfzig Gramm – und das wär ’s dann aber auch schon … ach ja, Entschuldigung, bitte auch noch gut zweihundert Gramm gekochten Schinken in dünnen Scheiben dazu, ja?“

Die Frau hat unsere Sachen säuberlich in Pergamentpapier eingepackt, über den Tresen geschoben, ihre Kasse gedreht, und Mama hat das Geld oben in die Schale auf der Vitrine gelegt, und ich hab von der Fleischerin ’ne extradicke Scheibe Fleischwurst gekriegt, so groß, dass ich da noch bei uns im Treppenhaus dran am Mümmeln war.

Papa wollte unbedingt sehn, wie ’s unter meinem Pflaster aussieht – und Gitti und Oma auch, und deswegen hat Mama mein Pflaster an einer Seite ganz behutsam gelöst und ’n winziges Stück abgehoben, dass sie alle mal kurz drunter gucken konnten.

„Das sieht aber wirklich schon recht gut aus“, sagte Papa, zwinkerte mir zu und war ganz zufrieden.

„Dat bruckt sien Tiet“, bemerkte Oma und holte ihr Taschentuch aus der Schürze.

Doch Gitti schrie: „Iiih – igitt! So was wie Ulrich möcht ich aber im Lem nich ham!“

Mama sagte nix, und Papa presste mir mein dickes Mullpflaster ganz bedächtig wieder auf meine Stirn.

„Musst de ja auch nich“, sagte ich ziemlich eingeschnappt. „Reicht ja, wenn ich ’s hab.“

… Nun ja – dies war also mein fünftes Loch im Kopp …, von dem ich vor Ewigkeiten mal gefaselt hab.

PECHSTRÄHNEN

Weißt de, wenn de einen Unfall hast, kriegst de den zweiten gleich hinterher – frag mal Peter Hochmann. Das ist tatsächlich so. Da ziehst de das Unglück an wie ’n Magnet und trittst von einer Kacke in die nächste. Peter zum Beispiel, der hatte vor, boah, vier Wochen oder so, ’nen Platten bei seinem Fahrrad vorne, und kurz danach hatte er wieder einen, diesmal aber hinten, und sein Papa war andauernd an Peters Fahrrad am Plattenflicken dran, und dann, vor zwei Tagen, hatte er schon wieder 'nen Platten, also diesmal zwei, vorne und hinten, ohne dass einer wusste, warum – reingestochen hatte ihm jedenfalls keiner! Kannst dir ja vorstellen, wie blöd de in der Bande dastehst, wenn dein Fahrrad nich fährt oder dein Roller nich rollt – und das nur wegen 'nem saublöden Platten?! Eben die reinste Kacke!

Am allerbekloppttesten ist dabei, dass de ja gar nicht weißt, was als Nächstes passiert, und gleich immer das Schlimmste vor Augen hast. Da hast de 'nen Platten hinten, und dein Papa hat 's alles wieder prima für dich zusammengeflickt, und de denkst, jetzt kannst de wieder volle Pulle voran und dann – Mist! Wieder was Neues, was dich aus 'm Tritt bringt.

Also, irgendwann nach 'm fünften Platten oder so war 's Peter schon leid, überhaupt zum Spielen rauszukommen – da hatte er auf einmal überhaupt keinen Platten mehr, und auch sonst kam ihm nix Blödes mehr in die Quere, und er war immer fröhlich wie 'n, wie 'n ..., also der war eben einfach nur fröhlich, weil er wohl die ganzen Platten endlich los war und auch sonst nix weiter hatte, und er ist wieder ganz munter mit uns andern Fahrrad gefahren – also nicht mit allen, ich bin ja immer noch mit meinem roten Roller hinterhergedüst, denn mit meinem Fahrrad, dem alten schwarzen von Elisabeth, kam ich doch nicht so richtig zurecht, ihr 28er war für mich einfach noch zu mächtig.

Am besten ist, denk ich, de machst dich nicht verrückt, egal wie viele Platten de hast oder sonst was, und guckst einfach zu, was dir so passiert, und wenn 's fünfmal Scheiße ist, dann is es eben fünfmal Scheiße, und mit sowas musst de dich einfach abfinden. Irgendwann scheint auch wieder die Sonne – ganz sicher!

Das lässt sich natürlich leicht sagen – mit dem sich einfach Abfinden und mit der Sonne, mein ich – solange de weißt, was als Nächstes kommt, weißt de ja aber nicht, und ich hatte auch schonmal so 'ne Pechsträhne wie Peter – und bei mir kam nach der letzten Scheiße mit der Stirn von meim Kopp nämlich auch noch die Rutschpartie mit meinem Roller ..., wo der Notarztdoktor doch extra zu mir gesagt hatte, dass ich besser aufpassen sollte.

Ich hatte so 'n roten Roller, also der war so was von richtig rot, der war mindestens so rot wie die Feuerwehr, und den konnten die großen Jungs von oben in unserm Haus nicht mehr gebrauchen, denn die hatten inzwischen schon längst Fahrräder, und deswegen durfte ich den jetzt haben, und den haben sie mir tatsächlich geschenkt, und da war ich so was von stolz drauf, und mit dem war ich prima zugange.

Rechts runter von uns zu Hause, an der alten Rattenruine vorbei, war ein riesentoller Platz aus Sand, bis unten zu den alten Verladerampen vom Bahnhof, so 'ne Rennbahn gibt 's nicht zweimal, und da bin ich mit meinem roten Roller runtergepest und hab den Sand spritzen lassen und bin wieder rauf zurück und dann wieder runter und immer volle Pulle und was das Zeug hält und volle Kanne, und das hat einen Heidenspaß gemacht, und ich war der schnellste Rennfahrer von der ganzen Welt.

Peter Hochmann und Hans-Joachim Zillmer und Manfred Polenz hatten ja lange vor mir auch schon Roller, ganz brandneue und moderne, aber die warn einfach nur grün und blau und mit glitzernden Silberstreifen dran – und solche Roller hatte jeder Junge jetzt. Meiner war uralt und von den großen Jungs von oben im Haus, hab ich ja gesagt, und Manni, Peter und Achim haben nicht schlecht gestaunt und warn ganz schön neidisch, als ich mit meinem uralten feuerwehrroten Roller um die Ecke kam, und der hatte sogar noch weiße Reifen dazu, mein roter Roller – weiße Reifen! Ja, gut, schneller als die Roller von den andern Jungs war meiner auch nicht, aber mindestens genauso schnell.

Jedenfalls war ich irgendwann mal wieder mit meinem feuerwehrroten Roller unterwegs nach unten zum Bahnhofsgebäude und den Verladerampen von dem. Das war im Sommer, und ich hatte fast nix außer 'ner kurzen leichten Hose und 'nem losen Hemdchen an. Dabei hab ich richtig Tempo gemacht, da konntest de richtig brettern, alles frei und eben, und ich hab kräftig abgetreten, und unten im Ziel musste ich volle Katinka abbremsen und auch den linken Fuß durch den Schotter rutschen lassen, und der Arsch ist rechts hinten weggegangen, also nicht mein eigner, sondern der vom Roller – und dabei hat 's mich erwischt – bin auf dem verdammten Sand voll weggerodelt, runter auf 'n Arm und aufs Bein geflogen und damit durch den Schotter geschliddert, und alles wurde sofort rot, also mein Bein und mein Arm fingen sofort an zu bluten, so schnell konnt ich gar nicht gucken, und ich bin auf die Beine und mit meinem roten Roller hoch zurück nach Hause gehumpelt und hab den neben mir hergeschleift, und ich musste ziemlich heuln, weil 's mir am Arm und vor allem am Bein so brannte und ich sowieso überall blutete wie 'n Schwein – und als Mama unsere Haustür aufmachte und mich ansah und mich nach oben in die Wohnung holte, musste sie auch ziemlich heuln.

Ich dachte, Mama würd mich trösten und in 'n Arm nehmen, aber sie hat mich auf unsrer Fußmatte stehn lassen und ist wie der Blitz gleich weiter in die Küche gelaufen und hat Oma was zugerufen, und erst als sie zurückkam, hat sie mich auf 'n Arm genommen und mir einen Kuss nach 'm andern aufgedrückt und hat mich in die Küche getragen und auf Omas Sessel gesetzt; die war nämlich extra wegen mir ganz fix aufgestanden und zitterte am ganzen Leib und hat genauso geweint wie ich und Mama. Oma hatte vor sich auf unserm Küchentisch 'ne Wanne stehn, das war wahrscheinlich das, weswegen Mama vorhin so schnell abgehaun ist, damit Oma das mit der Wasserwanne schnell macht.

Gitti hat von meinem neuen Schlamassel überhaupt nix mitgekriegt, denn die war noch irgendwo draußen beim Spieln – Seilchenspringen, Gummitwist, Kästchenhüpfen, Hula-Hoop oder so – mit den andern Mädchen aus der Nachbarschaft.

Oma musste sich endlich mal hinsetzen und auch wieder zur Ruhe kommen, deswegen bin ich von ihrm blutverschmierten blauen Sessel zum Küchenstuhl rübergehumpelt, und Mama hat mich schön festgehalten, damit ich nicht schlappmach und vom Stuhl fall, und dann hat Mama mein schlimmes Bein in die Wanne gestellt. Das Wasser ging aber grade mal bis übern Fuß, obwohl mit meinem Fuß ja gar nix faul war, denn da war ja der Schuh drüber gewesen, als ich abgeschliddert bin; schlimm war die Außenseite von meinem Bein, von oben bis unten blutig und dreckig von der Landung im Schotter, und was Mama jetzt mit mir anstellen wollte ..., ich hab wieder das Heuln angefangen ..., sie hat was von *saurer Erde* und *Ton* und *Essig* zu Oma gebrabbelt – das kam mir äußerst bekannt vor – und das hat auch damals bei den Brennnesseln schon nicht besonders viel genützt, und Mama hat allerlei Zeug in die Wanne geschüttet und dadrin auch noch eine ewig lange Mullbinde mit eingeweicht.

Da klingelte, zurück vom Spieln, Gitti, und als sie mein rotes Bein und meinen roten Arm erblickte, fing sie auch das Heuln an und musste ganz schnell aufs Klo, und da is sie fast 'ne halbe Stunde geblieben, dass Mama irgendwann mal sicherheitshalber nachgucken musste, ob Gitti denn mal irgendwann zurückkommt.

„So was kann der beim Seilchenspring aber nich passiern!" sagte Gitti, als sie endlich aus 'm Klo zurück war, richtig vorwurfsvoll zu mir und beobachtete Mama und Oma, wie die mich verarztet ham.

„Rollerfahrn is ja auch 'ne Nummer größer als Seilchen spring", entgegnete ich großkotzig und schniefend und genoss dabei Mamas nächste Spülung.

Am schönsten war, dass das Wasser lauwarm war und wie Mama mir das Bein mit dem Waschlappen immer und immer wieder abgetupft hat und auch meinen Arm, denn der war ja auch ganz kräftig abgeledert, und der Dreck war auch schon fast raus aus den Wunden, und die sahn fast schon richtig sauber aus, auch wenn überall immer noch ganz schön Blut nachsickerte. Wie Mama alles im Griff hatte und wie sie das alles so machte – ich hatte überhaupt keine Angst mehr!

Da kam dann auch Papa von der Arbeit zurück und in die Küche, und er wusste gar nicht, was er zuerst machen sollte, und er hat sich zuerst nicht mal seine Sachen ausgezogen, so erschüttert war der vom Anblick von meinem Bein und meinem Arm.

Mama war immer noch völlig von der Rolle: „Nu geh ma aus 'm Weg!“ Und Papa hat mich gestreichelt und sich schließlich, nachdem er dann doch seine Arbeitstasche abgestellt und seinen Hut auf die Garderobe gehängt hatte, auf seinen Stuhl am Radio gesetzt und neugierig beobachtet, was Mama und Oma mit mir so anstellten.

„Wie ist das denn passiert, Ulrich?“ fragte mich Papa nach 'ner Weile aus seiner Ecke am Radio.

„Ich bin nur mit meim Roller ausgerutscht“, greinte ich, und Papa zog sich endlich auch sein Jackett aus und ist schnell mal rausgegangen und kam mit 'nem kleinen braunen Fläschchen zurück.

Mama bestimmte: „Jod tut Ulrich ganz weh, wir kriegen das auch anders hin!“

Papa hat sich wieder auf seinen Stuhl neben dem Radio gesetzt und das braune Fläschchen mit beiden Händen umklammert und gesagt: „Marta, Jod ist aber sicherer.“

„Sicher is nur der To...“, faselte Mama. Die fummelte weiter an mir rum und fing an, die ewig lange Binde aus der anderen Wanne zu fischen.

„Na, dann mach du mal“, antwortete Papa 'n bisschen beleidigt, schob das Jodfläschchen zur Seite und schubste seine Zigarettenschachtel und sein Feuerzeug auf 'm Tisch hin und her.

Oma sagte: „Marta wett schon, wat 's mokt.“ Und Papa hat sich 'ne Zigarette rausgeholt und die auf die Wachsdecke vom Küchentisch gelegt und die da zwischen Jodfläschchen, Zigarettenschachtel und Feuerzeug 'n bisschen hin und her gerollt.

Mir war auf einmal ganz schlecht. Oma stand auf, und sie flüsterte zu Mama: „Du, Ulriker is ganz blass.“

Ich rief: „Das hab ich genau gehört! Und bei so 'm Umfall is blass ganz normal!“

„Genau!“ sagte Papa. „So muss 'n Junge sein!“ Aber seine Zigarette lag immer noch auf 'm Tisch rum, und Papa stupste sie immer mal von hier nach da, genauso wie sein Feuerzeug und die Zigarettenschachtel.

„Und jetz sind die Jungs ma 'n paar Minuten still, ja?!“ sagte Mama ganz laut und deutlich und guckte ihre Mama, also Oma, an, als wenn die ihr zur Seite springen sollte, und Oma schlurfte ab Richtung Wohnzimmer und kam mit 'nem ganzen Stapel Frotteetücher wieder zurück und legte die auf unsern Küchentisch.

Mama hat mir dann wieder das Wasser aus der Wanne über das Bein laufen lassen, wo außer der sauren Erde auch noch Kernseife mit drin war, wieder und immer wieder, und auf einmal war mein Bein fast lupenrein gesäubert und die Wanne rot und schmuddelig. Dann hat Mama die ewig lange Binde, die ja vorher in dem Wasser, als es noch schön klar und sauber war, gelegen hatte, drumgewickelt, also nicht um die Wanne, sondern um mein Bein natürlich, von ganz oben bis ganz unten, und oben drüber noch 'ne trockene Binde, und meinen Arm hat sie auch noch verbunden, und am Ende haben Mama und Papa mich ins Bett gebracht und mir unter mein verbundenes Bein und meinen Arm eine dicke Lage Handtücher gelegt, damit ich mein Bett nicht vollschmier und nass mach. Oma ist selbst auch ins Bett gegangen und war ziemlich erschöpft und hat nur noch zu mir gesagt: „Dat överleevst du, mien Ulriker – schloop goot.“

Am nächsten Morgen hat Oma ihre Hände auf meinen dicken Verband gelegt und *heile, heile, Gänschen* gesungen. Oma hatte noch nie was gesungen, auf jeden Fall nicht für mich, doch als sie das machte, da ging das Puckern, das da schon wieder in meinem Bein unter dem feuchten Verband kommen wollte, ganz schnell weg – ehrlich.

... Gitti hat manchmal *Hänschen klein, ging allein in die weite Welt hinein* gesungen, aber da hab ich auch mitgesungen, wenn wir spaziern gehn mussten; aber Papa, der das mit dem Wandern immer anzettelte, der hat gar nix gesungen, obwohl er gerne Opernmusik in unserm Radio gehört hat, und wenn da 'n prima Tenor oder Bass war oder beides, zum Beispiel der Don-Kosaken-Chor, dann hätt er am liebsten mitgeträllert, so prima fand er den Chor von den Don Kosaken, hat er aber dann doch sein gelassen ..., und das war vielleicht auch besser so. Mama hat mir oft vorm Einschlafen *Der Mond ist aufgegangen* vorgesungen, und das ist mein allerliebstes Lieblingslied. Als Letztes vorm Einschlafen bet ich nicht mehr *Vater unser, der du bist im Himmel* ..., wie ich 's früher immer gemacht hab, ich bet jetzt *Der Mond ist aufgegangen*, weil da kommt am Schluss von einer Strophe ...*und lass uns ruhig schlafen und unsern kranken Nachbarn auch*, und das geht mir noch näher als der *Vater im Himmel*. Ich bet aber nur den Anfang und den Schluss von *Der Mond ist aufgegangen*, denn sonst wird 's zu lang für 'n Gebet, und da pennst de dann sowieso ein, und das hat ja dann mit dem echten Beten auch nix mehr zu tun, wenn de im Schlaf gar nich mehr wissen kannst, was de da so betest. Aber diese ganzen Sachen über mein Beten und so weiß außer mir keiner – nicht mal Mama.

Trotz aller Müh war mein Bein überhaupt noch nicht gut, die ganze Wascherei von Mama und Omas *Heile, heile, Gänschen* hatten nur vorläufig geholfen. Aber das Allerschlimmste mit meinem Roten-Roller-Unfall war, dass das ja alles mitten im Sommer passiert ist, wo alle Kinder wochenlang andauernd draußen und in Ferien in Italien und so sind und nicht nur Roller fahrn, sondern sogar auch baden gehn und von 'ner großen Rutsche runterrodeln und unten ins Wasser platschen – doch hier bei uns war dieser Sommer für mich wegen meim Rollerunfall auf einen Schlag vorbei, und jeden Tag hat Mama mir den Verband abgemacht, den ganzen Kladderadatsch und den Eiter von meinem Bein gespült und wieder 'ne neue elend lange Binde drumgewickelt, und mein Bein war fast so steif wie 'n Gipsbein, so dick war das bandagiert; und ich hatte auch Fieber und musste gleich danach auch schon wieder ins Bett.

Doch Mama hat mich schön getröstet. „Fieber", sagte sie, „Fieber hat man nämlich, wenn man gesund wird. Wenn de richtig was hast und flachliegst, dann brauchst de unbedingt Fieber, da kannst de dich dann schon drauf freuen, wenn de kein Fieber mehr hast." Was Mama so alles weiß! Auf einmal fand ich meinen heißen Kopp und mein Fieber richtig superklasse!

Als der Sommer vorbei war, war das mit dem Fieber bei mir auch vorbei, und die Jungs und so haben nix von meinem Bein mitgekriegt, weil die ja alle weit weg auf Urlaubsreisen mit ihrn Eltern warn – und mein roter Roller war auch wieder eins a, denn Papa hatte den wieder spitzenmäßig in Ordnung gebracht, und der war genauso rot wie vorher und die Reifen ganz weiß gewichst, und der war mindestens so schnell, wie er sowieso schon war ..., und nächstes Jahr gibt es ja auch wieder 'nen Sommer und Sommerferien.

Na ja, das sind auf jeden Fall schonmal 'n paar von den schlimmsten Unfälln, die ich so hatte, und bei denen hätt ich auch totgehen könn ..., also bei dem mit dem Loch in meiner Stirn auf jeden Fall.

Doch beim nächsten genauso. Den erzähl ich aber erst später – aber auch nur vielleicht – denn andauernd über Unfälle quatschen is blöd und kacke, weil es gibt ja auch noch genug schöne Sachen zum drüber Quatschen.

TAUBNESSELBLÜTEN LUTSCHEN

Bist de schonmal in 'nem Eisenbahntunnel drin gewesen, also richtig drin, wo de nicht mehr weißt, wo vorne und wo hinten ist, und was de machst, wenn 'ne Eisenbahn durchgerattert kommt, und de mittendrin bist und abwechselnd frierst, weil 's dadrin so rattenkalt ist, und schwitzt, weil de 'ne Höllenangst hast, dass 'n Zug durchgesaust kommt und weil 's rabenschwarz ist?

Ich schon. Hab ja mit Mama und Papa und Gitti und Oma am Solinger Nordbahnhof gewohnt, und der hatte sogar einen eigenen Tunnel.

Aber wenn de in so 'nem Tunnel tief drin bist, bist de drin, und da kannst de nur zum einen Ende laufen oder zum andern und hoffen, dass de das schaffst, und warum de da überhaupt rein bist, ist völlig egal, denn de bist ja drin, und wenn de vor lauter Angst das Zittern anfängst, hast de verlorn. Da bleibt dir nix übrig, als dich mit dem Tunnel abzufinden und dir den genau anzugucken, denn 'n bisschen Licht ist trotzdem in jedem Tunnel, und dann musst de ganz fix überlegen, was de als Nächstes machst, wenn was passiert; machen kannst de nämlich immer was – es muss nur das Richtige sein.

Wenn de dich an die Dunkelheit gewöhnt hast, sind in meinem Tunnel am Solinger Nordbahnhof so Zäpfchen im Gewölbe zu sehen, wie eingefrorne Spucke, und da dröppelt 's andauernd runter und macht ganz laut und ganz zögernd *plopp … plopp … plopp …*, und der Tunnel hat so Nischen an den Seiten, und die sind wie in 'ner Kirche hochgebogen, nur, dass da keine Fenster drin sind, im Gegenteil, und manchmal setz ich mich in eine von den Nischen mitten im Tunnel und werd ganz still und lausch, wie der Tunnel hinter dem *plopp, plopp* klingt, denn klingen tut der genauso wie 'ne Kirche, auch wenn 's da weit und breit keine Orgel gibt.

Du, so 'n Tunnel hat innen drin was ganz, ganz Schönes, so schön, dass de da gar nicht mehr rauswillst und vielleicht sogar zu Hause vergisst. Manchmal wollt ich wirklich in dem Tunnel drinbleiben und nie wieder rauskommen, bin in der Nische fast eingepennt, aber dann wurd 's mir doch zu kalt, und das Gedröppel von den Spuckezäpfchen ist mir wohl zu sehr auf die Nerven gegangen, und ich wurde wieder putzmunter, und ich bin schleunigst raus aus meinem Tunnel und woanders hin – ins Licht.

Dann hat 's mich aber doch zurückgezogen an den Tunnel, und ich stand auf einmal wieder am Portal und guckte sehnsüchtig in die Höhe. Da oben auf den Tunnel wollt ich noch drauf.

Aber bloß wie?! Das musste ich alles noch austüfteln, denn der Tunnel war riesig hoch, und da war ja auch keine Treppe dran, über die man einfach hochsteigen konnte.

Klettern kann ich ja – auf den höchsten Ahorn kletter ich dir bis ganz in den Wipfel, wenn ich den ersten Ast erwisch; und danach geht 's immer gradeaus, also gradeaus um den Baum rum, von einem Ast zum andern – aber hoch auf meinen Tunnel, da komm ich erst ma nicht drauf, so viel steht schonmal fest; der Mauerabsatz links daneben, wo ich zuerst draufmuss, ist viel zu hoch für mich und da sind so viele Ecken und Kanten und oben drüber alles mögliche Gedöns und dichtes Gestrüpp und überall Dornen und Brennnesseln, wo kein Schwein durchkommt. Aber rauf will ich da mal – und komm ich auch!

Da oben auf dem Tunnel sitzen und gucken, wie 'ne Eisenbahn unter mir durchrauscht – das wär das Größte! Doch für so was war ich noch viel zu klein und auch wenn 's geklappt hätte, da hochzuklettern, wär 's dann vielleicht in die Hose gegangen, so 'n Knirps wie ich war, und ich wär auf die Schienen runtergestürzt oder in die Beeke, und dann knallst de dir auf dem Eisen oder den Steinkanten den Kopp ein, und das macht dann auch keinen Spaß, und Mama und Papa und der Leichenwagen müssen kommen und dich einsammeln, und sie haben alle nur Arbeit und Last und Scherereien mit dir.

So stand ich grübelnd auf den Schienen vor meinem Tunnel, und ich wusste gar nicht mehr so recht, was ich da überhaupt wollte, als tatsächlich von hinten 'n Zug angebrettert kam. Wie der Blitz bin ich runter von den Gleisen und in der Beeke gelandet, der Güterzug stampfte und dampfte schräg über mir in den Tunnel rein und blies mir seinen heißen Schmauch über den Buckel und war weg, und als ich wieder aus 'm Wasser hochkam, taten mir der Rücken und der Hintern verdammt weh, weil die Beeke vorm Tunnel hat ja ein gemauertes Bett und so Steinkanten, und da bin ich bei meinem Sprung volle Kanne drangebrettert, also an die Kanten, und ich war nebenbei auch noch nass wie 'n Fisch.

Aber dann, als ich wieder auf den Beinen war und weil 's mir so wehtat, ganz schön heuln musste, fiel 's mir plötzlich wieder ein – ich wollt ja eigentlich auf den Tunnel obendrauf, zum ersten Mal! Und da hab ich mich auf einmal an gestern Nacht erinnert.

Gestern Nacht hab ich genau davon geträumt ..., denn gestern Nacht, als ich in meinem Bett geschlafen hab', hab' ich das nämlich einfach gemacht – das oben auf den Tunnel klettern!

... Ich krall mich an der Mauer fest, bleib ganz eng an der Mauer und häng da dran wie 'ne Klette, kletter, mit den Fingernägeln in den Fugen, hoch und erwisch oben die Kante von dem Mauerabsatz und zieh mich hoch – und es klappt, und der Rest, hoch durch das Gestrüpp auf den Gipfel vom Tunnel, ist dann kinderleicht, solang ich auf die blöden Brennnesseln und die ganzen Dornen von den Brombeern und Himbeern aufpass, und ich lande auf dem erstklassigsten Platz, den es auf der ganzen Welt gibt, ich sitz oben auf der Krone vom Tunnel und guck runter auf die Gleise, die gehn bis nach Remscheid und sogar bis nach Köln und sonst wo hin, aber da vorn seh ich erst mal nur den Nordbahnhof, da steht eine Eisenbahn neben der andern, ich trau mich nicht aufzustehen, weil ich runterplumpse, wenn ich mich beweg, und dann plumps ich auch tatsächlich runter, aber sitz auch gleich wieder auf 'm Tunnel obendrauf und mach mir 'nen Heidenspaß aus dem Runterplumpsen und daraus, wieder hoch auf den Tunnel zurückzufliegen; dann kommen 'n paar ganz wuschelige Hummeln vorbeigeflogen und bringen mir Taubnesselblüten vorbei und rufen im Vorbeisummen *Lutsch ma!* und machen mir vor, wie man Taubnesseln auslutscht, und dann mach ich den Hummeln das nach und ruf noch *Danke, ihr Süßen!* hinterher und streichel eine von denen beim Wegfliegen – aber da sticht sie mich, die blöde Ziege!

„Ulrich", hörte ich Mama von ganz weit weg. „Langsam auf die Beinchen, ja? Marmeladenweißbrot und Milch mit Honig, ja?"

„Grad war 'ne Hummel an mer dran", gähnte ich und rieb mir den Schlaf aus den Augen, und Mama saß neben mir auf 'm Bett und knuddelte mich 'n bisschen.

„Du, das war keine Hummel, kleines Männlein", lachte Mama. „Das war ich – hab dir die Bettdecke runtergezogen und dich kurz gekniffen, damit de wach wirst."

Ich stand da also vor dem Tunnel – und das war jetzt echt in Wirklichkeit – und ich guckte hoch, dahin, wo ich hinwollte. Und dann hab ich 's ganz genauso gemacht, wie ich 's gestern geträumt hatte und bin da einfach oben auf meinen Tunnel raufgestiegen – na ja, ganz so einfach auch wieder nicht, denn das Träumen ist eine Sache, die Wirklichkeit 'ne ganz andere – die is viel härter.

Als ich da oben auf der Krone von meinem Tunnel saß, zwischen den ganzen weißen und lila Taubnesseln, ganz vorne, wo, wenn ich runterfall, tot wär, und die Sonne auf mich runterschien und ich noch den Zucker von den Blumen – den hatte ich ja eigentlich den ganzen Bienen und Hummeln, die um mich rumschwirrten, geklaut – im Mund hatte und die

Schienen entlangguckte bis rauf zum Nordbahnhof, stand da doch ein Güterzug, und die Lokomotive schniefte so vor sich hin. Der war vorhin, als ich mich zwischen die Nesseln gesetzt hatte, noch nicht da gewesen – doch jetzt war er da! Ich zupfte weiter eine Taubnesselblüte nach der andern ab, lutschte den Honig raus und stierte zum Zug, der am Bahnhof drauf und dran war, irgendwohin loszujuckeln. Beinah hätt ich statt 'ner Blüte 'ner Hummel an den Popo gepackt, so beschäftigt war ich mit dem Güterzug, wann er denn endlich unten bei mir in den Tunnel kommt, aber die Hummel hat mich nicht gestochen, mich nur ganz ärgerlich angesummt und ist ganz nah an meine Nase geflogen, als wenn sie mir sagen wollte *Mach das bloß nich noch einma – sonst gibt 's was!* und ist dann aber wieder ab rüber zu den Taubnesseln, denn die hatte da noch ewig viel zu tun und ..., ja, ich auch. Die Lok guckte mir von weit weg in die Augen und ich in die Augen von der Lok, und ich hab sie beim Dampfen und Schnaufen beobachtet. Plötzlich fiel mir ein: Manchmal fahrn Züge ja auch rückwärts! Ich wollte unbedingt, dass sie mit ihrn Anhängern unter mir durch meinen Tunnel fährt, und dafür müsste sie unbedingt vorwärtsfahrn. Was ist, wenn nicht, und sie rückwärts abhaut? Na ja, dann wär 's eben so, ich kann da ja sowieso nix dran machen. Meine Gedanken schossen wie Blitze. Die Lok dampfte immer noch, sie hatte also irgendwas vor, und sie guckte mich an, war aber ganz ruhig dabei, sodass ich mal spekuliern konnte, was da überhaupt hinten dranhing; das warn mindestens dreißig Waggons, die meisten zu, aber ganz am Ende warn auch 'n paar, die oben offen warn, und die Lok war auch 'ne richtig dicke lange, das konnt ich sogar vom Tunnel her erkennen. In den geschlossenen Waggons warn bestimmt Maschinen drin und Autos und Kühe und Schweine und Hühner, vielleicht aber auch was ganz anderes, ich konnt 's ja nicht sehn, und in den offenen vielleicht Obst und Gemüse, aber das war ja auch viel zu weit weg, und da konnte ich ja auch nicht reingucken.

Weil ich so auf den Zug versteift war, passte ich jetzt extra verdammt auf, wo ich hingriff – wegen dem vom Tunnel runterfalln und so – und holte mir aber nebenbei immer wieder 'ne Blüte von den Taubnesseln zum Auslutschen, mal 'ne weiße, mal 'ne lilane, aber die Eisenbahn hab ich dabei nicht aus den Augen gelassen, denn, wenn die einmal in Fahrt kommt, ist die im Nu durch den Tunnel und vorbei, und du ärgerst dich dumm und dusselig, dass de gepennt und de se verpasst hast.

Da! Sie bewegt sich – und sie kommt auf mich zu, und die ganzen Waggons hinten dran! Ich hatte 'ne lilane Taubnesselblüte im Maul, und ich glaub, ich hab die nicht nur ausgelutscht, sondern die ganze Blüte mit runtergeschluckt, so aufgeheizt war ich, weiß ich aber nicht mehr. Der Zug kam hinten vom Nordbahnhof her rangestampft, und je näher die Eisenbahn kam, desto schneller wurde sie, und ich beugte mich vorsichtig vornüber, um der Lokomotive ins Gesicht gucken zu können. Auf einmal – fast hätt ich doch das Gleichgewicht verlorn – konnt ich fast nix mehr sehn und hatte nur noch heiße Luft und stinkigen Dampf um die Ohrn und vor allm in den Augen und in der Nase und musste husten, und der ganze Tunnel zitterte und bebte unter mir, und ein Waggon nach dem andern ratterte in Windeseile unter mir durch den Tunnel. Das ging so schnell, und das konnt ich ja überhaupt kaum sehn, nur hörn, und, nachdem ich nur noch 'n immer leiser werdendes Gerumpel und Grummeln von dem Zug unten hinter mir im Tunnel vernahm und der letzte Qualm verflogen war und die ganzen Hummeln und Bienen und Schmetterlinge und so weiter wieder aus ihrn Löchern zurückkamen, war ich richtig froh, dass das vorbei war. Wirklich – so 'ne Eisenbahn, die direkt unter dir durchrauscht, ist wie ..., so ähnlich muss die Hölle sein!

Ich hab mir mit den Händen durchs Gesicht gewischt und mir die Augen ausgerieben, und Taubnesselblüten auslutschen konnt ich jetzt nicht mehr weiter und hab mich mit meinem Rücken zurück in die Nesseln sinken lassen und die Augen zugemacht und bin schön eingenickt. Irgendwann hab ich meine Augen wieder aufgemacht und die Abendsonne stand mir im Gesicht – und es schoss mir durch 'n Kopp, ich muss ja ganz schnell nach Hause – wegen Abendbrot essen! Ich bin wie 'n Affe den Tunnel wieder runtergeturnt und bin aus Versehn mit einem Bein voll in der Beeke gelandet und war auf der einen Seite pladdernass und, egal, ich hab mir meinen Roller geschnappt und ab die Post nach Hause und geklingelt, denn um sieben gibt 's immer Abendbrot – und jetzt war 's bestimmt schon acht.

Meine Sachen warn immer noch klamm von meiner Landung in der Beeke, und Mama war 'n bisschen erschrocken.

„Deine Klamotten sind ja ganz feucht – und mächtig spät is es auch“, sagte sie mit runzliger Stirn und hat mich ausgezogen. „Was is das denn hier alles auf deim Rücken, das ganze Blut, und dein Po is auch ganz lädiert!“ Und Mama hat mir schnell wieder 'n paar Sachen übergezogen, damit die andern meine Verletzungen nicht alle gleich mitkriegen.

„Ach – bin nur in de Beeke geflogen.“

„Is das da beim Tunnel?“ Mamas Augen wurden immer größer. „Das is doch da alles Fels und Steinplatten und gemauert – de hättest tot sein könn!“

Da musste ich grinsen: „Nee, Mama – ich bin ja rechtzeitig von den Schien gehopst!“ Aber was ich damit genau gemeint hab, konnte Mama natürlich nicht wissen, außer ich hätt 's ihr erzählt ..., hab ich aber nich.

Mama hatte großen Schreck in ihrn Augen: „Mensch, Ulrich, was wolltest de denn überhaupt da – hier bei uns vor der Haustür is doch genug Platz zum Spieln?!“

Und Oma, in ihrm Sessel, blickte auch entgeistert: „Guck mol, wat de Klock sächt!“

Papa saß mit gespitzten Ohrn die ganze Zeit auf seinem Platz am Küchentisch und guckte mich die ganze Zeit scharf an, hat aber Mama und Oma reden lassen und so getan, als wenn er Radio hörn würde, tat er aber in Wirklichkeit nicht, der hat die ganze Zeit genau auf mich aufgepasst.

„'N Junge braucht auch Abenteuer“, warf Papa auf einmal furztrocken ein. Aber außer mir hat das wohl keiner gehört.

„Und was hast de jetzt wirklich und ehrlich gemacht?!“ Mama ließ nicht locker.

„Ich war om auf der Krone vom Tunnel. Taubnesselblüten lutschen – wenn de 's genau wissen willst.“

„Du warst bitte was?!“

„Taubnesselblüten lutschen – om auf 'm Tunnel – hab ich doch grade gesagt“, plapperte ich nochmal und fügte stolz hinzu: „Und unter mer is 'n Güterzug durchgerauscht – da hab ich direkt drüber om auf 'm Tunnel gesessen und war direkt dabei, wie der unter mer durchgebraust is – das war vielleicht 'n Ding, mein lieber Scholli!“

„Jetz aber schnell Ambrotessen, Ulrich!“ befahl Mama und schüttelte ihrn Kopp so unwirsch, dass sogar ihre Spangen aus ihrm Haar flogen, und sie guckte fast genauso erschrocken wie als ich das Loch in der Stirn von meinem Kopp hatte, und Papa nickte entschieden und drückte seine Zigarette im Aschenbecher aus. „Essen, Ulrich – und dann aber ganz fix ab ins Bett!“ Und Mama sammelte ihre Haarspangen vom Fußboden auf und steckte damit ihre Haare wieder zusammen.

Gitti war schon längst fertig fürs Bett und hüpfte in ihrm Nachthemdchen und mit ihrer Martina im Arm kreuz und quer durch die Küche, und wenn Mama oder Papa sie einfangen wollten, ist sie ganz hurtig mal kurz unter den Fittichen von Oma verschwunden, nur um gleich danach wieder weiterzuhampeln.

„Nimmst de mich morgen mit zu den ... Dingensblüten auf 'n Tunnel?“ rief sie mir fröhlich zu.

„Kommt überhaupt nicht in die Tüte!“ funkte Papa dazwischen und faltete seine Zeitung zusammen.

Und ich sagte: „Erst wenn de größer bist."

Und Mama befahl mir: „Stell dich auf deine Fußbank!" Und sie flüsterte mir ins Ohr: „So wahnsinnig groß bist de ja auch noch nich – kannst froh sein, dass alles gut gegang is." Und sie hat mer einen ganz schnellen Kuss auf mein rechtes Ohr gedrückt.

Mama hat mich am Spülbecken schnell gewaschen, mir den Rücken und Popo und so sauber gemacht und gewaschen und mit VASELINE und NIVEA eingekremt – den sauren Essigkram hat sie aber diesmal nicht gemacht – und mich ins Bett verfrachtet und Gitti auch gleich mit.

„Tut der was weh, mein Ulrich? Musst de sagen!" flüsterte Mama mir ins Ohr, als ich schon unter der Bettdecke steckte, und sie hätte das mit dem Essigzeug und der Kernseife und dem Rest sicher auch noch gemacht, wenn 's nötig gewesen wär, doch ich sagte nur: „Nee, jetz nich mehr."

Vorgelesen hat Mama mir aber nix mehr – nur 'n Gutenachtkuss hat sie mir noch gegeben, und Gitti hat sie auch nix mehr vorgelesen, weil die war schon auf der Stelle eingepennt, nachdem Mama sie in ihrm Gitterbettchen abgeladen und zugedeckt hatte.

KONEJUNGS PAPPE

Von wegen KONEJUNG – mit denen hatten wir 's ja auch richtig. KONEJUNG war der große Geräteladen oben am Schlagbaum, der hieß aber in echt *Elektrofachgeschäft*, und die ham eimerweise Klamotten wie Waschmaschinen, Herde, Fernseher, Kühlschränke, Kochplatten, Kaffeemaschinen, Wasser- und Eierkocher und was sonst noch alles an die Solinger verscherbelt, und das Lager von denen lag ja nun zufällig drei Stockwerke tiefer, hinten unten bei uns am Tunnel vom Solinger Nordbahnhof. Den KONEJUNGS haben wir immer ihre Kartons, hauptsächlich die richtig großen von den Kühlschränken und den Waschmaschinen, geklaut, die standen und lagen da unten links neben dem Tunnel rum, und die brauchten sie ja offensichtlich sowieso nich mehr, und da haben wir Jungs von unsrer Bande die abgeschleppt, wenn 's uns in den Kram passte.

Damit haben wir ganz verschiedene Sachen gemacht, zum Beispiel haben wir die mit in die Flöppen gezogen. Die Flöppen sind sauschwer zu beschreiben, ich hab 's ja vorhin schonmal versucht, äh, ja, die Flöppen ..., das sind so Pflanzen aus Rohrn, also der Stiel von denen ist 'n Rohr, das hat aber ungefähr alle ein bis zwei Handbreit 'ne dicke fleischige Wand quer im Rohr, und dann geht das so weiter bis nach oben, und obendrauf sitzen dann die großen Blätter, aber an der Seite sind auch welche, nur nicht ganz so groß. Und die Flöppen sind so was von klasse für 's Budenbaun, denn die schlanken leichten Flöppenhalme mit ihrn riesen Flöppenblättern eignen sich prima für 'n Dach, und das haben wir uns zunutze gemacht! Da haben wir so viele Flöppen aus 'm Sumpf rausgerissen, wie wir brauchten, um den Platz für unsre Kartons von KONEJUNG freizumachen, und das Pappzeugs haben wir schön auf dem feuchten Boden ausgebreitet und die Seiten zu den Flöppen hin damit ausgekleidet, und die ausgerupften Flöppen haben wir kreuz und quer als Dach oben über uns drübergelegt, und wenn wir dann noch 'n paar Kartons von KONEJUNGS übrighatten, haben wir noch 'ne zweite und sogar 'ne dritte Papplage auf den Fußboden gelegt – Mann, da haben wir 's uns in den Flöppen richtig prima gemütlich eingerichtet, und, weißt de was, die ganze Dachkonstruktion mit den Flöppen hätten wer uns eigentlich sparn können, denn die Flöppen, die da mit ihrn Riesenblättern über uns rüberragten, warn ja sowieso schon Dach genug, 'n besseres gab 's gar nicht.

Hinter den Flöppen zum Hang hin hatten wir sogar auch noch 'n Bombendickicht von Brombeern und Himbeern, und da bist de einfach raus aus der Spitzenbude, hast dir alles gepflückt und den Mund mit Brombeern und Himbeern vollgestopft und dann wieder zurück rein in die Bude auf die trockne, warme KONEJUNG-Pappe im Flöppenhaus und hast dir den Beernsaft vom Maul abgewischt und raus in die Abendsonne geblinzelt.

Am nächsten Tag aber, wenn 's über Nacht geregnet hatte, war das ganze Kartonzeug natürlich alles Matsche in den Flöppen, und wir haben uns dumm und dusselig geärgert, haben die ganze durchgeweichte Pappe aus unsrer Flöppenbude rausbugsiert und mussten notgedrungen wieder KONEJUNGS überfalln – für frische trockne Kartons.

ANTONIO AUS SPANIEN

Wenn wir nicht in den Flöppen oder im Gebüsch oder mit 'm Roller und den Fahrrädern auf der Sandpiste unterwegs warn oder sonst was angestellt haben, haben wir Jungs ja auch oft Fußball gespielt, draußen auf der Straße, vor allem, wenn die Waage frei war, da hatten wir dann richtig Platz, und wenn nicht da, sind wir 'n Stück unsre Van-Meenen-Straße hochgestiefelt und haben da gespielt, wo 's rein zu Mamas Arbeit geht, irgend'n brauchbares Plätzchen zum Fußballspieln haben wir immer gefunden.

Eines Tages kam 'n fremder, braun gebrannter Junge dazu, der war allerdings älter und größer als wir andern Bürschchen, und der spielte uns alle kurz und klein, dass uns ganz düselig wurde; der hieß Antonio und kam aus Spanien, hat er gesagt. Antonio hatte 'ne braune Haut und ganz blasse, dünne Lippen und war richtig stark. Er sagte nochmal, er wär Spanier und bleibt auch einer, auch wenn er jetzt in Deutschland und in Solingen wohnen muss. Das war 'n ganz komisches Deutsch, das der da geplappert hat, und wir konnten ihm kaum folgen, aber wir haben alle zu ihm ehrfürchtig aufgeschaut, weil der nämlich saumäßig gut mit dem Fußball umgehen und jongliern konnte, und wir ham zu ihm gesagt: „Mach' das ma, bleib ma ruhig Spanier – wenn der das beim Fußball hilft." Nachdem Antonio 'n paar Wochen bei uns mitgemischt hatte, konnten wir kleineren Jungs dermaßen mit dem Ball tricksen, dass wir alle dachten, jetzt sind wir die allergrößten Fußballer von der Welt und könnten 's wie Antonio und seine Spanier. Doch wo der, also Antonio, gewohnt hat, also hier bei uns genau in Solingen gewohnt hat, davon hatten wir keinen Schimmer, der war nach 'm Spiel immer ganz fix vom Erdboden verschwunden, und wir haben ihn erst beim nächsten Fußball wieder getroffen. Vielleicht ist er ja jeden Tag, wenn unser Fußballspiel auf der Waage oder oben bei Mamas Arbeit zu Ende war, nach Hause nach Spanien gefahrn; vielleicht haben wir ihn deshalb auch nur alle paar Tage getroffen, weil er immer von Solingen nach Spanien und wieder zurückreisen musste – und so 'ne Tour dauert natürlich 'ne Weile.

Aber wenn Antonio wieder mit uns Fußball gespielt hat, hat er uns seine neusten Tricks gezeigt, und wir andern konnten nur im Kreis laufen, denn mit dem Ball hat Antonio gemacht, was er wollte, und wir andern Jungs, wo wir ja alle durchweg sowieso 'n Ende kleiner als Antonio warn, haben ihm immer nur hinterhergeguckt.

Antonio sagte einmal: „In Espanja, zu Hause, immer Sonne scheint, hier grau – immer."

„Manchma scheint die hier auch", hechelte ich, ich hatte mal kurz den Ball erwischt. „Zum Beispiel jetz grade!"

„Aber heiß nich", entgegnete Antonio.

„Nee – aber kalt auch nich."

Da hat Antonio sich halb totgelacht und sich wieder seinen Wollpullover übergezogen und ist abgehaun – nach Hause oder nach Spanien ... oder beides, keine Ahnung ..., und irgendwann hat der sich überhaupt nicht mehr blicken lassen, und Antonio war für immer verschwunden, und wer ham ihn nie mehr wieder gesehn ..., aber wir konnten jetz alle toll Fußball spieln und saumäßig gut mit der Kugel rumtricksen.

DER BANANENZUG

Einmal stand bei uns hinterm Nordbahnhof, da wo 's weiter zum Zigeunerweg und nach Klauberg geht, 'n ganz langer Güterzug, also nur die Anhänger von dem, und der stand da ganz lange 'n paar Tage auf 'nem Nebengleis rum, dass es uns Jungs unter den Fingernägeln brannte, und wir dachten, da müssen wir unbedingt mal nachgucken, was der so geladen hat und warum der nicht weiterfährt und einfach tagelang da so dumm bei uns rumstehn bleibt ... und überhaupt.

Da sind Hans-Joachim Zillmer und Manfred Polenz und Peter Hochmann und ich rüber hinter unsern Nordbahnhof gestromert und hoch auf die Waggons geklettert, und du glaubst nicht, was da in den Waggons drin war – da warn überall Bananen drin! Die Waggons warn alle gefüllt mit Bananen – bis oben hin voll! Die Bananen warn aber alle durch die Bank grün und nicht goldgelb, wie wir Bananen aus 'm Geschäft so kannten. Wir haben uns sofort jeder eine genommen und am obern Ende mit dem Daumnagel aufgeknipst, abgeschält und reingebissen und – puuh! – die warn sauhart und schmeckten fürchterlich scheiße, und Peter erklärte uns andern:

„Die Banan schmecken scheiße, weil die Schale noch grün is und die noch nich reif sind; die schmecken ganz klasse erst, wenn die Schale goldgelb geworden is und am besten goldgelb mit 'n bisschen Braun dran." So viel war schonmal klar ..., wo wir andern Jungs uns mit Bananen noch nich so besonders gut auskannten.

„Und woher weißt de das alles?"

„Meine Tante bringt immer ma Banan und Tomaten und so von der Arbeit vom Markt mit, die man nich mehr verkaufen kann, weil se 'n bisschen zu reif sind, und die essen wer dann aber trotzdem – und die schmecken saugut, das glaubt ehr nich ..., und da sind die Banan alle immer richtig gelb – und soo süß!"

„Ach so."

Ich hatte bis jetzt noch nie 'ne Banane – Appel und Pfirsich und Erdbeere und Tomate und Gurke und Appelsine und sogar Mandarine schon, aber Banane noch nie, obwohl de die auch im KAISER'S KAFFEE kriegen konntest, hab ich selbst beim Einkaufen gesehn. Jedenfalls warn Achim und Manfred auch ganz schön bedient von den grünen, harten Dingern. Aber wir vier saßen da hoch oben in den Eisenbahnwaggons auf den unreifen Bananen, ziemlich weit weg von zu Hause, und wir warn die Herrscher über 'n Zug mit zwanzig Waggons – voll mit unreifen, grünen Bananen.

Ich fragte die Bande: „Was meint ehr, wie viele sind das?"

„Wie viel was?"

„Ja – wie viel Banan? Wie viel sind das hier auf 'm Zug?"

„Äh – tausend?"

„Nee, eher fünf- bis zehntausend."

„Ehr habt se nich mehr alle", rief ich. „Das sind Million, vielleicht sogar Milliarden oder Billion!"

„Echt?! Wo hast de das denn mit den Ionen und Iarden her?"

„Sag ich nich. ... Von meim Papa, und der hat 's aus der Zeitung und aus eim Buch, das heißt Lexikum."

„Aber dass das wirklich so viele Banan sind, hätt ich wirklich nich gedacht", sagte Manfred und grübelte. „Wo komm die denn eigentlich her?"

„Aus Remscheid, du Dussel", erwiderte Hans-Joachim. „Jeder Zug hier kommt aus Remscheid."

„Oder aus Wuppertal", ergänzte Peter.

Hans-Joachim: „Richtig, Wuppertal – stimmt, wär auch noch möglich."

„Nee, das mein ich nich", und Manfred guckte, als wenn er se nich alle hätte, sah uns an, aber gleichzeitig durch uns durch. „Wo komm die denn wirklich her, de Banan, bevor se in Wuppertal oder Remscheid landen?"

Ich lugte über den Rand von unserm Waggon, runter auf den Schotter vom Gleisfeld und ins Grüne und zurück zum Gebäude vom Nordbahnhof.

„Du – die komm aus 'm Ausland." Und stolz fügte ich hinzu: „Da gibt 's sogar Affen und Leoparden, wo de Banan herkomm!"

„Und das hast de von deim Papa, und der hat 's aus der Zeitung und aus 'nem Buch, das heißt Lexi-irgendwie?"

„Bääh! Ihr seid so was von bescheuert, ich erzähl euch gar nix mehr! Blöde Bande!"

Hans-Joachim lenkte ab: „Was is denn, wenn der Zug jetzt losgeht?"

„Wie kommst de denn auf so 'n Quatsch?" Manfred buddelte wieder in den ganzen Bananen rum, in der Hoffnung, doch irgendwo 'ne gelbe, reife hochzuholn.

„Ja – seht ehr denn nich, wie schnell sich die Wolken auf einma bewegen – ich glaub, wer sind schwer unterwegs!"

Tatsächlich – die flogen über uns dahin, die Wolken – und der Zug rollte, soviel war schon ma klar, wie der Himmel über uns in Bewegung war!

„Au Backe!", rief ich aus.

„Jungs, raus hier – bloß raus und runter!" schrie Achim, der war ja unser Anführer, und wie der Blitz sind wir alle über die Kante und runter vom Waggon, sind unten auf den Schotter und in die Disteln geflogen und haben uns allesamt mächtig die Knochen aufgeschrammt, weil das alles so fix gehn musste, denn sonst hätte uns der verdammte Zug mit ins Ausland zu den Affen und Leoparden und Bananen mitgenommen, und wir hatten ja sowieso keine Fahrkarten, und dann hätten sie uns bestimmt zu den Affen in den Käfig gesperrt, und keiner hätte unsern Eltern Bescheid geben können, wo wir abgeblieben sind, und weil das

Ausland ja auch so ewig weit weg ist ..., da war es schon ganz richtig, dass wir uns aus dem Bananwaggon gestürzt haben, auch wenn wer danach alle geblutet haben wie die Schweine.

Wir haben erst mal richtig lange heuln müssen, da unten neben dem Zug im Kiesbett – auch Joachim, unser Häuptling, der durfte eigentlich gar nicht weinen – und wir mussten erst mal 'n bisschen warten, bis das Blut nicht mehr so lief und wir wieder Puste hatten und wieder nach oben gucken konnten.

... Verflixte Kiste! Der Bananzug stand ja noch genauso da wie vorher auch schon – der hatte sich keinen einzigen Zentimeter gerührt! Es warn bloß die Wolken, die da über die Bananenwaggons in Windeseile hinwegzogen, dass wer glaubten, wer wärn auf voller Fahrt ins fremde Ausland ... zu den Affen und Leoparden und den Bananenbäumen.

Menschenskind – so kannst de dich mit der Welt täuschen!

VOM GANZ KLEINEN UND GANZ GROSSEN

Als ich wieder mal da oben bei meinem kleinen Vogelgrab in der knalligen Sonne saß, dachte ich, es gibt ja noch viel kleinere Sachen als meinen Spatz da in der Erde und so ganz, ganz kleine Sachen, dass man sie gar nicht sieht, auch nicht durch ein Mikrodingens, womit man ja wirklich richtig ganz, ganz kleine Klamotten begucken kann – nee, ich mein viel, viel kleinere Sachen, wo de gucken kannst, solang de willst und bis de schimmlig wirst, und de siehst keinen Hauch, aber die sind trotzdem da, die winzig kleinen Dinger und von dem, was die machen, hast de nicht den geringsten Schimmer, weil de sie ja überhaupt nicht sehn kannst.

Die Ameisen zum Beispiel sind ja auch schon ganz schön klein, und Flöhe oder so, aber die sind Riesen gegenüber dem, was mir jetzt so durch 'n Kopp schwirrt. Vielleicht sieht es da ja genauso aus wie bei den Sternen! Jetzt komm ich aber schwer ins Stottern, denn von den Sternen hab ich auch keine Ahnung, außer dass sie unheimlich weit weg sind, bestimmt mindestens hundert Kilometer, und die Sterne sind ja unheimlich viele, und Papa hat gesagt, von den ganzen Stern sehn wir nur 'n paar – 'n paar ist gut – ich seh immer unheimlich viele von denen! Vielleicht ist groß und klein, riesig und klitze sogar dasselbe. Mann, is das schwierig!

Mein kleiner Spatz, der war so klein, und der war auch nur grau, so sind ja nun mal alle Spatzen, da gehn jetzt schon längst die Würmer ran und durch, ist mir schon klar, und an die Würmer geht auch wer ran und auch an die, die an die Würmer rangehen, und so weiter, und die machen alles immer kleiner, bis es so klein ist, wie 's kleiner nicht mehr geht und der Spatz nix mehr is, nich mal mehr grau, und alles, was von ihm übrig is ... is, dass ich ihn immer noch lieb und im Herz hab.

Am blaun Himmel zog 'ne riesendicke schneeweiße Wolke entlang, so langsam, als wenn sie fragen wollte *Willst de mitkommen?* Vielleicht ist mein Spätzchen jetz ja sogar 'n Wölkchen oder 'n Sternchen im Nachthimmel, vielleicht ...

Ich rieb mir die Augen, richtete mich auf und blinzelte ins Abendrot – ich musste wohl eingeduselt sein. Ich rutschte auf meinem Lederhosenboden den Hang runter, stiefelte über die Schienen und trottete weiter hoch nach Hause.

Von der Beerdigung von meinem Spätzchen hab ich nie einem was erzählt – bis heute nicht; das ist meine Sache ganz allein, da werd ich nie mit keinem drüber sprechen – na ja, außer jetzt grade. Trotzdem – der Spatz ist ganz allein in meim Herz drin ... und ich in seim.

Wegen den allerkleinsten und den allergrößten Sachen – wenn ich mit der Schule fertig bin, weiß ich das alles, über die Sterne und das, wovon nicht mal die Würmer was wissen können – aber in die Schule komm ich ja erst in zwei Jahrn.

FLIEGEN KITZELN

Wenn ich allein rumsitz und nicht guck und nix passiert und nix hör, wo ich sonst hinhörn muss ..., kitzel ich mich – ja wirklich! Da geh ich mit meinen Fingernägeln ganz, ganz sachte über meine Lippen, erst oben, dann unten, über meine Augenbrauen, die Seiten von der Nase, über meine eine Hand und dann die andere, und berühr immer nur die Härchen ..., und das kitzelt so sehr schön, dass ich zwischendurch mal kräftig drüberrubbeln muss, sonst halt ich das gar nicht aus, so schön, wie das ist. Aber dann kitzel ich mich weiter. Bekloppt, ne?! Aber ich mach das so.

Doch manchmal machen das auch die Fliegen bei mir, und die können noch viel, viel besser kitzeln als ich, wenn die so mit ihrn Beinchen über mich rüber laufen, über meinen Arm oder meinen Fuß; und ich hau die auch nicht tot, wie die meisten andern Leute das so machen, nee, um Gottes Willn, die lass ich schön weiter über meine Haut krabbeln. Wer einen so schön kitzeln kann, den darf keiner einfach so tot haun!

SCHON WIEDER - KONEJUNG

KONEJUNG war überhaupt 'ne klasse Firma, die warn eigentlich 'n Geschäft oben am Schlagbaum, und die haben ja so Sachen, zum Beispiel Waschmaschinen und Kühlschränke und Wasserkocher und Herde und Mixer und Fernseher und Radios und Plattenspieler, verkauft – hab ich ja gerade erst erzählt. Das da oben am Schlagbaum, direkt gegenüber vom Stadttheater, war aber nur der Laden mit großen Schaufenstern, wo die Leute, die sich was angucken oder was kaufen wollten, durchspaziert sind, aber hinten bei KONEJUNGS ging 's auch noch mindestens drei oder vier Stockwerke nach unten, wo sie ihre Büros und Lagerräume und so hatten; und ganz unten war das große Tor, wo sie die ganzen Waschmaschinen und Kühlschränke und die andern Klamotten angeliefert und mit 'nem Aufzug hoch ins Geschäft gebracht haben und wo die KONEJUNG-Leute den Kram, den sie nicht mehr brauchten, also die Holzpaletten und die großen Pappkartons hingeschmissen und gestapelt haben ..., und da unten, an der Rückseite von KONEJUNGS, das war *unsre Ecke* von KONEJUNGS – hab ich ja vorhin auch schon alles mal kurz bequatscht.

Und das war genau neben unserm Tunnel! Und mit den ihrn Pappklamotten konnten wir Jungs ganz prima was anfangen; aber wenn wir da was weggenommen haben, warn die KONEJUNG-Arbeiter immer fix zur Stelle und ganz schön knatschig, wenn sie uns beim Klaun erwischt haben, und haben rumgeschimpft und uns weggejagt; aber die Männer konnten auch nicht in einem durch auf den ganzen Kram, den sie sowieso nicht mehr brauchten, aufpassen – also mitgenommen haben wir immer was, wenn wer 's drauf angelegt haben – da konnte keiner von den KONEJUNGS gegen an. Mit den gemopsten Pappen haben wir unsre Buden gebaut, egal wo, meistens, wo die Flöppen sind, aber konnte auch gegenüber auf der andern Seite von den Schienen, wo die Riesenahörner stehn, sein – das haben wir nach Lust und Laune entschieden.

Boah, Mann, eh – jetzt fang ich doch schon wieder mit den blöden Kartons und dem Gedöns von KONEJUNGS an – das hab ich doch schon dreizehnmal erzählt! Egal, ich mach mal weiter mit meiner Geschichte, damit ich vorankomm.

Die Kartons von KONEJUNGS warn ganz prima klasse, und KONEJUNG ist allein deswegen schon 'n richtig guter Laden. Wenn Gitti und ich beim Einkaufen mit Mama oder Papa oder beiden oben an dem KONEJUNG-Geschäft vorbeikamen und Mama und Papa da mal zum Sachenangucken mit uns beiden an der Hand reingegangen sind, hab ich natürlich nix davon erwähnt, dass wir denen unten andauernd denen ihre Kartons und so klaun, und Gitti auch nicht, 'n Teufel hätten wir getan, und Gitti und ich fanden das richtig aufregend und lustig, weil oben im KONEJUNG-Laden wusste kein Schwein, dass ich und Gitti richtige Schwerverbrecher warn, und Gitti und ich haben die Verkäufer immer ganz treuherzig und unschuldig wie die Lämmer angeguckt – damit sie uns nicht auf die Spur kommen, und uns beiden hat von der ganzen Verkäufertruppe keiner was angemerkt, und Gitti und ich warn mächtig stolz auf uns selbst, dass wer so prima schauspielern konnten. Aber auch wenn 's rausgekommen wär – Haue hätten Gitti und ich bestimmt trotzdem nicht von Papa oder Mama gekriegt, weil Haue gibt 's bei uns zu Hause nicht ..., bei manchen von den andern Kindern aber schon.

DIE AMAZONASFAHRT

Du wirst es nich für möglich halten – da falln mir doch tatsächlich wieder die Paletten von KONEJUNGS ein!

... Aus zwölf von denen, also zweimal drei nebeneinander und sechs genauso obendrauf, haben Peter, Manfred, Joachim und ich 'n klasse Floß mit Kordeln und Drähten zusammengeschnürt und vorne und hinten, an schön langen, dicken Stöcken, Fahnen aus unsern Taschentüchern angebracht, aber *vorne* heißt beim Floß *Bug* und *hinten* heißt beim Floß *Heck* – das ist, glaub ich, sogar bei allen großen Schiffen auch so – jedenfalls haben wir die da am Bug und am Heck festgemacht, unsre Flaggen, aber am wichtigsten beim Heck war, dass wir da das Ruder, das war 'n langes, schnurgrades Ahornbaumstämmchen oben aus unserm Wald, montiert haben; das lag in 'ner großen, massiven Astgabel auf und hatte unten an der Spitze noch sein ganzes Blattwerk dran, denn, nur mit 'nem langen blanken kahlen Ast kannst de nich viel steuern. Das haben wir alles auf dem Kopfsteinpflaster ganz unten kurz vor KONEJUNGS neben den Schienen und den abgestellten Waggons fein säuberlich zusammengebastelt ..., eh, doch eher zusammengekloppt.

Und als wir mit unserm Schiffsbau fertig warn und unser Floß da am Kai neben den Waggons lag, sind wir damit endlich raus auf 's Wasser und in See gestochen!

„Alle Mann an Bord!" kommandierte uns Hans-Joachim, der war ja jetzt – neben Räuberhauptmann – zusätzlich auch unser Schiffskapitän, und ich sprang rauf auf unser Floß, damit 's bloß nicht ohne mich abschiebt, und Peter und Manfred folgten flink hernach, ... und wir sind flüssig auf 's offne Meer rausgeschippert, und unsre Flaggen flatterten prima im Hochseewind, und wir hatten so schöne Latten, breit und glatt, von den Waschmaschinen- und Kühlschrankverpackungen von KONEJUNGS, und mit denen haben wir vier, also drei Matrosen und ein Kapitän, gepaddelt und gesteuert wie die Weltmeister, auch gegen die ganzen Meeresströmungen und Stromschnelln, die ja irgendwann auch mal auf uns zukamen, aber dann haben wir auch mal locker laufen lassen, wenn das Wasser nicht ganz so wild war, und dann wurd 's nach und nach immer grüner um uns rum, und wir sind durch den ganzen Dschungel gerudert, der hieß *Amazonas*, also nicht der Dschungel, der Fluss, wo wir drauf warn, hieß so, wie der Dschungel hieß, weiß ich gar nicht, ich glaub, der hatte außer *Dschungel* gar keinen andern Namen, jedenfalls war der an seinen Ufern saugrün und außerdem voll mit knallbunten Blüten und so was von üppig und saftig und riesig und vollbepackt mit prächtigen krakeelenden Vögeln, dass wir uns die Ohrn zuhalten mussten, so 'n Radau haben die da veranstaltet – und der Duft von den Blumen erst – die Nase konnten wir uns auch gleich noch zuhalten. Du, der Amazonas ist schon 'n bisschen was anderes als wie die Wupper, wo 's hauptsächlich nur stinkt – und riesig groß und weit is der Amazonas, da kannst de gerade mal so eben das andere Ufer erahnen, und zum Stinken wär auf 'm Amazonas so viel Platz, dass sich der Müffel vollständig verflüchtigen würde und de da gar nix von riechen würdest.

Jedenfalls sind wir weiter mit unserm Floß auf dem Amazonas gepaddelt, und dann wurd 's richtig strudelig und schnell auf 'm Wasser – und mordsgefährlich ... wegen dem Scheißriesenkrokodil, das war mindestens zehn Meter lang und riss sein Maul weit auf und zeigte uns seine bleckenden Zahnreihen, als wenn es uns alle vier mitsamt Floß auf einmal runterschlucken wollte, und es hat dabei seinen Schwanz wild und wütend kreuz und quer in den Amazonas geschlagen, dass es uns nur so um die Ohrn spritzte und pladderte ..., ja, und um den Burschen mussten wir erst mal rum, haben wer schließlich auch mit Not und Mühe geschafft, das heißt, wer ham ihm andauernd mit unsern Paddeln mit aller Macht auf die Nase gehaun, aber das Krokodil hat uns trotzdem 'ne deftige Ecke von unserm Floß abgebissen und um ein Haar wär auch noch das linke Bein von Peter dabei gewesen, wenn er 's nicht geistesgegenwärtig und blitzschnell von der Ecke reingezogen hätte, wir hatten so ein Mordsschwein und schon fast die Schnauze voll von dem ganzen Amazonas, das kannst de aber glaum, und wir warn schweißgebadet und fix und fertig und haben uns, als wir das Monsterkrokodil schließlich umkurvt und abgehängt hatten, alle erst mal auf unserm Floß erschöpft hängen lassen und sind ewig lange gemächlich weitergetrieben und, ohne dass wer 's gemerkt haben, Richtung Ufer unter die Bäume und Lianen von dem Dschungel abgedriftet.

... Da pendelte doch auf einmal 'ne Riesenschlange über unsern Köppen, und die streckte uns immer mal wieder ihre lange gespaltene Zunge entgegen und zischelte dabei, dass uns Hörn und Sehn verging!

„Das is 'ne verdammte Boa!" brüllte ich. „Nix wie weiter und bloß weg von hier!"

„Booah!" Joachim war völlig erstarrt.

„Genau – oder 'ne Anaconda!" schrie ich. „Haut rein, verflixt noch ma!!" Wir haben zugesehen, dass wir bloß weit genug vom Ufer von dem verdammten Amazonasdschungel wegkamen, doch ganz so schnell ging das auch nich.

„Anna-wer, Anna-was?!" brüllte Manni schweißgebadet und war weiter am Paddeln wie blöd.

„Die beißt dir den Kopp ab, so schnell kannst de gar nich gucken! Also Manni, Kopp runter – verdammt!" schrie auch Peter und hatte die Angstperln auf der Stirn. Wir haben alle unsre Köppe so was von eingezogen, weil so 'ne *Anna* dir den mit eim Happs abknipst, also den Kopp, und so 'n Scheiß brauchten wer auf unsrer Amazonastour ja nun gar nicht, wo wer sowieso nur ein Kapitän und drei Matrosen warn, und da wurde jeder Mann gebraucht.

Auch als die Riesenschlange schon längst hinter uns und fast vergessen war, haben wir alle zusammen wieder gerudert, als wenn se hinter uns her wärn. Kapitän Achim hatte den Steuerbalken fest im Griff und brachte unser Floß zielsicher zurück in die Mitte vom Amazonas, wo keine Boa und keine Anaconda im Leben nich hinkommt. Mann, da sind wir auch grade nochmal ungeschorn weggekommen, denn die Anna oder Boa, egal, hätte einen nach 'm andern von uns abrasiert und aufgefuttert, da kannst de aber so was von Gift drauf nehm.

Nach der Begegnung mit der Riesenschlange mussten wer uns erst mal wieder fangen und tief ausruhn und haben uns schön nebeneinander aufs Floß auf den Rücken gelegt und in den blauen Himmel geguckt und uns von der Sonne da auf dem Amazonas bescheinen und trocknen lassen, denn wer warn ja wieder mitten auf dem Riesenfluss – und hier konnte uns keiner was. Aber einer von uns hat trotzdem immer Wache gehalten, da haben wer penibel drauf geachtet, denn wenn de das nicht machst, hast de auf 'm Amazonas nix verlorn, vor allem nix gewonnen, da kommst de nicht mal 'n Kilometer hoch oder runter auf dem Amazonas, und in die Ecken, wo die Menschenfresser leben und die Indianer mit ihrn Giftpfeilen schon gar nicht – aber so weit warn wer noch längst nich, und die Gegend, wo die rumhockten, hatten wer noch vor uns und wussten ja noch nich mal, wo das überhaupt war.

„Guckt ma!" Peter setzte sich auf und zeigte hoch in die Dschungelbäume. „Papagein!"

Da haben wir andern sie natürlich auch gleich spitzgekriegt, die großen bunten Vögel, wie sie hellgrün und rot und blau und gelb auf ihrn Ästen wippten und ab und zu wie die Rabauken *Raa, raa!* kreischten. Das war 'ne richtig schöne Ecke vom Amazonas, wo die Papageien warn, und außer raa, raa und leuchtend grellen Federn war da nix weiter – nur alles beschaulich und farbenfroh und einfach tierisch schön.

Als wir so gemütlich weiter durchs Wasser vom Amazonas dahinplätscherten, landete doch tatsächlich einer von den Papagein auf einen Schlag bei uns auf dem Bug von unserm Floß, und Manfred latschte rüber und wollt ihn schon übern Kopp streicheln, da hat der Papagei aber mit seinen Flügeln um sich geschlagen und mit seinem Schnabel nach allem geschnappt und gehackt, was ihm zu nah kam, sodass wir, vor allem Manni, uns ab sofort schön von dem Papageienkerl – Mann, war der riesiggroß – ferngehalten haben und nur sein knallbuntes Federkleid bewundert und den schwer in Ruhe gelassen haben, und als wir um die nächste Biegung vom Amazonas warn, hat der sich ein bisschen aufgeplustert und ist von unserm Floß abgehoben und zurückgeflattert in seine Bäume am Ufer, wo er hergekommen war. Das war auch besser so, denn wir warn ja nicht zum Vergnügen und nur zum farbige Vögel begucken auf 'm Amazonas unterwegs – wir wollten ja die Welt erobern.

Wohlgemut paddelten wir weiter den Amazonas rauf, und der wurde langsam immer enger, also der war schon noch 'ne ganze Ecke breiter als der Rhein bei Porz zum Beispiel, damit ihr euch beim Amazonas jetzt keine falschen Vorstellungen über *enger* macht. Jedenfalls hatten wir die beiden Ufer mittlerweile ganz gut im Blick, und … da kam 'ne prima Bucht in unser Sichtfeld. Wir ankerten an der Sandbank, schoben unser Floß aufs Trockne und sprangen nach unsrer langen Flussfahrt runter von unserm Floß an Land. Mann, war das erholsam, wieder mal festen Boden unter den Füßen zu haben, aber schon an Land wankten wir noch 'ne Zeit lang weiter wie besoffen – und Peter ist auch sogar tatsächlich umgefalln und in den Sand gekippt – bis wir uns endlich wieder ans feste Land gewöhnt hatten. Achim, Peter, Manni und ich haben uns unsere nassen Klamotten abgestreift und die zum Trocknen auf dem schneeweißen glühend heißen Tropensand ausgebreitet, und wir sind erst mal splitterfasernackt am Ufer von dem Amazonas auf- und abgetrödelt. Obwohl wer geschwitzt haben wie die Affen, haben wer uns pudelwohl gefühlt, ganz ohne Klamotten an, und stromerten einfach durch die Gegend und haben geguckt, ob wer schöne Muscheln finden, und haben wer auch, jede Menge sogar, und haben die aufgesammelt zum Zuhausezeigen – doch potzdonner – da stand auf einmal 'ne Horde von dunkelhäutigen Leuten vor uns, Männer, Frauen, Kinder, und die stierten uns bedrohlich an und haben abscheuliche Grimassen gezogen, da hast de keine Worte für! Die ganze Bande hatte auch nix am Leib, genauso wie wir vier, also die Männer mit Pimmel und die Frauen auch, also die jetzt ohne Pimmel, is klar, aber obenrum warn se auch komplett frei, nich so wie die Fraun bei uns zu Hause, jedenfalls warn die allesamt völlig nackelig, und die warn fast rabenschwarz, und die Männer hatten auch noch mächtige Flitzebogen und dicke lange Holzrohre oder so was Ähnliches auf ihrn Schultern hängen, und alle hatten se knallbunte Mordsringe durch de Nase und de Ohrn und auch noch sonst so durch, das beschreib ich aber jetz besser nich – schauderhaft! Doch so einfach abhaun konnten wer nu auch nich mehr, dafür war unser Floß viel zu weit weg, also haben wer stockstarr auf der Stelle verharrt ... und haben gleichzeitig gezittert wie Espenlaub – und das in der brütenden Sonne von dem Amazonasdschungel.

„Was machen wer jetz?" wisperte ich aus meinem Mundwinkel zu Käpten Achim rüber, wie wir da bibbernd vor der verdammten Negerbande im kochend heißen Sand rumstanden. Oder war das eher 'ne Indianerbande? Scheißegal. „Also, was machen wer?!"

„Keine Ahnung", zischte Achim aus seim Mundwinkel zurück. „Du bist doch der Schlaumeier bei uns."

„Wer könn denen ja unsre Klamotten schenken", flüsterte Peter zu uns rüber.

„Dann tun se uns vielleicht nix", ergänzte Manfred.

Ich lief schnell rüber, um unsere Anziehsachen einzusammeln, aber da hatte die Affentruppe schon alle ihre Waffen im Anschlag, und ich hab mich nur noch ganz langsam und behutsam bewegt, dass se auch ja merken, dass wer richtig sauungefährlich sind.

Und das haben se dann endlich auch kapiert, und die hatten so ein Gaudi an unsern paar farbigen Hemden und Lederhosen, der weißen Unterwäsche und unsern Schuhen und unsern geringelten Strümpfen, als wenn Weihnachtsbescherung wär – wirklich, die sind vor Freude richtig durchgedreht und haben im Sand Ringelreihen getanzt und dabei die Klamotten von uns über ihrn Köppen geschwungen und sogar versucht die sich anzuziehen, das war vielleicht ein Gehampel bei denen – und uns vier Seemänner ham se mir nix, dir nix links liegen gelassen, als wenn wer überhaupt nicht da wärn. Jetzt hätten wer ganz leicht abhaun können, so besoffen, wie die Indianer oder Neger oder sogar Menschenfresser, oder was die warn, sich da aufgeführt haben, aber ohne was zum Anziehen kommst de bei uns – außer am Amazonas und den andern heißen Ecken auf der Welt – ja nicht besonders weit, und deswegen war Abzischen 'ne Scheißidee, und wer ham der kriegsbemalten Bande zwangsläufig einfach weiter beim Feiern zugeguckt und fanden das irgendwann auch selbst richtig spaßig, vor allem weil se uns ja auch offensichtlich nix tun wollten, ... zumindest nich sofort.

Na gut, jetz hatten wer zwar keine Klamotten zum Anziehen mehr, aber wer warn wenigstens noch am Leben, und das war ja auch was wert.

Und wie sollt 's jetzt mit uns weitergehen? Wir hatten ja noch 'ne richtige Tour im Visier. Aber was die dunkelbraunen Banausen so mit uns vorhatten, wussten wer natürlich nich im Geringsten.

Zunächst haben die ..., du, wir haben gegenseitig ja kein einziges Wort verstanden, die kein Deutsch und wir kein Amazonisch ..., also die haben uns in ihr Dorf hinten im Dschungel mit reingeschleppt, also eher mit Händen und Füßen eingeladen und gedrängelt, dass wer mitkomm sollten. Das Dorf war aber nicht aus Häusern, also nich aus gemauerten Häusern, sondern aus luftigen Hütten aus Schilf und Stroh und so, und die machten 'nen recht verlotterten Eindruck, und überall liefen da wie wild Hunde und Katzen und Schweine rum, auch ganz kleine süße, dass wir überhaupt nicht wussten, wo wer zuerst hingucken sollten, so ein Getümmel war das da auf dem Dorfplatz von der Amazonasbande, und da bullerten knisternd ein paar Feuer, wo große tönerne und blecherne Pötte an langen Strippen von hohen dreifüßigen Astgestellen runterhingen, und dadrin köchelte Wasser.

Wir durften uns ganz frei bewegen und uns überall umgucken und haben auch gesehn, dass in den Hütten von denen überall nur mickrige Strohmatten drinlagen, und anständiges Bettzeug, also Federbetten und Kopfkissen und Laken, hatten die auch nich ..., na ja, bei dem muckeligen Wetter hätten wer so 'n Kram höchstwahrscheinlich auch nich unbedingt haben wolln.

Aber dann haben sie tatsächlich extra für uns Mittagessen gemacht, und was sie für uns gekocht haben, haben sie vor unsern Augen frisch geschossen, nämlich mit einem von ihrn langen Bambusrohrn, wo sie 'nen klitzekleinen Pfeil, der an der Spitze mit irgend'ner besonderen Salbe eingeschmiert wurde, durchgeblasen haben, und dann war das Vieh, das sie auf 'm Kieker hatten, augenblicklich tot. Also für uns haben sie 'ne dicke Ratte oder so was in der Art erlegt und haben sich gefreut, als wenn 's 'ne Weihnachtsgans wär, und haben das Tierchen mit Haut und Haarn in einen von ihrn brodelnden Bottichen geworfen und als das gar war, in vier Stücke zerteilt und uns auf 'nem Palmblatt zum Aufessen gereicht – doch Manni, Peter, Achim und ich hatten nicht so recht Appetit, aber 'n paar Happen haben wer doch mit unsern bloßen Händen aus den Rattenvierteln gerupft, schlicht aus Höflichkeit gegenüber unsern Gastgebern, und weißt de was, das Gelumpe hat bombig gut geschmeckt, gar nicht wie Ratte oder so was in der Art, und wir haben uns alle ein paarmal aus Dankbarkeit höflich vor der Familie und dem ganzen Stamm verbeugt ... und auch noch 'n bisschen von der Ratte und der Rattensuppe nachgenommen, so überraschend lecker wie das war.

Uns vier juckte allerdings nebenbei auch das Fell, weil wir mussten nämlich eigentlich langsam wieder aufbrechen, wenn wer auf unsrer Abenteuertour vorankommen wollten. Blöd war nur, dass wer jetz gar keine Anziehklamotten mehr hatten, und die konnten wer der Indianerfamilie nun auch nich mehr wieder abluchsen, das macht man nich – geschenkt is nu ma geschenkt. Wir zeigten immer mal wieder auf unser Floß draußen am Ufer, um anzudeuten, dass wer da jetz dringend hinmüssten, und die Indianerbagage legte noch 'n paar mehr Ringe bei ihrm Schmuck an und begleitete uns richtig fürstlich zu unserm Floß, aber sie wiesen mit ihren ausgestreckten Armen und Fingern in einem durch zum Wasser hin und klappten ihre schneeweißen bleckenden Zähne andauernd auf und zu, als wenn sie uns was Wichtiges mitteilen wollten.

„Lasst uns bloß zusehen, dass wer hier wegkommen", raunte uns Kapitän Achim zu. „Die ham hier alle einen an der Murmel."

Die Wilden haben uns auf unserm Floß noch raus auf den Amazonas geschoben und uns zum Abschied übermütig mit ihrn Vogelfedern und Zweigen – und unsern eignen Klamotten – zugewedelt, und wir haben natürlich auch ganz freundlich zurückgewunken, wie sich das gehört, und dann warn wir – pudelnackt – auch schon wieder raus auf 'm Amazonas und bald um die nächste Biegung.

„Die warn doch total nett", sagte Manni noch richtig begeistert.

„Klar warn die nett", sagte ich. „... Das warn alles Menschenfresser."

„Wie, Menschenfresser?! Uns haben se auf jeden Fall nich gefressen, oder?!"

„Nee, heute nich, aber manchma machen se das, und dann hätten se uns zerkleinert und uns mit in die Rattenbrühe geschmissen."

„Nee, ne?!"

„Doch."

„Was für welche warn denn das eigentlich – Neger, Indianer oder Eingeborne ... oder was?"

„Nee – das warn Indios."

„Sind die noch schlimmer als Indianer?"

„Schlimmer nich – aber besser auch nich."

„Was du alles weißt."

„Ja nu ..."

So paddelten wir schließlich wieder schön weiter auf dem Amazonas, aber diesmal zurück, von wo wer hergekommen warn, und dösten zwischendurch unter der Sonne, die senkrecht über uns stand, ließen uns einfach von der Strömung wieder flussabwärts treiben, achteten aber schwer drauf, dass wer halbwegs in der Flussmitte blieben und nich wieder so 'ner Boa unters Maul komm, und lauschten dem Wasser, wie es an unserm Floß vorbeiblubberte, dass wir fast mitten auf dem Amazonas eingepennt wärn ..., als Manfred, der diesmal gerade Wache halten musste, jeden von uns antippte und uns zaghaft zuraunte:

„Ich glaub, da is was dahinten im Wasser los." Sofort schreckten wir andern hoch.

„Ulrich – das Ruder!" schrie die Bande auf einmal, denn Käpten Achim war noch nich so ganz auf 'm Damm.

„Piranhas – überall Piranhas!" Ach, deswegen hatte die Indiobande vorhin so bekloppt mit ihrn blitzenden Zähnen geklappert, nur um uns vor den gefährlichen Fischen zu warnen ...; die warn schon echt in Ordnung, die Amazonasindianer, muss ich schon sagen, Menschenfresser hin oder her. Aber jetz ging 's schon wieder um unser Überleben, und wer mussten höllisch schnell alles richtigmachen, sonst wär unser Abenteuer auf 'm Amazonas von jetz auf gleich zu Ende!

Und da war sie auch schon, die ganze Piranhameute, und das Wasser hat nur so gespritzt und gestiebt, so aufgeregt und gierig wie die Mistviecher warn, und wir sind alle Mann sofort in die Mitte von unserm Floß geflüchtet, denn Piranhas essen alles auf, was sie vor die Nase kriegen, am liebsten kleine Zehn, die über 'n Floßrand rausragen, und zwar so schlagartig und unverhofft, so schnell kannst de gar nich gucken.

„Ulrich, mach zu! Die sind hinter uns her!" Und ich hab gesteuert, wie noch nie in meinem ganzen Leben, wo das ja sowieso mein allererstes Schiff, eh, allererstes Floß war, und die Suppe lief mir über 's Gesicht, dass ich gar nicht mehr aus 'n Augen gucken konnte, und hab nur gebrüllt: „Männer – haut rein, macht verdammt mehr Tempo! Gleich ham se uns!!"

Manfred jaulte auf einmal: „Mein kleiner Zeh is ab, seht doch nur, das ganze Blut überall!" Für 'n klein Zeh, ob dran oder ab, scheißegal, dafür hatten wer jetz überhaupt keine Zeit, aber wirklich gar keine, wer mussten kämpfen, dass die Piranhas nicht uns allen die Zehn und sogar noch mehr abkappten, das Blut von Manfreds Zeh reichte schon mehr als genug, und wir sind auf dem Strom gepaddelt, als wenn tausend Teufel hinter uns her wärn, und war 'n se ja auch, die ganze Horde von Piranhas. Die Jungs haben richtig Dampf gemacht und hatten schließlich so 'n Höllntempo drauf, und nach der nächsten Stromschnelle warn die ganzen Piranhas dermaßen aus der Puste und hatten irgendwann wohl keine Lust auf unsere

Zehn mehr, und wir sind alle wieder vor lauter Erschöpfung auf unser Floß geplumpst und haben gehechelt und geschnauft und geschwitzt wie blöd und uns platt auf 'n Rücken gelegt und uns einfach nur in der gleißenden Sonne treiben lassen und in aller Ruhe mal wieder tief ein- und ausgeatmet.

... Dass wer das überlebt ham! Du, der Amazonas hat 's wirklich in sich – da will ich nich noch ma hin – da mach ich lieber drei Kreuze! Das war die Hölle da auf 'm Amazonas, das schwör ich – aber irgendwie war 's auch ganz schön schön, weil 's ja doch so riesig und wahnsinnig aufregend war.

Dann liefen wir nach 'ner Ewigkeit endlich wieder in unsern Heimathafen ein, das is ja Hamburg, und wir ham uns auch wieder schön sauber mit unsern neuen trocknen Klamotten angezogen – die hatten wer auf der Heimfahrt schließlich mit 'n bisschen Glück in der nächstgrößeren Stadt, die hieß *Manaus*, aufgetrieben, denn die alten hatten wir ja den Indios am Amazonas überlassen – und haben uns alle schön aufrecht nebeneinander auf unser Floß aufgestellt und zum Kai rübergeguckt. Da gafften mindestens tausend Leute, und alle unsre Eltern standen direkt vorne an der Hafenmauer und haben uns zugewunken und ihre Hüte und Halstücher geschwenkt und warn ganz aus 'm Häuschen, dass wir die ganzen Strapazen durchgestanden hatten, und Gitti war auch dabei; die wär bestimmt auch gern auf unsrer Expedition mit dabei gewesen, aber als es losging, war sie ja mal wieder zu spät, sonst hätten wir sie auf jeden Fall auf den Amazonas mitgenommen, ganz bestimmt – auch wenn sie nur 'n Mädchen is; und Gitti hätten wir immer in unsre Mitte genommen, und paddeln und rudern hätt sie auch nich müssen.

„Das war 'ne Mordstour, ne?" sagte Manfred, als wir alle unsre Paddel, also das warn ja die Latten von KONEJUNGS, auf das Kopfsteinpflaster schmissen und von unserm Floß abstiegen ..., und jeder hatte doch noch alle seine Zehn, auch die kleinen, dran, und es war trotz den ganzen Gefahrn, wo wir uns durchkämpfen mussten, Gott sei Dank alles nochmal verdammt gut gegangen.

Ach ja, das mit Manfreds Zeh ..., wo er so geblutet hat und Angst hatte, dass die Piranhas ihm den abgeknapst hätten – da hatte er sich in Wirklichkeit auf der Fahrt nur feste an der Gabel vom Ruder gestoßen, und alles war halb so wild.

Neben unserm *Amazonas* standen ein paar braune und 'n paar schmutzig-grüne Güterzüge rum, also nur die Waggons von denen. Wir mussten alle vier ganz zügig nach Hause – wieder mal nur, weil 's Zeit zum Abendbrot war. Wir haben unser Pallettenfloß und alles Rudergerät stehn und liegen gelassen, außer Manfred, der hat sein Paddel mit nach Hause getragen, ... das musste ihm wohl ans Herz gewachsen sein.

„Schmeiß das ma hier ins Gebüsch", sagte Joachim zu ihm, als wir schon fast oben an der Van-Meenen-Straße warn.

„Das is mein Paddel!" entgegnete Manfred ziemlich entrüstet und stolz zugleich, da warn wir aber schon an den Balken vorbei und fast zu Hause. „Das behalt ich – als Erinnerung an 'n Amazonas."

„Wenn de mit so 'ner Riesenlatte bei euch zu Hause durch die Wohnungstür reinkommst", gab Peter zu bedenken, „glaum deine Eltern, du hast die Kappe heiß, und se lassen dich erst ma nich mehr nach draußen – und raus auf 'n Amazonas schon gar nich."

„Manni", sagte Achim äußerst einfühlsam. „*Amazonas* war doch nur 'n Spiel von uns unten neben den Waggons – das weißt de doch."

„Klar weiß ich das ..., irgendwie war 's aber auch ganz schön wirklich und echt."

„Vom Amazonas sag ich bei uns überhaupt kein Sterbenswort", sagte ich. „Das kapiert sowieso keiner von denen – außer uns."

Da standen wir auf Osterwinds Waage und haben uns gegenseitig groß angeguckt, und Manfred hat sein Paddel, also die Latte von KONEJUNGS, dann doch loswerden wolln und hat die daraufhin kurzerhand über Osterwinds Mauer geschmettert, und danach sind wir losgestürmt zum Abendbrot, Joachim, Manfred und ich in die Hausnummer 32 und Peter in die 30, und dabei warn wir vier eigentlich im Kopp alle noch ganz woanders – auf hoher See und im Dschungel und bei den Indios und ... eeewig weit weg.

AUF LURCHIJAGD

Gitti und ich gingen Hand in Hand runter zum Tunnel. Wenn wir beide allein und unter uns warn, haben wir uns immer ganz doll vertragen, und jeder von uns hätt für den andern alles gemacht und wär dafür durch 's Feuer gegangen.

„Ich muss der was zeigen", sagte ich.

„Wirklich – was denn?"

„De wirst schon sehn."

Unten, kurz vor KONEJUNG, hab ich Gitti mit rüber über die Schienen zu den Flöppen genommen.

„Habt ehr hier wieder 'ne Bude gebaut?"

„Nee ... ja. Aber guck ma hier in 'n Bach rein."

„Und?"

„Ja, guck doch."

„Ich seh nix."

„Ich auch nich", musste ich enttäuscht ebenfalls zugeben. „Da müssen wer 'n bisschen warten – der kommt bestimmt."

„Wer kommt?"

„Sag ich noch nich."

Wir haben uns 'n bisschen ins trockne Gras gesetzt, und Gitti sagte: „Jetz wird 's aber langsam langweilig."

Und ich dachte auch, hier passiert nix mehr.

„Da – guck schnell! Da is er!"

„Ja! Ein Lurchi", rief Gitti begeistert und war sofort auf den Beinen und schon mit beiden Schuhn im Wasser. „Den müssen wer jetz fang und Mama und Papa und Oma zeigen."

Dann sind wir durch das Wasser geflitscht, immer hinter dem Lurchi her, aber er war immer 'ne Idee flotter als wir und dann irgendwann, nach der ganzen Platscherei, war er ganz verschwunden, und wir beide warn richtig aus der Puste und pudelnass um die Beine rum, und unsere Schuh warn bis obenhin voll mit Wasser.

„Gitti?"

„Ja – weitersuchen?"

„Nee, ich glaub, den kriegen wer nich, und wer müssen jetz sowieso nach Hause – Ambrot, weißt de ja."

Dann haben wir uns wieder bei der Hand genommen und sind zusammen zurück über die Schienen und über das Kopfsteinpflaster hoch nach Hause, und aus unsern Stiefelchen pladderte oben bei jedem Schritt das Wasser raus.

„Wo wart ihr denn?“ fragte Oma.

„Ach, irgendwo.“

Und Mama fragte auch: „Wo kommt ihr denn jetz so spät her – und warum steht unsre Küche auf einmal halb unter Wasser?!“ Und sie holte in Windeseile unsern Aufnehmer und 'nen Eimer aus der Ecke.

„Wer warn beim Lurchi“, gestand Gitti stolz.

Und Papa, der sich gerade an den Küchentisch gesetzt hatte, sagte glucksend: „Die ganzen Lurchis heißen eigentlich richtig *Feuersalamander.*“

Und Gitti sprach Papa ganz laut und deutlich und langsam nach:

„F e u e r s a l a m a n d e r .“

Und ich sagte: „Lurchi klingt aber auch ganz schön.“

Und Mama sagte: „Find ich auch. Aber trotzdem, Brigitte, jetz schütten wer erst ma schnell das Wasser aus dein Schuhn ins Becken – und aus dein auch, Ulrich. Das kann doch alles gar nich wahr sein ..., so 'ne Schweinerei!“ Und sie blickte, fast hilfesuchend, rüber zu Papa am Radio. „Hugo, haste de so was schon ma gesehn – Schuhe obenhin voll mit Wasser – hast de da noch Worte?!“

Da fiel Papa nix zu ein und hat nur an den Radioknöppen von unserm GRUNDIG rumgedreht und, während Mama Gitti und mir die Schuhe kopfschüttelnd auszog, hat er in einem durch gegiggelt. „Wie kann einer denn mit Schuhn mitten ins Wasser hopsen – seid ihr beiden denn von allen guten Geistern verlassen?!“

Papa sagte: „Die creme ich wieder ganz schön ein, dann sind die wie neu.“

„Das kannst de frühstens in einer Woche probiern“, sagte Mama. „Die müssen jetz erst ma richtig austrocknen und durchlüften – aber richtig.“

„Und welche Schuhe ziehn wer jetz so lange an?“ Gitti saß auf unserm Hocker und ruckelte die restlichen Wassertropfen von ihrn Beinchen.

„Na, die andern“, sagte Mama.

Danach hat Gitti erst ma 'ne volle Woche lang in ihrm Eisengitterbett gelegen – mit 'ner dicken Erkältung, so kleine Füße, wie sie hat, die werden ja viel schneller kalt als große, und ihre Schuhe konnten in Ruhe austrocknen – aber ich selbst hatte auch 'nen ganz schönen Schnupfen.

Gott sei Dank hatten wir ja noch mehr Schuhe als Gitti und ich sonst immer tragen und die jetzt von der Beeke pitschepatschenass und durchgeweicht und alles warn. Es ist schon ganz gut, wenn man noch 'n zweites Paar Schuh im Schrank hat, weil das is sicherer, auch wenn de die meistens gar nicht brauchst. Aber wenn de kein zweites Paar hast und es drauf ankommt, stehst de verflucht blöd da.

Gitti ist sofort, als sie wieder auf 'n Beinen und gesund und munter war, in ihre alten Stiefel gestiegen, die warn inzwischen prima trocken geworden, und Papa hatte die bestimmt fünfmal eingeschmiert und gebürstet und poliert, und die sahn aus wie neu, die hättst de auch ins Schaufenster von unserm SALAMANDER-Schuhladen stellen könn, und keiner hätt jemals gemerkt, dass die schonmal voll unter Wasser zwischen den Lurchis warn.

AUF DEM AHORN

Bist de schonmal auf 'nen Baum geklettert, also richtig hoch, wo de auf die ganze Welt runtergucken kannst? Ich schon, ganz oft. Das kriegst de natürlich nicht mit 'nem schrumpeligen Appelbaum oder 'ner Trauerweide hin, da musst de schon die *richtigen* Bäume kennen; 'n paar richtige Bäume stehn bei uns links vorm Tunnel, da ist der Steilabhang, von wo wir immer die KONEJUNG-Männer angegriffen haben, und auch wenn wir die Steine nicht ganz so weit werfen konnten, wie wir beabsichtigt hatten, haben wir sie doch ganz schön geärgert, denn die riefen immer Sachen wie *Blöde Bande!* und *Schert euch nach Hause!* oder *Wenn wir euch kriegen!* oder *Eure Eltern würden euch den Hintern versohln!*.

Auf jeden Fall stehn da links vorm Tunnel die richtigen Bäume zum Hochdraufklettern – und die heißen *Ahornbäume*, und die haben Blätter, die sind größer als meine Hand, wirklich. Wenn ich von der Bande die Schnauze voll hab und keinen mehr sehn will, geh ich zu den Ahornbäumen, also *gehn* ist wirklich was anderes, erstmal balancier ich mich über die Balken von einem Stamm zum nächsten, und dann kletter und kriech ich da links durch das Gestrüpp weiter hoch, bis ich bei den Ahörnern bin. Ich hab da einen Lieblingsbaum, der ist natürlich der größte von alln von denen, der ist bestimmt hundert Meter hoch, aber genau weiß ich das nich, vielleicht sind 's ja auch nur fünfzig oder noch weniger, doch mordsmäßig hoch is der auf jeden Fall.

So 'n Ahornbaum ist zum weit Hochklettern ganz prima, der beste von der Welt is so 'n Ahorn. Wenn de 's schaffst – und das ist das schwerste von allm – auf den untersten Ast zu kommen, dann ist der Rest 'n Kinderspiel, dann ist der Ahornbaum fast wie 'ne Leiter, nur mit ganz hohen Sprossen, aber dann nimmst de einen Ast nach 'm andern und kletterst von Ast zu Ast um den Ahorn rum, immer höher, bis nach ganz oben, aber oben werden die Äste dünner, das ham ja Bäume so an sich, und da pass' ich immer unheimlich auf, wie ich ganz in die Spitze komm, aber ganz in den obersten Wipfel komm ich nich, weil da sind dann nur noch winzige Zweige, und da stürzt irgendwann sogar jeder Spatz ab, wenn er sich dadrauf setzt, und deswegen sitzt da ganz oben noch nicht mal 'n Vögelchen, denn die sind ja nicht bescheuert und kennen sich aus. Ich kletter immer, so weit es geht, und das is verteufelt hoch, und dann guck ich mir an, was ich von da aus seh; ich hab sogar schonmal – bei blütenreinem blauen Himmel – Köln gesehn, glaub ich wenigstens, das könnten die beiden Zipfel vom Kölner Dom gewesen sein, den gibt 's da nämlich in Köln, den Kölner Dom, hab ich gehört, aber meistens, wenn ich da oben auf meinem Baum bin, sind hauptsächlich überall Wolken, aber auch Wolken sind schön zum Gucken, weil die bewegen sich andauernd und machen immer wieder so neue Gesichter; Köln ist ja morgen auch noch da, wo 's neulich war, und läuft nicht weg – doch die Wolken siehst de kein zweites Mal.

Weißt de was, runterklettern ist fast schwerer als hoch, jedenfalls dauert 's länger, denn nach unten muss man extra vorsichtig sein – nach oben nicht so; nach oben kannst de gucken und siehst, wo de hinfasst, nach unten nicht, also 'n bisschen gucken schon, aber wo de hintrittst, siehst de nicht, das fühlst de nur unter dein Schuhn – deswegen ist nach unten schwerer und langsamer als nach oben.

„Deine Klamotten sind ja zerrissen!" rief Mama ziemlich entsetzt. „Wo bist du denn diesma gewesen?"

„Ach, irgendwo."

„*Irgendwo* is keine Antwort, Ulrich! Wo warst de, raus mit der Sprache?!"

„Auf 'm Baum."

„Na, dann weiß ich wenigstens Bescheid." Und Mama musste sich 'n Lachen verkneifen..., weil sie 's mir sowieso nicht geglaubt hat.

Ich hab mich ganz schnell zum Abendbrot hingesetzt, und Papa hat mich ganz verbissen angeguckt, aber nix gesagt, weil im Radio irgendwas Wichtigeres war, Nachrichten aus der weiten Welt und solche Sachen, und Gitti hat mir zugeblinzelt, weil sie genau wusste, dass das *mein* Baum war, wo ich drauf war, und Oma hat gesagt: „Ick geh denn mo to Bett." Und wir andern haben uns alle beeilt, dass wir nochmal schnell ab aufs Klo kommen, damit Oma nachher ihre Ruhe hat und wir sie mit unsrer Vorbeilauferei nicht beim Einschlafen störn.

Ich hab schonmal überlegt, ob ich in meinem Baum vielleicht nicht sogar mal übernachten könnt, also einfach oben bleiben in 'ner Astgabel oder so, über Nacht – das wär doch himmlisch, oder – aber wie soll ich denn dazu noch mein Bettzeug da oben hin befördern, und 'n Vogel bin ich ja auch nicht gerade, und wenn ich dann nachts beim Schlafen aus meim *Nest* plumpse, is nix mit fliegen, dann segel ich kreuz und quer durch das ganze Ahorngeäst nach unten und baller schließlich auf die Erde ..., ja, und das wär 's dann ..., und da hab ich mir das mit dem Übernachten oben im Ahorn erst mal aus 'm Kopp geschlagen.

Zwei Wochen später hatten wir 'n Baumhaus! Das war in meinem Riesenahorn drin, da sind wir mit dem ganzen Brettergedöns und den Nägeln über fünfzehn oder zwanzig Baumstockwerke nach oben gestiegen. Einer von uns blieb immer unten am Fuß vom Baum, damit er uns die nötigen Klamotten nach oben nachliefern konnte.

„Manni, bring ma nächstes Mal noch unsern zweiten Hammer mit hoch – und auch noch 'n paar mehr Nägel!"

„Wird gemacht!" röhrte Manfred von unten. „Kann aber 'n bisschen dauern – bei dem Gewicht!" Währenddessen ist Peter schonmal abgestiegen – für unsern nächsten Nachschub.

Woher wer unsere Hämmer und Nägel überhaupt hatten, wird sich jeder bestimmt fragen – ham wer bei unsern Papas abgestaubt, man könnte auch sagen, geklaut, und die beiden Hämmer und die übergebliebnen Nägel würden wer wieder fein säuberlich zu Hause zurück an ihrn Platz legen, und keiner würd 's merken.

Im Ahornbaum ist ja richtig klasse Platz für Baumhäuser, die andern Bäume kenn ich ja nicht so, doch die sehn mir erheblich enger aus, aber ganz oben im Ahorn, da kannst de dich frei bewegen und tun und lassen, was de willst, na ja, 'n bisschen musst de schon achtgeben, wenn de fünfzig Meter oder mehr über der Erde rumhangelst, jedenfalls haben wir da in 'ner geräumigen Astgabel die Bretter kreuz- und quergelegt und hier und da schonmal 'nen langen Nagel reingehaun, damit 's sicherer ist und uns nicht was abschmiert, und dann wollten wir mit den Seitenwänden angefangen, die warn sauwichtig für unsre Sicherheit, die hätten wir am liebsten an die nächsten Äste angestellt, aber die war 'n zu weit weg, und da haben wir die Wände einfach weggelassen, und mit dem Dach mussten wir ja sowieso nix machen, denn da war 'n ja die ganzen großen Blätter von dem Ahornbaum oben drüber, und wir war 'n mindestens fünfzig Meter hoch in der Luft und richtig frei und hatten ratzfatz 'n Haus, sagen wer ma, 'ne Plattform, gebaut – und das in luftiger Höhe oben im Baum; und da kommt sonst keiner hin, weil 's keiner findet, weil er nich ma danach sucht, nach 'nem Baumhaus; und deshalb ist das Baumhaus auch kein Baumhaus, sondern nämlich 'n *Baumschloss* ..., das haben wir so beschlossen, dass wir das so nennen. Am Ende, nachdem wir vier uns alle die Welt schön von oben und die beiden Zipfelchen vom Kölner Dom angeguckt hatten, sind wir alle vier vorsichtig an dem Ahorn abgestiegen – immer schön im Kreis von einem Stockwerk zum andern um den Stamm rum – und wir sind ab nach Hause gestürmt, und wir vier warn alle Könige ... von 'nem echten Baumschloss.

„Du siehst aber ganz schön schmuddelig aus." Mama musterte mich von oben bis unten und wieder von unten nach oben.

„Wer ham 'n Schloss gebaut."

„Na denn", schmunzelte sie. „Setz dich ma an 'n Tisch." Und da kam auch schon Papa vom Klo zurück, und Oma war beim Brotschmiern, und Gitti hatte 'ne dicke Scheibe Blutwurst im Mund, und Mama sagte zu ihr: „Nu ma nich so hastig, Brigittchen."

Ich war so was von dreckig, denn Schlösser baun is immer dreckig, da kommst de nich drum rum.

„Das machen wer gleich, das Waschen", sagte Mama stirnzunzelnd. „Nu ess erstma."

Ich hatte ja so einen Hunger und hab mir eine Salamischeibe nach der andern auf meinen Teller geholt und in den Mund gestopft, dass Papa zu mir sagte: „Ulrich, wir sind hier nicht bei den Hottentotten – dir nimmt keiner was weg. Also, mach mal langsam – und iss anständig." Und Gitti musste fürchterlich kichern und hatte dabei ihre Blutwurstscheibe zwischen ihrn Fingern.

Papa hat unheimlich gern Radio gehört, unheimlich gern; und ich hab ja auch das Radio gehört, weil ich nebendran an der andern Ecke von unserm GRUNDIG-Radio war – aber ich hab so viel Zeug, das aus 'm Radio kam, einfach nicht kapiert; da war 'n so Sachen mit Hunger und Krieg und Tod und wie einer den andern ermordet; das hör ich, aber wieder auch nicht, das geht bei mir hier ins Ohr rein und da wieder raus; es ist prima, dass wir zu Hause keinen Krieg und Hunger und Tod haben, das ist, glaub ich, das Schlimmste, was einem passiern kann, also so 'n Krieg und der Rest.

Aber so immer Frieden und Ruhe und streicheln will ich auch nicht. Wär schon schön mit dem Frieden, aber ich weiß nicht. Wenn Frieden ist, schlaf ich nur, und das ist langweilig. Unfrieden und Aufruhr ist zur Abwechslung auch mal ganz schön – aber nur 'n ganz bisschen.

Ich glaub, deswegen ist Gitti da, wegen dem Krieg, und ich wegen dem Frieden – ja, und umgekehrt natürlich auch – denn jeder ist mal gut und dann wieder mal blöd. Neulich hab' ich ihr wegen irgendwas in 'n Hintern getreten, hatte sie auch verdient, und Gitti hat geheult und ist ab zu Mama, und ich hab gesagt:

„Is mer so rausgerutscht."

So fängt nämlich 'n dämlicher Krieg an, denk ich mir so, und Gitti in 'n Hintern treten ist mit das Blödeste, was einer machen kann, denn Gitti ist eigentlich ganz prima in Ordnung. Und da musste ich selbst auch richtig heuln, dass Oma sogar aus ihrm Sessel aufgestanden ist und mir ihr eignes Taschentuch unter die Nase gehalten hat.

„Nu schnaub ma."

Aber Gitti war wütend auf mich, doch ich nicht mehr auf sie, aber Gitti hat mir volle Kanne ans Schienbein getreten, dass ich umgefalln bin, und Mama herrschte Gitti an: „So geht das nich, Fräulein, verstanden?! Egal, was Ulrich gemacht hat – und jetz gebt ehr euch de Hand. Punkt und Schluss!"

Gitti musste plötzlich ganz schnell aufs Klo, ich aber auch, aber Gitti war schneller, und da bin ich fix raus und runter ins Treppenhaus, und hinter Osterwinds Mauer kannst de ganz unbeobachtet Pipi machen, und jetzt, wo ich schonmal draußen war, bin ich weiter zu den Balken; da warn schon wieder die ganzen scheißschwarzen Käfer drauf, gut, die haun ab, wenn de 'n bisschen Tamtam machst, aber trotzdem, das ist genau wie mit den Scheiß-Brennnesseln, die müssten auch nicht unbedingt da sein.

Wenn 's nach mir gehn würde, würden viele Sachen abgeschafft, zum Beispiel schonmal die ganze Käferbande auf unsern Balken und die Brennnesseln sowieso und das Scheiß-Regenwetter – aber nach mir geht 's ja nicht, das Sagen hat ja der liebe Gott, der wohnt im Himmel und ich nur in der Van-Meenen-Straße, das ist schon 'n ganz schöner Unterschied, denn aus 'm Himmel kannst de von oben runtergucken, und de siehst alles auf einen Schlag und zusammen und kannst als lieber Gott schön den großen Überblick auf die Welt behalten und alles so sortieren, wie 's sein soll, doch von der Van-Meenen-Straße aus siehst de nur 'n bisschen von hier oder da, und de streitest dich wegen jedem Blödsinn und de trittst Gitti in 'n Hintern wegen nix, und dann fängt 'n Krieg an, weil Oma sich auf ihre Seite stellt und sagt *Die hät doch gor nüscht mookt* und Mama sagt *Ulrich hat schon gar nix gemacht* und Papa dazwischenhaut und brüllt: „Ruhe jetzt! Das Radio läuft, ich will da jetzt zuhören, verdammt nochmal!" Dann ist schon Krieg! Na gut, da schießt noch keiner, und sterben tut auch keiner ..., aber dann doch irgendwie schon ... so ganz, ganz leise ... und am Ende sagt Oma: „Do geh ick mol better to Bett."

Mir schießen manchma so Sachen durch die Birne, da spring ich im Kopf von hier nach da, und das passiert so schnell, dass ich das gar nicht erzähln kann, weil 's gleichzeitig auch so schön ist, und je schneller und schöner es wird im Kopf und im Herz, krieg ich 's nicht mehr raus, es bleibt alles bei mir, und andere kriegen 's höchstens raus aus mir, wenn sie mir in die Augen gucken.

Ich hab Gitti nie mehr in 'n Hintern getreten und Gitti mir auch nie mehr vor 's Schienbein oder sonst wohin. Wir beide gehörn nämlich zusamm. Und ich weiß gar nich mehr, worauf ich überhaupt hinauswollte.

GOLD

Irgendwann bin ich zum ersten Mal durch unsern Eisenbahntunnel durchmarschiert – also diesmal wirklich ganz durch, bis zum andern Ende. Da war ich bestimmt schon 'n bisschen größer, denn solche Abenteuer macht einer nur, wenn er schon einigermaßen Bescheid weiß. ... Da warn se wieder, die Zäpfchen oben im Tunnelgewölbe, wie eingefrorne Spucke oder Rotze, und von denen tropfte es runter, und die machten plopp, plopp, plopp, und den ein oder anderen Tropfen hab ich auch auf die Birne und die Nase bekommen.

„ULRICH!" hab ich durch den Tunnel gerufen, damit ich nicht mehr so viel Angst hab, und es hallte: „Ull..., Ul..., ...rich, ...rich, ...ich, ...ch!"

Dann hab ich nochmal was gesagt, aber nur zu mir selbst, und das hat nicht mal der Tunnel gehört, und da bin ich nur noch über die Bohln und das Kiesbett immer weitergeholpert. Und es wurde zunehmend unheimlicher, da flattern einem andauernd irgendwelche Vögel am Kopp vorbei – wenn das ma nicht Fledermäuse warn – und es wurde so kalt, wo ich doch gar keine Jacke anhatte, das hätt Mama bestimmt nicht gefalln und Oma sowieso nicht. Jetzt wollt ich aber nur noch durch bis zum Ende vom Tunnel und wissen, was da ganz hinten am andern Ende so los ist.

Der Tunnel hat aber, wie ich schonmal erzählt hab, Riesennischen in den Seitenwänden, und da kannst de, wenn die Züge durchrauschen, ganz fix reinspringen, und keiner rollt über dich drüber, und danach kannst de wieder machen, was de willst. In den Nischen sitzen ist nicht schlecht, da vergisst de die Eisenbahn, und das Spuckezäpfchendröppeln hörst de auch nicht mehr, da kommst de zur Besinnung und hast keinen Hunger und keinen Durst mehr und auch sonst nix. Irgendwann, als es mir zu kalt wurde und ich in einem durch Gänsehaut hatte, bin ich aus meiner Nische aufgestanden und hab gar nicht dahingeguckt, wo ich hergekommen war, sondern nur zum andern Ende vom Tunnel, dahin, wo ich vorher noch nie gewesen bin und wo ich schon das Licht sehn konnte und hinwollte. Ich hab immer mal wieder innegehalten und gelauscht, ob ich 'ne Eisenbahn hör, hab ich aber nicht und bin zum andern Ende vom Tunnel weitergestapft, weil ich wollt nich im Schlamassel mittendrin stecken bleiben.

Schlamassel ist, wo de nicht weißt, ob de nicht ganz schnell zurückrennst, dahin, wo de alles kennst und dir keiner was tun kann, oder ob de weitermarschierst, dahin, wo noch keiner war und du der Erste bist und den andern berichten kannst, ich hab was gemacht, da könnt ihr nur von träumen, und dann kriegen die andern und Mama und Papa und Gitti und Oma Riesenaugen und fragen *Junge, wie hast de das denn geschafft? Teufelskerl!*.

Nein – ich wollt nicht im Schlamassel zwischendrin stecken bleiben! Nee, ich geh bis zum Ende – und das bin ich dann auch!

Als ich da am andern Ende vom Tunnel ankam, sah aber alles auf den ersten Blick genauso aus wie vorm Tunnel auf unsrer Seite, da warn überall Brennnesseln und gelbe Sumpfblumen und dort, wo knochentrockner Boden war, auch lila Disteln, doch Flöppen hab ich da nicht gesehn, die gibt 's anscheinend nur auf unsrer Seite vom Tunnel, dafür gab 's da aber auch 'ne gemauerte Beeke auf der einen Seite vom Tunnelportal und 'n Bächlein mit Lurchis drin auf der andern, das warn bestimmt dieselben Flüsschen wie bei uns und auch dasselbe Wasser, nur eben 'n paar hundert Meter weiter und 'n paar Minuten später, flussabwärts eben – oder flussaufwärts? Weiß ich jetz auch nich.

Von da aus bin ich dann den Hang auf der Seite, wo der Salamanderbach war, durch das Gestrüpp und die Disteln und die Dornen von den Himbeern und Brombeern und an den Brennnesseln vorbei hochgeklettert – und was da alles kam, war mordsaufregend und erzähl ich erst 'n bisschen später.

Beim Abendessen hab ich mit keinem Ton erwähnt, wo ich gerade herkam, denn meine Erlebnisse mussten sich erst mal bei mir setzen, aber am nächsten Morgen hab ich von meiner Tour und wie ich den Tunnel und sogar noch mehr erobert hab beim Frühstück so 'n paar Andeutungen gemacht. Das reichte aber auch schon, um Mama fuchsteufelswild werden zu lassen.

„Das kann doch alles gar nich wahr sein!" Mama war völlig fassungslos. „Sowas machst de aber nich noch ma! Gestern Abend hast de kein einziges Wort dadrüber verlorn, du, du ... kleiner Held!"

Ich antwortete: „Mama, ich musste das doch auch selber erst ma verdaun. Ich kann das eem." Ich hatte mein Brot mit Erdbeermarmelade vor mir auf 'm Küchentisch und die Milch dazu und hab 's mir so was von schmecken lassen, und Oma hat sachte gefragt: „Wo büst denn jestern weest?" Und Gitti konnte auch nicht an sich halten und hat fast ihr NESQUICK verschüttet: „Wie – du warst doch nich etwa ganz durch den Tunnel durch, oder?!"

„Doch, war ich, hab ich doch grade gesagt. Und noch 'n bisschen weiter."

„Und was is da so?!"

„Äh – nix." Aber ich flüsterte ihr noch ganz leise zu, dass sie sich die Hand hinter 's Ohr halten musste: „Aber ich hab da Gold gefunden."

„Wie – Gold?! Du spinnst!" wisperte Gitti zurück, und sie kippte mit ihrm Ellnbogen jetzt endgültig ihrn Becher mit dem NESQUICK um, hat das selbst aber gar nicht bemerkt, so aufgedreht war sie.

„Brigitte, nu pass doch ma auf!" Mama holte in Windeseile den Waschlappen und das Geschirrspülhandtuch und wischte Gittis Plempe auf und den Tisch wieder trocken.

Und dann hab ich Gitti die ganze Geschichte erzählt – aber nicht sofort. Dafür hab ich sie mit an mein Bett ins Wohnzimmer gezogen, und Mama war schon wieder 'n bisschen fröhlicher und hat sich kaputtgelacht wegen meiner ganzen Geheimniskrämerei und hat hinter uns sogar die Wohnzimmertür zugemacht, nur für uns beide Kinder, damit wir schön alleine über unsre Geheimnisse palavern konnten.

Mama wollt ich von dem ganzen Gold nix verraten und Papa und Oma auch nicht, weil Gold ..., Gold ist erst mal sowieso geheim und zweitens ist Gold ganz gefährlich. Ich weiß aber nicht, warum. Ich glaub, Gold blinkt nur und lenkt einen vom echten Leben ab, genau das ist das, was am Gold gefährlich ist – und dass es die Leute gierig danach macht und se ihr eignes, alltägliches Leben vergessen, und das ist das allergefährlichste am Gold ... und deswegen war ich extra so vorsichtig.

Gitti hockte neben mir auf meinem Bett, wo die Überdecke, die wie 'n Perserteppich gestickt war, drauflag, und da hat sie sich drin eingewickelt und mich mit ihrn Kulleraugen erwartungsvoll angestarrt, und ich fing an:

„Hast de schon ma richtig echtes Gold gefunden?!"

„Im Leem nich!" Gitti sprang sogleich wieder vor lauter Anspannung aus ihrer Decke raus und hüpfte quer durchs Wohnzimmer und rief: „Erzähl bloß kein Quatsch!"

„Überhaupt kein Quatsch! Willst es hörn, oder nich?!" Da war Gitti wieder ganz fix neben mir auf meinem Bett und hat sich nochmal die Decke umgehängt und sich darin eingekuschelt, und wir beide warn ganz für uns, und keiner konnte mithorchen.

„Gestern bin ich durch den Tunnel durch, also ganz durch von vorne bis hinten, da tropfte es überall, obwohl der doch von oben zu ist, und oben und in den Nischen hingen so lange Zapfen, und von denen tropfte es in einem durch runter; in der Mitte, also auf halbem Weg durch 'n Tunnel, war 's richtig dunkel, aber hörn kann man ja auch ohne gucken, und da hat 's immer *plopp, plopp, plopp* gemacht, und ich hab mich immer dahin bewegt, wo die Tropfen nicht tropften, aber 'n paar von denen haben mich doch erwischt."

„Nu mach ma weiter!" Gitti wurde immer rappeliger. „Wie war das denn jetz mit dem Gold?!"

„Immer schön eins nach 'm andern. Also, als ich aus 'm Tunnel rauskam, sah 's genauso aus wie dort, wo ich reinkam, und unsre Beeke und unser Bach warn sogar auch da, und da warn sogar auch Lurchis drin. Ich hab mich gleich rechts den Berg hochgemacht, damit ich von den Schienen wegkomm, denn hinter mir kam 'n dicker Güterzug durch den Tunnel angerauscht, und, na ja, ich hab richtig Schwein gehabt."

„Echt?" Gitti hatte das Zudeck vor lauter Erregung wieder abgeschüttelt. „Ja, und weiter?!"

„Oben war 'ne Mauer; da bin ich drübergeklettert und landete in irgendnem Hinterhof, und da musste ich mir erst mal die Augen wischen, denn da war vor mir 'ne große Grube – voll mit Gold! Glaubst de nich, ne? Aber das war tatsächlich so! Das glitzerte und funkelte und leuchtete in der Sonne wie im Märchen, echt wahr! Ich bin dahin zu der Goldgrube, und ich hab reingefasst, und das war ganz schwer in meiner Hand und war richtiges Gold, aber alles nur so Staub und ganz kleine Späne, und ich dachte, wieso lassen sie so was Wertvolles denn hier einfach draußen rumliegen, und ich dachte, gleich kommt bestimmt einer, und der bringt mich direkt zur Polizei, und die stecken mich sofort ins Gefängnis, weil ich mir nämlich schon die Hosentaschen bis obenhin mit den Goldkrümeln vollgestopft hatte. Aber keiner hat mich festgenommen und auch nicht eingesperrt, und ich hab schnell meine Taschen wieder leer gemacht, sonst wär ich von dem Schweinegewicht nicht wieder zurück über die Mauer nach Hause gekommen – denn Gold ist nämlich sauschwer, aber nur wenn 's echtes Gold ist, und mein Gold war schwerer als Blei, das kannst de glaum.

So, das is schon die ganze Geschichte. Jetz können wer wieder in die Küche zurück."

Da hat 's mir in der Nase gekitzelt und ich musste *Hatschi!* machen. Als ich mein Taschentuch aus der Lederhose zog, flogen noch 'n paar von den restlichen Goldspänen auf den Fußboden, und Gitti sammelte die alle gleich ganz sorgfältig einzeln auf und wickelte sie in ihr eignes Taschentuch ein – und sie wusste jetz endgültig, dass ich nicht geschwindelt hatte.

„Und was machen wer jetz?!" Gitti war völlig aufgekratzt und hampelte wieder im Wohnzimmer rum, als wenn sie 'ne Hummel in den Popo gepikst hätte.

„Wie – machen? Was machen?"

„Ja, mit dem Gold!!! Das müssen wer doch holn – und dann alles zur Sparkasse bring!!" Da war das mit der Goldgier, wovon ich vorhin gesprochen hab! Hätt ich Gitti bloß nix von dem ganzen Goldkram erzählt! Dann würd sie sich seelnruhig mit ihrer Martina beschäftigen und keine Flausen im Kopp haben.

„Ach lass ma, ich hab keine Lust, da hinter dem Tunnel nochmal durch die Brennnesseln und Brombeern zu krabbeln. Ob das Gold da liegt oder hier, ist doch egal, oder?"

Gitti war immer noch ganz erhitzt, und wir beide sind durch den Flur an ihrm Eisenbettchen vorbei zurück in die Küche gestiefelt.

„Mama, ich hab Gold gefunden – om auf 'm Tunnel, also hinten auf der andern Seite vom Tunnel, mein ich." Jetz hatte ich mich doch verplappert, verdammt!

„Ich sag 's dir noch ein einziges Mal ganz deutlich", rüffelte Mama. „Ich will nich, dass du so weit weg rumstrolchst – ham wer uns endgültig verstanden?!" So knatschig ist Mama mit mir ja noch nie gewesen!

„Ulrich hat echt Gold gefunden!" Gitti war völlig aufgebracht darüber, dass Mama das Gold alles ganz egal zu sein schien. „Wirklich – richtig echtes Gold hab ich hier in meim Taschentuch drin! Guck doch ma!" Mama hat da gar nicht hingesehn – sie war einfach nur sauer mit mir.

Nach dem Mittagessen hat Gitti mich wieder gedrängelt, sie zu der Goldgrube mitzunehmen. Das hat Mama aber mitgekriegt, und sie sagte ganz entschieden: „Ihr geht höchstens bis zum Tunnel – und auf keinen Fall dadurch und wo sonst noch hin! Versprecht ihr das?! Andernfalls wird zu Hause geblieben – verstanden?!"

„Versprochen", antwortete Gitti kleinlaut.

Und ich sogleich hinterher: „Versprochen." War mir ganz recht, denn ich wollte ja sowieso nicht mehr zu der Goldgrube.

Als Gitti und ich zusammen entlang den Schienen Richtung Tunnel trödelten, sagte Gitti plötzlich: „Solln wer nich doch ...?"

„Schlag 's der aus 'm Kopp, wer ham 's Mama doch versprochen!" erwiderte ich. „Und versprochen is versprochen!"

Da hat Gitti nix mehr entgegensetzen können und wegen dem blöden Gold endgültig die Klappe gehalten, und wir beide sind den ganzen Nachmittag durch das Gebüsch und den Wald neben unsern Schienen gestromert und hatten auch so – ganz ohne Gold – 'nen Heidenspaß und sind rechtzeitig zu unserer Abendessenszeit beide wieder bei uns zu Hause aufgekreuzt, und Mama musterte uns und blickte schließlich wohlwollend auf uns beide herab, denn sie merkte ganz genau, dass wir uns an unser Versprechen gehalten und nix angestellt hatten.

Oma stand aus ihrm Sessel auf: „Ick goh jetz mol to Bett." In der Wohnungstür drehte sich Papas Schlüssel, und Papa kam rein von der Arbeit und setzte seine Arbeitstasche ab, da neben der Wohnungstür, wo er sie immer hinstellt, und Mama half ihm beim Mantel, wie sie ihm immer beim Mantel hilft.

„Modder, nu bliff mol noch 'n beetker sitten", sagte Mama zu Oma. „Is doch noch früh – un wie häm doch noch Ombrot."

Ich glaub, Oma wollt sowieso noch bei uns bleiben und ist dann auch in ihrm blauen Sessel sitzen geblieben – ihr hat nur das Gold Angst gemacht, als Gitti und ich davon rumgebrabbelt haben, und vor allm, dass Mama wegen meiner Eroberungstour so stinkesauer auf mich war, so was kann Oma nämlich überhaupt nich haben, dass irgendwer auf 'nen andern sauer ist.

„Papa, ich hab Gold gefunden!"

„So, so? Findet man ja nicht alle Tage." Und Papa hat sich auch an den Küchentisch gesetzt und angefangen sich ein Fleischwurstbrot zurechtzumachen.

Weil ich nicht vergessen hatte, wie neugierig Gitti ja auf die Goldgrube war, kam mir so die Idee, ihr den Wunsch zu erfüllen, also dass sie da auch mal hinkommt – trotz unserm Versprechen an Mama. Am Tisch flüsterte ich rüber zu Gitti: „Du, willste ma mit – ans andre Ende vom Tunnel?" Dabei hatte ich aber auch gleichzeitig ein ganz schlechtes Gewissen.

Gitti flüsterte zurück: „Klar will ich! Aber is das nich doch zu weit für mich?"

„Das is bis zum Tunnel", wisperte ich. „Und noch gut hundert Meter dazu, mehr nich, und dann sind wer schon da."

„Das hört sich ja gar nich ganz so weit an!"

„Nee, nur 'n Stückchen weiter als bis zum Tunnel. Doch wer müssen durch den dunkeln Tunnel durch – das weißt de schon, ne?"

„Aber da sind wer dann doch ganz allein." Gitti flüsterte immer lauter.

„Klar – sind wer doch eigentlich immer", zischelte ich an Oma vorbei. Oma konnte ja sowieso nicht gut hörn, und das war bestimmt an ihr vorbeigegangen.

„Wat hevt juch bien Jörn denn to betokeln", sagte Oma, blinzelte uns zu und schmierte sich schön dick Leberwurst auf die Butter von ihrm Graubrot.

Gitti sagte verlegen: „Nix, eigentlich."

Und ich sagte: „Eigentlich nix."

Gitti und ich hatten 'ne Abmachung und haben uns ganz lieb angeguckt, und Mama und Papa haben das nicht mitgekriegt und Oma auch nicht.

Am nächsten Tag wollten Gitti und ich also trotz unserm Versprechen an Mama zu der Goldgrube, doch wir konnten nicht mal aus 'm Fenster gucken, und dabei war 's gar nicht dunkel, im Gegenteil, aber sehn konnten wir nix, aber auch gar kein Fitzelchen, weil nämlich überall suppendicker Nebel war. Wir beide mussten jedoch unbedingt raus.

Mama ermahnte uns: „Hört zu, ihr beiden, ihr geht mer nich zu weit, höchstens vor die Haustür oder bis zur Waage, verstanden?! Gleich gibt 's sowieso Mittagessen. Ihr seid sofort wieder oben, begriffen?!"

„Wer gucken nur ma ..."

Gucken ist gut – wenn wir nicht genau gewusst hätten, wo was ist, wärn wir gegen jede Wand und Mauer gerannt!

„Du, Gitti?" Wir hatten uns beide an der Hand.

„Ja?"

„Siehst de was?"

„Nee – nix."

„Lass uns wieder hochgehn. Das Gold rennt nich weg, das finden wer jetz nie, auch wenn ich weiß, wo 's is."

„Mer is auch ganz usselig", sagte Gitti und steckte ihre eine Hand in meine Jackentasche.

Vor uns war nix zu sehn – außer Nebel. Aus dem Nichts stand Frau Osterwind vor uns und Blanka leckte unsere Hände.

„Watt macht ihr denn hier bei dem Gruselwetter?" Frau Osterwind schloss unsere Haustür auf, und Blanka schoss rein ins Trockne, schüttelte den Nebeltau aus ihrm Fell, dass es im Treppenhaus nur so sprühte, und ich und Gitti sind auch gleich hinterher durch die

Haustür und wieder unsre Treppe nach oben gestiegen. Als wir bei uns klingelten, machte Oma das Fensterchen in unsrer Wohnungstür auf und freute sich ganz doll: „Do sied juch jo schon werrer!"

„Oma, wer konnten überhaupt nix sehn, nich ma bis zum Gulli!"

„Dann mol werrer rinn in 'd goot Stoov."

„Mama, draußen kann man gar nix sehn, und Blanka is pitschenass von dem schwern Nebel."

Und Oma sagte: „Wenn Nebel is, blivst du ock to Hus – süsten löppst du rut un söppst ab im Moor."

Wie, was ... Moor – was für 'n Moor? Gitti guckte mich fragend an: „Moor?!" Und ich guckte genauso ratlos zurück.

Mama half uns Kindern auf die Sprünge:

„Das mit dem Moor kommt von Oma und mir zu Hause, aus Woltin."

„Was is Moor?" fragte Gitti.

„Moor is später", trieb Mama an. „Jetz essen wer erst ma ganz gemütlich Mittag zusamm, und danach könnt ihr eure Spielsachen rausholn."

„Moor sieht aus wie Land", erklärte ich Gitti. „Is es aber nich, und wenn de dadrauf rumläufst, bist de mir nix, dir nix in der Kacke, eh, im Sumpf drin und ersoffen und tot. Das steht nämlich alles in meim Buch drin."

„Echt?! Gib mer das Buch auch ma!" Gitti war ganz erschrocken und bekam richtig Angst, und ich auch, weil so schlimm, wie ich ihr das erzählt hatte, hab ich mir das selbst gar nicht vorgestellt, und so schlimm stand 's in dem Buch auch gar nicht drin – außer, dass man im Moor ersäuft ..., na ja, schlimm genug. Außerdem – lesen konnt ich ja sowieso noch nicht, aber die Bilder in dem Buch haben mir alles auch ohne Wörter erzählt, und ich wusste ganz genau Bescheid über 's Moor ... und auch über manche andere Sachen.

„Wenn de irgendwann ma lesen kannst", antwortete ich großspurig, „kriegst es von mer."

„Vom Moor erzähl ich euch morgen was", Mama hatte 'ne nachdenkliche Miene. „Jetz essen wer erst ma schön ... und denken ganz kräftig an schönes Wetter und kleine Lämmchen auf der Wiese, ja?! Wisst ihr noch?"

Ja, wussten wir noch, wie Mama uns davon erzählt hat, und Gitti und ich haben nach dem Mittagessen alle unsere Spielsachen aus unserm Schränkchen rausgeräumt und quer in der Küche verstreut, damit wer alles parat hatten, und Gitti hat sich mit ihrn Puppen beschäftigt und die aus- und wieder angezogen und frisiert, dass denen von dem ganzen Gefummel kotzübel geworden sein muss, und ich hab in den großen Bilderbüchern, die ich von Papa hatte, hin- und hergeblättert, um endlich rauszufinden, wie alles funktioniert, wie 's tut; blöderweise konnt ich ja kaum ein Wort lesen, sonst hätt ich bestimmt 'ne Menge mehr kapiert, doch die Bilder für sich warn auch schon dermaßen schön, und in die hab ich mich richtig vertieft – du da war ich selbst mit dem Scott fast am Südpol, wo er hinter dem Amundsen hinterherrennt und gar nich merkt, dass er das Rennen verlorn hat und dabei auch noch in der Eiseskälte krepiert – Mann, warn die Bücher aufregend, da konnte mich auch Gittis Gezeter mit ihrn unartigen Püppchen, weil die ihr anscheinend nicht gehorchten und sich nicht kämmen lassen wollten, nicht großartig ablenken, weil die großen Abenteuer steckten nun ma alle in meinen prima Büchern, die Papa mir aus der Stadt mitgebracht hatte.

Den ganzen Nachmittag ham Gitti und ich gespielt, jeder in seiner Welt, bis es schließlich dunkel und schwarze Nacht wurde.

Als wir mit dem Abendbrot fertig warn, hat uns Mama beide fürs Bett zurechtgemacht und uns ausgezogen und an unserm Waschbecken in der Küche gewaschen und uns die Zähne geputzt ..., von dem Brimborium hab ich ja schon hundertma gequatscht, und das kennt ihr alles schon. Ich hab mir mein Nachthemd angezogen und Gitti sich ihrs, denn das konnten wir inzwischen schon ganz alleine, und wir haben jeder unsere Fußbank zurück unter das Waschbecken gestellt, ich meine dunkelbraune ganz links in die Ecke und Gitti ihre hellbraune auf die rechte Seite.

Papa hat die ganze Zeit überhaupt nix gesagt und hing am Radio, weil da war Fußball, Deutschland gegen irgendwen, drin und seine ERNTE 23 warn schon fast alle weg, und Gitti und ich haben schüchtern *Nacht, Papa* gesagt, und dann warn Mama, Gitti und ich aber auch schon raus aus der Küchentür.

„Nacht, ihr beiden Trabanten", rief Papa uns, mit einem Ohr an unserm GRUNDIG, flüchtig hinterher.

Mama hat Gitti auf 'n Arm genommen und ganz, ganz lieb durchgerüttelt: „So, meine kleine Süße, von dem Moor erzähl ich dir morgen was, und Papa und Oma wissen da noch viel mehr drüber; jetz denk erst ma an was richtig Schönes ..., weißt de, dass man aus Nebel die allerschönsten Kopfkissen und Betten machen kann?"

„In echt – wirklich?!"

„Wirklich! Das is so ähnlich wie bei Frau Holle, die den ganzen Schnee aus den Betten schüttelt, weißt de doch? Das geht mit dem Nebel genauso gut, nur, dass die Betten sogar noch leichter wern." Aber da hatte Gitti schon ihrn Daum im Mund, und Mama hat sie in ihr Eisenbettchen gelegt und zusammen mit ihrm Hasen schön zum Schlafen eingepackt.

Ich selbst war bereits abgehaun und lag auch schon unter meiner Bettdecke, aber Mama kam wie immer noch hinterher durch unser dunkles Wohnzimmer, setzte sich auf meinen Bettrand und gab mir auch ihrn Gutenachtkuss und reichte mir meinen Teddy zum Kuscheln für die Nacht.

„Gold!" Mama musste lachen und schüttelte ihrn Kopf im Dämmerlicht. „Du bist mir einer!"

OSTERWINDS KOMISCHER KAUZ

Wir Jungs hingen vor der Haustür rum, kickten 'n bisschen mit dem Fußball auf der Straße, aber da kamen andauernd die blöden Laster, die zu Osterwinds auf die Waage wollten, und wir mussten immer wieder zurück auf den Bürgersteig ausweichen.

„Kommt, wer haun hier ab", forderte uns Joachim auf. „Wer baun 'ne Bude oder machen sonst was."

„In 'n Flöppen?"

„Zum Beispiel – und vorher klaun wer bei KONEJUNGS denen de Kartons."

„Au ja. Oder wer gehn auf 'n Baum."

„Oder wer knacken 'nen Waggon?"

„Oder gucken nach den Lurchis."

„Aber schön eins nach 'm andern, ne?" ermahnte ich die Bande.

Peter hat unsern Fußball sorgfältig in die Ecke von unsrer Haustür gelegt und 'n Steinchen druntergesteckt, damit er nicht wegrollt, und wir Jungs sind dann die kleine Steintreppe am Ende von Osterwinds Mauer und ihrer Lasterwaage runtergestiegen und sind allesamt Richtung Balken und Schienen getobt.

Da mussten wer aber doch erst mal ruckzuck stopp machen, wegen … auf der Rückseite von der Waage hatten Osterwinds 'nen Gemüsegarten mit 'ner kleinen Laube, da trieb sich immer so 'n ganz komischer Kauz rum, der hat für Osterwinds in ihrm kleinen Garten gearbeitet, und der war genauso braun gebrannt wie Antonio, aber Spanier war der nicht, der hatte aber ganz dunkle Haut und gelbe große Zähne und einen verbeulten abgewetzten ledernen Schlapphut und 'ne löchrige Manchesterhose mit breiten Hosenträgern über seim dreckigen karierten Hemd, und der Kerl hat sich um den Garten von Osterwinds gekümmert. Und wie! In dem Garten haben nämlich Mäuse andauernd fleißig das Gemüse, die Mohrrüben, den Kohlrabi, die Erbsen und die Bohnen und Radieschen weggefuttert, derart, dass Osterwinds kaum mehr was davon hatten und genauso viel Gemüse einkaufen gehn mussten wie wir andern Familien auch, die wir ja alle gar keinen Garten hatten.

Als wir Jungs um die Ecke von Osterwinds Mauer hergepeest kamen, hat der braune Kerl doch gerade 'n paar Mäuse mit Wäscheklammern auf die Wäscheleine in Osterwinds Garten geklemmt, eine neben der andern, am Schwänzchen, und die lebten noch und quiekten wie verrückt, hätt ich an dern Stelle auch getan, und da mussten wir erst mal innehalten und verschnaufen und haben uns im Gestrüpp versteckt; der Kerl hatte die kleinen Viecher tatsächlich irgendwie lebendig gefangen – weiß der Teufel, wie der das hingekriegt hatte – und das warn bestimmt zwanzig Mäuschen, die da an den Wäscheklammern bammelten, und Manfred fing das Heuln an, und Peter zischte *Klappe!*, aber wir andern konnten das auch kaum mit ansehn; und dann schlurfte der komische Kauz kurz in sein Häuschen und kam mit 'nem dicken Schießgewehr wieder raus, und de glaubst es nicht, er hat sich niedergekniet und in Stellung gebracht und auf die Mäuse geballert, da hat 's dann ganz trocken geknallt und dann ganz kurz *Piep* gemacht, das war die erste Maus auf der Wäscheleine, und dann ging 's zackzack: *peng, piep, peng, piep, peng, peng … peng, piep* – und er hat eine Maus nach der andern da oben an der Leine totgeschossen und allesamt mit seiner Knarre abgemurkst! Und die hingen jetzt ganz schlapp auf der Leine, und ihr Blut tropfte aufs Gemüse oder auf das, was sie davon noch übriggelassen hatten. Das hatten die Mäuschen jetzt davon, dass sie Osterwinds Gemüse weggefuttert hatten. Wir Jungs fanden das aber trotzdem ganz fürchterlich schlimm und beschissen.

Da ist Joachim hoch aus unserm Versteck geschnellt und hat, so laut wie er konnte *Scheiße!!* zu dem blöden Kerl rübergebrüllt und ist ganz schnell weggerannt – und wir andern drei Jungs sind wie die Feuerwehr hinter ihm her.

Hinter den Balken sind wir alle vier in Deckung gegangen.

„Hat einer was abgekriegt?“ fragte Joachim.

„Wieso?“ fragte Peter zurück.

„Wer Mäuse erschießt, schießt auch auf kleine Jungs“, flüsterte Joachim.

Da hatte er verdammt Recht, und deswegen is Joachim auch unser Anführer, weil der weiß immer 'n bisschen mehr als wir andern drei, und nicht, weil ihm das sein Papa beigebracht hat, sondern weil er 's einfach draufhat und von sich aus weiß.

„Also, ich hab nix, glaub ich“, und ich guckte vorsichtshalber doch nochmal an mir rauf und runter, aber da war nix besondres, jedenfalls keine Schusswunden.

„Bei mir is auch nix zu sehn“, sagte Peter.

„Ich hab schwer Blut am Bein“, wimmerte Manni jedoch. „Doch das war wohl meine eigne Schuld – und eher kein Schuss.“

Das ging uns schon schwer an die Niern, wie der Kerl da die Mäuse abgeknallt hat und wir nix dagegen machen konnten, doch nach 'ner Weile, als das Theater beendet war, hatten wir auch gleich schon wieder Flausen im Kopp.

„Was is jetz?!“ Joachim sprang raus aus unserm Versteck hinter den Balken. „Bude bauen oder was Andres – oder wie oder was?!“

Und wir riefen: „Genau!“ Und dann ging 's weiter, runter zu den Schienen und den Waggons entlang bis kurz vor KONEJUNG, da mussten wer im Gebüsch erst mal wieder in Deckung gehn, denn mit den KONEJUNGS war nicht zu spaßen; wenn de an die Kartons von denen ranwolltest, haben die sich fast aufgeführt wie Blanka, wenn die 'n Lasterfahrer sieht.

Die KONEJUNG-Arbeiter haben rumgeschimpft und uns verflucht, das kannten wer ja nich anders, und wir haben uns dann noch höher in den Wald verzogen und mit Steinen geschmissen, bis die KONEJUNG-Arbeiter die Schnauze voll von uns hatten, und dann sind wir den Abhang runtergestürmt und haben uns die Kartons von denen doch geschnappt; da warn vorher Waschmaschinen oder Kühlschränke drin gewesen oder irgendwelche andern großen Elektroapparate, und die Pappverpackungen von denen konnten wir ganz klasse gebrauchen, um 'ne richtig gute Bude zu baun, weil da wo wir hinmussten, war 's scheußlich feucht, und wer sich 's da einrichten will, muss genau wissen, wie man das macht – und wir vier wussten verdammt genau, wie man das am besten auf de Reihe kriegt.

Als wir aus 'm Busch abends zurück nach Hause gestrolcht kamen, haben wir an die Ermordung von den Mäuschen überhaupt nicht mehr gedacht, hatten unsere Köppe schon wieder voller neuer Sachen für morgen und übermorgen. Aber in der Nacht hab ich geträumt, ich häng auf 'ner Wäscheleine und blute aus alln Gliedern, und ganz viele Mäuse sitzen auf der Wiese und lachen sich kaputt über mich und reiben sich die Fäustchen und futtern auch noch Mohrrüben und Spinat dabei.

TANTE GISELAS MANTEL

Bei PÜTZ, da haben wir immer unsere Milch eingekauft, und da mussten wir jeden Tag hin, denn jeder braucht jeden Tag Milch. Dafür hat Mama Gitti und mich angezogen und an die Hand genommen, und wir sind rechts aus unsrer Haustür raus, um Osterwinds Gastwirtschaft rum, vorbei an der Ruine aus 'm Krieg und die Haumannstraße hoch bis zur Potsdamer Straße, wo der Bäcker auf der Ecke war, und dann nur noch 'n kurzes Stück links, und ich durfte die Milchkanne tragen, aber Gitti auch manchmal. Die Kanne haben wir Frau Pütz überreicht, und die hat sie dann an ihrm kleinen Tresen, wo auch ihr Kassenautomat gleich danebenstand, mit Milch gefüllt; die war eiskalt, denn die kam tief unten aus 'nem Kessel und oben aus 'ner Maschine mit 'nem großen Hebel dran, mit dem Frau Pütz die Milch hochgezogen und in die Kanne gesprudelt hat; die Milchhochziehmaschine war mitten auf den Tisch montiert, und Frau Pütz hat für unsere Kanne – die reichte für zwei Liter – den Hebel viermal runtergezogen, und dann war die Milchkanne voll, und die Milchhochziehmaschine war bedeckt mit winzigen Wassertröpfchen, weil die Milch innen drin so kalt war und die Luft in PÜTZENS Geschäft viel wärmer. Oft haben wir auch noch Joghurt mitgenommen, da gab 's zwei Sorten, weiß-natur und Erdbeer, und der Joghurt war in dicken Gläsern drin, die sahen aus wie kleine Blumenvasen, und oben war 'ne Blechfolie draufgekleistert, damit der Joghurt nicht auf 'm Weg nach Hause rausschölpert oder vielleicht sogar schlecht wird. Oma hat immer den weißen Joghurt haben wollen und hat sich da zwei Teelöffel Zucker reingerührt, Gitti und ich aber am liebsten Erdbeer, und da musste wegen den Erdbeern auch kein Zucker mehr dazu. Manchmal hat Frau Pütz Gitti und mir auch noch 'n Sahnebonbon geschenkt, aber nur, wenn se mal 'ne Hand freihatte.

Einmal jedoch, als wir drei, also Mama, Gitti und ich, wieder zum Milchholn zu PÜTZ unterwegs warn, da lief alles ganz anders als sonst ..., ganz, ganz anders!

Wir hatten alles erledigt, Mama hatte schon bezahlt, Gitti und ich hatten jeder schon 'nen dicken Sahnebonbon zwischen den Zähnen und warn am Lutschen wie die Teufel, und ich hatte unsre große schwere Milchkanne ruhig am Arm hängen, und Mama hatte den Joghurt und noch 'n paar andere Sachen, Käse und Quark und so, in ihrer Einkaufstasche drin, und Gitti ist hurtig raus auf den Bürgersteig gedüst; ich bin aber nur bedächtig hinterher, denn wegen der Kanne mit Milch musste ich ja da ganz vorsichtig trapsen; und Gitti ist zwischen den parkenden Autos durch rüber auf die andere Straßenseite gestürmt, weil sie als Erster zu Hause sein wollte – das war so 'n Spielchen zwischen uns beiden, *Wer is als Erster an unsrer Haustür?!* – und Gitti ist in vollem Tempo vor 'n vorbeifahrendes Auto gerannt ... und vor meinen Augen die Straße runtergeflogen, wie 'n Federball, und sieben oder acht Meter weiter auf den Teer geknallt, und ich wusste nicht, ob ich vorwärts oder rückwärts gehn sollte oder sonst was und hab gebrüllt: „Maaamaa!!!“ Und unsere Milchkanne lag zerbeult im Rinnstein, und unsre ganze Milch pladderte in den Gulli.

Mama kam hinter mir aus PÜTZ die Stufen runtergehastet, hat ihre Einkaufstasche auf den Bürgersteig geschmissen und ist raus auf die Straße gehetzt, wo der Autofahrer, der Gitti mit der Schnauze von seinem Auto erwischt hatte, Gitti behutsam aufgehoben und Mama vorsichtig in ihre Arme gegeben hat, und ich konnt gar nix sehen, weil ich ganz schlimm geweint hab.

Dann kam ziemlich schnell 'n weißes Auto mit Blaulicht und Tatütata-Sirene; das ist mitten auf der Potsdamer Straße quer vor PÜTZ stehn geblieben, sodass da 'n dicker Verkehrsstau war, und da war 'n Doktor mit drin, und der hat Mama Gitti schnell aus den Armen genommen, und Gitti hat in ihrm dicken Mantel geschwitzt wie bekloppt, aber das konnte sie nicht sagen, sie war nämlich total ohnmächtig und hat nicht mal mehr die Augen aufgekriegt, und ich konnt auch kaum nix sehn, weil ich weiter so flennen musste. Der Doktor war sogar 'n Notarzt, und der hat sich so beeilt und Gitti ganz schnell hinten in sein weißes Notarztauto auf die Pritsche dadrin gelegt und ihr den Mantel aufgeknöpft und auch ihr Kleidchen dadrunter, damit er bloß richtig an sie rankommt und sie abhörn und untersuchen kann – und Gitti nicht sterben muss ..., und musste sie Gott sei Dank auch nicht!

„Das hätte auch ins Auge gehen können“, hat Papa später gesagt; dabei war er gar nicht dabei, konnte er ja auch nicht, denn er war nun mal die ganze Zeit, wo Gittis Unfall passierte, bei seiner Arbeit.

Gitti hatte nur 'ne *leichte Gehirnerschütterung*, hat Doktor Pfaffrath, das war ja der Kinderarzt für Gitti und mich, festgestellt und uns gesagt, ihr würde ein paar Tage lang sicherlich ziemlich übel sein, das sei normal bei 'ner Gehirnerschütterung, und sie brauche nichts anderes als Ruhe, und Gitti hat deswegen lange im Bett liegen müssen und konnte sich richtig schön ausruhen, dafür haben wir schon gesorgt, das kannst de aber glauben, und wir alle haben sie rund um die Uhr verwöhnt, wie wir nur konnten, und Gitti hatte allmählich 'n Heidenspaß dabei, wie wir da alle in einem durch um sie rumgehampelt sind und sie verhätschelt haben, und Oma hat ihr immer mal wieder 'ne Wärmflasche auf den Bauch gelegt und sie andauernd gestreichelt und wir andern natürlich auch, und zwei Wochen später war Gitti wieder quietschfidel und auf 'm Damm, und Mama und Gitti und ich sind dann auch wieder zusammen hoch zu PÜTZ Milch holen gegangen, und Gitti hat seitdem immer noch 'n extra

Sahnebonbon von Frau Pütz gekriegt – weil *Se dem Teufel von der Schippe gesprungen wär,* hat Frau Pütz ma an der Kasse beim Bezahln gesagt, ... das hab ich aber nich verstanden, was se mit dem *Teufel* und der *Schippe* genau gemeint hat.

Aber dass Gitti noch auf der Erde ist und lebt, liegt nur allein an dem Mantel, den sie bei ihrm Unfall angehabt hat; der war so dick und fest, da wär nicht mal 'n Dolch durchgegangen; den hatte nämlich Tante Gisela aus Berlin genäht, und die ist Schneiderin und weiß verflucht genau, wie man 'nen vernünftigen Mantel macht, und deswegen war 's eigentlich auch Tante Gisela, die Gitti das Leben gerettet hat, ... wenn ich so drüber nachdenk.

Aber davon weiß Tante Gisela natürlich überhaupt nix, denn die wohnt ja weit weg in Berlin, und dass se Gitti so 'n prima Panzermantel genäht hat, hatte se bestimmt schon längst vergessen.

NEANDERTAL

Wir warn mal im Neandertal, das heißt, Mama, Papa, Gitti und ich warn da. Oma ist einfach alleine zu Hause geblieben, weil sie 's mit dem Reisen nicht mehr so hat; und da konnte sie dann auch in Ruhe aus 'm Klofenster gucken – auf 'n Nordbahnhof und in 'n Himmel und so.

Wenn de nich weißt, was mit *Neandertal* genau gemeint ist: Im Neandertal leben die uraltesten Menschen von der ganzen Welt! In echt!

Wir, also Mama, Papa, Gitti und ich, haben Onkel Hermann und Tante Roswitha und Petra und Arno, der war da ganz frisch geborn und somit Petras kleiner Bruder, besucht, die wohnen ja in Hochdahl, das is fast bei Düsseldorf, und da sind wir früher auch schon öfters gewesen, genauso wie die uns in Solingen hin und wieder besucht haben. Und da ganz in der Nähe bei denen ist tatsächlich auch das Neandertal – das wusste ich aber bis jetzt überhaupt nicht. Das Neandertal ist wegen den steinalten Leuten, die da hausen, mit das geheimnisvollste Tal, das es überhaupt irgendwo auf der Welt gibt und, genau genommen, bin ich da in dem Neandertal auch nur ganz mutterseelenallein gewesen ... das sag ich schonmal vorweg.

Nach Hochdahl sind wir, wie immer, von Wuppertal-Vohwinkel aus mit der Eisenbahn hingefahrn. Von da aus ist das aber höchstens 'ne halbe Stunde Schnellzug, also Bimmelbahn, und dann bist de auch schon im Bahnhof von Erkrath, das is der Bahnhof, der am nächsten an Hochdahl dranliegt.

Onkel Hermann ist ja der jüngere Bruder von Papa, und Tante Roswitha ist seine Frau, also die von Onkel Hermann, und die andern warn die Kinder von denen, und deswegen ist Petra die Cousine und Arno der Cousin von Gitti und mir, wobei Arno noch 'n ganz kleiner Wurm war und die allermeiste Zeit in seinem Heiabettchen schlummerte oder, wenn er mal wach war, an Tante Roswithas Brust zum Trinken lag oder 'n bisschen geplärrt hat. Onkel Hermann ist Lehrer und ganz streng, noch viel, viel strenger als Papa, und er wohnte mit seiner Familie in seiner eigenen Schule drin – wirklich, der hat mit seiner ganzen Familie in der Schule, wo er selbst Lehrer drin war und Unterricht gehalten hat, auch drin gewohnt! Das war richtig klasse da, mit 'nem abschüssigen riesigen Schulhof und unheimlich vielen uralten ganz hohen Bäumen überall um die Schule von Onkel Hermann drum herum. So 'n Schulhof hätt ich später auch gern bei meiner Schule, wo ich ja wohl demnächst mal reinkomm.

Obwohl wir schon so oft bei Onkel Hermann und Tante Roswitha in Hochdahl zu Besuch warn – vom Neandertal hatte ich bis dahin nicht die geringste Ahnung, weil mir nie einer von den Großen davon was erzählt hat, also dass das genau hier bei Onkel Hermann und Tante Roswitha is! Dabei ist das Neandertal direkt das Tal unterhalb von Onkel Hermanns Schule – und da kommt einem schonmal das Kribbeln, wenn de merkst, du bist direkt um die Ecke von wo diese alten uräItesten Leute von der Welt wohnen!

Die Neandertaler heißen *Neandertaler*, klar, weil sie im Neandertal wohnen, könnt aber auch sein, dass es genau umgekehrt ist und das Tal wegen den alten Neandertalern so heißt, wie 's heißt. Is 'n bisschen wirr, ne, ... und am Ende auch völlig wurscht. Jedenfalls sehn die Neandertaler, die kenn ich ja haargenau aus Papas Buch – nur dass mir keiner erzählt hat, dass die sogar direkt unten neben Onkel Hermanns Schule wohnen – also, die Neandertaler sehn auch ganz uralt aus und die kriegt man ganz selten zu Gesicht, weil se sich verstecken, schon ewig lange, weil se doch so komisch aussehn und voller Haare wie die Affen sind, also nicht nur auf 'm Kopp, sondern auch am Bauch und am Rücken und an den Armen und Beinen und am ganzen Körper, und die kannst de fast alle sehn, die Haare, weil die Neandertaler nicht so angezogen sind wie wir, mit Hemd und Hose und Kleid und so, nee, die wickeln sich nur 'n paar Felle um den Leib und binden die mit 'ner Wäscheleine oder 'n paar langen Schnürsenkeln zusammen, damit sie ihnen nicht flöten gehn, die paar Lappen. Kann ich gut verstehen, dass die nicht unbedingt gesehn werden wolln, so wie die aussehn und angezogen sind, dabei sind die Neandertaler die ältesten Menschen von der Welt, noch viel, viel älter als Oma, bestimmt tausend Jahre älter oder so, und sie könnten deswegen eigentlich richtig stolz auf sich sein und müssten sich überhaupt nicht schämen.

Das Buch, das ich von Papa hatte, das war eigentlich nur 'n etwas dickeres großes Heft – egal, jedenfalls war das 'n ganz prima buntes Bilderbuch über die Vergangenheit, da sind die Neandertaler nämlich mit drin, aber auch Mammuts und Dinosaurier und wie die Steine und die ganze Welt auf die Welt gekommen sind und so – hört sich 'n bisschen kreuz und quer an, jedenfalls weiß ich deshalb ganz gut Bescheid, wie 's ganz, ganz früher mal alles war, auch wenn ich das ganze Geschreibsel zwischen den Bildern noch gar nicht lesen kann. Saublöd nur, dass mir Mama oder Papa nich verraten haben, dass das Neandertal ja direkt unten unter Onkel Hermanns Schule liegt!

Ich hatte auch noch 'n Heft über die Indianer und Eskimos und Neger, also auch so 'n tolles Bilderbuch, und noch eins über den Nordpol und den Südpol und die Eroberer von den beiden Nordpolen, eh, Südpolen, oder umgekehrt, ist auch piepe – Roald Amundsen und Scott, den Vornamen von dem letzten hab ich aber nicht behalten – aber die spieln ja auch im Neandertal sowieso überhaupt keine Rolle, und deswegen muss ich da jetzt auch nicht weiter drüber rumschwafeln.

Da warn wir also bei Onkel Hermann und seiner Familie, die heißen übrigens auch alle mit Nachnamen Matthias, weil Onkel Hermann ja der jüngere Bruder von Papa ist, und wir haben das ganze Gedöns mit Mittagessen und Nachtisch und dem Rest gemacht, und das hat Tante Roswitha diesmal zur Abwechslung prima hingekriegt, mit den Rouladen und dem Rotkohl und danach dem Obstkompott mit Schlagsahne obendrauf, so viel zu Essen, dass ich fast sogar schon gewünscht hab, es hätt, wie damals, besser nur Appelsaft gegeben.

Weil ich der älteste von uns vier Kindern war und groß genug, durfte ich mich nach dem Mittagessen alleine verkrümeln und auch nach draußen, und da bin ich von Onkel Hermanns Schule aus runter in das Loch gewandert – also runter ab ins Neandertal, mein ich.

Ich war gespannt wie 'n Flitzebogen auf die Neandertaler, die mir da unten begegnen würden, das kannst de aber glauben! Irgendwann würd ja wohl mal einer um die Ecke kommen, so 'n Neandertaler; ich hatte aber auch verdammt viel Schiss in der Buchse, verdammt viel, das sag ich dir! Ich wusste ja nich, ob die zum Beispiel mit Steinen nach mir schmeißen oder mit 'nem Flitzebogen auf mich schießen oder vielleicht sogar auch bissig sind ... oder sonst was.

Da war allerdings kein Mensch weit und breit außer mir auf meim Weg runter ins Neandertal. Und wenn ich 'nen Neandertaler getroffen hätt, hätt ich aus Verlegenheit einfach *Tach* zu dem gesagt und ihm meine Hand gereicht; aber der hätt mich bestimmt gar nicht verstanden, denn Neandertaler sprechen wahrscheinlich nicht so richtig Deutsch, wenn die überhaupt sprechen, der hätt vielleicht höchstens mit 'ner Keule nach mir gehaun, und dann wär ich bestimmt Hals über Kopp abgehaun, wenn ich das überhaupt noch geschafft hätte.

Irgendwann mal kam 'n GOGGO an mir vorbeigetuckert und kurz danach 'n 160er MERCEDES, der war aber 'ne ganze Ecke schneller als der GOGGO, und dann 'n KÄFER, aber da saßen überall keine Neandertaler drin, obwohl die sich fast so benommen haben; die Kinder von denen drückten nämlich ihre Nasen platt an die Fensterscheiben und patschten und klatschten beim Vorbeirauschen mit ihrn Händen wie bekloppt von innen gegen die Fenster, als wenn se in 'nem Affenkäfig hocken würden – aber ob Neandertaler sich so bescheuert benehmen wie die Kinder in dem Auto ..., ich glaub, eher nicht. Wahrscheinlich haun die entweder aus Angst mit ihrn Knüppeln nach dir oder sie laden dich ein an ihr Lagerfeuer zum Mammutbratenessen, Mammuts warn nämlich damals in der Vergangenheit das, was für uns heutzutage unsre Kühe zum Braten und Aufessen sind ..., was auch immer ..., und die Kinder von denen sind bestimmt so wie die kleinen Äffchen aus 'm Wuppertaler Zoo, die Schimpansenbabies, die sind ja so zuckersüß, zum Knutschen sind die, das glaubst de nicht, und ich und Gitti wollten unbedingt jeder eins mit nach Hause nehmen – durften wir aber nicht, weil die konnte man nicht so einfach mitnehmen oder kaufen oder so, und da warn Gitti und ich richtig traurig, dass das nicht ging ..., aber so ähnlich stell ich mir die ganz kleinen Kinder von den Neandertalern vor, also wie putzige Schimpansenäffchen.

So neugierig und gespannt ich auf die Neandertaler auch war, ich hab mir da im Neandertal jedenfalls schonmal vorsichtshalber 'nen schön strammen Ast aus dem Gebüsch am Straßenrand gebrochen und den an beiden Enden richtig scharf mit meinem kleinen Taschenmesser, das ich eigentlich gar nicht haben durfte, angespitzt, damit ich notfalls gerüstet bin. Je weiter es runter ins Tal ging, desto dunkler wurd es, und ich dachte, kein Wunder, dass Neandertaler so krüppelig aussehen, ohne Tageslicht, aber dann würd ich mir wenigstens 'n bisschen mehr anziehn, denn in meinem Buch haben die immer nur so 'n paar Fetzen Fell um den Bauch rum an und sonst nix ..., und ich würd mich totfriern, wenn ich so rumlaufen müsste.

Da stand ich auf einmal ganz unten, an der tiefsten Stelle im Neandertal, mit meinem angespitzten Stock in der Hand. Ich machte mit meinen Händen 'nen Lautsprechertrichter vor meinem Mund und brüllte *Uuuuh!* rauf in den Wald. Ich kannte ja noch keinen Neandertaler beim Namen, nicht mal beim Vornamen, sonst hätte ich *Fridolin!* oder *Tusnelda!* gerufen, also nur so zum Beispiel. Deswegen ist bei solchen Leuten *Uuh* und *Ääh* und *Ooh*, und das in ganz laut, immer am richtigsten, dacht ich so. Aber meinst de, da hätt sich einer zurückgemeldet?! Keinen Mucks haben die Neandertaler gemacht, aber auch gar keinen. 'N paar Eichhörnchen turnten auf einmal aufgeregt durch die Baumdächer, 'n Fuchs trippelte über die Straße und hatte Glück, weil da kam wieder mal 'n Auto vorbeigeprescht, und 'n Specht kloppte sich dumm und dusselig oben an irgendnem alten Baum, und es müffelte nach abgestorbnem Geäst und Laub – aber die Neandertaler, nee, die haben sich überhaupt nicht gerührt, geschweige denn blicken lassen, und se sind allesamt in ihrn Höhlen da oben an ihren Hängen im Gestrüpp sitzengeblieben.

... Wie auch immer – da hat sich keiner von den Neandertalern blicken lassen, und ich musste auf einmal wieder an die Keule von dem Neandertaler denken und dass da vielleicht doch einer holterdiepolter aus dem Dickicht gehopst kommt, und da hab' ich dann ziemlich schnell kehrt gemacht und bin wieder hoch zurück zu Onkel Hermanns Schule. Aber viel heller war 's da auch nicht; vielleicht aber auch nur, weil 's sowieso schon etwas dämmrig wurde. Eigentlich hatt ich mir felsenfest vorgenommen 'nen Neandertaler zu treffen, wenn ich schonmal da unten war, und wenn ich nur *Tach* zu dem gesagt hätt, auch wenn der nur blöd guckt, weil er kein Deutsch und nur Neandertalisch kann, egal, man kann sich ja einfach mal begegnen und dann jeder wieder weiter seinen eignen Kram machen und seiner Wege gehen. ... langsam bin ich sicher, Neandertaler, von denen gibt 's überhaupt keine mehr im Neandertal, und die hockten vorhin auch nicht in ihrn Höhlen oder im Gestrüpp oder auf den Bäumen rum und haben mich auch nicht aus 'm Hinterhalt beäugt – nee, die sind schon alle längst weg und allesamt verstorben, so alt wie die ja nun mal sind.

„Wo kommst du denn her?" fragte mich Onkel Hermann, als ich wieder zurück in seiner Schule war.

„Unten aus 'm Neandertal."

„Was hast du denn da gesucht?"

„... Na – Neandertaler natürlich!"

Da ist Onkel Hermann vor lauter Lachen fast hinten rübergefalln, und Papa hat geprustet und sich auch halb kaputtgelacht.

„Du, Ulrich", Onkel Hermann versuchte wieder Luft zu schnappen. „Die Neandertaler lebten hier vor hunderttausend Jahren, hörst du, vor hunderttausend Jahren – von denen gibt 's keinen einzigen mehr, auch hier im Neandertal nicht! Der Neandertaler ist seit Ewigkeiten ausgestorben – und weg!"

Hatt ich 's doch geahnt! Da hätt ich da unten noch so lange *Oooh!* und *Uuuh!* und sonst was in den Wald gröln können. Mist, dass ich noch nich lesen kann, denn das mit dem *seit hunderttausend Jahren ausgestorben* stand mit Sicherheit auch irgendwo in meim Neandertalerbuch drin, da schwör ich drauf.

„Wir müssen zum Zug." Papa klimperte mit seinen Fingernägeln auf dem Glas von seiner Armbanduhr rum und blickte unruhig in die Familienrunde, und Mama schleppte hurtig unsere Mäntel und Jacken an und hängte sich schnell ihre Handtasche über die Schulter.

„Brigittchen, Ulrich, habt ihr all eure Spielsachen wieder eingesammelt?" Hatten wir, und die kamen alle in 'ne große Einkaufstasche, und die hat Papa getragen, aber Onkel Hermann hat uns sowieso, nachdem wir uns von Tante Roswitha und Petra verabschiedet – Arno war schon wieder am Pennen – und uns für das leckere Essen und alles bedankt hatten, mit seinem VW-KÄFER zum Bahnhof gebracht, und deswegen hatten wir doch nicht ganz so viel Schlepperei.

Und dann sind Mama, Papa, Gitti und ich mit der Eisenbahn vom Erkrather Bahnhof wieder zurück nach Wuppertal-Vohwinkel und dann weiter mit dem O-Bus zum Schlagbaum gefahrn ..., und als wir mit unsern ganzen Taschen und Klamotten um die Ecke von der Van-Meenen-Straße bogen, da hat Oma uns schon sehnsüchtig erwartet und lugte auf ihrm Kissen unter den Ellenbogen und mit 'nem schwarzen Wollumhang über den Schultern aus unserm Klofenster und hat uns schon zugewunken.

DAS BÜCHERREGAL ÜBER MEIM KOPP

Über meinem Kopf, also über meinem Bett, also am Bett über meinem Kopp, na ja, egal ..., da hatte Papa ein prima Bücherregal angebracht, da warn die erstklassigsten von seinen Büchern drin, über alte Ruinen und Schlösser und Burgen und Kirchen und große Berge und Könige und uralte Familien von der ganzen Welt und noch viel mehr, und es warn richtig schwere Bücher, alle mit Lederrücken, und die warn sauschön, die Bücher, nicht nur von außen, und ich hab mir eins nach dem andern oben aus dem Regal über meim Kopp rausgeholt und vorgeknöpft und alles, was es dadrin an Fotos, Bildern und Zeichnungen anzugucken und zu schmökern gab, gründlich studiert – lesen konnt ich ja noch nich – immer und immer wieder, und ein Buch nach dem andern immer abwechselnd durchgeforstet. Da hab ich 'ne Menge draus gelernt, aus Papas dicken Büchern – allein vom Angucken und Durchblättern!

Andererseits machte sich Papa jedoch mächtig Sorgen, dass das Bücherregal wegen den tonnenschwern Büchern runterkracht und mir auf 'n Kopp knallt und ich totgehen könnte, und das hat ihm einfach keine Ruhe gelassen; und da haben sie, also Mama und Papa, mich eines Abends in meinem Bett erst mal umgedreht, also dass dann, wenn 's tatsächlich passiert, das mit dem Runterkrachen von dem Bücherregal, nur meine Füße platt sind – aber eben nich mein Kopp. Aber so weit ist es dann mit dem Plattkloppen doch nicht gekommen, und die klasse Bücher hab' ich alle hundertmal durchgeblättert und dadrin geforscht und mir immer wieder die ganzen Bilder, Zeichnungen und Landkarten drin angeguckt, und manche Fotos warn sogar in bunt. Wenn de solche tolln Bücher bei dir überm Kopp hast, dann brauchst de eigentlich gar nicht mehr in die Schule!

Doch irgendwann hat Papa endgültig 'n ganz großes Tamtam gemacht und ist nach und nach mit 'nem Meißel und 'nem Hammer, 'ner kleinen Maurerkelle, 'nem Spachtel und 'ner Tüte Gips und 'ner Flasche Essig und 'nem Quast ins Wohnzimmer getapert, hat das ganze Gerödel auf dem Fußboden abgestellt und hat mein Bett von der Wand weggerückt, das gefährliche Bücherregal vollständig leergeräumt und von der Wand abgebaut, und zwei dicke Holzklötzchen hatte er auch noch dabei. Das Bücherregal lag danach auf 'm Fußboden und die schönen schwern Bücher quer verstreut auf meim Bett.

„Das wird jetzt richtig sicher aufgehängt", erklärte Papa mir nebenbei, wo ich gar keine Ahnung hatte, wozu das ganze Theater gut sein sollte. „Damit wir keine Angst mehr um dich haben müssen." *Ach so* dachte ich, und wir andern haben alle einfach nur zugeguckt, wie *richtig sicher* geht.

Zunächst hat Papa die beiden alten Haken und Dübel aus der Wand über meinem Kopf rausgearbeitet, dass es die Kopfseite von meinem Bett, auch wenn 's ja jetzt ziemlich weg von der Baustelle stand, völlig vollmehlte, dann hat er mit Hammer und Meißel an denselben Stellen zwei große Felder aus dem Putz und dem Mauerwerk gekloppt, sodass es nochmal genauso staubte, seine beiden Holzblöcke kurz in die Wand eingepasst, aber die dann wieder beiseitegelegt.

„Marta, bringst du mal Wasser?" Papa schüttete 'ne kräftige Portion von dem Gipspulver in 'ne kleine Gummischale und öffnete die Kappe von der Essigflasche.

„Wofür brauchst de denn Essig?" fragte ich verblüfft.

„Gips bindet blitzschnell ab – Marta, fix, Wasser! – also, der wird im Nu steinhart, und mit einem guten Spritzer Essig geht 's nicht ganz so schnell, also, das mit dem Hartwerden von dem Gips."

Dann kam Mama flugs mit dem Wassereimerchen, und Papa hat den Gips fix angerührt und ein paar Tropfen Essig dazugegeben, mit dem Quast die Mauerstellen nassgequaddert, den Gipsbrei in die Löcher von der Wand gequackt und die Holzstücke fest in die Gipsmatsche eingepresst und in Windeseile weiter eingegipst und die mit seiner Maurerkelle schön sauber obendrüber verschmiert und glatt gestrichen.

„Dass mir da jetzt bloß keiner rangeht!“ rief Papa fast drohend aus und packte seine Maurerklamotten wieder zusammen und, gleich nachdem Mama mit dem Aufräumen und Staubsaugen und Wischen fertig war, rückte er mein Bett wieder an die gewohnte alte Stelle zurück und stapelte all die tollen Bücher auf den Fußboden neben meim Kopfende übereinander.

„Das muss jetzt abbinden, hört ihr?“ ermahnte uns Papa. „Mindestens 24 Stunden, besser noch zwei-drei Tage. Dass da bloß keiner anfasst!“ Und Mama, Oma, Gitti und ich haben ganz ehrfürchtig dreingeblickt, und nie im Leben hätten wer die neuen, sicheren Haken angerührt, und sogar die Bücher unten neben meim Kopp hab ich aus lauter Vorsicht alle in Ruhe liegen gelassen.

Eine Woche später hat Papa ganz behutsam mit ’nem dicken Handbohrer zwei Löcher durch die dünne Gipsschicht in die beiden Holzklötze, die da ja ganz tief in der Wand drinsteckten und gar nicht mehr zu sehn warn, gebohrt und zwei mächtige Eisenhaken reingeschraubt. Dadran hat er das Regal wieder frisch und ganz feierlich aufgehängt und die ganzen schwern Bücher auch wieder da oben auf dem Bord einsortiert, und da durfte ich wieder mit dem Kopp unter dem *gefährlichen* Regal schlafen gehen.

„So, Ulrich“, verkündete Papa stolz, „jetzt kannst du beruhigt ins Bett, auch mit deinem Kopf unterm Regal, da kann jetzt überhaupt nichts mehr schiefgehen – eher bricht das Haus zusammen.“ Und Mama und Oma hatten ganz glänzende, glückliche Augen.

Nur Gitti hat das ganze Gedöns mit der Maurerei nicht sonderlich beeindruckt, und ich dachte auch, was soll an so ’nem frisch eingegipsten Haken denn sichrer sein als an einem, der einfach normal in der Mauer steckt. Doch Papa hat da jedenfalls anders gedacht, und erst ab dann, wo er sein Werk vollendet und der Gips abgebunden hatte und knochentrocken und felsenfest war, durfte ich wieder mit meim Kopp unterm Regal schlafen gehn – vorher nicht. So war Papa eben.

LIEDMANNS

Tante Mietze hat in einem Fleischergeschäft gearbeitet, und da haben Gitti und ich immer ’ne dicke Scheibe Fleischwurst gekriegt; wir haben eigentlich in jedem Fleischerladen, wo wir mit Mama drin warn, ’ne Fleischwurst gekriegt, aber längst nicht so dick wie bei Tante Mietze. Tante Mietze war überhaupt ’ne richtig prima Tante, obwohl sie überhaupt nicht unsere Tante war – das ist jetzt schwer zu erklärn – weil, sie war nur die Frau von Onkel Ewald, und der war auch kein Onkel von uns, sondern nur der beste Freund von Papa, aber Tante Mietze und Onkel Ewald warn mir und Gitti fast näher als unsre echten Verwandten und wirklichen Onkels und Tanten, und die hatten wir beide richtig lieb und die uns auch. Ist doch auch nicht wirklich wichtig, ob einer verwandt ist oder nicht, oder? Irgendwie hängen wir Menschen doch alle um ’n paar Ecken rum sowieso zusammen, oder etwa nich?!

Liedmanns – damit sind Tante Mietze und Onkel Ewald und Frank gemeint, und Frank war der Junge von denen, und der war für Gitti und mich wie ’n echter Cousin oder Bruder sogar, und mit dem war ich fast gleich alt.

... Also, Liedmanns haben aber nicht von Anfang an in dem Haus oben in der Klingenstraße gewohnt, wo wir sie jetzt oft besucht haben; vorher warn sie in 'ner Baracke im Dorper Hof, der lag noch viel höher als die obere Klingenstraße, da hatten se aber auch noch 'nen Spitz, der hieß, glaub ich, auch nur so, also *Spitz*, und der saß immer ganz blöd und anscheinend harmlos unter 'm Tisch rum, aber wenn ihm was nicht passte, zwickte er einem mit seinen kleinen spitzen Zähnen ins Bein – wirklich, *Spitz* war 'ne richtige Nervensäge, mit seim unverhofften Gebeiße. Ich und Gitti haben Spitz nie gestreichelt, 'nen Teufel hätten wer getan, der hätte dann nur zugeschnappt, und wir hatten einen Heidenschiss vor dem kleinen flauschigen Scheißkerl und haben bei Liedmanns am Tisch immer unsere Beine hochgezogen, damit das Bürschchen bloß nicht auf dumme Gedanken kommt und uns wieder in die Waden kneift.

Trotzdem – das war bei Liedmanns im Dorper Hof neben dem Bullerofen immer ganz gemütlich, außer Spitz natürlich. Am tollsten war jedoch, wenn Onkel Ewald uns nachts in seinem KÄFER in die Van-Meenen-Straße nach Hause gefahrn hat – das war aber erst später in der Klingenstraßenzeit, wo 's längst keinen Spitz mehr gab, denn im Dorper Hof hatte Onkel Ewald nur 'nen kleinen Motorroller – da, also in dem VW-KÄFER, sind wir beiden Kinder auf 'm Rücksitz neben Mama ganz schnell so schön weggedämmert und eingeschlummert und erst wieder 'n bisschen wach geworden, als Onkel Ewald vor unsrer Haustür angehalten hat, um uns alle rauszulassen; davon haben Gitti und ich aber kaum was gemerkt, weil wer schon wieder halbwegs am Pennen warn. Da haben Papa und Mama uns Kinder nur noch die Treppen hoch in unsre Wohnung getragen, und dann warn wir beiden Zwerge auch schon ruckzuck im Bett drin und endgültig eingeschlafen und weg ..., so ähnlich muss das abgelaufen sein.

VOIGTS

Auf 'm Weg zu Liedmanns Klingenstraße wohnten in der Paulstraße Onkel Franz und Tante Ursel und Iris und Hartwig, die hießen mit Nachnamen *Voigt*. Mit denen sind wir richtig verwandt, aber wie genau, weiß ich nicht, denn unsre Verwandtschaft ging nur um 'n paar Ecken rum. Zu Voigts sind wir auch oft sonntags zum Kaffeetrinken hingegangen, vorbei an Unter-Sankt-Clemens, das ist 'ne ganz große Kirche mit dicken Kirchenglocken – die haben wir sogar bis zu uns nach Hause hin hörn können, besonders sonntags morgens – und die Kasinostraße runter, und mit Hartwig hab' ich immer ganz prima artig gespielt, und wir haben, nur so zum Beispiel, aus alten Mopedreifen Schaukeln gebastelt, haben die in die Obstbäume nebenan im Nachbargarten aufgehängt und haben dadrin geschaukelt, und wir haben so getan, als wenn wir Flugzeug fliegen würden und wir beide die Piloten wärn und sind um die halbe Erde geflogen und haben uns alles von oben beguckt, die Sahara und die ganzen Meere und flogen höher als alle Berge zusammen und haben uns aus unsern Flugzeugen immer mal was zugerufen wie *Guck ma, der Wal, wie der pustet* oder *Hier is aber gar nix los* oder *Mann, is das kalt hier oben* oder *Da vorne kommt New York* ..., bis wir rüber ins Haus von Voigts zum Kaffee mussten und Kuchen gegessen und dazu Malzbier getrunken haben. Hartwig und ich warn richtig gut zusammen und dicke Freunde, und wir haben uns nie gezankt, wirklich nie, und Hartwig hätte prima in unsre Bande gepasst, und Iris war die große Schwester von Hartwig und schon 'ne richtige junge Frau. Hartwig und ich sind später sogar zusammen in die Schule Klauberg in eine Klasse gegangen, und Hartwig war auch 'n ganz klasse Schüler, fast so gut wie ich. Onkel Franz hatte immer einen Zigarrenstumpen in seim Mund, der war aber fast nie an, den hätte er *kalt geraucht*, hat Papa gesagt, und Tante Ursel konnte schlecht laufen und schlecht gucken, obwohl sie 'ne ganz dicke Brille aufhatte, und auch sehr schwer hörn konnte sie auch noch obendrein, also eher nich so gut hörn, aber Tante Ursel war ganz, ganz lieb; und dann war da bei Voigts auch noch 'n hellgrüner Wellensittich und Tante Erna Pasewald, das war die Oma bei denen, und die hatte immer genau solche Klamotten an wie unsere Oma, alles schwarz, höchstens mit 'n paar weißen Pünktchen oder Streifen oder Mustern drin. Wenn unsere Omas was Anderes als Schwarz getragen hätten, was Helles oder Buntes – ich wär bestimmt vor Schreck tot umgefalln, so sehr war ich an das Schwarz von allen unsern Omas gewöhnt!

KOMISCH

Das ist irgendwie komisch, wenn ich so überleg und 'n paar Jahre zurückdenk. Ich hab, als ich klein war, nicht nur zu Hause bei Mama und Papa und Gitti und Oma gewohnt, sondern zwischendurch auch immer wieder länger im Behelfsheim von Tante Erna und Onkel Adolf und Elisabeth. Die hatten auch Hühner und Kaninchen in ihrm Behelfsheim, also nich drinnen, natürlich draußen im Hof, und die Karnickel steckten in so Verschlägen drin, und die konnten sich kaum vor oder zurück bewegen, so eng war 's dadrin bei denen, und die konnten nur durch die Maschendrahtlöcher ins Freie gucken, und ich hatte immer so 'ne Idee, dass ich irgendwann mal nachts heimlich ihre ganzen Türn aufmach und sie rauskönnen und die mal wieder rumhoppeln können, wie 's ihnen gefällt, und wenn sie unbedingt wolln, können sie ja wieder freiwillig zurück in ihrn Verschlag, aber wenn nicht, dann nicht – und dann sind sie eben frei! Die Idee ist mir lange durch 'n Kopp gegangen und hat mich schwer beschäftigt, besonders vorm Schlafengehn, denn ohne Freiheit brauchst de eigentlich gar nich leben, und das gilt genauso für mich wie für Kaninchen und alles andere.

Tante Erna und Onkel Adolf hatten ja auch noch 'n paar andere Viecher, aber sie hatten keinen Hund und keine Katze auch nich, aber 'n paar weiße und braune Hühner und 'nen saugefährlichen Hahn, der hat mich immer angegriffen, wenn ich ihm zu nah kam, und gekräht hat der blöde Kerl, als wenn se ihm an die Gurgel wollten, ... wollten sie später ja auch tatsächlich ..., doch das erzähl ich erst nachher.

Eigentlich wollte ich aber sagen, dass mir das mächtig komisch vorkam, wenn ich öfter wochenlang bei Tante Erna und Onkel Adolf und Elisabeth wohnen musste und gar nich wusste, warum genau, und dass mir das sehr wehgetan hat ..., und ich hatte immer unheimlich großes Heimweh und hab nachts im Bett auch viel geweint.

DAS BEHELFSHEIM UND ANDERE HÄUSER

Das Behelfsheim – ach ja, was 'n *Behelfsheim* ist, wisst ihr ja noch gar nicht, erklär ich gleich – da flitzen aber auch so viele Sachen auf einmal durch meinen Kopp, dass ich gar nicht weiß, was ich zuerst machen soll, meine Gedanken sind ja so blitzschnell, da komm ich selber überhaupt nie mit.

Also nochmal von vorn:

Das Behelfsheim von Onkel Adolf und Tante Erna lag neben dem Sportplatz von *Solingen 95*, das warn unsre Solinger Handballer, die immer bei der deutschen Meisterschaft oben mitgemischt haben, und da musste ich immer hin, wenn ich bei Mama und Papa nicht gebraucht wurde, also nicht zu Solingen 95, sondern ins Behelfsheim zu Tante Erna und Onkel Adolf, und bei denen standen drum herum noch 'ne ganze Menge mehr Behelfsheime, und vielleicht hatten die da ja auch ab und zu alle so Kinder bei sich, mit denen keiner was so recht anfangen konnte, aber das weiß ich nicht, weil um die andern Behelfsheime hab ich mich gar nicht besonders gekümmert, weil mir meistens, wenn ich draußen und aus Versehen im Hühnerkäfig war, der blöde Hahn auf den Hacken war und ich nur mit Wegrennen beschäftigt war; vielleicht wollte der nur seine Hühner beschützen, und das darf er auch und soll er auch, aber von seinen Hühnern wollte ich doch gar nix, nicht mal die Eier, denn ich hatte ja schon zum Frühstück eins, aber das alles konnte der blöde Hahn ja auch gar nicht wissen. Jedenfalls war der Hahn nicht nur blöd, sondern der war sogar saublöd, wie der immer hinter mir her war, wo ich ihm doch nie ein Haar krümm wollte, aber der hat immer ein Mordstheater gemacht, schon wenn er mich nur spitzgekriegt hat.

Außer Behelfsheimen gibt es in 'ner großen Stadt wie Solingen ja hauptsächlich Häuser wie bei uns in der Van-Meenen-Straße, wo ganz viele Familien drin wohnen, und die haben deshalb vier oder fünf Stockwerke, und da passen richtig viel Leute rein; und dann gibt 's noch Häuser für eine oder zwei Familien, und die sind deswegen ziemlich klein, dafür haben die aber auch 'nen netten Garten um 's Haus rum, wo die Kinder schön spieln und rumtolln könn und die Omas und Opas von denen von morgens bis abends ums Haus spaziern gehn und 'n bisschen in den Beeten rumfriemeln, wenn sie Lust dazu haben, und diese Häuser stehn mehr zum Stadtrand hin, wo 's langsam grüner wird und Platz für so was ist, und die haben wir immer gesehn, wenn wir um Solingen rumgewandert sind; aber dann gibt 's auch noch *Villas*, oder wie die Dinger heißen, das sind so riesengroße Häuser, schon richtig kleine Schlösser, und die sind so groß und prächtig und mit weißem Marmor, und die haben keinen lütten popligen Garten, sondern 'nen prächtigen Park, da passen hundert Gärten rein, mit riesigen uralten Eichen und Tannen und Blumen in alln Farben hinter jeder Ecke, und wenn da die Oma, kann aber auch der Opa oder sogar beide zusammen sein, mal spaziern gehn und nicht aufpassen, schaffen sie 's nicht mal mehr rechtzeitig zum Mittag, weil in so 'nem Park kannst de dich leicht schonmal verlaufen und wenn de dich verirrst, bist de ewig und drei Tage weit weg von der Villa, und wenn de dich endlich an den Tisch setzt, ist die Vorsuppe schon eiskalt oder wahrscheinlich deswegen sogar schon längst abgeräumt, weil de 's nicht rechtzeitig zum Mittag geschafft hast – in 'ner Villa gibt 's nämlich vorm Essen immer 'ne Vorsuppe, und nach 'm Essen haben die Nachtisch und 'nen kleinen ganz starken italienischen Kaffee, der heißt *Expresso*, glaub ich, als wenn das Mittagessen selbst nicht genug ist – doch so geht 's in 'ner Villa zu. 'Ne Villa hab ich aber selbst noch nie zu Gesicht gekriegt, nur die mächtigen Zäune von denen, auch nicht auf unsern Wanderungen um Solingen rum – ich stell se mer einfach nur so vor – die siehst de wahrscheinlich überhaupt nicht, weil die Bäume und die Sträucher, die im Park um die Villa drum herum wachsen, so mordsmäßig groß sind, dass de von den Villas überhaupt gar nix wahrnimmst, und wenn doch, haben die mordshohe Palisadenzäune aus Eisengitter mit Spitzen obendrauf um ihr Gebiet rum, und dann kommst de auch nicht näher an die Villa zum Gucken ran. Wer in 'ner Villa lebt, will auf jeden Fall nicht unbedingt beobachtet werden, so viel ist schonmal klar. Das ist bei uns in der Van-Meenen-Straße doch 'n bisschen anders – wir gucken alle bei unsern Nachbarn gern mal vorbei und quatschen 'n bisschen und sehn, was wir gegenseitig gerade so auf 'm Teller haben.

Wenn ich mir von den dreien, also den drei Häusern, eins aussuchen dürfte, würd ich auf jeden Fall die vornehme Villa mit dem Park und der Vorsuppe und dem Nachtisch nehmen – würd doch wohl jeder so machen, oder?! Aber bei uns in der Van-Meenen-Straße ist es auch ganz in Ordnung ..., ja, und Nachtisch gibt 's sogar bei uns, aber den will ich meistens nich, außer es is Eis oder Omas Zitronenspeise. Wenn Mama, Papa, Gitti und Oma nicht bei mir wärn, würd mir die tollste Villa nix nützen.

Ach so – ich war ja eigentlich beim *Behelfsheim* und wollte erzähln, wie das da so aussieht und was 'n Behelfsheim überhaupt ist.

Ein Behelfsheim ist natürlich alles andere als 'ne Villa, sagt der Name ja halbwegs schon, und sogar noch viel mickriger als 'n Einfamilienhaus, und auch unser Mietshaus in der Van-Meenen-Straße ist dagegen fast wie im Schloss.

Also, 'n Behelfsheim ist 'n kleines Häuschen aus Holz mit 'nen paar knarrenden Zimmern, weil unter den Holzplanken vom Fußboden ist 'n bisschen Luft, damit 's in der Hütte nicht zu klamm wird, und deswegen konnten wir immer hörn, wie die sich unter uns gebogen und gequietscht und geknirscht haben, weil wir sind ja in einem durch über die Planken drübergelatscht, musst de ja auch, wenn de drin wohnst. Wir konnten aber nicht mal nach oben gehn, weil *oben* gibt 's im Behelfsheim nicht, obendrüber ist nur das Dach ... das hoffentlich dicht ist – 'n Behelfsheim ist eigentlich 'ne Holzbaracke, wo de bestenfalls 'n paar Hunde oder Katzen oder Karnickel oder alle zusamm unterbringen kannst, aber für Menschen ist 'n Behelfsheim ... ja, einfach nur zum Behelf, deswegen heißt es ja auch so. Egal – Tante Erna und Onkel Adolf und Elisabeth und ich haben auf jeden Fall in so einem Behelfsheim gewohnt und sind ganz schön gut damit klargekommen, und wer haben 's uns da so gemütlich gemacht, wie 's für uns irgendwie möglich war, und keiner von uns hat gejammert, weil jammern hätt uns auch nich geholfen.

Behelfsheime gab 's für die ganzen Leute, die ihr Zuhause wegen dem Krieg verlorn hatten, aber von dem weiß ich nix, weil, als der Krieg war, das war sogar 'n Weltkrieg, sagen se, und schon der zweite von den beiden Weltkriegen, hat Papa gesagt, also, als der war, der zweite von den beiden Weltkriegen, war ich noch gar nich auf der Welt, und da hat überhaupt noch keiner an mich gedacht, noch nicht mal Mama und Papa, denn da kannten die zwei sich noch gar nicht, weil noch der Weltkrieg war und sie beide auf den Frieden gewartet haben und sich noch gesucht haben ... oder auf der Flucht vor dem Russen und sonst wem warn ... oder was weiß ich.

Jetzt hab ich doch schon wieder den Faden verlorn, verdammt! Ach so, genau, ... Onkel Adolf und Tante Erna hatten wegen dem Krieg ihr Zuhause in Pommern, das ist ewig weit weg und da haben früher vor dem Krieg auch Oma und Mama und Papa gewohnt, das ist fast schon in der Nähe von Russland, verlorn und sind von ihrm Zuhause nach Solingen verschlagen worden. Und irgendwo mussten sie ja nun mal untergebracht werden, weil sie außer sich selbst und ein paar Taschen mit Krümelkram sonst nix mehr hatten, die ganzen Vertriebnen, und da gehörten Tante Erna und Onkel Adolf auch dazu, und die mussten ganz neu anfangen, haben sie gesagt, weil sie alles verlorn hatten, was sie mal besaßen. Und so kann 's kommen, dass de am Ende von deiner Irrfahrt in irgend 'nem Behelfsheim landest, und da kannst de froh sein, dass es überhaupt 'n Behelfsheim für dich gibt, sonst würdst de nämlich auf der Straße rumliegen und nicht mehr wissen, was de mit deim Leben überhaupt noch machen sollst.

Warum Mama und Papa nicht in 'nem Behelfsheim gelandet sind – die sind ja auch aus Pommern weggejagt worden – weiß ich bis heute nicht, und ich hab keine Ahnung, ob das gut oder schlecht oder egal ist.

Das Behelfsheim von Tante Erna und Onkel Adolf, wo ich da öfter lange Zeit mit drin gewohnt hab, war 'ne ganze Ecke weg von der Van-Meenen-Straße, und von da aus konnt ich nicht mal eben über die Straße nach Hause laufen – und ohne Mamas Gutenachtkuss einschlafen, das war immer richtig hart und schwer und schlimm für mich, weil ich war noch richtig klein und lange noch nicht in der Schule, und nachts vorm Einschlafen, nachdem Tante Erna mir *Gute Nacht* gesagt hat, hab ich immer ganz doll weinen müssen, ohne Mama und Papa und Gitti und Oma ..., vor allem wegen ohne Mama.

DER HAHN

Hab ich ja schon von erzählt – Tante Erna und Onkel Adolf hatten auch Hühner in ihrm Behelfsheim. Da gab 's jeden Morgen frisch gelegte und dann gekochte Eier zum Frühstück – die hatten wir bei uns zu Hause nämlich nicht, weil da liefen weit und breit keine Hühner durch die Gegend, ist ja auch klar, weil de in so 'nem Haus wie in der Van-Meenen-Straße mitten in der Innenstadt von 'ner Großstadt wie Solingen meistens keinen Garten, keine Wiese und keinen Stall oder so was hast und alles, was de futtern willst, deshalb irgendwo in 'nem Laden einkaufen gehn musst, und deswegen sind da zum Beispiel die Frühstückseier auch nich mehr so richtig frisch – wie im Behelfsheim zum Beispiel.

Die Hühner von Tante Erna und Onkel Adolf lebten in einem schönen weiten und hohen Käfig, der war aus Maschendraht und an alln Seiten zu, auch nach oben hin, und die konnten daher auf keinen Fall irgendwohin abhaun, und wollten die auch gar nich, denn sie hatten massig Platz in ihrm Gehege und fühlten sich dadrin pudelwohl. Die Hühner hatten auch ihren Hahn, das ist der von vorhin – und über den erzähl ich jetz 'n bisschen weiter, doch so richtig lustig wird das nicht, vor allem nicht für den Hahn selbst, das kann ich jetz schonmal verraten ..., ganz im Gegenteil.

Also, der Hahn – der Hahn hat andauernd gekräht, ich glaub fast, das machen alle Hähne, sonst wärn sie keine, also richtige Hähne, und der hat immer ein Mordskikeriki und Radau veranstaltet und nach jedem Bein gehackt, was ihm zu nah kam.

Was jetzt kommt, weiß ich alles im Einzelnen nicht mehr so haarklein genau, und ich will auch keinem was anhängen und will 's eigentlich selbst auch gar nich mehr wissen ..., jedenfalls hat Onkel Adolf unsern Hahn eines Morgens beim Schlafittchen gepackt – kein Schimmer, wie er das überhaupt geschafft hat – hat unsern Hahn auf den Holzbock, auf dem er sonst nur Holz für 'n Winter gehackt hat, gelegt und ihm, also dem Hahn, mit seinem Beil schwuppdiwupp den Kopp abgehaun! Warum das unbedingt nötig war, weiß ich nich, aber das ist alles wirklich so passiert, ich war nämlich selbst dabei. Das Blut hat wie verrückt in alle Himmelsrichtungen gespritzt, und Onkel Adolf hatte sein ganzes Hemd rot besudelt, und sein Gesicht und sein Hut warn auch von oben bis unten mit dem Hahn seinem Blut besprenkelt, und er konnte den Burschen nicht festhalten, und der ist ihm – ganz ohne Kopp, der lag nämlich unten auf der Erde zwischen den Futterkörnern und der Hühnerkacke rum – durch die Hände geflutscht, und der blutende Hahn flog noch – ohne Kopp und völlig blind – wie 'n Berserker kreuz und quer durch den Käfig und knallte andauernd in den Maschendraht, das is, ganz ohne Kopp, ja auch kein Wunder!

So ungefähr is es damals im Hühnerkäfig von Onkel Adolf und Tante Erna im Behelfsheim abgelaufen – und das schwör ich, dreimal gekreuzt! Und vollgespritzt mit Blut war ich selber auch – ich wuselte ja immer um Onkel Adolf und dem Hahn herum und hab selber alles mit abgekriegt.

Mann, das kann auch nicht jeder – mit abgehaunem Kopp weiterfliegen! Den Hahn konnt ich ja für 'n Teufel nicht leiden – und der mich offensichtlich wohl auch nicht. Aber einer, der ohne Kopp weiterleben kann ..., mein lieber Scholli – verdammt, Respekt!

Aber kurz danach war 's dann doch vorbei mit ihm, und er war endgültig kaputt und mausetot und am Ende und hat kein Mucks mehr gemacht und lag unbeweglich in der Ecke vom Käfig – und sein abgehauner Kopp in der andern.

Onkel Adolf hat sich mit seinem karierten Taschentuch das Blut aus 'm Gesicht gewischt und dann den Hahn an den Beinen auf unsre Wäscheleine gehängt und ihn da mit 'nen paar Wäscheklammern an seinen Kralln festgeklemmt.

„Damit dat Bloot ruttlöppt ...", hat er nebenbei genuschelt und rieb immer noch mit dem Taschentuch das Hahnenblut aus seinen Augen raus, und ich hab das alles mit angesehn ..., und mir liefen ganz viele Tränen übers Gesicht runter, und ich wollte schnell weg von Onkel Adolf und seim Beil und unbedingt rein zu Tante Erna.

„Jung wein nich!" hat Onkel Adolf zu mir gesagt, fast befohln, während er sich zwischen mich und den Hahn stellte und an dem rumfummelte und versuchte, den vor mir möglichst zu verbergen.

Ich hab mir selbst auch die Blutspritzer vom Gesicht und von den Armen gewischt, und als ich wieder in unser Behelfsheim eintrat, war Tante Erna bei 'ner Hühnersuppe zugange und rührte in dem großen Suppenpott mit ihrm langen Holzlöffel, und es duftete wunderbar nach Gemüse – Mohrrüben, Sellerie, Zwiebeln, Blumenkohl, Porree, Petersilie und solchen Sachen – und Elisabeth hing gelangweilt auf 'nem Hocker rum und bemalte sich ihre Finger- und Fußnägel knallrot, weil sie nachher irgendwo hinwollte. Ich dachte, wenn das Onkel Adolf mitkriegt, na dann aber gute Nacht!

Tante Erna trocknete sich ihre Hände mit dem Waschlappen ab und sagte zu mir: „Wat häst du denn? Du häst doch wat!"

Ich ließ mich aufs Sofa plumpsen und rieb mir immer noch die Tränen vom Gesicht: „Ick will hüt keen Mirrach." Und dann hab ich meine Augen zugemacht.

„Et gift doch 'n schön Höhnersopp – dee mokt stark, mien Jong, Ulriker."

Ich hab geblinzelt und gesagt: „Nee, ick will nei mee wat eeten!" Und bin wieder aufgesprungen und raus vor die Tür, wo Onkel Adolf grade mit dem toten, ausgebluteten Hahn rein in unsre Hütte kam.

„Dat wart ok Tiet!" rüffelte Tante Erna. „De Hohn mutt uffschneeten warn un langsom rinn in 'n Pott, süsten gift dat nix mit us Sopp – un, Adolf, hol us noch 'n beetker Petersilj von butten rinn!"

Ich war dann noch ganz lange draußen, im hohn Gras zwischen den Baracken von den Behelfsheimen, und ich war ganz versteckt und ganz für mich und hab weitergeheult, und danach hab ich im Gras gedöst, und da wollt ich auch bleiben, weil ich so fürchterlich traurig wegen unserm toten Hahn war.

Als es allmählich dunkel wurde, kam 'n Moped durch die Pfützenwege in unsre Barackensiedlung reingeknattert, da war 'n junger Bursche mit Lederklamotten drauf, und Elisabeth ist hinten auf den Rücksitz aufgestiegen, hat ihre Arme um den Kerl geschlungen und hat beim Losbrausen ihre Umhängehandtasche nach hinten geschwungen, und ihr luftiges Blumenkleid flog im Wind, und dann warn sie auch schon weg und über alle Berge.

„Ulriker!" rief Tante Erna zur Tür raus. „Wart Tiet! Nu kumm ma rinn!"

... Dass die Hühnersuppe, die wir dann zum Ambrot gelöffelt haben – irgendwann bekam ich ja doch auch wieder Hunger – von unserm Hahn war, daran hab ich gar nicht gedacht. Aber war sie! Doch das haben sie mir erst am nächsten Tag beim Mittag, wo wir wieder die Hühnersuppe gegessen haben, erzählt, und Onkel Adolf hat ganz breit gegrinst, als wenn er mir grade was richtig Großartiges beigebracht hätte.

Ich aber, als ich das hörte, hab sofort meinen Löffel im Teller mit der Hühnersuppe, eh, Hahnensuppe, liegen lassen und bin aus der Tür und wieder mal rausgerannt ins hohe Gras und hab mich da reingeworfen und bitterlich geheult ... und hab mir aus tiefstem Herzen gewünscht, dass der gefährliche, saublöde Hahn wieder bei uns ist.

WAS TIEFERES

Manchmal will ich, dass die ganze Welt starr wird und sich nix mehr bewegt, alles soll bleiben, wie 's ist, für immer. Meistens ist das, wenn ich was ganz, ganz schön und unendlich lieb find, und dann will ich das behalten, und als unser Hahn seinen Kopp von Onkel Adolf abgehackt gekriegt hat, war das genauso. Seine Kräherei und Hackerei an unsern Klamotten und sein Rabatz im Käfig war mir doch viel lieber und am Ende auch in Ordnung, viel lieber als der Hahn mit abgehacktem Kopp; und das wollt ich behalten – lieber den blöden Hahn als keinen blöden Hahn, ... und der hat mir jetzt unendlich gefehlt.

Dazu fällt mer was anderes ein – klingt jetzt ziemlich bescheuert – hast de schonmal 'ne Kröte oder 'n Frosch auf der Hand oder auf 'm Arm gehabt? Hab ich wirklich schonmal gehabt, unten bei den Flöppen und an unsern Balken. Beim ersten Mal, wenn so was passiert, bist de erst mal voller Ekel und würdst die glitschigen Viecher am liebsten gleich wieder abschütteln, aber wenn de sie, egal ob Frosch oder Kröte, überhaupt auf dich draufspringen und da krabbeln lässt und se dir vertraun und se draufbehalten kannst, auf der Hand oder auf 'm Arm, und dich drauf einlässt und schön entspannt und friedlich bleibst ..., dann kriegst de was geschenkt, was de dein Leben lang nicht mehr vergisst, weil das so unglaublich schön ist! Diese kühln zarten Füßchen auf deiner Haut und die großen Glupschaugen, die durch dich durchgucken, und wenn se 'n bisschen auf dir bleiben dürfen, weil de ihnen keine Angst machst und einfach alles laufen lässt, was gerade passiert, robben sie vielleicht 'n bisschen auf dir rum, streicheln dich mit ihrn weichen Füßchen und kitzeln dich ganz schön und springen dann irgendwann ab und sind weg, für immer, ... und dann werden ganz schnell manche Sachen, die einen eigentlich richtig abstoßen tun, zu ..., jetz weiß ich gar nich mehr, was ich überhaupt sagen wollte ..., ja, zu 'nem wahren Wunder werden die dann.

… Als der blöde Hahn noch lebte, hab ich ’ne Heidenangst vor dem gehabt und ihn regelrecht gehasst, doch als Onkel Adolf ihn totgemacht hat, hab ich ihn vermisst und mir so gewünscht, dass er zurück wär. Der hatte bestimmt auch ’ne ganz gute Seite, der bekloppte Hahn, auch wenn er mich nich hätte kitzeln könn wie die Kröten oder Frösche, aber irgendwas Gutes war an dem mit Sicherheit auch dran, ich hab ’s eben nur nich kapiert oder er hat ’s mer nich verraten wolln.

Das Schlimme mit dem Hahn ist ja nun mal passiert – dass Onkel Adolf das mit der Axt gemacht hat, das ist ja nun mal so gewesen, und deswegen ist es eben so und vorbei, und mit Jammern kriegst de den Kopp auch nicht wieder an den Hahn dran. Das hätt Onkel Adolf aber nich machen müssen, nee, das hätt er sein lassen solln, und wir wär ’n auch ohne den Hahn anderswie satt geworden, der könnt auch heute noch in seinem Käfig Krach machen, wie er Lust hat, und sonst wie rummachen, nach Körnern kratzen und rumtoben und mit seiner großen Familie, seinen Hühnern und seinen süßen, flauschigen Küken, zusammleben. Aber jetzt war ’s vorbei und zu spät, und der Hahn, der blöde, ist jetzt bestimmt im Himmel. Das wünsch ich mir auf jeden Fall ganz doll für ihn, dass er im Himmel ist.

Unangenehme Sachen sind gar nicht so schlimm, dass du sie nicht auch ertragen und behalten könntest, und man muss nicht immer gleich alles kaputt machen, was einem nicht in den Kram passt, sondern sich auch mit schlimmen Sachen abfinden – weil ich selbst bin bestimmt auch nicht viel besser als der verrückte giftige Hahn, und wenn de ’n bisschen Gras über lausige Sachen wachsen lässt, werden sie alle von alleine wieder gut und heil …, genau, ganz von selbst werden die alle wieder gut und passen dir dann wieder, … und das hat alles mit der Zeit zu tun – ehrlich wahr – und die Zeit is sowieso mit das Geheimnisvollste, was es überhaupt auf der ganzen Welt gibt.

Bei der Zeit geht ’s ja immer weiter, da kannst de nix machen, und es geht immer voran, und auch wenn de nix machst, bist de in der Zeit drin und de kannst ’n Teufel tun und dich zum Beispiel mit Schlafen da rausstehln, gegen die Zeit kommst de trotzdem nich an, da kannst de dich auf ’n Kopp stelln, die läuft und läuft und läuft, die Zeit, und dann wirst de wieder wach und bist wieder in der Zeit drin – nur, dass es dann ’n bisschen später ist als gestern. Ich sag das nur, weil ’s mir grade in den Sinn kommt – hat mit dem Hahn und dem andern Kram und gut und böse und schlimm gar nix zu tun, und deshalb will ich auch ganz schnell wieder zurück zum Weitererzähln. Aber ’n paar Gedanken über die Zeit mach ich mir ab und zu schon, vor allem, dass ich – und auch sonst keiner – gegen die Zeit ankommt, … höchstens wenn wer mal ’n bisschen träumen, … aber wenn de wach wirst, bist de auch sofort wieder in der Zeit und im Trott von der drin.

DER UMZUG

Onkel Adolf hat ja bei der Solinger Straßenbahn als Schaffner gearbeitet und irgendwann, als Tante Erna und Onkel Adolf genug Geld erarbeitet und gespart hatten, wollten sie raus aus dem Behelfsheim und wieder ’n richtiges eignes Haus, wie damals bei ihnen in Pommern, haben – und das haben sie auch geschafft.

Im Behelfsheim bin ich wirklich lange gewesen, nicht immer, aber doch immer wieder über ’n paar Wochen, und deswegen war ’s kein Zufall, dass ich auch bei dem großen Umzug von Tante Erna und Onkel Adolf und Elisabeth dabei war, und ich hab kräftig mitgeholfen beim Umziehen vom Behelfsheim in das brandneue Haus in die Ketzberger Straße 59, und das war gar nicht mal so weit weg vom Behelfsheim. Den Umzug haben wir alle zusammen mit einem einzigen Bollerwagen gemacht und haben den immer wieder hin- und hergezogen, den Feldweg durchs hohe Gras vom Behelfsheim raus aufs Geteerte zur Ketzberger Straße und von der Ketzberger Straße zum Behelfsheim wieder zurück und haben alle Sachen, also die paar Möbel und die ganze Bettwäsche und die Anziehsachen und die Teller und Tassen und Besteck und Onkel Adolfs Handwerkszeug und den ganzen Kleinkram nach und nach rübergekarrt ins neue Haus, und Onkel Adolf und Tante Erna und Elisabeth haben auch noch allerlei Krimskrams auf 'm Arm mitgeschleppt, bis wirklich alles drüben im neuen Haus in der Ketzberger war, und dann haben wir alle vier erst mal richtig durchgepustet, kräftig Leitungswasser getrunken und haben aus der Terrassentür und aus den großen Wohnzimmerfenstern geguckt, so was kannten wir ja bis dahin gar nicht, und sind raus auf die Terrasse – na ja, das war überhaupt noch keine anständige Terrasse, höchstens 'n Schutthügel aus kaputten Mauersteinen, Dachpfannen, Fliesen, Fladen von hart gewordenen Speis-, Zement- und Betonresten und jede Menge Schotter und Sand – doch wir warn alle ganz schön stolz über das neue Zuhause von uns, und wie wir das alles zusammen hingekriegt hatten – aber trotzdem, so richtig ganz glücklich warn wir doch noch nicht, denn das sah ganz schön schäbig da draußen aus, eher wie 'ne Müllkippe, denn da war ja noch überhaupt kein Garten und nix Grünes und keine Blumen, nur Bauschutt und Sand und sonst so 'n Dreck, den die Bauarbeiter da liegen gelassen hatten.

Ach ja, das ist auch ganz wichtig – ihre Hühner und Küken und Kaninchen haben Tante Erna und Onkel Adolf, bevor wir endgültig aus unserm Behelfsheim weggezogen sind, in ihrer Nachbarschaft, also in den andern Baracken, verschenkt, weil sie die nicht mehr haben wollten und ja auch nicht wie Möbel und andre leblose Sachen einfach verpflanzen konnten, und die Leute aus den andern Behelfsheimen haben sich mordsmäßig dadrüber gefreut, denn wenn de da in so 'ner Hütte wohnst und noch nix weiter hast als deine kleine Holzbutze, bist de auf die Eier und die Hühner- und Kaninchenbraten ganz schön angewiesen, und aus den Federn und dem Fell kannst de auch noch 'ne Menge machen, zum Beispiel Betten mit den Daunen vollstopfen und schön warme Schals und Schoßdecken aus den Kaninchenfelln zusammennähn, und so 'n Geschenk wie das von Tante Erna und Onkel Adolf ist für ärmere Leute, die weiter im Behelfsheim bleiben müssen, fast wie Goldtaler, und da hab ich mich sehr drüber gefreut, wie großzügig Tante Erna und Onkel Adolf doch sind – und Elisabeth hat ihr kleines schwarz-weiß geschecktes allerliebstes Lieblingskaninchen 'ner Oma aus der Baracke gegenüber ans Herz gedrückt ..., und Elisabeth hat dabei ganz schön flennen müssen.

MEIN BUTTERBROT

Aber bei Kastners, so hießen Tante Erna und Onkel Adolf mit Nachnamen, also die hießen nicht *Kastners*, sondern *Kastner*, und so hieß Elisabeth natürlich auch mit Hausnamen – bei Kastners gab 's nicht nur Hühner- oder Hahnenfleisch oder die Suppe von den beiden, nee, ich hab vor allem immer Stullen mit ganz dick Butter obendrauf gehabt, weil ich nämlich 'n

Pingelkopp bin und keine Sachen wie Schinken oder Speck oder Wurst mit großen Fettaugen drin oder komisch riechenden Käse und auch keine Marmelade mit glibberigen Früchten drin mag; da werd ich ganz widerspenstig, deshalb hat Tante Erna extra für mich alleine mir immer was ganz Besonderes zubereitet – das war aber schon im neuen Haus, denn im alten Behelfsheim hatten wir keinen Kühlschrank und solche elektrischen Sachen …, und sie hat die kalte Butter aus 'm Kühlschrank rausgeholt und die scheibenweise auf 'ne knusprige Brotscheibe gelegt, und das hat mir immer so klasse geschmeckt, und mehr als Brot mit dick Butter obendrauf brauchte ich auch nicht zum Sattwerden – und zum Schmecken. So 'ne Butterstulle wie von Tante Erna, da kannst de nur von träumen!

ELISABETH UND PETER

Elisabeth, das Mädchen von Tante Erna und Onkel Adolf, die war ganz schön viel älter als ich und schon ein richtiger *Feger*, sagen se doch so, oder, und die hat so Schallplatten in den neuen kleinen Plattenspieler, den Tante Erna und Onkel Adolf vorne vor der Terrassentür stehen hatten, reingesteckt, und von denen und der Musik, die dadrauf war, hab ich viel behalten, also die Platten schwirrn mir auch heute immer noch durch 'n Kopp. Aber Elisabeth hatte auch 'ne Menge Krach mit ihrn Eltern, ich weiß nicht, ob wegen der lauten neumodischen Musik von ihr oder weil sie irgendwann mal 'nen *festen Freund* hatte, oder wie das heißt, auf jeden Fall war da zwischendurch immer mal 'ne ganze Menge Remmidemmi im Haus von Kastners, und ich wollt und konnt gar nicht mehr zugucken und hinhörn.

… Irgendwann später hieß Elisabeths fester Freund *Peter*, der hatte stramm, mit sauberem Scheitel geschniegeltes und seitlich nach hinten gekämmtes Haar, und der hatte schon 'n eignes Auto, das war 'n stumpfblauer KÄFER, so ähnlich wie Onkel Ewald und Onkel Hermann einen fuhrn, und der konnte ganz lange Strecken ganz schnell laufen, also Peter selber, ganz ohne Auto, denn der war als junger Mann, der er war, neben bei seim Beruf als Kaufmannsangestellter auch noch Langstreckenläufer und schaffte fünftausend Meter glatt in dreizehn Minuten oder so ungefähr, und dafür hatte Peter sogar 'n paar prächtige umrandete Urkunden, die hab ich selbst gesehn, und deswegen muss dreizehn Minuten für fünftausend Meter verdammt schnell sein, und die beiden, also Elisabeth und Peter, haben ja dann später auch in Gräfrath geheiratet – aber bestimmt nicht nur wegen Peters fünftausend in dreizehn Minuten oder seim blaun KÄFER, … denn Peter war ein ganz Netter, obwohl der mich kleinen Knirps, der ich ja nun mal war, nie großartig beachtet hat. Peter hatte hauptsächlich Augen für Elisabeth.

BEI ERDLENBRUCHS

Mama arbeitete damals in 'ner Brotfabrik nicht weit von Tante Erna und Onkel Adolf weg, und manchmal konnt ich Mama da bei ihrer Arbeit besuchen – weil ich ja sowieso viel Zeit bei Tante Erna und Onkel Adolf zugebracht hab. Da ist Tante Erna manchmal mit mir, zu ERDLENBRUCHS, hingegangen, so hieß die Brotfabrik nämlich, und dazu mussten wir nur fünf Minuten die Ketzberger Straße bergab und dann 'n kurzes Stück links rein, und dann warn wir auch schon da, und Mensch, hat das da prima gerochen, nach ganz frisch gebackenem Brot – das musst de selbst mal erlebt haben, diesen Wohlgeruch von 'ner Brotfabrik, sonst weißt de gar nicht, wovon ich red!

Mama hat sich immer riesig gefreut, wenn Tante Erna mit mir bei ihr aufgetaucht ist, aber sie musste dabei doch auch richtig auf ihre Arbeit achtgeben, und in 'n Arm nehmen klappte gar nicht, weil Mama war nämlich *im Akkord*, und das ist, nur wer verdammt schnell ist, kriegt Geld, und Edelgard, *der Weihnachtsmann* von damals, nebendran am nächsten Tisch, hat auch nur aufgepasst, dass sie das nächste Silberpapier und den nächsten Packen Brotscheiben erwischt und einwickelt, und Mama hat mich fast gar nicht bemerkt, und groß angucken und begrüßen und knuddeln und knutschen ging schon gar nicht, und Mama und Edelgard hatten eigentlich überhaupt keine einzige Sekunde Zeit für mich und Tante Erna, weil sonst wärn ihnen die Brotscheiben vom Arbeitstisch geflogen und das silberne Broteinpackpapier hätt sich irgendwo in der Maschinerie verheddert, und alles wär 'n Riesenkladderadatsch geworden, und Mama und Edelgard hätten ihre Arbeit verlorn und hätten vielleicht gleich ihre Siebensachen packen können.

Edelgard, die war so was wie 'ne Tante von mir und Gitti, aber nicht so richtig, dafür war sie viel zu jung, auf jeden Fall war Edelgard 'ne Verwandte von uns, und ihre Familie, Mama und Schwester und so, wohnte in Schleswig-Holstein, das ist ganz hoch im Norden und fast schon im Ausland in der Nähe von Dänemark und Schweden oder so, und Edelgard hat damals jedenfalls auch in ERDLENRUCHS Brotfabrik gearbeitet, und Mama und Edelgard haben das Schwarzbrot in dickes, doppelt gefüttertes Silberpapier eingefaltet, na ja, eher von ihrn Maschinen, die se direkt vor ihrer Nase hatten, einpacken lassen, das ging so was von ruckzuck, und dann hatten sie auch schon die nächste Ladung Brotscheiben beim Wickel und mussten die abgezählt und passgenau der Maschine zum Verpacken bereitlegen, und in der ganzen Fabrik saßen auch noch hunderte von andern Fraun, die da geschuftet und Brot verpackt haben, den lieben langen Tag lang – und dies Brot ist dann in die ganze Welt verschickt worden, weil das Brot von ERDLENBRUCHS weltberühmt war, und da haben sie sich alle drum gerissen.

„Nu lassen wer Mama und Edelgard ma in Ruhe arbeiten, ja?" raunte Tante Erna mir runter ins Ohr und hat mich wieder an die Hand genommen und weggezerrt, und wir haben den beiden nur noch lieb zugewunken, und die haben kurz zurückgezwinkert, nicht mal zum Winken hatten sie 'ne Hand frei, und Tante Erna und ich wussten ja, wo wir rausmussten, und sind durch die Fabrikhalle Richtung Ausgang – bis mir tatsächlich ein Arbeiter auf dem Weg durch die große Fabrikhalle im Vorbeigehn – einfach so – 'ne fette Scheibe Brot in die Hand gedrückt hat.

„Diese Scheibe is zu dick für zum Verkaufen." Der Mann beugte sich freundlich runter zu mir und tätschelte meinen Anorak. „Lass es dir schmecken, Kollege!" sagte der, und da warn Tante Erna und ich aber auch schon weiter auf unserm Weg raus aus der Brotfabrik nach draußen.

Die Brotscheibe war noch richtig warm und die Kruste knüppelhart und so was von knusprig und das Brot innen drin ganz fluffig – Mann, hat das geschmeckt, auch ganz ohne Butter oder sonst was obendrauf – Mensch Meier, so 'n Brot hatte ich bis dahin noch nie, und wie das auch noch geduftet hat!

Draußen schien immer noch schön die Sonne, und ich hab meine Brotscheibe gemümmelt, und Tante Erna und ich sind wieder die Ketzberger Straße hoch zurück zur Hausnummer 59 spaziert – und Mensch, hat mir das Brot von dem ERDLENBRUCH-Arbeiter geschmeckt!

Manchmal war Gitti auch mit bei ERDLENBRUCHS, aber meistens nicht, und wie sie da überhaupt hingekommen ist, kann ich mir heute gar nicht so recht erklärn, weil Gitti war ja eigentlich immer weit weg, zu Hause bei uns in der Van-Meenen-Straße 32, ... ich selbst war aber nicht immer zu Hause, und wieso das so sein musste, weiß ich eigentlich gar nich und is mer immer noch 'n riesengroßes Rätsel.

ELISABETH ..., EH, HALLA

Jetzt aber mal endlich wieder zu Elisabeth! – Elisabeth war schon 'n Backfisch, so heißen die größern Mädchen, die schon fast 'ne Frau sind, und sie war 'n Wirbelwind und richtig aufsässig, das kann ich dir aber sagen, und die hatte schon ganz schön Dampf im Hintern und ihrn eignen Willen, und wenn sie spätabends vom Tanzen nach Hause kam, hat Onkel Adolf sie immer angebrüllt und sie *Rumtreiberin* geschimpft, und Elisabeth hat sich gewehrt und zurückgeschrien:

„Ich war nur tanzen – und ich kann machen, was ich will!"

Und dann hat sie geheult, und Tante Erna hat sie 'n bisschen in 'n Arm genommen und getröstet und zu Onkel Adolf gesagt:

„Nu mok mol 'n beetker sacht, Adolf."

Und Onkel Adolf hat gebrüllt:

„Solang du dien Föt unner oos Tisch stellst, mokst du, wat wie wolln – is doch wohr!" Er hatte 'nen hochroten Kopp, kurz vorm Platzen, und seine Zigarre hatte ganz schön viel Asche vorne dran, dass sie jede Sekunde runterzufalln drohte, ist sie aber nicht, und er hat das Küchenfenster aufgerissen und seinen Stumpen vor lauter Wut und Ärger raus in den Abend geschmissen und die blöde Asche ist tatsächlich doch noch vorher in der Küche abgekippt, und Tante Erna hat die ganz fix aufgefegt, damit Onkel Adolf nicht völlig durchdreht und die beschissene Zigarrenasche keiner breittritt und die mit den Pantoffeln durchs ganze Haus verteilt. Elisabeth hat geschluchzt und gewimmert ..., ja, und ich war immer dabei.

Trotzdem glaub ich, dass Onkel Adolf seine Elisabeth ganz unheimlich liebgehabt hat und genau und nur deswegen so 'n Rabatz gemacht hat, weil er Sorge hatte, dass sie irgendwelche Dummheiten macht oder seinem Mädchen da draußen beim Tanzen und so was passiern könnt, wenn sie bis spätabends unterwegs war – und er wollte sie einfach nur zur Räson rufen. Das hat er, bei Gott, auch oft und laut genug gemacht – aber genützt hat 's nix, denn Elisabeth ist immer wieder zum Tanzen raus oder sonst wo hin, und jeden Abend, bevor Elisabeth rauswollte, gab 's jedes Mal wieder das gleiche Gezeter bei Kastners, und irgendwann hab ich gar nicht mehr so richtig hinhörn können, weil 's ganz normal war und fast immer wie immer so ablief und Elisabeth schließlich heulend oben in ihr Zimmer abhaute und für 'ne Zeit lang verschwunden war, wobei Onkel Adolf weiter vor sich hingrummelte.

Tante Erna sagte dann inmitten der ganzen Zankerei zu mir:

„Ulriker, sett die mo' an Tisch – ick mok di 'n schön dick Butterstull." Hat sie auch gemacht, aber ganz allein am Tisch wollt ich die auch nicht essen, wiewohl ich schon richtig Kohldampf hatte, und ich blickte vom Sofa aus abwechselnd durch die Terrassentür raus in den Garten auf die Himbeern und Erbsensträucher – den Garten gab 's inzwischen tatsächlich schon – und auf den schwarzen Bildschirm von dem Fernseher. So hockte ich da 'ne ganze Weile an unserm Essenstisch, und irgendwann ebbte der Radau hinten in der Küche und auf 'm Flur ab, und Tante Erna und Onkel Adolf trudelten beide rein ins Wohnzimmer und haben sich mürrisch mit an den Tisch gesetzt – aber Elisabeth ist nicht mit reingekommen ..., und was die da so für sich oben in ihrm Zimmer gemacht hat ..., Lippenstift, Nagellack, na ja, da konnt ich selber ja nicht hingucken.

Onkel Adolf hat den Fernseher angestellt, da war ich schon die ganze Zeit mordsgespannt drauf, aber allein durfte ich den nicht anmachen, und da kam jeden Tag in der Woche im Ersten Programm genau zum Abendbrot so um sechs, halb sieben *Hier und Heute*, also da zeigen sie allerlei Berichte und Filme aus unsrer Umgebung, auch aus 'm Bergischen Land und aus Köln und aus Düsseldorf, da gehört Solingen nämlich auch zu – also nicht zu Düsseldorf oder Köln – sondern zum Bergischen Land, da gehört Solingen zu. Ich hab in mein Butterbrot reingebissen und an Onkel Adolf vorbei *Hier und Heute* geguckt. Tante Erna hat sich richtig Leberwurst auf ihre Stulle geschmiert, hatte dabei aber ganz schön zittrige Hände, und Onkel Adolf hatte Schweißperln auf der Stirn und hat sich um das, was im Fernsehn hinter seim Rücken war, überhaupt nicht groß gekümmert. 'N bisschen später klappte die Haustür.

„Jetz is se wieder los", brummelte Onkel Adolf und guckte rüber zum großen Wohnzimmerfenster, wo die Ketzberger Straße ist und wo 'n Moment lang 'n Auto surrte und kurz darauf abdüste.

„Adolf!" sagte Tante Erna und war dabei richtig energisch. „Wer könn Elisabeth nich einsperrn – die wird groß, die muss raus, wer müssen se auch ma 'n bisschen lassen – hörst?!"

„Lassen, lassen!" Onkel Adolf war schon wieder fast vorm Zerspringen. „Wie möten 'n betker uppassen, verstohst?!"

„Un looten!"

Das hat mir so gut gefalln, wie Tante Erna das gesagt hat! *Wer müssen se auch 'n bisschen lassen*. Hoffentlich lassen mich Mama und Papa später, wenn ich größer werd, auch ma 'n bisschen – und Gitti auch. Nicht, dass ich da jetzt besonders scharf drauf wär, aber später, wenn wer größer werden und *Dat Looten* richtig wichtig wird, bestimmt schon, und dann lassen Papa und Mama uns bestimmt!

„Tante Erna?"

„Ja?"

„Darf ich noch 'ne Stulle?"

„No sicher, mien klien Jong!"

„Aber mit ganz dick Butter – wie vorhin!" Und die Butter, die Tante Erna mir auf die Stulle gelegt hat, die war kalt und noch mächtig hart, und die war fast genauso dick wie die Brotscheibe selbst, und da hatte sogar Onkel Adolf seinen Spaß dran, wie ich die Stulle nach und nach weggemampft hab, und er hatte plötzlich seinen ganzen Ärger und seine Wut abgeschüttelt.

Hier und Heute ging langsam gegen Ende, und Onkel Adolf war wieder einigermaßen beruhigt, hatte seinen Sessel zum Fernseher hingerückt, sich 'ne lange, dicke Zigarre ins Gesicht gesteckt, angezündet, und er schmauchte genüsslich in unser Fernsehzimmer und fing allmählich an Däumchen zu drehn, wie er das immer so macht, wenn er mit sich selbst im Reinen ist.

„Glich is Springreitn", sagte Onkel Adolf, und er machte es sich in seinem Sessel schön bequem und streckte seine langen Beine raus, schob sich den Aschenbecher zurecht und blinzelte mir zu, als wenn ich wissen müsste, was damit gemeint ist – und wusste ich ja tatsächlich von früher auch schon.

Nachdem Tante Erna den Tisch abgeräumt hatte und das Geschirr und den Essenskram in die Küche gebracht und alles gespült und sauber gemacht hatte, haben wir die *Tagesschau* geguckt – die war aber nicht so schön wie *Hier und Heute*, außer dem Wetterbericht, sonst war da nur was von Krieg und alles über *Probleme* und *Krisen* oder wie das Zeug alles so heißt.

Doch direkt nach der *Tagesschau* kam Reitturnier, und da warn Tante Erna und Onkel Adolf ganz erpicht drauf und Feuer und Flamme, vor allm Onkel Adolf – weil sich da alles um Pferde drehte, und mit Pferden hatten sie 's, die beiden, mit Pferden warn sie nämlich damals bei sich zu Hause in Pommern aufgewachsen und kannten die von klein auf, und Pferde warn irgendwie ihr ein und alles.

Das Reitturnier, das nach der Tagesschau im Fernsehn losging, war mit *Hans Günter Winkler* und *Fritz Thiedemann* und *Piero D'Inzeo* und *Nelson Pessoa*, also so hießen 'n paar von den ganzen Springreitern, und vor allem mit *Halla*, das war das Pferd von Hans Günter Winkler – jetzt ist mir der Name von dem Reiter doch wieder eingefalln – und *Halla* war das primaste von allen Pferden auf der ganzen Welt.

Das war bei Onkel Adolf und Tante Erna immer riesig schön mit dem Springreiten im Fernsehngucken, und das ging fast jedes Mal bis in die Puppen, wegen dem ersten und dem zweiten Stechen, so heißt das, wenn 's am Ende nach dem ersten und zweiten Durchgang keinen Sieger gibt, weil alle gleich in den Punkten liegen, und dann wird eben weiter galoppiert und gesprungen, bis einer 'nen Balken oder 'n Mauerstück runterschmeißt, und ganz am Schluss bleibt der übrig, der am wenigsten abgeräumt hat und dabei auch noch am schnellsten mit seinem Pferd durchkommt, und das kann manchmal 'n bisschen dauern, und da müsst ich schon längst im Bett liegen, aber bei Onkel Adolf und Tante Erna durft ich das Reitturnier immer bis zu Ende angucken.

Ich hab noch nie so was Spannendes in meinem ganzen Leben gesehn, und ich hab gar nicht mehr an zu Hause und Mama und Papa und Oma und Gitti denken müssen – so wahnsinnig aufregend wie das war; außerdem war ich am Ende von dem Turnier völlig kaputt, als wenn ich selber mitgeritten und gesprungen wär, und ich glaub sogar, dass Tante Erna mich ins Bett tragen musste, oder Onkel Adolf, weil ich schon sofort nach 'm letzten Stechen auf 'm Sofa zur Seite in die Sofakissen gefalln bin und weg und eingeschlummert war – und von der Siegerehrung, die ja auch eigentlich immer ganz schön zum Ansehn ist, na ja, von der hab ich gar nix mehr erwischt.

DAS SCHLACHTEN

Tante Erna und Onkel Adolf haben spät im Herbst auch geschlachtet – tatsächlich wahr. Da haben sie 'n Schwein totgestochen und die Ohrn und die Beine und die Schnauze und den Schwanz abgeschnitten und dem das Fell runtergezogen – unten in der Waschküche von der Ketzberger 59. Doch als sie das totgemacht haben, war ich nie dabei – Gott sei Dank – da hätt ich auch überhaupt nicht dabei sein wolln, aber so was von überhaupt nicht – und durfte ich ja auch sowieso nicht! Vielleicht haben das Onkel Adolf und Tante Erna aber auch nicht ganz alleine gemacht, das mit dem Schlachten von dem armen Schwein, ich glaub ganz sicher, das haben sie nicht selber eigenhändig gemacht – denn wenn geschlachtet wurde, war da auch immer noch 'n fremder Mann mit 'ner weißen Riesengummischürze im Haus; das muss dann aber 'n Schlachter oder Fleischer oder Schlächter oder wie der heißt, gewesen sein, den sie von irgendwo hergeholt haben, und wo der herkam und wie der hieß, weiß ich nicht. Nee, ich glaub nicht, dass Onkel Adolf und Tante Erna das selber gemacht haben, das mit dem Totmachen, das hat alles der fremde Mann mit der dicken, langen Schürze angerichtet – obwohl Tante Erna und Onkel Adolf das bestimmt selbst auch gekonnt hätten, denn die kamen ja beide aus Pommern vom Bauernhof, wo sie ihnen solche Sachen, wie Tiere schlachten, mit Sicherheit auch beigebracht haben – aber möglicherweise warn sie zu der Zeit auch noch zu jung für so was und kannten das Schlachten nur so vom Zugucken, wenn se das denn überhaupt durften, also zugucken ..., genauso wie ich jetzt, also eher nich zugucken.

Nachdem sie das Schwein da unten in der Waschküche ermordet hatten und es tot war – und da hab ich, so neugierig wie ich war, unten im Keller 'n bisschen gespinkst, und das hab ich durch den Spalt von der Waschküchentür beobachten können, und spätestens da warn Tante Erna und Onkel Adolf jedenfalls auch kräftig mit zugange – da haben sie auf jeden Fall dann das Schwein am Bauch aufgeschlitzt und das ganze Zeug, was da drinnen im Leib ist, mit ihren bloßen Fingern rausgenommen, eher rausgerissen, also das Herz und den Magen, die Niern, das sind, glaub ich, sogar so zwei oder drei und die Lunge und den andern Salat, und das Blut, das da überall rauslief, haben sie in 'ner zinknen Wäschewanne aufgefangen, weil sie das auch noch für irgendwas brauchten, und die Därme auch, die haben sie sorgfältig aufgewickelt und erst mal beiseite auf 'n Bord gelegt.

„Geh jetz mo langsam no om, mien Ulriker“, sagte Tante Erna zu mir, als sie merkte, dass ich durch den Türspalt alles von dem Totmachen mitgekriegt hatte. „Wie kümm glich nooch.“ Und bei dem, was danach kam, war ich deshalb nich mehr dabei, und da war ich heilfroh drum, denn das war bestimmt mindestens genauso furchtbar und grauselig wie das, was ich schon mitangesehn hatte. Sterben und Tod is ja immer traurig, egal wen 's trifft. Und ich bin aus 'm Keller die Treppe wieder nach oben in die Wohnung gestiegen und hab mich auf 's Sofa im Fernsehzimmer hingeschmissen und mir die Kissen links und rechts rangeholt, weil mir auf einmal ganz kalt war, und ich hab am ganzen Leib gezittert.

Da unten im Keller haben sie bestimmt die tote *Sau*, so heißen nämlich die Fraun bei den Schweinen, in Stücke zerhackt und alles gründlich durchgekocht und das ganze Gekröse von dem Schwein in die Därme gestopft und Würste draus gemacht, und in dem brühenden Blut haben sie wahrscheinlich andauernd drin rumgerührt, damit 's schön flüssig bleibt und nicht zu Glibber wird ..., ach, was weiß ich, das denk ich mir nur so, wissen tu ich das nich, will ich auch gar nich wissen.

Doch vielleicht hab ich ja 'ne Menge mehr mitgekriegt, als ich wahrhaben will und hab 's schön behalten – sonst könnt ich solche grässlichen Sachen doch gar nich so genau wissen!

Am nächsten Tag nach dem Schlachten gab 's zum Mittag Suppe, und die stand in einem riesigen Kochtopp auf einem steinernen Untersetzer auf unserm Tisch im Fernsehzimmer, und oben guckte der Henkel von der Suppenkelle raus.

„Et gift Blutsopp!“ riefen Tante Erna und Onkel Adolf nacheinander begeistert aus, als wenn das die ganze Welt hörn müsste – dabei war außer Elisabeth und mir sonst gar keiner im Haus. Als sie die Suppe aufgefüllt haben, hab ich nicht mal meinen Löffel in die Hand genommen, weil ich 'n Höllnbammel vor der *Blutsopp* hatte.

„Is die vom Schlachten?!" fragte ich zaghaft, obgleich ich sowieso ahnte, dass die Suppe vom Schlachten gestern war – und da würd ich nix von essen, keinen einzigen Droppen würd ich davon essen, da hätten sie mich tothaun müssen.

Die Augen von Tante Erna und Onkel Adolf leuchteten, als wenn sie drei Wochen lang nix zu essen gekriegt hätten: „Ja – aber sicher is die vom Schlachten!" Und Elisabeth hatte auch schon richtig glasige Augen und Schmacht auf die Blutsopp und freute sich wie Bolle, denn die kannte das Zeug offensichtlich von früher und mochte es und war richtig wild drauf.

Die Blutsopp war aber nicht rot, wie ich Blut eigentlich so kenn, nee, die war einfach nur elend grau und trist, und die war voll mit so kleinen Fleischkrümeln und Fettaugen und miefte ganz ekelhaft.

Onkel Adolf sagte: „Nu iss ma, mien Jong, damit du groß un stark warst – de Sopp is jesund!" Doch ich wollt beinah schon das ausspucken, was ich noch gar nich mal gegessen hatte.

„Lot hem mo", sagte Tante Erna. „He kümmt schon noch upp 'n Jeschmack." Und die drei, Tante Erna, Onkel Adolf und Elisabeth, haben sich einen Teller nach 'm andern von der Blutsuppe reingeholfen, und ich hab ihnen dabei misstrauisch und angeekelt zugeguckt.

„Ick mok di nu dien Butterstull", kündigte Tante Erna nach ihrm zweiten Teller Blutsuppe an. „Irjendwat musst zwischen 'd Zähn häm, mien Ulriker!" Und die hat sie mir auch gemacht und kam damit ganz freudig aus der Küche zurück, aber die Butterstulle, so lecker die da auch auf meinem Brett lag, konnt ich jetzt auch nicht mehr essen und hätt sie einfach nicht durch 'n Hals gekriegt – alles wegen der ganzen Schlachterei und der widerlichen Blutsuppe – und im Fernseher hinter Onkel Adolfs Rücken lief in einem durch die bescheuerte Reklame mit PERSIL, SINALCO, DORTMUNDER ACTIEN-BIER und OVERSTOLZ und so, und ich hatte keine Lust zu gar nix und Appetit auf irgendwas schon gar nicht, und Tante Erna hat das Brett mit meiner Butterstulle schließlich zurück in die Küche getragen und da in den Kühlschrank gestellt und danach weiter mit ihrm Blutsopplöffeln gemacht.

Als die ganze Sauerei von dem Schlachten im Keller und in der Waschküche beseitigt war und der Durchzug den Gestank aus dem Haus geblasen hatte, hab ich mich auch mal wieder nach unten in den Keller getraut, und da roch 's auf einmal ganz anders, richtig angenehm und würzig und irgendwie – ja, mordsappetitlich!

Tante Erna und Onkel Adolf hatten nämlich im Keller auch noch 'n Räucherofen. 'N Räucherofen ist so ähnlich wie 'n Schornstein, aber der hat unten auch 'n paar Türn und Fenster drin, und ganz unten in den Ofen schichtest de Holzspäne, zum Beispiel von 'ner Buche oder 'ner Erle, übereinander und 'n ganzes Stückchen oben drüber hängst de geschlachtete Sachen auf, also Fleischbatzen und Keuln und Wurstketten, wie von unserm Schlachten, und dann zündest de unten die Holzspäne an, und die glimmen so leise vor sich hin und räuchern den Schornstein voll und bekokeln sanft das ganze Fleisch- und Wurstzeugs, was hoch obendrüber hängt, 'ne ganze Nacht lang oder auch für zwei oder drei Tage – du musst natürlich immer mal wieder Späne nachschütten – und wenn de am nächsten oder übernächsten Morgen runtergehst, willst de am liebsten unten bleiben, so wahnsinnig prima duftet das da, und die Sachen, die de aus 'm Ofen holst, also Schinken und Speck und Wurst und so, riechen genauso wahnsinnig prima, und de möchtest am liebsten in das Zeug gleich reinbeißen …, das hätt ich schon gemocht, irgendwie – aber ich hab 's trotzdem nicht gegessen – weil 's ja alles vom Schlachten war, und schon wenn ich dadran denken musste, hat 's mich geschüttelt. Da bleib ich lieber bei Tante Ernas Butterstulln – oder wenn ich die nicht krieg, ess ich besser gar nix.

Trotzdem – wenn Tante Erna und Onkel Adolf geräuchert haben, hat das ganze Haus tagelang, ach, wochenlang danach geduftet, und das war ehrlich 'n ganz toller Geruch – den hab ich jetzt noch in der Nase! Aber essen konnt ich die Sachen trotzdem nicht – komisch, ne? Ich bin eben 'n Pingelkopp.

DAS BLAUE ZIMMER

Tante Erna und Onkel Adolf hatten auch 'ne *Gute Stube*, die liegt zur Ketzberger Straße raus und gleich nebendran, wo wir immer gegessen und Fernsehn geguckt haben, und zwischen den beiden Zimmern war nicht mal 'ne Tür, nur 'n mächtiger Durchbruch, und das war alles ganz offen und hell, und die *Goot Stoov* hatte ihre Fensterfront zur Ketzberger Straße hin, hab ich ja gerade schon gesagt, aber in der guten Stube, da hat sich kaum einer drin aufgehalten, so mordsmäßig gut war die nämlich, und das hellblaue Sofa und die hellblauen Sessel und Stühle warn deshalb alle sorgfältig in durchsichtige Plastikfolie eingepackt – klar, da musste Tante Erna dann nicht so viel staubsaugen und rumwischen, weil alles so schön geschützt und eingehüllt war, und weil die Plastikfolie durchsichtig war, konntest de die ganzen blauen Polster von den Möbeln ja trotzdem noch recht gut erkennen, und es war deswegen trotz dem vielen Plastikgedöns immer noch einigermaßen hübsch und ansehnlich. Aber so richtig schön fand ich das da nie – lieber 'ne vollgestaubte gute Stube, wo jeder sich drin rumlümmeln darf und es saugemütlich ist, als eine, wo de dich gar nich erst hinsetzen willst, weil alles mit Plastikfolie abgedeckt ist – dann kannst de die gute Stube auch gleich zumachen oder abreißen, wenn de nicht in ihr normal wohnen kannst und sie eigentlich gar nicht benutzen sollst.

Das war das *blaue Zimmer* von Tante Erna und Onkel Adolf – und warum es *blau* hieß, is ja wohl halbwegs einleuchtend – kam von den hellblaun Stoffbezügen von dem Sofa und den Sesseln und den Stühln her, die, sauber abgeschirmt durch die Plastikplanen, grade mal so zu erahnen warn.

Aber richtig schön war es mittlerweile draußen bei Tante Erna und Onkel Adolf hinten im Garten, wo der Bauschutt schon seit Ewigkeiten weggeräumt und alles begrünt war, aber auch vorne an der Front, wo die Ketzberger Straße ist, da knallt nämlich die Sonne hin, und da warn viele kleine Pflanzen mit dickem Fleisch und ganz niedrig und gedrungen, und die hießen alle zusammen *Der Steingarten*. Aber den gab 's erst seit ungefähr ein paar Monaten, nachdem wir im neuen Haus in der Ketzberger warn und hinten das Obst und Gemüse schon schön angepflanzt war – und grünte und blühte.

Im richtigen Garten, also nach hinten raus, wuchsen inzwischen die Stachelbeern, hellgelbe, grüne und rote, jede Menge Johannisbeern, rote und weiße, und Erdbeern und Himbeern und Brombeern, wo ich mir andauernd die Arme dran aufgeritzt hab und Tante Erna dann immer mit 'nem Pflaster um die Ecke kam, was ich aber gar nicht haben wollte, weil ich mich immer auf 'n lieben Gott verlassen wollte und sonst gar nix, und ganz unten am Nachbarzaun, im Schatten unter jungen Apfel- und Birnbäumen, war 'ne kleine Wiese mit hohm Gras, weil Onkel Adolf keine Zeit hatte, die jede Woche zu mähn und mit der Sense dadurchzugehn – also da hinten, im richtigen Garten, wo das Gras so hochstand, da hab ich mich, wenn ich bei Tante Erna und Onkel Adolf war und es nicht geregnet hat, die allermeiste Zeit rumgetrieben.

Die kleine Schattenwiese, das war der allerschönste Platz, wenn 's knalleheiß war, und da hab ich schön im kühln Gras gesessen und bin zwischendurch raus in die Sonne geschossen und hab mir 'n paar Stachelbeern oder Brombeern oder Erbsenschoten oder 'n dicken roten Rhabarberstengel mitgenommen und bin wieder zurück und hab die auf meinem schönen Platz im hohen kühlen Gras genüsslich weggefuttert.

Hinter der Wiese, auf der andern Seite vom Zaun, hatten Steinkes ihr Haus und ihrn Garten. Frau Steinke hat Tante Erna öfter besucht, und die beiden haben gequatscht, also meistens Frau Steinke, als wenn morgen keine Zeit mehr dafür wär, und Onkel Adolf hat ganz fix die ganzen Folien von den Möbeln im blauen Zimmer verschwinden lassen, und dann haben die beiden Fraun da schön vornehm Kaffee getrunken und Gebäck geknabbert, denn der Mann von Frau Steinke war Herr Steinke – und der war tatsächlich der Polizeipräsident von Solingen, und deswegen wurde da mit dem blauen Zimmer, und dass da normalerweise eigentlich keiner reindarf und überhaupt was anfasst, dann mal 'ne regelrechte Ausnahme gemacht.

Frau Steinke sprach 'ne andere Sprache als wir in Solingen, denn die kam aus Berlin oder aus der Gegend da, und außer Antonio, dem Spanier, und den Italienern aus unsrer neuen Eisdiele kannte ich ja sonst noch keine Ausländer, und deswegen hörte sich Frau Steinke ganz schön komisch an, aber trotzdem hab ich die ganz gern reden gehört, wirklich, saugerne. Das find ich sowieso – andere Sprachen sind so schön, wenn de nix verstehst und alles einfach nur klingt wie bei der Musik. Wenn Frau Steinke mit Tante Erna im blauen Wohnzimmer saß, und Frau Steinke mit ihrer berlinerischen Sprache gequasselt hat wie 'n Wasserfall, hab ich immer gelauscht und zugehört, wie sie klingt – ich wollt gar nicht wissen, was sie sagt, wollt sie einfach nur brabbeln hörn, und mir hat 's den Rücken rauf- und runtergekrabbelt, so schön hat mir der Klang von Frau Steinke gefalln.

Ach ja – als Onkel Adolf mit dem Plastikverschwindenlassen fertig war und kurz Frau Steinke, wie sich das gehört, begrüßt hatte, war der erst mal für 'ne ewig lange Zeit wie vom Erdboden verschluckt und nicht mehr zu erblicken; also hinten im Garten war er nicht, denn da bin ich ja öfter mal zwischendurch, bestimmt zehnmal, durchgestromert, und da hab ich ihn nicht gesehn, bestimmt nicht, aber gleich kurz nachdem Frau Steinke sich verabschiedete und von Tante Erna zur Haustür rausgeleitet wurde, war er ganz zufällig plötzlich, potzblitz, aus 'm Nix wieder auf 'm Teppich.

„Wo küsst du denn her?“ fragte Tante Erna, als sie die Tür hinter Frau Steinke ins Schloss drückte.

„Ick häv moln betker rümkiekt“, antwortete Onkel Adolf trocken und 'n bisschen verlegen und hängte seinen Hut auf den Huthaken.

„Ach nee!“ giggelte Tante Erna augenzwinkernd und grinste und guckte zu, wie Onkel Adolf die ganzen Plastikbezüge aus den Ecken hervorkramte und die, einen nach dem andern, wieder akkurat über die schönen hellblaun Möbel von unserm blauen Zimmer stülpte.

KASTNERS

... Tante Erna war ganz schön dick, aber auch richtig lieb – sie hat mir ja auch immer die ganzen dicken Butterstulln geschmiert. Onkel Adolf war eher schlank wie 'ne Fichte, und er hatte unter der Nase 'n kleines Bärtchen auf der Oberlippe, so ähnlich wie Charlie Chaplin, den durft ich neulich mal im Fernsehn gucken, und ich hab mich halb kaputtgelacht, aber nicht immer, weil Charlie Chaplin ist für mich gar nich nur 'n Clown, denn der macht auch ganz schön schwere Zeiten durch, und in dem *Goldrausch* – das is 'n prima Film, wo der Charlie Chaplin da drin is – wollt ich ihm jedes Mal unter die Arme greifen, wenn er immer wieder am Ende war und nicht weiterkommt, und lustig ist höchstens, dass er dem bösen Gesellen so 'ne Art Beinchen stellt; der *Goldrausch* ist ganz schön vertrackt, zum Lachen gibt 's da in Wirklichkeit gar nich so besonders viel, außer vielleicht bei dem Brötchenballett, aber das macht der Charlie Chaplin ja auch nur, um seinen Hals aus der Schlinge zu kriegen und dass der Bösewicht ihm nicht an 'n Kragen rangeht. Jedenfalls ist Lachen ganz schön nah am Heuln dran – aber umgekehrt auch – und das ist mir ganz wichtig, dass ich dir das mal zwischendurch sag und de da mal drüber nachdenkst ..., dass das Lachen und Weinen fürchterlich eng beinander is. Das hab ich selbst jedenfalls aus 'm *Goldrausch* mitgenomm.

Egal – Onkel Adolf ist längst nicht so lustig wie Charlie Chaplin, bei weitem nicht, weil er mir nie irgendwelche Faxen vormacht, auch wenn er das gleiche Bärtchen wie Charlie Chaplin da oben unter der Nase hat, und wenn Elisabeth die kleinen Schallplatten mit ihrer schön schmissigen neumodischen Musik in den Plattenspieler gesteckt hat, ist er jedes Mal fast durch die Decke gegangen, und Elisabeth ist immer flennend rausgelaufen, und Tante Erna flehte: „Nu lass se doch ma ihre paar eignen Platten hörn!"

Doch Onkel Adolf brüllte durchs ganze Haus: „Rabaukenkram is das – bekloppte Negermusik!"

Aber ich fand Elisabeths *Negermusik* ganz, ganz schön und kribbelnd, weil die ging mir durch Haut und Knochen und war mir richtig nah und nicht so steif und hölzern und verschroben wie die Operetten- und Marschmusik von Onkel Adolf und Tante Erna.

Du – einmal in der Stadt, oben am Schlagbaum, da war ich mit Mama und Gitti unterwegs beim Einkaufen, und wir kamen grade aus 'm WOOLWORTH raus, da haben wir doch tatsächlich Onkel Adolf bei seiner Arbeit gesehn, wie der gestriegelt und in voller Uniform aus der Straßenbahn stieg und nachdem die ganzen Passagiere, die am Schlagbaum rausmussten, ausgestiegen warn und die neuen Fahrgäste Schlange standen, damit sie zusteigen konnten und vorne beim Straßenbahnführer ihre Fahrkarten kaufen mussten, da kommandierte Onkel Adolf in seiner geschniegelten dunkelblauen Straßenbahneruniform auf 'm Bürgersteig: „Alles einsteigen, Herrschaften!"

Und dann stieg Onkel Adolf auch selbst wieder halb ein, ließ sich noch 'n Stück weit aus der Mitteltür raushängen und winkte seine Kelle mit der grünen Seite nach vorne, wo der Straßenbahnführer sie in seinem Rückspiegel sehn konnte und – bei Grün – wusste, dass alle Leute drin warn und er jetzt die Fahrt wieder aufnehmen konnte; und dann ist Onkel Adolf endgültig zurück rein in die Straßenbahn, und er hat seine Tür verriegelt und alle andern Türn auch geprüft, ob se richtig verschlossen warn, und danach die Fahrkarten von den Passagiern geknipst und nachgeguckt, ob jeder in der Straßenbahn überhaupt eine hatte – die letzten Sachen denk ich mir aber nur so, weil ich war ja, als wir Onkel Adolf da am Schlagbaum bei seiner Arbeit draußen vorm WOOLWORTH zugeguckt haben, selbst nicht mit in seiner Straßenbahn drin – und die Straßenbahn fuhr ab und ratterte weiter bis zur nächsten Haltestelle, das war der Mühlenhof. Uns – Mama, Gitti und mich – hat Onkel Adolf überhaupt nicht bemerkt, denn der war mit dem Fahrplan von ganz Solingen und wie er die Solinger, die ja alle von einer Ecke zur andern von Solingen wollten, unter einen Hut kriegt, beschäftigt, und dafür war Onkel Adolf ja nun mal zuständig, und deshalb hatte er ja auch so 'ne schneidige Uniform und 'ne Kelle mit 'ner roten und 'ner grünen Seite und 'ne dicke schwarze schrille Trillerpfeife, damit er den ganzen Straßenbahnverkehr regeln kann und jeder seinen Kommandos folgt.

Die Schirmmütze hatte Onkel Adolf sonst, also zum Beispiel zu Hause, nicht auf, und auch nicht die blaue Uniform, das war wohl nur wegen dem Dienst bei der Straßenbahn und damit da jeder seinen Anweisungen folgt, aber zu Hause, in der Ketzberger Straße 59, haben wir ihm meistens auch ohne seine Uniform gehorcht.

Doch Tante Erna hatte auch 'ne Menge zu sagen, und die hat Onkel Adolf manchmal kräftig den Marsch geblasen und ihn an die frische Luft geschickt, wenn sie die Nase voll von ihm hatte, und der ist dann raus in 'n Garten und hat da draußen seine Zigarre geschmaucht und ist zwischen den Sträuchern und Bäumen rumgeirrt und hat Tante Ernas Standpauke runtergeschluckt und verdaut, und als er wieder zurück ins Haus kam, war er ganz friedlich und hat alles gemacht, was Tante Erna ihm angeordnet hat.

„Nu sätt die mo henn", hat se zu ihm gesagt.

„In'd Köken is ower keen Stohl", grollte Onkel Adolf.

„Dann sätt di henn, wo 'n Stohl is!" Da ist Onkel Adolf abgezogen ins Fernsehzimmer und hat sich da in seinen Sessel gepflanzt, aber den Fernseher hat er noch nicht angestellt, denn das Fernsehprogramm fängt ja immer erst um fünf Uhr an – und um fünf ist sowieso erst nur *Kinderstunde*, und damit hat 'n erwachsner Mann wie Onkel Adolf natürlich nix im Sinn, ja, und deswegen hat er den Fernseher vorläufig auch ausgelassen und sich erst mal das *SOLINGER TAGEBLATT* zum Lesen geschnappt und vor die Nase gehalten und da ziemlich wild 'n bisschen drin rumgeblättert.

Onkel Adolf und Tante Erna mocht ich für mein Leben gern, aber da war ja auch noch Elisabeth, und die hatte ich auch unheimlich gern. Elisabeth hatte ich richtig doll lieb – weil sie immer alles anders gemacht hat als sie durfte und weil ihre Eltern ihr deswegen immer so zugesetzt haben, denn sie hatte ja dann auch irgendwann, da war sie bestimmt schon siebzehn oder achtzehn, ihrn festen Freund Peter, den mit dem stumpfblauen VOLKSWAGEN, und da kam sie dann in dem KÄFER immer später nach Hause, als sie sollte. Elisabeth war ja eigentlich schon groß, aber nicht so groß, dass sie machen konnte, was sie wollte, und zum Rasenmähn und ihrer Mama im Haushalt helfen, dazu hatte sie überhaupt keine Lust mehr, aber überhaupt keine mehr – sie wollte lieber raus, mit ihrm Peter was erleben und solche Sachen.

Elisabeth hat von ihrn paar Mark Taschengeld immer tolle Schallplatten mit nach Hause gebracht, doch die Namen von denen hab ich alle vergessen – bis auf eine, aber das erzähl ich erst gleich. Also, die Musik von Elisabeths Schallplatten hab ich trotzdem immer noch im Ohr, auch wenn ich se nich mehr im Einzelnen kenn, … wenn ihr wisst, was ich mein.

Hab ich das mit dem VW und Peter und Elisabeths Schallplatten nicht alles schonmal erzählt? Egal, dann erzähl' ich 's eben nochmal – weil ich grad wieder so sehr dran denken muss.

Ja, da gab 's 'nen kleinen Plattenspieler bei Kastners, also bei Tante Erna, Onkel Adolf und Elisabeth, das war 'n ganz bescheidener Plastikapparat mit 'nem Schlitz drin, wo die Schallplatten reingeschoben wurden, und 'nem Knopp zum Ein- und Ausschalten und 'n Rädchen zum lauter und leiser drehn – mehr war an dem Ding nicht dran. Der Schallplattenspieler stand da direkt rechts vor der Tür zur Terrasse über Tante Ernas Nähkasten in einem kleinen Rollregal drin, da haben wir die kleinen Schallplatten – große gab's ja auch, aber so welche passten da in die kleine Kiste nicht rein – in den Schlitz geschoben, und dann kam sofort auf einen Schlag ganz prima Musik raus, vor allem, wenn Elisabeth die Platten ausgesucht hat; ansonsten gab 's nämlich nur andauernd Marschmusik und Operetten und so andres uraltes verstaubtes Zeugs, was eher Tante Erna und Onkel Adolf gefalln hat, und diese Sachen war ich ziemlich satt, weil ich sie ja schon tausendmal gehört hatte. Meine liebste von Elisabeths Platten war eine, da hat nicht mal einer drauf gesungen – na ja, das war bei den Märschen und den Walzern auch nicht anders – also, das war bei Elisabeths Platte auch nur so Musik ganz ohne Singsang, aber die war mit 'nem schön neuen Schwung und Klang und 'ner prima frischen Melodie, da wurd mir immer ganz luftig um die Ohrn; auf der Platte stand – irgendwann hab ich 's, ohne 's zu kapiern, einfach abgekritzelt, weil ich 's mir unbedingt merken und behalten wollte – *Billy Vaughn Sail Along Silv'ry Moon* drauf, ja, so oder so ähnlich stand 's da drauf; den Schnipsel mit meinem Gekrickel hab ich mir zusammgeknittert und von da an lange mit mir rumgetragen, doch was das da auf der Platte bedeutete, weiß ich nicht, denn das warn ja nur komische Schriftzeichen für mich, aber ich fand diese Platte von Elisabeth so schön, und ich würd sie riesig gern wieder mal hörn – doch da wird wohl erst mal nix draus, denn bis ich irgend'nen Schallplattenverkäufer danach fragen kann, ist mein Zettel wahrscheinlich verschwunden und untergegangen und sonst wo auf 'ner Müllkippe, und ohne meinen Zettel brauch ich gar nicht erst in irgendnem Plattenladen aufkreuzen und nach 'ner Schallplatte fragen, von der ich gar nich mehr weiß, wie die überhaupt heißt, ich könnte höchstens versuchen se vorzusummen, und zweitens hab ich ja gar kein Geld, höchstens mal für 'ne Wundertüte oder für 'ne Kugel aus 'm Kaugummiautomaten oder 'n kleines Eis, aber nicht für 'ne Schallplatte, und drittens haben wir ja zu Hause sowieso gar keinen Plattenspieler.

Wenn ich irgendwann mal groß bin, werd ich mich bestimmt immer noch an Elisabeths Platte erinnern – da kannst de Gift drauf nehmen – und dann werd ich irgendwie, auch ohne Zettel, wieder austüfteln, wie die geheißen hat, und dann kauf ich mir die, ganz für mich alleine – und dann hör ich se mir so laut an, dass alle Nachbarn aus 'm Bett fliegen!

Bei Tante Erna und Onkel Adolf wars eigentlich richtig schön, wenn ich so zurückdenk, und die hatten sogar 'ne Badewanne, und da hat Tante Erna mich einmal in der Woche drin gebadet, und nach 'm Waschen und Abrubbeln konnt ich immer noch in dem warmen Wasser drin liegen bleiben, solang ich wollte. Zu Hause hatten wir nur 'n kleines Waschbecken, hab ich ja erzählt, aber das ging auch ganz gut mit Mama, wie sie Gitti und mich mit dem Waschlappen eingeseift, abgespült und am Ende mit dem großen Frotteehandtuch trocken gemacht hat. Doch in der Badewanne bei Tante Erna und Onkel Adolf, Mensch, das war schon was anderes und richtig schön muckelig da in dem warmen Wasser von der Badewanne, auch wenn ich immer an zu Hause denken musste und ein mordsmäßiges Heimweh kriegte … nach unserm kleinen Spülbecken und Mama und Papa und Oma und Gitti … und überhaupt.

Tante Erna und Onkel Adolf und Elisabeth hatten außer Steinkes auch noch andere Nachbarn, das is in 'ner Stadt eben so, dass neben dir und um dich herum 'ne Menge andere Leute wohnen. Von Steinkes, dem Polizeipräsidenten und seiner Berliner Frau, hab ich ja schon gesprochen, aber direkt neben Kastners hatten Thieles ihr Haus und ihrn Garten, das heißt, Thieles warn also auch Nachbarn von Kastners. Thieles wohnten links von Kastners, also links, wenn man von der Ketzberger Straße aus guckt – umgekehrt, vom Garten her, ist es natürlich genau andersrum, wenn ihr wisst, was ich mein.

Der Herr Thiele hatte wirklich einen Narrn an mir gefressen, der hat immer, wenn ich zwischen den Stachelbeern und Johannisbeern und Erbsen und Erdbeern unterwegs war, mit irgendwas nach mir geschmissen, mit Eicheln oder Haselnüssen oder kleinen Steinchen oder was er so grade in die Finger kriegte, und hat dabei wohl gedacht, ich merk das nicht, woher das geflogen kam, aber ich hab alles mitgekriegt – ich kann nämlich sauschnell gucken; andrerseits hab ich 's Herrn Thiele überhaupt nicht übel genomm mit seiner ganzen Werferei, weil der war nämlich ansonsten sehr nett und lieb zu mir; wenn er mir was an 'n Kopp geschmissen und wirklich mal zufällig getroffen hat, und ich mir deswegen den Kopp gekratzt hab, hat er immer in die Luft geguckt und geflötet und so getan, als wenn er von nix wüsste, und danach hat er mir immer zugezwinkert, und dann hab ich endgültig gemerkt, dass er genau wusste, was er verbrochen hatte. Seine Frau, die hieß Frau Thiele, is ja wohl einigermaßen einleuchtend, hat mir nie was an 'n Kopp geschmissen, aber sie hat mir mal durch den Zaun 'n Keks zugesteckt, da hab ich mir fast die Finger dran verbrannt, so frisch aus ihrm Backofen war der.

Thieles haben mir sogar mal 'n Butterbrot mit Salami drauf geschenkt, dafür musste ich aber rüber über den Zaun klettern, der zwischen Kastners und Thieles Grundstück verlief, zu der Treppe von denen, und da ist mir zum ersten Mal aufgefalln, dass Herr Thiele 'nen goldnen Zahn hat. Echt! 'Nen goldnen Zahn hat ja nicht jeder, ich jedenfalls nich, aber 'nen goldnen Zahn hätt ich auch irgendwann mal gern, ... weil, der macht verdammt was her.

Kastners und Thieles und Steinkes, das war 'ne prima Gegend, und die hatten unter sich 'ne klasse, trauliche Nachbarschaft und haben sich immer gegenseitig untern Arm gegriffen. Nur zu Hause bei mir ist es noch schöner.

Ich hab ja erzählt, dass Frau Steinke, die Frau von dem Polizeipräsidenten von Solingen, so 'ne andere Sprache draufhatte, doch die Thieles haben fast noch merkwürdiger gesprochen, nicht so wie die Solinger oder wie wir bei uns in der Familie, sondern auch eher ausländisch, mit so 'nem komischen *R*, könnt ich gar nicht nachmachen – als wenn sie 'ne heiße Kartoffel im Maul hätten.

„Warum sprechen Thieles so ganz anders als wir?" hab ich Tante Erna mal gefragt.

„Die komm em nich aus Pommern."

„Warum komm die nich aus Pommern?"

„Weil die aus 'm Westerwald komm."

„Wo komm ich denn her?"

„Du ... du kommst aus Pommern."

„Dann is Solingen in Pommern, ja?"

„Um Gottes Willen, Pommern is ganz weit weg – ganz weit."

„Und wieso komm ich aus Pommern, wenn das ganz woanders is?"

„Das is em so – weil deine Mama daher kommt."

Da hab ich dann 'n bisschen drüber grübeln müssen, weil ich dachte, ich komm aus Solingen – was anderes als Solingen kannte ich doch gar nicht.

„Und was is mit Papa – zählt der nich?"

„Der kommt natürlich auch aus Pommern." Tante Erna wurde langsam zappelig, und Onkel Adolf, der stand immer am Fenster und guckte raus in den Garten und klingelte andauernd mit seinen Schlüsseln in der Hosentasche.

„Und deswegen komm ich auch aus Pommern?"

„Ja, genau deswegen, und jetzt lass ma' das Fragen sein." Tante Erna wurde 'n bisschen wirsch. „Guck ma', hier is 'ne Stulle mit dick Butter drauf." Und das war 'ne Butterstulle! So was hast de noch nicht gesehen, und so 'ne Stulle kriegt auch keiner außer ich bei Tante Erna und Onkel Adolf, höchstens noch Elisabeth und Gitti – da war 'n Finger dick Butter drauf auf dem Brot! Na ja, ich will nich übertreiben – 'n kleiner Finger dick.

„Is denn Pommern nich hier?“

„Pommern is ganz weit weg im Osten, und da kommt auch keiner mehr hin. Und jetz hör ma endlich das ganze Fragen auf!“

Dass ich nicht mehr fragen sollte, hat mich jetz erst recht stutzig gemacht, und am allermeisten, dass Tante Erna die ganze Zeit gar nicht mehr Pommerschplatt geredet hat! „Wieso komm wer nich mehr nach Pommern hin?“

„Das is eem so – wegen dem Krieg und wegen den Franzosen und den Engländern und Amerikanern und den Russen sowieso, dee häm us jo all’t wechnohm, un deshalb könn wie nei mee noh Pommern torück un möten in Soling bliem.“ Da war ’s doch wieder – ihr Pommerschplatt!

„Is Solingen nich gut?“

„Solingen is ... Solingen. Und Solingen is jetz, wo wer wohn und wo wer zu Hause sind ..., deswegen ham wer hier ja auch unser neues Haus gebaut.“

„Tante Erna – das Haus is das schönste von der ganzen Welt!“ rief ich ganz fröhlich und hüpfte mit meinem Butterbrot in der Küche auf der Stelle rum.

„Jo, mien klien Jong.“ Und Tante Erna hörte ’nen Moment lang mit ihrm Kartoffelschäln fürs Mittagessen von morgen auf und guckte fast mitleidig auf mich runter, wie ich da so am Rumspringen war.

„Eet mo dien Stull un weer groot un stark“, fügte Onkel Adolf hinzu, klingelte mit seinen Schlüsseln weiter in der Hosentasche und hat dabei gelacht und wieder mal kurz raus aus dem Küchenfenster in den Garten geguckt, und danach ist er rüber ins Fernsehzimmer geschlendert.

„Mok ick!“ hab ich gesagt und bin mit meiner Butterstulle hinter Onkel Adolf hergedackelt, und Tante Erna kam auch kurz darauf, als sie mit den Kartoffeln fertig war, nach.

Dann hat Onkel Adolf den Fernsehapparat angestellt, und wir drei haben uns hingesetzt, Onkel Adolf in seinen Fernsehsessel und Tante Erna und ich auf ’s Sofa, das war ’n bisschen weiter weg vom Fernseher; und ich hab an meiner Butterstulle Happen für Happen weiter abgebissen, und Tante Erna kaute auch Stulln mit Blutwurst und Leberwurst und Schmalz und Onkel Adolf auch, und wir haben ’s uns richtig schmecken lassen, und als der Fernseher endlich warm war, kamen ’n paar Fetzen Reklame und danach um Punkt acht die *Tagesschau*.

Die *Tagesschau* kam immer um acht, da konnst de Gift drauf nehmen, jeden Abend um acht kam die, und der *Konrad Adenauer* war auch drin in der *Tagesschau*, mit ’nem erhobnen Zeigefinger, das durfte der, weil der war der Bundeskanzler von Deutschland, das ist so ’ne Art König, und ’nen größern und wichtigeren haben wir bei uns nicht ..., außer vielleicht noch unsern Bundespräsidenten, der hieß *Theodor Heuss*, doch von dem hab ich die ganze Zeit, wo ich bei Kastners Fernsehn geguckt hab, nix großartig gehört und behalten, außer dass der der Bundespräsident – vielleicht der Kaiser – von Deutschland und damit noch mächtiger als der Adenauer war. Also, die *Tagesschau*, die ist schon prima, weil die tollsten Sachen von überall her dadrin sind – bei uns zu Hause haben wir ja keinen Fernseher, nur ’n Radio, aber dadrin haben sie über dieselben Klamotten geredet, und die heißen da nur *Nachrichten* und nicht *Tagesschau*, aber die *Nachrichten* bei uns im GRUNDIG warn genauso gut ... und genauso schrecklich, weil, die passenden Bilder dazu hast de auch in deinem Kopp gefunden. Eigentlich ist die *Tagesschau* ganz traurig, und die *Nachrichten* ebenso, weil ’s meistens um Krieg und tote Kinder und Überschwemmung und Vulkane, die ausbrechen und alles um sie rum vernichten, geht, und die fröhlichen Sachen, die ’s in der Welt ja wohl auch gibt, kommen da viel zu kurz, ja, die kommen da gar nicht so richtig drin vor – außer am Schluss, in dem Wetterbericht, aber auch der ist manchmal für ’n Eimer, wenn sie Regen oder Sturm oder dass es kalt wird ankündigen, aber gegen das Wetter kann nun mal keiner was machen, und auch wenn 's Wetter schlecht wird, musst de es so nehmen, wie 's is; bei den ganzen andern Sachen aus der Welt kannst de jammern und vielleicht 'n bisschen was unternehmen und dich gegen wehrn, wenn de groß genug dafür bist, beim Wetter nich, da kannst de nix dran drehn – und ob de groß oder klein bist, das Wetter kommt, wie 's kommt.

ELISABETHS HOCHZEIT

Das werd ich nie vergessen – den Tag, an dem Elisabeth geheiratet hat!

Die Hochzeitsfeier war in Gräfrath. Gräfrath gehört auch zu Solingen, und da wird 's schon richtig bergig und waldig und de denkst fast schon, de bist auf 'm Dorf, und die Häuser da unten in Gräfrath sind alle schwarz wegen den Schieferplatten, mit denen sie auf 'm Dach und an den Außenwänden benagelt sind, und die sehn aus wie ... keine Ahnung jetz, jedenfalls ist Gräfrath mit der allerschönste Stadtteil, den 's überhaupt gibt – und von Solingen sowieso.

Aber das mit der Hochzeitsfeier von unsrer ganzen Familie in Gräfrath kam erst später am Nachmittag und am Abend – vorher, schon mittags, war die Trauung in der Ketzberger Kirche, und das war ja, genau genommen, die eigentliche Hochzeit, also die in der Kirche mit dem Pastor, die vorm Altar.

... Jetzt komm ich aber kräftig ins Strudeln. Ich denk, ich fang ma besser weiter vorne an ..., wo wir alle für Elisabeths und Peters Trauung in die Ketzberger Kirche reinmarschiern.

Elisabeth hatte 'n schneeweißes Kleid an, das ham se bei Hochzeiten ja meistens so, also die Hochzeitsbräute, das war bei Elisabeth so ganz pluderig, aber ihre Schultern warn dabei völlig nackig, und da obenrum war kaum Kleid, doch sie sah aus wie ... eh, eh ..., wie 'ne junge Königin oder wie 'ne Prinzessin! Aber Elisabeth ist sowieso wunderschön – auch ohne *Königin* und *Prinzessin*. Dabei hatte sie auch noch so 'ne Haube auf 'm Kopp und in ihrm braun Haar – das sag ich jetz bestimmt falsch – also so 'n Dingens, Krönchen oder so, mit 'n paar zarten Blümchen und mit Schleier vorm Gesicht, auf jeden Fall hatte sie auch noch was Weißes, ziemlich Durchsichtiges ins Haar gesteckt. Doch das war ihr gar nicht so wichtig, weil sie hat immer wieder Peter angeblickt, und die beiden warn ja sowieso schon die ganze Zeit eingehakt und haben gar keine Zeit für was andres als für sich beide selber gehabt. Peter sah auch ganz schnieke aus, in seinem dunkelgrauen Anzug und seinem weißen Hemd und seiner Krawatte, aber wie die jetz genau aussah und was die für 'ne Farbe hatte, weiß ich alles nich mehr.

In der Kirche hat der Pastor Elisabeth und Peter gefragt, ob sie *Ja* zueinander sagen wolln und sich immer die Treue in guten wie in schlechten Zeiten halten wolln, und Elisabeth und Peter haben beide gesagt, dass sie das wolln und haben *Ja* zueinander gesagt, und jeder in der Kirche hat 's mitgehört, dass sie immer zusammenhalten wolln, egal was passiert, und Tante Erna und Onkel Adolf haben sich so gefreut, dass sie sogar ihre Taschentücher rausholn mussten, und vorne am Altar hat Elisabeth ihrn Tüllschleier – so heißt der nämlich in echt, fällt mer grade ein – gelüftet, und sie und Peter haben sich 'nen Kuss gegeben und gleich noch einen hinterher, und sie haben sich gegenseitig den Trauring auf 'n Finger gesteckt, also auf den, wo der draufgehört, wobei ich gar nich weiß, welcher das genau is ..., einer von den mittleren jedenfalls – und fertig war die Trauung und da warn sie ab sofort und für immer und ewig dann verheiratet und Mann und Frau, das heißt aber in richtig, glaub ich, sie warn jetz 'n *Ehepaar*.

Als die Trauung vorbei war, also diese Prozedur mit dem Pastor am Altar und mit den Ringen und dem Küssen und so, haben sie das Kirchenportal geöffnet, und ich musste raus nach draußen vor die große Kirchentür und seitlich auf der Treppe von der Kirche stehn, aber da warn auch noch Hartwig Voigt und 'n paar andre Kinder, die das auch mussten, und wir haben Rosenblütenblätter auf die Treppe geschmissen, als Elisabeth und Peter als frisch vermähltes Ehepaar da aus der Ketzberger Kirche raustraten und wie 'n Königspaar die Kirchentreppen runter zum Volk – eh, in diesem Fall zu ihrn Verwandten und Freunden und Bekannten – die paar Treppen von der Ketzberger Kirche herabstiegen. Die andern, also die ganzen Verwandten und Freunde von Elisabeth und Peter, und da warn Mama und Papa und Gitti auch mit dabei, haben unten vor der Kirchentreppe gestanden und das glückliche Hochzeitspaar angestaunt und hoch gewunken, und manche haben auch noch was auf die Treppe geworfen, Reiskörner oder so 'n Quatsch. Wenn ich 's richtig kapiert hab, soll das mit den Blüten und dem Reis dem Brautpaar Glück bringen, und wenn 's klappt, prima – aber Elisabeth und Peter solln sich ma lieber selbst um ihr Glück kümmern und sich nicht auf Körner und abgerupfte Blütenblätter verlassen, die ihnen irgendwer vor die Füße wirft, ... das is vernünftiger, denk ich mir mal so.

Ich möcht eigentlich auch mal verheiratet sein, aber wie das so richtig geht, weiß ich überhaupt noch nicht. Am liebsten möcht ich mit Gitti oder Mama verheiratet sein, aber das darf ich nicht – du musst immer mit 'nem andern verheiratet sein, also mit einem, den du überhaupt nicht kennst und noch nie begegnet bist. Und das war bei Elisabeth und Peter der Fall, die kannten sich zuerst überhaupt nicht, und dann sind sie sich zufällig übern Weg gelaufen und haben sich am Ende geheiratet. Aber mit dem Heiraten muss ich sowieso noch ewig und drei Tage warten, denn ich bin erst fünf, und Heiraten geht erst ab zwanzig oder so.

Nach dem Heckmeck in der Kirche, mit dem Rosenblüten- und Reiskörnerwerfen auf der Treppe und so, ist die Hochzeitsgesellschaft, also da sind die ganzen Verwandten und Bekannten und Onkel Adolf und Tante Erna und Mama und Papa und ich und Gitti auch und viele andere Freunde und Kumpels von Elisabeth und Peter von der Ketzberger Kirche 'nen Kilometer weit runter nach Gräfrath zu 'ner Gastwirtschaft marschiert, gleich direkt am Gräfrather Kirchplatz, aber die war unten im Keller, also die Gastwirtschaft mein ich, und wir mussten alle Mann zwei Treppen tief nach unten steigen. In Gräfrath geht 's schon so was von auf und ab – bei denen liegt ja alles am Berg! Aber in Gräfrath ist es richtig schön, besonders in so 'm Sommer, wo Elisabeth und Peter geheiratet und da ihre Vermählung zusammen mit ihrn vielen Hochzeitsgästen gefeiert haben und die Landschaft schon so prächtig bunt blühte und nach Honig duftete und die Bienen und Hummeln und Schmetterlinge in der Luft warn und uns, manchmal fast lästig, um die Ohrn flatterten und surrten.

Doch das Brautpaar selbst, also Elisabeth und Peter, ist den Weg selbstverständlich nich zu Fuß gelaufen, sondern ist in 'ner großen polierten Limousine chauffiert worden – und das war deswegen natürlich auch nich Peters stinknormaler stumpfblauer KÄFER, nee, beileibe nich, könnte 'nen Mercedes Benz gewesen sein – und der Hochzeitsschlitten war mit breiten weißen und rosanen und hellblauen Schärpen über der Kühlerhaube und farbenfrohen Blumengestecken auf der Schnauze und an den Außenspiegeln richtig festlich und protzig geschmückt, und das Hochzeitsauto blitzte in der Sonne, ja, und damit sind die beiden frischgebackenen Eheleute da runter nach Gräfrath befördert worden, und der ein oder andere der

Hochzeitsgäste ist auch, aber wohl eher aus lauter Bequemlichkeit, lieber mit seinem eignen Auto zu dem Restaurant nach Gräfrath runtergejuckelt.

Da unten in dem Gasthaus in Gräfrath fand das Hochzeitsmahl statt und nachdem sich die gesamte Gesellschaft platziert hatte, wurde nach und nach üppig aufgefahrn. Es fing an mit Kaffee und Kuchen, und da war auch ganz schlichte Erdbeertorte mit bei, die ich am allerliebsten von dem ganzen Kuchenkram mag, das is einfach nur 'n trockner Boden aus mürbem Teig und frischen ganzen Erdbeern obendrauf und sonst nix, und wer will, kann sich da noch Schlagsahne drauflöffeln, ich brauch das aber nich, … und wir Kinder haben natürlich keinen Kaffee gekriegt, hätten wir sowieso nicht durch den Hals gekriegt, nee, wir haben SINALCO oder BLUNA oder SPRITE oder sogar COCA COLA gehabt. Dann wurde auf 's Brautpaar angestoßen, das heißt, alle Erwachsenen standen gemeinsam auf wie 'ne Eins und hielten Gläser mit Sekt hoch in die Luft und blickten wie gebannt in Richtung Elisabeth und Peter, und Elisabeth und Peter mussten sich auch mal zusammen kurz erheben und sich vor versammelter Mannschaft nochmal gründlich küssen, und wir andern haben unsere Gläser auf 'm Tisch abgesetzt und Beifall geklatscht, und wir Kinder haben das mit dem Gläserabsetzen und dem Klatschen unsern Eltern einfach nachgemacht, … bis Peter und Elisabeth mit der Knutscherei durch warn und wir uns wieder alle zusammen am Kaffeetisch niedergelassen haben.

Kaum dass die Prozedur mit dem Sektanstoßen und dem Küssen und Kaffee und Kuchen vorüber war und wir unsere Limogläser wieder auf 'm Tisch abgeladen hatten, juckte uns Kleinen schon ordentlich das Fell, und wir sind wie der Blitz allesamt aufgesprungen und die Treppen hoch aus der Gastwirtschaft ins Freie gestürmt und haben die Ecken rund um die Gräfrather Kirche da ausbaldowert und stundenlang unsicher gemacht, so lange … bis irgendeiner rief *Kinder, kommt rein, Abendessen! Es gibt ganz was Tolles zu Essen – macht ma fix*, und da wurd 's auch sowieso schon mächtig dunkel, und wir Kurzen haben uns nach und nach wieder unten im Keller an der Essenstafel neben unsern Mamas und Papas eingefunden.

… Und Mannomann, es gab jede Menge zu essen, Braten und Gemüse und Salat und was weiß ich sonst noch und vorweg gab es *Königinpastetchen* oder wie die heißen, und es duftete in der ganzen Gastwirtschaft nach Hühnchen und Spargel und Knuspergebäck! Das ist vielleicht 'ne Wucht – das sag ich dir, das musst de mal probiern, Königinpasteten – das ist 'n kleines Töpfchen aus knusprigem hellen Brot, das ist mit irgendwas ganz Leckerem gefüllt, mit Hühnchenfleisch- und Spargelstückchen und 'ner hellen Soße und ein paar grünen säuerlichen Beern, aber wie die heißen, weiß ich nicht, und obendrauf ist 'n Deckel, auch von dem Knusperweißbrot! Das hat ja vielleicht geschmeckt – Mann, hat das geschmeckt! Das will ich zu meiner Hochzeit auch unbedingt haben – auch wenn 's bis dahin noch ewig hin is! Und ich muss auch unbedingt rauskriegen, wie man die macht, die Königinpasteten – denn die will ich auch selber machen können und nich nur auf andere angewiesen sein.

Nach dem Abendessen und den Königinpastetchen sind wir kleineren Kinder aber auch gleich wieder vom Tisch abgeflitzt und wie verrückt die Treppen rauf und raus auf den Kirchplatz, und es war schon stockdunkel, und eigentlich durften wir überhaupt nicht mehr nach draußen, aber wegen der Hochzeit durften wir das diesmal doch, und es war Sommer und warm bis spät in die Nacht, und es war schon sauspät und richtig geheimnisvoll und schön und spannend und überall draußen Glühwürmchen in der Luft, und wir ganzen Kinder sind die Treppen von der Gastwirtschaft andauernd rauf und runter getobt und durch die ganzen Räume und um die Ecken von der Kirche und die alten Häuser und haben bis zum Umfalln Verstecken gespielt, und wir Kinder hatten alle einen Heidenspaß und Vergnügen ohne Ende.

… Bis ich und Gitti in 'n Auto verfrachtet wurden und auf der Stelle eingepennt sind, und ich hab von Königinnen und von roten Rosen und von 'ner Kirche geträumt, und ein Mann hat andauernd gebrabbelt *Dann antworte Ja*, und ich hab jedes Mal gesagt *Lass mich bloß in Ruh!*

Das hab ich beim Aufwachen, so im Halbschlaf, wohl auch zu Mama gesagt, das *Lass mich bloß in Ruh*, und Mama war den ganzen Vormittag lang beleidigt und knatschig mit mir und hat mich nicht mit zum Einkaufen nehmen wolln – nur Gitti.

„Du bleibst bei Oma", hat Mama mir angeordnet. „Dann hast de auch mehr Ruhe."

Aber ich wusste gar nicht, wovon sie redet, und hab so geweint, weil Mama mich nicht zum Einkaufen mitnehmen wollte.

Oma sagte: „Du häst dien Mama wehdoon."

Und ich schluchzte: „Dat wollt ick doch nei."

Da ging die Wohnungstür wieder auf, und Mama kam mit Gitti an der Hand nochmal zurück, und Mama hat mich hochgenommen und mich in ihre Arme geschlossen und mich abgeknutscht, und wir sind alle drei zusammen Hand in Hand unsre Treppe runter – zum Einkaufen; und Gitti hat sich so gefreut und Oma auch, und die hat extra das Fensterchen von unserer Wohnungstür hinter uns aufgemacht und ihrn Kopf aus unserm Türfenster rausgesteckt und uns hinterhergeguckt, wie wir drei das Treppenhaus runtergestiefelt sind, und sie hat uns gewunken, bis sie uns nur noch hörn konnte und wir unten aus der Haustür rauswarn und die ins Schloss schnappte.

WIESO BLOSS?

Ich war so oft bei Tante Erna und Onkel Adolf und hab auch wochenlang da gewohnt. Ehrlich – so manches Mal hab ich geglaubt, Mama und Papa wollten mich nicht mehr haben und konnten mich nicht mehr gebrauchen, weil ich vielleicht zu nix taug, und deshalb hätten sie mich weggegeben – zu Tante Erna und Onkel Adolf. Ehrlich – anders konnt ich mir das nicht erklärn. Vielleicht konnten sie aber auch nicht anders, weil da was viel Schlimmeres hintersteckte, wovon ich überhaupt nix weiß. Aber Gitti haben sie immer bei sich behalten. Irgendwann kam ich zu Mama und Papa und Gitti und Oma zurück – endgültig und für dauernd und für immer! Das war aber viel später, nämlich erst, als ich in die Schule musste.

HALBSTARK

Mama hatte auch noch 'ne Schwester, die hieß Grete, für uns Kinder war das aber *Tante Grete*. Tante Grete war 'n kleines bisschen jünger als Mama, und sie war hellblond, wo Mama ja dunkelbraun is, und die war fast schon weiß wie 'ne Oma, so blond war die, und Tante Grete wohnte in Porz, das ist irgendwo in Köln oder in der Nähe von da; auf jeden Fall fließt neben Porz der Rhein vorbei, das ist 'n Riesenfluss, ich glaub sogar, der riesigste Fluss von Deutschland.

Der Mann von Tante Grete is Onkel Kurt, den hab ich unheimlich gern, weil der fast nie was sagt und wenn doch, versteh ich ihn nich, weil der kommt nämlich aus Sachsen, und das ist ewig weit weg, fast so weit weg wie Pommern, und im Ausland spricht man nu ma eben anders als sich 's gehört, und das muss dann außer den Sachsen selbst auch keiner verstehn.

Tante Grete und Onkel Kurt, die hatten ganz prima Kinder: Bernd-Dieter, Günter, Renate und Christine – Christine war aber noch 'n winziges Würmchen und lag hauptsächlich in ihrm Kinderbettchen und war am Kreischen, wobei die andern drei schon richtig groß warn.

Bernd-Dieter war der älteste von der Kinderbande und der primaste, denn der ist über Nacht, mit sechzehn oder so, von zu Hause abgehaun und Matrose auf ganz vielen Schiffen geworden und ist zu den Indianern und den ganzen Eingebornen gesegelt und bestimmt zehnmal um die ganze Welt rum und hat Elefanten und Krokodile und Löwen und die Riesenwale und Delphine und fliegende Fische erlebt, und der weiß jetzt genau, wie 's überall zugeht, und dem kann keiner mehr was vormachen. Aber Bernd-Dieter war ja auch schon fast 'n Mann, und das musst de auch sein, wenn de allein ohne Mama und Papa in der Weltgeschichte klarkommen willst.

Papa hat gesagt: „Das ist 'n Halbstarker, der muss sich die Hörner abstoßen."

Also – Günter wird bestimmt auch 'n Halbstarker, so 'ne Klappe, wie der hat; aber malen kann der auch ganz schön, dass ich gar nicht so sicher bin, ob der mal 'n echter Halbstarker wie sein großer Bruder wird – vielleicht wird der ja mal 'n bisschen von beidem, also 'n Halbstarker und Maler gleichzeitig. Renate wird jedenfalls kein Halbstarker, so viel steht schonmal fest, die ist ganz sanft und genauso weißblond wie Tante Grete, also wie ihre *Mutti*, so hat sie ihre Mama immer gerufen, wo Gitti und ich zu Mama immer *Mama* und nicht *Mutti* gesagt haben, aber beides ist gleich schön, und beides gilt – und nur darauf kommt 's ja an, dass es lieb gemeint ist. Renate, die haut bestimmt nicht ab in die weite Welt, die bleibt zu Hause, das weiß ich, die guckt lieber schön in ihrn Garten, wenn sie mal erwachsen und verheiratet ist oder geht mit ihrn Kindern in Porz oder in Köln einkaufen und Schaufenster gucken oder zum Kaffee und Kuchen zu ihrn Eltern oder solche Sachen.

Bei Christine kann ich noch nix sagen, denn die ist ja erst noch 'n kleiner Schreihals, aber vielleicht wird die ja ma 'n Funkenmariechen – wie Gitti und ich sie aus 'm Fernsehn bei Blaschkes kennen – könnt ja sein, das sind nämlich in Köln die Mädchen im Karneval, die da auf der Bühne rumhopsen und ihre Beine beim Tanzen immer wieder mal in den Himmel schmeißen, und die haben alle prima Uniformen an, wo aber der Popo fast ganz nackig ist, und dann winken sie die ganze Zeit, wobei die Blasmusik spielt, mit ihrn Armen zum Publikum hin und lachen wie bekloppt und sitzen andauernd auf den ..., ja, wie die heißen, weiß ich jetzt überhaupt nicht, ... also, da sitzen sie oder stehn auf den Schultern von den Jungs, die da auch genauso in ihrn alten Soldatenuniformen über die Bühne hampeln und die Funkenmariechen immer unter ihrer Fuchtel haben und sie abwechselnd mal hoch auf die Schulter nehmen oder runter auf die Bühne setzen, damit sie da weiter rumhüpfen können – also, das könnt ich mir bei Christine schon so vorstelln, doch das dauert ja noch, und ich hab ja überhaupt keine Ahnung, was irgendwo und irgendwem passiert, aber 'ne Halbstarke wird Christine auch nicht, genauso wenig wie Renate. *Halbstark* könn nur Jungs, glaub ich.

Auf jeden Fall – 'n Halbstarker und Weltumsegler wie Bernd-Dieter möcht ich auch ma werden und überall auf der Welt gucken, wo was is und wie's da draußen genau abläuft! Das hab ich mer schon ma in Kopp gesetzt.

DAS LOCH IM HIMMEL

Einmal hab ich über den Himmel nachgedacht – weil der grade so über mir drüber war. Das war, glaub ich, im Sommer, da saß ich am Grab von meinem Spätzchen, und da knallt die Sonne immer hin, also wenn sie denn scheint, und das mit dem Knalln hat sie an dem Tag prima hingekriegt, und der Himmel war so was von himmelblau und – auf! Da hab ich mir überlegt, dass der Himmel 'n Loch sein muss, ganz schön groß, klar, aber eben doch nur 'n Loch. Und dann dacht ich, auch 'n Loch hat mal irgendwo 'n Ende, und dann fiel mir unser Blecheimer von neulich ein, der hatte nämlich auch 'n Loch, was sag ich, bestimmt zwei oder drei Löcher, und die hatten überhaupt kein Ende, weil sie eben Löcher sind, und da hättst de ein Liter Wasser nach 'm andern reinschütten können, das ganze Wasser wär alles schön durch die Löcher wieder rausgelaufen und aus dem Eimer verschwunden, und in null Komma nix wär der Eimer wieder leer gewesen. Das warn einfach nur endlose Löcher, wie Löcher wohl so sind, eben endlos, und der Eimer musste dann auch weg, weil 'n Eimer oder 'ne Schüssel oder 'ne Hosentasche mit Löchern aber auch zu gar nix zu gebrauchen sind – weil ja nix drinbleibt. Da hab ich kapiert, dass 'n Loch eben kein Ende hat, und wenn der Himmel tatsächlich 'n Riesenloch ist, komm ich nie dahinter, was im Himmel so genau los ist, wenn denn da alles mir nix, dir nix rausflutscht.

Ich will nicht, dass der Himmel nur 'n Loch ist und wegmuss wie unser alter Eimer, und deshalb ist der Himmel bestimmt nicht nur 'n stinknormales Loch, der hat bestimmt 'n Boden oder 'ne Decke oder irgendwas, was ihn irgendwo zuhält, sonst wär das Blaue doch ruckzuck für immer und ewig weg, und das ist ja überhaupt nicht so, und jeder kann 's immer wieder sehn, jeden Tag lang – das Blau von unserm Himmel.

Na ja, der Himmel ist eine Sache ..., mein kleines Vögelchen ist mir mindestens genauso wichtig wie der Himmel und alles sonst so, aber das Spätzchen hab ich vor mir gehabt, nachdem es grade gestorben war und noch warm in meiner Hand lag. Jetzt war 's kalt und in seinem kleinen Grab drin, das hab ich ihm damals ja gemacht, mit dem mickrigen zusammengeschnürten Kreuz aus Ästchen obendrauf, das da immer noch steht. Das ist 'n verdammt schöner Platz, da oben, wo mein Vögelchen liegt, 'n schönern Platz zum Sterben hätte sich das Spätzchen nicht aussuchen können, bestimmt nicht. Im Sommer, wenn die Sonne da hinknallt, hältst de 's fast nicht aus, so heiß wird das da. Ich hab mir mein Hemd und sogar noch mein Unterhemd ausgezogen, weil ich in der Sonne geschwitzt hab wie bekloppt, und meine Lederhose auch, aber meine Unterhose hab ich angelassen, weil sich das nicht gehört ... is em so.

... Jedenfalls haben Löcher, egal ob in 'nem Eimer oder im Himmel, kein Ende, und genauso wie 's da reinfließt, läuft 's auch wieder raus – und vielleicht ist das mit dem Leben ja genauso, das Leben ist dann eben nur das, was reinfließt, und das, was wieder flöten geht, verschwindet durch irgendein Loch und ist danach einfach was ganz andres, ... und mein Spätzchen ist jetz einfach nur flöten gegangen.

Ich bin neben dem Grab von meim Spätzchen eingedrömelt. ... Vielleicht is es sogar umgekehrt, und das Loch is nich im Himmel, sondern der ganze große Himmel sitzt selbst in 'nem Loch drin ... und läuft da langsam unaufhaltsam raus. Das dauert beim Himmel natürlich 'n paar Tage, um nicht zu sagen, hunderte Millionen oder Milliarden von Jahren – und wir merken deshalb davon überhaupt nix.

Wenn Mama und Papa wüssten, was für 'n Quatsch mir manchmal durch die Birne geht – se würden mich direkt zu Doktor Pfaffrath schleppen, aber auf der Stelle!

ÜBER DEN FRIEDEN

Im Radio haben die Sprecher andauernd von Krieg und von Frieden und dass Frieden kommen muss, gesprochen, und ich fragte dumm in die Familienrunde:

„Was is Frieden?"

Da haben wir alle schön zusammen beim Abendbrot in unsrer Küche beim Radio gesessen, und keiner hat mir was geantwortet, nur Papa hat ab und zu nach den lästigen Mücken gehaun, und die sind wirklich richtig blöd, und Papa hat auch 'n paar getroffen, aber zum *Frieden* hat er nix gesagt, und Mama und Oma auch nicht.

Gitti brabbelte aus volln Backen: „Frieden is em Frieden – da is alles ruhig."

Papa setzte sich vom Mückenhaun wieder hin und legte die Fliegenklatsche auf die Ecke von unserm Küchentisch, da, wo noch Platz war, und er grübelte 'n bisschen, sagte aber auch nur:

„Eh – Frieden is, wenn alles ruhig is."

„Sag ich doch!" Gitti hatte einen triumphierndn Blick mit ihrm lecker Schmalzbrot im Mund.

Und Oma murmelte: „Dee Herr nimmt us, wenn wee rein sind."

Und Mama fiel dazu schließlich auch was ein: „Frieden is, wenn sich alle vertragen."

„Und was is rein?" fragte Gitti.

Und ich sagte auch: „Was is denn rein, Oma?"

Mama und Papa guckten beide Oma an, aber die hat nur ihre Schultern hochgezogen und gebrabbelt: „Weet juch nei, wat rein is? Dat is, wenn alles klor is."

... Wenn alles klar ist, hat Oma gesagt, dann ist alles rein und ruhig und in Frieden – das hab ich mir genau gemerkt, doch verstanden hab ich das nicht.

Wir, also Mama, Papa, ich, Gitti und Oma saßen also bei uns in der Küche und aßen Abendbrot und hörten Radio – und da im Radio gab 's keinen Frieden, nur Krieg und Katastrophen, und die Katastrophen sind, glaub ich, sogar fast noch viel schlimmer als Krieg; deshalb wollt ich erst mal über den Krieg und den Frieden Bescheid wissen und mir die Katastrophen für später, wenn das mit dem Krieg aufgeklärt ist, aufheben.

„Papa?"

„Ja."

„Aber hier is doch alles ruhig, hier is gar kein Krieg."

„Ja sicher, aber es geht nicht nur um uns hier zu Hause oder in der Van-Meenen-Straße oder in Solingen. Der richtige Frieden ist, wenn es überall, also auf der ganzen Welt, ruhig is."

„Und es is nich überall ruhig, ne – hat der im Radio ja grade wieder erzählt, ne?"

„So ist das", sagte Papa. „Da hast du prima aufgepasst, und das ist nun mal immer noch so."

„Ruh un Frien hät 's in mien ganzen Läven noch nei geevt." Oma hatte sich vom Küchentisch erhoben, ist rüber zu ihrm blauen Sessel geschlurft, hat sich da reinsacken lassen und fing schon das Dösen an. „Ruh un Frieden gift dat nur im Himmel."

Gitti mampfte noch immer ihr Schmalzbrot. Ich hab auch was gemampft, aber ich weiß nicht mehr was, Schmalz mit Sicherheit nicht, das salzige, fettige Zeug konnt ich für den Tod nicht ausstehn, wahrscheinlich war 's 'n Wurstbrot, könnte bei mir aber auch eher Käse oder Sirup oder Honig gewesen sein. Nach 'm Abendbrot raucht Papa jedes Mal 'ne Zigarette, und unsere Küche war schnell vollgepafft, dass Mama fix mal das Fenster aufmachen musste.

„Mama?" sagte ich.

„Ja?" Mama legte ein Hölzchen, das hatten wir extra da parat, zwischen Fenster und Fensterrahmen, damit 's 'n bisschen aufbleibt, wegen der frischen Luft.

„Mama, hier is doch Ruhe, oder?"

„Das weißt du doch, brauchst gar nich groß nachfragen, hat Papa doch gesagt."

„Hat Papa doch gesagt", echote Gitti beim Weiterkaun, denn die wollte ja auch mitreden.

„Nee, hat er überhaupt nich gesagt!" Jetz wollt ich 's auch genau wissen. „Dass es für den Frieden überall – überall – ruhig sein muss, nich nur hier bei uns, das hat er gesagt – und das is 'n gewaltiger Unterschied, ob nur hier zu Hause oder eem überall in der ganzen Welt!" Und Papa hat mir zugezwinkert und an seiner COLLIE 62 gezogen, aber die Fliegenklatsche hatte er in der andern Hand auch im Anschlag – wegen den bekloppten Mücken.

Das ging noch 'n bisschen hin und her mit dem Frieden, wo keiner von uns genau wusste, was der überhaupt ist, und Oma war schon halbwegs auf 'm Weg in ihr Bett, und Gitti sagte auf einmal: „Frieden is eigentlich ganz schön und Ruhe sowieso." Da hat Papa diesmal Gitti zugezwinkert, und Mama fand das wohl schön ausgedrückt, dass sie sagte: „Genau – jetz is aber Zeit fürs Bett, ... und dann is sowieso überall Frieden, wenigstens bei uns ... unter euern Bettdecken."

Und dann hat Mama Gitti und mich ins Bett gebracht und schön zugedeckt ..., und ich wusste vom Frieden immer noch gar nicht so richtig was, nur dass überall auf der Welt kein Frieden ist – haben se im Radio zumindest so berichtet. Aber ich bin trotzdem ganz schnell eingeschlafen und Gitti bestimmt auch, und zum Frieden und solche Sachen verstehen war ich wahrscheinlich sowieso noch viel zu klein.

EISESSEN

Im Sommer, wenn Mama, Gitti und ich in die Stadt einkaufen gegangen sind, haben wir immer irgendwann auf unsrer Tour zwischendurch 'n Eis gegessen – immer.

Diesmal warn wir in 'ner *italienischen* Eisdiele drin, oben am Mühlenhof – die war brandneu, und die gehörte 'ner echt italienischen Familie, und die kam wirklich aus Italien, das ist auch so 'n Land wie Deutschland, aber es is ganz woanders, irgendwo im Süden, und da scheint andauernd die Sonne, und das konnte man den Italienern in der Eisdiele auch richtig ansehn, denn die warn braun gebrannt von ihrer Sonne da unten im Süden und die Kinder von denen auch, und die tobten durch die Eisdiele und spielten Fußball oder rannten hinter ihrm Hündchen und ihrn Katzen her oder ließen 'nen Flummi durch die Bude hopsen, dass ihre Eltern warnend *Bambini!* rufen mussten, aber ich und Gitti haben auch mal kurz mitgekickt und sind mit den kleinen Italienern hinter allm hergeturnt, was grade in Bewegung war, ob Hündchen oder Kätzchen oder Fußball oder Flummi, doch dann überreichte Mama Gitti und mir unser echt italienisches Eis, bei mir war das Erdbeer und Zitrone, von der blitzblank polierten Theke runter – bei Gitti war, glaub ich, auch Schokolade dabei, aber das weiß ich nicht mehr genau – jedenfalls ging das mit der Rumjagerei und gleichzeitig mit 'nem Eis in den Flossen in der Eisdiele rumtoben nicht mehr so gut, und Gitti und ich mussten schwer abbremsen, und Mama, Gitti und ich haben uns alle drei schön höflich von der italienischen Familie und ihrn Kindern verabschiedet. Das Eis, das echt italienische, war das schönste und leckerste Eis aller Zeiten! Und Mama hatte ihre große Tasche mit unserm Einkauf in der rechten Hand und ihr Eis in der andern, und wir sind einträchtig nach Hause geschlendert und haben alle drei unser Eis weitergeschleckt, und vor unsrer Haustür tropfte das schöne Eis unten aus den Hörnchen von Gitti und mir, weil wir 's beide nicht schnell genug wegschlabbern konnten.

„Nu macht ma nich so 'ne Schweinerei", hat Mama uns lieb ermahnt, und wir beide haben noch ganz schnell die dröppelnden Hörnchenzippel von unserm Eis in 'n Mund gestopft und mussten auch erst unsre Finger und Hände und sogar Unterarme ablecken, bevor wir wieder ins Treppenhaus durften.

„Fasst bloß nix an!" befahl Mama und war auf einmal ganz ruppig. „Auch nich das Treppengeländer – habt ehr verstanden, ihr beiden?!" Da haben Gitti und ich unsre nackeligen Arme hoch in die Luft gereckt, haben nix berührt und sind freihändig wie die Akrobaten hinter Mama her – die hatte ja 'ne pickepackevolle Einkaufstasche zu tragen – die Treppen rauf zu unsrer Wohnung balanciert. Oben in unsrer Wohnung hab ich mir erst mal die Arme abspüln müssen, so klebrig warn die von dem Eis – und Gitti auch.

„Oma, wer ham Eis aus Italien gehabt!" Gitti hampelte ganz kirre neben Oma an ihrm Sessel rum und knutschte sie andauernd, dass Oma mit ihrm Stricken Pause machen und sich den Mund abwischen musste. Da hat Oma sich aber so drüber gefreut, also über Gittis Knutschen, und ihr Stricken war ihr erst mal ganz egal.

„Schmeckt dat denn överhaup?" Oma guckte Gitti ungläubig an und knuddelte sie 'n bisschen.

„Dat schmeckt, Oma – un wie dat schmeckt!" rief Gitti. „Biem nexten mol, wenn Mama mit us in'd Stadt is, bring wie di dat mit – 'n richtich schön italienisch Iis!"

„Nu, lot mol, Brigittker – so 'n Tüch bruck ick nei."

„Trotzdem", sagte ich. „Probiern küsst doch mol, Oma! Do wohn jetz so vill Italiener un ock süs ut annern Lännern in Soling', Spanier un Portugiesen un so, un de bring all ehr Eeten von ehrm Tohuss mit, und de Italiener un de annern sin so schön brun brannt und noch lütter as wie wi, un dei häm all ganz vill Kinner mit dustern Locken, und dei sing un danzen un lachen anduernd, un wenn dee Italiener nei hier wörn, wüssten w' gor nei, wie schön Iis schmecken don könnt, dat musst de ock mol probiern – un probiern kost jo nei mol wat!" Gitti saß inzwischen bei Oma auf 'm Schoß und rollte die ganzen Wollknäul, die hinter Oma in der Sesselritze steckten oder auf 'n Fußboden geplumpst warn, eins nach 'm andern wieder auf und packte ihr die wieder in ihrn Strickkorb.

„Dat Iis, dat ick in os Kühlschrank mok", sagte Mama zu Oma und blickte in den Kühlschrank und ins Eisfach und machte schnell wieder zu und guckte ziemlich verdrießlich, „mien Iis is nix – gegen dat italienisch Iis. 'N richtig Iis schmeckt anners. Dat mutt italienisch sinn ..., doch wie dei dat moken? Dee häm bestimmt 'n anner Rezept un 'n richtich Maschin doför."

„Os Iis is ock goot, un wie du dat mokst, is ock goot, un mehr brucken wi nei!" Oma schubste Gitti aufgebracht von ihrm Schoß, aber nicht wegen Gitti, sondern weil Mama so unzufrieden mit sich selber war.

„Ja, dein Eis schmeckt uns auch ganz prima!" rief Gitti und lief zu Mama und drückte ihr Gesicht in Mamas Kleid.

Tut es auch, ganz bestimmt, das war immer Vanille, Schokolade und Erdbeer, schön in der Eiswürfelform verteilt, und Mama hat sich immer solche Mühe damit gemacht und dafür Milch und Eispulver mit Schokolade-, Vanille- und Erdbeergeschmack zusammgerührt, also nicht alles zusammen, jeden Geschmack für sich, und in die Eiswürfelförmchen eingefüllt, genau wie 's in der Eismachbeschreibung von unserm ATE-Kühlschrank drinstand, und wenn wir das zum Nachtisch nach 'm Mittagessen vorgesetzt bekamen, warn Gitti und ich ganz wild dadrauf.

Doch das echt italienische Eis ist schon noch was ganz Besondres, und es schmeckt so was von toll, ist eisig, wie Eis ja nun mal so sein muss, sonst wär 's ja keins, und trotzdem ganz cremig. Trotz alledem ist Mamas Eis aber sowieso das allerallerbeste Eis, ... einfach nur, weil 's von Mama is.

MAMA-PAPA-OMA

Wir haben jetzt nur noch auf Papa gewartet, dass er von der Arbeit zurückkommt. Mama hatte das Radio angestellt und Oma schonmal aufgefordert, sich auf ihrn Platz am Küchentisch zu setzen, und sie hat auch schonmal das Brot mit unserm Sägemesser in gute Scheiben geschnitten, die Butter hingestellt, damit sie nachher nicht allzu hart zum Schmiern ist, und Wurst und Käse auch, und 'n Glas saure Gewürzgurken hat sie ebenfalls aufgemacht – wobei, die Gurken gab 's bei uns nicht jeden Tag, und auf die warn Gitti und ich schon ganz erpicht drauf.

Ich glaub, das war für Papa immer sehr schön, von seiner Arbeit nach Hause zu kommen, weil alles so lieb vorbereitet war: Überall in unsrer Wohnung war 's sauber und aufgeräumt, das Abendbrot stand auf 'm Küchentisch, der Tee auch und in der Küche duftete es nach Pfefferminze, und wir haben Papa erwartet, und das hat er jedes Mal gemerkt, wenn er von seiner Arbeit zurückkam, und sich dadrauf riesig gefreut – auch wenn er 's nicht unbedingt gezeigt hat.

Das hat alles Mama gemacht, also, dass alles in unserm Haushalt so schön flutscht – denn wer hat denn bei uns geputzt und Ordnung gemacht und nach allem geguckt, wenn Papa nicht da war, wer hat denn die Wäsche gewaschen, wer ist einkaufen gegangen und hat Essen gemacht und dafür gesorgt, dass Gitti und ich ordentlich angezogen sind und noch so viele andre Kleinigkeiten, die de vergisst, weil 's einfach immer so ist und ganz selbstverständlich passiert? Doch auch diese ganzen Sachen muss einer erledigen, oder? Und das hat eben Mama alles gemacht! Wobei Oma auch 'n ganz schönen Anteil dran hatte und Mama, so gut 's ging, immer ganz viel geholfen hat! Papa hat öfter mal Gitti und mir erklärt, wo wir beide gar nicht so recht wussten, was er damit meinte: „Merkt euch beiden das mal – Oma hält Mama den Rücken frei."

Mama hat überhaupt alles gemacht, außer dem natürlich, was Papa gemacht hat: Holz hacken fürn Ofen oder Türklinken und Steckdosen und Stuhlbeine repariern oder Fenster- und Türscharniere öln oder mal tapeziern und anstreichen oder dem Kohlnhändler und dem Kartoffelhändler Bescheid geben, was wir wann und wie viel wovon brauchen und sie 's dann auch bringen; wenn er nicht selbst zum Kartoffelhändler oder dem Kohlenverkäufer hingegangen ist, hat er das oben am Schlagbaum aus der Telefonzelle von der Post aus geregelt, und er hat Gitti und mich manchmal mitgenommen, aber in die Telefonzelle durfte meistens nur Gitti mit rein, weil die kleiner war und es sonst zu eng dadrin in der Zelle geworden wär, und er hat, während er am Hörer mit irgendnem Händler geschnattert und geschachert hat, mit seinem Schuh die Tür von der Telefonzelle 'n Spalt weit aufgehalten – damit er halbwegs mitkriegt, ob ich draußen was anstell. Angestellt hab ich aber fast nie nix, weil ich zu der Zeit 'n ziemlich friedliches Bürschchen war, und auch die Verwandten und Bekannten und Nachbarn und so haben andauernd hervorgehoben, dass ich doch so 'n artiger Junge wär und andre Kinder sich an mir 'n Beispiel nehmen könnten, so vorbildlich wie ich wär, und das ging mir fürchterlich auf die Nerven, sodass ich mir immer mal wieder überlegt hab, was ich zur Abwechslung fürn Blödsinn aushecken könnt, damit die sich das mit Artig-und-so-Gequatsche endlich mal abgewöhnen, und weil Papa das bei mir spitzgekriegt hatte und auf was Unverhofftes von mir spekulierte, hatte er 'n besondres Augenmerk auf mich, ... und daher kam das mit seinem Fuß in der Tür von der Telefonzelle.

Noch viele andere Klamotten hatte Papa in seiner Regie: De hättst mal Mama oder Oma fragen solln, 'n Fahrrad- oder 'n Rollerreifen zu flicken oder 'n Nagel in die Wand zu kloppen, um 'n Bild dran aufzuhängen, oder uns beiden Kindern 'n blitzblankes Schränkchen für unsre Spielsachen, und das nur aus Appelsinenkisten, zu zimmern und mir den Himmel zu zeigen und zu erklärn, wo der *Große Wagen* ist und die andern Sternzeichen und wie de 'n Flugzeug aus 'm Blatt Papier faltest, ob jetzt 'n Düsenflieger oder 'n normales, egal, Papa hatte sie alle drauf. Oder 'n Drachen basteln! Da hätten Mama und Oma viereckige Augen gekriegt, weil sie nämlich keinen Schimmer von solchen Sachen hatten. Papa aber schon – und nur Papa! Genauso den bunten Vorhang für unsern Spielsachenschrank anbringen – der hatte nämlich keine Tür – den Vorhang haben Oma und Mama zwar gemacht; sie haben den Stoff ausgesucht, ihn zugeschnitten, genäht und auf die passende Stange geschoben, doch zum Schluss hat Papa den an dem Appelsinkistenschrank mit zwei Haken in Position gebracht und festgemacht.

Mensch – Mama und Papa und Oma sind wirklich die Allergrößten!

PAPAS UND MAMAS ARBEIT ... UND SONST SO SACHEN

Papa war ja von morgens bis abends immer weit weg unten beim Entenpfuhl, bei der Arbeit in seiner Fabrik und beim Schleifscheibendrehn, die sie in Solingen für 's Besteckmachen ja unbedingt und ganz dringend und zu Tausenden wie verrückt brauchen, also, die Schleifscheiben mein ich – aber Mama war auch manchmal 'n bisschen weg; die war nämlich nicht nur zu Hause und hat aufgepasst, dass unsre Wohnung blitzt und dass Gitti und ich immer schön sauber und ordentlich vor die Tür gehn und Oma gut versorgt ist, die hat auch noch obendrein in 'ner Fabrik gearbeitet, genau wie Papa, zuerst bei ERDLENBRUCH, in der Brotfabrik, nahbei wo Kastners wohnten, das war 'ne ganze Ecke weg von unsrer Van-Meenen-Straße – hab ich ja alles schon berichtet – und später bei SCHÄFER bei uns in der Nähe, das war ganz schön praktisch, doch da nur 'n paar Stunden vormittags, damit sie sich auch um den Rest bei uns zu Hause kümmern konnte, und das war nochmal genauso praktisch. Also, im Vergleich zu ERDLENBRUCHS Brotfabrik ist Mamas neue Fabrik jetzt gar nicht mehr so weit weg von uns, die ist wirklich bei uns um die Ecke, eben mal kurz unsre Van-Meenen-Straße halb hoch und dann rechts 'n kleines Ende rein, und dann bist de auch schon da bei SCHÄFER – aber trotzdem, Mama war wegen ihrer Arbeit doch auch den ganzen Vormittag weg und aus 'm Haus.

Bei SCHÄFER, wo Mama jetzt gearbeitet hat, da wurden Messer und Gabeln und Löffel und Schern ausgestanzt – so heißt das nämlich, also *ausstanzen*, da hatte sie 'n Stück Blech in der Hand, legte das unter 'ne Presse, das ist 'ne ganz gewaltige Maschine, und die knallte runter, und dann blieben da, schwuppdiwupp, die Gabeln und Messer und Löffel und die Schernhälften übrig, weil der Rest von dem Stahl oder Blech von der Stanzmaschine weggehaun wurde und runter auf den Boden fiel – und dann hast de schon 'n Besteck und 'ne Schere!

Soweit hab ich das alles schon 'n paarmal bekakelt, is mir klar ..., aber dann geht 's ja noch weiter, und davon hab ich bisher noch nich gesprochen.

Mit den Blechsachen, die Mama mit ihrer Stanzmaschine fabriziert hat, kannst de ja längst noch nicht essen oder schnippeln, also, da müssen erst die ganzen Kanten von den Klamotten, ich glaub, die heißen *Rohlinge*, abgemacht werden, das ist ganz wichtig, die Kanten sind nämlich mindestens so scharf wie 'n Rasiermesser, und sauber gemacht und geschliffen müssen sie werden – mit Papas Schleifscheiben – und dann kommt oben noch 'n bisschen Silber oder so was richtig Glänzendes drauf, und ganz zum Schluss werden sie poliert, und die beiden Schernhälften müssen mit 'nem dicken kurzen Stift auch noch zusammgekloppt werden – und erst dann ist alles fertig, und erst dann kommen Mamas Sachen, die Messer, Gabeln, Löffel und Scheren, blitzblank und funkelnagelneu in 'n Laden rein, und erst dann kannst de sie in irgendnem Geschäft kaufen und mit dem Besteck essen und mit der Schere Stoff zuschneiden oder Wollfäden oder Garn abschnippeln oder wichtige Sachen aus der Zeitung ausschneiden – wie Papa das ja immer so gern gemacht hat.

Wollt ich nur mal sagen: Die Leute denken immer, dass alles so einfach mir nix, dir nix zu kriegen ist und auf 'n Tisch und in unsre Schubladen kommt, das is aber überhaupt nich so, für 'n Besteck oder für 'ne Schere und den andern Kram, den wir jeden Tag so brauchen und alle bei uns zu Hause rumliegen haben, müssen 'ne Masse von Arbeitern ganz, ganz viel schuften, bis diese Sachen bei uns und bei euch zu Hause auf 'm Tisch landen, doch davon weiß kein Schwein was, außer ich – ja, und Gitti, die kennt sich da natürlich auch mit aus. Aber das wissen wir beide auch nur, weil wir Mama bei ihrer Arbeit oft zugeguckt haben ..., und Papa jeden Abend gesehn haben, wenn er seine Sachen aufgehängt hat und ziemlich erschöpft auf seinen Küchenstuhl sank.

Die Mama von Joachim Zillmer zum Beispiel, also die Frau Zillmer, arbeitet überhaupt gar nicht, und Zillmers haben trotzdem sogar 'nen dicken OPEL KAPITÄN unten vor unsrer Haustür stehn, wo wir zum Beispiel gar kein Auto haben, noch nich mal 'n Fernseher haben wer, den haben sie nämlich jetz fast alle im Haus, nur wir nich, und Gitti und ich müssen immer rüber bei Fürstenbergs klingeln oder hoch bei Blaschkes fragen, ob wer vielleicht *Jim Knopf, der Lokomotivführer* oder *Fury* oder *Lassie* oder manchmal auch *Am Fuß der blauen Berge* mit *Slim* und *Jess* mitgucken dürfen – durften wer aber bis jetz immer. Is nicht so schön, wenn de immer wegen was betteln musst, nur weil de keinen Fernseher oder kein Auto oder irgendwas andres nich hast – und die andern ham 's.

Spaß machen tut so 'ne Arbeit, wie Mama und Papa sie jahrelang gemacht haben, bestimmt nicht! Also bei SCHÄFER, kurz um die Ecke von uns, da haben ich und Gitti Mama ganz schön oft besucht; das war aber nicht richtig schön dadrin, das war dreckig und stank nach was, nach Öl oder so was oder von beidem, aber Mama hat sich jedes Mal riesig gefreut, wenn wir beide reingeschneit kamen – das hat uns beiden Kindern Herr Schäfer nämlich ausdrücklich erlaubt, das durfte sonst nämlich keiner, außer die Arbeiter selbst – und Mama hat weiter alle paar Sekunden auf den Knopp von ihrer Maschine gedrückt und konnte uns nicht mal richtig angucken, sonst hätte sie sich womöglich die Finger eingeklemmt, wenn nicht schlimmer, und sie hat sich nur so ganz gradeaus vor sich hin gefreut. Auf dem Fußboden lagen da überall die Stanzränder von dem Besteck und den Schern und haufenweise

Eisenspäne und Eisenstaub und Mama hatte ganz verölte Handschuh und Schweißtropfen auf der Stirn, und dann warn Gitti und ich auch wieder ziemlich froh, dass wir da rauskamen, denn außer dass es da nach Öl und Schmier und allem möglichen sonst noch stank, hast de dein eignes Wort nich verstanden, so 'n Radau haben die ganzen Maschinen dadrin in SCHÄFERS Fabrik gemacht, wenn die da auf die Blechstücke runterknallten; und bei dem Getöse uns mit Mama was erzähln konnten wir ja gar nicht, da hätten wer auch genauso gut 'ne tote Wand anschrein könn, und deswegen konnten wer genauso gut auch wieder abhaun, und wir konnten ihr nicht mal mehr 'n Kuss geben, das hätte Mama viel zu sehr abgelenkt und wär vielleicht sogar gefährlich für sie geworden.

Gitti und ich haben uns immer an die Hand genomm, wenn wir von Mamas Arbeit das kurze Stück die Van-Meenen-Straße runter nach Hause gegangen sind, weil wir warn alleine und ja noch ziemlich klein, und Mama hatte angeordnet, dass wir das so machen solln, und daher haben wir das auch genauso gemacht, und wenn wir wieder oben bei uns zu Hause angekommen warn, haben wir Oma jedes Mal gemeldet: „Mama kommt auch gleich."

Oma hat jedes Mal geantwortet: „Jo, weet ick doch – ick häv schon Nudeln schält." Und die Kartoffeln standen tatsächlich immer schon im kalten Wasser auf unserm Gasherd, und Oma war schön in ihrm Sessel am Erbsenpuln oder Mohrrümschäln oder Bohnschnippeln und hatte dafür 'ne große Schüssel in ihrm Schoß auf ihrer schwarz-weiß gemusterten Küchenschürze, und Gitti und ich haben ihr dabei immer noch 'n bisschen geholfen ... und auch was vom knackig frischen Gemüse wegstibitzt und uns in den Mund geschoben. Die Bratpfanne stand auch schon auf 'm Herd, mit 'nem Batzen Butter drin, aber den Rest würde Mama dann machen, wenn sie von der Arbeit von SCHÄFERS zurück ist, also das Kartoffel- und Gemüsekochen und das Fleischbraten – das soll Oma nämlich nicht mehr unbedingt alleine machen, lieber nur, wenn Mama oder Papa auch im Haus und in der Nähe sind.

UNSER SCHULWEG ... IRGENDWANN

Es war wirklich nicht weit, wo Mama gearbeitet hat, das war fast näher als der Nordbahnhof, aber 'n bisschen weiter als bis zur Waage war 's doch – aber nicht viel. Dagegen war unser Weg zur Schule schon richtig weit, wobei Gitti und ich ja noch gar nicht in der Schule warn – noch längst nicht! Aber Mama und Papa haben uns unsern Schulweg rechtzeitig zeigen und beibringen wolln, damit wir schon lang vorher bei unserm Schulweg sicher sind und immer alles richtigmachen und sie sich deshalb überhaupt keine Sorgen um uns machen müssen, wenn wir da irgendwann mal ganz alleine zu unserer Schule und wieder zurückwandern müssen. Deswegen kannten Gitti und ich unsern Schulweg schon haargenau, ewig, bevor wir da überhaupt wirklich im Ernst entlang mussten. Mama und Papa haben nämlich wirklich an fast alles gedacht – damit bei Gitti und mir nix schiefgeht.

Unsere Schule, also die, wo wir ja beide irgendwann mal hinmüssen, heißt *Volksschule Klauberg*, und die liegt ganz schön weit weg von uns. Dafür sind wir mal alle zusammen – da war sogar auch Oma dabei – runter an der alten Verladerampe von unserm Nordbahnhof vorbeispaziert und weiter runter durch den Stichweg zur Cronenberger Straße, da steht am Ende so 'n weiß-roter Pfosten in der Mitte, damit da keiner mit 'm Motorrad oder 'nem Moped durchpesen kann; da haben Gitti und ich uns gezankt, wer links oder rechts um den Pfosten darf, dabei war das piepeschnurzegal, weil rumgegangen sind wer ja sowieso. Über die Cronenberger Straße rüber, da musste man ganz schön achtgeben, weil, die ist richtig breit und da kamen andauernd die ganzen Autos von links und von rechts den Berg runter vom Stadthaus her und unter der Eisenbahnbrücke durch angebraust, und die hast de erst ganz spät sehn können, erst wenn sie aus 'm Schatten von der Brücke rauswarn, und deswegen mussten Gitti und ich das auch richtig lernen, wie wir da mal ganz allein zu unsrer Klauberger Schule rüberkommen. Aber wenn de erst mal über die Cronenberger rüber bist, dann hast de gewonnen, dann geht 's nur noch in den Kastanienweg, der heißt bei uns aber *Zigeunerweg*, nicht, weil da Zigeuner wohnen täten, nur, weil die Leute, die da hausen, einfach nur so aussehn wie Zigeuner, wenn de sie überhaupt jemals zu sehn kriegst, wobei ich gar nich genau weiß, wie Zigeuner überhaupt aussehn, und was 'n Zigeuner is, weiß ich genauso wenig – auf jeden Fall sind Zigeuner recht gefährlich und die klaun wie die Raben und haben immer 'n aufgeklapptes Messer in der Hosentasche, hat Papa gesagt, aber sonst machen sie nix, also mit Halsumdrehn zum Beispiel haben sie nix am Hut, hab ich so gehört, aber zu 'ner Arbeit gehn tun die auch nich, reisen lieber in der Weltgeschichte herum und gucken, ob sie was organisiern können, also spekuliern, ob sie was finden, was andere noch nich verlorn haben, und solche Sachen machen die Zigeuner. Also, egal ob die Leute da im Kastanienweg Zigeuner oder keine Zigeuner warn – die Sippschaft, die da im Gebüsch hinter den Riesenkastanien hauste, war uns allen ganz unheimlich.

Nach dem Zigeunerweg geht 's nur noch gemütlich die Klauberger Straße runter, aber das ist dann doch noch 'n ganzes Ende, und wir mussten andauernd warten, bis Oma endlich nachkam, und ja, da stehn ganz viele schnuckelige Häuser links und rechts in ihrn Gärten, und die haben kleine Hecken an der Straße, und auf 'm Bürgersteig nah am Rindstein wachsen Bäume, aber wie die heißen, weiß ich nicht mehr, irgendwas mit *Dorn* oder so, die haben ganz viele rosa oder weiße Blüten und grüne Blätter und manche auch Nadeln und, na ja, eben Dornen, und dann kommt 'n Jägerzaun, und was 'n Jägerzaun ist, muss ich wohl nicht groß erklärn, oder? 'N Jägerzaun kennt jeder – jedenfalls kommt dann da die Volksschule Klauberg, und die hat auch 'n halbhohen Jägerzaun, und da rennen die ganzen Kinder auf 'm Schulhof rum und mopsen sich gegenseitig ihre Butterbrote oder klettern auf den Gerüsten rum oder schmeißen sich den Sand aus dem Sandkasten ins Gesicht und die Mädchen machen Gummitwist oder Seilchenspringen und die Jungs spieln Murmeln oder turnen auf den Spielgerüsten rum oder treiben irgendwelchen andern Schabernack. Doch dann klingelt 's aus dem Gebäude auf einmal wie verrückt und ganz gellend, und alle Kinder rennen wie der Blitz zurück rein in die Schule, als wenn sie einer gestochen hätt, und draußen auf 'm Schulhof wird 's auf einen Schlag totenleer und mucksmäuschenstill – haben wir alles bei unserm Marsch zur Schule Klauberg mitgekriegt, und auf 'm Rückweg hat mir immer noch die Klauberger Pausenklingel im Ohr getönt und hab bei mir innen drin gedacht, das kann ja heiter werden, wenn ich da demnächst mal hin muss, ... mit der blöden, grellen Pausenklingel, das halt ich im Leben nich lange aus.

Die Kinder in Klauberg sind jedenfalls noch 'ne ganze Ecke größer als ich – und als Gitti sowieso. Aber wir beiden wussten schonmal Bescheid, wo wir irgendwann später mal hinmüssen, und wie das da auf 'm Schulhof so zugeht, aber dann warn wir auch recht froh, als wir weiter und woanders hinspaziert sind, denn vor 'ner Schule rumstehn und warten, bis die nächste Pause kommt, das dauert nämlich fast 'ne Stunde – na ja, da gibt 's dann doch schon noch aufregendere Sachen, und deswegen sind Mama, Papa, Oma, Gitti und ich ja auch weitergeschlendert.

Also, unser Schulweg war viel weiter als der zu Mamas Arbeit bei SCHÄFER, aber längst nicht so weit, wie Papa es zu seiner Arbeit bei BECKMANN hatte.

Da, also zur Klauberger Volksschule, musste ich aber ja erst in 'n paar Jahrn hin und Gitti noch später, hab ich ja schon gesagt. Doch dafür, dass Mama so 'n kurzen Weg zur Arbeit hatte, musste die ja aber auch noch Mittagessen machen und die ganze Wohnung putzen und die ganze dreckige Wäsche unten im Keller waschen, hoch auf den Boden schleppen, wieder runterholn, zusammlegen und bügeln und was weiß ich machen – das und ihre Arbeit bei SCHÄFER hat Mama alles ganz alleine gemacht, und sie ist mit uns obendrein noch einkaufen gegangen, zu Frau Pütz Milch holen, zum Bäcker oben an der Ecke von der Potsdamer Straße und ins KAISER'S-KAFFEE-Geschäft und zum Fleischer und manchmal auch noch in die Drogerie und hoch bis zum KAUFHOF. Deswegen hatte Mama 's wirklich verdient, dass sie 's nicht so weit zu SCHÄFERS hatte.

Ich glaub, ohne Mama wär ich tot, also, ich mein, wenn Mama nicht da wär, wär ich auch nicht da – ach, das ist natürlich Quatsch – wenn die Mama von einem nicht da ist, ist man ja selbst sowieso nicht da, und man ist ja dann auch nicht tot, weil de ja ohne deine Mama gar nicht geborn bist – was ich sagen will, wenn Mama nicht da wär, würd ich auch nicht leben wolln. Ehrlich gesagt, red ich grad über Sachen, die mir einfach so in den Sinn kommen und von denen ich nix versteh, aber so was von überhaupt nix, ich bin nämlich noch nich mal sechs, und vom Tod weiß ich gar nix, weil da sprechen die Erwachsenen nicht drüber und auch sonst keiner, und deshalb weiß ich über 'n Tod und wie 's ist, wenn einer tot ist ..., davon hab ich überhaupt keine Ahnung, jedenfalls kann ich mir gar nicht vorstelln, dass Oma oder Papa oder Mama mal tot sind und in 'nem Sarg drin sind – so ist es doch, wenn einer tot ist, dann ist er in 'nem Sarg und macht keinen Mucks mehr und sieht zu, dass er schnell in den Himmel kommt, oder? Oder nich?

Ich überleg grad, ob einer allein, also ganz für sich und einsam und ohne sonst wen überhaupt leben kann, ob nicht alle da sein müssen, also nicht nur Mamas und Papas und Verwandte und Freunde und so, sondern sämtliche andern Menschen auch, ich mein wirklich alle, und auch alle Tiere und Bäume und Blumen und das Gras und die blöden Mücken und Fliegen, einfach alles, damit einer lebt, also so richtig quietschfidel ist. Ich glaub fast, ohne alles andre, was es so gibt, geht Leben für einen gar nicht – entweder alle oder keiner.

STERNGUCKER

Papa muss ja immer so weit zur Arbeit laufen und wieder zurück, das sind bestimmt 'n paar Kilometer, und dazwischen einen ganzen Tag lang arbeiten und Schleifscheiben akkurat zurechtdrehen. Früh morgens, wenn Gitti und ich noch schlafen, marschiert er schon los durch die halbe Stadt, und abends, wenn wir fast wieder reif für 's Bett sind, kommt er erst nach Hause – na ja, Abendbrot essen wir doch noch zusammen.

Wenn ich groß bin, such ich mir was, wo ich überhaupt nich arbeiten und zweimal am Tag quer durch de Stadt wandern muss – ist, glaub ich, das Vernünftigste.

Zum Beispiel könnt ich ganz gut Sterngucker werden, da gibt 's bestimmt 'ne Menge zu tun, denn ich kenn keinen, der die ganzen Sterne bis jetzt alle gesehn und gezählt und beguckt hat, und wie 's da auf den Sternen richtig vor sich geht. Da ist noch viel zu erledigen, stell ich mir so vor, und ganz ohne Arbeit, also hauptsächlich mit verdammt viel beobachten, wird auch das nicht abgehen, aber das wär bestimmt nicht so 'ne Rackerei, wie Papa und Mama sich jeden Tag antun. Ich glaub, das mit dem Sternegucken als Beruf würd mer saugut gefalln und 'n Heidenspaß machen, aber ... eigentlich mach' ich das ja sowieso jetzt schon. Da müsst ich ja dann auch eigentlich nicht mal mehr in die Schule und das Rechnen und Schreiben lernen, das könnt ich mir dann alles sparn – höchstens noch zu einem gehn, der schon viel Sterne gesehn und denen schön lang zugeguckt hat, 'n Schäfer oder 'n Schiffskapitän oder 'n Pilot vom Flugzeug oder so wer, und der könnt mir dann das Beobachten von den Sternen richtig gut beibringen. Sterngucker wär schon 'n schöner Beruf für mich!

Die *Heilgen Drei Könige* aus 'm Morgenland, die dabei warn, als der kleine Jesus auf die Welt kam, warn ja auch alle von Beruf Sterngucker. Hab ich das nich alles schonmal durchgekaut? Hab ich vergessen – ist auch schwer zu behalten, wenn de so viel zu plappern hast. Jedenfalls wussten die drei Königsbanausen genau, warum sie aufs Sternegucken aus warn, weil sie da nämlich keinen Finger krummmachen mussten, nur gucken und kräftig aufpassen, und sonst überhaupt nix. Ich kenn eigentlich überhaupt keinen König, der arbeitet – eh, genau genommen, wenn ich so überleg, kenn ich sowieso keinen König, wahrscheinlich weil die ganzen Könige immer in Ferien sind und de die nicht zu Gesicht kriegst, weil sie nix arbeiten müssen und se auch nicht in der Stadt zum Einkaufen rumtrödeln, weil se dafür ihr Personal haben, und als König kannst de ja auch oben auf deinem Schloss Sterne gucken oder an der Nordsee oder Ostsee auf 'm Sand am Strand rumliegen und genüsslich abwarten, bis mal 'n Stern aufgeht und dir zublinkt. Na ja, zum Sterne beobachten, da musst de natürlich auch als König warten, bis es Nacht wird, und seine Königin wird ihm ja tagsüber auch wohl beibringen, dass er beim Geschirrspüln und Abtrocknen mal mit anfasst, damit sie den ganzen Schmuddelkram nicht allein am Hals hat – jedenfalls hab ich noch nie 'n König selbst gesehn, und auch keine Königin und auch keine Königskinder, sicherlich, weil die alle nicht arbeiten müssen und deswegen in einem durch Ferien machen können, und da, wo die ihre Ferien machen, bin ich ja noch nie gewesen und werd da wohl auch nich so bald hinkommen, deswegen haben wer uns auch noch nie getroffen – vielleicht, bestimmt, weil se nix anderes als Sternegucken machen und ich noch nicht so richtig, aber wenn ich das kann, treff ich bestimmt auch 'n paar von den andern Sterngucken, und vielleicht kommt mich sogar mal 'n König in Solingen besuchen – so als Berufsgenosse.

Als Sterngucker geht 's einem immer gut und da musst de nie rackern – außer andauernd ganz weit gucken und linsen wie 'n Adler und deine Sinne beisamm haben. Das würd ich so gern mein Leben lang machen – Sterne gucken ... und nebenbei auf alles sonst noch aufpassen.

Ich glaub, wenn de das mit dem Sternegucken erst mal raus und ausgetüftelt hast und es damit ganz, ganz tief ernst meinst ... wirst de automatisch König.

Musst de mal dran denken, wenn de grübelst, was de später mal tun willst und am liebsten schön leicht leben willst, ohne schwitzen und Rückenschmerzen und Blasen an 'n Händen und so – mach 's wie die Heilgen Drei Könige, werd einfach Sterngucker, da machst de dir die Finger nicht schmutzig und weh tust de auch keinem, und de hast was zu tun und 'ne Menge Arbeit, weil da sind so viele Sterne in der Nacht, da gibt 's am Himmel für jeden von uns einen Stern zum Begucken – mindestens einen.

Egal – wenn de das Sternegucken irgendwann mal richtig verstanden hast, kannst de 's den ganzen Kindern beibringen, und die müssen dann auch nicht mehr zur Schule, und die Lehrer haben alle frei und können zu Hause bleiben und jeden Tag schön ausschlafen, und wo heute die ganzen Schulhäuser sind, könnten sie die plattmachen und Wiesen oder 'n Garten drauf anpflanzen, und da, wo die dickste Schule war, könnten 'se 'n Observadingens, weiß jetzt auch nicht, wie das richtig genau heißt, womit man die Sterne messerscharf genau mit betrachten und verfolgen kann, hinstelln – das ist auf jeden Fall 'ne Riesenkugel mit dem besten Fernglas von der Welt, und wer da durchguckt, merkt spätestens dann, dass er noch längst nicht alle gezählt hat, also die Sterne mein ich. Woher ich das weiß? So 'n Obserdingsbums haben sie in Bochum, und in Bochum wohnt nämlich Tante Rut und Onkel Herbert und Peter, und die haben uns einmal, als wir sie besucht haben, da mit reingenommen – du, da kannst de in 'n Himmel glotzen, solang de willst, und das mit 'nem Teles..., eh, Teleskop, so heißt das Mordsfernglas da wohl, und das ist riesenlang und vollgestopft mit prima Lupen, dass de beim Durchgucken denkst, die Sterne hängen allesamt direkt vor der Dachrinne.

Mensch, hast de selbst schon ma Sterne geguckt, und was die sich für beknackte Bilder, also Sternzeichen, für die Nacht da oben im Himmelszelt ausgeheckt haben? Da kannst de doch gar nich anders – als immer wieder hingucken ... und suchen ... und weitersuchen!

ÜBER DEN LIEBEN GOTT

Jeden Sonntag sind Gitti und ich morgens die Van-Meenen-Straße hochgewandert, bis zur großen Ampel beim Schlagbaum, und dann haben wir uns an die Hand genommen, geduldig gewartet, bis es grün wurde, und sind rüber über die breite Kreuzung zum Kindergottesdienst; der war in 'nem zwischen andern Häusern eingequetschten Schieferhaus, 'n kleines Stück hinter der Ampel auf der linken Straßenseite, und eine Treppe hoch war da 'n kleiner Raum, da haben wir ganzen Kinder, zehn oder so, im Kreis gesessen, und 'n junger Mann oder 'ne junge Frau haben uns was erzählt, von Moses und von Jesus und von ihrn Wundern und von brennenden Büschen und von Tafeln und Geboten und 'ne Menge Zeugs mehr, dass uns Hörn und Sehn verging, aber Mann – das warn alles richtig klasse Geschichten ..., wie der Moses bei der Flucht vor den ägyptischen Soldaten da das Meer von dem Nil, das muss irgend'n Riesenfluss in Ägypten oder im Heiligen Land oder da in der Gegend sein, teilt, und das Wasser von dem Fluss auf der einen Seite wie 'ne Mauer stehn bleibt und auf der andern Seite abfließt und die ganze Hebräerbande auf 'm Nilgrund ganz locker und mit trocknen Füßen durchmarschiert und hinter denen, als sie ganz sicher und unbehelligt durch den Fluss durch warn und die ägyptische Reiterhorde richtig blöd aus der Wäsche guckte, wieder die Wassermassen von dem Nil hinter ihnen zusammenplatschen – da wär ich schon gern dabei gewesen, das kannst de aber mal glauben! Das warn jeden Sonntag prima Schoten, die sie uns Kindern da erzählt und sogar wörtlich aus der Bibel vorgelesen haben, das ist 'n ganz wichtiges Buch bei uns, wenn nicht sogar das allerwichtigste, und wir haben auch eine bei uns zu Hause auf meinem Bücherbord über meim Kopp, also, 'ne Bibel ham wer da. Zum Beispiel war da einer in der Bibel, der war tot, der konnte gar nix mehr, weil er ja tot war, und der lag da nur noch so rum und hat schon komisch gerochen, und Jesus hat zu dem gesagt *Steh auf* oder *Steh auf und geh*, weiß ich nicht mehr so genau, ich war ja sowieso nich dabei – und der Kerl ist tatsächlich aufgestanden, und da wurde der wegen Jesus auf einmal wieder quicklebendig und ist gegangen, wohin genau, haben sie uns, glaub ich, nicht erzählt, auf jeden Fall war der vorher mausetot und jetzt nicht mehr und jedenfalls war der Kindergottesdienst was, worauf ich mich immer wegen den prima komischen Geschichten gefreut hab, aber der war leider nur einmal in der Woche, nur jeden Sonntag, und dafür wurden Gitti und ich immer ganz piekfein mit unsern allerbesten Sachen angezogen, das haben sie sonst nur noch zu Ostern und Weihnachten mit uns gemacht, wenn wir mit der gesamten Familie alle zusammen in die Kirche zum Gottesdienst von den großen Festtagen gegangen sind – ja, zum Kindergottesdienst sollten wir beide aber genauso feierlich erscheinen, da haben besonders Oma und Mama großen Wert drauf gelegt, ... und weißt de was, einmal, als wer beide aus Versehn bei Rot über die große Kreuzungsampel gerannt sind, da sind alle Autofahrer auf ihre Bremsen gestiegen und haben gestoppt, obwohl se selbst doch Grün hatten – nur wegen Gitti und mir ... und vielleicht, weil wir beide so schön angezogen warn.

Mit dem Leben kenn ich mich ja schon recht gut aus, aber mit dem Tod, wie bei dem Burschen, mit dem Jesus vorhin zu tun hatte, nicht so, hab ich ja schonmal drüber gesprochen, weil ich noch nie keinen gesehn hab, der tot war – außer mein Vögelchen damals, und da hab ich ja ganz schön weinen müssen. Aber wenn 'n Mensch totgeht, ist das ja noch was anderes, als wenn 's nur 'n Vogel ist, denk ich so. Wenn Oma sterben würde – das tun Omas und Opas ja öfters mal, weil sie schon so alt sind, und dann wird 's wohl auch Zeit – da würd ich dann am liebsten gleich mit ihr sterben, denn Oma ist mir genauso lieb wie Mama und Papa und Gitti. Aber mein Vögelchen hab ich auch ganz lieb, und dabei hab ich das ja noch nicht mal mehr lebend erlebt, wo 's noch quicklebendig war und lustig rumgeflogen ist, sondern erst, als es nicht mehr konnte und ich es nur noch 'n bisschen warm in meinen Händen gehalten hab.

Jetz muss ich mal über was ganz Geheimes von mir reden ...

Hast de mal übern lieben Gott nachgedacht? Also nicht nur so, wie jeder immer mal hin und wieder an den denkt, besonders wenn 's eim dreckig geht und einem nix Besseres einfällt als zum lieben Gott zu beten, nee, ich mein, richtig über den lieben Gott nachdenken, dass de dem lieben Gott auf die Spur kommst und de rauskriegst, wo er wohnt und wo er einkaufen geht und wie er aussieht und sich anzieht und was er den lieben langen Tag so macht, ob er verheiratet ist und mit wem und wo seine Kinder sich so rumtreiben und wie die mit Vornamen heißen ... und solche Sachen eben.

Wenn ich an den lieben Gott denk – und das ist nicht so richtig oft – aber wenn doch, guck ich sofort hoch in den Himmel, egal ob der blau oder grau oder sonst was ist. Manchmal hab ich ihn da schon gesehn, dachte ich wenigstens, aber kurz drauf hatten sich die Wolken wieder in was andres verkleidet, und was eben noch wie sein Gesicht aussah, war auf einmal 'n Schäfchen, und auch das flog vorbei und löste sich für 'n neues Bild auf. Ich kann dir deswegen mit Bestimmtheit sagen, im Himmel, den wir ja immer über uns haben, findst de den lieben Gott nicht, allerhöchstens 'ne Sekunde lang! Glaub 's mir!

Aber keine Angst – es gibt ja noch viele andre Ecken, wo er sein könnte, wobei, das muss ich vorweg auch schonmal rauslassen, weil ich gar nicht kapier, warum der liebe Gott sich auf Teufel komm raus so versteckt, als wenn er was zu verbergen oder 'n schlechtes Gewissen hätt.

Also, der liebe Gott könnt ja, außer im Himmel, auch im Meer oder unter der Erde wohnen – viel mehr andre Stelln, wo er sein könnt, gibt 's ja sowieso nicht, mir falln jedenfalls keine mehr ein. Das Blöde ist, in den Himmel kann ich jeden Tag raufgucken, und das so lang ich will, aber ins Meer nich, weil ich gar nicht weiß, wo das Meer überhaupt ist, und tief in die Erde komm ich mit meinem kleinen Spaten auch nicht so richtig rein; das tiefste, was ich mal gebuddelt hab, war 'ne Armlänge tief, also die von meinem Arm, und da war nix außer 'nem tiefen Loch, wo 'ne Handvoll Käfer drin rumkrabbelte, doch vom lieben Gott war in der Erde beileibe nix zu sehn, außer dem Loch, und klar, das Loch und die Käfer gehörn zum lieben Gott bestimmt auch dazu, aber da muss doch noch 'ne ganze Menge mehr an ihm dran sein – also allein ’n doofes Loch in der Erde hat mit dem lieben Gott sicher nix zu tun … oder höchstens nur ’n ganz bisschen am Rande!

… Nun mal was ganz Andres, aber es hat alles mit ’m lieben Gott zu tun, und wie ich ihm hinterhergelaufen bin – wirst de später schon noch rechtzeitig merken.

Hans-Joachim, Peter, Manfred und ich – da warn wir mal wieder schwer mit unsern Rollern und Fahrrädern, je nachdem, auf dem Schotter runter zur Verladerampe vom Güterbahnhof unterwegs, dass der Sand nur so in die Luft gespritzt ist. Bei unsrer Brauserei haben wir ’ne riesendicke große Distel ins Visier gekriegt, die ragte stolz und trotzig mitten aus der Wüste vor unserm Güterbahnhof raus, und wir haben sie schließlich mit unsern Rollern und Fahrrädern eingekreist und ’n paarmal umkurvt und haben die in den Sand plumpsen lassen, unsre Fahrräder und Roller mein ich natürlich, und uns um die Distel drum herum versammelt und haben sie dann mit unsern Händen behutsam ausgegraben und fürchterlich achtgegeben, dass wir nicht gepikt wurden, und vor allem, dass die Wurzeln von der tollen Distel schön in einem Ballen aus dem Schotter rauskommen und nix abkriegen. Die wollten wir haben, die Distel, weil sie ganz prächtig lila geblüht hat und sie einfach bombastisch toll aussah, und die wollten wir unten bei unsern Flöppen, wo wir ja sonst hauptsächlich umhergestrolcht sind, wieder picobello einbuddeln – damit wir ’s da noch schöner und bunter haben.

Da sind wir, als die dicke Distel schon halb aus ’m Boden raus war, mit unsern Fingern auf was Blechernes gestoßen und haben das da in der Grube mit unsern Händen schön freigeschabt, dass unsre Augen immer mehr glänzten, und wir warn totsicher, das is ’ne Schatzkiste, und als wir so weit warn, den Behälter hoch auf den Schotter zu bugsiern, brüllte einer hinter uns, dass uns Jungs fast die Ohrn weggeflogen sind:

„Weg! Weg! Haut ab, verdammt! Seht bloß zu, dass ihr Land gewinnt, verflucht!“

Da sind wir vier aber so was wie der Blitz aufgesprungen und in alle Himmelsrichtungen auseinandergestiebt und haben unsre Roller und Fahrräder einfach liegen lassen, das kannst de glauben, auch wenn wir überhaupt nicht wussten, warum. Nach hundert Metern oder so haben wir dann abgestoppt und haben uns zaghaft neugierig umgedreht. Da stand Herr Osterwind neben unsrer Distel und zwischen unsern Rollern und Fahrrädern und wischte sich die Augen, als wenn er grade geweint hätte, und dann guckte er kurz rauf in den Himmel und dann rüber zu uns Jungs.

„Das hätte ja auch ’ne alte Bombe oder ’ne Handgranate oder ’ne Mine aus ’m Krieg sein könn!“ rief Herr Osterwind von Weitem. Der da so bekloppt rumgebrüllt hatte, war also nur Herr Osterwind von unsrer Waage gewesen, und er winkte uns wieder zurück an unser Distelbuddelloch. Keine Bombe und auch keine Mine oder sonst was Gefährliches – es war nur ’ne alte vergammelte Blechbüchse, und die zeigte er uns und drehte sie gegen ’s Licht, damit wir sie von alln Seiten betrachten konnten, und da war nich mal nix drin, aber die war wohl tatsächlich aus ’m Krieg, so verschroben und verrostet wie die aussah. Mist, ich hätt mir soo sehr ’ne Schatzkiste gewünscht!

Wir Jungs haben uns dann unsere Distel geschnappt und sie mit unsern Rollern und Fahrrädern behutsam runter zu den Flöppen transportiert und sie da an ’nem ganz besonders sonnigen Platz direkt neben dem Bach, wo unsre Lurchis drin wohnen, liebevoll eingepflanzt, und da hatten wir jetzt wirklich alles prima beisammen, die Flöppen, dahinter die Brombeern, ’n Bach mit Lurchis und jetzt – sogar noch ’ne königliche lila Distel.

Wieso ich das mit der Distel erzähl? Wegen dem lieben Gott natürlich, denn wenn das Blechding da unter der Distel tatsächlich ’ne Bombe gewesen wär und die unter uns hochgegangen wär, wärn wer vier Jungs und vielleicht auch Herr Osterwind jetzt im Himmel beim lieben Gott, und dann würd jetzt hier kein einziges Wort auf ’m Papier draufstehn; das mit dem Aufschreiben wär vielleicht halb so schlimm, schlimm wär aber, wenn wir alle wegen so 'ner blöden alten Büchse aus 'm Krieg hätten sterben müssen.

Doch wirklich schlimm war jedenfalls, dass unsre Distel drei Tage später völlig hinüber war und schlapp auf der Seite lag, und ihr Stiel war sogar schon recht matschig, weil – das wussten wir da aber natürlich noch nicht, sonst hätten wir den Blödsinn mit der Umpflanzerei gar nicht erst angefangen – Disteln mögen 's nämlich überhaupt nicht so feucht oder gar nass, wie die Flöppen und die Lurchis, im Gegenteil, die haben 's lieber trocken, am liebsten sogar knochentrocken, wie oben auf unsrer Schotterrennpiste vorm Nordbahnhof eben. Peter war am Heuln wegen der kaputten Distel und dass wir alles mit ihr falsch gemacht hätten, und wir andern warn auch nicht weit weg vom Flennen, weil wir uns das so schön mit unsrer Distel bei unsern Flöppen ausgemalt hatten.

Jedenfalls – wenn 's um die Suche nach 'm lieben Gott geht, komm ich nicht so richtig weiter. Ich könnt sicherheitshalber vielleicht nochmal in unserm Tunnel nachgucken; da könnt ich mir ganz gut vorstelln, dass sich so einer wie der liebe Gott da verstecken könnte, wenn er schon so lichtscheu ist ..., andrerseits war ich ja schon oft genug im Tunnel, und wenn er wirklich dadrin wär, wär er mir bestimmt nicht durch die Lappen gegangen – also kann ich das Weitersuchen nach 'm lieben Gott auch erst mal sein lassen.

„Oma?" flüsterte ich Oma ins Ohr.

„Wat? Red ma lauter!"

„Oma, weißt de, wo der liebe Gott wohnt?" flüsterte ich, so laut ich konnte, in ihr Ohr, denn das musste sonst kein andrer hörn. Papa las Zeitung, Gitti saß auf 'm Fußboden und fummelte an ihrer Martina rum, und Mama stand an unserm Küchentisch und bügelte Papas Hemden und unsre Bettwäsche und war am Grinsen und wahrscheinlich genauso neugierig wie ich, was ihre Mama mir antworten würde, denn sie konnte hörn wie 'n Luchs und hatte meine Flüsterei anscheinend doch mitbekommen.

„Nee, weet ick nei", sagte Oma recht wirsch, als wenn ich ihr auf 'n Fuß getreten hätt – aber 'n bisschen später knuddelte sie mich und fügte hinzu: „Bliv 'n good Jong, mien Ulriker – dann wettst de, wo he is."

Na ja, wie 's scheint, können Omas kochen und putzen und stricken und backen und Wäsche waschen und was weiß ich sonst noch, aber auf richtig schwere Fragen haben sie auch keine genaue Antwort.

Nachdem Mama unsre ganze Wäsche zusammgefaltet und Oma unsre Socken und Strümpfe zusammgezogen hatte, während Papa immer noch über seiner Zeitung brütete und ab und zu 'ne HB paffte und für Gitti und mich langsam Zeit für ins Bett war und wir beide gewaschen warn und uns unsre Nachthemden übergestülpt hatten – da klingelte es an unserer Wohnungstür! Da war 's schon acht Uhr durch – aber dicke acht durch!

„Ihr zieht schon ma ab ins Bett!" kommandierte Mama, und da gab 's nix dran zu rütteln, und da lagen Gitti und ich auch schon in unsern Betten, aber hörn konnten wir ja trotzdem noch ..., und an der Tür das war nur Frau Fürstenberg von gegenüber: „Marta, wir haben noch so viele Waffeln übrig, die sind auch noch warm – ich weiß, es ist 'n bisschen spät – aber die schmecken auch morgen noch – stell sie einfach irgendwo kühl, auf den Fußboden vielleicht, und deck am besten 'n Handtuch drüber."

„Vielen Dank auch, Inge!"

... Vielleicht war ja sogar Frau Fürstenberg der liebe Gott ...

„Schläfst de schon?" raunte Gitti rüber aus ihrm Eisengitterbett.

„Ja", flüsterte ich. „... Du auch?"

„Ja – ich auch."

... Weißt de was, ... das muss sonst aber auch keiner außer uns wissen und halt deswegen bloß de Schnauze, ... den lieben Gott gibt 's gar nich! Das mein ich ganz, ganz im Ernst. Den lieben Gott hat einer erfunden, der von Tuten und Blasen keine Ahnung hat, und der hat den ganzen Menschen 'nen Floh ins Ohr gesetzt und 'nen Bärn aufgebunden, und wenn erst mal 'n paar an was glauben, sind alle andern auch nicht weit weg, und auf einmal hast de 'nen prima Glauben auf der Welt, und alle rennen einfach hinterher. Ich, nur so zum Beispiel, bin evangelisch, wobei ich keinen Schimmer hab, was das bekloppte Wort überhaupt bedeutet, *evangelisch*, und ich bin todsicher, dass die halbe Nachbarschaft *katholisch* ist, *katholisch* gibt 's nämlich auch noch, genau so 'n Wort, wo keine Sau richtig weiß, was das überhaupt besagen soll, und was Manfred und Peter und Hans-Joachim und ich sind, spielt bei uns in unsrer Bande überhaupt keine Geige, weil wir vier einfach zusammhalten, und was wir einzeln jeder sonst noch so sind, juckt uns überhaupt nicht, Hauptsache, wir vertragen uns und können zusammen schön unsre Sachen machen, wie sie uns in den Kopp kommen.

... Könnte höchstens noch sein, dass alle Menschen und Tiere und Pflanzen und Berge und Flüsse, alles, was de sehn kannst, und auch all die Sachen, die zu winzig zum Erkennen sind – und einfach alles, was es überhaupt irgendwo gibt – zusammen der liebe Gott sind, und der wohnt, wo alle wohnen, und der sieht aus, wie alle aussehn, und das, was er den ganzen Tag so macht, ist einfach das, was wir alle die ganze Zeit machen, und seine Kinder treiben sich da rum, wo wir uns rumtreiben ..., ... der liebe Gott wär dann alles, was es gibt, auch die lila, stolz blühende Distel – und die matschige tote auch genauso. Wenn er nicht alles ist, dann is er ... gar nix.

Vielleicht ist der liebe Gott sogar beides gleichzeitig – alles und nix. Ja, und dann? Dann bin ich genauso schlau – eher genauso dumm – wie vorher.

ARNO UND BLANKA

Einmal war Arno Matthias aus Hochdahl, der kleine Bengel von damals, bei uns, und der war bestimmt 'ne ganze Woche bei uns zu Besuch, aber wo der eigentlich geschlafen hat, weiß ich überhaupt nicht mehr – bestimmt auf 'ner Luftmatratze, denn wir hatten ja sonst kein Bett und 'n Gästezimmer schon gar nicht. Arno fand das bei uns in der Van-Meenen-Straße ganz aufregend, aber der war noch richtig klein und erst vier bis fünf Jahre alt, deswegen bin ich mit ihm gar nicht weiter als bis zu den Schienen und den Balken gegangen, und vom Tunnel und den Flöppen und von über die Schienen rüber und so hat er deswegen gar nix erlebt. Arno war sowieso lieber im Haus und in der Nähe von Mama und Oma und Papa und hat sich, so lütt wie er noch war, höchstens mal 'n bisschen vor unsrer Haustür und drüben an Osterwinds Waage rumgedrückt, und mit Blanka kam er richtig prima klar, denn bei Arno ist die immer um ihn herumschlawinert, als wenn sie beide zusammen aufgewachsen wärn, dabei kannten die sich erst seit jetzt, und wo doch Blanka an die Hosenbeine von jedem geht, der ihr in die Quere kommt und ihr nicht geheuer ist – da hat sie bei Arno aber richtig 'ne Ausnahme gemacht, und das rechne ich Arno hoch an, dass er Blanka sofort an die Kandare gekriegt hat, als kleiner Knirps, der er war, und Arno hatte bei Blanka echt 'n Stein im Brett. Blanka mochte Arno ganz einfach, und Arno mochte Blanka, und das haben beide gegenseitig gemerkt, also dass se sich beide ganz lieb hatten.

Doch am ersten Tag, als Arno für seine kleinen Ferien bei uns einzog, da war das noch alles ganz anders – da hatte er vor Blanka Mordsmanschetten, vor dem Riesenvieh von Schäferhündin, und ist immer vor der weggerannt, und Blanka ist hinter ihm hergejachtet, klar, die kannte das ja nicht anders, und rat mal, wer gewonnen hat? Genau. Aber Blanka war schon ganz schön in Ordnung; als Arno nämlich gleich darauf nicht mehr rennen und hecheln konnte, ist Blanka 'n paar Meter hintendran stehn geblieben und hat sich mal kurz sogar hingesetzt und geguckt, ob Arno auch zurechtkommt ... und hat sich danach wieder um die Lasterfahrer gekümmert, und solange sonst weiter nix Wichtiges passiert ist, ist sie immer mal wieder zurückgerannt und um Arno rumscharwenzelt, und Frau Osterwind hat sich saumäßig gefreut, wie schön die beiden, Blanka und Arno, sich vertragen haben, und Arno hat Blanka von da an immer so nebenbei gestreichelt und getätschelt, und ab da an hat Blanka Arno sogar die Hand abgeschleckt, aber auch nur so nebenbei – und so ist das allmählich in den paar Tagen zwischen Arno und Blanka entstanden, also die innige Freundschaft zwischen den beiden. Ja, und so sind Arno und Blanka ganz schnell ganz innig vertraut geworden, und wenn wer mit Arno raus vor unsre Haustür sind, war Blanka gleich an Arnos Seite ... und hat ihm immer ma wieder die Hand geschleckt.

Arno fand unsern kleinen Apfelsinenkistenspielsachenschrank, also, den hatte Papa ja für Gittis und meine Spielsachen aus zwei Appelsinenkisten gezimmert, mit der kleinen Küchengardine von Mama und Oma davor, absolut klasse und aufregend, und er stand immer wieder davor und wollte den Vorhang beiseiteziehn und nachgucken, was für Sachen Gitti und ich da so drin hatten; aber Arno war 'n ganz Vornehmer, und ein Vornehmer reißt nicht einfach alle Gardinen auf, außer er darf das ausdrücklich, und Gitti und ich haben 's ihm gerne erlaubt, und er hat meine ganzen Autos und FALLER-Sachen und Bilderbücher und LEGOS und so gefunden und auf 'm Fußboden in unsrer Küche ausbreiten dürfen und für sich die schönsten Sachen zum Selberspieln rausgesucht, aber Gittis Puppenkram in unserm Schränkchen hat er links liegen lassen – und Oma hat Arno, während sie strickte oder häkelte, bei seim Spieln schön zugeguckt und auf ihn achtgegeben. Arno ist 'n ganz prima Cousin – der hat Frau Osterwind immer *Tante Osterhase* genannt, und als er das tatsächlich zum ersten Mal zu Frau Osterwind selber gesagt hat, hat die sich da drüber halb schimmelig gelacht und Arno geknuddelt, dass der gar nicht wusste, womit er das verdient hatte.

Als Onkel Hermann und Tante Roswitha und Petra 'ne Woche später Arno wieder nach Hause nach Hochdahl abgeholt haben, war aber erst mal groß Gejammer. Arno hat Blanka umarmt und ihr aus dem Auto in einem durch zugewunken, und die Tränen kullerten ihm aus den Augen, und Blanka saß neben dem VW, und die war da auch um kein Preis nicht wegzukriegen und ist da ewig lange sitzen geblieben und hat gewinselt wie verrückt, auch noch als die Hochdahler schon längst über alle Berge warn. So was – wie bei Arno und Blanka – heißt, glaub ich, *ein Herz und eine Seele.*

ÜBER SOLINGEN

Hab ich überhaupt schonmal gesagt, dass Solingen 'ne ganz schön große Stadt ist? Solingen is 'ne Großstadt, hat Papa mir beigebracht, und die darf auch *Großstadt* heißen, weil sie eine ist: Das sind nämlich Städte, wo mindestens hunderttausend drin wohnen, also hunderttausend Menschen, und dann kommen ja noch die ganzen Hunde und Katzen und Mäuse und so weiter dazu! Jedenfalls, wenn de hunderttausend Leute in 'ner Stadt zusammenhast, dann bist de 'ne Großstadt, hat Papa gesagt.

Größer als Solingen ist nur noch Njujork; wie das richtig aufgeschrieben wird, weiß ich grad nich – aber genauso, *Njujork*, wird 's in echt auf Englisch oder Amerikanisch ausgesprochen; Njujork ist weit weg in Amerika, und weil Njujork fast am andern Ende von der Welt liegt, zählt Njujork deshalb im Vergleich zu Solingen erst mal nicht. Größer als Solingen ist vor allem aber noch Wuppertal, das ist ja 'ne große Stadt um die Ecke von uns, und die haben da sogar 'ne Straßenbahn, die nicht auf der Straße fährt, sondern über der Wupper schwebt, und deshalb heißt die bei den Wuppertalern auch nicht Straßenbahn, sondern *Schwebebahn*, aber mehr weiß ich davon nicht, und damit geschwebt bin ich sowieso noch nicht und will ich auch nicht, weil 'ne Straßenbahn hat verflixt auf der Straße zu fahrn und nicht in der Luft rumzufliegen. Potzblitz – Köln und Düsseldorf falln mir jetzt auch noch ein, dass die als Großstadt in Frage kommen, wo sie doch 'n Dom und 'n Flughafen haben, die beiden Städte müssen bestimmt auch echte Großstädte sein – und wahrscheinlich noch 'n paarmal größer als wie Wuppertal und Solingen ... und sogar beide zusammgenomm!

Jedenfalls ist Solingen fast halb so groß wie Njujork, bild ich mir so ein, oder wie London oder Paris, die liegen auch da draußen irgendwo, und die sind auch ganz schön mächtig groß, deshalb kommen die auch andauernd im Radio vor, und Moskau auch und Tokio und Peking und Rom und so – und auch Berlin! Mensch, da gibt 's ja doch noch 'ne ganze Latte von Großstädten auf der Welt, 'ne Menge mehr als ich vorhin zuerst im Kopp hatte!

Von Solingen hörst de im Radio eigentlich nix, also nicht nur nicht *eigentlich nix*, Solingen gibt 's im Radio einfach nicht, obwohl Solingen so 'ne große Stadt ist ..., wir müssen immer ewig zuckeln, wenn Papa mit uns spazieren will, bis wir irgendwann dann endlich ins Grüne kommen und um die Stadt, über Kohlfurth, Müngsten und Schloss Burg und dem Rüdenstein und Burg Hohenscheid, rum sind, und wenn wir wieder zurück nach Hause zu Oma kommen, ist es schon beinah dunkel, so weit ist das bei uns in Solingen. In Njujork kannst de für so 'ne Tour bestimmt noch 'ne Stunde drauflegen, wenn das reicht. Klar, Njujork wird schon 'ne Ecke größer sein als Solingen, und die haben sowieso 'nen Riesenhafen und 'nen Riesenflugplatz und Riesenhäuser, die bei den Amerikanern *Wolkenkratzer* heißen, und an dem Wort allein merkst de schon, wie hoch die Riesenhäuser in Njujork sein müssen; dagegen hat Solingen überhaupt keinen Hafen, weil wir leben ja nicht am Meer, und mit der Wupper kannst de als Meer auch keinen Staat machen, wo die dazu auch noch stinkt wie Sau, und 'n Hafen bei uns in Solingen wär ja dann wohl der allerallergrößte Blödsinn, den sich einer ausdenken könnte, und 'n Flugplatz brauchst de auch nur, wenn de 'ne Stadt wie Njujork bist, wo alle hinwolln und dann ja irgendwie landen müssen, aber in Solingen will keiner landen, da kommt man höchstens zu Besuch aus der Nachbarschaft, und das kannst de bequem zu Fuß oder mit 'm Bus oder der Straßenbahn oder dem Zug machen, dafür brauchst de beileibe kein Flugzeug – und deswegen auch keinen Flugplatz. Ach ja, wollt ich noch sagen – wegen Njujork – die riesigsten Häuser bei uns in Solingen sind die Stadtkirche und Unter-Sankt-Clemens, also die Türme von denen, und da wohnt kein Schwein drin, höchstens Fledermäuse, und die sind deswegen noch nicht mal Häuser – nur Kirchen.

Obwohl, ... so 'n richtig schöner Hafen wär für uns in Solingen auch gar nicht so übel ..., zugegeben, ist jetzt erst mal Quatsch, aber ich überleg mir oft Sachen, die Quatsch sind, und ich weiß genau, dass sie Humbug sind, und ich überleg sie mir trotzdem, aber drüber quatschen tu ich mit keinem, sonst würden sie mit mir sofort zu Doktor Pfaffrath gehn und bei mir im Kopp nachgucken lassen.

Ich weiß ja auch nicht, wo die Sachen, die mir holterdiepolter zwischendurch einfalln, so herkommen, und es ist vielleicht alles Blödsinn, ... aber die andern haben auch keine Ahnung von nix und wissen auch nicht viel mehr als ich.

Vielleicht ist die Welt nicht einfach so da, festgemauert, und wir müssen gar nicht nur so mit ihr zurechtkommen, wie sie für uns für immer und ewig vor uns liegt, vielleicht – bin ich neulich mal drauf gekommen – sind 's in Wirklichkeit unsre Gedanken, vielleicht ist es unser Herz, wo unsre Welt herkommt, und deswegen ist sie immer so unverhofft und neu und verwandelt sich andauernd, weil nämlich jeder sich in einem durch immer irgendeinen Quatsch ausmalt, und weil das alle Menschen machen, ist die Welt so bunt und dadurch ist das Leben von jedem 'ne Überraschung und bleibt 's auch, weil wir alle weiter in unserm Kopp und in unserm Herz sind und uns was ausdenken und spürn, wie sich das, was wir uns ausgedacht haben, anfühlt und ewig damit weitermachen, und deshalb ist die ganze Welt unendlich, weil wir nicht aufhörn können mit unsern Spinnerein, und deswegen und nur deswegen bewegt sie sich überhaupt, die Welt – wegen dem, was wir uns ausdenken und was wir fühln und sonst nix andres! Was meinst de – könnt doch auch so sein, oder?

Ich bin ja auch erst 'n paar Jahre alt und weiß noch gar nix so richtig. Aber mal 'n bisschen überlegen kann ich schon – und lustige Sachen ersinnen allemal.

Also – wo doch unser Nordbahnhof genau genommen gar nicht mehr so richtig nötig ist, weil da inzwischen nur noch alle Nase lang 'n Zug durchfährt und bei uns anhält, da könnte der doch auch 'n Hafen werden, das Gelände von unserm Nordbahnhof, ... und die Kaimauer von dem Hafen wär dann drüben die hohe Mauer hinter den Schienen beim Großmarkt, wo ich mein Kistenschloss gebaut hab und die beiden Wölfe rumrasen, und die ist ja sowieso schon da und wär wie geschaffen für Schiffe zum Anlegen, und auf unsrer Seite müssten wir die Mauer – wo ich damals mit der Stirn derbe draufgeknallt bin – jedenfalls deutlich aufstocken, klar, sonst schwappt das ganze Wasser aus dem Hafenbecken letztendlich hoch bei uns in 'n Keller rein und bei Osterwinds in die Wohnung, denn die wohnen ja unten in der Parterre, und das darf natürlich nicht sein, deswegen müssten wir da was machen, aber das würden wir ganz leicht hinkriegen, denn der Papa von Hans-Joachim ist Maurer, der von Peter ist Maurer und der von Manfred ist auch Maurer, und die drei Maurer würden das schon geregelt kriegen mit der Kaimauer auf unsrer Seite.

Wenn wir bei uns so 'n Hafen hätten, so viel steht schonmal fest, dann wär der Tunnel bis auf halbe Höhe voll mit Wasser, mindestens, und das Bahnhofsgebäude ständ auch bis zu den Fenstern unter Wasser, und alle, die da noch wohnen, müssten da ganz fix ausziehn. Am Bahnhof würden wir natürlich rechtzeitig fragen, ob sie was dagegen hätten, dass anstelle von Loks und Zügen und Güterwaggons und so ab jetzt nur Schiffe durchfahrn, also, am Nordbahnhof vorbei, aber ich denk, die kämen damit durchaus gut zurecht, die Schaffner könnten ja immer noch die Fahrkarten knipsen, ist doch egal, ob die Fahrkarten zu 'ner Eisenbahnfahrt gehörn oder zu 'ner Schiffsfahrt, knipsen ist knipsen, und die Bahnarbeiter müssten nicht mehr zu zweit andauernd die dicken bleischwern Weichenumleger hin- und herwuchten – die wärn ja dann sowieso tief unter Wasser – sie könnten schön auf 'nem kleinen Motorboot im Hafen rumflitzen und nachgucken, ob die Schiffe und die Kapitäne und die Offiziere und die Matrosen und die restliche Besatzung von denen auch alles richtig im

Solinger Hafen machen, und wenn nicht, kriegen sie die Quittung und tüchtig den Marsch geblasen von den Solinger Bahnarbeitern, sonst können sie mit ihrm blöden Schiff gleich wieder abhaun, und dann setzt es was von unsern Bahnarbeitern, ach, was sag ich, der Solinger Hafenpolizei, mein ich natürlich, aber so weit kommt es meistens dann doch nicht, stattdessen werden die Treppen von dem Schiff aus Übersee ausgeklappt und die ganzen braun gebrannten Passagiere aus aller Herren Länder stolziern mit ihrn Sonnschirmen und Täschchen runter für 'nen kleinen Landausflug und wolln Solingen und das Bergische Land bereisen, und dann klappen sie die Sonnschirme auch schnell wieder zu, weil nämlich keine Sonne da ist, wie meistens nich bei uns in Solingen, und gleich drauf öffnen sie die dann aber auch wieder ganz fix, weil 's nämlich zu pinkeln anfängt, und sie hasten von der Pier hoch zu Osterwinds Waage, wo schon die nächste Gefahr droht – Blanka! Die hatte schon mit den Lastern genug zu tun, und jetzt kommen auch noch die Weltenbummler vom Schiff dazu! Und Blanka weiß überhaupt nich mehr, wo links und rechts ist und mit wem se zuerst anfangen soll.

... Ja, dann müssen natürlich auch noch Hotels her, wo die Reisenden aus aller Welt drin wohnen können, wenigstens für 'n paar Tage, damit sie Zeit haben, sich Schloss Burg anzugucken und mit der Seilbahn fahrn können und die höchste Eisenbahnbrücke von der ganzen Welt auch erleben, jawoll, die Müngstener Brücke – das wolln die ja alle sehn und den Rest von Solingen, und deshalb sind se ja überhaupt in unserm Hafen gelandet!

Mit den Hotels – das ist 'ne verdammt verzwickte Aufgabe, muss ich ehrlich zugeben – de glaubst nicht, wie oft ich dadrüber gegrübelt hab! Ich hätt sie, also die Hotels, am liebsten dahin gesetzt, wo unser Stadttheater ist, von da hätten die Touristen 'nen ganz prima Blick von hoch oben über den Solinger Nordbahnhof, eh, Solinger Hafen von uns, das wär ja auch schön nah zu unserm funkelnagelneuen Hafen, doch unser Stadttheater hat schon so viel hinter sich und liegt immer noch in Schutt und Asche, deshalb sag ich ganz entschieden, die Ruinen von unserm Stadttheater sind unantastbar, aber hundertprozentig – es sei denn, sie bauen ein brandneues Stadttheater an der Stelle – da kommen mir jedenfalls keine Hotels hin! ... Auch wenn 's schon 'n prima Plätzchen für 'n paar Hotels zum über unsern Hafen gucken wär, das muss ich schon zugeben.

Weißt de, das blöde an 'ner Großstadt wie Solingen ist, dass de dadrin keinen Platz findest. Da wohnst de schonmal in 'ner echten Großstadt, aber wenn de dadrin Raum für deine Pläne brauchst, bist de einfach gefangen und kommst kein Millimeter voran mit deinen Ideen, weil die Welt für dich zugenagelt und kein freier Platz dafür da is – deswegen sind Großstädte überhaupt nich so groß, wie se sich selber einbilden.

Mensch, wenn de was Neues machen willst, und wenn de was Altes dafür abreißt, nur damit de 'n paar piekfeine neue Hotels hinbaun willst, dann tut dir das dein Leben lang leid und de würdst ewig heuln. Was Neues machen, das hätt ich immer im Sinn – aber kaputtmachen will ich auch nix.

... So geht mir das immer mal wieder ..., da denk ich mir so irgendwas, irgendnen Kokolores, aus, und dann leb ich dadrin, als wenn 's wahr wär, und wenn ich rauskomm und wach werd, muss ich mir erst mal die Augen reiben, weil ich selber nicht weiß, was ausgedacht und Traum oder wirklich und Wahrheit ist. Glaub mir – grade jetzt, wo ich das aufschreib, hab ich keinen Schimmer, was wahr ist. Du?! Also ich jedenfalls nich.

Wo ich mir grad die Augen wisch – mit dem Hafen, das darf gar nicht sein, weil dann wärn ja die ganzen Balken ebenfalls alle unter Wasser und futsch, und ich käm nicht mehr zu den Ahörnern hin und könnt nicht mehr rauf nach oben und bis nach Köln gucken, und die ganzen Lurchis müssten auch schlagartig umziehn, und ich würd sie nie mehr wiederfinden, und nicht mal Paletten und Kartons könnten wir mehr von KONEJUNGS abstauben, weil alles weg und tief unter Wasser wär, na ja, die Paletten und anderen Holzklamotten würden wahrscheinlich eher oben im Hafenbecken rumdümpeln und den Kapitänen und den andern Schiffsleuten in die Quere kommen und auf die Nerven gehen – doch das wär dann insgesamt 'n verdammt schön trauriger Anblick.

Nee, das lassen wir mal lieber mit dem Hafen bei uns am Nordbahnhof – ist viel schöner ohne. Außerdem ist Solingen ja sowieso nicht am Meer und da käm deshalb ja auch nie und nimmer überhaupt 'n Überseedampfer hin, und deshalb ist das mit dem Solinger Hafen alles reinster Blödsinn – vergiss es einfach, war nur so 'ne bekloppte Idee von mir. Vor allem – woher sollen wir überhaupt so viel Wasser für 'n Hafen zum Vollmachen herkriegen?! Also, alles nur Papperlapapp von mir! Und Bahnhof bleibt Bahnhof!

Fest steht aber, dass Solingen 'ne Großstadt ist und in Solingen die ganzen Messer gemacht werden, das weiß ja jeder, und auch die Gabeln und Löffel, deswegen ist Solingen auch so weltberühmt. Stell dir mal vor, es gäb keine Löffel und Gabeln und Messer, dann könnt keiner mehr was essen, und alle würden auf der Stelle verhungern, und das wär ganz schön schlimm, wenn keiner mehr auf der Welt wär, außer die, die mit Besteck sowieso nix zu tun haben und auch so klarkommen, also die ganzen Tiere und Würmer und Vögel und so, und vor allm de Kaulquappen; denen musst de mal 'n Messer in der Pfütze vor die Nase legen, da würden die vor Schreck aus 'm Tümpel hüpfen, können sie aber nicht, weil das könn sie erst, wenn sie aus 'n Windeln raus sind und wenn sie 'n Frosch geworden sind, und dann haben sie mit 'm Besteck immer noch nix im Sinn; 'n Besteck braucht nämlich keiner, außer wir Menschen, aber wenn de mal genau hinguckst und drüber nachdenkst, brauchen wer selbst eigentlich auch kein Besteck, wir haben doch Finger, wie die Frösche sie haben, und ich glaub, in Afrika da unten und bei den Indianern da essen sie sogar auch immer noch mit den Fingern und ganz ohne irgend 'n Besteck und kriegen 's mit dem Essen auch prima hin. Also, wenn ich richtig drüber nachdenk, ganz so wahnsinnig wichtig sind wir Solinger mit unserm ganzen Besteckgedöns nun auch wieder nicht.

Egal – Afrika is Afrika, und die Neger und die Indianer dürfen auch mit den Fingern futtern, wenn se 's mit dem Essen nich anders können, ganz wie se wolln – wir essen jedenfalls mit Besteck, und deswegen ist Solingen schon 'ne wichtige Stadt – wie sie 's hinkriegt, für die ganze Welt klasse Messer und Gabeln und Löffel zu machen; 'ne Stadt, die das draufhat, muss schon ganz schön groß und bedeutend sein, sonst könnt se das mit dem *weltberühmt* nich schaffen.

Und die ganzen Solinger haben fast alle was mit diesen Sachen, also Messer machen und so, zu tun und arbeiten dabei mit, dass jeder auf der Welt anständiges Werkzeug zum Essen haben kann; auch Papa, der ist nämlich Scheifschleimdreher – nee, jetzt hab ich's wieder – der ist *Schleifscheibendreher*, und der hat im Leben noch kein Besteck gemacht und wird er wohl auch nie, aber damit die, die die ganzen Messer und Gabeln und Löffel machen, überhaupt was zu tun haben und mit ihrer Arbeit weiterkommen, brauchen die ja vorher Papas Schleifscheiben, damit das ausgestanzte Besteck so geschliffen werden kann, dass es auch angenehm in 'n Mund reinpasst und zu was taugt, also anständig schneiden und aufpiken und schaufeln und so, dafür muss die vorher auch erst einer erst mal machen, die Schleifscheiben – und das ist nämlich Papa, der die macht, da unten bei BECKMANN in seiner Fabrik am Entenpfuhl. Klar, Papa war bestimmt nicht der einzige Schleifscheibendreher in Solingen, da gab 's sicher hunderte, wenn nicht sogar 'n paar tausend, und die haben von morgens bis abends nix andres gemacht als die Schleifscheiben gedreht und hergestellt und so zurechtgemacht, damit das mit dem ganzen Besteck am Ende was wird und die blitzsauber und akkurat geschliffen werden können.

Aber wie ’ne Schleifscheibe, bevor sie rund und überhaupt ’ne Scheibe ist, wirklich gemacht wird und aus welchen Sachen, da hab ich keine Ahnung von, und da hat mir Papa auch nicht so recht was von erzählt, wahrscheinlich, weil er ’s selber nicht genau weiß. Da müssen ’ne Menge klitzekleine sauscharfe Klamotten, kantige Steinchen zum Beispiel oder sogar Edelsteinchen, drin sein, sonst würden diese Schleifscheiben nicht so fein schleifen können, und die Besteckmacher könnten die Messer, Gabeln, Löffel und Schern überhaupt nicht so prima in Form und zum Glänzen bringen, wie sie ’s ja nu ma tun. Ich glaub, hinter Papas Schleifscheiben steckt ’ne ganze Menge mehr als wie einer vermutet.

Jetzt bin ich von dem schön fertigen Besteck auf das Ausstanzen und die Schleiferei von dem gekommen – da muss ich auch noch eben erzähln, was vor ’m Ausstanzen passiert und auch was vor ’m Schleifstein ist, denn bevor das Blech für ’s Ausstanzen und der Schleifstein zum Besteck schleifen da ist, muss da ja vorher noch was andres sein, und so is es ja auch tatsächlich.

Weißt de was, ich kann ’s eigentlich selber nicht glauben, hat Papa mal beim Abendbrot erzählt und wusste dadrüber auf einmal wieder richtig gut Bescheid, das ganze Besteck ist, also bevor es überhaupt Besteck ist, zuerst flüssig und tausendmal heißer als unsere Kochflamme auf ’m Küchenherd, kannst de dir das vorstelln? Da sind se in Wirklichkeit noch gar nix, Besteck auf jeden Fall noch lange nicht, da kannst de von dem noch nicht mal ’ne Spur sehn, aus denen kann genauso gut ’n Gullirost oder ’ne Mülltonne oder ’n Hufeisen oder ’ne Bahnschiene werden, meinetwegen auch ’n Löffel, aber das is ganz ungewiss, was aus dem brodelnden Zeug mal wird. Aber wenn das ganze heiß glühende und flüssige Eisen kalt wird, und alles wird ja irgendwann mal kalt, und da die Eisenklumpen so rumliegen, werden sie in schöne gleichmäßige Stücke gesägt oder lang und breit platt gewalzt, bis sie ganz dünn sind, und dann sagt einer, der heißt, glaub ich, *Meister*, also, der Meister sagt dann, da wird dies und da wird das draus, und das Blech geht nach Solingen, weil die müssen Besteck machen und drängeln schon, weil sie kein Blech mehr für ihr Besteck haben. Und dann kriegen SCHÄFERS zum Beispiel die Bleche, die sie brauchen, um das Besteck da rauszuhaun.

So oder so ähnlich läuft das nämlich.

Und mit den Schleifscheiben ist es nicht viel anders. Bevor die prima Schleifscheiben sind, mit denen de richtig schön sauber was schleifen und poliern kannst, Besteck oder Schern oder sonst was, muss einer aus dem verbacknen Steinklotz ’ne runde saubre Scheibe drehn, und das muss einer verdammt gut können, wenn die nämlich nicht genau geformt und nicht kreisrund sind, die Schleifscheiben, fliegen sie dem Kerl, der später das Besteck schön zurechtmachen will, um die Ohrn, und dann hat er verlorn, eh, vielleicht sogar sein Leben. Deswegen sind die ganzen Schleifscheibendreher in Solingen so unheimlich wichtig, erst mal, dass es überhaupt genug Schleifscheiben gibt, damit das viele Besteck astrein fabriziert werden kann, und zweitens, dass die Schleifscheiben wirklich picobello sind und kreisrund laufen – weswegen, hab ich ja grade genau erklärt. Papa ist bestimmt einer der besten Schleifscheibendreher von Solingen – und damit automatisch von der ganzen Welt! So pingelig, wie Papa immer mit uns zu Hause ist, ist er todsicher auch mit den Schleifscheiben, die er zu bearbeiten hat – da kannst de aber dreimal Gift drauf nehmen!

Der Entenpfuhl, da wo BECKMANN, also Papas Fabrik, ist, ist an sich ’ne ganz schöne und bunte Ecke, mit ’nem hübschen Park, also mit Rasen und allerlei Blumen und ’nem Mauerhalbrund aus kleinen Felsbrocken, damit warn die Tulpen in dem Hochbeet eingefasst, das gleich hinter unserm Rücken an der Parkbank lag. Da warn wir sogar auch öfter mal mit Oma – und da gibt ’s auch Bilder von – und wir haben da alle zusammen Papa abends von seiner Arbeit abgeholt und sind rechtzeitig vom Entenpfuhlgarten rüber zu BECKMANN, wo alle Arbeiter rein- und rausmarschiern und haben da noch ’ne Minute oder so gewartet, bis Papa da mit seiner Aktentasche, wo sein ausgegessener Henkelmann, sein leeres, zusammengefaltetes Butterbrotpapier und die zerknitterte Bildzeitung drin warn, so gegen sechs Uhr abends auch rauskam, und Papa war jedes Mal – war ja doch nicht so ganz oft – verdutzt, dass wir ihn da beim Tor von BECKMANN allesamt in Empfang genommen haben. Du – da hat Papa sich ja so gefreut, als seine ganze Familie da vor dem Tor von seiner Fabrik stand, und ich durfte sogar 'n Stück lang seine Aktentasche nehmen, und dann sind wir vom Entenpfuhl hoch Richtung Kaufhof, und von da an hat dann Gitti Papas Tasche tragen dürfen, bis er sie am Mühlenhof wieder selber übernommen hat, denn für uns Kinder war die auf die Dauer doch 'n bisschen zu schwer und lästig, aber wir mussten beim Marsch nach Hause etwas sachte machen, weil wir ja Oma auch bei uns hatten, und die war nicht mehr ganz so hurtig und zwischendurch öfter mal aus der Puste, und da mussten wir 'ne Sitzbank suchen und 'ne kurze Ruhepause einlegen.

Wenn ich 's mir genauer durch 'n Kopp gehn lass, müsste Papa nach seiner Arbeit eigentlich immer dreckig wie 'n Schwein gewesen sein, von dem ganzen Schleifstaub und Schleifwasser und Öl und was sonst noch bei seiner Arbeit durch die Luft und ihm ins Gesicht und auf die Klamotten flog, doch davon haben wir nie was gesehn, weder als er bei BECKMANNS aus 'm Tor kam und genauso wenig, wenn er alleine abends wieder bei uns zu Hause durch die Wohnungstür reintrudelte und seine Aktentasche absetzte und seinen Mantel auszog. Wenn Papa von seiner Arbeit kam, sah er immer wie geleckt aus, als wenn er den ganzen Tag im Büro gesessen hätt. Wie Papa das hingekriegt hat, ist mir bis heute schleierhaft. Vielleicht hatte BECKMANN ja 'ne Dusche, so was gibt 's ja heutzutage, da hab ich von gehört, damit kannst de dich von oben bis unten abspüln, zwischendurch dich einseifen und schön sauber rubbeln und dich zum Abschluss nochmal genüsslich in den warmen Regen von der Brause stelln ..., könnt ja sein, dass Papa deswegen nach seiner Arbeit immer so sauber und gepflegt daherkam – aber von 'ner Dusche oder 'ner Brause oder so was hat Papa nie was gesagt.

BESUCHE

Sonntags haben wir immer Besuch gekriegt, also nicht immer, aber doch oft, und das war meistens samstags oder sonntags. Da kamen Tante Ursel und Onkel Franz mit Iris und Hartwig, und Oma hat ihrn Streuselkuchen auf den Wohnzimmertisch gestellt, und das Doppelbett von Mama und Papa war jetzt wieder 'n Sofa, und auf meinem Bett lag 'ne große Decke, die sah fast aus wie 'n Perserteppich oder so, auf dem Tisch stand 'n frischer Strauß Rosen oder Nelken oder Narzissen, und unser Wohnzimmer war bis in die letzte Ecke prima rausgeputzt. Da haben wir alle zusammen Kaffee getrunken und Omas Streuselkuchen gegessen und, wer wollte, hat sich auch noch Schlagsahne draufgehaun. Wir Kinder, außer Iris, weil die war schon 'n bisschen erwachsen, haben natürlich keinen Kaffee gekriegt, sondern Limonade oder Malzbier, je nachdem, was wer wollte. Onkel Franz und Papa haben sich gegenseitig begeistert von ihrer Arbeit vorgeschwärmt, wobei ich gar nicht mehr weiß, wo Onkel Franz überhaupt genau gearbeitet hat, jedenfalls haben die beiden Männer ganz schön mit ihrer Arbeit rumgeprahlt, obwohl sie doch beide viel größer warn als nur schiere Fabrikarbeiter, denn die warn ja beide in Wirklichkeit Landbesitzer – haben sie auf jeden Fall immer betont – und eigentlich gehörte denen beide jeder 'n eigner Bauernhof mit ganz viel Feldern und Wald drum rum, wenn der Russe ihnen das nicht weggenommen hätte und sie von zu Hause hätten wegfliehn müssen, und Oma hat Tante Ursel haarklein gezeigt, wie man einen Bezug für 'ne Bettrolle häkelt, und Mama hat danach in der Küche gestanden und nochmal frischen Kaffee gebrüht. Iris war die größte von uns Kindern und war schon fast 'ne Frau und hatte schon was in ihrer Bluse drin, wie Fraun das so haben, und Hartwig, der kleine Bruder von Iris, fängt in so eim Jahr mit mir zusammen in der Volksschule Klauberg an, aber erst nächstes Jahr, und Gitti hat bei Oma auf 'm Schoß zwischen den ganzen Wollknäuln gesessen. Irgendwann, da wurd 's schon langsam düster, haben wir *Voigts*, so heißen Tante Ursel, Onkel Franz, Iris und Hartwig nämlich zusamm mit Nachnamen, also *Voigt* heißen die und nicht Voigts, nach unten zur Haustür begleitet, und wir Kinder haben vorher noch schnell nochmal 'ne Limonade gekriegt, weil Iris und Hartwig mussten noch richtig weit bis nach Hause latschen, aber Tante Ursel und Onkel Franz haben keine gekriegt, denn die hatten ja schon genug Kaffee getrunken, und wir haben Voigts nach Hause gewunken, bis sie um Osterwinds Ecke zur Haumannstraße hoch verschwunden warn.

Genauso oft haben wir selber aber auch Voigts besucht, aber dazwischen kamen auch oft Liedmanns zu uns, doch die warn nicht zu Fuß, nee, die kamen mit ihrm eignen Auto, das war 'n Goggo, und später mit 'nem größeren, der hieß ja KÄFER, und der sah auch genauso aus, also wie 'n Käfer, und solche VW-KÄFER fuhrn bei uns auf den Straßen überall rum – wie Sand am Meer.

Liedmanns haben auch Omas Streuselkuchen bei uns aufgetischt bekommen und Kaffee, und Liedmanns Jungs, Frank und Peter, haben auch Limonade oder Malzbier, je nachdem, gekriegt, ist ja klar, und wenn die richtige Jahreszeit war, hat Mama aber auch noch 'n Tortenboden gebacken, frische Erdbeern drauf verteilt, mit zuckersüßem Tortenguss bedeckt, Schlagsahne steif gerührt und die oben auf der Torte mit dem Spritzbeutel in hübschen Röschenmustern aufgebracht. Ob uns das wohl geschmeckt hat?! Wir haben Mamas Erdbeertorte ruckzuck verputzt, so gut hat die geschmeckt ... und haben uns danach gleich wieder an Omas Streuselkuchen rangemacht!

Onkel Ewald und Tante Mietze, das warn die Eltern von Frank und Peter, haben immer so viel und so schön zu erzähln gehabt, dass Gitti und ich gar keine Zeit zum Spieln mit Frank und Peter und für Limonade hatten, und das war riesig spannend, und wenn Mama mit der Limonade ankam, haben wir die öfter mal auf den guten Wohnzimmerteppich geplempert, weil wir beide nicht bei der Sache warn und nur an den Lippen von Tante Mietze und Onkel Ewald hingen.

„Nu reißt euch ma 'n bisschen zusammen!" rüffelte Mama dann, und Oma klopfte mit ihrer Stricknadel an den Tischrand, und Mama beeilte sich, 'n Seifenlappen aus der Küche beizubringen, damit sie die Limo schnell aus 'm Teppich rubbeln konnte.

Voigts und Liedmanns haben uns immer abwechselnd besucht und wir die auch, wobei Voigts auf 'm Weg zu Liedmanns wohnten, aber wenn wir zu Liedmanns unterwegs warn, sind wir bei Voigts einfach an der Haustür von denen vorbeimarschiert, weil man immer nur eine Sache auf einmal machen kann, und wenn wir Voigts besucht haben, sind wir ja bis Liedmanns gar nicht erst gekommen.

Egal wen wir von den beiden Familien besucht haben, wir mussten immer an Unter-Sankt-Clemens vorbei, das ist 'ne Riesenkirche, und wenn wir kurz vorm Kaffee, so um vier Uhr am Nachmittag, dadran vorbeispaziert sind, dann ballerten die großen Kirchenglocken dermaßen, dass Gitti und mir Hörn und Sehn verging, und Mama und Papa sind mit uns an der Hand zügig weitergelaufen, um dem dröhnenden Glockengeläut zu entfliehn. Kurz nach Unter-Sankt-Clemens wohnten, direkt auf 'ner spitzen Ecke von zwei Straßen direkt im Parterre, Onkel Franz Fischer und Grete Braatz. Die haben wir auch manchmal besucht, weil die auch aus Pommern warn, genauso wie Mama und Papa, und wenn da auf 'm Weg einer aus derselben Ecke wohnt wie de selbst, dann guckst de da natürlich mal eben rein, aber natürlich nicht, wenn de zu Voigts oder Liedmanns musst, dann höchstens auf 'm Rückweg, wenn dann dafür überhaupt noch Zeit ist ..., denn morgen is ja auch noch 'n Tag.

Liedmanns wohnten jedenfalls in der *Klingenstraße*, und zwar fast ganz oben kurz vor der *Krahenhöhe*, und Papa hat Gitti das letzte Stück meistens getragen, weil die Klingenstraße so was von steil ist, dass so kleine Kinder wie Gitti da nicht von alleine die ganze Strecke raufkommen. Aber Liedmanns hatten so ein schönes Holzhäuschen mit 'nem klasse Hinterhof, wo 's dann auch schon wieder richtig steil runterging, und nebenan wohnten Witschers, die hatten auch noch 'n Pferd und 'n paar Kühe und Schweine, und man konnte richtig ins Grüne und auf die umliegenden Bergrücken gucken.

Nach dem Kaffee ging Onkel Ewald mit Papa und uns großen Jungs, also Frank und mir, meistens durchs hüglige Gelände hinterm Haus und zeigte uns da alles, und das war ganz aufregend, denn manchmal kam da 'n Fuchs um die Ecke geschossen, aber nur ganz manchmal, eher 'n Kaninchen oder 'n Hase, wobei ich gar nich weiß, wo der Unterschied zwischen den beiden is, außer dass 'n Hase braun und 'n Kaninchen meistens nich braun is; und dann flitzten ewig viele Eichhörnchen rum, die warn aber alle rostbraun, durch die Bank, und Frank erzählte mir, bei ihm hätte schonmal auf 'm Kopfkissen 'n Eichhörnchen geschlafen und hätt ihm nach 'm Aufstehn beim Zähneputzen im Badezimmer zugeguckt.

„Wirklich!?" Das fand ich riesig aufregend – 'n Eichhörnchen auf 'm Kopfkissen! Vielleicht hat Frank ja auch nur geflunkert ... oder das Ganze geträumt.

Jedenfalls hatten Onkel Ewald und Papa die Geschichte von dem Eichhörnchen auf Franks Kopfkissen und bei seinem Zähneputzen auch mit aufgeschnappt, und Onkel Ewald haute Papa wie bekloppt auf die Schultern, und Papa hatte was mit den Augen, denn der rieb sich andauernd mit seinem Taschentuch dadrin rum und lachte sich halb tot.

Als wir wieder im Haus warn, goss Onkel Ewald für sich und Papa zwei winzig kleine Gläser mit irgend 'nem Wasser ein, und Tante Mietze sagte stirnrunzelnd: „So früh am Nachmittag schon?!"

Und Onkel Ewald prustete: „Wir haben unsere Gründe!"

Und Papa hinterher: „Wir wissen, was wir tun." Aber zum Schlucken kam er erst mal nicht, weil er schon wieder das Taschentuch vor den Augen hatte – und alles nur wegen 'nem Eichhörnchen bei Frank auf 'm Kopfkissen und bei seim Zähneputzen.

„Jetz aber, Hugo – prost! Gleich noch einen hinterher? Auf eim Bein kann man nich stehn, weißt de doch."

Papa drehte sich um zu Tante Mietze und Mama und rief: „Mietze, Frank hat uns die Sache mit dem Eichhörnchen erzählt, oder weißt de da gar nix von – darauf müssen wir noch einen."

„Marta." Und Tante Mietze legte ihrn Arm um Mamas Schultern. „Lass uns mal rausgehen – und unsre Männer in Ruhe lassen."

Derweilen sind Gitti und ich hinter Frank die enge Treppe hochgetürmt und in sein Zimmer rein und haben uns erst mal alle Kissen, die uns unter die Finger kamen, um die Ohrn gehaun und an die Köppe geschmissen ... bis es Abendessen gab; da mussten wir Kinder wieder nach unten ins Wohnzimmer, und wir hatten Hunger wie die Tiere, und es hat so prima geschmeckt, vor allm die Wurstsachen, denn Tante Mietze arbeitete ja in der Woche beim Fleischer nebenan, und alles, was auf 'm Tisch lag, war ganz frisch von gestern.

Dann wurd 's aber auch ruckzuck Nacht, und Mama scheuchte: „Hugo, lass uns ma losgehn, bevor wer überhaupt nix mehr sehn könn."

„Marta, ich fahr euch schnell mit dem Wagen nach Hause – versteht sich doch von selbst", sagte Onkel Ewald. „Lasst euch ruhig noch 'n bisschen Zeit ..., wo wer so gemütlich beisamm sind." Und dann sind wir Kinder alle beim Fernsehgucken eingepennt und haben uns, wo grade Platz war, in die Kissen und bei unsern Eltern eingekuschelt.

Irgendwann, spät am Abend, müssen Mama und Papa Gitti und mich aus dem Auto hoch in unsre Wohnung getragen, ausgezogen und in unsere Betten gelegt haben – denn am nächsten Morgen lagen wir beide dadrin und haben uns den Schlaf aus den Augen gerieben.

DAS ZWEITE EI

Mama ist mit mir gemütlich runter zum Entenpfuhl gewandert, zu Doktor Pfaffrath, unserm Kinderarzt, das war ja da ganz in der Nähe, wo Papa gearbeitet hat und der kleine Park und auch unsere Solinger Badeanstalt war, wo wir öfter, auch sogar mal zusammen mit Oma, zum Papa von der Arbeit Abholen warn, und der Doktor Pfaffrath ist 'n uralter Kinderarzt, also 'n paar Haare hat der noch, aber die kannst de zähln.

Jedenfalls war ich nicht nur aus Spaß mit Mama bei Doktor Pfaffrath, sondern wegen meinem *Hoden*, erklärte Mama mir auf unserm langen Weg runter zum Entenpfuhl – der fehlte nämlich immer noch, also der zweite von denen, denn jeder richtige Junge muss zwei von denen haben. Ich hätte aber bis jetzt nur einen, der andre war futsch oder einfach noch nicht da oder was weiß ich, und worum 's da so genau ging, wusste ich sowieso nicht.

„Was is 'n Hoden, Mama?"

„Eh ... eh", stammelte Mama.

„Ja, was is denn jetz 'n Hoden?!"

„... Dir fehlt noch 'n kleines Ei da unten in der Hose." Mama zeigte beim Weitermarschieren verlegen mit ihrm Zeigefinger unten auf meine Lederhose, dahin, wo mein Piepmatz steckt.

„Wer gehn damit ma einfach zu Doktor Pfaffrath", nuschelte Mama und drückte mir beim Laufen 'n nasses Küsschen auf die Stirn. „Damit de groß und stark wirst, Ulrich, dafür brauchst de die ... also beide."

Von Hoden wusste ich bis dahin gar nix, und Eier kannte ich nur vom Frühstückessen, und die warn mir alle piepeschnurzegal, also die zwei Hoden oder meinetwegen auch die Eier von mir. Klar, Gitti und ich sahn so untenrum 'n bisschen verschieden aus, deswegen war Gitti eben 'n Mädchen und ich 'n Junge, mehr mussten wer nich wissen, und das hat uns beide auch überhaupt nicht gejuckt.

Mir war dieser Kram mit dem Hodenmist so was von nebensächlich, und ob ich einen Hoden oder zehn hab, über so 'n Quatsch hab ich überhaupt nicht nachgedacht, obwohl, ... Oma war neulich schonmal richtig nervös und hat zu Mama und Papa rübergewispert: „Mokt mol wat – dat is wichtig för us Ulriker!" Da hab ich schon halbwegs gemerkt, dass da was bei mir nicht ganz in Ordnung war. An Gitti ist das alles vorbeigegangen – die wusste von meinen Hoden genauso viel wie ich von ihr untenrum wusste, nämlich gar nix.

Wie sich dann – auch für mich – bei Doktor Pfafftath rausstellte, muss man sich da unbedingt drum kümmern, wenn irgendwo 'n Hoden nicht zu sehn ist, und das Kümmern macht am besten ’n Kinderarzt, denn der kennt sich mit Kindern und mit kleinen Jungs am besten aus, und damit der auch rauskommt, also nicht der Kinderarzt, sondern mein Hoden, hat Doktor Pfaffrath mir seit unserm Besuch damals alle paar Tage mit ’ner dicken Spritze in den Popo gepikt, das war zuerst ganz schön grauselig, und das ging mehrere Wochen lang so weiter, dass ich irgendwann sogar total an das Monstrum von Spritze und dem Gepikse langsam gewöhnt war, und Mama ist mit mir in den nächsten Wochen bestimmt zwanzigmal runter zum Entenpfuhl und wieder zurück nach Hause gelatscht, so wichtig war das mit meinem zweiten Ei. Und jedes Mal auf ’m Heimweg vom Entenpfuhl zur Van-Meenen-Straße haben Mama und ich ’n Eis geschleckt, das wer uns bei unserer neuen italienischen Eisdiele geholt haben. Deswegen fand ich ’s am Ende bei Doktor Pfaffrath und die blöde Herumlauferei überhaupt gar nicht mehr so schlecht – im Gegenteil.

Und dann war – über Nacht – mein zweites Ei auch tatsächlich da, wo ’s hingehört! Und – weißt de was? Es war Mama, die sich am allermeisten über das zweite Ei von mir gefreut hat. Aber Oma war auch mordsstolz, als es endlich am rechten Fleck steckte – und Papa bestimmt auch, aber der hat nie kein Wort über mein vergessenes Ei verlorn.

WO ICH IN DIE SCHULE KOMM

MEINE EINSCHULUNG

Jeder kommt mal in die Schule. Ich bin 1958 in die Schule gekommen. Das steht auf meinem Einschulungsfoto drauf, da ist nämlich 'ne kleine Schultafel unten rechts vor mir aufgestellt, also kommt drauf an, von wo aus man guckt, von mir aus oder vom Foto aus – egal, da steht mit Kreide in Schulschönschrift draufgeschrieben *Mein 1. Schultag – 1958* – sonst wüsst ich das auch nicht, und Hartwig Voigt hat auch mit der Schule angefangen, und wir sind beide zusammen in die Volksschule Klauberg gekommen, und da warn wir sechs Jahre alt oder so, denn jeder kommt mit sechs oder so in die Schule, und das war bei uns beiden eben 1958 so weit. Da sind wir beiden Jungs dann jeden Morgen aus verschiedenen Richtungen hingegangen, also da hat Mama mich von unsrer Van-Meenen-Straße her hingebracht, und Hartwig ist von seiner Mutti, das war ja Tante Ursel, von der Paulstraße aus dahingeführt worden, und Hartwig und ich haben aus unsern Schulranzen unsre Tafeln und Griffel rausgeholt und auf unser kleines Pult vor uns gelegt und unsern eignen Namen draufgekrickelt – den konnten wir beide nämlich schon recht vernünftig schreiben, zumindest Hartwig und ich hatten das schon drauf. Das konnten aber noch längst nicht alle andern! Doch wenn die Griffel von Hartwig und mir so auf dem Schiefer von der Tafel kreischten und alle das Friern kriegten, war das alles andre als schön für den Rest unsrer Schulbande und für uns beide genauso wenig – doch Füllfederhalter oder Kugelschreiber durften wir noch nicht, und damit umgehn konnten wir ja auch noch gar nicht ...

Jetz aber mal von vorne:

Bevor wir richtig in der Schule drin warn, kam ja erst mal die Einschulung, das war da, wo sie das Foto mit *1958* drauf von mir gemacht haben, da hat der Fotograf mit seinem Fotoapparat, den er auf ein dreibeiniges Gestell montiert hatte, bestimmt hundert Bilder von uns Erstklässlern gemacht, und einen nach dem andern mit seinem Tornister und seiner Schultüte im Arm geknipst – wobei aber mindestens die Hälfte von uns Mädchen warn – und jeder von uns hatte ein und dieselbe Tafel vor den Füßen stehn, wo draufgeschrieben war *Mein 1. Schultag – 1958*.

Bei meiner Einschulung war ich, genau genommen, schon sechseinhalb; ich hätte auch schon 'n Jahr früher mit fünfeinhalb Jahrn in die Schule kommen dürfen, doch der Schularzt, der die frischen Schulkinder untersuchen und unter die Lupe nehmen musste, meinte damals, ich wär noch 'n bisschen mickrig, und ich sollt ruhig noch 'n Jahr länger zu Hause bei Mama und Papa bleiben.

Zu der Einschulung, das war Ostern 1958, sind wir in die Kirche, in die große Stadtkirche von Solingen, und da haben wir alle, das warn die ganzen Mamas und Papas und Geschwister und Omas und Opas und Onkels und Tanten von uns, gebetet und gesungen, zum Beispiel *Nun danket alle Gott* und *Großer Gott, wir loben dich* und *Steht auf, ihr lieben Kinderlein* und noch viele andre schöne Kirchenlieder, und dazwischen hat der Pastor, in langer schwarzer Robe und 'nem schneeweißen Kragen, 'ne ellenlange Rede gehalten, dass wir Kinder aus der neuen ersten Klasse richtig hibbelig wurden und an unsern großen bunten Schultüten, die wir ja alle bei uns im Arm trugen, rumgefummelt und geknistert haben, und Mama hat mir ins Ohr geflüstert:

„Lass das ma bis nachher – jetz is die Predigt ... hör da ma schön zu."

Aber der Pastor hat überhaupt kein Ende gefunden und so Sachen vom Himmel und von der Hölle gebrabbelt und dass Jesus unser Retter ist, weil der nämlich ein Wunder nach 'm andern vollbracht hat – aber diese Geschichten kannten Gitti und ich ja alle sowieso schon aus unserm Kindergottesdienst – und außerdem tat mir der Popo schon verdammt weh von der Holzbank in unsrer Stadtkirche und Gitti auch, und die guckte an die Decke und aus 'm Fenster und hat sich zwischendurch die Augen gerieben und in der Nase gepopelt und laut gegähnt, dass Mama *Brigitte!* in die Kirche rufen musste und sich deshalb ganz rot geschämt hat. Zum Abschluss von seiner elend langen Rede hat der Pastor aber noch die Kurve zu unserm Schulanfang gefunden und uns kleinen Schulanfängern *Eine schöne und freudige und erfolgreiche Schulzeit* gewünscht.

Endlich konnten wir raus aus der Stadtkirche, und die ganzen Papas haben ihre Kinder mit den Schultüten im Arm einer nach 'm andern nochmal vor der Kirchentür postiert und fotografiert. Papa hat mich auch geknipst, aber da war Hartwig auch mit drauf, und Onkel Franz, der ja der Papa von Hartwig ist, hat seinen Hartwig fotografiern wolln, aber der hatte jetzt dummerweise seine Schultüte irgendwo verbummelt und liegen gelassen, und so 'n Einschulungsbild ohne Schultüte machen, ist ja auch blöd, aber Onkel Franz hatte sowieso kein Bild mehr in seinem KODAK-Fotoapparat drin, und deswegen ist Hartwig auch nur auf Papas Bild aus seiner AGFA-Kamera bei mir mit seiner Schultüte drauf.

Doch mit der Kirche und dem ganzen Fotografiern war das noch längst nicht das Ende von der Einschulung, denn dann sind wir überhaupt erst mal von der Stadtkirche aus zur Schule hin, die meisten mit ihrn Autos, aber wir Matthiasens hatten ja überhaupt kein Auto – noch nicht mal 'n Fernseher hatten wir – und Voigts, also die Familie von Hartwig, die hatten auch kein Auto, und so sind wir zusammen mit noch 'n paar andern Familiengrüppchen, die alle ebenfalls kein Auto hatten, zu Fuß spaziert, und als wir 'ne halbe Stunde später an der Volksschule Klauberg eintrudelten, standen die ganzen VWs und Goggos und DKWs und Fords und Opels und Mercedes schon schön aufgereiht am Straßenrand direkt neben dem Jägerzaun von unsrer Schule. Und dann, da vor der Volksschule Klauberg, mussten wir neuen Schulkinder, mit unserm Tornister auf 'm Rücken und unserer Schultüte im Arm, uns zu zweit aufstelln und an die Hand nehmen, und dann sind wir Paar für Paar hinter einem Mann her, der war fürchterlich blond, genauso hellblond wie Tante Grete, und sind auf den Schulhof draufmarschiert, und die älteren Schulkinder, die grade in der Pause von ihrm Schulunterricht warn und dabei ihre Pausenbrote gemampft haben, haben andauernd *I-Dötzchen, I-Dötzchen!* zu uns rübergerufen und uns Neuen 'ne lange Nase gemacht, dass wir alle gar keine Lust mehr auf Schule hatten und am liebsten nach Hause wollten; aber der blonde Mann hat uns in Zweierreihe in das Gebäude reingeführt, und ich hab Hartwig ganz fest an der Hand gehabt und er mich auch, aber unsre Schultüten warn immer noch zu und wurden langsam richtig schwer im Arm und im andern auch, wenn wir mal gewechselt haben, und unsere Mamas und Papas und die andern mussten alle draußen bleiben, weil in der Schule haben die nix zu suchen, nur die Schüler und Lehrer und sonst keiner, denn in der Schule gibt es nur lauter Klassenzimmer, und da passen sowieso nur die rein, die da reingehörn, also die Schulkinder und die Lehrer, und außer denen hat da keiner was drin zu suchen.

Aha – so sieht also 'n richtiges Klassenzimmer aus!

Der schneeblonde Mann, der uns dahin mitgenommen hat, war bestimmt 'n Lehrer, so wie der sich aufführte, und der sagte: „Jeder setzt sich mal bitte auf irgendeinen Platz, ja? Und eure Schultüten legt ihr einfach vorsichtig auf den Fußboden, ja?" Das war vielleicht ein Gerödel, bis wir alle mit unsern dicken Klamotten gesessen haben.

„Herr Lehrer, is das da 'ne Wandtafel?" rief eins von uns Kindern.

„Eh ... ja, schon – dazu kommen wir aber später. Nun erst einmal: Ich heiße Herr Lauer, und ich bin euer Klassenlehrer, und wie ihr alle heißt, finden wir jetzt zusammen heraus, einverstanden, ja?"

„Mir is warm!“ rief wieder mal der vorlaute Bursche von vorhin. Recht hatte der aber, wir andern fingen auch das Schwitzen an.

„Dann zieht ruhig eure Jacken und Mäntel aus.“ Wir Erstklässler sind alle wieder raus aus den Schulbänken und haben alle unsere Sachen vorne neben Herrn Lauer auf einen Haufen geworfen und sind dann wieder zurück in unsre Schulbänke gerutscht.

Herr Lauer hat dann befohlen: „Jetzt schmettern wir alle einmal, so laut, wie wir irgendwie können ‚JA‘ – ja?“ So was Beklopptes hatte ich ja noch nie gehört – und das in der Schule! So 'n Blödsinn, schon gleich an meinem ersten Schultag! Ob se uns hier wohl auch was Vernünftiges beibringen ...?!

JA! haben wir dann doch aber alle zusamm ganz laut geschmettert, wie Herr Lauer uns aufgefordert hatte, und ich auch, und ich hatte plötzlich 'n schönes Kribbeln auf 'm Rücken – nur allein vom JA-Brülln. Komisch.

„Und jetzt gehen wir einmal für ein paar Minuten alle zusammen hinaus auf den Schulhof, ja?“

„JA!“ Und da war 's wieder, das Kribbeln beim JA-Rufen.

Auf 'm Schulhof war aber überhaupt nix los, denn die älteren Schüler hatten alle Unterricht und warn Gott sei Dank von der Bildfläche, mit ihrm blöden I-Dötzchen-Geblöke, und wir Kleinen hatten für uns schön 'n bisschen Zeit und Ruhe, den Schulhof richtig zu begutachten, und Herr Lauer hat uns aufgemuntert, ruhig mal überall nachzugucken und auch rumzuklettern, und das haben wir alle auch gemacht, aber so viel zu spioniern und rumzutoben gab 's da auch nicht grade, weil das war nur 'n Hof mit dem Jägerzaun drum herum, und 'ne Schaukel gab 's auch nicht und 'ne richtige Rutsche erst recht nicht, nur 'n ödes angerostetes buntes Klettergerüst, na ja, wir warn ja auch nicht im Kindergarten, und in die Schule geht einer sowieso ja nicht zum Spieln und Rumhampeln, sondern zum Lernen – aber 'n bisschen was Lustiges und Aufregendes auf 'm Schulhof wär schon ganz schön gewesen.

Gestunken hat 's irgendwo, da draußen auf 'm Klauberger Schulhof; außen am Jägerzaun von der Schule dackelte 'n Gärtner mit 'ner Schubkarre rum und verstreute mit 'ner Riesengabel ab und zu irgend so 'n Mistzeug auf die Beete und an die Hecken, dass ich mir die Nase zuhalten musste und für demnächst wusste, in diese Ecken geh ich, wenn 's Pause ist, erst mal nicht mehr wieder hin.

Dann hat die Pausenklingel gebimmelt, und die ganze Bande von den alten Schülern kam in mehreren Pulks aus 'm Schulgebäude raus auf den Schulhof gestürmt, und wir Kurzen sind wieder schnell zu zweit rein in unser Klassenzimmer, bevor sie uns 'ne lange Nase machen und wieder ihr blödes *I-Dötzchen* gröln, und dann fing 's auch schon mit unserm Unterricht an, aber nur 'n ganz bisschen und ganz behutsam, und da malte uns Herr Lauer mit all seinen bunten Kreidestiften die Klauberger Volksschule an die Tafel, und zwar fast so ähnlich, wie se wirklich aussieht, dass wer Kinder alle von den Socken warn, außer wenn die Kreide auf der Wandtafel gequietscht hat, dass wer uns am liebsten wieder unsre Jacken angezogen hätten – und wir hatten ja auch immer noch unser Butterbrot von zu Hause in der Hand und haben dadran rumgemümmelt und warn damit noch längst nicht fertig.

Herr Lauer sagte: „Kinder, esst ruhig langsam zu Ende – wir haben doch Zeit.“ Er blickte aus dem Fenster und dann auf seine Armbanduhr und wieder aus 'm Fenster und wieder auf seine Uhr und zuletzt auf die Tafel, wo er drauf rumgekliert hatte, und grinste heimlich vor sich hin. Auf die Schultafel, da würd ich auch ma gern was draufmaln – oder schreiben sogar!

„Ernst wird 's erst ab morgen“, sagte Herr Lauer ganz besonnen. „Aber nur so ein klitzekleinwenig ernst – da müsst ihr gar keine Angst haben. Ab morgen fangen wir nach und nach mit dem Lesen und Schreiben und Rechnen an, ja? Wollen wir das so machen?“

„JA!“

Viel ist ansonsten in unsrer ersten Schulstunde nicht passiert – um ehrlich zu sein, eigentlich gar nix – außer dass wir mal kurz draußen auf 'm Schulhof warn, uns unsere Stullen von zu Hause in den Bauch geschlagen haben und Herrn Lauer beim Malen an der Wandtafel zugeguckt und 'n paarmal laut *JA!!* gerufen haben. Als es nach unsrer ersten Schulstunde wieder zur Pause klingelte, konnt ich jedenfalls noch nicht rechnen und auch nicht lesen und schreiben auch nicht – außer meinen Namen, also meinen Vornamen, aber den konnt ich ja sowieso schon vorher, hab ich ja erzählt, und das war bei Hartwig nicht viel anders.

Das mit dem Butterbrot war wirklich 'ne prima Idee von Mama, denn wenn de mal so 'ne knappe Stunde auf 'ner Schulbank rumhocken und auch andauernd aufpassen musst wie 'n Spitz, damit de alles von Herrn Lauer aufschnappst – auch wenn das am ersten Schultag nun wirklich nicht weltbewegend war – da kriegst de echt Kohldampf, und das, ohne dass de dich überhaupt von der Stelle rührst. Die Mamas von den andern I-Dötzchen, eh, Erstklässlern, wussten aber genauso gut Bescheid, denn die warn auch alle am Futtern, also nicht die Mamas, die andern Kinder mein ich natürlich. Aber du glaubst ja nicht, wie kurz 'ne Pause ist – kaum hat 's gebimmelt, ist sie auch schon fast wieder vorbei, und de musst dich richtig beeiln, dass de beim nächsten Klingeln fix wieder in die Klasse und auf deinen Platz in deine Schulbank reinkommst.

„Kinder, lasst euch ruhig Zeit", rief Herr Lauer uns wieder zu, als alle von unsrer Klasse recht atemlos aus der Pause zurück in unser Schulzimmer reingehastet kamen, weil wir dachten, wenn wir nicht beim Klingeln sitzen, ist der Herr Lauer, der ja jetz unser Klassenlehrer war, womöglich sauer auf uns.

„Hat 's euch denn geschmeckt?"

„JA!" Haben wir alle aus einer Kehle gerufen. Mir auf jeden Fall – Mama hatte mir nämlich Schweizer Käse draufgelegt, weil mir der immer so schön schmeckt.

„So – Kinder." Herr Lauer baute sich vor uns auf und fuchtelte mit 'nem Zeigestock rum, doch zeigen tat er uns damit nix so richtig was. „Machen wir mal weiter – also fangen wir mal richtig an ..., sozusagen."

Irgendwie schien Herr Lauer auch nicht zu wissen, wie *das Anfangen* genau geht, und er guckte kreuz und quer durch die Klasse, und wir neuen Kinder guckten auch von hier nach da durch die Klasse, und ich dachte, vielleicht kann er uns ja mal langsam das Lesen oder so beibringen, wo wir schonmal hier rumsitzen und, ja – mit der Schule loslegen sollten.

Doch Herr Lauer hat *das Loslegen* mit unserm Schulunterricht schließlich doch ganz, ganz anders gemacht als wir I-Dötzchen das erwartet hatten.

„Wie heißt du denn?" fragte Herr Lauer irgendein Mädchen aus unsrer Klasse.

„Marlies heiß ich", sagte das Mädchen, das saß ganz vorne in der ersten Schulbankreihe.

„Dann steh' mal bitte auf, Marlies, und komm' nach vorne. Aber nur, wenn du wirklich möchtest. Magst du?"

Marlies mochte – und zwar wirklich. Marlies hatte ganz knallbunt geringelte Kniestrümpfe an und hat sich immerweg am Kopp in ihrn strohblonden Locken gekratzt und dabei auch noch ganz blöd gegrinst, als wenn sie nicht bis drei zähln könnte, aber das musste die ja am ersten Tag in der Schule auch noch gar nicht können, und Herr Lauer hat sie aufgemuntert:

„Marlies, willst du mal an der Tafel etwas malen – irgendein Bild – einfach irgendetwas, was dir so in den Sinn kommt?" Und Herr Lauer hat dabei sein eignes Bild von der Klauberger Schule mit 'nem dicken nassen Schwamm von der Tafel gewischt, sodass die ruckzuck wieder blitzsauber war.

Marlies wollte wie verrückt ... was an unsre Tafel maln, und dann hat sie sich die dicken, bunten Kreideklötze vorne an der Schultafel gegriffen, und da war sogar Blau und Rot und

Gelb und Grün und alles Mögliche andre dabei, und sie hat 'n ganz riesengroßes Bild auf die dunkelgrüne Wandtafel geschmissen und als sie damit fertig war, und das ging richtig flott, hat sie sich zu uns in der Klasse umgedreht, ihre goldigen Locken geschüttelt und wieder ganz blöd gegrinst, als wenn sie se nicht alle hätte, und ich mochte die Marlies nicht, denn so 'n tolles Bild hätt ich selbst nie hingekriegt – und ich war sauneidisch auf die Marlies.

Das Bild von der Marlies war nämlich richtig schön und klasse und so bunt – aber was es war, konnt ich beim besten Willn nicht erkennen, vielleicht 'n Hund im Garten oder vielleicht auch 'ne Katze auf 'm Schornstein oder 'n Schiff auf 'm Mond, du, das war so 'n wildes Durcheinander und 'n einziges Farbenmeer und gefächerte, großzügig geschwungene Linien dazwischen, ich konnt 's einfach nicht auseinanderklamüsern, wollt ich irgendwann auch gar nicht mehr – das Bild an der Tafel war einfach nur sauschön und ganz toll für mich, und die ganzen andern aus unsrer ersten Klasse haben auch nur mit offner Klappe an unsre große Schultafel geglotzt und sind aus 'm Staunen nicht mehr rausgekommen, wie die Marlies das da so hingezaubert hat – und das am ersten Schultag! Und das Ganze hatte mit Schreiben, Lesen und Rechnen noch nicht mal was zu tun – aber rein gar nix!

„Marlies?" Die hat vor der Tafel mit ihr 'm Bild gestanden, wieder ihrn Lockenschopf geschüttelt und uns zugelacht und sich 'n ganz bisschen am Kopf gekratzt.

„Marlies!" rief Herr Lauer nochmal etwas lauter, denn Marlies war wohl am Träumen. „Das hast du ganz toll gemalt – und könntest du uns auch noch erklären, was genau du da gerade gemalt hast?"

Und Herr Lauer fügte hinzu: „Dein Bild ist nämlich recht abstrakt – wenn du weißt, was ich meine." Ich selbst jedenfalls hab nicht verstanden, was Herr Lauer mit *recht abstrakt* meinte – andererseits hatte ich ja auch keinen Schimmer, was Marlies ihr Schultafelgemälde darstellen sollte, außer dass es superbunt und einfach primaschön war.

„Und Marlies? Lass doch einmal hören!" bohrte Herr Lauer weiter, und Marlies zog sich mal kurz ihre bunten Ringelstrümpfe hoch über ihre Knie.

Das war für Marlies überhaupt nicht schwierig zu beantworten, denn sie hatte das Bild an unsrer Tafel ja grade erst selbst dahingekratzelt: „Das is 'n Segelboot, das rettet 'nen Hund aus 'm Meer, und das Runde is de Sonne, die guckt da zu, und wo 's blau wird und ganz durchenander geht, fängt der Himmel an, und da fliegen Engel, die spieln mit klein Lämmchen, und da oben in der andern Ecke ..."

„Ja gut, Marlies", unterbrach Herr Lauer ganz vorsichtig und höflich, und der Rest schien ihn doch im Einzelnen nicht mehr so zu interessieren. „Dein Bild bleibt jetzt auf jeden Fall so lange auf der Tafel, bis wir die – na ja, unbedingt für etwas anderes benützen müssen. Versprochen."

„Aber jetzt fangen wir auch mit dem Schreiben und dem Rechnen an – und Marlies, danke schön, du kannst dich jetzt gerne wieder setzen." Doch Marlies hat immer noch ewig da vorne neben Herrn Lauer vor ihrm Bild rumgegrinst, und sie hatte gar nicht kapiert, dass es so allmählich Schluss mit ihrer Vorstellung war.

„Marlies, nun setz dich bitte mal in deine Bank, ja?!" Da hat Marlies 'n Knicks zu Herrn Lauer hin gemacht und ist zurück in ihre Bank gehuscht.

„Jetzt legt ihr mal alle eure Tafeln auf euer Pult, und eure Griffel daneben, ja? Aber in aller Ruhe." Das war ein Geklapper, und Hartwig und ich haben uns gegenseitig beim Auspacken geholfen, denn unsere Ranzen haben wir ja alle zum ersten Mal so richtig aufgemacht und ausgepackt, und Hartwig wusste überhaupt nicht, ob seine Tafel seine oder meine war – und ich auch nicht. Aber wir warn ganz zufrieden dabei und Herr Lauer auch, denn er hat 'ne Zeit lang gar nix gesagt und uns allen nur so zugeguckt und geschmunzelt, wie wir da beim Rödeln mit unsern Tornistern und unsern Tafeln und Griffeln und unserm ganzen Gedöns warn.

„Weiß einer schon, was eins und eins ist?“ fragte Herr Lauer plötzlich aus dem Blauen.

„Ungefähr zwei!“ hab ich wie aus der Pistole gerufen.

„Du musst dich melden, wenn du etwas sagen willst, ja? Und *ungefähr* gibt 's im Rechnen nicht, doch das kannst du natürlich noch alles nicht wissen. Du heißt ...?“

„Ulrich Matthias.“

„Ulrich – eins und eins ist ...?“

„Weiß ich nich.“

„Gut – wir fangen ja auch gerade erst an. Morgen früh treffen wir uns wieder, hier in eurem schönen Klassenzimmer, und dann machen wir das noch schöner – und malen alle jeder erst einmal ein Bild, und die hängen wir alle an die Wand, damit 's schön farbig und lebhaft bei uns im Klassenzimmer aussieht. Und danach, nach der Frühstückspause, fangen wir dann ernsthaft mit dem Lesen und Schreiben und Rechnen an, ja?“ Da sind wir alle zusammen aufgestanden, haben wie verrückt *JA!* gebrüllt und haben gewartet, bis Herr Lauer raus aus 'm Klassenzimmer war. Beim Weg aus unserer Klasse hab ich die beiden Flügel von der Wandtafel, wo das Bild, das die Marlies dahingemalt hatte, zusammengeklappt, aber das hat die Marlies spitzgekriegt, und die war ganz stinkübel sauer mit mir.

„Lass das gefälligst bleim, Blödmann!“ fauchte sie mich an, als sie ihre Klamotten von vorm Pult von Herrn Lauer aufsammelte.

„Das is nur, damit 's morgen auch noch da is“, hab ich kleinlaut zu ihr gesagt, und da ist sie ganz verlegen und rot im Gesicht geworden und ist mit ihrer Schultüte und ihrm Tornister und ihrm Jäckchen wie 'n wild gewordener Handfeger aus der Schule raus auf den Schulhof zu ihrn Eltern und ihrer Familie gesaust.

Mama und Papa und Gitti und Oma warn auch da draußen auf 'm Schulhof und haben auf mich in der Ostersonne gewartet. Mama und Papa hätten zwar eigentlich zur Arbeit gemusst, aber wenn Einschulung ist, können sich die Eltern von dem Schulkind 'n Tag frei dafür nehmen. Meine Einschulung, alleine nur mit Oma und Gitti, wär ja auch nix Halbes und nix Ganzes gewesen. Gott sei Dank warn wir aber alle zusammen dabei, und alle, also Mama, Papa, Gitti und Oma, haben mich zusammen mit meiner Schultüte umarmt und uns beide, mich und meine Schultüte, fast zerquetscht und sich fürchterlich gefreut, dass ich jetz 'n Schuljunge bin, und Oma kullerten auch 'n paar Tränen runter.

Die Marlies stand mit ihrer Familie auch zusammen in 'ner anderen Ecke vom Schulhof rum, und die haben das gleiche Tamtam und Geknutsche und so veranstaltet wie wir – als Marlies plötzlich zu mir rüberwinkte. Diesmal wurde ich aber rot im Gesicht, das kann ich euch flüstern, ich mein, ich konnt 's ja selber nicht sehn, dass ich rot wurde, aber das spürst de nun mal einfach, das selber Rotwerden – am liebsten wär ich auf der Stelle im Boden versunken oder sonst wie abgehaun.

„Na du?“ flüsterte Mama mir ins Ohr. „Hast de schon 'ne kleine Freundin in deiner Klasse gefunden?“ Und sie hat dabei mit den Augen gezwinkert.

„Nee! Wie Freundin gefunden?!“ Ich wusste gar nicht, wovon Mama überhaupt quatschte.

Als die Marlies und ihre Truppe weg war und ich wohl auch nicht mehr rot im Gesicht, sind wir alle zusammen nach Hause gewandert, und Mama hat zu mir gesagt:

„Wir sind ja hier schon 'n paarmal entlangspaziert, weißt de noch, Ulrich? Trotzdem – guck der das ma noch 'n bisschen gründlicher an, das is ja nu dein Schulweg, da musst de jetz jeden Tag langlaufen.“ Aber das war mir erst mal ziemlich egal, ich wollt endlich, verdammt nochmal, meine Schultüte loswerden und endlich auspacken – so neugierig, wie ich dadrauf war, was in der steckte – doch meine Schultüte musste ich immer noch alleine durch die Gegend schleppen. Papa hätte mir ja auch mal tragen helfen können, aber der hat nur gesagt:

„Weißt das noch, Ulrich – das hier ist nämlich der Zigeunerweg, da musst du immer schön die Augen aufhalten.“

Und Oma hat von hinten geächzt: „Dat dei dat noch jivt, de Zejeuner!"

„Wenn ich in de Schule komm", sagte Gitti, da war 'n wir aber schon fast am Ende vom Zigeunerweg, „will ich nur 'ne ganz kleine, leichte Schultüte, und da soll 'ne Puppe mit drin sein."

„Bis dahin ham wer ja noch ungefähr zwei Jahre Zeit", schäkerte Mama und grabbelte Gitti durch ihre Strähnen.

„So lange noch? Da soll aber trotzdem 'ne Puppe drin sein!"

„Wart 's ab, Brigittchen!"

Zu Hause angekommen, sagte Oma zu mir:

„Kuck mo, Ulriker, jetz büst de as 'n groten Schuljong – lern ewer ock schön – glich gift dat Mirrach."

Und Gitti kroch schon vor ihrn Puppenstuben rum, und auf 'm Herd köchelten langsam schon die Kartoffeln und das restliche Gemüse, und die Koteletts brutzelten leise in der Bratpfanne, und ich durfte endlich die Schleife von meiner Schultüte aufschnürn und die ausschütten – doch da war leider überhaupt nix Aufregendes drin, nur Äppel und und 'ne Banane und 'n Schal und 'ne Pudelmütze aus Wolle und 'n paar Appelsinen und Birnen und 'ne Tüte Gummibärchen und 'ne Tafel Vollmilchschokolade mit Haselnüssen und 'ne blöde kleine längliche Holzkiste. Die war aber, als ich das Ding näher untersucht hab, tatsächlich doch das Aufregendste von all dem Klimbim in meiner Schultüte; da, also auf der Holzschatulle, war 'n prima bemalter Deckel drauf, den man rausschieben konnte, und dadrunter war 'n Fach mit lauter Buntstiften und 'n kleines Fach mit 'nem Radiergummi und 'nem kleinen Eisenklötzchen, da war 'n Messer drin eingeschraubt, von dem ich nicht wusste, wozu das gut sein sollte, und obendrein konnte man das ganze Fach noch zur Seite rausdrehn, und dadrunter war sogar noch 'n Fach, mein lieber Scholli – aber da war leider nix drin, schade.

Oma sagte: „Dat Fach is för später, irjndwann bruckst du nämlich ock 'n Füllfederhalter un 'n Tintenfass." Na ja, für 'n Tintenfass wär in dem Kistchen, egal in welchem Fach, auf jeden Fall kein Platz drin, is aber auch egal, und das konnte Oma sicher auch nicht wissen.

Nach dem ganzen Obst und dem restlichen Gedöns aus meiner Schultüte war der Griffelkasten richtig superspitzenklasse – wie man den schön aufschieben und auseinanderdrehen konnte, was Schöneres hätt ich mir gar nicht wünschen können, denn ohne Griffelkasten kommst de ja überhaupt nicht zurecht, und schon gar nicht in der Schule, und da musste ich ja gleich morgen schon wieder hin.

„Mirrach is fertig!" rief Oma. „Jetz mookt mo fix – süsten wörd dat kalt."

„Mama, mir juckt 's am Fuß wie verrückt!" Und ich fing 'n bisschen das Jammern an, und Mama hat mir meine schönen hellbraunen Lederstiefel, die ich extra zum Schulanfang gekriegt hatte, ausgezogen und ganz erschrocken gerufen: „Kein Wunder, da sitzt ja auch 'ne Wespe drin! Jetz aber raus aus den Socken – wie is die denn da reingekomm?!" Und dann hat Mama mich auf 'n Küchenstuhl gesetzt, und Oma hatte allerlei Tücher und Lappen in der Hand und hat auch 'n bisschen gejammert und auch nebenbei noch schnell 'ne Schüssel mit warmen Wasser gemacht.

Gitti rief: „Wespen sind ganz schlimm. Wenn die dich stechen, juckt es genauso wie bei Bien." Und sie rannte andauernd im Kreis, und sie hatte recht, es juckte auf einmal, wie bekloppt. Und mein Fuß stand in der Wasserschüssel, und ich wollte kratzen – durfte ich aber nicht.

„Woher weißt de denn das mit dem Jucken, du hast doch noch nie 'n Stich gehabt!" fiel mir ein.

„Hab ich wohl!"

„Was denn – Wespe oder Biene?"

„Bienstich."

„Und woher weißt de das mit dem Wespenstich?“ Und der hat vielleicht gejuckt, das ging auf keine Kuhhaut!

„Das kann man sich doch wohl selber denken.“

„Du bist ja so schlau!“

„Bäh!“ Gitti wurde knatschig.

„Selber bäh!“

Mama fuhr dazwischen: „Nu is aber gut, vertragt euch gefälligst – grade jetz, wo 's Ulrich doch so schlimm erwischt hat!“

Da stand mein schlimmer Fuß aber schon 'ne Zeit lang in der Wanne mit dem warmen Wasser, und Oma hat auch nicht mehr geweint, und Mama hat da noch 'ne grün-bräunliche Medizin ins Wasser geschüttet, und als Papa hoch vom Briefkasten kam und fragte „Was is denn hier jetzt auf einmal los?!“ hab ich ganz stolz verkündet: „Ich hab 'n Wespenstich, mitten im Schuh!“ Da ist Papa zusammengezuckt und auch 'n bisschen blass geworden und hat ganz und gar seine Zigaretten vergessen, und Papa hat meinen schlimmen Fuß, der mittlerweile auch derbe geschwollen war, aus der Schüssel gehoben und sich den ganzen Schlamassel mal selbst aus der Nähe angesehn.

„Wenn 's nur juckt, wird 's gut“, hat Papa gesagt und sich hingesetzt und das Radio 'n bisschen lauter gedreht, denn jetzt war 'n die Nachrichten, und die musste er immer hörn, und Mama hat weiter mit Omas Lappen auf meinem Fuß rumgedatscht, und mir ging 's wieder richtig gut, und Mama hätte ewig so weitermachen können.

Am zweiten Schultag, nach 'nem schönen, gemütlichen Frühstück mit warmer Milch und Weißbrot mit Butter und mit dem Dünnen von der Erdbeermarmelade obendrauf, hat Mama mich für die Schule fertig gemacht, mir meinen brandneuen Tornister umgehängt und mich an die Hand genommen und mich zur Schule Klauberg gebracht, ... und mein Wespenstich hatte sich auch prima beruhigt. Schulbeginn war um acht Uhr, das hatte Herr Lauer uns gestern am ersten Schultag nebenbei schonmal eingetrichtert, und wir hatten noch gut Zeit pünktlich anzukommen ..., ehrlich gesagt, mit diesen blöden Uhrzeiten kann ich bis jetz überhaupt nix so richtig anfangen, da muss Mama mir schon sagen, wann was wo losgeht – ich weiß nie, wie viel Uhr es gerade is.

Ich weiß nicht mehr genau ..., nach meinem zehnten oder zwanzigsten von meinen ersten Schultagen sagte Mama zu mir: „Jetzt kannst de das alleine, Ulrich, das mit deim Schulweg, oder? Was meinst de, kannst de?“

Und ich wollt mich nich lumpen lassen und nich wie 'n Depp vor Mama dastehn und hab zu ihr gesagt: „Klar, nix leichter als das.“

„Und wenn was is“, fügte Mama hinzu, „kannst de ja immer ganz fix umkehrn und nach Hause zurückkomm. Wolln wer das ma vesuchen?“

Eigentlich war ich schon seit ein paar Tagen richtig scharf drauf, alleine in die Schule zu gehen, denn die andern Jungs und Mädchen aus meiner Klasse ham das auch gemacht, also sind inzwischen ganz alleine in Klauberg angetanzt und haben angefangen sich darüber lustig zu machen, dass ich immer noch *meine Mama* im Schlepptau hatte. Deswegen kam Mamas Vorschlag mir jetz grade passend.

„Sicher – das schaff ich ganz leicht.“

Der Weg zur Schule Klauberg war ganz geheimnisvoll – ich weiß, das hab ich alles schonmal breitgetreten – denn da kam 'ne Gegend, das war ja der Zigeunerweg, wo unter den riesigen Kastanienbäumen im Gebüsch hinter den Hecken und Zäunen, kaum zu sehn, überall nur flache dunkelbraune Holzhäuser und Hütten standen. Mama und Papa sind mit uns

Gören ja hier früher schon ’n paarmal zur Probe lang gelaufen, damit ich und Gitti später wissen, was uns auf unserm Schulweg so blüht und womit wir fertigwerden müssen.

Der Zigeunerweg hieß ja eigentlich *Kastanienweg*, aber bei uns wurd der nun mal *Zigeunerweg* genannt, weil da lauter Zigeuner wohnen, ham se wenigstens gesagt. Papa hat gesagt, die Zigeuner sind ’n Volk wie wir Deutsche oder wie die Engländer oder Franzosen oder Italiener und so weiter, und Völker gäb ’s ja wie Sand am Meer, aber zum Unterschied zu den normaln Völkern wohnen die Zigeuner nie irgendwo für immer, die wandern in der Gegend rum und klingeln an jeder Haustür, wolln einem Klobürsten und Seife und Fußmatten und sonst so ’n Kram andrehn, und wenn de davon nix wissen willst, klaun die wie die Raben und ziehn dir notfalls auch eins über die Mütze, und dann sind sie auch gleich schon ganz woanders, und keiner kriegt sie zu fassen, und ’ne dunkelbraune Haut haben die zusätzlich auch noch.

Wahrscheinlich hab ich deswegen von den Zigeunern fast nie was gesehn, weil sie entweder in ihrn Hütten am Pennen oder wieder auf ihrer Tour oder sogar auf der Flucht vor der Polizei warn, und deshalb hab ich die braune Haut von den Zigeunern auch nicht so richtig vor die Augen gekriegt, weil dafür musst de dir die ja einmal richtig begucken können – konnt ich aber gar nicht, weil die sich entweder versteckt haben oder schon wieder auf ihrn Streifzügen warn.

Warum die Zigeuner in Solingen überhaupt ’nen eignen Weg mit ihrm Namen haben, das begreif ich sowieso nicht; erstens warn sie ja fast nie da in ihrm Weg, wenn ich da durchgelatscht bin, und das war mittlerweile verdammt oft, und zweitens ..., eh ..., weiß ich jetz auch nicht mehr ..., genau, wer nicht in seiner Straße anzutreffen ist und immer unterwegs ist, hat auch keinen eignen Straßennamen verdient.

Zuerst ist ja Mama immer mit mir mitgegangen, zur Schule Klauberg, nicht nur wegen dem Zigeunerweg, aber zu oberst wegen dem. Da hatte ich meinen hellbraunen Ledertornister auf ’m Rücken und meine neuen hohn Schnürstiefel, wo neulich ’ne üble Wespe mit drinsteckte, und meine Lederhose an, und ich hab Mamas Hand gehalten, und wir sind rechts runter an unserm Nordbahnhof längs und durch den Stichweg bis an die Cronenberger Straße, da musste ich nämlich drüber, und das war ’ne Hauptstraße mit vieln Autos, doch die hatte da, wo ich über sie rüber musste, keine Ampel, und ohne Ampel konnt ich das noch nicht alleine – hauptsächlich deshalb ist Mama mitgegangen, und gar nicht so sehr wegen den Zigeunern, damit ich heil über die Cronenberger rüberkomm, aber trotzdem, durch den Zigeunerweg mocht ich auch noch nicht allein, weil, ... das hab ich ja schon alles auseinanderklamüsert, und das mit der Cronenberger Straße auch schon.

Die ganzen Zigeuner haben bestimmt tagsüber hinten im Gebüsch in ihrn Hütten gedusselt, oder sie warn schon wieder unterwegs, Schuhbürsten und Aufwischtücher und so verscherbeln, jedenfalls gefährlich war das da im Zigeunerweg überhaupt nicht, doch ich hatte ’n Heidenschiss – wegen dem, was die Leute alles so über die Zigeuner und den Weg von denen gequatscht haben.

Als ich das mit *ohne Ampel* an der Cronenberger Straße selbst raushatte, war Mama froh, dass sie mich endlich allein zur Schule laufen lassen konnte, aber der Zigeunerweg war immer noch da, und der blieb auch da – still und grün und düster und geheimnisvoll.

Wenn ich durch den Zigeunerweg durch war, war ich immer heilfroh und hab tief Luft geholt und konnte danach unbeschwert die Klauberger Straße runter zu meiner Schule weitertrödeln. Mittags, wenn die Schule beendet war, hab ich mich aber wieder irgendwie auf den Zigeunerweg gefreut, und weil ’s taghell war, fand ich ’s da beim Durchmarschiern so schön, dass ich manchmal meine Nase über ’n Gartentor gesteckt und mal zwischen den Hecken durchgelugt hab. Aber meinst de, ich hätt da einen gesehn? Im Leben nicht! Nicht mal ’n Hund oder ’ne Katze, geschweige ’nen Zigeuner. Da bin ich dann auch fix weiter, denn wo nix los ist, musst de dich auch nicht groß aufhalten.

In Ehrlichkeit – der Zigeunerweg ist mir inzwischen der schönste Weg, den ich kenn, weil da stehn links und rechts Riesenkastanienbäume, einer nach 'm andern, bestimmt hundert Stück, und dass das Kastanienbäume warn, hab ich daran gemerkt, dass da im Herbst immer eimerweise Kastanien runterprasselten, und das ganze bunte Laub, das da auf 'm Weg rumlag, war wie 'n Teppich aus alln erdenklichen Farben, die de dir vorstelln kannst, und die gaben so 'n lieblich müffeligen Duft ab, fast wie aus 'ner Küche, dass ich am liebsten dageblieben wär. Wirklich, wenn de große, alte Bäume magst, dann musst de mal in Solingen im Zigeunerweg gucken kommen, und wenn die ihre Blätter im Oktober oder November so abschmeißen und auch noch ihre ganzen Kastanien, das ist 'ne Wucht – das musst de wirklich mal erlebt ham!

Fällt mir plötzlich ein – das mit den bunten Blättern können meine Ahornbäume am Nordbahnhof genauso gut, nur, dass sie nicht am Wegesrand stehn, da muss ich immer erst hinklettern, aber mit den ganzen Farben von den Blättern, das machen die Ahörner ganz genauso wie die Kastanienbäume, ... wahrscheinlich machen das alle Bäume auf der ganzen Welt so, und vielleicht auch nicht nur die Bäume.

Du – ich hab sogar schonmal 'n blaues Laubblatt gefunden – wirklich, 'n ganz dunkelblaues, noch viel blauer als der Himmel! Das war aber nicht im Zigeunerweg und auch nicht bei uns am Nordbahnhof, das war unten an der Müngstener Brücke direkt neben der muffigen Wupper, als Papa mit Mama und Gitti und mir da rumgestromert ist; das hab ich mir in die Hosentasche gesteckt, damit ich 's nachher Oma zeigen kann, und ich hab 's, zurück von unserm Marsch, aus der Hosentasche rausgefummelt, aber da war das Blatt von dem Baum gar nicht mehr blau, nicht mal mehr rot oder grün oder 'ne andre schöne Farbe, es war ganz einfach nur schmuddeligbraun und fast schon schwarz, und da hab ich 's Oma auch nicht mehr zeigen wolln, ... das blaue Blatt.

Auf meinem Schulweg musste ich jeden Tag zweimal durch den Zigeunerweg, und da war 's immer ganz ruhig und schön, und die Zigeuner war 'n bestimmt richtig froh, dass sie in 'ner so schönen ruhigen Gegend wohnen konnten und die Leute sie in Ruhe ließen, weil alle ganz fürchterlich Angst vor ihnen hatten und deswegen meistens lieber woanders langgegangen sind.

„Papa, du bist doch bestimmt schonmal von 'nem Zigeuner überfalln worden?!"

„I wo – wie kommst du denn da bloß drauf!" Papa legte das *SOLINGER TAGEBLATT* auf den Küchentisch und seine Zigarette auf den Rand vom Aschenbecher, drehte unser Radio leiser und blickte mich verwundert an.

„Weil Ihr immer sagt, dass die Zigeuner ganz gefährlich sind und dass wir am besten nich alleine durch den Zigeunerweg gehn solln und so."

„Na ja, so genau weiß ich das auch nicht", beschwichtigte Papa und guckte fragend zu Mama rüber. Die stand aber am Waschbecken mit ihrm Rücken zu uns und hatte die Teller und Tassen und Messer und Gabeln und Löffel bestimmt schon zum dritten Mal abgetrocknet – sicherlich, weil se nix über die Zigeuner reden wollte.

„Zumindest sollen die immer 'n Messer in der Tasche haben", fügte Papa zögernd hinzu. „... Sagen die Leute so."

„Echt?! Das muss man den auf alle Fälle wegnehm!" Ich war ganz empört und bin von meinem Stuhl aufgesprungen.

„Aber du nicht, junger Mann! Das ist doch wohl sonnenklar, oder!?"

Das war so was von klar, und hab mich wieder auf meinen Stuhl plumpsen lassen ..., aber ich fand das ganz aufregend mit den Zigeunern – keiner kannte einen Zigeuner, aber erzählt haben sie alle möglichen bösen Sachen von denen, und ich wüsste gern mal, was die Zigeuner über uns so quasseln; die schimpfen bestimmt genauso über uns wie wir über sie – und was wirklich wahr ist, ... weiß der Teufel.

... Das Allerschönste am Zigeunerweg war, dass Mama mit Gitti und mir aus den Kastanien, die wir drei da im Herbst aufgesammelt haben, und mit Papas Streichhölzern Kastanienmännchen und Kastanientierchen draus gebastelt hat, und die standen dann bei uns in der Küche auf der Fensterbank und wo sonst noch Platz war – fast bis Nikolaus und Weihnachten. Doch da erzähl ich vielleicht später nochmal was drüber, weil ... jetz is ja längst noch nich Herbst und Weihnachten sowieso nich.

Du wirst es nich glauben! Eines Tages auf 'm Nachhauseweg von Klauberg hab ich doch die Zigeuner gesehn, und nicht nur einen oder zwei, nee, ganze Familien mit ihrn Hunden und Katzen rannten da durch ihre Gärten, und ich war schon drauf und dran, schnell abzuhauen und nach Hause zu spurten, so 'n Schiss hatte ich, da lief mir aber doch 'n ganz winziges wuscheliges Hundebaby vor die Füße, dass ich auf der Stelle haltmachen musste! Das Hündchen hat mich von unten ganz hilflos und flehend angeguckt, und es hat am ganzen Leib gezittert, weil sein flauschiges Fell doch noch ganz dünn und zart war. Da hab ich 's hochgenommen, das Hündchen, und schnell in meinen Anorak mit eingewickelt und rumgeschaut, wo 's denn wohl hingehören könnte – und da stand plötzlich ein brauner Riese von Mann vor mir, dass ich am liebsten vom Erdboden verschwunden wär.

„Das ist aber ganz lieb von dir", sagte der dunkle Hüne mit samtweicher Stimme, „dass du *Flicko* gerettet hast – das Bürschchen ist uns nämlich vorhin wieder mal entwischt." Und der Mann – das war todsicher 'n gefährlicher Zigeuner – streichelte über das Köpfchen von dem kleinen Racker in meim Arm, und der schleckte auch sofort die Hand von dem braun gebrannten Mann.

„Willst du den vielleicht zurück in sein Körbchen bringen?" Der Zigeuner hat mich dabei ganz freundlich von oben runter angeguckt.

„Ja, schon", antwortete ich bedächtig und 'n bisschen ängstlich. „Ich soll aber nicht mit fremden Leuten mitgehn ... "

„Du, da haben deine Eltern auch ganz recht", sagte der Zigeunerriese zu mir. „Komm, ich nehm dir Flicko dann mal ab, und du gehst jetzt schön weiter nach Hause, ja?"

Ich bin erleichtert weitergezogen, und er winkte mir nach und rief noch lachend hinter mir her: „Beim nächsten Mal bin ich ja dann kein Fremder mehr, oder?"

Der war wirklich nett, der Zigeuner, und als ich die Geschichte zu Hause erzählt hab, haben alle zugestimmt, dass der wirklich nett und überhaupt nicht gefährlich war, der Zigeunermann. Aber bei den Zigeunern vom Zigeunerweg bin ich dann doch nie drin im Haus gewesen – hat sich nicht mehr ergeben, obwohl ich da mindestens tausendmal entlanggeschlendert bin, und ich wär saugerne mal mit reingegangen in so 'ne Zigeunerhütte, und ich hab mich regelrecht nach dem kleinen wolligen Flicko-Hündchen gesehnt, dass ich mal gucken kann, wie es in seim Körbchen schlummert und so.

Ehrlich – der Zigeunerweg mit seinen ganzen riesigen Kastanienbäumen ist der schönste Weg auf der Welt, und dass der zu meinem Schulweg gehört, ist wirklich 'n Riesenglücksfall, denn durch den darf ich ja jeden Tag durchlaufen, morgens auf 'm Weg zu Klauberg und mittags wieder zurück nach Hause. Und weißt de was – wenn da jetzt doch mal 'n paar Zigeuner zu sehn sind und in ihrm Garten rumstrolchen oder mit der Sense ihre Wiese mähn oder mit 'nem Spaten ihr Land umgraben, dann winken sie mir immer zu und die Zigeunerkinder kommen ans Gartentörchen gerannt und haben ganz große Kulleraugen und sind ganz dunkelbraun und gucken ganz lieb und freundlich und neugierig, und die kleinen und großen Hunde, die hinter ihnen rumspringen, wedeln alle mit 'm Schwanz. Das Schlimmste, was mir im Zigeunerweg passiert ist, als ich da so an ihrn Hecken vorbeigebummelt bin, war, als mir 'n paar ganz dicke Kastanien von oben direkt auf die Birne geprasselt sind! Da hab ich 'nen verdammten Schreck gekriegt, das kannst de aber glauben. Aber das hat außer mir und meiner Birne sonst keiner mitgekriegt, und dafür konnten die Zigeuner nun wirklich überhaupt nix, höchstens die Kastanienbäume.

So ist das nämlich mit dem Unheimlichen – da hast de vor allem Möglichen 'nen Heidenschiss, vor dicken Bärn und Wölfen, die dich auffressen, und dunkelbraunen Zigeunern mit aufgeklappten Messern in der Hand, und da sind 's dann doch nur 'ne Handvoll Kastanien, die dir von hoch oben auf 'n Kopp trommeln und dir in Wirklichkeit den Schreck einjagen – und von Wolf und Bär und mordsgefährlichen Zigeunern weit und breit keine Spur! Außer Eichhörnchen gab 's im Zigeunerweg nix Wildes, die flitzten da andauernd rum und die Bäume rauf und runter, dass de denen kaum mit deinen Augen folgen konntest, dabei dachte ich immer, wo die kleinen Viecher rumjachten, sind die großen, gefährlichen Biester auch nicht weit weg – warn sie aber gar nicht. In unserm Zigeunerweg gab 's weit und breit nie was Gefährliches. 'Ne Ecke, die friedlicher und besinnlicher als unser Zigeunerweg ist, gibt 's auf der ganzen Welt nicht!

Ich muss es nochmal sagen, damit 's auch hängen bleibt, der Zigeunerweg, eh, Kastanienweg, ... eh, egal ..., ist und bleibt der schönste und friedlichste Weg von der ganzen Welt! So – damit das endgültig klar ist!

VOM RECHNEN - UND VON MÄDCHEN UND JUNGS

„Herr Lauer?"

„Ja, bitte?"

„Sind deine Kinder auch hier in der Schule?"

„Eh ..., du bist doch der Ulrich Matthias, oder?"

„Ja, bin ich."

„Das mit dem Aufstehen vor dem Lehrer hast du noch nicht begriffen, scheint mir." Da stand ich aber auch schon wie 'ne Kerze.

„Ist gut, lass mal – du, Ulrich, ich habe gar keine Kinder, zumindest bisher nicht. Du machst ein Gesicht, als wenn du noch etwas sagen möchtest."

Ich stammelte: „Das is aber nich gut, ... denn Mama und Papa ham sogar zwei, ... wo ich nämlich einer von den beiden bin, ... und ich hab sogar noch 'ne Schwester."

„Na, sieh' mal einer an. Und jetzt gehen wir mal wieder ganz hurtig ans Lernen, ja?"

Herr Lauer war für mich ein ganz wichtiger Mann, gleich hinter Papa, denn Herr Lauer war unser Klassenlehrer, und 'n Klassenlehrer ist was ganz Besonderes, denn den gibt 's nicht zweimal, genauso wie Papas. Bei Herrn Lauer hatten wir nämlich Lesen, Schreiben und Rechnen und sogar auch Turnen, aber das war nicht nur Turnen, sondern auch 50 Meter laufen und Weitspringen und Weitwerfen, das war mit so 'nem kleinen Ball aus Lederflicken, doch der war pickepacke mit Sand oder Blei gefüllt, so schwer und knallehart wie der war. Schnell rennen, das heißt im Sport *Sprinten*, und weit springen konnt ich nicht so gut wie die andern, aber werfen konnt ich den kleinen schwern Ball weiter als alle andern zusammen, und deswegen – auch wenn das Schnellrennen und Weitspringen bei mir unter aller Kanone war – hab ich wegen den Punkten, die ich mit dem Weitwurf gemacht hab, auch fast immer 'ne Urkunde gekriegt und einmal sogar 'ne Ehrenurkunde, weil ich nämlich dafür die 45 Punkte erreicht hatte, und nicht nur 30 wie für 'ne normale Urkunde, das war aber nur, weil mir aus Versehn zusätzlich auch noch 'n 4,20-Meter-Weitsprung rausgerutscht ist, und über 4 Meter bin ich bis dahin noch nie gekomm.

Ganz prima konnt ich aber – schreiben! Was ich aufgeschrieben hab, das konnte jeder sofort lesen, so schön deutlich war meine Schrift. Und Rechnen, mein lieber Mann! Wenn Herr Lauer ankam mit „Wie viel ist drei mal achtundachzig?“ hab ich sofort gerufen: „Moment – 250 oder so, vielleicht.“

„Hör' mal zu, mein Sohn, das habe ich schon ein paarmal mit dir durchgekaut, im Rechnen gibt es kein *oder so* oder *ungefähr* oder *vielleicht*! Entweder es stimmt bis aufs i-Tüpfelchen, oder es ist falsch – also: 3 x 88 ist?!“

„Weiß ich nich – 264 – oder so?“

„Nun setz' dich erst einmal wieder hin, Ulrich, vom Wissen weißt du offensichtlich noch nicht besonders viel, ... aber keine Sorge, das kommt schon noch.“

Und du hast auch keine Ahnung von nix hab ich so bei mir gedacht, weil was hat Rechnen mit Wissen zu tun?! Höchstens mit Rechnen – aber Wissen ist ja doch nicht nur rechnen können, sondern noch was ganz Andres zusätzlich dabei – da war ich mir ganz sicher.

Aber beim Vorlesen konnt ich sogar *Eine feste Burg ist unser Gott* richtig vorlesen, weil bei der *Burg* ist hinten 'n dickes, knurriges *R* drin, und die andern haben das *R* in der *Burg* immer schludrig ausgesprochen oder sogar ganz verschluckt – aber ich nicht, und deswegen hatte ich im Lesen immer 'ne Eins.

Besser als ich – außer im Vorlesen – war nur noch Stephan Holz, der war aber auch schneeblond und ganz zart und hat in der Weltgeschichte rumgeguckt, als wenn er mit der Schule Klauberg eigentlich gar nichts zu tun hätte, aber wissen tat der immer alles, und Stephan Holz hat sowieso mit kaum einem was zu tun gehabt, so klug, wie der war; ich aber schon – mit Hartwig, denn Hartwig hab ich gern an der Hand gehabt, wenn wir zu zweit gehn mussten, und er mich auch, und wir beide konnten 's gut miteinander und uns ganz tolle Sachen ausmaln, und die haben wir dann zusammen gespielt. Aber es war auch nicht nur eitel Sonnenschein, wir beide haben auch viel Mist gemacht und haben uns, nur zum Beispiel, gegenseitig zwischendurch Haselnüsse oder Eicheln an den Kopp gepfeffert, und den Mädchen haben wir Juckpulver, das sind die Samen, die bei den knallroten Hagebuttenfrüchten innen drin sind, in den Kragen gestoppt und uns kaputtgelacht, wenn die wegen ihrer ganzen Juckerei und Kratzerei nur noch gekreischt haben.

„Ihr Blödmänner – ihr seid ja so bescheuert!“

Das hat uns beiden Jungs überhaupt nix gemacht, weil Jungs sind nämlich stärker, und Mädchen quatschen nur und lachen, wo 's nix zu lachen gibt, und verstehn nicht mal, dass ... ach, is auch egal; auf jeden Fall verstehn Mädchen gar nix und Gitti auch nicht, weil die ist ja auch 'n Mädchen.

Das ist sowieso das Allerschlimmste, wenn 'n Mädchen noch eins trifft und schlimmer noch, noch eins, da kannst de nur noch wegrennen, das Gequatsche hält kein Mann aus, weil Mädchen sind nur am Quasseln und Giggeln und vielleicht am Haare kämmen und höchstens noch am Fingernägel sauber machen, und wenn 'n Junge vorbeikommt, rufen sie *Bäh!* oder *Ätsch!*. So ist das nämlich mit den Mädchen.

Doch da gibt 's auch noch 'ne andere Seite zwischen uns Jungs und den Mädchen – wenn bei den Jungs 'n Mädchen langgeht und ihre langen Haare schüttelt, dann renn die Jungs erst mal alle durcheinander und drohn dem andern Jungen *Wenn de mer noch einma auf de*

Füße trampelst – dann ...! Und solche Sachen machen die Jungs und können sich richtig gegenseitig an die Gurgel gehn und spieln ganz verrückt, weil se sich einbilden, das gefällt den Mädchen, und da baun wir Jungs uns richtig auf – fast wie 'n Hahn – und benehmen uns, als wenn wer se nich alle beisammenhätten.

Egal was für 'n Quatsch wir mit den Mädchen veranstalten und sie ärgern, wo wir nur können – in Wirklichkeit möchten wir Jungs gern bei den Mädchen sein, weil sie so toll und so schön und alles sind, ... und irgendwann halten sie bestimmt auch mal ihre Klappe.

... Schnauze halten könn' sowieso nur Männer – und Hartwig und ich sowieso.

SCHEISS WAGGONS

Die Puffer von den Güterwaggons warn ja immer sowas von schmierig, und jedes Mal, wenn wir dadrunter durch sind, haben wir uns jedes Mal dermaßen eingeölt, und unsre Mamas haben mit uns geschimpft, weil sie unsre mistigen Klamotten ja waschen mussten; aber dafür konnten wir Jungs ja auch nix, dass die Eisenbahnschaffner ihre Züge nicht überall gründlich sauber gemacht hatten.

Einen Schaffner hab ich eigentlich überhaupt kaum zu Gesicht gekriegt, deswegen warn die Waggons wahrscheinlich auch immer so verdreckt, weil die sich nicht dadrum gekümmert haben und sich immer woanders rumgetrieben und andauernd Kaffee in ihrm Bahnhof getrunken haben, und ob von denen überhaupt einer für das Putzen von den Loks und den Waggons zuständig ist, weiß ich natürlich nicht, hab da so meine Zweifel, weil die Eisenbahnschaffner ja immer piekfein angezogen sind, mit weißem Hemd und Krawatte und dunkelblauer Uniform; 'n Schaffner ist bestimmt nicht bei der Eisenbahn, damit er sich einschmuddelt, nee, der knipst nur Fahrkarten und gibt einem mal Auskunft, zum Beispiel, wann der nächste Zug nach Hamburg oder sonst wo hingeht und auf welchen Bahnsteig de dich da stelln musst, und wenn der Zug, mit dem de irgendwohin willst, Verspätung hat, klärt er dich dadrüber auf und sagt dir, der Zug nach Hamburg hat leider wegen irgendwas eine Stunde Verspätung, und dann geleitet er dich in den Bahnhofswartesaal und kümmert sich drum, dass du 'ne Tasse Kaffee oder 'n Glas Limonade kriegst, und dabei bleibt sein schneeweißes Hemd natürlich immer blütensauber, und er hält seinen Fahrkartenknipser und sein Fahrkartenlederbuch sicher unterm Arm, und nachdem er dich versorgt hat, geht er wieder hoch auf die Bahnsteige und wartet auf die nächsten Züge, und in irgendeinen von denen steigt er dann selbst ein und fährt mit nach Hamburg oder Köln oder so und guckt nach, ob die Passagiere auch alle für ihre Eisenbahnfahrt bezahlt haben, und der Schaffner macht sich an keiner Ecke schmutzig und wenn er abends endlich von seiner Arbeit nach Hause kommt und sich umzieht, sagt seine Frau: „Das Hemd kannst de morgen ruhig nochmal anziehn – da is ja überhaupt nix dran."

Also, was ich eigentlich sagen wollte – bin ganz aus der Spur gekommen – da gibt 's bestimmt ganz andere Leute als die Eisenbahnschaffner, die die Eisenbahn sauber machen müssen und die 's eben nicht hinkriegen, sonst wärn Joachim, Peter, Manfred und ich nicht andauernd so eingesaut und ölverschmiert, wie wer immer sind, wenn wir unten von den Waggons zurück nach Hause kommen.

Aber wir vier sind ja auch so verdammt neugierig – und wenn da 'n Waggon, den wir gestern noch nicht spitzgekriegt haben, irgendwo über Nacht auf den Schienen rumsteht, dann müssen wir da einfach mal spioniern, und dann kriechst de unter den Stoßdämpfern und unter dem Waggon rum und kletterst auf die Trittbretter und schaffst es manchmal sogar hoch bis aufs Dach, und wenn wir dann nach Hause kommen, sehn wir jedes Mal aus wie die Dreckschweine, und unsere Mamas würden uns am liebsten den Hintern versohln und uns wieder zurück raus zum Bahnhof und auf die Schienen jagen – haben sie aber bis jetzt noch nie gemacht.

Joachim Zillmer, Manfred Polenz, Peter Hochmann und ich haben tatsächlich zusammen mal eine Waggontür aufgekriegt und die richtig weit offen geschoben. Wir dachten, da gibt 's schwer was zu sehen, zum Beispiel 'nen Trecker oder 'ne Bande Hühner oder Kartons voll mit Geldscheinen – aber nix davon, die Bude war einfach gähnend leer, stank nur nach Teer und Mist und sonst was. Dann sind wir da rein und sind wie die Bekloppten rumgesprungen, das hat vielleicht geballert und gerumpelt und gehallt – fast wie sonntags die Glocken von Unter-Sankt-Clemens – und wir hatten einen Heidenspaß bei der Hampelei, aber das war auch nur, weil 's dadrin sonst nix Vernünftiges anzustellen gab.

TANZEN

... Unsere Eltern sagen zu so was, dem Rumhampeln ohne Sinn und Verstand, *tanzen*, aber das machen sie nicht in irgendnem Eisenbahnwaggon, nee, selbstverständlich nich, das machen sie in ..., eh, weiß ich jetz gar nich, wo die das mit dem Tanzen überhaupt genau machen, wahrscheinlich in 'nem vornehmen Café, obwohl, die Cafés sind doch nur tagsüber auf, oder? Jedenfalls werden sie wohl nicht wie wir Jungs in 'nem stinkigen Waggon rumhüpfen, bestimmt nicht, da, wo Mama und Papa tanzen gehn, ist es ganz schick und gemütlich und mit Kronleuchtern und 'nem blitzblank gebohnerten Fußboden, wo du fast von alleine drauf gleiten und nach Lust und Laune rumtanzen kannst, so glatt gewienert wird der sein, und die Tanzkapelle hat ganz elegante schwarze Fräcke und weiße Hemden mit schwarzen Fliegen an, und nach jedem Stück dreht sich der Dirigent herum zum Publikum und macht einen ganz tiefen Diener und kriegt von den Tanzpaaren und dem restlichen Publikum ganz viel Applaus.

Woher ich so 'ne Ahnung hab, wie das beim Tanzengehn abläuft? Nee, nicht von Mama oder Papa, und selbst hab ich natürlich auch nicht zugucken können, zu der Uhrzeit war ich schon längst im siebten Himmel – nee, das hat mir alles Tante Erna einmal haarklein erzählt und beschrieben, wie das beim Tanzen so vornehm zugeht. „Aber, mien Ulriker", sagte sie zum Abschluss, „dat is bi mie 'n halv Ewichkit her."

Zum Tanzen gehen Mama und Papa nämlich öfter mal, aber nur nachts und nur am Wochenende, und dann kommen sie immer ganz, ganz spät nach Hause, da ist es schon so stockdunkel, dunkler geht 's gar nicht mehr. Dass sie irgendwann dann doch nach Hause kommen, weiß ich aber auch nur, weil sie morgens, wenn ich und Gitti aufstehen und in die Schule müssen, ja wieder da sind. Und wenn Mama und Papa tanzen warn, geben sie sich am

Morgen immer 'nen Kuss und manchmal auch noch einen. Das ist eigentlich immer schön, wenn Mama und Papa tanzen gehen, weil erstens haben wir Kinder unsere Ruhe und können mal wieder heimlich, wenn Oma im Bett und eingeschlafen ist, so 'ne richtige Kissenschlacht veranstalten und sonstwie rumalbern, und vor allem ist am Morgen so ein schöner Frieden bei uns, weil Mama und Papa sich nach ihrem Tanzabend so gut verstehen, und Gitti und ich vergessen sogar selbst uns zu zanken.

AN DER HAND

Seit neustem geht Gitti auch schon in die Schule, das ist ja unsre Schule Klauberg, wo ich auch hingeh, ein blöder Name, weiß ich, aber Schulen können sich ihrn Namen nun mal nicht aussuchen, wie ich jetzt auch nicht einfach bestimmen könnte, ich heiß *Rolf* oder *Berthold* oder *Konstantin* oder wie auch immer, weil ich ja doch *Ulrich* heiß; wer so die Namen festlegt – in meim Fall haben das ja wohl Mama und Papa gemacht – weiß ich auch nicht genau, und dass Sachen so heißen, wie sie heißen, auch nicht, aber dafür geh ich ja in die Schule und spätestens übernächstes Schuljahr weiß ich das, dann weiß ich überhaupt fast 'ne ganze Menge mehr als jetzt, und Gitti weiß ja sowieso überhaupt noch nix, weil die noch 'n I-Dötzchen ist, und da haben wir 's schon – ich weiß noch nicht mal, warum I-Dötzchen *I-Dötzchen* heißen, und ich war vor gar nich so langer Zeit ja auch noch selber eins, 'n I-Dötzchen. Aber wir gehen beide in dieselbe Schule, und wir nehmen uns an die Hand, weil das ein weiter Weg da runter nach Klauberg und durch den Zigeunerweg ist, und erst, wenn wir da an unsrer Schule angekommen sind, lassen wir uns los, müssen wir auch, weil Gitti in die I-Dötzchen-Klasse muss und ich in die dritte Klasse, die schon ganz schön gut lesen und schreiben und rechnen und so weiter kann.

Abholen von der Schule tut uns aber Mama, und dann können wir uns das mit den Händen sparn, weil Mama ja bei uns ist. Dann laufen wir meistens einen kleinen Umweg, hoch zur Potsdamer Straße und am Stadthaus vorbei und zu PÜTZ, aber nur wenn Mama unsere Milchkanne mitgenommen hat, denn bei PÜTZ kaufen wir immer die Milch und manchmal ein oder zwei Gläser Joghurt, eins Erdbeer und eins mit nix, und das *mit nix* heißt deswegen richtig *natur*, und dann müssen wir die Potsdamer nur noch 'n kurzes Stück weiter, um den Bäckerladen an der Ecke rum und die Haumannstraße rechts runter und bei Osterwinds links um die Ecke, und dann sind wir auch schon zu Hause – aber spätestens ab dem Bäcker fangen Gitti und ich an zu rennen, auch mit unsern Tornistern, weil jeder von uns beiden als Erster an unsrer Haustür ankommen und … gewinnen will. Und da, vor unsrer Haustür haben wir erst mal wieder richtig Atem geholt und uns auf den Türabsatz gesetzt und gewartet, bis Mama mit ihrer Handtasche und der vollen Milchkanne um die Ecke bei Osterwinds Kneipe eingetrudelt kam und unsere Haustür aufgeschlossen hat.

KASTANIEN SAMMELN IM ZIGEUNERWEG

Im Herbst, wenn 's draußen elend nass und schon rattenkalt wird und die abgefallnen Blätter vom Wind überall rumgeblasen werden, ist Mama mit mir und Gitti runter zum Zigeunerweg – zu der Kastanienallee da. Da konnten Gitti und ich uns richtig austoben, und die tollsten Kastanien, die zwischen den ganzen bunten Herbstblättern versteckt lagen, haben wir beide da rausgefummelt und alle in Mamas Handtasche geworfen, und als die fast proppenvoll war, mit nach Hause geschleppt und auf unsern Küchentisch geschüttet, und wir haben auch noch so schöne Blätter von den Kastanienbäumen mit eingesammelt, weil die so ungemein bunt warn und nach Herbst gemüffelt haben, und die Blätter haben wir alle Oma in die Hand gedrückt und den Rest auf ihrm Schoß in der Kuhle von ihrer Schürze verteilt, damit sie mal wieder sieht, wie schön farbig die Welt da draußen ist, und Oma war ganz überwältigt von den ganzen Farbtönen und wusste gar nicht, wo sie zuerst hingucken sollte, aber dann hat sie den ganzen Salat aus ihrm Schoß einfach auf den Fußboden runterrutschen lassen, und da saß sie auf einmal mitten in 'nem Herbstblätterwald, und das war ja so lustig, wobei Mama schon den Besen in der Hand zum Zusammkehrn hatte, aber gewartet hat, bis wir alle mit dem Lachen zu Ende warn.

„Nu mok mo to, Marta." Oma wischte sich mit ihrm Blümchentaschentuch immer noch die Augen. Dann fing Mama langsam mit dem Fegen an, und Gitti und ich haben die Blätter aus den Ecken und von unterm Tisch her gefischt. Aber ein Kastanienbaumblatt, ein ganz wild buntes mit Gelb und Rot und Grün und Braun, haben wir gerettet und auf den Tisch gelegt.

„Das wolln wer aber behalten!" Gitti und ich guckten Mama fordernd an, und die ging kurz raus und kam mit unserm Bügeleisen zurück, breitete zwei weiße Papierservietten über das Kastanienbaumblatt und stellte das Bügeleisen platt obendrauf, hat 's aber natürlich nicht angestellt, sonst wär das Blatt ja versengt, und dann hätten wer 's auch sofort wegschmeißen können.

„Das is morgen glatt", sagte Mama. „Und irgendwann, wenn 's richtig durchgetrocknet is, rahm wer das ein, mit Glas drüber, und häng 's an 'n schön Platz an der Wand, ja?" Und Mama freute sich mit uns beiden dadrauf, und Oma hatte immer noch ein Laubblatt, das wir vergessen hatten, zwischen ihrn Fingern und drehte das hin und her.

„Wist dat häm, Oma?" fragte Gitti.

„Wat häst sächt?!"

„Wist dat Blatt biholten?" sagte Gitti in Omas Ohr und zeigte runter auf Omas Hände. „Kannst de!" Oma sah runter auf das Kastanienbaumblatt, das sie andauernd, ohne es selbst bemerkt zu haben, zwischen ihrn Fingern fortwährend herumrollte. „... Jo, will ick."

Oma hat weiter das Kastanienbaumblatt in ihrer Hand gehabt, und Gitti und ich haben schonmal unter Mamas Anleitung die ganzen Streichhölzer von Papa aus den Schächtelchen entleert und ebenfalls, wo noch Platz war, neben den Kastanien auf dem Küchentisch verteilt, die Zündköpfchen mit unsern Daumennägeln abgeknipst und die Stümpfe von Papas Streichhölzern an beiden Enden mit unsern beiden Küchenmesserchen schön angespitzt und daraus Streichholzmännchenbeine und Streichholzmännchenarme und Streichholzmännchenhälse geschnitzt, und dann hat Mama uns gezeigt, wie ein Kastanienmännchen geht und ein Kastanienpferd und alles andere Mögliche mit Kastanien und Streichhölzern, und dann hatten Gitti und ich das aber auch ziemlich bald selbst raus, und Gitti und ich haben gleich zwanzig von den Figurn an einem Stück gebastelt, und der Tisch stand voller Kastanienmännchen und Kastanientierchen, das war bald 'ne komplette Armee oder wie das heißt, und Gitti und ich hatten einen Heidenspaß, das glaubst de nich, bis schließlich fast alle Kastanien und angespitzten Streichhölzer von Papa von uns verarbeitet warn, und Mama hat schonmal geguckt, was im Kühlschrank ist, denn Papa würd gleich von der Arbeit kommen, und wir mussten bis dahin fertig sein und den Tisch freiräumen wegen dem Abendbrot, und Oma sagte: „Nu ward 't Tiet."

Als Papa von der Arbeit kam, war alles wieder picobello auf 'm Küchentisch, weil Mama unsere gesamten Kastanienwerke auf die Küchenfensterbank und sonst wohin verfrachtet hatte, und wir haben alle zusammen ganz lecker unser Graubrot mit Fleischwurst und Holländer und Schweizer und Salami und Schinken und sauern Gurken gegessen, das Sandmännchen und Nachrichten und Musik gehört, und das hat prima geschmeckt, und ich hatte auch einen ganz volln Bauch und Gitti bestimmt auch, und Oma sagte: „Ick mok mi mo to Bett." Das hieß, schnell nochmal aufs Klo, damit Oma bis morgen früh in Ruhe durchschlafen kann und sie keiner störn muss, nur weil einer mitten in der Nacht auf 's Klo an ihrm Bett vorbeimuss.

Papa fragte, als er sich seine Nach-dem-Ambrot-Zigarette aus der Schachtel geholt hatte, verdutzt: „Nanu – wo sind denn meine ganzen Streichhölzer hingekommen?" Und da hatte er seinen Glimmstängel schon zwischen den Lippen, doch glimmen tat der noch nich.

„Die ham wer gebraucht", erklärte ich ihm und nickte darüber zu unsrer Küchenfensterbank, wo die meisten von unsern Kastaniensachen schön sauber nebeneinander aufgereiht warn, und Papa guckte über seine Schulter und zurück zu mir und hat müde gegrinst, aber unser ganzer Kastanienkram hat ihn überhaupt nicht besonders beeindruckt. „Und wo krieg ich jetzt Streichhölzer her – verflixt?! Da muss ich wohl erst runter in die Kneipe zu Osterwinds." Missmutig stand er schon von unserm Tisch auf und wollte sich auf den Weg nach unten machen.

„Eh – nimm doch einfach dein Feuerzeug?!" erwiderte Gitti – und das hat Papa noch mehr verblüfft. Mama fummelte Papas altes Feuerzeug aus der Schublade von unserm Küchentisch und schob es zu ihm rüber, und das ging sogar noch, von dem Benzin, was da noch drin war, und Papa zündete sich seine Zigarette an, und anstatt sich über Gittis prima Einfall 'n bisschen zu freun, hat Papa erst mir und dann Gitti in die Augen geguckt, ganz stechend, als wenn er uns dafür bestrafen wollte, dass wir ihm seinen ganzen Streichhölzervorrat geklaut und für unsere Kastanienfigürchen wegstibitzt hatten ..., aber gesagt hat er nix weiter und sich wieder auf seinen Stuhl neben dem Radio gesetzt ... und dann doch wieder leise vor sich hin gegrinst. Mama hat schnell unser Küchenfenster schräg gestellt, und Oma war schon auf 'm Weg zu ihrm Bett, und Gitti und ich würden auch bald da landen, also in unsern Betten, und haben nur drauf gewartet, dass Mama oder Papa oder beide das Kommando geben ...

„So Kinder, jetzt wird 's höchste Eisenbahn, ab geht 's – in die Falle!"

VOM TRÄUMEN

Nachts fuhrn die Züge. Ich hab da ja schon geschlafen. Aber ich hab sie trotzdem irgendwie gehört, und weil ich wusste, dass nachts die Züge fahrn, konnt ich sie deswegen wohl auch beim Schlafen hörn. Morgens standen sie manchmal dumm auf den Gleisen rum und mittags nach der Schule immer noch, und ganz alleingelassene Waggons auch, und keine einzige

Lok hat sich um die gekümmert. Warum da immer irgendwelche vereinzelten Waggons tagelang auf den Gleisen rumstanden, hab ich sowieso nie kapiert – doch auf einmal, von heute auf morgen, warn sie dann alle weg und verschwunden, und warum das so passierte, hab ich noch viel weniger begriffen.

Aber jetz war 's tief in der Nacht, wo sie in Bewegung warn, die Züge, und ich hab denen zugehört ... und dabei doch schön geschlafen.

... Das ist so 'ne Sache mit dem Schlafen, manchmal vergess ich sogar, dass ich schlaf. Das is jetzt schwer zu verstehn – ich fang mal anders an: Schlafen ist überhaupt fast die riesigste Sache, die 's gibt, hast de da mal drüber nachgedacht? Nicht nur, weil de todmüde bist und gar nicht anders kannst, als einschlafen; aber dann schläfst de wie verrückt und alles is totenstill und prima gemütlich, so eingekuschelt wie de bist, und eigentlich ist nix mehr da, und so gehört sich 's ja fürs Schlafen auch – doch dann geht 's los und de bist beim Schlafen wach wie 'n Luchs, aber tust immer noch schlafen und drehst dich höchstens mal im Bett rum, ohne dass de 's selber merkst ..., davon weiß ich deshalb auch nix, weil ich ja schlaf, und dann falln mir die beklopptesten Sachen ein, wenn ich schlaf; da bin ich dann auf irgendnem Stern oder auf 'm Rücken von 'nem Schwan oder tief unter Wasser im Meer, oder 'n Vieh knabbert an meim Ohr oder kriecht sogar durch meinen Kopp durch, ist aber ganz lieb dabei, aber manchmal auch nicht – du, ich könnt dir Klamotten von wenn ich schlaf erzähln, wenn ich se denn überhaupt behalt, du müsstest glauben, ich bin vollkommen ballaballa, wirklich, so irre ist das bei meinem Schlafen, und am nächsten Morgen nach 'm Schlafen, wenn ich wach werd, bin ich quietschfidel und ausgeruht und kann gradeaus gucken und hab keine Ahnung von nix mehr, weiß nur – da war was ...

Und das fängt jedes Mal mit unsern Zügen im Nordbahnhof an, die erst durchrauschen, wenn ich am Einduseln bin und die mich in den Schlaf rattern ..., aber hörn tu ich sie trotzdem, auch wenn ich schon irgendwo auf 'm Mond oder sonst wo bin.

Da gibt 's so viele riesig merkwürdige Ereignisse, die mir da so durch 'n Kopp kullern und die ich blöderweise wieder vergess ... wahrscheinlich, weil ich ja erst zur Volksschule geh.

Papa hat gesagt, träumen ist ganz wichtig, und das würde jeder machen, und deshalb ist das Träumen richtig gut und gesund.

„Was is träum?"

„Träumen ist dein Leben, wenn du schläfst, mein Kleiner, und das sieht ein bisschen anders aus als tagsüber, meistens sogar richtig komisch, manchmal auch erschreckend", antwortete Papa.

Da wusste ich, dass Träumen genau das ist, was mir jede Nacht passiert.

„Doch das wirkliche Leben läuft am Tag ab", fuhr Papa fort, „nachts, das ist nur Fantasie, verstehst du, das ist nur ganz geheim in deinem Kopf, sonst nirgendwo. Das Träumen ist trotzdem auch ganz wichtig für uns, das gleicht uns aus – am Tag stehen wir auf der Erde und nachts beim Träumen schweben wir im Himmel – aber Träume sind eben nur unsere eigenen, na ja, ... Spinnereien beim Schlafen in der Nacht. Die wahre Musik spielt am Tag. Merkst du dir das, Ulrich?"

Ich träum wie verrückt, manchma tatsächlich sogar am Tag, und ich weiß gar nicht, ob 's bei mir da so 'n großen Unterschied zwischen Tag und Nacht gibt, weil eigentlich alles, was passiert, gar nicht wirklich wahr ist, weil sich alles in einem durch verändert und immer im Schwung ist, und egal, ob in der Nacht oder am Tag, alles, was sich bewegen und verändern kann und lebt, ist geträumt – so!

... Manchmal, wenn ich über den Tag und die Nacht grübel, hab ich deswegen Angst, dass alles genau umgekehrt ist und das Träumen nicht nachts ist, sondern wenn ich am Frühstückstisch mit Mama und Gitti und Oma bin und zur Schule abmarschier – manchmal wär 's auch viel besser, weil, in der Nacht beim Schlafen ist alles so schön, außer wenn der Wurm oder was andres mir durch mein Kopp robbt und mich aufisst, dann natürlich nich. Aber wenn das tatsächlich so ist, dass auch der Tag nur 'n Traum ist, dann wärn Mama und Gitti und Papa und Oma und sogar ich selbst nur geträumt, nur *Fantasie*, wie Papa das nennt, und das wär schon wieder ganz schön schlimm, weil wir solln wirklich wahr und zum Anfassen sein, weil ich Mama und Gitti und Papa und Oma ganz doll lieb hab, und mich selber hab ich ja auch ganz schön lieb.

Du, ganz ehrlich – ich kann Tag und Nacht eigentlich gar nicht richtig auseinanderhalten, ist das nicht bescheuert?! Vielleicht gibt 's Mama, Papa, Gitti, Oma in Wirklichkeit gar nicht, und ich denk sie mir nur aus, und der dicke Wurm, der durch mein Kopp krabbelt oder wie ich zwischen die ganzen Sterne durchflieg, ist das echte Leben, das vergess ich am Tag nur wieder, und in der nächsten Nacht, beim Schlafen, geht 's weiter auf meiner Riesenreise durch die ganze wirkliche Welt.

Du – dadrüber sprech ich mit keinem, nicht mal mit Mama, weil Mama würd mir 'n Vogel zeigen, wenn ich ihr so 'n Quatsch erzähln würd. Irgendwie glaub ich beinah, ich hab se nich mehr alle!

Deswegen, damit de sie alle bei dir behältst, ist es ganz wichtig, dass de Tag und Nacht auseinanderhalten kannst, sonst wirst de richtig wirre und kommst ins Schleudern und hast wirklich keine Ahnung mehr, wo 's langgeht, und alle andern Leute werden dich bestimmt ganz sicher loswerden wolln, wenn de mit so 'm Blödsinn ankommst – und dich vielleicht irgendwann sogar in die Irrenanstalt, oder wie das Krankenhaus für Bekloppte heißt, stecken.

Aber komisch ist das schon, dass ich da überhaupt drauf komm – dass ich nicht weiß, was echt ist und was nicht, da geht 's in meinem Kopp schon ganz schön kreuz und quer, und ich hätt bei mir drin gern Frieden und dass ich weiß, was was und echt oder ersponnen ist.

Wenn de nämlich schläfst und de muckelig in deinem Bett eingepackt bist und de so schön pennst, gehst de jede Nacht auf Wanderschaft – quer durch die ganze Nacht und die ganze Welt und wieder zurück, und wenn Mama mich morgens sanft rüttelt, damit ich wach werd, denk ich erstmal *Wer bist du denn?!* – weil ich von so weit weg herkomm, aber dann weiß ich blitzschnell, das ist ja Mama, und sie gibt mir ihrn Kuss, und dann ist die Nacht vorbei, und ich bin wieder auf der Erde und bei uns zu Hause in meinem Bett angekommen.

Ich hab bei mir beschlossen, der Tag ist mehr wert als die Nacht, weil Mama ist mir mehr wert, und beim Träumen in der Nacht ist Mama bei mir überhaupt noch nie vorgekommen, nur komisches Zeug, mit dem ich eigentlich gar nix zu tun haben will, und wenn Gitti und Oma und Papa auch noch bei mir sind, dann ist das so, wie ich 's gern hab – und ich lass das Schlafen und Träumen Schlafen und Träumen sein … und nix weiter.

… Weißt de, das sind Sachen, die mir so einfalln …, und ich hab schwer gezweifelt, ob ich auf 'm Gymnasium – da sollte ich nämlich irgendwann bald ma hin – so richtig gut aufgehoben bin, mit meinem ganzen bescheuerten Gegrübel – damit krieg ich nie und nimmer die Mittlere Reife, von der se immer reden, vom Abitur ganz zu schweigen.

Aber egal – ich hab mich jetz endgültig für den Tag entschieden und die Nacht kann mir erst mal gestohln bleiben, auch wenn ich jede Nacht schlafen gehn muss und mich auch nicht dagegen wehrn kann und sowieso auch saugern schlafen geh.

Ich kann nicht aufhörn: Wenn de in der Nacht träumst und vielleicht auch bei Tag, wär ja doch das alles geträumt, ne? Und dann muss die ganze Welt 'n Traum sein, oder? Also auch mit allem da draußen im Himmel und in der Nacht und auch unter der Erde, oder? Und da bleibt nur eins übrig – das bin ich selber, der da übrig bleibt und der träumt, und dass jeder sich alles, was er sieht und erlebt und so, einfach nur selbst ausmalt und einbildet. Jeder ganz alleine für sich. Genau – das bleibt dabei übrig. Dann ist einfach jeder einzeln für sich in seim Traum.

Das ist verflixt wenig, was da von einem übrig bleibt, verdammt wenig – ich alleine, du alleine, alle alleine, und dabei laufen wir doch Tag für Tag nebeneinander her und reden zusammen und fassen uns an.

Vielleicht können wir Menschen ja auch gemeinsam träumen? Dann würden wer wieder einigermaßen zueinander passen, oder? Und dann wär's auch piepe, ob wir träumen oder nicht – ja, weil wir sowieso alle dasselbe machen ...

... Klack, klack, klack ... klack, klack machten die Züge draußen mit ihrn ganzen Rädern und haben mich so schön eingelullt, und am liebsten wär ich hoch ans Fenster, nachgucken gehn, was da draußen gerade los is, war ja nicht weit weg bis zum Fenster, konnt ich aber nicht, weil, wenn de tief schläfst, kannst de höchstens träumen, dass de hoch ans Fenster kletterst und raus auf die Welt guckst, und das wär ja auch wurscht – es wär ja sowieso nur geträumt. Is das bekloppt? Bekloppter geht 's nich, oder?! Ach, schlafen, lass mich nur schlafen ...

VON DEN BALKEN IN DIE BRENNNESSELN

Wenn de bei Osterwinds Waage rum um die Mauer runter zu den Schienen springst und nicht über die Schienen rüber, sondern auf unserer Seite bleiben und nicht auf dem langweiligen Kopfsteinpflaster neben den Schienen bleiben willst, musst de über die Balken, da kommst de nich drum rum. Die Balken warn riesig dicke, abgesägte, rötliche Baumstämme von sonst wo her, die wärn von *Übersee*, hat Papa mir mal nebenbei erzählt, wobei ich gar nich weiß, wo Übersee überhaupt is, die dicken Balken hatten se bei uns auf unsrer Seite von den Schienen jedenfalls massenweise abgelegt und längs übereinandergestapelt, und die warn immer da, aber das warn bestimmt nicht immer dieselben, nur haben wer gar nicht gemerkt, dass da immer neue Balken aus Übersee lagen, doch egal welche, die Balken lagen jedenfalls immer da, wo se lagen, ... solang ich denken kann.

Du kannst natürlich auch übers Kopfsteinpflaster Richtung Schienen und Tunnel hüpfen, aber wenn de das nich willst, weil 's dir da zu öde is, dann musst de jedenfalls über die Balken rüberklabastern, da geht kein Weg dran vorbei, und da is auch nix dabei, haben wir schon tausendmal gemacht – außer einmal – da bin ich vom letzten Balken, der war noch richtig nass und glitschig vom Regen, abgerutscht und volle Kanne in die Brennnesseln geklatscht und mein eines Bein war voll mit Brennnesseln – ich hatte ja nur meine kurze Lederhose an – und ich hab ganz schön gejault, und Flöppenwasser hatte ich natürlich auch nicht zur Hand, und da bin ich wie 'n gejagter Hase, diesmal entlang den Schienen, nach Hause gewetzt, und Mama hat mir kein Flöppenwasser aufs Bein getan, unsre Wundermedizin aus der Bande hatte se natürlich nich und kannte se sowieso auch nich, nee, das war *saure Essigerde* oder wie das Zeugs heißt, was se mir auf mein Brennnesselbein draugeträufelt und gerieben hat, und sie hat daraufhin mein Bein mit 'ner Mullbinde ganz locker eingewickelt, und als ich mit meiner ganzen Heulerei fertig war, hat Mama gefragt: „Na, Ulrich, wie fühlt sich 's nu an – besser?"

„Ja." Dann hab ich aber auch schon im Bett gelegen und mir war ganz düselig ..., und dann hab ich geträumt, wie ich über Balken spring, das war im Zirkus, und die ganzen Kinder und Leute klatschen, wie ich das so toll kann und ich 'n ganz großer Balkenspringer bin ...

„Ulrich? Ulrich! Wirst wach? Die Schule!"

Mama hat gar nicht viel Aufhebens um mein Brennnesselbein gemacht und ich auch nicht, weil es war ja nur mein Bein und sonst nix, aber sie hat mich diesmal wieder selbst höchstpersönlich zur Klauberger Volksschule gebracht, weil ja mein eines Bein dick eingewickelt und davon fast steif war und wie 'n Gipsbein aussah – und die andern Kinder haben nicht schlecht gestaunt über meinen weißen Mordsverband.

„Das is nix", hab ich zu meinen Schulkameraden lässig gesagt, vor allm, damit ich mit meim dick weiß verbundenen Bein schön angeben konnte und die Mädchen aus meiner Klasse mich ausgiebig dafür bewundern konnten, und ich fand mich wie ..., auf jeden Fall wie einer, dem keiner – egal mit welch schwerer Verletzung – was anhaben kann und hab ganz hochtrabend getan – und das, obwohl ich grad mal 'n Tag vorher voll auf die Schnauze in die Brennnesseln geflogen war.

„Legt jetzt einmal eure Tafeln auf den Tisch", ordnete Herr Lauer an, und ich hab mein weiß eingebundnes Bein schön raus in den Gang gestreckt, das durfte ich nämlich, und es ging ja auch nicht anders, so steif wie mein Bein war, und Herr Lauer ist jedes Mal, wenn er durch unsre Reihn lief, schön vorsichtig drübergestiegen, und ich musste auch nicht beim Schreiben mitmachen und beim Rechnen schon gar nicht – alles wegen meiner schwern Verletzung, aber ich hab trotzdem aufgepasst wie 'n Fuchs ... oder wie 'n Luchs? Egal, jedenfalls war ich trotz meim Bein immer noch weiter schwer bei der Sache und hatte alles im Blick.

Mama hat mich wegen meim Brennnesselbein extra wieder von der Schule abgeholt, und Gitti war auch schon aus ihrer Klasse raus und an Mamas Hand dran und hat ganz blöd auf mein verbundnes Bein geglotzt: „So schlimm war das doch gar nich!"

„Kannst du doch gar nich wissen, dumme Gans, das war richtig schlimm – is es immer noch! Flieg du erst ma in de Bennnesseln!"

„Woll'n wer ma langsam los jetz, ja?" mischte sich Mama versöhnlich ein, und sie griff uns beide an der Hand, ich links und Gitti rechts, und wir wanderten von der Klauberger Schule hoch Richtung Stadthaus, denn wir wollten noch kurz zu PÜTZ Milch und Joghurt und Käsekram einkaufen, und Gitti und ich haben abwechselnd unsre Milchkanne tragen dürfen, aber diesmal öfter Gitti – wegen meim Bein, und irgendwann bin ich sowieso die meiste Zeit 'n Stück weit hinter Mama und Gitti hergehumpelt, aber Mama hat sich andauernd nach mir umgedreht und auf mich gewartet, damit ich wieder aufholn konnte.

SCHLOSS BURG

In der Nähe von Solingen gibt 's oben über der Wupper hoch auf 'nem Berg 'ne mächtige Burg, die heißt *Schloss Burg*, und die is deswegen nich nur 'ne Burg, sondern gleichzeitig auch 'n Schloss – sagt der Name ja schon. Und auf der Schloss Burg war ich selbst schonmal drauf!

Aber da bin ich von unten aus 'm Tal, von *Unterburg*, so heißt der Stadtteil da, gekommen. Gekommen? Geflogen bin ich! Wirklich! Da sind wir mit der Schulklasse in 'nem Bus ins müffelnde Tal von unserer Wupper runtergefahrn und sind alle nacheinander mit der *Seilbahn*, so sagen se zu dem dollen Ding, hoch nach oben auf die Schloss Burg geschwebt. Da unten im Tal neben der Wupper, wo wir immer paarweise abgehoben sind, war von Schloss oder Burg noch kaum was zu erkennen, und die Seilbahn ging über die stinkende Wupper, und die Wupper ist unser größter Fluss in Solingen, doch die fließt auch durch Wuppertal, auch das sagt der Name ja schon, und auch durch Wipperfürth und Hückeswagen und Leichlingen, das sagt der Name jetzt nicht unbedingt, wo sie dann kurz danach in den Rhein mündet, und das ist unser größter Fluss überhaupt ..., jedenfalls sind wir mit der Seilbahn über die Wupper gegondelt, und als wir hoch oben in der Seilbahnstation von Schloss Burg ankamen, haben wir unsere Finger endlich wieder von der Nase abnehmen und reine Luft schnüffeln können und standen auf einmal auf dem Schlosshof, eh, Burghof ..., na ja, is auch wurscht. Mann, mitten auf einem Schlosshof und Burghof – und über uns thronte Schloss Burg mit allem drum und dran und riesig und prächtig und unglaublich, wie in 'nem Märchen! Das war wirklich 'ne Burg und 'n Schloss, wie 's im Buche steht!

... Aber das muss ich eben noch schnell vorher erzähln, was überhaupt 'ne Seilbahn is, das weiß doch sonst kein Mensch, außer einer war mal unten an unsrer Wupper und von da aus hoch zu Schloss Burg. 'Ne Seilbahn ist eigentlich zwei, also zwei Stahlseile, eins für rauf und eins für runter, und an jedem Seil baumeln zwei Sitzschalen aus Blech – also, 'ne ganze Latte von Sitzschalen, immer paarweise – mit zwei Mulden für zwei Pobacken drin, also genau genommen dann vier, also Pobacken, immer zwei nebeneinander, also ich mein jetzt die beiden Sitzschalen ..., langsam wird 's wirklich verdammt knifflig zu erklärn ..., auf jeden Fall setzen sich die Leute da in die Sitzschaln rein, und die hängen alle hintereinander im Pärchen an einem dicken Drahtseil, das geht von ganz unten, wo die Wupper ist, nach oben auf die Schloss Burg, umgekehrt, zurück nach unten ins Tal von der Wupper, geht 's dann auch genauso – egal, also das geht rauf oder runter, und dadran segeln die Sesselchen mit den Leuten und ihrn Pobacken drauf durch die Luft auf und ab – so was hat die Welt noch nicht gesehn! Und wenn dir da in der Höhe – kann schonmal passiern – übel wird, musst de 's einfach, ganz tief unter dir, in de Wupper kotzen, die stinkt ja sowieso schon wie die letzte Dreckbrühe, und durchs Brechen wird 's dann auch nicht mehr viel schlimmer mit der Wupper, das merkt gar keiner und störn tut 's deswegen auch gar keinen. Und dazu kommt überhaupt noch – die Seilbahn hat sogar 'nen richtigen Bahnhof, genau genommen zwei, einen ganz unten an der Wupper und einen hoch oben, wo die Schloss Burg steht, ist wohl einigermaßen einleuchtend, anders geht 's ja nicht.

Äh ..., hat eigentlich einer begriffen, was ich da grade geschildert und gebrabbelt hab?!

Nun gut, als wir oben auf der Schloss Burg in dem Seilbahnbahnhof eingetrudelt sind und längst unsere Finger wieder von der Nase hatten – das war ja so was von prima! So eine Burg hab' ich ja in meinem ganzen Leben noch nicht gesehn, und die war ja gleichzeitig obendrein noch 'n Schloss dazu! Da war ich schon ganz neugierig drauf, warum 'n Schloss *Burg* heißt und 'ne Burg *Schloss*, und das sogar beides zusammen, da war ich schon gespannt wie 'n Flitzebogen, ob mir das überhaupt einer vernünftig erklärn kann. Ehrlich gesagt, hatte ich vorher überhaupt noch keine Burg so richtig gesehn, und 'n Schloss sowieso nicht. Wir warn ja bei unseren Wanderungen mit Papa und Mama schonmal in Hohenscheid, wo auch hoch oben so 'n altes Gemäuer, also die *Burg Hohenscheid*, steht, da haben Mama, Papa und Gitti und ich draußen in 'nem Café unterhalb von dem alten Gemäuer aber nur Kuchen gegessen und Eis geschlabbert und Kaffee und SINALCO getrunken. Doch Schloss Burg – das war 'ne Menge mehr als Eis und SINALCO und Kuchen draußen in 'nem Café – Schloss Burg da oben über den Köppen von uns Schulkindern war schon 'ne Nummer größer und einfach 'ne Wucht, und da konnte man auch richtig reingehn und sich die ganzen Räume dadrin begucken!

Kaum warn wir mit unsrer Schulklasse und unsern Popos aus den Sitzschaln gehüpft und auf dem Schloss-Burg-Hof in der prallen Sonne versammelt, haben wir alle auch gleich 'n Eis gekriegt – ich Vanille und Erdbeer, weil ich Schokolade nicht mag, also richtige Schokolade schon, aber Schokoladeneis nicht so. Und dann schwebten die Sessel von der Seilbahn auch schon wieder mit den Leuten, die Schloss Burg erlebt und genossen und hinter sich hatten, runter ins Tal von der Wupper, und wir Schüler aus der dritten Klauberger Klasse schleckten unsre Eise und taperten auf dem Kopfsteinpflaster rum und haben durch die Schießscharten von den dicken Hofmauern übers *Bergische Land* geblickt – so heißt das Land hier bei uns um Solingen rum nämlich, und das hatten wir in den letzten Wochen tatsächlich in Heimatkunde, das Bergische Land – und runter, dahin, wo sich ganz weit weg die Wupper einsam dahinschlängelte und so vor sich hin stänkerte, aber von dem Geruch haben wir hier oben beileibe nix mehr gemerkt, und die Wupper sah von hier oben aus richtig hübsch und niedlich aus.

Als wir die letzten Hörnchenzipfel von unsern Eisen vertilgt und unsre klebrigen Finger abgelutscht hatten, hauten da auf dem Burghof erst ma 'n paar komische Kerle in klappernden Blechanzügen mit Schwertern um sich rum und gegenseitig aufeinander ein, dass es immer nur so schepperte, und die haben geächzt und gekrächzt und geröhrt und gebrüllt *Victoria Mea!* oder so ähnlich, und manch einer von denen ist sogar totgestochen worden und ist mit seinem ganzen Eisenpanzer umgekippt oder von seim Pferd gestürzt und aufs Hofpflaster gekracht und blutete wie 'ne Sau aus seinen Panzerritzen runter auf die Steine, dass uns Kindern richtig mau wurde und wer manchmal blitzschnell beiseitespringen mussten, damit wer uns nicht unsre schön von Mama oder Papa geputzten Schuhe mit dem Blut von denen verdrecken. Auf der einen Seite war das mordsspannend, aber auch fürchterlich grausam, und ich hab meine Daumen immer für 'n Reiter auf 'nem weißen Pferd, der unentwegt um das kämpfende Fußvolk, das da plötzlich auch aufgekreuzt war, in der Mitte vom Burghof im Kreis drum herum galoppierte, gehalten, weil der trug über seiner Rüstung auch dazu noch selbst einen schneeweißen Umhang mit 'nem großen roten Kreuz drauf, und der kam mir viel lieber vor als der Rest von dem Rittervolk, das hauptsächlich düster bekleidet war; irgendwann haben ein paar von den schwarzen Banausen vom Burghof den weißen Ritter aber mit so 'ner Art Mistgabel auch von seinem weißen Pferd runtergeholt und schwer malträtiert und ihn am Ende mit ihrn Schwertern ermordet, und der blutete auch so vor sich hin, dass ich da gar nicht mehr hingucken konnte, ... und mein Erdbeer-Vanille-Eis fing langsam an wieder hochzukommen. Doch dann, de glaubst es nicht, stand der weiße Ritter wieder aus seiner Riesenblutlache auf, schob das Visier von seinem Helm nach oben und grinste uns Schüler alle ganz überheblich an, und die schwarze Ritterbande lag erschöpft und völlig ausgelaugt auf 'm Burghof rum. Wie der weiße Rittersmann das hingekriegt hat, also wie Kai aus der Kiste wieder lebendig werden, hab ich sowieso nich verstanden, so wie der vorher geblutet hat.

Mann, so aufregend und spannend es auch war, warn wir doch froh, als das ganze Theater vorüber war, und Herr Lauer, was ja unser Klassenlehrer ist, beeilte sich zu erklärn:

„Das war nur eine Vorführung, Kinder! Verstanden? Das haben die nur so für uns veranstaltet, und das war alles kein echtes Blut und wirklich gestorben ist da überhaupt keiner. Alles nur, damit ihr eine lebhafte Vorstellung von Ritterkämpfen im Mittelalter, also von vor etwa 800 Jahren, kriegt!" Ja, das hatten wir im Großen und Ganzen dann schon begriffen – auch wenn wir keine Ahnung hatten, was *vor 800 Jahre* ist.

So kribbelnd das ganze Gemetzel war, so bedient warn wir auch von der Gewalt und dem Blut, auch wenn 's meinetwegen alles nur gespielt war, und haben dem Rittertreiben möglichst schnell den Rücken gekehrt und uns den Buden, die auch über den Platz verteilt aufgestellt waren, zugewandt, und da warn außer dem Eiswagen, den wer ja schon kannten, ein paar Stände mit Getränken und Knusper- und Essenskram, da roch es mindestens genauso streng wie aus der Wupper unten im Tal, doch diesmal prima lecker nach gebrannten Mandeln, Popcorn, Bratwurst und irgendwie nach was ganz Weihnachtlichem.

Herr Lauer, der ja unser Lehrer ist, erklärte: „Das sind Zimt, Nelken und Lorbeer und Wacholder und Apfelsinen."

„Und Bier", fügte einer aus unsrer Klasse hinzu.

„Bier eher nicht", entgegnete Herr Lauer irritiert, strich sich 'n paarmal durch sein schütteres hellblondes Haar und zeigte auf zwei Büdchen, an denen lauter lustige Erwachsene mit dampfenden Bechern in der Hand herumalberten. „Das ist Glühwein, was da so duftet – kein Bier – aber damit haben wir sowieso nichts zu tun."

Na ja, dann eben Glühwein – außer dem Duft von dem hat uns Kinder das Gesöff sowieso nicht so wahnsinnig interessiert.

Jetzt aber endlich weiter zu Schloss Burg! Schon bevor du ins Haus, ich mein natürlich die Schloss Burg, reingehst, haut dich so 'ne Burg einfach um, schon, weil so 'n Riesenturm auf dich runterguckt. Deswegen haben wir uns auch beim Reingehn alle die Füße schön abgeputzt, also draußen auf den Steinplatten abgekloppt, denn bei 'ner Burg gibt 's keine Fußmatte. Und da kam schon der nächste Hammer! Das war ja hier drinnen in Schloss Burg fast genauso groß wie draußen – aber dazu noch bunt angemalt! Das war vielleicht ein Zimmer! Was heißt hier Zimmer?! Das war 'n paarmal größer als unsere Turnhalle, 'n wahres Kirchenschiff war das!

Eine ganz dünne, junge Frau in einem schicken mausgrauen Kostüm und weißer, hochgeschlossener Bluse mit einem bescheidenen Rüschenkragen und mit 'ner feinen Brille auf der Nase gesellte sich mit den zarten Worten *Ich bin heute eure Burgführerin* zu uns und hat uns allen ab da an andauernd was erzählt über die *Grafen von Berg* und die *Gründung der Burg* und *elfhundertachtzig bis zwölfhundertfünfzig* und über *Thronfolger* und über *Fenstergestaltung* und *Pigmente* und *Holzwürmer* und solche komischen Sachen, und dass alles hier drin ganz *außergewöhnlich* und *historisch* sei, aber das hatten wir Schulkinder ja sowieso schon gemerkt – mit dem *außergewöhnlich* zumindest, das *historisch* ging uns eher am Hintern vorbei, weil das Wort kannten wir bis dahin überhaupt noch nicht. Und das ganze würde *Mittelalter* heißen, weil es ja schon 'ne ganze Weile her wär, so riesig, ewig weg aber dann nun auch wieder nicht, deswegen wär das Mittelalter so halbwegs mittendrin in der Vergangenheit, und daher käme deshalb auch der Name *Mittelalter*, hat die junge, blasse Dame gesagt, ... wenigstens ungefähr hat sie 's so gesagt.

Wir ganzen Schüler wollten am liebsten gleich dahin, wo die toten Leichen und die Hackebeile sind und die Gefangnen, die hier schon ewig rumkrebsen und die wir, wo wir schonmal hier warn, befrein könnten – hatten wir so im Kopp. Stattdessen hat sie uns in ein noch größeres, unglaublich nobles Zimmer geschleppt, das hieß *der Rittersaal* und – booh! – das war vielleicht 'n Raum – da kann 's nicht mal unser Nordbahnhof mit aufnehmen! Da hingen unheimlich riesige Leute an den Wänden, also nur die Bilder von denen, das wären Gemälde von den Grafen von Berg, erläuterte die dünne Frau, und die hätten früher auf Schloss Burg gewohnt, also die hätten von hier aus *ihr Land regiert*.

Einer von uns fragte: „Gibt 's hier denn keinen König oder Kaiser oder so was Ähnliches?"

„Nein, mein Kleiner, Kaiser und Könige gibt 's hier nicht – und gab es nie", antwortete die Dünne. „Aber die Grafen von Berg haben Könige und Kaiser gemacht!"

„Wie macht man denn 'nen Kaiser?!" Das war einer von unsern paar Schlaumeiern, die aber an sich von Tuten und Blasen keinen Schimmer von hatten, doch zu allem ihren Senf dazugeben müssen und immer quatschen, bevor se überlegen. „Entweder man is Kaiser oder man is keiner ... oder wie oder was?"

„Das erklär' ich euch nachher – spätestens im Bergfried, vielleicht aber auch schon vorher ..., wenn es sich so ergibt." *Bergfried* – das muss 'n Vorname von so 'nem Grafen sein, grübelte ich, aber irgendwie passte mir da was nicht ... egal, wir sind weiter durch die Schloss Burg, immer hinter unsrer schlanken Reiseführerin her.

Die Grafen von Berg sahen allesamt aus, als wenn sie von vorgestern wärn, also die ganzen Ritterrüstungen und sonstigen Klamotten und Bärte und die komischen Blechhüte – so was trägt doch heute kein Schwein mehr!

„Die sehen ja aus, als wenn se von gestern wärn!" entglitt es dem oberschlauen Großmaul von vorhin – wo ja in Wirklichkeit unser Schlauster Stephan Holz war, doch der hat zu nix was gesagt oder gefragt, der hat nur in der Gegend rumgeguckt und sinniert und vor allem zugehört, was die Dünne so zu berichten hatte ... und einfach nur seine Klappe gehalten, und bei mir war das ganz ähnlich.

„Diese Herrschaften haben vor 800 Jahren bei uns im Bergischen – und weit darüber hinaus – regiert und waren genauso mächtig wie heute unser Bundeskanzler oder Bundespräsident, sag ich mal so, also so ungefähr zum Vergleich."

„Hatten die auch Fraun und Kinder und Omas und Opas?"

„Ja sicher, selbstverständlich – das kommt aber erst im übernächsten Saal." Unser Fräulein schob sich ihre goldumränderte Brille wieder hoch vor die Augen und rückte auch ihren Rock um ihre schmalen Hüften zurecht, obwohl mir der ganz gut in Ordnung schien, aber sie dachte wohl, sicher ist sicher, bevor da was blöd verrutscht und peinlich aussieht. Egal ..., das hier auf Schloss Burg war alles wahnsinnig aufregend, weil es so unbekannt und fremdartig und verschroben war, und ich hätte nie gedacht, dass 'ne Burg so witzig ist, mit den ganzen komischen Figurn dadrin. Allerdings war da leider keine Königin Elisabeth und auch kein Schah von Persien und kein Kaiser von China oder von Äthiopien drin, nur die uralten Grafen von Berg von vor 800 Jahren, aber die hatten 's so was von in sich – und von denen erzähl ich gleich nochmal was.

„Kriegen wir noch 'n Eis?!" fragte irgendein Blödmann aus unsrer Klasse.

„Natürlich nich, du Penner!" schnauzte ein anderer von uns. „Oder siehst du hier in der Burg irgendwo 'ne Eisdiele oder 'nen Eiswagen – Transuse?!"

Stattdessen haben wir jeder einen Lutscher von der schlanken Tante gekriegt, die trug sie alle bei sich in ihrer grauen Umhängehandtasche drin, und damit warn wir auch zufrieden und schon im nächsten Saal. Da hingen so ähnliche Männer an der Wand wie vorhin schon, und die hießen auch alle noch *Graf von Berg*, auch wenn sie schon 'n bisschen moderner angezogen warn, also ohne die Eisenpanzer und Ritterhelme, und Lanzen hielten sie auch nicht mehr im Arm, und 'nen dicken fetten Ledergürtel mit Schwert dran hatten die auch nicht mehr am Wanst; die hatten eher flauschige und bunte Stoffsachen an, und viel gesprenkelten Pelz trugen die, aber weißt de was, die sahn sich im Gesicht alle unheimlich ähnlich – also alle, die alten Banausen von anno tuck in ihrn bedrohlichen Blechrüstungen und jetzt die in ihrn albernen Tuchkleidern und Felln, als wenn sich ein einziger Berggraf immer nur umgezogen und wieder neu verkleidet hätte.

Danach hab ich auch unser Burgfräulein, eh, unsre Burgführerin, gefragt, also warum das so ist, also dass die ganzen Männer an der Wand alle irgendwie wie ein und derselbe aussehn.

„Ja – das ist so, weil die alle Männer aus derselben Familie sind! Die haben alle dieselben Augen, dasselbe Kinn, dieselbe Stirnpartie, dieselbe Nase, denselben Mund. Das sind Papa, Opa, Uropa, Ururopa und immer so weiter über Jahrhunderte hinweg, deswegen sehen die sich alle so unglaublich ähnlich."

Das hat mir eingeleuchtet, denn bei uns in der Familie sehn wir uns ja auch alle ganz ähnlich, das ist heute bei uns zu Hause also noch ganz genauso wie damals bei den Grafen von Berg im alten Mittelalter von vor 800 Jahren oder so.

In dem Saal, in dem wir grade drin warn, da war aber auch ein tolles riesiges farbiges Fenster, das aus vieln kleineren eingerahmten Fenstern gemacht war, die alle jeder ihre ganz eigne Farbe hatten, und zudem musstest de dich richtig nach oben recken und deinen Kopp in den Nacken legen, um anständig was von den farbigen Gläsern mit der Sonne dahinter zu sehn, dabei warf das gesamte Fenster andererseits ein ganz buntes Licht auf den Fußboden, das war wie 'n bunter Lichterteppich, und als wir uns wieder auf den Weg zum nächsten Saal von Schloss Burg machten, lag der auf einmal 'n Stückchen weiter auf den Platten als vorher, hab ich genau gesehn ..., aber ich kann mir schon vorstelln, warum das so ist ..., wenn die Sonne weg ist oder stockdunkel, liegt da nämlich überhaupt kein Farbenteppich nich mehr, da wett ich drauf, und wenn se wieder rauskommt, ist der wieder da, also der Lichterteppich, nur an 'ner ganz anderen Stelle, weil die Sonne ja tagsüber immer über uns weiterwandert, ... und so war 's auch, 'ne Minute später, als unser Trupp durch das Holzportal zur nächsten Erkundung aus dem Saal rausmarschierte und ich mal kurz zurückblickte, lagen die ganzen Farben von den bunten Fenstern schon wieder an 'ner völlig anderen Stelle auf den Steinen als vorhin noch.

„Ich hab' euch versprochen, dass ich euch das mit dem König- und dem Kaisermachen hier erkläre." Stimmt, das hatte unsre Schloss-Burg-Führerin tatsächlich versprochen, und damit warn wir dann ja wohl in dem *übernächsten Saal* von dem von vorhin drin, wo das mit den Fraun und den Kindern und so kommen sollte.

„Also König oder Kaiser – ich sag 's mal mit einfachen Worten, damit ihr das auch sofort versteht – ist man nicht einfach so, sonst wär ja jeder König oder Kaiser. Als Allererstes, und das ist das Allerwichtigste, muss ein König eine ganz alte und ehrwürdige und altbekannte mächtige Familie haben. Ohne das *Geblüt*, so wird das mit der altbekannten und berühmten Familie genannt, konnte keiner König werden. Keiner wird als König oder Kaiser geboren. Und da sind danach erst mal viele mächtige Männer, vielleicht auch ein paar Frauen, die auch aus uralten, angesehenen Häusern stammen und die sich um viel Land streiten und – vergesst das bloß nicht – dieses Land den Bauern und armen Leuten klauen, anders kann ich das nicht ausdrücken, und die, die da bei dem Wettrennen ums Land ganz vorne sind und die größten Flächen unter ihre Fittiche kriegen, werden dann deswegen Grafen und Herzöge, also irgendwie ergaunern sie sich diese Titel, und die können von den anderen Mächtigen zum König gewählt werden, und wenn er das einmal ist, bleibt er dann auch König sein Leben lang und sitzt auf seinem Thron, und seine Kinder, also der älteste Sohn des Königs, wird automatisch auch wieder König, wenn der Papakönig gestorben ist. Deshalb gab 's damals auch nur eine neue Königswahl, wenn ein König fehlte, wenn er gestorben und kein Nachkömmling, also kein kleiner Kronprinz, da war – oder wenn sich die großen Familien um den Thron gestritten haben, ... dabei belass ich das erst mal."

„Und die Grafen hier, wo gehörn die dahin, mit dieser Riesenburg?"

„Genau, das wollte ich euch ja vermitteln, die Grafen von Berg haben den König mitgewählt, denn die gehörten auch zu den ganz Mächtigen auf dem deutschen Gebiet. Denjenigen, den die damals mitgewählt haben, das war vor etwa 800 Jahren Friedrich der Erste aus der Stauferfamilie in Schwaben, und später haben sie ihn Friedrich den Großen genannt, weil der große Sachen vollbracht hat und ganz bedeutend war, und der hieß mit Spitznamen auch *Friedrich Barbarossa* – habt ihr bestimmt schonmal gehört."

Nee, hatten wer nich! Ich hatte keinen Schimmer, wovon die junge Dame genau sprach, weder von dem *Friedrich* noch von dem *Ersten* noch von dem *Großen* noch von dem *Barbarossa*. Unsre schmächtige Schlossburgführerin zupfte sich an ihrm kurzen blonden Fransenhaar und schob ihre Brille wieder akkurat hoch auf die Nase.

„Das habt Ihr so weit verstanden? *Barbarossa* heißt übrigens auf deutsch *Roter Bart*, und warum der so hieß, also *Kaiser Rotbart*, könnt Ihr euch sicher inzwischen nun fast selber denken? Genau, erst mal natürlich, weil er wohl einen roten Bart hatte, und jetzt kriegt ihr nebenbei obendrein auch noch ein wenig Italienisch beigebracht, *Barba* ist der *Bart* und *rossa* heißt *rot*! Und der Barbarossa war der Opa von Kaiser Friedrich dem Zweiten; der, also der zweite Friedrich, hat aber hauptsächlich in Italien gewohnt, zum Beispiel in seinem *Castel del Monte*, ganz weit im Süden von Italien, weil das damals auch zu Deutschland gehörte, genauer gesagt, nicht zu Deutschland direkt, Deutschland und Italien gehörten zusammen zum *Römischen Reich Deutscher Nation* ..., ich denke aber, das führt momentan ein bisschen zu weit, ... jedenfalls waren Deutschland und Italien und noch ein paar mehr Länder rund um Deutschland damals ein einziges großes Reich, und die Familie von den beiden Friedrichen hieß *die Staufer*, und die stammten eigentlich aus Süddeutschland in der Nähe von Stuttgart, na ja, das habe ich ja gerade schon erzählt ... und egal erst mal. Und die Hauptstadt von Deutschland war damals nicht Bonn oder Berlin, sondern ..., ja, die hatten damals überhaupt gar keine richtige Hauptstadt ..., komisch, 'ne?! Aber so war es im Mittelalter, und der Kaiser ist mit seinem ganzen Haushalt und seinem Hofstaat und seinem gewaltigen Rittertross auf seinen Pferden und Fuhrwerken andauernd durch sein riesiges Deutsch-Römisches Stauferreich gereist, damit auch jeder, vor allem jeder von den Herzögen und Grafen, im Kopf behält, wer der Chef im Land ist – und sie haben zum Verschnaufen nur mal hier und da in einer der größeren Städte, das waren in Deutschland zum Beispiel Aachen oder Goslar oder Speyer oder Worms, eine kleine Pause eingelegt."

Aah-ha! Hör sich mal einer an, was ganz früher vor fast tausend Jahrn im Mittelalter in Deutschland so alles los war!

... Da war ich aber ganz schön durch den Wind, und nicht nur ich, der Rest von unsrer Klasse ebenfalls! Deutschland, nicht Deutschland, doch 'n bisschen Deutschland, Friedrich hier, Friedrich da, Stauferfamilie, keine Hauptstadt, Kastell-irgendwas, Stuttgart, wieso grade Stuttgart?! Ich wusste gar nicht mehr, wo ich das alles so schnell hinstecken sollte und wo mir der Kopf stand, und da fragte doch irgendein Schwachkopf aus unserer Klasse obendrein auch noch:

„Was is eigentlich der Unterschied zwischen denen – also so 'nem König und 'nem Kaiser?"

Mir schwirrte alles Mögliche durch die Birne, und ich wusste kaum noch, wo links und wo rechts war, und der Lutscher war mir fast im Rachen kleben geblieben ..., aber es war auch richtig aufregend, was die Dünne da so erzählte, weil 's komplett neu und irgendwie verrückt war, und ich sollte eigentlich nicht *Dünne* zu ihr sagen, denn die war einfach nur ganz schlank und mit ihrn kurzen hellen Haarn, ihrm mausgraun Kostüm, ihrer weißen Bluse mit hochgeschlossenem Rüschenkragen und ihrer zarten Brille eigentlich 'ne sauecht hübsche junge Dame, und an die könnt ich mich sogar richtig gut dran gewöhnen, ... die hätt ich mir auch als Lehrerin bei uns auf der Klauberger vorstelln können, muss ich wirklich zugeben.

„Ehrlich gesagt, Kinder, weiß ich das persönlich auch nicht bis ins Letzte – was der Unterschied zwischen einem König und einem Kaiser ist." Sie war plötzlich fast wie eingefrorn und stierte ratlos hoch unter die Decke über uns, wo überall Engel und Propheten und Jesus und seine Fraun und Himmel, Tod und Teufel prima bunt hingemalt warn, als wenn da oben die Antwort zu finden wär.

„Ein König weiß, dass er von Menschen, Herzögen, Grafen, allen möglichen berühmten Leuten, gewählt ist und über die alle regieren darf – und soll." Unsere Begleiterin musste jetzt immer 'n bisschen überlegen und schlucken, bevor sie weiterredete. „Ein Kaiser jedoch glaubt, er ist vom lieben Gott auserwählt, um über die ganze Welt zu herrschen, und die Kaiserkrone setzt einem, der ja zu diesem Zeitpunkt bereits ein König ist, der Papst in Rom auf, weil der der Einzige auf der Welt ist, der eine direkte Verbindung zum lieben Gott hat, und sonst keiner – und der Papst weiht einen König zum Kaiser." Und dann hat sie tief Luft geholt, sich 'ne lange Pause gegönnt und sich daraufhin wieder geräuspert.

„Das ist zumindest die allgemein verbreitete Auffassung davon. Und jetzt habt ihr hier alles gesehen – habt ihr noch Fragen vielleicht? Dafür bin ich ja da. Eh ..., wie ihr ja selbst wisst, wir haben immer noch einen Papst, doch der krönt keine Könige zu Kaisern mehr, und die zwei, drei Kaiser, die es noch gibt, sind ein Überbleibsel aus uralten Zeiten – ich denke, das solltet ihr auch noch wissen und, ja, ... Könige und Kaiser sind auch nur Menschen, so sehe ich das zumindest – und der Papst ebenfalls, also der ist auch nur ein Mensch, mein' ich."

Ich war so durcheinander, dass ich nicht mal Fragen hatte, oder ich sag mal besser, ich hatte Fragen ohne Ende, aber ich hätte se gar nich fragen können, so verwirrt war ich von dem Vortrag von unsrer freundlichen Burgführerin.

Gründlich musterten wir noch einmal alles, was da in den Gewölben aufgemalt war und an den Wänden so an Bildern rumhing, und ich hab mir so ausgedacht, wir könnten ja zu Hause auch mal 'n Gemälde von Oma und Oma Berlin und Mama und Papa und Gitti und mir und Tante Grete und den andern Verwandten aufhängen, damit wir zu Hause auch so 'ne Ahnengalerie haben – aber das dürften dann nur ganz kleine Bilder sein, denn ausreichend Platz für so 'ne Ansammlung von riesigen Malbildern wie auf der Schloss Burg ist bei uns in der Wohnung an den Wänden ja nun mal einfach nicht vorhanden – da ist jedes einzelne Gemälde so groß wie unsre gesamte Wohnung, ... mindestens.

Mensch, dass die Grafen von Berg beim Königmachen vom Römischen Reich mitgemischt haben, das hätt ich denen beim besten Willen nich zugetraut – auch wenn sie ja nun mal wirklich 'ne Mordsburg hatten.

Auf dem Weg zum nächsten Burgsaal warn wieder mal lauter Männer in Eisenpanzern, wie zu Beginn von unsrer Schloss-Burg-Tour, aufgestellt, und die Rüstungen blinkten in der Sonne, die matt-schräg durch das knallbunte Fensterglas fiel.

„Wer zieht sich denn so was an – die konnten damit ja gar nich gucken, und die müssen doch geschwitzt haben wie 'n Affe?!"

„Haben sie auch, und genützt hat ihnen das ganze Eisen auch nicht, denn eine Lanze kommt auch durch die Ritzen durch – habt ihr doch vorhin unten im Burghof alles genau mitverfolgen können."

„Und das Kettenhemd?"

„Das war nur zum Druntertragen – und zur Sicherheit, damit 's nicht ganz so pikst, wenn doch etwas durchdringt – hi, hi, hi." Warum unsere Burgführerin deswegen so kichern musste, hab ich nicht ganz kapiert, vor allem, wenn 's doch um 'ne verdammt spitze und scharfe Lanze zwischen deinen Rippen geht.

„Ich muss ja auch immer 'n Unterhemd anziehen, aber mit 'ner Lanze is' mir noch nie einer angekomm", sagte ich verdutzt.

„Sieh mal einer an – hi, hi", gluckste unser Burgfräulein weiter.

„Wie heißen Sie eigentlich?" Wir hatten die richtig ins Herz genommen. „Also, so mit Namen ... und so mit Vornamen auch."

„Ich bin Frau Schmidt, aber ihr könnt auch ruhig *du* zu mir sagen."

Das fanden wir aber so was von spitzenklasse, dass wir zu Frau Schmidt *du* sagen durften, weil sie so nett und lieb zu uns war und uns jetzt schon so viel über ganz früher aus 'm Mittelalter und die Grafen von Berg und die Mordsburg von denen beigebracht hatte.

„Frau Schmidt, gehst du denn jetzt endlich mal mit uns in den nächsten Saal – und hoch auf den Turm?"

Und alle riefen: „Ja! Zum nächsten Saal!"

„Der nächste Saal, wo wir hinkommen, ist wieder ein ganz großer, und dafür müssen wir aber erst ein Stockwerk höhersteigen, und der heißt *Palas* und der Turm heißt nicht *Turm*, sondern *Bergfried*, und der ist natürlich noch weiter oben, um nicht zu sagen, ganz hoch oben – über Schloss Burg."

„Ham Sie ..., hast du bei Palas vielleicht das *t* am Ende vergessen, Frau Schmidt?" meldete sich der Schlauberger aus unsrer Truppe.

„Ja ...", hechelte die beim Hochsteigen in der engen Wendelsteintreppe. „Könnte wohl so gewesen sein, ich weiß auch nicht alles."

„Du", da muss Frau Schmidt, als wir schließlich schwer atmend ein Stockwerk höher in der Schloss Burg angekommen warn, doch noch was eingefallen sein. „Ein *Palast* ist ein großes prächtiges Gebäude, doch ein *Palas* ist nur ein riesiger prunkvoller Raum in einer Burg, wie hier zum Beispiel."

Wir hingen fast an ihrm Rockzipfel, so schön fanden wir das, was sie uns über die Grafen, den König, den Papst und die Kaiser und das ganze Mittelalter und so erzählt hatte, und wir warn gespannt wie die Flitzebogen, wie 's im nächsten Zimmer, dem Palas, weitergehen würde, und unser Lehrer, der Herr Lauer, ist immer ein paar Meter entfernt ganz entspannt hinter uns hergetrabt, hat sich die Grafen und die Ritter und die bunten Fenster und Bilder angeguckt und war sicherlich heidenfroh, dass er mal 'n bisschen Ruhe vor uns Schülern hatte und nicht andauernd selber quasseln und irgendwelche Faxen für uns machen musste.

Im Palas, da war es ein wenig anders, nich ganz so riesig wie im Rittersaal unten, aber die Bilder an der Wand warn genauso groß, nur warn da diesmal Frauen und auch Kinder mit drauf.

„Sind das die Gräfinnen von Berg und die Blagen von denen?"

„Ja, aber die mussten alle mit *Erlauchte Hoheit* oder *Euer Hochwohlgeboren* oder so ähnlich angesprochen werden – weiß ich jetzt auch nicht so genau."

„Wieso das denn jetz?!" rief einer von uns Kindern verwundert und empört zugleich. „Die Kurzen von der Frau Gräfin und dem Grafen von Berg sind doch auch nur Kinder wie wir, oder nich?!"

„Klar waren sie das ... keine Ahnung." Frau Schmidt schien auf einmal recht erschöpft. „Ich weiß auch nicht alles. Eh, hab ich das nicht gerade schon einmal gesagt, also, dass ich nicht über alles Bescheid weiß?"

„Ja!" riefen wir aus einem Hals, und bei mir dachte ich, das is aber überhaupt nich schlimm – wir wissen doch noch viel weniger, und die Frau Schmidt hat mir mit ihrer Bescheidenheit immer besser gefallen.

„Also, die Kinder von den Grafen von Berg waren zumindest schonmal kleine Grafen, und das bist du ja wohl nicht, oder?"

Und ich, als sie mich dabei anguckte, antwortete 'n bisschen bedröppelt: „Nee, wohl eher nich."

Dass unsre Frau Schmidt nicht alles wusste, fand ich richtig klasse – und die andern auch.

Auf jeden Fall warn die Frauen auf den Ölbildern fast alle obenrum um ihre Schultern halb nackig und hatten Kinder auf 'm Schoß, aber die sahn, so klein sie auch warn, im Gesicht fast aus wie erwachsene Leute, also wie ihre Opas und Omas und nicht wie kleine Gören ..., als wenn sie im Mittelalter nicht so viel mit richtigen, normalen Kindern anfangen konnten.

Wir machten uns auf den letzten Weg in Schloss Burg – hoch auf den Turm, eh, den *Bergfried*, so heißt der ja wohl richtig.

„Frau Schmidt, du wärst auch 'ne tolle Kaiserin", sagte plötzlich einer von uns.

„Blödsinn! Wie kommst du denn da jetzt drauf?!"

„Weil du so viel weißt und ... manchmal auch nicht weißt – und weil du so schick angezogen bist und überhaupt."

Da ist Frau Schmidt ganz rot geworden und hat verschämt nach unten geguckt und hat ihr Taschentuch rausgeholt, ihre feine Brille abnehmen und sich ein paar Tränen aus den Augen wischen müssen.

„Frau Schmidt, wie heißt du denn nun eigentlich vorne, also mit Vornam?"

„... Lydia", schniefte Frau Schmidt, und sie war auf einmal so rührselig wegen uns. „Ihr seid ja so eine liebe Bande. Nun guckt aber mal endlich darüber!" Und sie setzte sich ihre Brille wieder ordentlich auf und stopfte ihr Taschentuch zurück in ihre Handtasche, hob ihren Kopf und streckte ihrn Arm raus übers Wuppertal, also über das Tal von der Wupper.

Denn wir warn alle in 'nem lauen Lüftchen draußen auf dem Turm von Schloss Burg, dem Bergfried – aha, das war also mit *Bergfried* gemeint gewesen – obendrauf und sind in einem durch an der Mauer und den Balkons von dem Bergfried entlanggelaufen und haben durch jede Schießscharte ins Land und runter zur Wupper, die hier hoch oben gar nicht mehr stinken konnte, und abwechselnd mit unsern ausgereckten Armen runter in die Wupper gezielt und dann wieder in den Himmel geguckt – und da war nirgendwo kein Ende zu sehen, und das war zum Träumen schön, von da hoch oben von dem Bergfried von Schloss Burg in unser Bergisches Land zu blicken, und der Himmel war so blau, und da kreisten die Habichte, ... dass mir noch zu mehr zumute war.

Als wir wieder unten an dem Seilbahnbahnhof von Schloss Burg warn, von wo aus wir wieder runter ins Tal transportiert werden sollten, hat Frau Schmidt, also die Lydia, zu Herrn Lauer gesagt: „Sie haben aber wirklich nette Kinder in ihrer Klasse, die sind ja so wohlerzogen und geistesgegenwärtig und aufnahmebereit ... und so lieb!"

„Na ja, Frau Schmidt, wenn Sie meinen", antwortete Herr Lauer verhalten und schmunzelte dabei. „Meistens ist die Truppe schon ganz in Ordnung – und ihre Führung durch Schloss Burg hat die Horde natürlich bis ins Mark beeindruckt. Allergrößten Dank dafür!" Und die beiden reichten sich zum Abschied mehrmals die Hände.

Als wir mit der Seilbahn wieder nach unten zum Fuß von Schloss Burg, also runter zur müffeligen Wupper, abgesegelt sind, haben wir unserm Burgfrollein, eh, Frau Schmidt, eh, Lydia, alle wie verrückt zugewunken und sie uns auch, und wir haben aus unsern Sesseln in einem durch *Lydia!!!* nach oben gerufen, und dann haben wir uns aber auch alle ganz schnell wieder die Nase zugedrückt – wegen der Wupper nämlich, und als wir da unten neben der Wupper in dem kleinen Bahnhof unsre Sessel entriegelt haben und ausgestiegen sind, haben wir alle nochmal hoch zu Schloss Burg geguckt, und ich war ganz stolz drauf, dass ich da mal war, und die Frau Lydia Schmidt war da hoch oben an der Mauer noch ganz klein zu erkennen und guckte auch immer noch runter zu uns und winkte in einem durch, ... hab ich mir wenigstens so eingebildet.

ÜBER DIE ZUKUNFT UND DIE VERGANGENHEIT ... UND DAZWISCHEN

Die Besten bei uns in der Volksschule Klauberg, das warn Stephan Holz und ich – hab ich, glaub ich, ja schon von geprahlt, und da muss ich auch nicht immer wieder drauf rumreiten – und auch Hartwig Voigt war 'n ziemlich aufgewecktes Bürschchen und noch 'ne weitere Handvoll aus unsrer Klasse, die durften nach der vierten Klasse von unsrer Klauberger

Volksschule aufs Gymnasium, das is 'ne Schule für die Allerschlausten, die heißen bei den Erwachsnen auch *Begabte*, aber wenn das was Andres ist als schlau, dann weiß ich nicht, was das bedeuten soll – jedenfalls kommen solche Kinder auf 'ne ganz besondere Schule, auf 's Gymnasium eben, und werden da weiter erzogen und ausgebildet und werden dann später, wenn se mal erwachsen sind, egal ob schlau oder begabt oder beides, Professor oder Doktor oder Pastor oder Bundeskanzler oder Präsident von irgendwas oder sogar Lehrer.

Gymnasium Schwertstraße, so hieß das Jungengymnasium in Solingen, da sollte ich ja nun mal hin, wenn ich gut in der Schule Klauberg bin, und da war ich schon ganz schön gut, aber da, in meiner Volksschule, wär ich auch richtig gern geblieben, weil ich da ja mittlerweile alles kannte, und auch den Weg dahin und nach Hause durch den geheimnisvollen Zigeunerweg und so, und das war mir alles so schön vertraut – und jetz auf einmal auf 'ne neue Schule gehn, dazu hatte ich überhaupt keine Lust zu, ich wär ja so gerne in Klauberg bei Herrn Lauer geblieben. Aber das ging dann doch beim besten Willen nicht, weil ich für auf der Klauberger bleiben viel zu klug und begabt war, und deswegen kam ich aufs Gymnasium – und die andern paar Schlauen von uns ebenfalls, da konnten wer einfach nix gegen machen.

Das Gymnasium Schwertstraße war 'n riesiger Häuserblock in der Schwertstraße, wo auch sonst, und der sah auf den ersten Blick aus wie 'n Mordsgefängnis, da warn wir schon 'n paarmal bei unsern Familienwanderungen vorbeispaziert, und als es wegen meiner *Begabung* so weit mit mir war, hatte ich die Hosen so voll, dass ich da mal wirklich irgendwann reinmüsste. Aber alle sagten, es geht kein Weg dran vorbei – so 'n prima Schüler, wie ich wär. Und Onkel Adolf wusste sowieso schon, was ich mal werd. Na klar, Lehrer! Und das hat er auch alln aus unsrer Verwandtschaft und Bekanntschaft immer wieder vorgetrötet: „Unser Ulrich wird ma Lehrer!" Damit war mir irgendwann auch selber klar, ich werd Lehrer, also so welche wie Herr Lauer oder Frau Busboom, das war nämlich die Lehrerin von Gittis I-Dötzchen-Klasse.

Ist natürlich erst mal gar nicht so schlecht, wenn einer rechtzeitig weiß, was mit einem so passiern wird; besser, als wenn de auf einmal tatsächlich Lehrer bist und überhaupt keinen Schimmer hast, wie 's dazu gekommen ist, und dann stehst de vor den Schülern rum und hast keine Ahnung von nix und bist irgendwie blöder als die. Nee, nee, das war gar nicht so dumm, wie Onkel Adolf mich auf meine Zukunft vorbereitet und mir das mit dem Lehrerwerden eingetrichtert hat – da wusste ich schonmal einigermaßen, was auf mich zukommt.

Für die, die sich noch nicht so auskennen – die Zukunft ist das, was noch kommt und von dem noch keiner was weiß, aber die Zukunft kommt bestimmt und zwar so sicher wie das Amen in der Kirche, wahrscheinlich ist sie sogar jetzt schon schwer unterwegs, und dann ist sie auf einmal jetzt, und wenn sie dann in der Gegenwart angekommen ist und jetz is, is die Zukunft auch schon wieder ruckzuck vorbei und Vergangenheit, und dann kommt auch gleich schon wieder 'ne andre Zukunft, und so geht das immer weiter.

Das find ich richtig praktisch mit der Zukunft, weil 's mit der immer vorwärtsgeht, auch wenn de keinen Schimmer hast, was sie für dich so im Koffer hat. Denn die Zukunft kann ja auch ganz schön in die Hose gehn, wenn de dir, nur so mal zum Beispiel, 'n Bein brichst, weil de mit deinem Roller abrutschst und auf die Piste knallst – ich hätt auch schon zigmal von unsern Riesenahornbäumen abstürzen können oder über die Balken fliegen oder sonst was, und bin ich ja auch – ach, was quatsch ich – meistens hat die Zukunft Gutes mit einem im Sinn, glaub ich so, auch wenn sie einem zwischendurch mal 'n Beinchen stellt und 'n bisschen wehtut. Also, wenn de dir 'n Mückenstich einfängst, der kommt ja auch aus der Zukunft, oder die Treppe in deinem Haus runterkullerst, weil de nicht aufgepasst hast oder einfach nur frisch gewischt war und alles sauglatt, musst de dir keine Sorgen über die Zukunft machen, denn in dem Moment bist de ja nur im Jetzt und was da passiert, hat mit der Zukunft noch nix zu tun und passiert eben, also was bis grade noch, bevor 's passiert ist,

Zukunft war, ist dann eben da – aber dann geht 's mit der Zukunft auch schon weiter, und weißt de was, das Größte an der Zukunft ist, dass sie alles heilt und de nix über sie wissen musst und ja auch nicht wissen kannst, nur, dass deshalb jeder schön auf das Ungewisse aus der Zukunft aufpassen muss, denn 'n bisschen von dem, was kommt, kann jeder spürn, einfach wenn er seine Augen und Ohrn aufsperrt und wach is wie 'n Spitz. Spürn tut jeder, oder nich? Und das reicht ja schon, damit de 'ne Ahnung von der Zukunft kriegst und rechtzeitig weißt, was kommen könnte.

Ich hab schon überlegt – das mit der Zukunft und der Vergangenheit is alles Humbug, das eine von den beiden kommt erst noch und das andere ist schon weg und über alle Berge. Ich muss das einfangen, was dazwischenliegt, das Jetzt! Aber das geht gar nich – weil 's ja in einem Augenblick wieder futsch und vergangen is.

Was aber geht, is – von einem Jetzt ins nächste Jetz marschiern, also immer auf Draht sein. Ich glaub, das is so ziemlich das Einzigste, was geht.

DIE AUFNAHMEPRÜFUNG

Mit dem Gymnasium Schwertstraße, von dem ich vorhin geschwafelt hab, war 's aber noch lange nicht so weit – da musste ich erst mal 'ne Aufnahmeprüfung machen, und die ganzen andern hunderte schlauen und begabten Volksschüler aus Solingen ganz genauso; die ging drei Tage lang, die Aufnahmeprüfung, und die war beileibe kein Zuckerschlecken, aber die Marlies war nicht dabei, weil das Gymnasium Schwertstraße nur für Jungs war; die Mädchen, also die Schlaun von denen, mussten auf 'n eignes Mädchengymnasium, das war bei uns in Solingen die *August-Dicke-Schule*, die hieß bei den Mädchen aber nicht Gymnasium, sondern Lyzeum, warum genau, weiß ich auch nicht, aber warum das bei den Jungs Gymnasium heißt, weiß ich genauso wenig. Ob Marlies überhaupt aufs Lyzeum gekommen ist, na ja, ... da bin ich mir nicht so sicher, denn Marlies konnte zwar sauklasse maln – vom ersten Schultag an, hab ich ja erzählt – aber davon abgesehen war sie nicht so helle und hat ansonsten andauernd Fünfen in Rechnen und Vorlesen kassiert.

Die nicht so Klugen von uns sind in der Volksschule Klauberg bis zum Ende geblieben, also bis zum achten Schuljahr, und haben danach wohl 'ne Handwerkerlehre oder so was angefangen, und die, die 's nicht mal bis dahin geschafft haben, sind erst mal auf die Hilfsschule gekommen, wo sie den ganzen Kram, den wir andern aus den ersten paar Schuljahrn schon intus hatten, nochmal vorgekaut und eingetrichtert gekriegt haben, oder sie sind nach dem achten Jahr in Klauberg mit vierzehn direkt in die Fabrik einfach zum Arbeiten gegangen. Jeder muss ja auch nicht gleich Präsident oder Professor oder Lehrer werden, das Leben kann auch so ganz schön sein; stell dir bloß mal vor, alle Menschen auf der Welt wärn Professor oder Präsident oder Lehrer – wer soll denn dann die ganze stinknormale Arbeit, die ja auch sauwichtig is, machen?! Die sind doch – ohne superklasse lesen und rechnen zu können – auch keine Blödmänner, die haben vielleicht was ganz anderes auf der Pfanne, Schreinern oder Schneidern oder Mauern oder Weben oder Schweißen oder Kühe melken oder Schafe hüten, ... was weiß ich; also, wenn Marlies weiter so prima Bilder, wie an unserm ersten

Schultag an der Tafel, malt, dann wird sie bestimmt mal 'ne Spitzenmalerin, wenn sie 's nicht sowieso jetz schon ist, und die kann dann auf den ganzen Schulkram und das Mädchenlyzeum so was von pfeifen.

Ich selbst, wo ich ja nicht so 'n toller Maler wie Marlies war, musste aber zur Aufnahmeprüfung beim Gymnasium Schwertstraße, damit ich überhaupt draufkomm – und die ganzen andern pfiffigen, begabten Jungs ebenfalls. Das Blöde bei mir war, ... als das mit der Aufnahmeprüfung losging, wurde ich fürchterlich krank, erkältet oder Grippe oder so was, und ich konnte das alles mit der Aufnahmeprüfung eigentlich überhaupt nicht, aber ich hab fast nicht gejammert, sondern hab ganz früh morgens mit meinem fiebrig-schwitzigen Kopp tassenweise Tee und die heiße Honigmilch von Mama getrunken, und Oma ist die ganze Zeit wie aufgezogen in der Wohnung hin und her getippelt und Gitti auch; Papa war schon längst weg zur Arbeit und konnte ja gar nicht mehr mithelfen, mich auf die Beine und übern Tag zu bringen, das blieb letztendlich alles hauptsächlich an Mama hängen.

Als es dann an der Zeit zur Schwertstraße zu gehen war, hat Mama mich in 'ne dicke Hose und Jacke verstaut und mir 'ne warme Kappe aufgesetzt und mich an die Hand genommen, und wir beide haben schön *Tschüs* zu Oma und Gitti gesagt, also ich eher gekröcht, und haben uns auf den Weg zur Schwertstraße und dem Gymnasium da zur Aufnahmeprüfung gemacht.

„Geht 's, Ulrich? Kommst de zurecht?" fragte mich Mama besorgt, als wir unsere Treppe runtertrapsten, und ich wollte *Ja* sagen, hab aber nix rausgebracht und nur gekrächzt und gehustet wie bekloppt. Das war vielleicht eine Nieserei und ein Gekeuche von mir, als Mama mit mir los ist und mich die breite Carl-Goerdeler-Straße runter Richtung Gymnasium Schwertstraße gezogen hat – Mann, oh Mann!

Beim Gymnasium hat Mama mich dann abgegeben und zu einem Mann in einem grauen Kittel leise gesagt, damit ich das selbst möglichst nicht mitkriege: „Mein Sohn Ulrich ist aber ziemlich erkältet, Herr Hausmeister."

Und der Mann hat zurückgewispert: „Ist ja wohl nicht zu übersehen – ich pass auf und behalt ein Auge auf ihn, und ich informier auch die Lehrer – gut, dass Sie mir Bescheid gesagt haben." Und Mama hat mir bestimmt zwanzigmal 'nen Abschiedskuss gegeben, und wir haben uns gewunken, als wenn wir uns beide nie mehr wiedersehn würden.

Haben wir aber doch – schon am selben Tag! Da hat Mama mich mittags von der Schwertstraße wieder abgeholt und trappelte schon aufgeregt auf dem Schulhof rum, als der Hausmeister mich aus der Schultür zu ihr schickte, und Mama hat mich in einem durch geschmatzt, als wenn wir uns ewig und drei Tage nicht gesehn hätten, und Mama hat mich nach dem qualvoll langen Marsch nach Hause, also der war nur für mich, mit Schweißperln auf der Stirn, hart anstrengend, sofort wieder ins Bett gestopft und nicht mal gefragt, wie 's überhaupt in der Schule war – und ich hab geschwitzt und geschlafen und geschwitzt und geschlafen, den ganzen Tag lang immer abwechselnd, und Mama hat mir über Nacht bestimmt fünfmal frische Schlafanzüge anziehn müssen, weil die von meiner ganzen Ölerei ratzfatz immer wieder pitschenass wurden ..., bis ich am nächsten Morgen zusammen mit Mama wieder los zum zweiten Tag von der Aufnahmeprüfung zur Schwertstraße musste.

Nach dem dritten Tag von der Aufnahmeprüfung, und das war der letzte von den drein – und 'ner Woche Abwarten und Zittern kam raus, ich war der Zweitbeste von allen geworden, und das warn ja so etwa hundertzwanzig Aufnahmeschüler, und dabei ist von den andern gar keiner krank gewesen, nur ich alleine! Ganz schön gut, ne?!

Aber bei der Aufnahmeprüfung war auch nur Schreiben und Rechnen und Lesen, und das konnt ich schon von Klauberg her aus 'm Effeff. Nach der Aufnahmeprüfung hab ich erst mal drei Wochen im Bett gelegen, da warn nämlich Osterferien, und die Aufnahmeprüfung war jetzt hinter mir ... und sowieso alles egal.

„Nach Ostern“, hat Mama gesagt, „bist de auf der Schwertstraße, und dann machst de Mittlere Reife und vielleicht sogar noch dein Abitur – aber bis dahin is noch lange hin.“ Und ich hab ’n paar Tage lang ganz, ganz viel geschlafen und konnte nich mal zum Spieln raus – und wollte ich ja auch gar nich, weil ich in eim durchgepennt hab.

„Kuck mo.“ Da hab ich bei Oma in ihrm Sessel auf ’m Schoß gesessen.

„Was gucken?“

„Kuck mo einfach. Ulriker, du bist werer jesund, un de kümmst jetz upt Jymnasiom.“ Die Sonne schien in die Küche; wir beide warn ganz allein, und das war mir so schön da auf Omas Schoß; später hat Oma unser Küchenfenster weit aufgemacht, und wir haben uns beide auf die Fensterbank gelehnt, mit ’nem Kissen unter ’m Ellnbogen, und runter in den Hinterhof von uns geguckt; da hat Mama grade Wäsche aufgehängt, und Herr Fürstenberg hat seine Garage zugeschlossen und ist vorsichtig mit seinem DKW aus ’m Hof rausrangiert, und ich und Oma haben beide das ganz schön ruhig zusammen beobachtet, und ich hab mich wieder bei Oma auf ’m Fensterbrett eingekuschelt, und Mama hat auf einmal zu uns beiden hochgewunken, weil sie gesehn hat, dass wir ihr bei ihrm Wäscheaufhängen zugesehn haben, und Oma und ich haben zu Mama auch runtergewunken, und Mamas Stimme hallte hoch: „Bin glich werrer om – por Loken noch!“

MEIN TRAUMBERUF

Manchmal, wenn Onkel Adolf allen Verwandten und Bekannten beibrachte, dass ich Lehrer werd, stellte ich mir stattdessen vor, ich werd nich ’n blöder Lehrer – im Gegenteil, ich werd Ritter! Das war nämlich auf einmal mein Traumberuf, den hatte ich bestimmt bei unserm Schulausflug auf Schloss Burg aufgeschnappt.

... Da wohn ich dann hoch oben auf ’m Berg in ’ner festen Burg drin, zum Beispiel auf Schloss Burg, und Mama und Papa und Gitti und Oma haben alle ihre eignen Zimmer da und können machen, was sie wolln, und Oma hat so ’n prima Ausblick aus ihrm Turmfenster, dass sie den Nordbahnhof von uns gar nicht mehr vermisst, und manchmal sehn wir uns vier Tage lang gar nicht, weil das Gelände und die Gebäude so weitläufig und riesig groß und unübersichtlich sind und da ewig viel Platz ist, dass wir uns richtig anstrengen müssen, damit wir uns überhaupt mal übern Weg laufen und in die Quere kommen.

Ich selbst – als Ritter – hab natürlich den Rittersaal für mein Wohnzimmer, und wenn da einer ankloppt, sag ich entweder *Herein – ich schließ euch sofort auf!* oder ich sag *Moment ma – ich muss mich erst ma anziehen, kloppt später noch ma!*. Und wenn die dann später wieder kloppen, sag ich natürlich *Herein, seid mir willkommen*, so geschwolln reden die Ritter in den Hörspieln im Radio nämlich. Dann muss ich mir aber erst schnell ’ne Unterhose und ’n Hemd anziehn und meine Rittergewänder anlegen und danach ’n halben Kilometer laufen, bis ich schließlich an der Tür bin und aufmachen kann. Was heißt hier Tür? Das ist ’n wahres Scheunentor, da könnten auch zwei prunkvolle Pferdekutschen nebeneinander gleichzeitig durchfahrn! Eigentlich muss ich ja gar nicht selbst zur Tür rennen, denn ich hab ja zig Lakaien und

Dienstmädchen, aber ich renn trotzdem eigenhändig, eh, eigenfüßig, dahin, weil 's mir Spaß macht, für Mama und Papa und Gitti und Oma das Tor aufzuschließen. Aber um mit dem dicken Eisenschlüssel aufmachen zu können, muss mich einer von den ganzen Dienern auf 'nen hohen Schemel stelln, sonst komm ich da oben überhaupt noch nicht ans Schlüsselloch ran.

Eigentlich wär ich deshalb, wegen dem Wohnen oben in der Burg, lieber Ritter als Lehrer, und 'n Klassenzimmer begucken könnt ich mir als Ritter ganz nebenbei trotzdem auch noch, denn die ganzen Schulen unten im Tal gehörn mir ja sowieso, und die Lehrer müssen nach meiner Pfeife tanzen und schön lieb zu den Kindern sein, sonst kriegen sie 'n Höllnärger mit mir.

Aber ob das alles so wird, wie ich 's mir ausmal oder wie Onkel Adolf mir 's vorbestimmt hat? Die Zukunft kommt ja erst noch, und ob die so oder so ist, ... wer weiß? Ich jedenfalls nicht.

Onkel Adolf allerdings, der wusste, was mit mir passiert, und der hatte nicht nur die Straßenbahn in Solingen unter sich, denn der war ja Straßenbahnschaffner bei uns und kam jeden Tag mit tausend Leuten zusammen und konnte über alle wichtigen Sachen in der Welt mit denen palavern und alles austüfteln, sondern der guckte sogar jedes Reitturnier im Fernsehen zusammen mit Tante Erna, und der wusste deswegen ganz genau Bescheid in der Welt und was ich mal werd – nämlich Lehrer. Und deshalb wird das mit dem Ritter wahrscheinlich eher nix – egal was ich mir manchmal so zusammfantasier.

PAPAS BERUF

In der Klasse fragte der Lehrer – ich weiß gar nicht mehr, welcher von denen das war – was unser Vater als Arbeit macht, das müsste die Schule wissen und er in seinen Papierkram eintragen, und da sagten die andern Jungs *Schreiner* oder *Automechaniker* oder *Arzt* oder *Rechtsanwalt* oder *Klempner* oder *Tankstellnwart* oder *Kaufmännischer Angestellter* und solche Sachen. Doch mir fiel nix ein – weil mir, auch wenn ich ziemlich genau wusste, was Papa macht, nicht klar war, wie sein Beruf wirklich heißt; kaufmännischer Angestellter oder das andere Zeugs war Papa jedenfalls nicht, das hätt ich gewusst, aber wie sein Beruf eigentlich hieß, wusste ich auch nicht, nur, dass er in 'ner großen Fabrik arbeitete und da Schleifscheiben schön rund zurechtdrehte. Ich hätte deswegen auch einfach *Fabrikarbeiter* sagen können, hab ich mich aber nicht getraut, weil ich Papa nicht wehtun wollte und er vielleicht 'n ganz besondrer Fabrikarbeiter war, wovon ich bis dahin keine Ahnung hatte ... und der deshalb vielleicht auch 'ne ganz besondere Bezeichnung trug.

„Da muss ich mein Papa erst ma fragen, was er is", redete ich mich raus. „Was er macht, weiß ich schon, aber wie sein Beruf genau heißt, da komm ich grad nich drauf ..."

„Sagst du mir dann morgen, ja?"

Als ich abends Papa nach seinem Beruf fragte, hat er ganz schön rumgedruckst, und Mama hat uns den Rücken zugedreht und dabei das ganze Geschirr dreimal abgetrocknet – das macht sie immer, wenn 's brenzlig wird und sie selber nix zu irgendwas sagen will.

„Papa", drängelte ich. „Das muss ich morgen in der Schule sagen, was du bist. Die andern ham das auch gesagt!"

„Ich bin Landwirt", kam Papa endlich mit der Sprache raus. „Ich bin in Deutschkrone zur Landwirtschaftsschule gegangen und habe da meinen Abschluss gemacht."

„Was is ein Landwirt?"

„Ein Landwirt ist ... ist ... ein Bauer. Und wir hatten ja auch unseren eigenen Hof!"

„Aber du bist doch gar kein Bauer. Du gehst doch zur Arbeit in die Fabrik! Und 'nen Bauernhof ham wer doch überhaupt nich! Was soll ich dem Lehrer denn jetz sagen, was du bist?"

„Sag dem, ich bin – ich bin – Schleifscheibendreher, meinetwegen, wenn 's denn sein muss, verflixt!"

Den *Schleifscheibendreher* hab ich mir vor 'm ins Bett gehn extra aufschreiben müssen, sonst wär der am nächsten Morgen wieder futsch gewesen – und Mama hat gelächelt, wie ich da auf der Bettkante so beim Kritzeln war, und als ich endlich damit fertig war, hat sie mir den Bleistift und den Zettel aus der Hand genommen, mir ihrn Gutenachtkuss gegeben und das Licht ausgeknipst und geflüstert: „Den Zettel steck ich dir ganz oben in dein Tornister, dann hast de den morgen in der Schule gleich parat – und schlaf schön, ja?" Und sie hat mir noch einen ganz zarten Kuss hinterhergegeben ... und ist leise weiter zu Gittis Bett gehuscht.

Als ich das am nächsten Schultag in der Klasse sagte, dass mein Vater Schleifscheibendreher ist, haben alle gejuxt, weil alle Papas von denen anscheinend was Besseres warn und meiner nur 'n einfacher Dreher von Schleifscheiben und in 'ner stinknormalen, dreckigen Fabrik gearbeitet hat, und ich hab mich ganz schön geschämt, aber warum genau, wusste ich eigentlich gar nicht, denn Schleifscheiben muss ja schließlich auch einer machen, sonst gäb 's weit und breit kein einziges Messer und keine Schere, und alle würden ganz schön blöd und belämmert aus der Wäsche gucken, wenn Papa nich von morgens bis abends die Schleifscheiben schön akkurat zurechtdrehn würde.

MEIN LIEBLINGSBUCH

Ich war wieder mal ganz krank, das war freitagnachts, und da lag ich am nächsten Morgen ganz matt im Bett, und mir war ganz elend, und ich war schwach und fiebrig, und das war wieder mal mitten im Sommer ..., wo die andern Kinder immer draußen sind – oder sogar in die Ferien fahrn und über alle Berge sind.

Komisch eigentlich – fällt mir grade brühwarm auf – ich bin immer im Sommer krank geworden ... oder auf die Schnauze geflogen ..., solche blöden Sachen passierten mir immer mitten im Sommer, genau in der Ferienzeit ... komisch ..., als wenn mir da einer eins auswischen wollte ... oder mir was beibringen wollte.

Jedenfalls, als Papa am Samstagvormittag von seinem Büchereinkauf in seiner *Buchgemeinschaft*, die war bei uns direkt um die Ecke ganz in der Nähe von Mamas Fabrik, nach Hause kam, packte er ein schmales goldgelbes Leinenbuch aus seiner Aktentasche und drückte mir das sanft auf meine verschwitzte Brust und stapelte den Rest von seinem Büchereinkauf erst mal auf den Wohnzimmertisch.

Nachdem Papa Hut und Jacke draußen an unserer Garderobe aufgehängt und abgelegt hatte, setzte er sich auf meinen Bettrand, wischte über meine perlnasse Stirn, streichelte meine Hände, klappte das Buch auf und las mir aus dem Buch, das er mir mitgebracht hatte, vor:

„Flipp schürte das Feuer im Kamin, stellte seine Malsachen auf den Tisch und machte sich daran, Weihnachtskarten auszumalen. Betti blickte ihm über die Schulter. ‚Schön machst du das', sagte sie bewundernd, ‚bei mir fließt die Farbe immer über den Rand.' ‚Du bist ja auch noch klein', meinte Flipp, während er einen Stechpalmenzweig mit roten Beeren verzierte. ‚Ich bin im November neun geworden', erwiderte Betti ein wenig gekränkt. ‚Jetzt bist du mir nur noch drei Jahre voraus. Und gewachsen bin ich auch.'"

Ich hab Papa bei seim Vorlesen ganz aufmerksam gelauscht, und Papa las mir immer weiter vor ..., aber dann bin ich wohl irgendwann wieder weggedrömelt.

Als ich wieder aufwachte, hieß das Buch, das da auf meiner Bettdecke rumlag, *Geheimnis um ein verborgenes Zimmer* und war von 'nem ausländischen Schriftsteller, oder war das vielleicht 'ne Frau, die das geschrieben hatte? Der oder die hieß *Enid Blyton*, stand nämlich auf dem Buchrücken drauf, und ich hab' damit sofort angefangen zu lesen – ganz so matt war ich dann doch nicht mehr und war gespannt wie 'n Flitzebogen auf das gelbe Buch, ... wobei mir die ersten paar Seiten irgendwie bekannt vorkamen und merkwürdig vertraut waren.

Mann – das war 'n Buch, das solltest de auch mal lesen! Da steht zum Beispiel, irgendwo weiter hinten, drin, wie de Geheimschrift machen kannst, also was aufschreibst, was aber keiner lesen kann – sauschwer zu erklärn – also dass de was aufschreibst und trotzdem kann 's kein Schwein lesen, weil 's einfach nich zu sehn ist, weil 's nämlich – und das ist jetzt wirklich allergeheimstens und muss unbedingt unter uns bleiben – mit Zitronensaft, statt mit Tinte, aufgeschrieben ist, in echt, und da siehst de nix von, von dem, was de da geschrieben hast, aber auch gar keinen Hauch! Doch wie de den Zitronensaft wieder zum Lesen kriegst, verrat ich jetzt wirklich nicht, das ist der zweite Teil von meim Geheimnis, und ohne den kannst de so viel Zitronensaft verplempern und so lange rumexperimentiern, bis de grün wirst – die Geheimschrift aus dem *Verborgnen Zimmer* wirst de nie und nimmer rauskriegen.

Das war mordsmäßig klasse mit dem Buch, das Papa mir da mitgebracht hatte. Dadurch war ich von heut auf morgen wieder gesund und piepfidel und wusste gar nicht mehr, weswegen ich vorher überhaupt krank war. Papa hat uns überhaupt viele Bücher mitgebracht, so viele, dass wir bestimmt irgendwann aus unsrer Wohnung ausziehen müssen, weil die sonst nämlich vor lauter Büchern aus den Nähten platzt.

Ich war ja nach dem Buch mit der Geheimschrift so was von schnell wieder auf den Beinen, weil ich unbedingt die Geheimschrift selbst in allen Einzelheiten ausprobiern – und wieder ans Licht bringen – musste.

... Mama hat richtig mit mir geschimpft, und Gitti hat sich kaputtgelacht, weil ich das Bügeleisen nicht rechtzeitig aus der Steckdose rausgezogen hatte, und die ganze Bude voller Qualm stand. Aber die Schrift war astrein zu lesen – *Ich heiß Ulrich*, erschien da auf einmal in ganz zartem Hellbraun aus 'm Nix auf dem weißen Blatt! Und nie im Leben werd ich einem verraten, wie die Geheimschrift geht – da schwör ich drauf. Aber, verflixte Axt, jetz hab ich mich wohl doch schon ganz derbe verplappert! Mist!

OMAS ERDBEERN

Wenn Gitti und ich von der Schule heimkehrten, das war ja immer so gegen Mittag rum, und wir bei uns geklingelt haben, hat Oma oben bei uns in der Wohnung den Türöffnerknopf gedrückt, damit unten unsre Haustür aufgeht, und zwei Treppen höher hat sie immer kurz das kleine Fenster in unserer Wohnungstür aufgeklappt, um nachzusehn, ob wir nicht womöglich irgendwelche Fremden oder bekloppten Vertreter sind, warn wir natürlich nicht, und Oma hat mir und Gitti immer gleich was zu essen hingestellt. Meistens war da Mama auch noch nicht von ihrer Arbeit bei SCHÄFERS zurück und Papa sowieso nicht, der kam ja immer erst zum Abendbrot. Deswegen hat sich mittags allermeistens Oma um Gitti und mich gekümmert.

Im Sommer, wenn es richtig heiß war und Gitti und ich nass geschwitzt vom nach Hause marschiern warn, hat Oma uns beiden oft einen Suppenteller mit frischen, durchgeschnittenen Erdbeern auf den Tisch gestellt. Wir hatten überhaupt keinen Hunger auf irgendwas, wollten erst mal nur Limonade, und die haben wir auch sowieso gleich gekriegt. Doch danach hat Oma Milch aus 'm Kühlschrank geholt und die über die Erdbeern im Teller gegossen und uns unsere Tornister von den Schultern genommen und die in die Ecke gestellt, und Gitti und ich haben uns an die Erdbeern gesetzt, und Oma hat BRANDT-Zwieback drübergebröckelt und dazu noch 'n Löffel Zucker draufgestreut, und dann ist sie in ihrn Sessel gesunken und hat sich riesig gefreut, wie wir beide uns über ihre Erdbeeren hergemacht und die genüsslich weggelöffelt haben und hat selbst sogar 'n bisschen geschwitzt von ihrer ganzen Rumrennerei vorher. Das war immer das primaste Mittagessen im Sommer, wirklich das allerallerprimaste – Omas frische Erdbeern mit eiskalter Milch und Zwiebackkrümeln und 'n bisschen Zucker obendrüber!

ENGLISCH AUF DER SCHWERTSTRASSE

Auf dem Gymnasium Schwertstraße hatten wir nicht nur Lesen und Schreiben und Rechnen, das kannt ich ja schon von der Klauberger Volksschule; das nennt sich auf 'm Gymnasium aber sowieso nicht *Lesen*, *Schreiben* und *Rechnen*, sondern *Deutsch* und *Mathematik*, also Deutsch ist Lesen und Schreiben und Mathematik ist Rechnen – nee, da hatten wir auch Englisch, und in drei Jahren würd ich auch Lateinisch sogar noch kriegen und ganz viel später, kurz bevor ich selber fast Lehrer bin, auch noch dazu Französisch und Philosophie, aber davon weiß ich überhaupt noch nicht, was das alles is; also klar, Französisch ist nur noch 'ne andre Sprache, wie sie die in Frankreich sprechen. Aber Philosophie?! Das ist vielleicht so was wie Kunst, mit maln oder sich sonst so Sachen ausdenken und schwer rumspekuliern und drüber rumquatschen und so – könnte alles Mögliche sein, diese komische Philosophie; auf jeden Fall bin ich schon riesig gespannt, was da kommt, und wenn ich mit irgendwelchen von den Fächern nicht klar komm, dann mach ich einfach was andres, Hauptsache, es ist lustig, aber ich frag dann natürlich erst Mama und Papa, ob ich das überhaupt darf, … ich mein, was andres machen.

Also Gymnasium Schwertstraße ..., bei Doktor Kambys hatten wir Englisch, wobei sich Doktor aber nicht *Doktor*, sondern *Dr.* schreibt – das ist nämlich die Abkürzung von Doktor – und Dr. Kambys war auch unser Klassenlehrer, und der hatte außer seinen ganzen Ordnern, die er unter seinem Arm eingeklemmt hatte, wenn er ins Klassenzimmer reinkam, auch immer 'n Dreißig-Zentimeter-Lineal bei sich.

Dr. Kambys kannten wer übrigens schon aus Geschichte, denn da gab 's 'nen König, vielleicht war der aber sogar Kaiser, der hieß aber nich Dr. Kambys, sondern Dr. Kambyses – ach Quatsch, der war ja ohne *Dr.* – und der Kambyses herrschte in Persien und kloppte sich andauernd mit den Ägyptern und den Griechen und so rum, hauptsächlich aber mit seiner eignen Familie und vor allem mit seinen Brüdern, vor ewig langer Zeit – da muss Oma noch ganz klein gewesen sein, so lang ist das schon her, ... wahrscheinlich war sie da noch gar nicht mal auf der Welt.

Jedenfalls legte unser Dr. Kambys sein Lineal vor jeder Englischstunde fast feierlich irgendwo auf einer der vorderen Schulbänke ab, damit jeder von uns Schülern das verfluchte Ding gut im Blick hatte, und jedem, der nicht spurte oder irgend 'nen Blödsinn verzapfte, zog er damit eins über die Fingerspitzen. Dafür mussten wir unsere Hand mit den Knöcheln nach oben flach auf den Tisch legen, damit der Schlag auch richtig singen konnte, und wir hatten alle 'ne Heidenangst vor dem verdammten Lineal von unserm Klassenlehrer und haben nach Kräften versucht, schön aufzupassen und ihm möglichst alles recht zu machen.

Zum Geburtstag von Dr. Kambys haben wir aus unsrer Klasse uns einmal, eigentlich mehr so zum Spaß und um ihm durch die Blume was beizubiegen, was ausgedacht und alle gesammelt und unsre paar Pfennige zusammgelegt und ihm 'n ganz tolles, brandneues Dreißig-Zentimeter-Lineal aus massivem helln Holz mit 'ner elfenbeinernen Zentimetermarkierung und mit 'ner sauber eingelassenen Stahlkante geschenkt. Doch das fand Dr. Kambys überhaupt nicht besonders lustig, tat da drüber, nachdem er sich kurz und bündig bedankt hatte, sogar regelrecht beleidigt und hat das Geburtstagslineal – und sein altes auch – erst mal 'n paar Wochen lang in der Schublade von seinem Pult verschwinden lassen und da verschlossen gehalten, was wir natürlich höchstanständig von ihm fanden, denn die Backpfeifen, die wir in der Zwischenzeit danach stattdessen regelmäßig kassiert haben, warn längst nicht so schlimm wie die Nummer mit dem Lineal. Auf jeden Fall hatte unsere Lektion wohl einigermaßen gesessen!

Aber Dr. Kambys hat uns nicht nur auf die Flossen und so gehaun, sondern uns auch prima Englisch beigebracht, aber nicht er alleine, wir hatten auch noch unser Englischbuch Learning English I, wo vorne auf dem Deckel 'n prächtiges Gebäude mit 'nem dicken hohn Turm aus England draufgedruckt war, und der Turm hieß *Big Ben*, und innen drin in unserm Learning English I warn richtig aufregende Geschichten, und alle in purm Englisch, zum Beispiel die von Robin Hood und seinen Kumpels, aber das war weiter hinten in unserm Englischbuch und 'n paar Monate später im Schuljahr, und da konnten wir schon 'n paar mehr Brocken von der fremden Sprache und auch auf Englisch einigermaßen spitzkriegen, was der Robin Hood so alles angestellt hat.

Robin Hood ist schon ewig lange her, fast so lange wie der persische König Kambyses, und der hat hauptberuflich im Wald gewohnt, also den Robin Hood mein ich, und der Wald hieß *Sherwood Forrest*, Sherwood-Wald, und *Forrest* schreibst de im Englischen richtig, glaub' ich fast, nur mit einem *r*, dafür muss ich aber nochmal ins Learning English I reingucken, wie 's da genau geschrieben ist – und Robin Hood war 'n großartiger, rabiater Räuberhauptmann, und der hatte 'n paar ganz tolle und wilde Freunde, und die hießen *Little John*, *Friar Tuck* und *Will Scarlet* und noch 'n paar andre, und die haben zusammen andauernd die Kutschen von den Fürsten und den andern Geldsäcken, die da durch den Wald von Sherwood rumpelten, überfalln und denen ihr ganzes Gold und Silber und ihre Klamotten und ihre Fressalien abgeknöppt und sie pudelnackig nach Hause geschickt oder, wenn die vier richtig miese Laune hatten, in den Sumpf geschmissen; und danach haben sich die Jungs erst mal 'nen schön gemütlichen Abend gemacht und haben dem Ferkelchen, das der Fürst, oder was der war, da in seiner Kutsche hinten in 'nem kleinen Käfig mit rumschleppte, eins übergebraten, dem sein Fellchen abgezogen und das Tierchen schön langsam überm Lagerfeuer auf 'nem dicken Holzspieß gedreht und knusprig gegrillt, dass sie mal endlich wieder richtig pappsatt wurden; aber mit den andern Klamotten von den Reichen haben sie erst mal nix gemacht, außer dass sie die am nächsten Morgen in die verhärmten Dörfer vom Sherwood Forrest gebracht und da an die Leute verschenkt haben, und die Familien sich da so diebisch drüber gefreut haben, dass sie endlich wieder mal schöne Sachen und Geld zum Einkaufen kriegten, und deswegen war Robin Hood bei den Leuten, die da in dem Wald gehaust haben, überaus beliebt und hoch angesehn und 'n ganz, ganz großer Held – hab ich ja wohl schon gesagt, vielleicht aber auch nicht – deswegen sag ich 's jetzt sicherheitshalber nochmal. Also solche und ähnliche Streiche haben Robin Hood und seine Bande in dem Wald von Sherwood abgezogen, und die armen Waldbauernfamilien warn ihm so was von dankbar für die tollen und leckeren Sachen, die er und seine Bande regelmäßig für sie aufgestöbert und angeschleppt haben, dass sie alle für ihn durch 's Feuer gegangen wärn – sogar gegen den Sheriff von Nottingham, der war nämlich Robin Hood ständig auf der Spur, im Dienste der Obrigkeit, das sind die ganz Reichen und Mächtigen, aber erwischt hat der Sheriff den Robin Hood und seine Bande nie so richtig, aber diese Geschichten warn alle in Englisch, ... und jetzt komm ich aber ins Faseln ...

Also an Robin Hood können wir uns alle mal 'n Beispiel nehmen, denn der hat sein Leben für die armen Leute geopfert, obwohl er auch gemütlich irgendwo mit seiner Frau und seinen Kindern und seiner Oma und seinem Opa und seinen Hunden und Katzen und Ziegen und seim Federvieh bequem in seiner Stadt hätte wohnen bleiben können, aber nee, der hat Kopp und Kragen riskiert, damit die ganzen armen Waldbauern auch was vom Leben haben, und dazu gehört schon was, und deswegen find ich den Robin Hood richtig weltklasse, dass ich am liebsten selbst Robin Hood sein möcht; und die Familien da in dem Wald von Sherwood fanden das da genauso prima von dem Robin Hood und hätten ihm sogar die Füße geleckt, mindestens, und haben sie ja vielleicht sogar. Und das spielt auch gar keine Rolle, wo und in welchem Land der Robin Hood seine ganzen Husarenstücke veranstaltet hat, denn gut ist gut und bleibt 's für immer – in jedem Land und in jeder Sprache, auch in Englisch. Das ist mir besonders wichtig und deswegen will ich jetzt auch unbedingt Englisch lernen, wo der Robin Hood doch in unserm Learning English I drin ist und er selbst auch noch selbst aus England ist und weil 's ja zu unserm Englischunterricht gehört – dass es so schöne Menschen gibt, so richtig edle, und es deshalb wert ist, dass de dafür sogar 'ne ausländische Sprache lernen tust.

... Und ich hab in unserm Englischbuch jetz wirklich noch ma nachgeguckt: *Forrest* schreibt der Engländer tatsächlich nur mit einem *r*, und somit heißt es *Forest* und nix andres – bei uns im Deutschen heißt es ja auch *Wald* und nicht *Walld*, ... is doch wohl einleuchtend, oder?

Weißt de was – die nächsten Tage, als wir den Robin Hood bei Dr. Kambys in Englisch hatten, war ich nach der Schule selbst Robin Hood, in echt, ich hab mich ganz innen drin wie Robin Hood gefühlt, und ich hab bei uns im Wald und bei den Flöppen und besonders unten bei KONEJUNG alle kleinen hilflosen Wesen, Molche, Bienen, Fliegen, Motten, was weiß ich sonst noch, unter meine Fittiche genommen und sie gegen den Rest der Welt verteidigt, damit ihnen bloß nix passiert und sie schön in Frieden sein könn. Das ging 'n paar Tage so, und ich war so damit beschäftigt, andauernd irgendnem Tierchen aus der Patsche zu helfen und ihm Futter zu bringen, dass ich regelmäßig glatt verpasst hab, rechtzeitig zurück nach Hause zum Ambrot zu kommen, und deswegen auch kräftig Schimpfe gekriegt hab, doch nachts vorm Einschlafen hab ich immer gegrübelt, ob sie jetzt wohl ohne mich klarkommen, meine ganzen Schützlinge da draußen in der Einsamkeit und Dunkelheit, ... und da war ich richtig zufrieden mit mir, weil mehr machen als machen kann einer ja nich.

Weil das mit dem Robin Hood ja im Sherwood Forest war, was ja nun mal in England ist, haben die ganzen Leute da natürlich auch nur Englisch sprechen können, aber verstanden haben sie sich trotzdem, weil sie ja alle dieselbe Sprache, nämlich Englisch, gequatscht haben und als Engländer nun mal nix andres kannten, und Deutsch geht ja sowieso nur bei uns zu Hause in Deutschland und würd dir im Sherwood Forest überhaupt nix nützen, aber auch gar nix – da könnst de dich genauso gut auch mit 'nem abgestorbenen Baum oder 'nem Felsbrocken unterhalten. Wenn de da als Deutscher zu einem aus dem Forest *guten Tach* sagst, würd der denken, du hast 'nen Dachschaden, und wenn der doch was antwortet, würdst de dir wegen dem ausländischen Kauderwelsch genauso an den Kopp packen, weil de ja selbst auch kein Wörtchen von denen kapierst.

Deswegen rat ich dir – lern schön fremde Sprachen, dass de in der Welt zurechtkommst. Ich selbst mach das ab jetzt, wo ich in der Sexta bin, auch und fang ja mit dem Learning English I schonmal an, denn die Welt ist viel größer als Deutschland, und auch England ist nur 'n winziges Stückchen davon, also nicht von Deutschland, sondern von der Welt, und je mehr die Leute sich gegenseitig zuhörn und verstehn können, desto besser komm se miteinander klar – findst de nich auch?!

Aber macht euch bloß keine falschen Hoffnungen – dass das mit den fremden Sprachen 'n Kinderspiel ist – nee, ist es beileibe nicht! Englisch lernen, zum Beispiel, ist richtige Knochenarbeit, und Deutsch für einen aus 'm Sherwood Forest genauso, da kannst de Gift drauf nehmen! Deswegen will ich euch mal 'n paar Feinheiten und Spitzfindigkeiten vom Lernen von fremden Sprachen, was bei mir ja erst mal nur Englisch ist, erzähln – also von dem bisschen, was ich bis jetzt schon aufgeschnappt hab.

Auf Englisch heißt *Ja* nicht *Ja*, sondern *Yes*! Da wärst de jetzt auch nicht automatisch draufgekommen, oder? Ich im Leben nicht! Doch *Nö* heißt *No* – hätt ich mir diesmal wahrscheinlich sogar selbst ausrechnen können, aber *Nein* und *Nee* heißt sogar auch *No*; und das ist ganz schön praktisch und macht die Sache ziemlich einfach: Wenn de *No* auf Englisch kannst, hast de schonmal drei deutsche Wörter mit einem einzigen englischen Wort auf 'm Zettel und im Sack!

Aber ganz so einfach ist Englisch nun auch wieder nicht, sonst müssten wir nicht Vokabelhefte vollkritzeln, wo auf der einen Seite in Deutsch steht, was es auf der andern Seite in Englisch bedeuten soll – und natürlich auch umgekehrt. Da steht dann zum Beispiel links in Englisch *rabbit*, wo kein Schwein was mit anfangen kann, zumindest kein deutsches Schwein, aber rechts steht dann *Kaninchen*; und ich hab das sogar selbst dahingeschrieben, weil das so in unserm Learning English I drinstand und vorgegeben war und ich das da einfach abgepinnt hab, und dann musst de 's dir nur noch merken und behalten. Oder nimm zum Beispiel mal *Gift*, also ich mein jetzt das englische Wort *gift* – das heißt aber überhaupt nicht *Gift*, das bedeutet auf Englisch *Geschenk*, nee, eigentlich im Deutschen, is auch egal jetz ..., damit rechnet nun doch wirklich keiner! Na gut, wenn du einen zum Teufel nicht leiden kannst und trotzdem auf seinen Geburtstag musst, kannst du ihm als Geschenk ja auch Gift mitbringen, und auf Englisch ist *gift* ja auch nich schlimm, eher im Gegenteil, is ja 'n Geschenk. Da merkst de schon, wie vertrackt das mit den ganzen Sprachen sein kann, und von denen kennst de so richtig nur eine einzige, also deine eigne von zu Hause, und de musst schon genau im Auge behalten, mit welcher Sprache de gerade in welchem Land unterwegs bist.

Dabei gibt 's ja nicht nur Deutsch und Englisch, sondern auch noch Italienisch und Französisch und Portugiesisch und Bayrisch und Chinesisch und noch 'n paar, und obendrein gibt 's sogar noch *Pommersch Platt*, und das ist Omas und Mamas und Tante Gretes Sprache – und die versteh ich prima, und sprechen kann ich sie sogar auch, obwohl ich ja nie in Pommern war, ... und Gitti genauso. Ich denk, es gibt so viele verschiedene Sprachen, wie es verschiedene Menschen gibt. Jetz aber mal wieder zurück zum Englisch auf der Schwertstraße ...

Englisch schreiben ist übrigens noch längst nicht Englisch sprechen – also ich erklär 's mal so: Wo sich bei uns in Deutsch die gesprochenen Wörter genauso anhörn wie sie geschrieben werden, kannst de das im Englisch komplett vergessen, die schreiben 's so und sprechen 's aber ganz anders aus und überhaupt nicht, wie sie 's selber schreiben – und das zu kapiern, gehört auch zum Englischlernen dazu und ist ganz wichtig. Warum die Engländer so 'ne Schrulle haben? Das kann ich dir sagen – das liegt daran, dass es in England viel windiger als bei uns is und zwischen aufschreiben und reden alles im Wind verweht und flöten geht – nur daran liegt 's. Das versteht jetzt bestimmt keiner, ich versteh 's ja selber nich, aber so könnt 's vielleicht entstanden sein, dass die Engländer anders schreiben, als sie sprechen – jedenfalls fällt mer dazu keine bessere Erklärung ein. Deswegen wird bei den Engländern *No* überhaupt nicht wie No ausgesprochen, sondern genauso schräg wie *Nö*, also *No* und *Nö* hörn sich irgendwie fast gleich an – doch vorsprechen kann ich das ja hier auf 'm Papier natürlich nich.

Andererseits hört sich das deutsche Wort *Gift* vollkommen genauso an wie das englische *gift*, und bei dem Wort muss einer schon genau wissen, wen er gegenüber vor sich hat und aus welchem Land der kommt, sonst kann da auch leicht mal was in die Hose gehn. Wenn so 'n englischer Bengel zum Beispiel mal 'n Jahr bei uns auf der Schwertstraße Gastschüler ist und die ganze Zeit mit seinen Solinger Gasteltern und Gastkindern zubringen muss und andauernd deutsches Radio hört und in Solingen zum Einkaufen mitgeht und mit den deutschen Kindern spielt und von denen das Deutschquatschen so richtig auffängt, da weiß der, wenn er wieder zu sich nach Hause kommt, was ja in England ist, gar nicht mehr, was zum Beispiel 'n *gift* ist und denkt womöglich, seine ganzen Geburtstagsgeschenke, die *gifts*, sind aus Gift. Könnt doch sein – oder etwa nich!?

Wir hatten zum Beispiel mal, das war schon in der Quinta, James Whetton bei uns für 'n Vierteljahr in der Klasse, der kam nämlich echt aus England und da aus Sheffield, wo in England die ganzen Bestecks und Schern und so gemacht werden, wie sie in Deutschland aus Solingen kommen, aber für den war Solingen nur 'n kleines Kaff, denn Sheffield ist 'ne richtig große Stadt, ... *Sheffield is a real big city*, hat er später öfter mal von sich gegeben.

„Ik hoiß Jimmy“, sagte James Whetton, als er bei uns zum ersten Mal in die Klasse reintrudelte, und er blickte ganz schüchtern und verwirrt in die Runde, und das konnt ich gut verstehn, im Sherwood Forest würd ich genauso verdutzt dastehn – mit meim Krüppelenglisch: *Mei neim is Ulrich* oder so ähnlich hätt ich da in dem Forest wahrscheinlich gebrabbelt, und alle in dem Forest hätten sich bestimmt nur schimmelig gelacht oder verständnislos am Kopp gekratzt.

Also, da stand Jimmy vorne neben Dr. Kambys, und Jimmy hatte 'ne dunkelblaue Uniform an, mit 'nem eingestickten bunten Wappen auf dem Brusttäschchen von seiner Anzugjacke und mit 'ner dunkelblauen Schirmmütze auf 'm Kopp, auch mit demselben Wappen über der Stirn, nur in kleiner, und er sah 'n bisschen aus wie 'n kleiner Matrose – aber einer mit 'nem Schulranzen, der über seiner linken Schulter baumelte. Neben Jimmy und Dr. Kambys stand, stolz wie Oskar, Jürgen Rumlandt, denn der hatte Jimmy von sich zu Hause aus mit in die Schule gebracht, weil bei Rumlandts wohnte Jimmy jetz nämlich und war da zu Gast, solange er in Deutschland und in Solingen und auf der Schwertstraße war.

Als Jimmy sich uns mit *Ik hoiß Jimmy* vorgestellt hat, haben wir alle geklatscht und mit den Füßen getrampelt, weil er trotz Uniform hilflos wie 'n kleines Küken wirkte und doch schon so schön Deutsch draufhatte, und Dr. Kambys hat bei dem Radau schwer mit der Stirn gerunzelt und zu seinem Lineal runtergeschielt, wohl nur nicht wusste, wem er damit zuerst auf die Finger kloppen sollte.

„Jimmy heißt mit richtigem Namen *James Whetton*", betonte Dr. Kambys, klappte beide Flügel von unsrer Wandttafel auf und schrieb mit unsrer weißen Kreide in die mittlere Tafel ganz groß *James Whetton* und auf den linken Flügel von der Tafel mit der blaun Kreide *Jimmy* und auf den rechten Flügel in Gelb *Sheffield* drauf.

„Jimmy, eh, James kommt aus Sheffield und wird in den nächsten Wochen bei uns zu Gast sein und an allen Unterrichtsstunden teilnehmen." Da haben wir wieder alle mit den Händen geklatscht und auf unsre Tische gekloppt. Das durften wir aber diesmal nicht.

„Ruhe!" befahl Dr. Kambys mit messerscharfer Stimme und blickte wieder auf sein Scheißlineal vorne auf der ersten Schulbank. Bevor er danach greifen wollte, war da aber auch sofort Totenstille im Klassenzimmer, dass Jimmy gar nicht wusste, was bei uns in der Klasse so vor sich ging, und ganz verunsichert und neugierig andauernd seinen Kopp von links nach rechts drehte, bis Dr. Kambys seine Schulter tätschelte und ihn saufreundlich angrinste, dass Jimmy davon selber ganz erschrocken war.

Dr. Kambys tat so, als wenn nix gewesen wär und ging rüber zu dem Flügel von der Tafel, wo er mit gelber Kreide *Sheffield* draufgeschrieben hatte.

„Und dass James aus Sheffield kommt und in Solingen auf der Schwertstraße zu Besuch ist, ist kein Zufall, meine jungen Herren – Solingen und Sheffield sind nämlich verwandte Städte, sozusagen, weil beide Städte durch die Schneidwarenindustrie geprägt und verbunden sind – aber das habt ihr ja alles schon einmal gehört." Hatten wir tatsächlich, und ich hab 's ja vorhin auch schonmal kurz erwähnt, und da musste der Kambys jetzt nicht unbedingt groß drauf rumreiten – ganz so blöd warn wir ja nun auch nicht!

Zu Jürgen Rumlandt und zu Jimmy gewandt sagte Dr. Kambys extra auf Englisch: „Please, sit down, the two of you. James will take place next to Jürgen, of course. James, your chair will be beside Jürgen, allright?" Da hat Jimmy Dr. Kambys ziemlich verdattert angeguckt und 'n bisschen gegiggelt, als wenn er nicht so recht verstehn würd, was Dr. Kambys da von sich gegeben hatte, aber warum genau, wussten wir andern alle auch nicht so genau – das Englisch von Dr. Kambys hörte sich für uns schon ganz schön gut Englisch an, weil wir 's nämlich nur oberflächlich verstanden haben, weil so weit warn wir mit unsern Vokabeln nun mal noch nicht, aber Jimmy konnte ganz klar schon Englisch, da gab 's ja wohl nix dran zu deuteln, und Jimmy zuckte nur mit seinen Achseln, und Dr. Kambys wurde knallrot, und er wollte irgendwas sagen, aber offensichtlich fiel ihm nix Passendes ein, jedenfalls nix richtig Englisches. Vielleicht konnte Dr. Kambys doch gar nicht so gut Englisch, wie wir alle dachten, und hatte nur 'n paar von den Vokabeln verwechselt, oder er hatte 'n Moment lang die französische Aussprache dazwischen, denn Dr. Kambys gab ja auch noch Französisch – ich hab keine Ahnung, warum Jimmy Dr. Kambys ihm sein Englisch nicht so richtig abgenommen hat.

Jimmy jedenfalls, so haben wir ihn ab sofort alle immer genannt, und so hatte er sich uns ja auch vorgestellt, ist mit uns durch alle Unterrichtsstunden und Fächer marschiert und hat wohl überall hauptsächlich Bahnhof verstanden, offensichtlich sogar in Englisch bei Dr. Kambys, und da haben wir alle endgültig gemerkt, dass nicht mal unser Englischlehrer richtig Englisch sprechen kann, wenigstens nicht so gut, dass es 'n echter Engländer wie Jimmy auf Anhieb versteht; vor allem hat sich Jimmy immer über die Geschichten aus unserm Learning English I kaputtgelacht, wahrscheinlich weil ihm die zu blöd und zu kindisch warn. Aber gefalln hat 's Jimmy bei uns in Solingen schon, weil Rumlandts ihn überall mit hingeschleppt haben, also erst mal quer durch Solingen und durchs Bergische Land, zu Schloss Burg und zur Müngstner Brücke und zum Rüdenstein und so, aber dann auch bis nach Köln und Düsseldorf und nach Wuppertal und ins Ruhrgebiet, und als Jimmy eines Morgens nicht mehr in seiner blauen Matrosenuniform in die Schwertstraße kam und genauso aussah wie wir andern Schwertsträßler und sogar 'ne Lederhose anhatte und statt seinen weißen Marmeladensandwiches richtige Schwarzbrotstulln mit Salami und Käse anbrachte, wussten wir, jetzt ist Jimmy endgültig einer von uns, auch wenn wir noch andauernd aneinander vorbeigequasselt haben und uns die richtig schwierigen Klamotten gegenseitig mit Händen und Füßen beibringen mussten.

Deswegen – wenn de Englisch auf der Schwertstraße hast, lernst de viel mehr als irgendne fremde Sprache, dabei lernst de auch, schonmal dran zu denken, dass es auch noch andre Leute, also nicht nur die aus unsrer Van-Meenen-Straße oder die vom Einkaufen oben am Schlagbaum oder die Zigeuner aus 'm Kastanienweg auf der Welt gibt, sondern ..., na ja, es gibt eben noch so viel, viel mehr, und da gehörn die Engländer, solche wie Jimmy, auch dazu, und wenn die nicht Deutsch können, ist das nicht der Fehler von den Engländern, denn wenn ich selber Engländer wär, könnt ich ja auch nix andres als Englisch reden ... und könnte auch nix dafür.

Schön deswegen, dass es Vokabelhefte gibt, und da kann jeder Engländer und jeder Deutscher ganz genau nachgucken und weiß dann ratzfatz, was 'n *rabbit* auf Deutsch ist, und ich seh in meinem Vokabelheft auch sofort, dass nämlich 'n *rabbit* 'n *Kaninchen* is – und wir wissen somit beide Bescheid, zusammen auf Englisch und auf Deutsch.

Und da gibt 's ja auch noch so viele andere Wörter außer *yes* und *no* und *rabbit* und *gift* – zum Beispiel, fällt mir grad so ein: *dog*. Das heißt aber auf Deutsch nicht *Dogge* – hab ich zuerst mal so vermutet – sondern das heißt *Hund*, wobei *Dogge* ja auch nicht ganz weit weg von der Wahrheit ist und auch sogar noch so ähnlich klingt, sonst wär ich ja gar nicht erst drauf gekommen.

Eigentlich sprechen die Engländer auch nicht viel anders als wir, und das tun die aus Schleswig-Holstein, wo Edelgard herkommt, noch viel mehr, also fast sprechen wie die Engländer. Wenn ich 's genau nehm, sind Engländer auch nur Deutsche, außer dass sie einfach nur ganz am äußersten Rand von Deutschland wohnen und nur 'n bisschen die Verbindung verlorn haben und deshalb so komisch, wie vom Wind verweht, reden. Ich hoff aber, das nimmt mir kein Engländer übel, denn umgekehrt ist es, wenn ich so richtig überleg, ja eigentlich genauso, und ich bin vielleicht genauso gut 'n Engländer, eben nur einer ganz vom Rand von England. So hat alles seine zwei Seiten, ne?

Aber deshalb gibt 's ja auch die Vokabelhefte auf der Schwertstraße, dass jeder auf der Welt immer so sprechen kann, wie er 's gewohnt ist, und alle sich trotzdem verstehn. Denn so 'n kleines Vokabelheft kann jeder immer bei sich haben und nachblättern, was was heißt – und selbst immer schön wieder neue Wörter reinkrickeln, und mit so 'm Vokabelheftchen kann sich jeder mit jedem verständigen, egal, wo auch immer der andre herkommt.

Was Jimmy natürlich besonders gut konnte, war Englisch quatschen, ist ja klar! Und von dem haben wir Jungs uns aus unsrer Klasse 'ne Menge Vokabeln abgehört, ohne sie überhaupt in unsere Vokabelhefte reinzuschreiben, sogar auch verdammt schmutzige Wörter, die Jimmy uns erst mit 'ner Menge Rumfuchtelei und viel Schauspielern übersetzen musste und die in keinem Englischbuch der Welt zu finden sind, und von denen Studienrat Dr. Kambys mit Sicherheit nix wusste – und auch nix wissen will. Vor allem haben wir uns auch Jimmys Englischaussprache abgehört, dass Dr. Kambys ganz verwundert war, wie wir Jungs unsere paar Englischbrocken auf einmal ausgesprochen haben.

„Ihr klingt ja wie richtige Engländer!" Dabei schritt er durch die Gänge zwischen unseren Schulbänken durch und ahmte unsere Aussprache jedes Mal, wenn einer von uns was in Englisch antwortete, nach, nur noch 'n bisschen betont Englischer, weil er nämlich mit seim super Englisch nur angeben wollte, und Jimmy konnte sich kaum das Lachen verkneifen, weil – so übertrieben ausgesprochen – hörte sich das Englisch von unserm Herrn Dr. Kambys dann doch wohl gar nicht mehr so richtig Englisch an. Na ja, is auch wurscht, denn jeder hat ja nebenbei auch seine Schrullen, auch 'n Lehrerdoktor mit seim Englischfimmel.

Jimmy, so fipsig wie der war, der konnte prima Fußball spieln und dribbeln und tricksen und Flanken und Pässe in die Spitze schlagen, da blieb uns wirklich manchmal die Spucke weg – nur Tore schießen konnte er genauso wenig wie ich oder die meisten von uns andern – aber dafür hat er unserm Mittelstürmer die Bälle von ganz weit weg aus dem Hinterraum spitzenmäßig vor die Füße serviert, und ohne Jimmys tolle Vorlagen hätte der seine Tore überhaupt gar nich reinknalln können. Jimmy hatte ja so ein feines Füßchen – da kam keiner von uns andern mit! Der Jimmy hat mich, wegen seiner Geschicklichkeit mit dem Fußball, ganz stark an Antonio, den Burschen aus Spanien damals, erinnert. Dabei war Jimmy, ganz im Gegensatz zu Antonio, 'n ganz zartes, rotblondes Kerlchen, doch 'n paar Kunststückchen hätte er auch Antonio bestimmt beibringen können – da hätte Antonio sich aber vor lauter Verblüffung glatt auf 'n Arsch gesetzt, da bin ich mer sicher!

Einmal, nach der sechsten Schulstunde nach Biologie, bevor wer alle nach Hause abgedampft sind, hab ich Jimmy einfach mal beiläufig gefragt, ob er nich mal gucken will, wie 's bei mir zu Hause am Solinger Nordbahnhof so aussieht, und ich würd ihm auch alles, auch meine ganzen allergeheimsten Ecken, da zeigen, und auch Kaulquappen und Feuersalamander und 'ne echte Goldgrube und ihn auch durch den langen Eisenbahntunnel bei uns durchführn. Echt – dazu hab ich noch nie 'nen andern Jungen eingeladen, also dass er bei mir zu Hause richtig gucken kommen darf. Da war Jimmy aber so was von Feuer und Flamme und gespannt wie 'n Flitzebogen und schon fürchterlich aufgedreht vor lauter Aufregung, so neugierig war der auf meinen Nordbahnhof. Doch Jürgen Rumlandt funkte dazwischen, dass seine Familie nämlich morgen mit Jimmy zum Düsseldorfer Flughafen und auf die Kö – das is, glaub ich, 'ne ziemlich große und piekfeine Einkaufsstraße da, hauptsächlich für reiche Leute – wollten und am Wochenende in den Wuppertaler Zoo, da wär also erst mal nicht viel Zeit für andre Sachen, auf jeden Fall nich für 'nen popligen Eisenbahntunnel bei mir am Nordbahnhof. Ich weiß nicht, wie viel Jimmy überhaupt von dem ganzen Kleinkram, der da zwischen mir und Jürgen Rumlandt gequasselt wurde, verstanden hat ... na ja, jedenfalls sind natürlich Riesenflugzeuge und große Geschäfte und Löwen und Elefanten und so weiter 'ne ganze Ecke aufregender als 'n stinknormaler Güterbahnhof mit seinem öden Tunnel, und deswegen konnte Jimmy mich erst mal nicht besuchen kommen ..., und später hat 's sich dann auch nicht mehr ergeben, weil Jimmy zurück nach Hause nach England musste, und dabei is es dann traurigerweise leider auch geblieben.

Am letzten Tag, bei Jimmys Abschied und seiner letzten Schulstunde in der Schwertstraße, das war natürlich Englisch, hat Jimmy zu Dr. Kambys aus dem Nichts gesagt: „*Place* und *Seat* sind *different things*, Herr Studienrat, ... remember?"

Dr. Kambys grinste scheinheilig und lief 'n bisschchen rot im Gesicht an und irrte auf und ab in unsrer Klasse herum. Ich glaub, er war fast froh, den Jimmyquälgeist aus England, der ihn häufig vor seiner eignen Klasse wegen seinem Doktorenglisch blamiert hatte, langsam wieder loszuwerden.

„Farewell, Jimmy!" Dr. Kambys klatschte seine Hände. „We wish you all the luck you need ... and deserve!" Wir fingen ganz schüchtern und behutsam an mitzumachen, denn diesmal durften wir das offensichtlich und sollten das sogar, und dann haben wir alle übermütig abwechselnd auf unsre Tische gekloppt und in unsre Hände geklatscht und mit den Füßen getrampelt und sind aus unsern Bänken raus und aufgestanden, und jeder von uns, wirklich jeder Einzelne von uns Jungs, hat sich von Jimmy verabschiedet, und wir haben uns gegenseitig auf die Schulter gehaun und uns auch gegenseitig in den Arm genommen, auch wenn Jungs das normalerweise nicht so gerne machen. Zum Glück hatte Jimmy auch 'n Taschentuch in seiner neuen Lederhose, und das hat er auch immer mal wieder gebraucht und sich die Nase geschnäuzt und die Augen getrocknet, so hat er zwischendurch flennen müssen.

Zum Abschied hat Jimmy das Käppi von seiner Schuluniform Dr. Kambys geschenkt und seinen Schulranzen, mit allem Kram, der dadrin verstaut war, Jürgen Rumlandt ... und mir seinen Ratzefummel, der war noch aus England und nur an einer Ecke 'n ganz bisschen abgerubbelt. Warum er den grade mir gegeben hat? Vielleicht wegen dem Nordbahnhof und den Geheimnissen, die ich ihm da versprochen hab und die er nun ja nie mehr entdecken kann.

... Wo kriegt Jimmy denn jetzt bloß 'n neues Schulkäppi und 'nen neuen Tornister her?! Denn solche Klamotten braucht er doch, wenn er wieder in seiner Schule zu Hause in Sheffield ist!

Als ich von der Schwertstraße zurück nach Hause kam und Oma mir unsre Wohnungstür aufmachte, denn außer ihr war sonst nur noch Gitti da, hat Oma mich gefragt, als ich meine Jacke auszog und noch ganz aus der Puste war:

„Un wat häft hätt – op 'm Jymnasiom?"

„Hütt haupsächlich Englisch", antwortete ich nüchtern.

„Un – häst wat verstohn?"

„Klor – Englisch is doch fast wie wi bied tosamm tooken."

Da musste Oma richtig lachen, dass wir beide Englisch zusamm reden, ohne dass wir 's merken, und sie lief am Herd rum und hat wieder mal kurz den Kartoffeldeckel hochgehoben und ins Gemüse geguckt und geschnüffelt, und die Pfanne mit dem Fleisch hat sie erst mal in Ruhe gelassen, weil wir ja noch gewartet haben, dass Mama von ihrer Arbeit kommt, und die sich dann um 's Braten und den restlichen Kram kümmert.

... Und ich hab gegrübelt, wo genau Jimmy jetzt wohl sein könnt. Er hatte uns erzählt – 'n paar Brocken auf Deutsch und 'n bisschen auf Englisch – dass er mit 'nem großen *ferryboat* über den *English Channel* müsste, und das würd über 'ne Stunde dauern, und in *Dover* würden ihn dann seine Eltern und *his elder sister* mit dem *Vauxhall*, das ist wohl so 'n englisches Auto, abholn, und für die Autofahrt bis Sheffield würden sie nochmal drei, vier, fünf Stunden brauchen, und zu Hause würd 's dann *sunday roast with vegies and potatoes* und danach *apple pie with cream on top* geben – das wär dann wohl Braten mit allerlei Gemüse und als Nachtisch Appelkuchen mit Schlagsahne, wenn ich 's denn richtig verstanden hab.

Aber jetzt grade, wo Oma mit unserm Mittag zugange war und wir auf Mama warteten, zuckelte Jimmy bestimmt noch mit der Eisenbahn durch Deutschland nach Holland und Belgien und Richtung Nordsee und – so sehr er sich auch auf zu Hause freute – war er sicher auch ganz schön traurig, dass er von Solingen und der Schwertstraße und seinen ganzen neuen deutschen Klassenkameraden wegmusste, und da hatte Jimmy bestimmt auch schwer dran zu knabbern. Und – unser Jimmy aus England hat mir, seitdem er endgültig und für immer weg war, lange Zeit mächtig gefehlt.

ÜBER LANDKARTEN UND DIE WELT

Papa hatte ein ganz großes Buch mit lauter Landkarten drin, und da hat er oft viel drin rumgeblättert und geforscht, als wenn er was Bestimmtes am Suchen wär, und manchmal durften Gitti und ich Papa über die Schulter beim Suchen zugucken, aber gefunden ham wer da nix Besonderes, und Papa hat dann auch schnell zu 'ner anderen Landkarte weitergeblättert. Aber Papa war regelrecht verliebt in sein Landkartenbuch – und Papas Buch hieß *Atlas*.

England, wo Jimmy ja zu Hause ist, liegt übrigens oben links auf der Landkarte von Europa in Papas Atlas, also nur von Solingen und Deutschland aus gesehn; klar, von woanders her gesehn ist das natürlich anders – obwohl von Österreich und Jugoslawien und Griechenland und Israel und Palestina und Ägypten aus ist England auch oben links, die Länder stehn ja auch alle auf Papas Karten drauf, sogar noch von Australien aus liegt England oben links, obwohl – da wird 's dann doch schon langsam eher oben rechts. Das siehst de auf unsern Landkarten aber nicht, weil da liegt Australien ganz unten in der rechten Ecke, in Wirklichkeit ist aber Australien gar nicht irgendwo in 'ner blöden Ecke ganz unten, und England und Deutschland und Europa sind auch nicht in der Mitte von der Erde. Wenn man nämlich aus dem Blatt, also aus der Landkarte, wieder 'ne Kugel macht, wie die Erde ja wohl in Wirklichkeit geformt ist, dann heißt die Weltkarte auf einmal *Globus*, und Globus is 'n andres Wort für Kugel oder so, und dann wirst de das schnell kapiern, was ich von Australien und von der *nicht in der Mitte* gesagt hab. Papa ist extra deswegen mit mir mal zu PESCHEL, seinem Lieblingsbuchladen oben am Mühlenhof, gelatscht, um mir das beizubringen, weil die haben da seit einiger Zeit 'nen Globus im Schaufenster rumstehn und noch 'nen viel größeren drinnen im Geschäft, und der leuchtet obendrein dazu sogar noch, und da kannst de ganz klar sehn, dass die ganze Welt – eh, die Erde – kugelrund ist, und wenn de das mal verstanden hast, gibt 's überhaupt kein rechts oder links oder oben oder unten nicht mehr, und das ist nur, weil die Erde, wo wir drauf sind, rund ist, genauso kugelrund wie 'ne Murmel oder 'n Bollen Vanilleeis – Erdbeer oder Schokolade geht aber auch – und da kannst de hinreisen, wohin de willst, wenn de von zu Hause aus immer schnurgradeaus weiterläufst, kommst de am Ende immer wieder zu Hause an – immer! Da kannst de nix gegen machen – solange de auf 'm graden Weg bist, kannst de abhaun, wohin de willst, du kommst am Ende immer wieder da an, wo de losgelaufen bist – im Ernst, versprochen, kann gar nich anders sein! Doch probiert hab ich 's selbst noch nicht – für solche unheimlich langen Wege bin ich ja noch viel zu klein. Aber ich bin mir todsicher, dass das stimmt.

Eigentlich hab ich immer gedacht, wenn de unentwegt gradeaus von zu Hause wegläufst, kommst de immer weiter weg von zu Hause und sonst wo in der letzten Ecke von der Welt an, genauso wie Jim Knopf und sein Lokführer, der Lukas, und dann weißt de gar nich mehr, was de in deiner Verzweiflung überhaupt da draußen machen sollst. Dass de beim Gradeausweglaufen wieder nach Hause findest, ohne dass de groß suchen musst – das geht tatsächlich nur bei 'ner Kugel!

Dass wer auf 'ner Kugel leben solln, ist mir sowieso ziemlich neu und merkwürdig, und ich kann 's mir auch noch gar nich so richtig vorstelln, weil wenn de aus 'm Fenster in die Gegend guckst oder von 'nem Berg, zum Beispiel von Schloss Burg aus, runter aufs Land und in die Ferne, geht 's doch da immer gradeaus und weit, weit und immer weiter weg, und wenn das mit der Kugel doch Blödsinn sein sollte, rennst de dich dumm und dusselig, wenn de dich mal auf 'n Weg irgendwohin gemacht hast – nach Hause kommst de auf jeden Fall nie und nimmer, es sei denn, de machst auf der Hacke kehrt und marschierst die ganze elend lange Strecke wieder zurück, wie de se gekommen bist.

Andrerseits – wenn das mit der Kugel von der Erde seine Richtigkeit hat – dann musst de dich eigentlich um gar nix mehr kümmern, außer drauf zu achten, dass de immer schnurstracks gradeaus gehst, sonst kannst de hundertmal um die Welt wandern und rennst hundertmal an Zuhause vorbei, doch wenn de prima gradeaus laufen kannst, gehst de einmal um die Welt, die Erde mein ich natürlich, rum – und dann bist de auch schon wieder an deiner Haustür! Na ja, 'n paar Tage dauert das schon, und 'n Schiff oder 'n Flugzeug brauchst de zwischendurch auch mal, aber de musst jedenfalls nicht 'n Leben lang in der Weltgeschichte rumgeistern, sondern immer nur wieder den Faden aufnehmen.

Wenn de aber wirklich von zu Hause wegwillst, hast de ja deine Gründe und bist gar nich so besonders erpicht drauf, wieder zurückzukommen, denk ich mal – das könnte bei Bernd-Dieter, dem Ältesten von Tante Grete und Onkel Kurt, vielleicht so gewesen sein, als er ab und weg auf die hohe See abgehauen is. Manche Jungs und Mädchen wolln sich eben nur mal 'ne Zeit lang von Mama und Papa und ihrer Familie und ihrer Gegend, wovon sie die Nase voll haben, freimachen, und wenn se das hinter sich und die Schnauze voll davon und den ganzen Strapazen haben, ganz fix wieder nach Hause – vielleicht ja nicht für immer, vielleicht aber ja auch doch.

Wenn de mal bei PESCHELS den großen beleuchteten Globus von denen angefasst und zum Drehn gebracht hast, dann merkst de ganz fix, dass überall auf der Erde der Mittelpunkt ist, und so was wie *unendlich weit weg* gibt 's nur im Kopp, aber nicht auf der Erde, weil de da höchstens im Kreis laufen kannst.

Was mir noch Koppschmerzen macht, is, ob die Welt und die Erde dasselbe sind. So langsam glaub ich, das sind zwei verschiedne Sachen, und die Erde ist kleiner als die Welt, und die Erde ist in der Welt drin – bin mir aber nicht sicher, und hab so meine Sorge, dass mir nicht mal Papa dabei überhaupt weiterhelfen kann. Ich könnt ja eigentlich mal Oma danach fragen, denn so alt wie die ist, müsste sie über solche Sachen mehr wissen und sagen können als Mama und Papa zusammen, aber andrerseits kann ich mir das sparn, denn Oma kannst de alles über Bratkartoffeln und Schuheputzen und Ofenanmachen und Geschirrabwaschen fragen, aber über nix, was weiter draußen is – und die Welt ist ja verdammt weit draußen, auch wenn sie schon hier bei uns in der Küche anfängt.

Wie alt die Erde und die Welt wohl ist? Ich denk, älter als alles, was bei uns rumkriecht, und da gehört jeder Mensch auch dazu, und wir brauchen nur bei Nacht in 'n Himmel gucken, dann siehst de die ganzen uralten Kugeln da draußen leuchten, und der Globus von unsrer Erde is wohl auch nur so 'n Kügelchen im Himmel, wir merken 's nur nich direkt, weil wer ja auf der Erde drauf wohnen und uns nich selbst von irgendwo aus 'm Himmel heraus beobachten können.

An meinem Gebrabbel merkst de schon, wie 's bei mir im Kopp kreuz und quer hin- und hergeht und mir die Welt und was ich dadrin zu suchen hab ganz viel bedeutet – und ich keine Ahnung von nix hab, aber alles dadrüber wissen will.

HOCHDEUTSCH

Als wir alle aus 'm Klassenzimmer Richtung Frühstückspause rannten und im Laufen schon unsre Butterstulln aus unsern Tornistern rausgefummelt haben, packte mich einer am Kragen – das war Studienrat Sackmann, unser Deutsch- und Geschichtslehrer. Verflixt, was will der denn von mir?!

Deutsch hatten wir grade hinter uns, *Kleider machen Leute* hatten wir lesen müssen und besprochen und dass nicht alles ist, wie 's scheinen tut und so, und das Zeug über den Gottfried Keller – das ist aber kein deutscher Dichter, sondern der kommt nur aus der Schweiz – gefällt mir richtig gut, obwohl 's uralt ist, aber stimmen tut 's, was der da aufgeschrieben hat, und der Gottfried Keller redet nicht lange um den heißen Brei rum, der erzählt, was er auf 'm Herz hat, schnurstracks und ohne viele Windungen. Wolln wir nicht alle nach mehr aussehn, als wir wirklich sind? Das hab ich aus dem Gottfried Keller mitgenommen. Wenn Mama uns beide, Gitti und mich, jeden Tag schick anzieht, damit wir schön sauber und adrett in die Schule und in die Welt rausgehn und zeigen können, dass Matthiasens 'ne anständige Familie sind, ist das auch *Kleider machen Leute*, auch wenn ich natürlich nicht wie 'n Graf ausseh, trotzdem, ich seh – auf 'n ersten Blick – immer noch 'ne Ecke besser aus, als ich eigentlich in Wirklichkeit bin.

... Doch warum Studienrat Sackmann mich am Schlafittchen hatte, war mir völlig schleierhaft und ich hatte keine Ahnung, was ihn da auf einmal gebissen hatte. Hatte ich womöglich was verbrochen, wovon ich gar nix mehr wusste?

„Du, Ulrich Matthias – das ist doch dein Name, oder?" sagte Studienrat Sackmann, während die restliche Meute an uns beiden vorbei in die Frühstückspause stürmte.

„Ja, Herr Studienrat, genauso heiß ich", antwortete ich artig – das müsste der Kerl eigentlich mittlerweile wissen ..., aber bei so vielen Schuljungs, na ja, egal. Jedenfalls rang ich, mit der Hand von Studienrat Sackmann im Nacken, noch kräftig nach Luft, doch dann ließ er auch schnell los und strich mir gleich darauf freundschaftlich über meine Schultern.

„Ulrich – nur ganz kurz und unter uns beiden – rede doch endlich einmal Hochdeutsch! Das kannst du doch, das erkenne ich doch daran, wie sauber du deine Aufsätze schreibst. Hör' mit deinem Gebrabbele und Genuschele auf – sprich, wie du schreibst, ja?! Versuch 's mal, Ulrich! Das ist auch schon alles, was ich dir auf den Weg geben will."

Diese Ansprache hat mich aber ganz schön durcheinandergewirbelt, weil die so unverhofft kam, und ich hab den Studienrat Sackmann ganz schön belämmert angeguckt.

„Mach ...", hab ich gestammelt. „Mache ich, Herr Studienrat, klar ... versuch, versuche ich." Ich wusste bis dahin überhaupt nich, dass ich nich richtig Deutsch red, aber 's wird wohl so sein, wenn 's sogar meim Deutschlehrer auffällt und auf die Nerven geht.

Ab da an hab ich fürchterlich drauf geachtet, wie ich so quatsch, und mir war das ganz wichtig, denn wer nich richtig redet, dann hat der auch kaum was Richtiges zu sagen, und dem braucht auch keiner zuhörn.

Ich hab dermaßen beim Reden auf mich aufgepasst, dass Gitti zu mir sagte: „Du hörst dich ja ganz bescheuert an – red ma wieder anständich!" Und Mama und Papa sagten zu mir: „Du bist wohl was Bessres auf 'm Gymnasium geworden als wir, hat dir irgendwer 'n Floh ins Ohr gesetzt – so wie du dich neuerdings ausdrückst?!"

Mit Oma hab ich aber immer noch weiter Pommerschplatt gesprochen, und die hat nicht merken können, dass ich 'ne andre Sprache, ich nenn se ma *Schuldeutsch*, für mich ausprobiert hab. Dabei war das doch nur mein Deutschlehrer, der Herr Studienrat Sackmann, der das mit meiner neuen Sprache in Gang gesetzt hatte.

Jedenfalls haben sie alle zu Hause gemerkt, dass bei mir was im Gange ist – einfach, wie ich neuerdings so rede. Und weißt de was – jeder will immer was Besseres werden, sonst brauchst de gar nicht erst auf de Welt kommen, oder? Und mit 'ner andren Aussprache tust de ja eigentlich keinem wirklich weh, und das ist ja nich gegen Gitti und auch nich gegen Mama und Papa und Oma – es is nur für mich ... und sowieso.

In der nächsten Deutschstunde bei Studienrat Sackmann hab ich, wenn ich überhaupt mal was sagen musste, gesprochen wie die Nachrichtensprecher bei uns zu Hause im Radio, hab ich wenigstens ein bisschen versucht, und Studienrat Sackmann hat zwischendurch andauernd gegrinst und mir zugezwinkert, wenn ich die Klappe ma aufmachen musste – aber das war wohl für die Bagage aus der Klasse zu kurz und zu unauffällig, und außer mir und Studienrat Sackmann wusste keiner nix von unserm Abkommen mit dem anständigen Deutsch reden, und meine Klassenkameraden ham erst mal – Gott sei Dank – nix so richtig von meiner neuen Sprache bemerkt.

IM CHOR

Ich hab doch vor längrer Zeit ma erzählt ... – Moment! Noch einmal:

Ich habe doch vor längerer Zeit einmal erzählt, dass unser Stadttheater abgebrannt ist, ne? Aber ein Nachrichtensprecher sagt nie *ne*, oder? Egal, jetzt erst einmal vorläufig. Und wie ich mir so gewünscht habe, dass das wieder aufgebaut wird, unser schönes altes Stadttheater – also jetzt natürlich in neu. Und weißt du was? Das ist tatsächlich passiert! Wir haben inzwischen ein blitzblankneues, modernes Stadttheater, das ist von außen ganz hell und hat ganz große und hohe, weite Fenster, und wenn du innen drin bist, ist alles auch ganz hell, und du kannst jeden Ton da innen drin hören; wenn du auf dem letzten Sitz von der Konzerthalle hockst und denkst, von da aus kriegst du nichts richtig mit ... Pustekuchen! Du hörst jeden Ton und alles ganz prima, als wenn du selbst mitten auf der Bühne sitzen tätst, äh, ... sitzen würdest, äh, ... sitzt! Von unserem nigelnagelneuen Stadttheater erzähle ich aber erst nachher ein bisschen mehr.

... Ich bin nämlich jetzt gerade aber auch sehr, sehr traurig. Weil ich an unser ehemaliges Stadttheater, ja, unser *richtiges* Stadttheater, denken muss, da war ich noch so viel kleiner, aber ich hab es noch deutlich, fast bedrohlich, vor Augen, unser mächtiges altes dunkles Stadttheater, das wie eine Burg oben über dem Schlagbaum thronte, und es tut mir immer noch ganz, ganz in der Seele weh, dass es weg ist, und ich habe nach wie vor noch die hoch lodernden Flammen und Funkenregen von damals vor Augen – ja, das schmerzt mich immer noch so, dass das abgebrannt und weg ist, für immer ...

Also gut, das ist vorbei und ändern kann keiner mehr etwas daran, jetzt haben wir eben ein brandneues Stadttheater, ... und das ist ein grell modernes und lichtes Stadttheater! Wenigstens haben wir wieder eins, das ist die Hauptsache – egal ob dunkel oder hell oder sonst etwas.

Dass man alles so schön deutlich in unserem neuen Stadttheater hören kann, auch im letzten Winkel, hat alles mit der ausgetüftelten *Akustik* zu tun, hat Papa gesagt, und die ist unheimlich kompliziert, aber was es damit im Einzelnen auf sich hat, weiß ich eigentlich überhaupt nicht, außer dass man da beim Bauen von einem Theater- oder einem Konzertsaal richtig tricksen muss. Wenn du Akustik haben willst, also dass alle, egal wo sie im Theater oder im Konzertsaal sitzen, alles hören können, auch in der allerletzten Reihe, baust du nicht einfach wie wir sonst so ein normales Haus, meinetwegen eine Turnhalle, bauen, also gerade, glatte, platte Wände und dann um die Ecke und immer so weiter – nein, da machst du zum Beispiel andauernd Absätze ins Mauerwerk oder Riefen in den Putz rein und solche

Sachen, damit die ganzen Töne nicht einfach an die Wände prallen oder an den Wänden vorbeiflitschen und im Raum verschwinden und die da nur widerhallen und lediglich Radau machen, sondern so ein bisschen abgebremst und gedämpft und hin- und hergeworfen und gleichmäßig im Raum verteilt werden und für jeden schön angenehm tönen können. Da gibt es aber elend viele Kniffe, wie man den Klängen beikommen kann und die dahin lenkt, wo man sie hinhaben will. Die Akustik würde ich neben unseren normalen Schulfächern gerne auch mal lernen – doch die *Optik* auch, aber das ist, glaube ich, hauptsächlich mit Augen und Sehen und so weiter, also wieder etwas ganz anderes, aber auch mindestens genauso aufregend und spannend wie das Hören mit seiner Akustik.

Woher ich das mit unserem neuen Stadttheater, und wie es dadrin aussieht und sich mit seiner tollen Akustik anhört und wie es dadrin zugeht, alles weiß? Ja, jetzt wird dir wahrscheinlich erst einmal die Kinnlade herunterklappen! Ich habe selbst einmal vor über tausend Leuten auf der Bühne von unserem neuen Stadttheater gestanden – ja, sogar zweimal! Glaubst de nich – ich meine, das glaubst du nicht? Das stimmt aber tatsächlich und ist wirklich wahr – da gehörte ich nämlich zum Schulchor vom Gymnasium Schwertstraße, und der gibt jedes Jahr ein Mordskonzert, also eins mit klassischer Musik hauptsächlich, in erster Linie für die ganzen Eltern und die anderen Verwandten von uns Schülern, aber da kann außerdem trotzdem jeder hinkommen, der Eintritt bezahlt ..., das kostet aber auch nur eine Mark pro Person, und die Kinder kommen sowieso umsonst rein, eh, hinein. Hinein? *Hinein* hört sich ja völlig bescheuert an! Wurscht – Deutsch is numa Deutsch, ... ist nun einmal Deutsch, wollte ich natürlich sagen. Ich muss schon noch schwer auf meine Sprache achtgeben, sonst gibt mir Studienrat Sackmann demnächst wieder einen Rüffel und packt mich im Genick. Jetzt habe ich doch glatt den Faden verloren – ach ja, der Schulchor im Stadttheater, und dann war da auch unser Schulorchester dabei, und wir waren da mit insgesamt ungefähr zweihundert Jungen und mit unseren beiden Musiklehrern auf der Bühne, und das war jedes Mal eine herrliche Aufführung, denn davon gibt es sogar Schallplatten – so eine große Nummer war das nämlich! Und die ganzen Leute konnten uns wegen der Akustik von unserem neuen Stadttheater richtig klasse, beziehungsweise ausgezeichnet, hören beziehungsweise wahrnehmen, auch wenn sie auf den hintersten Sitzen Platz nehmen mussten, das haben Mama und Papa und Gitti nach unseren Aufführungen auch gesagt, denn die haben bei unseren beiden Konzerten nicht vorne, sondern nur irgendwo mittendrin im Publikum gesessen. Und weißt du, wie viele Leute in den Konzertsaal von unserem neuen Stadttheater reinpassen – habe ich das nicht schon gesagt? Egal – über tausend! Wirklich! Und die hören uns Chor- und Orchesterknaben alle ganz wunderbar, egal, in welcher Ecke von unserem Konzertsaal sie gerade hocken – und wenn 's in der allerletzten Reihe ist! Und wenn jeder eine Mark Eintritt blechen muss, kommen schon einmal gut tausend Mark zusammen, wo wir Künstler, also unser Schulchor und unser Schulorchester und unsere Musiklehrer nichts von haben, denn wir sind ja alle einfach nur froh, dass überhaupt einer zum Zuhören und zum Zugucken kommt, und wir nicht in einer leeren Halle grölen und musizieren müssen – haben wir allerdings doch schon ein paarmal gemacht, nämlich als wir geprobt haben, und rate mal, wie oft wir für unsere großen Konzerte im neuen Stadttheater proben mussten – genau, sauoft, also richtig oft – aber vorher haben wir auch bei uns in der Aula und im Orchesterraum von der Schwertstraße schon hundertmal geübt. Man soll und darf ja nicht übertreiben, aber da steckt schon etwas dahinter, bis du da in Glanz und Gloria, so heißt das, glaube ich, auf der ganz großen Bühne im satten, strahlenden Rampenlicht von den ganzen Scheinwerfern stehst und halb Solingen gespannt ist, was du da oben auf der Bühne fabrizierst und dir dann Beifall spendet und vor lauter Begeisterung aufsteht und immer weiterklatscht, als wenn du wer weiß was vollbracht hättest, dabei hast du dir nur die Kehle aus dem Leib gesungen und dich dabei so prima gefühlt, nicht nur, weil da unten im Konzertsaal alle Augen geglänzt haben und du Mama und Papa und so entdeckt hast, sondern weil du selbst und alleine auf dem Gipfel obendrauf warst, und die anderen von uns auch, alle zusammen und jeder für sich, und der Studienrat Dr. Voss, unser Musiklehrer erst, denn der hat das ganze Konzert ja überhaupt erfunden und uns Schwertstraßensänger alle zusammengehalten – und natürlich auch Studienrat Chors (der hieß wirklich *Chors*), der unser Orchester geleitet hat. Wir alle waren da eine riesigtolle Truppe, wir Musikanten und Sängerknaben vom Gymnasium Schwertstraße, und die Schallplatten hatten wir uns redlich verdient – und auch den ewig langen Applaus, und als wir Jungen nach unserem Konzert alle von der Bühne herunter ins Publikum tobten, die Knuddelei von unseren Eltern und Verwandten und so ..., Mann – das war ja so toll, regelrecht umwerfend, sodass ich spätabends in der Nacht, als wir wieder zu Hause waren und alles vorüber war, überhaupt nicht einschlafen konnte, weil ich, so aufgekratzt wie ich immer noch war, irgendwie trotzdem weiter auf der Konzertbühne von unserem neuen Stadttheater stand! Und am nächsten Morgen bin ich nur wegen Mamas Kitzelei aus den Federn gekommen ... und hab in mir drin immer noch gesungen.

Ach ja ..., für unser Schulkonzert waren wir Sängerburschen und die Geiger und Bläser und die anderen Instrumentenspieler natürlich piekfein angezogen, mit schneeweißem Hemd und Schlips oder Fliege und dunkler Hose mit Bügelfalte, alle durch die Bank, und wir sahen wie geleckt aus, das haben alle Mamas nach unserem Konzert zu uns Jungens gesagt, dass wir totschick wären, ist ja auch kein Wunder, denn es waren ja sowieso nur unsere Mamas, die dafür gesorgt haben, dass wir alle so schnieke und vornehm daherkamen und im Solinger Stadttheater auftreten konnten – und alle unsere Papas haben zu uns Sohnemännchen gesagt, dass das Konzert ganz doll und unübertrefflich war und haben alle unten an den Theatertüren, nachdem wir in der Garderobe unsere Überziehklamotten abgeholt hatten, sofort schon einmal die Schallplatte von unserem Konzert vorbestellt – zum später Abholen.

In unserem Chor, das waren, wie gesagt, hundert oder noch mehr Jungs, eh, Jungen, kleine und große, habe ich in der Sexta und Quinta *Sopran* gesungen; das, also den Sopran, singen normalerweise nur Frauen, ja, und Mädchen natürlich auch, und das sind die ganz fürchterlich hohen Stimmen, wo kein Mann herankommt – höchstens wenn er noch kein Mann, also er noch ein kleiner Knirps, ist, und deswegen hatte ich im Alter von zehn und elf Jahren einen ganz hellen Sopran, und weil wir ja auf dem Gymnasium Schwertstraße eine reine Jungengesellschaft waren, wo es deswegen weit und breit keine Mädchen für den Sopran gab, brauchte unser Schulchor stattdessen uns kleine Bürschchen aus der Sexta und Quinta, mit unseren hohen, klaren Frauenstimmen – und die hatten wir kleinen Jungs, eh, Jungen, die hatten wir verdammt gut drauf, da hätten uns sämtliche Mädchen von der Welt drum beneidet – um unsere glasklaren Jungensopranstimmen. Ein Jungensopran hört sich dabei nicht so zuckersüß wie bei den Mädchen an, nein, ein Jungensopran hat bei aller Höhe etwas Scharfes, Hartes, sage ich mal so ..., solche feinen Sachen und Unterschiede kannst du aber nur ganz schwer beschreiben. Jedenfalls konnten wir Sopransänger von unserem Schwerstraßenschulchor genauso kinderleicht hoch wie jedes Mädchen trällern – nur, dass wir Jungensopranisten nicht ganz so silbrig klangen wie die Mädchen.

Unser Chorleiter, der Herr Studienrat Dr. Voss, hat öfter gesagt: „Ein Junge, der keinen schönen Sopran hat, kriegt nie einen Tenor." Ich hatte aber einen, also einen schönen Sopran, aber ob ich einen Tenor kriege, weiß ich jetzt natürlich noch nicht; hoffentlich kriege ich bloß nicht eine Stimme wie Dr. Voss, der hat nämlich *Bass*, und was für einen, da dröhnen die Wände, wenn der sich aufplustert und uns vor dem Flügel in unserer Aula eine Arie vorträgt – du, da zerspringt sogar vor ihm sein Wasserglas auf dem Klavier, in echt, wirklich wahr, haben wir selbst mit eigenen Augen und Ohren miterlebt! Aber der, also unser Musiklehrer Studienrat Dr. Voss, singt mit seinem Bass sogar im Radio – jeden Samstagabend bei uns im WDR-Sender, nur für zehn Minuten oder so, in einem Männerquartett! Falls du das noch nicht weißt – so ein Quartett sind vier Männer, die zusammen singen: Erster Tenor, zweiter Tenor, erster Bass und zweiter Bass, und der zweite Bass, das ist die allertiefste Stimme, und rate einmal, was Dr. Voss singt? Genau, tut er! Dr. Voss hatte wohl als Junge alles andere als einen Sopran, wenn das denn mit *dem Sopran* und *dem Tenor* von ihm überhaupt stimmt! Der hatte da im Radio so einen Brummbass, dass davon das Stoffgeflecht vor unserem GRUNDIG-Lautsprecher vibrierte, ja, regelrecht flatterte, als wenn mitten im Radio ein Unwetter tobte. Darüber denke ich aber überhaupt nicht weiter nach – das Singen bei uns im Chor macht einen Heidenspaß, und ob ich später einmal einen Tenor kriege oder brumme wie Dr. Voss, ist mir jetzt erst einmal schnurzpiepegal. Die ein bisschen älteren Jungs haben *Alt* gesungen, aber das war immer noch eine Art von Frauenstimme, wenn auch deutlich dunkler und tiefer als Sopran, und nur die ganz großen Kerle, ab Obersekunda oder so, haben Tenor oder Bass gesungen.

Studienrat Dr. Voss hat unsere ganze Bande im Griff gehabt und mit uns geübt und geübt und geübt, bis er mit uns einigermaßen zufrieden war und sich mit uns auf die Bühne von unserem Stadttheater, dem neuen, getraut hat. Aber das war dann auch die absolute Wucht, und alle Zuschauer, eh, Zuhörer, also alle, die da in unserem neuen Stadttheater im großen Konzertsaal gesessen haben, haben am Schluss gestanden und haben zehn Minuten lang geklatscht, wenn nicht sogar noch länger – habe ich ja schon alles haarklein auseinanderklamüsert.

Bis kurz vor dem nächsten Schulkonzert im Stadttheater haben wir kleinen Sopran- und Altsänger die Tenöre und Bässe aus der Oberstufe höchstens auf dem Schulhof zu Gesicht bekommen, denn wir waren vom Alter her zu weit auseinander und die großen Jungs hatten ihre Köpfe schon im Himmel und haben auf uns kleine Sängerknaben hochnäsig herabgeguckt, wenn sie uns überhaupt wahrgenommen haben – als wenn Sopran und Alt nichts wäre. Das Singen hat Dr. Voss aber mit uns Kleinen immer weitertrainiert, also so in der Klasse bei unserem gewöhnlichen Musikunterricht, und da haben natürlich auch alle die Schulkameraden mitsingen müssen, die nicht singen konnten und eigentlich auch gar nicht wollten, und entsprechend schräg und schauderhaft hörte sich das Ganze dann auch an. Wenn einer schlecht in Mathe oder Deutsch ist, gibt dir der Lehrer eine Sechs oder eine Fünf oder Vier minus, und dann ist es gut, und da pfeift jeder drauf und Schwamm drüber, aber wenn du zusammen singen willst, müssen alle, die dabei mitmischen, alle durch die Bank, gut sein, und es muss klingen, sauber klingen muss das, sonst ist es wie angebrannte Kartoffeln und bringt nichts und macht überhaupt keinen Spaß und ja – stinkt. Deswegen war es wundervoll – und bis dahin hat 's dann Monate gedauert – wenn Dr. Voss den eigentlichen Chor, von klein bis groß, Sopran, Alt, Tenor und Bass, wieder für das nächste Konzert versammelt hat und wir, die wir alle wirklich singen konnten und eine Heidenlust darauf hatten, wieder mit ihm proben und schmettern durften.

Dies hier kann ich ja jetzt einmal preisgeben – Dr. Voss, das war so ein ganz kleiner dicker Runder, und sein Kopf war auch dick und rund, aber auch groß, sein Kopf, und er trug eine Brille mit dicken Gläsern und dickem Hornrand, tun ja viele Lehrer, und er hatte dazu noch einen rabiat kurzen Igelhaarschnitt, so etwas haben jetzt aber überhaupt nicht alle Lehrer unbedingt, und er trug, auch alltags in der Schule, immer eine schicke, protzige Fliege oben am Hemdkragen, und damit war er tatsächlich der einzige Lehrer an der ganzen Schwertstraße, der so einen Fummel um den Kragen hatte, und obendrein noch einen Igel. Dr. Voss war für mich ganz wichtig, fast noch wichtiger als Dr. Kambys, unser Klassenlehrer, oder Studienrat Sackmann, der uns Deutsch und Geschichte verklickerte, oder Dr. Lausen, unser

Geografielehrer, bei dem wir Erdkunde hatten und der mir auch ganz viel bedeutet hat, weil ich riesengroße Landkarten so mochte, ... das ist jetzt aber erst einmal egal.

... Doch Studienrat Dr. Voss hatte die Musik! Wenn der uns ein paar Monate vor dem nächsten Schulkonzert zusammengetrommelt und an die Kandare und in die Mangel genommen hat, dann waren wir hundert Jungen ganz aus dem Häuschen – weil im Chor von Dr. Voss mitsingen, ist ..., ja, ... das ist einfach himmlisch!

DER STECHSCHRITT

... Da hat Papa über den Krieg erzählt, von dem Gitti und ich keinen Schimmer hatten, weil wir ja, als der Krieg war, noch nicht auf der Welt waren und deshalb nur das wussten, was die Alten immer mal wieder dadrüber geschwafelt haben – also, vom Krieg hat Papa nur ganz, ganz selten gesprochen, und wie schön es vor dem Krieg war, und wie er dann, als der Krieg losging, Soldat wurde und immer mit den anderen Soldaten zusammen vor seine Kaserne oder auf dem Paradeplatz den *Stechschritt* gemacht hat, also wohl eher mitmachen musste. Über die Kriegszeit – da kannten Papa und Mama sich noch lange nicht, und ich und Gitti waren noch gar nicht auf der Welt und in ganz weiter Ferne und keiner hat gedacht, dass es uns beide überhaupt mal geben würde – also über die Kriegszeit hat Papa wirklich nicht gerne gesprochen, aber wenn doch, kam er doch manchmal auch ein bisschen ins Schwärmen und hat davon ein paar Einzelheiten herausgelassen.

„Papa, was is 'n Stechschritt?“ Denn woher sollte ich wissen, was 'n Stechschritt ist, wo ich im Krieg doch überhaupt noch gar nicht auf der Welt war.

Da hat Papa seine Zigarette im Aschenbecher ausgedrückt, hat ganz verstohlen nach links und nach rechts geblickt, als wenn ihm einer im Nacken wäre, ist von seinem Küchenstuhl aufgestanden und ganz erhaben raus in den Flur bis zu Omas Bett geschritten, hat sich umgedreht, und von da aus hat er uns den Stechschritt vorgemacht – kam in seinen Hausschuhen mit stramm geradeaus gestrecktem Bein in die Küche reingepoltert und nach drei von den Stechschritten war Papa damit auch schon durch den Flur und die Küche durch. Doch den hab ich gar nicht so richtig verstanden, den Stechschritt: Papa brachte ein Bein so gerade ausgestreckt hoch, wie soll ich sagen, höher als unsere Tischkante und ging, ja, stürmte regelrecht dabei vorwärts und knallte es wieder gestreckt auf den Fußboden und hat dabei auch noch seinen Hausschuh in der Küche verloren, und der vierte Stechschritt – na ja, da war in unserer Küche eben kein Platz mehr für da, und Papa hat seinen weggeflogenen Hausschuh in der letzten Küchenecke wieder eingesammelt, wie Gitti und ich damals beim Ostereiersuchen. Und wozu der Stechschritt einmal gut war, haben Gitti und ich sowieso nicht verstanden, ... denn Papa hat da nicht mehr weiter drüber reden wollen.

Papa hat sich wieder ruhig auf seinen Stuhl neben unserem GRUNDIG gesetzt; da hab ich ja auch gesessen, aber schräg gegenüber an der anderen Ecke vom Radio, und Papa hat sich ganz schnell eine COLLIE 62 angesteckt und hatte keine Lust mehr, über den Krieg und seine ganzen alten Sachen zu erzählen, und dass er das mit dem Stechschritt überhaupt angefangen hatte, war ihm irgendwie richtig peinlich, das hab ich genau gespürt.

„Kinder, vergesst das mal mit meinem Stechschritt von eben." Er sah Gitti und mich ganz eindringlich und gleichzeitig lieb an und schmauchte dabei nebenbei seine Zigarette. „Das brauchen wir alles nicht mehr. Hat uns alles nichts eingebracht. Im Gegenteil."

Aber Papa hat sich auch ganz schön wehgetan im Krieg. Er hatte tiefe Einkerbungen und große Narben am ganzen Körper, obwohl ich seinen ganzen Körper ja nie gesehen habe, aber auf seine Arme und Beine habe ich schon öfter mal zufällig einen flüchtigen Blick erhascht, und auf seinen Hals und seine Brust, und da waren überall richtige Krater von den Kriegsverwundungen zu erkennen. Papa muss im Krieg richtig was an Kugeln und so abgekriegt haben, frag nicht nach Sonnenschein, so wie der da an seinem Körper aussah. Papa hat nie großartig über seine Verwundungen gesprochen und nie drüber gejammert, nie – und ich habe auch nie weiter danach gefragt, weil ich genau gemerkt habe, dass er dadrüber eigentlich am liebsten überhaupt nie mehr reden wollte. Und Papa ist jeden Tag mit seinen vielen alten Verletzungen und Narben zur Arbeit gegangen, und ein bisschen gehinkt hat er auch, aber das haben die allermeisten Leute gar nicht bemerkt, und ich glaube, Papa wollte auf Teufel komm raus nicht, dass das überhaupt einer spitzkriegt, dass er ein bisschen hinken musste, und er hat sich pausenlos Mühe gegeben und sich unheimlich angestrengt, ganz genauso wie alle anderen normalen Leute herumzulaufen, damit bloß nicht etwas von seinem leichten Hinken auffällt.

Papa war nicht sehr groß, die anderen Papas bei uns im Haus zum Beispiel waren alle einen Kopf größer als er, aber er war der Größte bei uns in der Familie – wir anderen waren nämlich alle noch kleiner. Ich war immer mit der Kleinste in meiner Klasse, solange ich denken kann, in Klauberg und auf der Schwertstraße immer noch; und Gitti war sowieso ein Püppchen mit kurzen braunen Haaren. Papa hatte richtig volles schwarzes Haar – und da war er schon fast vierzig! Wo ich schonmal bei den Haaren bin – Mama hatte die schönsten, dunkelbraun, wellig, und weil die ganz lang waren, hat sie die meistens hinten zusammengebunden oder oben und an den Seiten mit ein paar Spangen oder Kämmen leicht hochgesteckt, damit sie ihr nicht im Weg sind und ihr nicht ewig ins Gesicht hängen, aber sie immer noch hübsch aussieht – und das tat sie …

Mama ist überhaupt die allerschönste Frau, die ich je gesehen hab! Das Tollste dadran finde ich, dass die Allerschönste nun auch noch zufällig meine Mama ist – also die von Gitti und mir!

Oma hatte natürlich auch Haare, und was für welche, die waren sogar noch viel länger als die von Mama, aber die waren ganz glatt, vielleicht, weil die so elend lang waren, und die waren so gelbgrau, und weil die so lang waren und Oma eine Oma war, hat sie ihr Haar nach dem Haarewaschen in einem Knuff aufgerollt und mit vielen Haarnadeln zusammengesteckt, alle oben am Hinterkopf gehabt – das mit Omas Frisur, das Waschen, Kämmen, Trocknen und Hochstecken, hat aber alles Mama erledigt. Mein eigenes Haar war auch ganz in Ordnung, ein bisschen dunkelbrauner als Gittis, denke ich, aber es war zu kurz – und Gittis auch – um da groß weiter drüber zu quatschen. Echt – Mama und Papa und Oma hatten die schönsten Haare von uns allen.

Kinderleute – das habe ich doch schon alles einmal bekakelt und durchgekaut! Ich muss mich wirklich 'n bisschen mehr zusammenreißen und nicht alles doppelt und dreifach erzählen – wirklich!

Auf jeden Fall, der Einzige von uns, der Verwundungen und Narben hatte, war Papa, und die hat er aus dem Krieg von damals mit zurückgebracht – aus der Zeit, wo Papa den Stechschritt gelernt hat und den machen musste.

EISMANN - TUNNEL - EISMANN

Manchmal, wenn ich zum Spielen wollte und raus aus unserer Haustür kam und geguckt habe, ob da nicht einer von den Jungs, eh, von den Jungen, war, war da nicht nur keiner von unserer Bande, da war auch sonst keiner, und da war da gar nix los, aber auch so was von überhaupt nichts, nicht einmal ein Laster stand auf der Waage, und Blanka lungerte hinten an der Mauer herum, und als ich *Blanka!* rief, weil ja außer unserer Blanka weit und breit sonst keiner zu finden war, ist die angeödet zu ihrer zerfledderten alten Matte neben dem Waagehäuschen getrottet und da niedergesackt und hat ihre Zunge aus ihrem Maul hängen lassen, und sie hat sich einen Dreck um mich geschert.

Vielleicht kommt ja der Eismann! Schließlich war es ja Sommer. Ich bin mal ein paar Schritte hinaus auf die Van-Meenen-Straße geschlendert, dass mich einer von der Bande oben aus ihren Fenstern spitzkriegt und auch herunter und nach draußen kommt, und ich bin hinüber zu Blanka, habe sie ein bisschen getätschelt und fummelte danach, weil einfach nichts weiter passierte, vor lauter Langeweile in meinen Hosentaschen herum, wo links ein dickes Taschentuch und ein prima bunter kleiner Kieselstein unten aus der Beeke drin war und rechts zwei Groschen von Oma, für ein Eis zum Beispiel, und ein Bindfaden, an dem eine Sicherheitsnadel dransteckte, und ein kleines Taschenmesser, das durfte ich aber eigentlich nicht, und deshalb habe ich damit auch nichts gemacht und habe es immer zu gelassen, nur sicherheitshalber ständig mit mir herumgetragen; aber ein Taschenmesser ist eine verdammt feine Sache, denn Papa hat auch immer eins bei sich in der Hosentasche, und damit schneidet er, wenn wir spazieren gehen, mal ganz nebenbei ein paar Weidenkätzchen vom Baum oder einen Strauß Kornblumen vom Feld und schenkt das dann Mama, und die freut sich jedes Mal so ..., dass ich froh bin, dass ich auch ein Taschenmesser bei mir habe, ... das war aber sowieso nur ganz klitzeklein, das Taschenmesser von mir, und das lag vorher in einer alten Zigarrenkiste von Papa in der untersten Schublade von unserem Küchenschrank, wo sonst nur ein Vorrat von Reißzwecken und Gummibändern und eine Schachtel mit Streichhölzern und ein Haufen anderer Kram, den sich keiner merken kann, aufbewahrt waren, und das kleine Taschenmesser habe ich Papa da rausgeklaut, weil er da ewig nicht reingeguckt hat und ihm das Zeug da in der Schublade sowieso inzwischen einerlei war; doch das Taschenmesser hatte auch schon richtig Rost auf seinem Rücken und an den Klingen, denn das hatte eine große und eine kleine Messerklinge, aber ich konnte keinen fragen, wie ich den Rost wegkriege, weil ich das ja aus unserer Schublade geklaut hatte und überhaupt gar nicht haben und keiner was davon wissen durfte – mit meinem Taschentuch allein geht der blöde Rost jedenfalls nicht so richtig ab ..., so 'n Mist; Papa hat da so ein Fläschchen mit Öl bei seinem Werkzeug im Keller, das er immer braucht, wenn er unsere Nähmaschine schmieren soll; da denke ich mir mal etwas aus, wie ich mir das Öl heimlich *ausleihe*, ohne dass Papa, Mama oder Oma das merken, wenn ich mein Taschenmesserchen wieder frisch machen will ...

Ja, beim Deibel nochmal, bei uns vor der Haustür war überhaupt nichts los und anzufangen. Ich bin aus lauter Verzweiflung auch noch um die Ecke von unserer Van-Meenen-Straße und zurück um die andere Ecke von der Haumannstraße gestrolcht und habe nebenbei nach dem Eismann Ausschau gehalten, doch der war weit und breit noch nicht zu erblicken – oder war der etwa schon durch – und da habe ich wieder sehnsüchtig an unserer Häuserfront hochgeguckt, ob sich da nicht vielleicht doch einer von unserer Bande rührt.

Aber, es war kaum zu fassen und zum Mäusemelken, dort oben an den Fenstern war keine einzige Nase zu sehen, und da ist kein Einziger von der ganzen Teufelsmeute aus dem Haus gekommen, nicht ein Einziger! Waren die vielleicht schon alle längst irgendwo in den

Büschen und schwer unterwegs?! Gitti und Petra Blaschke und Ingeborg Tomaschewski ließen sich auf einmal auf der Straße blicken, schlüpften nacheinander aus unserer Haustür raus und fingen auch gleich mit Seilchenspringen und Gummitwist und Kästchenhüpfen auf den Platten vor unsrer Haustür an, und die haben gar nicht bemerkt, dass ich auch da bei uns herumstromerte. Ich hab, eh, habe mich ganz stickum um die Ecke von Osterwinds Mauer Richtung Schienen und Balken und Flöppen und Tunnel und so verdrückt. Die Beeke, direkt hinter der Mauer, plätscherte, wie sie immer plätschert, aber diesmal viel lauter, das lag aber einzig daran, dass ansonsten alles so überaus leise und einfach nichts los und nun mal kein Schwein auf der Straße war.

Mensch, irgendwie war das eigentlich richtig saugut – dass so gar nichts los war und kein Schwein auf der Straße! Wenn nix, eh, nichts, los ist, kannst du viel besser aufpassen, ist dir das schonmal aufgefallen? Und es war richtig klasse, dass da kein Zug bei uns unterwegs war und überhaupt nichts los und auch keiner von unserer Bande herumdampfte, und ich aufpassen konnte wie 'n Luchs – das sagen die Leute doch so, wenn sie richtig doll aufpassen – aber ich habe noch nie einen Luchs vor der Nase gehabt, und was ein Luchs überhaupt genau ist, weiß ich sowieso nicht, ich glaube, das ist eine große Katze aus dem Urwald, aber wie so ein Luchs genau aufpasst, da würde ich schonmal gerne bei zugucken. Doch wenn nichts passiert und alles still ist wie auf dem Friedhof oder so ähnlich, weißt du überhaupt nicht, worauf du achten sollst, weil, es passiert ja nix, eh, nichts, und es gibt nichts zum drauf achtgeben, da passt du dann nur – auf gar nichts auf! Aber das wie verrückt!

Genauso war das, als ich fürchterlich gelangweilt runter zu den Schienen und zum Tunnel und so gebummelt bin, aufpassen musste ich eigentlich dabei auf gar nix, eh, gar nichts – verflixt, dass ich da immer in den alten Trott verfalle – weil mir ja alles bis auf den Grund bekannt war, und das Aufregendste, was mir in den Sinn kam, waren Omas zwei Groschen in meiner Hosentasche, vielleicht für ein Eis nachher, und der bunt gemaserte Kieselstein aus der Beeke und das kleine angerostete Taschenmesser in meinen Hosentaschen, aber das waren ja alles Klamotten, die sowieso zu mir gehörten und mir so was, hm, so etwas von vertraut waren, und deshalb waren die in Wirklichkeit alles andere als aufregend, und auf die musste ich nun wirklich nicht besonders achtgeben, und das dicke Taschentuch von mir war dazu noch am allerlangweiligsten, weil davon hatten Mama und Oma genug im Kleiderschrank, und jedem Einzelnen aus unsrer Familie gehörte ein ganzer Stapel davon. Weil es aber ringsum bei meiner Wanderung zum Tunnel so mucksmäuschenstill war, habe ich trotzdem und erst recht meine Ohren gespitzt und Ausschau auf alles gehalten, was sich bewegt, und ich habe aufgepasst, ... na ja, wie ein Luchs eben.

Wenigstens schien die Sonne. Der Wind pustete sanft durch die Bäume links und rechts von unseren Schienen, und die Blätter machten auf einmal so einen Krach dabei, das hatte ich vorher noch nie so gehört, so laut war das, als wenn sie mit mir sprechen wollten, und die haben dabei geraschelt und gepfiffen und gesungen, von irgendwas und irgendwo, und die ganzen Vögelchen in den Bäumen und bei ihrem Herumfliegen haben gezwitschert und tiriliert, ganz neue Klänge für mich, und von einem Moment auf den andern war es alles andere als mucksmäuschenstill. Da habe ich unseren Wald am Tunnel zum ersten Mal richtig gehört – und auch gerochen; an jedem Halm, an jeder Blume, jedem Strauch und Baum, wo ich vorbeistrolchte, strömte ein wundersamer, jedes Mal neuer Duft, und manchmal müffelte es sogar – und ich hab in alle möglichen Blumen und Kräuter meine Nase reingesteckt. So bin ich weiter über das Kopfsteinpflaster, und der Waggon, den wir mit der Bande neulich aufgebrochen haben und der drinnen wie 'n Schweinestall gestunken hat, der konnte mir den Buckel runterrutschen, so egal war mir der jetzt, und als ich bei KONEJUNG ankam und der Arbeiter von denen zu mir rüberbrüllte, weil wir denen ja immer alle Kartons klauen, *Sieh bloß zu, dass de Land gewinnst!* da hab ich um den einen ganz weiten Bogen gemacht und den gar nicht weiter beachtet, und Angst hatte ich auch nicht vor dem, und wenn der mir nachgesetzt hätte, wäre ich einfach ab in die Flöppen und ins Gebüsch weggeflitzt, so schnell hätte der Kerl gar nicht gucken können.

An der Beeke links vorm Tunnel – das ist immer noch dieselbe Beeke wie vorhin bei Osterwinds Mauer, nur eben jetzt hier unten am Tunnel, ein paar hundert Meter weiter kommt sie aus der Erde wieder nach oben – da habe ich, wie immer, meinen Kopf tief in das klare blubbernde Wasser reingesteckt und schön ein paar Schlucke getrunken, und als ich wieder aus dem Wasser hochkam und mich aufrichtete und mir das Beekewasser vom Kopf abgeschüttelt hab, habe ich schon den Tunnel hallen gehört. Obwohl ich ganz leise und sonst auch keiner in der Nähe war, außer den ganzen kleinen Viechern in der Luft, also den Bienen und Hummeln und den verdammten Mücken und den verfluchten blinden Fliegen und natürlich den Bäumen und Flöppen und Brombeeren und Grashalmen, also obwohl sonst keiner da am Tunnel war und alles völlig still war, hat der Tunnel – geklungen! Weshalb und wovon hat der so 'n Rabatz gemacht und getönt und geschallt – wenn doch alles um ihn rum so still war?! Kann so 'n Tunnel so was von ganz alleine machen?

Bedächtig bin ich in unseren Tunnel mitten zwischen den Gleisen, Bohle für Bohle, hineingegangen. Ich hab mir da einfach in den Kopf gesetzt, 'ne Stelle, eine Stelle zu finden, wo ich keinen Ton hören kann, und dem *keinen Ton* wollte ich zuhören, und da habe ich mir so eingebildet, dass man in so einem Tunnel die Stille tatsächlich hören kann, wo man sie ja sonst nicht hört, so still wie die ist. Und das ist ja eigentlich auch Blödsinn – wenn die Stille klingt und sich nach was anhört, dann wäre sie ja nicht mehr still! Wenn ich das zu Hause Mama und Papa oder Oma oder Gitti erzähle, würden die mir alle einen Vogel zeigen und laut *So 'n Quatsch!* rufen und mich sofort ins Bett stecken oder gleich mit mir zu Doktor Pfaffrath hinrennen, damit der vorsichtshalber mal nachsieht, ob ich vielleicht 'ne Schraube locker habe.

Jedenfalls war ich ganz jeck darauf, auszuprobieren, wie das mit der Stille im Tunnel genau und im Einzelnen ist und warum die Stille da im Tunnel so laut ist und hallt und so einen Krach macht, und daraufhin bin ich weiter rein in unseren Tunnel und über die ganzen Bohlen und den groben Kies so etwa zur Hälfte durchgestolpert, bis ich dachte, jetzt wären eine Jacke und eine Hose mit langen Beinen und Kniestrümpfe ganz schön gut, so frisch wurde es da auf einmal, und ich hab, eh, habe mich in einer Nische auf der linken Seite von den Schienen niedergelassen. Die Tunnelwand war ganz kalt und klamm und bewachsen mit glibberigen Moospölsterchen, und von oben dröppelte Wasser herunter wie in einer wilden Höhle, und ich saß auf genau solchen kantigen Steinen, mit denen wir früher immer nach unseren Feinden geschmissen haben. Und dunkel war es, wenn auch nicht rabenschwarz, ich konnte geradeso beide Enden vom Tunnel sehen – so riesig lang war der ja nun auch nicht – doch wenn jetzt ein Zug gekommen wäre, hätte ich einen Riesenschiss und eine Mordstodesangst gekriegt, das kann ich dir aber sagen, da wäre ich nie und nimmer mehr rechtzeitig heil aus dem Tunnel herausgekommen ..., aber wenn ich einfach da in meiner Nische sitzen bleibe, ... kann eigentlich überhaupt nichts passieren, schoss es mir plötzlich durch den Kopf – doch das musst du dich erst mal trauen! Jeder weiß, dass eine Eisenbahn ja immer auf ihren Schienen fährt und nirgendwo anders hinkann, als auf ihren Schienen bleiben, und wenn du einen Schritt weit neben den Schienen hockst, dir nix passieren kann, wenn sie da vor deiner Nase vorbeigerauscht kommt, und sie dir höchstens ihren höllischen Dampf, der da andauernd unten aus der Lok rauszischt, um die Ohren blasen kann, und das würde sie mit Sicherheit machen, also wenn sie mich auch auf überhaupt keinen Fall überfahren kann, dann würde sie mich bestimmt verbrühen, versengen, todsicher – und da wäre überfahren fast besser als das mit dem Dampf, weil ich dann schneller tot wäre und ich mich nicht mehr lange herumquälen muss, bis ich sowieso tot gehe. Ich hatte eine Höllenangst in meiner Nische, und da ging nix dran vorbei – so oder so – wenn der Zug kommt, muss ich gleich sterben, so viel war mir schonmal klar. Doch wenn keine Eisenbahn kommt – dann nicht!

Aber ich konnte mich sowieso nicht mehr bewegen, sosehr ich auch einfach nur weg- und aus dem Tunnel rausrennen wollte, es ging einfach nicht, ich konnte mich nicht rühren und saß erschlagen und schweißgebadet vor lauter Angst in der Kälte zusammengekauert in der Ecke von meiner Nische ... und habe nur gewartet, dass die Eisenbahn angedonnert und an mir vorbeigerattert und entlanggezischt kommt ... und mich kaputtmacht ...

... Als ich wieder wach wurde, sah alles aus wie vorher. Ich drehte meinen Kopf einmal weit nach links und einmal weit nach rechts und blinzelte rüber zu den beiden Öffnungen von unserem Tunnel. Es war immer noch mucksmäuschenstill – aber das war wieder ganz, ganz laut, das *mucksmäuschenstill*, und die Tropfen vom Tunnelgewölbe knallten mit einer Mordswucht von oben aus der Decke auf die Steine und die Schienen, und das so regelmäßig, dass ich in dem Heruntertropfen allmählich einen echten Rhythmus und eine richtige Melodie hören konnte, und der habe ich dann noch lange gelauscht ... und irgendwann drauf gelauert, dass sie sich mal ändert und eine neue Musik erzeugt – hat sie aber nicht, sondern sie hat immer in ihrem Takt und Klang weitergemacht. Unser Tunnel hat nur eine einzige Musik, und die hörst du nur, wenn du in ihm drin bist – und allein und still bei dir selbst.

Ich war auf einmal wieder ganz glücklich und dachte, wenn jetzt der Zug kommt, drehe ich mich mit meinem Gesicht zur Mauer hin und warte einfach ab, und ich war mir plötzlich ganz sicher, alles würde gut gehen – egal was kommt.

Da kam aber gar keine Lok und keine Eisenbahn – keine einzige! Da war nur ich im Tunnel in der Nische an der kalten, feuchten Wand auf den spitzen Steinen, und alles war immer noch ganz still, was sage ich – höllisch laut war 's.

Zum ersten Mal habe ich meinem Herzen zugehört – wie es klopft. Dann wurde es mir warm im Bauch und dann im ganzen Leib und darauf hell und glitzernd und laut in meinem Kopf, und da habe ich meine Augen nochmal zugemacht und gesehen, dass es in meinen Augen drin einen Vorhang aus Regenbogenlichtblitzchen gibt und in meinen Ohren einen Klang, so laut, dass er zu laut zum Hören ist, und ich selbst nur aus kribbelndem Licht gemacht bin ... und außerdem ... nichts.

Wenn es warm im Tunnel gewesen wäre, würde ich da auch jetzt noch sitzen und hätte sogar das Essen und Trinken vergessen und vielleicht sogar auch Mama und Papa und Gitti und Oma – weil mit der Stille und wie die klingt und totenstill, ohrenbetäubend ist und hallt und singt und dem Lichtermeer hinter meinen Augen und in meinem Leib komme ich gut zurecht und bin damit zu Hause, das habe ich da in meinem Tunnel gemerkt – auch wenn ich einen Moment lang wirklich glaubte, ich muss bestimmt gleich sterben.

... Als ich wieder aus dem Tunnel herauskam, also das war auf unsrer Seite vom Tunnel, klangen mir die Ohren immer noch wie verrückt von der Stille und der Tropfmusik im Tunnel; ich konnte zuerst kaum etwas sehen und fing ziemlich fix an zu zittern und dann an zu schwitzen, aber Durst hatte ich überhaupt noch keinen wieder, bin schräg hinüber zu den Flöppen, wo auch massig Brombeeren sind und unsere Salamander, und da ist mir ganz plötzlich aufgefallen, dass die Brombeeren ja auch keinen Krach machen, im Gegenteil, die sind fast noch leiser als der Tunnel, und wenn ein Lurchi durch seinen Bach flutscht und planscht, dann ist der immer noch viel, viel leiser als ich. Da kann ich mich auch noch so anstrengen, so leise und still und ruhig wie 's da unten an meinem Tunnel ist, ... so still sein, das schaff ich nie. In meinem Rücken kribbelte es, und da marschierte irgendwas in mir durch und rauf und runter an der Wirbelsäule, aber jucken tat es nicht, und es war unheimlich schön, und überall, wo ich hinguckte, war ein silberner, flimmernder Schleier drauf und sogar die blanken braunen Balken zurück auf dem Weg nach Hause waren in zitternde, bunt glitzernde Zuckerwatte gepackt, und ich musste mir andauernd die Augen reiben, weil es war alles so anders als ich das vorher kannte, und ich konnte das alles, was ich sah, gar nicht glauben. Es war eine ganz, ganz schöne Welt ... nach dem Tunnel – wie im Himmel.

Weißt du was, das tut sie tatsächlich, die Stille – sie klingt und kribbelt und öffnet deine Augen! Das, was einer eigentlich gar nicht hören können dürfte, macht einen Höllenlärm, dass du es fast nicht aushältst – und sie macht Musik und eine Glitzerwelt, die Stille! Du musst nur still horchen und die Augen zumachen, wie beim Schlafen. Aber dafür brauchst du einen Tunnel oder einen Wald oder eine Beeke und solche Sachen, am besten alles zusammen, und du musst weit weg sein von zu Hause, sonst kriegst du von dem, was keiner hören und sehen kann, nichts mit.

Der Lärm von der Stille in unserem Tunnel und der Lärm oben am Schlagbaum und in der Stadt, wo die Busse und Autos langfahren und die ganzen Leute palavern, sind nämlich zwei völlig verschiedene Sachen, und das eine hat mit dem anderen gar nichts – aber auch gar nichts – zu tun.

Als ich hoch um Osterwinds Mauer zurückkam, stand doch tatsächlich der Eiswagen bei uns vor der Haustür, und ich musste rennen wie bekloppt, damit ich den noch erwische, denn der setzte sich langsam schon wieder in Bewegung Richtung Haumannstraße, und ich bin wie der Blitz vorne herum um unseren Eiswagen geflitzt, und da hat er tatsächlich auch auf der Stelle wieder Halt gemacht – und von glitzernder Zuckerwatte und blitzrigen Silberschleiern und so war bei mir weit und breit nichts mehr zu merken.

„Na, junger Mann", sagte der Eismann, als er wieder aus seinem Führerhäuschen runterstieg und sich über die Stirn wischte. „Da hast de aber mordsmäßig Glück gehabt, mein Söhnchen – sonst wär ich für heute erst mal weg gewesen." Er begab sich für mich extra noch einmal nach hinten in seinen Bulli, wo seine blitzblanke Theke und die Bottiche mit all den verschiedenen Eissorten untergebracht waren.

„Was darf 's denn sein, Kollege? Wie viele Kugeln? Schokolade, Erdbeer, Vanille, Zitrone, Himbeer? Sag schon!"

„Zwei!" antwortete ich, denn ich hatte ja nur die 20 Pfennig von Oma.

„Ja, und was genau bitte schön?"

„Vanille und Erdbeer." Ich schmiss meine beiden Zehnpfennigstücke übermütig oben in die Geldschale rein. „Und Zitrone!"

„Drei Kugeln kosten aber 30 Pfennig", schmunzelte der Eismann, während er die leckeren Eisbällchen mit seinem Eiskugelgreifer nacheinander in meine Waffeltüte setzte.

„Dann nur Erdbeer und Vanille."

„Zitrone ist aber auch schon auf deinem Hörnchen drauf!" Der Eismann grinste über beide Ohrn und ließ mich richtig zappeln. „Was machen wir denn da jetzt?"

Ich guckte runter auf die Erde und war todtraurig und antwortete trotzig: „Dann will ich gar nix!" Und hab mir mein Taschentusch rausgeholt und meine Tränen aus den Augen gerieben.

„Nun nimm mal – und lass es dir prima schmecken!" Und der Eismann reichte mir das Hörnchen mit den drei Kugeln – Vanille, Erdbeer, Zitrone – runter von seinem Wagen und gab mir obendrein auch noch die 20 Pfennig zurück!

„Damit kannst du beim nächsten Mal bei mir bezahlen, ja? Machen wir das so?"

„Jawohl, Herr Eismann!" Ich nahm die zwei Groschen aus seiner Hand und stopfte sie wieder in meine Lederhose und fing fröhlich mit der Eisschleckerei an, wanderte rüber zur Waage und latschte da mit meinem Eis am Mund immer im Kreis.

Unser Eismann ist wirklich der primaste Eismann von der ganzen Welt! Der schlug nochmal den Klöppel von seiner Riesenglocke, die hinten an der Ecke unter dem Dach von seinem Auto hängt, damit die Leute um die Kurve zur Haumannstraße auch schon rechtzeitig hören, dass er in der Nähe und unterwegs ist und denen auch gleich ihr Eis bringt, und er war schon wieder auf dem Weg nach vorne auf seinen Fahrersitzplatz, zum Lenkrad und so – aber da kam Blanka auf einmal wie von einer Hummel gestochen angewetzt und war an seinem Hosenbein dran, und der Eismann schrie beim Einsteigen fuchsteufelswild *Geh zum Teufel, alte Ratte!*, und Frau Osterwind kam aus ihrem Waagehäuschen geschossen – wo die doch mindestens selbst so dick wie ein Eisbottich war – und brüllte zu uns rüber: „Blanka! Bei Fuß! Kommst du wohl hierher, verflixt?! Blanka! Bei Fuß!“ Und sie klatschte dabei ihre Hände zusammen, so laut, dass es Oma oben bestimmt aus ihrer Mittagsruhe gerissen hat. Aber da hat sich Blanka einen Dreck drum geschert und hat wütend hinten in die Reifen von dem Auto von unserem lieben Eismann gebissen – aber die hat sie nicht kaputt gekriegt, der Eismann ist mit seinem kleinen Bus einfach weiter um die Ecke die Haumannstraße hochgetuckert, und Blanka ist eingeschnappt zurück zur Waage geschlichen und hat von Frau Osterwind wegen ihrer Unartigkeit auch noch eins über die Rübe gekriegt, und da lag Blanka auch schon wieder geknickt auf ihrer Schmuddelmatte und hechelte und hatte ihre Zunge raushängen, und der prima Eismann war erst mal weg – aber der kommt ja morgen bestimmt wieder, … und ich hatte außerdem immer noch Omas zwei Groschen für mein nächstes Eis in der Hosentasche.

WO ICH ZEHN ODER SO BIN

SCHWIMMUNTERRICHT

Ich kann euch sagen, mein Schulweg war ganz schön lang – und das mit meinem Tornister mit dem schweren *Großen Diercke* auch noch drin! Wer das nicht weiß – der Große Diercke ist unser Weltatlas für 's Gymnasium, und der passt geradeso quer in den Tornister und wiegt alleine fast genauso viel wie der restliche Schulkram, der da ja zusätzlich auch noch hineinmuss, zusammen. Außerdem hatte ich jetzt obendrein auch noch meinen Turnbeutel über der Schulter hängen – denn heute sollte ja in unserer Klasse das Schwimmen anfangen!

Der war jedoch nicht nur lang, der war auch schön – also ich spreche jetzt vom Schulweg, nicht vom Turnbeutel oder vom dicken Diercke …, obwohl der auch klasse war, also unsern Weltatlas meine ich jetzt wieder, und in dem habe ich unendlich viel drin geschmökert und geforscht. Da konnte ich beim Wandertrott – jetzt bin ich wieder bei meinem Schulweg – gut über meine Welt nachgrübeln und vor mich hinträumen und hab das Gewicht auf meinem Rücken gar nicht mehr so gespürt. Auch der ganze Verkehr mit den Autos und Bussen und Lastern auf der brandneuen breiten Goerdelerstraße runter zur Schwertstraße schwirrte einfach an mir vorbei, der Fahrzeuglärm war völlig nebensächlich und hörte sich für mich nur an, als wenn ein Bach neben dir plätschert oder so ähnlich.

Viele von den anderen Jungs – Jungen, ich kann 's mir einfach nicht abgewöhnen – also die andern Jungen aus unserer Klasse sind ja schon mit ihren Fahrrädern zur Schwertstraße gefahren, doch ich selbst hatte ja nur das alte schwarze, für mich eigentlich viel zu große und für mich von Papa extra umgemodelte schwarze Frauenfahrrad von Elisabeth, und damit haben Mama und Papa mich nur um die Häuser am Nordbahnhof und allerhöchstens die Van-Meenen-Straße und die Haumannstraße herauf- und herunterfahren lassen, und wenn die anderen Jungen mich damit bei der Schwertstraße gesehen hätten, wäre ich auf der Stelle bei denen völlig unten durch gewesen, und die hätten sich über mich so was von kaputtgelacht und eine Riesengaudi gehabt – da wett ich drauf! Also, deswegen bin ich zum Gymnasium Schwertstraße immer zu Fuß hin- und natürlich dann auch wieder zurückgelatscht. Das Zufußgehen hat aber auch den einen Mordsvorteil: Beim Gehen hast du deine Füße immer auf der Erde, jedenfalls immer einen von den beiden, und zum richtigen Nachdenken, Grübeln und Fantasieren und so musst du auf der Erde sein; wenn du in der Gegend auf deinem Fahrrad herumgurkst und mit deinen Gedanken sonst wo bist, rappelst du ratzfatz an die nächste Laterne oder knallst gegen einen Baum oder fliegst in irgendeinen Graben rein. Nur beim Laufen kannst du deine Gedanken ganz anderswo haben und trotzdem versammelt bei dir selbst bleiben – ich schwör 's dir, das ist so. Und deshalb war mein Schulweg ein schöner Schulweg, weil ich musste mich um nichts kümmern, außer um 's Laufen, und das lief von alleine, und ich hatte viel Zeit zum Grübeln und zum mit mir selber Reden und zum ein bisschen Träumen und zum Luftholen.

Auf dem Gymnasium Schwertstraße habe ich aber eher nicht geträumt, sonst wäre meine Gymnasiumszeit ganz schnell vorbei gewesen. Ist sie aber nicht, ich bin locker durch die Sexta gekommen und bin deshalb jetzt schon in der Quinta, und da komme ich auch ganz gut klar, wahrscheinlich weil ich saufleißig bin – bin ich wirklich und gebe kein Stück an – und deswegen komme ich im nächsten Jahr bestimmt auch in die Quarta und danach in die ganzen anderen Klassen, und die heißen – jetzt halt dich fest – Untertertia, Obertertia, Untersekunda, Obersekunda, Unterprima und Oberprima, und dann, am Ende von der Oberprima, hast du 's geschafft und Abitur, und die Welt ist fertig. Aber das ist ja noch sooo eeewig weit weg, und daran habe ich eigentlich nur gedacht, wenn ich mal Flausen im Kopp hatte. *Mal* ist gut – die hatte ich andauernd im Kopp, die Flausen – also im *Kopf* hatte ich die natürlich! Für den *Kopp* hätte ich von Studienrat Sackmann bestimmt wieder einen Rüffel gekriegt.

Jetzt gerade habe ich aber auf unserem Gymnasium Schwertstraße erst mal nur gelernt, dass *Kaninchen* auf Englisch *rabbit* und *Wald forest* heißt und ein wenig, wie die Engländer sonst so kauderwelschen und ihre Wörter ganz komisch, wie durch den Wind geblasen, aussprechen – und jetzt sollte sogar auch noch das Schwimmen drankommen! Was in der Volksschule Klauberg *Turnen* heißt, heißt auf dem Gymnasium nämlich *Sport*, obwohl es im Grunde das gleiche ist, und das mit dem Schwimmen gehört auf dem Gymnasium auch zum Sport dazu, doch das jubeln sie dir erst viel später unter, wenn du sowieso nicht mehr zurückkannst, und als es dann so weit war, dass ich richtig ins Wasser musste, wäre ich am liebsten wieder zurück auf die Volksschule nach Klauberg geflüchtet, denn da war 's beim Turnen alles rundum angenehm trocken und ungefährlich, und wir Schulkinder konnten uns dabei richtig schön austoben, ganz ohne nass werden zu müssen – doch dafür war es ja nun auf der Schwertstraße endgültig zu spät, denn Sport auf dem Gymnasium ist ein bisschen mehr als das bisschen Herumturnen in der Volksschule – und deutlich anstrengender, das kann ich dir schonmal flüstern, ... und pudelnass bist du nebenbei bei dem Sport auf der Schwertstraße obendrein auch noch geworden.

Außerdem heißen die Lehrer auf einem Gymnasium nicht *Lehrer*, sondern *Studienrat*, aber ich glaub, das sind auch alles ganz stinknormale Lehrer, und die machen sich nur wichtig mit dem *Studienrat*, weil sie meinen, sie sind was Besseres als die Lehrer in der Volksschule, aber vielleicht können die Studienräte auch nichts dafür, dass sie so heißen, wie sie nun mal heißen müssen, und machen das einfach nur so mit.

Nachdem ich auf die Schwertstraße kam, fühlte ich mich auch als was Besseres, aber das zu glauben habe ich mir ganz, ganz flott wieder abgewöhnt, denn die Jungs, eh, die Jungen, aus unserer Bande von der Van-Meenen-Straße sind alle nicht zur Schwertstraße gekommen, nur ich, und trotzdem konnten die alle ein paar quere und schräge Sachen, von denen ich überhaupt keinen Schimmer habe und die du auch nicht auf einem oberschlauen Gymnasium lernen kannst. Davon abgesehen konnte Joachim Zillmer zum Beispiel schon lange vor mir schwimmen, hat er auf jeden Fall öfter mal behauptet, doch gezeigt hat er uns das nie, aber das war wahrscheinlich nur, weil bei uns am Nordbahnhof nicht genug Wasser dafür da ist, um das zu beweisen; das bisschen Wasser, das wir dahaben, reicht gerade für ein paar Lurchis und für uns Jungen, dass wir da wegen unserem Durst aus der Beeke schlürfen können. Jedenfalls war Joachim im Sommer immer mit seinen Eltern an der Ostsee oder sogar in Italien an der Adria, das ist eine Ecke, wo du von morgens bis abends im Meer baden kannst, so warm ist das da – und dann wird das mit dem schwimmen können von Joachim ja wohl stimmen.

Ich bin ja noch nie geschwommen. Im Leben nicht! Das Tiefste, wo ich je mal drin war, war die Badewanne von Tante Erna und Onkel Adolf, und da konnt ich niemals drin schwimmen, auch wenn sie die, mir zum Spaß, oben bis zum Rand vollgemacht haben und ich schwer aufpassen musste, dass ich mit meinem Kopp, eh, Kopf über Wasser bleib.

„Jetz schwing mol dien Flossen, Ulriker", munterte Tante Erna mich auf und ist mit ihrem Unterarm durch das Wasser von der vollen Badewanne gefahren, um zu fühlen, ob 's warm genug für mich ist, und das war 's wohl, sonst hätte sie sicher nochmal heißes aufgedreht, und sie hat ein paar Tropfen von irgendwas aus einer Plastikflasche in mein Badewasser reingeplempert und das wieder schön mit ihrem Arm durchgerührt, und auf einmal roch alles nach Blumen, Rosen oder Nelken und solche Sachen, und ich hab schön um mich herumgeplanscht und hab mich pudelwohl gefühlt, und wenn ich in der vollen Badewanne untergangen wär, waren Tante Erna und Onkel Adolf ja immer noch in der Nähe und auf dem Sprung, und die hätten mich bestimmt rechtzeitig aus der Badewanne rausgefischt und gerettet.

Also, jetzt mal endlich zu unserem Schwimmunterricht auf dem Gymnasium Schwertstraße. ... Dabei gab 's auf der Schwertstraße ja überhaupt gar kein Schwimmbad! Da kommst du dann erst mal schwer ins Grübeln, oder?!

Wir kleinen Schwimmschüler mussten erst einmal mit den Sportbeuteln auf dem Buckel, wo alle unsere Schwimmsachen, Badehose, Handtuch und so, drinsteckten, einen halben Kilometer durch die Gegend dackeln, bis wir da waren, wo das mit dem Schwimmen losgehen sollte, und – potzdonner – das war doch tatsächlich gegenüber von Papas Arbeit, da unten am Entenpfuhl! Das war ja 'n Ding! Ich musste andauernd zu BECKMANN, also zu Papas Fabrik, rüberschielen und hörte den ganzen Radau von den Maschinen, wo ja Papa auch an einer dranstand und seine Schleifscheiben von morgens bis abends bearbeitete, und ich habe vor lauter Aufregung richtig zittern müssen und hatte unseren Schwimmunterricht, der ja jetzt gleich dran war, völlig aus dem Sinn verloren.

Doch dort, als wir an der Solinger Badeanstalt angelangt waren, erklärte Herr Studienrat Jansen, so hieß nämlich unser Sportlehrer, der natürlich von Papa und seiner Arbeitsstelle bei BECKMANN nicht den leisesten Schimmer hatte, vor unsrer ersten Schwimmstunde:

„So, Männer, hier stehen wir nunmehr vor unserem Schwimmbad. An dieser Örtlichkeit werden wir uns ab jetzt jeden zweiten Montag um zehn Uhr einfinden, und in zwei Monaten wird jeder von euch schwimmen können, falls er das vielleicht nicht jetzt sowieso schon kann, und in einem halben Jahr habt ihr alle den Frei- und den Fahrtenschwimmer! Ist das ein Ziel und eine Vision?!"

Da hat sich keiner so richtig drauf gemeldet, zumal keiner von uns wusste, was überhaupt eine *Vision* ist. Aber das mit dem *Ziel* wäre eigentlich schon was, denn mit dem Fahrtenschwimmer kannst du ein dickes Abzeichen an der Badehose tragen, und jeder guckt zu dir auf; erst mal hätte mir der Freischwimmer – der ist ein bisschen kleiner – zwar auch gereicht, denn für den kriegst du auch ein Abzeichen, mit dem du schon richtig protzen kannst. Na ja, im Grunde war ich ja überhaupt nicht so scharf auf ein Schwimmerabzeichen – und zum Angeben sowieso nicht – und ins tiefe Wasser wollte ich schon gar nicht, beim Teufel nicht. Ich hatte so einen Riesenschiss vorm Schwimmen, weil ich nämlich genau wusste, dass ich das nicht konnte und wenn ich gleich ins tiefe Wasser muss, bestimmt auf der Stelle untergehe und nie wieder hochkomme – und die anderen, weil die waren alle schonmal an der Nordsee und der Ostsee und sogar unten in Italien am Mittelmeer und das Schwimmenlernen war für die alle ein Klacks, also die wandern nach dem Schwimmunterricht gemütlich zurück zur Schwertstraße – und ich lieg dann da unter Wasser auf dem Boden auf den Kacheln von dem Becken von unserem Schwimmbad rum und bin ersoffen und tot und keiner schert sich einen Dreck um mich. Das waren so die Sachen, die bei mir hochkamen und mir durch den Kopf schossen, als es bei mir ja wohl ernsthaft ans Schwimmen gehen sollte.

„So – dann mir nach, Jungs!" Studienrat Jansen führte uns rein, eh, hinein, in das Solinger Schwimmbad am Entenpfuhl, wo nebendran Papa gerade in seiner Fabrik am Arbeiten war und Schleifscheiben gemacht hat – hab ich ja grad schon gesagt – aber da wär ich lieber draußen geblieben, also draußen aus unserm Schwimmbad, nicht nur wegen dem Ertrinken, sondern weil es auf einmal höllisch in der Nase gestochen hat, und wir Quintaner haben uns alle unsre Nasen zuhalten müssen.

„So 'n Gestank gibt 's an der See aber nich!" krakeelte einer aus unsrer Klasse, als wir durch die Schleuse zu den Umkleidekabinen schlüpften, wo jeder sich drinnen ausziehen und sich seine Badehose überstreifen musste.

Dann schrillte eine ohrenbetäubende Trillerpfeife, und durchs ganze Schwimmbad dröhnte und hallte es: „Quinta A – raustreten, ...streten, ...eeten, ...eten, ...ten!" Das war wieder Studienrat Jansen, wer sonst.

Zum Heraustreten mussten wir auf der anderen Seite von der Kabine raus, denn die hatte eine Tür zum Hereintreten und noch eine zum Heraustreten, und da mussten wir schon ganz schön auf der Wacht sein, dass wir das mit den Türen nicht durcheinanderbringen.

Doch dann standen wir auch schon an der Wasserkante von dem Schwimmbad, und das Wasser war in einem Riesenbecken drin, und wir haben uns sofort – wegen dem teuflischen Gestank – wieder alle unsere Nasen zugehalten und uns gleichzeitig ein bisschen umgeguckt, wie das alles hier sonst so ist, denn das war ja alles ganz brandneu für uns. Mitten auf der Hälfte von dem Schwimmbecken hing quer durchs Wasser ein ganz dickes Seil mit ein paar komischen bunten Klumpen dran, und wir Schwimmschüler haben alle gerätselt, was das sein könnte, und einer hat unsern Studienrat deswegen auch danach gefragt.

„Hier vorne, wo wir uns momentan gerade aufhalten, befindet sich das Nichtschwimmerbecken", erläuterte Studienrat Jansen ganz beschwingt. „Hier ist das Wasser von einem Meter bis höchstens einen Meter fünfzig tief – bis da vor dem Seil, also von uns aus gesehen; hinter dem Seil geht es dann allerdings deutlich abwärts, bis auf drei, vier Meter tief – unter den Sprungbrettern. Doch darum müssen wir uns erst einmal nicht kümmern." Stimmte – da hinten am anderen Ende von dem Schwimmbecken war ein Riesenturm mit zwei Brettern dran, die weit übers Wasser herausragten, eins ziemlich unten und das andere ein verdammtes Stück höher. *Das is der Einer und der Dreier* hab ich einen von uns Burschen flüstern gehört. Ich habe da, wie alle andern auch, überall ein bisschen rumgeguckt, auch zu dem Sprungturm und wo es ja anscheinend fürchterlich tief ist, aber hauptsächlich habe ich spekuliert, wo in dem Schwimmbecken wohl die Ecken mit dem *von einem Meter bis höchstens einen Meter fünfzig tief* sind. Denn dass ich da gleich reinmusste, in das bekloppte nasse Wasser, da bestand für mich inzwischen natürlich kein Zweifel mehr, und deshalb musste ich auf alles vorbereitet und auf der Hut sein, und das Einzige, was ich jetzt gerade unbedingt wissen wollte, war zu allererst, wo das mit dem *einen Meter tief* ist, und ich fing schon an zu schwitzen und zu bibbern vor lauter Angst, vor dem Schwimmen ... und allem und sowieso.

Im Wasser war weit und breit kein Mensch zu sehen, und da habe ich mir schonmal richtig schwer Gedanken gemacht ..., entweder weil eben keiner drin zum Schwimmen war, das wäre ja die einfachste Erklärung und dann auch ganz in Ordnung, oder weil die, die da mal zum Schwimmen drin waren, alle ertrunken waren wegen den *drei-vier Metern* zum Beispiel ...!

„Wir haben das Bad ganz für uns alleine – zu dieser frühen Morgenstunde", jubilierte Studienrat Jansen. „Freut euch, dass uns keiner stört und niemand uns im Weg ist!"

Freuen, na ja, dachte ich, mit dem Freuen hatte ich es ja gerade nicht so; und außerdem haben wir uns immer wieder mal unsre Nase zuhalten müssen – wegen dem beißenden Scheißgeruch, der einfach nicht verfliegen wollte.

Weil Studienrat Jansen schon längst mitgekriegt hatte, dass wir Schüler uns alle zwischendurch immer wieder unsere Nase zugedrückt haben, rief er, damit es auch ja jeder mitkriegte: „Was da so streng in der Luft wabert, ist nur Chlor, ...lor, ...oor." Studienrat Jansens Stimme hallte nach, als wenn wir in einer Kirche wären, dabei waren wir nur in einer stinknormalen Badeanstalt. „Wisst ihr, Chlor ist sehr gut – also wenn ihr zum Beispiel ins Wasser pinkelt, und das kann ja jedem einmal passieren, dann wird das Wasser sofort neutralisiert und, eh ..., wird wieder stinknormales Wasser."

Aha! dachte ich, wo ich doch eigentlich überhaupt gar nicht ins Wasser reinwollte – geschweige, da drin pinkeln.

„Was ist *neutralisiert*?" wollte einer von uns Quintanern von Studienrat Jansen wissen.

„Das ist ein anderes Wort für, eh, ich sage einmal ..., für *gesund*."

Und wieder dachte ich *Aha!*

Jetzt war es aber endgültig so weit – wir mussten alle in das stinkende, neutralisierte, gesunde Chlorwasser rein, und ein paar Nasen aus unsrer Klasse konnten es kaum abwarten und sind einfach vom Beckenrand aus reingesprungen, einer sogar mit dem Kopp zuerst – *Kopf*, wollte ich natürlich sagen!

Hat der sie noch alle – der ist doch wohl völlig übergeschnappt! Ich hatte 'ne Gänsehaut.

... Ich selbst habe mich ganz vorsichtig vorne in der Ecke vom Nichtschwimmerbecken die Leiter ins Wasser heruntergetastet, und meine Badehose war unten schon quacknass, weil unsere Wasserratten, die Blödmänner, wie bekloppt im Wasser herumgeplanscht und alles zum Wogen gebracht haben. Als ich die unterste Sprosse von der Leiter erreicht hatte und da drunter nur noch Wasser kam, wurde mir ganz schwummerig vor den Augen und ich habe mich krampfhaft an den Geländern von der Leiter festgehalten, die waren aber nass und glitschig, und ich bin unaufhaltsam immer weiter nach unten ins Wasser abgerutscht. Doch huch! Da stand ich schon auf dem Fußboden von dem Schwimmbecken, und mein Kopf war sogar noch über Wasser und meine Schultern ebenso! Das war ein verdammt gutes Zeichen, und ich bin ganz schnell von der Leiter rum an die Beckenmauer, und da in der Ecke bin ich einfach mit dem Rücken zur Mauer stehen geblieben und hab mich mit meinen Händen links und rechts an der Überlaufrinne, die um das ganze Becken herum verläuft, schön festgeklammert und habe ganz lässig die Truppe, die da im offenen Wasser ausgelassen herumpaddelte, beäugt und war mir sicher, das hier ist die Ein-Meter-Ecke und mir kann nicht viel passieren. Studienrat Jansen war auch immer zwischendrin im Wasser und hat seine Anweisungen und Hilfestellungen gegeben, und die Bande hatte einen Mordsspaß bei ihrer Pladderei. Doch mir ging es auch prima gut in meiner sicheren Kuschelecke, und das Wasser war nicht einmal kalt, im Gegenteil – also ehrlich, da hat es mir doch schon einigermaßen gefallen und so angenehm hatte ich mir den gefährlichen Schwimmunterricht nun wahrlich nicht vorgestellt.

Wie ich da so in der Ecke, wo höchstens ein Meter war, stand, konnte ich über die anderen mit ihrer blöden Reinhopserei nur den Kopf schütteln, denn die Leiter war ja wohl nicht aus Jux und Dollerei da extra an der Beckenmauer angebaut worden, sondern dass sie auch von uns benutzt wird, und ich habe andauernd irgendwie darauf gewartet, dass Studienrat Jansen denen, die sich einfach so vom Beckenrand aus ins Wasser gestürzt hatten, anständig den Marsch bläst und die Bande wieder da aus dem Wasser herausholt und sie nochmal ins Wasser gehen lässt, und zwar anständig und ordentlich über die Leitern, wie sich das gehört. Hat er aber nicht – der hat die Banausen einen Köpper nach dem anderen machen lassen, dass mir das Wasser nur so in die Fresse gallerte und ich es auch sogleich ausspucken musste! Die Rabauken haben ihn überhaupt nicht groß gestört, im Gegenteil, Studienrat Jansen schien sich sogar diebisch zu freuen, dass die so herumtobten und sich offensichtlich pudelwohl da im Wasser fühlten!

Das Wasser ging mir nur bis unter die Achseln in meiner Ecke, und ich war immer noch heilfroh, dass ich nicht ertrunken bin, und irgendwie fand ich das Schwimmen trotz der gelegentlichen Rumspritzerei von den Jungs, eh, Jungen, auf einmal gar nicht mehr so lästig, und ich stand da weiter so richtig gemütlich in meiner Ecke von dem Schwimmbecken, und das stinkig-gesunde Chlorwasser war überhaupt nicht kalt, sondern ausgesprochen warm sogar – das fand ich fast noch am allerschönsten! Dass das so gut mit dem Schwimmunterricht ausgehen würde, hätte ich nie und nimmer erwartet! Hier in meiner Ecke könnte ich ewig stehen bleiben, wirklich, mindestens bis zur Mittagspause, und ab und zu, weil mir allein vom Zugucken langweilig wurde, wie die andern da vor meiner Nase so durchs Wasser gekrault sind oder sich mit ein wenig Beinschlagen auch nur so treiben ließen oder dabei einfach spielend im Wasser an einer Stelle verharrt sind, wo es schon so sautief war, dass ich auf der Stelle sofort abgesoffen wäre, und die mir dabei sogar noch zuwinken konnten, hab ich mir ein Herz gefasst und hab mich oben immer schön an der Überlaufrinne festgehalten und bin unten mit meinen Beinen vom Boden abgesprungen und hab mit meinen Beinen frei im Wasser rumgestrampelt – bestimmt eine ganze halbe Minute lang! Ehrlich! Doch dann habe ich mich wieder absinken lassen und in einen festen Stand gebracht und mich schön manierlich in meiner Ecke da im warmen Schwimmbecken postiert – ich wollte das mit dem Schwimmen am ersten Tag ja auch nicht gleich übertreiben.

„So, Ulrich." Studienrat Jansen stand ganz plötzlich neben mir in meiner schnuckeligen Ecke im Schwimmbecken und knallte einen großen, schwarzen, aufgeblasenen Gummireifen ins Wasser neben mir, dass das Wasser mir auf den Kopf und in die Augen spritzte, und ich mir die erst mal ausreiben musste. Mann – das war vielleicht ein Schreck!

„Jetzt fangen wir beide mit dem Schwimmenlernen an, ja? Machst du mit, Ulrich? Gut." Ich konnte wieder einigermaßen gucken und weder *Ja* noch *Nein* sagen, und groß Zeit zum Antworten war da auch nicht, und ich musste in den schwarzen Reifen steigen und aufpassen, dass ich nicht absaufe und alles zu Ende ist, bevor es überhaupt losgeht, aber Studienrat Jansen hat mir prima geholfen und war ständig an meiner Seite und hat mir mit seiner großen Hand immerfort über meinen Rücken gestrichen, und dann hing ich da ganz sicher in dem dick aufgepumpten Reifen drin und unter mir war – nix, also nichts ... außer das ganze fürchterliche, tiefe Wasser.

„Und jetzt mach' mal so mit deinen Armen – und mit deinen Beinen – wie eine Ente, kennst du doch, immer wie eine Ente, denk' dran – ja? Immer Ente machen!" Und Studienrat Jansen hat mich raus ins offene Wasser von unserem Schwimmbad geschubst, und der aufgeplusterte schwarze Reifen hat mich, wie von Geisterhand, so schön an der Wasseroberfläche gehalten, und ich habe immer wie die Enten gemacht, also vorne mit meinen Händen das Wasser zur Seite weggeschaufelt und hinten mit meinen Beinen gestrampelt wie blöd, und Studienrat Jansen rief vom Beckenrand: „Weiter so, immer weiter so, Ulrich – das machst du sehr gut! Immer weiter die Ente, ja?!" Und ich fand das Schwimmen immer besser, und ich hätte ewig weiter mit meinem Ring, der irgendwie wie ein Autoreifen aussah, herumplanschen können, und zwischendurch habe ich auch mal durch meine Badehose ins Wasser gepinkelt, weil es ist ja wegen dem Chlorstinkezeug dadrin trotzdem prima gesund, hatte Studienrat Jansen selbst gesagt – und bei mir halten konnte ich es ja sowieso nicht mehr.

Das war ja auf einmal so herrlich, das mit dem Schwimmenlernen – hätte ich im Leben nicht erwartet! Und die anderen Jungen, also nur die, die genauso wenig mit dem Wasser im Sinn hatten wie ich, fanden das auch, denn die haben auch alle die Ente in ihren Autoreifen machen müssen, und denen hat das auch einen Heidenspaß gemacht, und als wir allesamt gegen Mittag aus dem Wasser herausmussten, waren wir Nichtschwimmer sogar ein bisschen sauer, so tierisch wohl wie wir uns am Ende da im Schwimmbecken gefühlt haben, wir konnten gar nicht abwarten, bis wir endlich wieder ins Wasser von unsrer Badeanstalt durften – aber das war ja erst übernächsten Montag, und bis dahin hätten wir das Schwimmen vielleicht wieder verlernt, ... nicht auszudenken!

Als unsere Klasse – trocken und sauber angezogen – wieder nach draußen aus unserem Schwimmbad kam, hatte ich wieder mal so einen merkwürdigen Mief in der Nase, und ich hab einfach laut in die Runde gerufen: „Was riecht das hier draußen so komisch?!" Die anderen hatten den Geruch anscheinend auch festgestellt, und wir hielten alle unsere Nasen in die Luft und schnupperten, um rauszukriegen, was es diesmal mit dem Geruch auf sich hatte; und sogar Studienrat Jansen hat mitgemacht und auch in der Luft herumgeschnüffelt, aber was das für ein blöder Gestank war, wusste auch der nicht.

„Mensch – das is nur de frische Luft, nix weiter!“ entfuhr es einem aus der Klasse, und wir wären fast geplatzt vor Lachen – und Studienrat Jansen auch. Nur frische Luft war das, ganz ohne welchen obergesunden Chlorkram!

Das mit dem Schwimmen, jeden zweiten Montag, ging eine ganze Weile so weiter, und ich wäre jetzt bestimmt jeder Ente abgehauen, und ich hatte gar keine Lust mehr, andauernd den dicken Reifen im Wasser unentwegt mit mir rumzuschleppen.

„Ulrich?!“ Studienrat Jansen stand direkt oben am Beckenrand von meiner angestammten gemütlichen Ein-Meter-Ecke vom Schwimmbad und beugte sich zu mir herunter und sah mir entschlossen ins Gesicht. „Du bist jetzt so weit – also für das echte Schwimmen, also richtig frei schwimmen, ohne allen Klimbim.“

Da hat er mir aber einen ganz schönen Schauder versetzt, der Jansen, das kannst du aber glauben! Er streifte mir den großen schwarzen Reifen, mit dem ich in den letzten Wochen immer die Ente gemacht hatte, ab und schleuderte ihn hoch zurück auf den Beckenrand, dass es nur so sprühte.

„Jetzt kommt das richtige Schwimmen, Ulrich, also wo du ganz alleine schwimmst, ohne irgendwelche Hilfestellung – und ich helfe dir auch nicht, kein Stückchen werde ich dir helfen, ab sofort schwimmst du ganz alleine. Klar?!“

Am liebsten wäre ich im Boden versunken – hätte aber nicht viel genützt, weil, ... gleich wäre ja sowieso nur Wasser unter mir gewesen und beileibe kein Boden mehr.

„Ulrich – verstanden? Du machst das, und zwar ganz alleine – klar?! Und du kannst das, das weiß ich felsenfest!“

Da habe ich in meiner Ein-Meter-Ecke artig genickt. Aber ganz schön gezittert habe ich auch, mitten in dem muckeligen Wasser, weil mit so einem Autoreifen kannst du leicht eine große Schnauze haben, doch wenn der weg ist, ist doch wieder alles ganz neu – und du hast die Hosen voll, egal was Studienrat Jansen weiß – weil, was Studienrat Jansen felsenfest weiß und was dem klar ist, davon allein kannst du ja noch längst nicht schwimmen. Und alles, was ich selbst wusste, war: Ich kann ja gar nicht schwimmen.

Das ist genauso, wie als ich durch meinen Eisenbahntunnel zum allerersten Mal durchgepirscht bin, obwohl – da hat mir ja überhaupt keiner geholfen, und einen Rettungsring zum Probieren hatte ich schon gar nicht, da war ich ganz alleine und habe da alles auf eigene Faust gemacht. Der Tunnel war eigentlich viel, viel schwerer als ..., Mensch, gegen den Tunnel ist doch das Schwimmen mit Studienrat Jansen Kikikram ..., das ging mir da so blitzschnell durch den Kopp.

„Auf die Plätze?!“ Studienrat Jansen hob mich ganz flott von den Fliesen aus meiner vertrauten Ein-Meter-Ecke hoch, und der Boden unter mir war futsch.

„Und jetzt nur noch die Ente! Immer nur Ente, Ulrich, hörst du?! Ente, Ente, Ente, ...nte, ... te, ...te!“ schallte Studienrat Jansen über mir, und ich habe gestrampelt wie tausend Enten, und ich konnte auch genauso schwimmen ..., aber dann hat Studienrat Jansen irgendwann ganz plötzlich seine Hand unter meinem Bauch weggezogen!

Als ich wieder oben über Wasser war, hab ich Rotz und Wasser gespuckt, hauptsächlich aber Wasser, und ich hatte jetzt doch vom Schwimmen die Nase bis obenhin voll! Hatte ich ja auch wirklich!

Auf dem Weg von der Badeanstalt zurück zur Schwertstraße habe ich meinen Kopf ganz schön hängen lassen – aber ein paar von den anderen Jungen auch, und wir Nichtschwimmer waren alle ganz schön auf dem Boden zerstört, einfach, weil die meisten von uns das Schwimmen doch nicht bewältigt hatten, was Studienrat Jansen von uns erwartete und was wir selbst ja auch so vor Augen hatten. Mit dem Schwimmen, das wird wohl nix mehr bei mir, da war ich mir ziemlich sicher, so wie ich mich angestellt hatte, da hilft mir auch die ganze Entenzappelei nix, eh, nichts. Ich habe auf dem Rückweg ohne Ende gegrübelt und habe mit mir innen drin schwer gerungen, und ein bisschen geflennt habe ich auch, aber das hat hoffentlich keiner von den anderen mitgekriegt. Was soll ich denn Mama und Papa und Oma und Gitti zu Hause jetzt sagen – dass ich mit dem Schwimmen nicht ein Fitzelchen von der Stelle komme, dass ich das einfach nicht kann und ... ja, ein Versager bin?! Verflixte Kacke!

Das ist nicht gut, wenn dir was nicht gelingt und du mit deinen Gedanken in der Patsche hängen bleibst, weil dann schaffst du die nächste Hürde, die sich mit Sicherheit irgendwann vor dir auftürmt, auch nicht, und dann kannst du dir die Mittlere Reife und das große Abitur, wovon Mama und Papa und Tante Erna und Onkel Adolf und alle bei mir in der Familie und Verwandtschaft immer geschwärmt haben, gleich aus dem Kopf schlagen, und vielleicht komme ich ja noch nicht mal mehr in die Quarta rein, ... und alles Weitere geht dann sowieso auch in die Hose.

Mann, war das eine verdammte Kacke! Und dann den Kopp hängen lassen, ist so was von Mist! Und jetz is es auch wurscht, ob ich *Kopp* oder *Kopf* sag und aufschreib.

„Ick kann ook nei schwimm!“ Da musste Oma lauthals lachen, als ich ihr von meiner Pleite im Schwimmbad und wie ich dadrin abgesoffen bin, beichtete. „Dat bruckt keen Mensch, Ulriker!“

„Find ich aber schon!“ Das war Gitti von unten von auf dem Fußboden bei ihren Puppensachen. „Ohne dem Schwimm musst de immer mit ’m Bus und dem Zug fahrn und kommst nich über ’s große Wasser rüber.“

„Über welches große Wasser denn, Brigittchen?“ Mama schloss das Küchenfenster vom Durchlüften und feudelte mit dem Handtuch über unsern Tisch.

„Na ja, das Meer und so – mehr weiß ich auch nich.“

„Es gibt ja auch noch Flugzeuge, oder?“ kam mir gerade so in den Sinn, als ich das Schwimmen – und vor allem das Nichtschwimmen – halbwegs aus dem Sinn hatte.

„Genau – schwimm und fliegen muss jeder könn!“ Gitti ließ das Schwimmen und wie man weit weg kommt nicht los.

„Mama?“

„Ja, Ulrich?“

„Kannst du denn überhaupt schwimm?“ Mama machte die Klappe vom Backofen zu und setzte den schweren Eisenrost wieder auf die Kochfelder.

„Ja – kann ich. Wer hatten ja unsern Woltiner See. Ich bin mit dem Wasser aufgewachsen. Mach der keine Sorgen, du lernst das auch noch – und Brigitte auch. Und mit dem Fliegen, ... na ja, das is in weiter Ferne, und das vergessen wer erst ma.“

Die Schule ging weiter und wieder zwei Wochen später, bei unserem Montagsschwimmunterricht, das glaubt jetzt bestimmt kein Schwein, bin ich vom Beckenrand ins Wasser gehüpft – ratzfatz und holterdiepolter, einfach so! Warum, weiß ich selbst nicht. Ich hatte keine Spur von Angst, und keiner hat mich eingeholt, weil ich das mit der Ente – aus dem Nichts – ein und für alle Mal raushatte, und ich bin geschwommen und über die Abtrennung zum richtig tiefen Wasser hin drüber gepaddelt, und ich hab aus dem Wasser raus, drüben im ganz Tiefen, schonmal die Sprungbretter, den Einer und den Dreier, inspiziert, und ich hab meinen Kopf einen Moment lang unter Wasser gehalten und konnte dabei sogar dabei die Augen auflassen und hab mir die Kacheln da unten angeguckt, aber nur ganz kurz, weil das gesunde Chlor doch ’n bisschen in meinen Augen brannte – trotzdem, die Kacheln warn hellblau und alle prima sauber, da hätte sich Mama richtig drüber gefreut, so blitzblank warn die da unten, und als ich wieder aus dem Wasserbecken stieg, hat Studienrat Jansen zu mir gesagt:

„Na, Schwimmen fühlt sich doch schön an, oder? Man darf nur nicht aufgeben! Gilt für alles! Merk dir das, Ulrich.“

Da ist mir nichts zu eingefallen, habe mir mit den Zeigefingern das Wasser aus den Ohren gerüttelt und bin schnell durch die Raustrettür in die Umkleidekabine rein, Badehose aus, abrubbeln, Klamotten an, einpacken und an der Eintrettür wieder raus, wo die meisten von den anderen schon zum Abmarsch zurück zur Schwertstraße aufgereiht standen.

Ich konnte schwimmen! Mensch, ich hab ’s wirklich gepackt! Verflixt und zugenäht – ich kann tatsächlich schwimmen! Ich war der Größte! Du, das war ein Gefühl, ich hätte alle umarmen können! Aber wir mussten erst mal zurück zur Schwertstraße, ich glaub, wegen Erdkunde, also Geografie, meine ich, und da mussten wir schon ein bisschen Gas geben, denn zwischen unserem Schwimmbad und der Schule liegen ein paar Meter, also ein halber Kilometer bestimmt, und dann mussten wir ja auch erst mal unsere Turnbeutel mit den nassen Badeklamotten im Spind verstauen, und bis du dann oben im Klassenzimmer bist, das braucht ja alles seine Zeit.

... Jedenfalls war ich der Allerallergrößte! Und Geografie und der Rest von der ganzen Welt war mir erstmal piepeschnurzegal. Trotzdem – Pünktlichkeit geht mir über alles. Pünktlich sein, das haben Mama und Papa und Oma mir nämlich beigebracht, ist genauso wichtig wie ehrlich sein und zu jedem freundlich sein und noch ein paar andere Sachen, und deswegen ist mir das Pünktlichsein ganz überaus wichtig. Gerade die Allergrößten müssen immer rechtzeitig da sein, wo sie sein müssen, wenn du weißt, was ich meine, ... na ja, bla bla bla – wo ich, wenn ich unten am Tunnel und den Balken und den Flöppen und so bin, doch öfter mal völlig die Uhrzeit vergesse.

GEOGRAFIE - ODER - DIE ERDE IN DER WELT

Studienrat Dr. Lausen – bei dem hatten wir Erdkunde, aber das Fach heißt ja auf dem Gymnasium nun mal *Geografie* und nicht *Erdkunde* – blickte ganz angriffslustig in die Klassenrunde: „Betrachtet einmal gründlich die Landkarte. Was seht ihr da?“

Wir hatten uns gerade erst hingesetzt und waren noch ziemlich aus der Puste und fertig von unserem Marsch zurück vom Schwimmbad und glotzten auf die Riesenweltkarte, die Dr. Lausen da vor unsere Nase gehängt hatte. Vor allem hatte der Studienrat Dr. Lausen keinen trüben Schimmer davon, dass ich jetzt endlich schwimmen konnte – und zwar wie ein Fisch! Aber das war im Moment ja auch egal, weil, was ich kann oder nicht kann, interessiert sowieso kein Schwein – außer Mama und Papa und Oma und Gitti natürlich und vielleicht noch Tante Erna und Onkel Adolf.

Also, dass das da vorne vor unserer Nase eine Weltkarte war, war ja wohl ziemlich eindeutig und jedem im Klassenzimmer sonnenklar, jedenfalls antwortete keiner von uns auf Dr. Lausens Frage: *Was seht ihr da?*. Was sollten wir denn dazu auch schon sagen können – außer dass das eine Landkarte, ja nun, eine Weltlandkarte ist?!

„Was seht ihr da?! Ich höre!?“

Totenstille. Da hättest du einen Papierschnipsel auf den Boden fallen hören können, und die Weltkarte, auf die es ja jetzt gerade unheimlich anzukommen schien, hing regungslos und völlig unbeteiligt an ihrem Ständer.

„Ich höre immer noch!"

„... Äh – 'ne Landkarte vielleicht ...?" brabbelte einer aus den ersten Reihen vor lauter Verzweiflung.

Da knallte Dr. Lausen sein Lineal aufs Pult, aber mit so einer Gewalt, dass es schepperte bis rüber in die Turnhalle oder sogar zur Stadtkirche oder sonst wohin, und ich hätte mir gewünscht, es wäre dabei in tausend Stücke zersplittert; den Gefallen hat Dr. Lausens Lineal uns aber leider nicht getan.

„Das ist hier keine Karnevalssitzung, ihr Schlaumeier – hier ist Schule und hier wird gelernt, damit aus euch Wichten einmal etwas wird, kapiert?!"

Offensichtlich musste jeder Studienrat neuerdings ein Lineal bei sich tragen, war bei ein paar von denen richtig in Mode gekommen, seit Dr. Kambys damit angefangen hatte, und eine Art neuartige Lehrerwaffe – Rohrstock durften sie ja nicht mehr. Wir Jungen waren ganz schön zerknittert; aber außer einer Landkarte haben wir bei der Landkarte beim besten Willen nichts anderes erkennen können – außer dass da die ganzen Länder von der Welt drauf waren, doch das gehört ja zu so einer Weltkarte schließlich auch dazu, und das musste keiner extra hervorheben – oder etwa doch?

„Kinder – nun guckt doch einmal genau hin." Dr. Lausen wurde auf einmal ganz zutraulich und setzte sich irgendwo vorne, wo ein Platz frei war, mit in die erste Bankreihe – und half mit beim Gucken auf die Landkarte. „So schwer ist das doch nun auch nicht."

„Da is unsre Erde drauf?" kam es schüchtern von hinten aus dem Klassenraum – das war Felix Bielstein.

„Genau!" Dr. Lausen fühlte sich sichtlich erlöst und sprang sofort wieder aus der Schulbank heraus und marschierte vor seiner wundervollen Landkarte hin und her. „Das ist unsere Erde, und zwar die ganze – auf einem Blatt Papier – hört ihr zu?! Die gesamte Erde auf einer Landkarte, auf einem einzigen großen Blatt Papier – nun ja, Pappe, Karton, was auch immer!"

Das fanden wir alle sagenhaft aufregend – wo doch jeder von uns sowieso schon lange wusste, dass die Weltkarte unsere Erde, eben nur in bunt und auf Pappe, darstellte. Mussten wir da wirklich groß drüber quatschen?! Ich saß geduckt links außen in meiner Sitzbank und äugte ab und zu rechts rüber zu den anderen, was die so machten, aber die waren genauso bedröppelt wie ich und guckten, ob nicht gleich wieder ein Donnerwetter wegen irgendwas, wofür wir nix konnten, kommt. Kam aber doch!

„Meine Herren!" Da fuchtelte Dr. Lausen wieder mit seinem Lineal in der Gegend rum, als wenn er ein Orchester oder so was dirigieren wollte.

„Die Erde ist keine Landkarte, und diese Karte ist nicht die Erde, sie bildet sie lediglich ab, damit wir im Klassenzimmer uns über die Erde unterhalten können, mehr nicht, aber unsere Erde, die wirkliche Erde, ist ein riesiger Ball in einem unfassbaren Weltenraum, und unsere Erde ist nicht die einzige Erde, da wirbeln Milliarden riesige Kugeln durch den Himmel, und wir paar Leutchen hier unten im Klassenzimmer haben die Verpflichtung zu ergründen, warum das so ist! Warum haben wir diese Verpflichtung? Warum? Warum, bitte schön?! Na?! Weil wir diese Frage stellen können! Jede Frage wird beantwortet, doch die Frage muss erst einmal ausgedrückt werden. Jungs, seid neugierig, und wenn ihr etwas nicht wisst, fragt – fragt eure Eltern, Großeltern, eure Lehrer, irgendwen, am besten euch selbst, ... ihr bekommt auf jede Frage die richtige Antwort – glaubt mir!" Das war ja wieder mal eine saftige Predigt, und Dr. Lausen ist danach ganz ausgelaugt in seinen Lehrerstuhl gesunken.

Nun ja, ich habe mir diese Fragen vom *Weltenraum* und von *Milliarden riesigen wirbelnden Kugeln* da oben im Moment nicht gestellt, und *ergründen* wollte ich eigentlich auch nichts, höchstens wissen, was es bei uns zu Hause wohl nachher zum Mittag gibt, und ich denke, den anderen ging es nicht viel anders, und was eine *Verpflichtung* sein sollte, wusste ich sowieso nicht – und wollte ich, ehrlich gesagt, auch gar nicht wissen, weil *Verpflichtung* hörte sich ziemlich anstrengend und unangenehm an.

Das war ja diesmal noch einigermaßen glimpflich ausgegangen mit dem Dr. Lausen, der konnte nämlich auch noch ganz anders, und dann wird es aber erst richtig ungemütlich und laut.

Neulich, da hatten wir Ägypten, das ist von Deutschland aus gesehen ein bisschen unten rechts auf Dr. Lausens Weltlandkarte, nicht weit weg vom Heiligen Land, das heißt heute aber anders, Palästina oder Israel, weiß nicht genau, jedenfalls gibt es in Ägypten den Nil, das ist ein Mordsfluss da in Afrika, wo Ägypten ja auch zugehört, und der Nil hat auch sein eigenes Nildelta, und da hat Dr. Lausen uns abgefragt: „Was versteht man unter einem Flussdelta?"

Christian Dreyer war ganz vorlaut und schnippte wie verrückt mit seinen Fingern.

„Dreyer – bitte?"

„Delta is 'n griechischer Buchstabe – und der heißt bei uns *D*."

„Sehr gut bisher, Dreyer, Kreuzworträtsel gelöst – und nun?"

„Kreuzworträtsel kann ich richtig gut", antwortete Christian. „Kenn sie 'n Fluss mit drei Buchstam?" Christian wollte nur lustig sein, doch das war ein schwerer Fehler – da knallte auch schon Dr. Lausens Lineal auf Christians Fingerspitzen, und der hat die sich reingeholt und gerieben und geheult, das glaubst du nicht, so weh wie ihm das tat – denn mit Studienrat Dr. Lausen macht man keinen Jux, wenigstens nicht solche. Dr. Lausen legte sein bescheuertes Lineal wieder zurück auf sein Pult, aber so, dass es auch jeder genau sehn konnte, und wir andern konnten nichts machen, nix gegen unseren blöden Lehrer und nix für Christian, denn wir mussten alle auf den Unterricht achtgeben, sonst hätten wir allesamt nacheinander das Lineal zu spüren gekriegt – ziemlich sicher.

„Wir waren beim Nildelta", Studienrat Dr. Lausen tat so, als wenn überhaupt nichts passiert wäre und hatte seinen langen Zeigestock mit der Spitze schon wieder auf dem Nildelta und rodelte damit drum herum. „Was hat es mit einem solchen Flussbild auf sich, wie entsteht es, das Delta, was macht es mit der Landschaft – und schließlich, welchen Nutzen könnte es für unsereins, also für die Ägypter, haben? Das haben wir doch alles schon einmal durchgenommen, warum stellt ihr euch denn bloß so dämlich an?!"

Klar, hatten wir Ägypten und sein beklopptes Nildelta schonmal durchgekaut, aber wer soll den ganzen Quatsch davon denn behalten? Und seit wann sind wir denn Ägypter! Unsre Klasse war wieder mal perplex und stumm, auch Stephan Holz, unser Klassenprimus, regte sich nicht – wir waren allesamt restlos bedient. Christian musste sich weiterhin noch seine Finger halten und streicheln, und die Jungs neben ihm haben ihm abwechselnd heimlich ihre Taschentücher unter der Schulbank durchgereicht, weil der immer weiter gewimmert und geschluchzt hat.

So viel mal zu Studienrat Dr. Lausens Lineal. Warum war Dr. Lausen eigentlich so bescheuert und hat sich wegen jedem und allem so affenartig aufgeregt – mit seinem Lineal und so?! Dabei war doch das, was er so von sich gab, richtig großartig! Also, ich meine, wer aus unserem Klassenzimmer – von der Papierweltkarte aus – ohne große Umwege vernünftig in den Weltraum kommt, der muss doch richtig was in der Birne haben und hatte Dr. Lausen auch, sonst wäre der doch gar nicht Doktor geworden, oder?

Dr. Lausen stand jetzt ganz ruhig an unserer Fensterseite zum Schulhof und stierte in den Himmel, aber der war heute gar nicht so recht zu sehen, weil es nämlich gepisst hat wie verrückt. Er hatte, das haben wir ja genau mitgekriegt, weil er mit seinem Rücken zu uns stand und da seine Hände verschränkt hatte, das Lineal wieder zwischen seinen Händen – und das zuckte ab und zu, … und da ging bestimmt wieder was in ihm vor.

Ich glaube, Dr. Lausen erwartete in seinem Inneren immer, wir Jungen müssten schon vorher wissen, was durch seinen Kopf ging, also, dass wir das beantworten könnten, was er uns noch gar nicht gefragt hatte, und deshalb hat er sich immer so wahnsinnig aufgeregt, wenn wir ihm nicht gleich bei all seinen Gedanken und Fragen so richtig nach seinem Geschmack folgen konnten.

Er hätte uns erst mal die ganzen Klamotten aus dem Weltraum und mit den ganzen Erden und Kugeln da draußen, die es da ja wohl so geben soll und die da rumfliegen, und mit den Flussdeltas richtig sauber erklären sollen, dann hätten wir Jungen sicher eher an seinen Geschichten teilnehmen können und hätten nicht nur raten müssen, was ihm so durch seinen Kopf schwirrte. Aber Dr. Lausen zäumte das Pferd immer vom Schwanz her auf, sagen sie doch so, oder, und wollte Klamotten von uns wissen, über die er wohl eher mit den großen Schülern aus der Sekunda und Prima hätte quatschen sollen. Warum hat er nicht einfach ein bisschen normale Erdkunde aus der Umgebung, Geografie, meine ich natürlich, wo wir alle hätten mitreden können, gemacht – und ist stattdessen immer wieder dahin abgetrieben, wovon keiner von uns Quintajungen einen blassen Schimmer hatte? Dann hätte er sicherlich auch sein gottverdammtes Lineal in der Tasche stecken lassen können.

„Nun gut." Dr. Lausen setzte sich zur Abwechslung endlich hinter sein Pult, und da konnten wir uns auch mal wieder ein bisschen zurücklehnen. Dachten wir. Aber da sprang er auch schon wieder auf, und es war auch noch eine gute Viertelstunde bis zum Pausenklingeln.

„Häng' doch mal die Karte aus unserer letzten Stunde auf, Matthias!" Da war ich aber so was von zu Tode erschrocken und sofort wieder putzmunter. „Die zweite von links da in der Ecke müsste das sein."

„Das wär dann die mit den Bodenschätzen, Herr Studienrat?" fragte ich zaghaft und sicherheitshalber nach und war schon auf dem Weg zu der Ecke, wo alle anderen Landkarten aufgerollt standen. Ich wusste ziemlich genau, welche von den ganzen Rollen in der Ecke welche Karte war und wo welche stand, weil ich nämlich prima aufpassen kann und Erdkunde, eh, Geografie, abgesehen von Studienrat Dr. Lausen, sowieso eins von meinen Allerlieblingsfächern ist.

„Nein, ich will die Klimakarte aufgehängt haben!" Dr. Lausen wurde schon wieder leicht kratzbürstig.

Gut, dann eben die Klimakarte, das war allerdings die zweite von rechts und nicht die zweite von links – *blöder Quatschkopp*! Na ja, Dr. Lausen konnte ja auch nicht immer alles im Kopf haben, wo er doch andauernd im Weltraum und auf dem Nil und dem Delta von dem unterwegs war. Zum Aufhängen von der Karte mussten allerdings noch zwei weitere Kumpels aus der Klasse nach vorne aufs Podest hochkommen und mithelfen, und da hing sie dann, die Klimaweltkarte, und Dr. Lausen hat sich in seinem Lehrerstuhl gemütlich zurückgelehnt und sich die erst mal eine knappe Minute lang genüsslich angeguckt und sie richtiggehend angehimmelt, und so langsam wussten wir Schüler gar nicht mehr, was wir in der ganzen Zeit machen sollten, so lange still war das im Klassenzimmer – und dann fing Dr. Lausen auch noch das Grinsen an, als wenn ihn die blöde Landkarte mit dem Weltklima hüpnoti..., oder wie das heißt, hätte. Gott sei Dank war sowieso bald Pause, und dann wäre der ganze Zinnober erst einmal vorüber – zumindest für heute.

„Matthias, du kannst dich setzen", sagte Dr. Lausen, ein wenig fahrig. Dabei saß ich schon längst wieder in der Schulbank und die beiden anderen Burschen auch, und wir drei waren alle heilfroh, dass wir uns auf unsere Plätze verdrücken durften. Dr. Lausen war schwer am Grübeln. Dann holte er sich einen anderen aus unsrer Klasse nach vorne und war wieder voll auf dem Damm und hellwach.

„Wir haben uns in unserer letzten Geografiestunde das ja alles schon genau vor Augen geführt. Erzähl uns doch noch einmal – zur Auffrischung – in knappen Worten, warum es bei uns so oft regnet und in vielen anderen Gegenden der Erde nicht."

Diesmal war Felix Bielstein dran, und als der vorne vor der Klimakarte und neben Dr. Lausen stand und sein Blick nervös zwischen der Klimakarte, Dr. Lausen und uns im Klassenraum hin und her irrte, musste er andauernd schlucken, wischte sich immer wieder mal seine Schweißperlen von der Stirn und wäre, wie jeder von uns unschwer erkennen konnte, am liebsten von der Bildfläche verschwunden.

„Bielstein?! Kommt da noch etwas?"

„... Wegen ... wegen ..." Der arme Felix kriegte kaum eine Silbe raus.

„Ja?! Wegen ...?"

„Wegen ... den Westwinden!" brachte Felix schließlich gerade eben so hervor.

„Erst einmal heißt das *wegen der Westwinde*, Bielstein, wegen *der* Westwinde, und nicht wegen *den* Westwinden." Dr. Lausen hatte seine Beine übereinandergeschlagen und fummelte mit seinem Lineal ganz spielerisch auf seinem Schoß herum, probierte aus, ob er mit der Eisenkante von dem Lineal vielleicht seine Fingernägel sauberkriegte, gab das aber schnell wieder auf und blickte schließlich an Felix vorbei auf seine Klimaweltkarte.

„Tschuldigung – wegen *der* Westwinde", fügte Felix mit schlotternder Stimme an.

„Ja nun, ist gut, Bielstein – und weiter?" Dr. Lausen hatte richtig Spaß, wie Felix sich so winden musste und immer weiter ins Schwitzen kam – und ließ ihn regelrecht garen. Doch Felix stand nur ganz versteinert auf dem Podest vor der verfluchten Klimakarte rum und kriegte einfach keinen Ton mehr heraus.

„Ganz so knapp sollte deine Zusammenfassung nun doch nicht ausfallen – damit jeder von uns diese auch nachvollziehen kann, verstehst du?" Vom *Zusammenfassen* verstand Felix im Moment gar nichts – und vom *Nachvollziehen* erst recht nicht.

„Ja – deswegen regnet 's bei uns", machte Felix, so gut er konnte, weiter und hampelte von einem Bein aufs andre, blickte runter auf seine flattrigen Hände und pulte sich immer mal wieder den Dreck unter seinen Fingernägeln raus, auch wenn da gar keiner war, knabberte daraufhin an denen herum und fügte schließlich vorsichtshalber nochmal hinzu: „Wegen der Westwinde."

„Das lasse ich erst einmal so stehen." Dr. Lausen gab sich ganz gnädig. „Felix, das war korrekt, vollkommen richtig – kannst dich erst einmal wieder hinsetzen." Felix ist wie ein Wiesel zu seiner Bank geflitzt, so schnell konntest du gar nicht gucken.

„So, meine Herren – jetzt bitte aber wieder etwas eingehender und wissenschaftlicher", fuhr Studienrat Dr. Lausen fort und richtete sich in seinem Stuhl allmählich auf und blickte uns alle herausfordernd an. „Was würde denn passieren, wenn der Wind bei uns aus Osten käme – regnet es dann etwa nicht?"

Jetzt hatte er uns endgültig alle besiegt und in der Falle – auf einen Schlag!

Ich selbst wusste noch nicht mal so richtig, warum es wegen dem Westwind regnet – genauso wenig wie Felix Bielstein – und ich selbst wäre da vorne neben Dr. Lausen genauso blamiert gewesen wie der arme Felix. Woher sollte ich wissen, warum es, wenn der Wind aus einer anderen Richtung, als er kommt, kommt, nicht genauso regnet oder eben nicht regnet – oder wie oder was? So eine saublöde Frage – auch wenn wir das letztens schonmal bei Dr. Lausen hatten – das will doch kein Mensch wissen! Jeder merkt doch, ob es regnet oder nicht, und wenn du weißt, warum oder warum nicht, kratzt das den Regen nicht im Geringsten – wenn es regnet, wirst du nass, und wenn es nicht regnet, nicht – mehr muss doch nun wirklich keiner über den Regen erforschen, und da ist es auch wurscht, ob es um den Regen bei uns geht oder um den Regen in anderen Ecken von der Welt, wie zum Beispiel in der Wüste, wo es den anscheinend komischerweise gar nicht gibt – andererseits ..., mit Regen wär 's ja dann wahrscheinlich gar keine Wüste mehr ..., ist auch egal erst mal.

„Das kommt drauf an", meldete sich einer aus der Klasse und schnippte mit seinen Fingern.

„Und worauf, Holz?“ Dr. Lausen war ziemlich überrascht, dass da doch noch einer seine Klappe auftat. „Ja, was hat es damit auf sich? Zeig uns das doch einmal an unserer aufschlussreichen Klimakarte, bitte schön.“

Stephan Holz, der schon in Klauberg mindestens genauso gut in der Schule war wie ich, begab sich nach vorne an die Karte, und er durfte sich sogar den Zeigestock von Dr. Lausen greifen.

„Der Wind kommt bei uns in der nördlichen Hemisphäre nämlich meistens von Westen.“

„So weit war unser Bielstein vorhin auch schon, Holz.“ Dr. Lausen schien es schon wieder etwas ungemütlich zu werden. „Kannst du bitte auf den Punkt kommen?“

Stephan musste erst mal kurz wieder Luft holen und hüsteln, bevor er loslegte, uns die Klimakarte zu erklären. Dazu tippte er mit der Spitze von Dr. Lausens Zeigestock mehrmals auf eine Ecke ziemlich weit links von Deutschland und rechts von Amerika, da war alles blau, und *Blau* auf Landkarten bedeutet immer *Wasser*, manchmal, besonders auf Klimakarten, aber auch *kalt* oder sogar beides, *Wasser* und *kalt* – und da muss einer schon ziemlich gut zwischen den Blautönen unterscheiden können, damit man den Sinn dahinter begreift, was aber offensichtlich bei Stephan Holz durchaus der Fall war – kein Wunder, so clever wie der war.

„Und da sieht man, dass neben uns in Nordeuropa, also ich mein westlich von uns, 'ne ganze Menge Wasser zu sehn is, das is der Atlantische Ozean, und das Wasser von dem Ozean wird von der warmen Sonne hoch in den Himmel heraufgezogen und zerstäubt sich da – wie das genau geht, weiß ich aber jetz auch nich – und da werden dann die dicken Regenwolken draus, und die bläst der Westwind zu uns aufs Land nach Europa und Deutschland hin, und da fällt er dann runter, also unser Regen, und es gießt – also so ähnlich, denk ich, müsste das funktioniern.“ Da war Stephan erst mal fertig mit seiner Vorlesung und legte den Zeigestock artig zurück auf Dr. Lausens Pult.

„Das stimmt haargenau!“ Dr. Lausen stellte sich neben Stephan und legte seinen Arm auf Stephans Schulter und tätschelte die ein bisschen, damit es jeder von uns anderen Blödmännern auch schön mitkriegen konnte.

„So Herrschaften – dann bleibt lediglich noch der zweite Teil meiner Frage!“ Dr. Lausen blickte spitzbübisch in die Klasse. „Wieso bringen uns dagegen die Ostwinde keinen – oder viel, viel weniger Regen?!“

„Weil östlich von uns, also da drüben in Russland und Asien und so, hauptsächlich unheimlich viel Festland liegt“, antwortete Stephan Holz wie aus der Pistole und war immer noch in seinem Element und gleichzeitig auch wohlbehütet unter Dr. Lausens Tätschelhand. „Und nirgendwo irgendwelche Ozeane – und da gibt 's kaum Wasser, das in den Himmel transportiert und irgendwo hingeblasen werden kann!“

„Prima, Holz – setz dich doch bitte erst einmal wieder hin – sehr, sehr gut, Stephan Holz!“

Und Felix Bielstein sprang hinten aus der Bank und rief ganz entrüstet: „Genau das hab ich doch vorhin gemeint!“

„Aber gesagt hast du es nicht, oder?!“ Dr. Lausen blickte mitleidig in unsere Klasse und hatte dabei natürlich insbesondere Felix im Blick. „Manche passen auf, andere nicht – Bielstein, ab jetzt passt du einfach besser auf, dann kannst du in Zukunft alles perfekt rekapitulieren, also wiederholen. Machen wir das so?“

Felix nickte mürrisch. „Jawohl, Herr Studienrat.“ Und er ließ sich wieder in die Schulbank plumpsen.

Dr. Lausen war inzwischen richtig entspannt, wohl alles wegen Stephan Holz und seinem schönen Regenwettervortrag, und er saß wieder in seinem Lehrerstuhl mit übereinandergeschlagenen Beinen, und das Lineal hatte er weit weg von sich auf seinem Lehrerpult – wohl zum Zeichen des Friedens – geschoben und deshalb anscheinend und Gott sei Dank für eine Weile vergessen.

„Jetzt stellt sich als Nächstes die Frage …“, fuhr Dr. Lausen dann aber mit funkelnden, triumphierenden Augen und richtig unternehmungslustig fort. „Na – was wäre die nächste Frage, die es zu beantworten gilt?!“

Wie – was – noch ’ne bekloppte Frage?! Woher sollten wir verdammt nochmal wissen, was Dr. Lausens nächste Frage sein könnte – warn wir eigentlich auf dem Gymnasium oder in einer Ratesendung von Hans Rosenthal oder gar im Irrenhaus – und dazu ist auch, wie ’s aussah, sogar Stephan Holz erst mal nichts eingefallen, und ich sinnierte so vor mich hin. … Klar …, *Was bewegt den Wind?*, das ist die nächste Frage, und danach, was bewegt das, was den Wind bewegt, und so weiter und in einem fort …, und da kommst du doch vom Hölzchen aufs Stöckchen, und ich dachte, halt bloß die Fresse, sonst muss ich vielleicht sogar auch an die Klimakarte und krieg obendrein noch Dr. Lausens langen Zeigestock in die Hand gedrückt, und da wüsste ich sowieso nicht, wo ich was zeigen müsste, und der letzte Beweger von dem ganzen Wetter ist wahrscheinlich sowieso nicht auf der Karte drauf, jedenfalls wüsste ich nicht, wo der da zu finden sein könnte – und dann würde sich die ganze Bande am Ende über mich totlachen und kugeln, … und wenn ich was verbocke, gäb es am Ende vielleicht sogar noch obendrein das Lineal – also, halt ja die Schnauze! Und ich guckte raus aus unseren Fenstern vom Klassenzimmer in den grauen, windigen Himmel über unserem trostlosen Schulhof und dachte schon an Mamas Butterbrot und an eine Tüte Kakao oder Milch oder SUNKIST, die konnten wir nämlich für zwanzig Pfennig unten beim Hausmeister kaufen, … und gleich war sowieso Pause.

„Was bewegt den Wind? Das is die nächste Frage!“ schmetterte ich nach vorne zu Dr. Lausen und in die Klasse, ganz ohne zu schnippen, und preschte einfach mal vor, obwohl ich ja doch meine Klappe halten wollte. Das war aber hauptsächlich nur, weil sonst keiner nix gesagt hat, also nichts von sich gegeben hat.

„Matthias, du bringst ja noch mehr Schwung in den Laden!“ Dr. Lausen war richtig aus dem Häuschen, und er marschierte lustig durch unsre Reihen und klopfte allen, die im Gang saßen, so nebenbei mal kurz auf die Schulter – mir aber nicht, weil ich saß ja glücklicherweise nicht im Gang, sondern links außen am Fenster.

„Genau das gilt es als Nächstes zu beantworten, Kameraden! Genau das, was Matthias gerade formuliert hat! Wer oder was bewegt den Wind? Ist es vielleicht sogar auch die Sonne, denn Wärme bringt Luft in Bewegung, das haben wir schon einmal vor einigen Tagen angerissen und Holz hat vorhin ebenfalls davon gesprochen, oder gibt es etwa weitere Faktoren? Das alles greifen wir in unsrer nächsten Geografiestunde noch einmal auf.“

Es war nur noch ein paar Sekunden bis zur Pause, und keiner von uns wollte nichts mehr von Wind, Wetter, Sonne und Bewegung und sonst was aus dem Weltall wissen, weil in fünf Minuten war ja schon wieder Biologie, und außerdem war es draußen schon den ganzen Vormittag am Schütten – ob wir das erklärt kriegen oder dadrüber quatschen oder nicht, spielt doch überhaupt keine Geige …, wenn wir nass werden, kapieren wir sofort, was Regen und Niederschläge sind, egal ob die von Westen oder Osten kommen oder, warum auch immer, nicht fallen, da müssen wir keinen mehr danach fragen – vor allem keinen Doktor aus der Geografie.

Wir hatten ja zweimal in der Woche Geografie, das heißt, die nächste Stunde in Geo war schon übermorgen, und da kam Dr. Lausen wieder groß raus und, anstatt uns ein paar normale Klamotten aus dem Alltag zu verraten, also wo man auf der Erde zum Beispiel Gold oder Diamanten finden kann oder wie man am besten nach Kanada oder Brasilien oder Australien oder so hinreist, denn das gehört ja wohl zur Erdkunde und zur Geografie auch dazu, fing er wieder mit den ganz großen luftigen Sachen an, zum Beispiel mit irgendwelchen Sonnenwinden und Nordlichtern und dem Marianengraben, der nach seinen Worten über zehn

Kilometer tief irgendwo im Pazifischen Ozean runtergeht, und womit wir alle aber auch so was von gar nichts anfangen konnten, außer dass uns halb schwindelig wurde, weil diese Gedanken für uns zu hoch oder zu tief waren. Am Ende lief es immer dadrauf hinaus, dass wir andauernd Fragen haben müssten, und wer keine Fragen hätte, wäre sowieso der größte Idiot, und keiner von uns, nicht mal Stephan Holz, hatte irgendeine verdammte Frage zu irgendwas mehr parat, und ich denk mal, wenn ich mit meiner Umgebung zurechtkomme und zufrieden bin, ist für mich alles in Ordnung. Was ein anderer an Sorgen und Fragen hat, auch wenn der Dr. Lausen heißt, geht mir am Popo vorbei, und wenn ich etwas nicht wissen will, frag ich auch nicht danach, so! Du denkst dir doch nicht irgendeine blöde Frage aus, nur weil dir einer sagt, dass du unbedingt was fragen musst, oder? Das wäre doch vollkommen bescheuert! Ich kümmere mich doch nicht um Sachen, die irgend so einem Erdkundelehrer auf der Seele brennen und sonst kein Schwein interessiert! Eben!

Wenn ich könnte, würde ich unserem Studienrat Dr. Lausen mit aller Kraft einen Tritt in den Hintern verpassen, damit er mal wach wird. Da ist er schonmal Doktor, hat aber von Tuten und Blasen keine Ahnung und bringt uns mit seinem Gequatsche und Rabatz nur alle durcheinander, und wenn keiner von uns was fragt, ist da eben nichts zu fragen, dann ist eben alles beantwortet, oder wenn was nicht beantwortet ist und wir nichts davon wissen, dann ist es uns egal – und Schluss und Amen.

„Ihr müsst doch Fragen dazu haben!“ Dr. Lausen wischte sich die Stirn. „Bitte – fragt, fragt! Fragen ist der Weg zur Erkenntnis!“ Jetz war es wieder so weit, und gleich würde er bestimmt bei dem einen oder anderen – ganz aus dem Blauen – wieder sein Lineal zum Einsatz bringen.

In unsrer Klasse hatte aber nie keiner irgendwelche Fragen, weil das mit der Erde auf einem einzigen Blatt Papier zum Beispiel, das kannten wir alle schon lange vor Dr. Lausens Weltkarte, ich zum Beispiel aus Papas *Großer Weltatlas* und aus unserem *Diercke*-Schulatlas, und deswegen mussten wir uns ja nun auch nicht irgendwelche blöden Fragen rausleiern, nur damit Dr. Lausen ruhig schlafen kann – ist doch wahr! Vor allem haben wir aber gehofft, dass Dr. Lausen nicht wieder wegen irgendeinem Scheißdreck explodiert und uns sein bekopptes Lineal um die Ohren, eh, auf die Finger haut.

Dr. Lausen zeigte uns mit seinem Zeigestock noch auf der Riesenweltkarte – die Klimakarte war inzwischen schon längst aufgerollt und beiseitegeschafft worden und stand wieder in ihrer angestammten Ecke – also, dass Russland in Russland liegt.

„Russland heißt allerdings jetzt Sowjetunion ..., aber wieso genau, das erklärt euch euer Geschichtslehrer ausführlich.“

Und auch noch, dass Alaska in Alaska liegt, dass aber Alaska der neunundvierzigste Staat von Amerika ist und es noch einen letzten, nämlich den fünfzigsten Staat, gäbe, den müssten wir aber selber alleine herausfinden, und dass Alaska ewig weit weg von Amerika liegt und Amerika sowieso nicht *Amerika* heißen würde, sondern *USA*, und dass USA *United States of America* bedeutete und Amerika was ganz anderes und viel größer als die USA wäre, und das würden wir im Einzelnen alles nochmal in Geschichte kriegen, und dass in der Geografie unten nicht *unten* heißt, sondern *Süden*, aber das würd er uns schon selbst beibiegen, weil das hätte mit Geschichte nicht so recht was zu tun, das wäre pure Geografie, und er uns die Himmelsrichtungen ja sowieso schon tausendmal erklärt hätte – hatte er ehrlich, tatsächlich – und dass diese Sachen bei uns sowieso nur hier rein- und da rausgingen. Puuh!

Studienrat Dr. Lausen hat uns wirklich nach besten Kräften zum Lernen ermuntert, und dass es uns nunmehr vor lauter Spannung kaum noch auf unseren Sitzen hielt, kann sich wohl jeder vorstellen, und da war auch diese Stunde Gott sei Dank fast vorbei, und verstanden haben wir von dem ganzen Russland-Amerika-Gequatsche letztendlich kaum etwas – außer dass wir das Meiste aus Erdkunde, also aus Geografie, in Geschichte erklärt kriegen würden und wir sowieso in einem durch Fragen über Fragen haben und die irgendwem stellen müssten.

Eigentlich – fiel mir plötzlich ein – wollte Dr. Lausen uns doch auseinanderklamüsern, warum der Wind windig ist – ach nee, *wer oder was den Wind bewegt*, so hatte er das ausgedrückt. Hatte er vielleicht zwischendrin in seiner ganzen Schwadroniererei auch tatsächlich ganz unauffällig nebenbei gemacht, und ich hatte es nur nicht gemerkt ... und die andern bestimmt genauso wenig.

„Zum Abschluss." Dr. Lausen steckte das Lineal in seine Aktentasche, dass allen von uns ein Stein vom Herz fiel, und legte es aber dann vorsichtig – warum auch immer – zurück vorne auf die Schulbank, wo er es die ganze Zeit griffbereit gehabt hatte. „Zum Schluss lege ich euch ans Herz – eure Lethargie abzulegen." Und dann guckte er uns alle einen Moment lang ganz treuherzig an, drehte sich zu seinem Lehrertisch zurück um, holte seinen ganzen Papierkram da runter und packte den in seine Aktentasche und hat sich nicht mehr um uns gekümmert ... und sein verfluchtes Lineal hat er direkt vor meiner Nase auf einer unsrer Schülerbänke liegen gelassen und vergessen. Vergessen? Das könnte man jetzt auch ganz unauffällig für immer und ewig verschwinden lassen, schoss es mir so durch den Kopf, ... könnte man – habe ich aber nicht gemacht.

Alle haben nur auf die Pausenklingel gewartet, weil gleich kam schon Bio bei unserem *Rattenzahn*, so hieß unser Biologielehrer bei uns, und der war auch kein Zuckerschlecken, außer dass der nicht mit einem Lineal bewaffnet war – zumindest bis neulich nicht. Und was *Lethargie* überhaupt war, wusste sowieso keiner von uns Schülern und wollte sicherheitshalber auch gar keiner wissen ... und keine unnötigen Fragen stellen.

„Was is Lethargie, Herr Studienrat?" fragte ich Dr. Lausen gerade passend zur Pausenklingel – denn das Wort war für mich so brandneu, und das wollte ich jetzt unbedingt wissen – und alle meine Kumpels hätten mich am liebsten jeder einzeln in den Arsch getreten oder erwürgt oder am liebsten beides, wo ich damit auf die letzte Sekunde ankam, doch die sind, so schnell sie irgend konnten, aus dem Klassenraum gewetzt, und Dr. Lausen hat mich ganz vorsichtig, fast zärtlich, am Ohrläppchen zu sich herangezogen und gesagt: „Endlich fragt einer einmal etwas!"

„Und was is jetz Lethargie?" Ich hatte überhaupt keine Angst mehr vor Dr. Lausen – wo er doch sowieso kein Lineal mehr hatte.

„Lethargie ist, wenn einem keine Fragen mehr einfallen." Oh nee, ne?! Nicht schon wieder dieses Fragengedöns! Mein Ohrläppchen hörte allmählich auf zu klingen, und Dr. Lausen sagte: „Wer keine Fragen hat, ist dumm. Du, Ulrich Matthias, du bist ein kluger Junge – weißt du das?!"

„Ja", habe ich gehorsam geantwortet, und Dr. Lausen fuhr mit seiner Rechten über meinen Igel, schnappte sich seine Lehrertasche und lief laut lachend aus unserem Klassenzimmer, und ohne sich nochmal umzudrehen, winkte er mir rückwärtig zu, und ich fand unseren Studienrat Dr. Lausen auf einmal ganz schön gut, ... na ja, weil er mich anscheinend auch ganz gut fand ... und er sein Scheißlineal aus den Augen verloren hatte.

Draußen plästerte es immer noch, genauso wie vor ein, zwei Stunden schon, und es war ein saugrauer Tag, doch an diesem Tag bin ich von der Schule nach Hause marschiert, stolz wie ein Hahn, und hab im Regen den *River Kwai* geflötet ..., das ist ein Film über ganz weit weg, und da waren Mama und Papa gestern Abend im ROXY drin, und Oma hat auf Gitti und mich aufgepasst, und Mama und Papa konnten mich und Gitti dahin nicht mitnehmen, denn der lief ja mitten in der Nacht, also irgendwann nach acht, und der Film ist sowieso auch nur für Erwachsene, weil sie sich dadrin nämlich küssen und Bomben aus dem Flugzeug fallen lassen – ich hab das Plakat in dem Glaskasten vom ROXY oben an der Haltestelle am Schlagbaum genau studiert – und so was dürfen Kinder sich noch nicht ansehen. Jedenfalls hören wir die Musik und das Geflöte von dem Film jetzt seit ein paar Tagen pausenlos im Radio, und diese Melodie geht mir einfach nicht mehr aus dem Kopf, ... und ich habe mich, pitschenass, auf meinem Heimweg von der Schwertstraße so pudelwohl gefühlt, dass ich den *River Kwai* in einem durch pfeifen musste – nur, weil Dr. Lausen zu mir *Du, Ulrich Matthias, du bist ein kluger Junge – weißt du das?!* gesagt hat!

„Wat is denn mit die los?“ fragte mich Oma, als sie meine glänzenden Augen und meinen tropfenden Anorak und Tornister sah.

„Dr. Lausen, dat is us Erdkundelehrer“, antwortete ich, „hätt sächt, dat ick 'n klogen Jong bin.“

Da hat Oma sich sehr gefreut und gesagt: „Na denn, wenn dee dat sächt.“

„Un ick kann nu schwimm! Oma, häst hört?! Ick kann schwimm!“

Hatte Oma das jetzt gehört? „Ick kann schwimm wie 'n Ent!“ habe ich deswegen noch 'n bisschen lauter drangehängt.

„Na denn.“

Oma half mir beim Klamottenausziehen und stopfte meinen Anorak in unser Spülbecken zum Ablaufen, und ich selbst hab meinen Tornister schnell zurück zu unserer Fußmatte gebracht und abgestellt und da aufgestupft, weil da ja auch immer noch so viel Wasser vom Regen drauf war.

Ich glaub, die ganzen Omas haben schon so viel gesehen und hinter sich, dass sie viele Sachen, die wir Kinder irre aufregend finden, für ganz alltäglich nehmen und da überhaupt kein Theater drum machen können, und wenn du denen erzählst, ich kann dies oder das oder dass irgendein Lehrer einen Narren an dir gefressen hat, weil du einen schlauen Spruch losgelassen hast, dann weiß eine Oma, da bin ich selbst schonmal durchgegangen und hab das alles hinter mir, aber sagen tun sie dir das nicht unbedingt, sondern verhalten sich ziemlich gleichgültig, weil sie Bescheid wissen und nicht mehr um jeden Kinderkram ein Riesengedöns machen müssen – und ich glaube, das ist bei Opas ganz genauso, weiß das aber nicht sicher, weil ich hatte ja nie einen Opa und Gitti auch nicht, also hatten wir natürlich bestimmt, nur, dass wir unsere Opas selber nicht mehr erlebt haben, weil die schon längst nicht mehr da waren, als wir beide auf der Welt ankamen.

In Geografie habe ich jedenfalls nach Dr. Lausens Predigt letztens besonders gut aufgepasst, und ich habe mir immer schön viel Fragen ausgedacht, dass Dr. Lausen ziemlich bald am Rand zur Weißglut war – doch Dr. Lausen hat mich seitdem nie mehr am Ohr gezogen, und die anderen Jungs waren mir dermaßen gut gesonnen und haben mich sogar regelrecht angehimmelt, weil ich Dr. Lausen mit meiner endlosen blöden Fragerei so prima abgelenkt und beschäftigt habe und sie ab da an in unseren Geografiestunden halbwegs ihre Ruhe hatten. Doch Dr. Lausen wollte es ja auch nicht anders.

Außerdem, und das muss ich jetzt auch noch loswerden – ich bin ganz sicher, Dr. Lausen hat selbst kein Schimmer, warum es bei uns regnet oder nicht regnet. Ich habe ihm nämlich ganz genau in seine Augen geguckt, als er seine dämlichen Fragen wegen dem Wetter an uns gestellt hat und auch, als er uns seine Standpauken dazu gehalten hat, und da habe ich gemerkt, der weiß gar nix, also gar nichts, und plappert nur nach, was in unseren Schulbüchern drinsteht und spielt den großen Max vor seinen Landkarten im Geografieklassenraum, und weiter nix, also nichts.

... Am liebsten, wenn ich nur könnte, würde ich unseren Studienrat Dr. Lausen mal eine ganze Nacht lang raus in den Regen vor seine Haustür stellen, dann könnte er selber richtig schön viel über den Regen lernen und sich sein Quatschen dadrüber abgewöhnen und am Morgen hätte er bestimmt überhaupt keine Fragen mehr, auf jeden Fall keine zum Regen – das schwör ich dir.

FREI- UND FAHRTENSCHWIMMER

Weißt du was?! Unser Sportlehrer, der mir das Schwimmen beigebracht hat, der Herr Studienrat Jansen, hat sein Versprechen tatsächlich eingehalten! Was das genau war, hat sich bestimmt keiner gemerkt – aber ich habe das irgendwann mal erzählt, das weiß ich genau.

Wir sind ja immer noch jeden zweiten Montag hinunter zum Solinger Schwimmbad am Entenpfuhl gelatscht und ein halbes Jahr, nachdem wir mit dem Schwimmen angefangen haben und ich mich irgendwann im Wasser so pudelwohl fühlte wie ein Fisch im Wasser – hatte ich den Freischwimmer, das hieß, ich konnte eine Viertelstunde pausenlos frei schwimmen und einen Sprung vom Einmeterbrett machen, und schon zwei Wochen danach hatte ich darüber hinaus auch den Fahrtenschwimmer, was bedeutete, eine ganze halbe Stunde schwimmen, in einem durch, und dazu noch ein Sprung vom Dreimeterbrett! Und Mama hat mir die Stoffabzeichen gleich, nachdem ich sie hatte und die stolz wie Oskar mit nach Hause brachte, sofort auf meine Badehose genäht, den *Freischwimmer* vorne links und den *Fahrtenschwimmer* vorne rechts – damit jeder, wenn er mir in der Badeanstalt begegnet, genau weiß, was ich im Wasser so draufhab!

Groß damit angeben konnte ich nicht, denn fast alle anderen aus meiner Klasse hatten ja, genauso wie ich, auch jetzt den Frei- und Fahrtenschwimmer, ... aber angeben wollte ich eigentlich sowieso nicht, weil, das liegt mir gar nicht im Blut.

Jedenfalls war das ja das Versprechen von Studienrat Jansen, dass wir Quinta-Schwertstraßen-Jungen unter seiner Anleitung alle den Frei- und Fahrtenschwimmer ergattern. Das war gerade einmal ein halbes Jahr her, als er uns das gelobt hatte. Und Studienrat Jansen hat sein Versprechen gehalten – aufs i-Tüpfelchen!

Jetzt wäre ich natürlich auch mal gerne richtig ins Wasser gesprungen – also in einen richtig großen See oder ins Meer, Nordsee oder Ostsee oder so – aber davon war bei mir weit und breit nix in Sicht, denn Mama und Papa sind mit Gitti und mir überhaupt noch nie weit weg in Ferien gefahren, schon gar nicht ans Meer, und so großes Wasser kannten wir höchstens von den Ansichtskarten von Onkel Karl-Heinz, Papas kleinem Bruder, die der uns regelmäßig von seinen Urlaubsreisen geschickt hat, und auf denen war ganz oft viel weites, blaues Wasser drauf zu sehen.

ITALIEN

Die meisten Kinder von den anderen Eltern sind jeden Sommer in Ferien gefahren, natürlich gemeinsam mit ihren Mamas und Papas, manche auch mit ihren *Muttis* und *Papis*, je nachdem wie sie zu denen gesagt haben, und einige von denen hatten sogar schon ein Auto und waren gar nicht mehr auf die Eisenbahn und auf Busse und Straßenbahnen angewiesen ... wie wir zum Beispiel.

Wir hatten nicht einmal einen Fernseher, nur ein riesengroßes GRUNDIG-Radio und einen dicken ATE-Kühlschrank und irgendwann auch eine MIELE-Wäscheschleuder, die stand aber da, wo sie gebraucht wurde, unten im Keller in der Waschküche. Aber das hab ich ja alles schon zehnmal erzählt und kommt allen bestimmt langsam zu den Ohren raus, ... jedenfalls – in Urlaub und in Ferien sind wir noch nie gefahren.

Irgendwann im Frühling kamen Tante Rut und Onkel Herbert mit Peter aus Bochum zu uns zu Besuch. Bochum ist im Ruhrgebiet, wo sie Kohle von ganz tief unten aus der Erde holen und damit Eisen schmelzen oder zum Wohnungheizen in die Welt verscherbeln und solche Sachen, und in Bochum möcht ich im Leben nicht leben, weil da alles schmutzig von dem Kohlenstaub und der Industrie, oder wie das heißt, ist, auch die Wohnhäuser, und die Luft stinkt bei denen von den ganzen Schloten, die da fast an allen Ecken stehen und ihren Qualm über Bochum und die anderen Städte vom Ruhrgebiet blasen. Das haben wir richtig zu spüren gekriegt, wenn wir selbst mal die Bochumer besucht haben. Mann – da blieb uns regelrecht die Luft im Hals stecken, und wir mussten immer mal wieder husten und uns die Nase putzen, und den Ruß konntest du gleich darauf beim Schnauben im Taschentuch wiederfinden, und alle Häuser im Ruhrgebiet waren schmuddelig-grau von dem ganzen Kohlenstaub und dem Qualm aus den Schornsteinen!

Aber jetzt waren die Bochumer ja erst einmal bei uns auf Besuch, und mit dem Luftschnappen klappt es in Solingen wegen unserm ganzen Wald drum herum um die Stadt viel besser als in Bochum, und Tante Rut und Onkel Herbert und Peter haben unsere frische Bergische Luft richtig genossen und haben andauernd tief durchgeatmet, ... ist aber auch erst mal egal ...

Weil Tante Rut und Papa Geschwister sind, die beiden ältesten von fünfen, ist ja Peter dann der Cousin von Gitti und von mir, und Peter ist ungefähr anderthalb Jahre älter als ich – und die Bochumer und wir Solinger sind deswegen irgendwie fast wie eine Familie oder so ähnlich wenigstens, ... wobei wir allerhöchstens doch nur ein oder zweimal im Jahr beieinander waren, wenn ich das denn richtig behalten habe.

Mama und Oma haben ein schönes Mittagessen zubereitet, das war eine knusprig braun gebratene Ente aus dem Backofen, die Papa mit einer extra speziellen dicken Schere zerteilt hat, in Keulen und Flügel und Bruststücke und so, also, die Ente war mit Salzkartoffeln und Rotkohl, und dazu hatte jeder noch ein Schälchen mit Bohnensalat, wo auch klein geschnipselte Zwiebeln drin waren, und zum Abschluss gab es Omas Schokoladenpudding mit Vanillesoße, und das kann sich bestimmt jeder gut vorstellen, danach waren wir alle pappsatt und proppenvoll.

Nach dem Mittag haben Papa und Onkel Herbert sich deshalb erst mal ausgiebig die Beine vertreten wollen und sind runter auf die Van-Meenen-Straße vor unser Haus und haben uns Jungs – eh, Jungen, verdammt nochmal – also Peter und mich haben sie mitgenommen, damit die Frauen in Ruhe aufräumen und abwaschen konnten und *wir Männer nicht im Weg stehen*. Onkel Herbert hat Papa in die Geheimnisse seines VOLKSWAGENS eingeweiht, und die beiden sind in einem durch um den blitzblanken VW-KÄFER herumgekreist, wobei Papa wahrscheinlich nur Bahnhof verstanden hat, denn Autos waren ihm völlig piepe – er hatte ja nicht einmal einen Führerschein – Papa hatte es hauptsächlich mit Büchern und Zeitungen und elend langen Wanderungen um Solingen herum, und deswegen hat er Onkel Herbert schön über seinen tollen KÄFER plappern lassen, so lange, bis der auch langsam merkte, dass er damit bei Papa nicht so recht Eindruck schinden konnte.

Als unsere Papas mit ihrem Palaver durch waren, habe ich Peter mit runter zu den Balken und zu den Schienen genommen und wollte eigentlich mit ihm auch über die Schienen rüber und weiter zu den Lurchis und sogar in den Tunnel rein und vielleicht auch noch obendrauf, wenn wir das bis zum Kaffee geschafft hätten, doch Peter zeigte schon direkt hinter Osterwinds Mauer eine ziemlich angeödete Miene.

„Hier treibst de dich jeden Tach rum?“ fragte mich Peter herablassend.

„Ja-aah."

„Das is aber nich viel hier bei euch."

„Nee", sagte ich kleinlaut. „Was anderes ham wer hier am Nordbahnhof aber nich."

„Traurig."

Ich war ganz schön betroffen. Was ich doch alles an Überraschungen für Peter parat hatte! Und da waren wir gerade mal erst kurz vor den Schienen von unserem Nordbahnhof. Ich hätte Peter sogar auch noch gezeigt, wie man auf einen Ahorn steigt – bis in den Wipfel, wo du bei schönem Wetter, und das hatten wir heute wirklich, sogar die beiden allerobersten Spitzen vom Kölner Dom erkennen kannst, wenn du scharfe Augen und ein bisschen Einbildungskraft hast! Aber mit meinem Zeug konnte Peter anscheinend nichts anfangen.

„Bist du schon ma auf 'n Ahorn geklettert?" fragte ich Peter noch zaghaft hinterher. „... Also bis ganz nach oben? ... Von da aus kannst de ganz, ganz weit gucken."

„Nee – was is das, so 'n Ahorndings, etwa 'n Baum?" antwortete Peter, wieder richtig gelangweilt. „'N Baum is doch Scheiße – wir wohn in Bochum, und das is 'ne Riesenstadt, und da gibt 's Gott sei Dank kaum keine Bäume."

Na, dann also nicht. Wie kann denn einer darauf stolz sein und sich auch noch damit brüsten, dass er bei sich zu Hause keine Bäume hat?! Das war mir zu hoch, aber vielleicht kapier ich das ja irgendwann, wenn ich selber mal in so einer Riesenstadt wie Bochum wohne ..., könnte ja vielleicht mal passieren.

„Dann könn wer ja auch gleich wieder zurück nach Hause gehn?" bot ich Peter niedergeschlagen an. Ich und meine Sachen und meine Welt waren ihm anscheinend nix wert ...

„Ja, wär besser", erwiderte der neunmalschlaue Peter, und ich musste mir ein paar Tränen abwischen; das hat der aber nicht mitgekriegt, weil ich mit hängendem Kopf hinter ihm hergetrottet bin.

„Oben bei den Großen is mehr los, da zeig ich dir mal meinen Kran – selbst zusammengebaut!" Peter hat nicht mal ein Fitzelchen von meinen Schienen und Balken mitgekriegt, geschweige denn von meinen ganzen geheimen Plätzen.

Wenn der Blödmann von Peter wüsste, wie schön es bei uns am Nordbahnhof ist, würde er nicht so einen Quatsch reden. Bevor ich irgendwas scheiße finde, muss ich 's mir doch erst einmal angucken ... zum Scheißefinden, oder?! Du – genau gesagt, wenn ich zu Ende überleg – wenn ich zu irgendwas *Nee* sag, bevor ich 's gesehen und erlebt hab, bin ich selber saublöd und scheiße, denn dümmer als einer, der sich so wie der großspurige Peter aufführt, kann einer gar nicht durch die Welt marschieren.

Als Peter und ich oben an unsrer Haustür anlangten und ich unseren Klingelknopf gedrückt habe, habe ich nebenbei heimlich für mich gegrinst, weil ich wusste so viel mehr als mein großer Cousin Peter, und ich fühlte mich ganz federleicht, und als Peter mir oben bei uns in der Küche, wo die Erwachsenen gemütlich am Klönen waren und Gitti mit ihren Puppen spielte, seinen selbst zusammengebauten Kran zeigen wollte, war ich überhaupt nicht mehr verletzt oder knatschig und hab ganz neugierig seiner Vorführung mit dem Raufkurbeln und Runterlassen von den schweren Lasten gefolgt – und der Kran, das war nämlich ein STABIL-BAU-Kran, der war auch tatsächlich spitzenklasse, und so einen könnte ich mir auch als meinen nächsten Geburtstagswunsch vorstellen, und Peter hat mich den auch mal richtig selber bedienen lassen, und ich durfte die wuchtige Ladung, die an dem Kranhals dranhing, nach Lust und Laune rauf- und runterkurbeln – und Peter hatte Spaß daran, wie ich mit seinem Kran Spaß hatte, und wir beide kamen wieder prima miteinander zurecht.

Beim Kaffeetrinken und Kuchenessen – das fand dann aber wieder bei uns im Wohnzimmer statt – fingen Tante Rut und Onkel Herbert auf einmal an, von einer *Reise nach Italien an die Riviera* zu schwafeln, wo sie vielleicht im Sommer mit ihrem KÄFER hinfahren wollten, um da Camping zu machen. Das hörte sich total aufregend an – wir selbst waren ja gerade mal nach Hochdahl und nach Porz und nach Bergheim und Aachen und, na ja, nach Bochum zu unseren paar Verwandten aus der Umgebung gekommen, und das war 's dann aber auch schon. Peter löffelte sich ganz übermütig ein Stück von Mamas Erdbeersahnetorte rein und trank seine SINALCO dazu, und der würde bald weit nach Italien wegreisen ..., und ich und Gitti hätten diesen Sommer wieder nur unseren Solinger Nordbahnhof, sonst nix, also nichts – also wie immer.

„An der Riviera ..." Peter hatte sein Maul noch vollgestopft mit Kuchen und Sahneflocken um seinen Mund herum und konnte erst mal nicht zu Ende reden.

„Peter, mit vollem Mund spricht man nicht – das weißt du doch selbst in deinem Alter!" maßregelte Onkel Herbert seinen Sohn. Peter sackte in sich zusammen und hat den Rest von seinem Tortenstück liegen gelassen und nicht mehr angerührt und sich die Lippen mit einer von Mamas Papierservietten abgewischt.

„Was ist mit der Riviera?" Tante Rut hatte ihren Arm tröstend um Peter gelegt.

„Na ja – da scheint in einem durch die Sonne", nahm Peter, weiter mit vollen Backen mümmelnd, seinen Faden wieder auf. „Und das Wasser da im Mittelmeer is mindestens genauso warm wie in der Badewanne ... und so."

„Werden wir rausfinden, wenn wir da sind, ne?" Onkel Herbert tätschelte Peters Knie und sagte zu Papa: „Jedenfalls, Hugo, so ist unsere Planung für diesen Sommer."

Papa war einigermaßen beeindruckt, und Mama und Oma und ich und Gitti ebenfalls – dass die Bochumer da mal so einfach für ein paar Wochen weit weg ins Ausland nach Italien fahren. Wir würden jedenfalls diesen Sommer – wie jeden Sommer – in Solingen bleiben, weil wir nie so richtig weit wegfahren, und was anderes kannten wir sowieso nicht und waren damit deshalb auch zufrieden, und was anderes, als zufrieden sein, blieb uns da ja auch nicht übrig.

Peter war auf einmal ganz wild darauf, endlich wieder an seinen selbst zusammengeschraubten STABILBAU-Kran zu kommen, und da hat sich auch Gitti zu uns gesellt und zugeguckt, wie Peter mit seinem Kran herumfuhrwerkte und zum Beispiel Bauklötzchen aus meinen Spielsachen damit hochhievte und dann sachte wieder auf einen Laster, der auch zu meinem Kram gehörte, herabsenkte. Ehrlich, der war nicht schlecht, der Kran von Peter – der war sogar sauprima!

Nebendran, oben am Kaffeetisch, steckten Tante Rut, Mama, Onkel Herbert und Papa auf einmal die Köpfe zusammen und fingen das Tuscheln an, dass wir Kinder spitze Ohren kriegten. Nur Oma hat wegen ihrem Schwerhören davon keinen Wind bekommen und hat in Seelenruhe an irgendwas weitergestrickt und hat sich noch ein Tässchen Kaffee eingießen lassen. Aber wir Kinder haben genauso wenig von dem Geflüster da oben am Kaffeetisch gehört, also zu wenig, um etwas zu verstehen, was zusammenpasst, und wir haben deswegen dann auch einfach mit Peters prima Kran weiter herumhantiert.

Als wir die Bochumer – da wurde es schon langsam düster – hinunter zu ihrem Auto gebracht haben, weil sie schließlich los nach Hause nach Bochum zurückwollten und wir uns alle voneinander verabschiedet haben, mit Küsschen und in den Arm nehmen und solchen Sachen, sagte Tante Rut, kurz bevor sie in den KÄFER stieg, zu mir, und zwar so laut und deutlich, dass die anderen es auch mithören konnten:

„Ulrich, sag mal, hast du Lust, mit uns im Sommer nach Italien zu reisen? Du bist doch schon über zehn und groß genug dafür."

Ich war wie vom Blitz getroffen, guckte mit sperrangelweit offenem Mund abwechselnd Mama, Papa, Gitti und Tante Rut an. *Italien?! Ich nach Italien?! Hatte ich richtig gehört?! Das musste ein Traum sein!*

Mama tippte mich an: „Willst de? Kannst de, wenn de Lust hast. Tante Rut und Onkel Herbert würden dich auf ihre Sommerreise mitnehmen. Dann hätte Peter auch einen passenden Spielkameraden." Onkel Herbert und Peter saßen schon im Auto, und Papa stand drüben an der Fahrertür bei Onkel Herbert und paffte aufgeregt seine Zigarette und blinzelte mir zu.

„Au ja!" Ich war plötzlich völlig aus dem Häuschen und tobte um den VW von den Bochumern rum, wie von Hummeln gestochen. „Das wär ja das Primaste, was ich mer überhaupt im Lem vorstelln könnt! Soll ich da wirklich mitfahrn?!"

Ich war gar nicht mehr zu bändigen, und auch als die Bochumer um die Kurve von unserer Van-Meenen-Straße verschwanden, bin ich vor lauter Erregung rüber auf Osterwinds Waageplatte geflitzt und bin so lange dadrauf herumgehopst, bis die dermaßen am Schwingen war, dass Herr Osterwind besorgt aus einem seiner Kneipenfenster herüberlugte und wissen wollte, ob bei uns – und vor allem auf seiner Waage – noch alles in Ordnung ist.

Und so geschah es, dass ich als kleiner Piefke tatsächlich ins ferne Ausland und an die Riviera von Italien kam – da war ich gerade mal elf Jahre alt!

Italien ist fast so weit weg wie Frankreich, oder sogar noch weiter – habe ich jetzt nicht mehr im Kopp, Kopf natürlich, aber da ist auf jeden Fall noch die Schweiz dazwischen, also zwischen Deutschland und Frankreich und Italien – ich war ganz wirre im Kopp, *Kopf*, verdammt nochmal.

Aus der Schweiz kenne ich hauptsächlich den Schweizer Käse, und den esse ich immer so gerne; wenn Gitti Wurst und Schinken auf dem Brot hatte, hatte ich meistens Schweizer Käse drauf. Aber in Italien gab es den nicht, den Schweizer Käse, und die Pfirsichmarmelade morgens – Erdbeer hatten die da blöderweise auch nicht – schmeckte nach nix, höchstens ein bisschen nach Seife, und die Brötchen waren voller riesiger Luftblasen, und Butter isst der Italiener auch nicht ..., aber jetzt erst einmal ganz, ganz langsam – die ganze Reise und Italien verklickere ich euch gleich – zunächst muss ich von vorne mit unserer Abreise nach Italien anfangen und nicht alles vorweg ausplaudern ...

Du – das war eine Riesenreise! Die fand natürlich im Sommer in den großen Schulferien statt, und die sind ja nun einmal sechseinhalb Wochen lang, das weiß jedes Kind.

Die ganzen Spitzfindigkeiten mit meiner Italienreise hatten Mama und Papa und Tante Rut und Onkel Herbert natürlich vor ein paar Wochen, als die Bochumer bei uns zu Besuch waren, schon unter sich ausgeklügelt, ob ich da mitdarf und ob ich so eine lange Reise überhaupt durchstehe und nicht vor lauter Heimweh schon gleich oben am Schlagbaum das Jaulen anfange, doch dann haben sie wohl beschlossen, dass ich so eine Tour schaffen würde, und außerdem habe ich ja auch schließlich schön drum gebettelt und gefiebert, dass ich da mitfahren darf, als sie das mit den Ferien in Italien zur Sprache brachten und draußen vor dem VW zum ersten Mal fallen ließen, dass das vielleicht etwas für mich wäre. Und wie das was für mich war! Ich war ja sofort Feuer und Flamme, und Gitti war auch sofort Feuer und Flamme – aber der mussten sie beibiegen, dass sie auf jeden Fall noch nicht mit nach Italien reisen kann, wegen dem Heimweh und so, und weil das bei ihr viel, viel größer sein würde als bei mir – weil Gitti ja noch zweieinhalb Jahre kleiner als ich war. Da standen Gitti natürlich gleich alle Tränen in den Augen, aber so war es nun mal, und Gitti musste mit Italien oder anderen großen Reisen noch ein paar Tage warten.

Seitdem fest stand, dass ich mit den Bochumern nach Italien durfte, war ich so was von aufgekurbelt, dass ich abends kaum einschlafen konnte und Mama aufpassen musste, damit ich morgens einigermaßen fidel in die Schule kam. Papa hat mich obendrein auch noch mit allerlei Bildern von Italien, aus irgendwelchen Illustrierten und aus dem Lexikon, gefüttert, sodass ich an gar nichts anderes außer Italien mehr denken konnte und ich es kaum noch ausgehalten habe.

Es waren nur noch drei Tage bis zur Abreise nach Italien – ich war mit meinem Kopf schon bei den Zitronen- und Apfelsinenbäumen und braun gebrannten Italienern und am blauen, warmen Mittelmeer – und als wenn ich mit uns zu Hause gar nichts mehr zu tun hätte, bin ich ganz lustlos und gleichgültig durch unsere Wohnung hin und her geschlendert, immer wieder vorbei an meinem kleinen bunt karierten Stoffkoffer, der seit Tagen auf dem Teppich im Wohnzimmer aufgeklappt dalag und in den Mama gelegentlich ein paar Klamotten hineinpackte und den sie für mich für meine große Reise am Vorbereiten war.

„Mein Teddy muss da aber auch mit rein!" sagte ich forsch zu Mama, als ich mal wieder an meinem Reisekoffer vorbeitrödelte.

„Der kommt auf jeden Fall rein." Mama hatte meinen Teddy schon beim Wickel, legte ihn aber wieder zurück auf mein Kopfkissen, denn den brauchte ich ja da noch in meinem Bett zu Hause, wenn auch nur noch für zweimal Schlafen.

Zurück in der Küche krümelte Gitti vor unserem Spielzeugschränkchen herum und kämmte irgendwelchen Püppchen die Haare. Oma, wie fast immer, hockte in ihrem blauen Sessel und war am Stricken – oder Häkeln? Weiß ich nicht mehr.

„Nu geh doch mol 'n betker rutt tum Spöln – noh butten!" munterte mich Oma aus ihrem Sessel auf. „Du bist jo nei tum Anseihn – guckst wie drie Dooch Regnwetter!"

Zuerst drückte ich meine Nase ans Küchenfenster und glotzte irgendwo in unsern Hof, wo es sowieso nix zu sehen gab außer ein paar Garagentore und Bettlaken und Bezüge auf Wäscheleinen und wanderte wieder weiter durch unsere Wohnung.

„Willst de nich ma 'n bisschen raus, Ulrich?" fing Mama auch an und strich mir übers Haar.

„Nö", erwiderte ich verbiestert, zog meinen Kopf weg und setzte mich auf meinen Stuhl. „Ich wart, bis Papa von der Arbeit zurück is, der kann mer was erzähln."

„Du meinst wahrscheinlich ... von Italien?"

„Ja, zum Beispiel auch von Italien."

„Hast nur noch Italien im Kopp, ne?" Genickt habe ich und vor mich auf unseren Küchentisch gestarrt und abgewartet, dass Papa von der Arbeit nach Hause kommt.

Aber Papa hat mir nichts mehr von Italien erzählt, und er war die letzte Zeit vor meiner Abreise merkwürdig still, fast bedrückt, und das Wort *Italien* hat – bis auf Mama vorhin – keiner bei uns mehr in den Mund genommen, sodass ich schon gar nicht mehr so recht wusste, ob das mit der Reise nicht nur eine Einbildung von mir war.

Ich hatte mich so gefreut – auf Italien! Aber inzwischen bekam ich auch schon ganz schön Bammel, denn ich wäre ja dann ganz lange ganz weit weg von zu Hause und von Mama und Papa und Gitti und Oma und von der Van-Meenen-Straße und von unserm Nordbahnhof ... und allem.

Dann war der Tag der Abreise nach Italien da, und ich war wieder voll entbrannt und fröhlich, und ich hab schnell mein Weißbrot mit Butter und Erdbeermarmelade gemampft und noch eins und dabei mein NESQUICK getrunken. Gitti hatte sich schon längst damit abgefunden, dass Italien noch nichts so recht für sie ist und ich dann für ein paar lange Wochen weg bin – und sie war ganz rappelig und rannte wegen den Bochumern immer mal wieder zu unsrer Wohnungstür.

„Nun gib doch mal Ruhe, Brigittchen", rief Papa Gitti zu. „Wenn die Bochumer angekommen sind und klingeln, hören wir das doch auch hier am Tisch."

Mein karierter Stoffkoffer stand prall gepackt und verschlossen da an unserer Wohnungstür, und mein Teddy war inzwischen auch mit drin, und obendrauf lag meine kleine

Umhängetasche mit meinem Portemonnaie – da war aber kein Geld drin – und zusammen mit meinem Personalausweis, den muss nämlich jeder haben, wenn er ins Ausland reist, warum genau, ist mir aber schleierhaft, und mit drei Taschentüchern drin, einem Bleistift und einem kleinen Heftchen zum was reinschreiben; mein winziges Taschenmesser war in einer geheimen kleinen Innentasche auch da untergebracht, aber davon wusste Mama nix, eh, nichts; das hat Papa mir heimlich da in die Seitentasche reingesteckt und mir zugezwinkert – damit ich in der Fremde auf der sicheren Seite bin. Ach ja, mein *Geheimnis um ein verborgenes Zimmer* war auch mit in meiner Umhängetasche, weil das nämlich schon ewig mein Lieblingsbuch war und ... damit es mir in Italien nicht langweilig wird.

Tante Rut, Onkel Herbert und Peter haben mich mit ihrem Auto, das war derselbe dunkelblaue VW-KÄFER wie vor ein paar Monaten, bei uns zu Hause in der Van-Meenen-Straße abgeholt, wo auch sonst, und wir haben nicht lange gefackelt, haben fix meine beiden Gepäckstücke, den karierten Stoffkoffer und mein Umhängetäschchen unsere Treppen nach unten verfrachtet, und Oma ist sogar auch mit nach draußen runter auf die Straße gekommen, und dann haben sie mich alle abgeknutscht, also Mama, Oma und Papa und sogar Gitti und nochmal Mama, und die Bochumer und ich sind ins Auto gestiegen, zuerst Peter und ich hinten und dann Tante Rut und Onkel Herbert vorne, und schließlich haben dann Onkel Herbert und Tante Rut die beiden Türen von ihrem KÄFER zugeknallt, aus ihren Seitenfenstern gewunken und die Scheiben dann schnell hochgekurbelt, und dann waren wir auch schon weg und um die Ecke von unserer Van-Meenen-Straße, und ich konnte vorher nur noch ganz kurz aus dem Heckfenster winken, und ab da an war ich mit den Bochumern auf dem Weg nach Italien – da war nix, eh, nichts mehr dran zu rütteln. Und ich würde erst nach langen vier Wochen wieder nach Hause zu unserer Van-Meenen-Straße 32 zurückkommen ...

Doch wie lange so eine Reise bis nach Italien dauert, das kannst du dir bestimmt kaum vorstellen! Ich will jetzt nicht zu viel verraten – jedenfalls, mit einem Tag kommst du da lange nicht aus!

Wir sind erst mal fast einen ganzen Tag lang auf der Autobahn gefahren, bis nach Mannheim, das ist am Rhein irgendwo hinter Frankfurt in Süddeutschland; da gibt es nämlich auch noch eine Familie Matthias und noch einen Onkel Herbert und noch einen Hugo Matthias, aber das ist jetzt nicht Papa, ist wohl klar, sondern das war Onkel Hugo, der heißt nämlich auch Hugo Matthias, doch der Onkel Hugo aus Mannheim war nicht mein Onkel, sondern der von Papa. Jetzt geht es ganz schön quer durch den Garten, ne? So viele Herberts und Hugos und Onkels, die auch alle mit Nachnamen Matthias heißen?! Die ganzen Namen sind jedoch gar nicht besonders wichtig – hauptsächlich geht es mir ja um die Reise nach Italien.

In Mannheim angekommen, war ich so kaputt von der Fahrerei – ich hätte drei Nächte hintereinander durchschlafen können – und dabei bin ich ja nur hinten auf einem von den Rücksitzen im Auto mitgefahren, und Onkel Herbert, also der Herbert, der zu Tante Rut und Peter gehörte und immer am Lenkrad hing, der war nun wirklich platt, und wir vier haben bei der Mannheimer Matthias-Familie geschlafen wie die Murmeltiere, aber dann gings am nächsten Morgen gleich nach dem Frühstück wieder weiter auf der Autobahn nach Süden, an Karlsruhe und Baden-Baden und Freiburg vorbei, immer Richtung Italien, und dann haben wir, das war spätnachmittags unser nächster Halt, auf dem Zeltplatz von Lörrach zum ersten Mal Camping gemacht, also da haben wir gezeltet und waren da schon um ein Haar im Ausland. Lörrach liegt nämlich in der letzten Ecke von Deutschland, fast schon in der Schweiz und gerade noch so eben in Deutschland drin, kurz dahinter kommt schon Basel, aber das liegt dann doch schon in der Schweiz ..., und da musste ich an Old Shatterhand und

Winnetou aus meinen Karl May-Büchern denken und dass die nicht mal 'n Zelt zum Campingmachen bei sich hatten und dabei noch viel weiter weg von Deutschland waren als wir jetzt, und ein Auto hatten die schon gar nicht, dafür hatten sie aber riesig-tolle Pferde, Hatatitla und Iltschi; doch so klasse die beiden Rappen – so heißen schwarze Pferde nämlich, Rappen – auch waren, ein Zeltdach hatten die trotzdem nicht obendrüber, ... das wär ja auch noch das Allerbekloppteste überhaupt – ein Pferd mit Dach obendrüber!

... Wie bin ich jetzt auf so einen Stuss gekommen? Ach so, ja – wir waren nur eine Rasierklinge vom Ausland weg, und wir konnten es von unserem Zeltplatz in Lörrach sogar schon sehen, also nicht das ganze Ausland – und schon gar nicht die Prärie von Winnetou und Old Shatterhand – erst mal nur die Schweiz, und davon auch nur ein kleines Fitzelchen, aber das fand ich dermaßen spannend, dass ich gleich zweimal hintereinander im Gestrüpp hinter unserem Zelt Pipi machen gehen musste.

Ich hatte immer so im Kopf, dass jedes Land richtig unterschiedlich voneinander aussehen müsste, und dass, wenn du über eine Landesgrenze trittst, alles auf einen Schlag vollkommen anders und fremd und, na, eben ausländisch erscheint. Tut es aber überhaupt nicht! Als ich von unserem Campingplatz so rüber in die Schweiz gaffte, also wenn es mir keiner gesagt hätte, hätte ich glatt gedacht, da drüben auf der anderen Seite vom Rhein – mehr als der Rhein trennt uns nämlich nicht von der Schweiz – wäre auch Deutschland, weil das da kein Deut anders aussieht als auf unserer Seite vom Rhein in Deutschland, und deswegen müsste man da auch nicht unbedingt eine fette Grenze hinmachen, wenn sich die Landschaft sowieso nicht groß unterscheidet und die schweizerischen und deutschen Menschen sich untereinander alle prima vertragen, und wenn das alles Deutschland heißen würde, würde es keinem wehtun, und wenn Deutschland und die Schweiz zusammen alles die Schweiz wären, auch nicht – oder? – Na ja, solche Fragen gehören wohl eher zu *der Politik*, von der Papa öfter mal redet, wenn es um schwierige Sachen aus der Welt und so geht, und bei der Politik kann ich sowieso noch nicht mitreden – vor allem, weil ich keinen Schimmer habe, was *die Politik* überhaupt ist und was dahintersteckt.

Ach ja ..., eigentlich war ich ja bei unserem Camping auf dem Zeltplatz in Lörrach. Onkel Herbert hat das richtig gut gekonnt mit unserem Zelt, der hat zwar zwischendurch mal *Verdammter Mist!* und *Gottverfluchte Scheiße!* ausgerufen, weil irgendwas nicht ganz so klappte, wie er sich das vorstellte, aber da hat ihm Peter schon die langen Nägel zum in die Erde reinhauen gegeben, und auf einmal stand das Zelt da wie eine Eins, und diese langen Nägel heißen beim Camping sowieso nicht *Nägel zum in die Erde reinhauen*, sondern *Heringe*, aber warum, weiß, glaub ich, kein Schwein, die könnten genauso gut auch *Schwein* heißen, am besten wäre aber *Nägel zum in die Erde reinhauen*, dann müsste einer nicht so lange grübeln – doch beim Camping heißen die langen Nägel zum in die Erde reinhauen nun mal *Hering*, und damit ist gut und basta, und da gibt es deshalb auch nix, eh, nichts, weiter drüber zu bequatschen.

Wenn du in die Schweiz kommst, musst du überhaupt keine andere Sprache lernen, weil die sprechen auch so eine Art Deutsch – erst viel, viel später, wenn du fast durch die Schweiz durch bist und wieder rauskommst aus der Schweiz, kurz vor Italien, reden auch die Schweizer tatsächlich alle richtig Ausländisch, ich denk mal, das ist dann schon fast Italienisch oder Französisch oder so was in der Art; aber dazwischen kommt noch der Vierwaldstätter See und Luzern, das ist die Stadt, die dadran an dem Vierwaldstätter See liegt, und dann denkst du, die Schweiz ist das prächtigste Land von der ganzen Welt, so schön wie das da ist, und so einen Vierwaldstätter See mit so einer klasse Stadt wie Luzern am Ufer könnten wir in Deutschland auch noch ganz gut gebrauchen – haben wir vielleicht sogar, und ich weiß nur nicht, wo.

Am Vierwaldstätter See haben wir in der Nähe von Luzern auch wieder – zum zweiten Mal – Camping gemacht und sind da eine Nacht lang geblieben, um uns nochmal anständig auszuruhen, damit wir fit für die Überquerung der hohen Berge von den Alpen sind. Bevor wir uns aber richtig ausgepennt haben, sind wir alle vier, weil es auch so ein lauer Sommerabend war, durch Luzern spaziert, vor allem auf der Seepromenade, und haben uns all die tollen Häuser und Geschäfte angeguckt, doch Tante Rut sagte jedes Mal, wenn wir in ein Schaufenster linsten, fast erschrocken *Das ist aber teuer hier!*, und dann sind wir weiter zum nächsten Geschäft, bis sie die Nase voll von den hohen Preisen hatte, und danach sind wir nur noch durch die Stadt gedackelt und haben uns zum Schluss auf eine Bank von der Uferpromenade sacken lassen und haben auf den stillen Vierwaldstätter See und die Lichter der Stadt, die nach und nach alle angingen und irgendwann wie ein Sternenmeer aussahen, geschaut. Als es schon fast stockdunkel war, sind wir dann zu unserem Campingplatz marschiert, und da hat Tante Rut uns eine leckere Tomatensuppe aus der MAGGI-Tüte auf unserem Campinggaskocher zubereitet, und dazu gab es dicke, noch halbwegs knusprige Scheiben Steinofenbrot aus unserem Campingplatzladen. In der Nacht habe ich so tief geschlafen, dass sie mich am nächsten Morgen zu dritt wachrütteln mussten, bevor ich wieder auf die Beine kam. Es war ein wunderschöner Morgen mit blauem Himmel, obwohl auch ein bisschen frostig, und das Gras von unserem Zeltplatz war überzuckert von dem vereisten Tau, und wir haben uns fürs Frühstück draußen vor dem Zelt alle gut warm anziehen müssen. Der Vierwaldstätter lag vor uns glatt wie ein blank geputzter Spiegel, und über uns sangen schon die Vögel keck und ausgelassen in den Bäumen, als wenn sie heute noch eine ganze Menge vorhätten. Nach unserem Frühstück, das war wieder das Steinofenbrot von gestern, aber diesmal mit Margarine und Marmelade, die die Bochumer von zu Hause mitgebracht hatten, haben wir die Zelte abgebrochen, wie man so sagt, also in unserem Fall war das ja nur ein Zelt, und haben unser ganzes Zeug in dem KÄFER verstaut, und Onkel Herbert hat die Campingmiete bezahlt, und dann sind wir losgedüst – immer weiter nach Süden und hoch in die Alpen Richtung Sankt Gotthard, das ist ein ganz hoher Berg da in der Schweiz, und über den Sankt-Gotthard-Pass müssen alle drüber, die aus Deutschland auf dieser Route nach Italien wollen. Irgendwann geht es dann immer nur noch in Schlangenlinien bergauf, und mir wurde von der elenden Kurverei schon ganz schwummerig vor Augen, und wenn ich aus meinem Fenster guckte, wurden die Täler immer tiefer, wenn du die überhaupt vor lauter Nebelschwaden noch erkennen konntest.

„Das is kein Nebel", nuschelte Onkel Herbert, stierte angestrengt in die milchige Suppe und hielt schön sein Lenkrad fest.

„Du hast ja das Licht an – oder?!" schlug Tante Rut Alarm. Da hat Onkel Herbert nicht mal drauf geantwortet und weiter angestrengt in die Milchsuppe geglotzt.

„Klar ham wer Licht an", mischte Peter sich von unserer Rückbank aus ein. „Sieht man doch vorn an der Anzeige. Und außerdem is der Nebel kein Nebel – das sind jetz schon Wolken."

Boah – Wolken?! Jetzt kapierte ich langsam, dass wir aber so was von ganz woanders als noch vor zwei Stunden unten am Vierwaldstätter See in der Sonne waren – sondern schon ganz nah am Himmel.

Und wenn du dann noch höher auf den Sankt Gotthard rauffährst, immer links rum, rechts rum, links rum und immer weiter so und immer weiter hoch und der Nebel und die Wolken sich abwechseln und Schneenester in den Bergen zum Vorschein kommen, dann wird dir schon ein bisschen mulmig, und du fragst dich, was du hier, hoch oben über der Welt, überhaupt verloren hast. Der Sankt Gotthard ist nämlich ein Riesenberg, und als wir tatsächlich oben angelangt waren, unseren VW abgestellt hatten und mal ein bisschen in der Gegend herumlaufen wollten, war da oben richtig Winter, und die ganzen anderen Leute auf ihrem Weg nach Italien, die sich auch mal kurz die Beine vertreten wollten, haben in ihren Sommersachen, kurzen Hosen, Hemden, Blusen und Sandalen, gezittert, genauso wie wir – da mussten wir unbedingt mal kurz gucken gehen. Doch, lieber Gott – das ist vielleicht eine Aussicht vom Gipfel von dem Sankt Gotthard! Von da aus kannst du fast die ganzen Alpen sehen, all die völlig schneebedeckten anderen Berge, von denen die meisten sogar noch viel höher sind als der Sankt Gotthard selbst. Und es ist mucksmäuschenstill da oben, so nah am Himmel, und die ganzen Leute, die da auf dem Sankt Gotthard ebenfalls ihre Rast machen, werden auch ganz still und andächtig und hören mit ihrem Geplapper auf, als wenn sie in der Kirche wären, und dann guckst du nur in die Weite über die Berge von den Alpen und lauschst auf die Stille – aber hören tust du von der nix, verflucht nochmal, *nichts* heißt das, ein für alle Mal ..., weil die Stille ist ja still, sagt der Name ja schon ..., fast noch stiller als der Tunnel bei uns am Nordbahnhof.

Wenn du Glück hast, siehst du sogar einen Adler ..., ich habe sogar zwei gesehen! *Das ist ein Ehepaar* hat Tante Rut mir ins Ohr geflüstert und mich an meiner klammen Hand festgehalten, und wir haben beide trotz der Kälte da oben auf dem Berg den Adlern eine ganze Weile bibbernd zugeguckt, wie sie hoch über uns im grauen Himmel ihre Kreise zogen und sich immer höher geschraubt haben, weil wir konnten einfach nicht anders, als in die Luft stieren, so tief ergriffen und gebannt waren wir von den Sachen da oben hoch über unserer Welt.

Als Tante Rut und ich genug von der Himmelswelt auf dem Gipfel von dem Sankt Gotthard erhascht hatten, sind wir beide fröstelnd Hand in Hand wieder vom Gipfel zurück zu unserem KÄFER hinuntergetrappelt und dann aber so was von ruckzuck ins warme Auto, wo der Motor lief, zu Onkel Herbert und Peter reingekrochen.

Das kannst du jetzt alles nicht wissen, was ich nun weiter erzähle, denn das ist so weit weg, wo ich war, da kannst du nur von träumen: Der Sankt Gotthard ist 2107 Meter hoch, das steht nämlich da oben an dem Schild dran, wenn du auf dem Gotthard ankommst, und das hab ich mir extra in mein Heftchen, das ich ja von Mama in meiner Umhängetasche hatte, abgeschrieben, damit mir das nicht durch die Lappen geht, doch da gibt es sogar noch Berge, die sind mindestens doppelt so hoch, aber da wollt ich gar nicht dran denken, so kalt wie das schon auf dem Sankt Gotthard war – und dabei war das alles mitten im Sommer!

Wenn man hinten, auf der anderen Seite, den Berg von dem Sankt Gotthard wieder runterfährt, auch wieder so in Schlangenlinie links und rechts und links und rechts, das heißt *Serpentinen* und ist, glaub ich, schon Italienisch, wird es irgendwann ganz anders als auf der Seite, wo wir hergekommen waren und wie in Deutschland – da wird es allmählich immer grüner und warm, Apfel-, Aprikosen-, Kirsch- und Birnenbäume stehen an den Hängen und in den Gärten, und die sind beladen mit ihrem Obst, da wird es bunt vor lauter Blumen, und die Blüten von denen duften, Mensch, duften die ..., und die Leute da haben eine braune Haut und lachen und singen und pfeifen in einem durch, als wenn sie nichts anderes außer fröhlich sein kennen; und eine kleine Weile später kommen tiefblaue Seen mit Palmen und Oleander und Agaven und Apfelsinen- und Zitronenbäumen am Ufer, an denen sind wir ewig lang immer dran entlanggekurvt und hatten eine Riesenaussicht auf das alles, und wenn Tante Rut oder Onkel Herbert ihre Fenster nur einen Spalt weit runterkurbelten, war da ein Parfüm in der Luft und bei uns im KÄFER drin, das glaubst du nicht! Da möchtest du am liebsten ..., ach, keine Ahnung.

Wir mussten aber noch mächtig lange fahren, bis wir durch den Grenzübergang aus der Schweiz und richtig in Italien drin waren, denn Italien ist nämlich ein Stiefel, und wir hatten nach der Grenze zwischen der Schweiz und Italien noch nicht mal mit dem Strumpf oben angefangen und waren erst noch an der Pobacke, das ist echt wahr, denn in der Gegend fließt der Po durch, das ist ein italienischer Fluss, ich glaub sogar, der größte von den Flüssen in Italien, und der heißt tatsächlich *Po* – oder vielleicht sogar *Popo*, bin mir nicht mehr ganz sicher.

Woher ich das alles weiß, also das mit der Pobacke und dem anderen Zeugs? Peter und ich saßen ja nebeneinander auf der Rückbank in unserem VW-KÄFER bei unserer Tour nach

Italien, ich links hinten und Peter hinten rechts, und der hatte andauernd dicke, bunte Nachschlagebücher und Landkarten auf seinen Knien, und der hat mir alles, was da drinstand, haarklein aufgedröselt und mich in alles mit eingeweiht, sonst wüsste ich von *Stiefel* und *Po* oder *Popo* und *Riviera* und all dem Kram kaum was – auch wenn Papa mir zu Hause schon vorab ein paar Sachen über Italien gezeigt hatte.

Peter, ne? Das muss ich zwischendurch mal loswerden ..., wenn er es auch nicht mit dem Zeltaufbauen so hatte und ich selbst ganz gewiss ebenfalls nicht, Peter konnte ganz toll zeichnen, bestimmt auch die dollsten Zelte, aber Zelte aufbauen mochte der nun mal nicht, das hatten wir ja in Lörrach und am Vierwaldstätter See zu Genüge gemerkt. Der hat hinten bei uns auf der Rückbank seine Eltern vom Rücken aus auf einen Block gezeichnet, also Tante Rut und Onkel Herbert von hinten im KÄFER, so klasse, dass ich erst dreimal hingucken musste, wo Tante Rut und Onkel Herbert nun wirklich sind, ob vor meiner Nase vorne auf den Sitzen oder auf Peters Zeichenblock, das war so was von zum Verwechseln – wisst ihr eigentlich, was ich meine – ziemlich wirr, ne? Wirres Zeug erzählen, gehört eben auch zu mir.

Wenn Peter fertig mit seinen Zeichnungen war, hat er seinen Zeichenblock und seine ganzen Bleistifte und Buntstifte und das Tuschekästchen, das er auf der Fahrt natürlich gar nicht benutzen konnte, schnell wieder in seiner Tasche, die er immer hinten rechts neben sich im Auto hatte, bei seinen anderen Sachen verstaut, und was da alles in seiner Tasche an Zeichnungen und Bildern war, da wussten nicht mal seine Eltern was von, bin ich mir sicher.

Auf jeden Fall mussten wir an die Riviera, und das ist Italienisch, hört man ja schon am Klang von dem Namen – und das ist so eine Ecke da am Mittelmeer, ganz oben am Stiefel und gleich unter dem Popo von Italien, und als ich hinten aus dem KÄFER raus links in der Ferne das weite knallblaue Meer sah, wusste ich, wir sind bald an der Rivieria und da, wo wir letztendlich hinwollten, aber wo genau unser Reiseziel war, das wussten ja eigentlich sowieso nur Onkel Herbert und Tante Rut, und die würden uns da schon sicher hinkutschieren.

Bei der Riviera gibt es aber nicht nur das Mittelmeer, da gibt es auch überall Blumen in unzähligen Farben, vor allem Nelken, gelb und rot und rosa, auf unendlich vielen kleinen und größeren Flecken, die zwischen der Uferstraße, wo wir drauf waren, und dem Mittelmeer liegen, und du weißt gar nicht, wo du zuerst hingucken sollst, ob aufs weite blaue Wasser oder auf die ganzen schillernden Blumenfelder – und die ganze Welt riecht da nach dem Salz vom Meer und nach den Nelken und den anderen Blumen ..., doch nur, wenn du die Seitenscheiben ein bisschen runterkurbelst, das konnten bei uns im KÄFER aber nur Onkel Herbert oder Tante Rut vorne machen, hinten bei Peter und mir ging das nicht, da gab es nix zum Runter- oder Raufkurbeln, und da war immer alles zu, aber wenigstens konnten Peter und ich durch unsere geschlossenen Fenster immer schön die kunterbunte Landschaft beäugen.

„Gleich muss Albenga kommen", brummelte Onkel Herbert irgendwann mal auf unserer endlosen Schlängelfahrt entlang der Küste von der Riviera, und da hatte der schon wieder bestimmt sieben oder acht Stunden am Lenkrad hinter sich – und immer wieder diese bekloppten Tunnel und das blöde Gehupe von den italienischen Autofahrern in ihren winzigen FIATS! Riviera schön und gut, aber irgendwann ist es aber auch gut mit der verflixten Kurverei, Onkel Herbert musste ein bisschen abbremsen und an dem Gangschaltungsknüppel rumfuchteln, weil wir schon wieder durch so ein Rivierastädtchen fuhren ..., auf dem Ortsschild stand soeben *Finale Ligure*, und fünf Kilometer weiter kam als Nächstes *Loano*, und unsere Reise schien schier kein Ende zu nehmen, doch unsere Tour ging weiter bis ..., da war 's ja doch endlich – *Albenga*!

Dahin, nach Albenga, wollten wir nämlich an der Riviera, und Albenga hatte auch einen Zeltplatz, doch das wussten Onkel Herbert und Tante Rut natürlich schon längst vorher, sonst wären wir hier ja gar nicht erst hingegurkt, mit unserem Zeltgedöns und den ganzen anderen Klamotten und Lebensmitteln im Kofferraum – und außerdem ist die ganze Riviera gespickt mit Campingplätzen, und wenn wir in Albenga keinen Stellplatz für unser Zelt und unser Auto gekriegt hätten, dann wären wir einfach noch ein Stück weiter- oder wieder zurückgezuckelt, darauf wär es jetzt nach über tausend Kilometern Fahrt auch nicht mehr angekommen. Weiterzuckeln mussten wir aber Gott sei Dank nicht. Auch wenn auf dem Zeltplatz von Albenga ganz schön Getümmel war, ein paar Lücken gab es doch noch, und wir haben uns eine Stelle für unser Zelt ausgesucht und uns da fix breitgemacht, von wo wir auch einen prima freien Blick aufs Wasser, was ja das Mittelmeer ist, hatten, und mir ist sofort aufgefallen, dass da draußen, direkt vor unserer Nase, eine kleine fette Insel lag; das war ein grüner Buckel im blauen Meer, gerade mal zehn Kilometer entfernt, hab ich so geschätzt, und vollständig mit Wald bedeckt, nur ganz oben klebte eine alte Burg drauf, und das sah alles sehr geheimnisvoll aus, und ich musste sofort an mein *Geheimnis um ein verborgenes Zimmer* denken, das ja in meiner Umhängetasche steckte – aber viel mehr noch an *Robinson Crusoe*, wo der doch mal auf so 'ner einsamen Insel wohnte, doch der *Robinson Crusoe* stand leider zu Hause in der Van-Meenen-Straße bei mir im Bücherregal, und den hätte ich auch mitnehmen können, da hätte ich jetzt gerne ein bisschen drin geschmökert, aber für so was hätte ich, wo wir doch auf Reisen und beim Camping und so waren, wahrscheinlich gar nicht groß Zeit gehabt.

Der Campingplatz von Albenga war ganz schön abschüssig, dass ich schon vor dem Zeltaufbauen dachte, heute Nacht werden wir alle übereinander kullern. Es war schon recht spät am Nachmittag und immer noch so muckelig warm, dass *wir Männer* uns alle ganz flott unsere Schuhe und Strümpfe und Hemden und Unterhemden ausgezogen haben, bevor wir irgendeinen weiteren Handschlag gemacht haben.

Als der KÄFER endgültig an der richtigen Stelle auf dem verdorrten Rasen geparkt war, hat Tante Rut unseren kleinen Gaskocher und einen Topf und eine Flasche Leitungswasser aus dem Kofferraum geholt und das Wasser aufgekocht, denn Tante Rut und Onkel Herbert brauchten jetzt unbedingt eine Tasse Kaffee. Peter und ich durften echten Kaffee noch nicht, höchstens Muckefuck, also KARO-Kaffee oder so was – doch Kaffee wollten wir beide auch sowieso nicht, am liebsten hätten wir SINALCO oder BLUNA oder, besser noch, COCA COLA gehabt, und die haben wir auch sofort gekriegt, also keine COCA COLA diesmal, sondern nur die Limonade, längst bevor der Kaffee fertig gebrüht war. Während Tante Rut beim Kaffeekochen war, hat Onkel Herbert nebenbei das ganze Zeltgerödel aus dem Auto geräumt und schonmal auf unserem Zeltplatz ausgeschüttet und einigermaßen geordnet ausgebreitet, damit gleich, wenn es mit dem Zeltaufstellen losgeht, alles zack, zack flutscht, und Peter stand in den Startblöcken und hatte schonmal seine ganzen Heringsbeutel in den Händen – und ich auch zwei.

„Nun gib mal!" sagte Onkel Herbert ungehalten und nippte schnell mal an seinem Kaffee und hat sich dabei fast die Schnute verbrannt, dass er das Fluchen anfing und Tante Rut ganz schräg anglotzte, ... und Peter kippte alle seine Heringe auf die Erde, und ich zog vorsichtshalber auch ein paar aus meinen beiden Säckchen.

„So, Peter, hast du in Lörrach und Luzern ja wohl mitgekriegt, wie man so ein verdammtes Zelt aufbaut, oder muss ich wieder von vorne anfangen?! Nun mach mal ein bisschen mit!" Onkel Herbert war aber auch ein richtig grantiger Kerl, muss ich wirklich mal sagen; für Peter war das bestimmt auch erst das dritte Mal Heringe seit Lörrach und Luzern, genauso wie für mich, und wir beide schauten ziemlich bedeppert drein, weil wir gar nicht begriffen, was wir jetzt großartig verkehrt gemacht hatten.

„Was soll ich denn tun?!" fragte Peter hilflos und blickte flehend zu seiner Mutter rüber, die jedoch neben unserem KÄFER emsig mit ihrem Küchenkram beschäftigt war. Peter musste zwischendurch aber auch immer raus zum Mittelmeer gucken, weil das für ihn viel aufregender war als so ein blödes Zelt, das ja obendrein noch gar keins war, sondern halb verloren und platt ausgefaltet auf dem knochentrocknen Rasen herumlag. Ich hatte die ganze Zeit zur Sicherheit noch einen Hering parat, damit Onkel Herbert nicht explodiert, wenn er einen braucht und ihm keiner blitzschnell zur Hand geht, und da hat er sich doch tatsächlich beim Zeltaufbauen mit dem Gummihammer auf seinen Daumen gekloppt und dreimal hintereinander *Verfluchte Scheiße!* gebrüllt, und da hab ich ihm blitzschnell meinen Hering gereicht – aber der nützte jetzt natürlich absolut nichts mehr, weil Onkel Herbert hatte sich wirklich sauweh getan und hat so gejault, und da kann der tollste Hering nichts gegen ausrichten und mir tat Onkel Herbert so leid, wie sein Daumen da so fürchterlich blutete und er ihn halten musste, und Peter und ich haben beide ruckzuck unsere Taschentücher aus unseren Hosentaschen gerissen und Onkel Herbert seinen Daumen umwickelt, doch die Taschentücher waren sogleich durchgeweicht und dunkelrot. Aber, komisch – mein Daumen hat mir auf einmal auch gleich sauweh getan, und zwar auch der rechte, genau wie Onkel Herbert seiner, wo er mit dem blöden Hammer aus Versehen draufgeballert hatte, und Onkel Herbert hat da an seinem Daumen weiter schwer geblutet und musste auch einen ordentlichen Verband kriegen, und das hat natürlich Tante Rut, die in Windeseile zu uns herübergestürmt kam, besorgt, denn die war früher – das war aber noch im Krieg – eine waschechte Krankenschwester. Tante Rut rollte die Taschentücher von Peter und mir vorsichtig ab, und der Daumen von Onkel Herbert war – ehrlich – eine einzige Matsche und tropfte schon wieder nur so vor Blut, dass Peter erst mal in die Büsche musste, um sich auszuspucken. Bei mir ging es halbwegs, aber richtig hinsehen konnte ich da auch nicht und hab lieber zur Ablenkung raus aufs Mittelmeer und die grüne Insel da draußen geguckt.

„Na, na, nun mal ganz ruhig, Herbert – das sieht im Moment viel schlimmer aus, als es ist." Da war Tante Rut ganz die Krankenschwester aus dem Weltkrieg, und sie hantierte dermaßen flink an Onkel Herberts zerklopptem Daumen herum, dass ich auf einmal den Daumen auch wieder halbwegs erkennen konnte und mir mein eigener kaum noch schmerzte, und Peter ließ sich ebenfalls schon wieder zögernd blicken, kam aus dem Gebüsch heraus und beobachtete seine Mama bei ihrem fachkundigen Tun. Onkel Herbert genoss regelrecht, wie seine Frau ihn verarztete und betüddelte, und guckte sie treuselig an wie ein hilfloses Hündchen und jammerte in regelmäßigen Abständen immer mal wieder.

„Herbert!" Tante Ruts Stimme klang ein bisschen bedrohlich, während sie weiter an Onkel Herberts Daumen herumdokterte. „Gleich wird 's 'n bisschen piesacken – nur dass de 's schonmal weißt." Sie friemelte ein kleines dunkelbraunes Fläschchen aus ihrem Apothekenköfferchen, schüttelte es kurz durch und drehte es auf, wo in dem Schraubdeckel ein kleiner Pinsel dransteckte.

„Jod?!" Onkel Herbert riss seine Augen weit auf und blickte mit blankem Entsetzen auf das, was seine Frau da in der Hand hielt.

„Jod, Herbert, nur Jod – muss sein, da geht kein Weg dran vorbei, wegen der Desinfektion, verstehst? Sei jetzt mal ein Mann!" Tante Rut hatte alles im Griff und war entschlossen ihre Arbeit zu Ende zu bringen. Sie holte noch einmal Onkel Herberts zitternden Unterarm zu sich heran und tupfte ein paar Tröpfchen von der braunen Jodtinktur auf Onkel Herberts aufgerissenen Daumen.

„Auuuaa! Willst du mich umbringen?!" Mit dem Hündchenblick war es bei Onkel Herbert schlagartig vorbei.

„Ja – nein! Natürlich nicht, du Dummkopf!" Geschwind wickelte Tante Rut die Bandage aus ihrem Hausapothekenkästchen ihrem Mann um den Daumen, und Onkel Herbert hatte gleich darauf einen blitzsauberen, schneeweißen Verband, und nachdem sein Schmerz von dem Jod abgebbt war, musterte er den in einem durch, hielt ihn in die Luft und fing langsam schon wieder an zu grinsen und holte erst mal richtig tief Luft.

„Wenn sich 's bis morgen früh nicht beruhigt hat", bemerkte Tante Rut nebenbei nüchtern und packte dabei ihr Medizinköfferchen wieder zusammen, „müssen wir zum Arzt oder sogar ins Krankenhaus – mach dich darauf schonmal gefasst, Herbert."

Die Sonne stand, nunmehr blutrot, rechts hinter der geheimnisvollen Insel eine Handbreit über dem Mittelmeer, und bald würde sie darin versinken; die warme Abendbrise wehte den Duft von Millionen von Nelken und anderen Blumen und Bäumen in unsere Nasen, und heraus aus der Natur setzte ein wundersamer Lärm, ein Zirpen und Kreischen sondergleichen, ein und wurde so ohrenbetäubend, dass ich regelrecht Bammel kriegte.

„Was is denn das auf einma?!!"

„Das sind die Zikaden, mein Ulrich – ganz harmlos." Tante Rut sah mich ganz lieb an und streichelte mir über den Kopf. „Das sind nur Insekten – wie Bienen, Hummeln oder Heuschrecken – die sitzen in den Büschen und Bäumen, und die tun nichts, die Zikaden, die machen hier im Süden jeden Abend nur 'ne Menge Radau. Für mich ist das sogar richtig Musik – hör mal zu ... auf die Musik." Und ich lauschte eine ganze Weile dem Zikadenkonzert und wunderte mich, wo die wohl alle stecken könnten – denn gesehen habe ich kein einziges von den Biestern. Aber gehört habe ich sie, die Zikaden – Mann, haben die vielleicht einen Krawall veranstaltet! Na ja, auch wenn es Tante Rut so begeisterte – Musik war für mich doch noch was andres.

Nachdem Onkel Herbert seine Verarztung hinter sich hatte und er nicht mehr ganz so bleich im Gesicht war und allmählich wieder Farbe kriegte, triezte Tante Rut ihren Mann aber auch ganz schnell wieder, dass er endlich unser Zelt für die Nacht und sowieso und überhaupt aufstellt, denn die Sonne war inzwischen schon recht niedrig und es wurde langsam dämmerig, und das mit dem Zelt hat Onkel Herbert dann auch tapfer mit seinem dick verbundenen Daumen gemacht ..., also versucht hat er das zumindest.

Als unser Zelt stand, klappte es gleich darauf wieder in sich zusammen, und weil Onkel Herbert mit seinem inzwischen schon wieder blutgetränkten Daumenverband nicht wusste, warum, hat er erneut geflucht wie ein Rohrspatz, so laut, dass unsere Nachbarn auf dem Campingplatz sich schnell in ihre Zelte und Wohnwagen verzogen haben. Ich hab Onkel Herbert zaghaft noch einen Hering vor seine Nase gehalten, und den hat er sich geschnappt und sofort wütend runter ins Gestrüpp Richtung Mittelmeer geschmissen. Da hab ich mich ganz schnell hinter Tante Rut versteckt, und Peter guckte auch ganz niedergeschlagen drein. Wir hatten uns das so schön in Italien an der Riviera in Albenga vorgestellt, und jetzt das ganze Tamtam, nur wegen so einem blöden Zelt, das einfach nicht stehen bleiben wollte, und Onkel Herberts blödem blutigen Daumen, der obendrein auch noch dazu in die Quere kam.

Auf einmal krabbelte Onkel Herbert freudestrahlend unter dem Stoff von unserem Zelt raus und rief Peter und mir entgegen: „Ich hab 's! Ich hab da was übersehen, Jungs, kommt mal schnell mit rein ins Zelt – gucken." Und da kroch Onkel Herbert gleich wieder rein unter das sonnengelbe Leinen und Peter und ich sofort hinterher, und dann stand unser Zelt plötzlich wie eine Eins, als wenn Onkel Herbert es, zack, wie einen Regenschirm aufgespannt hätte.

„Da gibt 's so Gelenke in den Stangen", erklärte er uns beiden Burschen unter dem Zeltdach neunmalklug und war stolz wie Graf Koks. „Die muss man nur richtig einrasten, hatte ich verschwitzt, eh, Tschuldigung. Peter, Ulrich, soll ich euch das mal genau zeigen? Dann wisst Ihr später auch selbst Bescheid mit so 'nem Zelt." Und Onkel Herbert hat uns die Gelenke von den Stangen, die das Zelt hochhalten, unter der schlappen Zeltdecke gezeigt und in allen Einzelheiten vorgeführt, wie es ist, wenn sie richtig eingerastet sind und das Zelt steht, wie es ja sein muss, und auch wenn sie nicht sauber eingerastet sind, und hat sie absichtlich alle einknicken lassen, und wir haben uns alle drei kaputtgelacht, als wir da unter dem zusammengeschwappten Zeltgewusel zwischen dem Tuch rumwühlten, und Tante Rut rief von draußen: „So, Männer, jetzt ist aber endlich Schluss mit dem Kasperle! Herbert, hörst du?! Und stell das verflixte Zelt wieder auf, damit ich endlich unsere Sachen reinräumen kann – ich seh hier draußen kaum noch was!" Und Onkel Herbert hat ganz hurtig mit Hilfe von Peter und mir unser Zelt wieder so aufgespannt, wie es sich gehört, und Tante Rut kam auch gleich mit zwei pickepackvollen Einkaufstaschen von unseren Vorräten an, um die in die letzten Ecken von unserem Zelt, wo Platz für solchen Krümelkram war, zu verstauen, aber sie musste uns Männer natürlich erst aus dem Zelt rausscheuchen, sonst hätte sie mit ihren ganzen Klamotten ja gar nicht erst reinkriechen können.

Dann wurde es aber nochmal richtig lustig, das sag ich dir, nämlich als Tante Rut *uns Männer* anwies, dass, bevor es ganz dunkel wird – und das wird in Italien, auch im Hochsommer, viel schneller Nacht als in Deutschland – also, dass wir natürlich auch die Luftmatratzen noch rechtzeitig aufpumpen, weil sie müsste die ja noch beziehen, also irgendwie ordentlich mit Laken verkleiden und unsere Kopfkissen und Zudecke ebenso, und was Frauen damit immer so machen.

... Jetzt gerade versank die blutrote Sonne neben der kleinen wulstigen Insel im Mittelmeer, und ich stand wie versteinert vor unserem Zelt und musste immerzu auf die Sonne gucken – und im nächsten Moment war sie *ertrunken*, aber verstreute immer noch einen zarten rötlichen Schein hinter dem Meereshorizont rauf in unseren Himmel, ... und ich hab vor lauter Staunen und Ehrfurcht und Freude am ganzen Leib gezittert ... und ein bisschen weinen müssen.

Kaum war die Sonne untergegangen, verstummte fast wie auf einen Schlag die gesamte Zikadenbande in ihren Büschen, und wir hatten jetzt – außer dem verblassenden Tageslicht – nur noch den Schimmer von einer mickrigen Gasfunzel, einer dicken Taschenlampe, die quer auf einem von unseren Campinghockern platziert und auf unser Zeltgerödel ausgerichtet war, und die blassen Strahlen der hohen Campingplatzlaterne vorne am Weg vor unserem Stellplatz.

Was Peter und Onkel Herbert und Tante Rut in der Zeit, wo die Sonne vor meinen Augen ins Meer verschwunden ist, gemacht haben, weiß ich nicht – so ergriffen wie ich von dem Schauspiel war und erstarrt wie eine Säule da vor unserem Zelt stand und hinaus aufs Meer gestiert hab, ... bis Tante Rut mir auf die Schulter tippte, ihren Arm um mich legte und zu mir herunterflüsterte: „Der Sonnenuntergang ist so, so schön, ne? Den aber, mein kleiner Ulrich, verstehn hier nur wir beide." Zusammen haben wir beide noch eine Weile aufs Meer und in den Himmel geblickt und dahin, wo die Sonne bis vorhin noch war ...

Jedenfalls hatten wir ja zwei Luftmatratzen dabei, das waren zwei Doppelbettmatratzen, eine war für Tante Rut und Onkel Herbert vorgesehen und die andere für Peter und mich. Die lagen schön sauber und eng zusammengeschnürt in unserm dunkelblauen KÄFER drin, und die holten Onkel Herbert und Peter jetzt im Funzellicht aus dem Auto und rollten sie vor unserem Zelt auf dem knüppeltrocknen, kurz geschorenen Gras aus, und Onkel Herbert fummelte zusätzlich auch noch so eine Art Gummiknubbel, der einen kurzen Schlauch mit einem Einsteckteil an sich dran hatte, vorne aus dem Kofferraum. Wozu war der denn wohl nütze? ... Klar, jetzt hatte ich 's auch kapiert, der Knubbel war selbstverständlich ein Blasebalg und war zum Aufpumpen von unseren Luftmatratzen absolut nötig. Onkel Herbert steckte das Anschlussteil von dem Blasebalg in den Nippel von einer von den Matratzen und trampelte locker und beschwingt und breit grinsend auf dem Gummibalg rum und guckte zwischendurch, fast gleichgültig und belustigt, ab und zu runter auf seinen weiß-rot-scheckigen Daumenverband.

Nanu – da tat sich ja gar nichts beim Aufpumpen!? Die Matratze blieb platt wie eine Flunder, und Onkel Herbert stieg schon allmählich wieder die Röte ins Gesicht, so viel war sogar in dem Schummerlicht erkennbar, beugte sich schließlich herab und guckte sich den Blasebalg ganz aus der Nähe an.

„Mist! Verdammter Mist, verfluchter!" röhrte er. „Das blöde Ding hat ja 'n Loch dahinten! Das kann gar nicht pumpen, da kann ich bis zum Sankt-Nimmerleins-Tag treten!" So viel hatten wir anderen drei auch schon spitzgekriegt. Ich hatte sicherheitshalber schon wieder mein Säckchen mit den Heringen beim Wickel, aber legte das jetzt ganz sachte neben den Luftmatratzen ab, denn Heringe nützen einem beim Luftmatratzenaufpumpen, na ja, nun mal rein gar nix, eh, gar nichts. Gott sei Dank stand wenigstens unser Zelt schonmal und war ja von Tante Rut prima eingeräumt worden.

„Und was machen wir jetzt?!" bollerte Onkel Herbert drauflos und wischte sich mit dem Handrücken den Schweiß von der Stirn.

„Und was machen wir jetzt, und was machen wir jetzt", äffte Tante Rut Onkel Herbert nach. „Wir überlegen uns was – oder warten ab. Weiß ich doch nicht! Was sollen wir sonst machen? Du bist doch der Mann im Haus – sieh zu, dass was passiert, selber pusten zum Beispiel, oder hast du 'ne bessere Idee! Außerdem muss ich deinen Verband nochmal wechseln – so wie der schon wieder aussieht!"

Onkel Herbert warf sich sofort auf die Erde, steckte sich den Nippel von der einen Luftmatratze in den Mund und fing an, seinen ganzen Atem da reinzublasen. Da kam aber nicht viel bei raus, besser gesagt, nicht viel in die Luftmatratze rein, denn die war nach ein paar Minuten von Onkel Herberts Pusterei immer noch nicht dicker als eine ganz dünne Wolldecke, außer dass Onkel Herberts Kopf noch röter war als vorher sowieso schon und Tante Rut das ganze Manöver mit den Worten abbrach: „Nun hör mal auf damit, Herbert – nicht, dass ich dich noch wiederbeleben muss."

Mühsam erhob sich Onkel Herbert, ausgepumpt und völlig erschöpft, vom Boden, und Peter mischte sich zaghaft ein: „Wir können ja mal bei den andern Zelten fragen – die haben doch auch alle Luftmatratzen, die sie sich aufpumpen müssen, ... vielleicht können wir uns da ja so 'n Aufpumper ausborgen ..."

„Halt du dich da raus!" herrschte Onkel Herbert, gerade mal so wieder auf den Beinen und zu Atem gekommen, Peter an. „Dieses Problem können nur Erwachsene lösen – verstanden, mein Sohn?!" Peter hat auf der Stelle seine Klappe gehalten und dreingeschaut, als wenn er von unserem Camping in Albenga und Italien und dem Rest von der Welt nix, eh, nichts mehr wissen wollte.

Doch ich fand das eine wahnsinnig klasse Idee, was Peter da vorgeschlagen hatte, und Peter war sowieso auch schon ein bisschen erwachsen – und auf die Idee, da hätte ich auch selber draufkommen müssen, so gut wie die war; wär ich bestimmt auch, aber ich war noch zu eingeschüchtert und gefangen in den Wutausbrüchen und Streitereien von Onkel Herbert und Tante Rut von vorhin, und nie im Leben hätt ich jetzt meine Klappe dazu aufgemacht.

Doch plötzlich – da haben Tante Rut und Onkel Herbert ihren Peter angeguckt, als wenn er der Sonnenstern höchstpersönlich wäre, und dann haben sie sich gegenseitig angeblickt, auf einmal ganz lieb, und Onkel Herbert hat Peter seinen Arm auf die Schulter gelegt und zu ihm gesagt:

„Das mach ich gleich – in der Nachbarschaft fragen – das ist 'ne großartige Idee von dir, Peter, du bist ein toller Bursche, mein Junge!" Und sie haben alle drei zusammen eine ganze Weile auf das dunkel glitzernde Mittelmeer geblickt, und Tante Rut ist danach freudestrahlend kreuz und quer über unser Grundstück auf dem Campingplatz hin und her geschritten und hat nebenbei im Dunkeln überall ein bisschen Wasser aus der Mineralwasserflasche auf das Gras gepladdert, denn das war ja so trocken, und ich – ja, ich habe das alles so mit angehört und mit angeguckt. Wie schön das war, dass bei den dreien in der Familie wieder Frieden war – und Peter stolzierte mit hocherhobenem Kopf um unser Zelt herum. Ich war so, so froh – und Tante Rut hat mich dann auch noch in den Arm genommen, und ich durfte die restlichen Schlucke aus der Sprudelwasserflasche leer trinken.

Onkel Herbert hatte bis dahin allerdings noch keinerlei Anstalten gemacht, bei den Campingnachbarn nach so einem Luftmatratzenblasebalg zu fragen, war ein bisschen bockig und ließ sich stattdessen von Tante Rut in aller Ruhe – zur Erholung von seiner Hammerschlagverwundung und seiner Luftmatratzenaufblaserei – seinen Daumenverband erneuern und noch einen Kaffee servieren, und deswegen wusste von uns immer noch keiner, wie wir, ohne einen tüchtigen Blasebalg, unsere Luftmatratzen aufgepumpt kriegen würden, damit wir alle vernünftig schlafen könnten. Wenn Onkel Herbert das nicht bald mal anleiern würde, wären nämlich alle Nachbarn am Pennen, so spät, wie es inzwischen war, und am Himmel konnte man schon die Sterne funkeln sehen, und die Zikaden hatten ja mit ihrem Rabatz auch schon allesamt längst aufgehört, das hieß, es wurde allerhöchste Eisenbahn, wenn wir bei den anderen Zelten noch was organisieren wollten – und das war nun mal Onkel Herberts Aufgabe, sich dadrum zu kümmern, als *Herr im Haus*, der er ja nun mal war. Sonst würden wir morgen früh noch mit unseren Campingklamotten dumm und hilflos herumgeistern und hätten dann die ganze Nacht kein Auge zugekriegt.

Da hatte ich selbst diesmal einen Mordseinfall! Wieso müssen Ideen eigentlich immer die Kinder haben, die Erwachsenen sind doch so schlau und wissen sonst sowieso alles besser, aber wenn es um die Wurst geht, haben sie von Tuten und Blasen keine Ahnung!

„Wir können doch auch einfach auf der Erde schlafen“, nuschelte ich. „Also, die Hunde und Katzen und so tun das doch auch, und die kommen damit prima gut zurecht, ... und denen geht 's doch ganz gut dabei – so auf der platten Erde.“

„Ja, ja – Ulrich.“ Tante Rut strich mir über meinen Igel. „Sind wir Hunde? Sind wir Katzen? Eben. Menschen brauchen ein anständiges Bett, verstehst?“

Verstanden hatte ich das schon, hab das sowieso auch vorher schon gewusst – aber wieso kann ich denn nicht einfach auf der Erde, ohne ein gemachtes Bett, schlafen? Das kann ich bestimmt und jeder andere auch – und irgendwann, wenn ich groß bin und mir keiner mehr dazwischenpfuscht und reinreden kann, probiere ich das auch mal aus, das mit dem einfach auf der Erde übernachten, das hab ich mir da fest vorgenommen.

Da stand auf einmal ein Mann auf unserem Zeltgrundstück, und an seiner linken Hand baumelte – das glaubt jetzt bestimmt keiner – ein Luftmatratzenblasebalg!

„Kennet Se den bruaucha?“ fragte er unschuldig wie ein Lämmchen, und wir anderen vier haben uns nur verblüfft gegenseitig angeguckt; und ich dachte ganz heimlich tief bei mir innen drin, das ist er ... der liebe Gott! „I hob 's von fern gsehn, wie 's ihr beim Uffblosen gschuftet hobt.“

„Ja!“ riefen Tante Rut und Onkel Herbert fast wie aus einem Mund. „Sie schickt der Himmel!“

Der liebe Gott, also der Mann mit seiner komischen deutschen Mundartsprache, den mein ich natürlich, hat sogar noch gewartet und zugeguckt, bis bei uns mit der Aufpumperei alles funktionierte und die Matratzen prall mit Luft gefüllt waren, und Tante Rut hat ihm noch eine Tasse Kaffee auf unseren Campingtisch gestellt und schnell alle verfügbaren Stühle ausgeklappt, aber der wollte von uns eigentlich nichts und sich auch nicht groß hinsetzen – nur ein bisschen helfen – und er hat im Stehen Tante Ruts heißen Kaffee ausgeschlürft und sich freundlich winkend wieder vom Acker gemacht, und den lieben Mann habe ich, solange wir da in Albenga auf unserem Zeltplatz waren, obwohl ich wirklich gründlich nach ihm

Ausschau gehalten habe, nie wieder gesehen, … die ganzen Wochen nicht, als wenn es den nie gegeben hätte.

Jetzt, mitten in unserer ersten Nacht in Albenga, hatten wir ja dann doch alles zusammen und geregelt – das Zelt stand, die Luftmatratzen waren prima dick aufgepumpt und sauber bezogen und die anderen Klamotten, die wir durch Deutschland und die Schweiz und Italien mittransportiert hatten, hatte Tante Rut da in die Ecken von unserem Zelt gestopft, wo sie gerade hinpassten, und alles war wieder vollkommen in Ordnung, und wir hätten uns vorm Schlafengehen noch für ein Stündchen gemütlich vor unser Zelt hinsetzen und in den Sternenhimmel gucken können, doch Tante Rut stand auf einmal aus ihrem Campingstühlchen auf, räkelte sich kurz und sagte:

„Ach Leute – ich blick mich mal 'n bisschen in Albenga um und besorg uns was Leckeres zu essen für morgen – hier im Süden sind die Geschäfte ja bis in die Puppen geöffnet." Tante Rut hängte sich geschwind ihre Handtasche über die Schulter, packte ihr Portemonnaie rein und machte sich auf den Weg rauf in die Stadt, … und Peter und ich sind einfach mitgelaufen und haben Onkel Herbert in Ruhe die ganzen übrigen Zeltsachen weiter erledigen lassen.

Da war es bestimmt schon elf Uhr durch, als wir drei eine gute Stunde später mit unseren vollen Einkaufstüten wieder aus dem Städtchen zurückkehrten – Albenga war tatsächlich bis spätabends immer noch hell beleuchtet, und die Läden waren alle proppenvoll mit Leuten, die unbedingt noch etwas einkaufen wollten, und da turnten sogar die kleinen Gören noch mitten in der Nacht auf den Straßen rum – also als Tante Rut, Peter und ich wieder bei unserem Campingplatz eintrudelten, da lag Onkel Herbert seelenruhig im Zelt auf der Luftmatratze und schlief und schnarchte wie ein Bär. Unsere kleine Gasfunzel und die Taschenlampe draußen vor unserem Zelt waren ganz schwach und gaben gerade noch so ein bisschen Licht ab, und draußen unter unserem Campingtischchen lagen drei leere Bierflaschen rum.

Du – auch wenn mal zwischendurch mächtig Dampf und Donnerwetter bei uns im Zelt und drum herum war – Italien ist ja so, so schön! Der klare Himmel, die Sonne, die von morgens früh bis abends spät, also nicht ganz so spät wie bei uns zu Hause in Deutschland, scheint, die Zitronen- und Apfelsinenbäume und Blumen und bunten Sträucher und Olivenbäume und das Zikadengekreische – und jetzt das blaue Wasser vom Mittelmeer, wo ich reinhüpfen und mal schön selbst versuchen kann, was mein *Freischwimmer* und mein *Fahrtenschwimmer* so wert sind … viel schöner ging 's nicht! Nicht nur Italien, das ganze Ausland ist auch genauso schön. Na ja, das war jetzt mit dem Ausland, außer Italien, für mich nur die Schweiz – an Österreich sind wir gerade so vorbeigeschrappt – doch das Ausland, so weit ich es erwischt hab, ist jedenfalls das tollste Ausland, das ich mir vorstellen kann, und einfach prima schön – da können wir in Deutschland mit unseren öden Autobahnen, von wo aus du nix vom Umland mitkriegst, nicht mithalten! Da musst du unbedingt mal hin – ins Ausland, da gehen dir aber schnell die Augen über!

Vielleicht gibt es ja in Deutschland auch so sauschöne Ecken wie im Ausland. Auf unserer Italienreise, auf der Autobahn runter nach Basel, haben wir aber davon jedenfalls gar nichts gesehen, … ist ja durchaus möglich, dass ein paar Schritte von den großen Straßen weg auch in Deutschland die tollsten Gegenden zu finden sind – und du gar nicht um die halbe Erde gurken musst, um was Schönes zu sehen.

In Albenga war es das erste Mal, dass ich in so richtig großem Wasser drin war – mitten im Meer – und da geschwommen bin und rumgeplanscht hab! In Albenga sind wir jeden Tag zu Fuß zum Wasser, das dauerte von unserem Zeltplatz aus nur fünf Minuten, also bis wir den Berg runter und unten am Wasser von der Riviera waren, und Tante Rut und Onkel Herbert haben alles, was wir so brauchten – Badelaken natürlich, Sonnenmilch, zwei oder drei oder noch mehr Flaschen Sprudelwasser und Limonade und vier große Plastiktrinkbecher – in große Einkaufstaschen eingepackt und mitgenommen, und Peter und ich mussten jeder selbst auch einen Beutel mit Obst – Apfelsinen und Weintrauben und andere gesunde Sachen – tragen, und dann sind wir nach dem Frühstück jeden Morgen mit unserem Klimbim bergab von unserem Campingplatz aus losgewandert. Unten in der Ebene, kurz bevor es auf den Strand von Albenga rausgeht, angekommen, gab es einen schmalen Trampelpfad, und wir mussten auf einer kleinen hölzernen Brücke durch einen regelrechten Bambusurwald durchschlappen, und da haben Peter und ich uns jedes Mal von Onkel Herbert einen schönen, dicken Bambus abhacken lassen, weil da kannst du prima schnurgerade Stöcke draus machen, vor allem, wenn die fast drei Meter lang sind – und so verdammt lang waren die hier tatsächlich. Nach der täglichen Wanderung zum Strand und dem Bambusschneiden sind wir alle weiter zwischen dem Bambus und den Schilfhalmen durchgepirscht und haben dann schließlich unsere Klamotten vorne auf dem Sand von dem Strand von Albenga ausgebreitet, wo gar nicht mal so viele andere Leute außer uns waren, und haben uns erst mal schön auf die Badelaken gesetzt, uns mit unserer NIVEA-Sonnenmilch eingecremt – das hat bei Peter und mir aber Tante Rut gemacht – und aufs blaue Meer rausgeguckt, und dann, als wir allmählich ins Schwitzen kamen, sind wir ins Mittelmeer, das ja hier Riviera heißt, gewatet. Tante Rut hat mich vorsichtig reingeführt in die Riviera, und da war es gar nicht so kalt drin, wie ich befürchtet hatte, aber zugegeben, ich hätte es sogar gerne noch einen Tacken wärmer haben können. Also, die anderen konnten ja alle schwimmen, ich aber nicht so richtig im offenen, wogenden Wasser, ich hatte ja nur den Frei- und Fahrtenschwimmer aus unserem Hallenschwimmbad am Entenpfuhl, gegenüber von wo Papa arbeitet, aber das offene Meer mit seinen ganzen Wellen ist ja doch noch eine Nummer größer als das harmlos schwappende Wasser in so einer popeligen Badeanstalt; wenn du da immer mal wieder eine saftige Ladung Salzwasser in die Nase und in die Augen kriegst, bist du erst mal bedient, aber da bin ich trotzdem gut mit klargekommen, weil ich meine Augen immer im richtigen Moment zugemacht hab, und ich bin ganz frohgemut im Wasser rumgepaddelt, wie es mir passte und gefiel, und hab auch mal ins Wasser reingeguckt, ob ich da irgendwo eine Muschel sehe oder einen Seestern oder solche Sachen oder einen Haifisch – nee, den bloß nicht! Du, ich hab mich da aber auch ab und zu mal vor lauter Übermut richtig vertan und mein Wasserspiel übertrieben und das Wasser von dem Mittelmeer verschluckt, dass ich schnell ausspucken, ja, fast brechen musste, und das salzige Wasser brannte mir in den Augen, und eine Zeit lang konnte ich gar nichts mehr sehen, und ich war froh, dass ich den Sand unter den Füßen hatte, da schön stehen, mir die Augen ausreiben und daraufhin in Ruhe abwarten konnte, bis das mit dem Gucken und Schnaufen wieder einigermaßen klappte. Von solchem Kleinkram mal abgesehen hatte ich andererseits aber zwischendurch auch ganz schön Schiss da in der Riviera, wegen den Haifischen nämlich – von denen hört man ja so einiges Schlimmes – deswegen war ich fast sogar richtig froh, dass ich mich noch nicht ins Tiefe traute, obwohl ich ja schon den Frei- und Fahrtenschwimmer hatte, sonst wär ich aus lauter Überschwänglichkeit vielleicht zu weit rausgeschwommen und wär abgetrieben, und dann hätten die Biester mich erwischt und mir die Arme und Beine abgebissen, und deshalb ist es gar nicht schlecht, wenn du nicht alles gleich auf einmal wagst, sonst kommst du nur auf dumme Gedanken und machst Sachen, die du noch nicht meistern kannst, jedenfalls nicht bei den Haien ... nur so zum Beispiel.

Irgendwann spät am Nachmittag sind wir dann immer wieder zurück hoch zu unserem Campingplatz gewandert, und Peter und ich trugen jedes Mal stolz ein paar dicke schnurgerade Bambusstangen im Arm, und wir waren hungrig wie die Löwen, und Tante Rut hat für uns vier eine dicke Konservendose von zu Hause aus Deutschland, also aus Bochum, aufgemacht, die auf den Campinggaskocher gestellt, die Plastiksuppenteller und die Löffel rausgesucht, und dann haben wir schön gemütlich zusammen lecker Eintopf gegessen, mal Erbsensuppe, mal Linsensuppe, Bohnensuppe, Kartoffelsuppe, von Tag zu Tag immer im Wechsel, manchmal auch irgendwas aus den MAGGI- oder KNORR-Tüten, und dazu gab es das luftig-löchrige Weißbrot von unserem Campingladen – und glaub ja, dass wir da Appetit drauf hatten, nach dem ganzen Tag am salzigen Meer, und das hat uns vier so was von saumäßig herrlich geschmeckt ..., ja, und dann haben wir wieder aufs blaue Meer von der Riviera geschaut und keinen Ton mehr gesagt, nur geguckt, und Tante Rut hat mich Knirps, der ich war, ein bisschen näher zu sich rangeholt und geknuddelt, und wir beide haben der Sonne zugeguckt, wie sie blutrot ins Wasser versank, und dem lärmenden Konzert von den Zikaden gelauscht, bis es, sobald es Nacht wurde und der Himmel schwarz war und über uns nur noch die Sterne funkelten, wie auf Kommando verstummte.

Da im Mittelmeer vor Albenga hab ich ganz prima planschen und auch immer mal ein Stückchen in den Wellen schwimmen können – hab ich ja gerade schon von gesprochen – und wenn ich aus dem Wasser zurückkam und mich auf mein kleines Handtuch zum Abtropfen gesetzt habe, konnte ich mich gleich danach auch schon hinlegen und mich von der Sonne und der warmen Seebrise rundum belüften und trocknen lassen, ... wenn ich – das kommt mir jetzt auch in den Sinn – nicht andauernd an Mama und Papa und Gitti und Oma hätte denken müssen und auf einmal so ein Heimweh gehabt hätte und da auf meinem Badetuch hab schluchzen müssen. Das tat auf einmal so weh tief in mir drin, und ich wollte sofort, wie der Blitz, wieder zu Hause bei uns in der Van-Meenen-Straße sein!

Aber ehrlich, da an der blauen Riviera im heißen Sand hätte ich auch genauso ewig bleiben können, und das Wasser vom Mittelmeer war so behaglich, fast wie in der Badewanne bei Tante Erna und Onkel Adolf, und da vorne, direkt vor unsrer Nase, war diese rätselhafte Insel, die hob sich wie ein dicker, grün bewaldeter Walbuckel aus dem Meer, mit einer Burg obendrauf ..., die hätte ich erobern können, ... und da war bestimmt ein Schatz drauf, das ist bei jeder Insel so, und vielleicht hätte ich ja da sogar Robinson Crusoe getroffen, und der hätte mir beigebracht, wie man von Baumrinde und dem ganzen grünen Zeug im Wasser und im Urwald satt wird und hätte mir gezeigt, wie man da ein richtiges Mittagessen draus kocht, und dann hätten wir uns zusammen die ganzen Goldklumpen aus der Piratenkiste angeguckt und uns die Augen gerieben, weil uns das Gold so geblendet hätte, ... und die ganzen Kannibalen und Menschenfresser da hätten wir mit Robinsons alter Pistole schwer in Schach gehalten und uns mit denen am Ende sogar noch prima angefreundet, dass denen der Appetit auf uns vollständig vergangen wäre ...

„Ulrich, die Kiste gehört dir", sagte Robinson Crusoe am Lagerfeuer zu mir. „Nimm se einfach mit nach Albenga, hier auf meiner Insel nützt se mer sowieso nix. Weißt de, Gold kann man nich essen und Läden, wo ich das Gold gegen richtige Sachen eintauschen könnt, gibt 's hier ja weit und breit nich – wer sind ja tausend Meiln weg von England."

„Robinson – von England schon", erwiderte ich genauso welterfahren, „aber da drüben in Albenga oder in Solingen oder sonst wo schmeckt Gold genauso wenig wie hier auf deiner abgelegenen Insel, und da kann 's genauso gut auch hier bei dir bleim, da is es sowieso sichrer als bei uns an Land, wo alle Leute so verflucht gierig danach sind, und wenn de in Albenga einkaufen willst, brauchst de Geld – also Münzen und Scheine – und Goldklumpen und Brillianten nützen eim da gar nix. Außerdem, wie soll ich die denn überhaupt ans Festland bringen, die schwere Schatzkiste, ich bin bis hierher zu deiner Insel doch geschwomm, und muss so auch wieder zurück, da kann ich kein extra Ballast gebrauchen – mit der Goldkiste zusätzlich am Bein würd ich doch glatt ersaufen."

„Ach so", antwortete Robinson verständnisvoll, und er erhob sich von unsrer Feuerstelle und grapschte sich ein paar trockne Knüppel aus dem Unterholz und schmiss die aufs Lagerfeuer und setzte sich wieder hin in den von der Sonne aufgeheizten Sand, mit überkreuzten Beinen, so wie die Indianer das auch so machen, und ich hab ihm das gleich nachgemacht, weil ich bis dahin noch dagesessen hatte wie ein hundsgemeiner Urlauber, und hab gleich gemerkt, wie prima bequem so ein Indianersitz ist.

Robinson hatte einige lange dünne Stöcke auf die Holzkohle am Rand von seinem Lagerfeuer gelegt und dadran ein paar saftige Fleischbrocken aufgespießt.

„Ulrich, du hast doch bestimmt Hunger, nach deinem langen, anstrengenden Weg durchs Meer." Robinsons Augen leuchteten verheißungsvoll.

„Und wie! Ich hab Schmacht wie zehn Bärn!"

Robinson holte einen Spieß mit ein paar braun gebratenen Klumpen dran, die aussahen wie große Gulaschstücke, aus der Glut, streifte die vom Holz und legte sie auf ein riesiges Palmblatt, das er von dem Baum in unserem Rücken abgebrochen hatte, und schnappte sich selbst gleich zwei von den Fleischbatzen und stopfte sich die in seinen Mund.

„Probier ma!" Hab ich auch sofort gemacht, weil ich tatsächlich einen Mordshunger hatte, und die Happen, die Robinson über seiner Feuerstelle gebraten hatte, schmeckten wie, ja, wie der Rinderbraten von Mama und Oma zu Hause, und wir haben alles im Handumdrehen verputzt, und das war lecker wie Sau, und ich hab mir den Bauch gerieben.

„Was war denn das," fragte ich Robinson begeistert, „was wer grade gegessen ham? Das hat mer ja bombig gut geschmeckt!"

Robinson juchzte: „Das war die Bisamratte, die ich heute bei Sonnenaufgang gefang hab – ganz frisch!" Und er zog schon den nächsten Spieß vom Feuer, da warn aber diesmal so Dinger dran, die eher wie gegrillte Frösche oder Kröten aussahen.

„Was is das jetz?" fragte ich verhalten und diesmal ein wenig bange und musste noch von der Bisamratte aufstoßen.

„Das sind gebrutzelte Frösche und Kröten – immer abwechselnd! Siehst de?" rief Robinson freudestrahlend aus und breitete die auch alle auf einem frischen Palmblatt vor mir aus. „Nur Heuschrecken und Schnecken und Mehlwürmer schmecken fast noch 'n bisschen herzhafter." Und weißt de was – die Frösche und Kröten haben mir auch ganz prima geschmeckt, vor allem die Frösche, die waren doch noch ein wenig zarter als die Kröten, aber alle hatten ganz zierliche, feine Knochen, dass ich verdammt aufpassen musste, dass ich die nicht mit meinen Zähnen durchknack und einfach mit runterschluck, sondern die schön sauber abgeschlabbert und danach ins Feuer geworfen hab.

Zu trinken gab es das Milchwasser von einer Kokosnuss. Um an die Kokosmilch zu kommen, hat Robinson eine ganze große grüne Frucht, die da neben ihm auf der Erde rumlag, genommen, die mit seinem uralten Säbel flink abgeschält, die Nuss, die da drinsteckte, mit einem gekonnten Schlag halbiert – dabei hätte ich mir bestimmt die Flossen abgehauen – und jeder von uns beiden hat das Kokosnusswasser aus der Nussschale ausgeschlürft, und das Fruchtfleisch von der Kokosnuss haben wir mit zwei uralten verbogenen Silberlöffeln rausgeschabt und hinterher gegessen, und dann war ich aber auch so was von pappsatt und Robinson offensichtlich ebenso, und wir haben uns in den warmen Sand plumpsen lassen, … und wir beide haben erst mal eine kleine Runde im Schatten der Palmen gepennt.

Auf einmal wurden wir jedoch wieder aufgeschreckt und blinzelten gegen das Sonnenlicht, denn es raschelte verdächtig laut im Geäst hinter uns im Gebüsch, und Robinson machte mir ein Zeichen, dass ich mich ja nicht bewegen und bloß die Klappe halten sollte. Ich verharrte stocksteif und mucksmäuschenstill im Sand vor unserem Lagerfeuer, das immer noch kokelte und ganz leise vor sich hin knisterte, und Robinson fingerte blind ganz vorsichtig nach seinem Stock neben sich, der hatte am anderen Ende eine kurze griffige Astgabel, und Robinson machte sich sprungbereit wie eine Katze, wartete noch eine Sekunde lang ab – und dann landete er mitsamt seinem Stock tief im Unterholz und war nicht mehr zu erblicken.

„Kannst komm!" ächzte Robinson aus dem Gestrüpp, streckte seinen Kopf breit grinsend aus dem Blätterdickicht raus und rappelte sich dann mühsam wieder auf. Er hatte eine große bunte Schlange unter seiner Astgabel, die hatte er genau im Genick erwischt, und die schlug bestimmt noch fünf Minuten später mit ihrem langen Körper um sich, bis sie nicht mehr konnte und schließlich mit ihren Kräften am Ende war.

„Das is 'ne ausgewachsene Kreuzotter!" verkündete Robinson triumphierend und zungeschnalzend. „Die essen wer heute Abend, Ulrich – und die mach ich, nach 'm Häuten, schön zurecht für uns beide."

„Schade!" entgegnete ich traurig. „Ich muss doch nachher schon wieder zurück nach Albenga zu meim Zeltplatz. Aber Robinson, die kriegst de bestimmt auch alleine auf, oder?"

Robinson war ganz schön erledigt von seiner kleinen Jagd, und er legte die dicke Kreuzotter erst mal neben unseren Lagerplatz, und er stierte lange Zeit ins Feuer und sagte keinen Ton mehr, während ich immer wieder zu der farbigen Schlange, die ab und zu doch nochmal zuckte, dass ich schon dachte, die haut uns jeden Moment wieder ab in den Wald, das hat sie aber dann doch nicht mehr hingekriegt, und irgendwann war endgültig Ruhe mit ihr, und ich hab raus aufs blaue Meer geguckt und die salzige Luft geatmet und gerochen. Albenga hab ich auch gut erkennen können und sogar erahnt, wo unser Campingplatz liegen musste – da schien jetzt die Nachmittagssonne voll drauf.

Weil Robinson ewig nur so regungslos dasaß und nichts sagte und stumm wie ein Stein war, dachte ich, ich könnte ja mal wieder ein kleines Gespräch anfangen, doch als ich den Mund aufmachte und sagen wollte, dass ich mich mal langsam wieder auf den Weg ans Land rüber nach Albenga machen müsste, legte Robinson seinen Zeigefinger auf seine Lippen und machte *Pscht!*. Und ich hab sofort die Schnauze gehalten, bevor ich sie überhaupt aufgemacht hatte. Robinson blickte hoch in den blauen Himmel, und ich hab es ihm gleich nachgemacht, doch da war für mich nicht viel zu sehen – außer blauer Himmel und kleine schneeweiße Wolken, die wie Schäfchen über uns vorbeizogen.

Das war auf einmal ganz schön langweilig mit Robinson Crusoe, da am Lagerfeuer, und da kam nicht mal irgendn Kannibale um die Ecke, und Robinson hat sich endgültig auch noch zum Mittagsschlaf hingelegt, also der ist einfach so in den Sand umgekippt, und da hat er auch auf der Stelle sofort gepennt und sich nicht mehr vom Fleck gerührt, und ich saß da neben Robinson Crusoes Feuerstelle und dachte, da reist du um die ganze halbe Erde und triffst den großen Robinson Crusoe und bist bereit, die allerallergrößten Abenteuer an seiner Seite zu erleben und – außer lecker Bisamratten und Fröschen und Kröten – dann so was, ... da kann ich ja auch wieder rüber an Land nach Albenga schwimmen! Da fiel mir ein, dass ich ja gar nicht so weit schwimmen kann! Und wie ich überhaupt auf die einsame Insel von Robinson Crusoe, weitab von Gut und Böse, gelangt bin ...?

„Ulrich ... Ulrich, mein Kleiner?!" Irgendwer rüttelte sanft an mir. Das war Tante Rut, die stand über mir in ihrem schwarzen Badeanzug und beugte sich runter zu mir und machte mich wach und ... dröppelte mich nass. „Hast tief geschlafen und was Wildes geträumt, Ulrich?"

„... Wieso-o-o?" gähnte ich und räkelte mich und wusste gar nicht recht, wo ich überhaupt war.

„Weil du so mit deinen Armen gerudert hast."

„... Ich bin doch nur von der Insel zurückgeschwomm."

„So, so", sagte Tante Rut leise lachend, schlang sich ein Frotteebadetuch um die Hüften und ließ mich alleine.

Immer noch schläfrig, setzte ich mich auf und rieb mir die Augen, blickte raus aufs Mittelmeer, wo die Sonne sich allmählich drauf herabsenkte und sich tiefgelb im Wasser spiegelte, und ich guckte auf die Buckelwalinsel, die lag ja direkt vor unserer Nase, gerade mal zehn, zwanzig Kilometer weg, und ich war mir plötzlich sicher, dass ich die Insel kannte wie meine eigene Westentasche, aber so was von vollkommen sicher war ich – obwohl ich da noch nie drauf war und ganz bestimmt auch nie hinkommen würde!

Als wir wieder am späten Nachmittag vom Strand von Albenga mit unseren ganzen Klamotten zu unserem Campingplatz zurückkehrten, war ich krebsrot; und Tante Rut hat mich ganz fix nochmal dick mit unserer guten NIVEA eingeschmiert, aber meine Haut fing kurz darauf doch wieder kräftig an zu brennen, und ich musste mich ganz, ganz vorsichtig auf die Luftmatratze von Peter und mir zum Schlafen niederlegen, so wehgetan hat das, dass ich heimlich sogar ein bisschen heulen musste.

Tante Rut und Onkel Herbert haben sich oft gezankt, und Peter hat immer ganz grimmig geguckt, wahrscheinlich, weil ihm das Theater von seinen Eltern überhaupt nicht gepasst hat. Andererseits hat er auch auf mich immer nur von oben runtergeguckt und mich herablassend behandelt, bestimmt, weil er sich als was Besseres fühlte, und er war ja auch schon 'ne Ecke größer als ich, und in dem Alter ist man eben so, denke ich mir. So richtig einfach und angenehm war das für mich in der querelenden Familie von Filips beileibe nicht – obwohl wir doch eigentlich so schön in Ferien an der Riviera waren.

Einmal sind wir dann aber von Albenga aus immer der Küste entlang über Alassio und San Remo und vorbei an den ganzen Nelkenfeldern, die lagen da unten zum Wasser hin neben der kurvigen Uferstraße abwechselnd in leuchtendem Rot, Rosa, Gelb und Weiß, mit unserem VW-KÄFER in Richtung Frankreich gefahren – weil Tante Rut gesagt hat: „Wir wolln ja auch noch 'n bisschen mehr sehen." Ich konnte mich nicht sattsehen an dem farbenfrohen *Malkasten* da draußen, und mein Fenster war schon ganz fettig von meiner Nase. Auch wenn wir regelmäßig immer wieder mal durch einen kurzen Tunnel, der oft zur Seeseite halb offen war und da lediglich von Säulen getragen wurde, fahren mussten – danach erschien gleich wieder die ganze Blütenpracht mit dem blauen Mittelmeer dahinter, und wenn Tante Rut unser Fenster rechts vorne mal ein Stückchen runterkurbelte, wehte blumenparfümierte Meeresluft rein!

Also, jedenfalls sind wir da nach Monaco gefahren ... und nach Monte Carlo auch und nach Nizza – und das sind so Gegenden, wo nicht unbedingt jeder hinkommt!

In Monte Carlo – habe ich sofort bemerkt – fahren sie alle mit Luxusautos, prunkvollen Limousinen und knallbunten Sportwagen mit Verdeck runter und fliegendem Haar und Sonnenbrille und so durch die Gegend, und unten im Hafen liegen gigantische Segelboote und Motorjachten – von den ganzen Millionären, die sich in Monte Carlo rumtreiben oder sogar da ihre Villen und Schlösser haben, und die Leute, die wir da aus dem Auto raus begaffen konnten, sahen alle unheimlich schön und schnieke aus, besonders die Frauen, und wir konnten schon an denen ihrem Aussehen erkennen, dass diese Leute höllisch reich warn, ... na ja, ich sag mal eher, mordsmäßig viel Geld hatten.

„Kinder – das hier in Monte Carlo ist das Mondänste, was es auf der ganzen Welt gibt", sagte Tante Rut vorne von ihrem Beifahrersitz, während sie sich ihr Haar dabei, wohl wegen dem *mondän*, ein wenig zurechtschüttelte und mit ihren Fingerspitzen durchkämmte – als wenn sie höchstpersönlich schon die ganze Welt bereist hätte – und wir kurvten mit unserem KÄFER so durch die sonnendurchfluteten Straßen von Monte Carlo, um endlich mal eine Parklücke für unsere kleine Kutsche zu finden, wobei ich nicht wusste, was *das Mondänste* überhaupt heißen sollte – wahrscheinlich so was wie *schwerreich* und *bildschön*, und das beides zusammen.

Als wir schließlich einen Parkplatz ausfindig gemacht hatten und uns auf die Straßen und Gassen von Monte Carlo begaben und an den Geschäften entlangschlenderten, merkten wir ziemlich schnell, also in erster Linie Tante Rut und Onkel Herbert, dass es in dieser Stadt für uns nichts zu kaufen gab, so teuer und mondän war das hier alles. Trotzdem hatte Tante Rut ein Auge auf eine bestimmte Handtasche, die zusätzlich auch einen feinen Gurt zum Umhängen hatte, in einem piekfeinen Lederwarengeschäft geworfen – und in den Laden sind wir deshalb alle vier dann auch reingegangen. Die Tasche war aus bestem und sogar nahtlosem Büffelleder, wie der elegant gekleidete Verkäufer uns in der Lederboutique in gebrochenem Deutsch erklärte, dunkelbraun und ganz schlicht – also nicht der Verkäufer, die Tasche war dunkelbraun und ganz schlicht, na ja, der Verkäufer war auch ganz schön braun, der steckte aber in einem stinkvornehmen silbergrauen Anzug mit blütenweißem Hemd und dunkelblauer Krawatte, die war bestimmt aus Seide, denk ich mir, und der Verkäufer war ganz und gar nicht so schlicht wie seine tollen, schlichten Ledersachen, die er an den Mann bringen musste. Jedenfalls kostete die Ledertasche, die Tante Rut auf dem Kieker hatte, mehrere hunderttausend Lire, was umgerechnet ein paar tausend Mark waren, und Onkel Herbert guckte Tante Rut, als sie das Ding ganz keck über ihrer Schulter hängen hatte, als wenn ihr die Tasche schon gehörte, streng an, tippte mit dem Zeigefinger an seine Stirn, und danach haben wir diesen Luxusladen fast fluchtartig wieder verlassen und sind auch in keinen anderen mehr reingegangen und haben lediglich in einem kleinen Souvenirgeschäft ein paar Ansichtskarten und die dazugehörigen Briefmarken für Deutschland gekauft – also Tante Rut und Onkel Herbert haben die natürlich gekauft, ist klar.

Eine von den Ansichtskarten durfte ich haben – zum nach Hause nach Solingen zu Mama, Papa, Gitti und Oma schicken! Das fand ich dermaßen aufregend, dass ich ab da andauernd quengelte, ob wir uns nicht mal irgendwo hinsetzen könnten, damit ich meine Ansichtskarte für zu Hause schreiben könnte …, was letztendlich dazu führte, dass wir in der prallen Sonne auf der Terrasse von einem Café Platz nahmen und ich sofort meine Ansichtskarte zum Schreiben, also mit dem Bild nach unten, vor mich auf den Tisch legte und von Peter auch gleich einen Kugelschreiber über den Tisch geschoben kriegte, und ich fing in meiner schönsten Schrift sofort an zu schreiben – erst mal die Adresse: *An Mama, Papa, Gitti Matthias und Oma Beiersdorf.* Und ich merkte fix, dafür war ja gar kein Platz auf der Karte vorgesehen, und den Rest von unserer Adresse, also Straße und Stadt und Land, hätten da rechts in der Ecke von meiner Ansichtskarte gar nicht mehr draufgepasst, und ich blickte hilfesuchend zu Tante Rut und Onkel Herbert rüber. Onkel Herbert nippte fortwährend an seinem großen Bier und stierte ansonsten abwechselnd auf den Jachthafen oder in den strahlenden, blauen Sommerhimmel. Tante Rut sah sich meinen Schlamassel an, nahm die Karte an sich, doch schmiss sie nicht weg, denn das Foto auf der anderen Seite war ja noch gut, und gab mir eine neue Ansichtskarte und erklärte mir, wie das mit der Adresse zu bewältigen ist, und dann hab ich das genauso in die vorgesehenen Felder geschrieben:

Familie
Hugo Matthias
565 Solingen
Van-Meenen-Str. 32
DEUTSCHLAND

Und damit war die richtige Adresse für zu Hause schonmal drauf auf meiner Ansichtskarte, damit die auch sicher ankommt – und dann habe ich meinen Text links auch noch draufgekrickelt, da habe ich aber beim Schreiben meine andere Hand drübergehalten, damit keiner sieht, was ich an Mama, Papa, Gitti und Oma schreibe, denn das geht keinen außer unsere Familie etwas an und sollte deswegen auch geheim bleiben:

Ihr Lieben – hatte Tante Rut mir vorgeschlagen, dass ich so anfange – *wir sind gerade in Monte Carlo. Hier gibt es überall nur ganz reiche Leute. Die Sonne scheint in einem durch. Ich war schon prima baden und bin knackig braun wie ein Italiener, aber Brötchen können die hier nicht, die sind voller Luftblasen. Marmelade auch nicht, nur Aprikose, und die schmeckt nach Seife. Sonst ist es aber ganz toll. Ich komm ja bald zurück. Da freu ich mich so, so sehr drauf!*

Euer Euch liebender Ulrich – und dieser Schluss war auch von Tante Rut.

Und da war die Karte auch schon bis zum Rand vollgekritzelt, und dann war kein Platz mehr für was ich sonst noch gerne hätte nach Hause schreiben wollen. Ich hätte aber auch noch ein bisschen kleiner schreiben können, dann wäre doppelt so viel auf die Karte gegangen – ich Schussel! An so was muss man aber auch vorher denken, bevor man so eine Ansichtskarte anfängt!

Was war denn überhaupt das Bild von meiner Ansichtskarte? Ich drehte die um – na ja, Monte Carlo war drauf, mit allem Drum und Dran, also dem Hafen mit den blitzenden großen Segelschiffen und Motorjachten, den sonnenbestrahlten weißen Häusern, Hotels und Palästen und dem makellos blauen Himmel dadrüber; das war in Ordnung, damit können Mama und Papa und Gitti und Oma bestimmt gut was anfangen und wissen Bescheid, wie es bei mir gerade so aussieht.

Tante Rut schrieb ebenfalls bei ihrem Kaffee und Zitronenkuchen ein paar Ansichtskarten. Peter schrieb auch eine, doch der hat ebenfalls beim Schreiben seine Hand schützend darübergehalten und zum Teufel nicht verraten, an wen die gehen sollte …, vielleicht hatte Peter ja eine Freundin bei sich zu Hause in Bochum, denn der war ja schon fast vierzehn.

„Fertig?" fragte uns Tante Rut und blickte stirnrunzelnd zu Peter rüber, der war aber noch am Klieren und rückte seine Ansichtskarte, auch als er damit abgeschlossen hatte, nicht raus, auch nicht zu seiner Mama.

„Fertig!" antwortete ich stolz wie Oskar und legte Tante Rut meine Ansichtskarte, schön mit dem Bild von Monte Carlo nach oben, vor ihren Kuchenteller.

Tante Rut raffte alle Ansichtskarten, die meisten waren ja sowieso von ihr selbst, zusammen, klebte auf jede schnell eine Briefmarke drauf und lief rüber zu dem Laden gegenüber, wo nebendran ein altmodischer, verschnörkelter, feuerwehrrot lackierter Briefkasten aus Eisen stand, und stopfte unsere ganze Post in den Schlitz. Nur Peter hat seine Karte selbst mit der Briefmarke versehen und alleine in den Briefkasten geschmissen, damit ihm keiner auf die Schliche kommen konnte, und ich fand das ganz in Ordnung, dass Peter, wenn er das denn so wollte, seine Geheimnisse haben durfte. So ein bisschen geheimnisvoll hatte ich bei meiner Ansichtskartenschreiberei ja auch getan, das gehört einfach dazu, … und Tante Rut hat bestimmt nicht beim Briefmarkendraufkleistern oder auf ihrem Weg zum Briefkasten nachgeguckt, was ich da so nach Hause erzählt hatte, und Onkel Herbert war dieser ganze Ansichtskartenkram sowieso vollkommen gleichgültig und piepe. Ich hab mich so diebisch gefreut, als Tante Rut unsere Karten in den Schlitz von dem roten Briefkasten in Monte Carlo gegenüber von unserem Café steckte – und vor allem über die Karte von mir, die jetzt ganz bald auf den Weg zu Mama, Papa, Gitti und Oma gehen würde!

Die Rechnung in dem Café war übrigens recht saftig – dermaßen saftig, dass Onkel Herbert uns nach dem Bezahlen, als wir vier kaum wieder auf der Straße waren, anherrschte:

„Ansichtskarten kann man auch auf 'ner Mauer oder bei uns im Auto zusammenkritzeln – oder nicht?! Leute, das waren verdammt teure Ansichtskarten!" Mir war klar, damit war zunächst erst mal ich gemeint, und mir kamen auch gleich ein paar Tränen. Tante Rut legte zum Trost ihren Arm um mich und krabbelte mit ihren Fingern durch mein Haar.

„Wieso, Herbert?!" schnauzte Tante Rut zurück zu Onkel Herbert. „Du warst doch so scharf auf 'n Bier, das war ja auch nicht gerade umsonst, im Gegenteil – also mach hier nicht so ein Theater! Außerdem sind wir in Ferien, und da können wir uns auch mal was erlauben ..., wenn ich schon die Tasche nicht haben konnte!"

Peter war wieder ganz grummelig und blickte drein wie zehn Tage Regenwetter, und Onkel Herbert guckte nach, ob da überhaupt noch ein paar Lirescheine in seinem Portemonnaie drin warn, und er hielt vorläufig seine Klappe, ... und trotz all den Scherereien bei uns schien die Sonne von Monte Carlo schön artig weiter.

In Monte Carlo gibt es oben über der Stadt ein Riesenschloss, da kann man mit Geld spielen, echt spielen! Also, da legst du ein paar Geldscheine auf den Tisch und rätst eine Farbe, schwarz oder rot, oder eine Zahl oder beides, kriegst immer mal wieder ein Glas Sekt vor die Nase gestellt, der heißt in Monte Carlo aber nicht Sekt, sondern *Champagner*, und zum in der Spielbank um Geld spielen musst du ganz schnieke angezogen sein, mit Smoking oder Frack oder Abendkleid, sonst kommst du in die Bude, eh, das Schloss, erst gar nicht rein – jedenfalls drehen sie dann für das Geldspiel das *Roulette*, das ist eine mächtig-große schwarze Schale, da ist innen drin noch eine Schale mit einer vierarmigen Drehsäule in der Mitte und mit all den möglichen Zahlen, von 0 oder 1 bis weiß ich nicht, außenrum, und die dreht sich in der Außenschale immer im Kreis, dass einem schwindlig beim Zugucken wird, und der Spielleiter von dem Roulette, der heißt in der Spielbank von Monte Carlo aber nicht Spielleiter, sondern *Croupier*, der schmeißt eine kleine weiße Kugel in die Schale, und die wirbelt mit durch das Rund über die Zahlen- und Farbenfelder, und wenn das Rondell dann immer langsamer wird, austrudelt und kurz bevor es schließlich anhält, kommt die Kugel ins Holpern und bleibt am Ende auf einem von den Zahlenfeldern, die schwarz oder rot sind, liegen, das sucht die Kugel sich einfach so aus, und wenn du vorher genau auf diese Zahl oder diese Farbe oder beides getippt und dein Geld gesetzt hast, hast du gewonnen und kriegst einen Haufen mehr Geld zurück, als du einbezahlt hast, und wenn dir das ein paarmal hintereinander passiert oder du von vornherein mit einem riesigen Berg Geld auf die richtige Zahl und Farbe gewettet hast, dann bist du Millionär und gehst raus aus dem Spielkasino und baust dir von deiner gewonnenen Pinke auch so ein Schloss wie die ganzen anderen Geldsäcke in Monte Carlo; aber wenn du beim Roulettespielen mit deinen Farben und Zahlen immer wieder danebenliegst, dann hast du ruckzuck deine paar Mark zum Fenster rausgeschmissen und hast noch weniger als vorher schon, und du musst die Rückreise von Monte Carlo nach Hause ja auch noch dazu bewerkstelligen und bezahlen, und dann reicht das vorne und hinten nicht mehr, und dann steckst du fest in der Kacke. Deshalb will ich mit Monte Carlo und seiner großartigen Spielbank am liebsten gar nichts zu tun haben, und ich habe ja sowieso kein Geld, ... und das ist auch ganz gut so.

Woher ich das mit dem Spielkasino, und wie das dadrin zugeht, alles weiß? Kinder dürfen da nämlich nicht rein, auch nicht nur zum Zugucken, und wir vier waren da ja auch sowieso nicht drin. Das haben uns, also Peter und mir, alles Tante Rut und Onkel Herbert erzählt, wobei ich glaube, die beiden waren auch noch nie in so einem Spielbankschloss drin, in dem von Monte Carlo ganz bestimmt nicht, die wissen das auch nur von woanders her, aus einer Illustrierten oder so. Und ob ich das, also wie es in der Spielbank von Monte Carlo so zugeht und wie das mit dem Roulette genau funktioniert, alles richtig erzählt hab ..., ach, das weiß der Teufel.

Neben Monte Carlo liegt gleich Monaco, nee, Monte Carlo liegt in Monaco drin, also so viel ich weiß, ist Monaco das Land und Monte Carlo die Stadt dadrin – da muss ich Papa nochmal nach fragen, wenn ich wieder zu Hause bin, oder besser Tante Rut und Onkel Herbert, denn Papa kennt ja Monte Carlo und Monaco gar nicht – also das ist vielleicht ein Durcheinander da unten im Süden an der Riviera! Jedenfalls, als wir mit unserem KÄFER aus den aufgeheizten Häuserschluchten von Monte Carlo raus und hoch in die Hügel von Monaco gekurvt sind, war mir auf einmal viel luftiger und deutlich wohler.

Monaco ist schon ein bisschen anders als Monte Carlo, nicht nur, weil es wieder richtige Landschaft mit Gärten und Bäumen und Felsen und Bergen gibt, in Monaco wohnen nämlich der Fürst Rainier und seine Frau, die heißt aber jetzt nicht einfach *Frau*, sondern *Gemahlin* – die Fürstin Gracia Patricia von Monaco, die war früher mal Schauspielerin und war bei weltberühmten Filmen mit dabei und kommt eigentlich aus Amerika, und die ist mit die schönste Frau von der ganzen Welt, und die wollte ich so gerne sehen und ihr die Hand geben, wo ich doch schonmal hier in Monaco war, aber das ging verdammich leider nicht, weil die Flagge vor dem Schloss von dem Fürstenpaar nicht am Mast dran war, und wenn die nicht am Mast dranhängt, dann bedeutet das *Wir sind nicht zu Hause …*, und du hast Pech gehabt, und da kann man ja dann auch nichts groß machen, wenn die Fürstin Gracia Patricia nicht zu Hause ist, ist sie eben nicht da, und herummeckern nützt da auch nichts …, aber schön wär 's schon gewesen, mit der Frau Fürstin Gracia Patricia von Monaco Hände schütteln und so, und die hätte sich bestimmt auch gefreut, mir mal *Guten Tag* zu sagen, und sie hätte mir vielleicht sogar eine kalte Limonade spendiert.

Na gut, das hat ja nun nicht geklappt, das mit der Fürstin und mir – außerdem gibt es ja für mich noch die allerallerschönste Frau überhaupt, Mama nämlich, … und Tante Rut und Onkel Herbert und Peter und ich haben uns mit unserem KÄFER von Monte Carlo und Monaco aus immer weiter die Küste hoch überm Mittelmeer entlanggeschlängelt – das Mittelmeer heißt jetzt aber langsam nicht mehr *Riviera*, was Italienisch ist, sondern *Côte d'Azur*, und das ist schon Französisch – und sind nach Frankreich, nachdem wir alle unsere Personalausweise da am Schlagbaum vorgezeigt hatten, reingefahren, … das ist in Frankreich aber trotzdem immer noch dieselbe Küste und Landschaft wie in Italien, und ob die jetzt so oder so heißt, ist doch wohl eigentlich völlig piepe, oder? Und das ganze Tamtam mit dem Grenzübergang und den Ausweispapieren könnte man sich wirklich sparen! Ob hier ein Italiener oder Franzose oder Deutscher oder Schweizer oder sonst wer rumläuft und sich auf der anderen Seite von der Grenze ganz ähnliche Leute rumtreiben – Mensch, hauptsächlich die kommen alle einigermaßen miteinander klar, dann läuft doch alles wie geschmiert und von selbst, und keiner muss da irgendwo irgendwelche unnützen zusätzlichen Schranken und komische Grenzen hinzimmern! So – damit ihr mal wisst, was ich von dem ganzen bekloppten Politikgedöns, von dem Papa öfter mal schwafelt, denk! Aber Papa kann ja auch nichts für die ganzen Grenzen …

Doch nun mal weiter auf unserer Reise: Also, wenn du in Nizza aus Richtung Monaco wieder runter ans Wasser kommst, gelangst du erst mal auf eine Riesenstraße, und die führt direkt flach am Meer, also der Côte d'Azur, entlang, die ist sogar vierspurig, zwei hin und zwei zurück, und in der Mitte zwischen den Teerstraßen ist eine grüne Insel mit Rasen und hohen Palmen und wuchtigen Blumenpötten, und die richtig großen Stadtstraßen heißen in Nizza – und wahrscheinlich überall in Frankreich – auch nicht einfach *Rue*, was wohl eine stinknormale Straße ist, sondern *Boulevard* oder *Avenue* mit einem komischen langen Anhängsel hintendran, so stand es jedenfalls immer wieder auf den Straßenschildern drauf, an denen wir so vorbeituckerten.

„Oleander – und die Azaleen da im Schatten!“ Tante Rut war völlig aus dem Häuschen über die Blumenpracht auf der grünen Insel zwischen den Fahrbahnen und am Straßenrand.

„Guckt doch mal hin – seht euch das doch mal an – das ist ja himmlisch!“ Hab ich gemacht, also geguckt und hingesehen, sehr schön war das alles – aber die Palmen, die ja auch auf der Insel zwischen den Fahrbahnen von dem Boulevard oder der Avenue und am Straßenrand standen, waren für mich noch viel aufregender, wie denen die Meeresbrise durch die Kronen ging und sie sich ständig wie riesige wehende Segel so silbrig in der prallen Sonne im Wind bewegten. Doch Tante Rut war total aufgekratzt wegen den ganzen bunten Blumenbottichen. Vielleicht waren die ja auch *mondäner* als die schlichten Palmen – keine Ahnung nicht.

Wir konnten mit unserem KÄFER ganz gemütlich den Boulevard entlangzuckeln, denn die schnelleren Autos kamen ja mühelos auf der Überholspur an uns vorbei, und wir haben mit unserer Trödelei gar keinen Verkehr aufgehalten. Wir parkten irgendwo in der Nähe vom Ufer und stiegen alle vier aus dem Auto aus. Mann, war das klasse hier in Nizza! Das Wasser war zum Greifen nah und fast noch blauer als in Albenga, denn da, vor Albenga, hatte es einen deftigen Stich Grün – wohl wegen unserer geheimnisvollen, bewaldeten Insel direkt vor der Küste – hier in Nizza war aber alles nur pures Blau. Tante Rut sprang gleich raus zu den Kübeln mit dem Oleander und den Azaleen, die ja auch hier überall am Rand von dem Boulevard aufgestellt waren, und steckte ihre Nase in fast jede Blüte rein, die sie erwischen konnte, und die Palmen rauschten in der Seebrise und ..., ach, wenn doch bloß Mama und Papa und Gitti und Oma auch hier hätten sein können ...

„Jetz guckt doch ma darüber!“ rief Peter auf einmal aus und streckte seinen rechten Arm hinaus in Richtung Meer – und Onkel Herbert auch: „Rut, lass doch die blöden Blumen mal einen Moment lang in Ruh – sieh mal lieber da raus aufs Wasser!“

Da kam doch tatsächlich ein gewaltiges Flugzeug aus dem Himmel direkt über dem Wasser von dem Mittelmeer runter, dass ich dachte, das ist am Abstürzen, doch das preschte so zielgerecht auf Nizza – und uns – zu, da musste ein regelrechter Plan hinterstecken, und tatsächlich, das Flugzeug setzte zur Landung auf einer elend langen Landzunge, die sich – boah – bestimmt über zwei Kilometer hinaus ins Mittelmeer erstreckte, an, und die ich zunächst gar nicht wahrgenommen hatte, und titschte genau rechtzeitig auf ..., und rechts daneben stiebte schon ein anderes Flugzeug raus ins Blaue, nahm höllisch Fahrt auf, wo ich noch dachte, wenn das mal gut geht, weil es immer noch an der Startbahn hing, aber dann, kurz vor dem Ende der Landzunge, hob es gerade zum richtigen Zeitpunkt ab und entwischte weg hinauf in den blauen Himmel und war schließlich nur noch ein kleiner Punkt.

Ich möchte auch mal fliegen! Sauschön stell ich mir das vor, das Fliegen – so vogelfrei in der Luft!

Wie wir vier alle so schön beim Flugzeugebeobachten waren ..., da hielt doch direkt neben unserem Auto am Strand von Nizza plötzlich ein pechschwarzes, aber völlig mit Dreck vollgespritztes Motorrad an, und der kleine, pummelige Fahrer, der da draufhockte, hatte auch ganz schwarze, verschmuddelte Klamotten am Leib. Der Kerl kam mir aber so was von bekannt vor, und das war – das war doch ..., das war tatsächlich Onkel Karl-Heinz aus Berlin, der da bei uns in Nizza gerade angekommen war – auf seinem Motorrad, direkt aus Berlin! Direkt aus Berlin? Woher sonst! Das konnte doch gar nicht wahr sein, und Peter hüpfte rum, als wenn ihn was in den Hintern gepikst hätte! Das Motorrad war ja die alte NSU ***Max***, die kannte ich noch von vor ein paar Jahren, als Onkel Karl-Heinz bei uns in Solingen zu Besuch war und Gitti und ich noch ziemlich viel kleiner waren. War das wirklich Onkel Karl-Heinz? Und ob er das war! Das war vielleicht ein Teufelskerl, Onkel Karl! Tante Rut war ja seine älteste Schwester, und er ist mein Onkel und auch der von Peter, denn Papa ist ja der Bruder von Onkel Karl-Heinz ..., kommt ihr da noch einigermaßen mit?

„Wo hast de denn dein Beiwagen gelassen, Onkel Karl-Heinz?“ röhrte Peter unserm Onkel auf der ratternden Mühle entgegen und hampelte wie aufgezogen um die alte MAX herum.

„Zu Hause in der Garage gelassen", kam es dumpf unter dem Helm hervor. „Brauch ich momentan doch nich, Peter, ... bin ja ganz alleine unterwegs, und mein bisschen Gepäck hab ich auf 'm Rücksitz festgeschnallt, und ohne den Beiwagen komm ich auch schneller voran."

Onkel Karl-Heinz musste erst mal sein Motorrad ausstellen und aufbocken, da an der palmenbesetzten Uferpromenade von Nizza, wo überall zwischendrin auch noch die Riesenblumenkübel mit den duftenden Azaleen und dem Oleander standen und er kaum einen ordentlichen Platz zum Parken fand, und seinen Helm und seine von der Reise verdreckte Motorradbrille abnehmen und seine ganzen Ledersachen, die genauso von seiner Reise versaut waren, ausziehen; und dann haben die beiden Geschwister, also Tante Rut und Onkel Karl-Heinz, sich erst mal richtig in den Arm genommen und sich ein bisschen geherzt, und dann kam eine schöne Brise vom Wasser her, und die Luft war leicht salzig, und Onkel Herbert, Peter und ich haben uns zurückgehalten und uns Richtung Ufer verdrückt und die beiden Geschwister erst mal einen Moment für sich alleine gelassen. „Das gehört sich so", hat Onkel Herbert zu uns Jungen gesagt, und wir drei haben eine ganze Weile wieder die Flugzeuge beim Landen und Starten draußen direkt über dem Mittelmeer beobachtet. Der Himmel und das Wasser waren so was von blau, und wie die Flugzeuge so schön sanft über dem Wasser abheben konnten und die anderen von draußen herunterkamen und landeten – Mann, das war ja so was von aufregend, den Riesenapparaten dabei zu folgen! Ich hatte Onkel Karl-Heinz und Tante Rut fast aus dem Sinn verloren.

Nun ja – wie sich herausstellte, war Onkel Karl-Heinz lediglich auf der Durchreise und wollte weiter nach Spanien und dort ein paar Wochen Urlaub machen. Dieses Treffen hier in Nizza war nur eine *blinde* Verabredung, die die drei Erwachsenen, ohne dass wir beiden Jungs da irgendeinen Schimmer von hatten, lange vorher getroffen hatten, und die hat ja auch prima funktioniert – jedenfalls war das für Peter und mich eine Mordsüberraschung. Onkel Karl-Heinz hat sich schließlich seine Motorradfahrerkluft nach und nach wieder übergestreift und zugeknöpft, wobei Tante Rut, so weit sie das auf die Schnelle erledigen konnte, ihm den Staub und die Spritzer von seiner Fahrt nach Nizza von seiner Ledermontur abgeklopft und abgewischt hat. Er hat sich von seiner älteren Schwester wieder kräftig in den Arm nehmen und drücken lassen, sich von uns anderen auch herzlich verabschiedet und ist schließlich abgedampft zu seinem Campingplatz für die Nacht, irgendwo am Strand bei Nizza, bevor es für ihn weiter nach Spanien gehen würde, ... und wir anderen haben uns zügig zurück auf den Weg nach Albenga zu unserem eignen Zeltplatz gemacht; aber bis wir da angelangt waren, hat es bestimmt drei Stunden gedauert, und da war es dann auch schon stockfinstere Nacht, und wir vier sind alle ganz schnell in unser Zelt zum Pennen reingekrochen. Doch bevor Tante Rut den Reißverschluss von unserm Zelt zugezogen hat, hab ich noch den Nachthimmel gesehen – und so viele Sterne auf einmal hab ich noch nie gesehen!

Am liebsten hätte ich 's ja gehabt, wenn Gitti auch bei uns gewesen wär, das hätte ihr bestimmt auch prima gefallen, da an der Riviera und der Côte d'Azur, und da hätten wir schön zusammen in dem warmen Mittelmeer baden gehen können und rumplanschen, doch Gitti durfte ja noch nicht ins Ausland, denn die war zu klein dafür und hätte schon gleich am zweiten Tag ein Riesenheimweh gekriegt – ohne Mama und Papa und Oma. Ich hab im Ausland ja auch ab und zu geheult, weil ich zwischendurch fürchterlich Heimweh hatte, aber das hat außer mir keiner groß bemerkt – höchstens vielleicht Tante Rut – und ich bin auch gut drüber hinweggekommen.

Wir haben zusammen – auch wenn es hin und wieder Unruhe bei Filips in der Familie zwischen den Dreien gab – noch eine schöne Zeit an der Riviera in Albenga zugebracht. Irgendwann geht aber alles einmal zu Ende, auch eine große Ferienreise, und nach vier Wochen sind wir wieder zurück Richtung Deutschland und nach Hause gefahren. In Mannheim haben wir auf der Rückreise nochmal bei den Matthiasens da vorbeigeguckt, hauptsächlich wegen dem alten Onkel Hugo, und da eine Nacht pausiert, denn Onkel Hugo aus Mannheim ist was ganz Besonderes in der Familie Matthias, vor allem Papa bedeutete der ganz viel.

Onkel Hugo hat eine Aktentasche, mit der reist er jedes Jahr mit der Eisenbahn durch ganz Deutschland und klappert alle seine Verwandten ab, und dann kommt er zum Beispiel Papa besuchen und danach Onkel Hermann und nach Bochum zu Tante Rut und weiter nach Berlin zu Tante Gisela und Onkel Karl-Heinz, kreuz und quer durchs Land, und dabei war der schon richtig alt und ein bisschen klapprig, achtzig oder so, und brauchte – außer seiner Aktentasche – zusätzlich auch noch einen stabilen Spazierstock.

Onkel Hugo kommt aus Schloppe in Pommern und hatte damals, also vorm Krieg, da gab es Gitti und mich überhaupt noch lange nicht, da hat nicht mal einer dran gedacht, dass es uns vielleicht mal gibt – also in Schloppe, da hatte Onkel Hugo ein großes Baugeschäft, und zu der Zeit war sogar Papa noch ein kleiner Steppke. Das hat Papa erzählt, und er hatte große Achtung vor seinem Onkel Hugo. Aber Schloppe hab ich auf Papas Atlas noch nicht gefunden; vielleicht ist Schloppe zu klein für auf 'nen Atlas ... oder Papas Atlas ist einfach nicht groß genug für Schloppe. Versteht überhaupt einer, was ich sagen will? Egal.

Mannheim war unser letzter Halt auf der Heimreise von Italien, und danach haben Onkel Herbert und Tante Rut und Peter mich wieder bei uns zu Hause in der Van-Meenen-Straße in Solingen abgeladen. Das war vielleicht eine Wiedersehensfreude, als Mama, Papa, Oma und Gitti mich da unten vor unserem Haus an der Van-Meenen-Straße alle einer nach dem anderen in die Arme geschlossen haben!

„Du bist aber braun geworden!" Gitti hatte ganz große glasige Augen. „Ich will auch mal nach da, wo Ulrich war!"

„Später", sagte Papa liebevoll runter zu Gitti und strich ihr durch ihre Wolle. „Später mal, Brigittchen, irgendwann mal – ganz bestimmt."

So toll die ganze Italienreise auch war – ich war richtig froh, als ich wieder zurück bei Mama und Papa und Gitti und Oma war. Weg sein, im Ausland sein, im Süden sein, ist schon schön, sauschön sogar, und nach Italien will ich ganz sicher noch einmal hin, aber am schönsten ist es doch zu Hause – auch wenn wir an unserem Nordbahnhof kein großes blaues Meer und Nelkenbeete vor der Türe haben – zu Hause ist es immer noch am allerallerschönsten!

PUNKT - UND WEITER

Gitti und ich und die anderen Kinder aus der Nachbarschaft hatten noch ein paar Tage, bis es nach den großen Ferien wieder in die Schule ging. Wir sind – was sonst – unten am Bahnhof und im Gebüsch da herumgestreunt oder haben uns oben auf der Straße vergnügt, wenn mit den Lastern, die zu Osterwinds auf die Waage mussten, mal ein bisschen Pause war, haben mit dem Fußball gebolzt, und die Mädchen haben Kästchenhüpfen oder Gummitwist oder Hula-Hoop gemacht – und wir alle hatten da draußen noch ein paar prima schulfreie Sommertage und eine Menge Spaß.

Aber dann war die angenehme, faule Zeit vorüber, und Mama hat Gitti und mir jeden Tag unsere Tornister mehrmals am Tag vor die Füße gestellt, damit wir langsam wieder den

Geruch von der Schule in die Nase kriegen und in den Tritt kommen. Gitti hat das nicht besonders gestört und beeindruckt schon gar nicht, ich aber habe als Allererstes schonmal meinen Diercke-Weltatlas quer über die ganze Breite in meinen Ranzen gestellt und nach und nach auch meine anderen Schulbücher und Hefte und mein Griffelkästchen, mit allen meinen Schreibutensilien bestückt, einsortiert – da war ich schon ein bisschen pingeliger als Gitti, die hat sich das alles bis auf die letzte Minute aufgehoben und diesen Kram sowieso lieber von Mama erledigen lassen; und meine Schuhe habe ich dazu auch noch blitzblank gewienert und Gittis Schuhe, na ja, die hat dann schließlich Papa geputzt, weil Gitti wär da im Leben nicht draufgekommen, vielleicht war sie für solche Sachen ja auch noch zu klein ... oder zu schlau.

Als es wieder so weit war und die Schule anfing, habe ich mich richtig dadrauf gefreut, denn sogar die schönsten Ferien können lang und länger und dann auch irgendwann sogar langweilig und öde werden, und dann muss auch mal wieder was ganz anderes passieren – findest du nicht? Und dann wirst du wieder richtig wild und scharf auf deine Schule! Bei mir ist das jedenfalls so.

Als wir, also die aus unserer Klasse, uns am ersten Tag nach den großen Ferien im Klassenzimmer wiedertrafen, haben sie erst ein paarmal mächtig gestaunt, dass ich *braun wie 'n Neger* wäre, denn früher war ich ja immer ein Käsegesicht, weil ich in den Ferien nie weg von zu Hause war – und so weit im Süden schonmal gar nicht.

„War nur an der Riviera", ließ ich beiläufig raus und packte meine Schulklamotten für unsere erste Schulstunde aus.

„Da muss aber ordentlich Sonne gewesen sein", staunte einer. „Wir warn auch in Italien, in Rimini, da war 's die ganze Zeit meistens grau und gepinkelt hat 's auch öfter."

„Sonne – nur Sonnenschein hatten wer", gab ich trocken von mir und platzierte lässig mein Griffelkästchen vorne auf der Tischkante vor mir, wo es immer liegt, wenn ich in der Schule bin. In meinem Griffelkästchen waren aber inzwischen keine Griffel mehr drin, nee, dadrin hatte ich meinen Füllfederhalter und sogar schon einen Kugelschreiber, aber ein paar Bleistifte und Buntstifte und Jimmy Whetton sein Ratzefummel waren auch noch dabei.

Innerlich hab ich mich schon tierisch gefreut, dass wir gleich bei Studienrat Dr. Kambys, unserem Klassenlehrer, wieder Englisch haben würden.

Als der durch die Klassentür trat und wir Schüler wie der Blitz aufstanden und *Good Morning, Herr Studienrat!* ausriefen, war mir irgendwie ganz warm ums Herz – das hätte ich aber keinem von den Jungs, Jungen, mein ich natürlich, erzählen dürfen – und als Dr. Kambys mich beim Hinsetzen mit großen Augen, warum auch immer, musterte, wurde mir richtig heiß und ich bin fürchterlich rot angelaufen, ... das habe ich selbst genau gemerkt.

„Matthias, auf welchem Erdteil warst du denn – Afrika?!" Ich stand wieder aufrecht neben der Schulbank.

„Wieso Afrika, Herr Studienrat?!" Ich hatte keinen Schimmer, wovon der Kambys sprach.

„Na ja, du bist ja braun wie ein Neger – wenn ich das einmal etwas salopp formulieren darf!"

‚Salopp' – was ist das denn für ein beklopptes Wort?!

„Ach so!" Da musste ich richtig lachen, und der Rest der Klasse fing auch das Glucksen an.

„Nee, das war kein Erdteil, wo ich war! Ich war nur in Italien!"

„Ach so. Na gut, jetzt wollen wir uns alle erst einmal gegenseitig kurz berichten, was wir in den Sommerferien alles so unternommen haben. Einverstanden? Und auf Italien, Matthias, bin ich auch schon richtig gespannt."

Wir waren so was von einverstanden, und so hat jeder reihum seine Erlebnisse geschildert, aber zu mir sind wir nicht mehr gekommen, weil Dr. Kambys unbedingt, bevor die erste Schulstunde zu Ende war, doch noch ein Viertelstündchen richtigen Englischunterricht anfangen wollte. Das war auch ganz gut so, sonst hätten wir drei Stunden später bestimmt immer noch da in unserer Klasse gesessen – bei dem, was ich da alles so im Kopf zum Erzählen parat gehabt hätte.

Wir beide, Gitti und ich, sind weiter zur Schule gegangen, wie immer, ist ja klar, Gitti zu Klauberg in die Volksschule und ich zur Schwertstraße aufs Gymnasium, und jeden Tag, nachdem wir unsre Schularbeiten gemacht hatten – also Gitti eher nicht, die hat sie lieber irgendwann oder am liebsten überhaupt nicht gemacht – sind wir runter zum Nordbahnhof und sind da auf die anderen Kinder aus der Nachbarschaft gestoßen und sind ab runter über die Balken und rauf ins Gebüsch und sonst wohin und haben Nachlaufen und Verstecken und Räuber und Gendarm gespielt und uns schön zusammen ausgetobt und sind irgendwann, dreckig wie die Schweine, abends nach Hause zum Abendbrot zurückgekommen, dass Mama uns jedes Mal arg zurechtweisen musste – und am nächsten Morgen wieder ab in die Schule, jeden schönen Tag, bis ...

... und jetzt mach ich einfach mal einen Riesensprung und bin schon sogleich – und jetzt wundert euch bloß nicht – bei unseren nächsten Sommerferien!

Ich könnte ja jetzt auch ewig und drei Tage lang von meinem Alltagsbrei weiterquatschen, aber ich will lieber wieder schnell an was richtig Aufregendes ran, und deswegen bin ich gleich mit einem Schlag ein Jahr weiter! Ich glaube, das könnt ihr auch begreifen: Ich will nicht nur immer wieder meinen tagtäglichen Kram herunterbrabbeln.

Weißt du, mein Leben ist ebenso langwierig und langweilig wie die Ewigkeit und dauert genauso lange, und wenn du da über jede Sekunde drüber schwadronierst, wirst du mit dem Erzählen über dein Leben nie fertig, und mein Buch würde nie aufhören – und das kann ja wirklich keiner wollen. Deshalb muss man zwischendrin auch mal einen deutlichen Absatz machen und einen Punkt setzen – und das mach ich jetzt sofort auf der Stelle, das mit dem Punkt setzen. Also, Punkt und Pause!

... Doch nach so einem Punkt musst du auch wieder in Fahrt kommen, und da musst du erst mal wieder Luft holen und tief durchpusten, ... und das mach ich jetzt nach dem Punkt auch gleich hinterher ... und weiter geht 's mit meiner Geschichte – die spielt aber dann erst ein Jahr später, damit das jedem schonmal klar ist.

IN HEIDE UND AN DER NORDSEE

Auch wenn ich schonmal alleine, also alleine mit Filips aus Bochum, weit weg nach Italien gereist bin – hab ich ja alles vorhin erzählt – unsere Familie, also Mama, Papa, Gitti und ich, war noch niemals zusammen, also nur wir vier alle zusammen, weit weg verreist, und wenn die anderen Kinder aus unserer Nachbarschaft jedes Jahr mit ihren Eltern in den Sommerferien in den Schwarzwald oder an die Ostsee oder die Nordsee oder ans Mittelmeer gefahren sind – wir sind immer nur zu Hause geblieben, immer, und Gitti und ich waren in unseren Sommerferien jedes Mal ziemlich einsam am Nordbahnhof, weil alle unsre Spielkameraden mindestens drei, vier Wochen lang weit weg in der Weltgeschichte unterwegs waren, und wir beide haben uns dabei immer ziemlich schön verloren gefühlt, wochenlang alleine am Solinger Nordbahnhof.

Doch dann landete das in unserem Briefkasten!

„Edelgard und Onkel Siegfried ham geschrieben, wer solln se mal besuchen komm, und wer könn auch 'n paar Tage dableim und bei ihnen wohnen." Mama hielt einen Brief in der Hand und las den Rest für sich schnell zu Ende und fuchtelte danach mit dem Brief vor ihrer Nase rum und fächelte sich damit Luft zu.

„Das wär ja 'n Ding!" stieß ich aus. „Wenn wer da Ferien machen könnten – das is doch ewig weit weg, wo Edelgard wohnt!"

„Das wär ja 'n Ding!" echote Gitti und hampelte vor Begeisterung mit ihrer Martina am Arm durch unsere Küche.

„Un wo bliev ick?" fragte Oma sogleich recht störrisch – wo sie doch so schwer hören konnte – aus ihrem Sessel, ließ ihr Strickzeug runter in ihren Schoß gleiten und guckte ziemlich belämmert drein.

Mama sagte: „Modder, dat sehn wi, wenn 't Tiet kümmt. Erst mol mutt Hugo sich denn Brief durchlesn ..., un dann överlegn wi werrer."

Als Papa sich beim Abendbrot den Brief von Edelgard und Onkel Siegfried durchgelesen hatte, legte er den erst mal beiseite, als wenn der ihn nichts weiter anging, und aß weiter in aller Seelenruhe seine Salamistulle, die Mama ihm schonmal zubereitet hatte, und anstatt was zum Verreisen in die Ferien nach Holstein, da wohnten Edelgard und Onkel Siegfried nämlich, zu sagen, schmierte er sich selbst noch ein Käsebrot hinterher, dass ich vor Neugier fast geplatzt wär, ob wir denn jetzt nun fahren – oder wie oder was und überhaupt? Und dann war ganz, ganz lange Pause ...

„Das kostet ja auch Geld", hat Papa schließlich zwischen Wurst und Käse von sich gegeben. Also nicht nach Holstein!? Mist! Und Gitti und ich haben ziemlich traurig dreingeschaut, aber wir haben unsre Klappe gehalten, wir mussten es ja sowieso nehmen, wie 's kommt, also so, wie Mama und Papa das entscheiden.

Doch so schlimm, wenn wir nicht nach Holstein in Ferien fahren, wäre das nun auch wieder nicht, dachte ich so bei mir. Bei uns am Nordbahnhof ist es ja wirklich auch ganz schön, da ist es eigentlich richtig schön, und im Schwarzwald oder an der Ostsee und Nordsee oder in Italien, wo ich ja selbst sogar schonmal war, ist es auch nicht viel schöner, höchstens ein bisschen anders – blauer, sonniger und so, anders eben – aber bei uns am Nordbahnhof ist es mindestens genauso klasse, und damit konnten wir uns notfalls auch zufriedengeben, haben wir ja schon immer so machen müssen, und Gitti und ich waren sowieso nichts anderes gewöhnt.

Doch eine schöne Abwechslung wäre das schon gewesen, zum ersten Mal als eine Familie groß zusammen verreisen und eine Zeit lang weg aus Solingen und vom Nordbahnhof zu sein und eine neue Welt hoch im Norden von Deutschland zu begucken – na ja, das wär schon was!

„Mama und ich müssen uns das nochmal durch den Kopf gehen lassen – und uns das alles genau überlegen und durchrechnen ... und erst mal drüber schlafen." Papa lehnte sich zurück in seinen Küchenstuhl, steckte sich eine Zigarette an und blies den Qualm unter die Decke, damit wir anderen nicht direkt so viel davon abbekommen und drehte das Radio eine Idee lauter, weil jetzt kamen gerade wieder die Nachrichten, und bei den Nachrichten waren wir sowieso immer schön still, damit Papa auch alles haarklein mitkriegt und nicht mit uns Kindern wegen unserem Geplapper und unserem Theater meckern musste.

Also vielleicht doch in Ferien nach Holstein fahren?! Gitti und ich waren ganz schön aufgekratzt – und Oma erst. Doch wir haben alle drei weiterhin den Mund gehalten ... und so getan, als wenn uns das alles ziemlich egal wäre.

„Wer müssen Edelgard aber rechtzeitig Bescheid gem!“ sagte Mama beim Tischabräumen zu Papa. „Damit die sich auf uns einrichten könn … oder em nich – je nachdem. Wer müssen jedenfalls Bescheid sagen – ob nu ja oder nein.“

Das mit dem *durch den Kopf gehen lassen* und *überlegen* und *durchrechnen* und *drüber schlafen* dauerte bei Mama und Papa, hauptsächlich bei Papa, ein paar Wochen – so lange, dass ich und Gitti und Oma den ganzen Kram mit dem Verreisen in den Sommerferien nach Holstein schon längst vergessen hatten, und Oma war sowieso heilfroh, dass da keiner mehr groß drüber gequasselt hat.

Irgendwann nachmittags bei Kaffee und Streuselkuchen hatte Mama neben ihrem Kuchenteller auf unserem Küchentisch allerlei Schreibzeug ausgebreitet, also Briefpapier und Kuverts und einen Füllfederhalter und ein Tintenfässchen, wo *Königsblau* draufstand, und sie hatte eine Miene im Gesicht, als wenn sie sich das elfte Gebot ausdenken und das auf Papier bringen wollte.

„Mama, was machst du?“ fragte Gitti und saugte an ihrem Limonadenstrohhalm, und weil Mama nicht antwortete, denn die war nämlich ganz und gar mit ihren Schreibklamotten beschäftigt und fummelte hibbelig mit dem Briefpapier herum, fragte ich auch nochmal: „Was machst du da eigentlich, Mama?“

„Ich schreib gleich ’nen Brief an Edelgard und Siegfried.“

„Und was willst de den schreim?“

„Dass wer se vielleicht besuchen komm könn, wenn se wirklich wolln!“ Da leuchteten Mamas Augen, und sie zwinkerte uns zu, und Oma guckte wieder genauso bedröppelt wie vor ein paar Wochen, als die Einladung von den Holsteinern zu uns ins Haus geflattert kam.

Gitti und ich sind vor lauter Aufregung und Vorfreude vom Tisch aufgesprungen und wie die Wilden durch die ganze Wohnung gehüpft, und als wir uns einigermaßen bekobert und uns wieder an den Kaffeetisch in der Küche gesetzt hatten, unablässig auf unseren Stühlen rumgerutscht, weil wir doch noch nie alle zusammen – als ganze Familie – weg in Ferien waren, wie die anderen Kinder bei uns aus der Nachbarschaft. Und jetzt durften wir endlich auch mal in den Sommerferien auf große Fahrt gehen, und diesmal nicht nur ich mutterseelenallein mit Filips, sondern Gitti und ich zusammen mit Mama und Papa – das war wie im siebten Himmel!

Mama hat dann ihren Brief nach Holstein geschrieben, und Gitti und ich haben mit einem Auge zu ihr rübergeschielt und sie beim Schreiben beobachtet und genüsslich ein Stück Streuselkuchen nach dem anderen gefuttert – nur Oma hatte nicht so recht Appetit, wo Kaffee und Kuchen doch fast ihre Lieblingsmahlzeit war, und ihre Kaffeetasse hat sie auch halb ausgetrunken stehen lassen, was sie sonst nie macht. Als Mama mit dem Brief fertig war, hat sie uns den von vorne bis hinten vorgelesen. *Wir kommen Euch gerne besuchen und bedanken uns ganz herzlich für Eure Einladung, und wir hoffen, Ihr werdet nicht zu viel Last mit uns haben …* stand dadrin und noch ein paar andere nette Sachen. Dann hat Mama den Brief säuberlich, zweimal längs und einmal quer zusammengefaltet, ins Kuvert gesteckt, und die Lasche von dem Briefumschlag hat sie von links und von rechts mit der Zunge angeleckt und zugeklebt und zum Schluss noch die Adresse von Edelgard und Onkel Siegfried und auf die Rückseite unsre Absenderadresse aus Solingen draufgeschrieben und zuallerletzt eine Zehnpfennig-Briefmarke draufgekleistert, wobei …, eh, das stimmt nicht ganz – da haben Gitti und ich uns nämlich mit Händen und Füßen drum gezankt, wer von uns beiden die Briefmarke draufkleben darf.

„So, jetz is Schluss mit dem Theater, ihr Rabauken!“ fuhr Mama schließlich dazwischen, und Oma wollte von unserem Gekabbel gar nichts wissen und hat sich wieder in ihren blauen Sessel begeben und ihr Strickzeug hoch auf ihren Schoß geholt.

„Brigitte, du leckst die Briefmarke an, und du, Ulrich, klebst se drauf – habt ehr mich verstanden!?" Hatten wir – und haben es genau in der befohlenen Reihenfolge gemacht, und zum Schluss hat Mama mit ihrem Handrücken auf die Briefmarke gekloppt, dass sie auch wirklich festhält, und uns beide dabei ziemlich grantig und streng angeguckt. Aber kurz darauf hat sie wieder ganz mild und lieb gelächelt und uns beiden unsere Hände gestreichelt.

Dann haben Mama, Gitti und ich uns aber auch sofort aufgemacht und haben den Brief hoch zur Hauptpost, das ist hinterm Schlagbaum schräg gegenüber vom Stadttheater und kurz bevor die Kullerstraße anfängt, gebracht und dort in den Briefkasten eingeworfen.

„Wann ham die Holsteiner den Brief?" Gitti guckte erwartungsvoll hoch zu Mama.

Ich guckte auch hoch zu Mama: „Morgen – oder?"

Mama nahm uns beide wieder an die Hand: „Eher übermorgen ... oder so." Und sie zog mit uns an dem ganzen Auto-, O-Bus- und Fußgängergewirr am Schlagbaum und dem Stadttheater vorbei wieder zurück runter zur Van-Meenen-Straße nach Hause.

Jetzt mussten wir nur noch auf die Antwort von Edelgard und Onkel Siegfried warten, dass wir kommen sollen – oder vielleicht auch nicht, wegen irgendwas, weswegen es eben dann vielleicht doch nicht passt ..., weiß der Teufel ...

Obwohl es in unseren Köpfen schwer herumspukte, haben Gitti und ich nicht groß Aufhebens von unserer Reise nach Schleswig-Holstein gemacht, vor allem, weil wir Oma nicht unnötig aufrühren wollten. Wenn 's so weit war, müssten Mama und Papa sich sowieso um Omas Verbleib während unserer Reise kümmern und nicht wir beiden Kleinen, und ob es überhaupt eine Reise geben würde, stand ja sowieso noch in den Sternen, und ich und Gitti haben weiter ganz normal unser alltägliches Schulpensum absolviert, und Mama und Papa sind jeden Tag weiter in ihre Fabriken, Papa weit unten bei BECKMANN am Entenpfuhl und Mama zu SCHÄFER um die Ecke, und Oma hat schön weiter ihre Socken und Topflappen, und was sie sonst immer für uns gemacht hat, gestrickt und gehäkelt.

Langsam wurde es merkbar Frühling, und wir Jungen sind sehr oft mit kurzen Hosen, Hemd, Söckchen und Sandalen und ohne Pullover oder Jacke nach draußen gegangen, so durchweg angenehm war das Wetter schon, und alles stand sowieso schon in Blüte, und die Ahörner unten am Bahnhof waren voll grün beblättert, dass du von unten am Stamm oben die Wipfel schon gar nicht mehr ausmachen konntest und ich richtig Lust bekam, mal wieder ganz nach oben in die Spitze von meinem Lieblingsahorn, das war natürlich der höchste von allen, zu steigen und zu gucken, ob ich den Kölner Dom zu sehen kriege – aber dafür brauchst du schon einen blütenreinen Himmel.

Mama kam aus dem Treppenhaus hochgehastet und hatte einen Brief von unten aus unserem Briefkasten in der Hand und drückte den an ihre Brust.

„Der is von Edelgard und Onkel Siegfried aus Heide – den machen wer aber erst heute Abend auf – wenn Papa dabei is, ja?"

„Ja, Mama."

Mann, Gitti und ich waren gespannt wie die Flitzebogen, was die Holsteiner uns wohl geschrieben hatten. Wir wollten nicht mal mehr zum Spielen raus – haben den ganzen Tag nur gewartet, dass Papa endlich von der Arbeit zurückkommt, obwohl wir natürlich ganz genau wussten, dass Papa vor sieben nicht zu Hause sein würde, und das würde ja noch eine halbe Ewigkeit, also mindestens sechs Stunden, dauern.

Als er endlich, endlich da war, drückte Mama ihm als Allererstes den Brief in die Hand.

„Machst de den ma schnell auf und liest uns vor, was drinsteht?!" drängte Mama. „Hugo, unsere beiden Trabanten halten 's kaum noch aus, ... ja, und ich eigentlich auch nich."

Papa hatte kaum seine Jacke aufgeknöpft, da nahm er den Brief von Mama in die Hand, schlitzte ihn sauber mit unserem kleinen Küchenmesser auf, und seine Augen fingen an zu leuchten, und er guckte spitzbübisch in die Runde:

„Kinder – Brigittchen, Ulrich, Marta – seid mal ein bisschen leise!" Und er las geschwind vor: „... Eh, Moment, ... *freuen uns wirklich schon auf Euern Besuch, wir haben Platz genug* ... eh ... *und bringt ruhig Zeit mit, Ihr könnt bleiben, solang Ihr wollt. Eure Edelgard, Euer Siegfried mit Ingo* ..." Gitti und ich hopsten durch die Küche, und Mama hat vor sich hin geschmunzelt und Papa seinen Hut und seine Jacke abgenommen und die beide auf die Garderobenhaken gehängt, und seine Aktentasche hat sie auch noch in Gewahrsam genommen und den Henkelmann und die Brotdose und die Thermoskanne und die BILD-Zeitung von heute Morgen aus Papas Aktentasche rausgeräumt, und Papa hat sich freudestrahlend an unseren Küchentisch niedergesetzt ..., wo er doch die ganze Zeit noch so widerwillig war!

Jetzt war 's besiegelt, wir fahren zusammen in Ferien – nach Schleswig-Holstein und an die Nordsee zu Edelgard und Onkel Siegfried und zu dem kleinen Babybürschchen von denen!

Außer Oma waren wir alle ganz glücklich und froh gestimmt.

Papa nahm Gitti hoch auf seine Arme, und er flüsterte ihr was ins Ohr, und das muss was ganz, ganz Schönes gewesen sein, denn sie hat sich noch mehr gefreut als vorher sowieso schon.

Als die Osterferien lange vorbei waren und auch die Pfingstferien, wussten Gitti und ich, als Nächstes kommen die Sommerferien und da fahren wir zu Edelgard, weit in den Norden nach Holstein, und da kommen wir an die Nordsee, und wir beide waren jetzt schon so durch den Wind davon, dass ich in Mathe holterdiepolter auf 'ne blöde Vier abgerutscht bin, und Gitti hatte auf einmal kaum mehr Lust mit ihren Puppen zu spielen, nicht mal mehr mit ihrer herzallerliebsten Martina, und wenn Papa seinen Atlas aufgeschlagen hat und uns gezeigt hat, wo Schleswig-Holstein ist und, vor allem, Heide, die Stadt, wo Edelgard ja wohnt, da hat Gitti einfach alle ihre Spielsachen stehen und liegen gelassen und ist nur noch Papas Zeigefinger auf der Landkarte gefolgt – und ich genauso.

Nur Oma wurde wieder ganz unruhig und wirkte richtig niedergeschlagen, weil sie nicht alleine bleiben wollte, und das kann ich dir sagen, wenn Oma alleine zu Hause hätte bleiben müssen, wäre ich bei ihr geblieben und wäre nicht mit zu Edelgard nach Heide gefahren. Nie und nimmer hätte ich Oma alleine zu Hause zurückgelassen – nie im Leben! Da hätte ich auf jede noch so tolle Ferienreise verzichtet, das kannst du aber glauben!

„Mama", sagte Mama zu Oma, „Grete un Kurt hem sächt, dat du komm süsst, solang wi wech sind, un se freun sich so op di."

„Dat is ja ock ganz schön ...", hat Oma da vor sich hingemurmelt, ihre Wollsocke mit den vier Stricknadeln drin, wo sie gerade dran war, in ihren Schoß gelegt und sogar ein bisschen dabei gelächelt, und Gitti und ich waren heidenfroh, dass Oma bloß gut aufgehoben ist, solang wir auf Reisen sind, und wir beide haben uns ganz nah an sie rangekuschelt.

Papa hat ziemlich stolz viel bunten Papierkram auf unserem Küchentisch ausgebreitet.

„Das sind Prospekte von der Nordsee und Landkarten aus der Gegend, und ein kleiner Stadtplan von Heide ist auch dabei."

Papa faltete die ganzen Prospekte und Karten auf unserm Küchentisch auseinander und zeigte uns dies und das und erwähnte, dass *die da oben* auch manchmal *ziemlich wildes Wetter* hätten. Das hat Gitti und mich aber nicht weiter gestört, das mit dem wilden Wetter, und wir beide waren hauptsächlich darauf erpicht, uns die vielen bunten Fotos von den Reiseprospekten, besonders die von Heide und die von der Nordsee, anzusehen.

„Heide sieht ja so süß auf den Bildern aus, da freu ich mich so drauf!" Gittis Augen blinkten ganz unternehmungslustig. „Klamotten packen müssen wer aber auch noch!"

„Wollt ich auch grade sagen", stimmte Mama ein. „Allein vom Prospekte und Bilder angucken komm wer ja wohl nich nach Holstein."

„Ist ja gut", erwiderte Papa ein bisschen eingeschnappt und fegte sein Sammelsurium fix auf dem Küchentisch zusammen. Aber ich fand das ganz prima aufregend, wie Papa uns mit seinen Sachen erklärt hat, wo wir hinfahren, wie wir da hinkommen und wo wir langmüssen und wie es da oben in Heide und an der Nordsee so aussieht.

Als auf dem Tisch wieder freie Bahn war, haben wir Abendbrot gegessen, und mittlerweile freute Oma sich richtig auf die Reise nach Porz, weil da wohnte ja ihre andere Tochter, nämlich Tante Grete, Mamas kleinere Schwester, und die und Onkel Kurt, ihr Mann, hatten doppelt so viele Kinder wie wir – und die waren ja auch ebenfalls Omas Enkelkinder, genauso wie Gitti und ich, und die hießen Bernd-Dieter, Günter und Renate und Christine, wobei Christine, frisch geboren, noch ganz klitzeklein war, und die kannten wir deshalb auch noch gar nicht persönlich.

„Wo is denn das genau, wo wer hinmüssen?" hab ich beim Abendbrot, als Papa wieder mal von der Arbeit zurück war, gefragt. „Komm wer da auch ins Ausland – nach Holland oder Österreich oder Dänemark oder so?" Papa jedoch hörte ganz gespannt auf irgendwas aus dem Radio, Nachrichtenkram aus Bonn und Washington und Moskau und Saigon und so und hatte kein Ohr für Kinderkram, und er hatte sowieso den Mund voll.

„Hugo?!" Mama guckte verwirrt und besorgt zu Papa hin. „Ins Ausland müssen wir doch nich hin – oder etwa doch?!"

Oma wollte gar nicht mehr auf ihrem Sessel sitzen bleiben. „Lot mie ruhig alleen", weimerte sie und hatte offensichtlich ganz vergessen, dass sie doch in der Zeit, wo wir unterwegs wären, bei Tante Grete, also ihrem anderen Mädchen, gut unterkommen könnte.

„Du, Modder", tröstete Mama ihre Mama und rieb Oma mit ihrer Hand über den Rücken und gab ihr einen Kuss auf die Backe. „Du kast doch ock to Grete för 'n por Dooch föhrn, dat wär doch ma wat Anners – ock för di – hämv doch sächt un allet besproken."

Aber bei Gitti und mir war so eine Vorfreude und ein Juchzen, dass wir überhaupt nicht ins Bett wollten und in einem durch unsre ganze Wohnung gehampelt sind und Mama und Papa uns beide erst für 's Bett einfangen mussten, so aufgekratzt waren wir beide.

„Nu beruhigt euch mal wieder", wiegelte Papa ab. „Das mit Holstein wäre ja erst im Sommer, das ist noch ein paar Tage hin, und vielleicht kommt da ja auch noch was dazwischen und alles fällt ins Wasser, also freut euch nicht zu früh – und jetzt ab die Post ins Bett."

Ich habe lange gebraucht bis zum Einschlafen und hab mich hin und her gewälzt und schwer gegrübelt, wie unsere Ferien in Holstein vielleicht doch noch *ins Wasser fallen* könnten – mir ist aber dazu nichts Einleuchtendes eingefallen, und da war ich auch saufroh drüber.

„Mach, verdammt noch ma, nich so 'n Krach", zischte Gitti aus ihrem Gitterbettchen im Flur rüber.

„Duuu, Gitti? Das is in Holstein, wo Edelgard wohnt, das is sogar schon hinter Hamburg."

„Und wo verflixt is *hinter Hamburg*? Ich bin müd und will schlafen."

„Das is fast in Dänemark oder Schweden … glaub ich."

„Na und …!?"

Aber nach *Dänemark oder Schweden* sind wir wohl doch endlich beide eingepennt. Und am nächsten Morgen hatten wir Holstein erstmal vergessen und aus dem Kopf und haben da überhaupt nicht mehr drüber geredet.

Ja, und dann waren die *paar Tage*, von denen Papa gesprochen hatte, rum, weil die Zeit manchmal viel schneller vorbei ist, als man meinen sollte, und zwei Tage vor unserer Fahrt hoch nach Holstein sind wir mit Oma und ihrem kleinen Köfferchen unten in Wuppertal-Vohwinkel in die Eisenbahn gestiegen und haben sie zwei Stunden später in Köln, also in Köln-Porz, bei Tante Grete, Onkel Kurt, Bernd-Dieter, Günter, Renate und dem Christine-Würmchen abgeliefert. Oma fühlte sich auf Anhieb sauwohl bei ihrer kleinen Tochter Grete und Graichens, so heißen die alle nämlich mit Nachnamen, also *Graichen* heißen die und nicht *Graichens*, und die hatten Oma einen prima Polstersessel bereitgestellt, der war noch viel bequemer als Omas kleiner blauer Sessel bei uns in Solingen, und sie konnte sich 's da drin mit all ihren Stricksachen sogleich behaglich machen, und sie hat gestrahlt wie ein Honigkuchenpferd, ... und da war ich dann auch endgültig beruhigt wegen Oma, solange wir anderen, also ihre eigentliche Familie, ja nun mal ein paar Wochen lang weit weg sein würden und sie alleine lassen müssten.

Wir konnten uns aber nicht ewig lange in Porz aufhalten, und nach dem Kaffee und Kuchen haben Mama, Papa, Gitti und ich auch schnell wieder unseren Rückweg nach Solingen angetreten – denn wir hatten ja wegen unserer Reise nach Holstein zu Edelgard noch so viel zu tun. Aber vorher – und das war ein mächtig schwerer Abschied für mich – haben Mama, Gitti und ich Oma zum Lebewohl noch mächtig geknutscht und geknuddelt und konnten sie gar nicht loslassen, und Papa hat sie auch herzlich gedrückt.

Dann endlich ging unsere Reise in den Norden zu Edelgard los – und als Papa, Mama, Gitti und ich in Hamburg-Altona den Zug verließen, weil wir da umsteigen mussten, denn unsere Reise war längst noch nicht zu Ende, sagte Papa: „Das ist der größte Bahnhof von Deutschland."

„Boah!" stieß ich aus – und mehr fiel mir dazu nicht ein.

Das war vielleicht ein Bahnhof, der hatte sogar ein geschlossenes Riesendach aus Glas obendrüber – da hätte unser Solinger Nordbahnhof zigmal reingepasst! Und unten auf den Schienen standen mindestens hundert Züge nebeneinander zwischen den ganzen Bahnsteigen, und andere fuhren rein und andere wieder raus, und hunderttausend Leute liefen mit ihrem Gepäck in der Gegend rum, weil die alle irgendwo hinreisen wollten, und da war ein Getümmel und Getöse um uns herum, dass ich gar nicht mehr rechts von links unterscheiden konnte.

Auf unserem Bahnsteig beklagte sich Gitti jedoch: „Wie weit müssen wer denn noch, de Füße tun mer so weh?" Dabei hatten wir doch nur die ganze Zeit bis Hamburg im D-Zug gesessen.

„Gittchen", sagte Papa zu Gitti, „so schlimm kann 's eigentlich wirklich nicht sein – wir haben doch die ganze Zeit gemütlich in unserem Eisenbahnabteil gesessen und mussten überhaupt nicht viel laufen, höchstens die paar Waggons nach vorne zum Klo und wieder zurück."

„Trotzdem!" Gitti hatte ein paar Tränen in den Augen.

Und Mama sagte: „Könnt ihr mir auch ma was abnehm?!" Da hab ich eine dicke Tasche von Papa aufgehalftert gekriegt, und Papa hat Gitti auf den Arm genommen, doch Mama hat immer noch dieselben Sachen zu tragen gehabt wie vorher, denn die dicke Tasche, die ich jetzt auf dem Buckel hatte, war ja nur im Tausch für Gitti – zwischen Papa und mir.

Da wo Edelgard und Onkel Siegfried wohnten, die Stadt hieß ja *Heide* und war noch eine ganze Ecke weg von Altona und Hamburg und so, dafür haben wir noch eine gute Stunde mit dem Zug gebraucht – das war aber jetzt ein anderer als vorher, und der war auch ziemlich lahm. Da gab es aus dem Fenster von dem Zug raus auch nicht sonderlich viel zu sehen, außer weites flaches Land und viele pralle Weißkohlköppe und Kornfelder in der platten Landschaft, aber davon eine verdammte Menge, und das Ganze auch noch über eine Stunde lang. Oh Mann, war das öde da oben in Holstein – hätte ich jetzt wirklich nicht mit gerechnet, und um ein Haar wär ich glatt eingepennt – wenn ich nicht so auf Heide gebrannt hätte.

Im Bahnhof von Heide haben Edelgard – Mensch, die war ja vielleicht erwachsen geworden – und Onkel Siegfried uns abgeholt, und wir haben uns alle bekannt gemacht, außer mit Edelgard, denn die kannten wir ja alle schon von früher, als Gitti und ich noch klein waren und als sie als ganz junge Frau noch in Solingen gewohnt und zusammen mit Mama bei ERDLENBRUCH in der Brotfabrik gearbeitet hat. Onkel Siegfried und Edelgard haben uns zu sich nach Hause gebracht, aber ob das mit dem Auto war, weiß ich nicht mehr, ich denk, eher nicht, wir sind wohl alle zu Fuß gelatscht, und Onkel Siegfried und Edelgard haben uns ein paar Klamotten abgenommen und uns beim Tragen geholfen – ich glaub, so ungefähr ist das abgelaufen. Bei denen, die hießen mit Nachnamen *Quitsch*, also Edelgard Krüger, wo sie ja jetzt mit Onkel Siegfried verheiratet war, ebenfalls, da war bei denen im Haus ein kleiner Schreihals, der lag in einem Bettchen drin und hat gebrüllt, als wenn ihn was gestochen hätte oder ihm irgendwas fehlte oder was weiß ich, und der hieß Ingo, hat Edelgard gesagt, und Onkel Siegfried hat auch *Ingo, mein Süßer* zu ihm gesagt und den kleinen Wurm sogleich geknutscht, aber davon hat der auch nicht aufgehört zu krakeeln; na ja, wenn kleine Gören brüllen, werden sie ihre Gründe dafür haben. Jedenfalls hatten Quitschens, also Edelgard und Onkel Siegfried, ein sauhübsches Häuschen in Heide, ein wenig abseits vom Kaiser-Wilhelm-Platz, das war aber nicht nur ein Platz, wie man vom Namen her denken sollte, nee, das war ein ausgewachsener Park mit Gras und Blumen, und da standen vor allem überall riesige uralte Bäume drin, Eichen und Buchen und Kiefern und solche Dinger, und Quitschens selbst hatten ebenfalls einen Riesengarten, und das war so, so schön da, von der ersten Minute an, und das Geschrei von Ingo hab ich gar nicht mehr so richtig wahrgenommen – so schön wie das da war – und um den kleinen Brüllaffen von Ingo hat sich sowieso dann in erster Linie Edelgard gekümmert und ihn für eine Weile mit Füttern ruhiggestellt.

„Der is aber süß!" rief Mama aus, und Onkel Siegfried sagte: „Hugo, wir können ja mal durch den Garten gehen – dass du einen Eindruck kriegst." Und Papa war sofort einverstanden und Feuer und Flamme und hat gleich schonmal seine Zigarettenschachtel aus der Jackentasche gefischt.

Wie sich jeder wohl vorstellen kann, waren Gitti und ich nach der ganzen Reiserei richtig kaputt und todmüde, und da konnte auch Tante Elsbeth, die war nämlich die Mutter von Edelgard und auch da im Haus, nicht viel gegen machen; Tante Elsbeth hatte nämlich auf Ingo aufgepasst, solange Edelgard und Onkel Siegfried weg waren, wegen dem uns vom Zug abholen. Tante Elsbeth war also die Oma bei denen, wie Oma bei uns, und die hatte genau solche schwarzen Kleider an wie Oma und trug auch eine schwarz-weiß gesprenkelte Schürze obendrüber und hatte ihr Haar auch zu einem Dutt oben auf ihrem Kopf zusammengesteckt, ... und die beiden hätten glatt auch Zwillinge sein können.

„Hört mol, juch bidden Jörn – Emilie, also juch Oma, wie wörn immer tosamm in Woltin, un wi häm us good verdroocht." Tante Elsbeth hatte ganz glänzende Augen, als sie von unserer Oma sprach. Sie beugte sich runter zu Gitti und mir, wo wir beide fix und fertig zwischen den Sofakissen rumhingen. „Ick häv 'n worm Melk mit Honig för juch – wär dat wat?"

„Jo", sagte Gitti, weil die Sprache kannten wir ja von Oma und Mama, und wir haben Tante Elsbeth deshalb ganz prima verstanden, und ich konnte auch noch geradeso *Jo* antworten – aber ob wir die warme Milch noch getrunken haben oder ob wir, bevor Tante Elsbeth die fertig hatte und aus der Küche zurück war, vor Müdigkeit auf dem Sofa umgekippt und eingeschlafen sind, weiß ich nicht mehr.

„Marta, Hugo!" rief einer von unten. War das etwa Onkel Siegfried? Jedenfalls war das ganz früh am nächsten Morgen.

„Hugo, Marta, Brigittchen, Ulrich? Frühstück! Aber lasst euch ruhig Zeit", kam es nochmal laut von unten hoch, aber diesmal war das auf jeden Fall nicht Onkel Siegfried, sondern Edelgard. Zeit zum Aufstehen!

Wir Besucher aus Solingen haben ja alle unterm Dach geschlafen, aber so tief, dass wir am liebsten liegen geblieben wären, also Gitti und ich zumindest. Mama und Papa waren aber doch schon auf den Beinen, und die haben nur darauf gewartet, dass wir beiden Kinder auch aus den Federn kommen. Um nach unten zu gelangen, mussten wir erst die ganzen engen Treppen runtersteigen, und als Gitti und ich ordentlich angezogen warn, zwängten wir uns beide mit Mama und Papa die Stiegen herunter in die Küche, ... doch da war überhaupt nichts los. Weil es August und bombiges Sommerwetter war, hatten Edelgard und Onkel Siegfried nämlich einen Tisch draußen vorm Haus im Garten gedeckt, und Gitti und ich haben zum allerersten Mal in unserem Leben an der frischen Luft Frühstück gehabt! Doch da war, so ganz nebenbei, eine ganz komisch-salzige Luft in meiner Nase – und die wäre wegen der Nordsee, hat Onkel Siegfried erklärt; die, also die Nordsee, wäre nämlich gar nicht so weit weg von Heide, wie man vielleicht meinen sollte, hat er gesagt, in einer guten halben Stunde wäre man schon da, also nicht zu Fuß, mit dem Zug oder mit dem Auto natürlich.

Edelgard und Onkel Siegfried haben immer darauf geachtet, dass genug Brötchen und Marmelade und Käse und Wurst und alles für uns auf dem Tisch stand, und Ingo hat nebendran an unserem Frühstückstisch in seinem Kinderwägelchen geschlafen, und deswegen war es im Großen und Ganzen richtig friedlich und still.

Mensch, hat das geschmeckt – das Frühstück da draußen im Garten von Edelgard und Onkel Siegfried! Und Gitti und ich durften vom Frühstückstisch einfach aufspringen und rauslaufen ins Grüne bis hoch zum Törchen am Kaiser-Wilhelm-Platz, der hieß nämlich so wegen einem alten Kaiser von uns, und Ingo hat immer noch friedlich geschlummert, und dann, nachdem wir beide unsere Runde durch die ganze Gartenlandschaft gedreht hatten und dabei immer zwischendurch an unseren Brötchen vorbeigekommen sind und fix mal abgebissen haben, sind wir wieder abgedüst, so schnell konntest du gar nicht gucken, wie wir wieder unter den Bäumen und im Gebüsch verschwunden und weg waren. Mama und Papa und Edelgard und Onkel Siegfried haben sich köstlich über uns beide amüsiert, dass wir so frohgemut und ausgelassen waren und dass wir so einen prima Appetit hatten – wir konnten uns alles aussuchen, Marmelade, Honig oder Sirup und auch Wurst und Käse, und ein paar gekochte Eier lagen auch noch im Korb, und die hat Mama für uns aufgeklopft, und die haben wir beide bei der nächsten kleinen Verschnaufpause nach und nach ausgelöffelt und sind gleich darauf wieder abgeflitzt, hoch zum Kaiser-Wilhelm-Platz und wieder weiter durch den Garten.

„Das macht die Nordseeluft", sagte Onkel Siegfried zwinkernd, als Gitti und ich – bestimmt zum zehnten Mal und völlig außer Atem – wieder auf den Frühstückstisch zurückgestürmt kamen.

„Was macht die Nordseeluft?" hechelte Gitti fröhlich, ließ sich zwischen Mama und Papa auf die Bank plumpsen und knabberte weiter an ihrer Wurstbrötchenhälfte und löffelte ein bisschen Ei.

„Die macht hungrig, Brigittchen, hungrig macht die Nordseeluft. Merkst du doch schon, oder?" Onkel Siegfried hatte eine Riesengaudi, wie Gitti und ich uns so pudelwohl bei ihm im Garten gefühlt haben, und Edelgard mit ihrem Ingo an der Brust saßen neben ihm vor ihrem Haus mit Mama und Papa auf der Gartenbank, und die vier haben sich ihr halbes Leben erzählt, und alles passte so schön zusammen.

„Und wie die hungrig macht!" Gittis Augen funkelten, und sie raste mit ihrem Brötchen auch schon wieder los hoch zum Gartentörchen am Kaiser-Wilhelm-Platz, wo all die Riesenbäume von dem standen. Völlig durchgeschwitzt von meiner eigenen Jachterei, schlenderte ich mit meinem Käsebrötchen rüber zur Hausecke und inspizierte da neugierig die Regentonne, wo das Regenrohr mit seinem Ausguss drüberhing. Bei der Regentonne konnte ich auf Zehenspitzen grade so über den Rand lugen, und die war bis oben hin proppenvoll mit Wasser und auf der Oberfläche liefen ein paar Mücken herum – wie auf einem Sprungtuch – das war ja sonderbar, dass die das konnten, auf 'm Wasser laufen. Aber danach bin ich auch sofort hinter Gitti durch den Garten her gesaust und anschließend gleich wieder zurück runter zu unserer Frühstückstafel.

Edelgard ist ja eigentlich eine Art Tante von Gitti und mir, doch kennen tun wir die ja schon, von wo wir ganz klein waren – hab ich alles schon erzählt, ne? Und da war sie eigentlich noch längst keine Tante, denn da war sie viel zu jung für, das war ja, als sie neben Mama bei ERDLENBRUCHS das ganze Schwarzbrot in Silberpapier einpacken musste, und deswegen ist Edelgard sowieso keine richtige Tante, wie zum Beispiel Tante Erna, die hat die *Tante* wirklich verdient, aber nee, Edelgard überhaupt nicht. Edelgard war ganz jung, also inzwischen nur noch ziemlich jung, und hatte ganz klasse welliges langes braunes Haar, fast genauso wie Mama, und ich wünsch mir, dass Gitti auch mal so wird wie Edelgard und wie Mama ... und – kommt mir gerade so in den Sinn, das ist das Allergrößte überhaupt – Onkel Siegfried ist sogar Busfahrer! Wirklich! Aber nicht so ein stinknormaler Busfahrer aus dem alltäglichen Straßenverkehr, der einen von einer Ecke der Stadt in die andre transportiert und dann mit seinem Bus die Tour wieder zurück macht und jeden Tag nach Feierabend abends nach Hause kommt, nee, Onkel Siegfried, der steuert richtig mächtige Reisebusse, die quer durch Deutschland fahren, und auch sogar ins Ausland nach Dänemark und Holland und Bayern und Österreich und so. Also kein Wunder, dass Edelgard einen Narren an Onkel Siegfried gefressen hat und sie und Onkel Siegfried geheiratet haben und zusammen Mama und Papa geworden sind und den kleinen Ingo gekriegt haben, aber das sind ja Mama und Papa auch, also Mama und Papa geworden, und Gitti hat ganz früher bestimmt auch geschrien wie am Spieß, also genauso wie Ingo, und keiner wusste, warum, und deswegen bin ich auch Ingo nicht böse, dass er immer wieder so einen Radau macht, sobald er die Augen aufhat, und ob ich nicht sogar selbst auch so rumgekreischt hab, als ich ganz klein war, will ich überhaupt nicht wissen.

In Heide, das war ein ganz bombig heißer Sommer, und dazu mussten wir nicht einmal in den Süden und ins ferne Ausland, wo immer vierzig Grad sind – wie damals an der Riviera in Italien – nee, das brauchten wir beileibe nicht, und heiß genug war es allemal, und so haben sie Gitti und mich abwechselnd jeden Tag mehrmals in die Regentonne an der Ecke von Quitschens Haus – das ist die, wo die Mücken drauf rumturnten – zum Abkühlen und Abspülen reingesteckt, weil die Sonne immer so schön schien und brannte, und wenn wir nach unserer Toberei über die Wiese hoch zum Gartentörchen, wo der Kaiser-Wilhelm-Platz ist, von unseren Expeditionen wieder zurückspurteten, dahin, wo vor dem Haus dann das Frühstücken oder Kaffeetrinken zu Gange war, waren wir beide schon längst wieder knochentrocken und staubig und konnten gleich schon wieder in die dicke hohe Tonne zum Abwaschen und Abkühlen rein.

Edelgard hatte eine bisschen ältere Schwester, die wohnte auch in Heide, und wo wir schonmal da oben im Norden und in Heide waren, haben wir die natürlich auch besuchen wollen, und Mama, Papa, Gitti und ich sind zu Fuß los vom Kaiser-Wilhelm-Platz aus, und eine halbe Stunde später waren wir da, in der Lessingstraße, da wohnte die Schwester von Edelgard nämlich, aber das Haus haben wir nur deshalb so leicht gefunden, weil Papa andauernd einen Stadtplan von Heide vor der Nase hatte und uns da wie am Schnürchen hingelotst hat.

Tante Christa, so hieß die Schwester von Edelgard, hatte ein ganz neu gebautes Haus, da war noch nicht mal der Putz dran und überall waren noch die roten Ziegelsteine zu sehen – dabei fällt mir ein, eigentlich waren alle Häuser da oben in Holstein einfach nur aus rotem Klinker, und die brauchten wohl gar keinen weißen Verputz, und deshalb kriegte Heynas Haus wahrscheinlich auch überhaupt keinen, also keinen weißen Kladderadatsch an die Mauern, und sollte vielleicht ganz pur in ziegelrot bleiben, und der Garten von *Heynas*, so hießen die nämlich mit Nachnamen, also *Heyna* hießen die, denen ihr Garten war überhaupt noch gar kein Garten, eher ein Riesensandkasten, da buddelten zwei Jungen drin rum, und der Vater von denen hieß *Onkel Hans* und war der Mann von Tante Christa, und du wirst es nicht glauben – der war auch Überlandreisebusfahrer bei genau demselben Busunternehmen wie Onkel Siegfried – und Onkel Siegfried und Onkel Hans waren seit Ewigkeiten Kumpels! Onkel Hans spielte aber nicht im Sand, sondern stand ganz oben auf einer elend langen Leiter und nagelte unter der Dachrinne von seinem brandneuen Haus irgendwas rum.

Einer von den beiden Jungen war wohl ungefähr so alt wie ich und der andre ein Stückchen jünger als Gitti, aber deutlich größer als Ingo, denn der konnte schon richtig flott krabbeln und laufen, und davon war Ingo, die kleine röhrende Nervensäge, nun doch noch meilenweit entfernt. Mama und Tante Christa kannten sich ja schon aus Pommern und haben sich jetzt zum ersten Mal seit einer ewigen Zeit, mindestens fünfzehn Jahren, wiedergesehen, sonst hätten sie sich nicht so in den Armen gelegen – aber sonst kannten wir uns alle überhaupt nicht, und der größere Junge wollte mir auch nicht seinen Spaten abgeben, und der kleinere fing bald das Heulen an, vielleicht war das, weil Gitti sich neben ihn in den Sand gepflanzt und ihm nach und nach seine Förmchen abgeluchst hat.

Da kam eine alte Frau aus der Haustür von dem neuen Haus von Heynas und die Eingangstreppen heruntergestiefelt – die sah aus wie Oma. Ich dachte schon, dass wäre Oma, aber die war ja gar nicht mitgekommen nach Holstein, die war ja jetzt bei Tante Grete und Onkel Kurt in Porz. Und da musste ich doch nochmal genau hingucken – huch, das war doch tatsächlich wieder Tante Elsbeth, die Mama von Edelgard, die auf den Ingozwerg aufgepasst hatte, als Edelgard und Onkel Siegfried uns vom Heider Bahnhof abgeholt hatten! Und wie die jetzt plötzlich hierhingekommen war, hab ich überhaupt nicht kapiert; vielleicht wohnt Tante Elsbeth ja abwechselnd mal bei Edelgard und mal bei Tante Christa und rennt immer hin und her, damit ihre Töchter beide gleich viel von ihrer Mama haben, ... keine Ahnung nich, eh, nicht. Wie es jetzt aussah, hatte Tante Elsbeth ihre richtige eigene Wohnung aber jedenfalls bei Tante Christa und Onkel Hans in der Lessingstraße, oben im ersten Stock von dem nigelnagelneuen Haus.

Nachdem Onkel Hans, mit seiner Hammer-, Zangen-, Schrauben- und Nägelholzkiste am Arm, von der Leiter runtergestiegen war, lüftete er seinen Hut, reichte Papa die Hand und sagte *Hans* zu Papa, und Papa sagte *Hugo* zu Onkel Hans, und Mama sagte zu Papa *Das is Christa, die Schwester von Edelgard*, und Papa hob seinen Hut hoch und sagte *Hugo* zu Christa, und Mama sagte zu Papa *Das is Tante Elsbeth, die Mutter von Christa und Edelgard – doch ihr kennt euch ja schon von neulich*, und Papa sagte schon wieder *Hugo*, diesmal zu Tante Elsbeth, obwohl die beiden hatten sich ja doch schon neulich bekannt gemacht, und Tante Elsbeth guckte ganz verdattert rüber zu den beiden Bengels, die mit Gitti und mir ihre Spielsachen nicht teilen wollten und mit uns herumzankten, und rief rüber zu ihren Enkeljungens *Dat sinn Brigitte un Ulrich ut Soling, die sinn to us op Besooch – mokt mol 'n betker sacht, juch bieden Banditn.*

Da bin ich rüber durch den Sand und dem Bauschutt zu dem großen Burschen geschlurft und hab es Papa nachgemacht und zu ihm *Ulrich* gesagt, wobei ich aber keinen Hut zum Abnehmen hatte, doch da hat das Kerlchen schlagartig seinen Spaten fallen lassen und ist einfach wie der Blitz ums Haus abgehauen. Jetzt konnte ich schön selbst damit buddeln, und ich hab richtig tief in den Sand gestochen, und was ich da gesehen hab, das glaubst du im Leben nicht, da sind mir die Augen übergegangen – Wasser hab ich gesehen, wirklich Wasser! Kaum war ich im Sand mit dem Spaten drin und in der Erde dadrunter angekommen – da konnte ich bei zugucken – stieg Wasser nach und nach von unten aus der Erde auf, und die kleine Grube war ruckzuck ein klitzekleiner Tümpel. So was kriegst du bei uns am Nordbahnhof nicht hin, da kannst du graben und warten, bis du schwarz wirst, in so einem Buddelloch wirst du bei uns nie und nimmer einen Tropfen Wasser drin sehn, höchstens unten bei den Flöppen, direkt neben der Beeke. Wie ich da so in mein Wasserloch gestiert hab und dachte, jetzt muss es gleich überlaufen, so voll wie das schon war, saß Gitti hinten im Sand, hatte ein Förmchen in der Hand und machte ein Schildkrötenhäufchen nach dem anderen damit, und der kleine Bruder von dem größeren saß plärrend daneben und schmiss mit Sand um sich, und die beiden kamen überhaupt nicht miteinander zurecht und konnten sich gegenseitig einfach nicht vertragen.

Papa und Onkel Hans gingen ein paar Schritte ums Haus und waren schon schwer am Quatschen und Austüfteln, haben sich um uns Kinder überhaupt nicht geschert und stapften im Sand und stolperten zwischen dem ganzen Bauschutt und den übrig gebliebenen Latten und Balkenstücken hin und her, zeigten hoch zum Dach, in den Himmel und raus aufs flache Land und waren ganz bei der Sache, und ich bin irgendwann einfach hinterhergeholpert.

Papa steckte sich vor lauter Erregung eine Zigarette nach der anderen an, und Onkel Hans sagte: „Hugo, nu atme ma lieber unsre gesunde Nordseeluft ein!" Das hat Papa dann auch gemacht und seinen letzten Glimmstängel in den Bauschutt fallen lassen und den mit seinem Schuh ausgetreten, und Onkel Hans hat den Stummel, und auch die vorherigen, flugs wieder unauffällig aufgehoben und rüber in die Mülltonne gebracht. Dann quasselten Onkel Hans und Papa weiter über Balken und Sparren, schweren und leichten Boden und ob Hecke oder Zaun oder beides oder besser gar nix davon und noch elend viele andere Sachen, zum Beispiel über die *Russen* und *Amerikaner* und *Adenauer* und die *SPD* und *FDP* und auch, dass früher *unter Adolf* sowieso alles viel ordentlicher ablief und besser war ..., aber warum Papa und Onkel Hans das mit dem *Adolf* unter vorgehaltener Hand geflüstert haben, weiß ich nicht – doch ich hab 's jedenfalls aufgeschnappt, und wer dieser komische Adolf war, wusste ich sowieso nicht und hat mich auch nicht weiter gekratzt, denn außer unseren Onkel Adolf aus der Ketzberger Straße in Solingen kannte ich ansonsten gar keinen anderen Adolf.

In der Zeit, wo *wir Männer* ums Haus gewandert sind, haben *die Frauen* ganz sicher auch eine Menge zu quatschen gehabt, über das Reinemachen und was das beste Mittel gegen den ganzen Dreck jeden Tag ist und über das Kochen und Backen. Gitti war natürlich mit bei den Frauen, doch die hat bei denen bestimmt nicht großartig zugehört und lieber ihre Martina, die sie ja immer bei sich am Wickel hatte, frisiert und der frische Wäsche angezogen oder sonst was. Aber konkret kann ich dazu nix, eh, nichts, sagen, weil ich war ja mit den Männern unterwegs.

Ach ja, *konkret* ist übrigens ein Wort bei mir aus der Schule, also von der Schwertstraße, das war da bei uns schwer in Mode; fast alles, was wir neuerdings so quasseln, kriegt das *konkret* dazu verpasst, weil es sich einfach besser und – oberschlau – anhört. *Konkret* war ein Primawort bei uns Schwertsträßlern – auch wenn ich nur so eine schwache Ahnung hatte, was das überhaupt konkret, genau heißt, und ich denk, alle anderen von uns hatten auch keinen Schimmer davon, von *konkret* und solchen Sachen, und weißt du was, ich glaub, *konkret* heißt eigentlich gar nichts, das Wort kann man auch einfach weglassen, wäre vielleicht sogar auch besser. Jetzt fällt mir aber was ein: *Konkret* könnte *genau* bedeuten, das würde passen, ... und wenn du *genau* als Wort benutzt, brauchst du *konkret* ja gar nicht mehr, weil *konkret genau* wäre ja dann doppelt gemoppelt.

Irgendwann, nachdem jeder von den Erwachsenen sein Zeug konkret vorgebracht und breitgetreten hatte, waren wir alle wieder zusammen auf dem platt getretenen Bauschutt vorne an der halb fertigen Haustür von dem funkelnagelneuen roten Klinkerhaus von Heynas versammelt, so hießen Tante Christa und Onkel Hans und ihre beiden Banausen alle mit Nachnamen, hab ich wohl gerade schon von geplappert, nur Tante Elsbeth nicht, die hieß *Krüger*, und so, also Krüger, hießen auch Tante Christa und Edelgard, bevor sie geheiratet haben, weil die Eltern von den beiden ja so hießen. Die Sache mit den blöden verschiedenen Nachnamen bringt mich ganz durcheinander – warum kann nicht einer heißen, wie er sowieso schon heißt, und dann bleibt es einfach dabei für alle Zeiten, und jeder weiß für immer und ewig über deinen Namen Bescheid?!

Inzwischen waren Gitti und ich wieder schwer in Heynas Garten, also in dem Schutt und Sand, zugange, wo Gitti zu dem kleineren Jungen von Heynas sagte *Dann behalt doch deine blöden Förmchen für dich selbst, da kriegst de sowieso nix Gescheites raus* und sie ihm die Klamotten vor die Nase pfefferte, dass der auch gleich wieder das Jaulen anfing – da tauchte der große Heyna-Junge ganz plötzlich wieder auf und sagte zu mir *Den kannst de ruhig ham, den Spaten*, aber ich hab gesagt *Wegnehm will ich dir den doch gar nich, das is doch sowieso deiner und soll 's auch bleim*, und Mama und Tante Christa und Onkel Hans und Papa palaverten nebendran weiter über alle möglichen Sachen, die es auf der Welt so gibt, über wie viel Rosinen in einen Stolln reinmüssen, ob der Schmierfilm im Spülbecken besser mit Salz abgeht oder mit Essig oder nur mit dem modernen Seifenzeug aus dem Plastiksprüher, was für ein Dünger aufs Land gehört, wenn du schön knackiges und gesundes Gemüse haben willst, aber auch bunte Blumen, und ob Pappelholz ausreichend stabil für Dachlatten ist oder nicht oder Esche nicht doch besser ist und ob Öl oder Gas oder doch bei Kohle bleiben – da hab ich endlich kapiert, was Papa immer meinte, wenn er ab und zu, wenn es ihm zu wirr und zu bunt wurde, sagte: „Die Welt ist sehr kompliziert."

Ja, das ist sie wirklich, verdammt kompliziert ist die Welt, da hat Papa ganz recht – da versuchst du an einem Ende mit dem Spaten Klarheit und Frieden zu schaffen, geht es hinten mit den Sandförmchen sofort wieder los, dass du aufpassen musst, dass es nicht gleich einen Krieg gibt, von den Rosinen und den Sparren ganz zu schweigen. Wenn wir schon über so einen Kleinkram rumquatschen müssen und uns vielleicht sogar in die Wolle kriegen, ist es doch kein Wunder, dass da in den Nachrichten andauernd *Krieg* und *Bomben* kommen.

Tante Elsbeth rief von der Treppe runter: „Nu ma rinn in 't goot Stoov! Jörg, lot mo den Spoten stohn, wo he steckt – Volker, wi moken noher 'n Sandburch, willst?" Und jetzt wusste ich endlich, dass der große Junge von Heynas *Jörg* hieß und der kleine *Volker* … und durch die offene Haustür roch es kräftig nach frisch aufgebrühtem Kaffee.

Dann sind wir alle zusammen rein in Heynas blitzneues Haus, und der große Junge von Heynas, der hieß ja nun Jörg, flüsterte mir ins Ohr:

„Du, ich hab 'ne prima Eisenbahn om – soll ich dir die ma zeigen?" Damit hatte ich ja nun jetzt gar nicht gerechnet, und ich war ganz Feuer und Flamme und gespannt, ob die auch einen Tunnel hat, und ich flüsterte weiter zu Gitti: „Jörg hat om 'ne Eisenbahn, kommst de auch mit?" Und Gitti rief: „Klar! 'Ne MÄRKLIN – mit Tunnel?"

„Nee, 'ne FLEISCHMANN", antwortete Jörg. „Aber mit drei Tunneln und zwei Bahnhöfen – einer für Personenzüge und noch einer für Güterzüge und für zum Rangiern."

Unten im Haus sind Mama und Papa hinter Tante Elsbeth und Onkel Hans und Tante Christa, die hatte Volker auf dem Arm, her in die Küche und ihnen weiter durch ins Wohnzimmer gefolgt, und Gitti und ich sind hinter Jörg her die Treppe hochgestiegen. Drei Tunnel, boah – da war ich aber so was von flitzebogenmäßig gespannt drauf! Jörg machte oben im Haus eine Zimmertür auf, und in dem Zimmer war – Gitti und ich trauten unseren Augen nicht – nichts anderes als Eisenbahn – 'ne Mordseisenbahnplatte auf Stelzen! Ein einziges Zimmer nur für eine Eisenbahn – und da war in dem Zimmer kaum mehr Platz für was anderes, außer dass wir vorsichtig drumherumpirschen konnten! Dagegen konnte meine eigene MÄRKLIN-Eisenbahnplatte aber so was von gar nicht gegen anstinken! Ich konnte mich gar nicht sattsehen an der ganzen Landschaft, und Gitti erst, die konnte ja kaum ihre Nase über den Rand von dem Untergerüst von Jörgs Modelleisenbahn bringen; das hatte sein Papa, was ja Onkel Hans war, extra so hoch aufgestellt, erklärte Jörg, damit sie einigermaßen bequem da drunter an den elektrischen Klamotten fummeln und den ganzen bunten Kabeln nachgehen und da fix was richten und reparieren konnten. Mann, war das eine tolle Landschaft da auf der Platte, und die Züge standen allesamt in Wartestellung zwischen den Häusern und dem Gestrüpp und den Wäldern im Gebirge und den Tunneln und ein Zug auch in einem von den beiden Bahnhöfen – und jetzt musste es eigentlich nur noch losgehen!

„Nu lass se doch ma laufen!" Gitti war ganz hampelig und hüpfte von einem Bein aufs andere, und ich stimmte aufgeregt ein: „Jörg, zeig uns jetz ma, wie deine Züge so fahrn!"

Fast wie ein Kapitän auf hoher See schritt Jörg zu seinen drei Trafos, für jeden Zug einen, und drehte jeden ganz behutsam und in einer bestimmten Reihenfolge hoch, und alle drei Züge, die verstreut irgendwo in der Landschaft auf den Gleisen herumstanden, begaben sich jetzt gemächlich auf verschlungenen Wegen auf ihre Tour durch die Gegend und nahmen dann langsam Tempo, jeder sein eigenes, auf, und Gitti und ich haben vor allem aufgepasst, wie der erste Zug in den Tunnel reinrauschte, und ich hab auch ein bisschen darauf gewartet, dass sich die Züge in den Weg kommen und sich gegenseitig von den Schienen hauen, aber die waren so sauber im Takt, dass jeder immer schon weg war, bevor der nächste ihn hätte rammen können. Mann, war das schön, bei Jörgs Eisenbahn zuzugucken – die Züge gingen auf ihre Reise und kamen sich niemals in die Quere, weil jeder von denen durchweg in seiner ganz eigenen Ecke von der weiten Landschaft unterwegs war! Und wenn einer von denen im Hauptbahnhof – wegen den ganzen Fahrgästen – ein paar Minuten haltmachen musste, ist dem nicht der nächste Zug hinten draufgerasselt, nee, weiß Gott nicht, der nachfolgende Zug hat vor dem Bahnhof vorsichtig abgebremst und ist schließlich stehen geblieben und hat gewartet, bis die Bahnsteige und Schienen wieder frei waren und ist erst danach bedächtig in den Bahnhof eingetrudelt.

„Stoßen die denn nie ma zusamm?" fragte ich Jörg ziemlich verwirrt und ungläubig. „So ganz aus Versehn, mein ich, ... zufällig oder so vielleicht?"

„Doch schon", schmunzelte Jörg, wobei er ganz nebenbei seine Trafos regelte und tat, als wenn das eine ganz besondere Wissenschaft und Kunst wäre und spielerisch seine Trafos bediente. „Aber bis so was passiert, musst de ganz schön lange warten, weil die fahrn ja alle, so wie ich will und alles regulier – und da pass ich schon richtig gut auf." Und er nickte runter zu seinen Fingern an den Trafos. Gitti und ich waren ganz baff und beeindruckt von Jörgs Können und verfolgten weiter die Züge, wie sie unablässig ihre vertrackten Wege durch das weite grüne Gelände und zwischen den schmucken Häusern und Bahnhöfen und den düsteren Tunnels und durch die Berge fanden – und das weit voneinander entfernt und ohne sich jemals gegenseitig zu behindern.

„Kaffee is fertig!" schallte es von unten hoch. „Jörg, hörst du?! Und bring Brigitte und Ulrich mit!" Da hat Jörg alle drei Trafos ganz langsam auf null zurückgedreht, und die drei Eisenbahnen sind auf ihrer Fahrt ausgetrudelt und haben schließlich Stopp gemacht. Wir Kinder sind die Treppe wieder hinabgeklettert und haben BLUNA und NESQUICK gekriegt und Erdbeertorte und Streuselkuchen.

Nach dem Kaffee ist die ganze Familie mit allen hinaus in den Garten, genauer, raus auf den Bauschutt, zum frische Luft schnappen, und Onkel Hans hat uns die DEA gezeigt, die lag weit hinten am Horizont und ist eine Mordsfabrik, die sah aber gar nicht so recht aus wie eine Fabrik, eher wie ein komisches modernes Kunstwerk in der Ferne, gemacht aus riesigen Rohren und Kesseln, die silbern in der Sonne glänzten und blinkten – war aber doch in Wirklichkeit eine stinknormale riesige Fabrik, wo sie aus Erdöl, Benzin und weiß der Teufel sonst was noch was draus machen ..., sogar Kaugummi, hat Onkel Hans gesagt, was ich aber nicht glaub, denn Kaugummi kenn ich, und der schmeckt ganz prima nach Zucker und Minze und nicht nach Benzin und Erdöl, wobei ich andererseits, geb ich gerne zu, auch noch kein Erdöl oder Benzin probiert hab und das in echt gar nicht so genau vergleichen kann.

„Die DEA müsst ihr ma bei Nacht sehn!" Tante Christas Augen glänzten. „Die leuchtet wie zehntausend Weihnachtsbäume!"

Äh ..., zehntausend Weihnachtsbäume? Gitti hat mich verständnislos angeguckt, und ich hab nur mit den Achseln gezuckt und Mama und Papa fragend angesehen, aber die konnten damit offensichtlich auch nicht viel anfangen.

„Juch blivt doch tum Ombrot?" forderte Tante Elsbeth Mama und Papa auf. „Is schon 'n betker dark – un do süht' us DEA ut wie dusend Winnachtsböm, dat möt juch ankooken."

„Modder", Tante Christa musste richtig laut lachen. „Dat häv ick doch grood sächt!"

„Häv ick doch nei hört!" Tante Elsbeth war ein bisschen beleidigt – musste sie eigentlich aber gar nicht sein; entweder man hört es oder hört es nicht – Punkt. Wenn wir anderen mal so uralt sind wie Tante Elsbeth und Oma, kriegen wir vielleicht auch nicht mehr alles mit, was irgendein anderer so quasselt, und dann sind wir in dem Alter auch nicht schuld dran, dass wir nix hören und nix verstehen, eh, *nix* heißt ab jetzt immer *nichts*, auch wenn ich immer mal wieder *nix* sage. Jedenfalls war Tante Elsbeth erst mal knatschig und hat uns allen zunächst den Rücken zugekehrt.

Als wir alle zurück von unserer kleinen Runde über Heynas Grundstück, also eher über ihren Schotterplatz, und wieder drin im Haus waren, sind Jörg, Gitti und ich ganz fix wieder nach oben in das tolle Eisenbahnzimmer von Jörg gestürmt, und Volker ist auch hinter uns her die Treppen hochgekrabbelt, weil so anständig Treppensteigen hatte der noch längst nicht drauf, und Gitti ist nochmal zurück und hat aufgepasst, dass Volker auch nachkommt und nicht auf der Treppe abschmiert. Als wir Kinder alle beisammen waren, hat Jörg seine Eisenbahnzüge wieder in Gang gebracht und schön gemütlich durch die Landschaft laufen lassen und dann die Jalousien heruntergelassen, und das war für Gitti fast aufregender als die Lichter von den Zügen und den Häuschen und den Bahnhöfen, denn Jalousien hatte Gitti noch nirgends gesehen – ich schon, nämlich bei Tante Erna und Onkel Adolf, die wurden da jeden Abend an allen Fenstern runtergerollt und morgens wieder hochgezogen – jedenfalls war es in dem Eisenbahnzimmer von Jörg auf einmal stockfinster in der Bude, und Jörg hat alles, was es an Beleuchtung bei seiner FLEISCHMANN-Eisenbahn gab, angeknipst und hat alle drei Züge auf Tempo gebracht, und die sind flott durch die Gegend gerattert, auch den Berg hoch und wieder runter, und einer von den Tunnels war sogar da oben im Gebirge, und es war so schön, bei Jörgs Eisenbahn in seinem schummerigen Zimmer zuzugucken, wie die kleinen wackeren Züge mit ihren grellen Scheinwerfern vorbei an den ganzen beleuchteten Gebäuden und Häuschen kreuz und quer durch die große nächtliche Landschaft kurvten, und ich wär irgendwann am liebsten dabei eingeschlafen, so schön säuselten die mich ein, Jörgs Eisenbahnen.

Irgendwann – da war ich aber auf einen Schlag wieder so was von quietschfidel – flog ein Zug aus der Kurve und runter von den Schienen und quer ins Gelände, wegen überhöhter Geschwindigkeit, nehme ich mal an, und das Licht von der ganzen Eisenbahn und den Häusern war mit einem Mal weg, und es war rabenschwarz in Jörgs Eisenbahnzimmer, und Volker fing sofort an zu quaken, und Gitti war auch nah dran, weil sie das Eisenbahnunglück so mitgenommen hat und sie sich um die Verletzten … und, ja, die Toten, kümmern wollte, aber nicht konnte, weil es nun einmal stockdunkelfinster war, und wir haben nichts mehr sehen können, aber auch gar nix mehr, und Gitti überhaupt nicht wusste, wo sie die Opfer von dem Eisenbahnunglück auffinden konnte.

„Moment!“ rief Jörg aus der pechschwarzen Nacht. „Das hab ich gleich!“

Dann gab es ein Mordsgepolter.

„Aua – au weh!“ jaulte Jörg aus der Dunkelheit. Ich saß unbeweglich in der Finsternis und Gitti natürlich auch und Volker sowieso, obwohl der schrie immerfort wie am Spieß *Mama! Papa!*

„Wat is denn hier passiert?!“ Das Licht im Eisenbahnzimmer ging an und Onkel Hans stand in der Tür, und Jörg lag vor der Zentralheizung unterm Fenster und hielt sich das Bein. Aber das war dann doch nicht so schlimm, er blutete nur ein bisschen aus seinem Schienbein und Oberarm, und Onkel Hans hat draufgespuckt und gesagt:

„Dat wird, mien Jörg! Nu kommt mol all mit nach unten, wer wolln noch mol 'n por Schritt spaziern gehen.“ Jörg hat gar nicht mehr weitergejammert, und Onkel Hans grapschte sich seinen kleinen blökenden Volker, drückte ihn lieb an sich, zog mit dem andern Arm ratzfatz die Jalousie hoch, dass es auf einen Schlag wieder taghell wurde, und er ging mit dem kleinen Volker auf dem Arm voraus und die Treppe runter, … und um Jörgs Eisenbahn würde er sich später kümmern.

Spazieren gehen – das machen die Erwachsenen nämlich so, entweder sie arbeiten oder trinken Kaffee oder gehen spazieren, *sich die Füße vertreten*, so heißt das bei denen nämlich genau, und nachdem die Füße vertreten sind, gibt es dann sowieso schon wieder was zu essen.

Somit mussten wir alle los – alle, das waren Tante Christa, Onkel Hans, Jörg, der doch noch mächtig von seiner Blessur oben im Eisenbahnzimmer am Humpeln war, Volker, aber der zählt eigentlich nicht, weil der war abwechselnd auf dem Arm bei Tante Christa oder Onkel Hans, Mama, Papa, Gitti und ich selbst und Edelgard und Onkel Siegfried, denn die waren zum Kaffee auch reingeschneit gekommen, und Ingo, aber der zählt noch viel weniger als Volker, denn der steckte noch in Windeln im Kinderwagen und war am Pennen. Nur Tante Elsbeth ist zu Hause geblieben und hat da den Kaffeetisch und die Küche aufgeräumt.

Jedenfalls haben wir uns auf unsrer Spazierrunde durch Heide alle schön die Füße vertreten, wie sich das gehört – wobei ich gar nicht weiß, was das *sich die Füße vertreten* überhaupt besagen will, egal, jedenfalls sind wir dabei auch zu einem Friedhof gegangen, wo *Onkel Fritz Nehmer* nämlich drin liegt und wir dem sein Grab besuchen wollten, und das war, wie soll ich sagen, ganz besonders lustig – weil, kaum waren wir durch das quietschende Pförtchen vom Friedhof, sind die Großen von uns auf einen Schlag totenstill geworden, als ob sie selbst plötzlich gestorben wären, und haben endlich mal ihre Schnabbelmäuler gehalten, und als wir an dem Grab von dem Onkel Fritz Nehmer andächtig und wie begossene Pudel drum herum standen, kam ein Eichhörnchen angehuscht, hat kurz oben auf dem Grabstein von dem Onkel Fritz Rast gemacht, schnell ein bisschen was gepinkelt, sich eine Buchecker vom Grab geschnappt und ist wie der Blitz wieder ab durch die Büsche, und wir Kinder, also Jörg, Gitti und ich, haben uns totgelacht, so komisch wie das war, und ich dachte, wenn das der alte Onkel mitgekriegt hätte, hätte der sich auch totgelacht …, aber, na ja, das war er ja schon längst.

Wir drei Kinder haben jedoch nur missbilligende Blicke von unseren todernsten Eltern kassiert, wobei sie alle fast gleichzeitig ihren Zeigefinger vor den Mund hielten und teuflisch ehrfürchtig dreinblickten. Erst als wir wieder vom Kirchhof runter waren und die Koppeln entlangschlenderten, fingen sie langsam wieder das Erzählen und Quatschen an, und ihren Onkel Fritz Nehmer, den zumindest Papa, Gitti und ich sowieso nie gekannt haben, hatten sie jetzt offensichtlich wieder aus dem Sinn und vergessen. Wir Kinder haben die Pferde und Kühe in den Koppeln beobachtet und haben *Heh!* und *Hoh!* zu denen rübergebrüllt, ob sie wegen unserem Rabatz mal was Besonderes und Aufregendes machen, haben sie aber nicht, und von daher ist das ganze Füßevertreten, was unsre Eltern ja so toll finden, eigentlich überflüssig, denn außer dass man in der freien Landschaft rumläuft, passiert da sonst nicht besonders viel – außer dass du danach ziemlich gut aufs Klo kannst.

Als wir wieder zurück an Heynas funkelnagelneuem Klinkerhaus ankamen, machte Tante Elsbeth auch schon die Haustür auf, als wie wenn sie es geahnt hätte, dass wir da sind, und als wir wieder im Haus drin waren, stand da sogar das Abendbrot schon auf dem Tisch. Jetzt hatten wir aber auch schon wieder richtig Kohldampf – das kam bestimmt von dem Füßevertreten – und wir Kinder haben, nach dem Klo, im Vorbeigehen schon gierig zugegriffen und uns die ein oder andere Scheibe Wurst oder Käse oder ein Radieschen oder eine saure Gurke in den Mund gestopft, bevor wir überhaupt am Abendbrottisch gesessen haben. Eigentlich darf man das ja nicht – futtern, bevor alle zusammensitzen, doch Onkel Hans und Papa haben in diesem Fall, wo wir Kinder doch sogar mit auf den Friedhof mussten, ein Auge zugedrückt und uns zugezwinkert, und somit konnten wir machen, was wir wollten, und durften uns sogar auch ein bisschen danebenbenehmen.

Edelgard und Onkel Siegfried sind leider nicht mehr zum Abendessen geblieben. „Ingo muss unbedingt jetzt nach Hause und da in sein Bettchen“, entschuldigten sie sich und machten sich mit dem Kinderwagen und Ingo dadrin wieder auf den Weg zum Kaiser-Wilhelm-Platz, wo sie ja wohnten und wir, also Mama, Papa, ich und Gitti ebenfalls – solang wir da oben in Holstein in Ferien warn.

„Tschüs zusammen – und bis nachher“, rief uns Onkel Siegfried beim Aufbruch zu, und Gitti und Jörg und ich sind mit nach draußen bis zur Straße gelaufen und haben Quitschens noch nachgewunken, bis sie die Lessingstraße runter und rechts in dem Stichweg – das war nämlich eine Abkürzung – verschwanden.

Als wir drei Kinder wieder im Haus waren und das Abendbrot bei Heynas mit den leckeren Käse- und Wurstbroten und Gürkchen und Radieschen und Silberzwiebeln hinter uns hatten, ließen wir uns in die freien Sessel oder aufs Sofa sacken, und wir waren alle pappsatt, und im Fernseher waren die Nachrichten gerade zu Ende, und der Wetterbericht war dran, und es wurde immer langweiliger. Draußen wurde es jetzt schon ziemlich dunkel, dass Onkel Hans schon an den Gurten von den Jalousien rumzuppelte, um die für die Nacht herunterzulassen.

„Was is das denn da?!“ fragte ich, als ich so nebenbei aus dem Wohnzimmerfenster guckte. „Is das etwa die DEA?!“ Da waren Mordslichter draußen zu sehen, wie ein Sternenhimmel, doch jetzt auf der Erde am Horizont – und nicht im Himmel.

„Was is was?“ fragte Tante Christa.

„Na, die ganzen Lichter da draußen?!“

„Ach das – genau, das is unsere DEA, ham wer vorhin ja schon von gesprochen, ne?“

„Habt ’er ja schon gehört – die machen aus Erdöl Öl und Petroleum und Benzin und ’ne Menge von andern Sachen“, ergänzte Onkel Hans und ließ die Jalousien doch erst mal oben und setzte sich wieder zu uns in die Polster, damit wir Solinger die DEA noch bei Nacht schön bewundern konnten.

„So schöne Lichter!“ Gitti war auch ganz aufgezogen und drückte ihr Gesicht an die große Terrassenfensterscheibe. „Papa, warum gibt ’s bei uns eigentlich keine DEA oder so was?“

„Ähm ..., eh ...“, stotterte Papa. „... Weil bei uns schon der Nordbahnhof ist – entweder DEA oder Bahnhof, beides zusammen geht nicht.“ Papa guckte ganz verlegen dabei, und ich dachte, das ist aber eine saublöde Erklärung und sagte schnell zu Gitti: „Weil hier ’ne DEA is und bei uns in Solingen eben nich – ganz einfach.“

Mama, Gitti, Papa und ich sind dann irgendwann spät nach Hause gewandert, also zu Edelgard und Onkel Siegfried zum Kaiser-Wilhelm-Platz, und Gitti, weil sie schon beim Latschen fast eingedüselt ist, musste immer auf den Arm von Papa oder Mama, und als wir zu Hause, also bei Quitschens am Kaiser-Wilhelm-Platz, eintrafen, hat Mama Gitti und mich schnell in unser Bett oben unterm Dach geschleppt, und wir beide haben da sofort geschlafen wie die Murmeltiere.

Bei Edelgard und Onkel Siegfried im Garten hat Papa mir an einem ganz frühen Morgen angefangen beizubringen, wie man eine Flöte macht. Du, das ist gar nicht so schwer, wie man meinen sollte – aber dann ganz so einfach nun auch wieder nicht.

Zuerst musst du einen Weidenbaum haben, der ja nun nicht so wahnsinnig schwer zu finden ist, aber wenn der keine geraden Äste dran hat – und alleine darauf kommt es an – kannst du den für eine Flöte in die Ecke schmeißen, und der ist für eine Flöte nicht zu gebrauchen, und weißt du was, die allermeisten Weiden sind ja Trauerweiden und haben nur verdammt krumme Äste und gebogene Zweige, also da musst du schon ein Mordsschwein haben, dass du eine Weide findest, die für Flöten geht. Aber Quitschens, die hatten die passenden Weiden im Garten stehen, solche, wo gerade und glatte Äste ohne viel Augen dran waren.

Papa hat da aus einer von den etwas dickeren Weidenästen das Stück rausgeschnitten, wo man eine gute Flöte draus schnitzen kann. Und dann hat er erst mal nix weiter gemacht – außer dass er das Teil in die Regentonne, wo Gitti und ich immer zum Abkühlen und Abspülen reingesteckt wurden, geschmissen und da schwimmen gelassen hat.

Wie jetzt?! Wie würde es nun weitergehen mit der Flöte? Weil Papa nix mehr großartig veranstaltet hat, war ich ganz schön perplex.

„Das braucht jetzt", hat Papa trocken bemerkt und sich seinen Hut dabei zurechtgerückt. „Die Flöte, also das Weidenstück, muss jetzt erst mal weichen."

„Wie lange?"

„Ein, zwei Tage." Na ja, solange sind wir ja bestimmt noch hier in Heide bei Edelgard und Onkel Siegfried und Ingo und Heynas, habe ich gedacht, und dann sollten wir die Flöte wohl schon noch fertigkriegen.

Am übernächsten Tag hat Papa das Aststück von der Weide aus der Tonne gefischt und ein bisschen dran rumgefummelt und geknetet und gedrückt, und auf einmal flutschte das Holz aus seiner Rinde raus und plumpste ins Gras, und er sammelte das Holzstück wieder auf und steckte es in sein Rindenrohr zurück, schob es dadrin ein paar Mal hin und zurück, und Papas Augen leuchteten ganz schelmisch, und er zog sein Taschenmesser, das er immer bei sich in der Hosentasche hatte, raus und blickte mich bedeutungsvoll an.

„Jetzt, Ulrich", sagte Papa, und dabei fing er ganz vorsichtig an, mit seinem Messer an einem Ende von dem Weidenstückchen herumzuknabbern und zu schaben. „Jetzt pass mal gut auf und guck genau zu, was ich hier im Einzelnen so mache!"

Drinnen im Haus war bei Quitschens ein Mordsbetrieb, wegen dem Frühstück, und Ingo hat auch schon lebhaft gequäkt, und Mama und Gitti haben Edelgard in der Küche geholfen, und Papa und ich konnten das Geschirr immer mal wieder scheppern hörn. Onkel Siegfried war nicht da, der musste mit seinem Bus weg nach Österreich und war dafür schon mitten in der Nacht aufgestanden, hatte Edelgard gesagt, aber übermorgen wäre er wieder zu Hause.

„So, jetzt kommt die Feinarbeit", verkündete Papa, und wir beide setzten uns auf die Gartenbank vorm Haus, wo es in der aufgehenden Sommermorgensonne prima still und gemütlich war, genau passend fürs Flötenmachen, und die paar Fliegen haben uns gar nicht groß gestört, weil wir beide ganz bei der Sache waren. Da hat Papa das Holz nochmal aus seiner Rinde rausrutschen lassen und das Mundstück herausgeschnitzt, unten passend für die Unterlippe und oben zwischen Mundstück und Flöte eine tiefe Kerbe, das sah dann genauso aus wie bei einer Blockflöte, und dann hat er auch noch von dem Holz, vom Mundstück bis zum unteren Ende, eine fette Flanke abgehobelt und zum Schluss fünf kreisrunde Löcher in die Rinde geschnitten und das bearbeitete Holz wieder in seine Rinde zurückgesteckt. Mensch – die Flöte sah wirklich aus wie eine echte Flöte, nur, dass sie außen die Rinde von einer Weide drum herum hatte! Also Papa ..., Papa ist ein richtiger Meister – was der mir da vorgemacht hat!

„Probier mal", forderte Papa mich auf. Ich pustete vorsichtig in die Flöte und – sie flötete! Und wenn ich dieses Loch zuhielt, klang sie anders, als wenn ich ein anderes zuhielt oder zwei auf einmal, und ich konnte richtig drauf rumspielen, wie es mir passte, und jedes Mal kam ein anderer, glasklarer Ton heraus. Mama und Edelgard, mit Ingo auf dem Arm, traten aus dem Haus und guckten ganz begeistert und erwartungsvoll, weil sie mein Geflöte mitgekriegt hatten.

„Spielt uns doch mal 'n Lied – vielleicht beim Frühstück?!"

„Eh ...", sagte Papa. „Die ist eigentlich eher nur zum Zeigen. Und singen könnt ihr ja selber – aber ich versuch 's einfach mal." Da hat Papa *Hänschen klein* gespielt, aber dafür hat er mindestens dreimal Anlauf gebraucht, bis wir das tatsächlich wiedererkennen konnten, doch das lag nicht an der Flöte, sondern an Papa selbst, wo er doch schon ewig nicht mehr so eine selbst gemachte Weidenflöte gespielt hatte.

„Das is doch *Hänschen klein*!" Gitti hüpfte durch das noch feuchte Gras und klatschte dabei in ihre Hände, und Edelgard und Mama haben mitgesungen, und Ingo wurde ganz friedlich in Edelgards Schaukelarmen.

Dann hat Papa die Weidenflöte, fast feierlich, an mich überreicht, und ich hab auch was drauf geblasen, aber das hat keiner gekannt – ich übrigens selbst auch nicht – und deshalb hat auch keiner mehr mitgesungen.

Als wir wieder mal zum Kaffee in die Lessingstraße zu Tante Christa, Onkel Hans, Tante Elsbeth, Jörg und Volker spaziert sind, war ganz klasse Wetter, und Jörg ist irgendwann nachmittags mit mir von der Siedlung aus, wo sie ihr neues Haus hatten, losgezogen und runter ins offene Land geschlendert, wo aber erst mal noch mehr Neubaustellen waren. Da standen zum großen Teil noch gar keine fertigen Häuser, meist erst nur die Keller von denen, und die waren alle bis obenhin voll mit Regenwasser gefüllt und sahen alle aus wie kleine Schwimmbecken, mehr war von den Neubauten noch nicht vorhanden. Wir hatten einen Ball mit bei uns, den schubsten wir auf dem Weg vor uns her und kickten uns den immer gegenseitig so schräg nach vorne beim Weiterlaufen zu, und irgendwie landete der unverhofft in einem von den Kellerschwimmbecken von so einem neuen Haus und beim Rausholen landete Jörg plötzlich auch dadrin – die Planscherei hat ihm aber einen Heidenspaß gemacht, und er wollte gar nicht mehr aus dem Schwimmbecken, eh, dem Kellerloch, an Land kommen. Beim Rausklettern musste ich ihm helfen und hab ihm meine Hände runtergereicht, so einfach ist das nämlich nicht, aus so einem Wasserkeller rauszusteigen, und weil Jörg trocken nach Hause kommen wollte, damit er nicht Schimpfe kriegt, sind wir, weil es so schön luftig war – zum Durchtrocknen – den Weg immer weiter runter mit unserem Ball weitergetrottet; der Ball war aber auf einmal schon wieder futsch, diesmal jedoch nicht im Wasserbecken von irgendeinem Keller, sondern in einer Koppel; da ist Jörg, mit seinen noch halb nassen Sachen, ganz behutsam durch den Stacheldrahtzaun gekrabbelt, um sich nicht die Klamotten kaputtzureißen und natürlich um unseren Ball da wieder mal zu retten, aber da kam, wie vom Affen gebissen, aus heiterem Himmel ein Bulle angestiebt, und zwar direkt auf Jörg zu, mit den Hörnern tief unten überm Boden – zum Aufgabeln!

Verflucht nochmal – was machen?! Vor mir lagen ein paar verlorene Klinkersteine von den ganzen Baustellen auf der Erde rum, und wie der Blitz hab ich einen aufgehoben und den mit allen Kräften und beiden Armen über den Stacheldrahtzaun rübergewuchtet und den dem Bullen direkt an den Wanst geballert, und der war so erschrocken davon, dass der, gerade bevor er Jörg auf die Hörner nehmen konnte, mit einem Sprung kehrtgemacht hat und genauso schnell, wie er angerast war, wieder vor lauter Schreck in die andere Richtung abgedampft ist. Das war ja so ein Sauglück, dass ich da sofort den Klinker bei der Hand hatte und das Bullenvieh dazu sogar auch noch getroffen hab, denn sonst wäre Jörg bestimmt jetzt ganz schwer verletzt oder sogar tot gewesen – ganz bestimmt! Das alles lief für mich ab wie im Traum, und als Jörg wohlbehalten wieder zurück zwischen dem Stacheldrahtzaun, den ich ihm auseinanderhielt, kroch und der Riesenbulle dahinten auf der Koppel noch ganz verdutzt zu uns zurückschielte, fiel mir verdammt ein Stein vom Herzen.

„Das war verflucht knapp", japste Jörg.

„Knapper ging 's nich!" Dass ich einen Mauerstein so weit werfen – und damit auch treffen – könnte! Ich musste mich selbst erst wieder berappeln.

Nachdem wir beide den Schreck verdaut und uns ein paarmal kräftig geschüttelt hatten, sind wir dann aber ganz zügig wieder den Weg hoch zurück nach Hause, also nach Jörgs Zuhause, getrabt, und als wir da ankamen, waren Jörgs Klamotten – bei dem Wind – auch schon wieder knüppeltrocken. Doch von dem Bullen und Jörgs Bad im Kellerschwimmbecken haben wir zu Hause bei Jörg kein Sterbenswörtchen fallen lassen – sonst hätte es da todsicher ein derbes Donnerwetter gegeben.

Danach hat Jörg eine Woche lang mit kräftig Fieber im Bett gelegen, doch das war nicht wegen dem Bullen, nee, sondern wegen dem Wasserball in dem kalten Wasser aus dem Neubaukeller und dem scharfen Wind danach. Aber davon haben wir nix verraten – wir Jungs sind doch nicht verrückt. Die Erwachsenen müssen auch nicht alles wissen!

Dann kam der Tag, und da war Jörg wieder voll auf 'm Damm, als wir alle zusammen mit zwei Autos, das von Quitschens und das von Heynas, an die Nordsee gefahren sind – Mann, war das aufregend! Raus an die Nordsee sind wir, stell dir das mal vor!

Aber ein Scheißwetter war das an dem Tag, und als wir an der Nordsee ankamen, das war in Büsum, und das ist ein kleines Städtchen da an der Küste, gerade mal eine halbe Stunde weg von Heide, da war das Meer in heller Aufruhr, und das Wasser war nicht blau und glatt, wie ich mir das so schön vorgestellt hatte, es war braun und dreckig und wild und grausam und hatte schneeweiße Kämme wie Seifenschaum oben auf seinen Wogen, und es war sauwindig, und die Wellen waren meterhoch und krachten mit ihren weißen Hauben auf den Strand und an die Kaimauern, als wenn sie uns holen und ab in die Nordsee mitnehmen wollten, und kübelweise geregnet hat es obendrein auch noch aus dem düsteren Himmel – dass gar keiner von uns mehr so recht wusste, was wir hier an der Nordsee eigentlich suchten. Außer uns waren sowieso nur noch ein paar andere Bekloppte da, wahrscheinlich auch alles Landratten wie wir Solinger, die einfach nur mal, auf Teufel komm raus, das große Wasser erleben wollten, wenn sie denn schonmal hier im hohen Norden unterwegs waren.

Wir waren alle dick eingepackt, obwohl es doch eigentlich mitten im Sommer war, und wir Kinder drängten uns mit unter die Regenschirme von unseren Eltern, aber viel genützt hat das nicht, denn der Nordseesturm blies die dicken Regentropfen quer unter die Schirme durch, dass wir trotzdem pitschenass wurden und uns das Wasser nur so in die Schuhe reintropfte, und die Regenschirme klappten sowieso vom Sturm andauernd nach oben um, und die Großen hatten ihre Not und Mühe, die Dinger überhaupt festzuhalten und dass die nicht aus ihren Händen glitten und ihnen für immer aufs Meer abhauen würden.

Weil wir alle die Nase voll von der blöden Nordsee hatten, wollten wir schon kehrtmachen und wieder zurück nach Heide fahren, als Onkel Hans ausrief:

„Wart' mo – jetz kümmt Ebbe!"

Und das war ein Ding, mein lieber Scholli! Die Nordsee holte sich ganz, ganz langsam all ihr Wasser weg zurück nach draußen, da haben wir Solinger – egal wie das Wetter war – staunend zugeguckt und hingestarrt, und eine gute halbe Stunde später war die Nordsee weg, einfach futsch und wie weggeblasen und aufgefressen; ganz weit draußen am Horizont waren so gerade noch die schneeweißen Wellenkämme zu erahnen, aber direkt vor uns war nur plattes, trockenes Land, na ja, so trocken nun auch nicht, denn das Wasser hing ja schon noch in dem pechschwarzen Modder drin, doch das große Wasser war verschwunden, einfach über alle Berge, als wenn es nie da gewesen wär, und auf einmal riss der Himmel auf und die Sonne guckte ab und zu zwischen den dunklen Sturmwolken durch, und ein paar Minuten später knallte sie auf uns nieder, und das so kräftig, dass wir uns alle ganz fix unsere Anoraks und die Pullover dadrunter vom Leib gerissen haben, weil wir uns auf einen Schlag fast halb totgeschwitzt haben.

„Das passt ja gut!" jauchzte Tante Christa und wickelte das, was von ihrem Regenschirm noch übrig war, zusammen und freute sich, dass sie uns, wo wir schonmal hier oben in Schleswig-Holstein Ferien machten, von der Nordsee doch noch ein bisschen mehr als Sturm und Scheißwetter vorführen konnte.

„Wer machen jetz 'ne kleine Wattwanderung – zieht ma eure Schuhe und Strümpfe aus und krempelt eure Hosenbeine schön weit hoch."

Und Jörg, als er schon beim Schuhe- und Strümpfeausziehen war, zwinkerte mir und Gitti zu und sagte zu uns: „Bei Ebbe kannst de auf der Nordsee prima rumlaufen – das macht 'n Heidenspaß."

Wir mussten natürlich alle erst mal kurz zurück zu den beiden Autos von Heynas und Quitschens und da unsere überflüssigen Anziehsachen irgendwo verstauen, und das dauerte, aber dann sind wir raus auf die Nordsee spaziert, die heißt aber, wenn sie nicht mehr da ist, nicht *Nordsee*, sondern einfach nur *Watt*, und das Watt ist ganz platt und fest und schwarz, hab ich wohl schon angedeutet, und ein paar Minuten später auf dem Wattenmeer haben wir gemerkt, so platt ist das da überhaupt nicht – im Gegenteil, überall ist was los im Boden, und da werden überall, also wirklich überall, kleine Häufchen aus dem Watt hochgetürmt, und mir war das richtig unheimlich und ich bin immer um die kleinen Häufchen, die auch ständig in Bewegung waren, als wenn da unten in der Matsche lauter kleine Ungeheuer am Buddeln wären, drum herum gelatscht, und Gitti ist immer hinter mir hergekurvt, manchmal aber ich auch hinter ihr her, je nachdem, wer grade mutiger und vorne bei unserer Wattwanderung war.

Mama und Papa schienen das unheimliche Treiben unter unsern Füßen gar nicht großartig zu bemerken, jedenfalls hat sie das nicht besonders gestört, denn die sind immer schön voran durch das Wattenmeer marschiert, hinter Onkel Hans und Tante Christa und Jörg und Edelgard und Onkel Siegfried hinterher und haben alle Häufchen platt getrampelt, grad wie sie ihnen unter die Füße kamen, aber Gitti und ich nicht, wir sind immer schön drum rumgelaufen oder oben drübergehüpft, und deswegen konnten wir beide auch gar nicht so recht mithalten, und die anderen mussten andauernd auf uns beiden Wichte warten, bis wir wieder einigermaßen aufgeholt hatten.

„Da könnt 'er ruhig drauftrampeln", rief Tante Christa in den Wind und hielt sich ihr Kopftuch fest. „Das is gesund für die Füße und den Leib – macht das ma ruhig. So, und jetz weiter groodus, ja?"

„Und was is das da in der Erde?" hechelte ich.

„Das sind nur die Wattwürmer“, juxte Jörg. „Die sind immer da, wenn das Wasser weg is, und die schnappen da ma kurz Luft, bis de Nordsee zurückkommt.“

„Wie – zurückkommt?!“

„Na ja, noch 'n paar Stunden“, erklärte Onkel Hans. „Und die ganze Nordsee is wieder da, wo se vorhin auch schon war – habt ihr doch gerade alles schon gesehn.“

Ich hab Mama fragend angeguckt, und die hat Papa genauso angeguckt, und der hat uns durch den Wind zugebrüllt *So ist das nun mal mit der Nordsee*, während wir alle immer weiter durchs Watt platschten, und inzwischen haben Gitti und ich uns auch nicht mehr groß um die kleinen Burgen von den Wattwürmern gekümmert und sind einfach immer nur geradeaus hinter den Großen hergewatet, und die Sonne schien mit voller Kraft auf uns nieder, wobei die Meeresbrise uns gleichzeitig angenehm abkühlte und wir gut Salz in der Nase hatten. Meine Füße, obwohl die Sonne richtig brannte, wurden mir langsam kalt, und ich hatte auch die Schnauze voll von dem ganzen Rumgeplatsche auf dem schwarzen Quack, wo ich vor allem auch bei dem weiten Nordseewatt gar nicht erkennen konnte, wo wir überhaupt hinwollten, in welche Richtung überhaupt und so, weil das ganze Watt sah vorne und hinten und links und rechts überall gleich aus. Ja, wo sind wir eigentlich genau hingelaufen?!

„Wo gehn wer eigentlich hin?“ fragte Gitti. Das passte ja genau zu dem, was mir im Kopf rumschwirrte.

„Nirgendwo hin.“ Onkel Siegfried hatte die ganze Zeit kaum ein Wort verloren, und Edelgard, die hatte noch viel weniger gesprochen, sagte: „Brigittchen, im Watt geht keiner irgendwohin, da geht man nur – weiter und weiter und immer weiter, wie 's eim gefällt – bis die Flut zurückkommt.“

„Und wenn kommt se – die Flut?“ Gitti kriegte große ängstliche Augen. „Was is denn, wenn se kommt – dann müssen wer doch schnell hier weg, oder?!“

Ich selbst hatte auch nichts anderes mehr im Sinn, und ich wollte es jetzt endlich wissen. „Was is das überhaupt alles mit der Flut und der Ebbe und dem ganzen Zeug?!“

Und Gitti hat mir, während wir weiter durch die Nordseematsche und über alle Wattwurmburgen hinweg weiterlatschten, beigepflichtet, dass uns endlich einer mal beibringt, was Ebbe und Flut genau ist.

Dabei ist Gitti aber – da kam jetzt auf einmal eins zum andern – auch noch in einen kleinen Fluss gerutscht, die gibt es nebenbei nämlich auch noch im Watt, wo sonst nix in dem Watt was von Wasser zu sehen ist, da hat das blöde Watt sogar noch seine eignen Bäche und Flüsschen, die heißen *Priele*, so hat Tante Christa später gesagt, eh, zu spät gesagt, und mit denen rechnet natürlich kein Schwein, und ein Solinger an der Nordsee schon gar nicht, jedenfalls ist Gitti da in so einen Priel mir nichts, dir nichts reingeplumpst und hat gebrüllt, als wenn sie am Ertrinken wär, dabei konnte sie auf dem Grund von dem kleinen Bach in dem Watt locker drin stehen, aber bescheuert ist das natürlich schon in dem rattenkalten Meerwasser, wenn du dir Gedanken über Ebbe und Flut und solche wichtigen Sachen machst, von denen du überhaupt keinen Schimmer hast, und denkst, dass du rausfindest, was was ist, und dann fliegst du obendrein in so einen Fluss, also in so einen verdammten Priel, rein ..., da musste ich an Hans Guck-in-die-Luft denken ..., doch Gitti war ganz sicher kein Hans Guck-in-die-Luft, die war nicht mit irgendwas eingebildet, sie wollte nur wissen, was los ist, genau wie ich, und war nur in Gedanken bei Ebbe und Flut und hat dabei vergessen aufzupassen, wo sie hintritt – und die Großen haben nicht gut genug auf Gitti aufgepasst ... und mir hätte das genauso gut passieren können.

Das Allerblödeste war – Gitti war jetzt patschnass, und sie hat trotz der knalligen Sonne am ganzen Leib gezittert, und wir haben nur gehofft, dass sie schnell wieder trocken wird und sich nicht noch erkältet, denn trockene Wäsche anziehen konnten wir ihr ja kilometerweit weg vom Ufer mitten im Wattenmeer von der Nordsee nun mal nicht, und Gitti musste erst mal weiter so bibbern, dass ich am liebsten mit ihr getauscht hätte.

„Jetzt aber los!“ alarmierte uns da Onkel Siegfried, und er blickte besorgt raus zum Horizont, wo in der Ferne schon wieder die Seifenkämme von der Nordsee deutlicher zu erkennen waren. „Die Flut kommt gleich zurück!“

„Torück an Land – wie häm noch ’n mächtich lang Stück!“ Diesmal war das Onkel Hans, der da gegen den wieder auflebenden Wind anschrie, und Mama und Papa und Tante Christa und Edelgard und Onkel Siegfried haben uns Kinder ganz fix an die Hand genommen, und wir sind, ganz egal wie quacknass Gitti war, so schnell wir konnten, zügig über das Watt zurück Richtung Büsum, das in der Ferne ganz klein zu erkennen war, geeilt.

Ingo und Volker dagegen hatten es gut – die waren nämlich gemütlich bei Tante Elsbeth, die ja ihre Oma war, zu Hause in Heide und wurden von der schön versorgt und verhätschelt. Gitti jedoch – in ihren nassen Klamotten – musste richtig kämpfen und immer wieder das Heulen anfangen, und da hat sie Papa schnell auf den Arm und unter seinen Mantel genommen und eingewickelt und sie, so gut er konnte, gegen den Wind geschützt.

Da war plötzlich schon überall wieder ein ganz bisschen Wasser auf dem Watt und umspülte nach und nach unsre Füße, und als wir endlich heilfroh hoch auf die Promenade von Büsum gelangten, war hinter uns von Schlick und Watt kaum mehr was zu erkennen, weil all das bedeckte sich schnell mit Wasser, und die Nordsee fing langsam wieder an zu gären und zu wogen und zu brodeln und ihre Wellen klatschten immer noch ein Stückchen weiter auf das Watt – wo wir bis gerade noch spazieren gegangen waren.

Jetzt hatte ich das kapiert, und Gitti bestimmt genauso – das mit der Ebbe und der Flut, und wo die Flut jetzt wieder da war, kamen die ganzen Fischerboote von draußen aus der Nordsee zurück, die haben bestimmt nur auf der hohen See auf die Flut gewartet, dass sie wieder genug Wasser unter ihre Kähne kriegten, damit sie rein in den Hafen von Büsum kommen und alles, was sie an Fischen und Krebsen in ihren Netzen hatten, im Hafen an Land schütten konnten.

Weißt du, mit so einem Meer ist nicht zu spaßen, das habe ich da in Büsum gelernt. Für Jörg und die anderen Heider war das sicher ein alter Hut, und Mama und Papa kannten das mit dem Meer ja vielleicht auch schon von früher und von irgendwo anders her, aber mich hat die Nordsee ganz schön geschafft, mit allem, was die so draufhat – und Gitti ganz gewiss ebenso, denn die hatte ja von uns allen wegen dem blöden Priel am meisten von der Nordsee abgekriegt.

Doch das war ja noch längst nicht alles! Auf dem Weg zu unseren Autos – da waren wir ja wahrlich aus dem Ärgsten raus – da kamen wir noch an ein paar Buden und Ständen vorbei, wo es so frisches Fischzeug aus der Nordsee zu kaufen gab, und da mussten wir unbedingt haltmachen – also, sagen wir mal so, ich nicht unbedingt, allein das Schnuppern von dem Fischgedöns hat mir schon mehr als gereicht.

Die ständige Brise hatte Gitti richtig kräftig durchgelüftet und fast getrocknet, und die Sonne war ja auch immer noch schön mollig da – also Gitti fühlte sich jedenfalls mittlerweile wieder ganz putzmunter, auch wenn ihre Klamotten noch immer ein bisschen klamm waren.

Wir haben uns alle zusammen draußen im Freien an einem Tisch auf zwei lange Holzbänke verteilt, und Onkel Hans kam mit einer Schale voll mit kleinen rosanen Würmern – oder waren das Larven oder Raupen, weiß der Teufel – von der Bude zurück, und die Schüssel war zum Überquellen voll, und mit noch einer zusätzlichen, ganz leeren Schüssel dazu, wo ich aber nicht wusste, was er damit jetzt auch noch wollte ..., vielleicht zur Sicherheit und zum Reinspucken, falls einem übel wird ..., könnt ja sein.

„So, Kinners“, rief Onkel Hans uns aufmunternd zu, stellte seinen Kram direkt vor meine Nase auf unseren Tisch, wo wir uns vor der Fischbude alle breitgemacht hatten, lutschte abwechselnd seine Finger und guckte, als wenn er gerade einen riesigen Klumpen Gold gefunden hätte.

„Jetz Krabben puln – un lot juch dat mo schmecken!"

Edelgard und Tante Christa und Onkel Siegfried und Onkel Hans und Jörg haben zuerst in die Schüssel gegriffen und sich die komischen Dinger da rausgeholt, aber dann auch Mama und Papa, und Gitti war auch nicht bange, hat nur schön aufgepasst, was die anderen mit den Krabben da genau anstellten – ja, genau, das waren nämlich alles Krabben, also klitzekleine Krebse, die rosaroten Würmer da. Die haben die Krabben aus der Schüssel rausgefischt, die am Schwanzende festgehalten, den Panzer von denen leicht angeknackt und das Fleisch nach vorne rausflutschen lassen – puuh – gleich in den Mund rein ..., und über alle vier Backen gegrinst haben sie alle, als wenn es der Himmel auf Erden ist. Und weißt du was, das Fleisch von den Krabben ist genauso schneeweiß wie die Kämme von den Nordseewellen, und was die beiden, also die Nordseekämme und das Krabbenfleisch, mit Schnee überhaupt zu tun haben, das muss ich erst noch rausfinden, ... ich denk mal, wahrscheinlich gar nix.

Dann ging Onkel Siegfried doch nochmal los zu der Fischbude, und unsere große Familie hat nach den ganzen Krabben sogar noch die *Rollmöpse*, die er anschleppte, gegessen. Wusste ich bis dahin auch nicht – ein Rollmops ist ein aufgerollter roher Hering, wo innen eine saure Gurke und rohe Zwiebeln drin eingepackt sind, und dazu hatten sie ein Brötchen, und dass sie nicht alle geplatzt sind, war schon fast ein Wunder.

Ein trocknes Brötchen hab ich mir auch genommen, aber – darauf hab ich penibel geachtet – an dem war vorher kein Rollmops und keine Krabbe oder sonst ein stinkiges Gedöns dran gewesen, sonst hätt ich nämlich nicht mal das gegessen, so eklig war mir der ganze muffelige Fischkram.

Ich dachte irgendwann, als wir da über der Nordsee beim Krabben- und Rollmopsfuttern warn – also ich ja nicht so – irgendwas ist verkehrt mit mir, dass ich nicht essen kann, was alle anderen essen und denen eindeutig prima schmeckt, doch ich hätte das Zeug beim Teufel einfach nicht durch meinen Hals gekriegt. Da musste ich ganz stark an Oma denken, die hat immer, wenn ich zum Beispiel zu Hause was nicht essen wollte, mit mir ein bisschen gequengelt und gesagt, ich wär ein alter Pingelkopp, und damit hat sie wohl recht ..., aber ich kann es nun mal nicht ändern – so bin ich eben.

Als wir von Büsum zurück nach Heide im Auto gefahren sind, hat Gitti die ganze Zeit bei Mama auf dem Arm geheult, aber nicht, weil es was Trauriges zum Heuln gab, nee, das war, weil die Nordsee mit allem Drum und Dran so klasse ist, und das haut einen einfach um, und außerdem hatte sie den Bauch voll mit Krabben und Rollmops, und Gitti fühlte sich sauwohl, da kannst du drauf wetten, auch wenn ihre Klamotten immer noch ein bisschen feucht von dem Priel aus dem Wattenmeer waren ..., doch sie hat danach noch nicht mal eine Erkältung gekriegt.

Irgendwann sind auch vier Wochen Ferien um, habe ich gemerkt, und das Wasser in der Regentonne fühlte sich auch nicht mehr ganz so warm an wie noch vor einer Woche.

„Siegfried!" seufzte Papa, als wir alle auf dem Bahnsteig von Heide standen und er Onkel Siegfried umarmt hat.

Und Onkel Siegfried seufzte auch: „Hugo! So schön, dass ihr bei uns wart, das war ja so angenehm mit euch – wie eine einzige Familie".

Und Mama schluchzte: „Edelgard!" Und sie lagen sich alle in den Armen und konnten damit gar nicht aufhören, und da kullerten ein paar Tränen, das kannst du aber glauben, ... und Gitti und ich sind schonmal die Bahnsteigkante rauf und runter gedackelt, vielleicht gab es ja irgendwo auch was Aufregenderes. Dann haben Edelgard und Onkel Siegfried Gitti und mich geschnappt und zum Abschied so gedrückt und geknuddelt und geknutscht, dass uns beiden fast die Luft wegblieb.

Als wir im Zug nach Hamburg drin waren, hat Papa schnell das Fenster von unserem Abteil nach unten geschoben, und wir haben uns mit Edelgard und Onkel Siegfried in der Eile gegenseitig ein paar liebe Abschiedsworte zugeworfen, und als die Eisenbahn sich in Bewegung setzte, haben wir alle gewunken wie die Irren, und Gitti und ich haben jetzt auch ziemlich weinen müssen – so schön, wie das bei Edelgard und Onkel Siegfried und Ingo und Tante Christa und Onkel Hans und Jörg und Volker und Tante Elsbeth da in Heide und an der Nordsee war …

Als wir wieder zu Hause in Solingen waren und unsere ganzen Sachen ausgepackt und weg in die Schränke geräumt hatten – das hat aber in erster Linie Mama gemacht – da wollten wir aber auch schnell Oma wieder bei uns zu Hause haben, und gleich am nächsten Tag sind wir alle zusammen wieder zum Bahnhof nach Wuppertal-Vohwinkel und mit der Eisenbahn nach Porz zu Tante Grete gefahren.

„Na, hävt juch goot ammesiert?" sagte Oma ein bisschen bissig, als wir sie in den Arm nehmen wollten, und von Wiedersehensfreude war bei Oma erst mal kaum was zu spüren. Eh, … klar hatten wir uns amüsiert – Heide und die Nordsee waren ja so was von pfundig gewesen! Hätten wir das etwa nicht gedurft – uns amüsieren?

Tante Grete sagte zu Mama: „Us Modder hätt dat got hävt bi us."

„Dat glöv ick", antwortete Mama. „Un danke ock, dat se de ganz Tit bi juch hätt bliem könn."

Tante Grete stand hinter dem Sessel, wo Oma gemütlich drinsaß, und hatte ihre Hände lieb auf Omas Schultern gelegt, aber Renate und Günter hampelten durch die Wohnung und ich und Gitti mit, weil das war uns doch zu ernst, und die klitzekleine Christine pennte in ihrem Kinderwagen. Onkel Kurt sagte durch seine Zigarre was zu uns, doch das haben nur Renate und Günter – Bernd-Dieter war ja schon längst über alle Berge, also auf hoher See war der – und Tante Grete verstanden, weil Onkel Kurt ja von Sachsen herkam, wo sie ganz komisch, fast ausländisch, sprechen, und dann noch durch die Zigarre, wobei Onkel Kurt – neben Onkel Karl-Heinz – mein allerliebster Onkel ist; der hat nie Theater gemacht, wenn wir Kinder allen möglichen Blödsinn veranstaltet haben, wenn wir zum Beispiel das Spülbecken im Klo haben überlaufen lassen, weil wir dadrin Walnussschiffchen haben segeln lassen und den Wasserhahn dabei einfach vergessen hatten, nee, Onkel Kurt hat einfach ein paar Lappen auf den Fußboden geschmissen und sich halb krummgelacht, wo Tante Grete wie eine Furie um die Ecke kam und uns Kinder zur Sau gemacht hat und uns eine Mordspredigt hielt, und Mama und Papa waren auch nicht viel besser – doch Onkel Kurt, … ich glaub, der war der einzige von den Großen, der wirklich denken und fühlen konnte, wie Kinder fühlen und denken.

Also, wenn das einer noch nicht kapiert hat: Unsere Oma ist natürlich nicht nur die Oma von Gitti und mir, sondern genauso die von Bernd-Dieter und Günter und Renate und, ja, natürlich von dem Christinenwinzling auch, weil sie die Mama von Mama und auch von Tante Grete ist, und deswegen durfte Oma ja auch bei Tante Grete überhaupt wohnen, solang wir weg auf Urlaub in Heide waren, weil Tante Grete nun mal genauso Omas Kind ist wie Mama … und umgekehrt. Hat das einer verstanden?!

Als wir nach der Zugfahrt von Porz wieder in Solingen ankamen und oben bei uns in der Wohnung waren und Oma sich wieder in ihren blauen Sessel sinken lassen konnte, war sie gar nicht mehr grantig und hat in einem durch nach Tante Elsbeth und Christa und Edelgard gefragt und was wir sonst noch so oben in Holstein erlebt hatten, und sie wollte Gitti und mich immer wieder in ihren Armen haben, denn wir waren einen ganzen Monat lang getrennt gewesen, und das waren Oma, Gitti und ich überhaupt nicht gewohnt und deshalb ganz schön schwer für uns drei. Das war so, so, so schön, dass wir beiden Kinder Oma wiederhatten!

Wenn du nach vier Wochen aus den Ferien zurückkommst, musst du dich nach so langer Zeit erst mal wieder mit deinem Zuhause vertraut machen, und gucken, wo was ist, weil das hast du nach so einer langen Reise und dem Wegsein von zu Hause alles ganz und gar nicht mehr im Blick und schon fast vergessen.

So schnell geht das mit dem Vergessen!

Gleich nachdem Oma wieder bei uns war – das war für mich und Gitti überhaupt am allerwichtigsten, dass Oma wieder bei uns war – bin ich runter auf die Straße und auf Osterwinds Waage und hab geguckt, ob ich Joachim, Peter und Manfred irgendwo aufstöbern konnte, und als die nirgends zu entdecken waren, bin ich fix ab durch die Mitte weiter runter und zu unseren Bahnschienen, über die Balken bis zu den Ahörnern, über die Schienen zu den Flöppen und den Lurchis und Kaulquappen und bis zu KONEJUNGS und unserm Tunnel und hab nachgeguckt, ob alles noch in Ordnung und genauso war, wie bevor wir in Ferien verreist waren – und das war ja schon ewig her.

Es sah alles genauso wie vor unserer Reise aus, und das hat mich einerseits sehr überrascht, dass sich manche Sachen wohl nie verändern, aber andererseits hat mich das auch gleichzeitig sehr friedlich gestimmt – und das dornige Dickicht hinter den Flöppen trug große, reife Brombeeren, und die hab ich mir gegriffen, gerade wie sie mir vor die Nase kamen, und so lange davon gefuttert, bis ich allmählich Bauchschmerzen kriegte und wohl oder übel mit der Frengelei aufhören musste. Dann bin ich die Schienen auf der anderen, der Großmarktseite, entlang zurückgetrottet und hoch zu dem Grab von meinem Spätzchen geklettert und hab nachgeprüft, ob sein Kreuzchen noch steht, und das stand noch da, ich musste es nur ein ganz wenig richten, aber sonst war alles tipptopp in Ordnung, und ich konnte in aller Seelenruhe wieder absteigen und zurück nach Hause wandern.

Überall war alles wie immer und in Ordnung, und ob ich mal vier Wochen auf Ferienreise weit weg unterwegs bin – oder nicht – kratzt unseren Nordbahnhof überhaupt nicht und interessiert ihn nicht die Bohne und schert ihn einen Dreck. Dabei dachte ich immer irgendwie, dass ich mordsbedeutsam bin, damit es bei uns am Bahnhof und so drum herum alles fluppt, also klar, nicht nur ich allein, die anderen Jungs natürlich auch – aber das stimmt nicht, weil der Nordbahnhof kümmert sich selbst um sich, und da ist der nicht auf ein paar Bengels von der Van-Meenen-Straße angewiesen, die sich wer weiß wie wichtigtun und sich bei ihm einmischen und meinen, ohne sie geht es drunter und drüber, wenn sie mal ein paar Tage nicht vor Ort sind.

Das hab ich von Heide mit nach Hause gebracht – nee, ich hab das verstanden, wo ich aus Heide zurück war – und jetzt weiß ich gar nicht mehr, was ich sagen wollte – oder hab ich es schon gesagt? Jedenfalls braucht keiner keinen, und du kannst bis in alle Ewigkeit in Ferien fahren, das tut keinem weh, und wenn du bis in alle Ewigkeit nur zu Hause rumhockst, nützt das auch keinem, es ist alles egal, jeder kann machen, was er will, und ist niemals an nix, ach ja, nichts, schuld – außer er macht was richtig Böses, ein Verbrechen oder wie das heißt.

Als ich die Stufen zurück hoch um Osterwinds Mauer stieg, hörte ich verdammt vertraute Stimmen – und potzblitz, da treff mich doch der Donnerschlag – da spielten die Jungens auf der Waage Fußball, und ich bin gleich da rübergeflitzt und mit eingestiegen und hab Manfred ein Tor nach dem anderen reingenagelt, dass dem die Wiedersehensfreude ganz flott wieder vergangen ist. Doch danach musste ich ins Tor, und mir sind auch eine ganze Menge Bälle durch die Finger gerutscht, und Manni hat sich vor lauter Schadenfreude die Hände gerieben. Irgendwann, als Osterwinds ihr Waagehäuschen abschließen wollten, spielte auch Blanka mit, und da hatten wir Jungs sowieso nichts mehr zu melden, weil Blanka jeden Ball haben wollte – und sich den auch schnappte, und wir großen Fußballer haben nur blöd aus der Wäsche geguckt, weil Blanka unseren schönen Fußball nämlich am Ende in klitzekleine Stücke zerkaut hat, und wir ihr deswegen nicht einmal böse waren, denn Blanka war ja nur ein Hund, und Blanka haben wir Kinder alle sowieso richtig lieb gehabt, und die durfte sowieso machen, was sie wollte. Außer – wo kriegen wir denn jetzt verdammt nochmal einen neuen Fußball her?! Na ja, das Fußballspielen war ja erst frühestens morgen wieder auf unserer Tagesordnung, und bis morgen war ja noch eine ganze Nacht dazwischen, und die Wunder passieren ja sowieso alle über Nacht – da muss sich keiner drum kümmern und sich auch keine Sorgen drum machen, ... irgendwoher würde schon wieder ein brandneuer Fußball auftauchen.

„Übermorgen geht 's wieder in de Schule." Mama hatte eine ganz ernste und strenge Miene, als ich vom Fußballspielen durchgeschwitzt bei uns in die Wohnung reinstolperte. „Nur dass de 's schon ma weißt, Ulrich – morgen Abend kommst de 'n paar Minuten früher hoch, ja?!"

Ganz ehrlich, meine Schulsachen für nach den Sommerferien hatte ich ja sowieso schon am ersten Tag von unseren Schulferien gepackt – sicher ist sicher, dachte ich damals, und dann habe ich das schonmal aus dem Kopp – und Mama konnte mir mit der Schule überhaupt nicht bange machen. Aber von meinem fix und fertig vorbereiteten Tornister, der seit Wochen verborgen hinter dem Kopfende von meinem Bett stand, habe ich Mama gegenüber kein Wort erwähnt und nur gehorsam genickt und so getan, als wenn ich von nix wüsste. Wieso, verdammt, sag ich eigentlich andauernd *nix* anstatt *nichts*, wie sich 's für einen Gymnasiasten gehört?!

„Brigittchen", fuhr Mama fort, während sie Besteck und Bretter auf unserem Küchentisch verteilte. „Denk dran – übermorgen geht 's wieder in die Schule, und such schon ma langsam deine Siebensachen zusamm."

„Siebensachen?" Gitti hatte keinen Schimmer, wovon Mama überhaupt redete und guckte wie ein Auto.

„Na ja, Schulsachen – Tornister einpacken? Dämmert 's langsam?!"

Oma saß in ihrem Sessel und schüttelte ihren Kopf und lachte sich kaputt: „Oos Brigittchen!"

Und dann kam es: „Ich weiß eigentlich gar nich mehr, wo mein Tornister so genau is." Dabei hat Gitti unschuldig wie ein Engel dreingeschaut, und sie wollte auch gar nicht wissen, wo der blöde Ranzen von ihr war – und sie wusste das bestimmt auch wirklich nicht! Da ist Mama fast der Kragen geplatzt, und sie hat Gitti kurz mal am Kragen sanft durch unsre kleine Küche gezogen und sie mit der Nase drauf gestupst.

„Guck mal hier, Frollein!" Da stand Gittis Tornister unberührt in der Lücke zwischen unserem großen Küchenschrank und unserem Spielzeugschränkchen, und Gitti tat, als wenn sie hier noch nie in ihrem ganzen Leben gewesen wäre und die komische Schultasche auch noch nie im Leben gesehen hätte.

„Einpacken! Verstanden?! Aber zackich jetz! Mein Brigittchen, ich möcht doch nur, dass eure Schulsachen morgen fix und fertig paratstehen – übermorgen is zu spät! Verstehst de doch, ne?" Gitti nickte artig, aber was sie überhaupt einpacken sollte, war ihr ziemlich schleierhaft, und wo ihre ganzen Schulsachen sich so rumtrieben sowieso. Es lief darauf hinaus, dass Mama unter unseren Betten und in allen möglichen Winkeln und Ecken herumgesucht hat und nach und nach Gittis Schulbücher und Schulhefte aufgespürt und eingesammelt hat – und am Ende selbst Gittis Tornister gepackt hat.

Da klinkte das Schloss, und Papa trat durch unsere Wohnungstür rein und war von der Arbeit zurück, stellte seine Aktentasche ab, hängte sein Jackett auf den Bügel, guckte keinen an, nicht mal Mama, und lief sofort zum Küchenfenster, machte das weit auf und verkündete energisch – raus hinaus auf unseren Hinterhof: „Wir brauchen ein eigenes Haus! Ich geh hier kaputt!"

„Hugo, was is denn los mit dir?!" Mama war wie vom Blitz getroffen und nervös und trippelte immer hinter Papa her und um ihn herum. „Es is doch alles gut bei uns! Was is denn bloß in dich gefahrn?"

„Nichts ist gut!" Papa nahm sich endlich auch seinen Hut vom Kopf und schmiss den in die letzte Ecke von unsrer Küche, dass Gitti und ich ein wenig Angst kriegten und wir beide uns ins Wohnzimmer verzogen haben, und Oma tauchte kurz darauf ebenfalls bei uns im Wohnzimmer auf und rieb sich mit ihrem blütenweißen Taschentuch die Augen und hockte sich schniefend auf unser Wohnzimmersofa, was nachts ja eigentlich das Bett von Mama und Papa war.

„Ham wer was verkehrt gemacht?" fragte ich Oma, und Gitti fragte auch: „Hemv wat verkehrt mookt?"

„Nix hemv verkehrt mookt", antwortete Oma. „Juch Papa hät 'n poor Flusen im Kopp – süsten nüscht. Hei is jo ock bloß 'n jong Mann, do kümmt he dröwer wech."

Aus der Küche schallten laute Stimmen herüber, die von Mama und Papa, und ich hatte solche Sorge, dass Mama und Papa sich streiten und sich gegenseitig beschimpfen, und Gitti hat auf einmal so doll geweint. Aber dann wurde es plötzlich ganz still in der Küche, und wir hörten nur noch Papier knistern und Geschirr klappern und dann lange gar nichts mehr, und Oma und Gitti und ich wussten überhaupt nicht, was wir davon halten sollten und ob wir sicherheitshalber nicht mal in die Küche zum Nachgucken gehen sollten.

Da ging die Wohnzimmertür auf, und da standen Mama und Papa in der Tür – beide Hand in Hand!

„Wer baun 'n Haus!" rief Mama aus – und ich hab gedacht, ich träum gerade.

„Wo?" fragte Oma verdutzt.

„Wissen wer noch nich." Mamas Augen glänzten wie der Sternenhimmel.

„Wann?" fragte Gitti mit großen Augen.

„Wissen wir auch noch nicht." Papa holte seinen Hut aus der Ecke hinten aus der Küche zurück, wo er ihn vorhin in seiner Wut hingepfeffert hatte, und tat ihn dahin, wo er ordnungsgemäß hingehörte, nämlich auf seinen Huthaken von unserem kleinen Garderobenbord vorne an unserer Wohnungstür.

„Aber wir bauen unser eigenes Haus." Und Papa verschränkte seine Arme vor seiner Brust über seinem karierten Flanellhemd und grinste über das ganze Gesicht. „Und da ist auch ein großer Garten dabei." Und bei *großer Garten* glänzten dann auch Omas Augen.

Gitti hüpfte durch die ganze Bude und sang dabei immerfort: „Wir baun ein Haus, wir baun ein Haus, wir baun ein Haus, wir baun ..."

Dann wurde Mama mit einmal ziemlich unruhig, räumte alles auf, was es aufzuräumen gab, und hängte zum Schluss die Abtrockentücher über die Lehnen von unseren Küchenstühlen.

„So, Kinder." Und da wurde Mama wieder ganz ernst und barsch. „Trotzdem – übermorgen is wieder Schule, und wer müssen uns ans früher ins Bett gehen rechtzeitig gewöhnen, also jetz is Zeit fürs Bett – Haus bauen hin oder her."

Ich bin mit *unserm Haus* ins Bett gegangen und Gitti auch. Beim Einschlafen summte Gitti ihr Lied weiter vor sich hin *Wir baun ein Haus, wir baun ein Haus* ..., sodass ich rüberzischte: „Nu halt doch mal endlich die Schnute!" Hat sie dann auch gemacht ..., doch ihr Singsang hat in mir wunderbar weitergeklungen.

Am übernächsten Morgen in der Schule haben wir uns – genauso wie nach unseren Sommerferien zuvor – alle gegenseitig berichten müssen, was wir in den letzten sechseinhalb

Wochen so erlebt und durchgemacht hatten und als die erste Schulstunde nach den großen Ferien begann und unser Klassenlehrer, Studienrat Dr. Kambys, sich zur Begrüßung vor uns aufbaute und *Welcome back in school!* sagte und verlegen *to school* hinzufügte – und wohl nicht wusste, was von beiden das richtige Englisch war – und wir artig aus unseren Schulbänken traten, um im Chor zu antworten *Good Morning, Herr Studienrat!*, sagte Dr. Kambys: „Nun bitte, Jungs – erst mal nicht so förmlich, fangen wir einmal ganz gemütlich an, nach der langen Ferienzeit." Dr. Kambys fläzte sich in seinen Lehrerstuhl hinter seinem Pult und schlug die Beine übereinander und schwengelte das obere immer so hin und her, und obendrein war er ganz braun gebrannt, dass wir schon dachten, so richtig scharf aufs Unterrichten ist der wohl noch nicht.

„Nun erzählt mal ein wenig von euren Ferienerlebnissen! Wer möchte anfangen? Ich bin schon gespannt wie ein Flitzebogen!" So kannten wir Dr. Kambys ja gar nicht – so verkniffen, wie der vor unseren großen Ferien immer war.

„Ich war mitten an der Nordsee", schoss ich los. Damit hatte ich meinen Teil schonmal beigetragen und hätte jetzt meine Ruhe, ... hatte ich mir zumindest so ausgerechnet.

„Ach ja?!" Studienrat Dr. Kambys richtete sich in seinem Sessel ein wenig auf. „Und wo da?"

„Ich war in Italien an der Adria!" funkte ein anderer Schüler gleich darauf dazwischen. Und noch einer prahlte: „Ich war aber sogar drüben in Amerika – bei meiner Tante in Atlanta!"

„Schön, schön, Jungs", schmunzelte Dr. Kambys verständnisvoll, ließ sich wieder in seinen Sessel zurückgleiten und schwengelte wieder locker sein oberes Bein. „Doch, Jungs, bitte eine Geschichte nach der anderen, einverstanden? Also, Matthias, wo genau warst du an der Nordsee? Du hast dich zuerst gemeldet, somit sollst du auch mit deiner Geschichte den Vortritt bekommen."

Verfluchte Kacke – da hatte ich mir ja was Schönes eingebrockt!

„Also", beharrte Dr. Kambys, „wo warst du nun, Matthias? Lass einmal hören!"

„In Heide, eh, ... nee, in Büsum", stammelte ich sogleich. „Also in Heide haben wir, also meine Eltern und ich, bei Verwandten gewohnt, aber Gitti war auch dabei, Gitti, das is meine kleine Schwester." Da fing die Bande aber auch schon das Juxen und Sticheln an: „Und was is jetz mit der komischen Nordsee?"

„Leute – bitte!" Dr. Kambys äugte schon ein bisschen zu seinem weltberüchtigten Lineal rüber, das er, wie immer, vorne irgendwo auf einer der ersten Schulbänke geparkt hatte. „Matthias, lass dich bloß nicht konfus machen! Kinder, jeder kommt schon noch dran. So, wie war das jetzt mit der Nordsee und so weiter? Das interessiert mich inzwischen brennend."

Ich hatte gehofft, ich wär durch mein Vorpreschen schnell aus der Nummer rausgekommen – das Gegenteil war der Fall! Hätte ich doch bloß die Schnauze gehalten! Jetzt musste ich noch mehr von unseren Ferien ausbreiten – und das mit der blöden Bagage im Rücken!

„Ja, also – in Heide haben wir bei den Verwandten von uns in einem ganz schönen kleinen Haus am Kaiser-Wilhelm-Platz gewohnt", nahm ich den Faden schüchtern wieder auf. „Aber Heide liegt ja nicht direkt an der Nordsee, sondern 'n bisschen landeinwärts; für die Nordsee mussten wir fünfundzwanzig Kilometer nach links, also westwärts nach Büsum rüberfahren."

„Ich kenn da oben nur Sankt Peter-Ording und Husum", quatschte nochmals einer dazwischen.

„Das kenn ich aber nich!" Ich war wieder aus 'm Tritt und hatte die Nase voll von all den Besserwissern hinter mir im Klassenraum. „Und da warn wer auch nich – und wolln wer auch nie hin!"

„Matthias, achte einmal ein wenig mehr auf deine Aussprache – du kannst das doch", ermahnte mich Dr. Kambys freundlich. „So und nun erzähl bitte ruhig weiter – und wir hören dir alle zu." Und er fügte drohend und laut und deutlich hinzu: „Das hat die gesamte Klasse verstanden, nehme ich an!?"

„Ach ja, Heide hat übrigens den größten Marktplatz in ganz Deutschland!" triumphierte ich auf. „Wusstet ihr das schon?!"

„Nee! Freudenstadt hat den größten!" Das war wieder der Schlauberger von eben, kaum dass ich weiterreden konnte, und der schien sich in ganz Deutschland verdammt gut auszukennen. „Da war ich nämlich schon ma, als wer im Schwarzwald Ferien gemacht ham, und das hat da jeder gesagt – mit dem größten Marktplatz von der Welt, äh, von Deutschland, mein ich!"

„So, verdammt! Klappe! Momentan ist Ulrich Matthias dran, kapiert das endlich!" Studienrat Dr. Kambys hatte mittlerweile wirklich genug von der blöden Dazwischenquatscherei und hat sich richtig für mich ins Zeug gelegt und sagte mit scharfer Stimme: „Das mit dem *größten Marktplatz* schauen wir gemeinsam später im Lexikon nach, vielleicht gibt es ja sogar noch eine andere Stadt, die diesen Anspruch für sich erhebt – das werden wir dann alles klären. So, und jetzt wieder du, Matthias – und ansonsten herrscht ab sofort Ruhe im Saal, habt ihr das endlich begriffen?!"

Ich musste mich erst sammeln und wusste gar nicht, wie ich wieder anfangen sollte, und da würden sie bestimmt gleich wieder alle das Giggeln und Dazwischenquatschen anfangen.

„Also, da habe ich jeden Tag in einer Riesenregentonne gebadet, weil das war dieses Jahr ein Mordssommer da oben in Holstein, ... und mein Vater hat mir beigebracht, wie man aus einem Weidenast eine Flöte schnitzt." Die Klasse war bei *Flöte schnitzen* inzwischen tatsächlich mucksmäuschenstill geworden.

„Und wenn wir ganz früh draußen im Garten waren, hoppelten da lauter Häschen rum, und die hatten gar keine Angst, aber mit Mohrrüben füttern ließen die sich nicht von mir, obwohl ich die sogar extra für sie geschält hab."

Jetzt haben sie sich schon wieder halb totgelacht, aber diesmal nur, weil das ja recht lustig war, was ich da erzählt hab, das mit dem Mohrrübenschälen für die Hasen und so, obwohl alles wirklich wahr war – aber dann fiel mir auch erst mal nichts mehr weiter ein, was ich so von mir geben könnte. Doch bevor die Burschen wieder loskrakeelten, und das würde bestimmt jeden Augenblick passieren, quasselte ich einfach weiter und erzählte von Jörgs Schwimmbaderlebnis in dem Neubaukeller und der Bullenbegegnung – und da waren die Jungs endgültig einfach so was von den Socken und platt und haben sämtlich ihre Klappe gehalten, dass Dr. Kambys in seinem Stuhl nur noch Däumchen gedreht hat, und er konnte in aller Seelenruhe wieder seine Beine wippen lassen.

Als ich mit meinen paar Geschichten durch war und mich endlich zurücklehnen und ausruhen wollte, fing die verdammte Truppe doch tatsächlich das Beifallklatschen an. Verdammter Mist, das fehlte auch noch!

„Matthias", Dr. Kambys erwachte aus seinem Halbschlaf. „Du hast ja nun offensichtlich dein Publikum doch regelrecht begeistern können!"

Die Klasse klatschte die Hände und rief *Erzähl weiter, Uli!* und Dr. Kambys versuchte die Meute mit sanften Handbewegungen, fast wie ein Orchesterdirigent, zu beruhigen, und er fragte mich freundlich: „Ulrich, hast du uns vielleicht noch mehr zu bieten?" Und dabei blickte er mich fast flehend an, und na ja ..., ich quasselte dann doch noch ganz schön lange weiter ...

„... Hauptsächlich wollte ich ja sowieso von der Nordsee erzählen. Und die hat 's in sich, das kann ich euch aber flüstern. Die hat 'ne Ebbe und 'ne Flut; bei Ebbe ist die Nordsee gar nicht da, da kannst de auf 'm Fußboden von der Nordsee stundenlang spazieren gehen, wie 's dir gefällt, und die ganze Nordsee ist einfach futsch und kein Wasser weit und breit."

„Ulrich, komm doch mal besser nach vorne", forderte Dr. Kambys mich richtig höflich auf. „Damit die Klasse dich auch sieht, wenn du deine Geschichten erzählst. Setz dich doch ruhig oben auf mein Pult, also, wenn dir das gefällt."

Das hat mir ziemlich gut gefallen – zu sehen, wie meine Kameraden mit offenen Mäulern gebannt unter mir saßen und warteten, was ich als Nächstes auf Lager hatte.

„... Bei Ebbe heißt die Nordsee nämlich nicht mehr Nordsee, sondern Wattenmeer, und ..."

„Stimmt, da hat Ulrich recht, das ist in Husum und Sankt Peter-Ording ganz genauso!" Der vorlaute Kerl konnte einfach nicht seine verflixte Schnauze halten.

„Bei der nächsten Unterbrechung fliegst du raus und gehst vor die Tür!" Dr. Kambys hatte jetzt wirklich die Faxen dicke und fuchtelte schon arg mit seinem Lineal durch die Gegend. „Hast du mich verstanden?!"

„Jawohl, Herr Studienrat." Die Nervensäge versank schmollend in seiner Schulbank.

„Matthias, bitte – immer noch und endgültig deine Bühne."

„Also im Wattenmeer kann man aber trotzdem nich, eh, nicht so locker und unbeschwert herumlaufen, wie man meinen sollte, weil aus dem Boden, der heißt da oben aber nicht Boden, sondern Schlick, und genauso sieht der auch aus und ist dunkelschwarz und überhaupt die matschigste Matsche, die ihr euch vorstellen könnt, dabei ist die gleichzeitig aber auch ganz fest, wenn das Wasser, also die Nordsee, sich erst mal 'ne Zeit lang verzogen hat – auf jeden Fall krabbeln in dem Schlick von dem Watt von der Nordsee Milliarden von Würmern drin rum und bauen Milliarden von kleinen Würmerburgen, und während du so übers Watt wandern willst, weißt de überhaupt nicht, wo du hintreten sollst, weil alles mit diesen blöden Häufchen übersät ist, und du rennst immer wie bekloppt drum herum, dass du da bloß nicht drauftappst und dir vielleicht so 'n Wattwurm aus Rache 'nen Zeh abbeißt, und wisst ihr was – die Viecher hören mit ihrem Burgenbauen einfach nicht auf, bei jedem einzelnen Schritt türmt sich vor dir ein neuer Würmerhaufen auf, bis es so viele werden, dass die dir alle egal sind und du dich überhaupt nicht mehr um so einen Kleinkram kümmerst – und du trampelst da einfach schnurstracks drüber weg."

„Stimmt genau!" schmetterte der Banause von vorhin heraus – er konnte es einfach nicht lassen, das Dazwischenquatschen.

Studienrat Dr. Kambys tat so, als wenn er das Bürschchen überhaupt nicht gehört hätte, sonst hätte er ihn ja diesmal wirklich vor die Tür setzen müssen, und das wollte er ja eigentlich gar nicht, wie es aussah, denn der sollte mir ja auch zuhören dürfen.

„In Wirklichkeit", plapperte ich weiter, „muss man sich also gar nicht groß um die Wattwürmer Sorgen machen, im Gegenteil, es soll sogar richtig gesund sein, über die kleinen Burgen von denen drüberzulatschen, hat meine Tante Christa aus Heide gesagt, weil deine Fußsohlen dadurch automatisch immer sanft massiert werden, so heißt das, glaub ich, und das ist gut für den Rest von deinem ganzen Körper auch, und wenn du denen ihr Häuschen platt getreten hast, werfen die hinter dir sowieso ruckzuck wieder 'n neues Häufchen nach oben, als wenn nix gewesen wär. Aber wenn die Flut wieder zurückkommt, musst du verdammt zusehen, dass du in Windeseile an Land und aufs Trockne kommst, sonst hast du verloren, und zwar für immer und alle Zeiten, und da nützt dir auch schwimmen nix, eh, nichts, denn die meterhohen Wellen, die dir da auf die Birne krachen, überlebt der beste Schwimmer der Welt nicht."

Bis auf den einen, der vorhin schon andauernd dazwischenfunkte, waren alle anderen Jungs ganz Ohr und hingen regelrecht an meinen Lippen, und Dr. Kambys war saufroh, dass er sich nicht mehr groß einmischen musste, ja, eigentlich überhaupt nichts zu tun hatte und nur auf die Pausenklingel warten musste, weil ich ihm seine Arbeit abnahm und die ganze Bande an der Kandare hatte, und als ich, weil mir nun wirklich nichts mehr einfiel, was ich noch so berichten könnte, schließlich ankündigte *So, das war 's im Großen und Ganzen, was ich erzählen wollte*, klopften die Jungs mit ihren Fingern auf ihre Schulbänke und stampften mit ihren Füßen auf den Fußboden.

„Matthias, das ist dein Applaus – hast du dir redlich verdient!" Dr. Kambys freute sich darüber, dass er so eine leichte Schulstunde gehabt hatte, und packte schonmal seinen Papierkram und sein gefährliches Lineal in seine Aktentasche. „Zehn Minuten hätten wir noch zur Verfügung. Matthias, also Ulrich, wenn du willst? Oder jemand anders – jeder kommt dran, habe ich ja versprochen, wenn nicht heute, dann morgen."

„Ulrich, Ulrich, Ulrich!" rief die Klasse, und sie ballerten wieder mit ihren Schuhen auf dem Fußboden rum. Nee, ne!? Ich habe überhaupt nicht begriffen, was an meinem bisschen Gequatsche so toll gewesen sein sollte, vor allem aber – ich hatte nicht den geringsten Schimmer, worüber ich sonst noch über Heide und aus unseren Ferien plaudern könnte.

Ich thronte immer noch oben auf dem Podest und da auf dem Schreibtisch von Dr. Kambys und zermarterte mir inzwischen mein Hirn, was ich auf die Schnelle noch aus dem Hut zaubern könnte.

„Hm, ... ist ja klar – irgendwann ist meine Familie und unsere Verwandtschaft natürlich auch mal zusammen auf große Fahrt auf die Nordsee rausgesegelt."

„Gesegelt?!" Dr. Kambys hatte mir offensichtlich ganz aufmerksam gelauscht und war voll bei der Sache. „Wie kommst du auf *gesegelt*, bitte schön?"

„Na ja, das sagen die so auf hoher See – auch wenn 's auf 'm Motorschiff ist", klärte ich ihn blitzschnell auf.

„Ach so." Dr. Kambys musste ein bisschen grinsen.

„Da war aber nicht mehr Ebbe, versteht sich von selbst, da war Flut – und was für eine! Wir konnten uns gerade so von der Pier an Bord von unserm Schiff begeben, so hat das – noch im Hafen von Büsum – gebebt und geschaukelt. Die meisten Passagiere warn schon seekrank, bevor wir überhaupt draußen auf der Nordsee warn und haben sich unten in den Toiletten auskotzen müssen, und auch anderswo, wenn sie 's nicht mehr bei sich halten konnten. Unser Ziel war Helgoland, und das würde knapp drei Stunden dauern, sagte der Käpten über den Lautsprecher und fügte hinzu *Wenn alles gut läuft*.

Obwohl draußen vorm Gymnasium Schwertstraße ein Spitzenwetter mit blauem Himmel und blankem Sonnenschein herrschte und die Unterprima unten im Schulinnenhof Sportunterricht mit Handball und Korbball hatte, klebten die Jungs mit weit aufgerissenen Augen wie die Ölgötzen in ihren Schulbänken, und wenn ich nicht weitergequatscht hätte, hättest du eine Stecknadel fallen hören können, so totenstill war das da ansonsten in unserem Klassenzimmer – da konnte Dr. Kambys nur von träumen, und die anderen Lehrer auch, dass mal eine Schulklasse einfach eine ganze halbe Stunde lang die Fresse hält, und dabei war ich ja überhaupt kein Lehrer oder Studienrat oder Doktor oder so, nix von dem war ich.

„Jedenfalls – trotz des hohen Seegangs", ich kam doch tatsächlich nochmal richtig ins Faseln, „verlief die Fahrt zunächst recht flüssig, mal abgesehen von den Leichen, also den Seekranken, die überall in den Ecken von unserm Schiff rumhingen, und wir pflügten unsern Weg quer durch die Wellen immer weiter Richtung Helgoland, bis wir – ja, was war denn das – ein Monstrum, das sich da vor unsrer Nase aus dem Wasser hievte?! *Wenn Sie mal bitte vorausschauen wollen*, schallte der Kapitän durch den Lautsprecher, *Dort konnten Sie just einen Blauwal bestaunen – der ist hier äußerst selten*. Das *Bestaunen* konnten natürlich aber nur diejenigen, die noch einigermaßen auf den Beinen waren, und zu denen hab ich dazugehört und hab mich über die Reling gebeugt, um dem Riesenvieh hinterherzugucken, und da rauschte doch tatsächlich der Wal direkt steuerbord längsseits an unserm Schiff vorbei, so nah, dass ich seine Rückenflosse berühren konnte, das war aber beileibe kein Streicheln, das fühlte sich an, als wenn dir einer 'n dickes Brett an die Hand knallt, und das in voller Fahrt. Dann, so schnell wie er gekommen war, war der Wal auch schon wieder weg und in die Tiefe abgetaucht, und von jetzt an wurde das Wetter immer wilder – und um 's kurz zu machen – bis nach Helgoland sind wir leider nicht gelangt. Der Kapitän von unserm Schiff musste die Tour nach Helgoland notgedrungen abbrechen und wohl oder übel kehrtmachen, weil das Wetter einfach zu schlimm wurde und wir alle rein ins Schiff und alle Schotten dicht machen mussten, so fing das an zu schütten und zu stürmen, und ein Wellenbrecher nach dem andern prasselte auf unser Schiff nieder, und wir, also Mama und Papa und Edelgard und Onkel Siegfried und Tante Christa und Onkel Hans und Jörg, sind unten im Bauch von unserm Schiff alle ganz eng zusammengerückt, und wir hatten Heidenangst, dass wir alle sterben müssten, wenigstens hab ich das so gedacht, und ich hab mir sogar eingebildet, wir wärn schon unter Wasser ..., aber dann hat das Schiff uns letztendlich doch wieder sicher zurück nach Büsum geschippert. Ja, so war das auf der Nordsee."

Die Klassenbande war noch ein paar Sekunden still und ergriffen von meinem Gebrabbel, aber dann, als sie merkten, jetzt kommt endgültig nichts weiter mehr von mir, trampelten sie wieder vor lauter Begeisterung mit ihren Füßen und klatschten mit den Händen.

Dr. Kambys hatte schon längst gemerkt, dass ich schwer am Flunkern war, und er zwinkerte mir immer wieder zu – da klingelte es zur Pause, und von einer Sekunde auf die andere hat sich kein Schwein mehr für meine Nordseeabenteuergeschichte interessiert, und die Pfeifen sind alle aus dem Klassenzimmer rausgezischt, als wenn es irgendwo da draußen eine neue, noch spannendere Sache gäbe, außer Dr. Kambys, der ist noch dageblieben und war wegen irgendwas schwer am Grübeln.

„Ulrich, ich wusste gar nicht, dass Blauwale Rückenflossen haben – oder höchstens nur eine kleine – jedenfalls kein *Brett* ... hi, hi."

„Ehm, also ...", da war ich ein bisschen in Verdrückung. „Dieser hatte jedenfalls eine mächtige Rückenflosse ..., vielleicht war das ja auch 'n andrer Wal, 'n Pottwal oder was es sonst noch so an Walen gibt."

„So, so, ... und dass es überhaupt Blauwale in der Nordsee gibt!?" Dr. Kambys hatte eine ganz nachdenkliche, runzlige Stirn.

„Das fand der Käptn damals ja auch ein bisschen merkwürdig. Vielleicht warn wir ja auch schon ein bisschen weiter raus, ... Richtung dem Atlantik oder so ...?" Ich blickte Dr. Kambys treuherzig an – und der platzte auf einmal aus sich raus und brüllte vor Lachen.

Dr. Kambys hatte mein Seemannsgarn gegen Ende meiner Geschichte gleich voll durchschaut und wohl seine reine Freude dran, dass ich seine Rasselbande so prima unterhalten und im Griff hatte, und als er schließlich Richtung Lehrerzimmer abdampfte und meine Schulkameraden alle schon weg zur nächsten Schulstunde waren, zwinkerte er mir nochmal zu und strich mit seiner Hand, die er sonst meistens für sein brutales Lineal gebrauchte, über mein Haar. Dann drehte er sich plötzlich nochmal um und kam zurück.

„Und wo sind deine blauen Flecken?!" Dr. Kambys ließ doch einfach nicht locker!

„Welche blauen Flecken?"

„Na, die von der Rückenflosse ..., von dem *Brett in voller Fahrt*, da muss der Riesenwal doch derbe Spuren bei dir hinterlassen haben!"

„Ach die – die blauen Flecken sieht man alle nicht mehr", entgegnete ich geistesgegenwärtig. „Das mit dem Wal ist ja schon drei Wochen her."

„Ach, Matthias ..., Ulrich ..., fällt mir gerade auch noch ein – was bedeutet eigentlich *Steuerbord*?" Jetzt wollte er mich endgültig aufs Kreuz legen, wobei er aber immer zwischendurch noch in schallendes Gelächter ausbrach.

„*Steuerbord* ist immer die Seite rechts vom Schiff – Herr Studienrat", gab ich ihm trocken zur Antwort. „Also in Fahrtrichtung rechts."

Daraufhin ist Dr. Kambys – einigermaßen baff – nichts anderes Pfiffiges mehr eingefallen und er ist endgültig den Flur mit seiner Aktentasche runter Richtung Lehrerzimmer abgezogen und ... groß gelacht hat er auch nicht mehr.

KARL DER GROSSE

Bei Gitti ging die Schule nach den Ferien in Heide und an der Nordsee genauso weiter wie bei mir, ist klar, aber was die so im Unterricht hatte, weiß ich natürlich nicht, denn ich war ja nicht dabei ..., bis auf ein Mal, da kam sie heulend von der Schule zurück in unsere Wohnung reingestrauchelt, da hatte sie in Rechnen eine Fünf gekriegt, und Mama hat sie ganz schnell mitsamt ihrem Schulranzen vom Boden hochgehoben und gedrückt, wie man einen nur drücken konnte.

„Nächstes Mal wird 's wieder 'ne Drei oder 'ne Zwei oder 'ne ..." Mama musste auch ein bisschen schluchzen. Dann hat sie Gitti wieder auf den Fußboden gestellt und ihr den Tornister vom Rücken genommen und ihr den nassen Anorak ausgezogen, und Oma bemerkte: „Reeken könn blouß de Dumm', dat bruckst du nei, mien Mädker." Da wurde Gitti wieder frisch und wohlgemut, und Mama und Oma und ich haben uns gefreut, dass sie so schnell wieder gut gelaunt und quicklebendig daherkam.

Na ja, eine Fünf hatte ich bis jetzt noch nicht, noch nicht mal auf dem Gymnasium – krieg ich aber bestimmt irgendwann auch mal, da kannst du drauf wetten, und das ist so sicher wie das Amen in der Kirche, weil, ... jeder kriegt im Leben mal eine Fünf oder sogar eine Sechs.

Außer Gittis Fünf in Rechnen weiß ich aus der Zeit aber eigentlich nur, was bei mir auf der Schwertstraße so los war.

Was ich und meine Klasse hatten, war *Karl der Große*, und die Geschichte von dem hat mich völlig in Besitz genommen. Der Karl der Große war aber natürlich nicht bei unserem Klassenlehrer in Englisch, also nicht bei Dr. Kambys mit seinem Mörderlineal, sondern in Geschichte bei Studienrat Sackmann, bei dem wir ja auch Deutsch hatten, und der hatte nie irgendwelche Waffen bei sich, der war nur so eine Art, ja, wie soll ich das sagen ..., ein *Sack-Mann*, und der war völlig harmlos und lieb und zutraulich. Der hat uns prima nett was aus der Geschichte, also aus allem, was früher, vor allem ganz, ganz früher, los war, vorgetragen, und bei Studienrat Sackmann war ich immer mit Herz und Seele bei der Sache, weil der konnte uns ganz menschlich Sachen erzählen – und was der uns über den Karl den Großen beigebracht hat, fass ich jetzt mal kurz zusammen, denn das war kein bisschen langweilig – obwohl es ja schon ewig weit weg und alles uralter Kram ist.

Um es schonmal vorwegzunehmen – Karl der Große war wirklich groß, also der war ein richtiger Lulatsch, der maß fast zwei Meter, hat Studienrat Sackmann wenigstens so gesagt, obwohl die beiden sich ja nie persönlich getroffen haben, und das wär schonmal fast ein halber Meter mehr, als Papa groß ist, und ich bin sicher, der Karl hieß in erster Linie einfach *Der Große*, weil er nun mal ein elend langer, hoch aufgeschossener Schlacks war und nicht wegen irgendeinem Zinnober, den sie ihm später noch dazu angedichtet haben.

Zu welchem Land der Karl der Große eigentlich genau hingehört, ob zu Deutschland oder Frankreich oder vielleicht zu Belgien oder Luxemburg oder Holland, was ja alles um uns drum herum liegt, oder sogar zu all den Ländern zusammen, weiß keiner so genau, ganz einfach, weil es diese unterschiedlichen Länder damals, und das ist ja nun mal über tausend Jahre her, so wie heute noch gar nicht gab. Da in Frankreich und Belgien und in der Ecke heißt Karl der Große jedenfalls auch Karl der Große, aber natürlich auf Französisch, und wie die den schreiben und aussprechen, weiß ich noch nicht, weil Französisch kriegen wir erst in der Untertertia, und bis dahin ist es ja noch ein paar Tage hin. In England heißt Karl der Große sicher auch Karl der Große und das natürlich auf Englisch, aber so weit sind wir auch in Englisch noch nicht, außer dass er da drüben in England bestimmt nicht Karl, sondern eher *Carl* oder *Charles* mit *Der Große* auf Englisch hintendran geheißen haben muss.

Wenn ich mir das genau begucke, sind wir kleineren Jungen auf der Schwertstraße überhaupt noch nicht besonders weit und haben von Tuten und Blasen, und wie Karl der Große in anderen Sprachen heißt, noch keine Ahnung – aber das weiß ich felsenfest, das kommt noch, dafür sind wir ja auf dem Gymnasium Schwertstraße, dass wir alles lernen, was es auf der Welt zu lernen und zu wissen gibt.

Jetzt mach ich aber mal wieder mit dem Karl dem Großen weiter. Der Karl der Große war in Deutschland unser erster Kaiser, hat Studienrat Sackmann jedenfalls verkündet, wobei wir heutzutage in Deutschland ja überhaupt gar keinen Kaiser mehr haben, nur noch einen Bundespräsidenten. Der Unterschied zwischen den beiden ist, ein Kaiser trägt eine goldene Krone mit Edelsteinen auf dem Kopf und eine Robe aus feinsten geschmeidigen Fellen, Zobel und Hermelin und wie die alle heißen, also nur manchmal tut er das, zu Ostern und Weihnachten und zu solchen festlichen Gelegenheiten, und unser Bundespräsident trägt höchstens einen pechschwarzen Anzug und ein schneeweißes Hemd aus Garn und eine Krawatte oder eine Fliege aus Seide – na ja, so genau weiß ich das ja alles nicht, weil, wir hatten ja, hab ich schon ein paarmal von gequasselt, keinen Fernseher, und im Radio, auch wenn es ein riesiger GRUNDIG ist, siehst du ja von alledem nichts. Außerdem ist der Karl der Große schon ewig weit weg von unserer Zeit jetzt, der lebte zu einer Zeit, wo es noch nicht mal Zeitungen gab, geschweige Radios und Fernseher, und SIKU-Autos und LEGO-Bausteine waren auch noch nicht da, und der Karl der Große hatte damals nicht den geringsten Schimmer von den Spielsachen, die wir Kinder heute so haben – er selbst hatte als ganz kleiner Steppke bestimmt nur ein bemaltes Holzpferd und sonst nix, außer vielleicht noch ein Lederbeutelchen mit bunt glasierten Tonmurmeln und eine kleine lederne Peitsche für seinen Kreisel oder anderen Krümelkram.

Als er größer und schließlich erwachsen war, ist der Karl der Große im Jahr 800 nach Christus, also 800 Jahre nachdem unser Jesuskindchen auf die Welt gekommen ist – *vor Christus* gab es nämlich auch schon 800 Jahre und noch elend viele mehr – also da ist der große Karl im Jahr 800 nach Christus genau zu Weihnachten in Rom vom Papst, der hieß *Leo der Dritte*, zum Kaiser gekrönt worden und war damit auf einen Schlag der mächtigste Mensch von der ganzen Welt, gleich nach dem Papst und dem lieben Gott. Und da hat der Karl sich bestimmt die Hände gerieben, denn da waren noch andere Kollegen von ihm, also die ganzen anderen Könige und Fürsten aus der Umgebung und den anderen Ländern, die auch auf die Kaiserkrone und den Rest von der ganzen Macht verdammt erpicht waren, aber der Papst, der als einziger Mensch mit dem lieben Gott von Mann zu Mann sprechen kann, so haben sie sich das damals vorgestellt, hat sich Karl den Großen als Kaiser ausgesucht. Doch das hat der Papst Leo nicht bloß aus Jux und Dollerei gemacht, sondern weil Karl und sogar schon Karls Papa, der hieß *Pippin der Kleine* – was für ein Name für den Papa von einem Kaiser – dem Papst immer mal wieder kräftig unter die Arme gegriffen und aus der Patsche geholfen haben, gegen die blöden Langobarden in Italien, die ihm seinen Kirchenstaat um Rom rum abluchsen und ihm deswegen an den Kragen wollten, zum Beispiel. Du, das ist bei den ganz Großen und den Mächtigen, die heißen heute *Politik*, wenn ich das richtig aufgeschnappt hab, genauso wie beim Einkaufen – wenn du nicht bezahlst, kriegst du nix, eh, nichts, nicht mal eine einzige Kaugummikugel, geschweige eine Kaiserkrone oder einen Staat.

Davon abgesehen war der Kaiser Karl hauptsächlich andauernd auf Achse, um in seinem Riesenreich nachzugucken, ob alle seine Beamten und Verwalter schön ordentlich arbeiten und ihre Pflichten erfüllen, und die Grenzen von seinem Reich auch noch da verlaufen, wo er sie hinhaben wollte. Das war aber, auch noch als der Karl der Große schon zum Kaiser gekrönt worden und saumächtig war, alles andere als einfach, erstens, weil der Kaiser kein schnelles Auto oder einen Schnellzug oder einen Hubschrauber oder ein Düsenflugzeug vor der Tür hatte und er deshalb die ganz Landschaft, die zum allergrößten Teil aus undurchdringlichem Urwald, Eichen, Buchen, Weiden, Tannen, Kiefern und mordsviel Gebüsch und Dornensträuchern, wo Bären, Wölfe, Luchse und anderes blutrünstiges Gezottel und giftige Kreuzottern massenhaft drin hausten, bestand, schlicht und einfach auf seinem Pferd abklappern musste – du hast richtig gehört, auf einem Gaul – zweitens, weil alle Nase lang die Sachsen in Westfalen und die Langobarden in Italien und die Araber in Spanien in sein Reich eingefallen sind und einen Aufstand nach dem anderen angezettelt und dort Mordstrubel veranstaltet haben, und da musst du erst mal mit deinem Pferd schnell genug überall hinkommen, damit du das Notdürftigste regeln und im Zaum halten kannst. Bei seinen Reisen und seiner Jachterei durch sein Riesenreich ist er da – als Kaiser – natürlich auch nicht mutterseelenalleine durch das Gestrüpp rumgestromert, der hatte oft auch seine Frau, damals hieß die aber *Gemahlin*, seine Kinder, das waren ja die kleinen Prinzen und Prinzessinnen, und immer seinen Hofstaat mit Mamsellen, Köchen und Stallburschen und so und eine halbe Armee zum Schutz und zur Versorgung bei sich; das muss damals bei dem Karl dem Großen so gewesen sein, als wenn halb Solingen zusammen auf Wanderschaft durch Europa wär, und dann musste er ja auch jeden Abend irgendwo anständig übernachten, dafür hatte er aber so Hotels, die hießen aber nicht *Hotels*, äh, ... *Raststätten* auch nicht, und wie die in echt damals hießen, fällt mir jetzt zum Teufel gerade nicht ein, jedenfalls gab es überall verstreut im Land diese Hotels für den Kaiser, und ein ganz prächtiges war zum Beispiel in Paderborn; in diese Ecke, genauer gesagt, nach Lippstadt, wollen Papa und Mama mit uns ja demnächst mal umziehen und da für uns ein Haus bauen, und das ist ewig weit weg von Solingen, doch wenn der Karl der Große das vor tausend Jahren nach Paderborn in die Gegend von Lippstadt auf seinem Zossen und mit seiner gewaltigen Bagage hingekriegt hat, werden wir das ja wohl auch mit der Eisenbahn und mit einem modernen Möbelwagen schaffen – und vielleicht finde ich ja dann noch zufällig ein paar Sachen oder Spuren von dem Kaiser Karl dem Großen, sein Taschentuch zum Beispiel, vielleicht sogar bei uns im Garten, den kriegen wir nämlich da in Lippstadt um unser neues Haus auch ..., davon reden Papa und Mama ja in einem durch von, also nicht von Karl dem Großen und seinem Taschentuch, sondern von dem Garten, den wir bald haben werden.

Genau – jetzt hab ich 's! – *Pfalz* hießen diese Nobelhotels von dem Karl dem Großen! Manchmal denkst du an nichts, und dann fällt dir wieder plötzlich ein, wonach du dir vergeblich deinen Kopf zermartert hast! Dein Kopf macht beileibe auch nicht immer, was du willst. Aber egal erst mal – ich war ja bei der Pfalz, und von den Pfalzen hatte der Kaiser Karl eine ganze Menge in seinem Reich, was ja noch größer als heute Deutschland und Frankreich und Italien zusammengenommen war, und die brauchte er deswegen auch, und weil er nur am Rumreisen war, musste halb Solingen, Quatsch, seine Familie und sein ganzer Haushalt und seine Truppen zwangsläufig immer mit ihm mitziehen, weil er nun mal der mächtige

Kaiser war, und die Soldaten und Lakaien haben alle heimlich geflucht und bei sich gesagt *So 'n Scheiß, diese blöde ewige Rumlatscherei, ich wär tausendmal lieber zu Hause bei meiner Frau und unsern kleinen Kindern in unsrer Hütte und auf der Jagd mit meim Bogen und den Hunden,* na ja, so oder so ähnlich hat das Fußvolk von dem großen Kaiser Karl bestimmt über die ständige Herumzieherei gedacht.

Stell dir mal vor, wenn die Armee mit dem großen Kaiser in der Pfalz in Paderborn aufgekreuzt ist – was da wohl los war!? Da war der Teufel los, das glaub man ja – das kann ich mir alles richtig lebhaft ausmalen! Erst mal musste die Raststätte, also die Pfalz, in Schuss für die hochherrschaftliche Ankunft und für den Aufenthalt von der hergerichtet sein, es musste genug zu essen für hunderte von Leuten vorhanden sein und zubereitet werden, und dann genug Betten, Bettwäsche, ... und das wusste Studienrat Sackmann beim besten Willen auch nicht, wie das in der Karolingerzeit, so hieß die Zeit bei Karl dem Großen nämlich, mit der Bettwäsche, dem Bettenmachen und dem Schlafengehen so genau ablief, da musste Studienrat Sackmann komplett passen, weil solche Feinheiten stehen in keinem von unseren Geschichtsbüchern drin, und ohne Geschichtsbuch ist fast jeder Geschichtslehrer aufgeschmissen und kommt auch nicht weiter und weiß genauso wenig wie du und ich. Die tausenden von Soldaten werden ja wohl Zelte oder so was dabei gehabt haben, und um ihr Essen werden sie sich auch selbst gekümmert haben, Rehe und Wildschweine und Kaninchen im Wald gab es ja damals noch wie Sand am Meer, und die konnten sie sich am Spieß alle über ihren Lagerfeuern draußen im Hof von der Pfalz oder in der Fläche vor den Stadtmauern knusprig kurbeln, aber der Kaiser und sein Hofstaat, und das waren sicher auch ein paar hundert Leute, mussten ebenfalls versorgt und beköstigt werden, und das musst du als Pfalz erst mal bewältigen, und die Paderborner Frauen haben gekocht und gebraten und die Pfalz aufgeräumt und blitzsauber geputzt und gewienert, was das Zeug hielt, damit der große Kaiser Karl ja nicht das Maulen anfängt – dann hätte es nämlich schwer was gesetzt, und das wollte natürlich keiner von den Paderbornern riskieren.

Diesmal war der Aufenthalt in der Pfalz von Paderborn aber keine gewöhnliche Dienstreise von dem Karl dem Großen und seinem Tross und seinen Soldaten und eine Urlaubsreise schon gar nicht, sondern wirklich nur eine kurze Verschnaufpause, weil der Kaiser endgültig mit den ewig randalierenden Sachsen aufräumen und fertigwerden wollte. Sein alter Widersacher, der Sachsenherzog Widukind, war zwar schon längst 'n bisschen älter und vernünftig und einsichtig geworden und ging mittlerweile sogar jeden Sonntag in die Kirche, wobei ich mir aber nicht sicher bin, ob in die katholische oder die evangelische – ist auch wurscht – aber die jüngeren Sachsen konnten sich einfach noch nicht damit abfinden, dass irgend so ein dreimalschlauer Großkotz aus dem Westen ihnen ihr Land abknöpfte und dass der Kerl, also der Karl, tausendmal mehr Soldaten besaß und sie selbst zu Brei stampfen konnte, wie es ihm passte – wenn er sie denn bloß erwischen würde – das hat die junge Sachsenbande aber nicht im Geringsten gejuckt, und die Sachsen haben weiterhin alle möglichen Überfälle auf die kaiserlichen Städte und Ortschaften und die Pfalzen da im Osten veranstaltet, auch auf Paderborn, und da war bei dem Kaiser Karl irgendwann endgültig Sense, und er hatte die Faxen dicke und ihm ist der Kragen geplatzt, und er hat kurzerhand seine Familie in der Pfalz in Paderborn abgesetzt, da war sie in guter Obhut und rundum verpflegt und umhegt, und er ist mit seinem Riesenheer weiter nach Nordosten raus aus seinem Frankenreich, erst mal zur *Irminsul*, dem uralten Heiligtum von den Sachsen, das ja aber gar nicht mehr dastand, weil der Kaiser Karl der Große fast dreißig Jahre früher höchstpersönlich selbst, lange bevor er Kaiser war und schonmal in der Gegend auf Feldzug war, die Irminsul platt gemacht hatte, als er sich damals mit dem Widukind wie wild gekloppt hat. Von der Irminsul weiß übrigens kein Schwein mehr genau, was das Ding – außer dass es wohl eine Art von großer

Säule gewesen sein muss – überhaupt war, doch die Irminsul muss für die Sachsen genauso bedeutsam gewesen sein wie bei uns, ... eh, der Kölner Dom vielleicht oder die Müngstener Brücke, weiß ich jetzt auch nicht, wie ich das sagen soll. Weil die Irminsul futsch war, war da auch kein Sachse mehr zu finden, worauf der Kaiser zunächst mal spekuliert hatte, dass die sich da in der Ecke alle rumtreiben würden, und er musste sich weiter auf die Suche nach der Dreckssachsenbande machen und immer weiter mit seinen Männern durch den Urwald pirschen und durch die Sümpfe platschen, und viele von ihnen sind von Mücken und Flöhen und Läusen und anderem Gesocks gepiesackt worden und fürchterlich krank geworden oder konnten einfach nicht weiter und sind in der grünen Wildnis vor Schwäche bitterlich gestorben. Irgendwo, das heißt heutzutage wohl Niedersachsen, fast schon an der Elbe hat der Kaiser Karl der Große die Sachsenrotte schließlich zu packen gekriegt und alle von denen totgemacht, dass kein Einziger mehr übrig blieb, und davon haben sich die Sachsen nie mehr erholt, und von da ab war an diesem Ende von seinem Riesenfrankenreich erst mal Ruhe – wobei, Sachsen gibt es ja heute immer noch, zum Beispiel Onkel Kurt, da sind dann doch wohl ein paar übrig geblieben ..., aber das ist eine andere Geschichte.

Studienrat Sackmann hat uns noch viele andere Geschichten von dem großen Karl, also dem Kaiser von vor über tausend Jahren, erzählt und uns auch allerlei als Hausaufgabe aufgebrummt; damit hab ich mich danach zu Hause gut beschäftigen können, erstens, weil ich unserem Studienrat Sackmann schön aufmerksam zuhören konnte und, zweitens, weil ich selbst mal Kaiser oder so was in der Art werden will und drittens, weil ich die Sachsen wegen ihren unermüdlichen Aufständen und Angriffen auf die übermächtigen Franken richtig klasse fand und in den Geschichtsstunden von Studienrat Sackmann meistens dem Herzog Widukind und seinen Sachsen die Daumen gedrückt hab – obwohl den Kaiser Karl fand ich auch nicht schlecht.

„Stimmt das auch alles?“ rief Jürgen Rumlandt frech und ungläubig dazwischen in die Geschichtsstunde. „Was Sie uns da so erzählen? Sie warn selbst doch gar nicht dabei!“

„Natürlich war ich nicht dabei, Rumlandt, das ist ja wohl selbstredend. Doch was ich da vorgetragen habe, stimmt – im Großen und Ganzen zumindest – verlass dich darauf!“ Studienrat Sackmann tat recht beleidigt und guckte auf seine Armbanduhr. „Auch wenn ich genauso wenig dabei war wie jeder von euch – meine Berichte stehen in allen seriösen Geschichtsbüchern ... so oder so ähnlich, und ich erzähle euch nur das, was ich da gefunden habe, ... und nichts davon habe ich mir einfach ausgedacht, falls du das mit deiner kritischen Bemerkung andeuten wolltest!“ Und Jürgen Rumlandt hat kein Wort mehr dazu verloren und sich schmollend hinter seinem Vordermann verkrochen.

Studienrat Sackmann sagte, dass Geschichte sauwichtig ist, also *sauwichtig* hat er nicht direkt gesagt, aber so was Ähnliches, weil wir nämlich aus der Geschichte, also den Sachen, die früher mal passiert sind, unheimlich viel lernen können, damit die blöden Tragödien aus der Vergangenheit sich nicht wiederholen müssen – und nur die guten. Wenn das stimmt, ist Geschichte natürlich ein hervorragendes prima Fach, denn damit hast du ja dann praktisch alle Fäden in der Hand und die ganze Welt im Griff und kannst alles genauso steuern, wie es sein soll, und wenn die anderen auch alle mitmachen, kann überhaupt nichts mehr schiefgehen.

Jetzt glaub aber ja nicht, dass die alte Geschichte alles aufklärt, und allein mit Englisch und Französisch kommst du auch nicht durch die Welt – da gibt es eine ganze Menge von anderen Fächern, wo du dich drin auskennen musst, bevor du was werden willst. Ich denke da zum Beispiel an Naturkunde, was sich aber auf dem Gymnasium auf einmal *Biologie*, *Chemie* und *Physik* schimpft, und das ist jedes für sich ein ganz eigenes Gebiet. Aber wenn ich davon erst anfangen würde und über die Lehrer quatschen und die vielen Experimente, die wir da gemacht haben, um dem Leben auf die Spur zu kommen und rauszukriegen, wie was wirklich ist und abläuft und alles – du, ich lass die Biologie, Chemie und Physik jetzt erst mal links liegen. Da hab ich ja früher, wenn du dich erinnerst, schon ein paarmal beiläufig drüber gesprochen, auch wenn es da nur um mein verstorbenes Spätzchen ging – aber da war eine Riesenmenge Physik und Chemie und Biologie dabei, und sogar Philosophie und Religion, glaub ich, ... also bei meinem Spätzchen gings eigentlich um sämtliche Fächer, die es überhaupt auf der Welt gibt.

DIE BERLINER MAUER

Es gab einen Moment, da muss ich aber schon so knapp zwölf Jahre alt gewesen sein, und da spielten irgendwelche alten Könige und Kaiser wie der ehrwürdige Karl der Große oder der Alte Fritz oder Napoleon oder Kaiser Wilhelm kaum mehr eine Rolle mehr für mich, also ab dem Zeitpunkt hab ich fürchterlich genau auf die Nachrichten aus dem Radio gehorcht, viel genauer noch als vorher sowieso schon, und ich war so was von scharf drauf, alles, aber auch wirklich alles, von der Welt da draußen aus unserem Riesenradio mitzukriegen – ganz genau wie Papa.

Von da an war unser Radio fast schon aufregender für mich als unser Nordbahnhof, die Ahörner und die Flöppen und Brombeeren und Lurchis und der Tunnel und der Rest – ehrlich.

Irgendwann an einem Sonntagmorgen mitten im August war Deutschland geteilt, wirklich geteilt, da haben sie über Nacht von Sonnabend auf Sonntag eine Mauer gebaut – mitten durch Berlin! Da bin ich noch nie gewesen, in Berlin, aber Berlin ist die Hauptstadt von Deutschland, das weiß ich, und Deutschland ist ja nun mal, wo ich her komm, und Gitti auch und Oma und Papa und Mama sowieso, und wenn einer unsere Hauptstadt in zwei Hälften teilt und da eine Mauer durchbaut, muss er vollkommen bekloppt sein, denn so was macht man nicht, und ein Deutscher schon gar nicht, aber das war tatsächlich ein Deutscher, der das mit der Teilung veranstaltet hat, und der hieß Walter Ulbricht, und der sprach Sächsisch wie Onkel Kurt, nur, dass Onkel Kurt nicht im Radio und Fernsehen ist und – im Gegensatz zu dem Walter Ulbricht – ganz lieb ist und keine unsinnigen Mauern irgendwo auftürmt. Onkel Kurt hätte so was nie gemacht, ganz bestimmt nicht, auch wenn er ebenso wie der Walter Ulbricht aus Sachsen stammt und die beiden dieselbe Schnabbel brabbeln.

Bei Blaschkes, die wohnten genau einen Stock über uns, haben Gitti und ich im Fernsehen schon am nächsten Tag, also am Montag, mit angucken können, wie die ganzen Bauarbeiter von dem Walter Ulbricht die Mauer hochgezogen haben, und die haben da den Speis auf die Mauersteine geklatscht und einen Hohlblockstein nach dem anderen hochgewuchtet und obendrauf und übereinander gepackt und waren dermaßen lustig bei der Sache und haben aus dem Fernseher gegrient, als wenn ihnen ihr Arzt das fortwährende Strahlen mit einem Rezept verschrieben und denen in ihre Fresse zementiert hätte, und eine ganze Wachmannschaft von Soldaten im Hintergrund hat die Maurer schwer in Schach gehalten und haarscharf aufgepasst, dass sie auch richtig gründlich mauern und munter weitergrinsen und ihnen da ja keiner dazwischenfunkt.

Und dann war die Mauer quer durch Berlin ratzfatz fertiggemauert, und keiner konnte mehr hin oder zurück in Berlin, und wenn einer doch versucht hat, aus dem Osten nach Westberlin zu fliehen – und das passierte tagtäglich, umgekehrt eher nicht, wenn ich das richtig im Kopp hab – ist er von den ostdeutschen Soldaten beim Weglaufen oder beim Springen aus der Wohnung, wenn die direkt an der Mauer stand, erschossen worden, oder die Flüchtlinge verreckten dann in den Maschendrahtrollen, die haben die ostdeutschen Soldaten nämlich gleich zusätzlich überall vor die Mauer hingeschmissen, sicherheitshalber, wenn einer von hinter der Mauer, also von Ostberlin nach Westberlin, abhauen wollte und es tatsächlich halbwegs rüberschaffte, dann hing er eben im Maschendraht fest – und verblutete. Abhauen aus seinem eigenen Land, das haben der Ulbricht und seine Minister und der Rest von seiner Bande jedenfalls nicht zugelassen, und jeden, der nach Westberlin und Westdeutschland in die Freiheit flüchten wollte, haben seine Soldaten spätestens, als sie über die Mauer oder den Grenzzaun waren, kaltblütig erledigt – das war seit dem Mauerbau alle paar Tage in unserem Radio zu hören und stand auch andauernd in Papas BILD-Zeitung, und da hatten sie auch Fotos von den Fliehenden, ... wie sie im Maschendraht drinhingen.

So war das in Berlin nämlich tatsächlich, als ich fast zwölf war – auch wenn das schwer zu glauben ist!

Als die Mauer quer durch Berlin fertig war und der restliche Grenzzaun, den der Ulbricht danach durchs ganze Land gezimmert hat, ebenso, und das ging ganz hurtig, und es auf einmal wirklich Westdeutschland und Ostdeutschland gab, war alles ganz komisch, das Komischste war aber, dass Berlin, das war ja unsere größte Stadt, nicht nur zweigeteilt war, sondern auf einmal wegen dem Ulbricht zweigeteilt mitten in Ostdeutschland lag, und da wird es jetzt so was von vertrackt, dass ich das gar nicht mehr richtig erzählen und auseinanderklamüsern kann, und auch wenn Papa mir das alles erklären würde, ich würde das wahrscheinlich trotzdem nicht kapieren.

Wenn was richtig Komisches aus der Welt im Radio kommt und ich frag, was ist damit gemeint, sagt Papa meistens *Das ist alles Politik, und das verstehst du erst, wenn du groß genug dafür bist*. So war das, als die Mauer in Berlin gebaut wurde, auch. Da war ich noch nicht mal zwölf Jahre alt, und so richtig verstanden und eingesehen hab ich eigentlich nichts davon – hab das alles nur im Radio verfolgt und an den Fernsehern in der Nachbarschaft, entweder bei Blaschkes über uns oder direkt gegenüber bei Fürstenbergs, unseren liebsten Nachbarn, mit angeguckt.

Was da jeden Tag alles im Radio mit anzuhören und im Fernseher anzusehen war – du wirst es kaum glauben können! Da denkst du, so was Bekloptes wie eine Mauer durch eine Riesenhauptstadt bauen kann es überhaupt nicht geben – gab es aber! Scheißpolitik!

Doch neben der Scheißpolitik passierten, als ich so ungefähr zwölf war, auch noch ganz andere, mindestens genauso irre Klamotten – das kommt jetzt gleich, und da werdet ihr euch nochmal derbe wundern!

DER GROSSE POSTRAUB

Das war ja ein Mordsding! Und das war auch alles bei uns im Radio.

Als wir uns vorhin gerade zum Abendbrot hingesetzt hatten und die Nachrichten im Radio losgingen, wurde das auf einen Schlag unterbrochen und der Sprecher ließ verlauten, dass in England ein Zug mit einem Riesenhaufen Geld überfallen und ausgeraubt worden wäre und jetzt soundso viel Millionen englische Pfund futsch sind, das ist in deutscher Mark noch viel, viel mehr, weil ein einziges englisches Pfund kostet in Deutschland ganze 12 Mark oder mehr sogar, und dabei hätten die Räuber keinem Einzigen was Schweres angetan, sie hätten es nur unglaublich klug angestellt und sind weg und über alle Berge mit den ganzen Penunzen. Weißt du, wie ich das fand? Das fand ich spitzenklasse! Und ich hoffte, dass die Banditenbande nie und nimmer einer zu fassen kriegt. Wer so was, ganz ohne Gewehre und Pistolen und Blutvergießen, austüftelt und fertigkriegt, der hat es auch verdient – also so viel Geld! Ehrlich, diese Kerle waren für mich die allertollsten Räuber auf der ganzen Welt!

Da musste ich dran denken, wie wir damals als kleine Knöpfe den Bananenzug überfallen, na ja, eher erobert und den gründlich begutachtet haben – und Millionen von Geld haben wir ja da auch nicht rausgeholt, nicht mal nach gesucht – und uns an ein paar grüngelben Bananen den Magen verdorben haben, und davon Bauchschmerzen gekriegt haben wir obendrein. Jedenfalls waren in unserem Zug aber auch Millionen drin – Millionen unreife Bananen, wie gesagt, und erwischt haben sie uns ja auch nicht, wofür auch. Irgendwie waren die englischen Postzugräuber mir unheimlich sympathisch, denn eigentlich hatten sie uns ..., ja, einfach nur ein bisschen was nachgemacht. Aber verdammt gut hatten sie das angestellt – so was von verdammt gut!

Außerdem find ich es gar nicht so schlimm, wenn einer fünfzig Millionen klaut, denn wer fünfzig Millionen hat, hat der bestimmt auch noch mehr davon, und das tut dem gar nicht weh, wenn ihm die plötzlich fehlen. Schlimm wär es nur, wenn es einen Armen treffen würde, aber den trifft es ja nicht, denn der hat ja nicht mal eine Million, im Gegenteil, ein Armer hat ja gar nichts, und deswegen tut der Postraub den meisten Menschen überhaupt nicht weh, höchstens den paar Geldsäcken, und das auch nur ein ganz wenig. Wenn ich so überleg, ... wirklich belämmert wär es nur, und dann wirklich schlimm, wenn die 50 Millionen, die der Postzug da in England transportiert hat, das ganze Sparbuchgeld von armen Schluckern wie du und ich wäre! Dann wär es wirklich arg – und beileibe nicht so toll wie ich zuerst dachte!

Fünfzig Millionen kann ich mir überhaupt nicht vorstellen! Neulich, als ich nicht einschlafen konnte, gab Mama mir den Rat: „Zähl ma ganz langsam für dich alleine bis hundert. Du wirst dich wundern, Ulrich – bis hundert kommst de gar nich, weil de spätestens bei siebzig wegdrömelst und dann schläfst de ganz sicher wie 'n Murmeltier." Das hab ich gemacht, das mit dem bis hundert Zählen, aber ich glaub, ich war schon bei fünfzig eingeschlafen ... und weg für die Nacht.

Stell dir mal vor, du müsstest bis fünfzig Millionen zählen, bis du einschläfst! Da wärst du aber ein paar tausend Jahre nur mit Zählen beschäftigt, und dann wärst du bestimmt so saumüde und kaputt, dass du mindestens genauso lange nochmal hinterher schlafen müsstest – aber so weit kann ja sowieso überhaupt keiner zählen und so lange schlafen genauso wenig!

Ich würde aber schon ganz gerne wissen, ob sie die Gangster von dem Postzug irgendwann mal kriegen. Irgendwie hoffe ich – nicht! Doch die Banditen werden jetzt auch nicht mehr in Ruhe schlafen können, und das ganze Scheißgeld nützt ihnen wahrscheinlich kaum was, wenn sie mit der ganzen geklauten Pinke immer vor der Polizei weg rund um die Erde flüchten müssen, und auch wenn sie sich das zwischendurch richtig gut gehen lassen und ihre Millionen Kröten verprassen können, sie wissen ja immer, dass ihnen die Polente auf der ganzen Welt im Nacken hängt – und ich sag dir eins, so ein Bankräuberleben ist deswegen ein vermaledeites Scheißleben ..., glaub mir das! Ich würd nicht mit denen tauschen wollen, für kein Geld der Welt – auch nicht für 50 Millionen, egal ob Pfund oder Mark! Ich würde jedenfalls mit geklauten Moneten in der Tasche kein Auge mehr zukriegen.

Nach dem, was sie im Radio so tagein, tagaus berichtet haben, kann ich mir das richtig gut vorstellen, wie das bei dem Postzugüberfall diesen Sommer in England ablief ...

... Und es damit anfing, dass die Räuber sich gegenseitig versprechen, wenn es denn irgendwie machbar ist, keinem von den Leuten in dem Postzug was anzutun und schwören:

„Wir drücken den Leuten blitzschnell 'n Taschentuch, getränkt mit irgendwas aus der Apotheke, unter die Nase, und dann könn die schön pennen, bis wir mit unseren Sachen fertig sind, und die wissen nachher von nix mehr und ihnen geht 's wieder prima und sind putzmunter."

„Genauso machen wir 's und nicht anders – und Schießeisen nehmen wir gar nicht erst mit!" Die ganze Bande war sich darüber vollkommen einig. „Wir sind doch keine Mörder – wir sind todanständige Diebe!" Und dann haben sie sich draußen vor ihren Autos, die da wie eine Wagenburg im Kreis standen, alle die Hände gereicht und eingeschlagen – damit auch alles klappt – und sind los zu der Stelle, wo sie den Geldzug, der von Glasgow in Schottland auf dem Weg nach London war, zum Halten bringen wollten. Das war draußen auf dem platten Land, irgendwo zwischen Oxford und London, sagte der Nachrichtensprecher jedenfalls – da hat die Bande an ein paar Eisenbahnsignalen so lange dran rumgefummelt, bis die auf Rot, also *Stopp*, gestellt waren und haben dann nur noch abgewartet und rumgelungert, bis der Zug aus Norden, also dem fernen Schottland, angerattert kam und – wegen den roten Signalen – vorschriftsmäßig abbremste und schließlich zum Halten kam.

„Papa – wo liegt denn Oxford eigentlich – und Glasgow und Schottland und so?"

„Das muss ein Stückchen nördlich von London sein – also Oxford meine ich." Papa lauschte auch ganz aufmerksam dem Radio – und verbesserte sich: „Eher nordwestlich – von London aus vielleicht eine Stunde mit der Eisenbahn ..., kann ich jetzt aus dem Stegreif auch nicht so genau sagen ..., ich war ja noch nie in London und in der Gegend da – und ganz oben im Norden in Schottland und in Glasgow schon gar nicht."

Dort – also irgendwo zwischen London und Oxford – sind die Banausen, das waren wohl so fünfzehn Männer, wie die Katzen aus ihren Verstecken im Gebüsch auf den abgestoppten Zug, die Lokomotive und die Waggons gehopst und haben das Zugpersonal überrumpelt, und weil ja alles sauschnell gehen musste, haben sie dem Lokführer doch eine Stange über die Birne ziehen müssen. Worauf die Truppe eigentlich erpicht war, war ja ganz allein der hinterste Eisenbahnwagen, der mit den Post- und Geldsäcken drin, und den haben sie vom Zug abgekoppelt und hatten einen alten pensionierten Lokführer angeheuert, damit der mit der Lok und den ganzen angehängten Waggons die nötigen Manöver durchführt und diesen einen ganz bestimmten Waggon mit den Pfundnoten dahin rangiert, wo die Autos von der Räuberbande standen und sie die Säcke mit den Geldscheinen umladen konnten. Der alte Kerl hatte aber von Tuten und Blasen keine Ahnung mehr von den modernen Dieselloks und kam überhaupt nicht zurecht, und der reguläre Lokführer, der von der Stange ohnmächtig und leicht aus dem Kopf blutend auf dem Tender schlummerte, musste wachgerüttelt werden. Der kam langsam zu sich und kriegte eine halbe Flasche Limonade eingetrichtert, um ihn fix wieder hoch auf die Beine zu kriegen. Gestützt von zwei von den Räuberjungs und immer noch duselig und leicht lächelnd von dem Betäubungsmittel, das sie ihm doch sicherheitshalber zusätzlich noch unter die Nase gerieben hatten, erhob sich der Lokführer mühselig und führte behäbig die Anweisungen von den Posträubern aus und gondelte den Geldwagen auf eine Brücke, die heißt Bridego-Brücke, haben sie auch im Radio gesagt, also dahin, wo unten die Autos von den Gangstern geparkt waren. Dort eingetroffen, schubsten sie den Lokführer wieder in die Ecke, wo der wieder zusammensackte und in Seligkeit weiterpennen konnte – und damit auch gar nix schiefgeht und der zu früh wieder aufwacht – verabreichten sie ihm zusätzlich noch ein weiteres Taschentuch mit dem Schnüffelzeugs aus der Apotheke.

„Raus mit der Kohle aus dem Zug!" befehligte der Anführer, und die Kameraden knackten mit mehreren sauschweren Riesenkneifzangen die Schlösser und Eisenketten von der Seitentür von dem Geldwaggon, schoben sie auf und bugsierten die ganzen Geldsäcke in Windeseile raus aus dem Waggon, die Böschung runter zu den Autos und verteilten die da in alle Kofferräume und klappten die einen nach dem anderen zu.

„Leute, jetzt haben wir 's! Wer ham 's – verflucht nochmal, wer ham 's! Millionen, genug für jeden von uns – bis ans Lebensende!" rief einer.

„Juchuu!" Die Bande stand da jubelnd und gleichzeitig nervös trippelnd in der Wagenburg beisammen, und die Männer kloppten sich gegenseitig in ihrem Triumph immer wieder gegenseitig auf die Schultern und auch, wenn ihnen ganz bestimmt noch gar keiner auf den Fersen war, mussten sie ja vor allem ans Abhauen denken – je schneller, desto besser.

„Hört ganz schnell zu – macht nicht so einen Radau, verdammt!" zischte der Anführer. „Wir machen jetzt keinen Blödsinn – kapiert?! Kein Fehler – kein einziger Fehler jetzt! Wir haben 's ja in allen Einzelheiten besprochen! Wir flitzen jetzt nicht wie die Kaninchen in der Landschaft rum, klar?! Dann packen sie uns in null Komma nix und schnappen uns oder knalln uns vielleicht sogar ab. Habt ihr verstanden?!"

Der große Plan war ja sowieso schon lange vorher festgelegt, und jeder von der Räuberbande hatte sich den wochenlang einprägen müssen.

„Männer, wir hauen jetzt nicht überstürzt einfach ab! Nee, wir fahren ganz stinknormal, ein Auto nach dem anderen – im Minutenabstand – ganz gemütlich, wie jeder hundsgewöhnliche Bürger, zu dem alten leeren Bauernhof, den wir uns ausgeguckt haben. Jeder hat seine Straßenkarte, hoff ich?! Also, jetzt immer die Ruhe – und bloß keinen unnötigen Krach machen, keine Johlerei mehr! Das ist am Allerallerwichtigsten! Die Bullen suchen momentan, wenn sie überhaupt schon Wind gekriegt haben, wie verrückt nach wild herumflitzenden Fahrzeugen und Leuten, die wie irre in der Gegend herumgeistern. Wo keine Bewegung ist, gibt 's für die auch erst mal nix zu suchen, und vor allem nix zu finden. Haben wir ja alles schon zigmal durchgehechelt. Also, der erste Wagen kann lostuckern, aber schön gemächlich, klar?! Und lasst ja die Finger von den Säcken mit der Pinke, sonst gibt 's gewaltigen Ärger, das schwör ich euch!"

Der Obergangster hatte sie alle unter seiner Fuchtel, auch wenn die anderen ebenfalls genau Bescheid wussten, was wann, wo, wie zu tun war. Nur deswegen hat der Postzugraub geklappt, weil die ganze Bande durch und durch eingeschworen war und einfach nur den Plan von vor einem Jahr oder so gemeinsam durchziehen musste, sonst nix – dann würd das ein Kinderspiel sein.

Nach ein paar Stunden trudelten sie alle in deutlichen Abständen nacheinander auf dem verlassenen Bauernhof ein, eine halbe Autostunde weg, von wo sie den Überfall gemacht hatten, und die Bande hat sich einen Deibel gefreut, dass sie das so mordsmäßig perfekt hingekriegt hatten, und einer hatte sogar eine Pulle Whiskey im Rucksack, und die haben sie in der Scheune ratzfatz reihum gehen lassen und ausgesoffen, und der Boss, der gerade von seiner Patrouille vom Hof reingeschneit kam, herrschte die Bande an: „Seid ihr von allen guten Geistern verlassen?! Disziplin – ihr verdammten Hornochsen! Disziplin – verflixt nochmal!

Vielleicht habt ihr 's jetzt schon versaut mit eurer blöden Zecherei! Wir müssen unsere Gedanken beisammenhaben, darum geht 's – nur darum geht's: Disziplin und Konzentration und nochmal Disziplin!" Da war die Bande plötzlich totenstill und saß da in der Scheune auf den Heu- und Strohballen wie begossene Pudel, weil sie hatten den ganzen Kram ja doch genauestens durchgekaut, und da gehörte auch ausdrücklich dazu – kein Bier, kein Wein, kein Schnaps, kein nix von solchem Zeug, und nicht mal Zigaretten qualmen, und sie hatten alle ein sauschlechtes Gewissen und dachten schon, sie hätten es vermasselt.

„Na gut", sagte der Chef missmutig. „Jeder von euch ist ja noch einigermaßen an Deck und eine Flasche durch fünfzehn geteilt haut noch keinen um. Trotzdem, wenn wir hier raus und in die Freiheit wollen und mit unserm ganzen Geld dahin wollen – und unsere Freiheit ist noch verflucht weit weg – müssen wir, verdammt nochmal, schlauer als ganz England und Schottland und Irland zusammen sein. Geht das endlich in eure beduselten Köppe rein?! Wir paar Männeken müssen die ganze Welt überlisten – macht euch das doch endlich klar! In ein, zwei Stunden sind alle Polizisten und Detektive von England und von sonst wo hinter uns her. Dann müssen wir weg und vom Erdboden verschwunden sein – als wenn 's uns nie gegeben hätte! Geht das endlich ein für alle Mal in eure Birne rein?!"

„Hatten wer uns ja auch schon alles durchphilosophiert", murmelte einer.

„Durchphilosophiert, durchphilosophiert! Was ist denn das für 'n Quatsch!" Der Anführer wurde wieder richtig fuchtig und rabiat. „Wir müssen doch einfach nur machen, was wir bis ins i-Tüpfelchen ausgeheckt haben – dann lebt jeder von uns bald in Saus und Braus, bis an sein Lebensende! Aber ihr müsst ja unbedingt, weiß der Teufel warum, auf einmal mit der Whiskeysauferei anfangen, nur weil ihr 'n paar Säcke mit Geldscheinen im Kofferraum von euern Autos rumliegen habt. Wie blöd muss man eigentlich sein?! Ihr verfluchten Penner! Trinkt doch noch 'ne Pulle – lauft grölend um den Hof, vielleicht noch 'n Freudenfeuerwerk dazu?! Reißt euch, verflixt nochmal, zusammen!" Mann, hat der seine Kumpels zur Sau gemacht! Und das mit Recht!

Die Bande war so was von bedröppelt und niedergeschlagen und zusammengefaltet, weil es war ja alles bis ins Einzelne besprochen und ausgetüftelt worden, und da war nicht nur Bier- und Schnapsverbot, sondern sogar auch Rauchverbot, und das Wegschmeißen von den geringsten Abfällen und Schnipseln war ebenfalls strikt untersagt. Im Grunde hatten die an wirklich alles gedacht, damit sie bloß nicht durch einen albernen Zufall auffliegen und man ihnen auf irgendeine blöde Weise auf die Spur kommt.

So oder so ähnlich muss das mit dem großen Postraubüberfall in England abgelaufen sein, ... stell ich mir zumindest vor.

Jedenfalls, wie sie in den Nachrichten sagen, sind die Posträuber über alle Berge und wahrscheinlich schon in Amerika und Australien und in der Südsee und sonst wo, und wie sie das mit den Kartoffelsäcken voller Geldscheinen und dem Aufteilen von der ganzen Knete bewerkstelligen, davon weiß natürlich, außer den fünfzehn Banditen selbst, kein Schwein was. Hauptsache, die kommen da heil raus! Ich vermute aber ehrlich ..., hm ..., eher leider nicht. Irgendwann wird jeder, der mal Scheiße baut, an den Hammelbeinen gepackt.

DER AMERIKANISCHE PRÄSIDENT

Und dann, ein Vierteljahr nach dem großen Postzugüberfall in England, das war natürlich auch alles bei uns im Radio zu hören – wurde der amerikanische Präsident Kennedy ermordet, um halb neun abends in unserer deutschen Zeit, da war ich geradeso schon im Bett, aber sie haben ihn trotzdem erschossen, und das war richtig traurig, der hatte nämlich eine ganz hübsche, tolle Frau, die hieß Jaqueline, und der Name ist mindestens genauso schön wie Brigitte, oder? Find ich jedenfalls. Und der amerikanische Präsident, der hieß mit Vornamen John Fitzgerald, hatte vorher auf einer Rede in Westberlin – das ist ja immer noch unsere größte Stadt, auch wenn inzwischen gerade mal nur gut die Hälfte davon zu uns im Westen gehört, ausgerufen *Ich bin ein Berliner!*, und das haben sie ihm alle geglaubt, also wenigstens so halb, denn er war ja in Wirklichkeit ein Amerikaner und alles andere als ein Berliner.

Amerikaner, fällt mir gerade so ein, das ist so ein zum Viertel schokoladenbeträufeltes Sandkuchengebäck, die mochte ich überhaupt unheimlich gerne, obwohl ich sonst am liebsten Käsekuchen und Schwarzbrot mit Schweizer Käse esse und Weißbrot mit Erdbeergelee und eingelegten Gurken – aber nicht alles zusammen, versteht sich, mal das eine, mal das andere. Berliner mag ich aber auch, wobei mir die Marmelade in der Mitte von denen nicht so recht behagt.

Ich war ganz schön traurig, tagelang, dass sie den amerikanischen Präsidenten Kennedy erschossen hatten, weil er das mit dem *Berliner*, und dass er einer wär, gesagt hat und dass seine hübsche Frau jetzt ewig weinen muss, und die beiden hatten ja auch noch ein Mädchen und einen Jungen, und wie die heißen, komm ich jetzt nicht drauf, und die zwei mussten ja auch noch ewig wegen ihrem ermordeten, toten Papa heulen, und wer ihn, also ihren Papa, erschossen hatte, war erst mal ein riesengroßes Geheimnis; aber dann haben sie den Kerl gefunden, doch der, der den Präsidenten Kennedy erschossen hatte, wurde kurz danach auch selbst erschossen, damit er keinem verraten konnte, dass er ihn, also den amerikanischen Präsidenten, erschossen hatte – und warum überhaupt. Da geisterte tagelang ein Wirrwarr von den tollsten Meldungen durch den Funk, das kann ich dir sagen! Der Mörder hatte auch einen Namen, und der war in aller Munde und natürlich auch in unserem Radio, und der hieß *Oswald* mit Nachnamen; aus dem hätte die Polizei bestimmt noch rausquetschen können, was er sich bei dem Blödsinn überhaupt gedacht hat und wer ihm den Irrsinn mit dem Präsidentenabknallen überhaupt eingetrichtert hat, aber das wollten ein paar andere Halunken nicht, dass der Oswald das alles ausquatscht, und deswegen haben sie ihn kurzerhand abgemurkst, und dann waren es allem Anschein nach auf einmal die Russen, die hinter allem steckten, weil der bekloppte Oswald wohl in so einer komischen russischen Partei drin gewesen war – wie Papa früher auch mal, fällt mir gerade ein; hab ich vor Ewigkeiten schon von erzählt – und deshalb waren jetzt die Russen die Bösewichte, weil dem Oswald konnten sie nun nix mehr, denn der war ja inzwischen über den Jordan. Aber ich denke, die Russen sind auch nur Menschen, und die sind auch nicht böser als die Amerikaner oder ich. Egal wie sie alle spekulieren – von dem ganzen Totschießen hat bestimmt kein Mensch was.

Das gab eine mordsmäßig prächtige Beerdigung für den John F. Kennedy, wie es sich für einen Präsidenten gehört, und in Papas BILD-Zeitung waren die Fotos von seiner schönen Frau und ihren beiden Trabanten, wie sie sich vor dem Grab von ihrem Papa an den Händen hielten, groß abgebildet. Mama und Papa und Oma waren ganz schön erschüttert davon, dass der Kennedy erschossen worden war, und deswegen waren Gitti und ich auch mit erschüttert. Dabei war das ja eigentlich nur ein Präsident von ganz weit weg und nur ein anderer Mensch, dem wir noch nie begegnet waren ..., aber ein Mensch ist ein Mensch, und jeder Mensch soll leben und darf nicht umgebracht werden.

... Es war für mich immer noch derselbe Tag, aber ich meine jetzt eigentlich den Tag nach dem Attentat auf den Präsidenten Kennedy, so heißt das Totschießen von einem Präsidenten nämlich, *Attentat*, und morgen, wo dann Sonntag war – egal ob irgendwer ermordet oder wegen einem Attentat abgemurkst worden ist – Papa würde sich vom Wandern um Solingen rum durch nichts abbringen lassen, da wett ich drauf. Genauso kam es auch.

Sonntags, wenn Papa loswollte, mussten wir immer mitgehen, spazieren, und dann sind wir gewandert, was das Zeug hielt, weg vom Nordbahnhof, die Klauberger Straße runter und über den Kannenhof, und es wurde immer grüner und grüner, und du hast immer auf irgendwelche Nüsse getreten oder dir fluste irgendein Mist in der Nase und ums Gesicht rum, Spinnweben und so ein Zeug oder sonst was.

Dann sagte Papa *Das ist der Herbst*. Das war es jetzt auch wirklich, wir waren ja mittendrin im Herbst, und es ging – spät im November – sogar schon schwer auf Winter zu.

Oder bei anderen Jahreszeiten sagte Papa *Das ist der Frühling. Das ist eben Sommer. Das ist Natur, das muss so sein und tut keinem weh*. Papa konnte alles ganz einfach erklären, ohne groß herumzuquatschen und sich auf Einzelheiten einzulassen, und es passte immer wunderbar zu dem, was uns gerade vor Augen stand. Einfacher ging es nicht, du musst nur aufschnappen, was da ist, und dann kann es keinen Widerspruch oder komische Fragen, warum was ist, wie es gerade eben ist, geben.

„Jetz is aber Altweibersommer", lachte Mama und wischte sich die Spinnwebenfäden von der Nase und aus dem Gesicht, und Gitti und ich mussten uns auch in einem durch vor der Nase rumfummeln, und Papa hat auch gelacht und nur gesagt: „Hab' ich doch gesagt – so ist er eben, der Herbst."

Egal ob Spinnweben oder Altweibersommer oder nix davon oder sonst was – ich finde Papas Rumlaufen sowieso ganz prima; ich kann fürchterlich weit laufen, ohne dass mir die Puste ausgeht oder mir die Füße wehtun. Und wenn wir da raus in die Solinger Landschaft gelaufen sind, weg von den ganzen Häusern, und ein Baum nach dem andern auftaucht und die immer riesiger werden, lauf ich vornweg vor Papa und guck schonmal, was da als Nächstes auf uns zukommt, und wenn ich weiß, was jetzt kommt, dreh ich mich manchmal um und guck, ob die anderen das auch schon spitzgekriegt haben, und dann ist Papa ja auch gleich da, und der weiß dann schon, warum ich auf ihn gewartet hab, weil er mir da nämlich wieder was Neues erklären kann und ich so gespannt drauf bin, und da hinten zieht Mama Gitti hinter sich her, und sie versuchen aufzuholen.

Aber das hat natürlich alles nix mit dem ermordeten amerikanischen Präsidenten zu tun, nur mit uns – doch der John F. Kennedy schwirrte mir noch tagelang durch den Kopf, ... auch bei unseren Wanderungen, ... und da war eine ganz schwere Betroffenheit bei uns im Land, und jeder hat wochenlang den Kopp hängen lassen.

UNSERE WOHNUNG - UNSER HAUS

Ich finde ja den *Westdeutschen Rundfunk* und unser GRUNDIG-Radio ganz prima, weil da hör ich mal was anderes, also Sachen aus der großen weiten Welt, die ich ja ohne Radio gar nicht mitkriegen kann, weil sie sich sonst wo in der Weltgeschichte abspielen.

Wenn Papa bei uns in der Küche auf seinem Stuhl saß und seine Zigaretten rauchte und Oma in ihrem Sessel und Gitti und ich auf unseren Stühlen am Küchentisch und Mama – die hat eigentlich nie irgendwo länger gesessen – das war einerseits immer schwer gemütlich, doch andererseits riesig aufregend, weil im Radio kam immer was Neues, wo du nicht mit gerechnet hast.

In der Küche habe ich immer neben Oma gesessen. Oma hatte ihren hellblauen Sessel in unserer Küche direkt am Kohleofen, das weiß ja inzwischen wohl jeder – von wegen meiner Zeichnung von früher. Rechtsrum in unserer Küche kam dann unser Herd, die Küchentür zum Flur, danach unser dicker hoher ATE-Kühlschrank, und dann um die Ecke gegenüber stand ein kleines Schränkchen mit einem Vorhang aus Stoff, da waren die Spielsachen von Gitti und mir drin; das hatte Papa aus zwei Apfelsinenkisten zusammengebastelt, und das hatte eine geblümte Gardine davor, und die hatten Mama oder Oma oder beide genäht, und die konnten wir beiseiteschieben, wenn wir was rausholen wollten, und wieder zuziehen, wenn da keiner reingucken sollte, und unser Schränkchen hatte zwei Etagen, die obere für Gitti und die dadrunter für mein Gebimsel. Neben unserem Spielsachenschränkchen stand unser großer hellbrauner, glänzend lackierter Nussbaumküchenschrank mit dem ganzen Besteck und Tassen und Tellern und Schüsseln und Frühstücksbrettern und Kellen und Töpfen und Pfannen und Rührlöffeln und Eierbechern und sonstigem Krimskrams drin. Dann kam unser kleines Küchenwaschbecken, das einzige Waschbecken, das wir – außer dem ganz kleinen im Klo – hatten und wo Mama Gitti und mich, als wir noch Winzlinge waren, immer drin gebadet hat, und dann, wieder um die Ecke, unser Küchenfenster, vor dem Papa seinen angestammten Platz auf seinem Küchenstuhl hatte, und danach, in der nächsten Ecke auf einem Bord, unser riesiges GRUNDIG-Radio, und dann, wieder um die Ecke, mein Sitzplatz, und dann … wieder Oma in ihrem blauen Sessel; und mittendrin in unsrer Küche stand unser Küchentisch mit den fünf Stühlen drum herum. Ja, so bin ich im Geist einmal rund durch unsere Küche marschiert, aber das könnt ihr ja auch auf meinem Krickelplan selbst nachverfolgen und da genau gucken, wo was bei uns in der Wohnung steht.

Unsere Küche hatte auch ein Fenster, hab ich ja gerade gesagt und ist wohl mehr als selbstverständlich, dass eine Küche auch ein Fenster hat, also das Fenster hatte Papa im Rücken, aber das ging nur zum Hof raus, und da konnte man unten nur ein paar Garagen sehen oder Wäsche auf der Leine, und da sind wir auch selten hingegangen, außer manchmal, wenn Mama da unsere Wäsche aufhängen wollte; doch meistens hat sie die zum Trocknen hoch oben auf den Dachboden gebracht, weil da war es in der Regel erheblich wärmer, und die Luft da war knochentrocken wie in der Wüste, und nach einer Stunde konnten wir die Wäsche schon wieder abnehmen und runter in unsere Wohnung holen. Das Blöde für Papa und dem Fenster in seinem Rücken war, auch wenn unser Küchenfenster nur zum Hof rausging – das war tagsüber die Sonnenseite, und wenn da die Sonne ab dem späten Vormittag reinknallte, fing er dermaßen an zu schwitzen, dass ihm die Lust am Rauchen verging und wir sogar die Vorhänge zuziehen mussten. Tja – gleichzeitig zog es ihm aber auch im Rücken, wenn das Fenster wegen seinem Qualm geöffnet war. Also, Papa hatte bei uns in der Küche fast den blödesten Sitzplatz – sein Glück war, er war ja montags bis freitags den ganzen Tag über gar nicht zu Hause, sondern bei seiner Arbeit in der Schleifscheibenfabrik BECKMANN unten am Entenpfuhl.

Unser Haus, also die Nummer 32 in der Van-Meenen-Straße, war ein Haus zwischen anderen Häusern, wo links und rechts auch noch weitere Häuser dranklebten, also eigentlich hing in unserer Gegend am Solinger Nordbahnhof sowieso ein Haus am anderen, und alle Häuser an der Van-Meenen-Straße bildeten einen einzigen langen Häuserblock, aber jeder dachte, ich wohne in meinem eigenen Haus. Dabei warst du sogar in deinem Haus nicht alleine, nee, da wohnten noch tausend andere Leute drin, also *tausend* ist natürlich Humbug, aber da waren bei uns im Haus unten erst mal Osterwinds mit Christel und ihrer jüngeren Schwester, wo ich vergessen hab, wie die überhaupt noch mit Vornamen hieß, und Blanka, Osterwinds uralte Schäferhündin, zusammen mit ihrer Gastwirtschaft und im ersten, in unserem Stock, Herr und Frau Fürstenberg mit Bärbel, Herr Graf mit seinen beiden Schwestern und wir, die Matthiasens, im zweiten Stockwerk Frau und Herr Zillmer mit ihrem Sohn Hans-Joachim, der ja der Häuptling von unserer Bande war, und Oma und Opa und Uroma Blaschke mit Petra und im dritten der junge Herr Günther, der immer alleine war, weil er keine Frau hatte und der immer drei Treppen auf einmal genommen hat, vielleicht, weil er nicht gesehen werden wollte oder viel zu tun hatte oder einfach in Ruhe gelassen sein wollte oder alles zusammen, und im vierten Stock Thomaschewskis, wo Ingeborg Thomaschewski, eine Spiel- und Schulkameradin von Gitti, wohnte, und dann die, von denen ich zuerst meinen feuerwehrroten Roller und viel später das grün-silberne Rennrad mit fünf Gängen und den dünnen Rennreifen und dem nach unten geschwungenen Rennradlenker geerbt hab, weil die Jungs von denen zu groß dafür geworden waren und diese Klamotten nicht mehr gebrauchen konnten, und ganz oben Frau und Herr Polenz mit Manfred, der ja auch zu unsrer Bande gehörte – das waren aber längst nicht alle, die bei uns im Haus wohnten – und über Polenzens kam dann nur noch der Dachboden, da konnte man, außer Wäsche in der Bullenhitze blitzschnell trocknen lassen, ganz klasse auf die ganze Welt rausgucken; wenn du da die Dachfenster hochgerastet hast, konntest du da unsern Bahnhof und dem sein Schienenwirrwarr und den Großmarkt und den Rest bis runter zu KONEJUNG und den Tunnel prima überblicken, und alles war so klein da unten und ganz weit weg; da hat es mir vor Freude auf dem Rücken gekribbelt, und ich war dann doch wieder richtig froh, wenn ich drei Stockwerke tiefer unten bei uns in der Wohnung drin war – weil das war doch mächtig hoch, da oben auf unserem Boden, und für mich zu weit über der Welt.

IN REHER

Du – warst du schonmal auf einem Bauernhof, einem richtigen Bauernhof? Nicht?! Ich schon! Und zwar einen ganzen Monat lang!

Aber da mussten wir – nachdem wir Oma wieder einmal bei Tante Grete und Onkel Kurt in Obhut gegeben hatten – erst hinkommen, zu dem Gehöft, das war eine regelrechte Weltreise! Zunächst mussten wir mit unserem Gepäck hoch zum Schlagbaum zuckeln und mit dem Bus runter nach Wuppertal-Vohwinkel fahren und dann in die Eisenbahn steigen, und darauf sind wir stundenlang damit unterwegs gewesen, so kam es mir zumindest vor, und wenn ich aus dem Fenster geguckt hab, war es entweder grün oder nicht grün oder beides;

aber was toll Aufregendes, Riesenberge mit Schnee obendrauf oder ein weites Meer zum Beispiel, war da nirgends ... nur, dass es ewig gedauert und gerattert hat und eigentlich vollkommen öde war, und dann mussten wir mit unseren Koffern und Taschen, die für vier Wochen reichen mussten, obendrein auch nochmal in einen anderen Zug umsteigen – das war in einem Bahnhof mit tausend Gleisen, dass ich schon dachte, wir wären in die falsche Eisenbahn eingestiegen und hätten uns womöglich verfahren und wären aus Versehen in Hamburg oder in einer anderen Großstadt gelandet, so riesig war das Bahnhofsgelände.

Als wir in den Bahnhof reingondelten, fragte ich: „Papa, sind wer jetz in Hamburg?" Und Gitti rieb sich die Nase an der Fensterscheibe platt, und überall fuhren Schilder, dick mit ALTENBEKEN drauf, an uns vorbei – den Namen hatte ich ja noch nie gehört!

„Nee, wir sind weit, weit weg von Hamburg – außerdem kennst du doch den Bahnhof von Hamburg, also Altona, als wir in Holstein waren – siehst du hier irgendwo eine Bahnhofshalle oder ein Glasdach?! Eben. Los, wir müssen raus – nehmt schnell eure Klamotten, sonst kommen wir zu spät und unser nächster Zug fährt uns vor der Nase weg!"

Als wir – mit unserem Gepäck aus dem D-Zug raus, schnell die Treppen runter und an einer anderen Stelle hastig wieder die Treppen hoch – ziemlich aus der Puste auf unserem nächsten Bahnsteig waren, hechelte Papa zu mir:

„Wir sind in Altenbeken, Ulrich, steht doch überall dran, hier fahren alle Züge aus ganz Deutschland durch, ... also die allermeisten wenigstens."

„Auch die aus Hamburg?"

„Alle! Was hast du eigentlich andauernd mit *deinem Hamburg*? Wir müssen doch überhaupt nicht nach Hamburg."

Dass alle Züge durch Altenbeken kommen, das hab ich zum ersten Mal gehört – aber dann auch schnell kapiert: Schienen über Schienen lagen da, und ein Zug nach dem anderen fuhr dort rein und woanders wieder raus, bei dem Bahnhof von Altenbeken, in den konntest du unseren Solinger Nordbahnhof fünfzigmal reinstecken, und das ist überhaupt nicht übertrieben, da wär ich nie wie bei uns zum Großmarkt rübergehoppelt gekommen, und außerdem hab ich den Großmarkt von Altenbeken nicht mal sehen können, so viel Schienen wie da waren; vielleicht ist der da ja auch ganz woanders und nicht, wie bei uns, direkt am Bahnhof, aber ich hab schwer gesucht und in einem durch um mich herum und in die Ferne geblickt, auch noch, als wir auf unseren nächsten Zug gewartet haben, weil eigentlich gehört der Großmarkt doch irgendwo an den Bahnhof, aber vor lauter Schienen und Zügen und Bahnsteigen und rumrennenden Passagieren hab ich nirgendwo den Altenbekener Obst- und Gemüsegroßmarkt entdecken können, sodass ich zu der Feststellung gelangte, ein Großmarkt ist keine Selbstverständlichkeit für einen Bahnhof, und dass wir bei uns in Solingen einen haben, ... also da war ich auf einmal richtig stolz auf unseren Nordbahnhof mit seinem Großmarkt – wo ich ja vor langer Zeit mein Schloss in den Holzkisten von dem gezimmert hatte – und hab über die ganzen Schienen und Bahnsteige und Eisenbahnen in Altenbeken nur mitleidig lächeln können.

„So, jetzt müssen wir von hier aus nur noch nach Bad Pyrmont, aber wir steigen schon ein Stückchen vorher, nämlich in Reher, aus – das dauert höchstens nur noch eine halbe Stunde bis Reher", verkündete Papa, und er griff sich unsere beiden großen Koffer, und Mama halfterte sich ihre zwei dicken Taschen über die Schultern, und Gitti hatte auch einen Koffer mit einer bunten Mickey Mouse drauf, der war aber ganz klitze, also Gittis Koffer, und da war auch nur ihr Betthase drin und einige Pixiheftchen und ein paar ganz geheime Sachen von ihr. Ich selbst hätte ja am liebsten meinen Tornister auf unsere Reise mitgenommen, weil da geht richtig was rein und den kann ich ganz bequem auf dem Rücken tragen und hätte dann die Hände frei gehabt zum noch was anderes tragen, aber Mama wollte das nicht.

„Auf 'ner Reise muss man wie 'n Reisender aussehn", erklärte sie mir. „Und nich wie 'n Schulkind mit 'nem Ranzen auf 'm Rücken."

Das leuchtete mir gut ein, und Gitti sagte altklug: „Ich hab ja auf Reisen immer mein eignen Koffer, und sonst brauch ich nix."

Dabei war dies ja – nach Reher – erst unsere zweite richtig große Reise überhaupt, und Gitti stolzierte die Bahnsteigkante rauf und runter, damit auch ja jeder von den anderen Passagieren ihr Mickey-Mouse-Köfferchen bewundern konnte ..., das sie ja immer *auf ihren Reisen* dabeihat.

Was hab ich eigentlich getragen, wo ich doch meinen Tornister nicht durfte? Jetzt muss ich erst mal überlegen. Stimmt! Ich hatte auch einen kleinen Koffer an der Hand – da waren Papas ganze Zeitungen und Bücher und sonstiger Papierkram drin, denn ohne Bücher und Zeitungen, auch wenn die von gestern waren, kam Papa nicht aus. Außerdem war aber auch noch mein Lieblingsbuch, *Geheimnis um ein verborgenes Zimmer* von *Enid Blyton*, und *Das Vermächtnis des Inka* von *Karl May*, inzwischen mein zweitliebstes Buch, mit drin. Das ganze Papierzeug von Papa und meine beiden Schmöker hätte ich auch bequem im Tornister auf dem Rücken tragen können, und ich hätte nicht so lange Arme gekriegt, denn Papier wiegt ja richtig was.

Wir standen in der nachmittäglichen Sommersonne von Altenbeken rum und waren heilfroh, dass es ein wenig luftig war, und da war der Zug, der uns nach Bad Pyrmont, also nur bis Reher, bringen sollte, auch schon von weitem zu sehen; der war rot wie ein Feuerwehrauto und dampfte komischerweise überhaupt nicht und hat mich eher an eine Straßenbahn als an eine Eisenbahn erinnert, und der kam ganz gemächlich in den Bahnhof von Altenbeken reingebummelt, so langsam, als wenn er gar nicht so recht ankommen wollte, aber Mama und Papa riefen wie aus einem Mund: „Brigitte, komm sofort hierher!" Und ist sie auch – aber bei dem Ruck, als sie schlagartig auf dem Bahnsteig kehrtmachte, ist ihr doch ihr Reiseköfferchen aufgesprungen und ihr Hase und die Pixibücher flogen alle raus und runter auf den Bahnsteig und auch noch ein Lippenstift und zwei Fläschchen mit Nagellack und Parfüm – wo sie das Zeug herhatte, weiß ich bis heute nicht. Jedenfalls haben Mama und Papa und ich blitzartig unser ganzes Gepäck wieder auf den Bahnsteig hingestellt und schnellstens den ausgeschütteten Kram in Gittis Mickey-Mouse-Koffer zurückverfrachtet, den wieder zugeklipst und Gitti in den Arm genommen und ihr die Tränen abgetrocknet, denn die war am Heulen und völlig fertig und konnte gar nichts mehr selber alleine machen, andererseits mussten wir uns jedoch auch wieder richtig beeilen, weil so ein Zug wartet nicht auf dich, nur weil einem kleinen Mädchen sein Koffer aufgesprungen ist, der kommt an, wenn es Zeit ist, und wenn es Zeit zum Abfahren ist, und die steht sowieso auf dem Fahrplan drauf und ist deswegen eigentlich nichts Überraschendes, dann haut der einfach wieder ab, und dann kannst du nur noch auf den nächsten Zug warten, wenn es denn überhaupt einen nächsten am selben Tag gibt, und wenn du den verpasst, hast du dann schlicht und einfach eben Pech gehabt und kannst dir irgendwo ein Plätzchen zum Übernachten suchen.

„Alle Mann einsteigen!" brüllte der Eisenbahnschaffner mit seiner dunkelblauen Uniform und seiner knallroten Schärpe und seinem Fahrkartenbuch unterm Arm an der Bahnsteigkante und spähte den Bahnsteig rauf und runter, und wir haben es noch so eben rein in den Zug geschafft, bevor er in seine Trillerpfeife blies und unser Zug sich aus Altenbeken rausschob – aber das war sowieso kein richtiger Zug, sondern nur ein knallroter Triebwagen mit einem einzigen Waggon hintendran, doch für die paar Leutchen, die von Altenbeken nach Bad Pyrmont wollten, reichte der allemal aus.

Gegen den D-Zug von vorhin war dies eine regelrechte Bimmelbahn, weil die fuhr nicht nur so trödelig wie unser Solinger Kohlenkutscher, die hielt auch an jedem einzelnen Bahnhof, und war der auch noch so winzig, an den wir uns ranschlichen, an, auch wenn keiner ein- oder aussteigen wollte, aber sie war immer prima im Plan, das konnte ich auf dem Fahrplanzettel, der auf der Nebenbank rumlag und den ich mir gleich geschnappt hab, immer gut nachverfolgen, und da konnte ich genau ablesen, wann wir wo ankommen sollten, und das hat immer gestimmt – na ja, manchmal hinkte unser Bummelzug ein Minütchen hinterher oder war ein paar Sekunden voraus – das kriegst du bestens mit, wenn du im Bahnhof stehst und guckst, was die Bahnhofsuhren mit ihren Zeigern machen, und da merkst du auch, dass eine Sekunde ganz schön schnell vorbeiflutscht, doch wenn du als Bimmelbahn durch die ganzen Käffer fahren musst und immer mehr oder minder auf die Sekunde genau eintriffst und wieder abhaust ..., also ganz ehrlich, so ein bummelnder Triebwagen ist irgendwie doch richtig spitzenklasse, auf den kannst du dich verlassen, das kann ich dir versichern, weil ich den selbst erlebt hab und mit dem mitgefahren bin.

Nur wenn du es eilig hast, sagen wir mal, schnell von Solingen nach Köln oder Hamburg musst, dann ist ein Triebwagen natürlich Mist, doch von Altenbeken nach Reher geht so eine Bimmelbahn schon ausgezeichnet, da kannst du im Vorbeifahren fast zugucken, wie das Gras auf den Hügeln wächst, das ist natürlich ein bisschen übertrieben, aber weil die Fahrt mit dem feuerroten Triebwagen so gemütlich verlief, hab ich auf unserer Tuckerfahrt nach Reher – außer auf den Fahrplan – auch immer aus dem Fenster gestiert, weil da war richtig schön Zeit zum Gucken und zum Sehn und zum Genießen, ... die Kühe und Pferde auf den Weiden und in den Koppeln mit ihren süßen Kälbchen und Fohlen, die Bauern auf ihren Treckern mit den Eggen oder Pflügen oder Ernteanhängern hintendran und schließlich die Bäume, wie sie sich im Wind wiegten, und die schneeweißen Sommerwolken, die vor dem blauen Himmel dahinwischten, als wenn sie genau wussten, wohin sie mussten und nicht zu spät ankommen wollten – also, Zeit zum Gucken und Beobachten und Glotzen hatte ich bei unserer Tour von Altenbeken nach Reher wirklich genug.

„Jetzt kommt gleich Reher!“ rief Papa uns zu und seine Augen fingen richtig an zu leuchten, und er stand schonmal auf, beäugte alle unsere Gepäckstücke, und er knöpfte sein Jackett und seinen Mantel zu, und Mama machte es genauso, obwohl so kalt war es ja nun nicht gerade da draußen mitten im Juli, aber Papa war immer für *sicher ist sicher*, und Mama hat Papa fast alles nachgemacht, und was Papa und Mama vormachten, mussten Gitti und ich natürlich auch machen – dementsprechend waren wir alle vier für einen Hochsommertag ziemlich mollig angezogen.

Ich war ganz schön kribbelig – irgendwie befürchtete ich, dass Reher gar keinen Bahnhof hat, weil da war, als wir uns Reher langsam annäherten, gar keine Stadt und auch kein Dorf oder so was und keine Häuser zu erblicken und ein Bahnhof schonmal gar nicht, und als unsere Bimmelbahn kurz vorm Haltmachen war, lagen links grüne Hügel und rechts noch mehr grüne Hügel, und es war weit und breit kein Reher, nicht das kleinste Kaff, auszumachen. Aber potzdonner – einen Bahnhof gab es dann tatsächlich doch! Der tauchte da plötzlich aus dem Nichts neben unserem roten Triebwagen auf, als wenn sie ihn da eben erst extra für uns hingepflanzt hätten, und der war vielleicht gerade mal so groß wie unser Waagehäuschen am Nordbahnhof, das Bahnhofshäuschen von Reher! Na ja, ein bisschen größer war der doch schon – aber nicht viel.

„Wir sind da – macht mal hin!“ kommandierte Papa im Stehen und musste schwer aufpassen, dass er nicht ins Straucheln kam, als der Zug langsam abstoppte und daraufhin zum Stehen kam, und Papa wuchtete hastig unsere großen Koffer oben aus der Ablage und Mama, Gitti und ich haben uns auch ganz rasch unsere Sachen geschnappt, damit der Zug bloß nicht weiterfährt, bevor wir aus dem raus sind.

Wir waren die einzigen, die hier ausgestiegen sind, und da stand doch tatsächlich dick und fett in Schwarz auf Weiß REHER auf einem Schild über dem Bahnsteig, wie es alle Bahnhöfe auf ihren Bahnsteigen so haben, vorhin noch in Altenbeken – doch von Reher selbst war trotzdem weit und breit nichts zu finden. Das war vielleicht ein komisches Städtchen, dieses Reher! Unschwer zu erkennen – der Bahnhof von Reher war also wohl eher ein bisschen außerhalb vom Stadtzentrum gelegen, das konnte eigentlich nicht anders sein, denn wir standen mit unseren ganzen Koffern und Klamotten zwar auf dem Bahnsteig von dem klitzekleinen Bahnhof, aber ansonsten mehr oder weniger mitten im Grünen, und Bahnhofspersonal gab 's da auch nicht, so mickrig wie der Bahnhof von Reher war ..., und dann lungerten wir alle vier, Mama, Papa, Gitti und ich, bestimmt eine Viertelstunde lang auf dem Bahnsteig von Reher herum, und wir waren die Einzigen, die sich da aufhielten, und geschwitzt haben wir, wo wir sicherheitshalber so schön warm angezogen waren, obendrein auch noch, und wir haben uns ein bisschen umgeguckt, ob uns womöglich einer vom Zug abholt – das macht man ja manchmal, seinen Besuch vom Bahnhof abholen und tragen helfen und solche Sachen.

Doch wir standen da rum wie die Ölgötzen und abgeholt hat uns kein Schwein, und der feuerrote Triebwagen mit seinem Anhänger verschwand hinten um eine lange Biegung – Richtung Hameln, glaub ich wenigstens, dahin, wo sie immer so viele Ratten haben und deswegen sogar extra einen Rattenfänger angestellt haben ..., aber das hab ich nur so gehört ..., und ob da in Hameln eine Rattenplage oder sonst was ist, war momentan sowieso nicht so wahnsinnig wichtig, denn wir waren hauptsächlich scharf darauf, dass uns wer am Bahnhof in Reher aufliest und uns den Weg zu dem Bauernhof, wo wir ja hinmussten, zeigt und vor allem beim Klamottentragen ein bisschen mit anpackt.

„Hugo, holn deine Verwandten uns denn nich vom Bahnhof ab?" fragte Mama Papa.

„Woher soll ich das denn wissen?!" antwortete Papa ziemlich wirsch und lüftete seinen Hut wegen der Sommerhitze ein paarmal. „Sieht nicht so aus – oder nach was sieht 's aus?!"

„Is ja gut." Mama zog sich ihren Mantel aus und warf den missmutig runter auf ihre Taschen, die sie halbwegs erschöpft erst mal auf dem Bahnsteig von Reher abgesetzt hatte. Das haben Gitti und ich auch schnell nachgemacht, also unser Gepäck auf den Bahnsteig gestellt und unsere Jacken ausgezogen. Nur Papa ist erst mal wie ein Stein in seinem Mantel auf dem Bahnsteig von Reher eisern stehen geblieben und hat Ausschau gehalten, ob da nicht vielleicht doch noch einer von seiner Verwandtschaft zum Besuchabholen aufkreuzt. Nun denn, ist aber keiner, und damit mussten wir uns dann wohl oder übel abfinden.

Es war mittlerweile schon recht spät am Nachmittag, und die Sonne knallte auf uns nieder, und Gitti musste unbedingt Pipi und ich auch so langsam, und wir waren alle vier ganz schön geschafft von unserer Reise, und jetzt wussten wir nicht einmal, wo wir so genau hinlaufen mussten. Gott sei Dank stand neben dem Bahnhof von Reher noch ein Glaskasten, und da war ein Stadtplan von Reher drin aufgehängt; den hat Papa erst mal gründlich studiert, und Mama hat ihm dabei aufmerksam über die Schulter geguckt ..., bis sie sich beide verheißungsvoll anblickten und zunickten und sich was zuwisperten.

„Dann gehen wir mal los", sagte Papa entschlossen und knöpfte sich endlich auch seinen Mantel auf. „Wir wissen jetzt, wo es langgeht."

„Immer hinter Papa her!" ermunterte Mama uns Kinder. „Der kennt jetz den Weg – wenigstens einigermaßen – und gleich finden wir ganz bestimmt 'ne Ecke, wo ihr Pipi machen könnt."

Wir sind mit unserem ganzen Gepäck auf den Schultern und in den Händen vom Bahnhof hoch zu so einer Art Hauptstraße, wo zwei pfeilförmige gelbe Straßenschilder angebracht waren, auf denen stand in schwarzer Schrift *B 1* und *Paderborn* und *Hameln* und *Reher* und wie viele Kilometer es bis dahin sind, und neben *Reher* stand *1 km*. Das wäre *die Bundesstraße 1*, erklärte Papa hechelnd nebenbei beim Laufen und Gepäckschleppen – *die längste Straße in ganz Deutschland ... von Aachen nach Königsberg geht die* – aber gleichzeitig und ganz nebenbei war das auch die Hauptstraße von Reher, und wir sind da an dem Straßenschild links abgebogen und die längste Straße von ganz Deutschland runtermarschiert, wo es offensichtlich in Kürze, also in einem Kilometer, nach Reher reingehen würde; da kam dann tatsächlich doch ein Bauernhof nach dem anderen in Sicht, die lagen alle links und rechts an unsrer längsten Bundesstraße dran und hatten große Einfahrten, wo die Pferdefuhrwerke und die Trecker durchpassten, und wir mussten nur noch nach der richtigen Hausnummer von *Winters* suchen – so hieß nämlich die Familie, wo wir hinwollten: *Winter.*

Papa hat die beiden großen Koffer getragen, Mama die schweren Taschen, ich meinen kleineren, aber auch sauschweren Koffer mit den ganzen Büchern und Zeitungen drin und Gitti ihren Mickey-Mouse-Koffer, doch jetzt mussten Gitti und ich doch endlich ganz fix unser Pipi loswerden, sonst wär es uns entweder an den Beinen runtergelaufen oder wir wären geplatzt, so dringend war das mittlerweile geworden. Zwischen zwei Bauernhöfen konnten wir uns endlich ins Gebüsch schlagen, und Mama hat Gitti abgehalten und ich hab nebendran bestimmt eine volle Minute lang ins Gestrüpp gepinkelt und auch mal einen Strahl in die Blumen daneben geschickt, wie Jungs das so machen, und danach ging es uns beiden wieder richtig gut, außer dass wir in unseren Mänteln, die wir wieder anhatten, immer noch geschwitzt haben wie die Affen, aber ausziehen konnten wir die Klamotten ja nicht – wir hatten auch so schon die Hände voll und genug zu tragen.

„Gleich sind wir da“, bemerkte Papa, und der war ganz schön außer Atem, genauso wie Mama und Gitti und ich auch, als wir unser Reisegepäck so die *B 1* – das ist dann ja wohl der Spitzname von der Bundesstraße 1 – entlangschleppten. Wie es sich allmählich entpuppte, war Reher gar keine richtige Stadt, nicht mal eine kleine Stadt, sondern nur ein lüttes Bauerndorf.

So ein Örtchen ist aber doch manchmal ganz schön viel größer, als man so einem popeligen Kaff zutraut, und je mehr du zu tragen hast, desto größer wird es. Papa ging ja immer vornan, und dann folgten wir ihm im Gänsemarsch irgendwann in einen Bauernhof rein, wo uns erst mal eine Mordshorde von Gänsen zischend und zeternd entgegengestürmt kam und uns teuflisch angekeift hat, dass Gitti ihren Koffer gleich schon wieder in den Dreck fallen lassen musste, und ich wäre auch am liebsten abgehauen, so giftig wie die Biester sich aufgeführt haben.

„Hugo!“ rief eine rappeldürre braun gegerbte Frau in Gummistiefeln und einem schwarzen Kopftuch auf dem Kopf und fiel Papa in die Arme, wo der doch links und rechts seine Koffer am Arm hatte. Gitti hat blitzschnell ihren Koffer vor der blöden Gänsebande gerettet und eng an ihren Bauch gedrückt, und diesmal war der sogar Gott sei Dank zugeblieben.

Wir waren endlich an unserem Ziel – und da und angekommen! Und die ganzen Gänse haben uns in Wirklichkeit ja gar nichts getan, waren nur ein bisschen aufgestachelt wegen uns fremden Leuten, und sie sind noch eine kurze Weile harmlos zischelnd um uns rumgewatschelt und haben sich schließlich wieder dahin verkrümelt, wo sie hergekommen waren und hingehörten, nämlich wo sie ihr Futter und ihre Matsche und das alles hatten, und Gitti und ich waren heilfroh, dass die Gänsebiester doch nicht ganz so gefährlich waren – denn hier, auf dem Bauernhof von Winters, wollten wir ja doch eine ganze Weile wohnen.

„Elsbeth!“ Immer noch recht aus der Puste setzte Papa seine beiden Koffer auf dem Lehmboden, da, wo es einigermaßen trocken war, in Winters Hof ab und hatte jetzt auch Gelegenheit, *Elsbeth* in den Arm zu nehmen. Elsbeth war für Gitti und mich aber *Tante Elsbeth*, und Tante Elsbeth und Papa waren schwer verwandt, auch wenn Gitti und ich vor unserer Reise nach Reher kaum was von Tante Elsbeth wussten.

Das war eine Freude bei denen, denn die beiden, Elsbeth und Hugo, also Tante Elsbeth und Papa, hatten sich ewig nicht gesehen, bestimmt über zwanzig Jahre nicht, denk ich mal so, und dann kam auch noch eine uralte Tante – die war ganz in Schwarz und trug eine schwarz-weiß gesprenkelte lange Schürze wie Oma immer, und ja, auch wie Tante Elsbeth aus Heide in Schleswig-Holstein – aus dem Bauernhaus rausgeschlufft, das war aber gar keine Tante, das war in Wirklichkeit Tante Elsbeths Mutter, und die hieß *Martha*, wie unsere Mama ja auch heißt, aber für uns hieß die ab sofort *Tante Martha*.

Gitti und ich hatten ja noch nie Gänse von ganz nah erlebt, und Gitti auch Hühner und einen Hahn nicht – ich selbst ja schon, damals bei Tante Erna und Onkel Adolf, wo denen ihr Hahn geköpft wurde, hab ich ja alles schon erzählt – jedenfalls hat der Hahn bei Winters auf ihrem Hof uns mit seinem Gehabe und seinem ganzen Krakele und Kikeriki ganz fix beigebracht, wer der Chef auf dem Hof ist, und Gitti und ich sind deswegen entweder immer ganz eng bei Mama und Papa geblieben oder haben einen Riesenbogen um den Burschen gemacht. Ganz schön froh waren wir, dass die Gänse uns nicht gebissen haben, und bei den Hühnern, die waren insgesamt weitaus friedlicher, haben wir mal ein bisschen zugeguckt, was die so machen; die haben aber eigentlich nur gefuttert, also Körner aus dem Dreck aufgepickt und zwischendurch höllisch aufgepasst, dass ihnen keiner auf die Füße tritt, hat aber natürlich sowieso keiner, Gitti und ich schon gar nicht.

... Na ja, Mama, ich und Gitti standen erst mal ein bisschen verloren auf dem Hof von Winters rum, als Papa sich mit Tante Elsbeth und Tante Martha beschäftigt und mit den beiden gequasselt hat, und unsre Taschen konnten wir auch nicht loswerden und irgendwo so einfach absetzen, denn fast überall war ja nur feuchter Lehm und Dreck und Mist, und wir mussten erst ein paar trockene Plätzchen zum Gepäckabstellen ausfindig machen – und Mama und Gitti und ich kannten ja auch noch keinen von der Winter-Familie, und wir drei standen ganz schön belämmert da, draußen in der Sommerhitze auf Winters Bauernhof, und haben recht ratlos um uns herumgeblickt und abgewartet, was wohl passiert.

Dann kam aber Tante Elsbeth, als sie sich von Papa losgeeist hatte, angebraust und nahm Mama schonmal eine von ihren schweren Taschen ab und hat ihr einen sachten Kuss auf die Backe gegeben und gesagt:

„Ick bin Elsbeth. Hugo un ick kenn uns aus Bevilsthal, aber dat weißt de ja alles schon. Komm rinn in 'd Haus, dat de deine ganzen Lasten loswirst. Ick hab euch oben 'n Zimmer hergerichtet – hoff, ihr fühlt euch da alle Mann wohl."

Tante Elsbeth war eine ganz Drahtige und einen Kopf größer als Mama und ganz wettergebräunt und furchig im Gesicht, irgendwie wie ein Seemann, na ja, eher wie eine Seefrau, aber genau so sah sie aus und hatte ein schwarzes Kopftuch um ihr Haar, aber das war nicht komplett schwarz, sondern mit ganz kleinen bescheidenen weißen Blümchen drin – Tante Elsbeths Kopftuch ist natürlich gemeint, nicht ihr Haar ..., und die etwas älteren Frauen, die aus Pommern kommen, tragen wohl alle immer dieselbe Tracht – schwarze Kleider mit schwarz-weiß gesprenkelten Schürzen und schwarz-weiß gesprenkelten Kopftüchern obendrüber.

Warst du schonmal auf einem Bauernhof? Ich weiß – hab ich vorhin schonmal gefragt. Da stiiinkts – das hältst de kaum aus! Da scheißen die ganzen Kühe und Pferde und Gänse und Enten und Hühner und wer sonst noch alles voll, wo sie stehen und gehen, und deswegen haben die Bauern den ganzen Tag lang hohe Gummistiefel an, damit sie da durch den Modder kommen und sich nicht die Socken und Füße einsauen und den ganzen Dreck mit ins Haus reintragen, und deshalb stehen in Reher vor jeder Bauernhaustür die ganzen vollgemisteten Gummistiefel, und das ist sicher nicht nur in Reher so, sondern auch auf allen übrigen Bauernhöfen anderswo bei uns in Deutschland und auch überall in der ganzen Welt, denn in Afrika und in China und Amerika und so ist es mit den Bauernhöfen und dem Dreck und Matsch, den so ein Bauernhof um sich drum herum hat, bestimmt mindestens genauso schlimm, und die latschen mit ihren kackigen Gummistiefeln auch nicht in ihre Häuser rein, sondern stellen die draußen vor ihrer Tür ab, bis sie am nächsten Tag wieder raus nach draußen und auf ihr Land müssen. Hoffentlich haben die in Südamerika und China und Afrika überhaupt welche, also Gummistiefel meine ich, sonst müssen wir denen unbedingt welche bringen, denn ohne Gummistiefel kommst du auf einem Bauernhof in der ganzen Matsche und dem Mist wirklich nicht sauber zurecht, egal ob in Reher oder Deutschland oder Afrika oder sonst wo.

Tante Elsbeth und Mama drückten sich nochmal, und Tante Martha wrang ihre Hände. „Nu kommt ma rein, ick nehm der auch ma wat ab, Marta – wer ham Kuchen un Kaffee."

„Geht schon, danke, Tante Martha." Mama packte ihre beiden Reisetaschen am Griff und halfterte sich eine davon wieder über ihre Schulter – denn Tante Martha war ja schon eine ältere, klapprige Frau, und der wollte Mama nun wahrlich das Tragen von unseren Klamotten nicht zumuten.

„Pass auf", warnte Tante Elsbeth Mama. „Hier is es an manchen Ecken, auch wenn die Sonne schon mächtig brennt, noch richtig nass und glitschig – wir sind ja nun ma auf 'm Land, Marta." Und Mama balancierte, beladen mit ihrem Gepäck, Schritt für Schritt vorsichtig um jede Pfütze herum und Papa und Gitti und ich auch.

Wir sind bei Winters eingezogen und haben zusammen unser Gepäck zwei Stockwerke durch das enge Treppenhaus hoch in das für uns hergerichtete Zimmer gehievt, und Mama hat unsere Kleider und Wäsche auch sofort ausgepackt und in unseren Schrank geräumt und die feinen Sachen, also Blusen und Hemden, auf Kleiderbügel gehängt, wie es sich für eine Mama gehört, damit die Kleider auch aushängen können und nicht voller Falten und Knicke sind, wenn wir sie denn mal anziehen müssen.

Dann ging es aber auch schnell wieder die Treppen runter, denn es gab ja schon Kaffee und Kuchen, und vorher sollten wir erst mal richtig über den Hof gucken, und da kam auch schon wieder zischend die ganze Gänsehorde angezuckelt, dass Gitti und ich uns hinter Mama und Papa versteckt haben und schön in Deckung blieben – obwohl wir beide inzwischen ja gelernt hatten, dass die fedrige Bande lediglich nur angeben wollte.

Eine kleine Blonde mit halblangen glatten Haaren, die auf den ersten Blick etwa so groß und so alt wie Gitti war, lugte von hinten wie verrückt aus dem Gestrüpp hervor, und als sie sich endlich zu uns herantraute, sagte sie schüchtern, sie wär *Christa*, und sie war das Mädchen da bei Winters, und dann kam auch der Papa von den Winters – in Gummistiefeln, ist klar – dazu, und der war so was von klapperdürr, genauso schmal wie Tante Elsbeth, nur noch einen Kopf kürzer, von dem hätte ich nie gedacht, dass der ein Bauer sein könnte, so mickrig wie der aussah, aber das war er nun mal, also fipsig – und der war der Bauer und Boss von dem Winterschen Bauernhof! Das war nämlich *Onkel Wilhelm*, also Wilhelm Winter. Und – das kann ich jetzt schonmal sagen, mit dem hatte ich noch eine ganze Menge zu tun! Und mickrig und fipsig hin oder her – Onkel Wilhelm war ein Mordsbauer! Ein Mordsbauer war der, das kann ich euch aber flüstern!

„Wilhelm", sagte Onkel Wilhelm zu Mama, nahm dabei seinen kleinen Seppelbauernhut vom Kopf und streckte seine Hand zu Mama aus und verbeugte sich ganz vornehm.

Mama sagte nur zurückhaltend und knapp: „Marta." Doch Mama war ganz schön verlegen, wie Onkel Wilhelm da vor ihr seinen Diener gemacht hat, fast als wenn er ihr einen Handkuss geben wollte – und um ein Haar hätte Mama einen Knicks gemacht, denn Onkel Wilhelm war ja doch noch ein paar Jahre älter als sie selber.

Christa blinzelte andauernd zu Gitti und mir rüber, als wenn sie sagen wollte *Lasst uns von hier abhaun*. Wir drei Kinder hatten noch kein einziges Wort miteinander gewechselt, doch wir waren trotzdem irgendwie schon richtig miteinander vertraut.

„Hugo", sagte Papa zu Onkel Wilhelm und hob seinen Hut, und Onkel Wilhelm hob ebenfalls seinen Seppelhut und sagte: „Wilhelm." Die beiden Papas gaben sich die Hand, und danach klopften sie sich gegenseitig vorsichtig auf die Schulter und lachten sich zu. Inzwischen war es richtig blitzsauberes brütendes Sommerwetter, wenn da nicht der irrsinnig ekelhafte Gestank vom Land und den Tieren und vom Bauernhof gewesen wäre ..., aber sonst war es wirklich richtig schön, und die ganzen Pfützen waren fast alle verdunstet und hatten sich in der Hitze in Luft aufgelöst, und der Hof von Winters war mittlerweile fast überall so knüppeltrocken, dass du inzwischen mit ein bisschen Umsicht sogar auch ohne Gummistiefel, die wir Solinger ja sowieso nicht hatten, bequem drüberlaufen konntest.

Onkel Wilhelm zwinkerte Gitti und mir zu: „Und wer seid ihr beiden Hübschen?"

„Ich heiß Ulrich, und das is meine kleine Schwester Gitti."

„Das kann ich auch alleine sagen!" raunzte Gitti mich von der Seite an. „Und so klein bin ich überhaupt nich mehr – so!"

„Stimmt", sagte ich zu Onkel Wilhelm. „Das kann se auch alleine sagen – und so klein is se gar nich mehr."

Und Onkel Wilhelm hat sich kaputtgelacht und die anderen auch – außer Gitti und ich.

Christa wollte sich aber jetzt wirklich endlich mit Gitti und mir verkrümeln, und Christa hatte es gut mit ihren Gummistiefeln, Gitti und ich waren ja nur in unseren Lederhalbschuhen; aber klar, wir beide sind trotzdem hinter Christa her, um die paar kleinen Pfützen, die da noch übrig waren, herumgetänzelt, und sie ist mit uns in ein riesiges Haus ohne Tür und ohne Fenster rein – ohne Tür, weil die Kopfseite von dem Haus, die zur Hofseite lag, sperrangelweit offen war, also an der Seite von dem Haus war überhaupt gar keine Wand, und die war ohne Fenster! Ja, weiß ich jetzt auch nicht so recht, wie ich das erklären soll, wenn keine Tür und keine Wand vorhanden sind, kann es ja auch keine Fenster geben – oder wo sollten die da sein – in einer Wand, die ja gar nicht da ist? Oh Mann, ist das schwer – Sachen beschreiben, die es gar nicht gibt!

Das war nämlich *die Scheune*, hat Christa uns auf unserem Weg dahin verklickert. In der Scheune waren von unten bis oben dick zusammengeschnürte Ballen mit Stroh drin, das sind, glaub ich, die Stängel, wo das Brot von herkommt, also nicht von den Stängeln, sondern von dem, was oben an den Stängeln dranhängt, eh, einmal dranhing, was jetzt aber ab und im Brot drin ist, ist auch piepe, ... jedenfalls sind Gitti und ich hinter Christa her in der Scheune über Leitern von einem Stockwerk ins nächste hochgestiegen, und da haben wir uns in dem Stroh gesuhlt und einen Heidenspaß gehabt.

Irgendwo da zwischen den Strohballen lag eine Katze und sechs klitzekleine putzige Kätzchen, von kohlrabenschwarz über niedlich gescheckt bis schneeweiß, und Gitti und ich haben uns jeder eins von den Schnuckelchen gegrapscht und die in unsere Arme gewickelt und geknuddelt. Du – so ein flauschiges Babykätzchen ist ja soo süß, das glaubst du nicht; die, die ich hatte, war rabenschwarz von oben bis unten und war vielleicht ein Junge, wie der sich gebärdet hat, und der hat mir an der Nasenspitze geleckt, und ich wusste, der hat mich lieb, aber dann ist er wieder blitzschnell zu seiner Mama abgehauen, und bei Gitti war es nicht viel anders, die blutete sogar ein bisschen an der Backe, weil die kleine Schlawinerin sich mit ihren Krallen da einen Moment lang festgehalten hat.

„Die müssen wer jetz erst ma in Ruhe lassen", sagte Christa ernst zu Gitti und mir, und die musste es ja wissen, denn Gitti und ich hatten ja überhaupt keinen Schimmer, wie das mit Katzen und Kätzchen so ist und auch sonst da auf dem Land nicht, dadrüber wusste von uns dreien nur Christa genau Bescheid, denn die ist ja mit den ganzen Tieren auf ihrem Bauernhof zusammen groß geworden und kannte die alle von klein auf und die sie auch, und deswegen passt das auf dem Land gut zusammen, und so welche wie ich und Gitti können höchstens ein bisschen beobachten und uns bei Christa was abgucken und schön was lernen.

Gitti war ihr Kratzer von dem Kätzchen im Gesicht so was von wurscht, hat sie wahrscheinlich nicht mal bemerkt, dabei hatte sie eine dicke Blutspur über die Backe und den ganzen Hals runter, aber Christa ist jetzt weiter hoch über die ganzen Strohballen geklettert und Gitti und ich immer hinterher. Das wurde immer wilder, irgendwann wusste ich gar nicht mehr, wo ich war, und wir waren so hoch in der Scheune, und es war einfach nur noch himmlisch in dem ganzen Stroh, und wenn was Fremdes im Stroh raschelte, sagte Christa höchstens *Ach, das sind nur die Mäuse*. So sind wir höher und höher in die Scheune gekraxelt, bis wir auf den Strohballen direkt unterm Dach angelangt waren und da nur noch wie die Wilden rumgetollt haben.

Kann ja sein, dass du auch mal auf einen Bauernhof kommst und dir allerlei Viehzeug, auch gefährliches, wie eine Schlange oder eine dicke Ratte, in die Quere gerät – tu einfach so, als wenn sie gar nicht da wären, damit fährst du am besten. Ich sag das nochmal, damit du es auch kapierst: Lass die Tiere – und das fängt schon mit Mäusen an – einfach sein, wie sie sind, und wenn sie dir ans Leder wollen, lass sie machen, einen Moment später hast du Ruhe, das kann ich dir garantieren. Das ist bei Tieren einfach so, ich sprech aus Erfahrung – wenn ein Tier, also eine Gans oder ein Schwein oder ein Hahn oder eine Katze oder ein Hund oder so nicht merkt, dass du dich irgendwie mit ihm großartig beschäftigst, denken die, dich gibt es gar nicht, und dann hast du gewonnen, denn du bist für die Viecher gar nicht auf der Welt, und sie können gar keine Angst vor dir haben und ganz ohne Angst tun sie keinem was und sie rennen dir um die Füße, als wenn du ihr eigener Papa oder ihre Mama wärst. Ist das ein Trick?! Das ist ein Trick, das sag ich dir! Das ist mit der geheimste Geheimtipp, den ich hab! Der funktioniert auf der ganzen Welt und auch nicht nur mit Gänsen oder Ratten, der klappt auch mit Löwen und Elefanten und Haifischen und ..., aber ausprobiert hab ich das nur bei Winters mit den Hühnern und Gänsen – aber klappen tut der Trick überall auf der Welt und mit allen Tieren, da schwör ich Stein und Bein drauf!

„Habt ihr denn nich auch 'ne Scheune zu Hause?" hechelte Christa auf einmal aus irgendeiner Ecke hoch oben in der Scheune, da sind wir aber noch kreuz und quer durchs Stroh gehüpft, und die Katzenmama mit ihren kleinen Kätzchen von vorhin, einen Stock tiefer, waren bestimmt schon längst alle abgehauen und hatten sich in Sicherheit gebracht – weil wir drei Kinder so ein Mordstamtam gemacht haben.

„Nee, das is meine erste Scheune", rief ich vom anderen Ende, da oben unterm Dach aus dem Strohgewusel. „Solingen is nämlich 'ne ganz große Stadt, und in 'ner Stadt gibt 's keine Scheunen." Gitti konnte gerade nix dazu sagen, weil die war nämlich mit ihrem Kopp zwischen zwei Strohballen stecken geblieben, und Christa und ich mussten ihr da erst mal wieder raushelfen ... und haben uns alle drei schimmelig gelacht.

„Und?" Christa nahm ihren Faden wieder auf.

„Wie und?"

„Ja nu, gibt 's bei euch in der großen Stadt keine Scheun und Tiere und Katzen und Hunde und so was?"

„Nee", antwortete ich. „Und stinken tut 's bei uns auch nich ... oder höchstens nach was anderm."

Wegen dem *Stinken* tat Christa ein wenig beleidigt, und ich hatte schon ein ganz schlechtes Gewissen, als Gitti – zur Erlösung – aus ihrem Winkel vom Scheunenboden rief: „Und um die Ecke haben wir 'n großes KAISER'S-KAFFEE-Geschäft!"

„Wirklich?!" Da war Christa aber baff. „Für 'n KAISER'S KAFFEE müssen wir bis nach Hameln 'ne gute halbe Stunde mit 'm Bus fahrn – und dann ja auch wieder zurück!"

„Klar, unser KAISER'S KAFFEE is doch nur 'n Stückchen unsre Straße hoch – und 'n Zeitungsladen und 'ne Drogerie und 'n Bäcker und 'n Milchladen und 'n Buchhändler und 'n kleiner Süßigkeitsladen und 'n Fleischer und 'ne echt italienische Eisdiele und 'n schickes Kleidergeschäft und 'n SALAMANDER-Schuhladen und 'n großer KAUFHOF und alles Mögliche sonst noch sind alle da gleich in der Umgebung bei uns zu Hause in Solingen."

Gitti kam richtig ins Schwärmen, und ich fuhr fort: „Die Metzgersfrau gibt uns immer 'ne dicke Scheibe Fleischwurst, wenn Mama da mit uns einkaufen geht, und beim Bäcker kriegen Gitti und ich immer 'n Brötchen oder 'nen großen Butterkeks und bei Pütz, im Milchladen, 'nen dicken Sahnebonbon."

„Boah!" Christa hat nicht schlecht gestaunt und warf sich mitten zwischen Gitti und mich auf die Strohballen, und wir drei pusteten schwer durch von unserer Rumtollerei. Aber damit waren wir dann auch erst mal fertig mit der ganzen Toberei, rieben uns die Schweißperlen vom Kopf und hockten richtig gemütlich beisammen in dem Stroh da hoch oben unterm Dach von Christas Scheune, und zwischendurch krabbelte irgendeine Maus da rum, das wussten Gitti und ich ja jetzt, wenn da was raschelte, und wir drei haben uns gegenseitig alles erzählt, was uns so in die Birne kam und Christas Augen wurden immer größer, doch Gittis und meine auch, denn Christa hatte mindestens genauso viel auf der Pfanne wie wir beide zusammen.

„Und 'n Pferd habt ihr auch nich, oder?" fragte Christa uns noch zaudernd hinterher.

„Nee, i wo!"

„Auch keine Kuh?"

„I wo, dafür ham wer kein Platz, und für beide zusamm sowieso nich."

„Nich ma 'n Kätzchen?" Christa wurde immer zaghafter.

„Nee, nich ma 'n Kätzchen", antwortete ich ein bisschen traurig, und Gitti guckte mich hoffnungsvoll an.

„... Doch 'n Kätzchen wär schon schön, ne?" Gitti hatte ganz verträumte Augen. „So 'n Kätzchen würd auch grad noch so in unsre Wohnung mit reinpassen, oder?"

Und ich sagte: „Ein Kätzchen passt bei uns dicke rein, und Oma würd sich bestimmt riesig freun, vor allm, wenn das Kätzchen selbst wieder Kätzchen kriegt."

„Und die auch wieder welche!" fiel Gitti ein, und ihre Augen blitzten, und sie freute sich schon so über unsre vielen Kätzchen zu Hause in der Van-Meenen-Straße.

Christa wird Gitti und mich bestimmt mal ganz gernhaben, wie wir ihr hoch in ihre Scheune hinterhergestiegen sind und mit ihr da im Stroh gebalgt haben; ich hab sie jetzt schon gern, schon weil sie eine Scheune hat und sie uns da gleich mit reingenommen hat und hoch hinauf, wo ihre kleinen Kätzchen rummachen und wo sie bestimmt nicht jeden mit hinnimmt.

„Christa! Kaffee is fertig! Und bring Brigitte und Ulrich mit!" Das war Tante Elsbeth, die da unten von drüben aus dem Haus krähte. „Wo steckt ihr Görn überhaupt?! Christa – hörst du?!"

Christa grinste Gitti und mir zu und ließ ihre Mutti ein bisschen zappeln, bis sie zurück von oben aus der Scheune runterrief: „Jaa-ah! Wir komm gleich!" Und wir drei sind daraufhin wie die Feuerwehr ein Stockwerk nach dem anderen in der Scheune wieder die Leitern runtergestiegen und zwischen Gänsen und Hühnern rüber ins Haus gewetzt, wo die Großen schon schön gepflegt am Tisch mit Kuchen und Kaffee saßen, und Christa und Gitti und ich waren dreckig wie Sau, weil wir nicht nur im Stroh waren, sondern doch auch quer durch die ganze restliche Matsche auf dem Hof geplatscht sind, wir Blödköppe, da hätten wir wirklich auch ein bisschen mehr aufpassen können ..., aber in unsrer Eile, na ja, du kannst ja auch nicht alles im Kopf haben.

„Ihr seht ja aus wie die Ferkel!“ Tante Elsbeth war völlig entrüstet. „Jetz aber erst mal wieder nach draußen, Leutchen – und Schuhe ausgezogen und vor die Tür gestellt!“

Als wir drei – nur auf Söckchen – wieder in der Wohnstube waren, beschwichtigte Mama: „Elsbeth, bei uns zu Hause nehmen wir das nich so genau mit den Schuhn, wenn wer von draußen kommt.“

„Du, Marta.“ Tante Elsbeth beugte sich rüber zu Mama. „Du kriegst den Jauchegestank nich mehr aus 'm Haus raus, wenn er erst ma drin is – deswegen, Marta.“

Das war vielleicht ein Theater – als wir in unserer ersten Nacht bei Winters nochmal aufs Klo mussten!

Mama, Papa, Gitti und ich hatten uns schon richtig da oben in unserem Gästezimmer unter dem Dach eingerichtet und die Betten schön zurechtgeschüttelt und uns gegenseitig bereits *Gute Nacht* gesagt, dass wir nur noch das letzte Licht ausknipsen mussten ...

„Mama“, flüsterte ich. „Ich muss noch ma unbedingt Pipi.“

Und Gitti gleich hinterher: „Ich auch – und wie!“

Wir waren ja seit Ewigkeiten nicht mehr auf dem Klo gewesen!

Papa hatte sich schon im Bett rumgedreht, und Mama wisperte: „Dann lasst uns das ma noch ganz fix erledigen.“ Und wir sind zu dritt runter durchs Treppenhaus gehuscht, sind aber hier und da doch irgendwo angestoßen, und wir haben immer geguckt, ob irgendeine Tür vielleicht wie eine Klotür aussah – tat aber keine. Von unserem Gepolter muss Tante Elsbeth aufgeschreckt worden sein, denn sie blickte plötzlich bei unserer Tour nach unten durch einen Türspalt.

„Wer müssen bloß noch ma kurz aufs Klo, Elsbeth.“ Mama kratzte sich entschuldigend durch ihre Wellen. „Wo is das denn hier bei euch?“

„Na, dann kommt ma mit weiter nach unten“, sagte Tante Elsbeth gelassen und zog sich schnell ihren Morgenrock an und eine Strickjacke über, und als wir ganz unten im Haus bei der Haustür waren, stieg sie in ihre Gummistiefel und sagte zu uns: „Zieht aber auch besser Gummistiefel an – hier stehn ja genug.“

Wie jetzt – Gummistiefel?! Wir wollten doch einfach nur aufs Klo – und nur Pipi machen! Mussten wir zum Klo etwa nach draußen? Ja, genau, das mussten wir!

Dann hat Tante Elsbeth die Haustür aufgestoßen, hat zwei Regenschirme aus dem Ständer gefischt, einen davon Mama gegeben und ist ab raus über den Hof und Mama mit ihrem Regenschirm und Gitti und ich dadrunter hinterher, aber gesehen haben wir nichts, und obendrein tat es ja auch noch wieder schütten wie am Schnürchen, und wir sind nur dem Platschen von Tante Elsbeths Stiefeln gefolgt. Dann knarrte eine Holztür, und es machte *knips*, und eine Glühbirne ging in einer kleinen Holzbutze an. Das gibt es doch gar nicht – das war doch direkt unten in der Scheune, wo Gitti und ich heute Nachmittag mit Christa schon rumgestreunt sind!

„Da sind wir auch schon“, sagte Tante Elsbeth stolz, und ich wollte schon fragen, wo denn jetzt das Klo ist, aber da war dann auch schon alles klar, denn in der kleinen Bude war ein dickes Brett mit einem großen runden Loch in der Mitte drin, und an der einen Seite hing das Klopapier, also das war Zeitungspapier auf einem Fleischerhaken, und unten an der Bretterwand stand ein Klodeckel, der aus Brettern zusammengenagelt und passend rund zurechtgesägt war, und in dem spärlichen Lampenlicht versammelten sich vergnüglich die Fliegen und Motten und Mücken.

„Wer zuerst?!“ forderte Tante Elsbeth uns auf.

Gitti stoppte ab und wollte nicht mehr weiter.

„Was is denn los, Brigittchen?“ fragte Mama. „Du musstest doch vorhin noch so dringend!“

„Ich glaub, ich muss gar nich mehr", wimmerte Gitti und drückte sich die Hand unten in ihr Nachthemdchen.

„Ich kann auch auf 'm Hof", sagte ich beiläufig, denn in das Mücken-Fliegen-Motten-Häuschen wollte ich auch nicht unbedingt rein.

Da ist Mama dann eben selbst rein in das Bauernhofklo, und Tante Elsbeth hat auf Gitti und mich das ein oder andere Auge geworfen und ihren Schirm über uns gehalten, weil es ja draußen stockdunkel war und pladderte wie Hulle, und ich hab einen Schritt raus in die Nacht gemacht und dahin gepinkelt, wo sowieso schon wieder lauter Wasser stand.

„Geht immer noch ganz gut, so 'n Plumpsklo", sagte Mama, als sie aus Winters Toilette rauskam. „Ganz wie früher." Und da konnte Gitti auf einmal auch wieder und hat sich auch ins Klohäuschen reingewagt, doch Mama ist bei ihr geblieben und nochmal mit reingegangen, und weil es da schön trocken war, hab ich mich selbst auch mit in das Kabuff reingequetscht.

„Da hat 's in der Ecke aber unten geraschelt", sagte Gitti ziemlich erregt zu Tante Elsbeth, als sie die Tür öffnete und mit Mama und mir hintendran wieder ins Freie trat, und ihre Augen gingen von links nach rechts, als wenn sie große Gefahr witterte, und mir war auch ganz schön mulmig wegen dem blöden Rascheln.

„Ach, das sind wahrscheinlich nur die Mäuse", wiegelte Tante Elsbeth ab, und da waren Gitti und ich einigermaßen beruhigt, denn die Mäuse kannten wir ja schon von heute Nachmittag, als wir uns zusammen mit Christa oben in der Scheune rumgetrieben haben.

So schlichen wir alle umsichtig in der Nacht hinter Tante Elsbeth durch die Matsche und die Pfützen wieder zurück ins Haus, und vor der Haustür schlackerten Tante Elsbeth und Mama ihre Regenschirme in einem durch auf und zu und schüttelten das Regenwasser ab, bevor sie die wieder zurück in den Ständer abstellten, und Gitti und ich waren erleichtert und heilfroh, dass wir das mit dem Pipimachen hinter uns gebracht hatten, doch jetzt mussten wir uns auf einmal wie bekloppt überall kratzen – und ich hab mir geschworen, auf dieses blöde Mückenklo geh ich nicht noch einmal drauf – nie im Leben.

Aber Pustekuchen! Da mussten wir alle noch sehr oft drauf, auf das Plumpsklo, mit allen seinen piksenden Viechern – denn ein anderes Klo gab es bei Winters auf den ihrem Bauernhof ja nicht.

„Gute Nacht", sagte Tante Elsbeth. „Wer leben nu ma auf 'm Land." Ich glaub, das hatte sie, seitdem wir in Reher angekommen waren, bestimmt schon zehnmal gesagt, also das mit dem *Wer leben nu ma auf 'm Land.*

Mann, haben die Scheißmückenstiche gejuckt, wir kamen aus dem Kratzen überhaupt nicht mehr raus – das war auch noch so, als wir schon im Bett lagen, aber irgendwann ist alles vorbei, auch das Jucken und das Kratzen, und du bist fertig mit allem und dann pennst du Gott sei Dank nur noch.

In der Nacht, unserer ersten bei Winters auf ihrem Bauernhof, habe ich geträumt, ich würde mit meinen Gummistiefeln im Bett liegen und da wären die Mäuse rein- und rausspaziert und das hätte so schön gekitzelt, wie sie mir meine Zehen abgeleckt haben, und Mücken wären andauernd an meinen Ohren vorbeigeflogen und hätten immer schön *Sssss* gesungen und mich ganz lieb angepikst ..., dass ich gar nicht mehr aufwachen wollte.

... Bin ich aber doch – weil wir unser erstes Frühstück bei Winters gekriegt haben, und was für eins, mit selbst gebackenem Brot und selbst gemachter Marmelade aus Himbeeren und Brombeeren und Kirschen und Erdbeeren und was weiß ich, von drüben aus Winters ihrem Garten, und Honig und Eiern von ihren eigenen Hühnern und alles eigene Wurst und Käse, weil auf dem Land, wenn du Bauer bist, brauchst du keinen Laden zum Esseneinkaufen – du machst dir einfach alles selber. Klasse, so ein Bauernhof! So was kriegst du in der Stadt, also zum Beispiel bei uns in Solingen, nicht hin, da bist du aufs KAISER'S KAFFEE angewiesen und auch auf PÜTZ ihr Milchgeschäft und die Drogerie und den Fleischer und den Bäcker und so weiter und musst alle Nase lang loslatschen zum Lebensmittel und den Rest auch noch einkaufen.

„Und Brigitte, ... Ulrich", fragte Onkel Wilhelm verschmitzt am Tisch in der Küche am Frühstückstisch. „Habt ihr gut geschlafen – was Schönes geträumt?"

„Ja", sagte Gitti artig und kratzte dabei arg an ihren Armen rum.

Und ich sagte auch: „Ja." Ich war mir aber nicht sicher, ob das, was ich geträumt hatte, wirklich schön oder was anderes war, und meine Arme und Beine haben gejuckt wie verflixt, und ich musste mich auch in einem durch kratzen. Scheiß Mücken! Warum mussten eigentlich nur Gitti und ich uns so kratzen, verdammt?! Die anderen hatten anscheinend nix!

„Jucken euch die Mückenstiche denn nich?" fragte ich vorsichtig und kratzte wie blöd weiter an mir rum.

„Mückenstiche jucken nur, wenn man se kratzt", sagte die alte Tante Martha besonnen. „Wer ham genauso viele Stiche wie ihr beiden, glaubt mer, aber kratzen tun wer se nich, und deswegen jucken se auch nich." Und dabei schaute sie ganz vergnüglich drein.

Das hörte sich ganz schön klug und erfahren an, doch hat mir und Gitti jetzt auch nicht gerade viel weitergeholfen, denn es juckte immer noch wie bekloppt – oder kam das doch bloß von unserem andauernden Gekratze – und Tante Elsbeth und Mama haben Gitti und mir unsere Mückenstiche vom Klo gestern Abend mit Essigwasser abgetupft, das brannte und stach zwar kurz ein bisschen, aber dann ging es einigermaßen, und als wir mit der Verarztung und dem Frühstück fertig waren, hat Onkel Wilhelm mir, wohl nur, um mich von dem Mückengedöns abzulenken, erklärt, wie man einen Hasen fängt, und das hat mich ganz heftig aufgedreht und angespornt, und das wollte ich unbedingt schnell mal selbst ausprobieren, ... und die Mückenstiche hatte ich ruckzuck völlig vergessen.

Winters Hof war inzwischen wieder fast trocken geworden; da waren überhaupt keine Pfützen großartig mehr, wie letzte Nacht noch, und die Matsche verzog sich ebenfalls so nach und nach. Die Sonne stieg langsam höher und kam über Winters Haus, und Christas Oma, also Tanta Martha, machte schonmal die Läden von ihrem Fenster zu und ist den ganzen Tag wegen der Hitze, die zu erwarten war, nicht nach draußen gekommen; und die kam tatsächlich, die Bullenhitze, und schon mittags war der Hof von Winters vollkommen ausgedörrt und knüppelhart, und das Federvieh, wenn es sich nicht sowieso schon in den Stall verkrochen hatte, verzog sich sämtlich zu den schattigsten Plätzchen unter den Dachüberständen und den Bäumen und scharrte nur noch dort nach Körnern und Würmchen.

Onkel Wilhelm hatte eine Mistgabel unter seinen Arm geklemmt und sagte zu mir:

„Ulrich – hast de 's behalten? Dem Hasen musst de Salz auf den Schwanz streuen – dann bleibt er sofort stehn, auf der Stelle und wie vom Blitz getroffen, und dann kannst de den auf 'n Arm nehm, so zahm is der dann."

Dann ist Onkel Wilhelm mit seiner Mistgabel verschwunden, weg in den Stall zu den Kühen und Schweinen und den Hühnern und so.

Hasen hatte ich bis dahin schon eine ganze Menge oben in Winters Obst- und Gemüsegarten entdeckt und rumhoppeln gesehen, und so einen fangen und mit dem im Arm kuscheln, das wär bombig, ... vor allem was ich da alles zu Hause und in der Schule erzählen könnte!

Ich kam in Winters Küche reingerauscht: „Tante Elsbeth, ich brauch unbedingt Salz!"

„Salz?! 'Ne ganze Schüssel voll oder nur 'ne Prise?" fragte Tante Elsbeth mit zwinkernden Augen. „Was willst de denn damit überhaupt?"

„Na, 'n Hasen fang' will ich!"

„Ach so – na, dafür reicht 'n kleines Fässchen, denn die Hasen sind ganz empfindlich, weißt de, und wenn die 'ne kleine Prise Salz abkriegen, bleiben die sofort stehn, auf der Stelle." Das stimmte also tatsächlich!

„Das hat Onkel Wilhelm auch gesagt!"

„Ja, der kennt sich mit Hasenfangen besonders gut aus." Tante Elsbeth lachte sich halb krümelig und fischte flink einen Salzstreuer aus ihrem Gewürzbord und drückte mir den in die Hand. „Na, dann zieh ma los!" Und sie rührte mit ihrem Holzlöffel weiter im Kochtopf und zwinkerte mir wieder zu – und es roch schon deutlich nach Erbseneintopf, und als ich mit meinem Salzstreuer raus auf den Hof und in den Sommer gejachtet bin, kamen Christa und Gitti von draußen in die Küche reingestürmt, jede mit einem saftigen Büschel Petersilie und Schnittlauch bewaffnet – bestimmt für die Erbsensuppe ...

Ich bin mit dem Salzstreuer hoch zu den Gemüsebeeten raufgeturnt, und die Sonne schien, und die Blumen, die da überall standen, dufteten, dass ich zwischendurch immer niesen und mir die Nase abwischen musste, und ich hab die Hasen gesucht, damit ich denen das Salz auf den Schwanz streuen konnte – aber der Schwanz heißt bei den Hasen gar nicht *Schwanz*, sondern *Blume*, hat Onkel Wilhelm gesagt; ob die Hasen sich das selbst so ausgedacht haben oder woher das mit der Blume kommt, weiß ich allerdings nicht. Die Hasen sind zwischen dem Kohl und dem Salat und den Mohrrüben wohlgemut herumgehoppelt und haben überall ein bisschen von den leckeren Sachen geknabbert, aber immer, wenn ich schon ganz nah an so einem Hasen dran war, sind sie ums nächste Gemüse abgehauen und haben mir eine lange Nase gemacht, also die haben ein paar Meter weg einfach nur friedlich weiter an irgendwas anderem weitergemümmelt, und mein Salzstreuer hat sie überhaupt nicht gejuckt, und Schiss vor dem hatten sie schonmal gar nicht.

Also abgesehen davon, dass ich kaum in Schlagweite von so einem Hasen kam ..., zum Schluss hab ich einem von denen den kompletten Salzstreuer hinterhergeschmissen und den, anstatt auf dem Schwanz, also der Blume, aus Versehen im Genick getroffen, dass der schlagartig tot umgefallen ist – das wollte ich natürlich überhaupt nicht – aber so tot war der dann nun auch wieder nicht, denn als ich zu ihm hineilte, um ihn einzusammeln und zu retten, hat er sich blitzschnell wieder berappelt und ist aus dem Garten mit tausend Haken rausgewetzt und für alle Ewigkeit da oben verschwunden, wo die weiten goldgelben Getreidefelder von Reher sind.

Einen Hasen habe ich also nicht gefangen, beileibe nicht. Dafür bin ich auf dem Rückweg, vom Garten runter auf Winters Hof, obendrein noch selbst fürchterlich auf die Schnauze geflogen, irgendwo hängen geblieben und den Abhang runtergekugelt, so schwer, dass meine Hand kaputt und umgebogen war, und das hat ja so verflucht wehgetan, dass ich wie verrückt schreien musste und gleich in einem durch geheult hab, und alle, also Mama und Papa und Gitti und alle Winters, sogar auch Tante Martha, waren in null Komma nix bei mir und sind immer um mich rumgehampelt und keiner wusste, nicht mal Mama und Papa, wie sie mir die Schmerzen wegschaffen konnten – außer Tante Elsbeth. Unten in der Küche, wo ich immer noch wie irre am Jaulen war, hat Tante Elsbeth mir dick Butter auf meine kaputte Hand draufgeschmiert – sonst hilft da nämlich gar nix, hat sie gesagt, aber sie hat auch gesagt, dass das nicht so schnell vorbeigeht und ich da noch längere Zeit *Spaß* dran haben würde.

Aber das ist jetzt nicht so wichtig, weil wir waren ja immer noch in Reher und in Ferien, und jetzt ist das Schlimmste erst mal vorbei und ich muss nur noch verdammt achtgeben, dass ich mit meiner eingebutterten Hand nicht alles einsaue und vollschmiere, deswegen krieg ich jeden Morgen nach Tante Elsbeths Buttereinsalberei – Mama kann das aber auch und macht das auch, wenn Tante Elsbeth zum Beispiel mal ganz schnell raus in den Stall muss – einen frischen schneeweißen Verband um meine Hand, und Gitti und Christa sind seit meinem blöden Ausrutscher richtig neidisch auf meine Blessur, und ich fühl mich ein bisschen wie Graf Koks, dass ich so eine schwere Verletzung hab und da sonst keiner rankommt, so schwer wie die ist.

Viel wichtiger ist aber, dass Onkel Wilhelm mir beigebracht hat, wie man Trecker fährt! Tatsächlich, ich habe da in Reher von Onkel Wilhelm richtig das Treckerfahren gelernt – und das mit meiner lädierten Hand!

Das war vielleicht aufregend, und da habe ich ganz schön bei geschwitzt, so viel kann ich dir schonmal sagen! Da sitzt man nämlich nicht nur gemütlich obendrauf in dem Sessel von dem Trecker, da musst du richtig was können, zum Beispiel lenken und Gänge schalten und Gas geben und bremsen und wieder Gas geben und dabei obendrein auf alle möglichen Pedale treten, wegen der Kupplung und den Gängen und dem Gas und der Bremse und so, und das alles gleichzeitig, also besser eher nacheinander oder abwechselnd, wie es sich gehört, und Licht musst du nebenbei auch noch ein- oder ausschalten und sogar vielleicht noch hupen, wenn dir einer in die Quere kommt oder über den Patt läuft – auf mich prasselten die Sachen, die ich beim Treckerfahren machen musste, nur so ein, da kommst du als Anfänger ganz schön ins Trudeln, das schwör ich dir – und das alles mehr oder minder mit einer Hand!

Onkel Wilhelm war ja Gott sei Dank immer neben mir und ein ganz prima Treckerfahrlehrer und hat das Lenkrad rumgezogen, wenn ich nicht auf der Hut war oder ich es wegen meiner einen wehen Hand nicht besser konnte oder einfach keine Ahnung hatte, was ich als Nächstes unternehmen musste, und hat mir immer zugeraunt, was ich so machen muss – das sollten die beiden Mädchen, Christa und Gitti, die ja auch mit auf dem Trecker saßen, *unter uns Männern* nicht unbedingt mitkriegen. So habe ich meine ersten Runden mit dem Trecker durch die Felder gedreht und ausprobiert, was ich schon kann und was noch nicht – und Christa hat auf der anderen Seite zusammen mit Gitti gehockt, und Christa hat sich andauernd über mich kaputtgelacht, weil die konnte das alles schon aus dem Effeff.

Christa wusste ja zum Beispiel auch genau, wo die Eier von den Hühnern waren und wie man die Schweine füttert und an die Ferkel zum Streicheln kommt und an die ganz klitzekleinen Kätzchen – nur Kühe melken konnte sie noch nicht so richtig, da brauchst du nämlich starke Hände, hat sie selbst gesagt, und ihre wären noch nicht so weit, und eine Kuh, die nicht richtig gemolken wird, ist unzufrieden und unruhig und schlägt vielleicht sogar mit den Hinterbeinen, und der darf dann keiner zu nahe kommen, wo die doch eigentlich so friedlich und harmlos sind, die Kühe; aber spätestens in einem Jahr kann Christa bestimmt jede Kuh auf der Welt melken, da wett ich drauf, aber dann sind ich und Gitti längst wieder in Solingen, und da gibt es ja nun mal keine Kühe, ... nur Eisenbahnzüge und stinklangweilige Laster, die auf Osterwinds Waage zum Wiegen müssen.

„Wie is dat denn mit deiner Hand, Ulrich?" fragte mich Tante Elsbeth in der Küche.

„Dat geht." Meine Hand glänzte butterfettig-lila im Morgenlicht, aber einen Verband hatte ich jetzt gerade nicht mehr um – weil es an der frischen Luft besser heilt, hat Papa gesagt.

„Der muss wieder um!" Tante Martha war da ganz entschieden und unerbittlich, und deshalb sollte der auch wieder um meine Hand und meinen Unterarm, weil Tante Martha war eine ganze Ecke älter als Papa und hatte deswegen schon noch ein bisschen mehr zu sagen, und daraufhin haben die Frauen mir prompt auch wieder eine frische Butterschicht auf die Hand geschmiert und eine brandneue weiße Binde drübergewickelt.

Onkel Wilhelm blinzelte mir zu und ging hinaus auf den Hof, und da bin ich – die Frauen konnten mir gerade noch die letzte Sicherheitsnadel auf meinem Verband verpassen – wie der Blitz auch raus, und da war ich schon auf dem Trecker drauf, auf dem Fahrersitz natürlich, und ich konnte es kaum aushalten, dass ich wieder Trecker fahren durfte! Nur anlassen konnte ich den Trecker noch nicht, dafür musste ich auf Onkel Wilhelm warten, und ich war schon ganz hibbelig da oben auf meinem Thron, dass ich endlich losstarten kann, aber Onkel Wilhelm musste nochmal zurück ins Haus und dann auch noch in den Stall, und das dauerte, und schließlich kam er mit einem großen Korb und einer Riesenaxt und anderem Handwerkszeug und Krempel zurück und lud die Sachen in den Anhänger von *meinem* Trecker.

„Los geht 's“, forderte Onkel Wilhelm mich auf, und Christa und Gitti kletterten auch auf den Traktor, und alle drei setzten sich neben mich in die kleinen Sitzschalen links und rechts, die da für die Beifahrer über den großen Treckerrädern angebracht waren.

„Ulrich, weißt de noch, wie der Trecker funktioniert?“ Onkel Wilhelm blickte mir erwartungsvoll in die Augen.

„Eh, nee, ... ich hab eigentlich alles schon wieder vergessen.“ Ich hatte wirklich keine Ahnung mehr, wie das alles abläuft und wie das mit dem ganzen Gerödel mit den Pedalen und Schaltern und Knöpfen geht, und ich war mächtig enttäuscht von mir selbst und kam mir selbst wie der größte Depp vor – in echt.

„Macht nix, Ulrich, wirklich nich, du kommst gleich wieder drauf, ganz sicher – jetz tret ma links das Pedal ganz runter“, sagte Onkel Wilhelm zu mir – stimmt, das war ja das Kupplungspedal.

„Da komm ich gar nich mehr dran!“ rief ich daraufhin hilflos.

„Dann rutsch vor auf die Kante, bis de drankommst – hat doch neulich auch geklappt!“

Das hab ich sofort gemacht, und Onkel Wilhelm hat den Anlasser, das war unter dem Lenker so ein Zeigerknopf wie beim Trafo von meiner Eisenbahn, kurz nach rechts gedreht und der Motor ging an und knatterte schön vor sich hin.

„Jetzt ruckel den Gangschaltungsknüppel nach vorne links, und jetz lass das Pedal wieder langsam hochkommen – aber ganz langsam, hörst de? Vorsichtig, mit Gefühl.“ Habe ich ebenfalls gemacht und da ist der Trecker losgetuckert, und ich musste zunächst einfach nur noch lenken.

„Wenn de schneller willst, Ulrich“, erklärte Onkel Wilhelm mir auf der Fahrt durch die Felder weiter, „dann tret aufs rechte Pedal, damit kannst de Gas geben, weißt de doch alles schon, und wenn nich, nimm deinen Fuß 'n bisschen runter oder auch ganz weg und stell ihn auf den Boden – zum Ausruhen.“ Onkel Wilhelm blickte mir ermutigend von der Seite in die Augen, und die Mädchen zappelten vor Aufregung in ihren Sitzen rum – wie ich das mit dem Treckerfahren wohl meistern würde.

Wir sind zum *Seelegrund* gefahren, also – ich bin ja gefahren! Der Seelegrund ist so eine Gegend hinter oder neben Reher oder irgendwie da, und die Ecke hat einfach nun mal so einen komischen Namen wie sie hat, Seelegrund, und liegt ganz weit weg von Winters ihrem Bauernhof, am hinteren Ende von den ganzen Getreidefeldern, wo die dunklen Wälder schon anfangen – und da begann es auch noch zu schütten, und was wir im Seelegrund so genau wollten, wusste ich gar nicht, hatte sowieso nur mein Treckerfahren im Kopf – aber es muss mächtig wichtig gewesen sein, sonst wären wir ja bei dem Dreckswetter, obwohl es gleichzeitig richtig muckelig warm und sauschwül war, überhaupt nicht dahin gefahren, und die Motorhaube von meinem grünen Trecker war schwarz bedeckt mit blinden Fliegen, weil mit Regen kommen die auch nicht klar, und da haben sie es lieber nass und heiß als nur nass. Im Seelegrund angekommen, hörte dann der Regen langsam Gott sei Dank auf, und wir konnten – durchtränkt bis auf die Knochen – die pitschenassen Strohballen, die da auf dem Stoppelfeld herumlagen und mit dem ganzen Wasser innen drin schwer wie Blei waren, auf den Anhänger wuchten – genau deswegen waren wir da, wegen den blöden Strohballen und die sicher nach Hause auf den Winterschen Hof zum Trocknen bringen – und die ganzen blinden Fliegen waren vom heißen Trecker so was von quicklebendig, dass sie mich gestochen haben, wo sie nur konnten, und ich konnte mich nicht wehren, denn ich hab ja Onkel Wilhelm und Christa, und Gitti war ja auch dabei, beim Strohschleppen helfen müssen, und da konnten die blöden blinden Fliegen mit mir machen, was sie wollten, aber die anderen drei waren auch nicht besser dran und haben sich zwischendurch auch andauernd auf die Arme und sonst wohin kloppen müssen.

Kurz bevor wir zum Hof zurück aufgebrochen sind, hat Onkel Wilhelm sich den Korb, den er vorhin extra vor unserer Abfahrt aus dem Stall geholt hatte, vom Anhänger gegriffen und zu uns Kindern gesagt: „Setzt euch schon ma auf den Trecker drauf – bin gleich wieder zurück." Haben wir drei Kinder gemacht, wobei ich auf den Fahrersitz gestiegen bin, ist klar, und ich musste nur noch warten, dass Onkel Wilhelm aus dem Wald – dadrin ist er nämlich mit seinem Korb stiften gegangen – zurückkommt und mir den Trecker wieder für die Rückfahrt anstellt. Der kam aber nicht zurück – und Gitti und Christa und ich konnten uns ausgiebig mit den bekloppten blinden Fliegen befassen und haben in einem durch um uns rumgeschlagen. Wo blieb Onkel Wilhelm denn, verflixt, der hatte sich doch wohl nicht verlaufen oder sich vielleicht den Fuß verknackst oder sonst was? Christa machte schon ein ganz besorgtes Gesicht.

Da habe ich mir den Trecker selber angemacht, ich hatte ja vorhin aufgepasst, und es hat prima geklappt, und der brummte genauso vor sich hin, als wenn Onkel Wilhelm ihn selbst angeworfen hätte, und ich guckte die beiden Mädchen triumphierend an, als wenn ich wer weiß was Tolles zustande gebracht hätte, und Christa hat sich wieder gekringelt vor Lachen, wahrscheinlich weil das mit dem Trecker anlassen für sie sowieso alles nur Kikikram war. Dann kam Onkel Wilhelm Gott sei Dank doch schließlich aus dem Dickicht rausgestapft, und der Korb, den er vorhin bei der Abfahrt unbedingt noch aufladen musste, war bis obenhin voll – mit mordsgroßen knackigen Pilzen! Mann, warn da Dinger drin!

„Und wozu war die Axt jetz nötig?" fragte ich Onkel Wilhelm oben von meinem Führersitz runter.

„Für nix", antwortete Onkel Wilhelm schmunzelnd, lud den Pilzkorb zu den Strohballen in den Anhänger und stieg ebenfalls hoch auf den Trecker. „Die war nur sicherheitshalber, ... für wenn ich se vielleicht doch brauch. Und jetz Abmarsch und gib Gas!" Da hab ich uns schön gemächlich zurück nach Hause kutschiert, bis Onkel Wilhelm mir wieder was ins Ohr flüsterte.

Hääh?!? ... Kupplung treten, Leerlauf, einen Gang hochschalten, Kupplung kommen lassen, Gas geben ...?! Das war vielleicht ein Gefuckel, was ich daraufhin wegen Onkel Wilhelm veranstaltet hab, nur um im zweiten und dritten Gang zu juckeln, und Onkel Wilhelms Traktor knirschte deswegen auch manchmal ganz widerspenstig, doch dann hatte ich endlich mit dem Knüppel rechts neben mir den nächsten Gang – und auch den dritten – drin, und dann ging es wirklich eine ganze Nummer schneller, und ich bin durch die Feldwege gebraust, dass allen an Bord das Hören und Sehen verging – und sie brüllten: „Mach langsam, Ulrich, verdammt – wer kippen gleich um – wer ham auch noch 'nen schwern Anhänger hintendran!"

Doch den ersten Gang hab ich nicht mehr wiedergefunden und hab irgendeinen Murks gemacht, und es klingelte und ratterte gewaltig im Motor und Getriebe oder wie das da vorne unter der Haube alles heißt, und der Trecker ist auf einen Schlag stehen geblieben, dass wir fast koppheister gegangen sind, und er hat erst mal keinen Mucks mehr gemacht, dass Onkel Wilhelm runter vom Trecker steigen und nach den Zündkerzen und dem Öl und dem Kühlwasser gucken musste und nach sonst noch allem Möglichen, und er hat leise vor sich hin geflucht, und ich hab leise vor mich hin geflennt, weil ich ja an dem ganzen Malheur Schuld war. Als Onkel Wilhelm wieder oben neben mir saß und die Kiste erneut in Gang brachte und die Maschine wieder tuckerte und rundlief, da wollte ich nicht mehr selbst weiterfahren und hatte mich schon halb aus meinem Treckerführersitz auf die Seite zu Gitti und Christa rüberverdrückt, weil ich einen Heidenschiss davor gekriegt hatte, aber Onkel Wilhelm wollte auf Teufel komm raus, dass ich die Fahrt zu Ende bring; ich hab immer noch am ganzen Leib gezittert, doch ich sollte unbedingt weitermachen, das war Onkel Wilhelm enorm wichtig und darauf hat er regelrecht bestanden ..., dass ich nicht einfach aufgebe.

„Ulrich, du kannst dat!" sagte Onkel Wilhelm mit fester Stimme und drängelte mich zurück auf den Fahrersitz, und er zwinkerte mir wie verrückt zu. „Jedem passiert ma wat, ... verdammt noch ma, lass dich bloß nich unterkriegen, Du schaffst dat! Ulrich – verstehst?! Fahr uns jetz nach Hause!"

Ja, so halbwegs habe ich das kapiert, und da wollte ich dann alles zeigen, was ich bis dahin draufhatte und habe, nachdem ich wieder zur Ruhe gekommen war, auch wieder in den zweiten Gang hochgeschaltet, dass Gitti und Christa irgendwann erneut das Kreischen anfingen und Onkel Wilhelm dann doch barsch mit mir wurde: „Trotz allem, Ulrich – wer sind hier nich beim Autorenn' auf 'm Nürburchring! Sei 'n bisschen vorsichtiger, ja?!" Von da an habe ich wirklich sachter gemacht – und das war mir selber eigentlich auch viel lieber ..., die ganzen Kniffe und Feinheiten vom Treckerlenken hatte ich schlicht und einfach noch nicht im Griff.

Deshalb musste Onkel Wilhelm mir bei der Rückfahrt vom Seelegrund auch andauernd ins Lenkrad greifen und von der Seite aus selbst mal ab und zu das Steuern übernehmen, das hatte natürlich auch viel mit meiner wehen Hand zu tun, aber vor allem, weil ich auf die blinden Fliegen und die verfluchten Mücken hauen und meine Arme und Beine in einem durch kratzen musste, so wie das da überall gepikt und gejuckt hat. Komisch, bei den Mädchen und bei Onkel Wilhelm haben die blöden Biester jetzt kaum mehr was angerichtet – als wenn nur ich alleine ein Blut hab, das die Viecher saulecker finden!

Als wir endlich zurück auf dem Hof waren – da war ich aber so was von schweißnass und erschossen und todmüde – hat Tante Elsbeth mich sofort in die Badewanne mit Kernseifenwasser gesteckt und noch ein dunkelgrünes Fläschchen von irgendwas mit dazu reingeschüttet ..., dass es auf einmal im ganzen Badezimmer nach Pfefferminzbonbons roch und mir fast den Atem verschlug. Mama war auch dabei, stand händeringend neben mir an der Badewanne und musste nach dem Pfefferminzfläschchen andauernd husten und niesen und sich immer wieder die Nase putzen.

„Dat is Minzöl", erklärte Tante Elsbeth, während sie das dampfende Wasser in der Wanne um mich herumrührte. „Dat is aus der Apetheke – un dat nehm wer sonst nur bei Husten un Schnuppen un machen manchma höchstens 'n Droppen in 'n Tee rein, wenn wer erkältet sind."

Niesen musste ich nicht, aber ganz plötzlich in einem durch husten, dass ich fast in der Badewanne abgesoffen wäre, wenn Tante Elsbeth und Mama mir nicht unter die Arme gegriffen hätten.

Als ich raus aus der Wanne und abgetrocknet war und duftete wie ein Hustenbonbon, hat Tante Elsbeth mich obendrein noch von oben bis unten mit was eingerieben, was ebenfalls ganz kräftig gerochen hat – nach allen möglichen stinkigen Kräutern – und sie hat gesagt: „Ulrich, jetz is alles wieder gut mit dem Jucken."

Mama hat dabei zugeguckt und mit ihren Händen rumgefuchtelt, als wenn sie bei meiner Verarzterei mitmischen wollte, denn so was – mich baden oder einreiben zum Beispiel – macht sonst nur Mama bei mir, aber diesmal war Tante Elsbeth nun mal der Fachmann; und weißt du was, als ich schließlich im Bett war – und dahin hat Mama mich dann gebracht – hab ich geschlafen wie ein Stein ... und geträumt, ich wär ein Rennfahrer und würde bei der Rumraserei auf der Rennbahn immer weg Pfefferminzklümpchen lutschen ... und je mehr Bonbons ich im Mund hatte desto schneller bin ich gefahren ...

Am nächsten Tag war alles gut mit der verdammten Juckerei, jedenfalls habe ich nicht mehr dran denken müssen. Gut, das Jucken war eine Sache, doch da gab es ja auch noch meine geprellte Hand, die war immer noch da und schillerte allmählich außer lila auch noch grün und blau dazu, fast wie ein Regenbogen. Aber das Wetter war so was von prima, dass wir drei, Christa, Gitti und ich, nachdem ich wieder einen frischen Verband drum hatte, gleich in alle Richtungen zum Spielen losgeflitzt und auseinandergestiebt sind und gar nicht wussten, womit wir zuerst anfangen sollten, und drei Stunden danach, zum Mittag, gab es eine Riesenpilzpfanne – von den Pilzen, die Onkel Wilhelm hinten im Wald vom Seelegrund aufgelesen hatte!

Das Pilzgericht hatte Tante Martha zubereitet und hat Mama später am Tisch bei unserm Schmausen auch verraten, wie sie das gemacht hat: Zwiebelringe und Speckwürfelchen in viel Butter hätte sie angebraten, Onkel Wilhelms Pilze, das waren ja die Pfifferlinge und Steinpilze aus dem Wald beim Seelegrund, alle dadrüber geschüttet und die eine Viertelstunde leise brutzeln lassen, aber dabei immer schön behutsam umgerührt und die Pilze zwischendurch gewendet, und zuallerletzt Pfeffer und Salz und fein geschnipselte Petersilie drübergestreut. „Ganz einfach", sagte Tante Martha zu Mama, aber so hätte sie das schon immer gemacht, und das Essen hätte immer allen gut geschmeckt.

Dazu gab es Tante Marthas selbst gebackenes Weißbrot, das war noch ganz warm und hatte eine knackige goldbraune Kruste und duftete so. Ob das wohl geschmeckt hat? Und wie das geschmeckt hat! Auch wenn ich selbst die ganzen Speckstückchen wegen ihren dicken Fettecken, so pingelig wie ich nun mal bin, rausgefriemelt und auf meinen Tellerrand sortiert hab, bis Gitti sich die alle auf ihren Teller rübergeholt hat – Tante Marthas Mahlzeit in Reher, die Pilze vom Seelegrund mit dem Weißbrot, war mit das Großartigste, was ich bis dahin je gefuttert hatte!

Wir haben uns in Reher bei Winters ja so wohl gefühlt – und wir haben vier Wochen lang ganz oben in dem Bauernhaus bei Winters prima geschlafen, ich sag mal, ... eher nur zwei Wochen, höchstens die letzten beiden, als wir uns an den nächtlichen Radau endlich gewöhnt hatten; ehrlich, die beiden anderen Wochen davor hab ich kaum ein Auge zugekriegt und musste nachts im Bett immer auf die ganzen blöden Laster horchen, die unablässig durch Reher gebrettert sind und unser Haus Nacht für Nacht erzittern ließen, jeder von denen, und das jede Nacht durch, denn die Hauptstraße von Reher – neben der haben wir ja direkt gewohnt – war nun mal die Bundesstraße 1 von Deutschland!

Onkel Wilhelm hat gesagt: „Das ist die größte und längste Straße von ganz Deutschland, die geht von Aachen bis Königsberg!"

Wenn mich nicht alles täuscht, hatte Papa das auch schonmal so ähnlich ausgedrückt, doch jetzt fiel ihm was Neues noch dazu ein: „Außer den Autobahnen – und das mit *bis Königsberg* können wir uns erst mal aus 'm Kopf schlagen!" Warum genau, hat er aber nicht gesagt, aber Onkel Wilhelm hatte ihn wohl genau verstanden und hat geantwortet:

„Da geb ich dir recht, Hugo, aber unsre B 1 is die älteste, die stammt noch aus 'm Mittelalter und vielleicht sogar von den alten Römern – da gab 's noch gar keine Autobahnen." Und da musste Onkel Wilhelm selber wieder lachen: „Und Bundesstraßen und Bs genauso wenig."

Und da stimmte Papa wiederum zu: „Da hast du auch wieder recht, Wilhelm."

Papa und Onkel Wilhelm kamen richtig gut zusammen miteinander aus, wahrscheinlich, weil sie sich immer gegenseitig recht gegeben haben.

Wir haben aber nicht nur Ferien da auf Winters Bauernhof in Reher gemacht, wir haben richtig auf dem Hof gearbeitet; Mama und Papa waren ganz erpicht darauf, überall mitzumischen und genauso zu rackern wie früher auf ihren eignen Bauernhöfen, also denen von ihren Eltern, in Woltin und in Bevilsthal in Pommern, als sie noch Kinder und halbwüchsig waren, und Christa hat Gitti und mich immer ins Schlepptau genommen und uns beigebracht, was Kinder auf einem Bauernhof so alles zu tun haben, zum Beispiel die Hühner, Gänse und die Kaninchen füttern, Eier aus den Hühnerverschlägen holen und in der Küche bei Tante Elsbeth und Tante Martha abliefern und Brombeeren und Stachelbeeren und Rhabarber und Kirschen und Erdbeeren pflücken und Äpfel und Birnen aufsammeln und solche Sachen – oder Holz hacken!

Doch das Holzhacken hat Onkel Wilhelm nur mir gezeigt, also Gitti nicht, auf gar keinen Fall, weil das eine reine Männerangelegenheit ist – und schwierig und auch mordsgefährlich, wenn einer das mit dem Holzhacken und der schweren Axt nicht richtig raushat. Das ist wirklich nur was für Männer und, na ja, Jungen – und Mädchen, zumindest so kleine wie Gitti, haben an einer Axt aber auch gar nix dran zu suchen!

Ich war mittlerweile mit meiner wehen, aber immer noch verbundenen Hand ganz gut zu Kräften gekommen und konnte damit wieder einigermaßen anständig hantieren – hatten alle, na ja, in erster Linie Onkel Wilhelm, Christa und Gitti, wegen meinem Treckerfahren zu Genüge mitgekriegt – und jetzt war bei mir das Holzhacken dran! Papa ist aber immer in meiner Nähe rumgeschlichen und hat, besonders bei meinen allerersten Versuchen, wie ein Luchs auf mich aufgepasst, erst mal, weil Papa genauso viel vom Holzhacken verstand wie Onkel Wilhelm, und zweitens, weil ihm wohl auch ein bisschen bange um mich war – alleine schon wegen meiner Hand – wenn ich da so mit 'ner dicken Axt oder 'nem Beil mit meinen dünnen Kinderärmchen rumfuhrwerken würde.

Onkel Wilhelm und Papa haben mich bei der Holzhackerei richtiggehend in die Schule und in die Mangel genommen, besonders weil ich ja noch gar nicht richtig auf 'm Damm war, und haben mich bei meinem Hacken schwer beobachtet und mir alle ihre Fertigkeiten und Tricks verraten, und bevor sie mich allein haben zuschlagen lassen, haben sie ein paar Tage abgewartet und mich schwer verfolgt, bis bei mir langsam ein paar Muskeln in meinen Armen zum Vorschein kamen und sie einigermaßen sicher sein konnten, dass ich Kontrolle über die Mordsinstrumente, also die Axt und das Beil, haben würde. Wer das noch nicht weiß, so eine Axt sieht aus wie ein Beil, ist nur eine ganze Nummer größer – und ist eigentlich nur was für ausgewachsene Männer ... und nicht für kleine Jungs wie mich ... und, hab ich ja gesagt, kleine Mädchen schonmal überhaupt nicht.

„Du, Ulrich, jeder Schlag muss sitzen", sprach Onkel Wilhelm mich richtig forsch an.

„Jeder – hörst du?!" schloss sich Papa an und hob seinen Zeigefinger. „Wirklich jeder einzelne, Ulrich. Du musst in einem durch bei der Sache bleiben!"

„Jeder daneben ...," Onkel Wilhelm nahm seinen Faden wieder auf. „Aber du kannst dat, mien Ulrich! Und jetz – guck einfach genau zu." Mittlerweile wusste ich überhaupt nicht mehr, was die beiden von mir so genau wollten. Ich hatte trotz meiner lädierten Hand so eine Lust aufs Holzhacken gekriegt – und jetzt dieses ganze Trara und worauf ich alles aufpassen und achten sollte ..., da wäre ich fast lieber zu den Hühnern Eier einsammeln oder Brombeeren pflücken gegangen oder sonst irgendwas, nur nicht dieser bescheuerte Holzhackerkram von den beiden Männern.

Onkel Wilhelm hat einen Holzscheit, also das ist so ein Abschnitt von einem dicken Baumast, auf einen wuchtigen Holzklotz gestellt – genau in die Mitte; dann hat er sich ganz breitbeinig vor dem Holzklotz aufgebaut und sich links und rechts festen Tritt gesucht, die Axt vor sich mit ausgestreckten Armen halb hochgehoben und dann auf die Mitte von dem Holzscheit gehauen, sodass die Axt geradeso dadrin stecken blieb; dann aber hat er die Axt mit dem Holzbrocken, der ja da dranhing, noch einmal ein ganzes Stück höher genommen, hat ganz kurz runter auf den Holzklotz geguckt und blitzschnell wieder hoch zur Axt, und dann ließ er die Axt mit aller Wucht nach unten sausen, und der Holzscheit war in zwei

Stücke gehauen, die seitlich über den Rand vom Holzklotz auf die Erde purzelten, und die Axt klemmte im Holzklotz; aber der war aus uralter Eiche und fast eisenhart, und dem konnte keine Axt der Welt was anhaben, und deswegen hat Onkel Wilhelm die Axt aus dem Klotz kinderleicht rausgeruckelt und die an Papa weitergereicht, und Papa hat mir die ganze Holzhackprozedur zur Sicherheit auch nochmal an den beiden Holzstücken von Onkel Wilhelm vorgeführt, und bei dem hat es genauso perfekt funktioniert – da hatten wir schonmal vier Holzstücke für die Miete. Ach so, *die Miete* ist aber nicht die Miete, wie du vielleicht meinst, also nicht die Wohnungs- oder Zimmermiete oder so was, doch das erklär ich nachher noch im Einzelnen – erst mal weiter zu meinem Holzhacken.

„Ulrich“, sagte Onkel Wilhelm, „fang erst ma mit dem Beil an – das is zwar 'ne ganze Ecke kleiner und leichter als die Axt, geht aber genauso und, denk bloß dran, das Beil is genauso scharf wie die Axt – und is für den Anfang genau das Richtige für Jungs wie dich, und du musst dich damit auch nich ganz so anstrengen. Aber trotzdem, pass ja auf! Und wenn de merkst, dass de nich mehr so ganz bei der Sache bist, dann mach einfach gründlich Pause! So machen das die klugen Holzhacker, die ham immer alle Sinne beisamm! Hast de 's verstanden?!“

... Und da hab ich dann mit meinem Holzhacken und dem kleinen Beil losgelegt, genau wie Onkel Wilhelm und Papa mir das vorgemacht hatten, und einen Holzscheit nach dem anderen, wie sie mir vor den Füßen lagen, in Hälften gehauen und die Hälften auch wieder in Hälften und die Hälften von den Hälften auch wieder in Hälften, und meine verletzte Hand hat prima mitgespielt und gar nicht wehgetan. Papa und Onkel Wilhelm haben sich meine Holzhackerei eine ganze Weile mit angesehen, und als sie merkten, dass ich wohl alles Wichtige kapiert und im Griff hatte und wirklich alleine klarkomme, sind sie beide mit dem Trecker zusammen raus aufs Feld gefahren, mähen oder säen oder Gülle ausfahren oder sonst was Oberwichtiges erledigen – obwohl, Papa hatte schon noch eine ganz schön sorgenvolle Miene, der wollte mich einfach nicht allein mit meinem Beil lassen, habe ich genau bemerkt.

„Du, Hugo“, munterte Onkel Wilhelm bei der Abfahrt Papa oben auf dem Trecker auf. „Ulrich kriegt das hin – da bin ich mir aber so was von sicher! Komm, wer müssen los aufs Feld und mach' der keine Gedanken, dein Sohnemann kann das – verlass dich drauf!“

... Und als die beiden Männer nachmittags wieder von ihrer Feldarbeit zurückkehrten und Papa, so schnell er konnte, auf mich zueilte, stand neben mir, wo ich schweißtropfend immer noch schön beim Holzhacken mit meinem Beil war, der Grundstock von einer Holzmiete, also so hoch wie meine Hüfte, und die Holzstücke lagen schön sauber nebeneinander im Kreis aufgestapelt und ganz leicht zur Mitte geneigt, genauso wie sich das für eine saubere Miete gehört.

Onkel Wilhelm und Papa hauten mir vor lauter Freude dermaßen auf die Schulter, dass ich fast kopfüber in meine Miete reingeflogen wär: „Ulrich – Teufelskerl! Besser hätten wir das auch nicht machen können!“ Papa war so was von stolz auf mich und hat gerufen: „Ulrich, mach ruhig weiter mit deinem Holzhacken – solang du Lust dazu hast!“

Da waren aber noch haufenweise Holzscheite neben mir aufgetürmt und das ganze Holz, das da noch klein zu hacken war, war ein verdammt hoher Berg von Holz, und den würde ich nie und nimmer in unseren Ferien klein gehauen kriegen – wo ich doch sowieso nicht nur zum Holzhacken in Ferien war. Oder? Außerdem musste ich endlich mal gründlich Pause machen – wegen meiner Hand, ... denn die meldete sich langsam wieder.

Ach ja, die *Holzmiete* wollte ich ja noch erklären ..., die haben Onkel Wilhelm und Papa mir nämlich bei ihrem Holzhackerlehrgang nebenbei auch noch beigebracht.

Also jetzt für die, die noch nie auf dem Land waren und das alles nicht kennen können – eine Holzmiete ist ein runder Stapel aus gehackten Holzstücken, und die Miete ist zwei Meter oder noch mehr hoch und hat oben ein Dach – gegen Regen und Schnee – das ist aber auch nur aus den gehackten Holzscheiten, die musst du nur vernünftig obendrauf legen, damit das Wasser ablaufen und über die Seiten runterdröppeln kann und nicht mitten in die Miete eindringt und das Holz dann von innen nass wird und an zu schimmeln und zu faulen fängt, mehr nicht – außer dass du für den oberen Teil von der Miete auf jeden Fall bei der Höhe eine Leiter brauchst – und wie man das alles aufbaut, damit es auch ein ganzes Jahr bei Wind und Wetter stehen bleibt, ist eine Kunst für sich, und die haben Onkel Wilhelm und Papa mir in den Pausen zwischen meinen ersten Holzhackübungen beigebogen, und ich hab das prima begriffen ..., aber bis zum Dach von meiner Miete bin ich nicht mehr gelangt, weil, hab ich ja schon gesagt, für so eine vollständige Miete sind die Sommerferien zu kurz, und ich hatte da in Reher sowieso noch was anderes im Sinn als nur Holz in Stücke hacken und damit Mieten auftürmen – das Holzhacken war für mich doch nur ein kleiner Zeitvertreib nebenbei.

Reher ist ja ein kleines Dorf, wo nur lauter Bauernfamilien an der Hauptstraße wohnen, die ihr ganzes Land und ihre Gärten und Felder, wovon sie ja schließlich leben, abseits hinter ihren Bauernhöfen weit draußen haben. Das ist bei den meisten anderen Bauerndörfern auch nicht viel anders, aber – und das ist vielleicht der große Unterschied zu den meisten anderen Dörfern bei uns zu Lande – Reher hat ja diese riesig lange Hauptstraße, und da brauchst du zu Fuß eine ganze Viertelstunde, bis du die von einem Ende bis zum anderen schaffst, so lang ist die, und die heißt nicht nur Hauptstraße, die heißt auch obendrein dazu noch *Bundesstraße 1*, da habe ich ja vorhin schon zwei-dreimal drüber gefaselt. Wenn es eine Bundesstraße 1, also eine B 1, so sagen sie ja auch dazu, gibt, ist da bestimmt auch noch eine B 2 und B 3 und 4 und so weiter, was weiß ich, vielleicht sogar eine B 100 oder 300. Onkel Wilhelm und Papa haben ja gesagt, dass die B 1 quer durch ganz Deutschland führt, von Aachen bis nach Königsberg, wobei ich jetzt nicht mehr so genau weiß, wo ich Aachen hinstecken soll, obwohl Gitti und ich da früher als ganz kleine Kinder schonmal bei Verwandten waren, und von Königsberg hab ich auch nur den schönen Namen und Klang im Ohr, wo das aber genau ist – ich habe keinen Schimmer; beide, Aachen und Königsberg, müssen bestimmt in den letzten Ecken von Deutschland, wahrscheinlich genau gegenüber, liegen, denk ich mir mal so, sonst würde so ein Ausdruck – *von Aachen bis Königsberg* – gar nicht so richtig Sinn ergeben. Die ganzen anderen Bs sind dann sicher nur kleinere große Straßen, zum Beispiel von Solingen nach Düsseldorf oder von Solingen nach Wuppertal oder von Solingen nach Remscheid oder, wenn sie eine ganz hohe Nummer haben, nur von hier nach da, also nur um die Ecke rum, sozusagen.

Auf jeden Fall sind auf der B 1 in Reher immer Laster durchgerauscht, das kannst du aber wissen, einer hinter dem anderen und das nicht nur tags, sondern auch die ganze Nacht über, als wenn sie nirgends anderswo herfahren könnten und es nur Lastwagen und sonst nix auf der Welt gibt. Reher ist deshalb ein mordswichtiges Dorf, sonst würden sich die vielen Laster ja nicht alle hier entlangdrängen müssen.

Doch die B 1 ist auch eine ganz schön traurige Straße. Einmal, als ich das Holzhacken mal sein lassen wollte und in so in einem Sandhaufen auf dem Hof rumgebuddelt hab und ein Eimerchen Wasser dabeihatte, womit ich den Sand schön nassmachen konnte, damit er hält, weil ich nämlich gerade eine Sandburg gebaut hab, aber eine richtige, wo es auch rein- und rausgeht und die Leute auf der Burg prima durch die ganzen Gänge laufen konnten und die Burgmauer obendrauf blitzsauber gezackt ist und es ganz tief und steil runter zum Fluss geht, und der Bergfried stand schon dick und fett und eckig in der Mittagssonne und das Gebäude, wo der Rittersaal drin ist, auch schon, es fehlten nur noch ein paar Häuser für die

Ritter und fürs Gesinde, und ich war gerade an der Zugbrücke am Basteln dran und hab ein Häufchen Sand angefeuchtet – als ich draußen auf der Hauptstraße, also auf der B 1, einen quiekigen Schrei, fast wie von einem kleinen Baby, hörte.

Ich bin, wie von einer Biene gestochen, aufgesprungen und hätte beinah meine frisch errichtete Ritterburg dabei zertrümmert und plattgemacht und bin blitzschnell runter zur Hauptstraße gerast.

Da lag ein totes Kätzchen auf dem Teer vor unsrer Hofeinfahrt, in einem See aus Blut, und die Laster, die von links die B 1 runtergerollt kamen, sind alle auch noch, einer nach dem anderen, drübergefahren, und ich konnte verdammt nix machen, hab mich umgedreht, mein Taschentuch aus meiner Lederhose rausgefummelt und bin wieder zurück auf unseren Hof und an meiner Burg vorbei, aber viel gesehen hab ich von der nicht mehr, hab sie wahrscheinlich jetzt sogar doch kaputtgetrampelt, weil ich so heulen musste, mir war alles egal, und dann bin ich hoch rauf zum Garten geklettert und hab mich da zwischen den Johannisbeersträuchern verkrochen, und ich hab geweint und geweint, und auch als es gellte *Ulrich! Ulrich – Kaffeetrinken!* und kurz danach wieder *Ulrich! Wo steckst du denn?! Der Kuchen steht schon auf'm Tisch!*, hab ich mich nicht vom Fleck gerührt. Irgendwann haben sie mich aber doch da im Gestrüpp aufgespürt und mich runter mit zum Haus genommen.

„Was is denn los mit dir?“ Mama hatte ihren Arm um meine Schulter. „Du weinst ja so – hast de dir wieder irgendwo wehgetan?! Nu sag doch was! Blutest du irgendwo – is was gebrochen? Bist de wieder gestürzt?“

„Nee! Ja! Da liegt 'n totes Kätzchen auf der Straße“, schluchzte und schniefte ich.

Gitti hat mich an ihre Hand genommen und Christa an ihre, und die beiden haben mit mir mitgeheult, auch wenn sie das selbst ja gar nicht gesehen hatten, das überfahrene Kätzchen. Als Mama, Tante Elsbeth, Christa und Gitti mit mir ins Haus eintraten, warteten Tante Martha und Onkel Wilhelm und Papa schon in der guten Stube – wegen Kaffee und Kuchen.

„Was ist denn mit Ulrich los?“ Papa sprang erschrocken vom Sofa auf.

„Der hat nur irgendwie mitgekriegt, wie 'ne kleine Katze totgefahrn worden is – vorne auf der Hauptstraße“, sagte Tante Elsbeth kühl. „Sonst nix weiter.“

Dann ging das Kaffeetrinken und das Kuchenessen los, doch ich hab nichts davon durch den Hals gekriegt, keinen Kuchen und auch keine Limonade, rein gar nix. Onkel Wilhelm flüsterte Papa was ins Ohr, und die Männer sind beide gleich danach stillschweigend aufgestanden und raus aus dem Wohnzimmer geschlichen. Ich musste immer noch ganz schön schluchzen, und Gitti und Christa haben mit mir mitgewimmert – und Mama auch ein bisschen. Mein Taschentuch war schon vollgeschnoddert und Mama hat mir ihrs, das kurz vorher noch Christa und Gitti in ihren Augen hatten, gegeben, und deswegen war das auch schon ganz schön durchnässt.

„Ulrich, du, das kann schon ma passiern – bei dem Verkehr, den wer hier bei uns den ganzen Tach lang ham“, sagte Tante Elsbeth und verteilte nochmal Kaffee für Tante Martha, Mama und sich selbst, denn die Männer, Onkel Wilhelm und Papa, waren noch immer wer weiß wo unterwegs, und sie stellte mir das allerdickste Stück Käsekuchen und ein Glas Limonade vor die Nase. „Dat wird der schmecken. Guck doch nachher ma hoch zu unsern Kätzchen in der Scheune, zusamm mit Brigitte und Christa, ja?“

„Nee!“ raunzte ich trotzig, und ich fing schon wieder an zu flennen. „Kätzchen kannst de nich auswechseln – keinen kannst de einfach auswechseln!“

„Recht hast de, Ulrich – du hast ja so recht“, beschwichtigte Tante Elsbeth und tätschelte meine Schultern. „Wer machen aber einfach ma mit Kaffee und Kuchen weiter – auf de Männer müssen wer nich unbedingt warten, wer weiß, wat die im Schilde führn.“

Tante Martha hatte von dem Kätzchen kaum was mitbekommen, und wenn doch, war ihr das offensichtlich schnurz. Die Frauen haben ihren Kaffee getrunken und Kuchen gegessen, aber ich habe mein Stück Torte auf dem Teller liegen gelassen, und von der schön perlenden gelben BLUNA wollte ich auch keinen Schluck, und Gitti und Christa haben auch die Hälfte stehen gelassen, und wenn ich wieder das Schniefen anfing, mussten die beiden Mädchen auch gleich wieder losheulen.

Weil ich in der Nacht ganz unruhig geschlafen hab, bin ich am nächsten Morgen als Allererster aufgestanden und heimlich runter zur Straße geschlichen, um nachzuforschen, ob das Kätzchen nicht doch wieder aufgestanden ist, hätte ja irgendwie sein können, obwohl es ja plattgefahren und mausetot war ..., doch der Herr Jesus hat das ja damals auch hingekriegt, weiß ich ganz genau aus unserm Kindergottesdienst, sterben und wieder auferstehen und wieder in der Gegend herumspazieren und, ... könnte ja vielleicht wirklich sein, ... und – du glaubst das nicht – da wo es gestern lag, mein Kätzchen, also plattgefahren und tot und blutig und Matsche, da war kein Kätzchen mehr und kein Blut auch nicht mehr, als wenn das alles nie passiert wär! Ich hab meine Augen kurz zugemacht und sie gerieben, ob ich nicht vielleicht träum und ich mir das nicht alles ersponnen hab – doch, beim lieben Gott, da lag kein totes, plattgefahrenes Kätzchen mehr, kein Fleck war zu sehen, es war weg und futsch, die Straße war blitzsauber und teerschwarz, als wenn nie was gewesen wär – aber da musste ich auch fix zurück auf den Bürgersteig, weil ja da immer die Lastwagen angerattert kamen, und dann wär ich womöglich selbst auch gleich Matsche gewesen.

Ich musste erst mal zur Besinnung kommen und mir klarmachen, wer was und wo ist, und was hier und da ist – und dann wusste ich ganz plötzlich Bescheid. Da hab ich – für mich ganz allein – das Kätzchen nachträglich *Jesus* getauft, weil es ja wieder auferstanden ist, und ich hab mich den ganzen Tag lang so gefreut, dass die anderen gar nicht begreifen konnten, was in mich gefahren war, und ich habe Tante Martha und Tante Elsbeth einen Riesenkorb mit Äpfeln, Birnen, Stachelbeeren, Johannisbeeren, Himbeeren, Brombeeren und Rhabarber oben aus ihrem Garten in die Küche gebracht, dass die sich genauso gefreut haben wie ich selber.

„Ulrich, nu zeig doch noch ma deine wehe Hand", sagte da Tante Elsbeth ganz nebenbei, während sie das ganze Obst aus dem Korb rauspackte ..., und an meine kaputte Hand hatte ich überhaupt nicht mehr gedacht.

Da habe ich mich auf einen Küchenstuhl gesetzt und Tante Martha hat mir meinen weißen Verband aufgemacht und ganz behutsam abgewickelt und das ganze schmuddelige und fettige Gerödel über meine Stuhllehne gehängt, und da war sie zu sehen, meine wehe Hand, immer noch ganz schön dick geschwollen und grün und blau und ein bisschen gelb war auch dabei, und sie glänzte im Sonnenlicht, wegen der ganzen Butter von gestern. „Dat mit dem Holzhacken", murmelte Tante Elsbeth, „war 'ne saudumme Idee – sonst wär dat jetz schon viel besser mit deiner Hand."

Tante Elsbeth guckte sich meine Hand gründlich an, hat sogar dran gerochen und fuddelte an meinem Arm rum, und Mama stand daneben und sagte irgendwas von *Wer sollten doch besser endlich 'n Doktor holn*, und Mama hatte auch ein paar Tränen in den Augen, aber Tante Elsbeth sagte voller Überzeugung *Geht auch so*, und sie hat wieder an meiner Hand rumgeschnüffelt und Tante Martha hat auch dran geschnuppert und beide waren sich einig.

„Tut das noch weh, Ulrich – also ich mein, richtig weh?" fragte mich Tante Elsbeth mit durchdringendem Blick.

„... Nee, also richtig weh nich."

Tante Elsbeth setzte sich hin, wrang ihre Hände, guckte ihre Mama an, das war ja Tante Martha, und dann Mama, also meine Mama, und dann mich und sagte:

„Deine Hand wird wieder, Ulrich, die wird – auch ganz ohne Doktor – ganz bestimmt."

Dann haben die Frauen mir den alten Butterschmier ganz sanft mit viel Seife abgewaschen, dass ich glaubte, wenigstens ist das vorüber – aber nix da – sie haben sofort wieder frische Butter draufgesalbt und die mir auf meiner wehen Hand zum x-ten Mal schön gleichmäßig verteilt und wieder einen neuen weißen Verband umgebunden, und Mama hat das alles nur mitgemacht, weil sie so auf Tante Martha und Tante Elsbeth vertraut hat.

Das war wieder mal ein ganz besonderer Tag für mich – Mama hat mir mein wöchentliches Taschengeld in die Hand gedrückt und drauf geachtet, dass ich das gleich tief in die Tasche von meiner Lederhose flutschen lasse und extra dazu gesagt, dass ich mir damit kaufen kann, was ich will. Das war eine Mark, das Taschengeld von mir, und musste für eine Woche ausreichen – und weil ich mit meiner blöden verstauchten Hand nun endgültig nicht mehr Holz hacken durfte und ich sowieso in Ferien war, bin ich mit dem einen Markstück in der Hosentasche raus aus unserem Hof und links die Hauptstraße, was ja die gefährliche B 1 ist, auf dem Bürgersteig hochgedackelt, da lang, wo es in Richtung von dem schnuckeligen Bahnhof von Reher geht. Auf dem Weg dahin steht auf der linken Seite auch das Haus von Tante Marga und Tante Frieda, das waren die älteren Schwestern von Onkel Wilhelm, und die wohnten ja auch da in Reher und hatten eine Menge Rosen und andere Blumen im Garten und überhaupt insgesamt ums Haus rum, und das war die reinste Farbenpracht da. Aber ein Stückchen weiter die B 1 rauf gibt es vor allem so einen kleinen Laden, den hatte ich schon entdeckt, als wir neulich vor ein paar Wochen in Reher eintrafen und die ganze Hauptstraße vom Bahnhof runter zum Winterschen Hof gelatscht sind; in dem, also in dem Geschäft, kriegst du – das war schon von draußen zu erkennen, bei dem ganzen Klimbim, der da links und rechts neben der Tür aufgebaut war – nicht nur Milch, Käse, Wurst, Brot und die ganzen anderen Essenssachen, sondern auch alles für den restlichen Haushalt, über Besen, Schneeschieber, Fußmatten, Gummistiefel, Tapeten, Wandfarbe, Spaten und Harken und Nägel und Schrauben und jede Menge anderes Gerät, was du dir nur vorstellen kannst, ich glaube, da könntest du sogar einen Hammer und eine Säge und im Winter Briketts für den Ofen kaufen, bis hin zu Zeitungen und Büchern und sogar Anziehsachen ..., also so ein Laden ist das. Da war ich schon gespannt wie ein Flitzebogen, dass ich da mal reinkomme!

Als ich die gläserne Tür nach innen aufstupste und ein Glöckchen über mir bimmelte, dass ich sogleich einen kleinen Schreck kriegte, sagte die Frau hinter der Theke – die musste gerade erst die Wickler aus ihrem Haar rausgenommen haben, so lockig wie die aussah: „Wo kommst du denn her?"

Und ich sagte artig: „Guten Tach! Ich komm, ... äh, ... von draußen."

Da ist die Frau vor lauter Lachen fast umgekippt, so witzig fand sie das, und ich wusste überhaupt nicht warum, denn ich hatte doch die reinste Wahrheit gesagt und überhaupt gar keinen Quatsch gemacht, und sie hielt sich den Bauch und kicherte japsend: „Von draußen, ja?! Na, dann ... guck ... guck dich ma in meinem Laden um!"

Das habe ich dann auch gemacht und bin durch jeden einzelnen Winkel von dem Geschäft gepilgert. Die meisten Sachen waren mir so was von gleichgültig: Was soll ich denn mit einem Besen, davon standen mindestens zehn brandneue in einer Ecke von dem Laden, und dann in den Regalen Dosen mit Eintopf und Tütensuppen, Schnürsenkel und Schuhwichse, Nähgarn und Stricknadeln und Wolle, Schrauben und Schraubenzieher und – tatsächlich – Hämmer und Zollstöcke und alles Mögliche sonst noch und Waschpulver und auch ein paar Anziehsachen, Pullover und Unterhosen und Büstenhalter, auch bunte – da hab ich einen Moment Halt gemacht, warum genau, weiß ich nicht mehr, denn so was brauch ich ja genauso wenig wie einen Besen – und sogar Schuhe und ein Paar ganz hohe, schnieke Reiterstiefel und zwei edel geflochtene Pferdepeitschen. Für solch einen Kram würde ich meine Mark bestimmt nicht verplempern, ganz einmal davon abgesehen, dass meine Mark für die allermeisten von den Klamotten sowieso bei weitem nicht ausgereicht hätte. Da war dann noch die Ecke mit dem Ständer, wo die Tüten mit den ganzen Süßigkeiten drin sortiert waren, und da habe ich lange gestanden und bin drum herumgekreist und hab gegrübelt, und die Frau von dem Laden hatte oben auf ihrer Theke auch noch Riesengläser mit Drops, Himbeer und Zitrone und Gummibärchen in allen Regenbogenfarben und pechschwarze SALINOS und Lakritzstangen, einen halben Meter lang waren die, dass sie halb über die Glasöffnung raushingen, und auf einem weißen Tablett waren Mohrenköpfe in Reih und Glied aufgestellt und übereinandergestapelt und gleich daneben die Zuckerwaffeln mit rosa, gelber und weißer Cremefüllung und manche von denen mit Schokoladenenden ... und vier Gläser mit verschiedenen Lutschern, rot, grün, gelb, und dunkelbraun, wobei ich einfach nicht draufkam, wonach die dunkelbraunen schmecken könnten, die kosteten tatsächlich sogar 10 Pfennig, wo du doch die gelben und roten und grünen schon für 5 Pfennig kriegen konntest, und das hat mich richtig stutzig gemacht, die braunen waren bestimmt eine Spezialität aus Übersee oder wie das heißt, also jedenfalls von ewig weit weg, und sind um die ganze Welt geschippert worden, damit sie in Reher in dem Laden von der Frau angeboten und verkauft werden konnten, hab ich mir so gedacht, ... egal, 10 Pfennig waren natürlich in meiner Kasse, die ja eine ganze Mark dick war, locker drin, wo ich ja auch überhaupt noch gar nix ausgegeben hatte, und so einen dunkelbraunen Lutscher hatte ich schonmal schwer auf dem Kieker.

Dann schellte Schlag auf Schlag die Tür mit ihrer Glocke – wohl alles Kundschaft.

„Sechs Brötchen, bitte!“ – „Das Paderborner Graubrot da drüben hätt’ ich gern!“ – „Ein kleines Graham, bitte, aber recht dünn geschnitten, wenn ’s geht!“ – „Ich nehme fünf von den Teilchen, zwei mit Pudding, zwei mit Obst und, ... eh, eine Quarktasche mit Mohn!“

Und jedes Mal, wenn einer was bestellte, öffnete die Ladenfrau hinter sich jeweils eine Glasvitrine, eine für Brot, eine für Brötchen und eine für Kuchen, und holte das Gewünschte, Brot oder Brötchen oder Kuchenstücke, mit einer großen silbernen Greifzange raus, schnitt das Brot, wenn der Kunde das wollte, auf ihrer Brotschneidemaschine mit einer Kurbel in Scheiben und packte die Backsachen in knisternde Papiertüten und reichte die dann über ihre kleine verglaste Theke, drehte an ihrer Kasse, bis die Schublade mit den ganzen Moneten aufsprang und dabei klingelte, und die Leute legten das nötige Geld zum Bezahlen oben in die Porzellanschale, und die Frau, wo die Haare von der doch mittlerweile einigermaßen manierlich, also wellig und locker, aussahen, grapschte das Geld da raus und sortierte das flink, Scheine hier, Münzen da, in ihre Kasse, legte das Wechselgeld oben in die Geldschale auf der Ladentheke und schob die Lade wieder rein bis zum Anschlag, die dabei nochmal fröhlich bimmelte.

„Der Nächste bitte!“ Und so ging das eine ganze Zeit lang, bis die ganzen Leute alle ihr Backzeug und auch Eier, Käse, Milch und Wurst und sonst was eingekauft hatten, weiter. Dann war erst mal wieder Frieden in der Bude, und ich konnte weiter in Ruhe überlegen, was ich hier in dem Geschäft für meine paar Groschen Taschengeld nun endlich kaufen wollte.

„Kannst dich nich entscheiden – was?“ Die Frau verfolgte mich, wobei sie breit grinste. „Ich komm von draußen“, äffte sie mich nach, aber ganz lieb, und konnte sich wieder vor lauter Lachen kaum einkriegen, und ich dachte, die hat sie nicht mehr alle, während ich andererseits ganz schön auf die elend langen Lakritzstangen schielte und ausrechnete, dass ich bei zwei von den Lakritzstangen und einer Kaugummikugel und einem von den dunkelbraunen Lutschern sogar noch mindestens 50 Pfennig übrighaben müsste, ... und dann hätte ich nächste Woche eine Mark fünfzig Taschengeld und könnte mir noch viel mehr leisten. Aber das hab ich mir dann von jetzt auf gleich aus dem Kopf geschlagen – weil ich in dem

Moment ja eigentlich überhaupt gar keinen Japps auf Süßkram hatte und allein vom Angucken schon satt von dem Zeugs war.

Stattdessen bin ich deshalb rüber zu dem Zeitungsständer und der Bücherecke gezogen, und da hatte ich endlich was gefunden, mit dem ich richtig was anfangen konnte: Ich hab mir ein Mickey-Mouse-Heft rausgefischt, und das kostete satte 75 Pfennig. Aber ich hab mir das sicherheitshalber vorher flüchtig durchgeblättert, und da war nicht nur Mickey Mouse drin, sondern auch Donald Duck und seine ganze Verwandtschaft, Dagobert und Daisy, und zuvorderst seine Neffen, die heißen Tick, Trick und Track, und die ganzen Bilder von denen und was sie zu ihren Bildern in den Sprechblasen so sagen; aber zu viel hab ich mir nicht durchgelesen, das wollte ich mir aufheben, bis ich wieder zu Hause bin, also bei Winters, also bei Christa auf ihrem Bauernhof und so.

„Wär 's das?" fragte die Frau hinter ihrer Theke und lachte wieder drauflos, als ich mit dem Mickey-Mouse-Heftchen und meiner Mark vorne an ihre Kasse kam. „Ich hab dich hier noch nie gesehn, junger Mann." *Junger Mann?* Was sollte das denn jetzt schon wieder?

„Ich bin ja auch aus Solingen."

„Aha." Und da gab sie mir einen Lutscher dazu und hatte wieder einen Heidenspaß. „Mit Mutti und Vati zu Besuch? Willst du deine 25 Pfennig denn gar nich zurück?" Die hatte ich nämlich oben in der Geldschale liegen gelassen, weil die Tante mich mit ihrem Gejuchze ganz meschugge machte.

„Nee, ja – mit Mama und Papa und Gitti. Doch, klar", stammelte ich. „Die brauch ich noch, die 25 Pfennig." Ich sammelte mein Rückgeld oben aus der Schale raus, stopfte das fix in meine Hosentasche und dachte bei mir wieder, was gibt es denn hier bloß in einem weg zu giggeln?

Als ich mit meinem Heftchen und dem Lutscher aus der Schellentür raus bin, hat die Frau von dem Laden mir ganz nett hinterhergewunken und ich auch zurück, aber ich wollte schnell nach Hause, also runter zurück zu Winters und Christa und so, weil ich mein Mickey-Mouse-Heft endlich Seite für Seite studieren wollte, aber auf dem Weg hab ich den Lutscher aus dem Zellophan rausflutschen lassen und mir in den Mund geschoben, der war mit COCA COLA und so einen hatte ich noch nie, ... und der schmeckte – verdammt, schmeckte der! Das war doch tatsächlich der dunkelbraune Lutscher für 10 Pfennig! Die Frau aus dem Laden war doch nicht so verkehrt, überhaupt nicht verkehrt war die!

Es war ein so schöner sonniger Sommer in Reher, und Mama und Papa und Gitti und ich waren andauernd draußen auf dem Bauernhof und im Stall und der Scheune und im Garten und auf den Feldern – aber jetzt musste ich mich erst mal in Ruhe mit meinem Mickey-Mouse-Heft beschäftigen.

Ich saß oben auf dem Abhang in der Mittagssonne. Unter mir lag der knüppeltrockne Lehmboden von Winters Bauernhof und alle anderen waren wegen der Hitze drinnen im Haus, außer ein paar unerschrockene Hühner, die haben sich ihr Futter zusammengesucht und aufgepickt, und die haben auch gar nicht geschwitzt, sonst wäre mir das bestimmt aufgefallen.

Ich fing an, mein Heftchen gründlich durchzugehen, aber die Geschichten dadrin und die Zeichnungen und die ganzen Sprechblasen haben mich eigentlich gar nicht besonders gepackt, waren mir zu nebensächlich oder ich hab sie wahrscheinlich einfach nicht verstanden, und ich dachte, für die 75 Pfennig hätte ich mir besser drei oder vier Wundertüten gekauft, da hätte ich mehr von gehabt.

Doch mitten innen drin von dem Mickey-Mouse-Heftchen war ein Preisausschreiben – und da war ich auf einmal Feuer und Flamme!

Mickey-Mouse-Hefte durfte ich normalerweise nicht, weil das alles *Blödsinn* ist, was da drinsteht, hat Papa gesagt, und deshalb durfte ich nur richtig gute und anständige Bücher, zum Beispiel den *Struwwelpeter* und *Max und Moritz* und *Onkel Tom's Hütte* und *Die Abenteuer von Tom Sawyer und Huckleberry Finn* oder *Emil und die Detektive* und *Pünktchen und Anton* oder *Bambi* von Felix Salten und solche vernünftigen Sachen – aber natürlich auch Enid Blyton mit ihren *Geheimnis- und Abenteuer-Büchern*. Doch solche Zeichenheftchen wie *Sigurd* oder auch *Mickey Mouse* und andere *Räuberpistolen*, da hatten Papa und Mama ein scharfes Auge drauf, dass Gitti und ich so was nicht zwischen die Finger kriegten.

Egal – und Mama hatte es mir ja auch ausdrücklich erlaubt, dass ich mit meiner Mark kaufen dürfte, was ich wollte – jetzt hatte ich mir eben nun mal ein Mickey-Mouse-Heft besorgt, und mit dem Preisausschreiben, das in meinem Mickey-Mouse-Heft drin war, konntest du 500 Mark gewinnen, auf einen Schlag! Du musstest nur die Preisfrage richtig beantworten und dann abschicken, und dann hattest du gewonnen. Die Preisfrage war: Welches ist der größte Fluss der Welt? Und die Lösung musste auch noch in gerade mal drei Kästchen passen, und ein Fluss mit drei Buchstaben kam mir jetzt überhaupt nicht in den Sinn, vor allem kein richtig großer. Ich kam natürlich sofort auf den Rhein und die Donau und die Elbe und die Oder und die Wolga und den Po in Italien, aber bei keinem von den Flüssen haute das mit den drei Buchstaben, verdammt nochmal, hin! Mit der Elbe oder der Oder und dem Po hätte es ja um ein Haar geklappt, doch zwei von meinen Flüssen hatten vier, also einen Buchstaben zu viel, und der andere hatte nur zwei, also einen zu wenig, und Papa hätte gesagt *Knapp daneben ist auch vorbei*.

Deswegen bin ich damit gleich zu Mama in die Küche, wo sie zusammen mit Tante Martha und Tante Elsbeth am Gemüseschnippeln und Kartoffelnschälen war: „Mama, welches is der größte Fluss von der Welt? Der muss aber mit drei Buchstam sein." Tante Martha brabbelte sofort *Nil* vor sich hin in ihr Schnippelgemüse.

„Der Rhein ... oder die Donau ... oder die Oder?" druckste Mama. „Frag ma Papa sicherheitshalber."

Ich hatte doch ausdrücklich gesagt, *drei* Buchstaben, oder nicht? Verflixt! Und Papa war sowieso noch zusammen mit Onkel Wilhelm irgendwo auf dem Feld, mähen und rummachen und arbeiten, und ich rief entrüstet: „Mama – mit drei Buchstam – nich mit vier oder fünf oder sechs!"

„Ähm", entfuhr 's Mama ziemlich gleichgültig, wischte sich ihre vom Gemüseschälen vollgesauten Finger an ihrer Schürze, die Tante Elsbeth ihr für unsere Ferienzeit vererbt hatte, ab und würfelte schön weiter ihre Kartoffeln und Mohrrüben und Zwiebeln. „Deshalb sollst de ja auch Papa fragen."

Als Papa und Onkel Wilhelm endlich draußen vom Feld zurück waren und schweißgebadet in die Küche traten, habe ich mich erst mal nicht getraut, die Männer überhaupt was zu fragen und schon gar nicht, was der größte Fluss ist, weil denen noch die Suppe von der Stirn und vom Kinn tropfte, und ich blieb schön in der Ecke sitzen und habe weiter selbst gegrübelt, wie das mit dem größten Fluss von der Welt ist. Den Nil, den Tante Martha vorhin gemurmelt hatte, kannte ich ja schon aus dem Kindergottesdienst, und da in der Bibel ist der Nil ein verdammt wichtiger Fluss, weil Moses sein ganzes Volk durch den Nil durchgeführt hat und dem einfach gesagt hat, er soll mal eine kurze Pause beim Fließen machen, und daraufhin ist der Nil einfach auf einen Schlag stehen geblieben und der Rest ist weggeflossen und Moses und alle seine Israeliten, so hieß seine Truppe nämlich, konnten ganz prima durch das trockene Flussbett von dem Nil weiter nach Hause marschieren – und in Geografie bei Studienrat Dr. Lausen hatten wir den Nil und das Delta von dem ja auch schon lang und breit durchgekaut! Also, NIL musste eigentlich die einzig richtige Lösung von dem Rätsel in meinem Mickey-Mouse-Heft sein – da hätte ich auch ganz alleine draufkommen müssen, ich Dussel!

Zur Sicherheit habe ich aber unsere Männer, vor allem Papa, nochmal gefragt. „Papa, wer is der größte Fluss, den es gibt?"

Papa runzelte die Stirn: „Wie der größte? Der längste, der wasserreichste; zählen auch die Nebenflüsse mit?"

Da fragst du mal eine klitzekleine Frage – und dann musst du erst mal 100 andere Fragen selbst beantworten! Ich war völlig fertig.

„Hier steht nur: *der größte Fluss*! Und der muss mit drei Buchstam sein."

„Dann ist es der Nil", sagte Papa laut und deutlich, und Onkel Wilhelm hat entschieden genickt, und das war ja auch tatsächlich, was Tante Martha gleich zu Anfang an gesagt hatte, und das passte haargenau in die Kästchen, die man in dem Mickey-Mouse-Heft eintragen musste, denn da war ja nur Platz für drei Buchstaben, und jetzt war ich mir sicher, *Nil* muss richtig sein, und da kam gar kein anderer Fluss in Frage, ... und dass ich jetzt gewonnen hatte – und mit 500 Mark würde ich uns was richtig Schönes kaufen, aber was, musste ich mir erst noch überlegen, denn wir hatten ja schon alles, na ja, sagen wir mal, wir hatten eine ganze Menge, alles natürlich nicht. Wer hat schon alles? Vielleicht ein neues, größeres Bett für Gitti wäre schön, eins aus Holz und ohne Eisengitter, denn die Gitter braucht Gitti mit acht ja nun wirklich nicht mehr. Oder lieber was anderes, zum Beispiel ein Auto? Aber damit können wir ja eigentlich überhaupt nix anfangen, denn bei uns kann ja gar keiner Auto fahren, und ein Auto für 500 Mark wäre bestimmt nur ein ganz, ganz winziges, und wir sind ja nun mal fünf Leute in unserer Familie, da hätte es mindestens ein KÄFER sein müssen oder ein DKW. Jedenfalls hatte ich schonmal gewonnen und mir würde schon was einfallen, was ich mit dem ganzen Geld machen könnte – auch wenn ich das erst mal eine Zeit lang unters Kopfkissen leg, bis ich mir was Gescheites ausgedacht hab.

Ich hab in die Kästchen von dem Mickey-Mouse-Preisausschreiben mit Tante Elsbeths Kugelschreiber N I L eingetragen, das Rätselfeld sauber ausgeschnitten und in einen Briefumschlag gesteckt, alles mit unsrer Solinger Adresse – Ulrich Matthias, 565 Solingen, Van-Meenen-Str. 32 – versehen und Tante Elsbeth hat mir außer dem Kuvert auch noch die Briefmarke spendiert, und ich habe meine richtige Lösung zum Briefkasten in Reher gebracht, der hing an der Außenwand genau von dem Laden von der Frau, wo ich ja das Heft gekauft hatte, und ich war die ganze Zeit unheimlich gespannt und auf Hochtouren und hab mich schon so auf den Moment gefreut, wo der Briefträger die 500 Mark bringt und mir den Umschlag mit den Geldscheinen in die Hand drückt.

„Rennt rüber zu Freys – holt Hilfe!" Onkel Wilhelm kam mit seinen verkackten Gummistiefeln in die Küche reingepoltert und war völlig außer Atem und hatte die Stirn voller Schweißperlen. „Lisa is abgestürzt, in de Jauchegrube rein! Die müssen wer wieder hochbring! Macht hinne!"

Christa ist wie der Blitz rüber zu Freys, das waren ja die allernächsten Nachbarn von Winters, gewetzt – und Gitti und ich rüber in den Kuhstall.

Das war tatsächlich so, die Lisa, also so hieß die Kuh, steckte mit ihrem linken Hinterbein bis unter ihrem Euter tief in einem Loch unten im Betonboden vom Kuhstall und war ganz nach unten durchgesackt, und die hätte da kein Schwein rausholen können; das hätten wir höchstens mit einem Kran oder mit zehn Gewichthebern geschafft, aber da war weit und breit kein Kran und zehn Gewichtheber schon gar nicht, nicht mal ein einziger von der Sorte, und auch Herr Frey wär fürs Kühehochheben bei weitem nicht stark genug gewesen.

Lisa muhte sich die Seele aus dem Leib, aber wir Kinder und Mama und Papa konnten ihr kein Stückchen helfen, nur bibbern, dass wir von irgendwoher Hilfe kriegen würden. Tante Martha kam an ihrem Spazierstock auch in den Kuhstall reingeschlurft und musste sich sogleich ihr Taschentuch aus der Schürze holen. Wir fünf konnten lediglich abwarten und haben Lisa bei ihrer Jammerei einfach nur zuhören und in ihre angsterfüllten Augen sehen müssen, und Christa, Gitti und ich haben Lisa in einem durch gestreichelt, besonders in ihrem Gesicht, dass sie wenigstens in ihrer Not und ihrem Schmerz ein bisschen Trost hat.

Was die viereckigen Löcher da im Fußboden sollten, habe ich sowieso nicht kapiert, denn nach da unten drunter wird nur die alte Jauche, also die ganze Pisse und Kacke von den Kühen, abgelassen und dort aufbewahrt, so lange, bis sie im nächsten Jahr raus in den Jauchewagen gepumpt und aufs Feld geplempert wird. Wahrscheinlich war das mit den ganzen Löchern nur dazu gedacht, dass da unten ein bisschen Luft an die Gülle rankommt und vor allem rauskommt und die ganze Suppe wegen den Gasen da unter dem Kuhstall nicht mal nebenbei einfach explodiert und der ganze Bauernhof von Winters in die Luft fliegt, ... könnt ich mir so vorstellen. Davon abgesehen gab es aber auch für jedes von den Löchern im Stallboden dicke Steinklötze, die mit einem Zapfen in diese Löcher genau reinpassten, und die wurden spätestens wieder reingesteckt, bevor die Kühe wieder für die Nacht in ihren Stall kamen. Diesmal hatte das mit dem Löcherverschließen wohl irgendwer verschwitzt, zumindest bei dem einen Loch, wo die arme Lisa jetzt mit ihrem Hinterbein reingerutscht war und tief dadrin feststeckte.

Draußen hatten Onkel Wilhelm und Tante Elsbeth und Christa derweilen Alarm in der gesamten Nachbarschaft geschlagen, und da kam auch Herr Frey direkt von nebenan rübergehastet und hat das Kommando übernommen und mit seinen Armen mächtig herumgefuchtelt, als wenn er ein Orchester dirigieren wollte, und ein paar andere Bauern aus Reher waren auch schon aufgekreuzt und sind rumgesprungen wie die Hasen und haben gemacht, was Herr Frey ihnen angewiesen hat, und auf einmal hatte Lisa, die arme abgestürzte Kuh, die da mit ihrem linken Hinterbein ganz tief in dem Loch von ihrem Kuhstall feststeckte, eine dicke, breite Lederschlaufe unter ihrem Hinterleib, die war oben unter der Decke mit einem Eisenhaken und einem dicken Eisenstück, wo so eine ganz schlanke Kette durchlief, aufgehängt, und dann ging es auf einmal sehr schnell; Herr Frey und Onkel Wilhelm haben abwechselnd vorsichtig an einem Ende von der Kette gezogen, und da brauchten sich die beiden überhaupt nicht groß bei anstrengen und das war das reinste Kinderspiel für die, und nach und nach und ganz behutsam und behäbig kam die ganze Lisa mit ihrem Bein wieder aus dem verflixten Loch raus nach oben und konnte wieder prima auf allen Vieren stehen und hat dann auch kaum mehr gejammert, im Gegenteil, die hat sich schön von Christa und Gitti und mir am Kopf kraulen und knuddeln lassen, und da waren inzwischen auch die ganzen übrigen Bauern aus der Nachbarschaft zugegen und Tante Martha und Onkel Wilhelm und Tante Elsbeth und Christa und Mama und Papa, ja also, da waren wir inzwischen fast mit dem halben Dorf zusammen in Winters Kuhstall, und wir alle haben uns so gefreut, dass alles gut gegangen war und Lisa wieder auf der Erde, also auf dem Fußboden, stand, und das war fast schöner als Ostern und Weihnachten zusammen; Tante Elsbeth und Christa haben sich heimlich was zugewispert und sich flugs verdrückt und kamen kurz darauf mit Tabletts voller winzig kleiner Wassergläser und einer Flasche mit Wasser zurück, und die ganze anwesende Mannschaft, Männer wie Frauen, haben von Onkel Wilhelm zur Feier alle – nee, beileibe kein Wasser – einen Schnaps überreicht gekriegt, nur wir Kinder haben natürlich nix davon bekommen, nicht mal eine Limo, und wir durften lediglich zugucken, wie die Erwachsenen das Schnapszeug runtergekippt haben. Aber so ein richtiger Mann bin ich ja auch noch nicht, noch lange nicht, und Schnaps – igittigitt – hätte ich sowieso nicht haben wollen!

Als sich alles wieder richtig beruhigt hatte, sind die Frauen mit uns Kindern zurück rüber ins Haus, wo es nachher ja noch Abendbrot geben würde, und die Männer haben uns *Tschüs* gerufen und zum Abschied ihre Schnapsgläser wieder hochgehalten, weil die waren ja auch so glücklich über die Lisa-Kuh und dass sie sie gerettet hatten.

Die Kette mit dem Haken und dem Eisenklumpen oben heißt übrigens *Flaschenzug*, und der ist eine der primasten Erfindungen überhaupt, denn damit kannst du nicht nur Flaschen – wieso eigentlich *Flaschen*, egal erst mal – sondern auch Kühe kinderleicht hochziehen, vielleicht ja sogar auch Waggons und Lokomotiven. Wenn wir den Flaschenzug nicht gehabt hätten, wäre die arme Lisa bestimmt verreckt, mit ihrem Bein in dem Loch da tief unten in der Jauchegrube drin.

„Mama, Papa", sagte ich zu Mama und Papa und Gitti. „Wir müssen zu Hause auch unbedingt 'nen Flaschenzug ham."

„Was willst de denn damit – bei uns zu Hause", widersprach Gitti und versteckte sich dabei vorsichtshalber schonmal hinter Papas Hosenbein. „Und wo soll der überhaupt häng, der Flaschenzug? Das is doch bekloppt!"

„Isses nich! Hast de doch gesehn, wozu so 'n Flaschenzug alles gut is!"

„Lasst mal gut sein", griff Mama ein und Papa fügte hinzu: „Mit so einem Flaschenzug, also bei uns zu Hause ..., das muss gut überlegt sein."

Und ich keifte um Papas Hosenbeine rum: „Da siehst de 's – man muss nur 'n bisschen drüber nachdenken!"

Und Gitti rief zurück: „'N Flaschenzug bei uns in der Küche oder im Wohnzimmer – hast de se noch alle?!"

Da wurde ich ganz schön kleinlaut, denn eine Kuh, die bei uns in einem Loch im Fußboden in der Küche oder so stecken bleiben könnte, hatten wir ja gar nicht, weil wir ja überhaupt keine Kuh hatten und auch niemals eine haben würden ... und dicke Löcher im Fußboden schon gar nicht, ja, wir hatten – Gott sei Dank – überhaupt kein Loch im Fußboden, nicht mal ein klitzekleines.

„Wenn aber was passiert", redete ich mich raus, „wo de 'n Flaschenzug brauchst, und de hast kein, stehst de richtig blöd da, aber dermaßen blöd, und dann gibt 's auch nich Herrn Frey, wie hier, der der den ma em rüberbring und aufhäng könnt, da sind dann nur Fürstenbergs oder Zillmers oder Blaschkes oder Thomaschewskis, und weißt de, was die bestimmt nich im Kleiderschrank oder im Keller ham – genau, 'n Flaschenzug hat nämlich keiner von den, genauso wenig wie wir! Denk ma 'n bisschen weiter!"

Jetzt is Gitti aber richtig unter die Decke gegangen, wo sich Tante Martha, Onkel Wilhelm, Tante Elsbeth, Mama und Papa die ganze Zeit schon über unsern Wortkampf schimmelig gelacht haben.

„Das is doch plemplem!" krähte Gitti. „Bei uns gibt 's nur Besteck zum Aufhem oder 'n Müllsack oder 'n Wäschekorb, alles nix für 'n bescheuerten Flaschenzug – wozu bist de denn eigentlich auf 'm Gymnasium?!"

Als die andern sich wieder ein bisschen vom Lachen erholt hatten, sagte Onkel Wilhelm: „Also Hugo, wenn de den Flaschenzug mit nach Solingen nehm willst ..." Und er rieb sich schon wieder die Tränen aus seinen Augen.

„Geh mer weg!" sagte Mama. „Wer fahrn mit dem Gepäck nach Hause, mit dem wer gekomm sind, nich mehr und nich weniger."

Gitti und ich haben uns immer noch weiter angegiftet, und Gitti war auch immer schön in Deckung hinter Papa, und ich hab auch allmählich gemerkt, dass das mit dem Flaschenzug ziemlicher Quatsch für uns zu Hause ist, aber das konnte ich Gitti nicht sagen und nicht zugeben, und die anderen hätten da ja auch alle zugehört, wenn ich das gemacht hätte, und sie hätten mich alle ausgelacht – nicht auszudenken! Deswegen hab ich schließlich die Klappe gehalten – und Gitti auch, weil sie ganz genau gemerkt hat, dass ich verloren hatte und sie überhaupt nix mehr weiter machen musste.

Papa hat, als wir nachher da so in der Küche beim Abendbrot zusammensaßen und schön das knusprige Brot mit Wurst und Käse und Schinken gegessen haben, mir seinen Arm umgelegt und sich zu mir rangebeugt, weil ihm nicht entgangen war, dass ich wegen dem Flaschenzug geknickt war und leise vor mich hin geweint hab – aber sonst hat das keiner mitgekriegt, höchstens noch Mama ..., die kriegt nämlich alles mit.

„Ulrich“, hat Papa mir ins Ohr geflüstert, „nicht alles, was einer haben will, braucht einer wirklich – auch wenn 's ganz vernünftig wäre, das mit dem Flaschenzug. Wenn wir alle Klamotten hätten, die wir haben möchten und auch irgendwann vielleicht wirklich brauchen könnten, kämen wir in unserer Wohnung nicht mehr rein und raus. Verstehst du doch, oder?“

Und da hab ich zu ihm zaghaft genickt und mir die Augen gewischt, und Gitti ist aus ihrer Deckung gekommen, hat mich ganz lieb angeguckt und mir die Hand gestreichelt.

Aber weißt du was – wir konnten sogar zugucken, wie ein kleines Kuhbaby auf die Welt gekommen ist! In echt! Das war im selben Stall, wo die Lisa mit dem Bein drin gewohnt hat und da ihren schweren Unfall hatte. Und das mit dem Baby war mindestens genauso eine Aufregung!

Tante Martha sagte schon Tage, bevor es so weit war: „Es muss doch bald so weit sein.“ Und einen Tag später: „Es muss doch jetz komm, oder nich?“

„Es is bald so weit, Mutter“, antwortete Tante Elsbeth, und Christa meldete sich ebenfalls: „Ich geb sofort Bescheid, wenn 's losgeht.“

Denn Christa hatte immer alles im Blick, und Gitti und ich waren ganz kribbelig und sind nicht mehr von Christas Seite gewichen, und wenn sie ab in den Kuhstall zum Nachgucken war, waren wir beide an ihren Hacken dran. Die Kuh mit dem Baby im Bauch war ganz dick und hat sich andauernd hingelegt, ist aber gleich danach wieder aufgestanden, als wenn sie nicht wüsste, was sie wollte, doch Christa hat uns erklärt, dass die das so machen, wenn ihre Kleinen geboren werden und eine Riesenunruhe bei sich spüren, und dass es dann bald losgeht mit der Geburt von dem Baby von der Kuh.

Ich war ja noch nie bei einer Geburt dabei und Gitti auch nicht – nee, die bestimmt nicht, denn Gitti ist ja noch über zwei Jahre kleiner als ich. Wir beide sind drei Tage lang immer hinter Christa hergestiefelt und ihr nicht vom Leder gegangen – bis sie vom Kuhstall zurück in die Küche peste – und wir beiden hintendran: „Das Kälbchen kommt – das Kälbchen kommt jetz – es kommt!“

Und Gitti und ich haben Mama und Papa aus ihrem Mittagsnickerchen oben in unserem Zimmer unterm Dach geholt: „Es is so weit! Das Baby von der Kuh is gleich da – beeilt euch bloß!“

Da waren wir beide aber auch schon wieder wie der Blitz die Treppen runter und ab in den Kuhstall, wo Winters alle ganz ruhig, fast totenstill, im Kreis standen, und Tante Martha hat sich, wie so oft, die Hände gewrungen und hat sich so gefreut, dass ihr die Tränen – diesmal aber vor lauter Freude – in den Augen standen.

Die Kuh mit ihrem Baby im Bauch lag jetzt wieder gemütlich im Stroh rum, aber dann stand sie ganz plötzlich auf, als wenn sonst weiter nix wär, aber sie stand ganz starr und wie versteinert da, und wir alle ahnten, jetzt ist der Augenblick – und aus ihrem Hintern kam eine ganz dicke, riesengroße Blase rausgerutscht, und Christa hat sich bei ihrer Mama an der Hand festgehalten und Gitti hat ihren Kopf in Mamas Kleid gedreht und ich hab auch ganz schön Angst gekriegt, wie sich die Blase immer fetter aus der Kuh rausstülpte, und du glaubst es nicht, plötzlich hab ich in der Blase die Beine von dem Baby gesehen und kurz danach seinen Leib und den Kopf auch, alles in der Blase drin, und da hab ich selbst auch Mamas Hand genommen und richtig gezittert, ... und dann platzte die große Blase und das Kuhbaby flutschte runter ins trockene Stroh und lag da pitschepatschenass, blickte hilflos und neugierig in die Weltgeschichte und räkelte sich, und seine Mamakuh fing sofort an ihr Kleines abzulecken, und Gitti, die jetzt auch wieder hinschauen konnte und sich genauso gefreut hat wie Tante Martha und alle anderen von uns, und ich wollten gleich hin zu dem Kuhbaby zum Streicheln und Liebkosen, aber Mama hat uns ganz fest an der Hand behalten.

„Da haben wir noch nix verlorn“, sagte sie ganz leise zu Gitti und mir. „Das is doch auch so sehr schön, oder?“

„Ich möchte aber das Kuhbaby ma streicheln“, bettelte Gitti.

„Und ich auch“, sagte ich und guckte sehnsüchtig rüber zu den beiden im Stroh.

„Ein *Kuhbaby* heißt eigentlich *Kalb*“, flüsterte uns Papa zu, und Mama flüsterte zurück: „Wollt' ich auch grad sagen.“

Da stand es aber auch schon – in null Komma nix – auf allen Vieren, das Kälbchen, und fing gleich an, bei seiner Mama zu nuckeln und zu trinken.

„Hier is jetz alles in Ordnung“, sagte Onkel Wilhelm mit gedämpfter Stimme. „Da gibt 's für uns erst mal nix mehr zu tun – hier störn wer jetz nur.“

Und Tante Elsbeth sagte: „Nach 'm Kaffee könn wer ja noch ma zusamm gucken gehen.“

Und Christa ist übermütig durch den ganzen Kuhstall gehüpft, weil sie hatte ihre Arbeit gemacht, hatte rechtzeitig Alarm geschlagen und durfte dafür das noch feuchte Kälbchen nach seiner ersten kleinen Mahlzeit jetzt doch auch mal flüchtig umarmen.

„Nich so stürmisch, Christa“, flüsterte Onkel Wilhelm lieb rüber zu ihr. „Mach schön vorsichtig, ja?“ Aber Christa wusste ja sowieso Bescheid und hat das Köpfchen von dem Kälbchen in ihrem Schoß gekrault und ihm den Hals und den Leib gestreichelt, und dem Kälbchen und seiner Mama hat das richtig gut gefallen – das mit Christa.

Das war so, so wunderbar mit der Geburt von dem Kälbchen, und ein Tag später hatte es ein ganz seidiges, trocknes Fell und war so kuschelig, und Gitti und ich konnten ihm sogar unsere Finger in den Mund stecken, und da hat es dran genuckelt, weil es dachte, aus unseren Fingern kommt Milch raus, aber das tat es natürlich nicht, und deshalb hab ich mit dem Fingergeben auch schnell aufgehört, damit das Kälbchen nicht traurig ist, wenn es merkt, ich geb ihm ja gar keine Milch.

Doch mit dem Streicheln und Kuscheln haben wir, bis wir wieder nach Solingen abfahren mussten, weitergemacht, und das Kälbchen hatte so schöne große braune Augen, und an den Fransen von seinen Ohren hab ich mir meine Nase gekitzelt, und seine Mama hatte da auch überhaupt nix gegen, denn sie kannte uns ja alle persönlich und wusste, wir sind in Ordnung.

Ja, ... und dann waren unsere vier Wochen Sommerferien in Reher auch schon vorüber, wir haben unsere Siebensachen wieder eingesammelt und zusammengepackt, haben uns unter Tränen von Tante Elsbeth, Onkel Wilhelm, Tante Martha und Christa verabschiedet und sind genauso schwer beladen zum Zug zurückgetrottet, wie wir vor einem Monat angekommen waren, und bald waren wir auch schon wieder zu Hause in Solingen an unserem Nordbahnhof und in unserer Van-Meenen-Straße, und wir haben schnellstens Oma wieder aus Porz von Tante Grete zu uns zurückgeholt.

Die ersten drei Tage, nachdem wir wieder bei uns zu Hause waren, konnten wir vier, also Mama, Gitti, Papa und ich, schlecht einschlafen, weil uns fehlten irgendwie die rumpelnden

Lastwagen in der Nacht ..., aber wir haben uns natürlich dann ganz schnell wieder an das altbekannte Rattern von unseren Eisenbahnzügen gewöhnt.

... Ach ja, das bin ich euch noch schuldig: Aus dem Preisausschreiben ist leider doch nichts geworden, die 500 Mark hat ein ganz anderer gekriegt, der wohl auch *NIL* auf seinem Lösungsschein hatte – ich selbst hab auf jeden Fall nix gewonnen. Ich habe lang genug auf die Pinke gewartet und gehofft, dass der Briefträger mit der frohen Botschaft eintrudelt, auch noch Wochen, nachdem wir wieder zurück in Solingen waren ..., aber irgendwann hatte ich mir das große Preisausschreiben aus 'm Kopp geschlagen ... und dann auch vergessen.

Bis dahin hatte ich immer geglaubt, dass jeder, der die richtige Antwort auf irgendwas hat, gewinnt. Aber das ist im wirklichen Leben nicht so, habe ich gelernt. Da gewinnt immer nur einer – also irgendeiner. Und der muss auch noch nicht mal viel wissen – nur ein wenig Schwein haben.

Trotzdem war das ein ganz, ganz schönes und aufregendes Heft, das Mickey-Mouse-Heft, da von der juxenden Ladentante aus Reher, und dabei hat es ja auch nur 75 Pfennig gekostet. Was 75 Pfennig überhaupt genau ist, weiß ich sowieso nicht, und vielleicht hätte ich mir doch besser ein paar Wundertüten dafür kaufen sollen, und vielleicht war NIL ja auch falsch und es gibt noch einen anderen Riesenfluss mit drei Buchstaben, wo nicht mal Papa was von weiß, und ein richtig großer Fluss mit drei Buchstaben ist wirklich sauschwer. Ich selbst glaub aber mittlerweile, außer dem Nil gibt es gar keinen Riesenfluss mit drei Buchstaben, aber mit dem alleine kannst du anscheinend auch nicht unbedingt was gewinnen – höchstens, wenn du Glück hast ... und das Glück gehört wohl allen.

... Aber wenigstens tut mir meine Hand jetzt nicht mehr weh, und bunt ist sie auch nicht mehr, auch wenn sie immer noch ganz schön geschwollen und dicker als meine andere Hand ist – und das ist mir viel mehr wert als die 500 Mark.

MEIN SCHULFREUND

Auf dem Gymnasium Schwertstraße, wo ich nach den Sommerferien selbstverständlich wieder hinmusste, habe ich mich mit einem Kerlchen angefreundet, der war genauso schmächtig wie ich, und das war auch so ein ganz stiller, so ähnlich wie ich, der hatte aber alle seine Sinne beisammen und war bei uns in der Klasse in Mathe ein absolutes Ass, wo ich es selbst doch eher mit der alten Geschichte und mit den Sprachen hatte. Trotzdem passten wir beide gut zusammen, was dazu führte, dass wir uns auch nach der Schule anfingen gegenseitig zu besuchen. Das war immer ein ganz schöner Marsch, denn Gerd Wettekamp, so hieß der Bursche nämlich, wohnte in der *Weiß-ich-nicht-mehr-wie-die-hieß-Straße*, das war von uns aus eine ganze Ecke links hinter dem Schlagbaum und fast da oben an dem Krankenhaus, wo sie Papa seine Mandeln rausgenommen haben und er danach, als er wieder gesund war, keine einzige Zigarette mehr angerührt hat. Jedenfalls war ich bis zu Gerd Wettekamp bestimmt eine halbe Stunde unterwegs, und für Gerd bis zu mir in die Van-Meenen-Straße dauerte das natürlich genauso lange, ist ja wohl einleuchtend.

Gerd war ein bisschen älter als ich, und der interessierte sich schon schwer für die ganze Schlagermusik, die da immerwährend aus unseren Radios trällerte und erzählte mir was von *Roy Orbison* und *Tony Sheridan* und den *Ventures* und den *Shadows*, wo ich glatt passen musste, denn den Schlagerkram hab ich nebenbei wohl auch im Radio mitbekommen, aber richtig kirre, wie Gerd zum Beispiel, hat mich das Zeugs noch längst nicht gemacht.

Unsere gemeinsame Hauptbeschäftigung war sowieso, durch die Innenstadt von Solingen zu stromern und alle Reisebüros abzuklappern und da überall nach Reiseprospekten aus der ganzen Welt zu betteln. Besonders wild waren wir beide auf Landkarten und Stadtpläne, egal von welchem Land oder welchem Ort – wir waren auf diese Pläne sauscharf. Die Leute in den Reisebüros dachten sicher, dass wir das alles für die Schule und irgendein Thema in Erdkunde oder Geografie oder so da brauchten, und sie haben uns bereitwillig mit allem, was wir haben wollten, zugeschüttet, sodass wir beide auch immer jeder vorausschauend einen großen Beutel bei uns hatten, damit wir am Ende von unserer Tour durch Solingen die Papierflut auch mit nach Hause schaffen konnten, und manchmal haben wir sogar eine bunt bedruckte Tüte aus dem Reisebüro mitgekriegt, und wir brauchten unsere eigenen Taschen eigentlich gar nicht mehr.

Mit das Tollste, was wir ergattert haben, war eine riesengroße Wandkarte von den USA, eine für Gerd und eine für mich – da konnten wir endlich mal ausfindig machen, wo Old Shatterhand und Winnetou so genau umhergestreift sind und das schön mit den Karten in den Bücherdeckeln von unseren Karl-May-Büchern vergleichen und selbst die ganzen Einzelheiten haarklein austüfteln.

An meinem Tunnel und an den Flöppen und am ganzen grünen Drumherum bei uns am Nordbahnhof war Gerd nicht so wahnsinnig interessiert – der war schon ein Stückchen weiter als ich, und der probierte lieber bei sich zu Hause in der Wohnung oder vor seiner Haustür ein paar aufregendere Sachen aus. Gerd hatte nämlich einen ALLCHEMIST-Kasten von KOSMOS, und damit haben wir nicht nur die Experimente, die in dem Anleitungsbüchlein beschrieben waren, gemacht, sondern auch aus all den Zutaten, die da in dem ALCHEMIST fein drin sortiert waren, unsere ganz eigenen Mixturen zusammengestellt, zum Beispiel auch einmal Kaliumpermanganat mit irgendwas anderem aus dem ALLCHEMIST-Kasten und Leitungswasser zusammengemischt, und das Reagenzglas wurde auf einmal höllisch heiß in unserer Hand und brodelte schon fast obendrüber, dass wir das Teil schleunigst loswerden mussten und fix in Wettekamps Küchenspüle abgeladen haben und schnell raus auf den Flur gelaufen sind, und wir hätten wohl um ein Haar Wettekamps ganze Küche in Schutt und Asche gelegt, wenn Frau Wettekamp das verdammte kochende dunkelbraune Reagenzglas nicht geistesgegenwärtig danach mit einem nassen Waschlappen aufgegriffen und blitzschnell einfach aus dem Küchenfenster in den Garten geschmissen hätte, und weißt du was, unser Reagenzglas ist gleich darauf unten auf dem Gras tatsächlich – explodiert! Da hatten wir beide aber eine Bombenmischung ausgehext! Und ein paar Mitbewohner von unten aus Wettekamps Haus haben angeklingelt und entrüstet nachgefragt, was der Radaumist da unten im Garten soll; da konnten Frau und Herr Wettekamp natürlich nicht viel zu sagen, ... und Gerd und ich waren hinten in der Küche verschwunden und schon wieder emsig mit dem ALLCHEMIST und all den Mittelchen, die der so hergab, beschäftigt und haben schon das nächste Reagenzglas mit einer neuen aufregenden Mischung befüllt. Obendrein kriegte Gerd zu seinem nächsten Geburtstag sogar noch den RADIOMANN geschenkt; der war auch von KOSMOS, und mit dem konntest du dir am Ende von den ganzen Lektionen in Elektrik ein richtiges Radio zusammenbasteln – und das funktionierte, und du konntest auf dem Montagebrett mit so einer Wählscheibe den Sender einstellen, und mit den Kopfhörern konntest du den Radiosender astrein hören und – Mann, das war vielleicht toll – boah, so ein selbst gebautes Radio! Und solche KOSMOS-Kästen musste ich unbedingt auch mal selber haben – aber unbedingt!

Gerds Papa war Meister bei WILKINSON, das ist eine große Firma bei uns in Solingen, die machten da aber keine Messer oder Scheren und solche Sachen wie die allermeisten Solinger Fabriken, nee, die stellten Rasierklingen her, was ja auch nicht so ganz was anderes ist, und Gerds Papa war ein ganz Penibler, und wenn er denn mal im Haus war, hat er Gerd und mir schwer auf die Finger geguckt, besonders wenn wir beide zu experimentierfreudig mit Gerds KOSMOS-Kästen wurden, besonders bei dem ALLCHEMIST, weil wir beiden Jungs hatten ja immer mal was Unverhofftes auf Lager, und bei unserer Chemie war doch hin und wieder mal mächtig Gefahr im Verzug.

Eines Tages, da waren Gerd und ich schon wieder einmal ganz eifrig mit unseren Basteleien und Versuchen zu Gange, da guckte ich zufällig aus Wettekamps Küchenfenster – es hatte kurz vorher reichlich geschüttet, aber jetzt kam die Sonne hervor – da sprudelten doch tausende von Wasserquellen aus dem Hügel hinter Wettekamps Haus hervor! So was hatte ich ja noch nie gesehen – ein ganzer Hügel übersät mit übersprudelnden Wasserquellen, und das mitten in Solingen!

Da sind wir beide, Gerd und ich, aber auch gleich – mit unserer neuesten Errungenschaft unterm Arm – nach draußen getürmt, um dem Geheimnis von den ganzen Quellen auf die Spur zu kommen. Wir beide mussten schwer aufpassen, dass wir nicht unsere Socken nass kriegten, haben wir aber nicht geschafft, denn als wir den Hügel hoch durch die ganze aufgeweichte Quellenlandschaft stapften, plemperte das Quellwasser sofort oben in unsere Schuhe rein, und unsere Füße waren genauso pitschenass wie der Quellenhügel.

Wir hatten aber eine kleine Überraschung für den Quellenhang bei uns und sorgfältig vorbereitet – eine Tabakblechbüchse, gefüllt mit dem schwarzen Pulver von hunderten von Knallplättchen, das wir denen in tagelanger mühevoller Anstrengung vorsichtig herausgeschabt und gesammelt hatten. Das Schwarzpulver, so heißt das Zeug ja wohl, hatten wir beiden Banausen nach und nach in der Dose aufgehäuft und auch eine dünne Kordel aus Wettekamps Küchenschublade gemopst und die durch ein Löchlein in die Büchse reingeführt, und Gerd hatte ein Feuerzeug parat, das er von seinem Papa, eh, sagen wir mal, ausgeliehen hatte, dabei – und als wir beide mitten in der Quellensprudelei mit wasservollen Schuhen rumstanden, haben wir unsere Tabakdose mitten in das blubbernde Wasser an dem Hang platziert, und Gerd hat die Zündschnur in Brand gesetzt, und die schröggelte unaufhaltsam bis in die Büchse hinein und dann, mitten im Wasser – rabamm – explodierte unsere Bombe, aber frag nicht nach Sonnenschein! Die Kiste flog uns beiden um die Ohren, und wir sind vor lauter Schreck nach Hause, also zu Wettekamps nach Hause, gerannt und haben beide noch notdürftig unsere Gesichter und unsere Hände von dem pechschwarzen Schwarzpulvermist befreien können und halbwegs sauber gewischt – damit Gerds Mama nicht das Grausen kriegt.

„Wie seht ihr denn aus?!“ Frau Wettekamp war völlig aus dem Häuschen und fing sofort mit einem Seifenlappen an, uns beiden den Ruß aus dem Gesicht und vom Hals und von den Händen zu schrubben. „Könnt ihr beiden Oberwissenschaftler euch nicht mal was Vernünftiges ausdenken – irgendwas ohne Knallen und Explodieren?!“ Nee, konnten wir nicht – mit dem *Knallen und Explodieren* hatten wir beide es nämlich gerade.

Als Gerd und ich neugierig aus dem Küchenfenster heraus nachschauten – da mussten wir einfach mal gucken gehen, was unser Experiment so angerichtet hatte – nun ja, die Quellen haben fröhlich weiter gegurgelt, und unsere Knallplättchen-Schwarzpulver-Bombe hatte die wohl einen Scheißdreck geschert, und sie haben munter weiter ihr glasklares Wasser über Wettekamps wunderschönen grünen Quellenhügel heruntergesprudelt.

ENDE

DAS WAR'S ERSTMAL

... Und damit ist das jetzt auch schon fast alles, was ich so aus der Zeit, wo ich drei bis dreizehn Jahre alt war, loswerden wollte, und ich habe jetzt endgültig genug gequasselt, und ihr wisst alle Bescheid über mich und wie ich so bin.

Jetzt ist das alles vorbei, ... na ja, so endgültig alles natürlich nicht, ich bin ja noch nicht groß und noch nicht erwachsen, aber es ist Schluss mit, wo ich ein kleiner Junge bin – nur damit – und unsere Ferien in Reher sind mittlerweile auch schon wieder wochenlang her.

Inzwischen ist es Ende September, und man merkt, wie der Herbst schon langsam kommt – regnen und stürmen tut es jedenfalls hin und wieder mal, und die Blätter fangen auch schon an zu fallen, auch wenn der Sommer noch nicht so ganz aufgegeben hat, und wir haben zwischendrin sogar noch heitere und recht warme Sonnentage, und wir Kinder vom Nordbahnhof sind noch schwer im Gebüsch unterwegs.

Vorige Woche bin ich dreizehn Jahre alt geworden, und ich hab genau den Chemiebaukasten zum Geburtstag geschenkt gekriegt, den auch Gerd Wettekamp schon hatte, den ALLCHEMIST, und das ist ein riesengroßer bunter Karton, voll mit allerlei Gläschen mit Flüssigkeiten und Pulvern und mit Instrumenten, und der Kasten ist von KOSMOS, und der hat Mama und Papa bestimmt ein Heidengeld gekostet, so groß und farbenprächtig wie der ist, aber die sind mordsstolz auf mich, wie ich da mit den ganzen Reagenzgläsern und den Pülverchen und Essenzen eifrig herumhantiere und am Experimentieren bin, und die Sachen, die dabei herauskommen – das glaubst du nicht – da brodelt es sogar wie damals bei Gerd Wettekamp zu Hause, sodass ich selber Angst hab, dass da gleich was von meinen Versuchen in die Luft fliegt, und da muss ich mir manchmal wirklich selbst die Nase zuhalten, so wie das zu müffeln anfängt, und Oma oder Mama oder beide reißen alle paar Minuten unser Küchenfenster und auch gegenüber hinten das Wohnzimmerfenster wegen dem Durchzug auf und ermahnen mich öfter, dass ich meine sieben ALLCHEMIST-Sachen wegpacken und den Tisch freimachen soll, damit wir da drauf sauber essen können und alle endlich wieder frische Luft kriegen!

Gitti findet meine Giftmischerei jedoch auch prima spannend, und ich muss immer höllisch aufpassen, dass sie ihre Finger nicht in die Chemikalien von meinem KOSMOS-Kasten reinsteckt und die danach womöglich sogar noch hinterher abschleckt. Aber Gitti und ich haben zusammen letztens mal Karamellbonbons in einem Schälchen über meinem kleinen Spirituskocher aus dem ALLCHEMIST-Kasten gekocht und unsere braunen süßen Bröckchen an Mama und Oma und Papa zum Probieren verteilt, und alle drei waren von unseren selbst gebackenen Bonbons hellauf begeistert, ... und das Fingerablecken gehörte, jedenfalls diesmal, ja nun mal praktisch mit dazu.

Als Nächstes brauche ich aber unbedingt auch noch ein Mikroskop, damit ich mir auch die allerwinzigsten Klamotten angucken kann, und ein Teleskop für die Sterne und den Weltraum und für die ganz großen Sachen da ganz weit draußen!

Gitti braucht aber auch noch ein paar neue Sachen, womit sie weiterkommt – und nicht nur ein anderes, größeres Bettchen, sondern irgendwas, womit sie ihre eigenen Sachen bewerkstelligen kann, zum Beispiel, ... eh, zum Beispiel eine kleine handliche Nähmaschine vielleicht, womit sie selbst Anziehsachen für Martina schneidern kann! Und auch andere schöne Dinge, die Gitti im Herzen herumträgt und wovon wir anderen wahrscheinlich gar nix von wissen.

... Ich hab doch erzählt, wie Gitti damals, als sie gerade frisch auf der Welt war, an Mama zum Trinken genuckelt hat, das war ganz am Anfang von meinem Buch, Ewigkeiten her, da auf dem dunkelroten Sofa – weißt du noch, ne? Da hat gar keiner geredet, und Gitti konnte sowieso noch nicht sprechen und beim Nuckeln schon gar nicht, und ich – mit zwei oder drei Jahren – hab nur zugeguckt, und es war ganz schön schön, das Zugucken, und da war höchstens das Lutschen von Gittis Nuckeln zu hören, und Mama hat ganz liebevoll auf ihr winziges Töchterlein runtergeblickt und zwischendurch zu mir rüber, wo ich verträumt mit meinem Teddy am Spielen war. Das ist meine schönste Erinnerung, von wo ich selbst noch ganz klein war …

… Das Allerschönste, was ich jemals erlebt hab, ist aber vielleicht doch – da über meinem Tunnel … und da den Taubnesselblüten den Honig rauslutschen und auf eine Eisenbahn warten! Hast du schonmal Taubnesseln ausgelutscht und dabei rüber auf deinen Bahnhof geguckt? Das hat noch nie keiner gemacht, nur ich, und das tut auch keiner nach mir!

Unser Tunnel am Solinger Nordbahnhof ist 109 Meter lang – das steht oben dick an dem Tunnel dran – und da bin ich, boah, … bestimmt zwanzigmal in meinem Leben durchgelaufen. Manche Leute haben da ganz schön die Hosen voll, wenn sie durch einen so langen Tunnel müssen, aber wenn man sich mit Eisenbahntunneln ein bisschen auskennt, ist das ein Kinderspiel. Eisenbahntunnel haben nämlich ab und zu so Höhlen an der Seite, also Nischen drinnen im Tunnel, und wenn ein Zug durchrauscht, haust du einfach mal eben ab da rein, und du bist in Sicherheit – auch wenn dir der Wasserdampf heiß ins Gesicht bläst – und da siehst du sogar noch die Eisenbahn, wo sie hinfährt und abhaut.

Ich weiß, das hab ich alles früher schon bequatscht, aber manche Sachen gehen einem nicht mehr aus dem Kopf, und für mich gehört mein Tunnel zu solchen Sachen, dass ich da immer wieder drüber reden muss – auch wenn es schon ein paar Tage her und lange vergangen ist.

Wenn ich zum Tunnel komme, überleg ich dreimal, ob ich reingeh oder nicht, meistens aber nicht, weil ich es an sich sehr gern hell hab, und ich hab auch Angst vorm Dunkeln, und lieber bleib ich draußen, wo immer Licht ist.

… Das war ein ganz warmer Spätsommertag im September. Das war, kurz nachdem wir wieder von Reher zurück in Solingen waren – und ich schon zwölf, Quatsch, dreizehn war. Ich war am Tunnel und rief mit meinen Händen wie ein Lautsprecher *HUUHH!* in den Tunnel rein und hab dem Hall gelauscht, bis nix mehr von mir zurückkam. Wie immer habe ich mich tief runter in die Beeke vorm Tunnel gebeugt und dann ein paar Schlucke von dem glasklaren Wasser daraus geschlürft, mich wieder aufgerichtet und gerade gemacht, und ich guckte hoch auf die Krone von dem Tunnel. Da wollte ich jetzt unbedingt noch einmal rauf, hab das angepackt und hab mich in den Fugen von der Mauer festgekrallt und nicht lockergelassen, und unten hab ich da die Fußspitzen von meinen Sandalen in die Fugen reingequetscht, und ich hab nicht aufgegeben, und dann war ich wirklich endlich wieder oben auf dem Steinabsatz drauf, aber meine Beine waren schon ganz schön schwer und schlapp und angeschrammt sowieso, und ein bisschen Rot kam auch schon, auch unter meinen Fingernägeln, doch ich war oben; also ganz oben noch nicht so richtig, ich musste weiter durch das Gestrüpp – hab ich ja schonmal erzählt, wie das ging – und auf die Brennnesseln und die Dornen und Stacheln von den Himbeeren und Brombeeren und den wilden Rosen und den Hagebutten achtgeben, und dabei ging es ganz steil immer höher, und oben auf dem Tunnel musste ich aufpassen, dass ich nicht von dem runterpurzele, da ist es nämlich bestimmt zehn oder zwanzig Meter hoch – und dann wär alles für die Katz gewesen und ich mausetot. Hingekriegt habe ich das aber doch, das war für mich ja nicht das erste Mal auf dem Tunnel.

Oben auf der Krone von meinem Tunnel hab ich mich hingesetzt, mitten in die Nesseln rein, aber die hatten alle Blüten, und Honigduft war in der Luft, und piksen konnte man sich an denen gar nicht; das waren da oben nämlich keine echten Brennnesseln, nee, das waren ja Taubnesseln, und die brennen überhaupt nicht, und da flogen überall die Hummeln herum, doch die haben mir gar nix getan, die sind nur von einer Blume zur anderen gehuscht und richtig rein in die Blüten gekrochen, dass nur noch der Popo von denen oben rausguckte, und denen hat es ganz prima geschmeckt, wie die bei der Sache waren.

Ich habe, als ich da so herumsaß und rüber zum Bahnhof geguckt hab und dachte, da könnte doch endlich mal wieder ein Zug unterm Tunnel durchrauschen, eine Blüte abgezupft und dran geleckt und sie ausgelutscht, und das war wieder so zuckersüß – kein Wunder, dass die Hummeln das so mögen – und dann habe ich eine Blüte nach der anderen gezupft und ausgesaugt, und die Hummeln haben die ausgelutscht, die noch übrig waren, und ich die, die die Hummeln noch nicht hatten. So habe ich mir all die Taubnesselblüten ganz friedlich mit den Hummelchen geteilt. Brombeeren und Himbeeren hingen da ja auch noch neben mir rum, dass ich einfach nur zugreifen musste – aber du, den Taubnesselblüten den Honig rauszunuckeln, ist das Allergrößte.

Schmetterlinge, weiße, gelbe, braun- und blau-schwarze, flatterten da auch durch die Gegend, aber mit den Taubnesseln hatten die nichts im Sinn, dass ich dachte, man kann doch nicht nur einfach so da sein und gar nichts im Sinn haben und nur vergnüglich herumflattern, aber vielleicht kann ein Schmetterling das doch – und vielleicht sind die Schmetterlinge deshalb so schön, weil sie das können, an überhaupt nichts denken, aber die Hummeln sind auch schön ... und ganz lieb, ... und das bin ich eigentlich auch.

Eine Hummel habe ich immer noch nicht gestreichelt, obwohl ich das wirklich noch gerne mal machen würde, weil die so hübsch und wuschelig aussehen, aber ich habe immer noch ein bisschen Schiss vor denen – wegen dem Stechen natürlich. Also, dann sollen die ihre Blüten lutschen, und ich lutsch meine, und jeder hat was davon und seinen Frieden.

Mir schien die Sonne auf den Kopf und auf den Buckel; vom Nordbahnhof her jedoch kam kein einziger Zug, und unter mir kam auch keiner aus dem Tunnel raus. Auch unten rechts, die bei KONEJUNG, waren wohl schon alle längst zu Hause von ihrer Arbeit, und alles war ganz, ganz still – da war nur das Summen und Brummen von den Hummeln und der Honigduft von den Taubnesseln und die federleichten bunten Schmetterlinge und ganz tief unter mir neben dem Tunnelportal das Blubbern von der Beeke.

Hier kommt heute bestimmt keine Eisenbahn mehr lang, dachte ich und schleckte nochmal meine Lippen ab, und wenn ich hier runterklettere und nach Hause gehe, komme ich bestimmt nicht nochmal mehr zurück, weil ich bin jetzt dreizehn, und später bin ich groß, und dann ist das sowieso alles egal und zu spät – und Mama, Papa, Gitti und Oma und ich wohnen ganz weit weg woanders in unserem neuen Haus, denn wir wollen ja weg von Solingen ziehen, wo dann auch unser alter Nordbahnhof keine Rolle mehr spielen wird.

Ich hatte eine Menge Honig von den Taubnesseln im Mund – und die Hummeln auch. Irgendwann, als ich die Sonne nicht mehr auf meinem Rücken gespürt habe, bin ich endlich wieder runter von meinem Tunnel und an dem Mauerwerk bedächtig abgestiegen, hab nochmal einen letzten Schluck aus unserer Beeke getrunken ... und bin, den Bauch voll mit Brombeeren, Himbeeren und Taubnesselhonig, nach Hause getrottet, über das Kopfsteinpflaster die Schienen entlang und an den Balken, wo sich obendrauf manchmal die Kröten sonnen, vorbei und hoch um Osterwinds Mauer herum, und ich musste auf meinem Weg auf einmal richtig flennen, und ich wusste gar nicht, warum. Ich holte wieder tief Luft, hab mich gesammelt und schließlich bei uns geklingelt und gewartet, dass unsere Haustür summt und ich sie aufdrücken kann.

Unten am Bahnhofsgebäude bei der Laderampe, da wo ich früher immer mit meinem roten Roller rumgeflitzt und ein paarmal brutal auf die Schnauze geballert bin und mir mordsmäßige Verwundungen eingefangen hatte, schien die rote Abendsonne noch satt hin, aber fabrizierte auch schon mächtig lange Schatten.

Hinten in unserem Nordbahnhof wohnten jetzt so neue, unbekannte Leute oben drin, und die Kinder von denen waren schon ein bisschen größer als ich und als Gitti allemal, und die Musik, die da aus den Fenstern gedröhnt hat, hat mich ganz schön aufgewühlt und kribbelig gemacht, und die Kinder von denen haben sich oben aus den weit geöffneten Fenstern gelehnt und Zigaretten geraucht und den Qualm in die Welt rausgeblasen und haben wie die Blöden mit der Musik mitgesungen und *Jäh, jäh, jäh!!* gegrölt. Die Musik waren die *Beatles*, und die Beatles hatten ganz lange Haare, also so lang nun auch wieder nicht, nur bis über die Ohren und in den Nacken und auf die Augenbrauen – hab ich in der BILD-Zeitung von Papa gesehen, *Pilzköpfe* wurden die deswegen geschimpft – und Mama und Papa mochten die schon wegen den Haaren von denen gar nicht, und Oma wusste von denen überhaupt nichts und Gitti, glaub ich, auch noch nicht. Zuerst mochte ich die Musik auch nicht, einfach weil Mama und Papa die wilde Musik von denen nicht ausstehen konnten und die Beatles mit ihrem ganzen Gehabe sowieso unanständig fanden – aber eigentlich war die Musik von den Beatles ganz schön toll, erst mal, weil sie schön laut und Remmidemmi war und die vier Burschen so klasse zusammen gesungen haben, die Beatles, und da war Pfeffer drin, in den Liedern von den Beatles, und vor allem hatten die so Melodien, die mir prima gefallen haben, weil sie gut im Ohr waren und im Herz, auch wenn ich kein einziges Wort von der Bande verstanden hab.

... Dann sprang endlich unsere Haustür auf, und ich wäre fast in unser Treppenhaus reingekippt. Ich bin wie die Feuerwehr die Treppe hoch und hab immer zwei Stufen auf einmal genommen.

„Wo warst du denn?!"

„Ich war nur om auf 'm Tunnel."

„Ja, und weiter?!"

„... Und hab die Blüten von den Taubnesseln da ausgelutscht – zusamm mit den Hummeln."

Mama riss die Augen auf und hat gejapst: „Na, dann setz dich erst ma hin." Und sie hat flüchtig ihre Hand über meine Stirn gestrichen und ganz merkwürdig zu Oma in ihrem Sessel rübergeblickt, und Oma hat genauso komisch zurückgeguckt, und Papa ließ die Zeitung mal kurz runter auf unseren Küchentisch sinken und drehte das Radio ein bisschen leiser, und Gitti fasste sich selbst auch an ihre Stirn.

„Ruh dich erst ma aus – du kommst mer 'n bisschen fiebrig vor." Mama kräuselte die Stirn und kämmte mit ihren Fingern durch ihr dunkelbraunes langes, welliges Haar und dann über meinen Schopf und gleich darauf auch durch Gittis Strähnen.

„Gleich is Ambrot, Ulrich – oder bist du etwa schon von den Taubnesseln satt?" fragte Mama mich mit sorgenvoller Miene. „Hast de doch gesagt – *Taubnesseln*, oder?"

Ich sackte auf meinen Küchenstuhl neben unserem Radio und seufzte: „Klar, Taubnesseln, denen hab ich den Honig rausgelutscht – hab ich doch gerade gesagt – und Himbeern und Brombeern ..."

„Nur von Brombeern und Himbeern und Taubnesselhonig kannst de doch aber nich satt sein, Ulrich!"

„... Ich satt? – Nee, satt bin ich noch längst nich!"

Der Autor

Ulrich Matthias wurde bereits 1951 in der Nähe von Flensburg geboren und ist im Westen Deutschlands aufgewachsen. Nach Abschluss seiner schulischen Ausbildung ging er nach seinem Abitur zur Bundeswehr und studierte anschließend Englisch und Geschichte an der Universität in Freiburg im Breisgau. Danach arbeitete er mehrere Jahre als Lehrer an einer Highschool und als Bauarbeiter in Australien. Seit 1987 ist er schließlich als Übersetzer, Dolmetscher und Qualitätsmanager tätig. In seiner Freizeit widmet er sich unter anderem dem Fotografieren, Malen und Reisen. Auch das Schreiben hat er schon in seiner Jugend für sich entdeckt.
Nun veröffentlicht er mit „Taubnesselblütenlutschen" sein erstes Buch.